U0803415

平塘县志

PING TANG XIAN ZHI

1988～2013

平塘县史志编纂委员会 编

方志出版社
Publishing House of Local Records

平塘县行政区划图

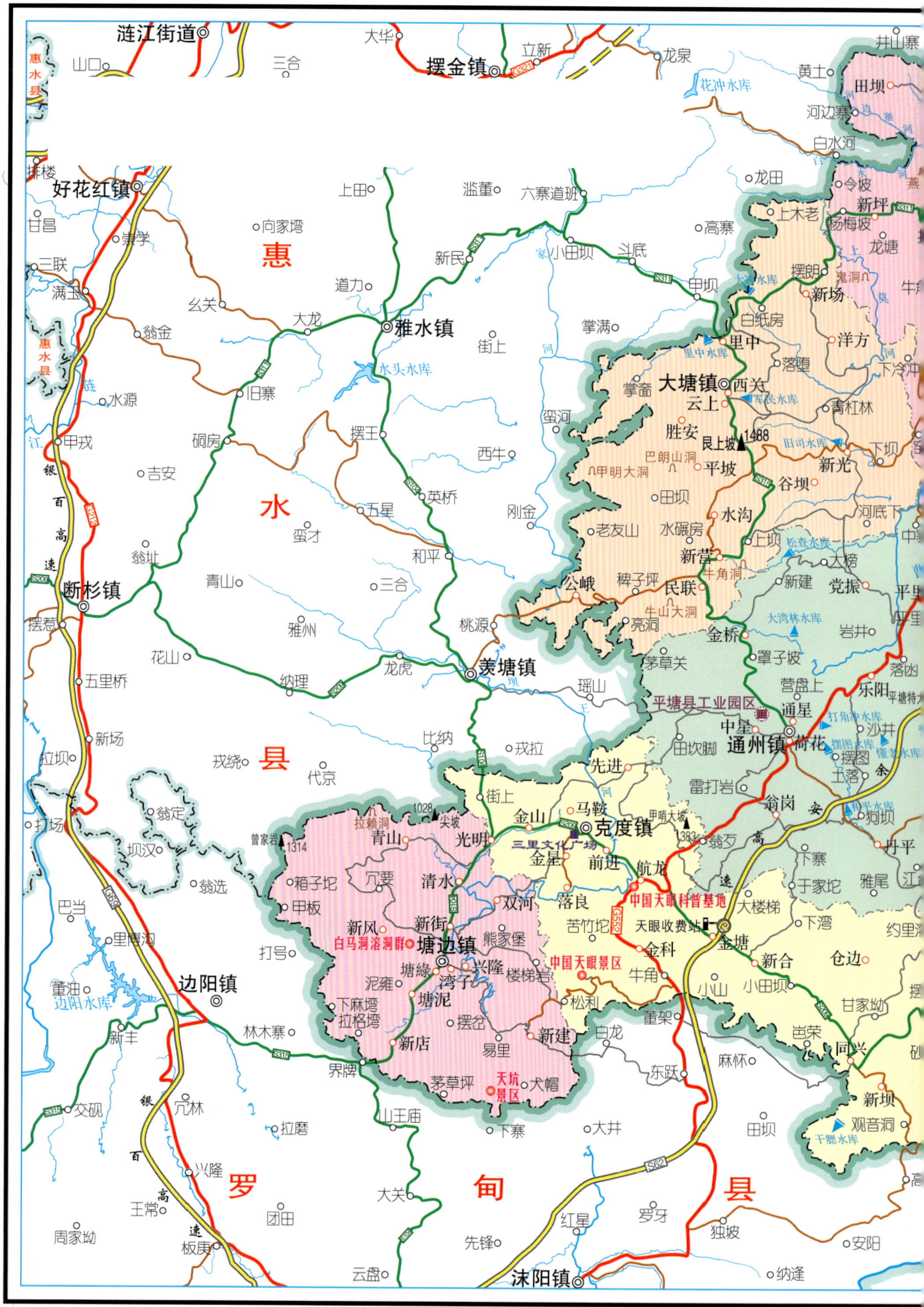

审图号：图黔J(2020)0004

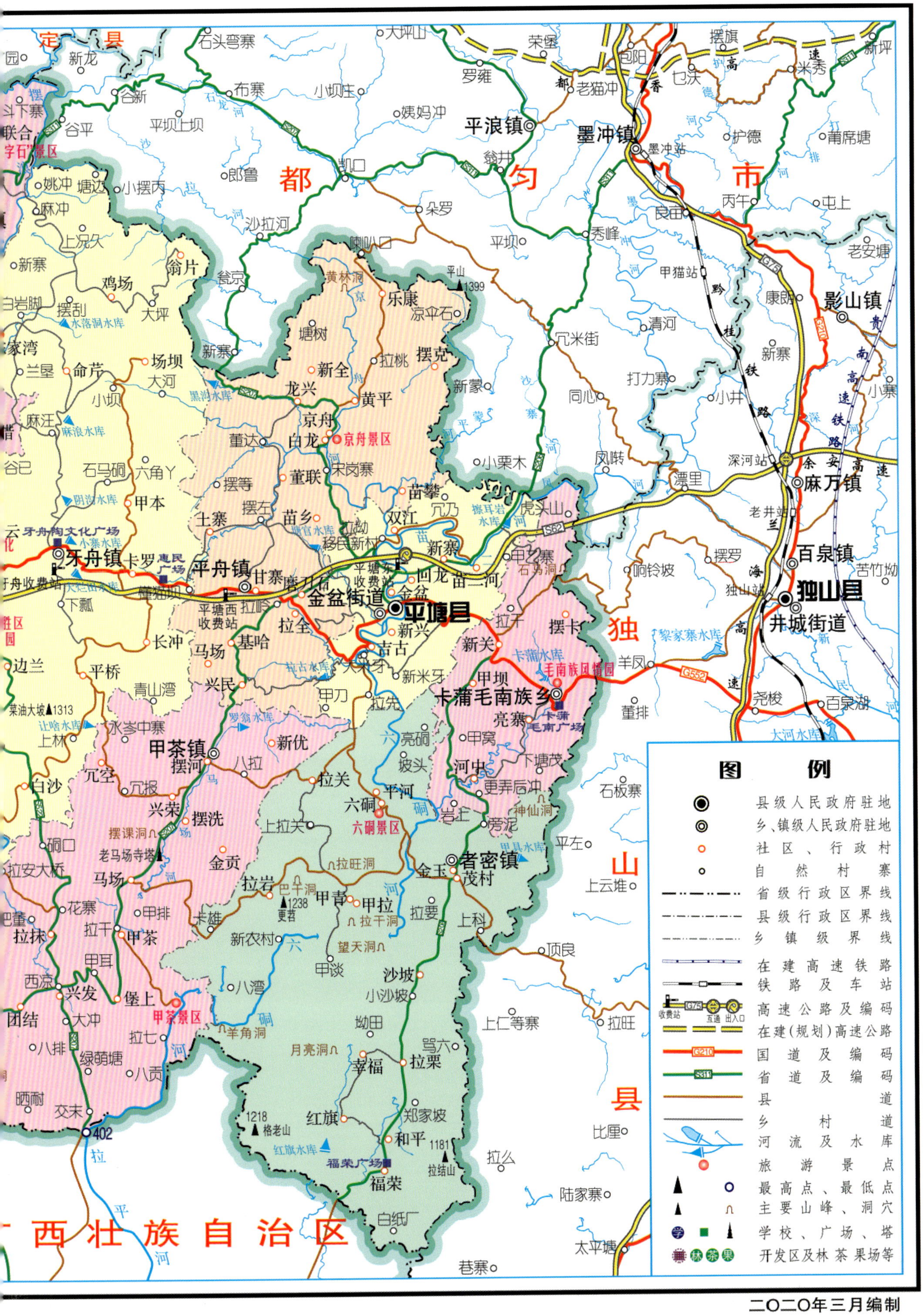
都匀市
独山县
广西壮族自治区
平塘县
金盆街道
平舟镇
牙舟镇
甲茶镇
者密镇
卡蒲毛南族乡
平浪镇
墨冲镇
影山镇
麻万镇
百泉镇
井城街道
京舟景区
六硐景区
甲茶景区
毛南族风情园
牙舟陶文化广场
福荣广场
卡蒲毛南广场
黑沟水库
麻浪水库
罗翁水库
卡蒲水库
红旗水库
大河水库
黎家寨水库
拉古水库
小寨水库
让哈水库
阴沟水库
水落洞水库
中山
新关
新兴
吉古
甘寨
摆卡
苗二河
平山 1399
格老山 1218
拉结山 1181
菜油大坡 1313
天星 1238
黔桂铁路
余安高速
G75
G210
G552
S62
S311
402
图例
县级人民政府驻地
乡、镇级人民政府驻地
社区、行政村
自然村寨
省级行政区界线
县级行政区界线
乡镇级界线
在建高速铁路
铁路及车站
高速公路及编码
收费站
互通
出入口
在建(规划)高速公路
国道及编码
省道及编码
县道
乡村道
河流及水库
旅游景点
最高点、最低点
主要山峰、洞穴
学校、广场、塔
开发区及林茶果场等

二〇二〇年三月编制

平塘县交通图

城区出入引导图
至甘寨
变电站
客运交通管理局
水利局
四小
修车场
交警队
三中
水电局
停车场
观音岩
河边
北门桥
舟
河
粮食局
平湖派出所
卫生监督局
湘东医院
滿仙新区
平
烈士陵园
电视塔
审计局
第一幼儿园
教育局
生农行
工行
法局
联通
滿仙桥
中心集贸市场
物价局
司法局
档案局
百货公司
中国邮政
中国电信
休闲广场
文化馆
民族中学
后
山
新
村
鬼崽湾
公安局
人行
扶贫办
政府
宾馆
交通局
汽车站
农业办公室
湘都大酒店
地方海事处
运管所
森林公安
妇幼保健院
九五豪泰连锁酒店
电力大楼
平湖二小
土特产专卖
土壤测试中心
酒厂
中国邮政
天源摩配大全
平舟加油站
孟家副食店
烟草局
二中
县医院
民宗局
保险公司
平湖三小
民政局
东方医院
计生局
国税局
平舟镇
上头寨
下头寨
中国邮政
防震减灾局
气象局
县政府
县委
法院
检察院
少儿活动中心
县师范学校
至者密
新舟加油站
至独山
至都匀
至贵定
惠
水
县
惠水县
斗底
家
里金
掌满
摆榜
西牛
岗金
乌木
翁坪
遐山
大塘镇
大塘居委会
里中
掌弄
胜安
新安
半坡
蛇冲
高井
平坡
曹家屋脊
中西
水沟
摆托
新塘
槐山
公峨
民联
新营
火坝
营盘
金桥
金黔
同心
杨家大坡
青杠寨
平塘县国营林场通州工区
大理石
通州镇
高星
柱落
三星
克度水库
金山
克度镇
沟边
光明
先进
前进
天生桥
世界射电天文望远镜
大射电-天坑群旅游区
航龙
大理石
水泥厂
金科
金塘
岩山
拜秧
新合
抵高
纳顶
大土
上山
水晶石
司党
孔王寨
平塘县大塘镇茶叶水产养殖示范园区
西联
火昂
对门寨
谷坝
坝东
松查
平里早熟
温泉
黄良
乐阳
大井
金星
马口
新庄
仓
翁岗
龙田
高寨
新摆
长新
宁旺
都
香
高
速
洋方
新场
上奠
甲马
硐头
苗摆
东混
降平
光明
青山
唐家湾
双山
泳河
林河
沙河
双河
清水
新风
高山
贫同
新街
地坝
白马溶洞群
塘边镇
旁同
新龙
拉细坡
卡底幽
石板
绿水
拉龙
柏路
塘泥
罗家坡
摆别
穷岩山
摆岔
冗王坨
印田
新店
新建
打鸟
庙湾
团坡
新场
代京
比纳
抵塘
场坝
上坝
木兴
银
涟
罗路
百
油海
交足
董油
边阳水库
达上
董王
边阳镇
新庄
水井边
新场
下冲
油烟
江
双
河
口
水
库
交砚
明星
罗
甸
永进
打讲
平阳
跃进
苦牙
兴卫
云盘
至罗甸
至贞丰
大井
坝
王
河
访里
董架
董细
田坝
新岗
独坡
安阳
中寨
同兴
县
至惠水
G69
G212
G552
G321
G356
G761
S315
S311
S104
S209
S62
X943
X949
X964
X907
X913
X955
X960
X978
Y208
Y200
Y212
Y223
Y228
Y229
Y204
1028
1081
1107
1217
1315
1372
1383
1448

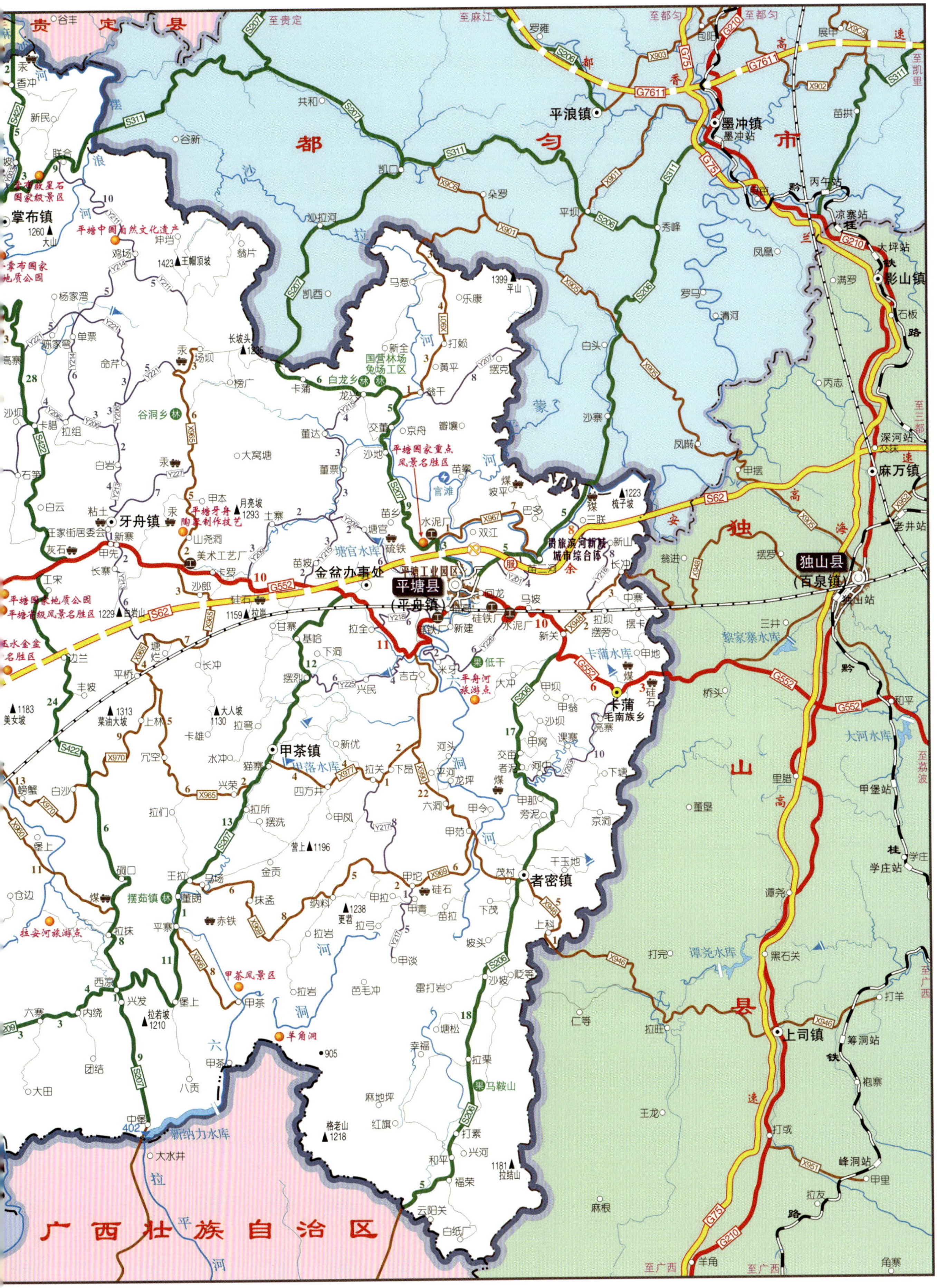

贵定县
都匀市
独山县
广西壮族自治区
平塘县
(平舟镇)
独山县
(百泉镇)
至贵定
至麻江
至都匀
至凯里
至三都
至荔波
至广西
平浪镇
墨冲镇
墨冲站
影山镇
麻万镇
掌布镇
牙舟镇
金盆办事处
甲茶镇
者密镇
卡蒲
毛南族乡
摆茹镇
上司镇
平塘中国自然文化遗产
平塘国家重点风景名胜区
平塘牙舟陶器制作技艺
平塘国家地质公园
平塘省级风景名胜区
贵旅滨河新城城市综合体
平塘工业园区
平舟河旅游点
甲茶风景区
拉安河旅游点
羊角洞
塘官水库
甲落水库
卡蒲水库
黎家寨水库
大河水库
谭尧水库
新纳力水库
国营林场兔场工区
白龙乡
谷洞乡
独山站
深河站
老井站
凉寨站
大坪站
丙午站
甲堡站
学庄站
筹洞站
峰洞站
G75
G210
G552
G7611
S62
S206
S207
S311
S422
黔桂铁路
都香高速
兰海高速
独山高速

平塘县旅游资源分布示意图

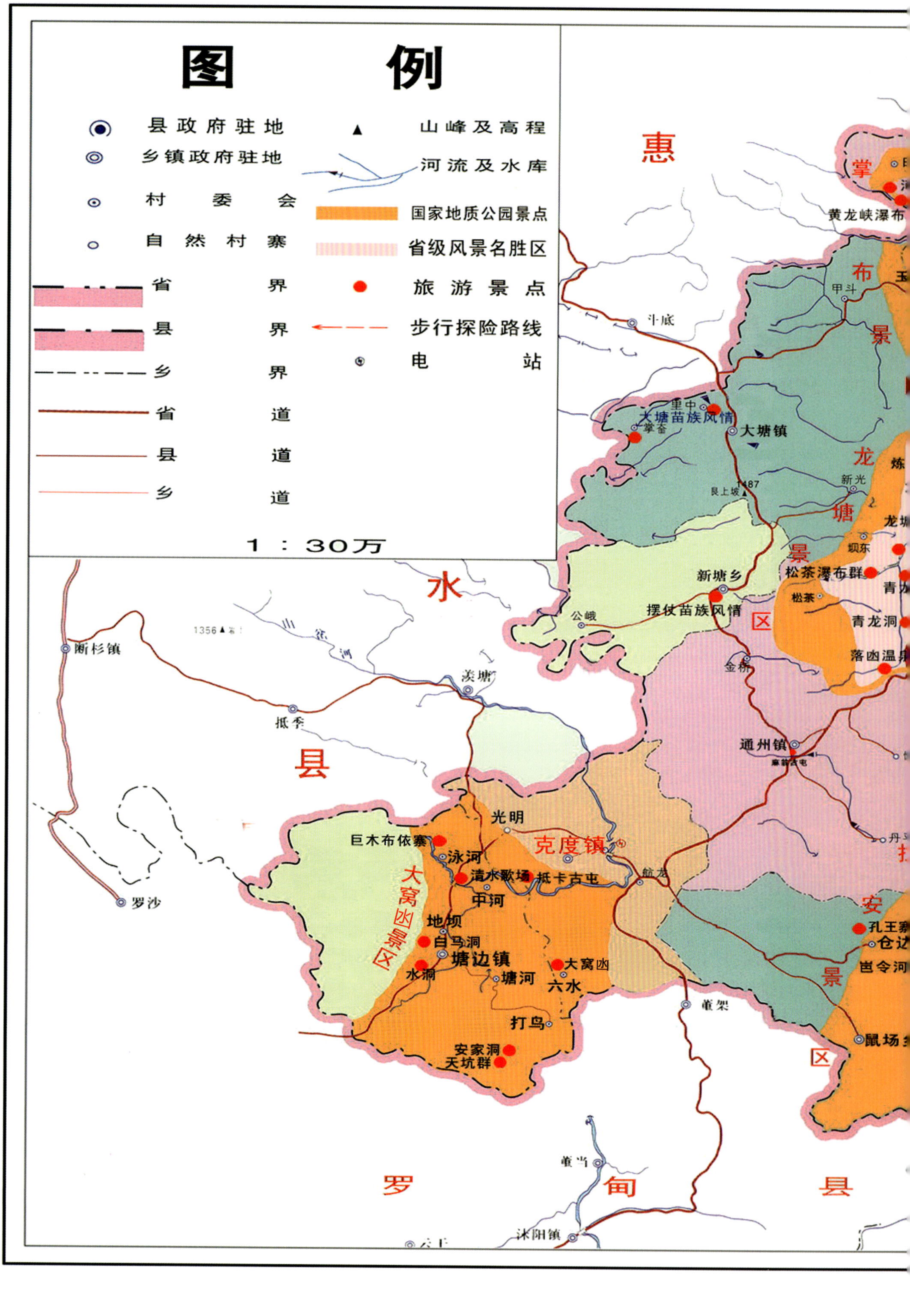

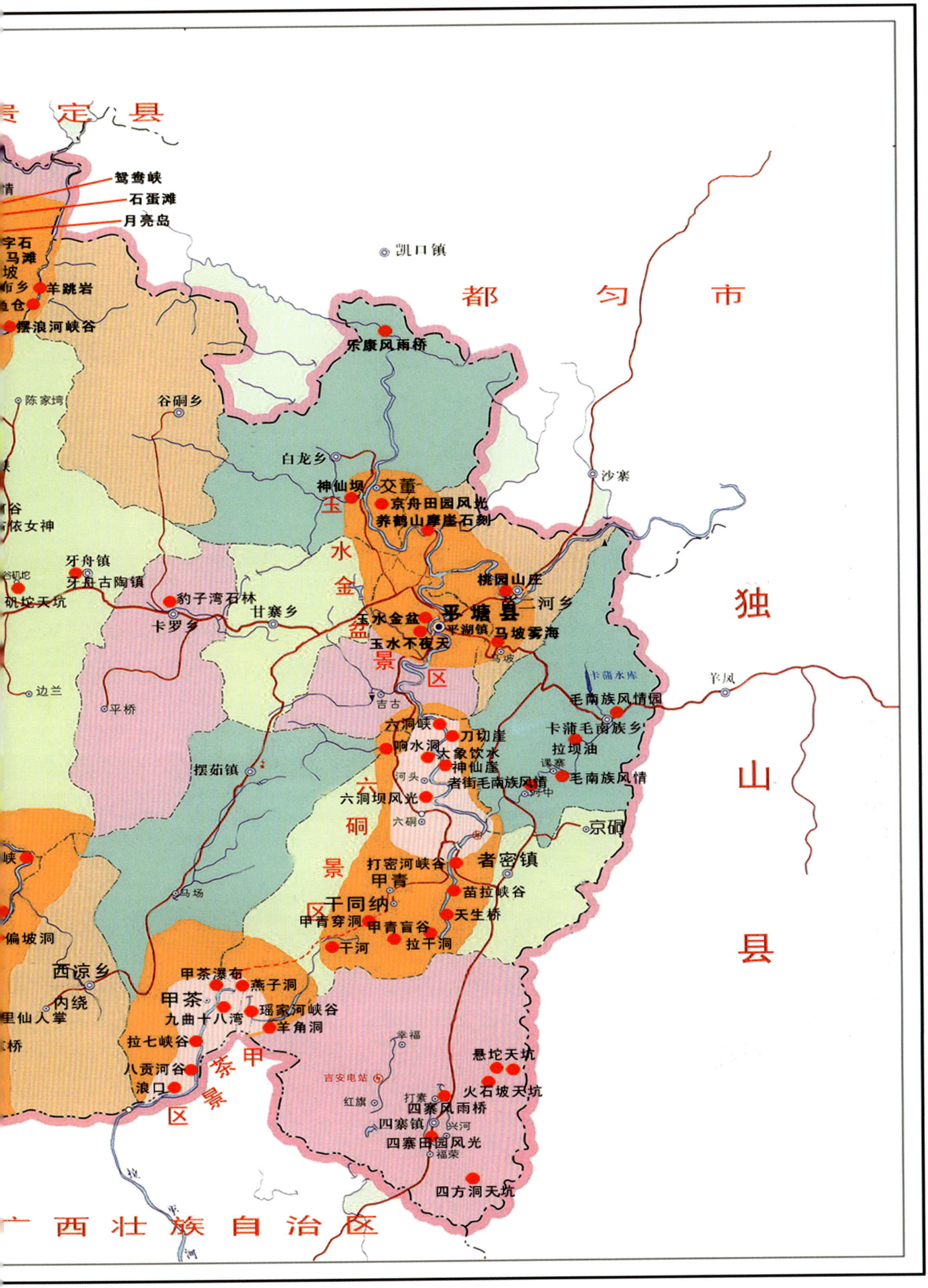

鸳鸯峡
石蛋滩
月亮岛
羊跳岩
摆浪河峡谷
凯口镇
都 匀 市
乐康风雨桥
谷硐乡
陈家湾
白龙乡
沙寨
神仙坝
交董
京舟田园风光
养鹤山摩崖石刻
玉水金盆景区
牙舟镇
牙舟古陶镇
豹子湾石林
卡罗乡
甘寨乡
桃园山庄
二河乡
平塘县
玉水金盆
平湖镇
马坡雾海
玉水不夜天
马坡
独 山 县
卡蒲水库
羊凤
毛南族风情园
边兰
平桥
吉古
六洞峡
刀切崖
响水洞
大象饮水
神仙崖
卡蒲毛南族乡
拉坝油
课寨
毛南族风情
摆茹镇
河头
者街毛南族风情
六洞坝风光
六硐
京硐
六硐景区
打密河峡谷
者密镇
甲青
苗拉峡谷
马场
干同纳
天生桥
甲青穿洞
甲青盲谷
拉干洞
干河
偏坡洞
西凉乡
甲茶瀑布
燕子洞
内绕
甲茶
九曲十八湾
瑶家河峡谷
羊角洞
拉七峡谷
幸福
悬坨天坑
八贡河谷
甲茶景区
浪口
吉安电站
火石坡天坑
红旗
四寨风雨桥
四寨镇
兴河
四寨田园风光
福荣
四方洞天坑
西 壮 族 自 治 区

平塘县城（2007年　摄）

2011年10月26日至28日，中共平塘县第十一次代表大会在县城少儿活动中心会场召开

1993年4月8日至12日，平塘县第十一届人民代表大会第一次会议在县人民大会场召开

2007年1月5日至8日，政协平塘县第七届委员会第一次会议在县城少儿活动中心会场召开

2007年10月，中共十七大代表石冬梅（毛南族）在卡蒲毛南族乡宣讲党的十七大精神

毛南族妇女（2012年 摄）

苗族妇女（2008年 摄）

布依族妇女（2012年　摄）

掌布藏字石（2002年　摄）

国家民委主任杨晶（左四）到卡蒲毛南族乡调研（2010年 摄）

省委书记石宗源（左六）在平塘考察调研（2009年 摄）

省长石秀诗（左一）到克度大窝凼大射电建设选址点考察（2005年　摄）

省长林树森（前右一）到卡蒲毛南族乡调研（2007年　摄）

省政协主席王思齐（前一）到平塘调研（2004年　摄）

2007年11月，国家信息产业部党组副书记、副部长奚国华（前右三）到克度镇大窝凼考察大射电天文望远镜项目台址，县委书记严肃（前右一）陪同

州委书记龙长春（左一）到平塘调研大射电项目建设，县长臧侃（右一）陪同（2013年 摄）

州长向红琼（右四）在平塘调研棚户区改造工作，州政协副主席、州发改委主任刘长江（右二），县委书记严肃（前左一），县长臧侃（右三）陪同（2007年 摄）

县委书记严肃（右三）在卡蒲毛南族乡调研小城镇建设（2011年 摄）

2012年9月，县长臧侃（前左四）调研县城市政建设

国际天文学家赴平塘进行大射电项目选址考察（1995年 摄）

中科院院士叶淑华、王绶琯、陈建生在平塘考察，县委书记吴秀全（右一）陪同（1997年 摄）

中科院院士、地质学家考察掌布藏字石（2001年 摄）

大射电天文望远镜项目首席研究员南仁东教授（右一）与外国专家在克度大窝凼洼地考察大射电项目台址地（2003年 摄）

参加“平塘星”小行星命名仪式的领导和专家合影（2009年　摄）

中科院院士欧阳自远到平塘作空间探测知识讲座（2009年　摄）

美国阿雷西博天文台台长阿瑞塔（左五）访问克度大射电工程（2012年　摄）

2008年12月26日，国家500米口径球面射电天文望远镜工程奠基仪式在克度镇大窝凼举行

凝冻灾害电力设施抢救（2008年　摄）

西凉乡派出所干警为受旱灾群众送水（2010年　摄）

平塘县行政中心办公大楼（2008年　戴传富　摄）

平塘县城夜景（2007年　摄）

平塘县城老城区休闲广场（2001年　摄）

平湖镇上梭廉租房项目建设（2012年　摄）

县城新区华丰佳苑房地产工程项目（2009年　摄）

县城污水处理厂（2011年 摄）

牙舟镇坪上移民新村（2012年 摄）

卡蒲毛南族乡城镇建设一角（2013年 摄）

牙舟镇烤烟基地（2004年　摄）

克度光明茶场（2006年　摄）

收割机田间作业（2008年　摄）

掌布镇开花寨蜜柚基地（2008年 摄）

平湖镇精品葡萄基地（2008年 摄）

塘边镇双河村春耕（2009年 摄）

苗二河乡新寨村桃园（2010年　摄）

四寨镇黑番茄基地（2012年　摄）

通州玫瑰花科普基地（2013年　摄）

白龙高效农业产业园（2013年　石治祥　摄）

平塘玉水毛尖茶

平塘县龙马水泥建材有限公司（2005年　摄）

平塘县宏远有限责任公司（2004年　摄）

2009年6月18日，通州工业园区方解石超微细粉及石头环保纸项目投资合作协议在贵阳签订

2012年5月9日，贵州盘江龙盟年产12万吨新型环保材料及系列产品项目举行奠基仪式

平湖工业园毛衣生产车间（2008年　摄）

平塘县中元矿业有限公司新型环保材料（2012年　摄）

县雅海国际石材产业园在通州工业园区动工建设（2013年　摄）

通州工业园贵州盘江龙盟集团公司外景（2013年　摄）

平塘110千伏变电站（1996年 摄）

龙塘电站大坝（2008年 摄）

山水工程——小水池项目（2012年 摄）

者密镇甲具水库病险治理工程（2013年 摄）

建设中的河湾电站（2012年 摄）

县乡油路六硐段（2009年 摄）

平塘广播电视“村村通”工程在甘寨乡正式启动（2009年 摄）

独（山）平（塘）高速公路开工典礼（2011年 摄）

1989年11月，平塘实现基本无盲县工作通过省人民政府验收

卡蒲毛南族乡中学（2013年 摄）

平塘民族中学新校区（2013年 摄）

克度中学（2005年　摄）

掌布中学（2012年　摄）

平塘县首次高考奖励颁奖仪式（2006年　摄）

小学营养餐（2013年　摄）

深圳援建的县人民医院（又称建平医院，1998年3月动工，2002年2月竣工使用）

卡蒲毛南族乡猴鼓舞（2005年 摄）

平湖地区布依族耍水龙（2007年 摄）

中国·平塘“全民健身与奥运同行”贵州省龙舟精英赛在县城举行（2007年 摄）

平塘县迎奥运全民健身长跑活动在县城开幕（2008年 摄）

中央电视台在掌布镇录制《快乐农家》节目（2012年　摄）

者密镇毛南族婚礼（2012年　摄）

新塘乡苗族咕噜跳月活动（2012年　摄）

塘边镇清水“六月六”布依歌节（2013年　摄）

掌布镇布依族民居（2011年　摄）

四寨风雨桥（2012年　摄）

塘边镇布依族八音弹唱（2012年　摄）

塘边镇傩戏（2013年　摄）

县城“玉水不夜天”山水实景剧场（2011年 摄）

甲茶景区银滩（2008年 摄）

掌布景区浪马河谷（2012年 摄）

塘边镇打岱河天坑（2012年 摄）

龙塘景区——龙塘电站大坝蓄水区秋色（2006年　摄）

者密镇甲青盲谷（2012年　摄）

中国天眼——国家500米口径天文射电望远镜台址地原貌（2009年 摄）

2013年5月，克度大窝凼大射电工程台址开挖清理洼地工程完工

2014年10月，克度大窝凼大射电工程圈梁架设完工，周长2826米

2014年10月，克度大射电工程正式启动馈源舱停靠平台建设

2015年2月，大射电工程反射面板支撑索网顺利合龙

2015年8月2日，大射电第一块单元反射面板起吊安装（代传富 摄）

2015年 8 月3日，第一块反射板顺利落位。整个反射面由4450余块反射板组成，镜面相当于30个足球场的面积

2015年11月21日，大射电望远镜馈源支撑系统首次升舱成功

2016年6月，大射电望远镜主体工程完工

500米口径球面射电望远镜底部图
（2016年　摄）

2016年7月，中国天眼——500米单口径球面天文射电望远镜竣工，同年9月25日启用

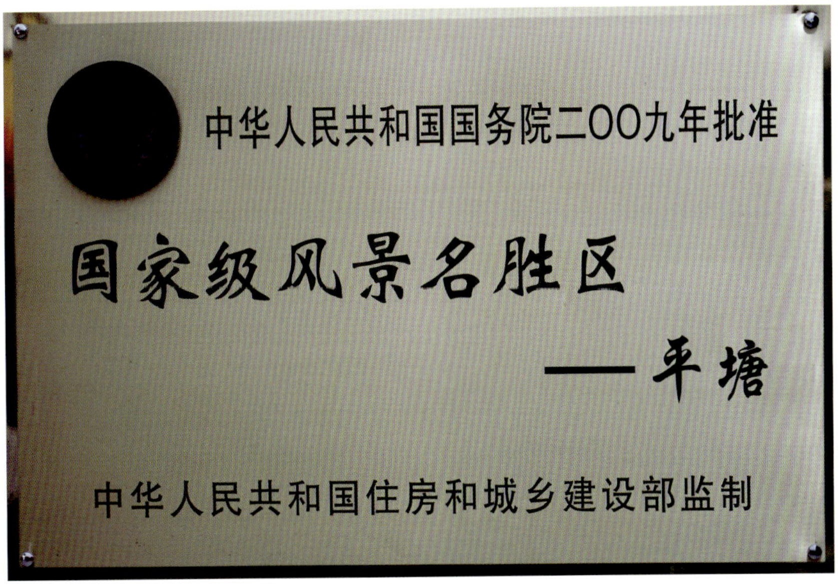
中华人民共和国国务院二00九年批准
国家级风景名胜区
——平塘
中华人民共和国住房和城乡建设部监制

AAAA
国家级旅游景区
NATIONAL TOURIST ATTRACTION
全国旅游景区质量等级评定委员会

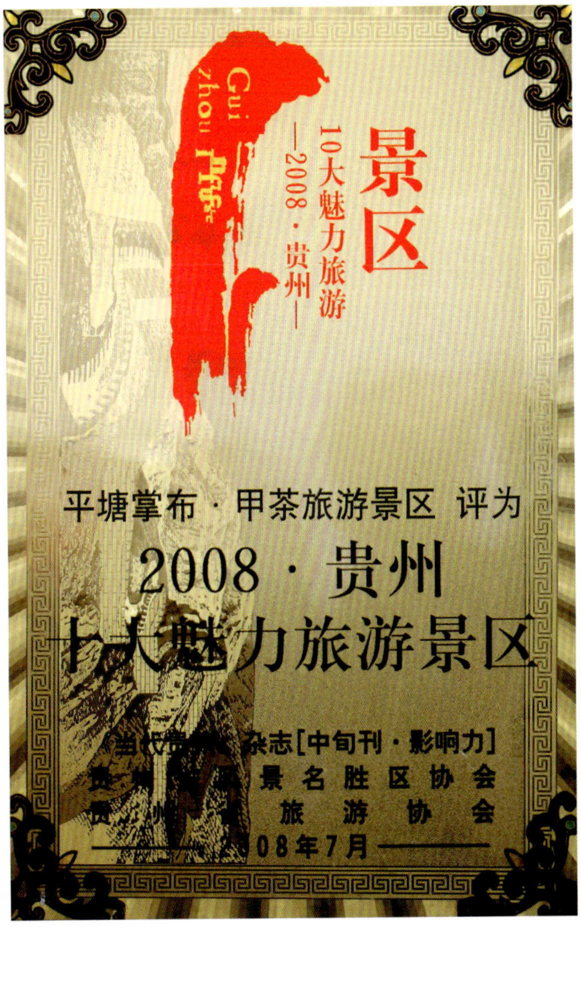
景区
10大魅力旅游
—2008·贵州—
平塘掌布·甲茶旅游景区 评为
2008·贵州
十大魅力旅游景区

2018年6月11日，《平塘县志（1988～2013）》省级终审会在贵阳举行（黄通进　摄）

参加《平塘县志（1988～2013）》省级终审会人员合影（黄通进　摄）
前排左起：张慧玲、周声浩、杨林、梁贵钢、范同寿、唐玉芳
后排左起：石国尹、黄通进、伍启林、钟莉、车秀琴

《平塘县志（1988～2013）》编委会

名誉主任： 臧　侃　张建海

主　　任： 莫君锋

常务副主任： 蒋小祥

副 主 任： 曹礼鹏　黄学兰　杨　眉　莫卫武　吴家福　帅兴云　杨志其　文建阳

委　　员： 王国敏　熊都恒　杨通豪　王永祥　毛启军　彭　皓　戴　德　庭　鸿　石国尹　黎泽平　李德禹　李义娟　焦　飏　李　华　张　虎　王金强　杨永燕　李劲松　王劲榆　宋勇健　田洪亮

《平塘县志（1988～2013）》编辑部

顾　问： 李定元

主　编： 石国尹

副主编： 莫玉娥　钟成德

编　辑： 徐先文　杨培胜　雷远方　杨维俊　杨正勇　杨富民　罗　平　孙其铭　牟如龙　严福刚

编　务： 黄通进　刘必亮　李文凤　杨玉梅

序　一

邑之有志，犹如国之有史。地方建置沿革、自然地理、政治经济、文化生态，常以志记述，以求后人通古今、知兴废、明得失、察未来。在“十三五”规划收官之年，续修的《平塘县志（1988~2013）》付梓问世，意义深远，可喜可贺！

平塘山川秀美，资源丰富，气候宜人，宜居宜业。奇峰林立、山石嶙峋、溶洞遍布的喀斯特地形地貌，造就了千姿百态和秀美神奇的自然景观。塘边天坑群、掌布天书——藏字石、甲茶瀑布、牙舟古陶和有“玉水金盆”美称的县城等众多景区景点，特别是坐落在县境西部当今世界最大500米口径球面射电望远镜——“中国天眼”、平塘特大桥——世界最高塔桥两项天字号工程，成为世人认知平塘的世界级名片。平塘相继获得首批中国十大科技旅游基地、国家科普示范基地、全国科普教育基地、全国爱国主义教育示范基地等荣誉称号。

自第一部《平塘县志》问世以来，距今已有20余载，此间，平塘各族人民在县委、县政府的坚强领导下，认真贯彻党的路线方针政策，发扬“登高望远、精益求精、勇于争先”的大射电精神，锐意进取，深化改革，团结奋进，一步一个脚印，全力迈进小康，通过自己的勤劳和智慧，创造了美好幸福的生活。全县经济快速发展，社会事业生机勃勃，城乡面貌日新月异，呈现出繁荣富强、和谐安定、幸福美好的大好局面。

编修县志，旨在勉励后事者铭记历史，深知今天的幸福生活来之不易，从而激发爱党、爱国、爱家情怀。第二部《平塘县志》的编修，于2012年正式启动，历经数载，数易其稿，共22篇101章，100余万字，运用辩证唯物主义和历史唯物主义的观点、方法，全面、准确、翔实地记述了平塘县1988~2013年改革发展的全过程，涵盖平塘自然风貌、历史沿革、民风民俗的发展变化和政治、经济、社会、文化、生态等方面的建设情况，反映出平塘人民的发展史、创业史和奋斗史，是一部了解平塘、宣传平塘、研究平塘的“百科全书”，凝聚了全体修志工作者的心血和汗水。在此，谨向全体编纂人员和关心、支持平塘地方志工作的各界人士表示敬意和感谢。

我到平塘工作多年，与广大人民结下深厚感情，把平塘建设好、发展好，既是一种情怀，更是责任和担当。当前，全县各级各部门正全面落实县委特色规模强产业、东西并举扩城镇、项目投资打基础三项发展部署，大扶贫、大旅游、大生态三大战略行动，产业发展、城镇建设、基础设施、改革创新、民生福祉五个提升工程，实现决胜全面建成小康社会一个奋斗目标的“3351”发展总思路，以脱贫攻坚统揽经济社会发展全局，不等不靠、主动作为、创新争先，努力探索出一条符合平塘实际的科学发展之路。各项工作繁重而艰巨，诚望全县广大干部群众学好志、用好志，秉承先辈壮志，发扬拼搏精神，凝心聚力，同心同德，艰苦创业，为全面建成小康社会，实现文明、和谐、富强的平塘而努力奋斗，平塘明天更加美好！

以此为序。

中共平塘县委书记　臧侃

2020年6月

序　二

《平塘县志（1988～2013）》经修志工作人员毕尽其功，历经数载，终成其稿，在迎来决战脱贫攻坚、决胜全面小康建设胜利之年出版问世，是全县人民的一件盛事、喜事！

平塘县建置相对较晚，但地方行政设置已有上千年历史。春秋属牂牁国，战国时期隶夜郎国，秦汉为牂牁郡毋敛县，晋、隋分属牂牁郡的并渠县和宣化县，唐代建南平州和勋州，元至元年间置府、州、县。元至元二十九年（1292）置定远府，领5州7县，明洪武年间置土司，清代设营、汛和州制。民国3年（1914）建平舟、大塘两县，民国30年（1941）平舟、大塘两县并为平塘县。

平塘山川秀美，资源丰富。独特的地形地貌，尽显奇秀。2005年，平塘县被国土资源部批准为国家地质公园。2006年，列入国家自然遗产预备名录。2008年，掌布景区成为国家AAAA级旅游景区。2009年，被国务院批准为国家级风景名胜区。2016年，国家“十一五”重大科技工程——当今世界最大单口径球面天文射电望远镜落成启用，与享有“玉水金盆”美誉的县城、掌布“藏字石”、塘边天坑群、牙舟古陶成为享誉中外的旅游名片。

自第一部《平塘县志》出版问世以来的26年间，平塘各族人民在党的关怀和县委、县政府的带领下，抢抓机遇，大力实施“农业旺县、工业强县、旅游兴县”和城镇带动发展战略。加快非公有制经济发展和基础设施建设，城乡面貌发生翻天覆地的变化，经济和社会事业日新月异、突飞猛进，这一时期是平塘发展史上速度较快、质量较好、人民群众受益较多的历史时期。

志书是历史的记忆，是时代的印记。一卷在手，犹如全局在胸。

为政者，以之为镜，观盛衰兴废，明是非得失，更好把握未来发展；为民者，以之为师，览家乡全貌，知发展艰辛，更加珍惜今天的幸福生活，其“存史、资政、育人”的意义深远。

本次修编的第二部县志，仍续前志体制，采用“述、记、志、传、图、表、录”之体例，取“篇、章、节”之架构，首为概述，次为大事年纪，后为专志，末为附录，共100余万字。志稿以马克思列宁主义、毛泽东思想、邓小平理论、“三个代表”重要思想、科学发展观和习近平新时代中国特色社会主义思想为指导，坚持详今略古、实事求是的原则，运用辩证唯物主义和历史唯物主义的立场、观点、方法，分析事物发展规律，把握时代发展脉络，记述了1988～2013年全县各行各业发生的变化，是一部具有时代特征和地方特色的历史文献。我们深信，续修的《平塘县志》能够成为世人认识平塘、了解平塘的窗口，能为海内外客商和平塘籍人士投资平塘、回乡创业提供全方位的信息，同时希望全县广大青少年通过阅读《平塘县志》，进一步了解县情，激发热情，勤奋学习，建功立业，回报桑梓。

平塘县人大常委会主任　张建海

2020年6月

凡　例

一、本志以马克思列宁主义、毛泽东思想、邓小平理论、“三个代表”重要思想、科学发展观和习近平新时代中国特色社会主义思想为指导，坚持辩证唯物主义和历史唯物主义的立场、观点和方法，实事求是记述本县行政区域内自然、政治、经济、文化、社会的发展现状。

二、本志是第一部《平塘县志》（1992 年版）的续志。上限始于 1988 年 1 月，下限止于 2013 年 12 月，为全面反映改革开放以来取得的成就，部分章节内容有所上溯或下延。

三、本志由述、记、志、传、图（照）、表、录组成，以志为主体。各专志按篇、章、节、目、子目层次记述。概述、大事年纪、人物、附录单独成篇，不排序。

四、本志大事年纪以编年体为主，个别需要反映事件过程与结果者，亦用纪事本末体相结合的体例。

五、本志行文除引文、附录外，一律采用现代语体文记述，使用文字均以国家语言文字工作委员会 1986 年 10 月 10 日公布的《简化字总表》为准。

六、本志历史纪年、地名、机关团体名、行政区划名、职务等，均用记事时称谓。

七、本志计量单位使用以《中华人民共和国法定计量单位使用方法》为准，历史上曾使用过的特殊计量单位，根据需要按当时用法如实记载。考虑到社会使用习惯，全书中亩、公顷不统一换算。

八、本志资料主要来源于县直机关、企事业单位、乡镇和县档案馆馆藏资料，兼收走访调查的相关文字和口碑资料。统计数据，以县统计局对外公布的数据为准；统计部门未统计的数据，则以单位提供的数据为准。

九、本志人物部分，设人物传略、人物简介、人物补遗三类，坚持生不立传。人物传略者为对平塘的经济建设和社会进步有突出贡献、产生过重大影响的已故人物，以卒年月先后排序；人物简介收录获省部级及以上表彰的已故先进模范人物和已故副高级以上专业技术职称人员、能工巧匠、曾任县级以上实职的平塘籍干部或外籍在平塘工作的县级以上干部。人物补遗为《平塘县志》（1992 年版）未列入的有重大影响和重大贡献的已故人物。

十、本志索引条目按首字的汉语拼音为序，目录未载入条目可在索引中查找。

目 录

概　述

平塘是国家500米口径球面天文射电望远镜落户地、国家级风景名胜区、国家地质公园、国家科普示范基地、全国科普教育基地、全国爱国主义教育示范基地、中国首批十大科技旅游基地，位于贵州省南部，隶属黔南布依族苗族自治州，东连独山县，西接惠水县、罗甸县，北接贵定县、都匀市，南与广西壮族自治区南丹县相接壤，跨北纬25°29′55″～26°06′41″，东经106°40′29″～107°26′19″，东西最大距离76.3千米，南北最大距离67.7千米，土地总面积2815.6平方千米。县城至省会贵阳156千米、州府都匀市66千米。2013年末，全县辖9镇1乡、124个村（居）1831个村民小组，总人口32.28万。居住有汉族、布依族、苗族、毛南族等民族，其中少数民族人口占59.89%。毛南族系贵州人口少于10万人的少数民族之一，卡蒲毛南族乡是全国唯一的毛南族乡。

平塘地处云贵高原向广西丘陵过渡地带，地势西北高东南低，为山地、丘陵地貌。平均海拔710米。属中亚热带季风湿润气候区，年平均气温13℃～17.2℃，平均降雨量1100～1400毫米，无霜期256～326天。冬无严寒，夏无酷暑。境内空气水质良好，适合各类动植物生长，是人类最宜居住的地方。

平塘资源丰富，境内有3条干流及其29条支流，水能蕴藏量26.8万千瓦。20世纪60～70年代先后建成龙塘、官滩、克度、花冲等13座水电站。总装机容量5171千瓦。2000年后，先后对六硐河、槽渡河、霸王河流域水能开发进行规划，并引进外商投资河湾、甲茶等一批水电站建设。2013年河湾电站建成并网发电，装机容量2万千瓦。

境内植物主要有691种分属140科，属国家二级保护植物5种、三级保护植物3种。野生脊椎动物142种分属31目66科，属国家一级保护野生动物2种、二级保护野生动物9种。森林植被主要为常绿阔叶林、常绿针阔叶混交林、针叶纯林和草场等。2013年全县森林覆盖率达53.17%。

矿产主要有煤、大理石、方解石、花石、硅石、陶瓷土、紫砂陶土、高岭土以及铁、铜、锰、铀、锑、铝、锌等18种，其中煤炭储量3.07亿吨、大理石储量1.36亿立方米、花石储量217万立方米、硅石储量39亿吨、陶瓷土储量64万吨、紫砂陶土储量2250万吨。1988～2008年，矿产资源开发利用主要是煤炭、硅石和陶土。2009年，实施“工业强县”战略后，引进盘江龙盟、中元矿业等一批企业入驻通州工业园，进行方解石、大理石精深加工，初步形成一定规模的“土石工业经济”。2013年，牙舟陶产业园在通州镇建成投产，高质丰富的陶土成就了600多年历史的中国名陶——牙舟陶，是外界认知平塘的一张名片。

平塘地处中亚热带岩溶喀斯特地区，境内重峦叠嶂，河谷深切，峰林、谷地、洼地、坡立谷、间歇泉、落水洞、地下河、漏斗井泉、溶洞、阴潭应有尽有。风物景观有山、水、林、泉、洞、湖、瀑、竹海、河滩、河谷等。1993年，以平舟河马蹄岩至六硐段和甲茶河谷为重点，开始实施保护性旅游开发。1996年对全县旅游资源全面考察后，将境内景区分为6大片区，共有131处景物景观，总面积264.1平方千米。2000年2月，列入省级风景名胜区后，平塘旅游业进入新的发展阶段，随着掌布“藏字石”的发现和掌布景区的建成，旅游业呈“井喷式”发展，先后被批准为国家地质公园、国家AAAA级旅游景区。2008年12月，国家“十一五”重大科技项目，迄今为止世界最大口径球面射电望远镜在平塘克度镇奠基建设，平塘成为省内外重要的旅游目的地。2013年，全县旅游总收入达36.88亿元。

1978年，中共十一届三中全会后，平塘全面进入改革开放和中国特色社会主义建设新时期。26年来，平塘县各族人民在县委、县政府的带领下，与时俱进、主动作为、奋力拼搏，不断开创新局面，创造新业绩，经济持续加快发展，城乡面貌焕然一新，各行各业成就斐然，经济社会长足发展。尤其是旅游、城建、现代农业生态等领域取得突破性发展，先后获全国水利先进县、全国飞播造林先进县、全国粮食生产先进县等殊荣，并形成蜚声中外的8张旅游名片。

26年来，平塘实现了政治建设、经济建设、文化建设、社会建设、生态建设全面发展。改革开放初期，实现以家庭联产承包责任制调动群众生产积极性，解决了群众吃饭的基本问题。20世纪80年代中期至90年代中期，一方面发挥资源优势大力发展乡镇企业，一方面调整农业内部结构，推广农业实用技术，扩大粮食、烤烟、油菜、水果、蔬菜面积，实施畜牧品种改良，同时发展粮油加工，推动第三产业发展，粮食、烤烟、油菜成为全县经济支撑，成为群众生产增收的支柱产业。20世纪90年代后期至21世纪初期，抢抓国家实施西部大开发和新阶段扶贫开发历史机遇，加大水电路等基础设施建设投入力度，改善农村生产生活条件；大搞招商引资，加快资源开发，规模工业、旅游业、现代农业初步形成。这一时期，农村外出务工收入可观，农村住房极大改善，彩电、冰箱、洗衣机等家用电器普及农家，农村子女入学、升学得到保障。2010~2013年，平塘发展提速转型，驶入快车道。县委、县政府紧紧围绕“加速发展，加快转型，推动跨越”主基调，实施“工业强县”“城镇带动”战略，推进工业化、城镇化、新农村、旅游业，城镇建设、交通建设、经济建设、文化建设等突飞猛进，城乡变化翻天覆地，呈现出一派欣欣向荣的景象。

一

政治建设稳步推进，社会和谐全面发展。中共十一届三中全会后，平塘贯彻落实党的基本路线方针政策，按照中共中央的统一部署，把工作重点迅速转移到经济建设上来，解放思想、实事求是、与时俱进，稳步推进改革，健全和完善体制机制，有效推进经济社会各项事业。人民代表大会制度和政治协商制度全面恢复或建立。党的建设成效显著，武装、宣传、统战、民族、宗教、妇女、工会、共青团等工作扎实推进。信访、维稳工作全面开展，依法治国、以德治国方略有效推进。扶贫攻坚工作取得重大成就。

改革开放35年来，平塘历届党委、政府紧紧围绕党中央、国务院的改革部署和开放战略，抢抓机遇，主动作为，敢为人先，根据县情确立改革开放的发展战略，制定切实可行的发展目标，探索形成符合平塘实际的发展思路。

1978年，中共十一届三中全会作出把全党工作重心转移到社会主义现代化建设上来的战略决策后，平塘召开三级干部会议，学习贯彻全会精神，落实党在农村的各项经济政策。1979年后，在全县农村普遍推行家庭联产承包责任制，在城镇开始以搞活企业为起点进行经济体制改革的试验和探索。

1981年4月，中共平塘县第四次代表大会通过第三届县委《紧密围绕在党中央周围，坚持和改善党的领导，为加快我县社会主义建设事业而奋斗》的工作报告，全县共产党员和各族人民同心同德，团结一致，努力完成党的十一届三中全会提出的各项任务。全县以经济改革为中心，调整农村农业产业结构，发展经济联合体和各种专业户、重点户，发展农业商品经济。改变商业高度集中行政管理为主的方式，理顺企业内外部关系，扩大企业自主权，推行各种形式的经济责任体制，并开始打破行业和所有制界限，发展横向经济联系和经济联合，促进商品经济的发展，此期间，国民经济持续、稳定、健康发展，农业产业结构逐步完善。

1985年4月，县第五次党代会号召全县各级党组织为争取社会主义现代化建设新胜利而奋斗。是年，完成第六个“五年计划”，与1980年相比，全县工农业总产值增长32%，财政收入增长5.7%，生猪增长41.1%，油菜籽增长3.5倍。

1988年9月，县第六次党代会提出，大力推进经济体制政治体制改革，逐步建立社会主义商品经济新体系，实现工农业总产值第一个翻番，为实现第二个翻番和完成“七五”计划奠定基础。到1992

年，全县工农业总产值19895.91万元，其中工业总产值4297.2万元、农业总产值15598.71万元，年均增长10.8%、7.6%、25.5%。

1993~1997年，县委根据经济较脆弱的县情，确立“两翼齐飞、双管齐下、三轮驱动、四面开放”战略。以经济建设为中心，以扶贫攻坚为目标，加快农业结构调整，在促进农业增产、农民增收，加大农村水电路等基础设施投入，改善农村生产生活条件的同时，乡镇企业深化工业企业改革，推进工业企业优化组合，顺利完成农村第二轮土地承包，基本解决农村温饱问题。以神龙总公司（原酒厂）为突破口的企业改制取得初步成效，县龙马水泥厂成功兼并县水泥厂，工业化困境中保持一定的增长趋势。

2002年1月，县委九届二次全委（扩大）会议提出优化第一产业、争上第二产业、振兴第三产业（简称为“优一争二兴三”）发展思想，以做好做强烤烟产业为突破口，提高经济作物比重，以盘活州考核企业为重点，以招商引资增长工业存量为中心，突出以交通、小城镇为主的基础设施建设，在良好的非公有制经济发展环境中促进第三产业发展。2006年，县内生产总值达82014万元，年均增长13.16%。其中，第一产业35337万元，年均增长13.33%；第二产业14734万元，年均增长13.35%；第三产业31943万元，年均增长12.86%；财政总收入6028万元，年均增长16.83%；农民人均纯收入1801元，年均增长10.39%。

2007年3月，县十届三次全委（扩大）会议提出以农民增收和农村经济增长为中心，抓住新农村、旅游业、工业化、城镇化四个重点，以实施项目为载体，以招商引资为突破，推进优势资源的开发利用，着力打造经济增长点，实现经济社会又好又快发展。

2011年10月，县十一次党代会通过十届县委《高举发展、团结、奋斗旗帜，争取平塘经济社会更好更快发展新胜利》的工作报告。

2012年12月，县委十一届四次全委（扩大）会议强调各级干部在实现经济加速发展、增比进位、赶超跨越上要解决好三个问题，一是“快”字为先，把加快发展与夯实基础、提高质量有机统一起来，形成加快发展的良好格局。二是“干”字当头，把干部的思想、心思、力量凝聚到发展上。三是“民”字为本，尽一切可能解决群众关注的教育、卫生、文化、保障、就业等问题。审议通过中共平塘县委《关于贯彻落实党的十八大精神，开展同步小康创建活动的实施意见》《进一步实施科教兴县战略，大力加强人才队伍建设的实施意见》。

2013年3月，县委十一届五次全会客观分析当前形势和面临的发展机遇，提出了“特色规模强产业，东西并举扩城镇，项目投资打基础”的发展思路，明确2014年的目标任务，号召全县党员干部以刮骨疗毒、壮士断腕的勇气，以踏石留印、抓铁有痕的胆识，实现平塘经济社会发展从量变到质变的突破。

二

改革步伐稳步推进，经济实力明显增强。改革开放初期，受经济体制束缚，平塘县是一个以种植业为支柱的农业县，粮食、油菜、烤烟是经济支柱产业。产业结构单一，第二、三产业甚微。从20世纪80年代开始，平塘为脱贫致富加快推进了一系列经济制度改革。

1988年5月，县委印发《关于1988年深化农村改革的意见》，进一步完善土地承包责任制，推行技术有偿服务。是年，除粮食、油菜籽等少数农产品仍实行合同收购外，其他农产品均进入市场交易。1990年6月，取消向农民收取各种费用。1992年取消粮食统购统销制度，放开粮食市场。1995年，允许农民经营的自留山、承包山上的中幼林经营权和非耕地使用权进行公开拍卖。1998 年 8 月，县委印发《关于稳定和完善全县农村土地承包关系的实施意见》，进行第二轮土地承包，延长责任地、责任山承包期。1999 年在平湖、者密、鼠场 3 个乡镇进行农村税费改革试点，实行税费合一，统一征收。2002 年，农村税费改革全面铺开，改革乡镇财政管理体制，设立乡（镇）级财政。2004 年，除烤烟特产税外，取消所有农业特产税。2006 年，全面取消农业税。在稳定粮食、烤烟、油菜生产的同时，大力推进农业内部结构调整，提高经济作物比例，建立农业生产基地，发展现代农业产业园。

20 世纪 80 年代后期，在大力推进农村综合体制改革的同时，采取积极稳妥的政策推进企业和商业体制改革。1988 年，县内国有企业和集体企业推行厂长（经理）负责制，实行经营承包。1992 年，实行劳动报酬与产品数量质量挂钩。1998 年，采取一次性补偿安置企业职工，对企业以分离重组、租赁、股份制合作等方式进行改制。2001 年，国有企业实行国有资产重组盘活和下岗职工再就业相结合，进行企业清资清债，补足企业下岗职工养老保险费，解决企业遗留问题。2005 年后按照“一企一策”“一厂一策”“成熟一个、改革一个”的办法推进的同时，大搞招商引资，引进一批民营企业。2009 年，出台《关于进一步加快非公有制经济发展的实施意见》，组建政务服务中心，是年，非公有制企业发展到 75 家。2010 年后，实施“工业强县”战略，在通州、平湖、四寨规划建设 3 个工业园区，盘江龙盟、雅海石材、中元矿业、安泰石材、逢缘矿业、欧阳竹业、路平工矿等一批企业相继入园。2013 年，全县工业生产值达 16.91 亿元，是 1988 年的 102.5 倍。入驻企业达 25 家，投产企业 15 家，规模工业总值 14.16 亿元，全县基本形成以方解石、大理石和陶土深加工为重点的工业格局。流通领域改革从 1988 年开始推行，部分国有商业先后合并、停业或关闭。从 1993 年开始实行劳动合同制，推进“国有民营”改革。随着改革开放的深入，平塘社会经济呈健康持续的发展态势。

经济总量快速增长。2013 年，全县国内生产总值（GDP）31.83 亿元，是 1988 年的 36.3 倍；产业结构从农业为主型转为工业和旅游并重型；人均生产总值从 1988 年的 346.54 元提高到 2013 年的 135737 元，是 1988 年的 391.69 倍；财政总收入由 441.4 万元上升到 2.46 亿元，是 1988 年的 55.7 倍；农民人均纯收入从 233 元增加到 5728 元，是 1988 年的 24.58 倍；全社会固定资产投资规模从 650 万元增加到 47 亿元，是 1988 年的 72.3 倍；全社会消费品零售总额由 3813.88 万元提升到 6.07 亿元，是 1988 年的 15.91 倍。

2013 年，全县农业总产值 9.44 亿元，是 1988 年的 10 倍；农民年人均收入 5728 元，是 1988 年的 25.5 倍。是年，建成以茶叶、蔬菜为重点的大塘、白龙省级农业产业园。茶叶、蔬菜、水果成为农民增收的重要来源。

1994 年，成立县商业总公司后对全县商业系统实行扭亏增盈目标责任考核管理，1998 年实施国有商业企业体制改革后，个体工商户和民营商业企业成为贸易主体。2000 年后，家用电器普及和农村建材市场需求旺盛，社会消费品零售额快速增长。2002 年，社会商品零售总额突破亿元大关。2008 年社会商品零售总额翻一番达 2.56 亿元。2013 年，全县社会消费品零售总额达 6.07 亿元，是 1988 年的 15.9 倍；第三产业增加值达 16.4 亿元，民营经济增加值占 GDP 总量的 40.8%。

三

基础设施日臻完善，城乡建设快速发展。26 年来，平塘始终立足于改善群众生产生活条件和适应经济社会发展需要，加快推进水电路基础设施建设，改善城乡二元经济结构，以推进社会事业全面发展。

道路交通发展迅速。1988年，全县通车里程为463.2千米，除县城区硬化道路以外，县乡公路皆为沙石路面。1993~1997年，相继建成六硐至磨近、鼠场至（罗甸）坪岩、卡腊至掌布乡级公路。1997年，动工建设县城至墨冲（平塘段）油路，是年底，全县通车里程524千米，乡村通车率分别为100%和76%。1988~2003年，先后修成平湖至六硐、西凉至中堡、吉古至磨刀石、孤家坳至鼠场、卡罗至谷硐等12条200千米的县乡公路和70余座永久性桥梁。实施通州至摆金、墨冲至平塘、磨刀石至摆茹油路改造。完成册三公路境内油路改造。2003年底，全县公路通车里程1440.65千米。11个镇（乡）通油路或水泥路。2004年，实施蚊子山至掌布油路改造。2008~2011年，相继实施航龙至涤井、巴烟至明堂、龙洞至白龙兔场、磨刀石至西凉、孤家坳至鼠场、吉古至四寨云阳关油路和平寨至甲茶景区油路，建成通村公路616千米，120个行政村通水泥（沥青）路，通汽车的村106个。2013年开通吉古至苗二河、万独至水泥厂公交车两条线路。全县通车里程1799.2千米，公路客运量达708万人次。

安全饮水得到改善。1988年，只有县城及7个区公所驻地解决自来水供给。对干旱地区实施“人饮工程”，修建山塘、水窖解决人畜饮水，是年，共有山塘225口，水窖87口。1991年撤区并乡建镇（简称“建并撤”）后，自来水工程逐年向乡镇延伸，并通过“人饮工程”先后解决3万人饮水问题。1994年，实施“八七”扶贫攻坚后，通过整合以工代赈资金、财政扶贫资金和对口帮扶资金，推进“人饮工程”建设，不断改善人畜饮水困难。1997年，实施国家农村人畜饮水、渴望工程和解困工程项目，累计投入646.76万元，解决111.2万人的安全饮水。1998年，投资64.92万元对县城区进行管网改造，县城年供水量达到72万吨。2008年，城镇自来水供水量达228万吨，全县19个乡镇基本实现自来水供给。2001年，投资580万元对县城供水进行增窖扩建。2013年，启动县城二期供水项目，全县城乡集中供水达3.09万户、16.5万人，年供水能力313.2万吨。

水利灌溉逐步改善。1988年，平塘有小（一）型水库3座、小（二）型水库17座、引水灌溉工程105处、水利渠道182千米、提灌88处，全县有效灌溉面积6.62万亩。1988~1992年，累计投入874.45万元，相继实施克度天生桥饮水工程、四寨水利网渠道防修配套工程、红旗水库渠道配套工程、烂马引水灌溉整修配套工程、六硐水轮泵更新及渠道防渗工程和人畜饮水工程，新建电灌站37座，全县有效灌溉面积达9万亩。1993~1997年，采取群众投工、政府投资方式，大搞冬修水利，进行渠道补修防渗，保证农田灌溉。1998~2002年，主要对境内各乡镇人饮工程勘测设计，先后编制完成《平塘县“十五”期间水利规划》《西部大开发水利工程规划》等28个工程项目的规划设计，并完成天生桥引水防渗以及17项人畜饮水工程项目，极大改善了有效灌溉和人畜饮水困难。2006~2008年，相继实施对小（一）型和小（二）型水利管理体制改革，理顺关系，精减人员，减轻水利投入压力。2009~2013年，相继规划和开工建设通州摆图水库、白龙黑沟水库。

城乡供电得到保障。1988年全县用电主要靠龙塘、官滩、克度3个并网水电站和境内小水电站，总装机容量3700千瓦，年发电量1226.05万千瓦时。1988~1992年，先后架设龙塘电站至航龙35千伏和8条10千伏输电线路。1993年，水利工程附属小电站装机容量达500千瓦。1995年，规划建设甲茶、岜令电站。1997年，建成县城110千伏变电工程，是年发电量达3781万千瓦时，全县乡（镇）村通电率为100%，村民组通电率为94%。1998年，完成国家西电东送工程500千伏输电项目。2002年，完成二期农网改造，安装一户一表7560户，是年底，乡（镇）、村、户通电率达100%。

邮电通信迅速发展。1988年，有市内话交接机（磁石）容量200门、电话机198部。1992年，多渠道筹资260万元安装县城1200门程控电话。1994年8月，开通无线寻呼（BP机）业务。1996年9月，开通县城移动电话。1997年，开通移动电话“大哥大”。1998年9月，邮电系统改革分营，成立平塘县电信局，是年9月，开通“小灵通”无线市话通信业务。2000年4月，成立中国移动平塘分公司。2004 年，成立中国联通平塘分公司。2008 年，建成移动电话基站 162 个，GSM 基站 14 个，实现移动电话全覆盖。2013 年，全县城乡固定电话 1.39 万户，电信、移动、联通移动电话用户 20.43 万户，电信、移动互联网宽带用户 1.4 万户。

城镇建设日新月异。1988~1990 年，县城改扩建零星开展。1991~2007 年，按照国家城市规划法，先后启动政策性旧城改造和开发性旧城改造。1991 年，修订《平湖镇总体规划》《新舟综合区的控制性详细规划》。1993 年，出台《平塘县规划区建设拆迁安置补偿暂行规定》，实施旧城改造，到 1995 年，先后完成新平路、中山路、健康路等 6 条街道的改造。1997 年，开发蔬菜园新区。1998~2002 年，相继实施平舟大道、县城农贸中心市场、文化休闲广场、新舟大道和满仙新区项目建设。2000 年，停止单位职工住房实物分配，禁止单位集资建房，采取“撤一补一”方式，引进县内外房地产公司在县城区开发商品房。2003~2007 年，先后启动玉水广场、山水家园、玉水佳苑、华丰佳苑等一批房地产开发项目，完成玉水公园、莲花公司、少儿活动中心、县行政中心等一批重大工程项目。2008~2013 年，县委、县政府提出“高起点规划、高标准建设、高质量管理、高效益经营”的城镇建设理念，以新舟新区为重点，按照“新旧并举，改扩同步”的部署推进县城改扩建。先后完成上梭廉租房一、二期项目，迎宾大道、腾龙大道改造包装，新舟新区南洲大道、新舟大道等 7 条主街道路网和横三路延伸项目建设。新城区初具规模，老城区更加亮丽，逐步形成宜居宜业宜游的旅游城市。

通州、克度、塘边、牙舟、者密、四寨、摆茹等集镇规模不断扩大，集镇改造方兴未艾。随着乡镇农贸市场建设、公路升级改造和易地移民搬迁，农村人口大量迁入集镇，城镇化进程日益加快。2005 年新农村建设和 2011 年实施农村公益事业“一事一议”财政奖补政策后，大力实施村寨道路硬化和改水、改厕、改圈项目，“四在农家·美丽乡村”建设加快推进，使全县广大农村呈现出欣欣向荣的景象。2013 年全县规划调整后，城镇人口占全县人口的 30.96%，全县城镇化率达 25%。

四

旅游开发正当时，发展势头风正劲。进入 21 世纪后，平塘把旅游业作为支撑发展的重要产业来抓，紧紧围绕“玉水金盆”（县城）景区、甲茶景区、掌布“藏字石”景区、甲青—六硐景区、龙塘景区、大射电—天坑景区等六大景区，按照“保护、开发、利用”原则加快旅游资源的开发。对全县旅游业发展进行规划，2000 年，平塘被命名为“贵州省级风景名胜区”后，随着 2002 年掌布“藏字石”的发现，平塘旅游进入了快速发展阶段。2005 年 9 月，建成国家地质公园。2006 年 2 月，平塘省级风景名胜区列入首批中国国家自然遗产预备名录名单。

2007 年，国家 500 米口径大射电望远镜工程立项，平塘加快开发和建设步伐，先后实施掌布景区、甲茶景区、大射电—天坑景区、“玉水金盆”景区基础设施和配套设施建设，举办了“中国名家看平塘”“贵州春茶第一壶”和“玉水不夜天”大型山水实景剧场演出等宣传推介活动。2008 年 9 月，黔南州旅游产业发展大会在掌布景区举行，平塘旅游知名度进一步提升。景区批准为国家 AAAA 级景区，之后，随着“中国天眼”工程奠基建设，平塘旅游业发展加快，先后编制《大射电—天坑群旅游区开发建设规划》《平塘国际大射电天文科普文化园建设规划》《贵州省平塘县牙舟陶艺小镇开发建设概念性规划》并组织实施。社会效益明显增强，旅游业逐渐成为全县经济新支柱。2009 年，游客从 2003 年的 0.93 万人次增加到 150 万人次，旅游综合收入从 2003 年的 44.8 万元增加到 8534.52 万元，2013 年共接待游客 429.55 万人次，旅游综合收入达 36.88 亿元。

五

文化事业蓬勃发展，人民精神生活日益丰富。改革开放以来，平塘文化和体育事业发展欣欣向荣，文学艺术、民间文化和群众性体育迅速发展。小说、散文、诗歌、相声、对联、书画、摄影、歌舞、民间文艺等文艺创作百花齐放，涌现出一批具有时代特征和地方特色的优秀作品，先后创办了《平塘报》《玉水河》《平塘宣传》《平塘作家》等文艺文史刊物，设立“金盆网”，培养铸就了一大批文学和史志人才。

小说集《山路不到头》，散文诗《黄昏》《内心的村庄》《高原回声》，儿童诗集《月船》《忍兰花》《野草》《喀斯特经典诗歌集》以及旅游丛书《诗画白龙》《避暑大镇大塘》《神奇掌布》《地球“天眼”苍穹》《中国毛南族第一乡——卡蒲》等文学作品相继出版。毛南族作家孟学祥的散文集《山中的那个家园》获国家文学创作“骏马奖”。县文学戏剧家协会会员雷远方的散文《情到深处泪自流》获第二届全国“三升杯”文学征文大赛一等奖，县诗词楹联学会会员孙其智的楹联作品获 2013 年“东方美”全国诗联书画大赛金奖。

26 年来，塘边傩戏，平湖地区要水龙、龙舟赛，毛南族花灯，塘边布依族“六月六”歌节，新增苗族“咕噜跳月”等民间文化得以传承和发展。非物质文化遗产和文物保护工作全面展开。1988 年，卡蒲毛南族乡、大塘镇分别被黔南州人民政府命名为“猴鼓舞”艺术之乡和布依族歌舞之乡。1999 年，布依族舞蹈《粑棒舞》代表贵州参加在拉萨举办的第六届中国农民运动会并获银奖。牙舟陶艺生产工艺、毛南族“打猴鼓舞”“布依八音”“布依族器乐演奏绝技”列入省级非物质文化遗产名录。2004 年，梁晓声、叶辛等著名作家参加“中国名家看平塘大型笔会”。2006 年，《玉水不夜天》大型山水实景首场成功演出。2008 年，成功制作反映平塘山水地质风貌和人文风情的电影故事片《吻人鱼》，并在当年首届黔南州旅游发展大会上首映。

1988~2013 年，先后编纂出版了《平塘党史大事记》《平塘的解放》《中共平塘县组织史资料》《平塘县志》（第一部）《平塘县教育志》《平塘县军事志》以及《平塘县情》《平塘文史资料》等。民间文化、民族文化的传承发展以及史志典籍编纂出版为平塘文化建设奠定了坚实的基础。

六

教育科技齐头并进，科教兴县成效显著。26 年来，平塘始终坚持“教育优先”“科技创先”，深化教育体制改革，大力推进“科教兴县”战略，不断开创教育工作和科技工作新局面。

1988~1992 年，全面贯彻实施《中华人民共和国义务教育法》（简称义务教育法），动员适龄儿童和流失学生入学。1988 年，县幼儿园开设全日制幼儿园。1992 年，全县适龄儿童入学率达 93.1%。1993 年，制定《平塘县实施九年义务教育规划》，启动“两基”（基本普及九年义务教育和基本扫除青壮年文盲）攻坚。1995 年，开始在村级小学和教学点实施“普六”和“普四”。1996 年，平湖镇成为全县第一个基本实现普及九年义务教育和基本扫除青壮年文盲的乡（镇）。全县各乡镇开办农民文化技术培训中心，各村建有农民文化技术学校。1997 年 12 月，贵州省人民政府认定平塘基本扫除青壮年文盲合格。1999 年，县民族中学完成县职业中学兼并工作并扩大高中招生。2000 年，选聘 123 名师范类大中专毕业生。2005 年，平塘二中获“贵州省普及实验教学示范学校”称号。2009 年“两基”

工作通过国家验收。是年，平塘县被教育部、财政部、国家发改委评为“两基”攻坚先进地区。2013年，全县共有各类学校140所，其中幼儿园20所、小学100所、初中18所、普通高中1所、职业高中1所，有在校学生48672人，有各类学校教职工3087人。学前三年入园（班）率68.94%，小学适龄儿童入学率99.5%，初中阶段入学率106.05%。全县共有中学高级教师107人，7名教师分别被授予“全国优秀教师”“全国教育系统先进工作者”称号。

26年来，平塘县大力实施农业实用技术和工业企业科研。先后在全县推广水稻温室两段育秧和半旱式栽培，玉米地膜覆盖栽培和营养袋（块、球）定向移栽、旱地分带轮作以及“小麦—玉米—红薯（茶）”“粮—猪—沼”良性循环应用技术，实施猕猴桃、法国细刀豆、优质烤烟、优质水稻（玉米）、早熟蔬菜、精品水果、特色养殖等示范项目。完成“刺金红”（刺梨）、“金婴子”（高粱）低度发酵酒生产技术及生产应用等工业科技项目。对建材、冶炼企业进行技术改造。1988~2013年，共开展科研项目141个。向中科院、省科委、州科技局申报科研项目40余项。1994年7月，“刺梨SOD可乐生产技术试验”“酒曲生产技术试验研究”课题通过省州验收，是年，县科委“远红外线烤烟快烤技术研究与应用”试验成功。2013年8月，荣获“全国科普示范县”称号。

七

人口卫生事业迅速发展，人民体质有效提升。26年来，平塘体育、卫生事业蓬勃发展，人民群众身体素质显著提高。城乡卫生基础网络建设不断完善，先进医疗设备广泛应用，医疗队伍不断壮大，医疗技术明显提高。“整脏治乱”成效突出，人口与计生全面加强。

1988~2013年，平塘贯彻落实中共中央、国务院《关于加强计划生育工作，严格控制人口增长的决定》和《贵州省计划生育试行条例》，制定控制人口过快增长措施。在全县倡导只生一孩，推行持证生育，开展人口与计划生育基本知识教育和计划生育“三结合”常识活动，不断提高人口质量。1988年在各区（镇）、乡建立计划生育服务站。1991年，撤区并乡建镇后在19个乡镇设置计划生育服务站和指导站，开展计划生育政策宣传、计生指导和服务工作。1994年，开展计划生育合格村创建活动。1996年，实施“计划生育与发展经济、与帮助农民勤劳致富奔小康、与建设文明幸福家”三结合工作，投入36.6万元帮扶2044户计划生育户脱贫致富。1999年，推行计划生育“合同公证”制度，对计划生育对象实行合同管理。2000年，推行计划生育“村为主”工作。2001年，各村委会选派2名村主任助理抓计划生育工作。2003年，实施计划生育奖励政策，对独生子女实行一次性奖励，独生子女户和二女结扎户在入学、就医、办证等方面予以优惠或减免。2008年，开展诚信计生合同签订工作，对按时妇检计生户家庭予以项目扶持。2009年后，实行流动人口计划生育管理，在外出务工人口较集中的地区设置流动人口服务站，实现对外出务工人员计划生育的服务和管理。2013年，全县出生人口3040人，常住人口出生率为9.62‰，自然增长率为2.15‰。

1988年，全县共有医疗卫生机构53个，病床346张，卫生技术人员429人。是年，县人民医院推行承包制，把医疗服务推向市场。1993年，县人民政府批转县卫生局编制的《平塘县1991~2000年初级卫生保健概略规划》。1994年，争取世界银行卫生贷款支持采购医疗设备，改善乡镇卫生院医疗条件。1996年，以村级卫生室为突破口实施农村初级保健规划，至1997年，建成村级卫生室64个。2001年，组建黔南州药品监督管理局平塘分局。2002年，撤销县防疫站，成立平塘县疾病防控中心。2003年，成立平塘县卫生监督所。2006年，县妇幼保健站更名为县妇幼保健院。是年，县妇幼保健院和县计生技术服务站整合为妇幼保健生殖健康中心，乡镇计生服务站承担计生和妇幼保健工作。2011

年，成立平塘县卫生和食品药品监督管理局。是年6月30日开始，平湖镇社区服务中心、乡镇卫生院以及村卫生室实行基本药物制度。2013年，全县公办医疗机构基本药物实行招标采购。是年，全县有医疗机构26个，卫生技术人员477人，病床755张，建成村级卫生室121个。

1988年后，全县体育设施不断完善，各类体育活动广泛开展，群众体育、学校体育、竞技体育齐头并进。1991年，建成县游泳馆、老年大学灯光门球场。1993年，县内有灯光水泥篮球场2个、灯光门球场2个。1996年，全县共有篮球场34个、排球场7个、羽毛球场6个、老年门球场1个、室内游泳馆1个。2004年，体育场地达237个，但人均占地仅0.1平方米，全州挂末。2006年后，先后实施中国体育彩票“雪中送炭”工程、“农民体育健身”工程以及乡镇示范性文体活动阵地建设。到2013年，全县各乡（镇）、村都基本建有篮球场和健身场地，农村群众实现就近开展健身和体育活动。

群众体育主要集中在“三八”妇女节、“五一”劳动节、“五四”青年节以及端午节、教师节、国庆节、春节等节日进行，项目主要有篮球、排球、乒乓球、羽毛球、棋类、拔河和端午耍水龙及龙舟赛等。学校体育主要是举办长跑、篮球、田径运动会和教职工运动会。体育竞技主要是组织代表队参加全省、全州举办的篮球、田径、游泳、龙舟比赛和黔桂两省（区）五县（市）篮球赛，老年体育主要开展门球、柔力球、太极拳（剑）、健身秧歌、老年健身操、棋类和钓鱼活动。

八

民生保障全面覆盖，幸福指数不断提高。26年来，平塘全面落实农村五保供养、城镇职工社会保障（养老保险、失业保险、工伤保险、生育保险、医疗保险等）、城乡居民社会保障、公益医疗保障、新型农村合作医疗、养老敬老、大病救治、职工住房公积金保障、廉租房保障、经济适用房保障等政策和制度，有效实现民生保障全覆盖，人民群众的幸福指数不断提高。

1988年，参加社会统筹的国有企业缴纳合同制工人养老保险。1996年后，社会养老保险逐步由企业扩展到机关、事业单位干部职工。2002年，启动城镇职工基本医疗保险。2003年，启动国有企业职工失业保险。2005年，启动城镇企业职工工伤保险。2007年，启动城镇职工生育保险。2008年，启动城镇居民医疗保险。2012年，实行村（居）委会干部参加城镇职工养老保险制度。2013年，城镇企业职工（机关单位临聘人员）养老保险参保人数5880人，城镇职工基本医疗保险参保人数10222人，居民医疗保险参保人数8680人（其中参加合医2028人），工伤保险参保人数达8820人，失业保险参保人数5795人，生育保险参保人数5080人。

1998年，启动城乡居民最低生活保障制度。是年，有城镇居民最低生活保障对象187户535人。2007年，启动农村居民最低生活保障制度。是年，共有10015户29749人纳入农村居民最低生活保障范围，城乡居民最低生活保障制度实施后，保障标准逐步提高，保障对象逐步扩大，操作程序更加规范，实现应保尽保目标。2013年，全县共有城市低保对象2175户3851人，保障标准为每人每月355元；农村低保对象19683户49061人，保障标准为每人每年700元；全年城乡低保金累计支出6930.32万元，其中农村低保全年累计发放6085.08万元。

1988～2013年，先后建成卡罗、通州、卡蒲、塘边、大塘“五保供养中心”。1988年，全县“五保”人员182人，每人每年供应125～150千克大米，每人每月定补5元。2008年，全县农村五保人员885户889人，全部签订协议纳入供养，其中集中供养65人、分散供养824人，供养补助标准为集中供养每人每年1200元，分散供养为每人每年800元。2013年，集中和分散供养补助每人每年增加1200元和1000元，共有“五保”人员667人，共发放供养金68.86万元。

2005年，出台《平塘县农村特困重大疾病医疗救助方案》。是年，救助30多人，投入医疗救助金8万元。2010年，城乡医疗救助农村困难对象3396人，发放救助金84万元；救助城镇病困对象215人，发放救助金32万元。2013年，农村医疗救助1131人，投入救助金427.13万元。

1986年后，老龄问题得到关注，成立老龄工作机构，开展老龄工作。2001年开始，办理60岁老人保险证，落实高龄（95岁以上）老人生活定补，开展农村居家养老和社区（居委会）居家养老服务工作。2010年，社区居家养老服务工作达50%以上。2013年，发放高龄补助293人，发放补助金23.23万元，城乡居家养老服务中心（站）达17个。

26载的砥砺奋斗，成就了平塘的辉煌，全县经济社会发展实现新跨越，城乡面貌发生了天翻地覆的变化，广大人民群众生产生活条件得到极大改善，幸福指数得到较大提升，改革开放的实惠逐年增多，实现全面小康社会指日可待。当前平塘正处在承前启后、继往开来的起点上，处在有史以来发展条件较好、发展速度较快、发展活动较强的时期，全县各族人民将在中共平塘县委带领下，高举中国特色社会主义伟大旗帜，坚定不移地贯彻党中央和省委、州委重大部署，始终坚守发展和生态两条底线，坚持主基调主线路和“一围两翼”发展战略，按照适度规模强产业、东西并举扩城镇、项目建设打基础的发展思路，大力实施大扶贫、大生态、大旅游战略行动，弘扬“大射电”精神，主动作为，创先争先，抢抓新机遇，融入新时代，适应新常态，化解新矛盾，众志成城，为决战脱贫攻坚决胜同步小康建设谱写平塘经济社会发展新篇章。

大事年纪

1988 年

1 月 21~22 日，县委、县政府召开全县公路划地绿化会议，会议明确公路划地和沿线植树及保护工作。

2 月 24 日，县人民政府印发《关于推进科技进步，加速经济开发的暂行办法》，鼓励科技人员、经营管理人员和有条件的离退休人员领办、承包、租赁国营、集体、合资企业及乡镇企业。

4 月 6~9 日，政协平塘县第二届委员会第二次全体会议在县城召开，会议增选龚春永为政协副主席。

4 月 7~10 日，平塘县第九届人民代表大会第二次会议在县城举行。

6 月 12 日，省委常委、贵阳市委书记李万禄等到平里、航龙考察早熟蔬菜生产，并与县委、县政府就双方开发早熟蔬菜及副食品生产达成 5 项协议。

9 月 24~27 日，中共平塘县第六次代表大会在县城召开。大会选举产生中共平塘县第六届委员会委员 29 名、候补委员 4 名；选举产生中共平塘县纪律检查委员会委员 11 名。

10 月 21~23 日，平塘县工商业联合会第四次会员代表大会在县城举行。会议选举产生第四届执行委员会。

11 月 15 日，贵州省原副省长、省顾委副主任徐健生一行 4 人到龙塘电站考察，县长杨正才、县委副书记陆庆乾等陪同。

12 月 26 日，县人民政府颁布《平塘县科学技术进步奖励条例》。

1989 年

1 月 17~18 日，平塘县科学技术协会第二次会员代表大会在县城召开。王佐培当选科协主席，万远华、杨正西、龚德凤当选副主席。

3 月 7 日，国际儿童基金会确定平塘为儿童计划免疫考核县。9~18 日，国际儿童基金会、卫生部以及省州卫生防疫部门对平塘县儿童计划免疫工作进行考核，考评得分 248 分（满分为 250 分）。

3 月 17 日，副省长张树魁在州委书记邱耀国的陪同下到平塘检查工作，并听取县委工作汇报。

3 月 17~19 日，政协平塘县第二届委员会第三次全体会议在县城召开，会议听取和审议政协常委会工作报告和协商讨论县人民政府工作报告。

3 月 28~30 日，平塘县第九届人民代表大会第三次会议在县城举行。会议听取和审查县人民政府、县人大常委会、县人民医院和县人民检察院工作报告；听取和审查全县国民经济和社会发展计划执行情况、财政预决算报告，并通过关于这些报告的决议。

4 月 12~13 日，副省长张玉芹在黔南州副州长刘廷福的陪同下，到平塘考察计划生育工作。

5 月 15 日至 6 月 1 日，副县长石玉佩参加全州水利工作汇报团，在北京向水利部汇报平塘县卡蒲水库工程工作。

7 月 7~9 日，中共平塘县委六届二次全委（扩大）会议在县城召开，会议听取县委上半年工作情况和下半年工作任务报告以及关于加强廉政建设和民主评议党员的报告，并作相应决议。

9 月 20 日，平塘县获水利部授予“全国水利建设先进县”称号。

10 月 19 日，省委副书记丁廷模到平塘考察教育工作，并听取县委工作汇报。

11 月 30 日，经省政府验收，平塘县 15~40 周岁青壮年非文盲率为 92.04%，达到基本无盲单位标准，成为基本无盲县。

1990 年

1 月 8~10 日，平塘县第六次妇女代表大会在县城召开。杨德莲当选平塘县第六届妇女联合会主任。

2 月 20~23 日，平塘县首届民族民间艺术节在县城举行。9 个代表队 100 多名各民族民间艺人表演傩戏、花灯以及器乐吹奏等 10 个节目。

3 月 12~14 日，县委召开六届三次重要扩大会议。会议传达邓小平重要讲话，讨论和修改《中共平塘县委关于进一步治理整顿和深化改革的实施意见》。

3 月 31 日至 4 月 1 日，副省长王安泽、省顾委主任苏钢在州委书记邱耀国的陪同下，到龙塘电站、京舟乡等地视察工作。

3 月，平塘县被林业部和全国绿化委员会评为“全国绿化先进单位”。

5 月 3 日，平塘东北部实降暴雨，县城平舟河水位达 14.05 米，超过警戒线 2.05 米。

5 月 3~9 日，政协平塘县第三届委员会第一次全体会议在县城召开。会议听取和审议通过政协常委会工作报告和提案工作报告，选举产生政协平塘县第三届委员会。

5 月 4~9 日，平塘县第十届人民代表大会第一次会议在县城召开。会议听取和审查县人民政府、县人大常委会工作报告和其他报告，选举产生县人大常委会组成人员和县人民政府县长、副县长以及县法检两长。

7 月 1 日，开展第四次全县人口普查，全县共有 57614 户 256658 人。

8 月 4~8 日，举办平塘县首届少数民族军体运动会，118 名各民族运动员参赛。

9 月 14~17 日，美国怀俄明大学教授皮特·亨特及助手凯瑟琳·肯波到四寨等地考察喀斯特岩溶地质地貌。

11 月 20 日，黔南州人民政府在平塘召开“佯僙人认定为毛南族庆祝大会”。

12 月 4 日，平塘县残疾人联合会成立。

12 月 12 日，平塘县养路工区被评为全省第一个地方道路好工区。

1991 年

1 月 30 日，省委副书记、省长王朝文在州委副书记、州长罗平义陪同下，到塘泥乡考察“三保”工作。

2 月 21~23 日，省政协副主席宋树功到马场、平里、航龙视察造林工作。

3 月 20~23 日，县委六届四次全委扩大会议在县城召开。会议传达中共贵州省委六届五次全委扩大会议精神，提出并通过县委《关于制定国民经济和社会发展十年规划和“八五”计划安排重点》。

4 月 1~4 日，政协平塘县第三届委员会第二次全体会议在县城召开。会议听取和审议政协常委会工作报告和提案工作情况报告，补选杨德钧为第三届政协副主席。

4月11~14日，平塘县第十届人民代表大会第二次会议在县城举行。

4月24~30日，省政协副主席、经济委员会主任汪福清到平塘考察水库建设和企业工作。

5月25日，县委传达省委常委会决定，同意将平塘县列入省级扶持的贫困县。

8月1日，平塘县水电正式与国家电网合并运行。

8月11日至9月22日，全县“建并撤”工作全面完成。由7个区、1个区级镇、38个乡、1个乡级镇，调划为9镇10乡。

10月16日，卡蒲毛南族乡成立。

10月23日，县人民政府发布《关于公布第十二批文物保护单位的通告》，熊桥摩崖乡规等7处文物为县级保护单位。

11月1~5日，省政协副主席蒙素芬到塘边、通州、新塘3个乡镇考察计划生育工作。

12月10~12日，黔桂两省（区）六地（州）二十四县（市）第十六届灭疟联防会议在平塘召开。

1992年

1月8日，县人民政府印发《关于在我县国有商业企业中推行“四放开”改革的通知》，把企业推向市场，对企业管理逐步放开。

1月14~17日，中共平塘县第七次代表大会在县城召开，出席代表201名。大会选举产生中共平塘县七届委员会和新一届中共平塘县纪律检查委员会，以及20名出席中共黔南州第三次党代会代表。

1月24~27日，1992年度贵州省游泳赛在平塘举行，来自全省8个地、州、市的69名运动员参加10个项目的比赛。

1月25日，县文物保护委员会成立，副县长王克文任主任委员。

2月27日至3月8日，县委常委、县政府常务副县长王立松参加国家民委组织的中国赴泰国经济考察团。考察期间，受到泰国农业部长的接见。

3月20~23日，政协平塘县第三届委员会第三次全体会议在县城召开。会议听取和审议政协常委会工作报告和提案工作报告；协商讨论县人民政府工作报告（征求意见稿）。

3月31日至4月2日，县第十届人民代表大会第三次会议在县城召开。会议听取和审议县人民政府、县人大常委会、县人民法院、县人民检察院工作报告；听取和审查县1992年国民经济和社会发展计划执行情况及县财政预决算工作报告，并通过决议。

5月27~28日，政协平塘县第三届委员会召开第十二次常委会议，建立19个乡镇政协联络组。

6月22~24日，共青团平塘县第九次代表大会在县城召开。选举产生共青团平塘县第九届委员会。

7月1日，县委、县政府印发《关于加快改革开放步伐加速经济发展实施意见的通知》，确定在平湖镇范围内，以老大桥至农机厂、养护段至苗二河、酒厂至三棵树为经济开发实验区，实行优惠政策。

7月15日，县委办转发《平塘县实施机关干部“631”分流制领导小组第一次会议纪要》，提出实施“631”分流措施。至年底，共有67个单位300余人分流创办实体。

7月，平塘教育电视台建成开播。

8月10日，全县第二批农村社会主义思想教育活动开始，在全县12个乡镇119个村进行。

9月22~23日，平塘县工商业联合会第五次会员代表大会在县城召开。

11月3~5日，黔桂边区八县（市）第四届税务协作会议在平塘召开。都匀、独山、平塘、荔波、三都、南丹、环江、河池等县市税务局负责人出席会议。

11月7日，副省长张玉芹到平塘检查民政、司法、计生等方面的工作。

12月7日，省委副书记梁明德在州委副书记吴嘉甫的陪同下，到平塘视察工作。

12月21~24日，县委七届二次全委扩大会议在县城召开，会议传达省委、州委全委（扩大）会议精神；总结1992年的工作，部署1993年的任务。

12月30日，摆茹镇猫寨村被省委、省政府表彰为“1990~1991年全省精神文明建设文明村镇”。

1993年

1月28日，县人民政府印发《关于加快造林绿化步伐、“八五”期间消灭荒山，提前实现绿化任务的决定》，全县共办示范点29个，面积1.3万亩。

3月19日，县人民政府出台《平塘县城镇住房制度改革实施方案》。

4月7~12日，政协平塘县第四届委员会第一次全体会议在县城召开。会议听取政协平塘县第三届委员会常务委员会工作报告和提案委员会工作情况报告；选举产生政协平塘县第四届委员会主席、副主席、秘书长、常务委员会委员。

4月8~12日，平塘县第十一届人民代表大会第一次会议在县城召开。会议听取和审议县人民政府工作报告和其他工作报告；听取和审查县人民政府关于1992年国民经济和社会发展计划安排提案的报告，关于1992年财政预算执行情况及1993年财政预算安排草案的报告；选举县第十一届人大常委会主任、副主任、委员和县人民政府县长、副县长以及县人民法院院长、县人民检察院检察长。

7月14日，县人民政府提出关于制止乱砍滥伐和加强野生动物资源保护管理的8条措施。

8月31日，县委七届三次全委会议在县城召开，选举出席黔南州党代会8名代表。

10月18~19日，贵州、广西两省（区）七县市工商联第四次联谊会在平塘召开，就新形势下发展非公有制经济进行交流和探讨。

10月20日，中国地方志指导小组办公室发出《关于全国新编地方志优秀成果评奖结果通报》，《平塘县志》获二等奖。

10月29日，县人民政府颁布《平塘县科学技术奖励办法》。

11月7~14日，对第三产业普查进行摸底，11月15日至12月24日进入登记调查和汇总。1994年4月20日结束。

11月20~21日，省委常委、省军区司令员朱启，省军区动员处处长江贻烛，都匀军分区政委杨波，军分区副参谋长熊万根等组成联合工作组，到平塘人武部考察工作及后备力量建设情况。

12月18日，平塘县商会成立，郑松青任会长。

1994年

1月1日，县委、县人民政府印发《关于批转县机构改革领导小组〈关于实施县级机构改革方案的意见〉的通知》，启动县行政机构改革，至是年3月结束。

4月11~14日，政协平塘县第四届委员会第二次全体会议在县城举行。会议听取和审议政协常委会工作报告和提案工作报告；通过县政协提交委员会关于本次会议提案审查情况和审查意见的报告。

4月12~14日，县第十一届人民代表大会第二次会议在县城召开。会议听取和审议县人民政府工作报告和其他工作报告，并作出相应的决议。

5月10日，县人民政府发布《平塘县见义勇为奖励基金会奖励办法》。

5月17日，平塘县商业总公司成立。

5月31日，县人民政府教育督导室成立，副县长陈平金兼任督导室主任。

6月4日，县妇女儿童工作委员会成立，副县长陈平金兼任主任。

8月2日，县人民政府颁布《平塘县扶贫攻坚计划（1994~2000年）》，提出“力争用7年时间基本解决全县农村贫困人口的温饱问题”。

是日，县人民政府颁布《平塘县小康建设规划》，提出“到20世纪末，要使县95%以上的农户稳定的解决温饱，其中50%的农户在解决温饱的基础上奔向富裕，25%的农户要实现小康”。

8月17~18日，省委副书记王思齐、省委常委俞忠桂在州委书记李培书的陪同下，到平塘检查指导工作，并考察县酒厂、卡罗自然美术工艺厂。

8月18日，县非公有制经济领导小组成立，县长王立松任组长。

9月1日，由中国儿童少年基金会提供经费开办的“春蕾班”在卡蒲小学开班。办班为四年级，有毛南族女童30名。

9月28日，平塘县国家税务局、平塘地方税务局分别正式成立并举行挂牌仪式。

10月6日，县委、县政府行文明确掌布、西凉、谷硐3个乡为极贫乡予以扶持，用3~5年时间，使极贫乡的生产、生活条件有明显改善。

11月2~3日，中共平塘县委七届五次全委（扩大）会议在县城召开。会议传达贯彻中共十四届四中全会、中共贵州省委七届五次全会、中共黔南州委六届五次全委扩大会议精神。

11月24日，全国政协委员、水利部副部长严克强到牙舟卡腊视察人畜饮水工程。

12月2~7日，省委常委、省委政法委书记胡克惠带领省第三批综治工作考核团检查考核平塘县社会治安综合治理工作。

是年，平塘县被国家人事部授予“全国计划生育工作先进集体”称号。

1995年

1月14日，县委、县人民政府印发《关于加强林业工作的决定》，作出集体的林场、农民的自留山、承包山上的中幼林经营权允许拍卖，非耕地使用权允许拍卖等15条规定。

1月18日，副省长龚贤永带领的贵州省春节慰问团到平塘慰问优秀教师和科技人员。

3月23日，中央电视台《半边天》栏目摄制组到卡蒲毛南族乡“春蕾女童班”采访拍摄。

3月30日，经县人民政府批准，发布《平塘县有线电视管理规定》。

4月1~2日，国家计划生育委员会副主任李宏规在省计划生育委员会副主任王惠业、州人大常委会副主任李怡、州计划生育委员会主任龙武等陪同下，到平塘县检查计划生育工作。

4月8~12日，政协平塘县第四届三次全体会议在县城举行。会议听取和审议常委会工作报告和提案工作报告，补选王立松为政协平塘县委员会主席、杨旌旗为副主席。

4月9~12日，平塘县第十一届人民代表大会第三次会议在县城举行。会议听取和审议县人民政府工作报告，补选张谋鉴为县人大常委会副主任。

4月18日，平塘县项目领导小组成立，对外引内联工作实行一个窗口一条龙服务，项目一次性审批。

4 月 24 日，平湖镇米牙村台胞石昆捐赠 2 万元给母校吉古小学。县人民政府授予其“情深故土，惠泽后代”荣誉证书。

6 月 6 日，平塘供电局向黔南州民族经济发展公司承包平塘县硅铁厂，成立平塘供电局铁合金厂，于是年 8 月 18 日点火投产。

8 月 15 日，通州天主教堂举行复堂庆典仪式。

10 月 3 日，国际天文射电望远镜 LTWG—3&W—SRT 工作会议暨球面射电望远镜国际学术研讨会的国内外专家 46 人（其中外国专家 12 人、国内专家 34 人）到平塘县者密镇六硐熊桥、卡罗乡塘烂及通州镇羊场坡、大塘镇高寨等处进行大射电望远镜选址考察。

11 月 6 日，县政府批转县人事劳动局关于全县企业实行全员劳动合同制的报告。全员劳动合同制从 1995 年 11 月开始试行，1996 年底实施。

12 月 21~22 日，中共平塘县委七届六次全委（扩大）会议在县城召开。会议审查并通过《中共平塘县委关于制定平塘县国民经济和社会发展“九五”计划和 2010 年远景目标（草案）》建议。

1996 年

3 月 6~7 日，省委常委、副省长胡贤生到平塘检查工作，并考察白龙乡。

3 月 27 日，县人武部收归军队建制交接仪式在县政府六楼会议室举行。

4 月 3 日，重建的人民英雄纪念碑落成。

5 月 12 日，日本小儿麻痹症专家京极新治、松叶刚到牙舟镇白岩村对一名疑似小儿麻痹症患者进行鉴定。

7 月 16 日，省政协副主席、省“光彩事业”推进会主任程天斌到平塘考察光彩事业工作。

9 月 4 日，县人民政府印发《平塘县创建卫生县城规划》，提出力争在 5 年内（1996~2000 年）把平塘县城建成卫生达标县城。

9 月 11 日，以贵州省人大常委会副主任李仁山为团长的省卫生检查团考核创建卫生县城工作。

9 月 25 日，县境（牙舟镇）册三公路路段 280 千米+600 米处一辆中巴客车翻下高 45. 5 米的陡坡，造成死亡 4 人、伤 20 人的重大交通事故。

10 月 7 日，平塘县社会保险事业局正式挂牌成立。

10 月 9 日，平塘县反贪污贿赂局正式挂牌成立。

10 月 11~14 日，中国共产党平塘县第八次代表大会在县城召开。大会听取和审议中共平塘县第七届委员会工作报告；听取和审查中共平塘县纪律检查委员会工作报告；选举产生中共平塘县第八届委员会和县纪律检查委员会。

11 月 5~7 日，黔桂两省（区）十三县（市）政协联谊协作会第五次年会在平塘县城召开。

12 月 15 日，全国人大常委会民族工作委员会主任、贵州省人大常委会主任王朝文带领全国人大代表视察组视察平塘。

12 月 26 日，平塘县硅钙铁合金厂举行点火仪式，铁道部物资总公司副总经理曹立都出席点火仪式。

1997 年

1 月 24 日，县委作出向农村基层组织建设合格村授牌的决定。决定对平湖镇北街村等 17 个红旗村和平湖镇南街村等 189 个合格村授牌。

3 月 14 日，县委印发《关于实施和参照试行国家公务员制度的实施方案》。

4 月 7~10 日，政协平塘县第四届委员会第五次会议在县城召开，108 名政协委员出席会议。

4 月 8~10 日，平塘县第十一届人民代表大会在县城召开，出席会议代表 161 人。

6 月 2 日，由中国科学院和国际大射电望远镜中国推进委员会专家组成的考察组一行 6 人，到平塘进行国际大射电望远镜选址考察。

6 月 8 日，中国共产党平塘县代表会议在县城召开。会议选举产生出席中共黔南州第七次代表大会代表。

7 月 10~14 日，深圳市建设投资控股公司对大塘、新塘、鼠场、通州、牙舟、卡罗、甘寨、卡蒲、者密、四寨、平湖等 13 个乡镇进行扶贫攻坚工作考察，并决定将平塘县作为重点帮扶对象。

7 月 29 日，县委印发《关于加快平塘县供销合作社改革和发展的意见》，启动县供销合作社的改革。

8 月 23 日，香港同胞捐资修建的“粤港民建里中希望小学”教学楼落成，黄佩球到大塘里中村出席竣工典礼。

10 月 15 日，县委办下文明确县直机关 25 个工作部门为重点保密部门。

11 月 4 日，县人民政府印发《平塘县引进外资工作若干规定》。

是日，平塘县通过州人民政府“教育普初”复查验收。

11 月 7~8 日上午，县委八届二次全委（扩大）会议在县城召开。

11 月 10 日，县人民政府印发《平塘县城镇管理暂行办法》。

11 月，中国科学院院士叶淑华、王绶琯、陈建生到平塘进行 FAST 台址考察。

12 月 21~23 日，全省麻山、瑶山地区民委扶贫攻坚工作会在平塘召开。省委常委、副省长胡贤生，省人大常委会副主任杨守岳，省政协副主席邱耀国出席。

12 月 24~27 日，省人民政府对平塘县扫除青壮年文盲工作进行检查验收，认定平塘为“基本扫除青壮年文盲单位”。

1998 年

1 月 9~10 日，县委八届三次全委扩大会议在县城召开。会议传达贯彻全省扩大开放会议和全州经济工作会议精神，安排部署 1998 年的各项工作。

2 月 17 日，日本 JICA 专家迟田和到平塘考察强化免疫工作。

3 月 9~13 日，政协平塘县第五届委员会第一次会议在县城召开。会议听取和审议政协平塘县第四届常务委员会工作报告和提案工作报告；选举产生政协平塘县第五届委员会主席、副主席、秘书长、常务委员。

3 月 10~13 日，平塘县第十二届人民代表大会第一次会议在县城召开。会议听取和审议县人民政府工作报告和其他工作报告；选举产生县十二届人大常委会组成人员，县人民政府县长、副县长，县人民法院院长，县人民检察院检察长。

3月，平塘县牙舟镇王宋村，大塘镇谷立村、平湖村、北街村党支部分别被中共贵州省委授予1995~1997年农村基层组织“五个好”村党支部。

5月20日，县人民政府颁布《平塘县行政事业性收查收缴罚没款罚缴实行票款分离管理办法》。

6月11日，黔桂边界线——平塘与广西南丹省际边界确定并在四寨镇云阳关埋下4号界碑。

6月18日，县委八届四次全委（扩大）会议在县城召开。会议选举出席中共黔南州委第七次代表大会代表6名。

6月25~26日，平塘县工会第八次代表大会在县城召开。

8月20日，县委印发《关于稳定和完善全县农村土地承包关系的实施意见》。

8月27日，平塘县女子龙舟队代表黔南州参加在黔东南麻江县举办的“贵州省第四届少数民族龙舟赛”，分别获得600米、800米两项第三名，并获得体育道德风尚奖。

10月1日，20世纪70年代到平塘的上山下乡知识青年100余人组团回访平塘。

10月18日，平塘申报省级风景名胜区通过专家评审。

11月1日，县人民政府印发《平塘县县城市容环境卫生管理办法》；首座微机集控35千伏变电站在通州投入运行。

12月8日，贵州科技元泰公司平塘农药厂举行开业典礼。

1999年

1月8日，县人民政府发出《关于县乡财政管理体制改革的通知》，启动县乡财政体制改革。

1月22~23日，县委召开八届五次全委（扩大）会议。会议传达贯彻中共黔南州七届四次全委扩大会议精神，部署1999年全县工作。

1月28日，平墨公路（平塘段）11千米油路改造工程通过州级验收，正式交付使用。

3月1日，全县国家机关、事业单位职工养老保险工作在全县全面开展。

3月14日，县人民政府印发《平塘县机关事业单位社会保险暂行办法（试行）》。

3月15~18日，政协平塘县第五届委员会第二次会议在县城召开。会议听取和审议政协常委会工作报告和提案工作报告，并通过相应的决议。

3月16~18日，平塘县第十二届人民代表大会第二次会议在县城召开。会议听取县人民政府工作报告和其他工作报告，并作出相应决议。

3月18日，《平塘报》试刊。

3月23日，县人民政府印发《关于开展依法治县的实施意见》。

4月1日，县委、县人民政府召开全县农村税费制度改革工作会议，启动全县农村税费改革工作。

4月15日，平塘县“148”法律服务热线电话开通。

4月23~27日，通州、大塘、牙舟、谷硐、克度、塘边、者密、甘寨、卡罗9个乡镇25个村相继发生牲畜“五号病”，发病牛500余头，感染12人。

5月5日，县委、县人民政府印发《关于全县农村小康村建设的意见》，对全县农村小康村建设进行规划。

5月21日，县委、县政府印发《关于深入开展创建文明单位、文明行业，争做文明公民活动的决定》。

7月8日，平塘县文学艺术界联合会成立。

8月1日，者密镇13村，甲范、六硐、甲青、甲坨、苗拉等地遭受罕见冰雹、龙卷风和暴雨袭击，100多间民房受损，200余棵大树倾倒，1700亩农作物受灾。

8月17日，省武警总队政治部主任、大校张洪运专程到平塘县检查武警中队建设及战备、训练等工作。

8月25日，平湖镇南街村与县司法局律师事务所签订合同，成为平塘县第一个聘请常年律师顾问的行政村。

10月16日，平塘县“121”气象自动咨询电话系统开通。

11月20日，县人民政府印发《平塘县预算外资金管理暂行规定》。

12月3日，平塘供电局铁合金厂2600千伏安矿热炉通过专家验收，正式投入生产。

12月16日，平塘县新汽车站通过省级验收。

12月28日，县人民政府转发县委组织部、县人事劳动局《关于2000年后平塘大中专毕业生实行双向选择就业的实施意见》。

2000年

1月1日，《平塘报》正式创刊。

1月21~22日，中共平塘县委八届六次全委（扩大）会议在县城召开。会议传达贯彻中央和省州经济工作会议，总结1999年“两个文明”建设工作，部署2000年各项工作。

2月4日，平塘首届“贺岁杯”足球赛在平塘二中举行。

2月8日，中央电视台到平塘县采访乡村公路建设。

2月29日，启动全县农村电网改造工程。

3月20~23日，政协平塘县第五届委员会第三次会议在县城召开。出席会议委员113名。会议听取和审议政协常委会工作报告和提案工作报告，并作出相应决议。

3月21~24日，平塘县第十二届人民代表大会第三次会议在县城召开。会议听取县人民政府工作报告和其他工作报告，补选张寅鸣为县人民法院院长。

5月1~2日，国家民族经济发展司副司长曲木林率领的“八七”扶贫攻坚调研组到平塘调研。

5月3~4日，北京天文台工会主席董素珍一行到平塘县看望者密小学（由北京天文台资助开办）天文班师生。

6月19~24日，平塘县普降暴雨，县城降雨量达246.7毫米，洪水水位超过警戒线1.8米。

6月21~22日，副省长顾庆金、副州长吴军到平塘县察看洪涝灾情，指导抗洪救灾工作。

10月25日，全省民族文学创作研讨会在平塘县城召开。

11月1日，平塘县第五次人口普查工作正式启动。

11月8日，中堡—西凉跨省公路建成正式通车，公路全长47千米，共投资126万元。

11月9日，平塘县城出现罕见大雾，能见度4~5米。

2001 年

2 月 2 日，启动平湖镇平舟河小流域综合治理工程。

2 月 11 日，省长石秀诗到通州调研坡改梯工程和经果林建设基地。

2 月 12~13 日，中共平塘县委八届七次全委（扩大）会议在县城召开。会议审议《平塘经济社会发展第十个五年计划及 2015 年远景规划（草案）》，部署 2001 年的各项工作。

2 月 24~25 日，“爱德基金会”首批援建平塘县 10 所学校竣工验收。

3 月 9 日，全州商业工作会在平塘县召开。

3 月 14 日，副省长郭树清到平塘县调研城镇建设。

3 月 14~17 日，政协平塘县第五届委员会第四次会议在县城召开。会议听取和审议政协常委会工作报告和提案工作报告，并作出相应决议。

3 月 15~19 日，平塘县第十二届人民代表大会第四次会议在县城召开。会议听取人民政府工作报告和其他工作报告，补选刘长江为平塘县人民政府县长，选举产生出席黔南州第十一届人民代表大会代表 24 名。

6 月 20 日，中共平塘县委八届八次全委会议在县城召开。会议听取和审议《八届委员工作报告》，讨论关于加强自身建设的决议（草案）。

6 月 26~28 日，中国共产党平塘县第九次代表大会在县城召开。大会听取和审议中共平塘县第八届委员会工作报告和中共平塘县纪律检查委员会工作报告，选举产生中共平塘县第九届委员会和新一届中共平塘县纪律检查委员会以及出席中共黔南州第八次代表大会的代表。

7 月 18 日，林业部植树造林司司长、珠防办主任魏殿生到平塘调研珠江流域防护林体系工程建设。

8 月 8 日，西凉遭受八级龙卷风袭击，受灾农作物 2630 亩。

8 月 15 日，县城防洪堤全面竣工，防洪堤长 800 米，高 4 米。

10 月 23~24 日，县工商业联合会（商会）第七次会员代表大会在县城召开。

12 月 7 日，黔南布依族苗族自治州药品监督管理局平塘分局成立。

12 月 12 日，县委、县人民政府印发《关于在全县农村开展独生子女户、二女结扎户养老保险工作的通知》，为农村独生子女户、二女结扎户夫妇缴纳养老保险。

2002 年

1 月 15 日，全州第二期“义教工程”启动会在平塘召开。

1 月 21 日，六硐石龙过江疏浚工程举行开工典礼。

1 月 28~29 日，县委九届二次全委（扩大）会议在县城召开。会议听取县委书记刘长江所作县委工作报告，通过《中共平塘县委关于加强和改进全县党的作风建设的决定》。

2 月 20 日，平塘县 15 个乡（镇）遭受冰雹袭击，农作物及房屋受灾严重。

2 月 23 日，克度光明茶场生产的“映山牌”“玉水螺旋”毛尖茶被评为贵州特级茶。

3 月 9 日，县委九届第三次全体委员会议召开。

3月13～17日，政协平塘县第五届人民代表大会第五次会议在县城召开。会议听取和审议政协常委会工作报告和提案工作报告，并作出相应的决议。

3月14～17日，平塘县第十二届人民代表大会第五次会议在县城召开。会议听取县人民政府工作报告和其他工作报告，补选左润华为平塘县人民政府县长。

5月30日，启动城镇职工基本医疗保险改革。

7月4日，省军区政治部主任雷少德到平塘检查人民武装部工作。

7月6日，水利部检查平塘县2000～2001年农村饮水解困工程。

8月23日，县城建平大桥建成通车。

9月6日，副省长莫时仁调研卡蒲水库工程。

9月16日，国家民委研究中心副主任、中央民族政策研究会会长毛公宁到大塘镇洋方村、卡蒲毛南族乡调研。

9月23日，国家信访局副局长齐涛、段纪生对平塘县教育办学情况及信访工作进行调研。

9月28日，全县启动农村税改试点工作。

11月21～22日，平塘第八次妇女代表大会在县城召开。会议选举产生县妇联第八届执行委员会，李广梅当选县妇联主席。

11月25～26日，县残疾人联合会第三次代表大会在县城召开。会议选举产生县残疾人联合会第三届主席团成员2人。

11月28～29日，黔桂两省区周边县（市）工商联谊会第十三次年会在平塘县城召开。来自广西壮族自治区河池地区7个县（市）和黔南州8个县（市）工商联代表160余人出席会议。

2003年

2月11～12日，中共平塘县第九届四次全委（扩大）会议在县城召开。会议听取和审议县委书记刘长江代表九届县委常委会所作工作报告。

3月14～18日，平塘县第十三届人民代表大会第一次会议在县城召开。会议听取和审议县人民政府工作报告和其他工作报告，并作出相应决议。

3月20～23日，政协平塘县第六届委员会第一次全体会议在县城召开。会议听取和审议政协平塘县第五届委员会常务委员会工作报告和县政协五届一次会议以来的工作报告，选举产生政协平塘县委员会主席、副主席、秘书长和常务委员。

4月24日，县委印发《平塘县人口与计划生育工作奖惩办法（试行）》。

6月5日，省政协副主席吴嘉甫到平塘调研。

6月18日，召开全县“非典”防控工作专题会议，部署“非典”防控工作。

8月1日，县委印发《关于调整合并全县行政村的决定》。

8月2日，中共平塘县委九届五次全委（扩大）会议在县城召开。会议传达贯彻省委九届三次、州委八届四次全会精神，通过中共平塘县委、平塘县人民政府《关于加强新阶段扶贫开发工作的实施意见》《关于大力发展畜牧产业》和《平塘种植业结构调整实施意见》。

10月1日，掌布“藏字石”景区举行开园仪式，正式对外开放。

11月14日，召开全县（小村并大村）并村工作会议，全县由原来的241个行政村调整合并为121个村。

12月5~8日，中国名家科学文化考察团到平塘县考察掌布地质奇观。全国政协原秘书长、原地质部部长、著名地质学家朱训为团长，中科院院士、著名地质学家李廷栋、刘宝珺，中国人民武装警察部队黄金指挥部少将、高级工程师蒋志，中国著名演讲艺术家李燕杰，著名作家石英、王宏甲，著名电影演员娜仁花等18人组成“中国名家科学文化考察团”，对掌布河峡谷景区的地质奇观进行实地考察，中央电视台、《人民日报》、《光明日报》、中央人民广播电台、中国国际广播电台、旅游卫视等20多家新闻媒体进行追踪采访报道。

12月31日，“县长热线电话”开通。

2004年

1月8日，平塘县个体劳动者协会第七届会员代表大会在县城召开。

1月16日，副省长包克辛到平塘调研旅游工作。

2月2日，中共平塘县委九届六次全委（扩大）会议在县城召开。会议总结2013年的工作，部署2004年的各项工作。

2月15日，省委副书记孙淦到平塘县调研。

2月16日，副省长包克辛在省委副秘书长姜汝洪、州政府副州长蒙院芬陪同下到平塘县调研旅游开发工作。

2月20日，省委常委、常务副省长王正福在州委副书记、州政府常务副州长余学强等领导陪同下，到平塘县调研道路交通和旅游开发工作。

3月15~18日，政协平塘县第六届委员会第二次全体会议在县城召开。会议听取和审议县政协六届委员会常务委员会工作报告和提案工作报告，并作出相应决议。

3月16~19日，县十三届人大二次会议在县城召开，出席代表165名。会议听取和审议县人民政府工作报告和其他工作报告，并作出相应的决议。

3月25日，平塘县食品药品监督管理局成立。

4月6日，省委书记钱运录在省委秘书长庹文升、副省长顾庆金、州委书记林明达陪同下，考察克度镇弘伟养牛场、通州镇纳顶村水浇地工程和卡罗乡粮—猪—沼生态示范村。

5月14日，通州镇“平里河片区果蔬协会”挂牌成立。

5月18日，著名经济学家于光远考察平塘县掌布旅游景区。

6月2日，省人大常务委员会副主任司徒桂美到平塘调研《科学技术普及法》《贵州省科学技术资金投入管理条例》贯彻落实情况。

6月21~23日，四寨镇普降暴雨，6个村59个组1216户受灾。

7月19日，副省长禄智明在州委书记林明达，州长蒙启良，州委秘书长吴秀全，副州长吴军、蒙院芬陪同下，到平塘县检查洪涝灾情。

7月22日，平塘县规模最大的土地开发整理项目工程在者密镇举行开工仪式。项目涉及者密、四寨两镇，项目建设规模607公顷，总投资1081万元。

7月23日，大学生志愿服务西部计划在平塘正式启动。贵州大学、贵州师范大学、贵州民族学院的15名大学生志愿者到15个乡（镇）开展教育、卫生、扶贫等工作的志愿服务。

8月17~18日，平塘县第十三届人民代表大会第三次会议在县城召开。会议补选唐官莹为县人民政府县长。

9月11日，县委召开中共平塘县委九届七次全委（扩大）会议。会议讨论并通过《平塘县2004~2010年实施西部大开发战略发展纲要》。

9月17~18日，2004·贵州平塘“玉水腾龙”水龙节在县城举行。来自河北、河南、广东、浙江、重庆、广西等全国各地的160多家工商企业和省内16家旅行社应邀参加本次水龙节及招商引资旅游推介会，新华社、贵州日报社等多家媒体进行报道。

9月27日，平塘县安全生产监督管理局成立。

10月8日，县政协主席王思齐到平塘调研。

10月10日，“平塘县省级地质公园”项目通过省级评审。

11月20日，平塘县农村信用联社举行挂牌仪式并开业。

12月7~10日，由中国文学艺术基金会、中华之魂社会公益宣传活动组委会、黔南州政府、北京东方英才国际文化研究院主办，中共平塘县委、县政府承办的“中国名家看平塘”大型笔会在平塘隆重举行。中共中央组织部原常务副部长赵宗鼐，全国政协常委高占祥、夏家骏，著名作家邓有梅、黄济人、谭谈、周明，著名评论家何西来、崔道怡，著名演员娜仁花，香港著名作家孙重贵等50多位名家及社会名流应邀参加笔会。中央电视台、人民日报社、新华社等30多家新闻媒体随行采访报道。

12月9日，中国第一个“文艺家科普创作基地”在平塘挂牌。中国文联副主席、书记处书记胡珍为中国第一个文艺家科普创作基地——“贵州平塘·中国文艺家科普创作基地”授牌。

2005年

1月15日，中共平塘县委九届八次全委（扩大）会议召开。会议总结2004年的工作，提出“夯实农业基础，打造优势产业，大抓招商引资，全面振兴平塘”发展思路。

3月7~10日，政协平塘县第六届委员会第三次全体会议在县城召开。会议听取和审议县政府六届委员会常务委员会工作报告和提案工作报告，并作出和通过相应决议。

3月8~11日，平塘县召开第十三届人民代表大会第四次会议，出席会议代表168名。会议听取和审议县人民政府工作报告和其他工作报告，并作出相应决议。

4月2日，省政协副主席马文骏到平塘进行农业科技专题调研。

4月22日，县人民政府在北京人民大会堂成功举办“贵州平塘·中国文艺家科普创作基地新闻发布会”。

5月21日，县第十三届人大常委会第二十四次会议审议通过《平塘县高考奖励办法》。

7月5日，新塘乡茅草（危）房改造开工。

7月29日，县委举办“平塘县纪念中国人民抗日战争胜利六十周年座谈会”。

8月8日，省长石秀诗到平塘克度镇FAST台址地考察。

8月10~11日，省人大常委会副主任杨序顺率执法组到平塘检查农业法贯彻落实情况。

8月22日，县委九届九次全委（扩大）会议在县城召开。会议传达贯彻中共黔南州委八届九次全委（扩大）会议精神；提出加快建设资源节约型、环境友好型社会，着力建设绿色平塘，打造世界地质奇观旅游县。

8月26日，县第十三届人大常委会第二十二次会议决定每年的9月28日为全县“爱我母亲河活动日”。

9月14~15日，省人大常委会副主任黄康生率领贵州省人大代表调研平塘农村人畜饮水情况。

9 月 19 日，国土资源部正式批准平塘县为国家地质公园。

10 月 13 日，举行平舟大桥建成通车及行政中心奠基仪式。

10 月 18 日，国家民委副主任杨健强到卡蒲、掌布考察。

12 月 22 日，县委九届十次全委（扩大）会议在县城召开。会议总结 2005 年的工作，明确 2006 年全县工作思路和目标任务。

2006 年

2 月 6~9 日，县政协六届四次全体会议在县城召开，出席会议委员 154 名。会议听取政协常委会工作报告和提案工作报告，并作出相应决议。

2 月 8~11 日，平塘县第十三届人民代表大会第五次会议在县城召开。会议听取县人民政府工作报告及其他工作报告，作出并通过相应的报告决议。

2 月 28 日，贵州“春茶第一壶”授牌仪式及“玉水不夜天”首场演出在县城举行。

3 月 31 日，全国政协副秘书长卞晋平在省政协副主席唐世礼陪同下到平塘考察。

4 月 21 日，县十三届人大常委会第二十六次会议作出《关于批准县政府〈平塘县新老城区路巷命名及设置方案〉的决定》。

4 月 28~29 日，“玉水不夜天”——中国·平塘国家地质公园民族风情旅游节开幕。国家有关部委及贵州省领导出席。

4 月 28 日，平塘国家地质公园揭牌开园仪式在掌布景区广场举行。

4 月 29 日，卡蒲毛南族乡风情园在长河村开园。

5 月 5 日，中纪委副书记刘峰岩到平塘调研。

5 月 6 日，中央组织部原部长张全景到掌布乡考察旅游发展工作。

6 月 11 日，省政协副主席李金顺到平塘调研政协提案工作。

6 月 16 日，召开《中国共产党平塘县历史》（第一卷）评审会。

6 月 21 日，省政协主席孙淦到平塘检查贯彻党中央 5 号文件精神情况。省政协副主席于根生、邓元铭与州政协提案委、州文化局有关负责人检查州政协主席会议督办的重点提案办理情况。

7 月 12 日，最高人民检察院副检察长王振川到平塘考察工作。

7 月 19 日，全国人大常委会副委员长许嘉璐带领全国人大民族区域自治法执法检查组到平塘县调研《中华人民共和国民族区域自治法》贯彻实施情况。

7 月 22 日，国土资源部副部长蒋承菘到塘边镇考察岩溶水开发情况。

8 月 17 日，国家计生委纪检组长苟青林到平塘调研和指导计划生育工作。

9 月 18 日，全县免耕油菜移栽现场会在通州举行。

10 月 18~20 日，中国共产党平塘县第十次代表大会在县城召开。会议选举产生中共平塘县第十届委员会委员和中共平塘县纪律检查委员会委员，左润华当选县委书记，肖天祥当选县纪委书记。

2007 年

1 月 5~8 日，政协平塘县第七届委员会第一次会议在县城召开，出席会议委员 173 名。会议选举产生政协平塘县第七届委员会主席、副主席、秘书长和政协常委，胡国栋当选政协主席。

1月6~9日，平塘县第十四届人民代表大会第一次会议在县城举行。会议听取和审议县人民政府工作报告及其他工作报告，选举产生县十四届人大常委会主任、副主任、常委会委员，选举产生县长、副县长、县人民法院院长、县人民检察院检察长。

1月15日，中央电视台《东方时空》栏目组到大塘镇里中村和洋方村采访香港爱国人士黄佩球生前援建的学校及师生，黄佩球家人陪同。

2月5日，启动全县新型农村合作医疗工作。

2月6日，由国家开发投资公司援建的青少年活动中心在县城竣工揭牌。

3月6~7日，县委十届三次全委（扩大）会在县城召开。

4月21日，全国人大常委会委员、全国人大财经委副主任郭树言带领全国人大财经委员会、全国人大常委会预算工作委员会财政转移支付专题调研组到平塘县调研财政转移支付工作。

5月14日，省人大常委会副主席许正维率检查小组到平塘检查《中华人民共和国民族区域自治法》以及国务院、贵州省实施自治法若干规定的贯彻落实情况。

5月16日，县农业局、科技局、统计局、农机服务中心等单位在平湖镇拉高村启动首次机械化插秧。

5月23~24日，省政协副主席许乐仁到平塘调研农村“未富先老”情况。

5月31日，省长林树森到卡蒲毛南族乡调研民族工作。

6月5日，在县城开展“爱我家园，呵护玉水金盆”为主题的鱼类增殖放流活动，放流草鱼鲢鱼价值4万元。

7月11日，信息产业部党组副书记、副部长奚国华到平塘克度镇考察FAST台址地。

7月26日，平塘县城遭受百年不遇的特大洪灾。下午4点18分，县城洪峰水位达705.92米，超过历史最高水位（1924年）1.88米。县城受淹面积约1.12平方千米，占城区面积的70%。全县19个乡镇97个村23.35万人受灾，淹没民房1.75万间，摧毁桥梁12座，直接经济损失5.8亿元。

7月，国家发改委对《500米口径球面射电望远镜国家重大科技基础设施项目（FAST）建议书》作出批复，同意FAST项目建设地选定在贵州省黔南州（平塘县），总投资6.27亿元。

8月3日，水利部部长陈雷到平塘视察洪灾灾情。

8月6日，县纪委印发《关于严格禁止党和国家工作人员大操大办酒席的通知》。

8月27日，县委、县政府召开“7·26”抗洪救灾总结表彰及平塘县2007年高考贫困生助学暨高考奖励大会。

8月，平塘县首期国家扶持人口较少民族发展项目正式启动。

9月12~13日，全国人大民族委员会副主任陈士能到平塘考察旅游工作。

9月24日，贵州·平塘旅游招商推介会在广西河池举行，河池地区新闻媒体、旅游管理部以及企业代表130余人应邀出席。

10月1~3日，“中国·平塘‘全民健身与奥运同行’贵州省龙舟精英赛”在县城举行，来自县内外34支男女龙舟队参赛。

12月6日，省城市环境科学研究设计院专家对克度镇FAST台址交通、供水、地理环境进行现场勘查。

2008 年

1月2日，《平塘县城镇最低收入家庭廉租住房管理办法》正式实施，办法对最低家庭廉租住房的对象、条件作出相关规定。

1月9~11日，县委十届四次全委（扩大）会议在县城召开。会议学习贯彻中共十七大精神，作出《推进全县经济社会又好又快发展的意见》。

1月13日至2月5日，平塘遭受罕见的凝冻灾害，农作物受灾26.5万亩，因冻死亡大牲畜964头、猪2830头、羊579只；损坏电杆3007根、电线786.7千米，成材林36万亩；全县交通中断，除县城外，乡镇基本断水（自来水）断电。直接经济损失5.27亿元。

2月3日，由《当代贵州》杂志、“金黔在线”网站和贵州省经济文化促进会联合举办的“2007年贵州十大影响力事件和人物”评选活动颁奖典礼暨新闻发布会在贵阳举行。世界最大单口径球面射电望远镜落户平塘，获评贵州2007年十大最具影响力事件。

2月12日，成都军区109团官兵抢修因凝冻灾害损毁的输电线路。

3月8~9日，省文化厅、省花灯剧团、省民族乐团联合组成抗灾慰问团到掌布、大塘、通州3乡镇进行慰问演出。

3月11日，由国家开发投资公司援建平塘县掌布乡高寨村的人饮工程竣工使用，500多户2000多人从此告别无自来水的历史。

3月24~27日，政协第七届平塘县委员会第二次会议在县城召开，出席会议委员173名。

3月25日，由国务院扶贫办、民政部、国家统计局组成的调研组到掌布乡开花寨村、通州敬老院、大塘镇里中村调研。

3月25~28日，平塘县第十四届人民代表大会第二次会议在县城召开。会议补选孟玉凤为县人大常委会主任，毛有智为县人民政府县长。

4月27日，县直机关党委召开第七次代表大会，选举产生第七届县直机关党委。

4月29日，平塘第一家农民专业合作社——绿色种养殖专业合作社在平湖镇挂牌成立。

是日，共青团平塘县委员会第十二次代表大会召开。会议选举产生县委第十二届委员会委员、党委书记和副书记。

5月27日，由中国传统文化促进会、中国县域旅游网、影响力传媒机构主办，大道自然文化发展中心承办的“中国文化旅游大县征集评选活动”揭晓，平塘被评为“一生要去的66个中国文化旅游大县”之一。

6月18~21日，贵州省首届农民运动会龙舟比赛在黔东南州麻江县下司镇举行，平塘县龙舟队代表黔南州参赛获得1金3银1铜共5枚奖牌。

6月30日，平塘槽渡河水利开发发电有限公司在县城揭牌。

6月，由《当代贵州》杂志、省风景名胜区协会、省旅游协会主办的“十大影响力风景名胜区”和“十大魅力旅游景区”评选活动揭晓，平塘县掌布、甲茶景区入选贵州十大魅力旅游景区。

8月25日，农村客运车辆燃油补贴发放仪式在县城举行，35辆车的车主共领取燃油补贴50万元。

9月7日，由全国政协教科文卫体委员会和中国民主同盟中央委员会等单位发起的“大山的脊梁——感动贵州的教师们”评选结果揭晓，平塘县甲茶小学民办教师王通模获得优秀奖。

9月11日，平塘县第一家以开展机耕、机灌、机收、加工、运输等一系列农业服务为主的农机专业合作组织——摆茹镇农机专业合作社在摆茹镇摆洗村烂木桥组正式挂牌成立。

9月20日，首届黔南州旅游产业发展大会暨中国·平塘世界地质奇观旅游节在平塘举行。

是日，在掌布举行中国·平塘国际障碍单车邀请赛，当晚在县城举行《吻人鱼》首映式。

11月6日，平塘县冬泳协会正式成立。

11月15日，美国“手牵手”教育基金会向平塘民族中学和西关中学、甲青小学等中小学48名学生进行资助。

11月27日，掌布景区通过国家旅游局AAAA级旅游景区质量等级评定。

12月17日，由深圳能源集团广深沙角B电力有限公司资助援建的平湖四小新校区教学楼举行竣工典礼。

12月19日，中央电视台《科技之光》栏目对平塘县塘边天坑景区进行专题报道。

12月26日，由中国科学院、贵州省人民政府共建的国家重大科技基础设施——500米单口径球面射电望远镜（FAST）工程项目在平塘县克度镇金科村大窝凼举行奠基典礼。

2009年

1月5日，县委十届六次全委（扩大）会议在县城召开。

2月1日，平塘县农村危房试点工作启动。

3月2~5日，政协第七届平塘县委员会第三次会议在县城召开。

3月3~6日，平塘县第十四届人民代表大会第三次会议在县城召开。会议补选张建海为县人大常委会副主任，选举孟玉凤为黔南州第十一届人民代表大会代表。

3月31日，县人民政府召开输血感染丙肝医疗事故处置情况通报会，对1992年7月至2002年10月县人民医院给输血患者输入携带丙肝病毒人员血液引发的重大医疗事件进行通报。

6月9日，省委书记石宗源到平塘县调研易地扶贫搬迁工作。

7月25日，举办2009年民族民间工艺品暨旅游纪念品展评大会。

8月21日，举行高考贫困生助学暨高考奖励激励大会，对60名2009年高考优秀学子和县民族中学进行表彰奖励，对94名家庭困难的高考贫困学生进行救助，共发放资金183.5万元。

8月28日，由国家体育总局水上运动中心、贵州省体育局、贵州省旅游局、贵州省黔南州人民政府主办的中国平塘“一天锅杯”国际单车障碍赛暨掌布国家AAAA级风景区揭牌仪式在掌布乡举办。

9月14日，县委十届七次全委（扩大）会议在县城召开。

12月3日，县委召开第三批学习实践科学发展观活动第二次推进会。

2010年

1月11~12日，县委十届八次全委（扩大）会议召开。

1月26日，贵州省“东南部特色经济区”规划座谈会议在平塘召开。

3月2~5日，政协平塘县第七届委员会第四次会议在县城召开，出席会议委员173人。会议补选张永峰为政协主席。

3月8日，中国国际文化交流基金会“黔峰基金”向平塘代课教师捐赠签约仪式在县城举行。

3月8~10日，县人大十四届四次会议在县城举行。会议听取和审议县人民政府工作报告和其他工作报告，并作出相应决议。

3月15日，县人民政府全体成员（扩大）会议暨廉政建设工作会议在县城召开。

3月31日，省委组织部部长孙永春到平塘调研干部工作。

4月13日，科技部副部长陈小娅到克度调研大射电工程。

4月14日，“多彩贵州踏春行”大型旅游文化采访记者团到掌布乡考察。

4月21日，《贵州平塘六硐甲茶水电站规划专题论证报告》获珠江水利管理委员会批复，电站装机容量20万千瓦，总投资26亿元。

5月24日，中国社科院副院长、中国地方志指导小组常务副组长朱佳木到平塘掌布调研。

5月29日，国家民委主任杨晶到卡蒲毛南族乡调研民族工作。

6月9日，省旅游局旅游景区质量等级复核工作组在掌布国家AAAA级旅游景区进行质量等级复核检查。

6月22日，发布《平塘县高考奖励办法（暂行）》（修订版）。

8月14日，全国政协副主席李金华到平塘调研。

9月22日，“平塘中秋山水音乐”在县城举行。

10月9日，科技部副部长曹健林到平塘视察FAST台址建设。

10月22日，“百名作家看平塘”贵州省第十三届史学创作交流年会在平塘召开。

10月28日，县城老大桥改建工程开工，桥长128米、宽24米，总跨为9×50米钢筋砼桥拱，总投资1520万元。

是日，全省重大检疫性有害生物疫情监测与防控技术总结在平塘召开。

11月6日，六硐河“石龙过江”河道疏浚项目动工建设，共清理河道2.6千米，总投资1218万元。

11月18日，平塘县人民政府与贵州民族学院在贵阳签订《贵州民族学院和平塘县人民政府校地合作意向书》。

12月2日，平塘县公益事业建设“一事一议”财政奖补试点项目启动大会在克度镇举行。

12月4日，审议通过《平塘县国民经济与社会发展第十二个五年规划（送审稿）》及《中共平塘县委关于制定国民经济和社会发展第十二个五年规划的建议》。

2011年

1月5日，平塘召开出租汽车投放听证会，首批投放60辆。

1月6~7日，县委十届九次全委（扩大）会议在县城召开。

1月23日，“中国天眼”台址开挖开工仪式在克度镇大窝凼举行。

2月27~28日，省委常委、省委宣传部部长谌贻琴到平塘考察调研“四帮四促”工作。

3月4日，平塘县工艺美术协会成立。

3月7~9日，政协平塘县七届五次会议在县城召开。会议听取和审议政协常委会工作报告和提案工作报告，并作出相应决议。

3月8~10日，县人大十四届五次会议在县城召开。会议听取和审议县人民政府工作报告和其他报告，审议通过《平塘县国民经济和社会发展第十二个五年规划纲要》。

5 月 10 日，平塘县人民政府与重庆方民能源集团有限公司签订管理天然气项目。

5 月 30 日，省长赵克志到平塘调研，先后考察卡罗生态农业园、克度大射电望远镜项目工程建设。

6 月 14 日，中央政策研究室《学习与研究》杂志社社长石太林率调研组到平塘调研。

6 月 23 日，平塘县第三中学开工建设。项目占地面积 201 亩，其中建筑面积 3.6 万平方米，分三期实施，设立 54 个教学班。

7 月 2 日，平塘县克度镇牛棚煤矿发生透水事故，23 名被困矿工全部遇难。

8 月 11～12 日，中共中央文献研究室科研管理部主任刘金田到平塘调研。

8 月 25～26 日，黔桂两省（区）十二县（市、区）政协联谊协作会第二十次会议在平塘县城举行。

9 月 1 日，省委书记栗战书到平塘考察调研抗旱救灾工作。

9 月 15 日，县委十届七次全委会在县行政多功能厅举行。会议听取和审议《关于召开中国共产党平塘县第十一次代表大会的决议（草案）》，会议表决通过草案决议。

10 月 25～28 日，中国共产党平塘县第十一次代表大会在县城召开。会议选举产生中共平塘县十一届委员会和新一届县纪律检查委员会。

11 月 25 日，全县城乡居民社会养老保险养老金首发仪式在县城举行。

12 月 2 日，平塘年产 25 万吨方解石粉体及复合材料加工项目在通州工业园区中元矿业有限责任公司正式开工。项目依托平塘丰富的方解石，计划分期建成年产 25 万吨方解石粉体及复合材料项目生产线，项目总投资 1.98 亿元。

12 月 12 日，省委宣传部组织的“我的眼里只有你——行走平塘山水间”记者团对平塘的旅游文化资源进行专题采访。

12 月 16 日，县委十一届三次全委（扩大）会议在县城召开。

12 月 26 日，余（庆）安（龙）高速公路独山至平塘段开工仪式在平塘迎宾大道入口举行。独平高速全长 24.78 千米，总投资 20.6 亿元。

2012 年

1 月 3～5 日，政协第七届平塘县委员会第一次会议在县城举行。会议选举产生政协平塘县第八届委员会主席、副主席、秘书长和常务委员会委员。

1 月 4～6 日，平塘县第十五届人民代表大会第一次全体会议在县城举行。会议选举产生第十五届人大常委会主任、副主任、委员，县人民政府县长、副县长，县人民法院院长，县人民检察院检察长。

2 月 13 日，著名作曲家、散文家、中国人民解放军八一电影制片厂音乐组组长杜兴成到平塘创作采风。

3 月 1 日，塞浦路斯投资考察团到平塘掌布、摆茹、苗二河、克度、塘边等乡镇进行投资考察。

3 月 15 日，省委常委、宣传部部长谌贻琴到大塘调研扶贫工作。

3 月 22 日，省委常委、省委组织部部长孙永春到平塘调研基层组织建设工作。

3 月 25 日，全县农村义务教育学生营养改善计划全面启动。

3 月 27 日，山东省淄博市张店区与平塘县缔结友好区县举行签约仪式。

是日，贵州齐鲁能源有限公司揭牌成立。

3月31日，县城老大桥改建工程正式通车。

4月4日，塘边、克度及部分乡镇遭受冰雹灾害。塘边镇清水村落汪、巨木168户369间瓦房损坏，2000亩农作物受灾。

4月12日，科技部副部长陈小娅、中科院副院长詹文龙到平塘克度镇考察FAST台址建设。

4月16~17日，中国儿童少年基金会项目管理部主任侯珺率国家“清除婴幼儿贫血行动”督导组到平塘督导检查工作。

4月19日，平塘县人民政府与贵州旅游投资控股（集团）有限责任公司在贵州饭店签订旅游开发战略合作框架协议。

4月25日，县消防中队营房落成启用，占地面积14亩，建筑面积3500平方米。

4月29日，县“十二五”广播电视村村通工程建设启动仪式在白龙乡举行。

5月8日，美国阿雷西博天文台副台长Juan F. Arratia在国家天文台副台长郑晓年的陪同下，到平塘访问国家500米口径天文射电望远镜（FAST）工程建设。

5月9日，贵州盘江龙盟年产12万吨新型环保材料及系列产品项目在通州工业产业园动工，并举行奠基仪式。项目利用石料生产新型环保纸，总投资12.6亿元。

5月30日，全省扶持人口较少民族发展工作会议在平塘召开。省长赵克志、副省长刘晓凯出席。

6月12~13日，国家开发投资公司考察组在平塘考察帮扶项目工程。

6月27日，由《资本市场》杂志社编委会、首都文明工程发展研究中心、深圳世纪传承非物质文化遗产投资有限公司、中华非物质文化遗产保护中心等“非遗”文化研究专家、学者及企业负责人组成的深圳非物质文化遗产考察组到平塘就非物质文化遗产开发利用及保护工作进行考察。

6月29日，国家商务部驻广州特派员柴海涛到平塘调研旅游产业。

7月3日，省纪委书记宋璇涛到掌布调研。

7月16日，县境普降暴雨，洪水涌入县城，沿河主街道被淹。全县14个乡镇78个村12.5万人受灾，倒塌房屋963间，受灾农作物1.78万亩。

7月17日，副省长禄智明、慕德贵在州委书记黄家培、州长向红琼陪同下到平塘检查灾后重建工作。

7月26日，清华大学总裁（贵州）班企业家与平塘微型企业帮扶结对子签约仪式在平塘举行，10名贵州企业家与平塘微型企业青年代表现场签订结对帮扶。

7月27~28日，县总工会第十次代表大会在县城召开。大会选举产生县总工会第十届委员会委员、经费审查委员会委员和女职工委员会委员。

7月28日，中央党校教务部主任王东京率中共党校考察团到牙舟镇、克度镇考察调研旅游产业。

7月30日，举行“解放思想、赶超跨越”大讨论活动动员会，在全县开展大讨论活动。

9月5日，住房和城乡建设部副厅级特派员刘志书到平塘检查指导保障性安居工程建设。

9月18日，国家民委检查组组长孟旭红（陕西省民委民族二处处长）到卡蒲乡、掌布乡考察卡蒲毛南族乡人口较少民族扶持项目和民族村寨开发建设。

9月19日，深圳市人大常委会党组书记、主任刘玉浦一行到卡蒲新关小学实地考察。

9月27日至10月3日，“2012中国·平塘‘和谐天地人’旅游文化周”活动期间，先后开展中国天文地质旅游高峰论坛、中央电视台《乡村大世界》栏目走进平塘、“玉水不夜天”山水实景演出、中秋音乐会以及招商引资签约、商品展销等活动。

9月30日，县中元矿业公司年产25万吨方解石粉体及复合材料加工项目正式投产。

10月13日，科技部、中科院等相关部门组成的考察组考察FAST项目建设情况。

10月26~27日，上海科教妇工委副主任张芳，上海海洋大学教授、博士生导师成永旭，上海组织部专家疗养中心办公室主任韦学明，上海利德公司总经理张云等专家到平塘考察大闸蟹养殖项目，县长臧侃为到访专家颁发“荣誉县民证”。

10月31日，掌布乡举行撤乡建镇庆典仪式。

是日，掌布至贵定铁厂三级公路开工建设。

11月7日，平塘民族中学扩建工程举行启动项目建设奠基仪式。

11月8日，山西路鑫能源集团公司董事长朱福连、高级顾问赵斌、党委书记张子滢、副总经理耿志宁等在贵州银行行长吴向阳、晋商银行南中环支行行长彭喜萍的陪同下，到平塘投资考察并签订煤矿、大理石及石材加工等合作框架协议。

11月21日，国家发改委西部司司长秦玉才率调研组到平塘调研生态建设。

12月4日，副省长慕德贵到克度考察大射电工程。

12月9日，省委常委、省委宣传部部长喻红秋到大塘镇、通州镇、克度镇、牙舟镇、甘寨乡、平湖镇调研。

12月24日，平塘县生活垃圾填埋场开始试运行。

12月26~27日，中共平塘县委十一届四次全体（扩大）会议在县城召开。会议审议通过《〈中共平塘县委关于贯彻落实党的十八大精神开展国家小康创建活动的实施意见〉的决议（草案）》《〈中共平塘县委关于进一步实施科教兴县战略大力加强人才队伍建设的实施意见〉的决议（草案）》。

2013年

1月12日，在全县开展“十破十立”解放思想大讨论活动。

2月3日，上海海洋大学·平塘县校地合作签约仪式在平塘县城举行，县委书记严肃、上海海洋大学校长潘迎捷出席并签约。

2月26日至3月1日，政协第八届平塘县委员会第一次全体会议在县城召开。会议听取县政协常委会工作报告和提案工作报告，补选县政协副主席1名。

2月27日至3月2日，县十五届人大二次会议第一次全体会议在县城召开。会议听取县人民政府工作报告及其他报告，补选县人大常委会副主任2名、委员1名。

3月5日，平塘县第十一届纪律检查员委员第三次全体会议在县城召开。

3月7日，省委常委、副省长秦如培到克度镇考察大射电望远镜项目建设。

5月10日，平塘县廉政教育馆在县少儿活动中心揭牌启用。

5月20日，县城横三路一期项目开工建设。项目起于纵一路，止于新华大街，全长423.728米，双向四车道。

5月23日，参加第十五届中国科协年会专题——“500米口径球面射电望远镜与地方发展论坛”的中外专家考察卡蒲毛南族风情园并观看毛南族狮舞《过桥》、舞蹈《猴鼓舞》以及毛南族山歌表演。

6月6日，平塘县正式启动实施教育“9+3”计划（即巩固提高9年义务教育和实行3年付费中等职业教育）。

6月10日，国家安全生产监督管理总局办公厅主任郭云涛带领长江商学院第二十期“超级战舰拓展队”学员到平塘考察调研。

6月15日，通州摆图水库导流放空隧洞贯通。

7 月 31 日，上海海洋大学校长潘迎捷到摆茹考察大闸蟹养殖。

8 月 17 日，通州工业园区雅海国际石材物流园开工建设。

8 月 27 日，中共贵州省委第一巡视组对平塘县进行巡视工作，组长为谢凤莲。

9 月 7~8 日，由中国户外探险联盟主办、中国户外探险联盟贵阳站承办的“2013 贵州 · 平塘第五届百千米毅行活动”在平塘举行。来自省内外 300 名户外探险爱好者在 2 天内从县城徒步至克度镇大窝凼。

9 月 12 日，粤电集团贵州有限公司总经理林桂举率考察组到平塘进行水电、风电投资考察。

9 月 29 日，“平塘星”小行星命名仪式在县城举行。

10 月 30 日，县城“玉水新城棚户区改造一期工程”正式启动。改造项目涉及老城区中山路、新平路、新华路、文明路和玉水北路二段，改造面积 80292 平方米。

11 月 23 日，广州工业经济联合会、企业联合会、企业家协会到甲茶考察。

11 月 26 日，副省长蒙启良到克度镇大射电、通州工业园区等地调研。

12 月 11 日，平塘县召开乡镇行政区划调整工作动员会，正式启动全县区划调整工作。行政区划调整确定将原有 19 个乡镇调整为 9 镇 1 乡。将 9 镇 1 乡所辖的 121 个村设置镇乡社区服务中心 41 个、农村社区综合服务站 79 个。

12 月 18 日，县城保障性安居工程项目集中开工现场在平湖镇上梭廉租房项目点举行，2014 年计划建设保障性住房 1898 套（户），计划总投资 16798 万元，其中廉租房 420 套、公共租赁房 1078 套、棚户区改造 400 户。

12 月 31 日，克度大射电天文望远镜工程圈梁顺利合龙。

第一篇

地　理

第一章 建置 境域

汉置牂牁郡领17县，平塘属毋敛县。晋设州、郡、县，平塘属并渠县。隋代属宣化县。唐建南平州、勋州两个羁縻州，元建定远府，明清属贵阳府和都匀府。民国3年（1914）置平舟、大塘两县，民国30年（1941）平舟、大塘合并为平塘县。1956年7月，都匀县白龙区8个乡划属平塘。1963年2月，将凯西人民公社划属都匀县。1988年，全县辖7个区、1个区级镇、1个乡级镇、38个乡、24个行政村。1991年8月撤区并乡建镇，设9镇10乡（其中1个为毛南族乡）。2003年将平湖镇新平路、中山路、人民路居委会整合调整为金龙社区和玉池社区，把通州居委会整合为荷花社区。2004年，调整合并建制村，把242个村合并为121个。2013年12月，全县行政区划调整，置9镇1乡（毛南族乡）、6个社区、121个行政村。

第一节 建置 沿革

建置

平塘县地域唐前历史无文字可考。唐天宝元年（742）建南平州、勋州（一说“动”）两个羁縻州，属黔中道。元至元年间置府、州、县和土司。明洪武年间撤府、州、县，统置土司，实行“土流并治”。清代增置营、汛、州制，逐步实行“改土归流”。民国初年置州判和弹压。民国3年（1914）置平舟、大塘两县。民国30年（1941）平舟、大塘两县并为平塘县。全县置5区23联保。民国31年（1942）撤销区建置，全县调整为15联保126保。民国33年（1944）1月，撤销联保，改设乡、镇。平湖联保改为平湖镇，其他各联保改为乡，全县置1镇14乡124保1344甲。

1949年11月平塘县解放，行政区划沿袭旧制，属独山专区。1950年，全县有平湖、牙舟、通州、者密4区1镇（平湖镇）以及京甘、仁化、牙舟、西关、新场、掌布、通州、党模、西凉、新民、塘边、者六、四寨、南屏14个乡。是年12月，将西关、新场、掌布、党模4乡划属惠水县第九区，1951年2月划回。1951年，平湖区将仁化、京甘两乡的苗攀、米寅、坡平、巴多、苗二河、五山等村寨划出组建三合乡；者密区将者六乡分置为者密、六硐两乡，全县行政区调整为4区1镇16乡。是年8月，成立平塘县民族民主联合政府。1952年12月，独山专区改为都匀专区，平塘属都匀专区。1953年1月，全县行政区调整为6区2镇58乡。1955年4月平塘民族民主联合政府改称平塘县人民委员会，置县长。1956年1月27日，都匀县白龙区8个乡划属平塘县，行政区增为7区1镇66乡。白龙区列为第七区。1956年7月1日，撤白龙区。8月8日，黔南州布依族苗族自治州成立，平塘县属黔南布依族苗族自治州，是年全县行政区调为6区2镇29乡。1958年9月，撤销乡、镇，成立人民公社，全县置6区20个公社。是年11月，撤区改置人民公社，称大公社，原人民公社改为管理区，全县置6个公社44个管理区。12月，撤平塘县，将槽渡河以东的东风、火箭、上游3个公社并入独山县，槽渡河以西的通州、西关、八一3个公社并入罗甸县。1961年8月，恢复平塘县。将公社改为区，管理区改为公社，全县置6区22个公社。1963年2月27日，凯西人民公社划属都匀县。是年，行政区调整为7区1镇42个人民公社。1964年6月21日，从城关镇划出新舟、拉高、新建、回龙、双桥5个大队置新平公社，属平湖区。1965年11月6日，全县行政区调整为7区41公社，将田土县公社并入掌布公社，新街公社并入塘边公社，拉塘公社并入四寨公社，城关镇改为城关公社。

1967年3月24日，“毛泽东思想平塘县阶级革命派联合指挥部”成立并夺取中共平塘县委和平塘县人民委员会的权。27日，成立“毛泽东思想平塘县革命委员会”，设主任、副主任。8月14日，“毛泽东思想革命委员会”改名为“平塘县革命委员会”。之后，各区、公社都先后建立革命委员会。1969年8月，平寨公社并入马场公社。是时，全县置40个人民公社。

1980年2月，取消“革命委员会”名称，平塘县革命委员会改名平塘县人民政府，区革命委员会改名区公所，公社革命委员会改称公社管理委员会。

1983年下半年，实行政社分设，公社改为乡或镇，建立乡、镇人民政府。同时，部分公社改乡或镇时易名：新平公社改称新舟乡，免场公社改称白龙乡，城关公社改称平湖镇。1984年3月，落凼乡改称平里乡，乡政府设在平里村。5月，通州乡改为通州镇，平湖镇升格为区级镇。全县共置7区、1区级镇，38乡、1乡级镇。

1988年，全县设7区、1区级镇，38乡、1乡级镇，下辖242个行政村、1836个村民组，以及11个居民委员会、36个居民小组，其后村（居）民小组略有变动。1991年8月，开展建镇并乡撤区工作，全县辖9镇10乡（其中有1个毛南族乡），121个行政村、3个社区、3个居委会。境内乡镇中面积最大的是通州镇，为316.85平方千米；面积最小的是苗二河乡，仅为60.12平方千米。平湖镇人口最多，为30273人，人口最少的是谷硐乡，仅为7091人。所辖行政村、居委会以及村（居）民小组与建并撤前相同。2003年，将平湖镇的原新平路、中山路、人民路3个居委会整合为“金龙社区”和“玉池社区”，将通州镇居委会整合为“荷花社区”。2004年，平塘县调整合并建制村，将原县境内的241个行政村调整合并为121个，其中整村跨乡（镇）调整7个村，拆散后再跨乡（镇）调整3个村，村的建制削减率达49.8%。2013年12月11日，全县区划调整，置9镇1乡。在10个镇乡政府驻地设10个社区综合服务中心，在9个撤销乡镇龙兴、卡腊、金盆3个村所在地各设置1个片区社区服务中心。全县辖9个镇、1个民族乡，121个行政村、6个社区、1745个村民组。

1988~1991年平塘县行政区划变化统计表（1991年“建并撤”前）

表1-1　　　　单位：个

区（镇）名称（括号内为驻地）	所辖乡（镇）（括号内为驻地）	行政村	村民小组	自然村寨
平湖镇（西街村）	—	5	19	—
平湖区（平湖镇）	新舟乡（新舟村）、米寅乡（双江村）、苗二河乡（苗二河村）、吉古乡（吉古村）、甘寨乡（甘寨村）、京舟乡（交董村）、白龙乡（龙兴村）、卡蒲乡（场河村）	46	376	351
牙舟区（牙舟乡）	牙舟乡（新寨村）、谷硐乡（场坝村）、卡腊乡（永忠村）、边兰乡（边兰村）、卡罗乡（卡罗村）	22	186	299
通州区（通州镇）	通州镇（通星村）、平里乡（平坝村）、金桥乡（桥头村）、公峨乡（公峨村）、油岜乡（新合村）、鼠场乡（新田村）	34	296	576
西关区（大塘乡）	大塘乡（大塘村）、新塘乡（新塘村）、旧司乡（新光村）、上莫乡（腊新场村）、掌布乡（掌布村）	32	201	376

续上表

区（镇）名称（括号内为驻地）	所辖乡（镇）（括号内为驻地）	行政村	村民小组	自然村寨
克度区（克度乡）	克度乡（金星村）、清水乡（清河村）、塘边乡（湾子村）、塘泥乡（摆别村）、航龙乡（航龙村）	34	230	483
摆茹区（摆茹乡）	摆茹乡（摆和村）、马场乡（马场村）、西凉乡（西凉村）、翁招乡（内绕村）、甲桐乡（平桥村）	30	225	229
者密区（者密乡）	者密乡（者密村）、河中乡（河中村）、六硐乡（六硐村）、甲青乡（甲坨村）、四寨乡（和平村）	39	298	259

注：平湖镇属县城，置东街、南街、西街、北街、蔬菜园5个村，无自然村寨。

1992~2003年平塘县行政区划变化统计表（2004年合并行政村前）

表1-2　　单位：个

乡（镇）名称	政府驻地	行政村	居委会	村民小组	自然村寨
平湖镇（原平湖镇、吉古乡、新舟乡合并建立）	北街村	东街、南街、西街、北街、蔬菜、吉古、米牙、拉全、拉塘、甲善、摆烈、新舟、双桥、拉高、回龙、新建	中山路、新平路、人民路	123	83
甘寨乡	甘寨村	甘寨、苗坡、基哈、磨刀石、塘官、土寨	—	42	57
苗二河乡（原苗二河乡、米寅乡合并建立）	苗二河村	大新寨、三联、马坡、巴多、苗二河、双江、坡平、双河、新联	—	66	62
卡蒲毛南族乡（原卡蒲乡、河中乡合并建立）	场河村	场河、亮寨、甲翁、关上、新山、摆旁、甲地、摆卡、河中、沙坝、交亩、甲那、课寨、者泥	—	101	109
白龙乡（原白龙乡、京舟乡合并建立）	龙兴村	龙兴、卡蒲、董达、马惹、乐康、新黔、董票、沙地、交董、翁干、摆克、打赖	—	96	81
牙舟镇（原牙舟乡、边兰乡、卡腊乡合并建立）	新寨村	新寨、甲先、长寨、甲本、白岩、永忠、石笋、白云、陈家湾、高寨、边兰、白沙、王宋、丰坡	汪家街	129	207
谷硐乡	场坝村	场坝、命芹、榜广、鸡场、翁片	—	42	61
卡罗乡（原卡罗乡、甲桐乡合并建立）	卡罗村	卡罗、沙郎、山尧洞、平桥、塘烂、长冲、冗空	—	56	76
通州镇（原通州镇、平里河乡、金桥乡合并建立）	通州场坝	通星、黄良、高星、中坝、大井、纳顶、丹平、翁岗、新庄、小米坡、新立、落印、羊场、党振、中寨、平坝、拉河、桥头、松茶、同心、金黔、三星	场坝	166	326
鼠场乡（原鼠场乡、油岜乡合并建立）	新田村	新合、中堡、金塘、仓边、明同、新田、小坝、新岗	—	106	182
新塘乡（原新塘乡、公峨乡合并建立）	新塘村	新塘、民联、水沟、甲西、营盘、亮洞、公峨、高井、槐山	—	50	116
大塘镇（原大塘乡、旧司乡、上莫乡合并建立）	大塘村	西联、大塘、掌芒、赖惹、火昂、胜安、半坡、新安、里中、新光、谷立、坝东、螃蛤、开花寨、腊新场、硐头、新坪、上莫、甲斗、洋方	西关	127	242

续上表

乡（镇）名称	政府驻地	行政村	居委会	村民小组	自然村寨
掌布乡	掌布村	掌布、拉坝、桃坡、联合、新民、田坝、香冲	—	49	86
克度镇（原克度乡、航龙乡合并建立）	金星村	金星、落良、光星、金山、光明、航龙、前进、先进、金科、六水	场坝	92	179
塘边镇（原塘边乡、塘泥乡、清水乡合并建立）	湾子村	湾子、新洪、拉龙、平河、旁同、新龙、高山、瓮同、地坝、石板寨、打鸟、塘河、双山、新街、新店、印田、柏路、摆别、泳河、林河、清河、中河、沿河、青山	塘坎	138	304
摆茹镇（原摆茹乡、马场乡合并建立）	摆河村	摆和、拉湾、摆洗、四方井、令当、新优、猫寨、甲茶、八共、堡上、董朗、拉门、拉所、拉共、抹孟、马场、王拉、平寨	桑林坝	108	111
西凉乡（原西凉乡、翁招乡合并建立）	西凉村	西凉、董更、拉抹、硐口、内绕、六寨、团结、大田	—	80	73
者密镇（原者密乡、六硐乡、甲青乡合并建立），	者密村	者密、上茂村、干玉地、坡头、上科、金硐、旁泥、六硐、龙平、拉关、甲术、甲饭、下昂、河头、黎平、甲青、甲坨、苗拉、甲谈、拉弓、纳料、拉岩、下茂村	塘垦	171	145
四寨镇（撤原四寨乡建立）	和平村	和平、红旗、栗木山、幸福、沙坡、拉塘、打素、兴河、福荣、贬等	—	91	73

2004~2013 年平塘县行政区划变化统计表（2004 年合并行政村后）

表 1-3　　单位：个

乡（镇）名称	政府驻地	行政村	居委会（社区）	村民小组	自然村寨
平湖镇	新舟村	金盆、回龙、新舟、吉古、拉全、兴民、双桥	玉池、金龙（社区）	123	83
甘寨乡	甘寨村	甘寨、土寨、磨刀石、基哈、苗乡	—	42	57
苗二河乡	苗二河村	苗二河、新寨、双江、苗攀	—	66	62
卡蒲毛南族乡	场河村	场河、河中、新关、亮寨、摆卡、甲坝	—	101	109
白龙乡	京舟村	京舟、摆克村、董联、黄平、乐康、新全、龙兴	—	96	81
牙舟镇	兴陶村	兴陶、王宋、白云、陈家湾、甲本、边兰、白沙、卡腊	牙舟第一居委会	129	192
谷硐乡	场坝村	场坝、命芹，翁片、鸡场	—	42	61
卡罗乡	卡罗村	卡罗、长冲、冗空、平桥	—	56	72
通州镇	通星村	通星、新立、新星、翁岗、丹平、乐阳、平里河、党振、金桥、中星	荷花（社区）	166	325
克度镇	金星村	金星、航龙、前进、先进、落良、光明、金山、金科	—	92	179
塘边镇	湾子村	湾子、青山、新风、清水、双河、新街、兴隆、塘泥、新店、新建	—	138	304
鼠场乡	同兴村	金塘、新合、仓边、同兴、新坝	—	106	182

续上表

乡（镇）名称	政府驻地	行政村	居委会（社区）	村民小组	自然村寨
新塘乡	新塘村	新营、水沟、公峨、民联	—	50	119
大塘镇	西关村	西关、新场、平坡、胜安、谷坝、里中、洋方、新光	大塘第一居委会	127	177
掌布乡	掌布村	掌布、联合、田坝、新坪、开花寨	—	49	164
摆茹镇	摆河村	摆河、兴荣、新优、摆洗、金贡、马场、甲茶	—	108	104
西凉乡	兴发村	兴发、拉抹、团结、六寨、堡上	—	80	84
者密镇	金玉村	金玉、茂村、六硐、平河、拉关、甲青、甲拉、拉岩	者密第一居委会	171	145
四寨镇	和平村	和平、红旗、幸福、福荣、拉栗、沙坡	—	91	73

2014年平塘县行政区划调整变化统计表

表1-4　　单位：个

乡（镇）名称	政府驻地	行政村	居委会（社区）	村民小组	自然村寨
平舟镇（原平湖镇、苗二河乡、白龙乡、甘寨乡）	新舟村	金盆、四龙、新舟、吉古、拉全、兴民、双桥、双江、苗攀、新寨、苗二河、董联、黄平、京舟、乐康、摆克、新全、龙兴、甘寨、土寨、苗乡、磨刀石、基哈	玉池、金龙（社区）	327	283
牙舟镇（原牙舟镇、卡罗乡、谷硐乡）	兴陶村	王宋、白云、兴陶、边兰、陈家湾、白沙、甲本、命匠、场坝、翁片、鸡场、长冲、平桥、卡罗	牙舟镇第一居委会	182	186
克度镇（原克度镇、鼠场乡）	金星村	光明、金山、金星、航龙、前进、金科、落良、金塘、新合、仓边、同兴、新坝、先进	—	198	361
大塘镇（原大塘镇、新塘乡）	西关村	新场、平坡、胜安、谷坝、里中、洋方、西关、新光	大塘镇第一居委会	127	177
者密镇（原者密镇、四寨镇）	金玉村	金玉、茂村、六洞、平河、拉关、甲青、甲拉、拉岩、福荣、和平、幸福、沙坡、红旗	者密镇第一居委会	262	218
甲茶镇（原摆茹镇、西凉乡）	摆河村	摆河、兴荣、新优、摆洗、金贡、马场、甲茶、堡上、兴发、拉抹、团结、六寨、冗空	—	188	188
掌布镇	掌布村	掌布、联合、田坝、新坪、开花寨、卡腊	—	56	145
通州镇	通星村	通星、新星、翁片、丹平、新立、乐阳、平里河、党振、金桥、中星	荷花社区	92	179
塘边镇	湾子村	青山、新风、清水、双河、新街、湾子、兴隆、塘泥、新店、新建	—	138	304
卡蒲毛南族乡	场河村	河中、新关、亮寨、摆卡、田坝、场河	—	101	109
9镇1乡		121个行政村	3个社区、6个居委会	1807	2484

注：2013年，平塘县行政区划调整后，原牙舟镇卡腊村并入掌布镇，卡罗乡冗空村并入甲茶镇。

沿革

春秋处牂牁国北境；战国属夜郎国；秦汉分属象郡和牂牁郡毋敛县；晋属牂牁郡的并渠县；隋属宣化县；唐始有建置，唐天宝元年（742）置南平、勋州（一说动州），在今县城和通州镇一带，属黔中道；五代晋高祖天福五年（940），都会酋长尹怀昌率其十二部归楚王马希范，平塘地区属楚区。

南宋理宗绍定元年（1228）南平、勋（动）州两州属夔州路绍庆府。

元至元二十一年（1284）置六硐柔远等处和丹行（一作州、竹）等处蛮夷军民长官司，为今者密六硐片区和牙舟镇牙舟片区。至元二十八年（1291）置平硃处（今县城一带）和雍郎客都等处，平普重墺（极）等处，安剌速等处，为今克度、大塘一带。至元二十九年（1292）置定远府（今通州镇），领五州七县，其中章龙州章龙县为今大塘西南35千米，下思同州为今通州镇附近。

明洪武五年至十五年（1372~1382）大塘地区为八番长官司边地，属贵州卫。

明洪武六年（1373）克度地区置雍郎都司，辖地东连定元七庚米里，南接广西罗斛（今罗甸）八亭沌，西至晋州罗潞六亭，北联罗浩罗木三卡。洪武十二年（1379）建平阳都督将军衙于平州（平舟），其辖地东西宽40千米，南北长60千米，为之后平州县城雏形。

正统元年（1436），通州里、上下克度里及大塘地区属贵州宣慰司。成化十年（1474）置程番府，通州里、克度里及大塘属程番府。万历十四年（1586）置定番州于原程番府地，属贵阳府。通州里、上克度里、中克度里、下克度里及大塘地区属贵阳府定番州。

清康熙六年（1667）平州长官司设分司于六硐，称六硐分司，均属都匀府。

乾隆元年（1736），置明通讯于明堂关，设总都司右营把总。翌年，置守备营于大塘。乾隆四年（1739）增设定番州制，分驻大塘，辖地称大塘州制或大塘理苗州，辖地东北抵贵定，东及东南接都匀府，南至广西南丹土州，西南抵罗斛，西及西北至定番本州，北抵龙里，东西长80千米，南北宽50千米。

光绪三十二年（1906），大塘州制辖地的祥摆、亚龙、控董、马山寨、公娥、栗土寨、摆别寨划属定番州。

宣统三年（1911），撤都匀县，将其地改为都匀府辖地。将平州、六硐二司及牙舟汛地改置都匀县，县治设平州，辖地县治南40千米抵广西省界，北10千米抵马蹄岩，西40千米抵大塘分州界，东20千米抵独山州界，东西长60千米，南北宽50千米。

民国元年（1912）改都匀县为平舟弹压，大塘州判沿袭清制，民国3年（1914）改平舟弹压，置平舟县。改大塘州制，置大塘县。平舟县置5区，一区区署驻县城，二区区署驻牙舟，三区区署驻马场，四区区署驻六硐，五区区署驻四寨。都匀县、京舟县划属平舟县。大塘县置4区，一区区署大塘，二区区署通州，三区区署西凉，四区区署克度。

民国9年（1920），撤黔中道，改置贵州省公署，平舟、大塘二县属贵州省公署。

民国24年（1935），贵州全省设11个行政督察区，平舟、大塘二县划属贵州省第十一行政督察区，专区公署设独山。民国25年（1936），全省行政督察区调为81区，平舟、大塘县属第二行政督察区，专区公署设独山。

民国30年（1941）7月1日，撤平舟、大塘二县，改置平塘县，县治设通州，是年8月15日，改设原平舟县城。原洛平乡划属惠水县，惠水县掌布乡划属平塘县。

1949年11月30日平塘解放，12月8日成立平塘县人民政府，属独山专区。

1950年12月，西关、新场、掌布、党模划属惠水县第五区，1952年2月划回平塘县。

1956年1月27日，都匀县白龙区白龙、白乐、联合、摆梭、九龙、谷硐、榜广、和平8个乡划属平塘县。

1958年12月，撤销平塘县，以槽渡河为界，以东的东风（平湖区）、火箭（牙舟区）、上游（者密区）3个公社并入独山县；以西的通州、西关、八一（克度区）公社并入罗甸县。1961年8月恢复平塘县。

1963年2月27日，凯西人民公社划属都匀县。

2013年，全县土地面积2825平方千米，南北最长67.7千米，东西最宽76.3千米。边界东邻独山县羊凤、尧梭、上司、下司等乡镇，南邻广西南丹的月里、中堡两乡镇，西接罗甸县的边阳、沫阳两镇，惠水县的淡塘、董照、太阳、洛平、斗底、祥摆等乡，北与贵定县的铁厂乡，都匀市的凯西、石龙两镇乡接壤。

第二节　行政区划

1988年，全县行政区划设7个区、1个区级镇、38个乡、1个乡级镇，下辖242个村、11个居委会。其中，平湖区辖平湖镇（区级）、新舟乡、米寅乡、苗二河乡、吉古乡、甘寨乡、京舟乡、白龙乡、卡蒲乡；牙舟区辖牙舟乡、谷硐乡、卡腊乡、边兰乡、卡罗乡；通州区辖通州镇（乡级）、平里乡、金桥乡、公峨乡、油岜乡、鼠场乡；西关区辖大塘乡、新塘乡、旧司乡、上莫乡、掌布乡；克度区辖克度乡、清水乡、塘边乡、塘泥乡、航龙乡；摆茹区辖摆茹乡、马场乡、西凉乡、翁招乡、甲桐乡；者密区辖者密乡、河中乡、六硐乡、甲青乡、四寨乡。

1991年2月，按省政府《关于平塘县建镇并乡撤区行政区划变更的批复》，启动建镇并乡撤区工作（简称“建并撤”）。撤销平湖区、牙舟区、通州区、西关区、克度区、摆茹区、者密区。平湖镇、吉古乡、新舟乡合并建立平湖镇（科局级），辖原平湖镇3个居委会、5个村和吉古、新舟2乡的11个村，镇政府驻北街村；苗二河乡、米寅乡合并建立苗二河乡（科局级），辖苗二河乡5个村和原米寅乡4个村，乡政府驻苗二河村；卡蒲乡（1990年7月改名卡蒲毛南族乡）、河中乡合并建立卡蒲毛南族乡（科局级），辖原卡蒲毛南族乡8个村和原河中乡6个村，乡政府驻场河村；白龙乡、京舟乡合并建立白龙乡，辖原白龙乡7个村和原京舟乡5个村，乡政府驻龙兴村；牙舟乡、边兰乡、卡腊乡合并建立牙舟镇（科局级），辖原牙舟乡6个村、1个居委会，原边兰乡4个村，原卡腊乡4个村，镇政府驻新寨村；卡罗乡、甲桐乡合并建立卡罗乡，辖原卡罗乡3个村和原甲桐乡4个村，乡政府驻卡罗村；通州镇、平里河乡、金桥乡合并建立通州镇（科局级），辖原通州镇1个居委会8个村、原平里乡6个村，原金桥乡8个村，镇政府驻通州场坝；原鼠场乡、油岜乡合并建立鼠场乡，辖原鼠场乡4个村和原油岜乡4个村，乡政府驻新田村；新塘乡、公峨乡合并建立新塘乡，辖原新塘乡5个村、原公峨乡4个村，乡政府驻新塘村；克度乡、航龙乡合并建立克度镇，辖原克度乡5个村、原航龙乡4个村，镇政府驻金星村；大塘乡、旧司乡、上莫乡合并建立大塘镇，辖原大塘乡10个村、原旧司乡5个村、原上莫乡5个村，镇政府驻大塘村；塘边乡、塘泥乡、清水乡合并建立塘边镇，辖原塘边乡1个居委会8个村、塘泥乡10个村、清水乡6个村，镇政府驻湾子村；摆茹乡、马场乡合并建立摆茹镇，辖原摆茹乡1个居委会8个村、原马场乡10个村，镇政府驻摆河村；西凉乡、翁招乡合并建立西凉乡，辖原西凉乡4个村、原翁招乡4个村，乡政府驻西凉村；者密乡、六硐乡、甲青乡合并建立者密镇，辖原者密乡1个居委会7个村、原六硐乡8个村、原甲青乡8个村，镇政府驻者密村；甘寨乡、谷硐乡、掌布乡、四寨乡行政区划不变，四寨乡改名四寨镇，全县辖9镇10乡（其中1个毛南族乡），村（居）委会与“建并撤”前相同。

2003 年，撤销平湖镇新平路、中山路、人民路 3 个居委会，整合为“金龙社区”和“玉池社区”，撤销通州镇居委会，整合为“荷花社区”。

2004 年 6 月，撤并村，将 241 个村整合为 121 个村，全县辖 121 个村、3 个社区、6 个居委会、1836 个村民组。

2012 年 8 月，撤销掌布乡设立掌布镇，镇所辖行政区域为原掌布乡行政区域。全县辖 10 镇 9 乡（其中 1 个毛南族乡），121 个村、3 个社区、6 个居委会。

2013 年 12 月，经省政府同意，全县行政区划调整。将 19 个乡镇调整为 9 镇 1 乡。撤销平湖镇、苗二河乡、甘寨乡、白龙乡组建平舟镇，辖原平湖镇 7 个村 2 个社区、原甘寨乡 5 个村、原白龙乡 7 个村，镇政府驻新舟村；撤销牙舟镇、卡罗乡、谷硐乡组建牙舟镇，辖原牙舟镇 7 个村 1 个居委会、原卡罗乡 4 个村、谷硐乡 4 个村，镇政府驻兴陶村；撤销克度镇、鼠场乡组建克度镇，辖原克度镇 8 个村 1 个居委会、鼠场乡 5 个村，镇政府驻金星村；撤销大塘镇、新塘乡组建大塘镇，辖原大塘镇 8 个村 1 个居委会、新塘乡 4 个村，镇政府驻西关村；撤销者密镇、四寨镇组建者密镇，辖原者密镇 8 个村 1 个居委会、原四寨镇 6 个村，镇政府驻金玉村；撤销摆茹镇、西凉乡组建甲茶镇，将原卡罗乡冗空村划归甲茶镇，连原摆茹镇 7 个村 1 个居委会、原西凉乡 5 个村、原卡罗乡冗空村，镇政府驻摆河村。原牙舟镇卡腊村划归掌布镇；通州镇、塘边镇、掌布镇、卡蒲毛南族乡建制不变。全县辖 9 镇 1 乡 121 个村，共设置镇乡社区服务中心 41 个，农村社区综合服务站 79 个。

第二章 地质地貌

平塘境内地质结构形态以褶皱、断层为主，地势由北向南逐渐倾斜，地形以山地为主，间有少量坝地、丘陵和台地，西北部最高，地面起伏较大，相对高差在 300~500 米之间；中间沟谷纵横，地形较为破碎；东北及东南部河流密布、河道迂回，形成一些河谷坝地。全县最高海拔 1487.7 米，最低海拔 402 米。

第一节 地 质

地层

全县出露地层由新到老有第四系、早第三系、三叠系、二叠系、石炭系及泥盆系等，其中以二叠系和石炭系地层出露最广。

第四系沉积物不发育，主要集中在克度坝子、京舟坝子、平塘县城坝子及六硐坝子等几个河谷坝子上，其成因类型为冲积物和残积等。

早第三系不发育，主要分布在掌布乡的开花寨一线及摆茹镇的马场乡等地，其岩性为紫红色、鸭蛋绿色砾岩层。早第三系地层不整合于其他地层之上。

三叠系地层仅保留中下统，上统缺失，主要分布在平塘向斜、卡蒲向斜、平里河向斜及克度向斜核部。县境内，三叠系地层分两个相区。相变线沿克度抵洽—水井湾—航龙、西凉烂岩井—大冲—堡上一线延伸，相变线以北为新苑相区，以南为青岩相区。

二叠系地层出露齐全，上、下统各组地层均有出露，分布在各向斜两翼上，出露面广。三叠系与二叠系、二叠系与石炭系，其上、下统之间，均呈假整合接触；二叠系各组之间为整合接触。县境内二叠系上统有大隆组、长兴组及吴家坪组，下统有茅口组、栖霞组及梁山组。长兴组和吴家坪组为一套中厚层燧石灰岩含煤系地层。该地层所在地覆盖层厚，残留下来的燧石结核充填其中，一旦植被破坏，易形成大量水土流失。长兴组底部及吴家坪组之间所含煤层较稳定，是主要产煤的层位。在掌布乡开花寨一带，吴家坪组灰岩之间夹有一层厚约15米的变质高岭石岩（花石），是良好的工艺美术制品原料。下统茅口组为一套厚层或块状的浅色灰岩，间夹燧石灰岩。栖霞组为中厚层深灰色及黑色岩为主，夹白云质石灰岩。梁山组为一套浅灰色薄至中厚层石英砂岩为主，夹页岩或炭质页岩的岩层，局部夹透镜状黄铁矿。东部间有煤层。假整合于石炭系马平群之上。

石炭系地层出露齐全，上、中、下统均出露。下统地层平行不整合于泥盆系尧梭组之上，石炭系内各组地层均呈整合接触关系。上统为马平群，是一套浅灰、灰白色块状或中厚层状的致密石灰岩，岩石中氧化钙含量高，是制造电石及其他化工产品的原料。马平群属浅海相碳酸岩沉积。中统由达拉组和滑石板组组成，属浅海碳酸岩相沉积。下统由摆左组、大塘组和岩关组地层组成，广泛分布于县境内各背斜核部或倾伏端部，为浅海相石灰岩及海陆交互碎屑岩组成，旋回显著，化石丰富。大塘组分上司段和旧司段，上司段盛产炭质灰岩。

泥盆系地层仅出露上统尧梭组及望城组上部岩层，主要分布在平火坝背斜核部。泥盆系假整合于石炭系岩关组之下，为浅海碳酸岩相沉积。

地质构造

褶皱 构造形态以褶皱、断层为主。县境内褶皱为四向斜四背斜，自西向东为克度向斜、大塘背斜、平里河向斜、平火坝背斜、平塘向斜、马坡背斜、卡蒲向斜及二层坡背斜。

克度向斜。轴向南北，经公峨、排竹、克度、六水等地，长约36千米。向斜成谷，南部为峰丛洼地。地表水系不发育。

大塘背斜。轴向，北段为南北向，南段为南东向，经西关、通州、丹平等地，长约70千米。背斜成山，为台地。裂隙水较丰富。

平里河向斜。轴向，北段为南北向，南段为南东向，经掌布、开花寨、平里河、西凉等地，长约60千米。向斜成谷，两翼岩溶水呈羽状向谷中排泄。

平火坝背斜。轴向南北，经谷硐，平火坝、甲桐、甲耳等地，长约53千米。背斜成山，峰林谷地地貌显著。地下水富集。

平塘向斜。轴向北东35°，经平湖、马场等地，长约85千米。阶地发育。地表水系发育。

马坡背斜。轴向北东30°，经马坡、六硐、摆者等地，长约47千米。背斜成山。地表干旱，地下水埋藏深。

卡蒲向斜。轴向北东30°，经卡蒲、河中、塘坎，长约52千米。向斜成谷，南部为峰丛洼地。地表水系不发育，地下水埋藏深。

二层坡背斜。轴向，北段为北东向，南段为南北向，经二层坡、神仙桥、白奇等地，长约20千米。背斜成山，峰丛洼地显著。地下水深藏，地表干旱。

断层 主要有开远—平塘隐伏深断裂。断层主要生成于燕山运动期，在槽渡河一带有受喜马拉雅运动的叠加影响的痕迹。

开远—平塘隐伏深断裂。是一条控制贵州地质构造发展的重要古断裂之一，估算生成于加里东期。该断裂大体呈北东65°～70°方向分布，从县之南部入境，经鼠场、西凉、马场、卡蒲等地进入独山。

断裂所经之处，地表为大片三叠系及石炭系、二叠系所覆盖，断裂迹象不明显，但断裂两侧的构造地貌、沉积岩相、地层厚度及重力平均异常均有显著差别。

丹平断层。为压扭性断层，其北段倾向东；南段倾向西，倾角35°。走向为北北东转北北西，再转南北。经栗木山、土罗、丹平、凉水井、大田、董坨（广西南丹县）等处，长约37千米。

下甲郎断层。为压扭性断层，其北段倾向西，南段倾向东，倾角60°，走向为北北西转北北东。经红岩、懂老、下甲郎、大地、把士田等处，长约22千米。

落凼断层。为压扭性断层，倾向东，倾角60°，走向为南北转北北东。经川洞坪、尧冲、落凼、罗阴司、东雷等处，长约30千米。

开花寨断层。为压扭性断层，倾向西，走向为北北东转南北东。经黑神庙、开花寨、甲道等处，长约14千米。

西鸟断层。为张性断层，倾向东，倾角60°，走向为南北转北北东。经龙头山、河包塘、西鸟、水车等处，长约11千米。

拉安断层。为压性断层，倾向西，走向为北北东转北北西，再转南北。经沙坝、甲道、平里、拉安大寨、翁招等处，长约34千米。

绿荫塘断层。为压性断层，倾向东，倾角50°，走向为北北西转北北东。经白鸡坡、花寨、绿荫塘、纳力等处，长约34千米。

谷硐断层。为张性断层，倾向东，倾角60°，走向南北。经大坝、榜广、沙厂、石马硐、砂帽坡等处，长约13千米。

马场断层。为压性断层，倾向东，倾角60°，走向为南北转北西。经马场、甲磊、拉七、董平、龙头等处，长约29千米。

摆忙断层。为压性断层，倾向东南，走向为北东转南南东。经鸭头、板凳桥、摆忙、马场等处，长约10千米。

摆卡断层。为压扭性断层，倾向北西，走向为南北转北东。经大河坝、茶林、摆卡、亮寨等处，长约19千米。

坝纳断层。为张性断层，倾向东，倾角45°，走向为北东转北北东再转北东。经课寨、料其、坝纳、茅寨、麻汗、打烈、者马等处，长约29千米。

四寨断层。为压性断层，倾向东，倾角80°，走向为北北东。经拉包、高粱厂、拉塘、四寨、巴里等处，长约30千米。

郑家坡断层。为压性断层，倾向函，倾角80°，走向为北北东。经冗外、龙家湾、郑家坡、者杠、拉外等处，长约18千米。

第二节　地　貌

地貌类型

平塘县地处云贵高原东南坡向广西丘陵的过渡地带，境内地势由北向南逐渐倾斜，属黔南山原峡谷区。县内以山地为主，间有少量坝地、丘陵、台地等地形，山地面积86%以上。由于各地貌类型的交错分布，县境内区域地貌差异很明显。

地貌分布

西北部地区是全县最高地区，最高海拔 1487.7 米，地面起伏较大，相对高差达 300~500 米，山峦连绵，多为砂岩、砂页岩侵蚀山地，间有石灰溶蚀山地及山间盆地，属中切割中山台地区；西南部有霸王河从北向南入境，系浅切割低山宽谷地带，多为石灰岩溶蚀及砂岩侵蚀山地，属浅切割低山宽谷地区；中部以槽渡河水系为主体，河流切割较深，沟谷纵横，地面起伏较大，地形较破碎，其间主要分布有砂页岩侵蚀山地和石灰岩溶蚀山地，为中切割低中山峡谷地区；东部及东南部平舟河干支流以树状水系密布境内，河道迂回，河谷呈宽谷状，以至形成一些典型的河谷坝地，主要由三叠系的砂岩及砂页岩侵蚀山地和石灰岩溶蚀山地，另外还有小面积覆盖于砂页岩之上的第三系冰川沉积物发充的山地黄壤，最低海拔 402 米，属浅切割低山河谷坝（盆）地区。

山脉

主要有二层坡、马坡、平火坝、西关和雅水五大山脉。平火坝山脉和西关山脉是平舟河、槽渡河、霸王河的分水水岭。

二层坡山脉　位于县境东部，为北东走向，与独山划界，海拔 1100 米左右，最高峰为卡蒲毛南族乡神仙桥旁的无名峰，高 1212.1 米。

马坡山脉　呈北东走向，海拔 1150 米左右，最高峰为者密镇更茗峰，高 1238.3 米。

平火坝山脉　呈南东走向，海拔 1200 米左右，最高峰为牙舟谷硐与都匀市凯西镇交界处的老鹰嘴峰，高 1431 米。

西关山脉　位于县境西北部，呈南北走向，北高南低，北部海拔 1450 米左右，中部 1300 米左右，南部 1200 米左右，最高峰为大塘镇垠上坡，高 1487.7 米。

雅山山脉　位于县境西部，南北走向，北部海拔 1200 米左右，南部 1100 米左右，最高峰为克度镇的曾家岩峰，高 1314.7 米。

第三章　自然资源

平塘域内自然资源丰富，共有耕地 77.12 万亩、林地 202.16 万亩、草地 39.29 万亩。境内 3 条河流电力水能为 40 万千瓦时，可开发 15 个梯级水电站。矿产主要有煤、大理石、硅石、高岭土、陶瓷土、紫砂陶土等。2013 年，全县森林覆盖率为 53.26%。

第一节　土地资源

地类

1988 年，全县土地面积 2825 平方千米，约合 423. 75 万亩，人均占有土地 17.03 亩。2013 年，人均占有土地 13.05 亩。

平塘县土地资源等级划分为自然土 4~8 级，旱作土 2~5 级，水稻土 1~4 级。

1995 年 4 月，对全县 2822.04 平方千米（其中与邻县争议面积 22.97 平方千米），19 个乡（镇）、2 个国营林场、农场的土地利用现状、面积、分布、权属等开展调查，建立县级土地资源数据库。是年 7 月 24~26 日，调查成果通过省级鉴定验收。

耕地 全县共有耕地面积 77.12 万亩，占总土地面积的 18.37%（净耕地面积 75.25 万亩），其中，稻田 28.78 万亩、旱地 48.07 万亩、菜地 0.27 万亩。

园地 面积 0.43043 万亩，占总土地面积的 0.1%，主要为果园，面积 0.2521 万亩，占园地的 58.57%。

林地 面积 202.16992 万亩，占总土地面积的 48.15%，主要利用类型为用材林和灌木林地。

草地 共有面积 39.29499 万亩，占总土地面积的 9.36%，全部为天然草地。

居民点及工矿用地 面积 4.85022 万亩，占总土地面积的 1.16%，包括城镇用地、农村居民点及工矿用地。

交通用地 面积 1.66198 万亩，主要是公路和农村道路，占总土地面积的 0.4%。

水域地 面积 3.22454 万亩，主要利用类型是河流、水库等，占总土地面积的 0.77%。

未利用地 面积 91.06408 万亩，占土地总面积的 21.691%，主要利用类型是荒草地、裸岩石砾地和≥1 米的田土坎。

2013 年，全县共有耕地面积 73.5766 万亩，其中，稻田 27.8269 万亩、旱地 45.6937 万亩、菜地 559.35 亩。园地 2.423415 万亩，其中果园 2.01477 万亩。林地 244.1494 万亩，主要利用类型为用材林和灌木林地。草地面积 65.47983 万亩，全部为天然草地。居民点及工矿用地 5.2439 万亩，包括城镇用地、农村居民点及工矿用地。交通用地 2.6725 万亩，主要是公路和农村道路。其他土地 24.82 万亩，主要利用类型是设施农用地、裸岩石砾地和≥1 米的田土坎。

土壤

平塘县属亚热带云贵高原黄壤带区，由于县内土壤成土母质类型多，受地质地貌、生物、气候条件的影响，使得县土壤类型复杂多样化，全县按土壤类型划分共有 5 个土类、13 个亚类、33 个土壤、79 个土种。

黄壤 黄壤是平塘县主要的土壤类型，分布较广，各乡镇均有分布。其主要是由页岩、砂页岩、灰岩、白云岩等风化物以及第四系沉积物在亚热带温暖湿润气候条件下发育而成的地带性黄壤，共有面积 270.7766 万亩，占总土地面积的 63.92%。

石灰土 共有面积 35.6565 万亩，占总土地面积的 8.41%。主要由灰岩发育而成，土壤特性深受母岩影响，质地细粘，富含钙质，中性反应，中机质含量较高。主要分布在 17 个乡镇，大塘、新塘两乡镇最少。

紫色土 主要由钙质紫色砂岩和紫色砂页岩坡积物或残积物发育而成，县境内呈零星分布，数量不多，仅有面积 0.1039 万亩。主要分布在平湖、通州两镇。

潮土 为近代河流冲积物发育而成。主要分布在一些河流的超河漫滩和一级阶地以及河谷盆地上，面积很小，仅有面积 0.0524 万亩。

水稻土 此种土壤类型是由自然土旱作土在人工水耕熟化的条件下发育而成的特殊土壤类型，共有面积 26.4333 万亩，占总土地面积的 6.24%。其中划分为淹育型、潴育型、潜育型、沼泽型、侧渗型 5 个亚类。各乡镇均有。

平塘县土地资源分类面积统计表（1994 年）

表 1-5

<table>
<tr><td colspan="3">辖区面积</td><td colspan="5">4233065.3 亩（2822.04 平方千米）</td></tr>
<tr><td colspan="3">土地总面积</td><td colspan="5">4198165.4 亩（2798.78 平方千米）</td></tr>
<tr><td colspan="3" rowspan="2">利用现状分类</td><td rowspan="2">面积（亩）</td><td rowspan="2">占总土地（%）</td><td rowspan="2">占地类（%）</td><td colspan="2">其中：（亩）</td></tr>
<tr><td>国有土地</td><td>集体土地</td></tr>
<tr><td rowspan="14">耕地</td><td rowspan="3">灌溉水田</td><td>一年一熟</td><td>31060.3</td><td>—</td><td>—</td><td>5.1</td><td>31055.2</td></tr>
<tr><td>一年二熟</td><td>73390.3</td><td>—</td><td>—</td><td>133</td><td>73257.3</td></tr>
<tr><td>小计</td><td>104450.6</td><td>—</td><td>13.54</td><td>138.1</td><td>104312.5</td></tr>
<tr><td rowspan="3">望天田</td><td>一年一熟</td><td>131327.2</td><td>—</td><td>—</td><td>77.8</td><td>131249.4</td></tr>
<tr><td>一年二熟</td><td>52028</td><td>—</td><td>—</td><td>4.3</td><td>52023.7</td></tr>
<tr><td>小计</td><td>183355.2</td><td>—</td><td>23.78</td><td>82.1</td><td>183273.1</td></tr>
<tr><td rowspan="6">旱地</td><td>一年一熟</td><td>346172</td><td>—</td><td>—</td><td>117.8</td><td>346054.2</td></tr>
<tr><td>一年二熟</td><td>36745.1</td><td>—</td><td>—</td><td>—</td><td>36745.1</td></tr>
<tr><td>轮歇地</td><td>19267.2</td><td>—</td><td>—</td><td>—</td><td>19267.2</td></tr>
<tr><td>粮林间作</td><td>78309.4</td><td>—</td><td>—</td><td>139.4</td><td>78170</td></tr>
<tr><td>粮果间作</td><td>226.4</td><td>—</td><td>—</td><td>—</td><td>226.4</td></tr>
<tr><td>小计</td><td>480720.1</td><td>—</td><td>62.33</td><td>257.2</td><td>480462.9</td></tr>
<tr><td>菜地</td><td>菜地</td><td>2677.9</td><td>—</td><td>0.35</td><td>12.6</td><td>2665.3</td></tr>
<tr><td colspan="2">合计</td><td>771203.8</td><td>18.37</td><td>100</td><td>490</td><td>770713.8</td></tr>
<tr><td rowspan="10">园地</td><td rowspan="4">果园</td><td>果园</td><td>2521</td><td>—</td><td>—</td><td>12.8</td><td>2508.2</td></tr>
<tr><td>间作果园</td><td>36.5</td><td>—</td><td>—</td><td>—</td><td>36.5</td></tr>
<tr><td>果树苗圃</td><td>16.1</td><td>—</td><td>—</td><td>—</td><td>16.1</td></tr>
<tr><td>小 计</td><td>2573.6</td><td>—</td><td>59.79</td><td>12.8</td><td>2560.8</td></tr>
<tr><td rowspan="5">茶园其他园地</td><td>茶园</td><td>537.2</td><td>—</td><td>—</td><td>—</td><td>537.2</td></tr>
<tr><td>小计</td><td>537.2</td><td>—</td><td>12.48</td><td>—</td><td>537.2</td></tr>
<tr><td>药材园</td><td>1181</td><td>—</td><td>—</td><td>—</td><td>1181</td></tr>
<tr><td>其他园地</td><td>12.5</td><td>—</td><td>—</td><td>—</td><td>12.5</td></tr>
<tr><td>小计</td><td>11935</td><td>—</td><td>27.73</td><td>—</td><td>1193.5</td></tr>
<tr><td colspan="2">合计</td><td>4304.3</td><td>0.1</td><td>100</td><td>12.8</td><td>4291.5</td></tr>
<tr><td rowspan="3">林地</td><td rowspan="3">有林地</td><td>用材林</td><td>598402.4</td><td>—</td><td>—</td><td>4766.4</td><td>593636</td></tr>
<tr><td>经济林</td><td>19562.3</td><td>—</td><td>—</td><td>—</td><td>19562.3</td></tr>
<tr><td>薪炭林</td><td>451056.1</td><td>—</td><td>—</td><td>—</td><td>451056.1</td></tr>
</table>

续上表

利用现状分类			面积（亩）	占总土地（%）	占地类（%）	其中：（亩）	
						国有土地	集体土地
林地	有林地	防护林	433.1	—	—	120.7	312.4
		竹林地	4238	—	—	—	4238
		小计	1073691.9	—	53.12	4887.1	1068804.8
	灌木林		839523.1	—	41.52	55.4	839467.7
	疏林地		56044.9	—	2.77	129	55915.9
	未成林造林地		52343.2	—	2.58	67.6	52275.6
	迹地		96.1	—	0.01	—	96.1
	合计		2021699.2	48.15	100	5139.1	2016560.1
牧草地	天然草地		392949.9	—	100	220.3	392729.6
	合计		392949.9	9.36	100	220.3	392729.6
居民点及工矿用地	城镇		904.4	—	1.86	904.4	
	农村居民点		43703.9	—	90.11	85.7	43618.2
	独立工矿用地	独立工矿企业用地	1472.8	—	—	1472.8	—
		采石采矿场用地	199.5	—	—	—	199.5
		其他独立工矿用地	1110.8	—	—	72.4	1038.4
		小计	2783.1	—	5.74	1545.2	1237.9
	特殊用地	名风景用地	1.3	—	—	1.3	
		陵墓地	1109.5	—	—	70.4	1039.1
		小计	1110.8	—	2.29	71.7	1039.1
	合计		48502.2	1.16	100	2607	45895.2
交通用地	公路	国家公路	1583.8	—	—	1583.8	—
		地方公路	4263.5	—	—	4263.5	—
		小计	5847.3	—	35.18	5847.3	—
	农村道路	机耕道	3684.5	—	—	27.1	3657.4
		农村道路	7088	—	—	6	7082
		小计	10772.5	—	64.82	33.1	10739.4
	合计		16619.8	0.4	100	5880.4	10739.4
水域地	河流		26241.5	—	81.38	26241.5	—
	水库		1196.3	—	3.71	1196.3	—

续上表

利用现状分类			面积（亩）	占总土地（%）	占地类（%）	其中：（亩）	
						国有土地	集体土地
水域地	坑塘		1377.9	—	4.27	9.8	1368.1
	滩涂	河滩地	1935.8	—	—	1935.8	—
		水库滩地	5.1	—	—	5.1	—
		小计	1940.9	—	6.02	1940.9	—
	沟渠	灌溉沟	1341.9	—	—	1341.9	—
		小计	1341.9	—	4.16	1341.9	——
	水工建筑用地		146.9	—	0.46	146.9	—
	合计		32245.4	0.77	100	30877.3	1368.1
未利用地	荒草地		382077.4	—	41.96	—	382077.4
	裸土地		7.7	—	—	—	7.7
	裸岩石砾地	裸岩地	310014.1	—	—	—	310014.1
		石砾地	67.4	—	—	—	67.4
		小计	310081.5	—	34.05	—	310081.5
	田土坎	田坎	60891.1	—	—	26.5	60864.6
		土坎	157583.1	—	—	85.3	157497.8
		小计	218474.2	—	23.99	111.8	218362.4
	合计		910640.8	21.69	100	111.8	910529
全县总计			4198165.4	100	—	45338.7	4152826.7

第二节　矿产资源

境内初步探明的有煤炭、大理石、变质高岭石岩（花石）、硅石、电石灰岩、陶瓷土、紫砂陶土及高岭土等8种，有待进一步查清储量的有铁、石油、铅锌、锑、冰洲石、水晶石、汞、铀、锰、铜及含钾岩石等10余种。

煤炭

境内地质储量初探为4980万吨。主要分布在卡蒲、者密、苗二河、白龙、甘寨、摆茹、西凉、谷硐、掌布、鼠场、通州等乡（镇）；平湖、牙舟、克度、塘边和四寨等乡（镇）有零星分布。

卡蒲至者密地段　北起卡蒲乡摆卡，经下甲地、卡蒲、课寨、者街，南止于者密乡汤锅营，地质储量350万吨。

苗二河地段　北起于苗二河上河，经冷水关、上寨、马坡、冗塘，南止于摆茹乡甲路，地质储量200万吨。

摆茹地段 起于摆茹乡的猫寨，经王冒、拉所、王拉、甲耳、拉抹、白鸡坡，止于翁招乡内绕，地质储量190万吨。

冗乃至官滩地段 起于苗二河乡巴多、拉让，经冗乃、官滩、拉坳，止于新舟乡干河，地质储量360万吨。

京舟地段 北起白龙乡乐康，经京舟乡沙地、甘寨乡苗乡、塘进、摆左，南止于甘寨，地质储量2600万吨。

麻冲河地段 北起掌布乡麻冲河南岸，经桃坡、松雍，南止拉坝，地质储量1100万吨。

白纸厂至猪龙井地段 位于熊家坨、白纸厂、航龙、窑罐厂、猪龙井一带，地质储量100万吨。

命芹矿点 位于谷硐乡命芹村，地质储量15万吨。煤质发热量6527大卡/千克，质量较优。

猫山矿点 位于卡腊乡陈家湾村，地质储量30万吨。

拉安矿点 位于通州镇新立村拉安，地质储量15万吨。

鼠场矿点 位于鼠场乡黄泥田，地质储量20万吨。

大理石

分布于通州、大塘及克度镇，原料储量在1.36亿立方米以上。可生产“晶墨玉”“隐砾大花”“隐砾小花”和“纹直奶油”等品种产品。

变质高岭石岩

俗称花石，分布在掌布乡开花寨一带，原料储量约217.2万立方米。开花寨花石色泽鲜艳，质地细腻平滑，微透明，硬度低，工艺性良好。其中珍品花石冻，半透明或透明，在透光下若冰灯辉映，皎洁如玉，可与国家著名的寿山石（叶蜡石）媲美。

硅石

全县地质储量在3.9亿吨以上，主要开采点有大塘、卡罗及苗二河的马坡等处。

电石灰岩

县境内分布广泛，牙舟、甘寨及苗二河的马坡等处，矿石品位优良。碳酸钙含量达96.37%~99.9%，氧化镁和二氧化硅含量均小于0.5%。地质储量1500万吨以上。

陶瓷土

在平湖镇更登、平寨，牙舟镇冗平、长寨，通州镇打角冲、油火、党振、刺竹关，大塘镇，克度镇外山，塘边镇等处都有出露。地质储量647万吨。

紫砂陶土

分布在克度乡镇九根树等地，地质储量2250万吨。陶土本身具有2%的吸水率和5%的气孔率，有着良好的排水性与透气性。紫砂陶土为珍贵陶土。

高岭土

出露于通州镇巴叶洞和鼠场乡鸡窝凼。矿石为白色、灰白色和黑色3种，质量指标基本达到工业要求。地质储量8万吨。

第三节 水资源

河流

平塘县地处珠江流域红水河水系，有平舟河、槽渡河、霸王河及其支流共27条，河道总长466.3千米，河网密度0.17千米/平方千米，天然落差4416米，总流域面积2815.6平方千米。径流总量75.4亿立方米，年排涝量16.95亿立方米，年最大排涝量21.19亿立方米。

平舟河 发源于独山县甲定乡，是红水河的一级支流，自北向南流经独山、都匀、平塘、罗甸等县市，北从都匀市沙寨乡马蹄岩处进入平塘县苗二河乡，在县境内流经苗二河、平湖、者密、摆茹4个乡镇，在西凉乡兴发村交末寨出县境进入广西南丹县，再经罗甸县汇入槽渡河。境内长75.5千米，县内流域面积1244平方千米，河床平均比降0.41%，天然落差313米。多年平均流量56立方米/秒，径流总量17.66亿立方米，年排涝量7.47亿立方米，年最大排涝量9.33亿立方米。境内共有沙拉河、免场河、吉古河、甲路河、马场河、河中河、四寨河、京舟河、苗攀河、卡罗河、京舟河、谷硐河等13条支流。

槽渡河 发源于都匀市甘塘镇，是珠江流域红水河的一级支流，自北向南流经都匀、贵定、平塘、罗甸4个县市，在罗甸县大亭乡大坪田与广西天峨县交界处流入红水河。县境全长76.4千米，县内流域面积1053平方千米，河床平均比降0.32%，天然落差242米。多年平均流量83.8立方米/秒，径流总量26.43亿立方米，年排涝量6.32亿立方米，年最大排涝量7.9亿立方米。境内共有掌布河、白水河、河边寨河、麻冲河、上莫河、旧司河、牛亚河、通州河、西凉河、打贵河、金桥河、打猛河、松查河共13条支流。

霸王河 发源于贵阳市花溪区高坡乡，是红水河一级支流漾江的支流，由惠水县流入县境，经克度、塘边两镇，在塘边镇入暗河，于罗甸县沫阳流出注入濛江。县境长37.3千米，县境内流域面积528平方千米，河床平均比降0.36%，天然落差135米。多年平均流量43.3立方米/秒，径流总量13.66亿立方米，年排涝量3.17亿立方米，年最大排涝量3.96亿立方米。在县境内有巨木河、赖油河、塘泥河3条支流。

地下河 境内有27条，主干流程220.9千米，其中2条属霸王河水系、11条属槽渡河水系、14条属平舟河水系。枯水期四寨地区河流量为2.19立方米/秒，神仙桥地下河为1.5立方米/秒，甲茶、翁干地下河分别为0.65立方米/秒和0.66立方米/秒，水车、岔河、枫香寨白岩脚、茂上等地下河为0.05～0.25立方米/秒，董梁坡、板桥、免场洞口、巨木黄林等地下河为0.007～0.2立方米/秒，蒙家冲、红岩渡口、槽头下寨、新舟龙洞、冷坡、上翁干、甲路、风洞等地下河为0.1～0.34立方米/秒。

水量

平塘地表水年径流总量为16.65亿立方米，按2013年人口均算，每人5130立方米。其中霸王河流域3.18亿立方米、槽渡河流域7.22亿立方米、平舟河流域6.4立方米。

多年平均径流量为595毫米，北部为770毫米，南部为400毫米，由北向南递减。多年平均径流差系数平均值为0.32。多年平均径流系数为0.38～0.55，平均值0.47。全县年平均降水量为1259毫米，北部和西北部年降水量1300～1400毫米，南部和东南部年降水量1100毫米；4～9月降水985.3毫米，占全年降水量的78.9%，10月至次年3月为273.2毫米，占全年降水量的21.7%。县境内多年平均蒸发量为1294.1毫米，年际蒸发变化不大。北部径流大于南部。

境内地下水主要是岩溶裂隙水，总量为1.6亿立方米，占全县水资源总量的9.5%。地下水的补给和地表水一样，靠降水补充，呈季节性变化。

水能

平舟河 各干支流水能理论蕴藏量约为18.2万千瓦，可开发量3.11万千瓦。根据2006年黔南州政府审查通过的《六硐河梯级开发规划报告》，平舟河流域可规划开发擦耳岩、甲江、甲茶3个梯级水电站。

槽渡河 槽渡河各干支流水能蕴藏总量为8.76万千瓦，可开发5.28万千瓦，可建设6个梯级水电站。根据2004年12月黔南州政府审查通过的《槽渡河梯级开发规划》，槽渡河境内水能资源梯级开发规划为：河湾电站、岜令电站、龙塘电站增容、坪岩电站。

霸王河 根据2006年黔南州政府审查通过的《霸王河流域水电开发规划》，霸王河县境内流域可开发量约为12万千瓦，可开发6个梯级水电站。

第四节 生物资源

平塘县境内气候、地貌、水文、土壤等自然条件适宜动植物生长。20世纪70~80年代，森林植被和水土保持一度被破坏，许多动植物，特别是珍稀动植物急剧减少，有的甚至灭绝。1988年后，生态环境的破坏引起各方面的关注，政府开始采取保护措施来促进生态的良性发展。

植物

县境内植物共140科、691种。除有400余个品种的栽培植物外，另生存着千余种野生植物。其中主要有：

用材类：马尾松、云南松、柳杉、水杉、麻栎、白栎、栓皮栎、柏、侧柏、福建柏、杉木、柞木、白花泡桐、三尖杉、篦子三尖杉、黄枝油杉、臭椿、红椿、香椿、白杨、毛白杨、响叶杨、枫杨、旱柳、垂柳、槐、刺槐、水冬瓜、桤木、平舟木、梧桐、梓木、楸树、丝栗、楠木、樟木、银杏、皂角、枫香、榆、苦楝等。

花果类：乌柏、核桃、盐肤木（五倍子树）、紫苏、茴香、木姜子、桂花、杨梅、板栗、黑荆、拐枣、百合、葛藤、石榴、棕榈、灯芯草、玉兰、月季、菊花、梅花、水仙、山菊花、玫瑰、美人蕉、仙人掌、野桔、白柠檬、三叶海棠、豆梨、刺梨、猕猴桃、花椒、山楂、红刺果等。

牧草类：芸香草、野古草、白茅、羊茅、五节茅、黄背茅、老芒麦、狗尾草、华须芒草、千金子、雀稗、鹅冠、马唐、鼠尾栗、胡枝子、野花生、山扁豆、紫云英、苕子、田皂角、苦豆角、饿蚂蟥、莎草、三棱草、六轮菊、朝天灌、仙鹤草、荩草等。此外，还有香菇、木耳、松菌、冻菌、黄丝菌、奶浆菌等食用菌。

以上野生植物中，盐肤木、刺梨、平舟木、福建柏、篦子三尖杉、钟萼木、杜仲、黄枝油杉、天麻、凹叶厚朴等为国家保护植物。

盐肤木 俗称五倍子树，县内山地多有生长。五倍子的主要成分倍酸是重要的化工原料。

刺梨 刺梨属蔷薇科的一种落叶小灌木，县内各地均有分布。刺梨含有糖分、有机酸、维生素C、维生素D等多种成分，很有开发利用价值。

平舟木 也叫掌叶木，无患子科，落叶乔木。种子卵形，黑色有光泽，榨油可食用，木可供建筑用。因模式标本源于平舟，故称平舟木。多生长在县境东南部石灰岩山地。平舟木是国家特有的“单种属”植物，对研究无患子与七叶树科植物的系统发育关系有重要价值。属国家二级保护植物。

福建柏 柏科，常绿乔木，生长在县境海拔1000～1200米地带的常绿阔叶林中。是国家特有的“单种属”植物，也是起源古老的孑遗植物。属国家二级保护植物。

篦子三尖杉 三尖杉科，常绿灌木或小乔木，分布于县境海拔600米以上的山谷林中阴湿处，为古老孑遗植物，枝、叶、根及种子可提取多种生物碱。属国家二级保护植物。

钟萼木 也叫伯乐树，壳斗科，落叶乔木，生长在县境海拔700～1400米山地常绿阔叶林中。钟萼木是国内特有植物，且为“单型科”植物，起源古老，在系统演化上地位孤立，具有较高的科学研究价值。属国家二级保护植物。

杜仲 杜仲科，落叶乔木，生于县境石灰岩山地中。树皮、叶和果实所含的杜仲胶为重要的工业原料，树皮入药可治多种疾病。杜仲是国内特有的“单型科”植物，属国家二级保护植物。

黄枝油杉 俗称岩杉，松科，常绿大乔木，六硐及白龙的董达、平里的屯上有成片分布。是国家特有的孑遗植物，适应性广，天然更新力强，木质坚硬耐蚀，木纹细腻优美。属国家三级保护植物。

天麻 亦称“赤箭”，兰科，多年生腐生直立草本，生长在县境内阴湿林下和林缘草坡，喜温润的气候和排水良好的肥沃酸性土壤，分布在县内海拔900～1300米的常绿阔叶林中。属国家三级保护植物。

动物

县内野生脊椎动物142种、31目、66科。

兽类 狐狸、黑熊、野猪、貉、刺猬、黄鼠狼、穿山甲、豹猫、竹鼠、猕猴、林麝、麂（俗称山羊）、岩羊、山牛、水獭、大灵猫、小灵猫、鼠、蝙蝠等。

禽类 雉（野鸡）、中华秋沙鸭、野鸭、斑鸠、三叉、画眉、猫头鹰、杜鹃、阳雀、麻雀、喜鹊、燕子、翠鸟、秧鸡、白鹤、鸬鹚、红腹锦鸡、竹鸡、蛇鸡、鹰、啄木鸟、白头翁等。

鱼类 鳜、鲢、鳙、鲤、鲫、青鱼、白甲鱼、草鱼、银飘鱼、花鲔鱼、罗非鱼、麦穗鱼、马口鱼、黄颡鱼、泉水鱼、墨头鱼、埃及胡子鲶、高体鳑鱼皮、寡鳞刺鳑鱼皮、中华倒刺鲃、短身间吸鳅、泥鳅、黄鳝等40余种。

此外，尚有两栖类的大鲵、蟾蜍、青蛙，爬行类的鳖，贝类的螺、河蚌，节肢动物类的米虾、河蟹等。

蛇虫类 黑眉锦蛇（菜花蛇）、乌风蛇（乌梢蛇）、眼镜蛇、烙铁头（野鸡项）、滑鼠蛇（水律蛇）、青竹标、金环蛇、松花蛇、灰鼠蛇、三索锦蛇、银环蛇、蟒蛇、蜈蚣、蚯蚓、蝴蝶、蜻蜓、螳螂、蟋蟀、蜘蛛、蚂蚁、蚱蜢、壁虎、蜥蜴、蜂、蛾、蚊、蝇、蝉等。

上述动物中，大鲵、中华秋沙鸭、穿山甲、水獭、大小灵猫、豹猫、猕猴、草鹦、褐林鸮、山瑞鳖、红腹锦鸡等为国家保护动物。

大鲵，俗称狗鱼、娃娃鱼。产于大塘、掌布、通州、卡腊、白龙等乡镇，属国家一级保护动物。

中华秋沙鸭，别名鸡嘴鸭，雁形目鸭科，属候鸟，繁殖于西伯利亚，在长江流域以南越冬。县境内，每年冬、春在掌布乡与贵定县交界处的槽渡河及支流、溪流中可见。善潜水，觅食多在缓流深处，食鱼类及蛾、甲虫等。中华秋沙鸭为国家特产种，数量稀少，为国家一级保护动物。

穿山甲，又名鲮鲤，属鳞甲目鳞甲科，属国家二级保护动物。主要分布于白龙、掌布、大塘等乡镇。

水獭，别名獭猫，哺乳纲鼬科，半水栖兽类。皮毛极珍贵。主要分布于平舟河、槽渡河一带。数量不多，属国家二级保护动物。

林麝，别名香獐，偶蹄目鹿科。林麝喜栖于多岩石的林丛中，主要分布于者密马场、鼠场大塘、新塘、大塘、卡腊等乡镇。属国家二级保护动物。

大灵猫、小灵猫，食肉目灵猫科。两者体形相似，大灵猫体形较大，又称“九节狸”，小灵猫又名“七节狸”。大小灵猫雌雄体的会阴部均有芳香腺，能分泌奇异的芳香物质，称为“灵猫香”，是名贵的香料。大灵猫、小灵猫县内各地均有分布，但数量较少，属国家三级保护动物。

豹猫，俗称野猫，属食肉目猫科，体型大小与家猫相似。存量极少，属国家二级保护动物。

黑熊，别名狗熊，食肉目熊科。主要分布于者密、摆茹、鼠场、牙舟、新塘、谷硐等乡镇。属国家二级保护动物。

猕猴，别名广西猴、黄猴，灵长目猴科。主要分布于者密、摆茹、新塘、牙舟、平湖等乡及槽渡河上游、苗拉河下游两岸密林中。数量稀少，属国家二级保护动物。

草鸮，别名猴面鹰，鸮形目草鸮科。主食鼠类，主要分布于白龙乡及西关区各乡。属国家二级保护动物。

褐林鸮，别名猫头鹰，鸮形目鸱鸮科。主食鼠类，县境各地有少量分布。

山瑞鳖，别名甲鱼、团鱼，鳖目鳖科。营养价值高，肉味鲜美，其甲壳（鳖甲）有药用价值。产于槽渡河、平舟河，属国家二级保护动物。

红腹锦鸡，又称金鸡，鸡形目雉科。雄鸡体羽艳丽，多栖息于岩山地带。县境内数量不多，属国家二级保护动物。

第四章 气 候

平塘处于中亚热带季风湿润气候区，冬无严寒，夏无酷暑，雨量充沛，无霜期长，气候温和湿润，四季较为分明。年平均气温17摄氏度，年均日照时间在1250个小时之上，年平均霜期在50天左右，年均降水量1259毫米。主要气象灾害有干旱、洪涝、倒春寒、冰雹、凝冻等，境内共有平舟河、槽渡河、霸王河3条干流和27条支流，河道总长466.3千米，地表水年流量为16.65亿立方米，水能在40万千瓦以上。

第一节 气候特点

平塘处于中亚热带季风湿润气候区，全年冬无严寒，夏无酷暑，热量丰富，雨量充沛，无霜期长。气候温和湿润，四季较分明。受季风影响，每年4月下旬，夏季风进入县境，雨、热同期。5~6月成为雨水集中期。11月“立冬”，冬季风入境，县内便进入干冷的冬季。初冬的“小阳春”，冬末的“二月早春”，春季的“倒春寒”，夏季的“飞龙雨”，春秋两季的阴湿天气等等，都不同程度地受着季风影响。

县境地处高原山区，地势高，起伏大，气候的垂直差异明显。不同的地势、地形影响着干旱、冰雹、低温、绵雨及暴雨等灾害性天气的出现频率、范围及危害程度，故一些地区有“十里不同天，一山有四季”之说。

气温

1988~2013 年，全县年均气温为 17℃左右，其中，摆茹甲茶（海拔 440 米）年平均气温在 19℃，槽渡河河谷及平湖、者密、四寨、摆茹、西凉、克度、塘边年均气温在 16℃以上，大塘、新塘年均气温在 15℃以下。一年中，7~8 月最热，月均气温在 23~26℃之间，1~2 月最冷，月均气温在 3~4℃。平塘四季分明，春季一般始于每年 3 月上旬，终于 5 月中旬，共 70 余天。夏季一般始于 5 月中旬，终于 9 月中旬，共 110 天。秋季一般始于 9 月中旬，终于 11 月下旬，共 70 余天。冬季一般始于 11 月下旬，终于次年 3 月上旬，共 100 余天。四季中以夏季最长，冬季次之，春秋两季最短。

日照

境内日照受地形影响，同一纬度因地形日照时间不同，如鼠场油岜与平湖新舟同处同一纬度，但油岜日照时数只有新舟的 83%。以东部和西部日照时数最多，年均在 1250 个小时以上，其中平湖、通州、克度等乡镇年日照超过 1300 小时，最少是西北部的大塘上莫，年日照时数为 1200 小时左右。一年中日照时数最少是每年 12 月至次年 2 月，日照时限最长是 7~8 月，5~6 月因雨季次之。

霜期

县境内年平均霜期为 50 天左右。初霜期一般在 12 月中旬，最早在“霜降”之后的 11 月，终霜一般在 2 月上旬，最早年份在 1 月上旬，最晚在 4 月上旬。

降雨

全县年平均降水量为 1259 毫米左右。降水分布以地势较高的北部和西北部较多，年均在 1300~1400 毫米之间；地势较低的南部和东南部较少，年均 1100 毫米；中部地区为 1200 毫米左右。

雪和凝冻

县内降雪一般在 12 月至次年 1 月。降雪与凝冻同期，但一般不常见，最长是 2008 年，凝冻从 1 月 13 日至 2 月初左右持续 21 天。

第二节　气象灾害

县境内常出现的气候灾害有干旱、雷暴、冰雹、洪涝、低温凝冻等。1988~2013 年，特大旱灾出现 17 年 17 次，洪涝 11 年 21 次，冰雹出现 2 年 2 次，凝冻灾害出现 1 年 1 次。

干旱

1988 年，县内发生春旱，至 5 月，全县 31 条沟溪断流，卡腊、鼠场、翁招、油岜等乡 85%的村寨人畜饮水困难，7 月，又连续 27 天无雨，全县水稻受旱 5. 83 万亩，栽插面仅 43. 6%，其中脱水 4. 23 万亩、干裂 1. 34 万亩。玉米卷叶 3. 44 万亩、枯黄 2. 36 万亩。全县投入抗旱干部群众 2. 02 万人。

1989 年，是 1986 年旱灾在县境内连续干旱的第四年。1~9 月，仅降雨 742. 3 毫米，河溪断流 74

条，水井干枯138口，全县共38个村人畜饮水困难，水稻受旱4.78万亩，玉米受旱2.67万亩，其他作物干旱1.24万亩。

1990年8月1日~9月20日，连续50天无雨，46条河溪断流，88口水井干枯。全县农作物干旱面积达11.42万亩，成灾6.84万亩，无收1.16万亩。

1991年8~9月，全县干旱少雨，气温偏高，农作物受旱10.69万亩，成灾7.15万亩，无收1.19万亩，改种0.12万亩，投入抗旱保苗劳力1.5万人。

1992年2月中旬至9月底两个半月，70多天干旱无雨，河溪断流42条，水井干枯116口，山塘干枯37口。全县干旱农作物18.35万亩，成灾8.24万亩，无收3.53万亩，县委、县人民政府组织12个工作组赴各乡镇组织抗旱，共投入抗旱劳动力2.24万人。

1993年，全县发生干旱，夏粮受灾1.36万亩，绝收0.12万亩；秋粮干旱7.49万亩，成灾2.78万亩，绝收0.32万亩。粮食减产557吨，1.65万人、1.48万头牲畜饮水困难。

1995年，全县农作物干旱8.65万亩，其中水稻6万亩、玉米2.1万亩。县水电局组建8个抗旱工作组，分赴各灾区组织群众开展抗灾救灾。

1997年1~5月，境内西南、北部地区持续高温少雨，鼠场、者密、牙舟、塘边、摆茹等乡镇水稻栽插、人畜饮水困难。

1998年8月，全县发生严重干旱，农作物受灾10万亩，成灾2万亩，4.7万人饮水困难。是年冬季到1999年春季，境内200余天干旱，全县16座小（二）型水库、164口山塘总蓄水量仅180万立方米，占应蓄水的38.7%。1999年，全县夏粮作物及经济作物干旱共24万亩，成灾14.8万亩，绝收9.2万亩，10万人、6.5万头大牲畜饮水困难。全县因干旱缺水卖牛0.7万头、马0.2万匹、生猪1.8万头，干旱造成损失7800万元。

2001年3~6月，县内发生干旱。7月下旬后，境内高温少雨，旱情严重，共有14.6万亩农作物受旱，其中重度干旱4万亩，干枯1.5万亩，绝收0.5万亩。水库干涸3座（甲具水库、红旗水库、阴沟水库），山塘干涸98口，1.45万人、0.95万头大牲畜饮水困难。

2002年6~7月，全县发生严重旱灾，农作物受灾面积达17.4万亩，其中水稻6.75万亩、玉米10.71万亩、烤烟0.12万亩。粮食绝收0.27万亩、减产0.87万亩，2.5万人、1.75万头牲畜饮水困难。

2003年，发生春旱，0.75万亩农作物干旱。7月下旬至8月底又发生伏旱，全县共有10.8万亩农作物受旱。是年，粮食绝收0.45万亩，1.2万人、1.1万头牲畜饮水困难。

2005年2月中旬至8月上旬，县内发生40天伏旱，全县水稻干旱8.26万亩，减产2.03万亩，投入抗旱人员6.36万人，抗旱机具1380多台（套）。

2006年1~4月，发生春旱，5月下旬至8月中旬又发生伏旱，全县水稻受旱2.65万亩，脱水1.75万亩，2.06万人、1.52万头牲畜饮水困难。

2009年，全县发生特大干旱，7月下旬后高温少雨，鼠场、通州、大塘、克度、塘边、掌布、西凉、四寨、者密等乡镇干旱较为严重。鼠场乡境水沟干枯，从11月开始到克度运水。12月后，通州、大塘、塘边、者密、摆茹等乡镇开始限量供水，干旱持续至2010年4月，全县农作物干旱面积达30.1万亩，成灾15.97万亩，绝收2.47万亩，粮食减产6617.13吨，14.2万人、4.2万头牲畜饮水困难。全县共投入抗旱人员12万人（次），抗旱资金1563.25万元，抗旱机具258台（套）。

2011年，县境内发生伏旱，10.7万亩农作物受灾，受灾人口达23.3万人。

2013年7月底至8月中旬，全县高温少雨，全县各乡镇不同程度出现旱灾，新塘、塘边、鼠场、克度、西凉旱情较重，83%的山塘干枯，21座小（二）型水库蓄水量仅有三成左右。

暴雨洪涝

1988年8月26~29日，全县降雨210多毫米，塘边、塘泥、清水、甲桐、新舟、四寨、谷硐、吉古等乡镇发生洪灾，部分水利沟渠被冲毁。

1990年5月3日，全县突降暴雨，平舟河平湖河更水位上涨至14.05米，超过警戒线2.05米，流量达1450立方米/秒。是年6月6日，槽渡河上游暴雨，龙塘电站洪水溢坝，机房进水停电，1号机组受损不能发电。

1992年1~5月，发生3次暴雨并风雹，主要在谷硐、白龙、卡罗、摆茹、牙舟、通州、克度、塘边等乡镇。9个乡镇44个村4.34万人受灾，损坏房屋160件，倒塌60间，死亡1人，死亡牲畜16头。农作物成灾1.87万亩，绝收0.34万亩。

1993年，发生暴雨、狂风、冰雹等灾害，毁坏房屋0.26万间3.27万平方米，死亡1人，死亡牲畜26头。农作物受灾面积2.21万亩，粮食减产0.2万吨。

1996年，全县共有110个村1.8万人遭受洪涝灾害，转移受灾人口0.2万人，洪水灾害毁坏房屋537间，死亡2人，死亡牲畜90头。农作物受灾面积3.75万亩，绝收0.81万亩。

1998年7月22~23日，县境内遭受大暴雨，全县12个乡镇30个村3.8万人受灾，死亡2人，农作物受灾3.5万亩，绝收0.1万亩。

2000年6月20~21日，全县普降暴雨，县城降雨102.7毫米，平舟河县城段水位超过警戒线1.84米。多处山体滑坡，三部交通、通信、水电设施中断，学校停课。全县153个村891个村民组13.8万人受灾，死亡5人，造成经济损失1.8亿元。

2004年6月22日，四寨镇及周边地区降雨持续10小时，降雨量达207.4毫米，2000多亩农作物被淹。

2005年5月21~22日，者密、四寨两镇连降暴雨，降雨量分别为356毫米和252毫米，四寨红旗、幸福、拉栗、沙坡4个村和者密茂村村房屋、水稻被淹。

2007年7月25~26日，全县普降暴雨，26日16时18分县城洪峰水位705.92毫米，超过1924年历史最高水位1.88米，县城70%被淹。龙塘电站最高水位638.9米，超出正常水位6.6米。者密镇六硐坝区全部被淹。

2013年5月28日至6月1日，县城内普降中到大雨，大塘镇平坡、羊方、谷坝、新场4村遭受洪涝灾害，6月8~9日，全县再降中到暴雨，白龙、大塘、甘寨、摆茹4镇发生洪涝灾害。

冰雹

1988~2013年，全县遭受2次冰雹灾害。一次是1992年4月发生暴风携带冰雹，谷硐、白龙、卡罗、摆茹、牙舟、通州、克度、塘边等乡镇受灾，损坏房屋160间，农作物绝收0.34万亩。一次是1993年2月，县内发生暴雨夹冰雹，农作物绝收0.71万亩。

凝冻

全县境内凝冻一般在是年1~2月，时间一般3~5日，西北部高海拔地区和当风垭口可持续7~10天。2008年11月13日至2月初，受北方3次强冷空气持续影响，凝冻持续20余天，全县交通中断，农村群众吃水、取水困难。

第三节 气象服务

1988年后，县气象局开展对干旱、暴雨、个别春寒、森林火险等重大天气变化的预报。

1991年，开始对县内高层建筑实施避雷安全检测。

1994年，首次开展人工防雹增雨工作，在通州金桥、克度设置2个炮点。

1998年，成立县防雷减灾办公室。是年增设大塘人工防雹炮点。

2000年，建立PCVSAT气象卫星地面接收站，电视天气预报制作系统及“121”电话自动答询系统。

2003年，开始制作发布重大活动、重要会议天气预报及重大气候灾害预报。

2009年，成立气象决策服务领导组，通过CVST接收站、PWR小天气雷达、视频会商系统等开展专业预报，利用短信发布天气预警及雨情灾情信息。

2013年，开始在县电视台定时播放重大天气预警信息。

第五章 乡镇概况

1988年，全县设7个区、1个区级镇、38个乡、1个乡级镇。1991年撤区并乡建镇，设9镇10乡，其中1个民族乡。2013年12月后，全县行政区划调整，将9镇10乡调整为9镇1乡。

第一节 平湖镇

平湖镇位于县城东部，系中共平塘县委和平塘县人民政府驻地，是全县政治、经济、文化中心。位于县境东南部，西与甘寨相邻，东接苗二河乡、卡蒲毛南族乡，南与者密镇、摆茹镇接壤，北与白龙乡相连。土地面积82.36平方千米，海拔高度710米，距都匀66千米，贵阳196千米。2013年全镇辖有7个行政村、2个社区、121个自然村寨、1203个村民组，总人口12624户31748人。居住有汉、布依、苗、毛南、水、壮、彝等民族。

沿革

平湖镇历史上称平州。明洪武十六年（1383）至清末，先后为平州六硐长官司和平舟长官司驻地。民国3年（1914）至今，先后为平舟县和平塘县政府驻地。设镇乡于民国19年（1920）。1953年改为城关镇，1983年复称为平湖镇（属乡级镇），1984年升为区级镇。1988年，辖东街、南街、西街、北街、蔬菜5村，设中山路、新平路、人民路居委会，镇人民政府设在西街村。1991年撤区并乡建镇后，原平湖镇、吉古村乡、新舟乡合并为新的平湖镇，镇人民政府设在北街村，辖16个村，3个居委会。2013年12月，全县行政区划调整，撤销原平湖镇、苗二河乡、白龙乡、甘寨乡，组建为平舟镇。境内主要矿产有煤矿、石灰石、硅灰石等。册（亨）三（穗）公路穿境而过。县城三面被平舟河环抱，风光秀丽，有“玉水金盆”的赞誉。

经济发展

1988~1992年，全镇经济以农业为主，农产品主要有稻谷、玉米、小麦、油菜籽、蔬菜、烤烟等；林产品主要有油桐、板栗、杂竹；水果主要有柑橘、李子、桃子。1992年全镇农业总产值1290万元，乡镇企业产值1018万元。地方财政收入106.8万元。粮食总产量5414吨，油菜籽382吨，烤烟34.4吨，大牲畜年末存栏3274头，生猪存栏10288头。

1993~1997年，非公有制经济逐渐成为支柱产业，先后引进龙马水泥厂、桂黔铁合金厂、都匀桥梁硅铁厂、力威农药厂等工业企业。全镇有运输车辆120多辆，综合养殖场1个、大型砖厂2个、鞭炮厂1个、木制厂2个、五金厂1个以及个体加工、作坊100余个。共有工商户1100多户，每年创税160余万元。

1998~2002年，全镇农业产业结构调整取得明显成效。先后创办7个农业基地，其中杨梅400亩、板栗600亩、麻竹2000亩、苗圃200亩。2002年，农业总产值1731.88万元。农民人均纯收入2116.85元。

2004年，以畜牧业为重点，办示范基地，实施品种改良，建成养牛场7个，养猪场3个。年末存栏牛2510头，猪25000头，鸡50000羽。

2006年后，在回龙、双桥等村实施“玉米—蔬菜”“蔬菜—水稻—蔬菜”等一年多熟立体农业，增加农民收入。实施退耕还林还竹和种桃、李、橘、梨等，发展农村特色经济。到2009年，全镇有杨梅3000亩、麻竹1200亩、板栗3500亩，桃、李、橘、梨4000亩，葡萄6000亩。有鸡、鸭养殖大户37户，生猪养殖大户300余户，养牛大户70余户。全镇农业总产值10534.3万元，农民人均纯收入4429.7元。

2013年，全镇工业总产值28692.4万元，农业总产值12570.2万元，财政总收入3599万元，农民人均纯收入6029元。

社会事业

1992年，全镇有小学15所，其中公办6所、民办9所，在校学生2921人，学龄儿童入学率98%；有医院1所，病床15张，卫生技术人员16人。是年，全镇人口24637人，人口自然增长率4.8‰；全镇19个村有13个村通车28千米，16个村4255户通电，10村1931户用上自来水。1997年，全镇村村通水、通电、通公路、通邮件。其中14个村通汽车、8个村通电话。2002年，建有电视接收转站42个，电视覆盖率为98%。2004年，全县合并行政村后，全镇辖7个村2个社区。是年，还建成拉全、摆烈2所小学。“两基”工作通过省政府评估验收。2009年，建成平湖第四小学新校园，并迁入使用。是年，全镇共有4782户18802人参加新型农村合作医疗，参与率达99.19%。村村有合作医疗定点服务室。2012年，建成回龙村三棵树、新舟村拉高2个农民文化园。

2013年，共有11所学校，4个教学点。其中学前38个班，小学92个班，初中49个班，高中62个班，是年，建成吉古小米牙文化广场和吉古大寨文化广场，动工修建双桥村文化广场和兴民村文化广场。全镇有1个乡镇宣传文化中心，9个图书室（农家书屋），全镇所有村寨全部实现广播电视“村村通”。各村建立村卫生室，以平湖医院为中心，建立居民健康档案28671人。城乡低保年度核查2978户6312人，发放各类民政对象定补款970余万元。农村合作医疗参保率达100%，城乡居民养老保险参保率达80.3%。

第二节 甘寨乡

甘寨乡位于平塘县境东部，与县城相连。东与平湖镇相邻，南接摆茹镇，西连卡罗乡，北与白龙乡接壤。2013年全乡辖甘寨、磨刀石、土寨、基哈、苗乡5个村民委员会、43个村民组、50个自然村寨，全乡总人口2535户9463人。土地面积65.22平方千米，居住有汉、布依、水、彝等民族，是全县水族居住较集中的地方。

沿革

民国30年（1941）7月1日，撤镇平舟、大塘2县，设置平塘县，设甘寨联保，次年甘寨、京舟联保会并为京舟联保。民国33年（1944）1月，撤销联保设乡、镇，京舟联保改称京舟乡。

新中国成立后，先后建立京舟乡（含京舟部分）、甘寨乡、甘寨人民公社等，1983年复设甘寨乡，乡人民政府驻甘寨村场坝，距县城14米，册三公路通过乡境，交通便利。1991年，辖甘寨、苗坡、基哈、磨刀石、塘官、土寨5个村42个村民组。2013年，全县行政区划调整后，甘寨乡并入平舟镇。

经济发展

1988年，全乡农业总产值34.2万元，农产品主要有稻谷、玉米、小麦、番薯、高粱、大豆、葵花籽、油菜籽、辣椒、烤烟；林产品主要有油桐籽、五倍子、茶叶、杂竹；水果主要有柑橘、梨、李；矿产品主要有煤。非农行业主要项目为砖瓦和石灰烧制、采煤、农副产品加工等。

1992年，全年粮食总产量2051.77吨，油菜籽产量288.6吨；烤烟种植面积3058亩，产量183吨，产值40.05万元。全年乡地方财政收入31.7万元。

1993~1997年，大力发展粮食、林业、畜牧、烤烟产业。农林牧渔业总产值累计完成3316.92万元（90价，下同），其中，农业产值2302.75万元，占69.42%；林业产值287.25万元，占8.7%；牧业产值713.33万元，占21.51%；渔业产值13.59万元，占0.4%。农民年人均纯收入712.87元。

2003年，粮食产量达3299.8吨，种植烤烟1263亩，产值67.85万元，种烟户户均收入达2850元。2004年，引进二元杂交猪，实行分户养殖，修建瘦牛育肥基地1个，牛存栏10头，种植牧草30亩。全年劳务输出1583人，增加收入62.8万元，人均增收69.5元。2005年，种植烤烟1316亩，产量10.45万公斤，产值91.66万元，担均价438元，创特产税18.33万元。全年指导性劳务输出1251人，创收30余万元，人均增收31.4元。

2012年，在册三线建成“200亩大闸蟹”养殖示范基地、“810亩花椒”种植示范基地、“180亩核桃”种植基地、“300亩辣椒”种植示范基地。

2013年，全乡农业总产值7146.91万元。粮食总产量4110.73吨，烤烟75.44吨，蔬菜313.95吨；年末牛存栏655头，猪4721头，家禽1.48万羽；肉类总产量440吨。农民人均纯收入5436.75元。

社会事业

1992年，全乡有小学10所，其中公办1所、民办9所，在校生共计1145人，学龄儿童入学率95.8%，巩固率98.6%。有卫生院1所，卫生技术人员3人，设病床2张。是年，人口自然增长率9.7‰，有5个村通车，6个村的1233户通电，4个村的434户用上自来水。

1997 年，有电视收转站 3 座，电视覆盖率为 50%。有小学 6 所，其中公办 1 所。在校生 875 人，适龄儿童入学率 98.6%。有乡医院 1 所，病床 2 张，医务人员 5 人。人口自然增长率 10.4‰。

2002 年底，全乡村村用上自来水、通电和公路，4 个村通程控电话，移动电话信号覆盖全乡 70% 以上的村组。有电视收转站 60 个，电视覆盖率为 93%。

2003 年，争取资金 30 余万元，改造乡政府所在地的自来水工程并在 6 个村 21 个组建成大小水池 30 余口。建成磨刀石移民新村。移动电话信号覆盖率达 80%。新建土寨小学教学楼。2004 年，修建土寨村“同心桥”。

2006 年，开通磨刀石、基哈、土寨、苗乡 4 个村移动通信机站，基本实施村村通，部分村建立图书室。

2011 年，建调频广播 1 个，全乡通调频广播。

2012 年，实施乡文化活动广场建设、移民工程建设、幼儿园建设、小山林活动场所建设等。出生率为 9.46‰，人口自然增长率为 5.4‰，符合政策生育率为 97.78%。5 所完小共有学生 684 人，入学率 99.5%，教师 56 人。

2013 年全乡实现组组通电、通水、通电话。完成乡文化活动广场建设、移民工程建设、幼儿园建设、政府便民利民综合办公楼建设等。全乡有 1 支文艺队，村村建有图书室（农民文化书屋）。设有宣传文化中心 1 个 240 平方米，有幼儿园 1 所，开设学前班 5 个班，在园幼儿 147 人；小学 5 所，小学 30 个班，小学在校生 656 人，专任教师 56 人，小学适龄儿童入学率 100%；小学升初中升学率 100%。乡卫生院设有内科、儿科、妇产科、预防保健科、中医科、检验科、新农合等科室。土寨、苗乡、基哈村委会建有卫生室。医疗设备有 X 光机、电脑等医疗器械设备。是年，8029 人交纳合作医疗款共计 56.2 万元。共有 9968 人次进行就诊报销，补偿报销金额 349748.79 元。建立农村居民健康档案 9000 份，建档率达 94%，

第三节　苗二河乡

苗二河乡位于县境东北部，东与卡蒲毛南族乡，南和西南与平湖镇及甘寨乡，西与白龙乡相毗邻，北与都匀市沙寨乡接壤。苗二河乡距县城 5 千米，境内有平墨公路连接贵新高速公路，是平塘的北大门，又是平塘的后花园。2013 年，全乡辖苗二河村、新寨村、双江村、苗攀村 4 个行政村，66 个村民组，3475 户 10860 人。土地面积 60.12 平方千米。是全县著名的水果之乡，主要水果有柑橘、桃、李、梨、柿和葡萄。其中“四月桃”为该乡主要土特产品，有“十里桃源”之称，年产量在 200 万吨以上。

沿革

1963 年 3 月 26 日，全县行政区划调整（7 区 1 镇 42 个人民公社）设置苗二河公社。1983 年，公社改为乡或镇后称苗二河乡。1991 年“建并撤”时，由原来的苗二河乡、米寅乡合并建立。2013 年，全县行政区划调整后，并入平舟镇。

经济发展

1988 年，苗二河乡经济主要以农业为主。农产品主要有稻谷、玉米、小麦、大豆、高粱、番薯、

马铃薯、辣椒、烤烟、油菜籽、葵花籽；水果主要有柑橘、桃、李、柿、葡萄；林产品主要有核桃、板栗、油桐籽、杂竹；水产品主要有鱼、鳖等。柑橘和桃、李为该乡重要土特产品，年产量在 10 万千克以上。非农产业有采煤、采石、石灰、砖瓦和农副产品加工等。

1992 年，全乡农业总产值 665 万元，乡镇企业产值 150 万元。全年乡地方财政收入 34.4 万元。是年，粮食总产量 2637 吨，油菜籽产量 205 吨；烤烟种植面积 2320 亩，产量 84.9 吨，产值 16.7 万元。全年人工种树 5200 亩，主要树种为桃、李、黑荆树及直杆桉；完成坡改梯面积 214.6 亩。

1993~1997 年，在发展科技兴农（率先在全县推广紧凑型玉米种植），实行科学种田的同时，实施水果种植和植树造林。从 1991 年开始，先后引进桃子、板栗、葡萄等果苗 80 万株。1994 年，乡果园面积 4000 余亩。1997 年，各种水果产量达 283.9 吨，成为全县的水果生产基地，远销都匀、贵阳、广西等地。全乡共植树造林 10800 亩，走出一条“靠山养山、养山吃山”造林植树致富之路。1998 年后，苗二河乡发挥紧靠县城、交通便利优势，发展蔬菜、水产、畜牧和家禽养殖。2003 年，大牲畜存栏 2156 头。2004 年，建成养猪示范点 1 个，瘦牛育肥示范点 1 个，养鸡示范点 2 个。年末大牲畜存栏 3758 头。2005 年，建立规模养猪场 1 个，养鸡场 1 个。

2006 年，引进二元杂交猪、良种三黄鸡并进行牛品改，提高肉牛质量。

2010 年，实施石漠化 2000 亩精品桃种植项目和精品桃示范点建设，实施桃树品种改良，是年全乡桃园面积增长 1.6 万亩，其中连片桃园达 7000 亩以上。

2011 年，在平墨公路沿线新增精品桃种植 3600 亩，册三公路种植核桃 1000 亩。

2013 年，全乡农业总产值 6508.52 万元。粮食总产量 3344.68 千克，水果产量 3346.6 千克，蔬菜产量 9372.25 千克。年末牛存栏 1217 头、猪 5045 头，肉类总产量 489.67 千克。农民人均年纯收入 5832.68 元。

社会事业

1992 年，全乡有小学 8 所，其中公办小学 2 所、民办小学 6 所，另有教学点 8 个，在校生总数 957 人，学龄儿童入学率 98%，巩固率 96%。有卫生院 1 所，卫生技术人员 6 人，设病床 2 张。是年，人口自然增长率为 9.5‰。有 9 个村 2038 户通电，5 个村 615 户用上自来水，9 个村通村 54 千米。全乡电视覆盖率为 30%。

1997 年，有有线广播站 1 个，广播覆盖率为 45%。有电视收转站 16 座。有小学 6 所，其中公办 2 所，在校生 1087 人。适龄儿童入学率 99.3%。

2002 年底，全乡有 9 个村全部通水（自来水）、通电、通路、通邮，有 7 个村通电话。电视收转站 93 个，电视覆盖率为 97%。有小学 8 所，其中完小 5 所，教学点 3 个，在校生总数 1294 人。适龄儿童入学率 98.6%。是年人口自然增长率 5.5‰。

2003 年，投入 25.8 万元修建苗攀、巴多、马坡小学，启动苗二河小学扩建工程。投入 75.8 万元，修建苗攀小学、巴多小学和马坡小学教学楼。2005 年，全面实行“两免一补”政策，是年，小学适龄儿童入学率 98.5%，小学生辍学率控制在 1%以内；三类残疾儿童入学率达 72.7%；初中阶段毛入学率达 97.4%；幼儿入园（班）率达 44%。

2007 年，启动农村新型合作医疗制度。

2008 年，实施广播电视“村村通”工程，安装卫星接收器 972 口，全乡 66 个村民小组全部安装调频广播。

2009 年，农村医疗保障共收缴合作医疗参保资金 18.9 万元，参合率达到 88.8%。

2012 年，投入资金 16.8 万元，实施苗二河村巴多、新寨村的大新寨、满弓组自来水工程，解决

242户村民饮水困难的问题。

2013年，建成宣传文化中心1个，村村有图书室（农家书屋），添置有科技书籍、电脑及其他设备。“新寨村玉水桃园民族艺术团”在掌布景区演出成功。年末，有幼儿园1所，在园幼儿169人，小学7所。有医院1所，村卫生室4所，病床10张，卫生人员14人。农村新型合作医疗报销150795.31元，建立居民健康档案8900多份；农村安全饮用水普及率100%，农村卫生厕所普及率100%。有休闲接待山庄9个，累计接待游客几十万人次。

第四节　卡蒲毛南族乡

卡蒲毛南族乡位于县境东部，东连独山县羊凤乡，南接者密镇，西与西北分别与平湖镇、苗二河乡接壤，北与都匀市沙寨乡为邻。2013年全乡辖6个行政村、52个组，总人口13383人。土地面积108.2平方千米。乡政府距县域17千米，平塘至独山、县城至者密公路贯穿乡境，交通便利。

该乡是县内毛南族主要聚居区。毛南族为平塘县境最早居住的民族之一，历史上曾称“佯僙人”，1956年成立黔南布依族苗族自治州时列为布依族。1981~1983年，黔南州与平塘县组织联合调查组对佯僙人调查识别。1990年7月，贵州省人民政府批准将佯僙人认定为毛南族。

沿革

民国16年（1927），平舟县公署改称平舟县政府，设卡蒲区。民国19年（1930）卡蒲区辖河源镇（卡蒲、上甲地、下甲地、交懂）以及简克乡（摆卡、摆旁、甲关、甲记）、云烟乡（平烟、亮寨、甲绕、翁弄）、水翁乡（抵翁、郎场坡、新沙沟、拉坝、大坝）、言果乡（课寨、老沙沟、西壤、甲绕、者皆）、网界乡（慷寨、麻来、旁宁、更弄、甲那、旁泥）5个乡。民国31年（1942）撤区，设卡蒲联保（9保），次年2月，卡蒲联保改称仁化联保，民国33年（1944）1月，撤销联保，改设乡、镇，仁化联保改为仁化乡。

1950年，仁化乡隶属平湖区。1953年1月，仁化乡分为新联（场河、亮寨、甲翁）、新化（摆卡、摆寨）2乡。1956年1月，新联、新化2乡合并为卡蒲乡。1958年，撤乡（镇）建立人民公社，卡蒲乡称卡蒲公社。1983年，实行政社分设，公社改为乡或镇，建立乡镇人民政府，卡蒲公社改建卡蒲乡人民政府。1991年9月，全县撤区并乡建镇后，由原卡蒲乡、河中乡合并组建卡蒲乡。同年10月16日，成立卡蒲毛南族乡。2013年，全县行政区划调整时，保留该毛南族乡。

经济发展

1988~2013年，该乡经济以农业为主，农产品主要有稻谷、玉米、高粱、番薯、马铃薯、大豆、花生、辣椒、烤烟、土烟、油菜籽；水果主要有柑橘、梨、桃、李、柿；林产品主要有核桃、板栗、油桐籽、竹笋干、五倍子、棕片、木炭、木材、茶叶等。乡内煤炭、木炭资源丰富，销往独山及广西等地。

1992年，农业总产值860.2万元，财政收入38万元。粮食总产量2826吨，油菜籽产量189吨；烤烟种植面积1500亩，产量91.85吨。年末，生猪存栏6564头，大牲畜存栏4450头。

2000年后，随着农村外出务工人员增多，全乡土地流转加快，规模种植、养殖初步形成，农民人均纯收入逐年增加。

2003~2005年，全乡农民人均纯收入分别达1255.49元、1358.69元、1511.69元。

2005 年后，国家实施扶持人口较少民族发展项目，全乡经济发展加快。

2006 年，建设省、县级新农村建设示范点各 1 个（场河村、河中村），建成旅游景点毛南风情园 1 个。建设养殖小区示范点 3 个，建农业产业链示范点 2 个，牧草种植示范点 2 个。

2009 年，在新关村、河中村实施金银花种植 350 亩，新关村和河中村花椒种植 900 亩；全乡生猪存栏 16320 头（其中项目养殖 3780 头）、大牲畜存栏 3756 头（匹）、养鸡 23 万羽（其中项目养殖 85900 羽），养羊 1055 只；双孢蘑菇种植 50 亩。

2011 年，建有摆卡村能繁母猪、养兔，场河村养鸽，亮寨村养羊等 3 个养殖小区，发展养殖大户 32 户。

2013 年，农业生产总值 4751.64 万元。是年，全乡新增投资 1.265 亿元，实施项目 33 个，家庭就近和外出务工人数 3710 人，新增就业 620 人，全乡经济增长幅度 19.1%，农民人均纯收入 5733 元。

社会事业

1992 年，全乡有小学 14 所，其中公办小学 2 所、民办小学 12 所，在校生总数 1327 人。卡蒲小学附设有初中班，有中学生 130 余人。学龄儿童入学率 96%。有卫生院 1 所，卫生技术人员 7 人，设病床 2 张。是年，人口自然增长率为 4.1‰。全乡有 12 个村 2250 户通电，10 个村 783 户用上自来水，11 个村通车。

1997 年，建有线广播站 1 个，电视收转站 20 座，电视覆盖率为 70%。

2003 年，在全县第四届龙舟节上表演的“粑棒舞”获会演一等奖，中央电视台、贵州电视台等多家媒体先后到卡蒲采风，并在黄金时段进行播出。2004 年“两基”工作顺利通过省政府验收。2005 年，猴鼓舞队代表平塘县参加 10 月 20 日龙里苗药博览会的文艺会演。

2009 年 7 月，开通调频广播，有广播喇叭 85 只，开通中央人民广播电台和贵州人民广播电台 2 套节目。实施电视“村村通”工程，安装电视接收器 2853 套，全乡电视综合覆盖率为 95%。

2009 年，卡蒲寄宿制初中教学大楼建成投入使用。

2011 年，场河村开通数字电视。

2013 年，全乡人口出生率为 10.15‰，死亡率为 7.5‰，人口自然增长率为 2.65‰。全乡有文化艺术队 6 支，其中场河村、河中村毛南风情科普文艺队为专业表演队伍。建有乡宣传文化中心 1 个，占地面积 350 平方米，藏书 3000 册，电脑 10 台，DVD、电视、投影、音响、乐器、舞蹈、体育器材设备一套，民族表演服装 190 套；村级文化室、图书室 14 个，远程教育站点 8 个，建筑面积 3520 平方米，藏书 6.8 万册，桌椅、沙发、办公自动化设备，相机 6 部，书柜、档案柜 38 个，管理服务人员 31 人；乡村文化活动表演场 9 个，建筑面积 8120 平方米。年末有幼儿园 1 所，在园幼儿 240 人；小学 8 所，在校生 755 人；初中 1 所，在校生 436 人。小学适龄儿童入学率 100%，小学升初中升学率 100%，九年义务教育覆盖率达 100%。有农民文化家园、文化室、图书室各 6 个。乡村医疗卫生机构 7 个，其中乡卫生院 1 所，村级卫生室 14 所，床位 10 张。社区服务设施 25 个，其中敬老院 1 个，拥有日间照料床位和留宿床位 20 张。经常性社会救助工作站 1 个，社会福利彩票销售点 1 个，总投资 200 万元农贸市场完工投入使用；4000 平方米市民广场已投入使用；总投资 70 万元，建筑面积 350 平方米的综合文化站已投入使用；投资 40 万元的乡综合文化中心通过省级验收。

第五节 白龙乡

白龙乡位于平塘县东北部，东与苗二河乡，南与甘寨乡、卡罗乡，西与谷硐乡、牙舟镇毗邻，北面、东北面、西北面与都匀市接壤。土地总面积141.7平方千米。2013年，全乡辖7个村、96个村民小组、61个自然村寨，总人口13809人。居住着汉、布依、苗、水、侗等民族，其中布依族人口占总人口的88%，是县内布依族主要杂居区之一。

沿革

白龙又称兔场，民国时期属都匀县，1956年1月27日，都匀县白龙区划属平塘列为第七区，辖兔场（原白龙）、白乐、联合、摆梭、九龙、谷硐、榜广、和平8乡。是年3月20日，白龙区和平乡改称凯西乡，是年7月，撤白龙区，将联合、凯西、兔场、白乐、九龙、京舟6乡划属平湖区。1958年9月，建立人民公社，兔场乡改称红星公社。1983年，兔场公社改为白龙乡。1991年，撤区并乡建镇，原白龙乡、京舟乡合并建立白龙乡。2013年，全县行政区划调整后，并入平舟镇。

经济发展

1988~2013年，白龙乡经济发展以农业为主。该乡农产品主要有稻谷、玉米、油菜籽、烤烟、番薯、辣椒、大豆、花生、高粱、芝麻、青麻；水果主要有柑橘、梨、桃、李、柿；林产品主要有油桐籽、油茶籽、五倍子、棕片、竹笋干、木材、茶叶、杂竹。

1992年，农业总产值883.8万元，粮食总产量3134吨，油菜籽产量700吨；烤烟种植面积2300亩，产量1075吨，产值21.9万元；年末，大牲畜存栏4370头，生猪存栏6389头。

1993~1997年，该乡发挥农业灌溉条件好，土地资源丰富优势，实施科学种植，推广良种良法。水稻种植全部实现良种化、科学化，粮食产量达35万公斤。80%以上的田块实行油菜育苗移栽。

2000年后，随着外出务工人员增加，该乡土地流转加快，规模种养初步形成，出现一批种养大户。

2004年，新建养猪示范户246户。完成养猪示范小区圈舍建设146间2150平方米，引进三元杂交仔猪1351头。共出栏育肥猪780头，产值46.2万元。

2010年，烤烟产量30.067万斤，均价6.5元，产值19.544万元，实现农民人均纯收入2810元。年末全乡生猪存栏8940头，大牲畜存栏4350头（其中牛存栏2840头），禽类存栏12500羽，羊存栏900只，出栏商品猪5480头，牛出栏420头，禽类出栏8680羽。全乡外出务工收入565万元。

2013年，白龙乡农业总产值6407.88万元。是年，通过“公司+基地+农户”的模式，建设商品蔬菜基地2000亩，建设162个联栋蔬菜大棚，实现200人就地务工。同时，辐射带动群众发展辣椒等蔬菜种植5000亩。建设300亩的大闸蟹养殖基地。种植中药材1500亩。利用山地资源，种植500亩露天玫瑰花。利用万亩草坡发展种草养羊达2000余只。

社会事业

1992年，全乡有小学16所，其中公办小学2所、民办小学14所，在校生总数1591人；学龄儿童入学率97%。有卫生院1所，卫生技术人员7人，设病床2张。是年，人口出生率为14.1‰，人口自然增长率为4.1‰。全乡有10个村2454户通电，9个村215户用上自来水，8个村通车里程共计14千米。

1997年，白龙乡有文化站1个，有线广播站1个，广播覆盖率为50%。电视收转站7座，电视覆盖率为65%。全乡有12个村通电，11个村用上自来水，8个村通公路，1个村通电话，7个村通邮件。

2002年，全乡有12个村用上自来水，12个村通电，12个村通公路，8个村通电话，12个村通邮件。电视收转站22个，电视差转站1个，电视覆盖率为86.7%。人口自然增长率9.6‰。

2003 年，争取资金 6 万元分别修建翁干小学教学楼和兔场小学围墙。2004 年，“两基”工作顺利通过省政府验收。2005 年，京舟中学农村寄宿制工程全部完工。乡卫生院办公楼建成使用。

2009 年，农村合作医疗参合率达 91.2%。

2011 年，成立京舟中学旭日诗社和小学春芽诗社。开通有线电视，共收看到电视节目 72 套，收听广播节目 6 套。年末，开通有线电视，有线电视用户 51 户，其中数字电视用户 720 户，有线电视综合覆盖率 23%。

2013 年，建成公共图书室 1 个（藏书 5000 册）、文化广场 1 个（面积 5000 平方米）、幼儿园 2 所（京舟幼儿园、兔场幼儿园）。启动打赖小学教学楼建设，总投资 30 万元；申报省信用联社帮助白龙乡 4 个中小学建设教学楼等配套设施，投资 500 万元。全乡有注册医疗机构 8 户，技术人员 15 人。建有公益体育场地 3 个（乡文化广场、京舟村沙地组和龙兴村兔场场坝）。全乡合作医疗参合率已达 96.5%以上。

第六节 牙舟镇

牙舟镇位于县境中部，1991 年建并撤时，由原边兰乡、卡腊乡、牙舟乡合并而成。东与卡罗乡、东北与白龙乡、北与掌布乡、西与通州镇、南与西凉乡分别接壤，土地总面积 219.37 千米。2013 年，辖 8 个行政村和 1 个居委会，共有 125 个村民组，总人口 20700 人。牙舟镇是全国有名的古陶瓷之乡，也是平塘县烤烟大镇。

沿革

清雍正八年（1730）设牙舟汛，属都匀府。民国 3 年（1914），置平舟县设 5 区，牙舟为二区区署。民国 21 年（1932），平舟县置 5 区 9 镇 21 乡 225 闾，牙舟镇置 9 闾。民国 31 年（1942），平塘县设 15 联保 126 保，牙舟联保设 10 保。民国 33 年（1944）撤联保设乡、镇，牙舟联保改为牙舟乡。1950 年，全县置 4 区镇 14 乡，牙舟乡属牙舟区。1956 年，卡罗、榜广 2 乡并入牙舟乡。1958 年，撤乡、镇，建立人民公社，牙舟乡为红星人民公社。1961 年改称牙舟公社，1983 年，公社改为乡或镇，1991 年撤区并乡建镇后，撤销牙舟、卡腊、边兰 3 乡建牙舟镇。2013 年末，全县行政区划调整，牙舟镇、卡罗乡、谷硐乡合并建立为新的牙舟镇。

经济发展

1988~2013 年，牙舟镇经济以农业为支撑。农产品主要有稻谷、玉米、小麦、高粱、番薯、大豆、葵花籽、辣椒、烤烟等；水果主要有柑橘、梨、桃、李、柿；林产品主要有油桐籽、五倍子、棕片、木材、茶叶等。

1992 年，农业总产值 1254.96 万元，乡镇企业产值 152.9 万元。乡镇企业主要为建筑、运输、缝纫、砖瓦烧制、采煤等。

1993~1997 年，全镇在稳定粮食生产基础上，发展烤烟种植，烤烟成为群众增收、财政增长的支柱产业。5 年内烤烟累计种植面积 58099 亩，产量 6751.3 吨，产值 4405.7 万元，创税 1100.1 万元。烤烟产值超万元的种烟大户 6 户。农民人均纯收入 746.13 元，比全县平均水平多 84 元。

1998 年后，国家实行烤烟计划种植、合同收购，牙舟在稳定粮食、烤烟生产的同时，实施规模养殖项目。2003 年，在王宋村新建养牛示范场 1 个。2004 年，新建二元母猪养殖场，养鱼塘 1 个。2005

年，建成冗平生态养殖小区，有二元母猪 82 头。

2010 年，全镇 3 个生态养殖小区实现出栏 17600 头，纯收入 528 万元，户均实现纯收入达 2 万元；大牲畜存栏 4176 头，出栏 350 头，产值 87.5 万元，人均纯收入 30 元；禽存栏 1.3 万余羽，出栏 2 万余羽，产值 60 多万元，人均纯收入 10 元。是年，实行二元杂交猪 100 头规模产业扶贫后，全镇以水果、中药林、蔬菜为重点，规范化发展桃种、辣椒、太子参、油茶、绿茶种植。

2013 年，在兴陶、边兰、甲本、白云 4 个村实施油茶种植 1842 亩；在卡腊、陈家湾、王宋、白沙、白云、兴陶 6 个村实施优质核桃种植 1068 亩；在卡腊村岔河组实施刺梨种植 200 亩；实施朝天椒和线椒种植 744 亩，在王宋村硝厂组、陈家湾村坝子组创办示范点 2 个；在陈家湾、王宋、卡腊、白沙 4 个村实施中药材（太子参）试种 200 亩；在 8 个村 512 户实行核桃、油茶与辣椒套种 650 余亩，在白沙村启动 200 亩绿茶种植。是年，全镇农业生产总值达 7473.88 万元。

社会事业

1992 年，全镇有初中 1 所，在校生 560 余人；有小学 23 所，其中公办小学 3 所、民办小学 20 所，在校生总数 2631 人；学龄儿童入学率 97%。有医院 1 所，卫生技术人员 15 人，设病床 15 张。是年，人口出生率为 11.3‰，人口自然增长率为 3.4‰。全镇有 11 个村 2767 户通电，2 个村 485 户用上自来水，13 个村共计 75 千米通车。牙舟、卡腊、蚊子山 3 处建有电视收转站，电视覆盖率为 60%。

1997 年，有有线广播站 1 个，广播覆盖率 40%；电视收转站 6 座，电视覆盖率为 70%。

2002 年底，全镇有 12 个村用上自来水，14 个村通电，14 个村通公路，5 个村通电话，8 个村通邮件。有宣传文化服务中心 1 个，电视收转站 65 个，电视覆盖率为 83%。

2003 年，完成牙舟中学扩建工程，牙舟小学多功能教室建设，对王宋、石笋、高寨等村级小学进行扩建和改建。2004 年，“两基”工作顺利通过省人民政府验收。建有卫生室 12 个，投入 10 万余元新修计划生育服务中心大楼；开通卡腊程控电话和移动通信。

2006 年，开通白沙、边兰、王宋、甲本、陈家湾、白云村移动电话。是年，争取到 130 万余元实施卡腊小学、白云小学和小广校点的扩建和改造。

2007 年，启动新型农村合作医疗保障工作，至 2010 年全镇新型农村合作医疗参合率达 91%。

2011 年，争取资金 42 万元建成兴陶村文化广场。完成教师职工周转房和法庭征地工作。动工修建牙舟小学教学楼一幢，占地面积 500 多平方米。

2013 年，全镇建有文化艺术表演团 1 个（陶乡艺术团），文化站 1 个（建筑面积 186 平方米），农村书屋 8 个。投资 40 万元建成甲本、陈家湾、白云、卡腊、边兰、白沙 6 个村“农民文化家园”并投入使用。完成广播电视 1429 户“户户通”安装。投资 280 万元建成牙舟中学学生宿舍楼投入使用。是年，全镇有卫生院 1 所，病床 10 张。

第七节　谷硐乡

谷硐乡位于平塘县境北面，东与白龙乡，南与牙舟镇，西与掌布乡，北与都匀市凯口镇、石龙乡接壤。距离县城 38 千米，距册山公路 15 千米，平均海拔 985 米，土地总面积 132.06 平方千米。2013 年全乡辖 4 个行政村、42 个村民组、86 个自然村寨，总人口 7129 人。居住汉、苗、布依、水、壮等民族，苗族人口占 26%，是县内苗族聚居区之一。

沿革

民国时期，谷硐称旱畴乡，隶属都匀县。1956 年 1 月划属平塘县，先后设乡、人民公社管理区、人民公社等行政机构。1983 年，实行政社分设，公社改为乡，建立乡人民政府。1991 年 9 月，撤区并乡建镇时保留该乡建置，辖地不变。2013 年，全县行政区划调整后并入牙舟镇。

经济发展

1988~2013 年，谷硐乡经济以农业为主。农产品主要有稻谷、玉米、小麦、油菜籽、烤烟、番薯、辣椒、马铃薯、葵花籽、高粱；水果主要有梨、桃、李、杨梅等；林产品主要有油桐籽、五倍子、棕片、核桃、板栗、木材、茶叶、杂竹等；水产品主要有鱼类。矿产品主要有煤和汞。天麻为该乡特产，数量极少。为全县木材重要产地。

1992 年，农业总产值 428 万元，乡镇企业产值 30 万元。乡镇企业主要是采煤、木材、木炭生产。全年乡地方财政收入 15.1 万元，粮食总产量 1519 吨，油菜籽产量 176 吨；烤烟种植面积 2000 亩，产量 902.1 吨，产值 21.53 万元。年末，大牲畜存栏 3503 头，生猪存栏 4268 头。

1993~1997 年，全乡农业内部结构调整加快。在稳定粮食、烤烟的基础上，1997 年完成植树造林 12090 亩，完成坡改梯 500 亩。实施土地整治，推动农村植树造林，至 1998 年，以农业增改、农民增收为目标，发展烤烟和畜牧业。烤烟 5 年累计种植面积 11411.85 亩，产量 1793.16 吨，产值 634.6 万元，创税 158.4 万元。

2002 年，大牲畜年末存栏数为 5080 头（匹）。农民人均纯收入 1038.27 元。

2004 年，对猪品种进行改良，鼓励和帮助农民引进外地优良仔猪。2005 年，投入 35.8 万元建立谷硐乡大坝畜牧养殖小区，有养殖大户 15 户，以每户出栏肥猪 100 头的标准建设养殖基础设施。2006 年投入资金 35 万元建立大寨养牛小区。

2009 年，实施产业扶贫，在场坝村大寨建设现代烟草农业生产示范点 1 个，新建烤房 20 间。组建大寨农民专业合作社 1 个。全乡 4 个村 386 户种植烤烟面积达 4316 亩，实现产量 104.2 万斤，产值 730 余万元，税收 165 万元，实现烤烟产值人均收入 1070 元。建设场坝、大寨坝区杂交油菜育苗移栽 250 亩、牧草连片种植 500 亩。

2011 年，利用丰富的草坡资源发展山羊养殖，培育养羊示范户 38 户，年末全乡山羊存栏 4700 余只。成立以竹鼠饲养为主的“谷硐特种种养殖专业合作社”，建成竹鼠养殖池 13 户 450 平方米，引进种竹鼠 145 对，发动 12 户试种竹荪 47 亩，产值达 90 余万元。

至 2012 年发展种草养羊示范户 85 户，羊存栏 5000 只。是年，在场坝、翁片、鸡场、命芹共种植核桃 1317 亩。

2013 年，全乡农业生产总值 3735.56 万元。落实烤烟种植户数 255 户，种植烤烟 5686 亩，收购入库烟叶 100 万斤，产值近 1300 万元。共有 65 户山羊养殖大户，存栏山羊近 5000 只，建成场坝村岩寨组养殖示范点，发展规模养殖户 8 户。新建养殖场 1500 平方米，饲养蛋鸡达 15000 羽。建成竹鼠规模养殖场 1 个，养殖竹鼠 105 对。累计栽植商品原料林 2.6 万亩，种植核桃近 4000 亩。以永昌中药公司为龙头，以中药材种植示范点带动中药材种植，共种植金银花、太子参、天麻等中药材 1000 余亩。

社会事业

1992 年，全乡有小学 12 所，其中公办小学 1 所、民办小学 11 所，在校生总数 749 人；民办中学 1 所，在校生 60 人；学龄儿童入学率 90.8%。有卫生院 1 所，卫生技术人员 9 人，设病床 2 张。是年，人口出生率为13.9‰，人口自然增长率为8.3‰。全乡有3个村645户通电，2个村446户用上自来水，2个村通车。

1997年，1个村通电话，2个村通邮件。有电视收转站3座，电视覆盖率为30%。

2002年底，全乡有5个村用上自来水，5个村通电，5个村通公路，1个村通电话，5个村通邮件。有电视收转站7个，电视覆盖率为69%。

2003年，建成移动电话机站；投入资金33.82万元实施榜广、命芹两所小学教学楼的“危房改造工程”；建成乡政府所在地自来水工程。

2004年，新修计划生育服务站业务用房。争取资金30万元扩建谷硐九年义务学校教学楼和完善各中心学校附属设施。在全乡实施“村村通广播”工程，安装4个村的功放扩音设备。

2007年，启动新型农村合作医疗保障工作。

2008年全乡通电，用上自来水，建有农村地面卫星接收站。移动、联通信号覆盖至各村，1个村安装电信宽带网络。

2009年，建成谷硐自来水厂，建成谷硐中学综合教学楼，启动鸡场小学综合教学楼建设。

2011年10月，开通数字电视。投资150万元，建成翁片自来水厂，解决该村9个组人畜饮水困难。是年，合作医疗参合资金19.614万元，参合率达96%。数字电视用户596户，电视覆盖率65%。

2012年3月，开通调频转播台。建成乡幼儿园综合大楼、谷硐乡中心校少年宫。

2013年，全乡有文艺团体（春兰艺术团）1个；文化站1个（建筑面积308平方米）；公共图书室5个（面积100平方米），藏书4500册。建成农村体育广场，总投资80万元。年底文化广场建设已竣工，并通过乡督查组初步验收。年末，有幼儿园（所）1所，在园幼儿179人；小学8所，在校生578人；初中1所，在校生345人。全乡有卫生院1所，病床10张，卫生室4个。完成场坝村水厂二期工程，解决8个组1200余人的安全饮水。完成翁片村大坪组周大福基金水利设施建设项目，总投资14.88万元。

第八节　卡罗乡

卡罗乡位于县境中部，东与白龙乡，西与牙舟镇，南、东南与摆茹镇为邻。海拔960米，距县城19千米，册（亨）三（江）公路通过乡境，总面积95.62平方千米。2013年辖4个行政村、53个自然村寨、51个村民小组，总人口9638人。居住有汉、布依、苗、侗、水等民族，布依族人口占总人口的20%。

沿革

清代，卡罗属牙舟汛。民国时期，甲桐地区曾设乡、联保等行政机构，卡罗地区设保、村。新中国成立后，卡罗、甲桐先后分设有乡、人民公社管理区、人民公社等。1983年，卡罗公社、甲桐公社改为乡，1991年撤区并乡建镇时，卡罗、甲桐两乡合并组建为卡罗乡。2013年，全县行政区划调整后并入牙舟镇。

经济发展

1988~2013年，卡罗乡经济以农业为主。农产品主要有稻谷、玉米、小麦、番薯、大豆、油菜籽、葵花籽、辣椒、烤烟、高粱；水果主要有梨、桃、李、柿等；林产品主要有油桐籽、五倍子、棕片、板栗、木材、茶叶、杂竹等；水产品主要有鱼类。矿藏有石油。葵花籽产量在全县居首位。

1992 年，农业总产值 618 万元，乡镇企业产值 92 万元，主要项目为砖瓦和石灰烧制及农副产品加工。全年乡地方财政收入 20.4 万元。粮食总产量 2342 吨，油菜籽产量 258 吨；烤烟种植面积 3200 亩，产量 204 吨，52.95 万元。年末，大牲畜存栏 3257 头，生猪存栏 5808 头。

1993~1997 年，在稳定粮食生产的基础上，实施烤烟规模种植，促进农民增收。5 年累计烤烟种植 19891.55 亩，产量 1641.76 吨，产值 994.7 万元，农民人均年种烟纯收入 695.53 元，比全县平均水平多 131 元，涌现一批种烟大户。

1998 年，全乡加快农业内部结构调整，在稳定种烟面积，提高烟叶质量的前提下，发展畜牧业规模养殖。

2003 年，建立下卡罗“二元”母猪养殖示范点和上卡罗“二元”母猪扩繁基地，畜牧养殖业占当年全乡整个农业产值的比重达 25.3%。2004 年，建立长冲村翁哈组“粮—猪—沼”生态示范村寨，引进母猪 27 头，建成沼气池 39 口。全年畜牧养殖业占全乡整个农业产值的比重达 32.6%。2005 年，建立曾家寨畜牧生态养殖小区，联户养殖 18 户，建成圈舍 30 间，年出栏生猪 2520 头以上；并在示范点、养殖小区实行改圈、改厕、改灶。是年全乡畜牧业总产值占全乡国民生产总值的 27%。

2009 年，实施示范带动、培育大户、规模发展。全乡 192 户农户，种烟面积 2231.1 亩，收购烟叶 50.8 万斤，产值 325.12 万元，担均价 640 元。年末猪、牛、家禽存栏分别为 11206 头、4832 头、13952 羽，分别比上年增长 4.1%、2.6%、3.4%，年末猪、牛、家禽出栏分别为 10562 头、734 头、12236 羽，分别比上年增长 1.8%、1.2%、4.5%。全乡新增养猪大户 24 户，畜牧总产值 885 万元，比上年增长 5.8%。

2010 年，曾家寨养殖小区存栏种猪 300 余头，产仔达 4000 多头。在李山坝区实施 150 亩露天胡豆种植，建成卡罗坝区示范基地第二期 50 个大棚。

2012 年，全乡建成册三线高标准大闸蟹养殖示范基地 100 亩、黑斑蛙+提子+特色果蔬立体生态农业示范基地 120 亩、大蒜（洋芋）—蔬菜种植基地 300 亩、草莓—西瓜标准化种植基地 200 亩、佛手瓜示范基地 300 亩、辣椒种植基地 1000 亩、核桃基地 700 亩、秋冬蔬菜基地 3500 余亩，以及李山经甲桐至冗空线四月桃试验示范基地 200 亩和油茶基地 3850 亩，涌现出一批林下养鸡、大棚育雏（鸡苗）、海狸鼠、竹鼠、野猪等特色养殖户。

2013 年，全乡农业总产值 3980.69 万元，农民人均纯收入 5398.47 元。是年，全乡种植烤烟 1783.05 亩，产量 19.7 万千克，中药林 1999.9 亩，产量 7.73 万千克，蔬菜 1185.15 亩，产量 137.74 万千克。年末，生猪存栏 5058 头，出栏 5293 头；牛存栏 1183 头，出栏 177 头；家禽存栏 1.7 万羽，出栏 3348 羽。

社会事业

1992 年，全乡有小学 13 所，其中公办小学 2 所、民办小学 11 所，在校生总数 1071 人。学龄儿童入学率 96%。有卫生院 1 所，卫生技术人员 5 人，设病床 3 张。是年，人口出生率为 14.4‰，人口自然增长率为 8.1‰。全乡有 7 个村 1126 户通电，5 个村 354 户用上自来水，6 个村通车。

1997 年，全乡通电、通公路、通邮件，各个村都用上自来水，有 1 个村通电话。有电视收转站 4 座，电视覆盖率为 44%。

2002 年底，4 个村通电话。有电视收转站 38 个，电视覆盖率为 92%。

2003 年，实现村村通电话，于是年 8 月 8 日开通移动通信电话，移动用户迅速增长。

2004 年，全乡 54 个村民组已全部通车。2005 年，建成下卡罗组农民文化活动室、托儿所、农村党员远程教育播放室。在湾寨小学投资19万元修建教学楼。先后建成湾寨小学、阴硐小学教学楼、拉毫小学教学楼和卡罗中心校学生宿舍楼，完成上林小学续建项目。

2006年，全乡安装53门无线程控电话，实现38个组通电话。

2007年，启动新型农村合作医疗保障。至2009年，全乡参合总户数1930户，参合率达90%。

2010年，卡罗中学综合楼投入使用。2012年，完成广播电视“村村通”设施安装859套。重新开设4个村卫生室，全乡群众共报销新农合资金105万余元。

2013年，全乡有幼儿园1所，在园幼儿98人；小学4所，在校生496人；初中1所，在校生252人。适龄儿童入学率和巩固率100%，初中入学巩固率97%。卫生院1个，卫生室3个，有床位10张。新型农村合作医疗参保率96%。全乡建有文化站1个（建筑面积在300平方米），文化艺术队1个。先后完成4个村的农民文化活动家园选址，建成下卡罗文化广场。

第九节　通州镇

通州镇位于县境中西部，东与牙舟镇，东南与西凉乡，南与鼠场乡，西与克度镇及惠水县羡塘乡接壤，北与新塘乡及大塘镇等为邻。镇政府驻地距县城56千米，海拔1060米，土地面积316.85平方千米。居住有汉、布依、苗、水、壮、侗、回等民族，汉族占总人口的80%。2013年末辖10个行政村及1个居委会（荷花社区）、165个村民组、325个自然村寨，总人口34386人。

沿革

通州，唐为勋州，元为重州蛮夷长官司，明成化十二年（1476）置通州里，清乾隆元年（1736）通州里辖思（司）党、上坝、岩脚、谷广、上可、翁坝、甲耳、甘捧、冷水、甘匾、乔上、长寨、拉坝、翁岗、翁屯、甘洒、甲徐、莱花18寨。民国25年（1926）10月为大塘县治。民国30年（1941）7月1日，为平塘县治，同年8月15日改设平舟县城。1950年改称通州乡，1958年建立人民公社。1983年，公社改为乡或镇，通州乡改为通州镇。1991年建并撤时，原通州镇、平里乡、金桥乡合并组建为通州镇。2013年，全县行政区划调整时，该镇建制不变。

经济发展

1988~2010年，通州镇经济以农业为主，农产品主要有稻谷、玉米、小麦、高粱、小米、番薯、马铃薯、大豆、花生、油菜籽、辣椒、葵花籽，水果主要有柑橘、梨、枣、李、柿、杏等，林产品主要有油桐籽、木油子、五倍子、棕片、核桃、板栗、木材、茶叶、杂竹等，矿藏有陶瓷土、水晶石、大理石、煤等，产量居全县第二位。

1992年，农业总产值2051万元，乡镇企业产值242万元，主要为运输、建筑、农副产品加工及商业经营。全年镇地方财政收入70.6万元。粮食总产量7233吨，油菜籽产量535吨；烤烟种植面积4020亩，产量87.3吨，产值17.6万元。年末，大牲畜存栏13000头，生猪存栏18500头。

1993年后，加快农业内部结构调整，提高经济作物种植比例，以烤烟、蔬菜、林果为重点，实施科学化、规模化种植。累计烤烟种植15320亩，产量1446.8吨，产值522.71万元，农民人均年纯收入747.09元，比全县平均水平高227元。

1998~2002年，造林面积累计16290亩。2002年大牲畜年末存栏数为11500头（匹）。

2005年，种植烤烟4700亩，产量48.85万公斤，产值435.6万元，创税87.12万元，创通州镇烤烟生产历史最高水平。

2006 年，在党振、乐阳、新星等村寨探索牧草养畜，种植牧草 600 亩，创办示范点 28 个。

2009 年，争取各类资金 30.2 万元扶持发展 66 户 200 亩冬季大棚西红柿种植，建设竹架大棚 205 个（西红柿大棚 187 个、草莓大棚 18 个）。在平里河规模种植早春蔬菜 2000 余亩，新增种植四月桃 900 亩，挂牌成立平里河果蔬专业合作社。

2010 年，在平里河发展四月桃、杨梅为主的特色经果林 4000 亩，在丹平村发动群众成立产业合作社，组织种植金银花 1000 余亩，引进企业在乐阳村建设金银花育苗基地 500 亩，种植竹荪 350 亩。扶持 17 户大户规模化种草养羊 500 多只。

2011 年，在平里河坝区创建 200 亩早春蔬菜种植示范点，在乐阳村落凼组创建 50 亩绿草种植示范点，在卖饭坪至翁歹册山公路沿线创建 1200 亩核桃种植基地，在乐阳栗木山创建 100 亩香芋种植示范点，在双星坝“185”工程现代农业产业示范基地实施 280 个大棚的玫瑰花试种和 80 个大棚的草莓试种，打造“黔南第一玫瑰花园”，在翁刚坝区创建 500 亩现代高产辣椒种植，分别在丹平、乐阳 2 村流转荒坡创建 1200 亩和 500 亩树形金银花种植，在丹平村榨房组完成 1200 亩绿茶种植，完成党振村 10000 亩油茶种植整村推进项目申报，在全镇推广实施 500 亩太子参示范种植。

2012 年，启动通州工业园区建设项目，园区产业布局为建材、陶瓷、新材料，规划面积 31.03 平方千米，其中工业用地 11.45 平方千米，规划总投资 100 亿元。年底整个工业园区共计征地 1676 亩，入驻企业 6 家。

2013 年，通州工业园区引进贵州盘江龙盟、澳华实业、雅海矿业等 12 家企业入驻，达成协议投资资金 36.85 亿元。是年，全镇农业总产值 1.35 亿元，农民人均纯收入 5836.23 元。粮食种植面积 3.5 万亩，产量 1044.14 万千克；烤烟种植 3210 亩，产量 37.57 万千克；蔬菜种植 448.25 亩，产量 9200.46 万千克。创建农业示范基地 10 余个，发展农村专业合作社 3 家，创建县级农业龙头企业 2 家。种植烤烟 4500 亩、中药材 1500 余亩，其中在乐阳、党振两村种植地倍子近 300 亩，金桥村中药材专业合作社及种植大户发展太子参种植 1200 余亩。

社会事业

1992 年，全镇有小学 34 所，其中公办小学 3 所、民办小学 31 所，在校生总数 3673 人。县立通州中学（完中）在校生 811 人。学龄儿童入学率 88.4%，巩固率 97%。有镇医院 1 所，卫生技术人员 22 人，设病床 20 张。是年，人口出生率为 13.8‰，人口自然增长率为 9.2‰。全镇有 18 个村 4500 户通电，有 4 个村用上自来水，20 个村通车 78 千米。建有电视收转站 1 座，电视覆盖率为 50%。

1997 年，20 个村用上自来水，22 个村通电，20 个村通公路，3 个村通电话，22 个村通邮件。人口自然增长率为 12.35‰。有电影院 1 个，文化站 1 个，电视收转站 20 座，有线广播站 1 个，电视覆盖率为 90%。

2002 年底，全镇通水（自来水），通电和通路率达 100%，13 个村通电话，10 个村通邮件。

2003 年，通州中学“义教工程”教学楼投入使用，新修建翁岗、落印、拉同、甲郎、抵高、金桥等小学校舍。投资 40 万元建成通州水文站。2004 年，投资 480 万元，实施文化路街道、农贸市场地面硬化和大棚建设并投入使用。2005 年，完成通州中学寄宿制建设主体工程。

2006 年，成立通州镇老年协会。通州敬老院主体竣工。

2007 年，实施新型农村合作医疗保障制度。

2009 年，投入 110 万元（其中国家投入 90 万元、卫生院自筹 20 万元）实施通州卫生院住院大楼污水排放工程；投入资金 17.1 万元新建新立、党振、中星村卫生室；投入 63 万元新建计生服务站。

完成平里河教学综合楼项目建设，总投资30万元。是年，农村参合医疗人数26541人，参合金额53.08万元，参合率达91.3%。

2010年，完成农村1850户“户户通”电视接收安装。

2011年，实施通州文化广场扩改工程和通州中学至原仓库2500平方米的道路硬化。完成马桑冲自来水工程扩容增量；中星村外坝、火石坡、翁刚村翁广等7个组，乐阳村栗木山等4个组的人畜安全饮水工程建设。启动通州小学教学楼改扩建工程。

2012年，投入60余万元实施完成党振村农村安全饮水工程；新增邮政网点1个，移动基站2个。群众自发组建的文化艺术团体2个（76人）。文化行业从业人员16人。组建体育社会团体2个，有体育场地13个（标准场地1个）。实施村级农民体育健身工程2个。投入310万元实施中心校教学楼改扩建工程并投入使用；建成镇荷花文化广场，总投资100万元；完成6个村级农民文化广场建设；通州小学少年宫建成使用。

2013年，全镇建有文化休闲广场1个，占地面积2500平方米。建有文化站1个，公共图书室（农家书屋）11个，藏书3.8万册。有幼儿园1所，在园幼儿741人；小学16所（校点5所），在校生2561人；初中1所（通州中学），在校生1150人。九年义务教育覆盖率达100%。有中心卫生院1所（一级甲等医院），村卫生室11个。完成中心校教学楼改扩建、教师公租房、少年宫等工程和平里河、金桥、丹平、翁岗等小学的学生食堂、宿舍以及通州幼儿园工程。完成镇荷花文化广场、6个村级农民文化广场建设；是年，全镇收看到的有线数字电视基础节目75套，广播节目6套。镇政府所在地数字电视用户0.1万户，综合覆盖率80%。

第十节　鼠场乡

鼠场乡位于县境西南部，土地总面积149平方千米。北与通州镇，东与西凉乡，西与克度镇，南与罗甸县接壤，距县城85千米。2013年，全乡辖5个行政村、106个村民小组、182个自然村寨，土地总面积149.91平方千米。居住有汉、苗、布依、水等民族，汉族人口占总人口的80%以上。

沿革

民国时期，鼠场先后隶属大塘、平舟2县，曾设乡、保等机构。新中国成立后，先后设乡、人民公社管理区、人民公社等。1991年，撤区并乡建镇时，撤销油邑、鼠场2乡，合并组建为鼠场乡。2013年，全县行政区划调整后并入克度镇。

经济发展

1988~2013年，鼠场乡经济以农业为主。农产品主要有稻谷、玉米、小麦、高粱、油菜籽、烤烟、葵花籽、辣椒、番薯、马铃薯；水果主要有柑橘、桃、梨、李等；林产品主要有油桐籽、木油籽、五倍子、核桃、木材等。核桃为该乡特产，产量居全县前列。

1992年，农业总产值846万元，乡镇企业产值100万元。乡镇企业主要为农副产品加工及砖瓦烧制等。粮食总产量2571吨，油菜籽产量153吨；烤烟种植面积1500亩，产量42吨，产值3.3万元，提供税利3.17万元。年末，大牲畜存栏5637头，生猪存栏8548头。

1993~1997年，全乡以促进联合增收为目标，在稳定粮食生产的基础上，发展烤烟、畜禽和经果林。粮食累计总产量16956.1吨，其中稻谷4592.2吨，玉米8407吨，小麦1840吨，大豆460.5吨。

累计种植烤烟 9781.5 亩，产量 810.06 吨，产值 352.85 万元。累计造林 11565 亩。

1998 年后，加快农业内部结构调整，提高经济作物种植比例，发展多种经营，实施畜牧品种改良，提升经济质量。

2002 年，粮食产量比上年下降 7.01%。油菜籽比上年下降 10%。烤烟种植面积 1483.5 亩，比 2001 年增长 82.47%，产量比上年增 5.6 倍。农民人均纯收入 954.17 元。

2003 年，投入 3 万元在新岗、小坝两村建成 3 个“三元”杂交猪养殖示范点。2004 年，新办二元母猪养殖示范点 2 个，牧草种植 310 亩。2005 年在新坝村建成 1 个瘦牛育肥养殖示范点，2 个生态养殖小区。是年，发展民用砖厂 4 个，年产值 13.75 万元。

2006 年，全乡生产总值 2198.02 万元，人均纯收入达到 1526.32 元，财政收入因烤烟创税突破百万元大关。

2008 年，引进广西玉林食品有限公司在新合、金塘 2 村建立辣椒生产基地 1500 亩，并创办 100 亩连片豌豆、胡豆和脱毒马铃薯示范基地。

2011 年，建现代烟草农业示范基地 1 个，培育 50~100 亩烤烟种植大户 5 户，在新合村场坝、仓边村龙井、同兴村撒洼塘建立养猪示范点；在金塘村司党组、新坝村单脚组、仓边村大地组建立养鸡示范点；在同心村沙坝、新坝村小坝组建立养牛示范点。是年，出栏生猪 7500 头，林下养殖家禽 22500 羽，牛存栏 1000 余头。培育养殖大户 30 户以上。

2012 年，实施 20550 亩核桃产业化扶贫项目，示范栽种核桃 2696 亩共 6.2 万株，建立核桃产业示范带 5 个。采取订单销售的形式，完成 500 亩线椒种植；成立种养殖专业合作社 7 个，发展社员 36 人，主要从事核桃、药材、咖啡豆、七彩山鸡、养牛、养羊、竹鼠等种养殖业，示范种植中药材柴胡 50 亩，七彩山鸡种苗繁育 3000 羽，建成灵芝菌特种种植基地一个，规模土鸡养殖 16 户共 16000 羽。发展生态养羊 48 户引种 18 组 1008 只；引进西门塔尔牛、鲁西黄牛 40 头，带动辐射全乡 10 户群众养牛 200 余头。

2013 年，投入 12 万元，在金塘村沙坝组、同兴村干凼创建 200 亩黑皮花生示范基地，实现黑皮花生产量 6.3 万斤，实现产值 30 余万元。在新合村鬼家湾创建 50 亩中药材防风种植基地。扶持发展壮大七彩山鸡、麻山土鸡、中草药、养牛、养猪、养羊等规模种养殖业 50 户，新增规模种养殖户 70 户。是年，大牲畜出栏 3530 余头，生猪出栏 12900 余头，家禽出栏 40000 余羽。

社会事业

1992 年，全乡有小学 12 所，其中公办小学 2 所、民办小学 101 所，在校生总数 1223 人，学龄儿童入学率 78.7%，巩固率 94%。有卫生院 1 所，卫生技术人员 3 人，设病床 2 张。是年，人口出生率为 9.2‰，人口自然增长率为 2.2‰。全乡有 7 个村 2194 户通电，3 个村约 155 户用上自来水，5 个村通车 26 千米。建有电视收转站 1 座，电视覆盖率为 50%。

1997 年，全乡村村通电，2 个村通电话，8 个村通邮件。有中学（设油岜）1 所，在校生 121 人。

2002 年，全乡有电视收转站 105 个，电视覆盖率为 91%。

2003 年，投入资金 150 万元，建成油岜中学教学楼、学生宿舍楼。新增教学建筑面积 1700 平方米。2004 年，投入 12 万元完善鼠场小学教学楼和油岜学生宿舍。完成油岜中小学的剥离及油岜小学的规划。

2006 年，立项建设乡汽车站。开通仓边村移动电话。

2010 年，实施金塘、仓边、新合 3 个村提灌站，完成全乡农村电网改造工程，全乡实现家家通电。建成乡宣传文化中心大楼和乡畜牧兽医站。

2011年，实施新建油岜至鼠场、集镇数字电视网络改造。是年，新型农村合作医疗参合率达96.1%。

2012年，新坝村苏泊尔寄宿制小学投入使用，总投资282万元。

2013年，全乡实现村村通公路、通电、通电话、通邮件、通广播电视。有幼儿园1所，在园幼儿233人；公办小学7所，私立小学1所，在校学生1542人；完中（鼠场中学）1所，在校学生683人。全乡小学适龄儿童入学率和初中毛入学率超过99.5%，残疾儿童入学率100%。有乡卫生院1所、村级卫生室5个。有文化站1个，乡级图书室1个，村级图书室5个，藏书共3万册。完成1400户“户户通”电视设备及5个村调频广播设备安装。

第十一节　新塘乡

新塘乡位于县境西北部，是平塘县3个“麻山”乡镇之一。东、南与通州镇，北与大塘镇，西面与惠水县相邻，距县城74千米。2013年，全乡辖4个行政村、53个村民组、153个自然村寨，总人口8041人。居住有汉、苗、布依等民族，其中苗族人口占总人口的53.44%。

沿革

新塘，历史上称为姑卢，元至元二十九年（1292）置定远府，姑卢（今新塘）为府治。清乾隆三年（1738），苗族首领阿沙率领数万苗民进行反抗官府斗争，历经数月，后被贵州总督巡抚张广泗率军镇压失败。次年置大塘理苗州，姑卢属理苗州9寨之一。民国时期，先后设为乡、保。1953年，全县行政区划调整后设立新立乡（今新塘乡），隶属五区（西关区）。1956年，新立、栗木2乡并入西关乡。1958年，建立人民公社，新立管理区属西关公社。1963年，设新塘公社，属西关区。1983年，撤销公社建立乡人民政府。1991年建并撤时，新塘、公峨合并组建新塘乡。2013年，全县行政区划调整后并入大塘镇。

经济发展

1988～2013年，新塘经济以农业为主，有稻谷、玉米、高粱、马铃薯、大豆、油菜籽、葵花籽、辣椒、土烟；水果主要有梨、李、桃、柿等；林产品主要有生漆、油桐籽、五倍子、棕片、竹笋干、核桃、板栗、木材、茶叶、杂竹等；黑糯米为该乡特产。

1992年，农业总产值399万元，全年乡地方财政收入31.9万元，粮食总产量1694吨，油菜籽产量65吨；烤烟种植面积301亩，产量3.4吨，产值0.59万元，年末，大牲畜存栏2980头，生猪存栏3830头。

1993年后，全乡以实现农村脱贫致富为主要任务，在提高粮食产量、解决农村吃粮问题的前提下发展烤烟、种植业和生猪养殖。

1995～1996年，烤烟种植1980亩，产量22.27吨，产值18.2万元。1997年年末大牲畜存栏4245头（匹）。

1998～2002年，5年粮食累计总产量12972.57吨，其中稻谷6842.64吨，玉米3043.59吨，小麦138.66吨，大豆72.11吨。造林面积累计3990亩。5年间农民人均纯收入942.03元。

2002年，新塘乡被列为省级扶贫开发重点一类乡后，制定乡村2003～2005年综合扶贫发展规划，以农业产业结构调整为主线，重点实施农田基本建设，提高粮食复种指数，发展畜牧业。

2005 年，全乡粮食总产量 2839. 3 吨，农民人均年吃粮 387. 19 公斤，农民人均纯收入从 2002 年的 937. 17 元增加到 1201. 57 元。

2006 年，投入各类扶贫资金 190 万元，新增基本农田 545 亩，人均 0. 517 亩。是年，农民人均纯收入 1395. 57 元，人均占有粮 408. 2 公斤。大牲畜存栏 2685 头（匹）。完成退耕还林种植 3000 亩。

2009 年，全乡年末大牲畜存栏 7622 头，其中，牛存栏 1965 头，马存栏 799 头，猪存栏 4858 头。家禽存栏 11165 羽，其中鸡存栏 7232 羽。畜牧业对农业增长的贡献率达 31%，占农业增加值的比重提高 2. 6 个百分点。

2011 年，建成种植青蒿、迷迭香为主的中药材示范点 200 亩，脱毒马铃薯种植示范点 150 亩，蔬菜种植 200 亩，竹荪种植示范点 15 亩，太子参示范点 5 亩，标准化绿茶种植 1500 亩。

2012 年，建成辣椒示范基地 200 亩、优质大米基地 400 亩，实施稻田养鸭 50 亩。与重庆瑞鹏农业开发有限公司签订种植协议，实行订单收购，发展中药材种植 1000 亩；采用公司+基地+农户的方式发展绿茶种植，年内完成绿茶种植 2000 亩。通过退耕还林补植补种和开垦宜林荒山种植核桃 896 亩，完成 4100 亩退耕还林管护。黑山羊养殖户 1 户，存栏 60 只，竹鼠养殖户 2 户，存栏 300 余只。

2013 年，农业生产总值 3071. 86 万元。全乡粮食种植 1013. 39 亩，总产量 4008 吨；年末牛存栏 1798 头，猪 4805 头，家禽 6820 只；农民人均收入 5228. 58 元。

社会事业

1992 年，全乡有小学 9 所，其中公办小学 2 所、民办小学 7 所，在校生总数 786 人。学龄儿童入学率 85%，巩固率 90%。有卫生院 1 所，卫生技术人员 8 人，病床 2 张。是年，人口出生率为 16. 3‰，人口自然增长率为 10. 82‰。全乡有 9 个村 43 个村民小组通电，有 4 个村的 180 户用上自来水，6 个村通车。

1994 年开始，投入 110 余万元，实施架设高压输电线路、修筑村级公路、修建蓄水池、栽种杜仲、整修集贸市场、修建医院、修建小学教学楼等扶贫项目。

1997 年，电视收转站 5 座，电视覆盖率为 45%。

2002 年底，9 个村通电话，5 个村通邮件。有电视收转站 114 个，电视覆盖率为 98%。

2003 年，建设村卫生室 2 个，教学楼 1 栋 120 平方米，地波广播 65 个点。

2004 年，动工修建水沟村“慧龄小学”。是年，全乡小学校舍面积 4551. 8 平方米，生均 4. 8 平方米；初中校舍面积 1692 平方米，生均 11. 3 平方米。图书 111225 册，生均 9. 7 册；水沟、新塘、公峨 3 所小学配有实验室。

2005 年，完成 9 个村、50 个村民小组、65 个自然村寨地波广播安装。

2006 年，乡精神文明活动中心全面投入使用。民联、公峨小学教师宿舍楼建成交付使用。

2007 年，启动新型农村合作医疗。

2009 年，全乡参加新型农村合作医疗 6223 人，参合率 91%。完成乡卫生院扩建工程和水沟村卫生室、乡新塘小学幼儿园装修。

2010 年，成功举办新塘乡首届咕噜跳月节活动。

2011 年，在乡政府驻地安装有光缆闭路电视 262 台，共安装“村村通”电视 480 台，中央、各省及地方卫视 60 余个电视频道落户本地

2012 年，建设村级卫生室 1 个，全乡接种率 97%。

2013 年，全乡 4 个村实现村村通公路（通组公路已达 95%以上），村村通电，中国电信、移动、联通信号覆盖全乡，1 个村通宽带网络，1 个村通自来水。修建提灌站解决乡政府驻地、公峨村平吉场

坝、水沟村、新营村部分村组的饮水难问题。建成农贸市场1个。架通大塘至公峨10千伏安15千米的输变电路，解决全乡的用电问题。有民间文化艺术团1个，创作的文化艺术作品有咕噜跳月、苗族刺绣等。公共图书阅览室（农家书屋）4个，藏书8000余册。有幼儿园1所，在园幼儿199人；小学4所，在校生640人，小学适龄儿童入学率达100%；初中1所，在校生287人，初中适龄人口入学率98%，小升初升学率100%；九年义务教育覆盖率达100%。有卫生院1所，病床10张。

第十二节　大塘镇

大塘镇位于县境西北部。镇内最高海拔根上坡1487.7米，最低海拔700米，平均海拔970米，镇政府驻地海拔1420米。南与新塘乡、通州镇接壤，东与掌布乡相接，北、西面与惠水县相邻，距县城85千米，平塘经惠水至贵阳公路通过境内。是全省较为贫困的25个“麻山”乡镇之一，土地面积203.78平方千米。2013年，全镇辖8个行政村、1个居委会、104个村民组、394个自然村寨，总人口17074人。居住有布依、苗、毛南、水、壮、回等少数民族，是县内苗族主要聚居区之一。

沿革

大塘，又称西关。元代属大龙番应天府安抚司。明洪武五年（1372）属大龙番长官司。成化十年（1474）属程番府。隆庆二年（1568）改属贵阳府。万历十四年（1586）属贵阳度定番州。清乾隆四年（1739）后为大塘州判驻地。民国3年至25年（1914~1936）为大塘县县治。民国25年，大塘县政府迁驻通州，改为大塘县第二区行政机关驻地。新中国成立后，一度划属惠水县第九区，先后设乡、区、人民公社等建置。1983年建立大塘乡，1991年撤区并乡建镇后，原大塘乡、旧司乡、上莫乡合并为大塘镇。2013年，全县行政区划调整时，原大塘镇、新塘乡合并组建为大塘镇。

经济发展

1988~2013年，大塘镇经济以农业为主。农产品主要有稻谷、玉米、油菜籽、番薯、高粱、马铃薯、葵花籽、大豆、辣椒、烤烟、土烟；水果主要有梨、枣、李、柿、桃等；林产品主要有生漆、五倍子、核桃、棕片、板栗、木材、茶叶、杂竹等；黑糯米是该镇特产，所产茶叶质量甚佳。

1992年农业总产值1126.8万元，乡镇企业产值101万元，主要为砖瓦烧制、运输及商业经营。全年镇地方财政收入55.4万元。粮食总产量5685吨，油菜籽产量1495吨；烤烟种植面积510亩，产量25吨。年末，大牲畜存栏7091头，生猪存栏7840头。

1993~1997年，投入各类扶贫资金866.4万元，先在坝东、谷立、新场、甲头、硐头5村实施经果林种植和黑山羊养殖项目，建成林果场1个，种植奈李、板栗、梨等果树2000亩。1997年末，全镇农民人均纯收入900元。

1998年后，对“麻山”乡镇投入加大。全乡先后实施粮食自给工程，发展烤烟、脱毒马铃薯和生猪养殖等项目。

2003年，投入100.1万元，推进里中、赖惹2个村扶贫项目。

2007年，实施胜安、新安、掌奋、赖惹4个村综合扶贫开发项目38个580.5万元。

2010年，实施整镇推进扶贫，投入资金1299.5万元，实施绿茶、生猪、“麻山”土鸡养殖等项目。建成油菜、小麦、牧草、脱毒洋芋等秋冬作物种植示范点1300亩。办生猪养殖示范场12个，发展规模生猪养殖380头；建成林下生态鸡养殖示范点6个，养殖规模达16000多羽；年末大牲畜存栏

4900 头，生猪存栏数 4500 头，禽类 76000 羽。

2011 年，农户自办茶叶种植示范基地 38 个，面积 5465 亩，种茶 10 亩以上的农户 169 户。全镇茶叶种植面积达到 2. 15 万亩。建成核桃种植示范基地 4 个、1815 亩，建成优质苹果示范种植基地 1 个、100 亩，完成梨园老品种改造嫁接 500 亩，新增种植 450 亩。

2012 年，依托种草养羊项目，发放种羊 600 余只；水库、池塘、稻田养鱼等年产商品鱼 1. 5 万公斤；建成秦发昌养殖场、新光养殖场等 12 个养殖场，推进食用菌种植加工、棉鞋加工、竹鼠养殖、冷凉蔬菜、海花草种植等多个产业发展。实现茶园种植面积 2. 75 万亩，大和、同泽、山海、润峰 4 家公司入驻，新光、西关两个村茶叶专业合作社成立。

2013 年，全镇生产总值 10683. 2 万元，粮食总产量 9630 吨；农民人均纯收入 5246. 6 元。新增茶园面积 8000 余亩，茶叶种植总面积达到 3. 7 万亩，建成 2 个村级茶叶专业合作社，1 个茶青交易市场。是年，实现成品茶上市近 2. 3 吨，产值近 370 万元，茶农交售茶青收入近 70 万元。

社会事业

1992 年，全镇有初中 1 所，在校生 450 余人；小学 22 所，其中公办小学 3 所、民办小学 19 所，在校生总数 1763 人，其中少数民族学生 893 人，占学生总数的 50. 7%。学龄儿童入学率 78. 9%，巩固率 98. 3%。有医院 1 所，卫生技术人员 13 人，病床 10 张。有计生服务站 1 个，计生技术人员 6 人。是年，人口出生率为 9. 9‰，人口自然增长率为 5. 6‰。有 9 个村 47 个村民小组通电，17 个村 1048 户用上自来水，14 个村通车。

1997 年，有文化站 1 个，电视收转站 4 座，有线广播站 1 个，电视覆盖率为 30%。

2002 年底，全镇有 60% 村组用上自来水，20 个村通电，17 个村通公路，3 个村通邮件。有宣传文化服务站 1 个，电视收转站 20 个，电视覆盖率为 75%。有幼儿园 1 所，在园幼儿 112 人。

2003 年，投入 120 万元实施西关中学二期“义教工程”，建筑面积 1615. 8 平方米。投入资金 25 万元，实施 7 所“普九”学校危房改造工程。

2006 年，出台高考奖励扶助政策，对高考录取生一次性奖励 400~8000 元。2007 年 9 月开通调频广播。

2011 年，完成集镇自来水管网改造工程，争取省委宣传部的帮扶，投入资金 150 万元对集镇饮水管道进行改造，结束集镇冬季不能正常供水的历史。年底，有广播喇叭 105 只，开通中央人民广播电台和贵州人民广播电台 2 套节目，广播综合覆盖率 95%。广播电视“村村通”安装 3196 套，全镇电视综合覆盖率为 96%。建成 8 个农家书屋，收藏图书 5000 余册。2011 年 11 月，大塘镇新光村地方文艺演出被中央电视台专题采访，并在“幸福进万家”栏目中播出。

2012 年，投入 90 万元完成镇计生服务室和新场村计生服务室建设。

2013 年，投入 1000 余万元实施西关中学、西关小学及幼儿园综合楼建设，上莫小学寄宿制学校建设项目。是年，全镇有初级中学 1 所，17 个教学班，在校生 1009 人（女生 483 人，少数民族 627 人，留守儿童 395 人）；完全小学 4 所，教学点 3 个，教学班 42 个，学年初在校学生 1639 人（女生 765 人，少数民族 1060 人，留守儿童 420 人）；学前班 3 个，在班儿童 167 人；幼儿园一所，在园幼儿 217 人。初中在册教职工 53 人，小学在册教师 74 人，幼儿园在册教师 7 人。乡村医疗卫生机构 9 个，其中乡卫生院 1 个，村级卫生室 8 所。投入 115 万元的镇标准化卫生院建成投入使用。建有茗馨艺术团和夕阳红艺术团两个民间文艺团体；建有集镇文化广场 1 个、文化站 1 个，公共图书室 1 个，藏书 2000 册；建有集镇健身园 1 个，村级农民文化活动园 3 个，村级文化室、图书室 8 个，藏书 1. 2 万册。

第十三节　掌布乡

掌布乡位于县境西北部，东与都匀市平浪镇接壤，南靠牙舟镇，西与惠水县岗度镇相邻，北与贵定县云雾镇隔河相望，是都匀、贵定、惠水、平塘四县（市）的交界结合部。距县城50千米，总面积204.89平方千米。2013年全乡辖5个村民委员会、74个村民小组、115个自然村寨，总人口10951人。该乡是县内布依族主要聚居区之一，居住有汉、布依、苗、毛南等民族，境内有AAAA级景区1个。

沿革

民国时期，掌布一度改称永安场，属定番县（今惠水县）。民国30年（1941）平塘县建立，由惠水县划属平塘，先后设乡、联保等。1950年12月，掌布划属惠水县，1951年2月划回平塘。先后设乡、公社管理区、公社。1983年，撤销人民公社设乡人民政府。1991年建并撤时保留乡建置，所辖不变。2012年，掌布乡改为掌布镇。2013年末，全县行政区划调整，保留原镇建制，并把牙舟镇卡腊村划属掌布镇。

经济发展

1988~2013年，掌布乡经济以农业为主。该乡农产品主要有稻谷、玉米、小麦、番薯、高粱、马铃薯、大豆、葵花籽、油菜籽、辣椒、烤烟、土烟；水果主要有梨、李、柿、桃等；林产品主要有油桐子、五倍子、棕片、板栗、木耳、茶叶等；水产品有鱼、大鲵等；矿产主要有煤。油桐子为该乡重要土特产，年产量在10万公斤以上。

1992年，农业总产值347万元，乡镇企业产值31万元。主要为砖瓦烧制和原煤开采。全年乡地方财政收入18.7万元。粮食总产量1260吨，油菜籽产量99.5吨；烤烟种植面积500亩，产量36吨，产值9.12万元。年末，大牲畜存栏2439头，生猪存栏3140头。

1993~1997年，农林牧渔业总产值累计完成1844.52万元（90价，下同），其中，农业产值922.38万元，占50%；林业产值417.18万元，占22.62%；牧业产值503.76万元，占27.31%；渔业产值1.2万元，占0.07%。建筑、运输、农村批发零售等非农产业总产值达482.4万元。1993和1994年两年共种植烤烟1127亩，产量38.08吨，产值10.99万元，创税3.4万元。

2003年10月，掌布景区建成后，旅游收入逐年增多。是年，实施二元杂交猪养殖项目和桃坡村“麻山土鸡”养殖示范点扶贫项目。2005年，建成生态养殖小区1个，养殖户数11户，饲养二元杂交母猪存栏40头，商品育肥猪160头，种公猪2头。

2006年，旅游经济收入达500万元。投资近10万元新建桃坡生猪养殖小区。

2009年，实施精品西瓜、草莓、大蒜、西红柿、辣椒规模种植300余亩，投入资金15万元建成14.4亩的蔬菜大棚21个，是年，景区游客接待量3.5万人次，门票收入145万元，“农家乐”餐饮接待57.9万元。

2010年，在新坪、田坝、联合村实施种草养羊示范项目，新引进种羊1666只，种植牧草2450亩。掌布、开花2村生态观光农业示范区由贵州国众农业科技有限公司通过流转土地建成，主要种植黄瓜、辣椒、西红柿、芹菜、白菜、香芋等蔬菜，共修建蔬菜大棚117个。在新坪、田坝2村扶持12户农户饲养大鲵300余尾。在开花寨村岩脚组实施种草养鹅项目，发展农户21户，种草100亩，已发放鹅苗

2100只。

2011年，全乡形成以种草养羊、茶叶种植为主的种养殖业，年末羊存栏数达3700多只，茶叶种植1000亩；掌布、田坝、新坪3个村启动100户娃娃鱼养殖池建设。

2012年，开花寨村形成以板栗、红肉蜜柚为主的3000亩经果林产业示范带；田坝村、联合村种养业示范带，掌布、田坝、新坪3个村的大鲵养殖逐步走向产业化。

2013年，以万亩茶园建设为重点，在田坝、联合两村完成茶叶种植3000余亩。在开花寨新开垦种植蜜柚300亩，完成核桃种植700余亩，试种太子参、香芋、天麻、地参等500余亩。发展养殖户33户。种草养羊的28户鼓励发展特种养殖，发展水獭、野猪、狗、竹鼠等。

社会事业

1992年，全乡有小学12所，其中公办小学2所、民办小学10所，在校生总数967人。学龄儿童入学率95%，巩固率97%。有卫生院1所，卫生技术人员4人，病床2张。是年，人口出生率为6.1‰，人口自然增长率为-0.7‰。全乡有3个村、17个村民小组、424户通电，7个村、37个村民小组、901户用上自来水，4个村通车。

1997年，1个村通电话，1个村通邮件。有电视收转站2座，电视覆盖率为35%。

2002年底，全乡有5个村用上自来水，7个村通电和公路，2个村通电话，5个村通邮件。有电视收转站10个，电视覆盖率为86%。

2003年，修建田坝村、香冲村两所完小和新民村民办小学教学楼“义教工程”，启动联合村民校危改工程。2004年，建成计生优质服务综合楼400平方米，绿化草地450平方米，购置数码阴道机、乳腺诊断仪、空调、无影灯等先进医疗设备。是年，修建掌布民族学校学生宿舍，完善田坝、香冲、联合、新民4所小学教学附属设施建设，安装掌布民族学校及田坝小学远程教育设备。“两基”工作通过省政府验收。

2005年，举办第一次“六月六”布依族歌节，此后，每年举办一次。

2006年，建成占地面积1200平方米的文化活动场及占地1000平方米的告念寨民族文化表演场。

2009年，争取到400万元启动掌布中学建设项目，完成征地45亩。是年，全乡参合率90%。累计报销补偿金额48.94万元。

2010年，掌布中学教学楼、学生宿舍、食堂等附属工程已完工，开工建设新坪村上莫小学教学楼。完成新坪、田坝村卫生室建设。

2011年，掌布中学投入使用，完成新坪小学教学楼建设。

2012年，民族文化休闲广场建成投入使用，完成4个村级农民文化家园项目建设。

2013年，全乡有文化站1个，农家书屋5个，图书共9000余册。有幼儿园1所，在园幼儿305人；有小学9所（含3个教学点），在校学生1092人；初级中学1所，在校学生600人。九年义务教育覆盖率均达100%，青壮年非文盲率为95.5%。有卫生院1所，病床10张。是年，建成1个占地面积3000平方米的民族广场和1个占地5000平方米的文体活动广场，精神文明活动中心站房主体结构完工。掌布汽车站、掌布加油站、掌布邮政所投入使用。组建有掌布“藏字石”艺术团1个。投入700余万元完成景区91户布依民居包装。举办掌布第七届“六月六”布依歌节。实施景区13户“农家乐”和乡村旅馆接待户的升级改造工作，引导建成星级便捷酒店1家。启动民族旅游工业园建设，打造独具有地方特色的民族商品园。

第十四节　克度镇

克度镇位于县境西南部，东与通州镇，南面与鼠场乡和罗甸县，西与塘边镇，北与惠水县接壤。1995年5月，镇人民政府由克度场坝迁至红塘村，距县城78千米。海拔为845米，总面积127.19平方千米，是"中国天眼"——500米球面天文射电望远镜项目所在镇。2013年，辖8个行政村、92个村民小组，总人口24673人。居住有汉、布依、苗、侗、彝等民族，是县内布依族主要聚居区之一。

沿革

克度，在元代为雍郎客都等处长官司驻地。明洪武中期废长官司，分设上、下克度里。成化年间属程番府。万历年间属定番州。清顺治末年改设上、中、下克度3里。乾隆年间属大塘分州。航龙在元代前称章龙、降龙，元代为定远府章龙州章龙县县治。清代降龙里与上、中、下克度里及通为里合称5里，先后隶属定番州、大塘州制。民国时期，先后为里、镇、乡驻地。新中国成立后，先后设乡、公社。1983年，撤销人民公社恢复乡人民政府。1991年9月，全县区划调整后，撤销克度乡、航龙乡，合并组建克度镇。2013年，全县行政区划调整，原克度镇、鼠场乡合并组建为新的克度镇。

经济发展

1988~2013年，克度镇经济以农业为主。农产品主要有稻谷、玉米、小麦、高粱、番薯、大豆、芝麻、辣椒、葵花籽、油菜籽、烤烟；水果主要有柑橘、梨、葡萄、李、柿、桃等；林产品主要有油桐子、生漆、五倍子、木油籽、核桃、茶叶；矿产有煤、重钙石、高岭土及紫砂土，镇内陶土为珍贵陶土。该镇茶叶和核桃产量在县内占有重要地位。

1992年，农业总产值1098万元，乡镇企业产值365万元，主要为建材、鞭炮、纸张、陶器生产。除斗笠外，藤椅是该镇的重要土特产品，其工艺精湛，享有盛誉。全镇农业生产总值1098万元，全年镇地方财政收入50万元。粮食总产量4929.4吨，油菜籽产量297吨；烤烟种植面积503亩，产量48.3吨，产值11.02万元。是年完成植树造林3000亩，坡改梯623.6亩。

1993~1997年，全镇经济以粮食、烤烟和畜牧业为重点。5年间粮食累计总产量29358.23吨；烤烟累计种植9756亩，产量716.64吨，产值908.83万元；累计造林3915亩。1997年末大牲畜存栏6056头（匹）。5年间农民人均纯收入712.48元，比全县平均水平高出55元。

2002年，大牲畜年末存栏数达6167头（匹）。2005年，建立生猪养殖小区2个，养殖户达40户，户均饲养50头以上，全年出栏700余头，创产值56万元。

2006年，烤烟种植上升至1860亩，农民卖烟收入160万元。是年，全乡人均纯收入达2154元。

2007年，采取公司+农户的模式，实施种桑养蚕项目420亩。

2008年，先后在航龙村、金科村实施辣—苣套种和观光水果种植项目。建成早熟蔬菜基地1个，高产栽培示范基地2个，杂交油菜育苗移栽示范基地3个。

2011年，生猪饲养量1.35万头，年末存栏0.3万头；牛饲养量0.45万头，年末存栏0.43万头；家禽饲养量3.1万羽，出栏2.5万羽。

2012年，创建克度镇种草养鹅示范基地，发动50户群众种草600亩，养鹅2.5万羽。种植500亩红肉蜜柚，种植核桃3641.43亩83753株，金银花8300亩，提子（葡萄）1060亩。打造克度百里"T"型农业产业带。

2013 年，已完成土地流转。完成 2000 亩蔬菜种植，实施 200 亩温室蔬菜大棚。白术（中药林）种植 375 亩；绿茶种植 1500 亩。是年，全镇农民生产总值 6609. 63 万元，粮食总产量 7118. 01 吨，蔬菜 3837. 4 吨，中药材 191. 92 吨，茶叶 287. 2 吨，水果 364. 43 吨。年末，牛存栏 2629 头、生猪 7209 头、家禽 3. 07 万羽。农民人均纯收入 5501. 8 元。

社会事业

1992 年，全镇有初中 1 所，在校生 451 人；小学 15 所，其中公办小学 2 所，民办小学 13 所，在校生总数 2502 人。有卫生院 1 所，卫生技术人员 11 人，病床 10 张。是年，人口出生率为 14. 1‰，人口自然增长率为 8. 7‰。有 9 个村 2943 户通电，2 个村 95 户用上自来水，7 个村通车。

1997 年，建文化站 1 个，建成电视收转站 9 座，电视覆盖率为 75%；建有线广播站 1 个。

2002 年底，全镇有 8 个村用上自来水，10 个村通电、公路和邮件，6 个村通电话。电视收转站增加 10 个，电视覆盖率为 93. 4%。

2003 年，完成落良、金山等几所学校的基础设施建设。

2006 年，投资 120 万元分别建成综合农贸市场和菜市场各一个，克度汽车站正式营运（占地面积 8000 平方米）。

2009 年，启动克度一小扩建项目，完成征用土地 38. 7 亩。

2010 年，完成金星村播夯组自来水安装和航龙村上沙坝人饮管网建设；共安装“村村通”配套小天锅 1910 面。是年 12 月开通有线电视。

2011 年，有线电视用户达 358 户，地面卫星接收站 4850 余面，电视综合覆盖率 98. 5%。农村卫生厕所普及率 15%，新型农村合作医疗参保人数 2. 2 万人，参保率 97%。

2012 年，投资 250 万元在克度集镇修建农民文化广场（占地 13. 5 亩），建成金山村、前进村农民文化广场。

2013 年，有幼儿园（所）1 所，在园幼儿 731 人；小学 10 所，在校生 2511 人；初中 1 所，在校生 1135 人；九年义务教育覆盖率达 100%。有镇卫生院 1 所，村卫生室 8 家。有文化艺术团体 1 个。农家书屋 8 个，藏书 4 万册。

第十五节　塘边镇

塘边镇位于县境的西南部，东、北与克度，西北与惠水县抵季乡、羡塘乡，南面与西部分别与罗甸的董架乡、栗木乡为邻，土地面积 194. 27 平方千米。镇政府驻地海拔 830 米，距县城 89 千米。2013 年末辖 10 个行政村、142 个村民组，总人口 32737 人。居住有汉、布依、苗、毛南、水、彝等民族，是县内布依族主要聚居区之一。

沿革

塘边，在明清两代隶属克度里。民国期间先后隶属大塘县和平塘县，先后设置保、乡等机构。新中国成立后，曾设乡、人民公社管理区、人民公社等。1965 年 11 月，新街公社并入塘边公社。1983 年，公社改为乡，恢复乡人民政府。1991 年，撤区并乡建镇时，由清水、塘泥、塘边 3 乡合并建立塘边镇。2013 年，全县行政区划调整时该镇建制不变。

经济发展

1988~2013年，塘边镇经济以农业为主。农产品主要有稻谷、玉米、小麦、高粱、小米、番薯、大豆、花生、辣椒、葵花籽、油菜籽、烤烟；水果主要有柑橘、枇杷、杏、葡萄、李、柿、桃等；林产品主要有油桐子、木油籽、五倍子、棕片、竹笋干、核桃、板栗、木材、杂竹；矿产主要有煤、石膏、花岗石、瓷土等。

1992年，农业总产值1542万元，乡镇企业产值162万元，主要为砖瓦和石灰烧制、农副产品加工和商业经营。全年镇地方财政收入59.4万元。粮食总产量7057吨，油菜籽产量565吨；烤烟种植面积509亩，产量35.4吨，产值6.5万元。年末，大牲畜存栏6612头，生猪存栏10455头。

1993~1997年，农业产业结构调整加快，粮食、烤烟、蔬菜、畜牧业成为经济支撑和农民增收的主要来源，建筑、运输、商品批发零售和饮食业发展迅速。5年中，非农业总产值达3503万元，其中农村工业产值达84万元，占非农业总产值的62.34%，建筑业总产值占17.68%，运输业占15.37%。

1998年后，农业内部结构调整，提高经济作物种植比例，烤烟、蔬菜和畜牧业规模化发展迅速。

2002年，粮食产量比上年下降19.4%，油菜籽产量比上年增长1.77%，蔬菜、水果产量分别达1.73万吨和420.47吨。大牲畜年末存栏数为9753头（匹），生猪存栏1.73万头。

2003年，新建瘦牛育肥场1个，利用打带河天然草场实施放养商品牛项目。2005年，创办湾子、兴隆、地坝3个养殖小区，小区养殖农户39户。

2009年，共建成农业增收示范点15个，养殖小区2个，种桑养蚕基地1个。

2010年，完成种桑养蚕示范园248亩，栽种桑苗96万株，发放帮扶资金14万，产茧11批创收9万余元。

2011年，种桑养蚕扩种至1400余亩，农户产茧量达2.8万余斤，产值近50万元。茶叶、核桃等生态种植稳步发展，中药材艾纳香、灵芝等试种成功。

2013年，完成核桃种植7200亩，“以短养长”核桃套种黄豆1000余亩；完成种桑养蚕1500亩，实现养蚕户户均增收1万元以上；茶叶种植达320亩，种草养羊21户2143头，竹鼠养殖350对，特色农产品豆腐皮加工增至7户作坊；渔业养殖13户，养殖规模10万尾。是年，全镇农业总产值达7852.79万元，农民人均纯收入5630.11元。

社会事业

1992年，全镇有小学23所，其中公办小学4所、民办小学19所，在校生总数2705人。塘边小学附设初中班，在校生总计376人。学龄儿童入学率93%，巩固率98%。有卫生院1所，卫生技术人员9人，病床5张。是年人口出生率为12.1‰，人口自然增长率为5.2‰。全乡24个村有4019户通电，18个村通车。

1997年，全镇有4个村用上自来水，2个村通电话，24个村通邮件。电视收转站5座，电视覆盖率为70%；有线广播站1个，广播覆盖率30%。

2001年，引进项目资金350万元，启动集镇农贸市场建设项目。

2002年，全镇基本实现村村通电、通公路、通邮件，18个村用上自来水，12个村通电话。建成电视收转站126个，电视覆盖率达95%。

2003年，新建或改扩连通村（组）公路48千米，新增固定电话52户，移动电话114户。完成塘河小学、新街小学危房改造项目，实施拉干小学、大林小学、青山小学、冗报小学的“三通一平”项目。建成农贸市场钢化大棚3760平方米、摊位396个，完成市场街面路面硬化442平方米。

2004 年，争取到贵州省地质勘测设计院帮扶资金 110 万元，实施清水村播绕水能泵站大坝、出水滩拦沙坝提灌工程。

2006 年，开通镇加油站至农贸市场环城路。投入 110 万元启动巨木地下水一期工程。

2007 年，实施“小城镇，大战略”，启动集镇道路硬化、绿化和休闲广场建设，总投入 101.5 万元。增新就业岗位 400 余人。

2008 年，争取上级资金 100 万余元，启动天坑景区建设，建成景区步道 2.75 千米，停车场 1 个。

2009 年，建成镇卫生院大楼、派出所办公楼、镇政府办公大楼、计划生育服务站。启动塘边镇敬老院、文化活动中心和畜牧站项目建设。完成火石坳移民安居点新建线路和懂瓦镇级增压器项目建设。

2010 年，开工建设塘边五保供养中心。完成新店村 65 口、青山村 60 口人畜饮水修建工程，旁同—拉骂、湾子—塘泥 5 千米水利沟和肖家桥垮塌大沟建设。铺设自来水管道 8 千米，疏通灌溉水渠 3.7 千米，安装抽水电线 2 千米，安装提水泵 5 台，铺设抽水管道 4.5 千米。

2013 年全镇有幼儿园 1 所、小学 12 所、初中 1 所，九年义务教育覆盖率达 100%。全面实施“营养午餐”计划，惠及全镇 2419 名中小学生。全镇有民间文化艺术团 2 个，创作文化艺术作品有八音弹唱、百鸟琴、布依山歌等。建成农家书屋 10 个，藏书 20000 余册。有卫生院 1 所，病床 10 张。是年，完成五保供养中心附属基础设施建设。

第十六节　摆茹镇

摆茹镇位于县境东南部，东与者密镇，北与平湖镇、甘寨乡，西与卡罗乡、西凉乡，南与广西南丹县月里乡为邻。2013 年全镇辖 7 个村民委员会、77 个村民小组、123 个自然村，总人口 17190 人。土地面积 140.4 平方千米，镇政府所在地海拔 770 米。居住有汉、布依、苗、毛南、壮、水、侗等民族，是县内布依族主要聚居区之一。

沿革

民国时期，摆茹曾设镇、乡、联保等机构。新中国成立后，先后为乡、人民公社管理区、人民公社驻地。1983 年，公社改为乡。1991 年，由摆茹乡、马场乡合并建立摆茹镇。2013 年末，全县行政区划调整，撤销原摆茹镇、西凉乡，合并组建甲茶镇。

经济发展

1988~2013 年，摆茹经济以农业为主。农产品主要有稻谷、玉米、小麦、高粱、油菜籽、烤烟、番薯、马铃薯、大豆、葵花籽、辣椒等；水果主要有柑橘、梨、李、柿、桃等；林产品主要有油桐子、木油籽、五倍子、竹笋干、核桃、木材、杂竹；甲茶村的竹笋干、董朗村的沙梨在县内闻名。

1992 年，农业总产值 1204 万元，乡镇企业产值 210 万元，企业主要为桐油加工、采煤、酿酒、砖瓦烧制及其他农副产品加工。全年镇地方财政收入 51.8 万元，粮食总产量 3534 吨，油菜籽产量 410 吨；烤烟种植面积 4000 亩，产量 173 吨，产值 36.5 万元。年末，大牲畜存栏 6642 头，生猪存栏 9484 头。

1993~1997 年，全镇农业以粮食、烤烟、林业和畜牧业为重点。5 年间粮食累计总产量 25545.25 吨，其中稻谷 17560.5 吨，玉米 4861.793 吨，小麦 1937 吨，大豆 287.76 吨。累计种植烤烟 19715.1 亩，产量 776.16 吨，产值 354.1 万元。累计造林 3105 亩。

1998年后，全镇农业内部结构调整加快，主要以建立示范基地的方式推进产业规模化发展。先后建立粮食、烤烟、免耕油菜、蔬菜等一批示范种植基地。

2003年，在全镇18个村民组160户农户中实施标准化生猪养殖。种植牧羊、菊苣450亩，养殖生猪1050头，出栏570头。

2004年，在摆洗、拉所建立500亩优质米基地，打造“摆洗贡米”品牌；烤烟、畜牧成为重点支柱产业；建成200亩蔬菜基地。

2006年，烤烟实现产值231万元，畜牧业产值达到529万元。年末大牲畜存栏6890头（匹）。

2010年后，随着农村外出务工人员增多，土地流转加快，出现一批种植和养殖大户，粮食、蔬菜、勘验种植和生猪养殖向懂经营、有技术的畜牧能手集中。

2011年，全镇147户烟农种植烤烟1984亩，产值370.91万元。年末，生猪存栏7000头，羊存栏800只，牛存栏3200头，家禽上市18000羽。

2013年，全镇地区生产总值2.18亿元，财政收入完成378.98万元，固定资产投资完成3000万元，镇信用社各项存款余额5800万元，农民人均纯收入达到5600元。

社会事业

1992年，全镇有初中1所，在校生335人；有初级职业中学1所，在校生227人；有小学18所，其中公办小学3所、民办小学15所，在校生总数1962人。学龄儿童入学率96%，巩固率99.6%。有卫生院1所，卫生技术人员12人，病床10张。人口出生率为13.5‰，人口自然增长率为6.6‰。有14个村2610户通电，11个村937户用上自来水，12个村通车。

1997年，全镇有16个村用上自来水，18个村通电，10个村通公路，2个村通电话，2个村通邮件，有文化站1个。电视收转站9座，电视覆盖率为80%。

2002年底，全镇有16个村用上自来水，18个村通电和公路，6个村通电话，2个村通邮件，移动电话已开通。有宣传文化服务站1个。电视收转站85个，电视覆盖率为94%。有小学13所，其中，完小9所，教学点4个，在校生2023人。适龄儿童入学率98.5%。幼儿园1所，在园幼儿99人。中学1所，在校生774人。

2003年6月开通有线电视。

2005年，实现村村通广播电视，电视覆盖率达90%以上。是年，办有镇级农技校1所，村级农技校18所。

2006年，新建及改造教育基础设施2所2栋。

2009年，完成摆洗村、马场村和新优村村卫生室建设。全镇新型农村合作医疗参合率达91%，就诊13940人次，报销补偿81.06万余元。

2010年，7个村电信、移动、联通三网实现全覆盖，基本消灭手机信号盲区，完成1200余户广播电视“村村通”工程。

2013年，有卫生院1所，床位15张，卫生服务站8个。有幼儿园（所）1所，在园幼儿364人；小学10所，在校生1347人；初中1所，在校生819人；九年义务教育覆盖率达100%。11所中小学的校舍总面积15510平方米，其中小学10所，校舍面积7726平方米，生均面积5.28平方米；初中1所，校舍面积7784平方米，生均面积7.29平方米。中学和小学教学仪器共3所达到二类标准。有综合文化站1个，藏书4000册。建成7个村级文化广场、调频广播项目。

第十七节 西凉乡

西凉乡位于县境南部，东与摆茹镇，南与广西壮族自治区南丹县中堡乡、月里镇，西与鼠场乡、罗甸县平岩乡，北与通州镇、牙舟镇毗邻，为县境内重要贸易集市之一。乡政府驻地距县城 47 千米。全乡总面积 156.09 平方千米，平均海拔 680 米（乡政府所在地 640 米）。2013 年，全乡辖 5 个行政村、88 个村民小组、69 个自然村寨，总人口 14088 人。居住有汉、布依、苗、水等民族，是县内布依族主要聚居区之一。

沿革

民国时期，西凉曾设镇、乡、联保等。新中国成立后，先后建有乡、人民公社管理区、人民公社等机构。1983 年，公社改为乡。1991 年，撤区并乡建镇时，由原西凉乡、翁招乡合并建立西凉乡。2013 年末，全县行政区划调整后，西凉乡并入甲茶镇。

经济发展

1988~2013 年，西凉乡经济以农业为主。农产品主要有稻谷、玉米、小麦、高粱、油菜籽、烤烟、番薯、马铃薯、大豆、葵花籽、辣椒等；水果主要有柑橘、梨、李、柿、桃等；林产品主要有油桐子、木油籽、五倍子、竹笋干、核桃、木材、杂竹等；黄果（橙）、大蒜为本乡特产。

1992 年，农业总产值 1204 万元，乡镇企业产值 210 万元，主要为桐油加工、采煤、酿酒、砖瓦烧制及其他农副产品加工。全年镇地方财政收入 51.8 万元。粮食总产量 3534 吨，油菜籽产量 410 吨；烤烟种植面积 4000 亩，产量 173 吨，产值 36.5 万元。年末，大牲畜存栏 6642 头，生猪存栏 9484 头。

1993 年后，全乡以粮食、油菜、烤烟和畜牧业为重点，推广良种良法，提高粮油产量，实施生猪品种改良，推动规模养殖，促进农民增收。

2002 年，农业总产值达 706.65 万元。粮食产量 3628.35 吨、油菜籽 366.7 吨、水果 121.12 吨、蔬菜 1331.83 吨。这一时期，建筑、运输、农村批发零售业发展迅速，市场经济活跃。

1998~2002 年，农林牧渔业总产值累计完成 3225.18 万元（90 价，下同），其中，农业产值 1852.56 元，占 57.44%；林业产值 442.24 万元，占 13.71%；牧业产值 928.16 万元，占 28.78%；渔业产值 2.23 万元。5 年间粮食累计总产量 17252.56 吨，其中稻谷 10008.87 吨，玉米 5587.59 吨，小麦 1250.3 吨，大豆 3405.8 吨。造林面积累计 8385 亩。2002 年大牲畜年末存栏数为 6302 头（匹）。5 年间农民人均纯收入 954.61 元，比全县农民人均纯收入少 217.89 元。

2004 年，在全乡实施杂交玉米双季试种免耕油菜推广、麦烟套种等科技示范项目和牛猪品种改良以及规模养殖，引进西门塔尔种牛，建立二元母猪繁殖场等。

2005 年，建起规模为 30 头以上养牛场 3 个。在堡上村新建外二元母猪畜牧养殖小区 1 个，年内引进良种二元杂交母猪 80 头。

2006 年，建成六寨大坡经果林高标准千头规模养殖小区 1 个。年末全乡大牲畜存栏 18200 头（匹）。

2009 年，创办水稻示范点 2 个，杂交玉米示范点 3 个，高粱示范点 2 个，示范面积共 1200 余亩。创办油菜育苗示范点 4 个，免耕示范点 1 个，小麦示范点 1 个，示范面积达 1000 亩。种植烤烟 500 亩，产量 104250 斤，产值 679710 元。引进肉鸡 4000 羽、优质三元仔猪 250 头、二元母猪 60 头。

2011 年，以兴发交末、绿荫塘，六寨甲线、团结安号、堡上八贡等为重点实施生态养羊项目，全乡黑山羊养殖户达 42 户，年末存栏 3590 只。

2012 年，实施定量收购高粱、无籽刺梨、西凉大蒜、种草养鹅项目。完成订单收购高粱 106. 5 吨，新增无籽刺梨种植 200 亩，落实大蒜种植 200 亩。在麻纳组实施 2500 只种草养鹅项目。

2013 年，实施财政扶贫项目 4 个。完成油茶种植 1023 亩、核桃种植 3026 亩、十月桃种植 180 亩，发展“六寨大蒜”种植 300 亩，示范种植西瓜 300 亩，示范种植辣椒 200 亩。是年，全乡农业总产值 5190. 2 万元，农民人均纯收入 5095. 06 元。

社会事业

1992 年，全乡有小学 14 所，其中公办小学 2 所、民办小学 12 所，在校生总数 1190 人。学龄儿童入学率 93%，巩固率 97%。有卫生院 1 所，卫生技术人员 5 人，病床 4 张。是年人口出生率为 9. 6‰，人口自然增长率为 2‰。全乡有 5 个村 1400 户通电，2 个村 200 户用上自来水，6 个村通车。建有电视收转站 1 座，电视覆盖率为 50%。

1997 年，1 个村通电话，1 个村通邮件。电视收转站增至 3 座，电视覆盖率为 65%。

2002 年底，全乡有 8 个村全部通电通水（自来水）。建成宣传文化服务中心 1 个。电视收转站增加到 23 个，建成电视差转站 1 个，电视覆盖率达 87%。

2004 年 9 月，新建 400 平方米的计生综合楼投入使用。“两基”工作通过省人民政府评估验收。

2006 年，西凉小学教学楼、西凉初中学生宿舍建成投入使用。

2007 年，启动新型农村合作医疗。

2009 年，新型农村合作医疗筹资 22. 4 万元，参合率达 88%。门诊就诊达 19619 人次，金额 955495. 82 元，报销金额 640502. 48 元；住院 285 人次，金额 745711. 3 元，报销金额 494627. 04 元。

2013 年，实现村村通公路，163 个村民组通公路，通路率达 98%。全乡适龄儿童入学率 99. 5%；初中阶段适龄少年入学率 98. 35%，辍学率 2. 5%。在各村建立完善图书阅览室，建设农民文化家园 3 个、乡级文化广场 1 个。安装调频广播 5 个。有卫生院 1 所，病床 10 张。启动 6000 平方米的文化广场和 150 户的生态移民安置工程，完成乡邮政办公用房、乡人口和计划生育办公用房以及内绕小学学生宿舍楼等工程建设。

第十八节　者密镇

者密镇位于县境东南部，东接独山县尧梭乡、上司镇，南与四寨镇相连，西与摆茹镇为邻，北与平湖镇和卡蒲毛南族乡接壤。2013 年，者密镇下辖 8 个行政村和 1 个居民委员会，共计 155 个村民组、119 个自然村寨，总人口 20390 人。居住有汉、布依、毛南、苗、水等民族，是县境内毛南族主要聚居地。

沿革

者密，在民国时期曾称机密、几密，以生产铁锅出名。曾设镇、乡、联保等。1950 年与六硐乡合并改称者六乡。1951 年者六乡置者密、六硐 2 乡。1958 年 9 月撤乡建人民公社。1983 年撤销人民公社恢复乡人民政府。1991 年，撤区并乡建镇后，由原者密、甲青、六硐 3 乡合并建立者密镇。六硐自元代开始，先后设立六硐柔远等处蛮夷军民长官司、平州六硐长官司、平舟长官司六硐分司等，由土司官世袭统治。民国时期，六硐曾设镇、乡、联保。新中国成立后，先后划为乡、公社管理区、公社。1983年恢复为乡人民政府。1991年建并撤后，原者密乡、甲青乡、六硐乡合并组建为者密镇。2013年末，全县行政区划调整，者密镇、四寨镇合并组建为者密镇。

经济发展

1988~2013年，者密镇经济以农业为主。农产品主要有稻谷、玉米、小麦、小米、高粱、番薯、马铃薯、大豆、花生、油菜籽、烤烟、葵花籽、辣椒、生姜等；水果主要有柑橘、梨、李、柿、桃、杨梅等；林产品主要有油桐子、木油籽、棕片、五倍子、木材、核桃、板栗、茶叶；水产有鱼、鳖类；矿产有铁、汞、煤等。柑橘和油菜籽产量在全县占有重要地位。

1992年，农业总产值917.56万元，乡镇企业产值188万元，主要为采煤、运输、农副产品加工及商业经营。全年镇地方财政收入56.5万元，粮食总产量3733.1吨，油菜籽产量404吨；烤烟种植面积1530亩，产量53.9吨，产值10.46万元，

1993年后，全镇以粮食、油菜、烤烟和畜牧业为重点，实施科学化、规模化生产，推广良种良法种植，提高粮食产量，通过建立养殖示范点和品种改良，发展二元生猪养殖，促进农民增收，解决农村温饱问题。进入新世纪，随着农村外出务工人员逐年增多，土地流转加快，规模化发展进一步加快。

2002年，全镇粮食产量达4936.57吨、油菜籽602.4吨、蔬菜1835.69吨、烤烟160.5吨、肉类年产量768吨。年末，大牲畜存栏9021头。农民人均纯收入1178.26元。这一时期，农村工业建筑业、运输业和批发零售业发展迅速，成为非农产业的主要支撑。1993~2002年，农村工业总产值达1.08亿元，占非农业产值的8成。

2003年，全县实施扶贫开发整村推进后，农业产业以促进农民增收致富为目标，发展烤烟和畜牧业。

2005年，建成2个畜牧养殖小区，发展小区养殖户29户。是年，全镇种植烤烟1476亩，产值137.88万元。年末大牲畜存栏11578头。

2010年，全镇粮食总产量完成21045.44吨；烤烟850亩，产值140万元。完成2个畜牧养殖示范小区建设，发展小区养殖户41户。

2011年底，流转荒坡和土地面积共4000亩，采取“公司+基地+农户”的模式发展以花椒产业为主的立体综合农业种植。引进贵州伙伴有机农业科技有限公司在六硐坝区成功流转土地3000亩，发展绿色生态立体有机红香米种植3000亩。投入资金19万元发展2万羽麻山鸡苗。

2013年，建成烤烟连片种植示范点5个，完成烤烟种植1240亩。实施油茶种植5056亩，核桃4100亩，花椒10600亩。在青山—铜盆一线花椒种植基地配套种植中药材500亩。在金玉、六硐、茂村、甲青、甲拉等村实施种草养羊项目，扶持存栏100只以上的养羊大户9户，存栏山羊近1000只。在六硐建成258亩连片大闸蟹养殖基地，投放大闸蟹苗20万只。是年，全镇农业总产值6238.09万元，农民人均纯收入达5398.86元。

社会事业

1992年，全镇有初中1所，在校生515人；有小学21所，其中公办小学3所、民办小学18所，在校生总数1969人。学龄儿童入学率93%，巩固率95%。有医院1所，卫生技术人员13人，病床10张。是年人口出生率为14.5‰，人口自然增长率为6.2‰。全乡有16个村2763户通电，9个村386户用上自来水，17个村通车。

1997年，全镇有11个村用上自来水，23个村通电，16个村通公路，3个村通电话，23个村通邮

件。有文化站1个；电视收转站5座，电视覆盖率为65%；有线广播站2个，广播覆盖率20%。

2002年底，开通移动电话。电视收转站增加到23个，有电视差转站1个，电视覆盖率为93.5%。

2003年，完成总老小学、上科小学危房改造工程和者密中学二期义务教育工程。开通“小灵通”无线电话业务。2004年，开通六硐移动电话及者密联通无线电话业务。

2006年，全面启动新型农村合作医疗，参合率达80%以上。新建体育场1个和开通拉关、甲青、甲拉、拉岩等村移动电话。

2010年，投资50万元新建校舍460平方米。新型农村合作医疗参合率达96%。

2011年，落实“两免一补”“一费制”收费政策，帮扶贫困生1033名，帮扶资金25.83万元；发放中、小学生义务教育阶段寄宿生生活补助105.5万元。

2012年，办理城乡养老保险3903人，全镇60岁以上老人全部参加农村养老保险并领取养老金。建成金玉、六硐、平河3个村的农民文化家园。

2013年，全镇有幼儿园1所，在园幼儿174人；小学12所，在校生1263人；初中1所，在校生1027人。有镇级卫生院1所，病床15张。总投资60万元的甲青小学食堂投入使用。甲青卫生室建设项目建成使用。投入41.38万元，建成拉岩、甲拉、甲青、拉关4个村的村级文化家园。实现村村通和户户通电视全覆盖。投资120万元完成金玉村排污沟150米及150盏太阳能路灯安装，投入32.7万元完成六硐村、甲拉村甲谈组太阳能路灯安装。

第十九节　四寨镇

四寨镇位于县境东南部，东与独山县的上司、下司2镇接壤，南面、西面和广西南丹县月里镇为邻，北抵者密镇。距县城48千米，距南丹县月里镇17千米，总面积164.95平方千米。地处平塘县与南丹县交界处的云阳关，是县级重点文物保护单位。四寨坝子面积约万亩，被县政府列为坝区集约化农业生产基地。2013年，全镇辖6个行政村、91个村民小组、68个自然村寨，总人口11702人。居住有汉、布依、毛南、苗、侗等民族，是县内布依族聚居区之一。

沿革

民国时期，四寨曾建有区、镇、联保以及乡等行政机构。新中国成立后，先后设乡、人民公社管理区、人民公社等，为县境东南边境重要集镇。1983年，撤销人民公社恢复乡人民政府。1991年，撤区并乡建镇时，改乡为镇。2013年末，全县行政区划调整后，撤销四寨镇建制，与者密镇合并为者密镇。

经济发展

1988~2013年，四寨经济以农业为主。农产品主要有稻谷、玉米、番薯、大豆、高粱、花生、油菜籽、葵花籽、辣椒、烤烟等；水果主要有柑橘、梨、桃、李、柿等；林产品主要有油桐子、木油籽、五倍子、棕片、竹笋干、核桃、板栗、茶叶、杂竹；水产有鱼、鳖等，鱼年产量近100担，居全县第三位。者杠寨子的四方竹为县内稀有竹种。

1992年，农业总产值778万元，乡镇企业产值101万元，主要为砖瓦和石灰烧制及其他农副产品加工。全年镇地方财政收入27.1万元，粮食总产量4006吨，油菜籽产量216吨；烤烟种植面积1026亩，产量39.24吨，产值7.8万元。

1993年后，农业内部结构调整加快，在推广杂交水稻、杂交玉米、杂交油菜的同时，发展烤烟、畜牧业、林业。

1997年，粮食总产量达5841.35吨，烤烟种植5917.5亩、1259.88吨，大牲畜存栏4613头，生猪7071头。农民人均纯收入达1165元。1993~1997年共选林1215亩，采伐木材1562.5立方米，引进黑山羊养殖2000余只。

这一时期，镇内农村运输业、建筑业、农副产品加工以及制砖制瓦业等发展迅速。2002年，全镇非农行业总产值达7353.37万元。是年，在南部坝区实施科学农业，连片种植香优63优质水稻。

从2003年开始，利用丰富的粮食和牧草资源，大力发展畜牧业。2004年，建成瘦牛育肥场1个。2005年建成二元母猪养殖场1个，养殖小区1个。2006年，建成沙坡村养殖小区1个，户均年出栏育肥猪60头。2009年，有肉羊养殖户8户，肉牛养殖户120户，其中20头以上的5户。2010年，红缨子订单高粱种植5000亩，创办高粱基地示范点20多个。引进贵阳谭氏农业有限公司在和平村坝区创建四寨镇贵阳谭氏农业千亩蔬菜选育示范基地。建成郑家坡二元杂交母猪养殖示范小区和沙坡村为核心的2000亩林果基地。

2011年，引进中财顺民农业科技集团公司斥资400多万元与贵阳谭氏农业公司合作，种植特色黑番茄300多亩，热销香港、北京等地。

2013年，引进腾讯网络旗下的农夫谷现代农业科技开发公司在和平村实施500亩高标准供港有机蔬菜种植基地建设。是年，全镇农业生产总值3904.97万元，农民人均收入达5324.96元。引进公司在和平村试养泥鳅10亩；支持四寨大学生在拉栗村栗木山发展林下虫草鸡养殖5000只。

社会事业

1992年，全镇有附设初中班2个，在校生56人；有小学8所，其中公办小学2所、民办小学6所，在校生总数1121人。学龄儿童入学率85%，巩固率86%。有卫生院1所，卫生技术人员4人，病床3张。是年人口出生率为15.4‰，人口自然增长率为6.3‰。有9个村2129户通电，1个村15户用上自来水，8个村通车。建有电视收转站1座，电视覆盖率为50%。

1997年，有1个村通电话，10个村通邮件。电视收转站增至4座。

2002年底，开通移动电话。电视收转站增至27个，电视差转站1个，电视覆盖率为95%。启动四寨中学、沙坡小学教学楼项目建设，建成镇计划生育服务指导站业务用房。完成镇程控电话的扩容和联通手提电话基站建设，全镇70%以上的自然村寨开通程控电话或移动手机及联通手机。2005年，建成幸福上寨移动基站和和平村满尧联通基站。

2006年，完成四寨中学寄宿制学生宿舍及学校附属设施建设。四寨中学与四寨民族小学剥离。

2007年，启动新型农村合作医疗。

2009年，在职业中学建成四寨镇农民文化技术培训基地，培训农民100人。建成镇卫生院和司法所业务用房。完成四寨自来水厂扩建，解决5000多人的饮水安全问题。

2010年，建成四寨中学综合教学楼。投入资金30多万元，实施集镇亮丽工程项目。安装集镇街道路灯80盏，垃圾箱81个。卫生院、司法所业务用房和中学生公寓建成并投入使用。

2011年，建成计生办业务用房、计划生育服务站业务用房和“三农”服务中心综合楼。完成集镇300多户居民电视的数字化改造。

2013年，全镇有幼儿园1所，在园幼儿225人；小学6所，在校生774人；初中1所，在校生509人；九年义务教育覆盖率达100%。有卫生院1所，病床15张。合作医疗参合率为62.14%。有文化站1个，藏书1000册；村级图书室6个，藏书共1.8万册。争取250万元启动福荣美丽乡村示范村寨建设项目，建成全镇6个村的“农民文化家园”，实现村村建有阅览室、文化活动室和农家书屋。建成覆盖6个行政村的95个应急调频广播。启动文体活动广场和民族文化街建设总投资900万元，启动在集镇新区集中新建镇属站所综合楼，以及客运汽车站项目建设。投入20多万元翻修硬化集镇街道。投资337万元实施农村安全饮水续建工程，实现全镇安全饮水（自来水）全覆盖。

2013年平塘县各乡镇基本情况统计表

表1-6

乡镇	面积（平方千米）	耕地（公顷）	农林牧渔业生产总值（可比价）（万元）	人口（人）	其中	
					农业人口	非农业人口
平湖镇	82. 88	1014. 3	18435. 59	31748	18570	13178
甘寨乡	65. 61	1772. 9	6380. 41	9463	9260	203
苗二河乡	60. 47	1319. 58	6508. 52	10860	10510	350
卡蒲毛南族乡	104. 76	2232. 75	4751. 64	13383	12833	550
白龙乡	140. 88	2396. 83	6407. 88	13809	12449	460
牙舟镇	241. 7	4229. 71	7473. 88	20700	19643	1057
谷硐乡	132. 11	1716. 15	3735. 56	7129	6944	185
卡罗乡	102. 07	1768. 08	3980. 69	9638	9316	322
通州镇	320. 22	5335. 61	13460. 30	34386	32832	1554
鼠场乡	150. 75	2282. 89	5135. 30	14940	14626	314
新塘乡	79. 71	845. 75	3071. 86	8041	7876	165
大塘镇	255. 04	3829. 95	9355. 45	17074	16499	575
掌布镇	101. 67	1286. 51	4178. 19	10957	10628	329
克度镇	127. 98	3039. 51	6609. 63	24673	23645	1028
塘边镇	195. 30	1747. 15	7852. 79	32737	31411	1296
摆茹镇	161. 49	2938. 45	7806. 37	17190	13297	893
西凉乡	130. 56	2746. 35	5190. 20	14088	13762	326
者密镇	201. 38	3061. 67	6238. 09	20390	19540	850
四寨镇	161. 01	2269. 63	3904. 97	11702	11430	272

第二篇

人口　民族　宗教

第一章 人 口

1988年后，随着城乡居民生活水平逐步提高和医疗条件的改善，以及优生优育政策的宣传落实，人口质量逐步提高，死亡率呈逐年下降的趋势。1995年后，推行户籍改革和易地搬迁，人口逐渐向县城、集镇和公路沿线转移，至2013年，全县总人口为322908人，比1988年净增69943人，年均净增人口2700人，平均人口密度为114.6人/平方千米。人口性别为1∶1.1。人口文化素质和寿命普遍提升。人口老龄化趋势明显，60岁以上人口占总人口的14.08%。

第一节 人口分布

人口变化

1988～2013年，全县人口增长呈现出前快后慢的特点。1988年，全县户籍人口数为25.29万人，是年，出生人口数为3927人，人口出生率为15.5‰，人口自然增长率7.7‰。在此之后的（1988～2013）26年间，人口增长较快的是1999年，是年全县总人口数为28.64万人，出生人口数为4232人，人口出生率为18.97‰，人口自然增长率12‰。另一次是2008年，是年全县人口数为30.97万人，出生人口数为4666人。出生人口最少的是1990年，出生总人口数为4232人，人口出生率16.4‰，人口自然增长率9‰。其余各年出生人口均比上年有所增减。

人口分布

1988年，全县人口密度为90人/平方千米。100人/平方千米以上的有平湖区、克度区、平湖镇（区级镇）3个区（镇），其余的5个区皆在100人/平方千米以下。东北部人口密度最大，平湖区为119人/平方千米，平湖镇（原城关公社）为156人/平方千米。其次是西南部，克度区为132人/平方千米。西北部人口密度最小，西关区为64人/平方千米。

2008年，全县人口总数为309664人，人口密度110人/平方千米，26年内每平方千米增加20人。全县人口密度100人/平方千米以上的有平湖、苗二河、卡蒲、甘寨、卡罗、通州、克度、塘边、摆茹、者密10个乡（镇）。平湖镇人口密度最大，为368人/平方千米；苗二河乡为180人/平方千米，克度镇为178人/平方千米。人口密度最小的有谷硐乡、掌布乡、四寨镇。谷硐乡为53人/平方千米，掌布乡为60人/平方千米，四寨镇为70人/平方千米。

2013年，全县人口总数为322908人，全县平均人口密度为114.6人/平方千米。人口密度在100人/平方千米以上的有平湖镇、甘寨乡、苗二河乡、卡蒲毛南族乡、通州镇、新塘乡、掌布镇，克度镇、塘边镇、西凉乡、者密镇。平湖镇人口密度最大，为385.48人/平方千米；其次是克度镇为193.98人/平方千米。人口密度在100人/平方千米以内的有谷硐乡（53.58人/平方千米）、大塘镇（83.79人/平方千米）、四寨镇（70.94人/平方千米）。

2013 年平塘县各乡、镇人口统计表

表 2-1

乡、镇	年末户籍人口数（人）	人口密度（人/平方千米）	常住人口自然增长率（‰）	乡、镇	年末户籍人口数（人）	人口密度（人/平方千米）	常住人口自然增长率（‰）
平湖镇	31748	385.48	4.23	摆茹镇	17190	122.44	4.21
苗二河乡	10860	180.64	5.38	西凉乡	14088	90.26	3.01
白龙乡	13809	97.45	1.93	者密镇	20390	99.25	2.07
甘寨乡	9463	145.1	2.4	四寨镇	11702	70.94	-0.50
牙舟镇	20700	94.36	0.58	卡蒲毛南族乡	13383	123.69	1.92
通州镇	34386	108.52	3.41	掌布镇	10957	62.7	2.06
克度镇	24673	193.98	3.49	新塘乡	8041	93.75	-2.06
鼠场乡	14940	99.66	2.44	谷硐乡	7129	53.58	0.83
塘边镇	32737	168.51	1.46	卡罗乡	9638	100.8	1.66
大塘镇	17074	83.79	-2.04	—	—	—	—

第二节　人口结构

年龄构成

1990 年第四次人口普查，全县总人口数为 256661 人，各年龄组的比重为：0~14 岁少儿组总人口数为 74341 人，占平塘县总人口数的 28.96%；15~64 岁劳动组总人口数为 169748 人，占平塘县总人口数的 66.14%；65 岁以上老年组总人口数为 12572 人，占平塘县总人口数的 4.9%。按国际通用人口年龄类型标准进行衡量，平塘的人口年龄结构属年轻型人口县。

2000 年第五次人口普查，全县总人口数为 267368 人，各年龄组的比重为：0~14 岁少儿组人口数为 81038 人，占全县总人口数的 30.31%，较 1990 年上升 1.35%；15~64 岁劳动组人口数为 168936 人，占全县总人口数的 63.18%，较 1990 年下降 2.96%；65 岁以上老年组人口数为 17394 人，占全县总人口数的 6.51%，较 1990 年上升 1.61%。平塘的人口年龄结构属年轻型人口县。

2008 年，全县总人口数为 309664 人。0~18 岁人口数为 80702 人，占全县总人口数的 26.06%；18~35 岁人口数为 86407 人，占全县总人口数的 27.9%；35~60 岁人口数为 102141 人，占全县总人口数的 32.99%。从平塘县人口构成情况来看，老年组的比重上升，60 岁以上全县总人口数为 40414 人，占全县总人口数的 13.05%；从人口结构比例上看，平塘已经进入老龄化社会。（国际上通常把 60 岁以上的人口占总人口比例达到 10%，或 65 岁以上人口占总人口的比重达到 7%作为国家和地区进入老龄化的标准。）

2010 年第六次人口普查，全县总人口 319623 人。其中，0~14 岁少儿 63212 人，占总人口的 19.77%，比 2000 年下降 10.5%；15~64 岁劳动人口 203843 人，占总人口的 63.77%，比 2000 年增加 0.59%；65 岁以上老人 29593 人，占总人口的 9.25%，比 2000 年增加 2.74%。

2013 年，全县总人口数为 322908 人。其中，18 岁以下人口数 75108 人，占总人口数的 23.26%；

18～35 岁人口数为 84809 人，占总人口数的 26.27%；35～60 岁人口数为 117519 人，占总人口数的 36.39%；60 岁以上人口数为 45472 人，占总人口的 14.08%。平塘已经进入老龄化社会。

家庭人口结构

1988 年，全县平均每户家庭人口为 4.7 人，之后，随着计划生育政策的宣传落实，少生优生的生育理念深入农村，家庭户均人口逐步减少，至 2013 年，全县平均每户为 3.4 人，家庭人口结构向小型化转变。

平塘县第四、五、六次全国人口普查年龄构成统计表

表 2-2 单位：人

年龄构成	第四次全国人口普查（1990 年）		第五次全国人口普查（2000 年）		第六次全国人口普查（2010 年）	
	人口数	占总人口数（%）	人口数	占总人口数（%）	人口数	占总人口数（%）
学龄前儿童（0～4 岁）	24863	9.69	26751	10.01	16408	7.18
学龄儿童（5～9 岁）	21444	8.35	28682	10.73	20544	8.99
少年儿童（10～14 岁）	28034	10.92	25605	9.58	26260	11.49
育龄妇女（15～49 岁）	68275	26.60	62091	23.22	50809	22.23
劳动力小计	159182	62.02	151657	56.72	120226	52.6
其中：男（15～59 岁）	85141	33.17	82823	30.98	63779	27.9
女（15～54 岁）	74041	28.85	68834	25.74	56447	24.7
男 60 女 55 岁以上老人	23138	9.02	34673	12.97	45122	19.74
其中：男	8424	3.29	13396	5.01	16766	7.34
女	14714	5.73	21277	7.96	28356	12.41
60 岁以上老年人口	18471	7.2	28342	10.6	38495	16.84
65 岁以上老年人口	12572	4.9	17394	6.51	26577	11.63
80 岁以上老年人口	1674	0.62	2422	0.91	3016	1.36
总人口	256661	—	267368	—	319623	—

文化构成

1990 年，第四次人口普查，全县有小学以上学历的人口数为 179059 人，占全县总人口数的 69.76%。其中，本科及以上学历 143 人、大专学历 338 人、中专学历 1949 人、高中学历 3767 人、初中学历 29615 人、小学学历 143247 人。全县文盲半文盲 49082 人，占全县总人口数的 19.12%。

2000 年，第五次人口普查，全县具有小学以上文化的 190392 人，占全县总人口数的 65.4%。研究生学历 1 人；本科学历 206 人，比 1990 年增加 63 人；大专学历 1522 人，占全县总人口数的 0.52%，比 1990 年增加 1184 人；中专学历 4453 人，占全县总人口数的 1.53%，比 1990 年数增加 2504 人；高中学历4139人，占全县总人口数的1.42%，比1990年增加372人；初中学历41005人，占全县总人口数的14.09%，比1990年增加11390人；小学学历139066人，占全县总人口数的47.77%，比1990年减少4181人。全县文盲半文盲43843人，占全县总人口数的15.06%，比1990年下降4.06%。

2010年，第六次人口普查，全县总人口数为319623人。研究生学历21人，比2000年增加20人，占全县总人口数的0.0065%；本科学历1772人，比2000年增加1566人，占全县总人口数的0.055%；大专学历5102人，比2000年增加1566人，占全县总人口数的0.15%；高中学历9987人，占全县总人口数的3.12%，比2000年增加5848人；初中学历60270人，占全县总人口数的14.09%，比2000年增加19265人；小学学历104710人，占全县总人口数的32.76%，比2000年减少34356人。全县文盲半文盲6094人，占全县总人口数的15.06%，比1990年下降4.06%。

职业构成

1990年，第四次全国人口普查，全县从业人口152129人，占总人口的59.27%。其中，从事农、林、牧、渔、水利业144088人，占从业人口的94.71%；从事工业1030人，从事建筑业228人，从事交通运输、邮电通信业410人，从事商业、公共饮食业、物资供销和仓储业1470人，从事房地产管理、公用事业、居民服务咨询服务业186人，从事卫生、体育和社会福利事业498人，从事教育、文化艺术和广播电视事业2176人，从事科学研究和综合技术服务事业3人，从事金融、保险业241人，从事国家机关、社会团体工作1799人。

2008年，全县企事业单位从业人员7646人，其中企业单位的从业人员1214人；事业单位的从业人员4493人，占全县从业人员的58.76%；机关从业人员1939人。从业人员中，农、林、牧、渔业的从业人员180人，制造业的从业人员149人，电力、燃气及水的生产和供应业的从业人员285人，建筑业的从业人员200人，交通运输、仓储和邮政业的从业人员148人，信息传输、计算机服务和软件业的从业人员146人，批发和零售业的从业人员252人，金融业的从业人员206人，租赁和商务服务业的从业人员12人，科学研究、技术服务和地质勘查业的从业人员127人，水利、环境和公共设施管理业的从业人员320人，教育2994人，卫生、社会保障和社会福利业的从业人员541人，文化、体育和娱乐业的从业人员25人，公共管理和社会组织的从业人员2061人。

2013年，全县从业单位536个，就业人员10155人，其中女性3904人。除机关、企事业人员外，就业行业主要有农业、采矿业、制造业、建筑业、批发零售业、交通运输业、住宿餐饮业等。

1988~2013年平塘县人口统计表

表2-3

年份	总户数（户）	总人口（人）	按性别分		按民族分		按农业非农业分		出生		死亡		自然增长率（‰）
			男	女	汉族	少数民族	农业	非农业	人口	‰	人口	‰	
1988	53664	252965	128842	124123	111419	141546	243236	9729	3927	15.5	1991	7.9	7.6
1989	56471	256017	130141	125876	112819	143198	246066	9951	3499	13.7	1741	6.8	6.9
1990	59714	256661	132210	124451	132210	124451	248524	10042	4232	16.4	1884	7.2	9
1991	60920	259858	133453	126405	112910	146948	249549	10309	3591	13.8	1637	6.3	7.4
1992	60554	261601	135389	126212	114706	146895	251110	10491	3166	12.1	1582	6.1	6.1
1993	60862	263234	136381	126853	114420	148814	252631	10603	3531	13.5	1685	6.4	7.1
1994	61303	265281	137726	127555	115871	149410	254333	10948	3445	13	1539	5.8	7.2

续上表

年份	总户数（户）	总人口（人）	按性别分		按民族分		按农业非农业分		出生		死亡		自然增长率（‰）
			男	女	汉族	少数民族	农业	非农业	人口	‰	人口	‰	
1995	63647	267950	139432	128608	116876	151074	259735	11215	4017	15	1526	6.4	8.6
1996	64804	270050	140577	129473	117126	152924	258537	11513	3885	14.4	1674	6.2	8.2
1997	65075	273707	142667	131040	115793	157914	262691	11016	3908	16.7	1971	7.2	9.5
1998	73808	276812	144347	132465	116459	160353	264830	11982	3988	14.4	1081	6.5	7.9
1999	67301	279335	145707	133628	117975	161360	266604	12731	4069	14.6	1536	5.5	9.1
2000	68692	291099	151901	139198	126043	165056	278083	13016	3987	13.7	1543	5.3	8.4
2001	69852	293132	153346	139786	126267	166865	279799	13333	4076	13.9	1671	5.7	8.2
2002	70996	295446	154909	140537	127598	167848	281766	13680	3957	13.4	1595	5.4	8
2003	72190	297031	155321	141710	126609	170422	282603	14428	4073	13.7	1871	6.3	7.4
2004	73862	295891	155546	140345	125090	170801	279598	16293	3801	12.8	1746	5.9	6.9
2005	74585	297891	156071	141820	127449	170442	280760	17131	2996	10.1	2234	7.5	2.6
2006	76364	302075	159107	142968	127606	174469	284323	17752	3394	11.2	2628	8.7	2.5
2007	78041	304998	160591	144407	128704	176294	286263	18735	2826	9.3	2013	6.6	2.7
2008	81024	309664	162906	146758	128513	181151	289976	19688	2731	8.8	1439	4.6	4.2
2009	83195	312344	164059	148285	128608	183736	292164	20180	2493	8	2468	7.9	0.1
2010	85626	319623	167808	151815	131934	187689	299213	20410	2703	8.5	1630	5.1	3.4
2011	88050	322634	170049	152585	135097	187537	301555	21079	3187	9.9	2065	6.4	3.5
2012	91427	322875	169360	153515	133902	188973	300075	22000	3900	12.1	3100	9.6	2.5
2013	93863	322908	169660	153248	132745	190163	299001	12907	3040	9.4	1313	6.4	3

性别构成

1988 年，全县总人口数为 25.3 万人，其中男性人口数为 12.88 万人，占总人口的 50.93%；女性人口数为 12.41 万人，占总人口的 49.07%。男女性别结构比例为 51 ∶ 49（男性人口比女性人口多 0.47 万人），比例相对合理平衡。

1998 年，全县人口数为 27.68 万人，其中，男性人口数为 14.43 万人，占总人数的 52.15%；女性人口数为 13.24 万人，占总人数的 47.85%。男女比例占总人口的比重与 1988 年相比，男女性别结构比例为 103 ∶ 95，男性比例增长 1.22%，女性比例下降 1.22%，男性人口比女性人口多 1.19 万人，男女性别结构比例相对不够合理，呈现男多女少的失衡状态。

2008 年，全县总人口数为 30.97 万人，其中，男性人口数为 16.29 万人，占总人口的 52.61%，比 1998 年增长 0.46%；女性人口数为 14.68 万人，占总人口数的 47.39%，比 1998 年下降 0.46%。男女性别结构比为 53 ∶ 47。与 1988 年相比，男性人口比例增长 1.68%，女性人口比例下降 1.68%，男性人口比女性人口多 1.61 万人，男女性别结构比例相对不够合理，呈现男多女少的严重失衡状态。

2013 年，全县总人口 32.28 万人，男性 16.96 万人，女性 15.32 万人，男女性别结构比例为 52 ∶ 47（男性比女性多 1.64 万人），男女人口性别比例失衡。

民族构成

1988 年，全县汉族人口 111419 人，占总人口数的 44.05%；少数民族人口 141546 人，占全县总人口数的 55.95%。在少数民族中，布依族（含佯僙人）120927 人，占全县总人口数的 47.8%；苗族人口 18238 人，占全县总人口数的 7.21%；全县其他少数民族 2381 人，占全县总人口数的 0.94%。1990 年国家认定在平塘县境内的“佯僙人”为毛南族后，全县少数民族构成为布依族 90092 人，占平塘县总人口的 34.8%；毛南族 29316 人，占总人口数的 11.3%；苗族 22184 人，占平塘县总人口数 8.5%；其他少数民族 2585 人，占平塘县总人口的 0.99%。

2013 年，全县汉族 132745 人，占平塘县总人口数的 41.11%；平塘县少数民族 190163 人，占全县总人口数的 58.89%。其中布依族 127449 人，占平塘县总人口数的 39.47%；毛南族 32086 人，占平塘县总人口数的 9.91%；苗族 26782 人，占平塘县总人口数的 8.29%。平塘县共有少数民族 29 个。

2013 年平塘县境内少数民族人口情况统计表

表 2-4　　单位：人

族　别	总人口数	占少数民族人口（%）
布依族	127449	67.02
毛南族	32086	16.88
苗　族	26782	14.08
水　族	1863	0.98
侗　族	332	0.17
瑶　族	52	0.02
壮　族	588	0.18
彝　族	470	0.15
土家族	175	—
回　族	49	—
土　族	4	—
东乡族	1	—
仡佬族	54	—
仫佬族	46	—
满　族	30	—
白　族	6	—
黎　族	100	—
蒙古族	13	—
藏　族	4	—
傣　族	18	—
京　族	1	—
朝鲜族	12	—
畲　族	10	—

续上表

族　别	总人口数	占少数民族人口（%）
哈尼族	2	—
纳西族	2	—
高山族	3	—
傈僳族	7	—
羌　族	3	—
维吾尔族	1	—

第三节　人口管理

管理机构

1988年，平塘县计划生育委员会（简称县计生委）执行计划生育政策的宣传与实施。县计生委下设计划生育宣传技术指导站，是年，全县7区1镇39乡（镇）均建立计划生育服务站。1990年，全县各区（镇）、乡（镇）计生站更名为计划生育指导室，各乡（镇）均建立计划生育妇检室。1991年，全县建镇并乡撤区后，39个乡（镇）计划生育指导室、39个计划生育妇检室相继并入19个乡（镇），计划生育指导室改为计划生育股，计划生育妇检室改为计生服务站。

1994年，县级机构改革后，平塘县计划生育委员会更名为"平塘县计划生育局"。内设人秘、业务、统计3个股和计生宣传技术服务指导站。1997年，19个乡（镇）计划生育股更名为乡（镇）"计划生育办公室"。1999年，乡镇计生服务站和计生办合并为计划生育办公室，在全县范围内对计生对象实行合同形式管理。2001年11月，县机构改革，县计生局内设机构改设办公室、业务股、统计股，下设平塘县计划生育宣传技术指导站。19个乡镇均设置计生办和计生服务站。

2003年，增设人口和计划生育流动人口管理股、宣传股、科技股、纪检监察室。下设计生协会办公室、人口和计划生育技术指导站。

2004年，平塘计划生育局更名为"平塘县人口与计划生育局"。2006年，增设政策法规股。2011年，成立平塘县人口和计划生育执法大队，是年，内设机构增设综合治理出生人口性别比办公室。

2013年，县人口与计生局内设机构有办公室、规划统计股、法规宣传股、科学技术股、流动人口管理办公室、综合治理出生人口性别比办公室、纪检监察室。下设人口与计生执法大队、人口和计生技术指导站。

政策实施

1988年，平塘县人民政府转发平塘县计生委《关于在机关、单位及流动人口中落实〈贵州省计划生育试行条例〉的意见》，建立已婚育龄妇女登记卡，落实节育措施。鼓励晚婚、晚育、少生、优生。规定符合生育二胎的干部职工在生育二胎后，40天内接受绝育（结扎）和节育（上环）手术。

1989年2月24日，平塘县人民政府印发《关于公布〈平塘县贯彻和执行《贵州省计划生育试行条例》有关问题的规定〉的通知》。明确晚婚结婚年龄为男满25周岁、女满22周岁；晚育年龄为男满26周岁、女满24周岁。干部职工实行晚婚晚育婚假（婚假3天+晚婚假10天=13天）。规定农业人口和非农业人口生育条件。明确夫妻双方为农业人口可安排生育二胎的有 3 种情况：一是第一孩为非遗传性残疾，不能成为正常劳动力的汉族农户；二是夫妻双方都是少数民族的农户；三是再婚夫妇一方只有 1 个孩子的农户。夫妻双方或一方为非农业人口可以安排生育二胎的有 4 种情况：一是第一孩是残疾的；二是夫妻双方是少数民族的；三是再婚后夫妇只生一孩的；四是夫妻收养 1 个孩子后，要求生育的。鼓励一对夫妇只生一个孩子，杜绝生育第三胎。

1989 年 8 月 19 日，县委、县政府出台新规定：夫妻一方结扎后，受到对方虐待、抛弃或遗弃女婴的，由所在单位报请司法部门依法处理；规定国家干部职工或其他非农业人口、农业人口计划外怀孕的，必须采取补救措施；凡未达到法定婚龄生育、不办理结婚登记手续生育，弄虚作假收养小孩者，按照政策外生育情况处理。按照有关政策可以生育两胎而只生一胎的，可领办独生子女证，独生子女死亡后应停发保健费。夫妻离异或丧偶后扶养独生子女的一方再婚，允许生一胎或者再婚家庭子女数在两个以上的（包括两个）的，交回原来办理的独生子女证并停止享受有关的照顾。

1990 年 4 月 5 日，中共平塘县委、平塘县人民政府转发《平塘县计划生育委员会关于严格执行〈贵州省计划生育试行条例〉有关规定的报告的通知》，通知规定："夫妻双方或一方是国家工作人员、企事业单位职工、城镇居民，符合下列情况之一的，允许生育第二个孩子：一是第一个孩子为非遗传性残废，不能成长为正常劳动能力的；二是夫妻双方均为独生子女的；三是夫妻双方均为少数民族的；四是夫妻双方或一方是回大陆定居的台湾、香港、澳门同胞或归国华侨的；五是夫妻结婚五年以上，隐患不孕症，已收养一个孩子，经治愈要求生育的；六是一方或双方是再婚的夫妻，一方生育过一个孩子，另一方未生育孩子。"凡不符合上述规定的均不允许生第二个孩子。

1992 年，中共平塘县委、平塘县人民政府印发《平塘县执证生育暂行规定》，对符合生育的育龄夫妇，采取个人申请，政府审批，发给准生证方可生育。是年，平塘县获国家计划生育委员会、国家民委授予"全国少数民族计划生育先进集体"称号。

1994 年，开展计划生育"合格村"创建活动，是年，建成规范化合格村 48 个，高标准合格村 3 个。1999 年，对乡（镇）收缴的计划生育费实行"乡收县管，财政监督"制度。2001 年，开始推行计划生育"村为主"工作，设立村计划生育服务室，选配专抓计划生育工作的村长助理。2002 年，县委常委会决定，凡违反计划生育政策的干部职工一律开除党籍和工作籍。2003 年后，把计划生育工作纳入乡镇工作目标考核。工作考核最后 5 名的乡镇实行黄牌警告制度。2009 年开始在浙江、福建、广东等省务工较为集中的地方设置流动人口计划生育站。2010～2013 年，贯彻落实《中华人民共和国人口和计划生育法》《流动人口计划生育管理办法》和《贵州省人口与计划生育条例》，依法依规管理全县人口与计划生育工作。

生育导向机制

1996 年 6 月，中共平塘县委、平塘县人民政府印发《平塘县计划生育"三结合"工作三年规划》（计划生育"三结合"是指把计划生育工作同发展农村经济相结合、同农民勤劳致富奔小康相结合、同建设文明幸福的家庭相结合），对实行计划生育的农村家庭进行帮扶化项目安排，资金支持上优先照顾。

2002 年，在全县农村开展独生子女户、二女结扎户养老保险工作，为 1451 户农村独生子女户、二女结扎户交纳养老保险。并从是年开始，将养老保险金引入预算。

2003 年，中共平塘县委、平塘县人民政府印发《关于对全县农村独生子女户、二女结扎户实行养老保障办法的决定》，决定中明确规定，自 1973 年元月 1 日开始实行计划生育政策以来，农村中已领取独生子女证或独生子女父母光荣证的和二女结扎户及独生子女未办证、二女户未结扎但女方年满 49

周岁的农户中，现已年满60周岁的夫妻，每人每月领取50元保障金。

农村独生子女户均享受150元的一次性奖励和每月6元的保障费，放弃生育二胎的独生子女户另奖500元，对农村“两户”（独生子女户、二女结扎户）实施计生帮扶政策，农村“两户”子女读小学、初中减免杂费，就医免收挂号费和医疗费。

2006年，对农村“两户”夫妇一方死亡的给予补助1000元，子女意外致残的给予200~1000元的补助。子女被重点院校录取的在县统一奖励金额标准的基础上，再奖励“两户”子女每人1000元。

2008年，开始开展《诚信计生合同》签订工作，对半年进行一次常规妇检的家庭，优先安排增收项目或加大项目扶持。

2012年，为农村“两户”按20元/人缴纳农村新型合作医疗费。共发放人口计生利益导向奖励金额400余万元，其中节育奖励金额239.88万元，扶助奖励金额84.32元。办理农村独生子女证137户，有102户放弃生育二孩。

2013年，共发放计划生育家庭扶助金99.66万元，少生快富帮助资金31.4万元，特困救助金3.2万元，计划生育节育奖金141.9万元，独生子女保健费9.36万元，医疗保险和养老保险补贴104.9万元。

生育管理

1988~1997年，按照《贵州省计划生育条例》的规定，在各个乡镇组建计生专业队伍，采取行政措施进行管理，严格控制人口过快增长。

1998年，在全县开展计划生育“村为主”工作计划，纳入村民自治范围。计划生育“村为主”指的是计划生育要在党委、政府的领导下，在计生办的指导下，以村（居）两委班子主抓计划生育日常工作，教育和引导村（居）民自我管理、自我教育、自我监督、自我服务，从而完成计划生育目标任务。是年，在全县推行计划生育“合同公证”制度，各乡镇人民政府与计划生育对象签订计生合同并进行公证。

2002年基本实现计生“村为主”服务，之后，计划生育工作管理由单一行政手段、强制措施向“以人为本，优化服务”转变。计划生育工作向“服务亲情化、管理精细化、跟踪全程化”改革。

2005年，开始创建乡镇计划生育优质服务站，落实县各部门责任和任务。

2009年，成立平塘县流动人口计划生育服务小组，设立流动人口计划生育办公室，组建流动人口计生执法队。开展流动人口婚育证的办证工作。

2010年后，按照中华人民共和国《人口和计划生育法》、国务院《计划生育技术管理条例》《社会抚养费征收管理办法》、国家计划生育委员会《流动人口计划生育管理办法》和《贵州省人口与计划生育条例》（简称“一法三规一条例”）对平塘县计划生育工作依法依规进行管理。

2013年，把二孩准生证、独生子女父母光荣证办理和政策外终止妊娠审批权下放到乡（镇）。在乡（镇）计划生育服务站实行计生行政执法责任制、公示制和执法过错追究制。是年，全县人口出生3040人，人口出生率13.11‰，自然增长率5.5‰，符合政策生育率97.96%。

生育服务

20世纪90年代中后期，开始宣传和鼓励育龄妇女采取避孕措施。2000年，开始实行出生缺陷干预服务，向育龄妇女发放“叶福施福”营养素碱（一种天然的维生素，服用可以预防胎儿的神经管发育异常）。

2002年后，实行避孕节育知情选择，让育龄妇女了解节育政策和避孕知识，开展生殖健康服务，建立妇女生殖健康指导站，与外出务工妇女签订节（绝）育协议，开展流动人口计生管理。

2005 年，全县避孕节育知情选择的村（居委会）达 127 个，综合避孕节育率达 89.14%。已婚育龄妇女生殖道疾病普查普治率达 80%以上。是年 5 月，与广西壮族自治区贵港市港北区建立流动人口计生协会。两地协作开展流动人口的节（绝）育服务。在全县开展控制出生人口性别结构比失衡工作。

2006 年，中共平塘县委、平塘县人民政府批转平塘县人口和计划生育局、平塘县卫生局和平塘县药监局联合行文《平塘县禁止非医学需要胎儿性别鉴定和选择性别终止妊娠的规定（试行）》，依法打击非医学需要的胎儿性别鉴定和选择性别的人工终止妊娠行为。

2008 年，计划生育“优质服务合格县”创建工作通过贵州省人民政府验收。

2009 年，在全县建立“知情同意制度”“生殖健康教育处方发放制度”和“术后随访制度”。育龄妇女意外妊娠发生率控制在 1‰以下。是年，实施叶酸片干预（叶酸片具有降低新生儿先天缺陷的发生率）1750 人，技术干预 1947 人（次）。

2010 年，开展 β 地中海贫血、新生儿流血症综合干预项目工作。

2012 年，计划内怀孕妇女在婴儿出生前实施叶酸片干预，全县预防覆盖率 97.78%，免费孕前优生健康检查目标人群覆盖率 92.98%。

2013 年，开展免费孕前优生健康检查 1674 对夫妇。实施节育手术 346 例，其中，上环 98 例、结扎 248 例，落实补救节育措施 107 例。

第二章 民 族

平塘是一个多民族共同居住的县份，有汉族、布依族、毛南族、苗族、水族、侗族、彝族、土家族、仡佬族等 30 个民族。少数民族占全县总人口的 55.9%，其中布依族占 39.46%、毛南族占 9.94%、苗族占 8.29%。

第一节 民族构成及分布

民族结构

1988 年，全县总人口 25.29 万人，汉族 132745 人，占总人口的 41.1%；少数民族 141546 人，占总人口的 55.9%。

根据 1990 年第四次人口普查统计，少数民族有：布依族（123068 人）、苗族（19849 人）、水族（1255 人）、侗族（137 人）、彝族（272 人）、壮族、仡佬族（11 人）、瑶族（22 人）、回族（3 人）、满族（15 人）、白族（1 人）、傣族（16 人）、京族（1 人）、藏族（14 人）、纳西族（1 人）、独龙族（2 人）、土家族（29 人）、仫佬族（1 人）、傈僳族（1 人）、朝鲜族（8 人）、蒙古族（2 人）、哈尼族（2 人）等 23 个民族。

1990 年 11 月 20 日，原划属布依族中的“佯僙人”经省人民政府批复认定为毛南族后，全县共有

22个民族。

据1990年、2000年、2010年3次人口普查，全县少数民族人口分别为14.4万人、16.5万人、18.76万人，分别占全县总人口的55.7%、56.7%、58.7%。

2013年，全县少数民族人口190163人，占人口总数的58.89%，其中布依族127449人，占39.47%；毛南族32086人，占9.94%；苗族26782人，占8.29%；水族、壮族、侗族、瑶族、彝族、土家族、回族、土族、东乡族、仡佬族、仫佬族、满族、白族、黎族、蒙古族、藏族、傣族、京族、朝鲜族、畲族、哈尼族、纳西族、高山族、傈僳族、羌族、维吾尔族等26个少数民族，人口共有3846人，占1.19%。

民族分布

平塘县是多民族县，明代前境内已有汉、苗、布依、仡佬以及佯僙人居住。明初“调北征南”和“调北填南”，成批人口迁入，民族增多。从清代到民国直到新中国成立，都有大批人口迁入。

境内汉族主要分布在通州、克度、牙舟，主要居住在与邻县接壤的山区。其中油岜、鼠场、塘泥等地汉族人口占当地总人口的80%以上。

布依族是境内少数民族中人口最多的民族，分布于各乡镇，主要聚居在平湖、掌布、摆茹、西凉、四寨、克度、塘边等，杂居在油岜、鼠场、新塘等乡的布依族人口最少。

毛南族是平塘最早的土著民族之一，主要聚居在卡蒲毛南族乡和者密镇，平湖镇的吉古、米寅、新舟，四寨镇的沙坡，摆茹镇的马场，大塘镇的旧司、上莫、洋方等地也有毛南族居住。

苗族居境内少数民族人口的第三位，多聚族而居，极少与其他民族杂居，主要分布在大塘镇新塘乡。其次甘寨、谷硐、白龙、鼠场、牙舟、卡罗等乡镇也有苗族居住。

2013年，在全县30个民族中，除汉、布依、毛南、苗4个民族外，其他26个民族中，上千人口的有水族，主要居住在甘寨乡；上百人口的有壮族、彝族、侗族、土家族等民族，其中，壮族主要居住在通州镇，彝族、侗族主要居住在平湖镇。

第二节　布依族

族源　分布

族源　平塘布依族源于古百越中的“骆越”一支，是县内的土著居民之一。秦汉到民国，有“濮”“越”“仲苗”“仲湾”“仲家”等称谓。布依族与古代的“僚”“百越”“百濮”有渊源关系。唐代史称“西南蛮”，宋元以后称“蕃”“仲家蛮”，明、清称“仲蛮”，布依族人自称为“布依”“布越”。新中国成立后，根据本民族的共同自称，统一用“布依”作为民族名称。1953年，国家用“布依”统称此族。

自唐以来，历代都有布依族人口迁入，尤以明洪武年间迁入最多。如平湖、克度、塘边的杨姓，大塘的陈姓，西凉翁招的陆姓，通州和牙舟边兰的蒙姓，皆称其祖先来自江西。通州的莫姓来自广西。其他还有来自四川和别的省份。千百年来，境内布依族与汉族等民族相处、通婚，共同生活在这片热土，其后裔有的演变成汉族和其他民族，而汉族或其他民族的后裔也有演变成布依族的。

分布　布依族分布在各乡镇，有聚居也有杂居。除者密镇、卡蒲毛南族乡外，布依族主要聚居地在平湖镇、摆茹镇、白龙乡、苗二河乡、塘边、克度、掌布、四寨、西凉等地。其中，布依族占本镇总人口 80%以上的有平湖、掌布、苗二河、西凉等乡镇，占 50%人口以上的有摆茹、白龙、四寨等乡镇，与其他民族杂居在鼠场、油邑、新塘、公峨、卡腊、航龙等地的人口较少，不足当地总人口的 10%。

习俗

衣食及民居 布依族男人服装自清末后与汉服相似。妇女服装一般为上衣宽松，长过膝，袖口镶花边。胸挂丝绒刺绣的围腰，宽边用青布制作，花边用花布滚镶。裤子为宽腰长筒裤，裤脚用花线布滚镶花边。头巾为用青线牵白线织，两头有巾须，有的用白线牵白线织，两头用青线织成隔条。围腰用花线在围腰头和围腰带上刺绣，有的用白色或灰色在围腰头上拼花图案。鞋子为绣花尖布鞋。20 世纪 80 年代中期，除大塘、四寨、掌布、西凉等地妇女外，其他乡镇布依族妇女普遍改穿汉服。饮食以大米为主，喜吃酸辣味、白酒和糯食。聚居地村寨多为依山傍水。大部分住坝子，少数住山地。房屋在 20 世纪 80~90 年代为土木或石木结构。进入 21 世纪后，大部分沿公路建砖泥房屋居住。

婚姻 布依族实行一夫一妻家庭婚姻制度。民国时期，婚姻几乎全由父母包办，很少有婚姻自由。有些在幼儿时就已订了婚约，俗称“背带亲”。新中国成立后，国家提倡婚姻自由，一般男女青年通过交往或他人介绍互相了解，愿意结为夫妻后，由父母出面请媒人求亲，举行定亲、要“八字”、接亲等仪式。

布依族招女婿（招郎上门），亦称“入赘”，入赘的男子，不必置备“嫁妆”，举办结婚仪式时，也就不收礼物。结婚时所需的一切花销费用和礼物，均由女家准备。男子到女方家“上门”那天，男方家里不摆筵席，也不举行婚礼。女家迎亲带些酒肉表示，男方家亲属都要作为送亲客去女方家赴宴。

上门女婿要改变姓氏，随女方姓，按照女方原本在家庭中的排行，确定女婿的排行。女方家族兄弟对女婿以兄弟相称。

丧葬 境内布依族丧事一般分为入殓、祭奠、出殡与安葬 4 个部分。

老人逝世后，孝子到河边或井边取水回家为死者洗身、剃头或梳发，给死者穿寿衣，然后棺材装殓顺梁停放在堂屋的神龛下面，同时，孝子要到外家报丧。孝男要剃头、孝女要包孝帕，草绳束腰，穿草鞋或打赤脚。外家到后，丧家长者揭开棺材盖，让孝男孝女作最后一次告别。

子孙请道士念经，孝男孝女绕棺、守灵，仪式一般举行 3 天，也有 7 天的，然后择吉日出殡、安葬。安葬日期和地点由风水先生择定。送葬前要替死者举行“开路”仪式，家境宽裕的要杀牛祭供死者，俗称“砍利”。

在出殡路上，敲锣打鼓，吹唢呐，放鞭炮，撒买路钱，放黄烟，由亡者的一个孝子走在灵柩前面，撕撒钱纸“买路”。到墓地后，风水先生举行“买山纳气”仪式，然后“破土”。墓穴底用朱砂划“八卦图”，再放一只鸡（也叫跳井鸡）进去，俗称“滚井”。把鸡取出后，再烧一叠钱纸，俗称“暖井”，择吉时将棺木放入墓穴中，盖土先由孝子撮土投放，并跪在父母的棺木前，高喊三声“爸”或者“妈”，持“引魂幡”直接回家，不准回头看死者坟茔，然后其他亲属帮忙撮土掩埋死者棺木，垒成坟丘。2000 年后大多数人家是在埋葬时就同时立了墓碑。

孝期过“七七”49 天（孝儿孝女每人除去一天，有几个儿女就减少几天），才能“洗孝”，脱孝衣、剃头和洗衣，恢复平时生活。

节日

布依族节日有“四月八”“六月六”，个别地方过“小年”和“三月三”“撒秧粑”节，以“六月六”最为隆重。

四月八 农历四月初八，相传为牛王节，布依族要采摘枫香树叶捣烂取汁，做成黑色或紫色糯米饭吃，当天让牛休息，将牛角染黑或染白。

六月六 布依族最隆重的传统节日。相传为“龙王”晒龙袍的日子。这天，布依族人家都要做糯饭，打糯粑，走亲访友，备酒肉供奉祖宗。塘边清水一带家家户户都要杀猪、杀鸡、包粽子祭祀祖宗。未婚青年上山坡草地对唱山歌找对象，已婚夫妇要备甜酒、糯米粑、猪肉看望外公外婆，有条件另买衣服赠送。

撒秧粑 西凉地区的布依族每年的谷雨这天，举行隆重的“撒秧粑”节，包粽子，杀鸡、杀鸭，祭稻神。举行“撒秧粑”仪式，在打好的秧田里面开始撒稻谷种，在秧田旁边插上嫩笋子，寓意秧苗生长比较好比较快，祈求风调雨顺，五谷丰登。

四寨、者密一带在农历腊月初一至初三，有过小年的习惯，大塘镇布依族有农历腊月二十九在院外生一堆火供“野鬼”休息的习俗。

文化

语言 布依族有自己本民族的语言，没有书面文字，本地人叫“布依话”或者“蛮话”。目前，讲“布依话”也是最具典型代表的地区有西凉、掌布、四寨等。四寨镇幸福小学、西凉乡拉抹小学、掌布民族小学分别办有一个布依族“双语班”（上课用布依语和汉语普通话进行教学）。布依族属汉藏语系壮侗语族壮傣语支。境内布依语词汇、语法大致相同，只有土语之分。大部分地区属第一土语（即黔南土语），只有掌布、大塘上莫等地属第二土语（即黔中土语）。受汉语影响，平湖、克度等地布依语基本消失，只有四寨、西凉、掌布、上莫等地保留较完整。

文字 布依族没有正式文字。1956 年 11 月，创制布依文方案（草案）后，从 1984 年 9 月开始，开始在西凉、掌布、四寨等民族小学和村寨开办布依文试点班，实行“双语”教学。

布依族因无文字，其诗歌、舞蹈、传说、神话多为口头流传或用汉字记载。

舞蹈 代表性的有粑棒舞、竹竿舞、刷把舞、花棍舞、打粑棒、舂碓舞、织布舞、纺织舞、响篙舞、粑槽舞、花包舞、簸箕舞、骑大象、豇豆花、狮子舞、龙舞、砍牛舞、花帕舞、哭嫁舞、竹鼓舞、酒礼舞、跳猴舞等。

1999 年，“粑棒乐”参加贵州省第四届民运会荣获表演项目第二名，是年代表贵州省参加在拉萨举办的全国第六届农民运动会再获表演项目银牌奖。

乐器 布依族民间乐器主要有姊妹箫、闷笛、竹笛、短箫、唢呐、大号、木叶、二胡、大胡、凤凰琴、胡琴、月琴及打击乐铜鼓、皮鼓、锣等。

克度镇民间艺人杨忠培的姊妹箫吹奏艺术远近闻名，表演的“双唢呐昌烟”“鼻孔双箫”“双簧演奏”“手脚倒写字”“走钢丝吹奏”“倒立弹琴”等绝技绝活令人惊叹不已。1996 年赴上海浦东“中华民族大观园”演出被称为“民乐巨星”“中华一绝”“旷世奇人”。

塘边镇李让斌研制的“百鸟朝凤”，一人同时用嘴、手、肘、脚同时演奏二胡、凤凰琴、唢呐和小鼓等乐器，深受群众欢迎。

塘边镇布依“八音弹唱”，俗称“八大行”，由 8 人分持月琴、八角琴、三弦琴、大胡、中胡、京胡、竹笛、竹点 8 种乐器边奏边唱，曲目流畅自然，调式生动活泼，演奏气氛热烈，深受当地布依族人民喜爱。2009 年被贵州省人民政府列为第三批省级非物质文化遗产名录。

剪纸 平塘布依族剪纸多为围腰花、帽花、背扇花、鞋花、荷包花、衣边花、枕头花、帐檐花等。

围腰花，以植物纹为主，多纤细灵动；衣边花、门帘花多以涡纹为主，构成三角形或方形图案，规整中洋溢着活泼；背扇花多以写实纹饰为主，主花为正方形与三角形构成的图案，四周配有变形鸟纹、变形蝴蝶纹等，背带上饰有缠枝花和金钱纹等纹饰，以花草树木、鸟兽虫鱼为主要表现对象，借物抒情，抒发对美好生活的追求和向往。作品多以牡丹象征着美好生活，以鹊鹤象征着喜讯佳音，以石榴象征着儿孙团圆、家庭富裕火红。

平湖镇民间剪纸老艺人杨炳英的背带花、围腰花、枕头花、鞋头花等作品精细规整，清新富有雅气。

四寨镇胡志英的剪纸作品，典雅古朴，清新秀丽。题材有稼穑狩猎、草木花虫、鸡猫犬兔、鱼龙凤鸟、福禄寿喜等。

特色食品

平塘特色食品有坛子鱼、清明粑、菜花鱼、五色花糯饭等。

坛子鱼　是用坛子作为锅用木炭火烹制鱼肉而得名。烹制坛子鱼所需的食材有新鲜活鱼、花椒、糍粑辣、姜、大蒜、料酒、食盐等。烹制时，先杀鱼，去鳞、去内脏，洗净，用料酒、食盐和独特的配方腌制去腥，放入油锅过油。过油后，用坛锅烹煮，鱼肉可口，味道独特。

清明粑　为布依族季节性小吃。主要食材为清明菜、糯米面、黄豆面和鼠曲草等，用文火煎制或蒸制而成，具有祛风除湿，调中益气，止咳化痰的功效。

菜花鱼　是以腌制的油菜花、野葱以及生姜、花椒等为火锅底料煮制鲫鱼或鲤鱼，用葱花、姜末、酱油、霉豆腐、糊辣椒制作蘸水的美食，制作时先将鱼清理干净。选新鲜腌制的瘤芥菜、春笋、五花肉填入鲫鱼腹内，上锅，放入生姜片、辣椒丝，再将鲫鱼下锅，倒入糯米酒。放笋片、香料，合锅煨煮。等入味，收汤，略加鸡精，味道软糯、滑爽、鲜香。

五色花糯饭　筛选上等糯米，以枫香叶（黑色、紫色）、密蒙花（也叫黄饭花，黄色）、红兰草（红色）液汁分别浸泡糯米，等其上色后放入木甑中蒸熟的食品，色泽鲜艳、五彩缤纷、晶莹透亮，香气沁人心脾，质地滋润柔软，食之味道鲜美，醇正平和，且有微甘，回味无穷。

文学

神话传说　以《伏羲兄妹》《太阳·月亮和星星》等为代表。传说有《嘎松遇仙》《拉龙石与望娘滩》《少灵斗土司》《十二生肖为哪样没有猫》等为代表。

民歌　布依族民歌种类有古歌、叙事歌、情歌、酒歌和劳动歌等；形式有独唱、对唱、齐唱和重唱；曲调有“大调”“小调”之分，多为四句一首。流传于平舟镇、克度镇、塘边镇和甲茶镇等地区。多为七言一句，亦有五言及多种变体，内容以爱情生活为主，用汉语即兴编唱。节奏舒展自由，音调悠扬婉转，结构以起承转合四句头为基础，灵活变化。

2008 年 6 月 7 日，布依族民歌列入第二批国家级非物质文化遗产名录。

最具代表性的布依族山歌《咕噜山歌》，又叫《久不唱歌忘记歌》，主要流行于县内掌布镇、大塘镇一带。

久不啊是~嘎啦啦子~唱歌间噜噜~忘记歌呀，
久不啊是~嘎啦啦子~钓鱼间噜噜~忘记咕噜噜子河，
好久啊是~嘎啦啦子~不到间噜噜~这方来呀，
这方啊是~嘎啦啦子~凉水间噜噜~起青咕噜噜子苔。
久不啊是~嘎啦啦子~穿针间噜噜~忘记线呀，
久不啊是~嘎啦啦子~叫哥间噜噜~眼泪咕噜噜子落，
画眉啊是~嘎啦啦子~藏在间噜噜~竹林里呀，

只望啊是~嘎啦啦子~阳雀间噜噜~来做咕噜噜子窝。
久不啊是~嘎啦啦子~赶场间噜噜~忘记路呀，
久不啊是~嘎啦啦子~连妹间噜噜~脸皮咕噜噜子薄，
画眉啊是~嘎啦啦子~阳雀间噜噜~情相好呀，
歌起啊是~嘎啦啦子~歌落间噜噜~恩爱咕噜噜子多，
久不啊是~嘎啦啦子~唱歌间噜噜~忘记歌呀，
久不啊是~嘎啦啦子~洗衣间噜噜~忘记咕噜噜子河。
画眉啊是~嘎啦啦子~阳雀间噜噜~情相好呀，
歌起啊是~嘎啦啦子~歌落间噜噜~恩爱咕噜噜子多，
哎~哎~哦哦哦~恩爱咕噜噜子多。

第三节　苗　族

族源　分布

族源　苗族是平塘县境内最早的土著民族之一。唐宋时，就有苗族先民在这里生产开发，生息繁衍，自称为“mao^{55}”，他称有“苗”“苗蛮”，新中国成立后苗族群众恢复“苗族”称谓。境内苗族自称其祖先是来自江西和苏州府，一部分来自湖南和其他地区。

新塘（史称“姑卢”）一带苗族称其祖先来自苏州府，大塘里中苗族称其祖先来自江西，平湖新舟及附近苗族称其祖先来自湖南，塘边高店摆乃寨苗族称其祖先来自高棉。

分布　苗族多聚族而居，少与其他民族杂居。主要分布在西北部的大塘、新塘等，有部分居住在牙舟的卡腊、边兰、白沙、甲桐上林、谷硐况九、翁片村和甘寨的塘崖等村寨。2013 年底，全县苗族人口 26782 人，约占全县总人口的 8.29%。

习俗

衣食及民居　境内苗族男服大体相同，女服则有差异。男人穿青布大衽长衫，头包长帕，下穿青布宽腰长筒裤。妇女服饰，大塘、新塘一带上衣无领扣，下穿白腰中青白脚百褶裙。卡腊、边兰、白沙、甲桐、谷硐、油岜、鼠场等地穿马鞍衣，头插银梳，颈戴大小银项圈。塘边塘泥一带苗族妇女上衣有银扣，裙用麻料布缝制。苗族喜吃火锅、糯米饭、泡糟酒。节日有“三年”和“四月八”，也过春节、端午、七月半和九月九。

民国之前，苗族房屋很简陋，一般把地铲平，石控基槽砌基石，立木为柱，用草盖，每栋 3 间，有的在两头加 2 间，共 5 间，四周用竹、木条捆扎挡风雨。新中国成立后，尤其是改革开放后，民居有较大改善，木房盖草改为盖瓦。部分打工回乡青年盖起平房，但仍保留木房习惯。木房为吊脚楼，一般分为两层，上层住人，下层圈养牲畜或堆放杂物。苗族建筑房屋一般在山脚、山腰和山顶修建，村寨无论大小都是聚族而居，少与其他民族杂居，

新塘地区的苗族女子头顶围银泡花头帕，插银吊花和红缨流苏、野鸡花羽毛。上穿大襟对开大袖短衣，衣领背后叠缀 3~4 层背褡，衣襟、袖口饰有挑花或蓝白布片。下着滚白布边的青布百褶裙，系挑花腰带，垂吊红、绿绣球。戴 3~7 个银项圈、银耳环，背挂串串海贝，海贝串下端加挂银饰品和铜钱板。脚缠蜡染白布或羊毡绑腿，束红花带，耳吊银耳环，手戴银或玉石手镯，脚穿草鞋或布鞋。男

子头包蜡染圆点纹头帕，上穿长衫，系条纹腰带，下穿裤，脚穿布鞋。

鼠场、油邑的苗族女子头发用黄须彩带捆扎，垂流苏于腰后，插银饰。上穿贯首服，前摆至腹，后摆达臀。前后摆缀十字纹和方块纹，衣袖缀织锦花纹。下着彩色百褶裙，系红白挑花飘带。缠白布绑腿，脚穿布鞋。男子穿青布长衫，系腰带，包头帕。

卡罗、牙舟、谷硐榜木苗少女头顶留长发，四周剪短发，打髻插红梳，妇女绾髻于头后，呈钩状，插骨钗，额头围海贝花。上穿贯袖衣，前摆短至腹，后摆长至臀。前后摆、衣袖缀挑花图案，后摆连彩穗。下着青布百褶裙，系青布腰带。缠白布绑腿，脚穿布鞋。戴顶圈、银链和大耳环等银饰。

大塘里中摆榜苗少女四周留短发，顶发打髻于头后，垂长发，髻上插银饰和红线花。妇女绾发髻于头后，插木梳。上穿对襟青布短衣，衣襟缀花纹，披长方形背牌，牌上装饰圆形银花和海贝。下着青布百褶裙，裙脚缀白布滚边。系蓝布腰带，拴银铃，银花飘带，戴5~7个银项圈。缠青布绑腿，穿布鞋或草鞋。

婚姻 县内苗族实行一夫一妻婚姻家庭制度。大致分为父母包办和自主婚姻两种形式。

自主婚姻通过自己参加采花山、跳月等节日、喜庆活动，寻找自己的心上人。

中华人民共和国成立前，苗族婚姻基本上由父母包办。改革开放后，父母包办的婚姻现象逐步减少。但无论是自主婚姻或是父母包办婚姻，各地婚俗也不尽相同，都须经过求亲、定亲和接亲三个过程。

文化

舞蹈 平塘县苗族歌舞主要集中在新塘乡、大塘镇、塘边镇毛草坪、鼠场乡孔王庙、孔熊、卡罗乡及牙舟镇、谷硐乡一带。有红鼓舞（又称夜乐舞）、跳芦笙、咕噜跳月、打草舞、粑槽舞、粑棒舞、铜鼓舞、斗鸡舞、打粑舞、皮鼓舞等。苗族舞蹈喜用芦笙、铜鼓、皮鼓伴奏和表演。芦笙吹奏者一般参加跳舞，铜鼓和皮鼓大多用于壮场面和伴奏用。

苗族舞蹈最具代表性的是新塘“咕噜跳月”，新塘乡的苗族在每年阴历冬月的第一亥日，都要集中到下羊场这个地方载歌载舞聚会，并逐渐成为当地苗族青年男女交际、恋爱、找朋友的重要方式，称之为“跳月”，也叫“找哥哥”。在喜庆娱乐中举行的叫“跳月”，在丧事中举行的叫“跳丧月”。新塘乡苗族聚居的村寨都辟有跳月场，一寨一个或几寨一个。跳丧月多在丧家屋内屋外进行。娱乐活动的跳月一般在农历正月、二月、六月、七月或十月农闲期进行。跳月的时间、次数各地自行规定。各地舞蹈的形式虽然不尽相同，但一般多是男人击鼓、吹芦笙，女人跳舞。演奏的乐器有芦笙、铜鼓和皮鼓，跳丧月增加大号、小号和唢呐。跳月多在月光下进行，祭祖和丧期的跳月多在白天举行。跳月时男的头包蜡点头巾，身着青布长衫，腰束红线插条布条带，手拿带鼓锤打击乐器，女的头插一对雉尾（野鸡毛），身着新衣裙，背背新背牌，足蹬有钉皮底布帮鞋，手拿长幅折叠白土布表演舞蹈，吹芦笙的双手抱芦笙，伴随着鼓点有节奏地边吹奏边摆动芦笙边旋转边行进，女的也随着芦笙、鼓点的旋律翩翩起舞，左右回环，旋转行进，整个场上充满欢乐气氛。为祭祖而进行的跳月，一般从上午开始表演，跳月场中央摆一张方桌，桌面放上大米和糯米饭，桌下放一只公鸡和一坛酒，表示祭供祖先。中午用糯米饭和酒招待跳月的人，下午继续表演，直到尽兴方散。

红鼓舞在鼠场一带盛行，多在春节或者婚丧期间表演。因为喜庆娱乐表演者要把铜鼓染红，故称“红鼓舞”；为丧事而表演的铜鼓不染色。芦笙舞场面较大，流传较广，多在喜庆场合和丧事活动中表演。

乐器 主要是芦笙，还有莽（mang）筒、竹箫、竹笛、姊妹箫、唢呐、大号等。芦笙主要用作舞蹈伴奏，节奏轻快，音色极美。唢呐一般配有大号，有成套的乐曲，演奏时旋律性强，吹奏技巧高，红白喜事都喜欢吹奏唢呐。

语言 平塘苗族语言属汉藏语系苗瑶语族苗汉语支中的川黔滇方言。全县苗语有方言差别的有大塘里中、新塘民联、油岜金塘村和包边村的孔王寨、塘边新店村的摆乃和茅草坪、甲桐平桥的上林等7个村寨。这些地方基本用苗语交流，随着语言环境改变（受汉语影响），20世纪90年代后，大部分地区苗族青少年交流基本用汉语。

文字 苗族历史上无文字。1956年10月，苗文创建后，直到1985年8月平塘才开始苗文试点班学习苗文。苗族群众文学创作主要用汉字记述。

文学 以神话传说《伏羲兄妹造人烟》《公鸡请太阳》等为代表，有《石苗女》《跳月的来历》等故事传说。苗歌一般分为古歌、酒歌和情歌等，古歌以新塘乡的《月亮古歌》等为代表。

苗族情歌《追花歌》：天上有云才打雷，席上有酒才摆杯，塘中有鱼才下网，阿妹有心花为媒。山中锦鸡网不围，梁上燕子人不追，胜似锦鸡巧燕子，你是心中一朵梅！

第四节　毛南族

族源　分布

族源 平塘毛南族原称为佯僙人，相传为盘瓠后裔。《清一统志》《黔中纪闻》《广西通志》均有记载，如《黔南纪闻》述：休、佯、伶、侗、僮、傜等种皆祀盘瓠，相传即盘瓠后裔。佯僙人历史悠久，从元代开始就有文献记载。民国时间编纂的《都匀县志稿》首次将“佯僙”与“六硐”联系在一起。1956年8月，黔南布依族苗族自治州成立时平塘境内佯僙人识别为布依族。1979年，平塘境内佯僙人代表要求对佯僙人重新认别，认定族称为佯僙族。1981年7月，贵州省人民政府把佯僙人族属纳入工作议程。1990年7月，贵州省人民政府批准将佯僙人定为毛南族。卡蒲、河中、六硐、者密、甲青等地称其祖先来自江西临江府，部分来自广西。

分布 平塘毛南族主要聚居在卡蒲、者密两乡镇，占全县毛南族总人口的90%以上。平湖镇的吉古、米寅、新舟，摆茹镇的马场，牙舟镇的卡腊，大塘镇的洋方等地也居住有毛南族人。2013年，全县有毛南族32086人，占全县总人口的9.94%，在少数民族中居第二位，仅少于布依族。

毛南族有自己的语言，属汉藏语系壮侗语族侗水语支。本地人叫“佯僙话”，毛南语有土语差异，无方言区别。词汇丰富，语法与汉语基本相同。毛南族没有本民族文字，诗歌、故事、传说均用汉字表达。新中国成立后，受语言环境的影响，会讲毛南话（佯僙话）的人逐年减少，除卡蒲、河中一带毛南族外，其他地方很少会讲毛南话。

习俗

衣食与民居 清代毛南族男装为蓝色土布长衫，腰系腰带，脚穿“元宝鞋”，民国后改穿短服。妇女在清初身穿马鞍衣，下身为上紫下红百褶裙，清中叶后改穿蓝衣青裤，腰系青布绣花围腰，脚穿夹尖绣花鞋。年轻女子留长发扎独辫，已婚妇女将发挽于脑后，称“绾梗高”（毛南语），别银簪或玉簪，头搭青布帕。新中国成立后，中青年妇女大都改穿便服，只有老年妇女才穿古装。

毛南族以大米为主食，辅以玉米、麦面等，喜吃狗肉，招待客人以狗肉为上品。杀年猪喜用猪血与米面或麦面粉拌做血灌肠，喜用血汤煮粥吃。

毛南族人的居室多为“干栏式”木楼瓦房。四壁为木板或土（砖）墙，三开间，一楼高二楼低，正中一间为堂屋，堂屋设神龛、供桌。堂屋右侧一间前为畜圈，后为灶房，左侧一间分两格，前格为会客室、餐桌，有火炕，后格为卧室。二楼楼层较低，主要有粮和铺床。富裕人家的栏杆、窗页以及家具都刻有花草图案。

婚姻 毛南族婚姻实行一夫一妻制。婚姻一般要经过求亲、定亲要“八字”、接亲等过程。求亲就是请媒人说合，一般要去2~3次。第一次主要了解女方出生年月、生辰八字和才貌，如与男方八字相生，才貌相当，则带点心等礼物去第二次，若女家收下礼物，即表示同意，第三次可商量定亲（认亲）事宜。定亲由男家老人、媒人和两个年轻姑娘带上酒肉、女衣、点心、糯米粑等到女家设宴招待，与女家亲属认识。讨“八字”是讨要女方出生年、月、日和时辰，即“年庚八字”。是毛南族婚俗比较隆重的一个礼节，一般要举行宴席3天。礼物有衣料、女衣、鞋、酒肉、糯米粑、礼金等，要回女方“八字”后，要请阴阳先生按双方八字推算，择定吉日接亲，举行婚礼，并将婚期报知女家，称“送报书”。接亲由男家族老或远亲1~2人，与媒人、男女少年2人组成，新娘一般在深夜出门，出门前要哭诉父母、兄妹之情，称“哭嫁”。出门时由亲兄弟背出村口，撑布伞遮盖，不能反顾娘家。新娘到男家门前，男家老幼都要回避，待举行仪式结束入洞房后，才能露面。新婚之日不同房。接着新郎与伴郎、押礼先生以及接嫁妆的一起接老外婆（岳母）。临行时先行“妆郎”礼。到女家后，女家设“郎席”“换郎妆”，拜女家的祖宗。老外婆（岳母）到男家。男家要举行“骑马”、唱歌、敬酒等欢迎仪式。接着新郎又要请外公（岳父）到家做客，外公返家时，须杀狗款待。

毛南族有“招郎入赘”的习俗。男方到女方家落户，做上门女婿，并随女方字辈改姓换名，按女方在家族中的排行拥有相应的家庭地位和社会地位，子女从母姓，三代后族方能还姓归宗。上门女婿完全等同于亲生儿子，逢年过节要祭奠女方祖宗神灵，日常要赡养女方父母并继承遗产。

丧葬 毛南族历来有“重生厚葬”的传统。老人去世，丧家必首先讣告外家，待外家到场后，才能入殓。入殓后将棺材顺梁停放于堂屋神龛之下。毛南族要请巫师为亡人开丧超度后才能出殡安葬。亡男必敲死一头水牛，亡女必杀一头猪祭奠。

开丧包括引丧、赶场、送丧3个仪式。引丧是在出殡前两日举行，毛南族语“替胎”。引丧前要设“天堂”“孝堂”和立“幡竿”等。

赶场又叫“做场”，于引丧次日举行，毛南语称“曰给”。“做场”时兴“砍利”，先由击鼓师表演猴鼓舞，接着布置杀牛场，举行撇牛（或杀猪杀马）仪式。晚饭后举行“铲盐巴”仪式。“铲盐”，毛南语称“纳架”，外家和众亲友都参加，在门前院坝举行。事前每人先准备竹棍一根，将棍的一头锤破；“塘漂”（端公或者鬼师）发给每人一小撮盐粉；院坝中央放篾箩一只，酒一坛。仪式开始，“塘漂”念词语，大家将盐粉撒到篓内，然后用竹棍破的一头拍打地面，表示“铲盐”。拍打时要高声喊“优”，不断拍打，“优声”不断。正热闹时，“塘漂”将棍压在外家某人头人，大家便灌他3碗酒，同时喊“优”，又继续拍打。其他人看中某个对象时，可由一人带头，几人同时将棍压在他头上，同样灌酒，喊“优”。如此反复进行，直至坛空人醉。送丧，毛南语称“软胎”或“封胎”，于“铲盐”后第二天黎明进行。送丧，死者头在后脚在前，长孝男由女婿搀扶走在棺木最前面，其余孝男孝女依次跟随，用双匹孝布包住一米白绳举于头顶往前拉；旗幡、锣鼓、唢呐、铁炮、鞭炮以及送丧队伍在最后。途中须休息喝酒。安葬也叫“落土”，将棺木放入墓穴中，盖土先由长子手持锄头向井边挖三锄，同时，在父母的棺木前，高喊三声“爸”或者“妈”，之后直接回家，不得回顾墓地。下午孝子和近亲还要上山继续垒坟（也叫“复山”），返家时由一名孝女将一篮玉米花绕坟三圈撒于坟上和坟边，丧礼宣告结束。此外孝期须过27天（死男性）或29天（死女性），“洗孝”后才结束，到时孝子可脱孝衣、剃头和洗衣，恢复平时生活。

节日

毛南族是贵州较为“年轻”的少数民族，毛南族节日主要有火把节、春节、迎春节等，也过清明、四月八、端午、七月半、重阳、小年（冬年）和大年（春节）。

火把节 毛南语称“雨定”，是卡蒲、河中一带毛南族的传统节日。每年除夕夜，以村寨为单位，事前经过群众推选的寨上的几位中老年人主持活动。各家吃过团圆饭，主持人即敲锣打鼓，吹牛角，把全寨人集中在一起。每个人举着自备的火把，由主持人带领，成群结队，敲锣打鼓，挨家挨户祝贺新年，驱逐邪恶，撵走老鼠。每到一家，主人即自动捐献食物、柴火等，供集体办夜宵。全寨祝贺完毕，主持人指定数人办夜宵，其余众人继续高举火把，敲锣打鼓，走到附近山坡上。邻寨群众也各占山头。然后两寨群众互相对骂。骂得越凶，诅咒越恶意，来年就越吉利，对骂正酣时，双方暗中派人去对方侦查，或混入对方人群，或潜伏在对方的村边寨脚，出其不意，将对方成员“俘虏”归寨，罚其饮酒，将其灌醉。据说源于古时某个除夕夜有外来人入侵，寨中人得知后，即于路旁林中遍插燃香、火把，并用绳索套住火把。入侵者到达寨边时，只见火把晃动、锣鼓喧天，入侵者便仓皇撤退。后来为庆祝胜利，人们每到除夕夜都举行群众集会，举火把，吹牛角，敲锣打鼓，大骂入侵者。后逐渐演变成节日。

迎春节 毛南语叫“寒尾”，在每年立春举行。迎春节这天，老人们穿起古老的服饰，自带糯饭酒肉和炊具，来到择定的地方，烧火做饭做菜，祭神，祈求来年风调雨顺，五谷丰登。祭毕会餐拉家常，讲贤论孝，唱歌对歌，尽兴而归。

桥节 毛南族语称“曰九”，汉语为“桥节”。每年农历三月前后进行，俗称“修桥”。第一次举行叫“做桥”，之后每年都要举行一次，叫“暖桥”，意为“修桥补命，无子求子，有子保子”。其做法是用桃子树枝架成木桥状，竖立在路旁，用石头做成七星墩，用红线牵连一座祖坟，并在祖坟前杀猪求福。回到家中后，由中老年人念（唱）桥歌，桥歌为求子求女、佑子佑女等，至次日上午饭后才结束活动。

牛王节 牛王节在农历四月初八举行。毛南族人认为四月八就是牛的生日，这天要让耕牛休息，用枫香叶煮水给牛洗澡。用糯米饭、盐水和鲜嫩的青草喂牛。

文化

歌舞 毛南族古歌、地名歌、礼俗歌较为普遍，尤以古歌最多，但情歌较少。舞蹈有猴鼓舞、拦门舞等，尤以猴鼓舞最为有名。猴鼓舞又叫打猴鼓舞，毛南话称“堆龚蛮”。多在丧葬期间举行，乐器有铜鼓、皮鼓，配有击鼓师。表演时，一人击铜鼓，一人击皮鼓，三人按鼓点在中堂或院子起舞。一人先出场，次后二人执鼓棒继出，有二人对舞或一人独舞。2008 年猴鼓舞被列入国家非物质文化遗产名录。

拦门舞则是迎亲时，由男方家组织迎接老外婆进屋时的一种礼仪表演，用歌伴唱，用棕扇拍打老外婆周身以示除尘，用烂斗笠戴于头上以示遮凉，无固定格式，即兴发挥，诙谐活泼。

剪纸 毛南族剪纸常以动、植物和民间寓言为题材，将理想、爱情、祝福等内容表现在作品中，剪纸作品有《小猫钓鱼》《小猫捕老鼠》《守山英雄》《冻僵的蛇》《牛的传说》等。

刺绣 毛南族妇女自幼就学会挑花刺绣技术。绣品有背带、童帽、围腰、枕头、被面、床单等，品种繁多，题材广泛，图案有稼穑狩猎、草木花虫，鸡猫犬兔、鱼龙凤鸟等。存列于卡蒲毛南族风情园的绣花鞋，长 3.22 米，宽 1.25 米，高 0.9 米，重约 100 千克，由卡蒲 25 名毛南族刺绣能手制作而成。

花灯戏　毛南族人俗称“愿灯戏”，由组建的戏班子自编自演。演出由10～12人组成，其中领班1人，旦角（男扮女装）1～2人，丑角1～2人，其余为乐器师。乐器有锣、鼓、二胡，道具有刀、棍等。每逢过年或过节，由寨老主持演出。有喜事的农户或办“消灾许愿”活动的农户，可出资在自己的庭院搭台请戏班子演出。

文学

作品有神话传说《伏羲兄妹成亲的故事》，故事传说《石娘与甲地》《报耳神》《卖香屁》等。诗歌有《盘古》《太阳·月亮歌》《拦门歌》《起房歌》《劳动歌》《迎客歌》《酒歌》等。

体育活动

有舞火龙、打棉球、斗地牯牛、斗捺奴等。

耍龙　毛南语称“要干”。到正月十五，火龙不再串门，年也基本过完，就要开始“送龙神”。送龙神依然像请龙神一样，正月十六下午舞龙队把龙送到原请龙神的井边或河沟边化龙，毛南话叫“道干”。掌坛师用毛南话念咒语，其内容大意是原请真龙来附身，现在完成在阳间的任务，可回龙宫了，龙神要施恩于阳间，风调雨顺，五谷丰收。念罢咒语，人们争抢龙胡须（青麻染红色），撕龙身上的龙衣（布），拿回家给小孩捆在手脚上保佑平安，抢完龙胡须后，将龙点火烧尽。最后，用舞龙时收回的红包打好美酒，把腌肉、糯米粑等食品分类处理成熟食，参与户分别派一人参加就餐，一年春节的舞火龙活动宣告结束。

打棉球　棉球是用棉花和灯草做球心，用棉线紧紧裹扎而成，一般直径6厘米左右。打棉球球的方式有打平球、打矮桩球、打单面翻身球、打双面翻身球。比赛时，可两人对赛，也可多人分帮对赛，以打的个数（次数）多者为胜。

斗地牯牛　参赛者2人膝盖和两手着地，彼此用头或肩抵对，比斗时，在2人中间和两头划1条线，谁把对方抵斗出线为赢。

特色食品

有毛南族血芙蓉、血灌肠、冰糖甜酒糟辣、毛南醇、火把鱼等。

血芙蓉　也叫“对生血”，以新鲜猪血、炒熟的肉末为食材，把新鲜猪血、冷开水，按一定比例先搅和，再加上炒熟的肉末、姜末、食盐搅匀，使猪血凝冻后便可以食用，味道极佳。

血灌肠　以新鲜猪血、糯米面等为食材，把新鲜猪血、糯米面按一定比例搅和，加上花椒、茴香、五香粉等佐料，灌入洗净的猪小肠内，扎紧，放入锅内煮熟即可食用。

毛南醇　以糯米、黏米、玉米、小米、高粱、红薯、芭蕉芋、南瓜作原料酿制而成，入口醇香，味道特别。

甜酒糟辣　是将新鲜辣椒洗净，剁碎，放少许盐，搅拌，装坛，待辣椒呈粘稠状、冒泡泡，放入自酿甜酒、冰糖，盖上坛盘盖，放置发酵7～10天便制成，其糟辣色泽鲜红，口感独特，营养丰富，是开胃佳肴，佐餐上品。

火把鱼　是用柴火烘烤成的一种独具风味的干鱼，将50～150克之间的小鱼用竹签穿连成一串，放在柴火上烘烤，直至烤熟烤黄，用沸菜油炸脆放盐作干盘食用，也可将炸好的鱼与青椒或者干辣椒、花生米、炒黄豆等同炒食用，味道鲜美。

血稀饭　毛南族在接待贵宾时，有杀狗吃肉的习惯，并用狗血汤制成粥，风味独特，清香可口。

第五节　汉族及其他民族

2013年，平塘境内除人口较多的汉族、布依族、毛南族、苗族外，还有水族、侗族、彝族、壮族、仡佬族、回族、满族、白族、傣族、京族、藏族、纳西族、土族、黎族、东乡族、高山族、畲族、羌族、维吾尔族、哈尼族、土家族、仫佬族、傈僳族、朝鲜族、蒙古族等25个民族。其中，人口相对较多的有水族1863人、壮族588人、彝族470人、侗族332人；最少的是东乡族、京族、维吾尔族等，分别只有1人。

水族主要居住在甘寨乡，壮族主要居住在通州镇，侗族和彝族主要居住在平湖镇。

水族、彝族、壮族、侗族等少数民族长期与其他民族共同居住，文化、习俗多已改变。聚居在甘寨乡的水族仍保持芦笙舞，水族芦笙比苗族稍小，莽筒则较多，舞蹈时笙、莽并用。多在婚、丧期表演，男吹芦笙，女吹莽筒。在喜庆仪式上表演，在莽筒上系红绸，在丧事中表演系白布条。回族在饮食上仍然保留其特点。

第六节　民族工作

管理机构

1988年，全县民族事务由平塘县民族事务委员会管理。1994年，县级机构改革后，“平塘县民族事务委员会”改为“平塘县民族事务局”，内设综合股。1997年增设宗教股。1999年5月，由县人民政府办公室划出宗教科更名为“平塘县宗教事务局”，与县民族事务局合署办公，实行“两块牌子、一套人员”办公体制，内设综合股和宗教股。2001年11月，在县级机构改革中，将平塘县民族宗教局与平塘县民族事务局合并更名为“平塘县民族宗教事务局”，内设办公室和宗教股。至2013年，管理机构及其内设机构不变。

民族政策

1988年后，宣传贯彻《中华人民共和国民族区域自治法》《贵州贯彻落实〈中华人民共和国民族区域自治法〉若干问题的规定》《黔南布依族苗族自治州条例》《民族乡行政工作条例》以及中央和省州民族工作会议精神，发挥县人大常委会法律监督职能，推动民族有关法律法规的贯彻落实。

1989年，成立“平塘县佯僙人族称认定工作领导小组”，是年5月2日，召开平塘佯僙人干部座谈会，协商讨论佯僙人族属称谓问题，会议认定平塘佯僙人共同体应为毛南族，之后，对居住在5区、15乡、53个村、309个村民小组以及县城机关单位6001户29745人进行族属称谓登记。

1990年7月27日，贵州省人民政府批复同意认定平塘、惠水、独山3县31904名佯僙人为毛南族。1999年8月，首次举办民族干部培训班，300多人参训。2002年，在全县开展民族知识竞赛，1350名干部职工参加活动。2003年，将《中华人民共和国民族区域自治法》纳入全县普法规划。

2005年，把民族政策、法律法规列入文化科教“四下乡”宣传活动重要内容之一。2007年后，主要以《中华人民共和国民族区域自治法》以及国务院实施民族区域自治法若干规定，贵州省实施民族区域自治法若干规定，即“一法两规”为重点，利用文化科技“四下乡”“民族团结月”宣传贯彻党的民族政策。

2013年，以“宣传政策、展示成果、奉献爱心、搞好创建（小康）”为主题，发放宣传手册4000册，宣传读本5000余册。

民族经济

1988~1992年，国家、省、州、县共投入少数民族资金187.32万元，扶持民族地区工农业生产和交通、水利、教育、卫生、文化等基础设施建设。

1993~1997年，结合扶贫开发，以“大塘、新塘、鼠场”3个“麻山”乡镇为重点，先后投入专项资金252.3万元，实施水电路等基础设施建设和种养殖业项目39个。其中“麻山”乡镇种养殖业12个，基础设施（水窖、输电线路、乡村公路）项目17个。

1998~2002年，投入少数民族发展专项资金462.4万元，先后在大里中、赖惹、新塘的民联、新塘、鼠场中堡、明同实施两条种植项目，改善少数民族地区道路、人畜饮水条件，对少数民族群众进行农业适用技术的培训。

2005~2006年，共投入中央扶持人口较少民族发展专项资金和中央少数民族发展资金5466万元，实施项目284个，完成村寨道路硬化13.4万平方米，文化和卫生室建设1460平方米，培训少数民族干部群众2.64万人次，受益少数民族群众3万多人。

2009年投入52万元，实施新塘乡新营村基础设施建设，解决人畜饮水困难，改善村寨环境。共投入民族资金459.25万元，其中毛南族资金199.3万元。

2010年投入350万元，打造毛南风情一条街；投入200多万元，实施卡蒲毛南族乡河中村道路硬化、修建学校和发展养殖业。

2013年，共实施民族经济发展项目20个，总投资229680万元，其中基础设施18个、农民增收项目2个。是年，少数民族地区群众人均纯收入达到5728元，人均住房达32.32平方米，民族团结和睦指数为98.6。农村通村硬化路覆盖率达32.9%。

民族文化

1988年后，在民族乡（镇）、村（寨）开展基本扫除青壮年文盲、基本普及九年义务教育工作。继续在四寨镇幸福小学、西凉拉抹小学、掌布民族小学开展“双语”教学。到1994年末，全县有5个布依文教学点，学习布依文学生2000余人。

1997年后，在卡蒲、西凉、掌布、新塘乡、四寨、牙舟等中小学开展毛南族打猴鼓舞，布依族粑棒舞、织布舞、响篙舞，苗族咕噜跳月、跳芦笙歌舞表演训练，推进民族文化进校园。民族地区以村为主先后组建民族文艺团队，并参加全县大型文艺表演。

2006年开始，农村扫盲由认字转向认字与农业技术培训并举，在乡（镇）、村两级举办农业技术学校。

2009年，全县“两基”工作通过国家验收。是年起先后出版《中国毛南族第一乡》、《诗画白龙》、《避暑古镇——大塘》、《贵州毛南族》（贵州民族出版社）、《贵州毛南族志》（线装书局）、《歌声吸引人的地方》（作家出版社）、《魅力平塘》（凤凰出版社）等反映民族文化文学的作品。

2013年，出版《贵州毛南族民间文化集萃》（凤凰出版社），是年，“幸福进万家——文艺精品行”民族文化品牌创建通过国家验收。卡蒲毛南族乡甲翁小学被定为贵州省三十个“双语和谐环境建设省级示范点”之一。

第三章 宗 教

平塘境内主要有天主教和基督教两个宗教组织，2013 年，全县共有信教人员 365 人，其中天主教 317 人、基督教 48 人，有宗教场所 3 个。

第一节 管理机构

1988 年至 1999 年 4 月，全县宗教工作由县人民政府办公室宗教科负责。

1999 年 5 月，撤销县人民政府办公室，划出宗教科，成立“平塘县宗教事务局”，与县民族事务局合署办公，实行“两块牌子、一套人员”办公体制，内设综合股和宗教股。

2001 年 11 月，县级机构改革后，县民族事务局和县宗教事务局合并更名为“平塘县民族宗教事务局”，内设办公室和宗教股。

2005 年，撤销“平塘县民族宗教事务局”，分设“平塘县民族事务局”和“平塘县宗教事务局”，仍实行“两块牌子、一套人员”办公体制，内设机构不变，对外仍称“平塘县民族宗教事务局”，简称“县民宗局”。

2011 年，设立平塘县宗教事务执法大队。

2013 年，县民族事务局和县宗教事务局实行“两块牌子、一套人员”办公体制，内设办公室、项目办、宗教股，下辖县宗教事务执法大队。

第二节 宗教活动

1985 年，落实宗教政策，恢复通州教堂礼拜活动。据 1993 年调查登记，全县有天主教和基督教信教人员 438 人，其中天主教信教人员 385 人、基督教信教人员 53 人，男 218 人、女 220 人。有教职人员（基督教）1 人，修生（天主教）2 人。

1997 年，在卡蒲毛南族乡、苗二河乡出现信教群众，之后，平湖、新塘、克度、谷硐等乡镇均出现基督教信教人员。

2007 年，推荐一名基督教教友为中国基督教第八次全国代表大会代表，参加贵州教区活动。推荐一名天主教信教人员作为贵州天主教爱国会、教务委员会代表，参加贵州省天主教“两会”换届选举。

2009 年，对通州、新塘、克度、平湖、苗二河、谷硐等乡镇私设聚会点开展调查。是年 9 月，设立平湖镇基督教活动场所。

2010 年，县公安局、县民族宗教事务局取缔谷硐乡榜广村非法宗教点。2012 年 5 月，贵州省基督教派遣李应彪、杨凯丽夫妇到平塘基督教场所侍奉，协助管理教会。

2013 年，全县共有天主教、基督教两个教派，信教人员 365 人，其中天主教 317 人、基督教 48

人。天主教信教人员主要分布在通州镇通星、羊场、同心、松查、金黔和新塘乡的民联、怀山、水沟、亮硐以及大塘镇的火昂等村寨，教务隶属惠水县教区。基督教信教人员主要分布在平湖镇、通州镇、苗二河乡、者密镇、卡蒲毛南族乡等，少数民族信教人员占60%。宗教场所主要有3个，在通州镇通星村基督福音堂、天主教堂和平湖镇新生路36号基督教活动点。

第三节 宗教管理

1988~1992年，按照“教育、管理、服务”和“自治、自养、自传”宗教方针，规范宗教场所，教育信教人员依法从事信教活动。

1993~1997年，开展信教群众调查登记，清理“门徒令”“文剑帮”等非法机构组织。按照“政治上团结合作，信仰上互相尊重”的原则，团结和教育宗教界人士，对通州、卡蒲、苗二河等信教群众相对集中的乡镇开展调研，在国家法律范围之内规范宗教活动。

1998~2002年，清理移交通州、卡蒲基督教资产。引导信教群众不信邪、不信谣，科学信教，抵制歪理邪说。1998年，依法取缔“太阳帮”“太平令”两个非法组织。1999年9月，县宗教事务局与通州镇人民政府、通州基督教临时管理组织先后签订房产移交协议。

2004年，建立县、乡（镇）、村三级宗教信息反馈网络，明确121个村宗教信息联络员，对全县宗教活动实行动态管理。

2010年，在平湖、通州开展“和谐寺庙教堂”创建活动。

2013年，投入15万元修缮通州天主教堂和基督教堂。完成全县宗教基础信息数据收集、录入和上报工作。是年，全县有宗教突发事件处置领导小组1个，设有乡级宗教工作协调领导小组19个，有村级宗教信息联络员121人。

第三篇

中共平塘县委员会

第一章　组织机构与重要会议

1988~2013 年，中国共产党平塘县代表大会共召开 6 次，先后选举产生第六、七、八、九、十、十一届县委，其中第六届县委任期 3 年，之后每届改为任期 5 年，设书记 1 名，副书记 3~4 名。2006 年后，县委实行常委分工责任制，减少副书记职数，设副书记 2 名（其中 1 名为县人民政府县长、1 名为专职副书记），挂职副书记不占职数。各届县委共召开全县扩大会议 34 次，通过有关的意见、纲要、决定、决议等。

第一节　组织机构

1988 年，中共平塘县委机构设置（14 个）有县委办公室、组织部、宣传部、农村工作部、统一战线工作部、政法委员会、人民武装委员会、保密委员会（保密局）、党校、老干部局、机要局、史志编纂委员会办公室、台湾工作办公室以及县委、县人民政府综合信访办公室。

1991 年，增设县委退休干部局。

1992 年 5 月，撤销县史志编纂委员会办公室，建立县委党史研究室（和县地方志办公室合署办公）。是年，县委办事机构增至 15 个，有县委办公室、组织部、宣传部、农村工作部、统战部、政法委员会、人民武装委员会、保密委员会（保密局）、党校、老干部局、退休干部局、机要局、党史研究室（方志办）、台湾工作办公室以及县委、县人民政府综合信访办公室。

1993 年，县委农村工作部与县农村经济委员会合署办公，实行“两块牌子，一套人员”办公体制，属县委、县人民政府直属综合管理服务部门。

1994 年，县级机构改革后，县委台湾工作办公室归并到县委统战部（对外仍挂原牌子）；县委老干部局和县委退休干部局合并为离退休干部局；撤销县保密局、县机要局、县信访办公室。县委农工部和县农村经济委员会合并更名为“平塘县农村工作委员会”。

1995 年，恢复县委机要局。

1996 年，恢复县委、县人民政府联合信访办公室。

1998 年，增设县委督查室。

2001 年 11 月，县级机构改革后，县委办事机构有县委办公室［含县委机要局、县委督查室、县委政策研究室、县保密委员会办公室（保密局）4 个副科级机构］、县委组织部（含知识分子工作办公室、干部监督教育科 2 个副科级机构）、县委宣传部（含县精神文明建设指导委员会办公室、对外宣传工作领导小组办公室 2 个副科级机构）、统战部（对外加挂县委台湾工作办公室和县政府台湾事务办公室牌子）、县委政法委员会（含县社会治安综合治理委员会办公室、县维护社会稳定工作领导小组办公室 2 个正科级机构）、县机构编制委员会办公室（与县事业单位登记管理局合署办公）、县直属机关党委、离退休干部工作局（与县关心下一代工作委员会办公室合署办公）、县委党校、老年大学、平塘报社等。是年，县农村工作委员会更名为“平塘县农业办公室”。县离退休干部局更名为“县离退休干部工作局”。

2004 年，增设县农村党员干部现代远程教育工作领导小组办公室，是年，县委党校加挂“平塘县行政学校”牌子。

2011 年 7 月，县委党史研究室（县地方志办公室）与县档案局合并，成立“县档案史志局”，加挂中共平塘县委党史研究室牌子。

2013 年，县委常设机构有县委办公室、县委组织部、县委宣传部、县委政法委员会、县离退休干部工作局、县机构编制委员会办公室、县直属机关党委、县委党校。是年 9 月，县直属机关党委更名为“县直属机关工作委员会”，县农业办公室与县农业局合并，组建“县农村工作局”。

第二节　代表大会

1988~2013 年，中共平塘县委先后召开代表大会 6 次，选举产生第六、七、八、九、十、十一届县委及县纪委。

第六次代表大会

1988 年 9 月 24~27 日，中国共产党平塘县第六次代表大会在县城举行。出席大会的代表 217 人。大会听取和审议县委书记韩润年代表第五届县委作题为《以改革统揽全局，推进我县社会主义建设事业》的工作报告和县纪委工作报告。选举中共平塘县第六届委员会和中共平塘县纪律检查委员会。大会选举产生中共平塘县第六届委员会委员 29 名、候补委员 4 名。9 月 27 日上午，召开县委六届一次会议，选举产生县委常委、书记、副书记。县委常委韩润年、陆庆乾、万洪、杨正才、周省来、石毅明、李家茂；县委书记韩润年；县委副书记陆庆乾、万洪、杨正才。选举产生县纪委常委 5 名、书记 1 名、副书记 1 名。李龙云当选县纪委书记。大会讨论通过《中国共产党平塘县第六次代表大会关于县委报告的决议》。

第七次代表大会

1992 年 1 月 14~17 日，中国共产党平塘县第七次代表大会在县城举行。出席大会的代表 201 人。大会听取和审议县委书记莫长青代表第六届县委作题为《全面贯彻党的基本路线，团结和带领全县各族人民，为推进平塘的社会主义两个文明建设而奋斗》的工作报告和县纪委的工作报告，选举中共平塘县第七届县委员会和县纪律检查委员会。大会选举产生中共平塘县第七届委员会委员 31 名、候补委员 4 名。1 月 17 日上午，召开县委七届一次会议，选举产生县委常委、书记、副书记。县委常委莫长青、杨其伦、陆庆乾、李金泉、周省来、王立松、李家茂、石作芳、索良金、雍金文、涂旭荣；县委书记莫长青；县委副书记杨其伦、陆庆乾、李金泉、周省来。选举产生县纪委常委 5 名、书记 1 名、副书记 1 名。石作芳当选纪委书记。选举产生出席州第六次代表大会代表 21 名。大会讨论通过《中国共产党平塘县第七次代表大会关于县委报告的决议》。

第八次代表大会

1996 年 10 月 11~14 日，中国共产党平塘县第八次代表大会在县城召开。出席大会的代表 273 人。大会听取和审议县委书记吴秀全代表第七届县委作题为《推进开放战略，营造凝聚工程，为实现平塘振兴的宏伟目标而努力奋斗》的工作报告和县纪委工作报告。选举中共平塘县第八届委员会和县纪律检查委员会。大会选举产生中共平塘县第八届委员会，委员 33 名、候补委员 6 名。10 月 13 日下午，召开县委八届一次全会，选举产生县委常委、书记、副书记。县委常委吴秀全、谭文忠、李家茂、王秀龙、吴平、罗泰虎、索良金、朱昭、陶忠和；县委书记吴秀全；县委副书记谭文忠、李家茂、王秀龙。选举产生县纪委委员 15 名、书记 1 名、副书记 2 名，罗泰虎当选县纪委书记。

第九次代表大会

2001 年 6 月 26~28 日，中国共产党第九次代表大会在县城召开，出席大会的代表 273 人。大会听取和审议县委书记金鲁林代表第八届县委作题为《团结拼搏、开拓进取，为全面实现“十五”计划宏伟目标而努力奋斗》的报告和县纪委工作报告，选举中共平塘县第九届委员会和县纪律检查委员会。选举产生中共平塘县第九届委员会，委员 33 名、候补委员 5 名。选举出席中共黔南州第八次代表大会代表。6 月 27 日晚，召开县委九届一次全会，选举产生县委常委、书记、副书记。县委常委金鲁林、刘长江、杨波、朱昭、吴喜洲、管跃敏、莫才军、陶忠和、宋伦学、唐子华、李应明；县委书记金鲁林；县委副书记刘长江、杨波、朱昭。选举产生县纪委常委 7 名、书记 1 名、副书记 2 名，肖天祥当选县纪委书记。选举产生县纪委委员 13 名、纪委常委 7 名、书记 1 名、副书记 3 名，宋伦学当选县纪委书记。选举出席中共黔南州第八次党代表 21 名。大会讨论通过《中国共产党平塘县第九次代表大会关于县委工作报告的决议》和《中共平塘县第九届委员会关于加强自身建设的决议》。

第十次代表大会

2006 年 10 月 18~20 日，中国共产党第十次代表大会在县城召开，出席大会的代表 277 人。大会听取和审议县委书记左润华代表第九届县委作题为《迎接新挑战，抢抓新机遇，明确新目标，凝聚新合力，强化新举措，实现新跨越》的报告和县纪委工作报告。选举产生中共平塘县第十届委员会委员 35 名、候补委员 7 名。10 月 20 日下午，举行县委十届一次会议，选举产生县委常委、书记、副书记。县委常委左润华、唐官莹、朱昭、唐子华、李应明、程胜刚、张永锋、张智勇、肖天祥、吴文进；县委书记左润华；县委副书记唐官莹、朱昭。选举产生县纪委常委 7 名、书记 1 名、副书记 2 名，肖天祥当选县纪委书记。大会讨论通过《中国共产党平塘县第十次代表大会关于县委工作报告的决议》。

第十一次代表大会

2011 年 10 月 26~28 日，中国共产党平塘县第十一次代表大会在县少儿活动中心召开，出席大会代表 277 人。会议听取和审议县委书记严肃代表中共平塘县第十届委员会作题为《高举发展、团结、奋斗旗帜，夺取平塘经济社会更好更快发展新胜利》的报告和县纪委工作报告。选举中共平塘县第十一届委员会和中共平塘县纪律检查委员会。大会选举产生中共平塘县第十一届委员会委员 35 名、候补委员 7 名。会议闭幕后，县委举行十一届一次全体会议，选举产生县委常委、书记、副书记。县委常委严肃、臧侃、孙志清、张智勇、肖天祥、张建海、黄杰、杨李林、蒋小祥、杨东；县委书记严肃；县委副书记臧侃、孙志清。选举产生县纪委常委 7 名、书记 1 名、副书记 2 名，肖天祥当选县纪委书记。省委赴平塘县换届风气督导组组长、省民委原主任郝桂华，省委赴平塘县换届风气督导组副组长、省委巡视二组巡视专员乐阳，州委指导组组长、州委常委、宣传部长王雯洁到会指导。

第三节 全委（扩大）会议

六届二次全委（扩大）会议

1989 年 7 月 7~9 日在县城召开。会议学习党的十三届四中全会公报。听取和讨论县委关于上半年工作情况及下半年工作任务报告、关于加强廉政建设意见的报告，以及关于评议党员情况和下步工作安排意见的报告，并作出相应的决议。

六届三次全委（扩大）会议

1990 年 3 月 12~14 日在县城召开。会议传达学习邓小平的重要讲话，讨论修改县委《关于进一步治理整顿和深化改革的实施措施》，总结是年第一季度计划生育工作和提出下步工作安排意见，传达全省纪检工作会议精神，参观平湖区京舟乡农业生产和农田水利基本建设。

六届四次全委（扩大）会议

1991 年 3 月 20~23 日在县城召开。会议学习中央和省、州关于国民经济和社会发展十年规划和“八五”计划的建议及安排要点，传达贯彻中央贵州省委六届五次全委（扩大）会议精神，总结 1990 年的工作情况和安排部署 1991 年工作，讨论通过县委《关于国民经济和社会发展十年规划和“八五”计划的安排要点》。

七届二次全委（扩大）会议

1992 年 12 月 21~24 日在县城召开。会议传达省有关发展乡镇企业、加强农业和农村工作文件和省委、州委全委（扩大）会议精神，总结全县 1992 年的工作及安排 1993 年经济工作任务，听取县委书记莫长青《换好脑筋，真抓实干，把我县经济建设推向新阶段》工作报告，讨论县委、县人民政府关于烤烟、计划生育、引资引技引才政策措施，安排县乡换届选举、基层党组织建设以及加强社会治安综合治理等工作。

七届三次全委（扩大）会议

1993 年 8 月 31 日在县城召开。会议传达学习中共中央 6 号文件和中纪委二次全会有关文件，选举产生出席黔南州党代表大会代表 8 名。

七届四次全委（扩大）会议

1993 年 12 月 20~22 日在县城召开。会议传达贯彻中共贵州省委七届二次全会、中共黔南州委六届四次全会精神，贯彻落实《中共中央关于建立社会主义市场经济体制若干问题的决定》，听取和讨论县委书记莫长青所作的《审时度势，抓住机遇，深化改革，加速发展》的工作报告。

七届五次全委（扩大）会议

1994 年 11 月 2~3 日在县城召开。会议传达贯彻中共十四届四中全会、中共贵州省委七届三次全会、中共黔南州委六届五次全会精神，讨论通过具体贯彻落实的相应决定。

七届六次全委（扩大）会议

1995 年 12 月 21~22 日在县城召开。会议传达贯彻中共十四届五中全会和中共贵州省委七届四次全会、中共黔南州委六届六次全会精神，审议通过《中共平塘县委关于制定〈平塘县国民经济和社会发展“九五”计划和 2010 年远景目标〉的建议》。

八届二次全委（扩大）会议

1997 年 11 月 7~8 日在县城召开。会议传达贯彻中共贵州省委七届七次、中共黔南州委七届二次全会精神，讨论通过县委书记吴秀全作的《认真贯彻落实十五大精神，加快发展步伐，全面完成今年各项工作任务》的报告。

八届三次全委（扩大）会议

1998 年 1 月 9~10 日在县城召开。会议传达全省扩大会议和黔南州经济工作会议精神，回顾总结全县 1997 年工作及安排部署 1998 年的各项工作。

八届四次全委（扩大）会议

1988 年 6 月 18 日在县城召开。会议选举产生出席中共黔南州第七次代表大会代表 6 名，县委副书记、县长谭文忠作《把握全局，突出重点，集中精力抓好当前的工作》的讲话。

八届五次全委（扩大）会议

1999 年 1 月 22~23 日在县城召开。会议传达贯彻中共黔南州委八届四次全委（扩大）会议精神，总结全县 1998 年的工作及安排部署 1999 年的工作。

八届六次全委（扩大）会议

2000 年 1 月 21~22 日在县城召开。会议传达贯彻中央和省、州经济工作会议精神，总结全县 1999 年“两个文明”建设工作和安排部署 2000 年的各项工作。

八届七次全委（扩大）会议

2001 年 2 月 12~13 日在县城召开。会议讨论《平塘县经济社会发展第十个五年规划及 2015 年远景目标规划（草案）》，安排部署 2001 年全县各项工作。

八届八次全委（扩大）会议

2001 年 6 月 20 日在县城召开。会议审定《八届县委工作报告（草案）》，对《关于九届县委、县纪委组成方案及出席黔南州第八次党代会预备人选安排情况的说明》和《中共平塘县第九届委员会关于加强自身建设的决议（草案）》提出修改意见。

九届二次全委（扩大）会议

2002 年 1 月 28~29 日在县城召开。会议听取和讨论县委书记刘长江代表县委常委会所作的工作报告，通过《中共平塘县委关于加强和改进全县党的作风建设的决定》，表彰全县 2001 年度先进集体和先进个人，签订 2002 年度考核指标责任状。

九届三次全委（扩大）会议

2002 年 3 月 9 日在县城召开。会议选举出席中共黔南州第八次代表大会代表。

九届四次全委（扩大）会议

2003 年 2 月 11～12 日在县城召开。会议总结 2002 年的工作，安排部署 2003 年全县的各项工作。

九届五次全委（扩大）会议

2003 年 8 月 2 日在县城召开。会议学习贯彻胡锦涛“七一”讲话精神和中共贵州省委九届三次全会、中共黔南州委八届四次全会精神，总结 2009 年上半年工作及安排下半年全县各项工作，讨论通过《中共平塘县委、平塘县人民政府关于加强新阶段扶贫开发工作的实施方案》《中共平塘县委、平塘县人民政府关于大力发展畜牧产业若干意见》《平塘县种植业结构调整实施意见》。

九届六次全委（扩大）会议

2004 年 2 月 2 日在县城召开。会议传达贯彻中央和省州经济工作会议精神，安排部署 2004 年全县各项工作。

九届七次全委（扩大）会议

2004 年 9 月 21 日在县城召开。会议讨论通过《平塘县 2004～2010 年实施西部大开发战略发展纲要》。

九届八次全委（扩大）会议

2005 年 1 月 15 日在县城召开。会议全面总结 2004 年全县经济社会发展情况，提出“夯实农业基础，打造优势产业，大抓招商引资，全面振兴平塘”的发展战略。以 135 工程为重点（围绕“农民增收、财政增长”一个目标，做强旅游、畜牧、烤烟三大支柱，着力推进农业典型示范、投资环境治理、旅游兴县、城镇化建设、教育和计生五大工作进程），实现经济平稳运行。

九届九次全委（扩大）会议

2005 年 8 月 22 日在县城召开。会议传达贯彻中共黔南州委八届九次全委（扩大）会议精神，提出“建设绿色平塘，打造世界地质旅游奇观”的发展思路。会议总结 2005 年全县上半年的各项工作，安排部署下半年的工作。

九届十次全委（扩大）会议

2005 年 12 月 22 日在县城召开。会议总结 2005 年的工作，明确 2006 年全县的工作思路，强调突出抓好“旅游、畜牧、烤烟”三大支柱产业，为实施“十一五”规划开好局、起好步。

十届三次全委（扩大）会议

2007 年 3 月 6～7 日在县城召开。会议贯彻落实中央和省、州经济工作会议精神，总结 2006 年各项工作，安排部署全县 2007 年工作。

十届四次全委（扩大）会议

2008年1月10~11日在县城召开。会议听取和审议县委书记严肃代表县委常委会作题为《全面深入学习贯彻十七大精神，为加快实现全县经济社会跨越发展而努力奋斗》的报告，审议通过《中共平塘县委关于认真学习贯彻中共十七大精神，推进全县经济社会又好又快发展的意见（草案）》。

十届六次全委（扩大）会议

2009年1月5~6日在县城少儿活动中心召开。会议听取和审议县委书记严肃代表县委常委会作工作报告，审议通过《中共平塘县委关于贯彻党的十七届三中全会精神加快推进全县农村改革发展的意见》。

十届七次全体（扩大）会议

2009年9月14日在县城召开。会议贯彻落实中共贵州省委十届五次全会和中共黔南州委九届七次全会精神，听取和审议县委书记严肃代表县委常委所作的工作报告，审议通过《中共平塘县委平塘县人民政府关于进一步加快非公有制经济发展的实施意见》。

十届八次全体（扩大）会议

2010年1月11日在县城少儿活动中心召开。会议贯彻中共十七届四中全会和全国、全省经济工作会议以及中共黔南州委九届九次全会精神，听取和审议县委书记严肃代表县委常委会所作的《冲刺跨越，乘势而上，为圆满实现“十一五”发展目标而努力奋斗》的工作报告，总结2009年的工作及安排部署2010年和今后一个时期的各项工作。

十届九次全委（扩大）会议

2011年1月6日在县城召开。会议学习贯彻中共十七届五中全会和中共贵州省委十届十次全会、中共黔南州委九届十三次全体（扩大）会议精神，听取和审议县委书记严肃代表县委常委所作《站在新起点、谋划新跨越，为开创“十二五”新辉煌而努力奋斗》的工作报告和县委副书记、县长毛有智作《关于制定平塘县国民经济和社会发展第十二个五年规划建议的说明》。

十届十次全委（扩大）会议

2011年9月15日在县城行政中心多功能会议厅召开。会议审议通过《中国共产党平塘县第十届十次全体会议关于召开中国共产党平塘县第十次代表大会的决议（草案）》，号召全县各级党组织和全体共产党员认真贯彻执行党的基本路线，团结各族人民同心同德、艰苦奋斗、开拓进取，努力做好各方面的工作，以优异的成绩迎接平塘县第十一次党代会的召开。

十一届三次全委（扩大）会议

2011年12月16日在县城召开。会议贯彻落实中共十七届六中全会和中共贵州省委十届十二次全会、中共平塘县第十一次党代会精神，听取和审议县委书记严肃所作《再接再厉，拼搏奋进，迎头赶超，强力推动平塘经济社会跨越发展》工作报告，讨论通过《中共平塘县委关于新形势下加强和创新社会管理工作的实施意义》，总结2011年的工作，部署2012年的各项工作。

十一届四次全体（扩大）会议

2012 年 12 月 26~27 日在县城召开。会议学习贯彻中共十八大和中共贵州省委十一届二次、中共黔南州委十届二次全会精神，审议通过县委常委会 2012 年工作报告和《中共平塘县关于贯彻落实党的十八大精神开展同步小康创建活动的实施意见》《中共平塘县委关于进一步实施科教兴县战略大力加强人才队伍建设的实施意见》。

十一届五次全委（扩大）会议

2014 年 2 月 10 日在县行政中心多功能会议厅召开。会议听取和审议县委书记臧侃代表县委常委会所作《以改革创新精神为强大动力，续写经济社会发展新篇章》的工作报告，提出"特色规模强产业，东西并举扩城镇，项目投资打基础"的发展思路，号召各级党组织和党员干部切实增强责任感、使命感和紧迫感，凝心聚力，乘势而上，以百倍的信心、必胜的信念、坚定的步伐，为实现平塘赶超跨越、全面建成小康社会而奋斗。

1988~2013 年历届中共平塘县委书记、副书记、常委名录表

表 3-1

届次	职务	姓名	民族	任职时间	备注
第六届	书记	韩润年	汉族	1988.09~1990.02	—
		莫长青	布依族	1990.02~1992.01	—
	副书记	陆庆乾	布依族	1988.09~1992.01	—
		杨正才	布依族	1988.09~1990.05	—
		万洪	汉族	1988.09~1989.06	—
		田应君	汉族	1990.03~1990.07	省挂职
		杨其伦	布依族	1990.06~1992.01	—
		李金泉	布依族	1991.06~1992.01	—
	常委	周省来	汉族	1988.09~1992.01	—
		石毅明	毛南族	1988.09~1992.01	—
		李家茂	布依族	1988.09~1992.01	—
		李龙云	汉族	1989.01~1990.08	—
		田应君	汉族	1990.03~1990.07	—
		卢文富	布依族	1990.04~1992.01	—
		杨其伦	布依族	1990.06~1992.01	—
		王立松	布依族	1990.06~1992.01	—
第七届	书记	莫长青	布依族	1992.01~1994.07	—
		吴秀全	布依族	1994.07~1996.10	—
	副书记	杨其伦	布依族	1992.01~1993.04	—
		陆庆乾	布依族	1992.01~1993.04	—

续上表

届　次	职　务	姓　名	民　族	任职时间	备　注
第七届	副书记	李金泉	布依族	1992.01～1994.05	—
		周省来	汉　族	1992.01～1993.03	—
		杨锦福	侗　族	1992.04～1994.04	省挂职
		王立松	布依族	1993.04～1995.04	—
		李家茂	布依族	1994.11～1996.10	—
		王秀龙	汉　族	1994.12～1997.05	—
		谭文忠	彝　族	1995.04～1996.10	—
		罗廷华	侗　族	1993.06～1995.06	省挂职
		蒙大德	汉　族	1993.03～1994.03	州挂职
	常委	石作芳	毛南族	1992.01～1996.10	—
		罗廷华	侗　族	1993.06～1995.06	省挂职
		林安民	汉　族	1993.06～1995.06	中央挂职
		吴　平	汉　族	1995.07～1996.10	—
		索良金	布依族	1992.01～1995.04	—
		雍金文	汉　族	1992.01～1992.12	—
		涂旭荣	汉　族	1992.01～1996.10	—
第八届	书记	吴秀全	布依族	1996.10～1998.06	—
		金鲁林	汉　族	1998.06～2001.06	—
	副书记	谭文忠	彝　族	1996.10～2000.11	—
		李家茂	布依族	1994.10～1998.02	—
		王秀龙	汉　族	1996.10～1997.12	—
		杨　波	布依族	1998.03～2001.06	—
		董祥林	汉　族	1998.03～1999.03	省挂职
		潘巨贺	汉　族	1998.03～1999.03	州挂职
		赵日华	汉　族	1998.04～2001.02	—
		吉永忠	汉　族	1999.04～2000.04	州挂职
		陈乐基	侗　族	2000.04～2001.04	省挂职
		刘长江	侗　族	2000.10～2001.06	—
		邓旭日	汉　族	2001.03～2002.03	州挂职
		朱昭（女）	汉　族	2001.02～2001.06	—
		胡真理	汉　族	2001.04～2001.06	—
		田英（女）	汉　族	2000.03～2001.03	州挂职

续上表

届　次	职　务	姓　名	民　族	任职时间	备　注
第八届	常委	罗泰虎	布依族	1996.10～2001.06	—
第八届	常委	吴　平	汉　族	1996.10～2001.06	—
第八届	常委	史大伟	汉　族	1998.06～2001.05	—
第八届	常委	吴喜洲	汉　族	1999.02～2001.06	—
第八届	常委	黄俊群	汉　族	1999.08～2001.06	省挂职
第八届	常委	索良金	布依族	1996.10～1998.04	—
第八届	常委	吴喜洲	汉　族	1999.02～2001.06	—
第八届	常委	陶忠和	布依族	1996.10～2001.06	—
第八届	常委	胡国栋	布依族	1998.03～2001.05	—
第八届	常委	莫才军	布依族	2001.02～2001.06	—
第八届	常委	覃敏笑	汉　族	2001.04～2001.06	省挂职
第九届	书记	金鲁林	汉　族	2001.06～2001.12	—
第九届	书记	刘长江	侗　族	2001.12～2004.07	—
第九届	书记	左润华	布依族	2004.07～2006.10	—
第九届	副书记	刘长江	侗　族	2001.06～2001.12	—
第九届	副书记	左润华	布依族	2001.06～2004.07	—
第九届	副书记	唐官莹（女）	汉　族	2004.07～2006.10	—
第九届	副书记	杨　波	布依族	2001.06～2004.07	—
第九届	副书记	朱昭（女）	汉　族	2001.06～2006.10	—
第九届	副书记	田英（女）	汉　族	2001.01～2001.03	州挂职
第九届	副书记	祝帮华	汉　族	2002.03～2003.03	州挂职
第九届	副书记	岑国义	汉　族	2002.04～2003.04	省挂职
第九届	副书记	李小平	汉　族	2003.04～2004.04	省挂职
第九届	副书记	胡建伟	汉　族	2003.03～2004.03	州挂职
第九届	副书记	萧大忠	汉　族	2003.04～2004.04	省挂职
第九届	副书记	罗兴平	汉　族	2003.03～2004.03	州挂职
第九届	副书记	李立赴	汉　族	2003.04～2004.04	省挂职
第九届	副书记	赵帮学	汉　族	2003.03～2004.03	州挂职
第九届	常委	吴喜洲	汉　族	2001.06～2002.05	—
第九届	常委	管跃敏	布依族	2001.06～2006.10	—
第九届	常委	莫才军	布依族	2001.06～2005.04	—
第九届	常委	陶忠和	布依族	2001.06～2003.11	—

续上表

届　次	职　务	姓　名	民　族	任职时间	备　注
第九届	常委	宋伦学	汉　族	2001. 06~2006. 09	—
		唐子华	苗　族	2001. 06~2006. 10	—
		李应明	布依族	2001. 06~2006. 10	—
		曹志昂	汉　族	2002. 02~2003. 02	—
		尹汝德	汉　族	2003. 03~2005. 03	—
		姚　作	汉　族	2005. 03~2006. 04	—
		任大贵	彝　族	2001. 07~2006. 09	—
		吴文进	汉　族	2006. 09~2006. 10	—
		罗荣彬	苗　族	2003. 03~2004. 02	—
		李小平	汉　族	2003. 04~2004. 04	省挂职
		胡建伟	汉　族	2003. 03~2004. 03	州挂职
		萧大忠	汉　族	2003. 04~2004. 04	省挂职
		罗兴平	汉　族	2003. 03~2004. 03	州挂职
		李立赴	汉　族	2003. 04~2006. 04	省挂职
		赵帮学	汉　族	2003. 03~2006. 03	州挂职
		南新阳	汉　族	2001. 10~2003. 10	中央挂职
		覃敏笑	汉　族	2001. 04~2003. 04	省挂职
第十届	书记	左润华	布依族	2006. 10~2006. 11	—
		严　肃	汉　族	2006. 12~2011. 10	—
	副书记	唐官莹（女）	汉　族	2007. 01~2007. 11	—
		毛有智	汉　族	2008. 03~2011. 08	—
		臧　侃	汉　族	2011. 07~2011. 10	—
		朱昭（女）	汉　族	2006. 10~2009. 05	—
		孙志清	满　族	2009. 05~2011. 10	—
		李立赴	汉　族	2006. 01~2006. 04	省挂职
		姚元君	汉　族	2006. 04~2008. 04	省挂职
		赵帮学	汉　族	2006. 01~2006. 03	州挂职
		李淑琼（女）	汉　族	2006. 03~2007. 03	州挂职
		童　俭	汉　族	2006. 03~2007. 03	州挂职
	常委	李应明	布依族	2006. 10~2009. 07	—
		张智勇	布依族	2006. 10~2011. 09	—
		韦明刚	布依族	2010. 06~2011. 10	—

续上表

届　次	职　务	姓　名	民　族	任职时间	备　注
第十届	常委	唐子华	苗　族	2006.10～2009.05	—
		练宗敬	苗　族	2009.05～2011.09	—
		杨李林（女）	苗　族	2011.09～2011.10	—
		程胜刚	汉　族	2006.10～2010.06	—
		黄　杰	侗　族	2010.06～2011.10	—
		吴文进	汉　族	2006.10～2011.09	—
		蒋小祥	苗　族	2011.09～2011.10	—
		张永锋	布依族	2006.10～2010.03	—
		张建海	苗　族	2010.06～2011.10	—
		肖天祥	汉　族	2006.10～2011.09	—
第十一届	书记	严　肃	汉　族	2011.10～2014.01	—
		臧　侃	汉　族	2014.01～2016.10	—
	副书记	臧　侃	汉　族	2011.10～2014.01	—
		孙志清	满　族	2011.10～2014.01	—
		高晓昀（女）	汉　族	2014.01～2015.12	—
		莫君锋	汉　族	2014.10～2016.10	—
		王铁清	汉　族	2015.04～2016.03	州挂职
	常委	张智勇	布依族	2011.10～2014.08	—
		肖天祥	汉　族	2006.09～2014.08	—
		张建海	苗　族	2011.10～2015.10	—
		黄　杰	侗　族	2011.10～2012.03	—
		杨李林（女）	布依族	2011.10～2016.10	—
		蒋小祥	苗　族	2011.10～2016.10	—
		杨　东	壮　族	2011.10～2013.08	—
		李　彬	汉　族	2012.03～2015.04	—
		杨华祥	汉　族	2014.10～2015.04	—
		吴劲松	汉　族	2014.10～2016.10	—
		龙　华	彝　族	2014.01～2015.04	—
		陈宇玉	苗　族	2015.09～2016.10	—
		杨　东	苗　族	2011.10～2013.08	—
		黄俊旗	汉　族	2013.08～2015.09	—
		杨　眉	仡佬族	2015.09～2016.10	—

续上表

届 次	职 务	姓 名	民 族	任职时间	备 注
第十一届	常委	曹礼鹏	汉 族	2015. 10~2016. 10	—
		汪卫红	苗 族	2012. 04~2014. 04	省挂职
		周德杨	苗 族	2013. 04~2014. 03	州挂职
		罗玲龙	苗 族	2014. 04~2015. 03	州挂职
		尹旺旭	苗 族	2014. 04~2015. 03	州挂职
		刘 疆	苗 族	2014. 08~2015. 08	州挂职
		许文斌	土家族	2015. 04~2016. 03	州挂职
		王先坤	汉 族	2015. 06~2016. 06	州挂职
		潘荣熙	布依族	2016. 01~2016. 09	州挂职
		尹利生	汉 族	2016. 04~2016. 10	州挂职
		冷安辉	汉 族	2016. 04~2016. 10	州挂职
		种朝武	汉 族	2016. 09~2016. 10	州挂职

第二章　重大决策及主要活动

1988~2013 年，县委重大决策主要有发展乡镇企业、烤烟生产、农业综合开发、绿化造林、扶贫攻坚、农业产业化、旅游业和城镇化建设等，主要活动有农村社会主义教育、“三讲”教育、“三个代表”重要思想教育、保持共产党员先进性教育、学习实践科学发展观和社会主义新农村创建活动等。

第一节　重大决策

发展乡镇企业

1988 年 4 月 15 日，印发《关于进一步放宽政策，大力发展工业、乡镇企业的有关规定》。鼓励县属各部门干部职工和科技人员向外引进资金，从事开发性生产，领办、承办乡镇企业。并对对外引进资金、技术、人才作出相关的奖励规定。之后，允许个人投资入股办厂，每年从财政信用资金、扶贫资金中切块投入乡镇企业。1992 年，共有 67 个行政事业单位分流 300 余名干部职工创办经济实体 83 个。是年，全县乡镇企业增至 4102 个，其中，乡（镇）158 个，县级机关 83 个，单位参与经商办企业 84 个，其中，自办 69 个、领办 10 个、联办 12 个。实现总产值 3798 万元，产值增速居黔南州第一位。

扩大烤烟生产

20 世纪 80 年代中后期，烤烟生产逐渐成为平塘经济发展的重要支撑，烤烟种植面积逐年扩大。1988 年，全县烤烟种植面积达 1.61 万亩。1991 年 12 月 1 日，县委、县政府印发《关于搞好 1992 年烤烟生产的决定》，提出烤烟生产“4683”计划，即种植面积 4 万亩，实现产量 6 万担，产值 800 万元，创税 300 万元；出台“优质烟肥专供”“上中等烟奖粮”“新建烤房补助”“烟税返还”等配套政策，扶持烤烟生产。从 1992～1996 年，全县烤烟生产都保持在 4 万～5 万亩的规模，1997 年，全县烤烟种植增长到 7.43 万亩，完成产量 17.8 万担，产值 5339.33 万元，税收 2478.9 万元。1998 年后，国家实行“计划种植，合同收购”政策后，烤烟种植面积稳定在 3 万亩左右。2013 年，全县烤烟种植 1673.34 万亩，产量 5.43 万担，产值 5852 万元。

实施农业综合开发

从 1990 年 10 月开始至 1995 年底，先后实施二期农业综合开发项目。全县划分为四寨高产农田项目区、京舟良种基地区、卡罗地下水开发利用项目区、摆茹营林补水项目区、通州水利机耕项目区、旧司种草养畜项目区。1990～1992 年第一期开发项目 33 个，合格 30 个。共实施中心产田（土）改造 5.1 万亩，造林 2.55 万亩，封山育林 11.1 万亩，人工种草 0.1 万亩。建成畜牧改良点 5 个，推广农业林木项目 33 项，示范面积 21.2 万亩，建成杂稻耕种基地 1 个 1500 亩，千头生猪科学养殖示范场 1 个，总投资 1090.89 万元。累计新增粮食 3205.27 万千克、油料 447.53 万千克、肉类 318.36 万千克。第二期农业综合开发项目于 1993 年 11 月实施，计划实施项目 13 个；其中第一期补缺项目 1 个、以奖代建项目 1 个，至 1995 年共实施项目 11 个。完成中低产田土改造 1.79 万亩，造林 2.1 万亩。推广紧凑型杂交玉米和杂交水稻新组合试验试种 0.9 万亩，疏通渠道 1174 米、支渠 6.8 千米，建成养猪示范场 1 个 200 多平方米。新增粮食 430 万千克、油菜籽 90 万千克、肉类 60 万千克。

实施十年绿化造林

1990 年 12 月，县委、县政府作出《十年基本绿化平塘的决定》。先后在油岜、明堂关、塘边、杨家坳、西凉等地实施飞播造林 20.64 万亩。是年 4 月，平塘被林业部和全国绿化委员会评为“全国绿化先进单位”。1992 年，在塘边清水、白龙枫香井创办绿化造林示范点 1205 亩。1993 年 1 月，印发《关于加快造林绿化步伐，“八五”期间消灭荒山，提前实现绿化任务的决定》，是年，全县创办示范点 29 个，绿化林面积 1.3 万亩。1995 年，印发《关于加强林业工作的决定》，规定集体林场和农民经营的自留山、承包山上的中幼林经营权和非耕地使用权，可以在“公开、公平、公正”的原则下进行拍卖；以林业站为基础成立林工商公司，负责本乡镇的植树造林、护林技术指导和木材经营；允许林农将自己五旁四坎、房前屋后及自留地的零星树木及制品、半成品，持有村委会以上证明即可到县内各市场指定地点进行出售；允许具备条件的乡镇、个体工商户经营木制品，兴办木器加工厂。1996 年，平塘被评为全国造林先进县，苗二河乡新寨村、大塘镇兴立村被评为全国造林“千佳村”。2000 年，全县森林覆盖率由 1990 年的 15.1%增加到 37.12%，实现 10 年绿化造林目标。

改革人事制度

1996 年，县委、县政府印发《关于选派年轻干部和应届大中专毕业生参加劳务输出锻炼的规定》。规定从 1996 年开始，各乡镇、县属行政事业单位 35 岁以下（含 35 岁）干部和应届（包括统分和非统分）大中专毕业生（除特殊专业人员及大学本科生外）都必须参加县统一组织的劳务输出锻炼。1998

年，对党政系统、财政、公安等部门的公务员进行录用考试，颁发公务员证。1999年，对大中专毕业生实行双向选择就业，结束大中专毕业生按计划分配安置工作的历史，之后，在县内开展公开选拔副科级领导，实施中层干部竞争上岗，在县级机关和乡镇进行干部交流。

推进扶贫攻坚

1994年10月，县委、县政府印发《关于加快麻山和极贫乡镇扶贫开发步伐的通知》，除大塘镇、新塘乡、鼠场乡3个“麻山”乡镇外，决定将掌布乡、西凉乡、谷硐乡列为极贫乡予以扶持。拟通过加大投入、减免定购粮、加强基础教育和职业培训，以及建立扶贫联系点和部门承包责任制等政策措施，用5年时间，实现极贫农户生产、生活条件明显改进。1997年4月30日，县委、县政府又印发《关于尽快解决平塘县农村贫困人口温饱问题的实施意见》，提出到2000年基本解决农村贫困人口温饱问题的目标。全县分3批实现解决温饱的目标：第一批（1997年）除3个“麻山”乡镇和3个极贫乡之外的13个乡镇，年内解决温饱的贫困人口必须达到贫困人口总数的70%以上，有4万人越过温饱线；第二批（1998年）西凉乡、谷硐乡、掌布乡解决温饱的贫困人口达70%以上（1997年达60%以上），解决温饱人口2.6万人；第三批（1999年）大塘、新塘、鼠场3个乡镇解决温饱的贫困人口达70%以上（1998年达55%以上），解决温饱2.7万人；全县除鳏、寡、孤、痴、呆、傻等丧失劳动力的人外，全县农村人口基本实现解决温饱的目标。是年，全县农民人均纯收入达1131.48元，人均占有粮食354公斤，共有28813户137975贫困人口越过温饱线。

农村独生子女户和二女结扎户养老保险制度

2001年12月，县委、县政府印发《关于在全县农村开展独生子女户、二女结扎户养老保险工作的通知》，决定在全县实施农村独生子女户和二女结扎户养老保险制度。用两年时间完成对全县1451户及新增农村独生子女、二女结扎户养老保险。并明确从是年开始县财政将独生子女户、二女结扎户的养老保险列入预算。2003年8月，县委、县政府印发《关于对全县农村独生子女户、二女结扎户实行养老保障办法的决定》，明确自1973年1月1日实行计划生育政策以来，已领取独生子女证或独生子女父母光荣证的农户，未办证的独生子女户、二女结扎户，女方年满49周岁的二女结扎户，夫妻双方年满60周岁后，每人每月领取50元保障金。

全面小康创建工作

1999年5月，县委、县政府印发《关于全县农村小康村建设的意见》，明确全县农村小康村建设的考核指标和工作措施，采取分步实施办法逐年推进。是年，在平湖镇北街村开展试点工作。之后，按照小康考核细则，由乡镇人民政府申报，县人民政府考核审定合格报请州人民政府命名和表彰的方式进行。到2005年，新舟、双桥、吉古、回龙、兴荣、白云、新星、湾子、先进、金星、和平、双江、京舟、河中、甘寨、六硐、谷塘17个村达到县定小康标准，平湖镇达到小康镇标准。2013年，县委印发《中共平塘县委关于贯彻落实党的十八大精神开展同步小康创建活动的实施意见》《平塘县同步小康创建活动推进方案》《平塘县开展全面建设小康社会统计监测工作实施方案》等文件，明确提出到2018年全县建成小康社会实现程度超过90%，2019年建成全面小康社会的目标要求，并将6大类25项指标分解到乡镇、部门和责任县领导，并与相关单位签订责任状，将目标要求细化、量化。建立《平塘县全面小康建设乡（镇）及县直相关部门工作职责》《平塘县全面建设小康社会工作考评办法（试行）》等工作制度和小康创建信息联络员制度，全面把握和指导小康创建工作。

推进农业产业化经营

1999年1月，县委、县政府印发《关于调整农业内部结构，推进农业产业化经营的意见》，提出围绕“粮、烟、林、果、药、畜、麻、菜”9个字，用3~5年时间，建成“高产粮食，优质烤烟，经济林，优质果园，中药材，二元杂交猪，商品牛、羊，优质苎麻和早熟蔬菜”十个示范基地。2002年，提出重点抓“烟、畜、菜、粮”四个字，突出“烟、畜”两个产业的思路。2003年，围绕“烤烟、畜牧业、订单蔬菜”三大产业，在全县建设以“摆洗贡米”为品牌的10万亩优质大米基地，以“贵州春茶第一壶”为品牌的2万亩茶叶基地和年产10万担的5万亩优质烤烟、3万亩订单蔬菜、年出栏5万头商品牛、1万亩精品水果基地。2004~2007年，在摆茹镇、四寨镇、者密镇、通州镇、平湖镇、克度镇、塘边镇等乡镇建成优质大米基地6万亩，在牙舟镇、通州镇、克度镇、摆茹镇、者密镇、卡罗乡、鼠场乡、谷硐乡、甘寨乡、白龙乡、卡蒲毛南族乡等乡镇建成优质烤烟基地3万亩；在通州镇、塘边镇、平湖镇、白龙乡、卡罗乡等乡镇建成商品蔬菜基地2万亩；在平湖镇、摆茹镇、大塘镇、通州镇、塘边镇、苗二河乡、掌布乡、新塘乡等乡镇建成优质经果林基地4.2万亩；2009年后，以茶叶、油菜种植和黑山羊养殖规模化为着力点，发展现代农业。

2013年，县委、县政府印发《关于实施“185”工程，推进农业产业化进程的意见》，明确“185”工程的发展目标、工作重点、政策措施和组织保障。以建设高效农业产业园作为平台，以龙头企业带动作支撑，按照公司+农户的模式，推进现代农业发展。

发展旅游业

2005年6月，县委、县政府印发《关于进一步加快旅游业发展的意见》，提出将旅游产业作为县域经济发展的重要支柱培育和扶持；5年内实现旅游20万人次，旅游总收入2600万元以上目标；以掌布“救星石”景区为龙头，县城“玉水金盆”为中心，甲茶、龙塘景区为依托，其他景点为支撑，逐步建设全县精品旅游路。明确“十五”期间，除积极向上争取旅游项目资金外，县级财政每年安排100万元的财政预算资金，重点支持掌布、甲茶、龙塘、县城等旅游基础设施建设；每年从景区门票收入中提出20%作为宣传推介费；鼓励多种经济成分参与旅游开发，培养多元化旅游市场主体，允许县内外单位和个人投资兴办、领办宾馆、餐馆、娱乐服务业等。是年3月和11月，分别启动平塘国家地质公园和平塘国家自然遗产地申报工作。2006年1月12日，国家建设部将平塘省级风景名胜区正式列入国家自然遗产地预备名录名单。是年9月19日，国土资源部批准建立平塘国家地质公园。2006年4月28日，平塘国家地质公园在掌布景区揭牌开园。2007年，启动掌布国家AAAA级旅游景区申报工作。2008年11月，掌布景区通过国家AAAA级旅游景区评定。2010年8月，完成全县“十二五”期间旅游规划工作，是年投资2870万元实施平塘县国家自然遗产地保护项目。

2013年，印发《关于加快推进旅游国际文化进程的意见》，把平塘旅游产业提升到国际旅游的层面来布局；并启动大射电—天坑群旅游区开发规划和平塘国际天文射电天文科普文化园建设规划工作，出台《平塘县旅游产业招商引资和吸引民间资本优惠办法》。

推进毛南族聚居区发展

2008年，印发《中共平塘县委、平塘县人民政府关于进一步加快毛南族聚居区发展的意见》，按照“国家扶持，省负总责，县抓落实，整村推进”的方针，提出集中一部分财力、物力、人力，通过经济、交通、能源、教育、医疗、广播电视、文化和村镇基础设施等方面项目建设，改善毛南族聚居区生产生活条件，基本实现“四通”“五有”，“四通”即通电、通路、通电话、通广播电视，“五有”

即有学上、有卫生室、有安全人畜饮水、有安居房、有一项稳定收入来源的生产经营项目。是年，其投入各类资金1480万元，实施项目41个，其中基础设施项目20个，主要为通村公路、村寨连片道路硬化和农村安全饮水等；农业项目21个，主要有烤烟、畜牧、经果林和土地整治等。农业生产总值达25.5万元，农民人均纯收入达1910.74元。

推进农村改革发展

2009年1月6日，县委十届三次全委（扩大）会议审议通过《中共平塘县委关于贯彻党的十七届三中全会精神，加快推进全县农村改革发展的意见》，针对农业农村经济总量小、农业结构不优不强、农村经济服务主体不健全、农民人均收入偏低等问题，谋划部署新形势下农村综合改革。围绕“稳粮烟、优菜果、兴桑茶、强企牧”十二字，着力调整农村经济结构，建立健全和创新体制机制，推进农业产业化经营，突出新农村项目建设。到2020年，农村经济体制更加健全，城乡一体化体制机制逐步建立，农业综合生产能力明显提高，农业生产总值、农民人均纯收入年均增长10%以上，基本消除绝对贫困现象，农村基本达到小康生活水平。

发展非公有制经济

2009年9月，县委十届七次全委（扩大）会议审议通过《中共平塘县委、平塘县人民政府关于进一步加快非公有制经济发展的实施意见》，按照“三年夯实基础，五年量上突破，十年质的提升”的要求，将推进非公有制经济快速发展，纳入乡（镇）和县直有关职能部门的目标绩效考核管理，允许凡是国家没有明令禁止的民营资本进入行业、领域都向民营资本开放，鼓励民营资本投资工业、农业、旅游业和集镇土地、房地产开发以及公共设施建设。每年安排200万元以上专项资金扶持中小企业和符合国家产业导向支持的企业以及科技型、成长型非公有制企业。

推进城镇化建设

2010年6月21日，按照县委十届八次全委（扩大）会议的统一部署，召开全县城镇建设工作启动大会，以县城为中心，以建制镇和旅游乡镇为重点，实施新一轮城镇建设。县城围绕“新老同步、东西扩展、南北延伸、依托玉水、做大金盆”的总体规划，分步实现“一年打基础、二年全启动、三年见成效”的建设目标。乡镇依托大射电望远镜项目和国家地质公园旅游招牌，完成18个乡镇详细规划，支持通州、克度、塘边、四寨、掌布依托区位优势和政策机遇优先发展。

实施“工业强县”战略

2011年1月，县委十届五中全会（扩大）会议提出“工业强县”战略，重点是加快平湖、通州、四寨3个工业园区建设，打造工业平台，发展电力、煤炭、建材、高新技术、特色食品以及劳动密集型加工业，力争在“十二五”末建成1个不少于11平方米的工业园区，入驻企业达到20户以上，年产值达85亿元以上。是年12月，成立平塘县工业园区管理委员会，园区发展规划经黔南州人民政府批准实施并列入全省“十二五”产业园规划。2012年，成立园区建设开发有限责任公司，融资7000万元，实施通州园区基础设施工程并启动平湖工业园区标准厂房建设。2013年，工业园区共入驻企业25家，其中规模以上企业12家，年末全县工业总产值为16.91亿元。

第二节 主要活动

全县农村社会主义思想教育

农村社会主义思想教育简称“农村社教”。从 1991 年 8 月开始，由农村社教领导小组牵头，县委宣传部班子领导带队。从县委组织部、宣传部、农工部、党校以及平湖区委抽调干部 6 人，组成农村社教工作队，赴平湖区甘寨乡苗坡村进行为期 1 个月的农村社教试点工作。之后，分两批进行：第一批于 1991 年 12 月至 1992 年 4 月，完成 7 个乡镇 123 个行政村的社教任务；第二批于 1992 年 8 月至是年 11 月，完成 12 个乡镇 119 个行政村的社教工作。据不完全统计，农村社教期间，共协办乡村经济实体 584 个，续修或新建村级公路 542 千米，修筑引水沟渠 94.7 千米，完成人畜饮水工程 214 个，植树造林 2.1 万亩，坡改梯 3739 亩，解决群众用电 2000 余户，修建卫星电视地面接收站 4 座。

全县“三讲”教育

2000 年 7 月，召开全县“三讲”教育动员大会，正式启动全县“三讲”教育活动。先后在县委、县人大常委会、县人民政府、县政协和县纪委、县委组织部、县委宣传部、县人民法院、县人民检察院、县公安局等 6 个部门领导班子、领导干部中，开展以“讲学习、讲政治、讲正气”为主要内容的党性党风教育。时间从 7 月 25 日到 10 月 26 日结束，“三讲”教育分“思想发动，学习提高”“自我剖析，听取意见”“交流思想，开展批评”“整改，巩固成果”4 个阶段开展。2001 年 2 月，开展“三讲”教育“回头看”活动，针对整改落实情况，完善整改方案和措施，进行督促检查以巩固和扩大“三讲”成果。

全县“三个代表”重要思想教育

2001 年 3 月 14 日至 11 月 11 日，县委分三批在全县开展“三个代表”重要思想学习教育活动。第一批在乡镇、第二批在县部门、第三批在村级开展。活动分为学习培训、对照检查、整改提高 3 个阶段，时间为 3 个月。每批活动结束后，进行回访复查，督促整改。

全县保持共产党员先进性教育

2005 年 1 月 19 日至 2006 年 4 月 12 日，县委在全县开展以实践“三个代表”重要思想为主要内容的保持共产党员先进性教育活动，先后分三批。第一批 88 个县部门、104 个党支部、1483 名党员参学，第二批 19 个乡（镇）、378 个基层部门、1789 名党员参学，第三批 121 个行政村党支部、4 个机关党组织、6164 名党员参学。在第一、二批先进性教育活动中，参学单位和部门共设置征求意见箱 202 个，发放征求意见表 8089 份，共制定整改方案 243 个，整改措施 2883 条。在第三批先进性教育活动中，县委组建共修改和完善制度 1171 个，新建立和制定 321 个。

新农村建设试点活动

2006 年，县委贯彻中共十六届五中全会提出的“生产发展、生活宽裕、乡风文明、村容整洁、管理民主”的“二十字”方针，启动第一批社会主义新农村建设试点活动，全县投入 600 万元规划县级示范点 12 个，省级示范点 2 个，建设项目 214 个，其中，省级试点项目 20 个。主要有经果林、订单蔬果种植、畜禽养殖；通村（组）公路、村寨连户道路硬化、农村饮水以及农业技术培训；农村绿化、美化；农村民族文化开发和保护等。2008年，投入400万元实施第二批新农村示范点，将试点工作扩展至全县19个乡（镇），建成培训基地19个，农业合作社4个，产业协会12个。

学习实践科学发展观活动

2009年3月至2010年3月，全县分两批开展深入学习实践科学发展观活动，主题是“党员干部受教育，科学发展上水平，人民群众得实惠”。全县共有419个党组织10406名共产党员参加。学习实践活动围绕“立足科学发展，建设产业特色县”目标，以“做好一个规划、履好两个责任、争做三种人、解决四个问题”为载体，推进活动开展。活动于2010年4月召开总结表彰大会，总结活动开展一年来的经验成效，并表彰了一批在活动中涌现出来的先进集体和先进个人。

实施“三创”活动

2010年5月28日，平塘启动创建全国文化先进县和创建州级文明县城、双拥模范县“三创”活动。出台“三创”工作方案，明确考核指标和责任单位。在全县实施广播电视“村村通”，结合综合文化中心、农家书屋等惠民文化工程，开展广场文化和节庆活动，弘扬民族文化；根据《全国文明县城测评体系》，开展“文明窗口”“文明单位”“文明行业”“文明乡镇（村）创建”；按照《双拥模范城（县）创建命名管理办法》，出台创建方案，细化创建指标，落实各项工作。

“四帮四促”和“三个建设年”活动

2010年12月，印发《中共平塘县委关于在全县领导干部中开展“四帮四促”活动，进一步做好新形势下群众工作的实施方案》《中共平塘县委、平塘县人民政府关于在全县开展作风建设年、环境建设年、项目建设年的实施意见》，在全县开展作风建设、环境建设、项目建设和“四帮四促”活动。是年12月16日，县委召开动员大会进行部署，要求全县各级党员领导干部围绕“转变作风、提高效率、服务基层、推动跨越”主题，以发展促民生抓好“四帮四促”，采取面上帮扶和定点定人定时帮扶企业、农户相结合的办法，帮助企业和农村群众解决最关心、最直接、最现实的利益问题，推进干部作风大转变；规范行政行为和服务质量，营造良好发展环境；加强引资引项，通过项目投入推进经济社会加速转型。

“平塘星”命名仪式

2013年5月23日，“平塘星”命名仪式在县城行政中心广场举行，经国际天文联合会小天体命名委员会批准，中国科学院国家天文台将1992年12月发现的一颗编号为92209的小行星命名为“平塘星”。美国、澳大利亚、荷兰以及中国科学院的天文学专家以及黔南州有关领导出席，国家天文台台长严俊颁发命名证书。

第三章　纪检监察

1988年后，县纪检、监察部门在加强党员干部党风党纪教育的同时，重点围绕党政机关“三乱”

治理、政务公开、行业纠风和党员领导干部违纪违法查处等开展执法检查。1993 年 5 月，县纪委、县监察局合署办公，实行“两块牌子、一套人员、两种职能”工作机制。1994 年后，在各乡（镇）设置纪委，在县直有关部门设置纪检组，把党员干部廉政自律情况列入各级组织民主生活会，实行党风廉政建设责任制。2006 年开始，对党员领导干部实行重大事项报告制度、打招呼、诫勉谈话和任免表决制度。2004 年，在全县开展党政机关及其工作人员收受礼品礼金、有价证券、支付凭证清理工作。2010 年开始，开展“小金库”超标购买公车、公款旅游等专项治理。2013 年，县纪委对工程招标（直接发包）和政府采购作出明确规定，并纳入常规执法监督检查工作。

第一节　机　构

1988~1991 年，县纪律检查委员会无内设机构。1992 年，县纪委内设办公室、检查室、控申室和审理室。1993 年 5 月 18 日，县纪委、县监察局合署办公，实行“两块牌子、一套人员、两种职能”的工作体制，内设机构有办公室、纪检监察室、案件审理室、信访室、执法监察室、党风廉政建设室、教育研究室。1994 年后，附设县反腐倡廉领导小组办公室和纠正行业不正之风领导小组办公室。全县 19 个乡镇和县公安局设纪委，金融系统设纪检组和监察室。教育、卫生、粮食、工商等部门有专（兼）职人员。1998 年后，未设纪检组的县部门、事业单位和群众团体，均明确有专职或兼职人员负责本单位的纪检监察工作。2005 年，县直部门设纪检组增加到 15 个。2007 年，明确办公室、信访室、纪检监察室、案件审理室、执法监察室、宣教调研室、党风廉政室 7 个副科级机构。附设县纠正部门和行业不正之风领导小组办公室、政务公开领导小组办公室。2008 年，增设综合室，并建立反腐败协调工作领导机构。2011 年，县级机构改革后，撤销综合室，改设干部室、纠风室。

2013 年，县纪委（县监察局）内设机构有办公室、信访室、纪检监察室、案件审理室、执法监察室、宣教调研室、党风廉政室、干部室、纠风室 9 个室。是年，成立 3 个纪工委和监察分局，每个纪工委设书记 1 名、副书记（兼监察分局局长）1 名。

第二节　党风廉政建设

1988~1992 年，主要围绕党风党纪职业道德教育和民主评议党员开展廉政建设。1988 年，县纪委在 78 个县机关开展党风检查评比活动，评选出党风好单位 25 个，比较好单位 46 个。全县 7 区 1 镇党委中，党风好的和比较好的有 6 个。县委对评选出来的党风好的和比较好的给予通报表彰。1989 年，县公安局、审计局、工商局、税务局、财政局、劳动人事局等 27 个单位制定“两公开一监督”制度，即公开办事制度、办事结果，接受群众监督。1991 年，县纪委制定《关于加强党政机关党风、廉政建设的意见》《党风和廉政建设工作责任制评分考核办法》。对县直机关 8 个党组和 18 个乡镇进行党风党纪检查，对乡（镇）部分干部巧立名目私分计划生育专款进行严肃查处。1992 年，开展农村社会主义思想教育活动，对村级财务进行“五清理、五解决”，即：清理账目，解决账目不清、管理混乱问题；清理固定资产，解决集体财产流失问题；清理收还往来欠款，解决集体资金呆滞、沉淀问题；清理乱收费、乱罚款、乱摊派，解决农民不合理负担问题；清理挥霍浪费、乱发奖金、擅自提高干部报酬、侵占集体财物、行贿受贿、敲诈勒索，解决违法违纪问题。共查出贪污挪用集体资金 8200 余元。1993 年，举办全县农村党支部书记、县直机关科局班子领导和乡（镇）新上任副职领导培训会，进行党风党纪教育。

1995年，对照中纪委“十四条规定”，省纪委的“五条规定”，在县、乡（镇）领导班子开展自查自纠工作，通过领导干部民主生活会开展批评与自我批评，制定整改方案，督促整改。1996年3月，县委转发县纪委、监察局《关于开展党纪政纪条规教育的意见》，并建立“平塘县党纪政纪条规教育领导小组”负责此项工作，是年，将廉洁自律情况列入全县各级领导民主生活会内容，并召开廉洁自律专题民主生活会。1998年，贯彻中央厉行节约、制止奢侈浪费八项规定，县委成立“清理通信工具实施小组”，共清理出公款安装的住宅电话129门，用公款配备的移动电话37部，用公款配备的传呼机101个，按有关文件规定进行处理。1999年5月，印发《中共平塘县委、平塘县人民政府关于实行党风廉政建设责任制实施细则（试行）》，是年，县纪委对全县党政机关非专职驾驶员驾驶公车情况进行一次全面清理，查出23名非专职驾驶人员。

2000年，县委出台《干部任免投票表决制度》和乡科级领导干部《重大事项报告制度》《打招呼制度》《诫勉制度》。对工作失职造成重大损失或严重后果的单位和个人进行责任追究。全年实施责任追究6起、纪律处分6人，建立副科级干部廉政档案356个。2002年开始，贯彻执行《中国共产党党员领导干部廉洁从政的若干准则（试行）》，开展对县级领导干部配偶、子女从业情况自查清理。2003年，县纪委对6个乡（镇）、4个县部门党风廉政建设情况进行巡视，并在全县开展用公款大吃大喝专项检查和党政机关违规购置小汽车清理工作。对工作失职的领导干部实行责任追究4起4人，分别给予党纪处分。2004年，将全县党风廉政建设和反腐败工作任务具体分解为39项，逐项落实到30个相关职能部门，明确各单位、各部门责任。是年，开展“党政机关及其工作人员接受和赠送现金、有价证券和支付凭证”清理工作，对19个乡（镇）、65个县部门党政机关及其领导干部接受和赠送现金、有价证券和支付凭证进行清理。2005年，县纪委在全县开展清理纠正国家机关工作人员和国有企业负责人投资煤矿。对4名干部、1名教师进行责任追究。2008年，建立部门帮乡（镇），乡（镇）促进农村党风廉政建设的责任机制，开展村级财务清理和信访积案清理。推行三公开工作，开通“金盆网”“政务公开”专栏。2009年，县纪委印发《平塘县2009年农村党风廉政建设工作安排意见》《平塘县农村基层党风廉政建设联席会议成员单位联系点制度》，并在平湖镇双桥村、苗二河乡双江村、卡蒲毛南族河中村开展农村基层党风廉政建设试点工作。

2010年，开展“小金库”治理、超标购置公务用车、违规停放车辆和公款出境旅游等专项检查，共查处违规干部6人。2011年，县纪委印发《信访举报有功人员奖励制度》《实名举报信访保密和保护举报人工作制度》，编发《平塘县行政事业收费项目目录》规定收费上下限。

2012年，在全县121个村各聘请1名村级党风廉政义务监督员，负责强农惠农政策落实和资金使用情况的监督。是年，纠正农村危房改造项目4个，涉及资金4.31万元。

2013年，县纪委印发《关于规范农村操办酒席的意见》，把农村办酒纳入《村规民约》，是年，开通廉政短信业务，建成廉政教育馆，推进科级以上干部集中报告个人有关事项工作，落实“三谈两述”和函询工作。开展廉政谈话79人次，诫勉谈话23人次。

第三节　行政监察

1988年2月和4月，县纪委印发《关于在改革中需要安排划清的几条是非界限》和《十二条改革中的政策界限》，明确改革与执纪的政策界限。1990年，县纪委、县监察局会同相关部门开展清理党政机关党员干部违纪、违章、违法建私房“三违”工作，共清理107户、拆除4户、罚款29户。

1993年，县监察局会同有关单位，开展对各种乱收费、乱摊派、乱集资和用公款旅游、吃请问题进行清理检查。清查上交违规资金3.2万余元。1994~1997年，先后开展干部职工拖欠公款、公路设卡收费、公款安装电话和企业招工、学校招生监督。1998年后，开展行风评议，是年首次对政法、工商、供电三个系统进行行风评议。1999年，对4个涉及粮食流通体制改革的部门，12个涉农价格、收费部门以及建设资金在20万元以上的建筑工程招标单位等实施执法监察。

2003年后，开始对煤炭、建筑工程招投标、土地出让使用权等领域开展执法监察。2004年，在建设、运管、质监、审计、物价、国土、供排水公司7家单位开展行政效能试点工作；2005年县纪委印发《平塘县行政效能考评暂行办法规定》，实行行政人员责任追究。2007年，开展对党政机关办公楼建设项目清理，县纪委印发《外来投资企业收费明白卡管理制度》，实行县部门服务承诺制，推行外来企业和非公有制经济企业挂牌保护制度，并对抗洪救灾、基本农田建设、农村人畜饮水、新农村建设、以工代赈、扶持较少民族等项目资金的管理使用情况进行专项检查，查出管理不规范资金224.6万元，审减项目投入资金105.56万元。2008年，在文化、教育、卫生等15个部门开展涉农收费项目和收费标准检查，清退不合理收费121.5万元，注销收费许可证32个。2009年，县纪委、县监察局会同有关部门组建监督检查小组，对国家扶贫投资项目、毛南族财政扶贫项目、深圳对口帮扶项目、农村危房改造项目等资金以及农村低保及救灾救济资金进行监督检查，涉及资金2.15亿元。

2010年，开展对中央扩大内需促进经济增长政策落实情况监督检查，查出问题7个，督促整改7个。2011年，开展公务用车问题专项治理工作，共清理登记公务用车370辆。开展对政府集中采购执法检查。2013年，县纪委印发《平塘县工程招标（直接发包）和政府采购行为监督管理办法（试行）》，凡200万元以下工程发包和50万元以下政府采购纳入执法监督检查内容。是年，清理“吃空饷”人员7人，查处非法买卖土地建私房党员干部10人。

第四节　案件查处

1988年后，查处案件按照“分级”和“归口”的原则，采取领导分工、纪委常委包案、各负其责、一抓到底的办法进行。

1988~1992年，共立案查处违纪案件105件，主要为贪污、挪用资金和生活腐化、道德败坏等问题，审理办结92件94人，给予党纪处分65人。1993~1997年，共受理违纪案件83件，其中党纪42件、政纪41件，案件主要是贪污贿赂和违反财经纪律。

1998年后，群众来信来访和电话举报案件逐年增加，主要为干部作风和经济问题案件。

1998~2002年，接待群众来信来访280件（次），查办党纪、政纪案件86件，给予党纪处分36人、政纪处分60人，其中受党纪政纪双重处分的10人，挽回经济损失3.85万余元。

2003~2005年，先后在干部中开展公款大吃大喝、收受礼金、入股煤矿、拖欠公款等违规违纪专项治理。共查处违纪案件51件，给予纪律处分17件17人，给予开除党籍4人，行政开除公职3人。

2006~2012年，共受理群众来信来访案件379件，立案95件，结案84件，给予党纪政纪处分127人，其中开除党籍18人、开除公职8人，挽回经济损失1210.789万元。案件主要涉及收受礼金、贿赂、私设“小金库”、大办酒席敛财和违法收费等。

2013年，清理县直单位“吃空饷”人员、党员干部非法买卖土地修建私人楼房和农村危房改造资金、学校学生营养餐资金等，是年，共收到群众来信来访举报61件，立案并审结24件（司法机关移送4件），给予党纪政纪处分29人。查处贪污贿赂8件，收缴违纪资金53.64万元。

第五节　纠风工作

1992年，结合农村社会主义教育，开展乱收费、乱罚款、乱摊派“三乱”清理，解决农民不合理负担。

1995年，重点治理公路设站问题，拆除未经省人民政府批准设立的境内7个公路站。1997年，贯彻落实中共中央、国务院《关于党政机关厉行节约、制止奢侈浪费行为的若干规定》，对干部公款安装住宅电话、购买移动电话及支付话费等8项“治奢”规定进行清理。

1998年，县纪委印发《平塘县民主评议行风工作实施细则（试行）》，首次在县直部门开展民主评议行风活动。以后，以乡村公路违规站、中小学乱收费、乡镇和部门预算外资金规范管理、涉农收费和卫生系统医药购销不正之风为重点，开展执法检查，规范各种收费行为，切实减轻群众负担。2001年，县纠风办开展评议纠风“回头看”活动，组织工商、物价、卫生等单位纠正医药购销不正之风，共检查县城医（药）疗单位11个（次），乡（镇）卫生院28所（次），个体诊所61家，检查药品1.5万余种，并销毁一批过期药品。2002年，实行涉农价格和税费公示制，28个部门制牌公示。2005年，开展对农业税、农业特产税减免和对拖欠以及克扣农民工工资问题进行清理，共落实农民减免税费40万元，追回农民工工资3.5万元。2006年，全面推行政务、村务、厂务公开。县政务中心印发《外来投资企业收费明白卡管理制度》，实行部门服务承诺制。2007年，开展涉农物资打假活动，依法收缴一批劣质磷肥、种子、农药，查处违法种子经营户12户。2010年，规范行业协会、市场中介组织服务和收费行为，检查行业协会11个，查处价格违法集体1个。2011年，全面清理行政许可审批事项，规范行政处罚自由裁定权，共清理行政收费项目1068项，取消收费项目16项。

2013年，印发《关于切实反对“四风”厉行“八个严禁”的通知》，从公款接待、公车使用、公款考察旅游等方面，对形式主义、官僚主义、享乐主义、奢靡之风“四风”作明确规定。是年，对城镇保障性住房分配、机动车管理、征地补偿、闲置国有土地、城乡低保、农户低保、农资市场等民生领域进行监督检查，并对2010～2012年农村危房改造资金、教育卫生投入资金、财政扶贫资金以及水利工程项目的立项审批、招投标、资金使用等进行监督检查，纠正违规收费5起，查处涉农案件6件，给予党纪政纪处分6人。

第四章　组织工作

1988年，在各区、乡（镇）和县公安局设置党委，在县直有关部门设置党组。1991年，撤区并乡建镇后，各区和撤并乡（镇）党委自然撤销。1994年，实施农村党支部“四个一”工程。2002年开始全县以“六个好”（乡）镇党委和“五个好”村党支部建设为重点，开展县、乡（镇）、村三级联创活动。2004年全县合并行政村，村党支部由242个减为121个。2007年，对农村党员实行设岗定责，明确农村党员的岗位责任。2009年，开展党建综合示范村创建工作，进行村党支部书记“公推直选”试点。2010年开始，在非公有制经济组织和社会组织中建立党支部。

2013年，平塘行政区划调整，设9镇1乡（卡蒲毛南族乡）。全县共设党（工）委14个，其中机关党工委4个、乡（镇）党委10个，机关党组15个，党总支9个，基层党支部351个（农村党支部121个）。

第一节　机构设置

1988年，县委组织部内设办公室、组织科、干部科、审干办公室4个科室。1994年，机构改革后，内设办公室、干部股、组织股、审批知识分子办公室等股室。1995年，增设组织员办公室。1999年增设县“三讲”教育领导小组办公室。是年，增设县委“学教”领导小组办公室。2001年底机构改革后，内设机构办公室、知识分子工作办公室、组织科、干部科、干部监督教育科。临时性机构有县农村基层组织建设领导小组办公室、管理离退休干部工作局（含关心下一代工作委员会）。2004年，增设农村党员干部现代远程教育工作领导小组办公室。2006年，增设信息科。2009年，增设公务员管理科。临时性机构增设县委党的建设工作领导小组办公室。是年底，内设机构有办公室、干部科、组织科、干部监督教育科、信息科、公务员管理科、知识分子工作办公室、平塘县农村党员干部现代远程教育工作领导小组办公室。

2013年，内设机构有办公室、干部科、组织科、干部监督教育科、人才办、平塘县农村党员干部现代远程教育工作领导小组办公室、信息科、公务员管理科。

第二节　党组织建设

党委

1988年，全县共设党委49个，其中，机关党委2个、区级镇党委1个、区党委7个、乡级镇党委1个、乡党委38个；机关党组15个，党总支3个；党支部469个，其中农村支部242个、机关支部227个。1991年，全县撤区并乡建镇，共建9镇10乡，原平湖镇党委自然撤销，平湖、牙舟、通州、西关、克度、摆茹、者密区委自然撤销；设党委21个，其中机关党委2个、乡（镇）党委19个；机关党组15个，党总支3个；党支部455个，其中机关支部213个、农村支部242个。1992年增设机关党委1个、党总支1个、机关党支部5个。1996年机关党委调整为2个，党总支增至6个，机关党支部调整为207个，农村党支部不变。2004年，全县合并行政村，将242个村合并为121个村，农村党支部由242个减少为121个。

到2013年底止，全县共有党（工）委14个，其中机关党委4个、镇（乡）党委10个；机关党组15个，党总支9个；党支部351个，其中机关支部91个、农村支部121个。

基层组织建设

1988年，全县共有387个基层党支部任期届满，其中农村党支部242个、机关支部145个。是年底，367个党支部换届结束。1989年，县委组织部印发关于开展“双带”（党员带头致富、党员带领群众共同致富）的实施意见，在全县农村基层党组织开展“双带”活动。在全县160个农村党支部中落实“两带三包”（“两带”即“双带”，三包指党支部包面、党小组包片、党员包户）任务。党员包农户3979户，基本脱贫1521户。1990年，在新塘乡水沟村、马场乡董朗村、六硐乡甲术村开展帮扶试点工作；是年后在全县中小学逐步单独建立党支部。至1992年末，全县中小学兼有党总支部4个、党支部39个。在242个农村党支部中，一类支部98个，占支部总数的40.5%；二类支部144个，占59.5%。

1993~1997年，重点围绕实施“四个一”（配一个班子、选好一个支部书记、找准一条致富路子、健全和完善一套管理和服务制度）工程，继续“双带”和“帮后”（帮助后进农村党支部）工作。1993年，落实“双带”党员4097人，占农村党员总数的74.4%，党员联系困难农户10272户，达农村总户数的19%。是年，卡蒲毛南族乡交亩村党支部被中共贵州省委授予“双带先进党支部”称号。1994年，在全县242个农村党支部实施“四个一”工程。年末，达到“四个一”标准的农村党支部80个，占33.1%；达到“三个一”党支部145个，占59.9%；达到“二个一”党支部14个，占7%。1995年，县委印发《关于对农村基层组织建设进行检查考核和实施细则》，共调整村党支部书记50名，调整村级班子成员204名。1998年，县委印发《关于1998~2000年农村基层组织建设的意见》，县、乡、村三级出台三年党建工作规划和年度实施计划，围绕“选配一个好班子，建设一支好队伍，选准一条好路子，建立一套好制度，保持一种好作风，形成一个好格局”的“六个好”乡镇，和“选好一个好支部书记，培养好一支队伍，选准一条发展经济好路子，完善一个好的经营体制，健全一套好制度”的“五个好”村工作目标，加强村级阵地建设，发展村级集体经济，是年，农村集体经济累积上千元的村137个，上万元以上的村28个，有集体办公用房的村达97个。至2000年，全县达到“六个好”乡镇3个，达到“五个好”村27个。2002年，以“六个好”乡（镇）党委、“五个好”村党支部为重点，创建农村基层组织建设先进县，印发《平塘县2002~2005年村基层组织建设“三级联创”规划》，建立领导干部联系点，成立创建工作指导组和督查组，在各乡镇开展争创群众满意站、所活动；是年，首次在卡罗乡开展村级联合支部和支部书记跨村交流任职试点工作。

2004年，在9个乡（镇）17个村开展“两推一选”活动，选派县乡机关党员干部到村任职，合并农村党支部。是年，调整农村党支部241个，选派干部下村任职244名。

2005年，在19个乡镇569个村开展支书、主任“一肩挑”试点。实施把致富能手培养成党员、党员培养成致富能手、党员致富能手培养成村组干部“三培养”工程。是年，有146名农村致富能手培养成为党员，663名农村党员成为致富能手，21名党员致富能手成为村（组）干部。

2007年，在农村党员中实行设岗定责，设置“村务监督岗”“计划生育监督岗”“社会稳定维护岗”等岗位。

2009年，在全县开展党建综合示范创建，建成示范点25个。在白龙乡黄平、乐康、新全3个村开展党员民主推荐“公推直选”支部书记试点。是年，白龙乡离退休党支部被中共中央组织部评为“先进离退休干部党支部”，在县直部门和服务窗口实行党员持证上岗，亮身份、亮作风、亮成绩。

2010年，印发《平塘县加强非公有制经济组织和新社会组织党组织建设的实施意见》，成立非公经济组织和新社会组织党建工作领导小组、非公经济组织党工委、新社会组织党工委。新建非公企业党支部1个、新社会党组织党支部2个。是年，实行村干部坐班制，在福建省福清市建立流动党员服务站。

2013年，按照有名称、有标识、有内涵、有载体、有效果的“五有”标准，在县直部门开展党建品牌创建工作。是年，县直机关22个支部换届选举，新建县科协团委、县妇联、县科技3个党支部。

第三节 党员队伍建设

党员发展

1988 年后，按照“坚持标准，保证质量，改善结构，慎重发展”的方针，坚持“成熟一个、发展一个”的原则，严把“入口”关，严格履行入党手续。重点在生产一线的工人、农民、科技人员中发展党员，注重从共青团中吸收党员。全县共发展党员 2099 名。1988~1998 年，先后发展党员 1296 名。1999 年，县委组织部对各基层党组织纳新工作进行督查，清退 2 名不符合程序加入党对象，是年启动《中国共产党基本信息管理系统》建库工作，完成 400 多个支部 8000 多名党员信息录入。2003 年，县委组织部印发《“非典”防控期间发展党员工作程序》，在抗击“非典”一线的工作人员、志愿者中培养入党积极分子 53 人。是年，共发展党员 410 名。其中妇女党员 107 名，占发展党员总数的 26%；少数民族党员 303 名，占 73.9%。2004 年后，按照把致富能手培养成党员，把党员培养成致富能手，把党员中的致富能手培养成村组干部的“三培养”工程，着力吸纳懂市场会经营的农村青年入党，并成为带领群众脱贫增收的带头人、领带者。2009 年，县委组织部印发《平塘县 2009~2013 年发展党员工作指导意见》《平塘县 2009 年发展党员计划》，严把党员“质量关”，注重把政治立场坚定，有理想有信仰的干部和农村脱贫致富带头人吸纳到党组织中来。是年，发展新党员 330 名。2013 年，按照“控制总量，优化结构，提高质量，发挥作用”的方针，更加注重党员的年龄结构、文化结构和男女党员的比例，是年共发展新党员 312 名，比上年减少 11.7%。全县党员总数为 11465 人，其中机关党员 3359 人。

党员教育

1988~1992 年，采取轮训方式对党员进行党的基本知识、基本路线、基本国情教育，每年结合党员的教育开展“评先选优”活动。1989 年，全县开展民主评议党员工作，从是年 3 月开始搞试点，到年底结束。全县共有 475 个党支部 7186 名党员参加评议，占党员总数的 99.8%。合格党员占 81.2%，基本合格党员 371 名，占 5.2%，不合格党员 96 名，占 1.3%。根据评议结果，共处分（处置）党员 211 名，占全县党员总数的 2.9%，其中，开除党籍 13 名，取消预备党员资格 9 名，劝退和除名 92 名。之后，每年都开展民主评议党员活动，对不合格党员进行处置。1990 年，在平湖镇及京舟、甘寨、卡罗、通州、新塘、塘边、西凉、四寨等 12 个乡镇筹建乡镇党校。是年，全县 38 个乡 2 个镇开展农村党员培训。1991 年撤区并乡建镇之前，全县建有区镇党校 2 所、乡镇党校 18 所，村党员活动室 18 个。建并撤后，全县恢复乡镇党校 13 所，党员活动室增至 26 个。至 1999 年，19 个乡镇全部建立业余党校。

1994 年，印发《关于加强和改进党员教育工作的意见》。是年，全县各乡镇党校共举办各类培训班 133 期，参训人员达 19412 人（次）。农村党支部以党员活动室为阵地，开展“三会一课”和解放思想大讨论活动。1997 年，开展以“双学”“三讲”（讲学习、讲政治、讲正气）为主要内容的党性党风教育。是年，共举办各种培训班 108 期，参训党员和基层干部共 3000 余人（次），利用电教设备，深入乡、镇、村广泛开展宣传教育活动。

1998~2002 年，采取集中培训和外出考察学习的方式，加强对党员干部的教育。先后举办各种培训班 199 期，培训党员干部 1.58 万人。完成干部调训 3239 人（次）、学历培训 673 人。1999 年，印发

《关于实行党风廉政建设责任制的实施细则（试行）》，加强对党员干部的廉政教育。2000 年，在县委、县人大、县政府、县政协和县纪委、县委组织部、县委宣传部、县法院、县检察院、县公安局六部门开展以“讲学习、讲政治、讲正气”为主要内容的党性党风教育。2001 年，印发《平塘县 2001~2005 年干部教育培训规划》，以县委党校为主阵地，有计划分期分批对机关干部和农村党支部书记进行理论和党的知识培训。从 2001 年 1 月至 2002 年上半年，在县直部门、乡镇、村领导班子和基层干部中，分三批开展“三个代表”重要思想学习教育活动。2005 年，建成开通县委党校 C 级接站，在各乡镇开展现代远程教育试点工作。到 2004 年，共建成远程教育接收站（点）91 个，举办远程教育培训班 32 期，培训农村党员 2465 人（次）。2005 年后，采取“谁管理，谁培训，分层次，分类别”的方式，对干部的培训任务进行分解落实到各乡镇、各部门。2005 年 1 月至 2006 年 6 月，县委分三批在全县开展保持共产党员先进性教育活动。88 个县直部门、19 个乡镇、78 个基层单位、121 个村共 9436 名党员参加教育活动。2007 年，县委组织部印发《平塘县 2007~2009 年党员教育培训规划》，分年度对农村党员干部、乡土人才、优秀青年进行轮训。2008 年，实施党员教育“双提升”（提升综合素质，提升服务水平）工程，结合学党章、学理论、学技能“三学”，开展农村党员培训。2009 年 3 月至 2010 年 3 月，全县分三批开展学习实践科学发展观活动，全县共有 419 个党组织 10406 名党员干部参加学习实践活动。2013 年，县委组建宣讲团到各乡（镇）、村开展中共十八大、十八届三中全会精神宣讲。各乡（镇）、各部门把学习贯彻中共和省、州全会精神作为党员干部思想教育的主要内容。

第四节　干部队伍建设

干部任用

1988 年前，干部选拔任用沿用“推荐、考察、任命”程序。1988 年，县、乡两级干部任用，着重考察人选的德、能、勤、绩四个方面，并进行民主测评和民主推荐。对县乡直部门领导班子的调配，按照“稳定县直机关、充实区（镇）领导班子、加强薄弱、保证主要部门、提拔优秀中青年干部”的原则进行。是年，在县直机关和各乡镇进行以干部选聘制为内容的干部人事制度改革。在县林业局、牙舟乡进行试点后，逐步在县直机关单位和各乡镇分期分批推开。年底，县区机关 17 个单位和邮电、粮食、卫生、教育等部门所属基层单位，以及 31 个乡镇完成干部选聘工作。1989 年，县委发文规定由区（镇）党委管理的干部，在区（镇）内调整的，征求县主管部门意见后由区（镇）党委决定，跨区的，由县主管部门提出意见与有关区（镇）党委商定。属党群单位的，报县委组织部审批，属政府单位的报县劳动人事局审批，乡（镇）党政正副职，报县委组织部与分管领导审查同意后，按干部管理权限办理任免手续，乡（镇）人武部干部任免和调整，报县人武部和县委组织部共同研究，由县人武部行文任免，报组织人事部门备案。

1990 年，县委批转县委组织部、县劳动人事局《关于进一步加强县直单位股级领导干部工作的意见》，规定行政事业、企业单位股级领导干部由县直各主管部门党组织管理，股级干部任免由单位报组织或人事部门，经分管领导审查同意后，由主管部门行文任免。1991 年，对原区（镇）、乡（镇）干部按新建乡镇进行调配。

1993 年，贯彻中共中央《关于抓紧培养教育青年干部的决定》，从县直部门选派 33 名干部挂任乡镇副书记、乡镇长助理。1995 年，推行乡镇领导班子工作实绩考核制度，把工作实绩作为领导干部提拔任用的主要依据。并在县机关之间、乡镇之间、县机关与乡镇之间进行干部交流锻炼。是年考核干部450名，提拔193名，交流138名。

1999年，县委在县教育局、县卫生局、县监察局和县国土局、县财政局、县建设局、县检察院等部门开展公开选拔副科级领导干部和中层干部竞争上岗试点工作，并对公开选拔的副科级干部进行任前公示制度。

2000年，推行选拔任用领导干部前，在四大班子进行民主测评、民主评议、民主推荐“三民”活动及征求意见、公开选拔领导干部考察责任制度；推行领导干部任前公示制度和试用制，实行县委常委会研究干部任免票决制和领导干部离任审计制度；推行干部任免票决制和任前公证制。是年，县委常委会票决干部任免201人，任前公示22人。

2004年，面向全州公开选拔4名副科级干部。是年，共提拔科级干部40名。2005年，首次推行对干部德、能、勤、绩、廉、学等6方面进行量化考核，实行差额考察制考察80人次。

2006年，结合乡镇党委、政府换届，进一步优化调整乡镇领导班子。调整后全县乡镇党委班子成员平均年龄33.4岁。乡镇政府班子成员平均年龄30.5岁。党政班子均配备1名以上30岁以下年轻干部和1名女干部。

2008年，采取公推直选方式选举产生新塘乡党委书记，对西凉乡乡长、县海事处处长、县发展和改革局副局长3个职位进行初始提名试点推荐。

2009年，在全乡范围内开展跨乡（镇）跨部门中层干部竞争上岗。2010年，推行干部跨乡（镇）、跨部门交流和部门“一把手”年终考核淘汰制，年内交流科级干部25人，免职7人。对乡镇34名党政正职任职前征求县委全委会成员意见。2012年，在全县公开选拔19名优秀年轻干部挂任乡镇长助理，选派121名县直机关年轻干部驻村开展党建工作，选派3名干部到江苏海安挂职锻炼，选派12名干部赴外省开展招商引资工作。

2013年，推行差额推荐、差额考察、差额酝酿及差额票决制度，印发《平塘县股级干部任免管理工作暂行办法》。是年，任免干部226名，选拔副科级干部20名。

干部培训

1988~1992年，全县围绕干部调训、理论和业务知识学习，以及干部的学历教育等开展干部培训工作。1988年，选送9名机关科级干部和31名乡镇领导干部参加省州干部培训班。是年，在县委党校举办两期乡、村干部培训班，共有75人参训。

1991年，县委组织部制定《1991~1995年干部培训规划及1991年干部培训规划》。是年，举办两期培训班，参训干部182人。1992年，县委成立干部教育领导小组，拟定1992~1995年干部教育培训计划，建立在职领导干部培训登记卡。是年9月，在县委党校举办经济管理中专班，共有学员24名。1993~1997年，除完成省州调训176人外，先后举办各类干部培训班44期，参训2555人。

1998~2002年，共完成干部调训323人次，在职干部学历培训673人。举办在职干部培训班143期，培训干部6496人。2003年后，以县委党校为主阵地，采取“请进来（授课），走出去（学习）”的方式，除开班进行理论和业务培训外，有计划分期分批组织干部赴省内外先进地区进行学习考察，拓宽视野。

2005年，采取“谁管理、谁培训、分层次、分类别”的方式，任务分别落实到相关部门，采取联合办班方式进行培训。

2006年，在湖南宁乡县委党校建立首个省外干部培训基地，并举办一期中青年科级干部培训班，参训学员40人。2008年，委托上海大学、深圳经理学院、贵州师范大学、贵州民族学院等省内外院校举办平塘干部培训班5期，参训干部250多人。之后每年均委托省内外高等院校利用师资开展干部培训。

2010年后，组织干部参加贵州省网上在线学习，利用媒体扩大干部培训。2013年，开展解放思想大讨论活动，举办每月1次科级干部形势教育报告会（讲座）。是年，共举办干部培训班23期2300余人（次），依托远程教育站点，举办干部培训57期2800余人（次）。

知识分子和人才工作

1988～1992年，采取公开向社会招聘干部，聘用不包分配大中专毕业生，企业合同制工人和职工转干，民办教师转为公办教师等，解决各行各业人才紧缺问题。1988年，公开招聘干部19人，职工转干部27人，企业（含集体企业）合同工49人，民办教师转为公办教师11人。1989年对全县各类专业技术人员进行普查，启动“人才库”建设。1990年，落实知识分子补贴，恢复退休知识分子生活补贴。1991年，首次对专业技术人员三年聘工作复查，全县共有专业技术人员1857人，其中，高级技术职务12人，中级259人，技术员880人。1992年聘用不包分配大中专毕业生45人，充实人才队伍。

1993年，县委决定每年划拨2万元设立奖励基金对突出贡献的优秀知识分子和科技人员进行奖励。是年，颁布《平塘县科学技术奖励办法》并奖励55人。之后，每年“3·18”科技活动日期间均对优秀知识分子科技人员进行奖励。

1998年后，县委成立科教兴县领导小组，利用“3·18”科技活动日，组织科技人员在县城开展“科技咨询服务一条街”和“送科技下乡”活动，义务为群众提供技术咨询，负责义诊以及解答法律法规知识等。

2005年3月，印发《中共平塘县委、平塘县人民政府关于实施人才强县战略的决定》，并出台《平塘县人才工作联席会议制度（试行）》《平塘县优秀人才和科技进步奖评选奖励办法（试行）》，明确人才引进以及奖励制度。2006年，启动面向高校引进急需人才。培育农村乡土人才和“一村一名大学生工程”。是年，共引进紧缺人才42名，公开招考教育、卫生专业技术人员139名，安排26名大学生到村工作，建成966名中级以上人才信息库。

2007年，县委转发县委组织部《关于做好农村乡土人才资源开发的意见》，加强对农村乡土人才的开发工作。是年，面向全州公开招聘专业技术人员15名。2008年，县委印发《关于进一步加强人才队伍建设工作实施意见》，建立县级领导干部联系优秀人才制度，试行高级职称人员带薪疗养制度，鼓励县机关事业单位技术工作人员带薪留职领办农产品加工营销企业。2009年，对获双学士学位和无学位研究生实行岗位补助，并从是年开始加大对乡土人才、非公有制企业技术人员的培训力度；2009～2010年，先后举办各类人才培训班7期，培训农村乡土人才500余人，专业技术人员180余人，非公有制企业管理人才50人。

2013年，县委印发《关于进一步实施科教兴县战略，加强人才队伍建设的实施意见》，设立人才发展专项基金（按不低于财政收入的3%纳入财政预算），并在乡镇和人才集聚部门建立人才工作和人才工作联系点，明确专（兼）职人才工作人员，形成县、乡（镇）、部门（单位）人才工作网络。是年，引进博士生1名，全县共有各类人才14825名，其中企业管理人才1683名、专业技术人员4241名、农村实用人才4473名。

第五章　宣传工作

1988年后，平塘宣传工作主要通过广播电视、组织宣讲、举办干部培训班和形势报告会以及开展“三下乡”活动等宣传党的基本路线、基本理论、基本方略，贯彻中央和省委、州委重大决策部署，宣传平塘改革发展稳定取得的重大成就。1990年在各乡（镇）、县直机关配置通讯员撰写新闻稿件。1997年3月创办《平塘报》。1999年正式挂牌成立平塘报社。2004年在《黔南日报》设置平塘宣传专版。2005年成立平塘县新闻宣传中心，是年创办县委机关刊物——《玉水河》。2007年创办《平塘宣传》，是年开设金盆网站。2009年开始，与国内主流媒体合作，借力宣传平塘经济、政治、文化、社会、生态、建设。2013年先后与中央电视台、贵州电视台、香港凤凰卫视、《贵州时报》合作举办大型活动6次，制作专题栏目3期。

第一节　机　构

1988~1993年，县委宣传部无内设机构。1994年，县级机构改革后，内设宣教股、通讯股。1995年，增设办公室。1998~2001年11月前，附设县精神文明建设指导委员会办公室和县对外宣传工作领导小组办公室、县“三文明”（文明单位、文明行业、文明公民）创建活动办公室。2001年11月，县级机构改革后，内设机构改为宣教科、通讯科和办公室，附设机构不变。2003年，不再增设县“三文明”办。2004年，增设新闻中心。至2012年内设机构、附设机构不变。2013年，县委宣传部内设办公室、宣教科、通讯科，附设机构有县文明办、县外宣办。

第二节　理论学习

1988年后，全县党员和干部职工的政治理论学习教育主要通过专题报告会，举办各类培训班和开展各种活动方式进行。

1988年3月，县委宣传部在县委党校举办为期10天的县机关领导干部培训班，学习中共十三大文件，参学领导干部87人，其中县级干部23人。是年5月，组织县机关学习《社会主义商品经济理论》，1107名机关干部参加学习。1989年8月16~28日，县委宣传部与县委党校组建宣讲组，向各区镇机关干部职工以及部分乡镇党政领导干部作题为《坚持四项基本原则，反对资产阶级自由化》的专题报告14场。是年，以中共十三届四中、五中全会精神等为主要内容，先后举办6期干部培训班，参学人员6500余人。1990年7月，举办首期“县直机关政工干部培训班”和二期领导干部哲学读书班，参学人员182人。1991年4月，县委宣传部组织工作队赴甘寨乡苗坡村，开展中共中央十三届七中全会精神宣讲试点之后，各乡镇、各部门举办宣讲骨干培训班，全面开展中共中央十三届七中全会精神宣讲工作。是年，在县委党校举办两期县部门科级干部理论研讨班，系统学习江泽民“七一”讲话、中共党史和经济理论。1992年，全县理论教育以学习宣传邓小平视察南方讲话和中共十四大精神为重点，县部门主要通过每星期政治学习进行。在农村，主要通过社会主义思想教育活动进行宣讲。

1993~1997 年，以中共十四大，十四届三中、四中全会和中共十五大精神，以及建设有中国特色社会主义理论等内容为学习重点，开展《邓小平文选（第三卷）》巡回宣讲等理论学习教育；共举办干部读书班和理论骨干培训班，农村党支部培训班 4 期 266 人。1993 年，以中共十四大、十四届三中全会精神和建设有中国特色社会主义理论学习教育为主要内容，先后在县委党校举办新任副科级干部培训班和农村新任党支部书记培训班各一期，参训 106 人，发放《邓小平文选（第三卷）》等学习资料、辅导材料 3520 册。1994 年，以《邓小平文选（第三卷）》、中共十四届四中全会精神和社会主义市场经济理论为主要内容，在县委党校举办干部读书班和理论骨干培训班各 1 期，参训 160 余人。1996 年 5~8 月，在全县开展“公务员过渡”理论培训。1997 年，开展县情知识竞赛。

1998~2002 年，各乡镇各部门以邓小平理论和十五大精神为学习重点，制定年度学习计划和考核办法，加强对干部职工的政治理论学习教育。1998 年，各级各部门以邓小平理论、中共十五大精神为主要内容，举办各类培训班 80 期 4200 人。是年，全县党员干部职工 4000 余人参加邓小平理论学习考试。2000 年，在全县开展“三讲”学习教育活动，县四大班子以及参学部门开展中心组理论学习，通过制定学习计划，采取自学和集中学习的方式，开展理论学习，撰写心得体会。

2001 年，县委修订中心学习组理论学习制度，并行文印发各级党委（党组）参照执行。是年，县委宣传部与县纪委、县委组织部联合制定理论学习教育考核办法，对全县各乡镇、各部门进行百分制量化考核。之后，县部门、各乡镇中心学习组理论学习进入制度化、规范化。

2003 年，结合“三个代表”重要思想教育活动，以中共十六大精神为主要内容，先后举办两期干部学习“三个代表”重要思想读书班和两期科级干部学习十六大精神培训班。2004 年，开展《公民道德建设实施纲要》宣传学习活动，启动村级文化活动室建设和村级“四个一”工程试点工作。2005 年，开展以保持共产党员先进性教育为主要内容的学习教育活动。2007 年，以中央十六届四中全会第十次、州第九次党代表大会精神为重点，开展专题学习，每月定期举办大型形势报告会，聘请贵州大学教授和州委讲师团作专题讲座。2008 年，把中国特色社会主义理论学习和宣传作为首要政治任务，全年共组织举办 12 期全县领导干部形势报告会。组建县委宣讲团赴 19 个乡镇开展中共十七大及十七届三中全会精神宣讲。

2010 年，县委印发《关于推进平塘县学习型党组织实施意见》，在全县开展学习型党组织的创建活动。之后，县委和各乡（镇）党委中心学习组、县部门党委（党组）中心学习组制定学习计划，学习贯彻十七大，十七届五中、六中全会和省委、州委、县委全会精神。

2013 年，以中共十八大、十八届三中全会精神，中共贵州省委十一届二次、三次全会精神，中共黔南州委十届三次全会精神为主要内容，采取自学和集中学习方式开展理论学习教育。其中，县委中心学习组集中学习 23 次，各乡（镇）党委、县部门（党委）党组集中学习 300 余次。是年，在全县深入开展“十破十立·解放思想”大讨论活动，5 月，县委中心学习组成员赴威宁进行为期 3 天的“十破十立促发展·推动平塘新跨越”的学习交流活动。

第三节　对外宣传

1988 年后，利用各种会议、组织宣讲、举办形势报告会、干部培训班“三下乡”活动等，宣传贯彻党的路线方针政策的同时，宣传平塘贯彻落实中央和省、州重大决策部署，传扬各条战线在改革开放和经济社会发展中的重大事件以及新人新事。1988 年 3 月，县委宣传部召开县直机关通讯报道工作座谈会，制定1988年对外报道计划。1990年6月，县委宣传部会同县委办、对台办、县民委、县广播电视局举办为期一周的“平塘县民族通讯工作培训会”，全县60余名通讯员参加培训。1988~1992年，全县获州级及以上新闻单位采用新闻稿件469篇，其中国家级2篇、省级301篇。1994年，选配乡镇宣传委员（干事）负责全县乡通讯报道网络。1997年，创办县委机关报——《平塘报》，并进行试刊。是年，通过“全国记者扶贫代表团”到平塘扶贫采访，以及全省民委系统“两山”（麻山、瑶山）扶贫现场会在平塘召开的机会，向外宣传平塘“麻山”扶贫工作成效。

1993年，在县城举办纪念毛泽东100周年诞辰活动。1995年，在全县举办抗日战争和世界反法西斯战争胜利50周年纪念活动。在县城举办纪念报告会、革命影片展播和大型歌咏晚会等活动。

2001年，修订实施《平塘县新闻宣传奖励办法》。县委宣传部牵头与贵州省电视台合作完成《开心旅程》电视专题片。2004年《平塘报》停办后，采取联合方式开办《贵州日报》《黔南日报》平塘专版。是年6月22~28日，与中央电视台《走近科学》栏目组制作《揭秘“藏字石”》专题片，并于8月在央视黄金时间向全国播放。是年12月8~11日，“中国名家看平塘”大型笔会在县城举行，来自全国各地著名作家、评论家、知名学者100多人出席笔会进行采风（访）创作宣传平塘，中国文学艺术基金会把平塘作为中国文艺家科普创作基地。是年，中央电视台《搜寻天下》、贵州电视台《经济时空》《发现贵州》栏目、上海东方卫视国际频道以及国内主流媒体对平塘旅游、民族文化进行宣传报道。2005年3月开通平塘宣传网站，是年4月21日，由县委、县政府、中国文学艺术基金会、华夏英才北京文化中心等主办的“贵州平塘·中国文艺家科普创作基地新闻发布会”在北京人民大会堂举行。是年，新华社、《中国旅游报》、《贵州日报》、贵州电视台等媒体50多名记者应邀对“贵州春茶第一壶”平塘玉水不夜天剧场实景演出活动进行报道。2006年，先后被新华社、《人民日报》《贵州时报》《中国旅游报》《黔南时报》以及贵州电视台记者采访报道新塘乡茅房改造和“贵州春茶第一壶”“玉水不夜天”山水实景演出等重大活动。2007年，对县外记者向媒体投稿宣传平塘实行奖励。在金盆网开设新闻栏目，拓展外宣工作。2008年，印发《平塘县宣传奖励办法》，建立“宣传工作创意奖”“好新闻”“优秀文艺作品”等申报评奖机制。2009年后，利用金盆网、《玉水河》、《黔南时报（平塘专版）》和县电视台四大阵地，强化对外宣传报道。

2010年4月，开展“网络媒体多彩贵州踏春行”大型文化旅游采访活动，全国28家网络媒体记者30余人对平塘旅游进行考察和采访报道。2011年5月25日，凤凰卫视《今日中国》栏目对塘边镇布依族“八音弹唱”进行专题拍摄制作，是年9月，中央电视台《新闻联播》《焦点访谈》栏目以及《贵州时报》、贵州电视台记者联合采访组到平塘对公共文化建设、农业产业化、旅游业进行采访和宣传报道。之后，平塘加强了与国内主流媒体的合作。围绕世界最大射电望远镜项目和掌布世界地质奇观、国家地质公园、国家AAAA级旅游景区和国家级风景名胜区、中国最美小城等名片，采取“请进来、走出去”的办法，与各大新闻媒体联络，开展文化旅游推介和专版、专刊的宣传报道。

2013年，以“经济发展，调整结构，民主建议，和谐构建”为宣传主题，开展“四在农家·美丽乡村”创建宣传报道活动，与《当代贵州》杂志社开展系列专题宣传报道。是年，中央电视台《远方的家，百山百川行》《平塘“六月六”布依歌节》摄制组、“感知中国当代贵州行”青年社会实践团以及省委宣传部组织的省内外媒体采访团先后到平塘进行专题采访报道。

第四节 精神文明建设

文明卫生县城创建

1988~1998年，文明卫生县城创建主要是贯彻《城市规划法》，开展对乱停车、乱设摊点和违章建筑进行整治，维护市容市貌。1991年，县城内卫生清扫延伸至城外。1992年，实行分段（片）包干责任到人，奖罚与工效挂钩制度。

1997年，成立平塘县市容环境卫生管理监察大队。中华路、人民路等主要街道实行全天保洁。1998年，县建设局成立创建文明卫生县城领导小组，开始禁止县城区敞放家犬。

2001年，印发《平塘县创建文明卫生县城综合管理办法》，县城管大队与县创建文明卫生县城领导小组办公室组成综合执法组，对县城街道实行分片包干出检管理。是年，开始取缔城区煤灶。

2002年，县城镇公共事务管理局与县城区各单位、居民住户和商业门市签订门前包卫生、包秩序、包绿化“三包”责任状，并开展乱倒（垃圾）、乱停（车辆）、乱贴（广告）等项治理活动。

2003年，启动省级文明卫生县城创建工作，之后，在全县开展“文明大道”“卫生与秩序”创建活动。按照“农贸归市、摊点归区、坐商归店、广告归栏、停车归点”管理方式，规定机动车停靠点，取缔占道经营和流动摊点，开展“野广告”“牛皮癣”广告清理和查处乱停乱放车辆以及公共设施破坏行动专项整治工作。

2006年，印发《平塘县“整脏治乱”专项行动动纲要（2006~2010）》《平塘县2006年“整脏治乱”专项行动实施方案》，成立县“整脏治乱”专项行动领导小组，下设办公室在县委宣传部，负责“整脏治乱”工作的协调、督查和指导。划定责任区域，定期开展督查，提出整改意见并通过县电视台曝光死角巷道和公共场所的卫生情况。2007年，县城区共划分为72个卫生责任区，明确108个部门（单位）的保洁和“三乱”整治责任。

2008年，开展“满意在平塘”主题活动。先后举办“满意在平塘——青年在行动”演讲比赛、“文明诚信单位”评选、“迎奥运，讲文明，树新风”等活动。是年，共投入630万元实施玉水公园凝冻灾害堤毁修复及迎宾大道街景改造，县城区绿化、美化、亮化等项目。

2010年5月，启动“文明县城，双拥模范县城，全国文明县城”创建工作，先后制定《平塘县2010年“整脏治乱”专项行动考核办法》《平塘县“满意在平塘”主题活动测评办法》，在全县开展文明窗口、文明单位、文明作业创建活动。并以金盆网为平台，对47个县直部门和窗口服务部门满意度进行网上测评。是年，实行“整脏治乱”一票否决制和黄牌警告制，对获黄牌警告单位取消是年评先选优资格。从2011年开始，将省级文明卫生县城创建工作纳入乡镇和县部门年终绩效考核。

2013年，以开展“多彩贵州文明活动”为载体推行县城区卫生网格化管理，投入1.32亿元实施县城区迎宾大道、中山路、玉水北路等8条主要街道油路改造、人行道改造和路灯升级改造。建成市民广场1个，增设停车位300个，果皮箱350个。

“三个文明”创建

1988年后，在全县开展文明乡（镇）、文明村寨、文明单位“三文明”创建。1989年，印发《关于加强文明村寨、文明单位建设意见》，成立平塘县精神文明建设协调指导委员会。在全县开展文明单位、文明村寨创建工作。是年5月，县委宣传部创办《精神文明信息》期刊，全年共编发16期。

1990 年，县委宣传部在平湖区甘寨乡的苗寨村民组和米寅乡的苗攀村民组开展文明村寨试点工作，是年，全县创建文明村寨 33 个。1991 年，开展文明村寨、文明单位创建达标活动，9 个文明村寨、20 个文明单位通过县级验收。1995 年，平塘民族中学、平湖镇北街村分别评为省级“文明单位”和“文明村寨”。1997 年，出台全县精神文明建设考核标准。是年，共有 272 个“文明单位”。县粮食局、县邮电局、县国税局和平湖镇北街村、卡蒲毛南族乡交亩村、牙舟镇王宋村被命名为“州级文明单位”和“州级文明村寨”。1998 年，县国税局和平湖镇北街村被省委、省政府命名为 1995~1998 年省级文明单位和文明村。1999 年，开展“十星级文明户”创建，全县“十星级文明户”达总户数的 5%。

2001~2002 年，全县共创建县级文明单位 66 个，州级文明单位 23 个。2003 年，在册沿路、平黑公路沿线开展创建文明乡（镇）工作。是年，创建文明乡（镇）4 个。

2004 年，开展“讲文明、树新风”群众性文明创建活动。启动文明新村示范工程建设。是年，在全县确定首次文明示范村 30 个，并采取县领导挂村的方法推进。2005 年，县工商局被评为全国文明单位，苗二河乡新寨村在全国精神文明表彰大会上获中共文明委表彰。2007 年，落实中共和贵州“迎奥运，讲文明，树新风”的部署，树立平塘“国家地质公园”形象，以乡（镇）和旅游景区为重点，开展乡（镇）、村环境整治。2009 年，制定《关于开展创建文明单位、文明乡镇、文明村（社区）、文明窗口和“十佳”评选活动方案》，广泛深入地开展文明创建、“满意在平塘”主题活动和“整脏治乱”专项行动。是年，苗二河乡新寨村获“文明村寨”称号。县国税局、县信访局等 8 家单位被评为省级文明单位。

2010 年 5 月，启动创建文明县城、双拥模范县、全国先进文化县“三创”工作，在全县深入开展“文明窗口”“文明单位”“文明行业”“文明乡（镇）村”创建活动。是年，“整脏治乱”督查通报批评部门 25 个，黄牌警告乡镇 2 个、部门 6 个。2012 年，在全县开展“迎九运文明树新风”活动。

2013 年，以开展“多彩贵州文明行动”为载体，深入推进文明城市、文明单位、文明村镇创建和“四在农家・美丽乡村”建设。大塘镇新光村、牙舟镇王宋村获省级“四在农家・美丽乡村”示范点称号。公开采购 43 家文艺团队节目，开展“幸福进万家”春季大型公益文艺进村寨演出 121 场。

以县政务服务中心为平台，制定行业职业规范和岗位行为准则，实行窗口服务单位首问责任制、限时办结制、服务承诺制，公开收费项目和收费标准，设置意见箱和监督电话，接受社会监督。是年，启动通州、克度、白龙 3 乡（镇）示范性文体活动广场建设，建成 57 个农家书屋。

文明单位（村寨）评选

1991 年，开展文明单位、文明村寨创建“达标”（达到县级验收标准）工作，是年，申报县级达标验收文明单位 20 个、文明村寨 30 个，通过验收达标文明单位 20 个、文明村寨 9 个。之后采取逐级申报的方式进行，即通过县级验收取得县级文明单位和文明村寨资格后，经县精神文明建设指导委员会审查合格后向黔南州精神文明建设指导委员会申报州级文明单位和文明村寨，取得州级文明单位和文明村寨资格后，可以向贵州省精神文明建设指导委员会申报省级文明单位和文明村寨。

1995 年，全县共评选出文明单位和文明村寨 30 个，被评为州级文明单位 1 个（县委组织部）、省级文明单位 1 个（平塘民族中学）、省级文明村寨 1 个（平湖镇北街村）。

1998 年，评选文明单位 27 个、文明村寨 20 个。是年，县粮食场、县邮电场被命名为州级文明单位，卡蒲毛南族交亩村、牙舟镇王宋村被命名为州级文明村寨。县国税局、平湖镇北街被省委、省政府分别命名为 1995~1998 年度省级文明单位和文明村。

2001 年，为加快文明单位、文明村寨建设，进一步细化考核建设办法，提高考核标准，全县评选出43个文明单位，共有23个单位被命名为州级文明单位。

2005年，在卡蒲毛南族乡河中村开展文明生态示范村建设。是年，县工商局被评为工商系统全国文明单位。

2006年后，把生态、文化卫生建设纳入文明单位、文明村寨考核评选的指标。支持各乡（镇）村、部门参与“多彩贵州”歌舞大赛平塘县赛区选报赛、平塘龙舟节龙舟赛、“幸福进万家”公益文艺演出、“呵护母亲河”专项活动以及乡（镇）村环境保护。

2009年，制定文明单位、文明乡（镇）、文明村（社区）、文明窗口和十佳文明农户、十佳文明家庭、十佳文明村（社区）、十佳文明公民、十佳文明致富能手、十佳文明诚信经营户、十佳女能人评选活动方案，将文明单位、文明村寨的考核评选延伸至服务窗口、社区家庭和民营企业。在窗口服务行业开展“文明诚信单位”，创建“百城万店无假货”活动，实施“创绿色家园、建富民新村”行动。是年，苗二河乡新寨村被授予“全国文明村寨”称号。县城华连超市、惠康超市被评为“贵州省农村首批产品质量和食品安全示范店”，县移动公司、华连超市被评为州级“诚信单位（店）”。

2011年，全省实施新一轮文明系列评选办法后，先后制定平塘县文明乡镇、文明村（社区）、文明窗口评选标准。之后，申报文明村镇、文明单位和文明窗口执行新的评选办法。

整脏治乱

1988~2005年，整脏治乱纳入精神文明建设工作，主要解决脏、乱、差问题。2006年，印发《平塘县“整脏治乱”专项行动纲要（2006~2010）》《平塘县2006年“整脏治乱”专项行动实施方案》，对全县整脏治乱工作进行规划和部署，并成立县“整脏治乱”专项行动领导小组及办公室，下设综合协调组、督查指导组、宣传报道组，负责协调、督查、指导工作。各乡镇、部门结合实际制定相应的工作规划和方案，有序开展工作。2007年，在县城开展卫生与秩序“整脏治乱”活动，把县城划分为7个卫生责任区，落实到108个部门（单位），负责野广告清理、车辆乱停乱放、占道经营整治和环境卫生保洁。2008年，开展“满意在平塘”主题活动和“迎奥运、讲文明、树新风”活动。在县有线电视台设置“脏乱曝光台”，在《黔南日报》平塘专版开辟“整脏治乱在平塘”专栏，对整治工作进行跟踪反馈，曝光乱停乱放和卫生死角。2009年，先后投入2650万元对县城迎宾大道街景进行改造和绿化，修复玉水公园，添置县城区环境卫生设施，实施掌布、甲茶景区景点基础设施建设。2010年，出台“整脏治乱”专项行动考核办法和“满意在平塘”主题活动测评办法，分季度对各乡镇、部门进行考核和测评，是年通报批评13个乡镇25个部门，黄牌警告2个乡镇6个部门。之后，在按考核和测评办法巩固整治成果的基础上，整合各方面资金，围绕创建省级文明县城，迎接全省第九次运动会，进一步完成城镇基础设施，增强城镇功能，提高城镇的综合管理能力和文明程度。

2013年，开展“多彩贵州文明行动”，对县城区环境卫生实行网格化管理。投入1.32亿元，实施县城迎宾大道、中山路、玉水北路等8条主街道油路改造和绿化、亮化工程，新建广场1个、停车场1个，增设街道停车位300个。启动“四在农家·美丽乡村”省、州、县三级试点建设，是年大塘镇新光村、牙舟镇王宋村获省级示范点称号。

公民道德教育

2001年9月，中共中央印发《公民道德建设实施纲要》，是以爱国守法、明礼诚信、团结友善、勤俭自强、敬业奉献“二十字”方针为主要内容的基本道德规范。2002年1月，县委印发《关于在全县贯彻落实〈公民道德建设实施纲要〉的意见》，3月以开展纲要宣传月为契机，全县通过悬挂宣传标语，张贴纲要宣传画，举办以纲要为主题的文艺汇演进行宣传贯彻。

2003 年 3 月，县委宣传部、县文明办在县机关举办纲要知识抢答赛和公民道德建设有奖征文竞赛，并从是年开始开展纲要进校园宣传活动。

2004 年，将《公民道德建设实施纲要》列入县委中心学习和各乡（镇）、部门中心学习组的必学内容。是年纲要宣传月期间，在县城举办“爱我家乡”升旗宣誓活动，倡导市民做纲要的义务宣传员，以实际行动贯彻落实纲要“二十字”方针。

2008 年，在全县广泛深入开展“满意在平塘”主题活动和“文明诚信单位”创建以及“百城万店无假货”等活动。是年，先后举办“满意在平塘——青年在行动”演讲比赛，黔南州“十大感动税收人物”平塘县评选活动。中国移动平塘分公司和县城华连、惠康两个超市分别被评为州级“诚信单位”和“贵州省农村首批产品质量和食品安全示范店”。

2010 年后，加强网络舆论引导，开展虚假新闻整治工作。在全县中小学校开展“讲文明，树新风”“爱我家乡”“尊敬父母”“做一个有道德的人”等道德实践活动，着力培养“讲文明，有道德，有理想”的一代新人。

2011 年开始，把关爱“留守儿童”、关爱“空巢老人”、关爱残疾人作为公民道德建设的主要内容。是年 5 月，启动“和谐平塘 · 三关爱”绿丝带志愿服务行动，先后成立消防官兵“红水桶”、教师队伍“蓝丝带”志愿者服务队、乡镇“党员流动送水队”、县机关“党员服务队”等，广泛开展助老爱幼、帮残助残、扶贫帮困等活动。

2013 年，完成 19 个乡镇精神文明活动中心项目建设，实现乡镇部门道德讲堂全覆盖。是年，全县行政区划调整之后，各镇（乡）、部门利用道德讲堂宣讲中华民族传统文化、弘扬中华民族传统美德。

未成年人思想道德教育

1988~2003 年，全县开展未成年人思想道德教育。除中小学校对学生进行思想政治教育，利用清明节、“五四”青年节开展革命传统教育外，县关工委、县老协组织老同志进校园对中小学生进行中国近代史、现代史和国情教育。

2004 年，中共中央、国务院印发《关于进一步加强和改进未成年人思想道德建设的若干意见》，县委、县政府印发《关于进一步加强和改进未成年人思想道德建设的实施意见》，由县委分管领导任县关工委主任，明确新阶段未成年人思想道德建设的主要任务。先后在各中小学开展“民族精神”宣传教育月活动，实施学校道德教育、家庭教育、社会教育、校园文化、法制教育等工作，全面推进未成年人思想道德建设。

2006 年 5 月，县关工委在全县农村开展无辍学、无犯罪、无不孝子女和青年有技术、少年有文化的“三无两有”先进村创建活动。是年，白龙乡京舟组通过验收挂牌。

2007 年，开展未成年人思想道德建设“回头看”活动。查找工作差距和存在的问题，落实整改措施，建立学校、家庭、社会“三位一体”教育网络。在平塘信息网站设置未成年人思想道德教育网页和专栏，进行网络正面引导教育。

2010 年，在中小学校开展做一件礼物感恩父母、想一句感言献给老师、发一条短信激励同学、写一篇诗文赞美家乡、诵一章经典歌颂中华“五个一”道德实践活动。

2011 年，印发《关于进一步加强和改进未成年人思想道德建设实施意见》，先后在全县各中小学开展法制教育、禁毒教育、交通安全教育、感恩教育以及《中小学生守则》《中（小）学生日常行为规范》学习教育活动。共有 62 名司法干警担任中小学法制副校长，举办法制讲座 49 次。

2013 年，县关工委法制宣讲团开展“关爱明天，普法先行”青少年法制教育，共有 3600 多名中小学校师生参加宣传活动。是年，县委宣传部在全县中小学开展“中国梦，我的梦”“祖国好，家乡美”大型征文活动。

第六章 统战工作

1988年后，平塘统战工作主要是宣传党的统战方针，贯彻落实中央的统战政策。1994年，县委印发《关于加强统一战线工作的决定》，成立统战工作领导小组，对新时期统战工作进行具体部署。县委统战部每年通过召开春节、七一、中秋和国庆座谈会，向党外干部、非公有制经济代表和各族各界人士宣传贯彻新时期党的统战方针政策，支持和鼓励香港、澳门和台湾同胞、海外侨胞、侨属以及非公有经济人士开展捐资助学、救济和举办光彩事业，参与平塘的经济和社会建设。2007~2011年，共有3家台资企业入驻平塘。2012年，实施“同心工程”。至2013年，建成同心农业园和同心工业园各1个。

第一节 机 构

1988年，县委统战部无内设机构。1994年县级机构改革后，内设办公室，加挂台湾事务办公室牌子（归口统战部）。2001年县级机构改革中，更名为中共平塘县委统一战线工作部（含对台工作），内设办公室。2006年，增设民族宗教科，加挂县委台湾工作办公室、政府台湾事务办公室两块牌子。2009年，增设侨务办公室。2010年，增设县委台湾工作办公室、县政府台湾事务办公室。

2013年，县委统战部内设办公室、县委台湾工作办公室、县政府台湾事务办公室、侨务办公室，宗教科4室1科。

第二节 落实统战政策

1988年，全县申诉要求落实统战政策8件，符合落实范围的5件，是年，经调查核实，落实3件。1989年，共落实统战政策3件50余人。其中主要1件是平塘解放时原西凉乡“民众自卫队”起义人员认证问题，经过调查核实后，从参加起义的48人中甄别出32人颁发起义证书。是年，除1人按规定不需发证外，31人已全部颁发证书。

1990年，继续落实西凉乡“民众自卫队”起义人员的善后工作，是年，颁发起义证的人员增加到33人。其中16人发放定期补贴，5名在剿匪中牺牲和重伤的人员，由县人民政府呈州人民政府审定报省人民政府按照烈士和残废军人对待。是年，按照中共中央统战部、财政部、人事部的有关规定给原已享受生活定补的起义人员、特赦人员、政协委员、非在职的民族上层人士共35人，每人每月增加8元的生活补贴费。全县统战人员政策落实基本结束。

1993年后，主要是宣传贯彻党的统战方针、政策和统战理论，以及全国、全省、全州会议精神，通过召开座谈会，赠阅统战刊物等开展工作。1994年，县委印发《关于加强统一战线工作的决定》，成立统战工作领导小组，对做好新时期统战工作作出具体部署。1997 年，县委统战部在县城召开“庆七一，迎回归”座谈会，各族各界人士代表 200 余人参加会议。1999 年，县委统战部召开政协成立 50 周年座谈会，党外人士、非公有制经济代表等各界人士参加会议。2003 年，县委统战部开展对港、澳、台以及非公经济人士捐资助学、赈灾救济、光彩事业等情况调查。是年 9 月，召开各界人士迎“中秋”庆国庆座谈会。2005 年 5 月，县委召开全县统战、宗教和对外工作会议，传达全州统战部会议精神，部署全县统战工作。2009 年，县委印发《平塘县 2009 年统战工作要点》，把统战工作纳入县委重要议事日程，是年，县委提起研究统战工作 8 次，落实党外干部选拔、统战宣传工作等事项。2010 年，县委统战部在统战成员中开展“践行社会主义核心价值体系”和争先创优活动，开展对无党派人士中国特色社会主义道路教育。是年 12 月，召开“平塘县统战成员践行社会主义核心价值体系”座谈会，非公有制经济人士、党外人士、港澳台侨眷属 50 余人参加会议。

2012~2013 年，组织各级工商联合会开展“百企联村助村”活动，带动农村经济发展，以平塘县安泰石材有限责任公司、高科技农业（黔台）有限责任公司、贵州牙舟陶瓷彩石工艺品有限责任公司 3 家企业为共建单位，实施思想上同心同德、目标上同心同向、行动上同心同行的“同心工程”，打造同心农业园、同心工业园、同心陶瓷园。

第三节　党外干部工作

1988 年后，县委发挥各界人士参政议政作用，充实各级领导班子领导干部。1988 年，县政协补选非中共党员副主席 1 名，配备县机关非党干部 10 名，全县 7 区 1 镇配有 1 名党外副区长。1990 年 5 月，县政协换届选举，安排三届政协非中共党员副主席人选 2 人、政协常委 17 人。是年，县十届人大换届选举，安排非中共党员人大常委会副主任人选 1 人、非中共党员副县长 1 人。是年，县直部门非中共党员正科干部 1 名、副科 9 名。共选拔 76 名党外干部担任正副乡镇长和股站长。1993 年，全县共有非党副科级以上干部 25 名。1994 年，部门班子调整。安排非党干部 8 名，占部门班子干部总数的 7.2%。1999 年后，建立副股级以上党外干部名册和副科级以上党外干部基本情况表卡，制定党外干部的教育培训规划，加强对党外干部的培训工作。2002 年，建立县四家班子主要领导与民主党派、无党派人士及非公有制经济代表人士联谊交友制度。2003 年，全县共有非中共党员副科级以上领导干部 31 人，其中副县级 6 人、正科级 3 人、副科级 22 人、股级 235 人。2006 年，三分之二以上乡镇政府班子安排有党外干部，三分之二以上政府职能部门班子安排有党外干部。12 月 23 日成立“平塘县党外知识分子联谊会”，首批会员 76 名，选举产生会长 1 名，副会长 2 名，秘书长、副秘书长各 1 名，理事 14 名。

2011 年，全县共有 40 名党外干部担任副科级以上领导职务（副处级 6 人、正科级 8 人、副科级 26 人）。是年，新提拔党外干部 9 人。

2013 年，县委统战部走访、慰问、约谈党外代表人士和党外知识分子 300 多人次。选派党外代表人士 36 人参加全县干部培训班。是年，全县共有 35 名科级以上非中共党员领导干部，其中副县级 6 人、正科级 9 人、副科级 20 人。

第四节　台侨工作

台情调查

1988年后，开展台情调查统计共5次。第一次是1988年，全县去台人员67人，县内台属152户870余人。第二次是1990年，全县去台人员增加到86人，台属为262户。第三次是1991年，全县去台人员为105人，共有台属318户。1993年调查，全县19个乡镇中，除掌布、甘寨、鼠场、西凉4个乡镇外，其余15个乡镇都有去台人员及其台属，共有台胞204人。其中第一代123人（有5人已病逝），第二代81人。在去台人员中原在国民党党、政、军、警、宪中供过职的中上层人士25人，在台有经济实力的5人，社会上有影响的（台北市基督教长老）1人，学术上有造诣的（画家、摄影家、博士）3人。第四次是1998年，全县共有直系台属129户460人。第五次是2007年，全县共有台属151户，去台人员75人。

对台宣传

1988年始，对台宣传重点是宣传党的“和平统一”和“一国两制”方针。主要通过各种节日和纪念活动，召开有台、侨属及社会各界代表人士参加的座谈会、学习讨论会，宣传党的对台方针和政策。1988~1992年，先后共召开涉台工作会议12次，召开台属座谈会9次。1988年，在全县三干会上，传达贯彻中央对台和统战工作会议精神，是年，县委先后召开4次台属座谈会，参会人员600余人次。1990年，县委先后召开3次对台工作会议，传达全国统战工作会议精神，贯彻中共中央“一国两制”对台方针。

1993年，县委台湾事务办公室召开台属及各界人士参加的百人座谈会，宣讲中央台湾事务办公室和国务院新闻办公室发布的《台湾问题与中国统一》白皮书。1996年，召开江泽民关于解决台湾问题的八项主张发表一周年座谈会，宣传中共中央“和平统一、一国两制”基本方针。1999年8月3日，县对台办组织台属台胞、各界人士46人召开座谈会，批判李登辉“两国论”。2005年，召开台侨座谈会，学习宣传《反分裂国家法》和胡锦涛总书记关于新形势下发展两岸关系的4点意见。2009年，县委宣传部，县委党校、县广播电视局印发《平塘县统战宣传联系制度》，把统战工作纳入全县宣传规划。2010~2013年，主要通过走访慰问台属、接待台商、向台胞邮寄慰问信等方式开展对台宣传。

台属台胞工作

1988年，县成立“台湾同胞接待站”，为台属台胞通信寻亲、台胞回乡探亲、旅游和投资考察服务。1999年后，建立台胞、台属联系点，通过举办中秋节座谈会、春节走访慰问等方式通报平塘经济社会发展情况，鼓励台胞捐资助学等支持家乡建设。

随着对台政策落实，申请回乡探亲、定居和捐资家乡建设的台胞热情高涨。1988~1998年，共接待回乡探亲、旅游和投资考察129人，其中投资考察10人，为家乡捐资修建学校、修路建桥共计7.2万元。2005~2006年，台湾台塑集团捐资85万元修建鼠场乡“明德小学”和大塘镇“西关明德小学”。2007年，引进台商到白龙乡投资20万元种植西红柿。至2011年，先后有平塘县高科技农业（黔台）有限责任公司、黔南福光农产品加工有限责任公司、大中华联合果蔬股份有限公司3家台资企业入驻平塘县，种植爱玉果、红壤蜜柚、水苔、水果玉米、紫山药等。

2013 年，走访慰问台属代表 111 户，向台胞寄发慰问信 150 余封，接待台商 6 批 20 余人次。

侨务工作

1988 年，全县共有侨属 16 户。侨务工作主要通过节庆座谈会宣传贯彻党的侨务政策，在招工、招干、入学等方面给予照顾。1989 年，侨属提干 1 人，招工 2 人。1991 年统计，全县有归侨和侨眷 97 人。1992 年，县侨联股份有限公司开业。1995 年，推荐 6 名归侨出席黔南州第三次归侨、侨眷代表会议。是年，接待侨胞 2 人。2003 年，贯彻《归侨侨眷权益保护法》，开展侨情调查。10 名归侨、1 名侨眷被推荐为县政协六届委员。

2011 年，实施“侨爱工程”，引进港澳及海外侨胞友好人士到平塘开展捐资助学共 9 批 40 多人，引进助学资金 31.5 万元，受助学生 448 名。2013 年，马来西亚星洲媒体集团、香港慈恩基金会和澳门汇才慈善会等公益组织到有关学校开展捐资建校助学活动，共捐资捐物近 100 万元。

第七章　政法委工作

1988 年后，县委政法委主要工作是组织开展打击各类刑事犯罪，建立基层调解组织，调解各种矛盾纠纷，维护社会稳定。1992 年，在各乡（镇）成立信访工作领导小组。1994 年，平塘被省综治委授予“红旗单位”。1997 年开始，实施“平安工程”，开展“平安乡（镇）”“平安单位”“平安企业”等创建活动。2000 年，设立县维护社会稳定办公室和“610”办公室。2002 年，实行县领导信访接待制度。2009 年，建成县、乡（镇）、村、组、户五级综合治理网络。2011 年，设立县调解基金，对村级调解实行“以奖代补”政策，在全县构建信访“调解”工作格局。2013 年，成立平塘县群众来访接待中心，开通县委书记、县长与群众直通交流平台。

第一节　机　构

1988 年，县委政法委无内设机构。1994 年，县级机构改革后，县综治办与县政法委合署办公，实行“两块牌子、一套人员”办公体制，核定编制 5 人。1996 年，全县 19 个乡镇均成立乡镇党委政法委，并配齐书记、副书记和综治办主任。2001 年 11 月，成立平塘县维护稳定工作领导小组，下设办公室与县委政法委、县综治办合署办公，实行“三块牌子、一套人员”的体制。2007 年，县委政法委内设执法督查室。2008 年，核定行政编制 6 人。2009 年，县委政法委内设机构为政工科、办公室（研究室）、执法监督科、社会治安综合治理工作科、维护稳定工作科 5 个科室。至 2013 年，县委政法委与县综治办、县维稳办合署办公，仍实行“三块牌子、一套人员”的办公体制，内设机构不变。

第二节　维护社会稳定

打击各类违法犯罪活动

1988~1993 年，以打击抢劫、盗窃、拐卖人口等犯罪活动为重点。共立案侦破各类刑事案件 795 起，追回牛马以及电视机、收录机、手表，摩托车、自行车等一批被盗物资，挽回经济损失 36.4 万元。共解救被拐卖妇女儿童 48 人。

1994 年后，以“严打”专项斗争为举措，开展追逃犯、打团伙、破大案积案等专项行动，遏制各类违法犯罪活动。1995~2000 年，共破获各类犯罪团伙 64 个 272 人。2002 年，在打击抢盗、伤害等犯罪的同时，开展经济领域违法犯罪专项行动。2003~2006 年，共侦破制假贩假、诈骗、偷税漏税等 11 起。

2009 年，开展“打黑除恶”专项斗争和网上追逃工作，摧毁黑恶势力团伙 2 个 15 人，抓获网上在逃人员 14 人。

2013 年，以打击“两抢一盗”刑事犯罪为重点，按季度开展严打整治行动。是年，共发生刑事案件 660 起，侦破 484 起，全县群众安全感测评为 95.4%。

矛盾纠纷排查调处

1988 年后，全县基层调解组织基本建立。1992 年，19 个乡镇均成立信访领导小组，县机关较大的单位明确 1 名领导兼管信访工作，乡（镇）村均建有信访调解小组，配兼职信访员。有县信访部门会同有关单位和乡镇直接负责。是年，先后对重大生产安全隐患山林、土地纠纷以及农村水稻欠（缺）收可能引发的不稳定因素进行排查处理。

1993~2000 年，共立案调处各类纠纷 767 件，成功处置多起群体性事件，如平湖镇吉古村上组 102 名群众联合致信中纪委，反映镇政府在烤烟生产上乱罚乱收问题（1993 年），克度镇光明村 40 名群众反映烤烟种植问题（1995 年 3 月到省上访），白龙乡 9 村 819 名群众签名要求把该乡划归都匀市管辖问题（1997 年），塘边镇泳河村落旺组与惠水县羡塘乡落木桥村土地边界权属纠纷（1999 年），白龙乡牙康村与都匀市凯口镇平新村山林边界权属纠纷（1999 年），摆茹镇金丁上组与平湖镇甲善上寨林地边界纠纷（2000 年），牙舟镇白岩村麻汪组与谷硐乡沙厂组边界土地纠纷（2000 年）等。

2003~2005 年，以城镇建设拆迁和公路建设改造征地等纠纷调处为重点，成立集中处理涉法上访工作领导小组，开展调查处置工作，共调查处理涉法上访事件 13 起。

2009 年，将矛盾排查工作制度化、常态化。以乡镇为单位，按照每月排查调处 1 次，全面掌握县内不稳定因素。是年，共排查纠纷 626 件，调处 608 件。化解群体性上访事件 4 起，劝返赴省进家上访人员 19 批 83 人。

2011 年 6 月，印发《关于构建“大调解”工作格局，促进社会和谐的意见》《平塘矛盾纠纷调处“以奖代补”暂行办法》，设置调解基金 100 万元，是年，共调处各类纠纷 2575 件，奖励基层调解员 40 万元。2012 年，在全县开展“排查化解矛盾纠纷百日攻坚战”活动，成功化解“丙肝事件”、塘边镇凉风丫工程遗留问题等重大纠纷和信访案件 238 件。

2013 年，开展重大矛盾纠纷、信访问题“40 天清零行动”和“百日攻坚战”活动，全县共排查各类矛盾 139 件，化解 107 件，调解 1918 件。妥善处置克度镇金山村生上组与落翁组林地权属、苗二河乡蒲南组土地纠纷问题，以及甘寨乡磨刀石抬尸堵路和平湖镇金盆村 8 户村民在平塘县三中项目工地堵工堵路事件，有效维护了社会稳定。开展社会稳定风险评估工作，完成社会稳定风险评估项目 7 个。

“平安”创建

1988～1996 年，“平安”创建列入社会治安综合治理范围。1997 年，成立“平安工程”创建活动领导小组，制定《平塘县“平安工程”创建“治安模范乡镇”“安全文明区”“治安模范单位、村（居委会）、楼群院落、街道”工作方案》，先在县国税局、县供电局、县计生局、县水电局等单位试点后全面推开。

2005 年，贯彻落实《中共黔南州委、黔南州人民政府关于创建“平安黔南”的决定》精神，成立平塘县“平安平塘”创建工作领导小组及其办公室，制定《平塘县创建“平安乡（镇）”“平安村组”考核标准及考核验收实施细则》。是年共有 30 多个“平安单位”和 20 多个“平安村组”通过考核验收。2007 年 6 月，县城区公安视频监控系统建成之后，在县城区实行治安巡逻制度，在全县开展“两抢一盗”（抢劫、抢杀，盗窃）、缉毒缉枪和治爆等专项行动。推进“平安校园”“平安医院”“平安车站”“平安企业”“平安景区”等一系列基层平安创建活动。至 2009 年，建档立卡授牌“平安家庭”达 68428 户，占全县总户数的 95%。

2011 年，90%以上乡（镇）部门、村（社区）组达到平安建设标准。2012 年，投入 152 万元，对县城区监控初步改造升级，在县城 4 个出口安装高清摄录监控卡口，新聘一批县城辅警和乡（镇）治安联防队员。投入 65 万元建成戒毒康复人员就业基地。

2013 年，以创建“平安和谐产业园”为重点，开展创建“平安和谐四区”（工业园区、矿区、库区、林区）活动。是年，机关单位安装实名制动态信息采集系统和视频监控系统，乡（镇）安装信息采集点 16 个，县机关安装 36 个，全县基本实现人防、物防、技防“三防”。

第三节　社会治安综合治理

1988 年后，社会治安治理主要围绕治安案件查处，开展盗窃、打击拐卖人口专项斗争以及加强民爆物品、特种行业管理和基层治安组织等方面进行。1988 年，县政府印发《关于加强民爆物品管理的通告》，查处违反民爆物品管理案件 8 起，收缴炸药 1700 公斤、雷管 700 枚。取缔 2 家地下鞭炮厂。是年，开展狠刹赌博风专项治理，查处赌博人员 92 人。

1992 年，在县直单位建立安保制度，布置民爆物品管理站 11 个，建立健全基层治保组织 256 个、治安联防队 21 个。治安联防格覆盖面达 80%。

1994 年，平塘县列入全省社会治安治理达标考核县。是年 3 月，印发《平塘县社会治安综合治理工作计划要点》，全县按照乡镇、村、组、户四级建立承包网络，层层签订社会治安承包责任书。30 户以上自然村寨、50 人以上厂矿和学校，均建有护寨队、护厂队和护校队以及义务消防队。是年，平塘通过省综治委综合治理达标验收，授予平塘县“红旗单位”称号。

1996 年，制定《平塘社会治安综合第二个五年计划》，是年，县综治委在全县开展综治工作大评比。1997 年，开展“平安工程”创建活动。由县四家班子包片，县综治委成员单位包乡（镇），创建“治安模范乡镇”“治安模范单位”。是年，共建成村级规范化治安室 156 个、治安岗亭 53 个、安全文明小区 32 个、治安模范单位（乡镇）61 个、治安模范村 156 个。省综治委授予平塘县“红旗单位”

称号。1999 年，把社会治安综合治理纳入全县“五大指标”考核工作。是年，在县公安局增设缉毒队，开展 90 天缉毒行动，共破获毒品案件 9 起，缴获海洛因 42 克。

2003 年，创建安全文明小区 18 个，组建 30 户以上自然村寨治安巡逻队 606 个 16183 人。聘请专职治安队员 61 人（其中县城 20 人）。2005 年，制定《平塘县创建“平安乡镇”“平安村组”考核标准及考核验收实施细则》，深入开展“平安工程”创建工作。在县城聘用 40~50 岁下岗职工，充实社会治安综合治理队伍。全县 19 个乡（镇）均聘请专职治安队伍。2006 年，在全县开展“平安乡（镇）”“平安村寨（社区）”“平安校园”等创建活动。是年，20 多个村、30 多个单位分别达到“平安村寨”和“平安单位”标准。

2009 年，建成县、镇、村、组、户五级基层综治网络。设置县级信访联席会议、乡（镇）综治工作中心、村（社区）综治工作站及村民小组中心户长，开展“平安家庭”创建活动，考核命名“平安家庭”68428 户。2011 年，在县城区域建成报警点 53 个、警务室 10 个。在县城区开展治安巡逻和交通秩序专项整治，查处各类交通违法行为 5017 起。2012 年，在县城新增辅警 100 名，治安岗亭 18 个，招聘乡镇专职联防队员 285 名，投入 152 万元升级改造县城区监控设施。是年开通“平安平塘”信息网络，建立综合短信平台。

2013 年，在全县开展 7 项治安专项整治活动，公安机关共受理治安案件 1764 件，查处 1541 件，行政处罚 73 人。

第四节　信访工作

1984 年，成立中共平塘县委、平塘县人民政府信访科，为县委、县人民政府科级信访机构。1988 年，全县群众来信来访共 337 件，立案查处 38 件。1990 年，县委、县人民政府决定每月的 10 日、20 日、30 日为县委、县政府班子领导群众信访接待日。1992 年，19 个乡镇均建立信访领导小组。县直机关大的单位都明确 1 名班子成员兼管信访工作；各乡（镇）、村共建有信访调解小组 271 个，兼职信访工作人员 351 人。

1994 年，县级机构改革后信访科改称“县委办信访股”。1995 年后，随着农村山林、土地矛盾纠纷信访案件增多，全县实行“分级负责、归口办理”原则，建立县、乡（镇）、村三级信访网络。1996 年，改为县委、县人民政府联合信访办公室，挂靠县委办公室。

1997 年，县委印发《关于进一步加强信访工作的意见》《平塘县信访工作目标管理考核试行办法》将信访工作纳入全县中心工作。2000 年，对跨乡（镇）、跨村历史遗留边界纠纷进行清查调处，先后调查处理摆茹镇金丁上组与平湖甲善上寨、牙舟镇白岩村麻汪 3 个组与谷硐乡沙厂组、白龙乡董票村小寨组与拉桃组边界纠纷问题，是年，首次办理中央交办的信访案件。

2002 年，县委、县政府建立信访联合会议制度和领导信访接待日制度，定期研究处理有关信访案件，印发《平塘县乡（镇）、部门信访工作目标管理考核办法（试行）》，把信访工作列入乡（镇）、部门的年终工作考核。

2005 年，全县实施集体上访及群众性预警机制。县委、县政府先后印发《平塘县处理非正常越级上访和集体上访工作预案》《平塘县处置大规模群体性事件应急预案》《平塘县处理突发公共事件应急预案》，通过乡镇信访员和村级信访联络员及时发现信访苗头，开展预防和处置群体性事件。是年，县委、县政府阅批、督办信访件 37 件，接待群众来访 27 批 65 人。2006 年，县委印发《关于进一步加强平塘县信访工作的意见》，对非正常上访人员实行“包接返、包思想教育、包解决实际问题、包依法处理、包稳控在当地”五包工作责任制。是年，共接待群众来信来访127批871人（次），立案122件838人（次），办结121件，办结率95%。

2009年，在全县开展信访积案清理化解工作，成立4个督查指导组对全县19个乡（镇）和有关部门开展为期10天的信访积案化解督查。全县共排查发现积案15件，是年化解处理2件，8件进行司法调处。先后处置乡村卫生人员清退、卡蒲水库移民案等多年信访积案。是年3月27日，部分丙肝患者向县委、县人民政府反映因1993~2002年在平塘县人民医院住院输血感染丙肝病毒，提出赔偿诉求。县委、县政府邀请省州医疗专家接洽会诊，确诊后开展案件调查，安排丙肝患者免费诊疗，协调理赔事宜。2013年理赔方案确定，涉及人员96人。

2010年9月，县信访联席会议印发《平塘县处置非正常上访行为暂行办法》，对非正常上访处置作出相关规定。接待群众来信来访279批件739人次，受理初信初访254件595人次。主要涉及林地纠纷、农村低保、农村危房改造以及小城镇建设中拆迁问题、涉法涉诉等方面。

2011年，县委、县政府印发《关于扩建大调解工作格局，促进社会和谐的意见》《平塘县矛盾纠纷调解补助办法》，在全县推进县、乡（镇）、村三级联动领导坐班接访工作制度化、常态化。

2013年4月，在县信访局增设“平塘县联合接访及矛盾纠纷排查调解中心”，11月，该中心与信访局接待大厅合并设立“平塘县群众来访接待中心”。是年，建成“县委书记、县长—群众直通交流平台”，群众可以通过电话、邮件、手机、短信反映诉求。

第八章　机构编制

1988年后，平塘县编制委员会贯彻执行中央和省州关于控编文件的精神，根据实际情况，依法依规合理定编，经历机构撤并、更名和人员编制调整等过程。1991年撤区并乡建镇后，部门机构逐渐向乡（镇）延伸。2001年，县、乡（镇）机构改革，精简县级部门机构11个、内设机构19个，乡（镇）党政行政编制基本不变。1997年，实行控编补缺审批制度。2011年，乡（镇）机构改革，设县级政府工作机构23个、直属事业机构2个、其他事业机构1个，调整行政机构7个，增设行政和事业机构各1个，核定政府行政机构编制488名，新增事业机构编制2374名。乡（镇）设置党政内设股级行政机构5个、股级事业机构9个。2013年，乡（镇）财政所收归县财政局管理并升格为副科级事业机构，县、乡（镇）机构和人员编制不变。

第一节　机　构

1998年至2001年上半年，平塘县编制委员会办公室挂靠在县人事劳动局。2000年12月20日，成立“平塘县事业单位登记管理局”。

2001年6月11日，县机构改革后，县编办列入党委序列单独设立，为正科级机构，内设综合股。与县事业单位登记管理局合署办公，实行“两块牌子、一套人员”的办公体制。

2013年，县机构编制委员会办公室内设综合股。下设县事业单位登记管理局，为副科级行政机构。

第二节　编制管理

1988年，对全县事业机构进行编制检查。是年，新建事业机构10个，撤销原有事业机构2个。明确全县事业机构299个，定编为2743人。1989年，增设机构7个，其中行政单位6个、事业单位1个。调减3个行政单位编制9名。行政使用事业编制3名。更改机构名称1个，企业改事业单位1个。是年，全县共设置事业机构246个，定编3782人。

1990年底，全县行政人员编制1138人，实有1094人，缺编44人；事业人员编制2943人，实有2803人，缺编140人。1991年，撤区并乡建镇，全县共有一级机构60个，行政编制1157人，实有1218人，超编61人，其中县直机关超编13人。全县事业编制2992人，实有2557人，缺编435人。是年，设股站级机构11个，增加人员编制11人。

1994年，县级机构改革，设党委部门机构5个，政府部门机构23个，依法设置机构不变，设置二级机构3个。1996年，对县级机构改革工作检查验收，全县实有行政机构86个，人员1262人，其中党务机构10个61人，政府机构46个485人，依法设置机构4个123人，群团机构7个26人，乡镇机构19个567人。

1997年，全县机关、事业单位实行机构编制管理和控编补足审批制度，严格机构编制管理。1998年，增设环保局、公安警务局、公安警备督查队2个机构；升格县防疫站、妇幼保健站、平塘二中、公案刑侦大队为副科级单位；县皮肤病防治站归并到县防疫站。1999年设立县文学艺术界联合会、县物价局2个科级机构，将平塘汽车站改为县属国有企业，划归县交通局管理。

2000年，在全县机关乡镇开展清退临时人员，共清退临时人员521人。是年，设立县事业单位登记管理局、土地开发中心、法院执行局。

2001年6月，县、乡（镇）机构改革。设党委机构8个，群团机构6个，依法设置机构4个，政府机构25个，议事协调机构的常设办事机构1个，受政府委托行使行政管理职能的事业单位3个。精简机构11个，精简内设机构19个，精简行政编制157人。精简乡镇党政行政编制92人，新建76个服务中心和7个水利管理中心站。归并和撤销事业站（所）85个，压缩事业编制1101人。县药品监督分局两个行政编制及人员划州管理。县编制委员会办公室列入党委工作部门，单独设立，与县事业单位登记管理局合署办公。

2003年，教育系统机构改革，共核定全县254所中学及教学点、幼儿园教师编制2717名，内设机构121个。将原由县农业局承担的水产各项事业管理职能分离出来，设立县畜牧水产事业局。是年，县社会事业保险局改称县社会保险管理服务中心。2004年，县政府机构改革后，共设置工作部门25个。2005年，在县委统战部、党校、县信访局、财政局、安监局、县水利局、卫生局、县区划办、交警大队等部门增设15个股级机构，合并县机关一幼、二幼，撤销19个乡（镇）教育站，组建中心校。

2006年，将县职业中学从县民族中学剥离，升格为县教育局直接管理的正科级事业单位。2007年，增设正科级事业机构一个，股级机构24个。

2009年，开展对县直机关机构编制和实有人员的清理工作。共清理出51名长期在编不在岗从事其他经营性工作或自谋职业的人员。

2012年，共办理机构编制事宜36件，办理补员、调动用编手续155件。

2013年，将2011年机构改革时划归乡镇管理的财政所收归县财政局管理并升格为副科级事业机构，乡镇财政所更名为乡镇财政分局。在乡镇设置动物卫生监督分所。

第三节　事业单位法人登记

2000 年 12 月，成立平塘县事业单位登记管理局，隶属县编委办，负责全县事业单位登记管理工作。2001 年，共有 27 个事业单位进行法人登记，以后逐年增加。至 2008 年底，全县共有 280 个事业单位取得事业法人证书资格。

2013 年，全县事业单位 280 个，年检合格单位 280 个，年检合格率 100%。

第九章　其他工作

1988 年后，县委高度重视机要、保密工作和老干部工作，建立和完善有关制度，制定发展规划，关心和落实中央和上级党委的各项政策，注重老年人教育，加强党校工作和党史研究工作，通过配置配齐领导班子，加强基础设施建设，举办各种培训班，开展各类活动，有序推进工作。1997 年，明确保密工作第一责任人。

第一节　机要保密

保密工作

1988 年，县委保密委员会办公室设在县委办公室，日常工作由县委办明确专人负责。1989 年 11 月，成立县保密局，与县保密委办公室实行“一套人员、两块牌子”办公体制。主要监督检查全县各级各部门的保密工作，制定和完善保密制度，开展保密教育和保密检查，查处泄密事件。首任保密局长由县委办主任涂旭荣兼任。1994 年，县级机构改革，撤销县保密局，翌年恢复。2001 年 11 月，县级机构改革后，县保密办（保密局）明确为副科级机构，仍属县委办管理。

1988~2013 年，主要以《中华人民共和国保密法》《保密法实施办法》的贯彻执行和保密制度的落实、密级文件、资料传阅、存放清退为重点，开展保密工作检查，在重点保密单位开展定密工作。1993 年，对县委办等 25 个单位进行“保密工作目标管理”考评。是年 9 月，建立平塘县文件销毁站，负责统一销毁国家秘密文件、资料及部门内部文件。1997 年，全县各乡镇、单位均建立保密工作领导小组。是年，印发《平塘县各级党政领导干部保密工作领导职责》和《中共平塘县委保密委员会保密工作职责》，明确各级党政一把手为本地区、本单位保密工作第一责任人。1999 年，参加定密单位达 62 家，定出国家秘密 68 条、工作秘密 300 多条、商业秘密 18 条。

2001 年 12 月，印发平塘县《“四五”普法保密法制宣传教育规划》。是年底，全县共有保密工作领导小组 102 个。2006 年，印发《平塘县保密科学技术工作“十一五”发展规划》，各乡镇、各单位建立健全文件传输网络管理检查制度、故障反馈制度等，加速对重点单位计算和信息系统保密管理和涉密介质管理。2003~2005 年，以计算机信息系统、涉密文件资料的管理为主要内容，对教育、计划统计、扶贫等部门和县印刷厂等7家企业进行保密检查，共清理上报计算机347台，涉密网络8个，清收、监销涉密废旧文件、资料6000余份。2007年，对涉密文件资料保密管理进行专项检查，对45个部门、5家打字复印店、2个印刷点、9个废品收购点和1家造纸厂进行保密检查，是年完成37个涉密部门计算机信息系统的定密工作。

2013年，共开展保密检查4次，下发相关保密工作文件14件，健全和落实保密管理责任制。在县委党校举办保密工作培训班，乡镇、县部门100余名保密人员参加定密和计算机网络安全知识培训。

机要工作

1988年，设县委机要室，负责机要文件、密码电报和传真电报的收发、投递和管理。1990年3月，成立县委机要局，负责电报和传真收传。1995年4月，县委成立密码工作领导小组，下设办公室在机要局。主要负责贯彻落实上级的指示精神，统一领导和管理全县密码工作，研究解决密码工作重大问题。2001年11月，县级机构改革后，归口县委办管理。

2003年，发挥密码工作“生命线、保障线、指挥线”作用，全年共收发各类传真2607份9894页，信息录入79万字。2005年，投入13.2万元建成县乡计算机网络，是年，开通保密电话32门。2009年，县机要局搬迁至新舟新区行政中心，是年，共收发各类传真电报1505份。

2012年，启动电子政务内网二期工程，开通网络设备30个单位。

2013年，全县共安装网络终端安全监管系统和终端病毒防护系统30家。全年收发办理各类传真电报795份，其中密电518份、明电277份。

第二节　老干部工作和老年教育

机构设置

1987年12月，设立中共平塘县委老干部局。1991年，设置中共平塘县委退休干部工作局。是年，全县共有退休人员636人，其中副县级和享受副县级干部22人。1992年底，全县共有1949年10月以前参加工作的老干部110人，其中已经离休108人、在职2人，属省、州部门管理的14人（离休13人、在职1人），县管96人（离休95人、在职1人）。退休干部（含工人）657人，其中副县级和享受副县级干部36人。

1994年，县级机构改革后，“中共平塘县委老干部局”和“中共平塘县委退休干部局”合并为“中共平塘县委离退休干部工作局”，实行“两块牌子、一套人员”办公体制，内设离休干部股、退休干部股、离退休干部活动室3个职能机构，为正科级建制，核定编制6人。

2001年11月，县级机构改革后，更名为平塘县退休干部工作局，县关心下一代工作委员会办公室从县老龄委员会办公室剥离与县离退休干部工作局合署办公，归口县委组织部管理。2010年，增设老干部活动中心。

2013年，县离退休干部工作局无内设科室，下设老干部活动中心1个，股级事业机构。离休干部有24人（其中直管5人），副县级（含享受待遇）以上退休干部55人，中华人民共和国成立初期参加革命工作的退休干部15人。

待遇落实

1988年后，在政治待遇上，定期组织离退休干部集中学习，传达中央和上级党委、政府有关重要文件、会议精神。邀请曾任实职的副县级以上老干部代表参加县党代表大会、县委全委（扩大）会、县人民代表大会及有关重要会议。每年“七一”“老年节”等重要节日，离退休干部工作局召开老干部座谈会，通报全县经济社会发展情况。春节到来前，县四家班子领导走访慰问离休老干部和副县级以上退休干部。

1992 年，经县委研究报州委批准有 25 名离休干部享受县级待遇，其中 2 人享受正县级待遇，8 名退休干部享受副县级待遇。1996 年，有 11 名退休干部享受县级待遇，其中正县级 1 人、副县级 10 人。

2003 年后，注重离退休干部的培训和外出考察学习，以及离退休党支部的建设。2003～2005 年，先后举办离退休干部培训班 2 期 86 人，组织 2 次外出考察 77 人。2005 年，新增离退休党支部 14 个，其中乡镇 13 个，县部门 1 个。2006 年 5 月，对 7 名异地安置在华北、东北、华东老家的离休老干部进行走访慰问。2008 年冰冻期间，县委组织 4 个走访慰问组，分别走访 22 位离退休老干部。是年，县离退休干部局为离休干部和享受到副县级待遇的退休干部每人订阅一份《晚晴》杂志。2009 年，组织 70 多名离退休干部赴三峡、海南参观考察，是年，白龙乡离退休党支部被中共中央组织部授予“全国先进离退休党支部”称号。

2011 年，在全县各离退休干部党组织和党员中深入开展“创先争优”活动。是年 11 月，组织 50 余名副县级以上离退休老干部赴厦门参观考察学习。

2013 年，先后组织全县离退休干部参加县“两会”、“平塘星”命名活动，考察大射电和州工业园区工程建设，赴青岛、大连参观考察旅游产业发展等。

生活待遇

1988 年后，除部分企业离退休人员外，行政和事业单位离退休干部的生活费、医疗费及有关福利全部列入县级财政预算，按规定发放。1996 年，县离退休干部局会同县委组织部、县人事劳动局开展对离退休干部“两项待遇”落实工作检查，补发 1 名企业离休干部工资。1998～1999 年，把县属企业 21 名离休干部基本生活费转为县级财政预算。

2001 年 1 月开始，按每月 260 元标准，将全县无工资收入的企业离休干部遗孀生活费纳入县级财政预算。2002 年，县委印发《平塘县关于进一步完善离退休干部“两费”保障机制和财政支持机制实施意见》，从制度上保障离休干部生活费、医疗费的发放。之后，离退休干部生活费做到按时足额发放，医疗费实报实销。2009 年，开展老干部住院探视和节日电话问候工作。

2012 年，建立老干部工作员与离退休干部结对服务联系制，建立离退休干部健康档案卡，开展“一对一”服务。

2013 年，发放 15 名新中国成立初期工作的退休干部生活补贴和门诊医疗费 21. 22 万元，发放离退休干部及老干部遗孀元旦、春节慰问金 8. 86 万元。

离退休干部活动

1988 年，县直机关各部门组织离退休干部参观考察，开展书画文体活动，参与撰写文史资料等。是年 12 月，县关心下一代协会和县老年大学成立后，离退休老干部参加关心下一代工作和参加县老年大学开展的书画、文体活动。1992 年，进入老年大学学习的离退休干部达 30 人。副县级或享受副县级以上干部都参加关工委开展的青少年革命传统教育活动。1998 年，28 名离退休干部（离休 2 人）组成老年大学书画班，先后参加黔南州第九次、十次老年书画展和平塘举办的改革开放 20 周年成果展。

2004 年 1 月，平塘县经济开发促进会成立后，入会的离退休老干部深入农村开展调查研究和农村适用技术培训等活动。先后在平湖、白龙、苗二河引进种植韩国朝天辣、云南红石榴等。

2010 年，建成县老干部活动中心。2011 年 6 月，举办平塘县老干部庆祝建党 90 周年——挥毫丹青颂党恩活动，共创作 40 余幅书画作品。60 余名离退休干部参加平塘县庆祝建党 90 周年——“唱红歌·颂党恩”歌唱大赛。

2013 年，在全县离退休干部中开展“山歌唱响十八大”山歌征集，编辑出版《玉水夕阳情——平塘县“歌唱十八大”山歌书画摄影作品选》。是年，先后举办离退休干部“七一”书画、摄影展和书画进校园活动。

关心下一代工作

1988 年 12 月，平塘县关心下一代协会正式成立。1989 年，摆茹、者密、平湖 3 个区建有关协分会。1991 年 5 月，在平湖区新建村下梭村民组建立全县第一个关协小组。1992 年末，全县共有各级各类关协组织 334 个，其中县 1 个、乡镇 19 个、村 242 个、组 3 个、小学 46 个、中学 11 个、县机关 11 个、街道 1 个，共有关协会员 19959 名。1994 年 3 月，县级机构改革，县关协并归县老龄委员会。各级关协组织发挥老干部、老战士、老专家、老教师、老模范“五老”作用，组织老干部深入基层、学校开展国情、法制和革命传统教育，关心和教育失足青少年等。1995 年 2 月，平塘县关心下一代协会更名为“平塘县关心下一代工作委员会”，下设办公室，挂靠县离退休干部工作局。1997 年，县关工委、县老龄委合署办公，实行“两块牌子，一套人员”办公体制。1998 年，县人民武装部、县委宣传部在县委党校举办少年军校训练班，对 62 名青少年开展为期 20 天的军训。2001 年 11 月，在县级机构改革中，县关协办公室从县老龄委划出，与县离退休干部工作局合署办公。是年，县关工委协调 33 所中小学配备兼职法制副校长和 65 名法制辅导员。2006 年 5 月，县关工委在全县农村开展无辍学、无犯罪、无不孝子女，青年有技术、少年有文化“三无两有”先进村创建活动，白龙乡京舟村通过县关工委验收挂牌。是年，县关工委实行参照公务员管理。2009 年，县关工委联合县教育局、县工会、县团委、县妇联等单位，开展农村“留守儿童”调研，协调帮扶资金 5 万元，帮助困难家庭学生和留守儿童解决实际困难。是年，县关工委协调县老年大学、县老年书画研究会邀请省州知名作家到牙舟中学开展文学创作讲座，并向该校师生赠送一批散文集、儿童诗集。

2013 年，县关工委法制宣讲团开展“关爱明天，普法先行”青少年教育活动，共有 3600 多名中小学师生参加活动。引资投入 600 多万元在全县 20 所小学实施“春苗营养厨房”项目建设，配齐配优学生食堂设施，保障学生用餐安全。是年，县关工委设主任 1 名，由县委 1 名常委兼任，常务副主任 1 名，由一名曾任副县级实职退休的老同志兼任，设副主任若干名（不占编制），秘书长 1 名，由县离退休干部工作局一名班子成员兼任。关工委下设办公室，挂靠县离退休干部工作局。

老年教育

1988 年 6 月 6 日，平塘县老年大学经县编制委员会批准设立，12 月正式成立，为正科级事业单位。是年 12 月 18 日召开成立平塘县老年大学庆祝大会。老年大学学制一般为一年或一年半，有必修课和选修课。必修课设时事政策、老年卫生保健、老年体疗保健、法律常识课程。选修课设园艺、饲养、书法、绘画、食用菌人工培植、家用电器使用维修等课程。每年除文化课外，还利用课余及节假日开展门球、棋类和文娱晚会等活动。1993 年秋季，招收第五届学员 35 名，其中退休干部职工 31 名、城镇居民 4 名。

1995~1997 年，因场地、经费等原因，未招收普通班学生，仅开办书画研讨班，学员人数分别为 20 名、21 名、28 名。

1998 年，县老年大学设立校务委员会。是年，开办 1 个书画班，学员 28 人。2002 年，增设康乐班，有学员 61 人。

1999~2002 年，县老年大学先后 4 次组织参加黔南州十二县（市）老年书画联谊展，参展书画 197 幅，被有关单位收藏 2 幅。

2007 年 12 月，平塘县老年书画研究会成立，会址设在县老年大学，由县老年教育工作领导小组办公室代管。

2009 年 1 月，平塘县老年大学列为参照公务员管理单位，核定编制 3 人。开设 11 个教学班，共有学员 243 人。是年 11 月 10 日，苗二河乡新寨村老年学校成立。年末全县共有通州镇、大塘镇、白龙乡、苗二河乡新寨村 4 所基层老年学校成立。

2010 年，县老年大学开设常规班和 6 个团体活动班，有学员 220 人。常规班开设舞蹈、音乐、摄影、民歌、诗词书画、时事政策与卫生保健；团体活动班设文艺、文体、太极、民乐、花灯、鸟艺和门球。

2012 年，县委、县政府印发《关于进一步加强和改进新形势下老年教育工作的意见》《平塘县老年大学“十二五”规划（2011~2015）》，在全县推进老年教育普及工作。

2013 年，在通州镇、大塘镇、者密镇、白龙乡 4 所老年学校开展示范学校创建工作。是年，全县共有老年学校 21 所，其中县级 1 所、乡（镇）级 19 所、村级 1 所，共有在校学员 1212 人。

第三节　党校工作

机构

县委党校始建于 1961 年 8 月，1965 年 7 月停办，1973 年 8 月恢复，1976 年 9 月更名为平塘县“五七”干校后迁往龙塘电站，1977 年 2 月迁回县城。1988 年，县委党校内设办公室、马列主义教研室、文史教研室、图书资料室、后勤科，共有干部职工 18 人。

2004 年，成立平塘县行政学校后，加挂县行政学校牌子。1998 年，增设中共贵州省委党校函授学院平塘函授站。2003 年，撤后勤科，设行政科。2005 年，内设机构为办公室、教研室、电教室、后勤科、教务科。2013 年，撤销教务科，增设总务室、培训管理科和财务室，内设机构为办公室、教研室、总务室、电教室、财务室、后勤科、培训管理科 7 个科室。是年，以社会主义初级理论、农村经济管理、农业科技知识为主要内容举办乡村干部培训班一期 75 人。

学历教育

1986 年，开设干部中专班，有学员 32 人。1991 年，县委党校拟在全县招收 50 名学员的经济管理干部中专班，后因生源不足停办。1992 年，县委党校决定招收 30 名学员的经济管理中专班，录取 6 人，连同 1991 年录取暂缓入学的 20 人，共计 26 人，是年实际脱岗到校学习 24 人。

1993 年 3 月，省委党校平塘函授点建立，之后，与省委党校合作在全县进行招录省委党校函授学员（学员经成人高考录取）。至 2002 年，先后开办经济管理函授大专班。

2003 年，开办公共管理和法律本科班，学员毕业获贵州省委组织验印，省委党校颁发毕业证书。

2009 年，成立“黔南州广播电视大学平塘工作站”，与黔南州广播电视大学联办国民教育系列开放式教育，是年春季招生 43 名。先后举办两期电大班共计 69 人。2011 年停止招生，2013 年后停办。

干部培训

1988 年后，主要采取分类办班的形式开展对县直机关、区乡（镇）、村干部培训。1988~1992 年，先后举办区、乡（镇）、村干部培训班7期308人（次），企业干部培训班2期117人（次），领导干部理论研究班2期99人。1993~1997年，主要以党章、社会主义市场经济知识、农村基层党组织建设、干部在职教育农村科技应用为主要内容，先后举办各类干部培训班4期247人（次）。

从1998年开始，干部培训从理论学习、党建工作、市场经济知识延伸至农业产业化、扶贫攻坚、安全生产、社会管理等方面，并注重少数民族干部、妇女干部和党外干部的培训。2000年后，县委党校除承担县委、县政府安排的各级领导干部的培训外，各部门各行业各单位的培训均在县委党校举办。2003~2006年，先后举办各类培训班59期，参训学员4658人（次）。2008年起，干部培训力度加大，办班次数较之前增加。2009~2012年，共举办干部培训班62期6460人（次）。

2013年，先后举办人大代表、优秀青年干部、办公室业务、安全生产管理、企业环境安全和少数民族干部、妇女干部和党外干部培训班10期，参训人员共926人。

党校体制升格评估工作

2012年，县委党校被州委党校列为黔南第一批评估升格学校。是年，县委常委会研究决定启动党校升格评估工作。

2013年，根据《贵州省县（市）委党校体制升格评审实施办法》，立项建设党校学员宿舍楼，改建图书室，添置图书5500册、电子图书25万册。

第四节　党史研究

1985年，县史志编制委员会明确县史志编纂委员会办公室为科级常设机构，专门负责中共党史、地方志的编纂工作。

1988年2月，县委转发县史志办公室《关于开展社会主义时期平塘县党史资料征编工作的意见》，是年3月，县史志办拟定109个征集专题。至年底，共收到县直属机关单位党史资料33份20余万字。

1991年，开展《中共平塘县党史资料丛书》之一的《平塘党史大事记》的修订工作。1992年4月此书修订结束。翌年6月正式出版发行，全书11万余字。

1993年，县党史研究室与县地方志编纂委员会办公室合署办公，对外统称县史志办，实行“两块牌子、一套人员”办公体制。党史研究室主任由县史志办主任兼任。

1994年，启动《中共平塘县党史资料丛书》之二《平塘的解放》初稿整理工作。是年8月27日召开《平塘的解放》审稿会，翌年正式出版发行，全书共约15万字。1996年2月，《平塘党史大事记》在全州党史地方志首次评奖中获优秀成果奖。

1997年，制定《平塘县1996~2000年史志工作“九五”规划》。是年7月，县委办、县政府办将此规划批转执行。1998年5月，开展中共贵州党史研究室所编《南下、西进支队入黔建政纪实及名录》资料征集工作，共收录60名南下西进人员，其中享受副县（处）级待遇3名、副县（处）级以下人员57名。

2000年，《平塘的解放》正式出版发行。2001年，开展《中共平塘党史资料丛书》之三《平塘的社会主义改造时期》的资料征集工作。完成二野军大五分校学员王绍伦、戴佩月、慕思卫、傅友俊等烈士在平塘县剿匪战斗小传的编写工作。

2004年，启动《中国共产党平塘县历史》的编纂工作。2005年12月底完成初稿，2006年8月出版发行，全书共计30万字。

2011年，县级机构改革，由原档案局、中共平塘县委党史研究室（地方志办公室）合并组建县档案史志局。是年，先后开展《平塘县2011~2015年党史工作规划》编制、“平塘的扶贫与开发”课题调研、革命遗址的普查、中央红军过平塘的调研以及《胡锦涛与贵州党史（平塘篇）》资料收集等。完成《中共平塘县历史（第一卷）》的校对和勘误、《中共平塘县历史大事记（1993~2008）》的审稿。

2012年，开展《中国共产党民族工作的伟大实践·贵州卷》黔南部分有关图片资料征集，共征集相关标志性图片57张，其中，卡蒲毛南族6张。论文《民族文化大繁荣在平塘的生动实践》被《贵州党史》采用（2012年第2期），《如何建设一支高素质的档案史志人才队伍》被《史志林》采用（2012年第2期）。

2013年，开展“中国共产党民族政策在平塘的实践”专题调研。

第四篇

平塘县人民代表大会

第一章　代表选举与代表大会

1988~2013 年，平塘县人民代表大会历经第九至第十五届任期，其中，第九届、第十届每届任期 3 年。从第十一届起每届任期 5 年，共召开 27 次代表大会。大会主要听取、审议政府工作报告及有关工作报告；听取和审议县人大常委会和县人民法院、县人民检察院工作报告；选举产生县人大常委会主任、副主任、常务委员，县人民政府县长、副县长，县人民法院院长，县人民检察院检察长。

第一节　代表选举

每届县人民代表大会第一次会议前，均设定选举委员会主持代表选举工作。县人民代表大会代表选举由选民直接投票产生。

县、乡（镇）两级人民代表大会同步换届选举时，乡（镇）级选举委员会受县级选举委员会委托，负责本行政区域县级人民代表大会代表的选举工作。乡（镇）选举委员会受县人大常委会的领导，其组成人员由县人大常委会任命。

人大代表的换届选举工作，一般分为准备阶段、选民登记阶段、提名确定候选人和协商确定代表候选人、投票选举 4 个阶段。人大代表选举每届分为若干选区，选区设选举工作小组。选民登记以选区为单位，选民各单位于选举日前张榜公布。机关各政党、各人民团体可以联合或单独推荐候选人，10 名以上选民也可以联名推荐候选人。候选人名单于选举日前 15 日张榜公布，然后由选区组织工作小组反复酝酿、协商确定正式代表候选人名单。选民凭身份证或选民证领取选票。各选区根据实际，采取召开选举大会或设定投票站、流动票箱等形式组织选民投票。公布投票结束和当选人名单，并报请县选举委员会审查后，提请县人大常委会确认。

1987 年 9 月选举产生县九届人大代表 163 人。第十届至第十五届选举产生的县人大代表分别为 181 名、185 名、183 名、181 名、182 名和 181 名。

第二节　代表大会

九届人大二次会议

1988 年 4 月 7~10 日在县城召开，应到会代表 162 名，实到 129 名。听取和审议县人大常委会和“一府两院”工作报告；平塘县 1987 年国民经济和社会发展计划执行情况及 1988 年计划草案报告；平塘县 1987 年财政预算执行情况及 1988 年财政预算草案报告。收到代表批评、建议、意见 30 件。

九届人大三次会议

1989 年 3 月 28~30 日在县城召开，应到会代表 160 名，实到 115 名。听取和审议县人大常委会和

“一府两院”工作报告；平塘县1988年国民经济和社会发展计划执行情况及1989年计划草案报告；平塘县1988年财政预算执行情况及1989年财政预算草案报告。收到代表批评、建议、意见63件。

十届人大一次会议

1990年5月4~9日在县城召开，应到会代表181名，实到179名。听取和审议县人大常委会和“一府两院”工作报告；平塘县1989年国民经济和社会发展计划执行情况及1990年计划草案报告；平塘县1989年财政预算执行情况及1990年财政预算草案报告。会议选出县人大常务委员会主任、副主任、委员，县人民政府县长、副县长，县人民法院院长，县人民检察院检察长。大会进行不记名投票选举。莫云芬为人大常委会主任，石玉佩、黄同恩、卓兴远、石忠智为副主任，杨其伦为县人民政府县长，王立松、谢锡坤、王克文、龚春永为县人民政府副县长，罗泰虎为县人民法院院长，熊福钧为县人民检察院检察长。收到代表批评、建议、意见123件。

十届人大二次会议

1991年4月11~14日在县城召开，应到会代表175名，实到153名。听取和审议县人大常委会和“一府两院”工作报告；平塘县1990年国民经济和社会发展计划执行情况及1991年计划草案报告；平塘县1990年财政预算执行情况及1991年财政预算草案报告。会议选举平塘县出席黔南州第九届人民代表大会代表30名。收到代表批评、建议、意见83件。

十届人大三次会议

1992年3月31日至4月2日在县城召开，应到会代表174名，实到158名。听取和审议县人大常委会和“一府两院”工作报告；平塘县1991年国民经济和社会发展计划执行情况及1992年计划草案报告；平塘县1991年财政预算执行情况及1992年财政预算草案报告。收到代表批评、建议、意见30件。

十一届人大一次会议

1993年4月8~12日在县城召开，应到会代表185名，实到184名。听取和审议县人大常委会和“一府两院”工作报告；平塘县1992年国民经济和社会发展计划执行情况及1993年计划草案报告；平塘县1992年财政预算执行情况及1993年财政预算草案报告。会议选出第十一届人大常委会主任、副主任、委员，县人民政府县长、副县长，县人民法院院长，县人民检察院检察长。杨德均当选县人大常委会主任，石忠智、孟玉凤、胡国栋、杨再普为副主任；王立松当选县人民政府县长，林宜国、龚春永、陈平金、王佐培、谭文忠为副县长；罗泰虎为县人民法院院长，熊德钧为县人民检察院检察长。收到代表批评、建议、意见93件。

十一届人大二次会议

1994年4月12~14日在县城召开，应到会代表183名，实到159名。听取和审议县人大常委会和“一府两院”工作报告；平塘县1993年国民经济和社会发展计划执行情况及1994年计划草案报告；平塘县1993年财政预算执行情况及1994年财政预算草案报告。收到代表批评、建议、意见37件。

十一届人大三次会议

1995年4月9~12日在县城召开，应到会代表184名，实到163名。听取和审议县人大常委会和“一府两院”工作报告；平塘县1994年国民经济和社会发展计划执行情况及1995年计划草案报告；平塘县1994年财政预算执行情况及1995年财政预算草案报告。补选县人大常委会副主任1名、委员2名；张谋鉴被选为县人大常委会副主任，王奠伟、腾选进被选为县人大常委会委员。收到代表批评、建议、意见16件。

十一届人大四次会议

1996年4月10~13日在县城召开，应到会代表181名，实到149名。听取和审议县人大常委会和“一府两院”工作报告；平塘县1995年国民经济和社会发展计划执行情况及1996年计划草案报告；平塘县1995年财政预算执行情况及1996年财政预算草案报告。会议补选谭文忠为县人民政府县长，选出平塘县出席黔南州第十届人民代表大会代表24人。收到代表批评、建议、意见22件。

十一届人大五次会议

1997年4月8~10日在县城召开，应到会代表180名，实到161名。听取和审议县人大常委会和“一府两院”工作报告；平塘县1996年国民经济和社会发展计划执行情况及1997年计划草案报告；平塘县1996年财政预算执行情况及1997年财政预算草案报告。会议补选吴吉亮为县人民法院院长。收到代表批评、建议、意见26件。

十二届人大一次会议

1998年3月10~13日在县城召开，应到会代表183名，实到182名。听取和审议县人大常委会和“一府两院”工作报告；平塘县1997年国民经济和社会发展计划执行情况及1998年计划草案报告；平塘县1997年财政预算执行情况及1998年财政预算草案报告。会议选举产生平塘县第十二届人民代表大会常务委员会主任、副主任、委员，县人民政府县长、副县长，县人民法院院长，县人民检察院检察长。杨德均当选县人大常委会主任，孟玉凤、张谋学、石忠智、帅永兴、石如祖为副主任；谭文忠当选为县人民政府县长，史大伟、管跃敏、杨旌旗、罗登军、朱昭为副县长；吴吉亮为县人民法院院长，陶忠和为县人民检察院检察长。收到代表批评、建议、意见74件。

十二届人大二次会议

1999年3月16~18日在县城召开，应到会代表183名，实到173名。听取和审议县人大常委会和“一府两院”工作报告；平塘县1998年国民经济和社会发展计划执行情况及1999年计划草案报告；平塘县1998年财政预算执行情况及1999年财政预算草案报告。收到代表批评、建议、意见48件。

十二届人大三次会议

2000年3月21~24日在县城召开，应到会代表179名，实到162名。听取和审议县人大常委会和“一府两院”工作报告；平塘县1999年国民经济和社会发展计划执行情况及2000年计划草案报告；平塘县1999年财政预算执行情况及2000年财政预算草案报告。会议补选张寅鸣为县人民法院院长。收到代表批评、建议、意见86件。

十二届人大四次会议

2001年3月15~19日在县城召开，应到会代表179名，实到154名。听取和审议县人大常委会和“一府两院”工作报告；平塘县2000年国民经济和社会发展计划执行情况及2001年计划草案报告；平塘县2000年财政预算执行情况及2001年财政预算草案报告。会议补选刘长江为县人民政府县长，选举出席黔南州十一届人大会议代表24名。收到代表批评、建议、意见99件。

十二届人大五次会议

2002年3月14~17日在县城召开，应到会代表176名，实到153名。听取和审议县人大常委会和"一府两院"工作报告；平塘县2001年国民经济和社会发展计划执行情况及2002年计划草案报告；平塘县2001年财政预算执行情况及2002年财政预算草案报告。会议补选左润华为平塘县人民政府县长。收到代表批评、建议、意见56件。

十三届人大一次会议

2003年3月14~18日召开，应到会代表181名，实到178名。听取和审议县人大常委会和"一府两院"工作报告；平塘县2002年国民经济和社会发展计划执行情况及2003年计划草案报告；平塘县2002年财政预算执行情况及2003年财政预算草案报告。会议选举县人大常委会主任、副主任、委员，县人民政府县长、副县长，县人民法院院长，县人民检察院检察长。管跃敏当选为县人大常委会主任，孟玉凤、石如祖、王国忠、张永锋、黄章能、张学玖为副主任，委员12人；左润华当选县人民政府县长，罗荣彬、杨旌旗、桑丽、刘大慷、张智勇当选为副县长；潘晓军当选为县人民法院院长、班南山当选为人民检察院检察长。收到代表批评、建议、意见148件。

十三届人大二次会议

2004年3月16~19日在县城召开，应到会代表183名，实到165名。听取和审议县人大常委会和"一府两院"工作报告；平塘县2003年国民经济和社会发展计划执行情况及2004年计划草案报告；平塘县2003年财政预算执行情况及2004年财政预算草案报告。收到代表批评、建议、意见126件。

十三届人大三次会议

2004年8月17~18日在县城召开，应到会代表182名，实到182名。听取和审议县人大常委会和"一府两院"工作报告；平塘县2003年国民经济和社会发展计划执行情况及2004年计划草案报告；平塘县2003年财政预算执行情况及2004年财政预算草案报告。补选唐官莹为平塘县人民政府县长。

十三届人大四次会议

2005年3月8~11日在县城召开，应到会代表182名，实到168名。听取和审议县人大常委会和"一府两院"工作报告；平塘县2004年国民经济和社会发展计划执行情况及2005年计划草案报告；平塘县2004年财政预算执行情况及2005年财政预算草案报告。收到代表批评、建议、意见98件。

十三届人大五次会议

2006年2月8~10日在县城召开，应到会代表182名，实到176名。听取和审议县人大常委会和"一府两院"工作报告；平塘县2005年国民经济和社会发展计划执行情况及2006年计划草案报告；平塘县2005年财政预算执行情况及2006年财政预算草案报告。收到代表批评、建议、意见81件。

十四届人大一次会议

2007年1月6~9日在县城召开，应到会代表182名，实到172名。会议听取和审议县人大常委会和"一府两院"工作报告；平塘县2006年国民经济和社会发展计划执行情况及2007年国民经济和社会发展计划草案报告；平塘县2006年财政预算执行情况及2007年财政预算草案报告。会议选举平塘县第十四届人大常务委员会主任、副主任、委员，县人民政府县长、副县长，县人民法院院长，县人民检察院检察长。管跃敏当选县人大常委会主任，孟玉凤、石如祖、王国忠、史震海、宋宏顺为副主任，委员17名；唐官莹当选县人民政府县长，李应明、张智勇、刘昶林、周天福、石蕾为副县长；潘晓军为县人民法院院长，班南山为县人民检察院检察长。收到代表批评、建议、意见121件。

十四届人大二次会议

2008年3月25~28日在县城召开，应到会代表181名，实到174名。听取和审议“一府两院”工作报告；县人大常委会工作报告；平塘县2007年国民经济和社会发展计划执行情况及2008年国民经济和社会发展计划草案报告；平塘县2007年财政预算执行情况及2008年财政预算草案报告。会议补选孟玉凤为县人大常委会主任，帅兴云、刘英兰、杨通豪、陆杰为委员，补选毛有智为县人民政府县长。会议期间收到代表批评、建议和意见137件。

十四届人大三次会议

2009年3月2~6日在县城召开，应到会代表177名，实到169名。听取和审议“一府两院”工作报告；县人大常委会工作报告；平塘县2008年国民经济和社会发展计划执行情况及2009年国民经济和社会发展计划草案报告；平塘县2008年财政预算执行情况及2009年财政预算草案报告。会议补选张建海为县第十四届人大常委会副主任，选举孟玉凤为黔南州第十一届人民代表大会代表。收到代表批评、建议、意见119件。

十四届人大四次会议

2010年3月3~6日在县城召开，应到会代表176名，实到171名。会议听取和审议县人大常委会和“一府两院”工作报告；平塘县2009年国民经济和社会发展计划执行情况及2010年国民经济和社会发展计划草案报告；平塘县2009年财政预算执行情况和2010年财政预算草案报告。收到代表批评、建议、意见128件。

十四届人大五次会议

2011年3月8~10日在县城召开，应到会代表174名，实到165名。会议听取和审议县人大常委会和“一府两院”工作报告；平塘县2010年国民经济和社会发展计划执行情况及2011年国民经济和社会发展计划草案报告；平塘县2010年财政预算执行情况和2011年财政预算草案报告。收到代表批评、建议、意见93件。

十五届人大一次会议

2012年1月4~6日在县城召开，应到会代表181名，实到175名。会议听取和审议县人大常委会和“一府两院”工作报告；平塘县2011年国民经济和社会发展计划执行情况及2012年国民经济和社会发展计划草案报告；平塘县2011年财政预算执行情况和2012年财政预算草案报告。会议选举产生县第十五届人大常委会主任、副主任、委员，县人民政府县长、副县长，县人民法院院长，县人民检察院检察长。孟玉凤当选县人大常委会主任，严福先、周天福、宋宏顺、帅兴云、刘洪、冉崇永为副主任，委员16名；臧侃当选县人民政府县长，张智勇、张建海、史震海、石蕾、余星进、王登辉为副县长；黄晓明为县人民法院院长，朱启松为县人民检察院检察长。收到代表批评、建议、意见116件。

十五届人大二次会议

2013 年 2 月 27 日至 3 月 2 日在县城召开，应到会代表 178 名，实到 171 名。会议听取和审议县人大常委会和“一府两院”工作报告；平塘县 2012 年国民经济和社会发展计划执行情况及 2013 年国民经济和社会发展计划草案报告；平塘县 2012 年财政预算执行情况和 2013 年财政预算草案报告。收到代表批评、建议、意见 153 件。

1988～2013 年平塘县人大常委会领导名录表

表 4-1

届　次	职　务	姓　名	民　族	籍　贯	任职时间
第九届	主　任	莫云芳（女）	布依族	贵州平塘	1987.09～1990.05
	副主任	庄敬文	汉　族	广东梅县	1987.09～1990.05
		王规驰	汉　族	安徽和县	1987.09～1990.05
		黄同恩	侗　族	贵州天柱	1987.09～1990.05
第十届	主　任	莫云芳（女）	布依族	贵州平塘	1990.05～1993.04
	副主任	石玉佩	毛南族	贵州平塘	1990.05～1993.04
		黄同恩	侗　族	贵州天柱	1990.05～1993.04
		卓兴远	汉　族	四川成都	1990.05～1993.04
		石忠智	毛南族	贵州平塘	1990.05～1993.04
第十一届	主　任	杨德均	布依族	贵州平塘	1993.04～1998.03
	副主任	石忠智	毛南族	贵州平塘	1993.04～1998.03
		孟玉凤（女）	汉　族	河南唐河	1993.04～1998.03
		胡国栋	布依族	贵州平塘	1993.04～1998.03
		杨再普	布依族	贵州平塘	1993.04～1998.03
第十二届	主　任	杨德均	布依族	贵州平塘	1998.03～2003.03
	副主任	孟玉凤（女）	汉　族	河南唐河	1998.03～2003.03
		张谋鉴	布依族	贵州平塘	1998.03～2003.03
		帅永兴	汉　族	贵州平塘	1998.03～2003.03
		石如祖	毛南族	贵州平塘	1998.03～2003.03
		王国忠	苗　族	贵州平塘	1998.03～2003.03
第十三届	主　任	管跃敏	布依族	贵州平塘	2003.03～2007.01
	副主任	孟玉凤（女）	汉　族	河南唐河	2003.03～2007.01
		石如祖	毛南族	贵州平塘	2003.03～2007.01
		王国忠	苗　族	贵州平塘	2003.03～2007.01
		张永锋	汉　族	贵州平塘	2003.03～2007.01
		黄章能	汉　族	贵州平塘	2003.03～2007.01
		张学玖	苗　族	贵州平塘	2003.03～2006.09

续上表

届次	职务	姓名	民族	籍贯	任职时间
第十四届	主任	管跃敏	布依族	贵州平塘	2007.01～2008.12
		孟玉凤（女）	汉族	河南唐河	2009.03～2012.01
	副主任	孟玉凤（女）	汉族	河南唐河	2007.01～2009.03
		石如祖	毛南族	贵州平塘	2007.03～2012.01
		王国忠	苗族	贵州唐塘	2007.03～2010.01
		史震海	布依族	安徽枞阳	2007.01～2012.01
		宋宏顺	汉族	贵州平塘	2007.01～2012.01
		帅兴云	汉族	贵州平塘	2010.03～2012.01
第十五届	主任	孟玉凤（女）	汉族	河南唐河	2012.01～2017.01
	副主任	严福先	布依族	贵州平塘	2012.01～2012.06
		周天福	汉族	贵州都匀	2012.01～2017.01
		宋宏顺	汉族	贵州平塘	2012.01～2014.11
		帅兴云	汉族	贵州平塘	2012.01～2016.10
		刘洪	毛南族	贵州平塘	2012.01～2017.01
		冉崇永	汉族	贵州平塘	2012.01～2015.10
		石家勋	布依族	贵州平塘	2013.03～2015.10
		陈以惠	布依族	贵州平塘	2013.03～2017.01
		曾昭洪	汉族	贵州贵阳	2016.02～2017.01

第三节　乡镇人民代表大会

县人民代表大会常务委员会是平塘县人民代表大会的常设机构，在大会闭幕期间行使县级地方国家机关的职权，对本级人民代表大会负责并报告工作。常委会每届任期与县人民代表大会任期相同，行使职权到下一届人民代表大会选出新的县人大常委会为止。

县人大常委会由主任1人、副主任若干人和委员若干人组成，在每届第一次会议上从县人大代表中选举产生。常委会会议每2个月至少举行一次，有特殊需要时，经主任会议决定，可以临时召集会议，会议由主任或受委托的副主任召集。常委会的决议、决定、审议意见，需经全体成员过半数通过。

第二章　平塘县人大常委会

第一节　工作机构

1988 年，九届县人大常委会设置办公室和代表资格审查委员会。1990 年 5 月，十届人大常委会在上届的基础上增设代表民族工作委员会、法制工作委员会、财经农村工作委员会和教科文卫工作委员会等办事机构。1993 年 4 月，县十一届人大一次会议后，县人大常委会工作机构有 5 个，即办公室、代表民族工作委员会、法制工作委员会、财经农村工作委员会、教科文卫工作委员会。2001 年，增设信访督察工作委员会，县人大常委会工作机构均为 6 个，至 2013 年工作机构不变。2013 年，县人大常委会内设办公室、代表民族工作委员会、法制工作委员会、财经农村工作委员会、教科文卫工作委员会、信访督察工作委员会 6 个工作机构。

第二节　重大决定决议

1988 年 2 月，县九届人大常委会第二次会议听取和审议县人民政府《关于提请审议修改〈平湖镇市政建设管理办法〉的议案》，会议原则批准并由县政府修改后公布施行；会议还作出《关于成立平塘县人大常委会代表资格审查委员会的决定》和《关于撤销平塘县选举工作机构的决定》。是年 7 月，县人大常委会第五次会议审议通过《平塘县人民代表大会常务委员会联系代表工作暂行办法》。

1989 年 2 月，九届人大常委会第九次会议听取和审议县人民政府提请审议的《平塘县贯彻执行〈贵州省计划生育试行条例〉有关问题的规定》，会议原则同意并作出《关于平塘县贯彻执行〈贵州省计划生育试行条例〉有关问题的规定的决议》，由县人民政府修改补充后公布实施。

1990 年 6 月，十届县人大常委会第十二次会议通过《关于设立平塘县人大常委会办事机构的决定》，决定设立县人大常委会法制、代表民族、教科文卫、财经农村等 4 个工作委员会作为平塘县人大常委会的办事机构。

1994 年 2 月，十一届县人大常委会第三次会议作出《关于批准〈县政府部分行政机构设置〉方案的决定》和《关于批准〈平塘县实施九年义务教育规划〉方案的决定》。

1995 年 8 月，十一届县人大常委会第十四次会议审议通过《平塘县人大常委会关于对县级地方国家机关工作人员进行述职评议的办法（试行）》。

1996 年 12 月，十一届县人大常委会第二十三次会议审议县政府关于《平塘县风景名胜资源定级的方案》和《平塘县城区防洪规划》的议案，并作出相应的决议。

1998 年 5 月，十二届人大常委会第一次会议审议通过《关于撤销县选举委员会的决议》《县人大常委会联系人民代表大会代表暂行办法（草案）》《县人大常委会人事任免暂行办法（草案）》《县人大常委会财政预算监督暂行办法（草案）》《县人大常委会关于对县级地方国家机关工作人员进行述职评议的办法（草案）》《县人大常委会同“一府两院”工作联系暂行办法（草案）》；审议作出《关于建立平塘县第十二届人民代表大会常务委员会代表资格审查委员会的决议》。是年12月，平塘县人大常委会第五次会议审议通过《关于开展依法治县的决议》。

2001年6月，县人大常委会第二十一次会议审议批准县人民政府《创建文明卫生县城规划（试行）》和《平塘县法制宣传教育和依法治理工作第四个五年计划》的议案。

2003年11月，十三届县人大常委会第八次会议审议通过县人民政府《关于平塘县行政村合并方案的议案》，作出《关于批准县政府〈关于平塘县行政村合并方案的议案〉的决议》。

2004年2月，十三届人大常委会第十次会议审议通过县人民政府《平塘县县城近期建设规划》，作出《关于批准县政府〈平塘县县城近期建设规划〉的决议》。

2005年4月20日，十三届县人大常委会第二十次会议审议通过县人民政府《关于风景名胜区总体规划》，作出《平塘县人大常委会关于批准县政府〈关于风景名胜区总体规划〉的决定》。是年8月，在二十二次县人大常委会上作出《平塘县人大常委会关于同意县政府设立“爱我母亲河活动日”的决定》。10月28日，在第二十三次人大常委会上作出《平塘县人大常委会关于同意县政府〈平塘县风景名胜区管理暂行办法〉的决定》《平塘县人大常委会关于批准县政府〈平塘县平湖城区控制性详细规划〉的决定》。12月21日，第二十四次县人大常委会作出《关于平塘县高考奖励暂行办法的决定》。

2006年4月21日，十三届人大常委会第二十六次会议审议通过县人民政府《平塘县新老城区路、巷命名及设置方案》，作出《关于批准县政府〈平塘县新老城区路、巷命名及设置方案〉的决定》。是年12月19日，在十三届人大常委会第三十二次会议上作出《关于同意修订〈平塘县高考奖励办法（暂行）〉的决定》。

2007年3月27日，十四届人大常委会第二次会议作出《关于将平塘玉水新村农村基础设施建设项目贷款的还本付息纳入县级财政预算的决定》。

2008年2月，作出《关于批准县政府〈平塘县农村基础设施修复项目贷款方案〉的决定》。10月，作出《关于同意县政府将腾龙大道更名为迎宾大道的决定》。

2009年6月4日，十四届人大常委会第十九次会议审议批准《平塘县县城总体规划（2008～2020年）》和《平塘县平湖中心城区控制性详细规划》。是年6月18日，十四届人大常委会第二十次会议审议通过县人民政府《关于县城污水处理工程项目建设资金有关事宜的议案》，同意将平塘县城污水处理工程项目建设资金及利息逐年列入财政预算。

2010年5月18日，十四届人大常委会第二十七次会议，作出《关于批准将偿还平塘县水利基础设施抗旱救灾应急修复工程项目建设资金列入财政专项预算的决定》。是年10月28日，十四届人大常委会第三十一次会议审议通过县人民政府《平塘县创建省级文明县城综合管理办法（试行）》，作出《关于同意〈平塘县创建省级文明县城综合管理办法（试行）〉的决定》。

2011年4月30日，十四届人大常委会第三十五次会议作出《关于同意将偿还平塘县平湖镇新舟片区土地整理项目建设资金列入财政专项预算的决定》，批准县人民政府将平湖镇新舟片区土地整治项目资金列入财政预算。是年12月15日，十四届人大常委会第四十三次会议审议通过县人民政府《平塘县普法依法治县第六个五年规划》，作出《关于通过〈平塘县普法依法治县第六个五年规划〉的决定》。

2012年4月24日，十五届人大常委会第一次会议审议通过县人民政府《平塘县人民防空工程建设和管理办法》，作出《关于批准〈平塘县人民防空工程建设和管理办法〉的决定》。是年10月23日，十五届人大常委会第八次会议作出《关于同意平塘县政府〈县城城镇道路升级改造项目EPC+BT

模式回购方案〉的决定》，批准县人民政府《县城城镇道路升级改造项目 EPC+BT 模式回购方案》。

2013 年 10 月 25 日，十五届人大常委会第十五次会议审议通过县人民政府《关于平塘县行政区域三年调整规划方案》，作出《关于同意县政府〈关于平塘县行政区域三年调整规划方案〉的决定》。是年 12 月 11 日，十五届人大常委会第十六次会议审议通过县人民政府《关于平塘县 2013 年乡镇行政区划调整方案》，作出《关于同意县政府〈关于平塘县 2013 年乡镇行政区划调整方案〉的决定》，全县 19 个乡镇调整为 9 镇 1 乡。12 月 20 日，十五届人大常委会第十七次会议审议作出《关于同意〈平塘县政府城区防洪规划〉的决定》。

第三节　视察调研

1988 年 5 月 23 日，县人大常委会分两个视察小组，采取一听二看三座谈四走访的方式，分别视察新塘、鼠场、航龙、谷硐、卡腊、翁招、河中 7 个乡粮食和烤烟生产，就群众生活安全和群众普遍关心的问题听取各乡人民政府的工作汇报，向县委作《视察情况专题汇报》，将群众希望解决的几个问题印送县人民政府采取措施及时解决。

1990 年 12 月，县人大常委会组织驻平塘的省州人大代表 19 人分 3 个视察小组，就 1990 年国民经济和社会发展、财政预算执行情况、社会治安、计划生育和《土地管理办法》实施情况，对 4 区 1 镇 6 乡人民政府、县直 6 个工作部门进行视察，广泛听取各方面的意见和要求后提出批评意见和建议 31 条，综合整理为 9 个方面送县政府有关部门研究办理。

1993 年 11 月，黔南州人大常委会一行 10 人分别视察克度、塘边、牙舟 3 镇和县水泥厂、农机厂、酒厂、五金厂、平湖爆竹厂等企业，先后听取县人民政府及其有关部门的工作汇报，就减轻农民负担问题和促进乡镇企业发展提出意见和建议。

1996 年 10 月，平塘县人大常委会财农工委组织县交通局、养护工区和平塘养护段等单位对县城至四寨、县城至六硐公路管护进行视察，就全县公路养路费的征收、使用和县级财政投入等问题提出批评意见和建议。

1998 年 6 月和 7 月，平塘县人大常委会组织调研组，就平塘贯彻《贵州省职业学校教育暂行条例》，实施《平塘县普及九年义务教育规划》情况进行专题调研，对贯彻条例和实施规划发现的问题提出意见和建议，形成专题报告转县政府有关部门办理。

2000 年后，平塘县人大常委会在审议“一府两院”工作报告前或审议后，均开展会前（后）专题调研。2000~2002 年，先后开展调研 7 次，撰写调研报告 22 篇。

2003~2006 年，平塘县人大常委会先后组织驻平塘县的省州人大代表和县人大代表，开展对县“非典”防控、新老城区开发、扶贫攻坚、移民撤迁、烤烟生产、新农村建设等涉及民生的重大项目和重点工程开展视察调研，并分别撰写调研报告，提出一系列意见和建议，得到县委、县政府的肯定。

2009 年 6~11 月，平塘县人大常委会先后两次组织省、州驻平塘县的人大代表和县人大代表 60 余人次，以全县国民经济和社会发展计划及财政预算执行情况、群众反映强烈的热点难点问题为主要视察内容，深入全县 19 个乡镇及部分学校、企业和社区，重点视察工业生产、农业产业结构调整、扩大内需投资重点项目实施情况、返乡农民工创业就业情况、整脏治乱、新农村建设情况。梳理代表提出的意见和建议，形成视察报告分别交由县政府研究处理。

2011 年 6 月，平塘县人大常委会组织省、州、县三级人大代表 50 余人（次）对全县 2010 年扶贫资金安排使用及 2011 年扶贫资金安排情况、2010 年以来交通基础设施建设情况、2007 年以来国家扶持较少民族项目实施及经费使用情况、煤矿安全生产情况开展视察调研。及时梳理代表提出的意见和建议，形成3个视察报告交县政府研究处理。

2013年11月，平塘县人大常委会组织驻平塘的省第十一届、州第十二届人民代表大会代表及部分县第十五届人大代表进行联合视察。对全县2013年国民经济和社会发展计划执行情况、财政预算执行情况，卡蒲毛南族乡示范小城镇建设情况，独山至罗甸高速公路（平塘段）建设情况，职业高中、平塘民族中学改扩建工程建设情况进行视察调研，并形成4个视察调研报告。

第四节　监督工作

工作监督

1988~2013年，县人大常委会对“一府两院”工作实行监督，除通过人代会、人大常委会听取工作情况汇报外，还组织人大代表开展视察、调查和工作评议等。1988年5月，县人大常委会组织两个视察小组，采取一听二看三座谈四走访的办法分别视察新塘、鼠场、谷硐、航龙、卡腊、翁抬、河中等7乡粮食、烤烟和群众生活安排等，是年11月组织驻县省人大代表对县人民政府及其7个工作部门、县法院、县人民检察院和2个国有厂矿进行视察，了解1988年国民经济计划和财政预算执行情况、市场以及物价管理以及社会治安情况等。1990年6月，县人大常委会就《平湖镇市政建设管理办法》实施情况，组织调查组开展专门调查，两次请县建设局、卫生局、民政局、林业局以及平湖镇等部门单位进行座谈，并形成书面调查材料转县人民政府办公室研究处理。1992年9~11月，县人大常委报告，经县委同意，组织13名人大代表开展对县人民检察院1991年决定免于起诉的22个案件进行评议。评议工作在完成阅卷和走访调查后，召开有公、检、法、司全体干警及县直各工作部门的负责人参加的评议大会，会后县检察院根据人大代表提出的意见和建议，制定整改方案，组织5个复查组进行复查后，维持免诉决定3件，撤销免诉决定2件，依法对4名犯罪嫌疑人进行逮捕，提起公诉。1994年6月，县人大常委会组织有关单位对县物资、百货、糖酒、食品等公司以及县印刷厂、大理石厂、农机厂、酒厂、纸厂等企业上半年经济发展情况和实施《全民所有制企业法》《全民所有制工业企业转换经营机制条例》情况进行检查，是年11月组织两个视察组分别对摆茹镇乡镇企业、者密镇社会治安综合治理、甘寨乡烤烟业、白龙乡的秋种工作进行视察。

1996年8月，县人大常委会组织专门调查组，对大塘、塘边、平湖镇贯彻实施《贵州省计划生育试行条例》情况进行调查。是年10月，组织驻县省、州人大代表和县人大代表视察大塘、新塘、鼠场3个“麻山”乡镇扶贫项目实施情况。1998年11月，县人大常委会组织2个视察小组，分别视察通州、掌布集贸市场，谷硐、卡罗新建教学楼，牙舟计生指导室和“落九”资料室，通州金桥排洪工程，鼠场乡人畜饮水工程。并针对问题写出专题报告转县人民政府办理。

2000年后，县人大常委会针对审议县人民政府各工作部门的工作情况报告，开展审议前（后）调整和专题调查，并形成相关调查报告。提出意见建议转政府有关部门办理。2007年，县人大常委会首次实行县人民政府工作部门专项工作报告“票决制”，对工作报告满意率达不到60%以上的要求，政府工作部门进行二次报告和票决。2008~2012年，县人大常委会先后举行42次会议，听取和审议“一府两院”工作报告137个，专题听取县人民政府落实审议意见情况3次。

2013年，县人大常委会组织驻县省、州人大代表和县十五届人大代表分别视察卡蒲毛南族示范小城镇、独（山）平（塘）高速公路（平塘段）、县职业高中、平湖中学工程建议情况。是年，听取和审议“一府两院”工作报告19个，专题听取县人民政府落实审议意见情况两次。

信访督察

1988~2013年，县人大常委会共接到人民群众来信来访1841件。其中来信714件，来访1127人（次）。对人民群众来信来访提出的问题进行分类，后转有关部门办理，对反映强烈的重大来信来访实行跟踪督办或报请人大常委会领导批示。

法律监督

1988年1月，县人大常委会就部分群众反映司法机关超期羁押犯罪嫌疑人一事，组织有关部门负责人开展专项调查，并解决存在的问题。1989~1992年，九届人大常委会先后听取县人民政府贯彻执行《民族区域自治法》《义务教育法》《行政监察条例》《审计条例》等情况汇报，并就《土地管理法》《残疾人保障法》和《贵州省计划生育条例》贯彻执行情况组织人大代表进行视察。

1994年2月，听取和审议县政府贯彻实施《中华人民共和国全民所有制工业企业法》和《中华人民共和国所有制工业企业转换经营机制条例》的情况汇报。是年6月，县人大常委会组织部分委员和单位代表，对县物资公司、百货公司、食品公司和县印刷厂、大理石厂、酒厂、农机厂、纸厂等企业进行专题调研，并就《全民所有制工业企业法》《全民所有制工业企业转换经营机制条例》实施情况进行检查。

1997年4月，由县人大常委会法工委、教科文卫工委牵头组织有关部门对全县贯彻执行《残疾人保障法》《食品卫生法》《科技进步法》和禁毒工作进行专题调查，对存在的问题和困难，提出意见和建议。

1999年，县人大常委会组织调研组对全县实施《贵州省国防教育条例》《黔南州个体工商户和私营企业权益保障条例》《黔南州惩治生产销售假冒伪劣商品违法行为条例》的情况和大塘镇、塘边镇、卡蒲毛南族乡、四寨镇贯彻实施《贵州省计划生育条例》情况开展专项调查，并就贯彻实施《贵州省计划生育条例》《中华人民共和国农业法》存在的困难和问题提出意见建议。

2001年，县人大常委会对部分乡镇、机关单位和学校贯彻执行《归侨侨眷权益保护法》《公益事业捐赠法》《平塘县普及九年义务教育规划》情况开展专题调查，并形成调查意见、建议转有关部门办理。

2004年，对《科学技术普及法》《贵州省科学技术普及条例》和《贵州省科学技术资金投入管理条例》贯彻实施情况进行执法检查。

2007年，十四届人大常委会第三次会议审议通过《平塘县人大常委会监督暂行办法》，是年，先后对《行政许可法》《贵州省民族民间文化保护条例》《黔南布依族苗族自治州自治条例》等贯彻执行情况开展执法检查。

2009年，十四届人大常委会第二十一次会议审议通过《平塘县人大常委会规范性文件备案审查暂行办法》，进一步完善人大常委会监督工作。

2010年，县人大常委会对《贵州省气象条例》《黔南布依族苗族自治州个体工商户和私营企业权益保护条例》等法律法规贯彻执行情况进行执法检查。提出执法检查建议和整改意见，并进行回查与跟踪督促有关部门办理和落实。

2013年，县人大常委会先后组织对《贵州省中小企业促进条例》《黔南布依族苗族自治州个体工商户和私营企业权益保护条例》等十余项法律法规的贯彻执行情况进行执法检查。

第五节 代表议案和建议办理

1988~2013年，平塘县人民代表大会历经六届二十七次全体会议。会议期间，由大会议案组负责收集代表议案、建议，报请大会主席研究同意后转交县人民政府及其有关工作部门办理。对不具备议案条件的议案，报请大会主席团同意转为代表建议处理。从九届二次到十五届二次会议期间，先后收到代表议案、建议2213件，其中298件议案经审查均不属于议案范围，全部转为建议处理。

1988年4月至1989年3月，先后召开九届二次和三次会议。会议期间，共收到代表议案25件、建议68件。25件代表议案经审查不列入会议议程，全部转为代表建议，会后与代表建议一并转县人民政府有关部门办理。

县第十届人民代表大会任期3年，届期先后召开代表大会3次。大会期间共收到代表议案75件、建议161件。代表议案经审查全部转为代表建议，会后与代表建议一并转交县人民政府及其有关部门研究办理。

县第十一届人民代表大会任期5年，届期召开代表大会5次。大会期间共收到代表议案90件、建议111件。90件代表议案经大会审查有89件不属于议案范围，转为代表建议处理，会后与代表建议一并转交县人民政府研究办理，并按规定的时限答复代表。

县十二届人民代表大会任期5年，届期共召开代表大会5次。大会期间共收到代表议案108件，其中，10人以上（含10人）代表联合提出85件，经大会审查均不属于议案范围，全部转为代表建议。会议期间共收到代表建议255件。会后一并转交县人民政府及其工作部门办理，要求办理部门在3个月内负责办结并答复代表，并于是年12月前向县人大常委会作出书面报告。

县十三届人民代表大会任期5年，共召开代表大会5次。共收到代表建议453件，其中10件为重点督办件。会后转县人民政府研究办理，县人大程委会跟踪督查，并要求县人民政府及其有关部门在3个月内答复代表，于是年8月前向县人大常委会书面报告。

县十四届人民代表大会任期5年，共召开代表大会5次。大会期间共收到代表建议588件，会后转交人民政府及其工作部门办理。县人民政府召开会议，要求相关部门在3个月内办结并书面答复代表。并在下次代表大会召开前向县人大常委会书面报告代表建议办理情况。

县十五届人民代表大会任期5年，至2013年2月，共召开2次代表大会。大会期间共收到代表建议269件，会后转交县人民政府及其工作部门办理，并全部答复完毕。其中，代表提出的《关于建立村干部养老保障制度的建议》《关于制定保护玉水河的实施意见的建议》《关于加强乡镇卫生院医疗设备的建议》《关于修建四寨至独山下司公路的建议》等列入县人大常委会重点督办件。

第六节 人事任免

县人大常委会根据法律规定对“一府两院”行使人事任免权。

1988年2月至1989年5月，县九届人大常委会先后任免县人大常委会机关工作人员2人（次），县人民政府工作人员7人（次），县人民法院工作人员6人（次），县人民检察院工作人员4人（次）。

1990年6月至1992年12月，县十届人大常委会任命县人大常委会机关工作人员20人，任免县人民政府工作部门负责人56人，县人民法院工作人员6人，县人民检察院工作人员8人。其中，1990

年，任命县人民政府县长1人。1991年，任命县人民政府副县长1人。1992年，任命县人民政府副县长3人。

1993~1997年，县人大常委会共任命县国家机关工作人员135人，其中，县人大常委会专门委员会主任6人，副主任3人；县人民政府代理县长1人、副县长6人、科技副县长5人，县人民政府工作部门科局长（主任）59人；县人民法院代理院长1人、副院长1人，庭长8人、副庭长7人，审判委员会委员4人、审判员12人；县人民检察院副检察长2人，监察委员会委员5人、检察员15人。共免去县国家机关工作人员35人，其中，县人大常委会专门委员会主任5人、副主任1人；县人民政府工作部门科局长（主任）5人；县人民法院庭长8人、副庭长3人，审判委员会委员1人、审判员5人；县人民检察院副检察长1人，检察委员会委员2人、检察员4人。共接受县国家机关工作人员辞职11人，其中县人大常委会副主任1人、委员4人，县人民政府县长1人、副县长3人、科技副县长1人，县人民法院院长1人。

1998年3月至2002年2月，县第十二届人大常委会共任命县国家机关工作人员97人，其中县人大常委会机关8人、县人民政府工作部门55人、县人民法院25人、县人民检察院9人。1998年，任命人民政府科技副县长1人；共免去县级国家机关工作人员46人，其中县人大常委会机关8人、县人民政府15人、县人民法院18人、检察院5人。

2003年3月至2006年12月，县第十三届人大常委会共任免县级国家机关工作人员118人，其中，2003年补选黔南州第十一届人民代表1名，2004年补选县第十三届人民代表3名，2006年任命县人民政府副县长4人，接受辞去县人民政府副县长1人。

2007年1月至2011年11月，县十四届人大常委会共任免县级国家机关工作人员155人，其中县人大常委会机关26人、县人民政府及其工作部门27人、县人民法院34人、县人民检察院18人。2007年任命县人民政府县长1人，代理县长、副县长1人。2008年，接受辞去人大常委会主任1人，县人民政府副县长1人，任命县人民政府科技副县长1人。2010年，任命县人民政府副县长1人，科技副县长1人，接受辞去县人大常委会副主任1人。2011年，任命县人民政府县长1人、副县长5人，任命县人民法院代理院长1人、县人民检察院检察长1人，免去县人民法院院长1人。

2012年，共任免国家机关工作人员70人，其中，县人民政府副县长3人，县检察院副检察长4人，县人大常委会机关、县人民政府工作部门、县人民法院和县人民检察院机关工作人员63人。

2013年，共任免国家机关工作人员52人。其中，任命人民政府副县长1名，任免县人大机关工作人员3名、县政府机关工作人员7名、县人民法院工作人员38名、县人民检察院工作人员3名。

第五篇

平塘县人民政府

第一章 机构及会议

1988~2013年，共历经7届县人民政府，即县人大第九届至十五届期间的县人民政府。其中，第九、十届任期3年，第十届至第十五届任期5年。县人民政府对全县行政工作实行计划、组织、协调、培训、监督等，县人民政府班子在民主制度基础上实行县长负责制。

第一节 政府班子

县人民政府领导班子由人民代表大会选举产生，设县长1名，副县长若干名，并随人大换届而换届，届中班子成员有变动的，由县人大常委会任命或通过人代会选举增补。1988年，县人民政府班子有县长1名、副县长4名。1990年5月，县十届人大一次会议选举县长1名、副县长4名，届中更迭县长1名、增补副县长1名，有挂职副县长3名。1993年4月，县十一届人大一次会议选举县长1名、副县长5名，届中更迭县长1名，增补副县长3名（含常委副县长1名），有挂职副县长3名。1998年3月，县十二届人大一次会议选举产生县长1名、副县长5名，届中更迭县长2名，有挂职副县长3名。2003年3月，县十三届人大一次会议选举县长1名、副县长5名，届中更迭县长1名，增补副县长4名。2007年1月，县十四届人大一次会议选举产生县长1名、副县长5名，届中更迭县长2名，增补副县长4名。2012年1月，县十五届人大一次会议选举产生县长1名、副县长6名，届中更迭县长2名，副县长11名（含常务副县长3名）。2013年，县人民政府班子人员共7名，其中县长1名、常务副县长1名、副县长5名。

第二节 政府机构

1988~2013年，县人民政府机构经历1994年、2001年和2011年的三次重大改革，其他年份根据上级文件、要求和实际情况作一些小的调整、更名、撤并。县政府临时机构根据工作需要设立。

1988年，县政府下属科局单位共36个，即：县政府办公室、计划委员会、农村经济委员会、经济委员会、民族事务委员会、科学技术委员会、计划生育委员会、体育运动委员会、财政局、审计局、统计局、民政局、劳动人事局、行政监察局、物资管理局、物价管理局、工商行政管理局、技术监督局、土地管理局、农牧局、林业局、水电局、农业机械管理局、城乡建设环境保护局、交通局、乡镇企业管理局、轻工业局、农业规划办公室、商业局、粮食局、教育局、文化局、广播电视局、档案局、地方志办公室、卫生局等。合作商业性质的机构有平塘县供销合作社联合社。

1994年1月，县科学技术委员会与县教育局合并为“县教育与科学技术局”，次年11月重新分设，分设后平塘县科学技术委员会更名为“平塘县科学技术局”。1996年5月成立县旅游局。1997年，县政府工作部门41个，分别为县政府办公室、民政局、民族事务局、计划局、统计局、计划生育局、人事劳动局、行政监察局、审计局、档案局、经济贸易局、财政局、地方税务局、工商行政管理局、地方志办公室、农业局、林业局、水利电力局、乡镇企业管理局、国土局、建设局、交通局、供电局、粮食局、供销社联合社、教育局、科技局、文化局、广播电视局、体委、卫生局、公安局、司法局、农机局、旅游事业管理局、社会保险事业管理局、农村工作委员会、农业综合开发办公室、扶贫开发办公室、烤烟生产办公室、社会治安综合治理办公室等。1998 年增设县环境保护局。

2001 年，组建县人事劳动和社会保障局，成立县城镇公共事务管理局。县民族事务局与县宗教事务局合并组建县民族宗教事务局，县文化局、县体委、县广播电视局合并组建县文体广播电视局，县招商引资局并入县发展计划局，县国土局更名为县国土资源局，县水电局更名为县水利局。县级机构改革后，县政府工作部门25 个，分别为县政府办公室、县发展计划局、县经济贸易局、县教育局、县科学技术局、县民族宗教事务局、县公安局、县监察局、县民政局、县司法局、县财政局、县人事劳动和社会保障局、县国土资源局、县建设局、县交通局、县农业办公室、县水利局、县农业局、县林业局、县环境保护局、县卫生局、县计划生育局、县审计局、县统计局、县粮食局、县文体广播电视局、县城镇公共事务管理局、县信访办公室、县物价局、县事业单位登记管理局。

2004 年 10 月，县发展计划局改称县发展和改革局，是年，成立县药品监督管理局、县安全生产监督管理局。

2011 年，县级政府实行机构改革，设置 23 个政府工作部门、2 个政府直属事业机构、1 个政府其他事业机构。至 2013 年，机构设置无变化。

1988~2013 年平塘县历届县人民政府领导名录表

表 5-1

届次	职　务	姓　名	民　族	任职时间	备注
第九届	县　长	杨正才	布依族	1987. 03 ~ 1990. 05	—
	副县长	石毅明	毛南族	1988. 01 ~ 1990. 05	—
		石玉佩	毛南族	1988. 01 ~ 1990. 05	—
		谢锡坤（女）	汉　族	1988. 01 ~ 1991. 05	—
		王克文	汉　族	1988. 01 ~ 1990. 05	—
第十届	县　长	杨其伦	布依族	1990. 05 ~ 1992. 12	—
	代理县长	王立松	布依族	1992. 12 ~ 1993. 04	—
	副县长	王立松	布依族	1990. 05 ~ 1992. 12	—
		谢锡坤（女）	汉　族	1990. 05 ~ 1991. 05	—
		谭文忠	彝　族	1990. 05 ~ 1993. 04	—
		王克文	汉　族	1990. 05 ~ 1993. 04	—
		龚春永	汉　族	1990. 05 ~ 1993. 04	—
		田应君	汉　族	1990. 06 ~ 1992. 02	省挂职
		张金星	汉　族	1992. 06 ~ 1992. 12	省挂职
		戚燕强	汉　族	1992. 06 ~ 1992. 12	省挂职
第十一届	县　长	王立松	布依族	1993. 04 ~ 1995. 04	—
		谭文忠	彝　族	1995. 04 ~ 1998. 03	—
	代理县长	谭文忠	彝　族	1995. 04 ~ 1996. 04	—

续上表

届次	职　务	姓　名	民　族	任职时间	备注
第十一届	副县长	王秀龙	汉　族	1995.01～1997.12	—
		林宜国	汉　族	1993.04～1995.03	—
		龚春永	汉　族	1993.04～1998.03	—
		陈平金（女）	汉　族	1993.04～1998.03	—
		管跃敏	布依族	1993.04～1998.03	—
		史大伟	汉　族	1993.04～1998.03	—
		王佐培	苗　族	1993.04～1998.03	—
		谭文忠	彝　族	1993.04～1995.04	—
		胡国栋	布依族	1997.04～1998.03	—
		罗登军	布依族	1997.04～1998.03	—
		罗廷华	侗　族	1993.06～1995.06	省挂职
		林安民	汉　族	1993.06～1995.06	中直机关挂职
		王文辉	汉　族	1997.04～1999.04	中科院挂职
第十二届	县　长	谭文忠	彝　族	1998.03～2000.11	—
		刘长江	侗　族	2000.03～2001.12	—
		左润华	布依族	2003.03～2004.07	—
	代理县长	刘长江	侗　族	2000.12～2001.03	—
		左润华	布依族	2001.12～2002.03	—
	副县长	管跃敏	布依族	1998.03～2003.03	—
		史大伟	汉　族	1998.03～2001.10	—
		杨旌旗	汉　族	1998.03～2003.03	—
		朱昭（女）	汉　族	1998.03～2001.02	—
		罗登军	布依族	1998.03～2003.03	—
		黄俊群	汉　族	1998.05～2000.05	省挂职
		南新阳	汉　族	2001.10～2003.01	中直机关挂职
		覃敏笑	汉　族	2001.04～2003.04	省挂职
第十三届	县　长	左润华	布依族	2003.03～2004.07	—
		唐官莹（女）	汉　族	2004.08～2007.01	—
	代理县长	唐官莹（女）	汉　族	2004.07～2004.08	—
	副县长	罗荣彬	苗　族	2003.03～2004.02	—
		杨旌旗	汉　族	2003.03～2006.10	—
		刘大慷	汉　族	2003.03～2006.10	—

续上表

届次	职务	姓名	民族	任职时间	备注
第十三届	副县长	桑丽（女）	侗族	2003. 03～2006. 10	—
		张智勇	布依族	2003. 03～2007. 01	—
		李应明	汉族	2004. 08～2007. 01	—
		刘昶林	汉族	2006. 08～2007. 01	—
		周天福	汉族	2006. 10～2007. 01	—
		石蕾（女）	毛南族	2006. 12～2007. 01	—
第十四届	县长	唐官莹（女）	汉族	2007. 01～2007. 11	—
		毛有智	汉族	2008. 03～2011. 08	—
	代理县长	毛有智	汉族	2007. 11～2008. 03	—
		臧侃	汉族	2011. 08～2012. 01	—
	副县长	李应明	汉族	2007. 01～2009. 07	—
		张智勇	布依族	2007. 01～2012. 01	—
		韦明刚	布依族	2010. 06～2011. 10	—
		刘昶林	汉族	2007. 01～2012. 01	—
		周天福	汉族	2007. 01～2012. 01	—
		石蕾（女）	毛南族	2007. 01～2012. 01	—
		张建海	苗族	2011. 10～2012. 01	—
		余星进	汉族	2011. 10～2012. 01	—
第十五届	县长	臧侃	汉族	2012. 01～2014. 01	—
		高晓昀（女）	汉族	2014. 03～2016. 01	—
	代理县长	高晓昀（女）	汉族	2014. 01～2014. 03	—
		莫君锋	汉族	2016. 01～2016. 02	—
	副县长	张智勇	布依族	2012. 01～2014. 09	—
		杨华祥	汉族	2014. 10～2015. 04	—
		蒋小祥	苗族	2015. 09～2016. 10	—
		张建海	苗族	2012. 01～2015. 10	—
		冉崇永	汉族	2015. 10～2016. 10	—
		史震海	汉族	2012. 01～2016. 10	—
		石蕾（女）	毛南族	2012. 01～2014. 10	—
		曹礼鹏	汉族	2014. 10～2017. 01	—
		余星进	汉族	2012. 01～2016. 10	—
		王登辉	汉族	2012. 01～2016. 10	—

续上表

届次	职　务	姓　名	民　族	任职时间	备注
第十五届	副县长	帅兴云	汉　族	2016.10~2017.01	—
		黄　俊	布依族	2016.10~2017.01	—
		杨正海	布依族	2016.10~2017.01	—
		王　波	布依族	2016.10~2017.01	—
		杨平（女）	布依族	2016.10~2017.01	—

第三节　政府会议

县人民政府会议主要有全体（扩大）会议、常务会议、县长办公会议和专题会议。通过会议讨论决定和安排部署有关经济、社会、文化、生态等工作。1988~1997 年，县人民政府会议未形成会议制度，除与县委共同召开的会议外，县人民政府单独召开的会议主要以专题会议的形式召开，如公路划地绿化会议、林业工作会议、烤烟生产工作会议等。1998 年开始，县人民政府参照国务院和省州人民政府有关会议规定，实行政府会议制度化、规范化。

全体（扩大）会议

一般一年召开 1~2 次。主要是贯彻落实上级党委、政府和县委的决定和会议精神，分析经济形势，安排部署全县经济、社会各项工作。参加会议人员一般有县政府班子成员、乡（镇）长、部门主要负责人、省州驻平塘各单位负责人，县人大、县政协领导应邀出席会议。

常务会议

一般每月召开一次。主要传达上级党委、政府和县委的重大决策（决定）和会议精神，研究制定贯彻执行的措施和办法；讨论全县国民经济和社会发展规划、年度计划、财政预决算以及重大建设项目和预算外资金使用等重要事项；研究执行县人大常委会及其常务委员会的决议，提请县人民代表大会及其常务委员会审议的有关议案和报告；讨论决定各乡（镇）、各部门向县人民政府请示的重要事项，并作出相应的决定和安排。

县长办公会议

主要是通报情况，安排近期工作；讨论决定各乡（镇）、县直有关部门报请人民政府决定的重要请示事项；协调县政府有关部门的有关工作等。县长办公会每月至少召开一次。

专题会议

主要研究处理县人民政府日常工作中的具体事项；听取工作汇报或通报有关工作情况，安排近期政府工作，处理乡（镇）、部门向县人民政府专题请示的问题；讨论决定和协调解决其他具体问题和有关事项。

第四节　乡镇人民政府

设置与撤并

1988 年，全县设 7 个区、1 个区级镇，38 个股级乡、1 个股级镇。

1991 年，全县开展建镇并乡撤区后，原有的 7 个区、1 个区级镇，38 个乡、1 个镇，调整为 9 镇 10 乡。即：平湖镇（由原平湖镇、新舟乡、吉古乡合并建立）、牙舟镇（由原牙舟乡、卡腊乡、边兰乡合并建立）、通州镇（由原通州镇、平里乡、金桥乡合并建立）、克度镇（由原克度乡、航龙乡合并建立）、塘边镇（由原塘边乡、清水乡、塘泥乡合并建立）、大塘镇（由原大塘乡、上莫乡、旧司乡合并建立）、摆茹镇（由 原摆茹乡、马场乡合并建立）、者密镇（由原者密乡、甲青乡、六硐乡合并建立）、苗二河乡（由原苗二河、米寅乡合并建立）、卡蒲乡（由原卡蒲乡、河中乡合并建立）、卡罗乡（由原卡罗乡、甲桐乡合并建立）、白龙乡（由原白龙乡、京舟乡合并建立）、谷硐乡（所辖不变）、鼠场乡（由原鼠场乡、油岜乡合并建立）、新塘乡（由新塘乡、公峨乡合并建立）、掌布乡（所辖不变）、西凉乡（由原西凉乡、翁招乡合并建立）、四寨乡改称四寨镇（所辖不变）、甘寨乡和谷硐乡（所辖不变）。

2012 年，掌布乡改称掌布镇。

2013 年末，全县行政区划调整，把原 9 镇 10 乡调整为 9 镇 1 乡。即撤销原平湖镇、苗二河乡、白龙乡、甘寨乡，合并组建为平舟镇；撤销原者密镇、四寨镇，合并组建新的者密镇；撤销原摆茹镇、西凉乡，合并组建为甲茶镇；撤镇原牙舟镇、卡罗乡、谷硐乡，合并组建为新的牙舟镇；撤销原大塘镇、新塘乡，合并组建为新的大塘镇；撤销原克度镇、鼠场乡，合并组建为新的克度镇。保留通州、塘边、掌布 3 镇和卡蒲毛南族乡建制不变，把原牙舟镇卡腊村划属掌布镇。

工作机构

1988 年，各区及区级镇机构有区（镇）党委办公室，区公所（镇政府）设办公室、民政办、农业推广站、水利站、畜牧兽医站、财政所、林业站等。各乡设党政办公室。1991 年撤区并乡建镇后，各乡（镇）建立党代会、人代会。机构设置分为行政和事业机构，行政机构以政府为主，有党政办、综合治理办公室、财政所、国土所、林业站、水利站等。

1996 年，设农村经济办公室、民政办公室、计划生育办公室、教科文卫办公室。1998 年，农业推广站和畜牧站合并为农业站。2001 年，乡镇机构改革，乡镇人民政府设办事机构设 4 个，即党政办公室、社会事务办公室、计划生育办公室、经济发展办公室。设事业机构 11 个，即财政所、国土资源所、农业服务中心、林业站、卫生院、畜牧水产站、水利站、企业管理站、文化服务中心、计划生育服务站。通州镇增设村镇建设管理所，站为股级。2011 年，乡镇机构改革设办事机构仍为 4 个，即党政办公室、社会事务办公室、经济发展办公室、人口和计划生育办公室，事业编制机构改设为 9 个，即农业服务中心、人力资源和社会保障服务中心、科技宣传文化信息服务中心、村镇建设服务中心、人口与计划生育服务站、水利站、林业站、财政所、安全生产监督管理站。设在乡镇的派出机构是派出所、司法所、人民法庭、工商行政管理所、国土资源所、地方移动站、卫生院、中心小学校。

2013 年底，全县启动行政区划调整工作，把 19 个乡镇调整为 9 镇 1 乡，即平舟镇（原平湖镇）、牙舟镇、通州镇、克度镇、塘边镇、大塘镇、甲茶镇（原摆茹镇）、者密镇、掌布镇、卡蒲毛南族乡。

2014年，乡镇党政办事机构设置6个，即党政公室、社会事业办公室、经济发展和扶贫工作办公室、卫生和人口计划生育办公室、社会治安综合治理办公室、规划建设环保办公室。县政府所在地平舟镇、卡蒲毛南族乡单独设置城镇综合执法室。

乡镇纪委、政法委、人民武装部及工会、共青团、妇联等群团组织，按照有关法律、章程和规定设置，群团组织办事机构可采取加挂牌子的形式设置。乡镇专武干部配备按有关规定办理。

乡镇党委、政府管理的事业机构按不超过9个设置，即社区综合服务中心、农业技术综合服务中心、人力资源和社会保障服务中心、科技宣教文化信息服务中心、村镇建设服务中心、财政所、水利站、林业站、安全生产监督管理站。

县级部门派驻乡镇的机构包括公安派出所、司法所、国土资源所、农村交通运输管理所、食品药品监督管理所、人民法庭、工商行政管理分局、地方税务分局、国家税务分局、审计分局、卫生和人口计划生育服务中心、统计调查中心、中小学校及幼儿园等，其中地方税务分局、国家税务分局、公安派出所、司法所、人民法庭、工商行政管理分局暂维持原来设置不变。除公安派出所、司法所、人民法庭、地方税务分局、国家税务分局、审计分局、统计调查中心实行垂直管理外，其他机构原则上实行属地管理。鼓励乡镇自办产业园区，产业园区机构原则上与乡镇合署办公，根据产业园区发展实际需要，也可在园区内单独设置招商引资、规划建设、征收安置等工作机构。

2014年平塘县行政区划调整一览表

表5-2

撤销乡镇	设置乡镇	所辖区域	辖区面积（平方千米）	人口总数（人）	乡（镇）人民政府驻地
平湖镇、苗二河乡、甘寨乡、白龙乡	平舟镇	原平湖镇、苗二河乡、甘寨乡、白龙乡	347.39	65880	玉池社区
牙舟镇、卡罗乡、谷硐乡	牙舟镇	原牙舟镇（除卡腊村）、卡罗乡（除冗空村）、谷硐乡	394.74	31768	兴淘村
克度镇、鼠场乡	克度镇	原克度镇、鼠场乡	278.62	39613	金星村
大塘镇、新塘乡	大塘镇	原大塘镇、新塘乡	289.45	25115	西关村
者密镇、四寨镇	者密镇	原者密镇、四寨镇	364.28	32092	金玉村
摆茹镇、西凉乡	甲茶镇	原摆茹镇、西凉乡	314.74	32930	摆河村
—	掌布镇	原掌布镇和原牙舟镇卡腊村区域	204.89	15004	掌布村
—	通州镇	所辖区域不变	314.85	34386	通星村
—	塘边镇	所辖区域不变	195.22	32737	湾子村
—	卡蒲毛南族乡	所辖区域不变	104.82	13383	场河村

第二章 施政纪要

1988年后，县人民政府坚持以改革开放和经济建设为中心，按照县委的决策部署，组织县直各部门制定措施，落实责任，推进全县经济、社会发展。每年向人代会报告政府工作，适时召开政府全体会议、常务会议、专题会议，研究部署各方面工作，协调处理具体问题，不断开创工作新局面。

第一节　经济建设

农业农村

1988年，以发展粮油和烤烟生产为重点，加快调整农业内部结构，开展规模种植。是年，全县农业总产值5396万元，粮食总产量6.35万吨，烤烟种植达1.71万亩，逐渐成为农民增收和财税增收的一大经济支柱。1989年，建立卡腊、边兰、油岜、鼠场、翁招、者密、甲青“旱地农业工程”指挥服务体系，在资金投入、技术服务上实行倾斜政策，扶持农业发展。

1990年4月，成立“科技兴农”指挥部，设立农业发展奖励基金，大搞粮油烟丰产坝，推广农业适用技术。是年，县农业综合开发领导小组与16个农业综合开发区（乡、镇）签订以粮食增产为主要内容的承包合同。1991年，建镇并乡撤区后，实施“百里公路示范带”工程。1994年，实施“八七”扶贫攻坚后，在扩大冬季农业，抓好粮食、油菜籽、烤烟生产的同时，以“农业综合开发，扶贫攻坚，以工代赈坡改梯”为重点，加强农业基础设施建设，增强农业发展后劲。1993~1997年，累计投入坡改梯资金454.2万元，完成坡改梯工程3.56万亩。投入水利建设资金2218万元，新增灌溉面积7320亩，全县保灌面积达8.16万亩。累计投入扶贫信贷资金5213万元（其中，深圳市及其建设投资控股公司捐赠739.18万元）。以3个“麻山”乡镇和3个极贫乡镇为重点，大力实施扶贫攻坚项目。1997年，全县农业生产总值完成1.34亿元，粮食总产量9.52万吨，油菜籽0.54万吨，烤烟7.4万亩0.89万吨，大牲畜年末存栏12.11万头，生猪年末存栏15.93万头。是年，农民人均收入达到1131.48元，人均占有粮食354千克，共有28813户、137975名贫困人口越过温饱线。

从1998年开始，以建立农业生产示范基地和猪牛品种改良为重点，推进农业经济结构调整。1998年在平湖、通州、塘边三镇建立1万亩早熟蔬菜基地。1999年，提出围绕粮、烟、油、林（竹）、果、药、畜、麻、菜9个字做文章，力争在3~5年建成十大基地。发展庭院种养业和加工业，拓宽农民增收渠道。2000年，在全县实施水稻、烤烟、苎麻、经果林、蔬菜和畜牧品种改良6个重点项目。2002年，建成优质烤烟、优质米、苎麻、早熟蔬菜和经果林5个万亩基地。在全县开展三元杂交猪养殖和牛品种改良试点。

2003年，共投入大牲畜发展资金420万元，建成大牲畜品改点8个、繁殖场5个、瘦牛育肥点13个。是年，全县大牲畜年末存栏12.7万头（匹）；生猪存栏16.4万头，出栏12.9万头。2005年，通过财政扶持、信用贷款支持发展畜牧业，共建成生态养殖区27个370户。是年，全县畜牧产值18590万元，农民人均收入1650元。

2008年，按照“小规模、多品种、大胆试，政府扶优扶强”的产业发展方式，投入“三农”资金3000多万元，发展烤烟、茶叶、水果、蔬菜等特色优势作物种植。是年，粮食产量达35.98万亩12.16万吨，烤烟2.98万亩3373吨，茶叶7815亩72吨，蔬菜3.47万亩68918吨，水果1.75万亩5422吨，全县农作物增加值达3.05亿元。

2010年后，以油菜（蔬菜）、绿茶（油茶）和山羊养殖为重点，发展特色优势农业。到2012年，绿茶达6.1万亩、水果10.1万亩、蔬菜17万亩（其中商品蔬菜9万亩）、核桃4.3万亩。大闸蟹养殖720亩，新增千头猪场2个，新增100只以上规模养羊场25个。全县形成以绿茶、油茶、养羊、四月桃、杨梅、中药材、蔬菜、核桃、烤烟为重点的9个万亩基地和以大闸蟹、提子、设施农业等特色种养业为主的3个千亩基地。

2013年，全县农业增加值达5.42亿元。油料、蔬菜、茶叶、水果等经济作物在农业结构中的比例逐渐上升。是年，全县肉类总产量达13694.45吨、禽蛋产量355吨、水产品423.1吨、茶叶398吨、水果9582吨、蔬菜103552.6吨。全年农民人均纯收入为5728元。

工业经济

1988年，全县工业总产值为1649万元（1980年不变价）。1988~1992年，县政府针对县内企业生产能力不足，部分企业亏损继续扩大的情况，通过制定年度生产计划，引导企业引资开发新产品，实行企业经营承包责任制。采取降耗节能等措施，扩大企业的生产能力，帮助企业扭亏为盈，振兴工业经济。1992年，全县工业总产值达4297.2万元。发电量由1988年的1210万千瓦时增加到1992年的2366.1万千瓦时。煤炭产量由1988年的3.8万吨上升到1992年的9.678万吨。县农机厂生产的6NF—200型碾米机，在1990年和1991年连续获贵州省优秀产品。5年中，乡镇企业发展迅速，产值逐年上升。1992年，全县共有乡镇企业4102个，总产值达2553万元。

1993~1997年，针对县内企业效益下滑的问题，县政府采取引资技改和改革企业分配制度并举的措施。一方面制定企业承包人奖惩办法，实行工效挂钩，调动企业承包人和企业职工的积极性；另一方面，引进各类资金加快对县内企业的技术改造。先后投资5000多万元，对县水泥厂、酒厂、纸厂、植物油厂、大理石厂、匀平纸浆厂等企业进行技术改造。1993年，县政府印发《关于引进资金、技术、人才的若干规定》，明确县外投资者到平塘办各种项目，均实行计划审批、通信安装、施工力量、地方建材、交通运输“五优先”政策。1995年，实行县四家班子领导挂厂帮厂联系制度。投资1650万元，对县植物油厂、110千伏变电工程和县水泥厂进行技改。是年，全县工业基本实现规模工业生产与效益增长同步。

1997年，全县各类工业企业达1604个，总产值为1.54亿元。乡镇企业增加到1.2万个，总产值达2.45亿元。

1998年后，结合工业企业改制，采取招商引资、企业承包租赁经营和并购等方式，推动工业发展。是年，县造纸厂和县刺梨保健饮品厂实施承包租赁，共引进资金65万元。1999年，引进海南佳昌贸易有限公司投资并购县黔桂铁合金厂，组建平海铁合金有限责任公司。2000年，引进辽宁省客商投资新建县顺发轻体实心门厂。1998~2002年，全县共引进项目44个，引进资金14890.5万元。

2003~2005年，通过办节会，参与省内外各类展销会、经贸洽谈会，开展招商引资。先后引进东莞瑞利电子厂、浙江义乌市珠秀加工厂等一批劳动密集型企业，共引进项目79个，到位资金27405.4万元。

2009年后，实施“工业强县”战略，采取“筑巢引凤”办法，在通州、平湖、四寨规划建设3个工业产业园，通过引资引项，发展规模工业，到2013年列入考核年产值2000万元以上规模工业企业有6户（其中1户国有企业、5户非公有制企业），500~2000万元规模工业企业31户。全年国有及规模以上工业企业总产值累计完成80715万元，占年计划66550万元的121.28%；工业增加值累计完成22439万元，占年计划25000万元的89.76%；工业固定资产投资完成102937万元，占计划100000万元的100.29%。是年9月，《平塘县工业园区发展规划》获黔南州人民政府批准。通州产业园入驻企业4家，协议总投资22.2亿元；平湖产业园入驻企业4家，协议总投资2.78亿元。

2013年，全县工业总产值16.91亿元，全部工业增加值4.59亿元，其中，2000万规模以上工业总产值5.22亿元，2000万规模以上工业增加值1.04亿元。2000万规模以上工业实现主营业务收入

5.46亿元，工业产品销售率106.63%，实现利润、税收分别为0.25亿元、0.51亿元。全社会用电量15874.39万千瓦时，其中工业用电6453.03万千瓦时。

商业服务业

1988年，转变国有商业企业经营机制，实行利润一定3年不变、欠利自补、超收分成的企业承包合同制。

1992年，国营商业变为国有民营，实行经营、价格、用工、分配四开放，推进个体工商户、私营企业发展，之后，全县第三产业迅速发展，至1997年，全县个体工商户发展到2591户，比1998年869户增加1722户，经营范围从修理、运输、餐饮延伸到工业、建筑业、贸易和社会服务业，客运货运业得到较快发展。

1998年，国有商业企业实施改制后，随着招商引资力度逐年增大，私营企业逐步增多，个体工商户投资经营活动范围逐年扩大，非公有制经济发展步伐加快。2008年，私营企业从1999年的16户增加到55户，个体工商户从1999年的289户增加到3237户。

2010年后，实施城乡一体化统筹推进战略，城镇建设进一步加快。随着旧城改造和新区开发、交通、通信建设快速发展和房地产、旅游业的兴起，城乡商业贸易更加活跃，以旅游业拉动第三产业进入新的发展阶段。

2012年，个体工商户3745户，从业人员5628人，私营企业达251户，注册资金3.91亿元，经营覆盖农业、林业、牧业、采矿、制造、运输、快递、服务和批发及零售等行业。

2013年，全县个体工商户达4407户，私营企业达373户，全年社会消费品零售总额达6.07亿元。第一、二、三产业结构比重由2010年的35.32∶23.95∶40.73转变为27.2∶21.24∶51.56。

第二节　基础设施建设

水利灌溉

1988~1992年，累计投入1086.94万元，开展水渠防渗、水利管网配套、人畜饮水、水浇地建设；投入140.96万元，先后完成克度天生桥引水工程、四寨水利网渠道防渗配套工程、红旗水库渠道配套工程、烂马引水灌溉整修工程，以及人畜饮水工程等项目，共解决1.77万人及1.51万头大牲畜饮水困难。1992年，全县耕地有效灌溉面积达到9万亩。投资135万元，架设龙塘电站至克度航龙、县城至摆茹2条35千伏输变电线路。完成8条10千伏输电线路。1989年，平塘被评为“全国水利先进县”。

1993~1997年，投入286.4万元先后实施塘边凉风垭排洪工程、苗二河大田引水工程、松查水库续建工程和鼠场、大塘、新塘3乡镇人畜饮水工程。

1998~2002年，投入水利建设资金1403万元，先后实施“渴望工程”“人畜饮水工程”，开展病险水库治理、渠道防渗、山塘整修、提灌站检修等工作，共解决5.06万人、3.87万头牲畜饮水困难。2002年，全县有效灌溉面积达10.7万亩。

2003~2006年，先后投入近600万元，实施“以工代赈”“小型水利专项”“三小”（小水池、小山塘、小水窖）雨水积蓄等水利项目，建成水池水窖5707口，整修山塘5口，解决4.81万人、2.64万头牲畜饮水困难。

2009~2011 年，累计投入 19705.32 万元，共实施水库（山塘）整治、烟水配套工程、防洪排涝工程以及人畜饮水工程等 248 处，共解决 5.36 万人饮水困难。新增或修复灌溉面积 2.7 万亩。

2012 年 11 月，启动国家烟草援建骨干水源工程——通州摆图水库建设。项目总投入 2.3 万元，项目覆盖通州镇的部分村、组和鼠场 1 个乡镇。

2013 年，全县水库 22 座，山塘 268 口，水窖 3600 口，引水工程 115 处，水渠 466 千米，提灌站 1266 处，有效灌溉面积达 15.7 万亩。

安全饮水

20 世纪 80 年代后期，除县城和部分乡（镇）政府所在的村（居）外，其他大部分村民小组仍吃不上自来水，尤其是干旱地区吃水要到较远的水源点挑水吃。全县仍有近 7 万人、5 万头牲畜饮水困难。1988 年，在抓好区、乡（镇）所在地自来水续建的同时，先后在油岜、鼠场、卡腊、边兰等旱地实施人畜饮水工程，共解决 2.27 万人、2.48 万头牲畜饮水问题。

1992 年，投入 31.6 万元，实施通州镇、苗二河乡小山、大塘镇旧司的开花寨石门楼、克度拉址、西凉内绕、摆茹八外、甲青、六硐、上下弄毫、者密、拉伦等 9 处人畜饮水工程，解决 4474 人、2216 头牲畜饮水困难。

1995 年，投入 44.5 万元，修建四寨、塘边 2 个镇自来水工程，是年，共解决 1920 人、1185 头牲畜饮水问题。1997 年，投入 664.6 万元分别在鼠场、大塘、新塘、牙舟、谷硐、西凉 6 个镇，按户均一个小水窖，实施“渴望工程”，共解决 24 个村、138 个村民组、3620 户、1.18 万人、1.35 万头牲畜的饮水困难，是年，投资 64.76 万元，在平湖镇、牙舟镇码硐、边兰、拉卡、大塘拉扛高岭、西凉洞山、鼠场的杨家坡以及四寨、塘边、克度实施人畜饮水工程，共解决 1.12 万人、0.81 万头牲畜饮水问题。

1998 年，投入 64.92 万元进行县城管道改造，安装 42 千瓦抽水设备。完成上梭水厂至自来水公司饮水扩建工程。是年，县城供水 72 万立方米。2001 年，在平湖镇摆烈村，白龙乡新全村，克度镇航龙村，者密镇甲术村，塘边镇瓮挧、新街、地堤 3 村，通州镇纳顶、三星、大井 3 村，卡蒲毛南族乡关上、新山、课寨 3 村，甘寨乡甘花、苗坡 2 村，苗二河乡苗二河、马坡 2 村，摆茹镇摆河、猫寨 2 村实施“渴望工程”11 个，总投资 323 万元，修建水池 49 口，水窖 962 个，解决 19 个村、81 个组、2345 户、1.09 万人、0.6 万头牲畜饮水困难。

2002 年，投入 580 万元，实施县城自来水增窖扩建工程，建成高位水池 1 个，总蓄水量达 1000 立方米。水泵房 1 栋 234 平方米。是年，全县生活供水 97.8 万吨，其中，县城供水 83 万吨，占 84.86%，乡镇供水 14.8 万吨，占 15.14%。

2004 年，实施掌布乡、大塘镇自来水工程。是年，建成农村人饮水窖 1238 口，解决 1.1 万人、0.75 万头牲畜饮水困难。2006 年，县城供水量达 130 万吨，乡镇集中供水达 7000 户 3.8 万人。2008 年，县城建成饮水安全工程 30 余处，解决农村 1.4 万人饮水安全。

2013 年末，全县共建成农村饮水安全工程 168 处，农村 16 万人饮水安全得到保证。是年，全县集中供水总量达 580.42 万吨，供水管长 470 千米，其中生活供水 522.38 万吨，7.15 万人用上自来水。

电力设施建设

1988 年，全县供电主要是龙塘电站（装机容量为 3×1600 千瓦）和官滩电站（装机容量 700 千瓦）以及乡（镇）、村、队主办的小水电站（装机容量 591.5 千瓦）。1992 年 8 月，龙塘电站与都匀地区国家电网正式并网运行。

1988~1992 年，共架 35 千伏输变电线路 2 条（县城—摆茹、龙塘电站—航龙）共 43.9 千米，10

千伏输电线路8条80.63千米，发电量共计7786.6万千瓦时。1994年投资60万元，对县城电网进行改造，架设高低压线路5.1千米，安装配电变压器5台450千伏安。1996年，投资1650万元，架设都匀至平塘110千伏输电线路50千米，建成110千伏变电站1座。是年，投资118万元，架设农村10千伏线路47千米，安装配电变压器31台1147千伏安，解决5个村831户3522人生活用电困难。1997年，安装县城10千伏线路，建成三棵树变电站综合楼。是年，投入251.45万元，架设农村10千伏配电线路82.7千米。安装配电变压器35台11954千伏安，解决18个村2081户10040人用电困难。年末，全县乡、村、户通电率分别为100%、100%、85%。

1999~2001年，实施第一期农村电网改造，投入资金共计4803.2万元，新建、改造10千伏配电线路660.68千米；0.4千伏和0.22千伏低压线路890.5千米；新建真空断路器11台；新装、更换、改造配电变压器438台；安装“一户一表”36404户。

2002~2003年，第二期农网建设和改造投入资金1500.3万元，0.4至0.22千伏低压路线383.78千米；新装、更换、改造配电变压器153台。

2004~2005年，第三期农网改造投资8939.5万元。完成110千伏输变电工程4项，35千伏输变电工程4项；建成高、低压线路共计2427.7千米。全县“一户一表”安装达92.24%。2006年，实施县城第一期电网建设与改造工程，新增10千伏配电容量2400千伏安，10千伏线路11千米。

2007年，完成者密、摆茹35千伏变电站主变增容；投资1188.62万元，实施搬迁无电地区电网建设与农村电网改造，新装配变52台总容量3080千伏安；新建10千伏线路70.2千米，400伏及以下线路121.3千米，安装无电户表1196户；投入332万元，实施第二期城市电网改造；新装配变7台，总容量1400千伏安，10千伏线路7千米，400伏线路4千米。

2009年，投入919.49万元，完成第四、五批农网改造后续工程；投资326.57万元，实施第三期无电地区通电工程，新建10千伏线路7.5千米，400伏线路6.4千米、220伏线路12.5千米。

2010年，投资7022万元，新增牙舟、新舟110千伏输变电；投入2845万元，实施大塘、掌布35千伏输变电工程。

2013年，投资2983万元实施通州110千伏变电站扩建输变电、克度35千伏变2#主变扩建输变电、四寨35千伏2#主变输变电扩建工程和10千伏及以下线路166.35千米。是年，全县共有110千伏变电站4座、35千伏变电站9座。

公路建设

1988年前，全县仅有一条公路干线（册山公路99千米），22条县级公路（251.2千米），40%的乡镇未开通客车，二分之一的村未通公路。

1988~1992年，利用粮棉布补助资金，先后新修、改建乡级公路17条173.6千米。

1993年后，采用“民工勤建、民办公助、以工代赈、专项扶贫”等方式多渠道投入公路建设。到1997年，累计投资936.2万元，修建六硐至么迈、六硐至公冉、鼠场至坪岩（罗甸）、卡腊至掌布等公路，实施平塘至墨冲（都匀）11千米三级油路改造。

1998~2002年，共投入资金3071.55万元，先后修建西凉至中堡（广西）、京舟至凯口、吉古至磨刀石、孤家坳至鼠场、平寨至甲茶、卡罗至谷硐共计211.9千米；投入360.1万元，建成新塘翁刚大桥和大河桥，卡蒲亮寨桥、白龙富民桥、米寅双江大桥、塘边抵卡大桥、拉岭大桥、建平大桥，掌布河大桥。到2002年，全县千米总里程达827.9千米，公路密度为29.6千米/百平方千米，乡（镇）、村通车率分别为100%和85%。

2003~2005年，投资783万元，先后修建苗二河至米寅、巴烟至深井公路，建成平舟、满仙、新舟大桥。

2006年启动“十一五”交通建设规划后，县乡油路和通村硬化道路建设加快。2006~2010年，共投资16640万元，实施公路建设103条共1351千米，其中通村公路1038千米。

至2013年，全县通车里程达1799.2千米，通村水泥硬化路达32.9%，通客车的建制村达78.9%。

邮电通信

邮电 1988~1992年，农村邮路干线有4条：县城至克度（途经牙舟、通州）、县城至西关（大塘）、县城至摆茹、县城至者密，里程总长212千米。农村投递路线有35条，单程长度1639千米。1992年，撤区并乡建镇后，由1991年的25条1308千米调为22条1310千米；1993~2008年，全县委办汽车邮路总共4条，里程159千米。2009~2013年，委办邮路6条，里程315千米，增加县城至谷硐（经白龙）、平塘至贵阳。

通信 1988~1992年，全县共有长途电话网络5路；城区电话交换机（磁石）容量200门；农村电话交换机总量360~420门，农话到达162户。1992年，筹集资金170万元安装县城1200门拨接电话。

1994年8月18日，无线导呼系统开通，1995年与全州联网，1996年9月28日，建成开通移动电话基站。是年，共有用户76户。

1998年4月，建成开通GSM数字移动电话，是年6月，实施全省会议电视联网。2000年5月，开通县政府网站，是年9月开通“小灵通无线市话通信业务”。2001年，建成大塘、通州、克度等7个乡（镇）移动基站。

2003年，开通牙舟、塘边、克度、者密4镇“小灵通”基站。2004年，联合通信正式运营，年末用户754户。

2005年，移动通信启动“乡乡通电话工程”。是年，全县移动用户达13298户。

2006年，全县19个乡镇开通移动基站，移动用户达22484户。2008年建成2G（GSM）基站7个，3G（WCDMA）基站9个。完成县城区山水花园、雨水佳苑、河湾花园等8个小区光纤开通调试。

2010年，新建电信C网基站10个，全县达47个，移动网络覆盖19个乡镇300多个自然村寨，自然村寨移动通话率达98.6%。

2013年，县内电信3G基站达36个。联合通信2G基站59个，覆盖17个乡镇；3G基站24个，覆盖县城及12个乡镇。移动基站24个，覆盖19个乡镇212个村。建制村通话率达100%。

第三节　深化改革

1988年5月，县委、县人民政府印发《关于1988年深化农村改革的意见》，进一步完善农村土地承包经营责任制，并试行土地的适度规模经营，推行各种形式的技术承包有偿服务。县委成立农村改革领导小组及其办公室。印发《关于进一步放宽政策，大力发展工业、乡镇企业的有关意见》，鼓励县属部门干部职工和科技人员领办、承办乡镇企业向外引进资金，从事开发性生产。是年，加快商业体制改革，对亏损商业企业采取转产、承包、租赁经营等方式改制。

1992年，县委、县政府印发《关于加快改革开放步伐加快经济发展实施意见的通知》，提出加快发展速度，加强农业基础建设；改善投资环境，扩大对外开放；加速企业、工业发展，下大力搞好流通；加快其他方面改革、调动工作人员的积极性等20条实施意见。是年，国营商业变国有为民营供销系统，实行经营、价格、用工、分配“四放开”。县粮油贸易公司集中经营改为各基层企业经营，各乡镇粮管所自负盈亏，独立核算。

1993年，在县直机关启动住房制度改革，取消住房分配、职工集资建房制度。是年在供销社推进“全额风险抵押承包经营”。

1997年，启动全县企业改革改制工作，以县神农公司为试点，采取一次性补偿，安置退休及在职职工的办法进行改革改制，之后逐步在全县国有企业铺开。是年，县委、县政府印发《关于加快平塘县供销合作社改革和发展的意见》，供销社改革改制工作全面展开。

1998~2002年，经济体制改革步伐加快，粮食、商业、轻工业、物资、供销等投融资体制改革顺利进行。农村第二轮土地承包顺利启动，农村税费改革稳步推进，农民政策性负担逐年减轻。1998年，县委、县政府印发《关于稳定和完善全县农村土地承包关系的实施意见》，农村土地承包延长30年。是年，加大招商引资力度，设立非公有制经济发展中心、投诉中心，建立行政服务中心，推进“一站式”服务。1999年3月，县政府印发《关于进一步放宽政策，改善投资环境的若干规定》，出台税费征收、土地使用、项目审批等方面的优惠政策。是年，在平湖、者密、鼠场3个乡镇进行农村税费改革试点。之后，制定《平塘县实施农村税费改革工作方案》，并在全县全面铺开。2002年，全县农民减负率达52.9%。

2003年后，推行农村土地有偿流转使用租赁制度，引进一批龙头企业，建立农业生产基地，推进农产品加工，促进农村经济发展。全面实行粮食购销市场化，组建县农业生产资料责任公司、平湖供销中心社、通州供销中心社3个新企业。农电体制改革实现城乡同网同价。是年，县政府印发《平塘县机关事业单位社会保险暂行办法》《平塘县城镇职工基本医疗保险办法（试行）》《平塘县关于残疾人劳动就业医疗保险等实行优惠的暂行规定》等政策性文件，推进医疗保障制度改革。

2004年10月，县委、县政府印发《关于进一步加快平塘县国有企业改制的实施意见》，实行引资引项和企业改制并举。是年，实施改制国有企业14户，完成7户，安置职工264人。先后引进广东东莞瑞利电子厂、浙江义乌市珠绣加工厂等一批劳动密集型企业落户平塘县。2005年，采取“一企一策、一厂一策”“成熟一个、改制一个”的方法，推进国有企业改革。是年，完成县印刷厂、县粮贸公司、县茶叶公司、县粮油贸易公司改制工作。2006年，启动县百货、民贸、糖酒、食品4家国有商业企业改制工作，完成县物资公司改制，年底，商业系统改制基本结束。2007年后，加强对国有企业资产调查、核实和管理，采取资产置换安置资金进行改制。2007~2011年，先后完成县电影公司、县农机物资供应公司、县商贸公司、县综合福利厂、县油脂公司（植物油厂）、县水泥厂、县综合企业公司、县农机供应公司、县饲料公司、县造纸厂、县林工商公司、县牙舟陶瓷厂等企业的改制工作。至此，除一些历史遗留问题之外，县企业改制工作基本完成。

第三章　综合政务

第一节　办公室工作

1988~2013年，县人民政府充分发挥办公室“参与政务、管理事务、抓好服务、协调联合”综合职能作用，完成各项工作任务，保障县人民政府正常运转。

1988~1997 年，共收到和办理县人大代表团或代表建议、批评和意见 304 件；办理县政协委员提案 326 件。

1993~1997 年，共承办政府专门会议 3 次，印发县人民政府重要文件 13 个。

2001 年，县级机构改革后，县人民政府办公室内设秘书科、信息督查科、政策法规科、外事侨务科、行政人防科。

2009 年，共承办县政府全体成员（扩大）会议 1 次，政府常务会议 6 次。

2010 年，分转和办理上级各类来文 1344 份、来电 3000 条，承办各种会议 500 余次，编发《平塘人民政府公报》4 期、《平塘政务信息》21 期、《平塘县政务要情》9 期。

2011 年，共编发应急管理信息 25 期，完成《平塘县应急预案汇编》和县有关部门 4 类、29 个应急预案的编制工作。

2012 年，承办县政府重要会议 72 次，重要活动 5 次，向州人民政府上报备案县人民政府规范性文件 9 件，处理值班信息 372 期，报州 24 期。

2013 年，县人民政府办公室内设秘书科、信息科、综合科、督查室，下设县人民政府信息中心、政务服务中心、县人民政府。是年，共收到和办结县人大代表建议 153 件，政协委员提案 100 件；承办县政府成员（扩大）会议 1 次、常务会议 5 次，印制重要文件 32 件，承办重要活动 3 次；办理行政复议案 3 件，办结 3 件。

第二节　法制工作

1988~1999 年，县政府未设置法制监督管理机构。2000 年，县政府办公室成立政策法规股。2001 年，县级机构改革后，县政府设置法制办公室，为政府办公室下设的副科级机构。

2004 年，法制办公室升格为县政府主管法制工作的正科级行政机构，主要负责行政确权、行政复议、信访复议，法制宣传和法制培训等工作。是年，共有 130 余人参加行政许可证等各类法律法规培训。

2009 年，开展行政规范性“废、改、立”工作，对行政规范性文件进行清理。废止和修改行政规范性文件 32 件。2010 年，共受理行政复议 5 件，办结 5 件，审查行政规范性文件 5 件。

2013 年，开展行政审批事项清理工作，共清理行政审批事项 31 个单位 292 项，其中行政许可 225 项，非行政许可 67 项。暂保留行政许可 85 项，非行政许可暂保留 20 项。全县行政许可和非行政许可保留率分别为 37.2%和 29.9%。是年，共审查各类合同、协议书 56 份，出具法律意见 40 份；审查县政府各类规范性文件 3 件，部门规范性文件 7 件，提出审查意见 43 条；文案受理复议 3 件，办结 3 件。

第三节　机关事务

1988~2007 年，未设置专门的事务管理机构，由县人民政府办公室行使事务管理职能。

2007 年 5 月，平塘县机关事务管理局成立，为正科级事业单位，内设办公室、综合股、物业股、礼仪股、会务股 5 个股室。设局长 1 名、副局长 2 名。具体负责县政府机关后勤（包括物业管理）、接待、会议服务等工作。

2011 年，县政府机构改革，更名为平塘县机关事务管理中心。

2013 年，共完成 11 次重大接待 60 余批 4800 余人。

第四节　金融服务

1988~2011 年，未设置专门管理机构。

2012 年 12 月，成立县政协金融工作办公室，为正科级事业单位，由县政协办公室代管，主要负责协调配合金融监管部门对金融机构的监管工作，引导全县金融机构加大对支柱产业、重点项目、中小微企业以及“三农”的信贷支持。

2013 年，县金融办多方协商促成平塘县首家小额信贷公司——信帮小额贷款有限公司成立，协调重大项目融资到位 6500 元；重点企业融资到位 9500 万元，其中盘江龙盟 500 万元、安泰石材 1000 万元。

第五节　人民防空

1984 年撤销人防战备机构后，人防工作归并县人民政府办公室。

2011 年，县级机构改革，设立县人民防空办公室，挂靠县人民政府办公室，核定行政编制 2 名，设主任 1 名。是年，投入 6 万多元，在县城安装 3 台警报。对全县 6 支 208 人的防空业务队伍进行整组，充实人员，更新名册，完善档案。

2012 年，按照上年度财政预算，在县人民武装部应急分队加挂“平塘县人民政府防空专业队”牌子。是年，在全县中小学开展人防教育，并利用县国防、人防网页宣传人防法规、人防知识和人防技能，在县城区实施人防音响警报试鸣演练。

2013 年，把防空减灾纳入全县经济建设和社会事业发展总体规划，将《人民防空法》《贵州省人民防空条例》列入“六五”普法工作内容之一。是年，在全县开展人民防空法律“五进”（进机关、进社区、进学校、进企业、进单位）宣传活动，印发《人民防空防灾知识宣传手册》3 万册，宣传挂图 20 套。

第六节　政务服务

平塘县人民政府政务服务中心于 2009 年 6 月 30 日正式挂牌成立，为县招商引资局代管的正科级事业机构，核定事业编制 6 人。设主任 1 名、副主任 1 名。办事大厅设在县行政中心九楼。是年，入驻单位 14 家，办理事项 139 项 261 件。2010 年，设常驻窗口 15 个、综合窗口 1 个，入驻单位增至 18 家，共办理事项 481 项 81461 件。

2012 年 11 月，县政务服务中心迁至迎宾大道租房集中办公，办事大厅分 8 个功能区，90 个服务柜台，实行“一门受理，内部运行，统一收费，限时办结”的运作方式，对原有纳入中心的行政审批和服务事项统一制作服务须知卡 ，对每一事项的办理程序、办理标准及办理时限均予以公开，提供

"一站式"服务。

2013年，县政务服务中心服务窗口增至36个，入驻部门增至29家。有首席代表23人，共办理事项356项329415件，办结率达99.9%。

第七节　档案工作

机构设置

1988年，县档案局、县档案馆合署办公，为县人民政府事业单位，定编5人。

1994年2月，县级机构改革，县档案局与县档案馆合并，为县人民政府直属科级事业单位。挂县档案局牌子，将行政管理职能划归县人民政府办公室。1995年10月，县委、县人民政府明确县档案局（馆）职能、机构设置、人员编制和领导职数，仍实行两块牌子、两种职能、一套人员管理体制。内设档案业务指导股和档案保管利用股。

1997年4月，重新划定县档案局（馆）职能、编制。档案局为管理部门，设业务股，档案馆为事业机构，定编7人。设档案管理股、编研利用股。

2001年11月，县级机构改革，实行局馆合一，内设业务股、档案管理利用股，核定事业编制9人。2003年，加挂"平塘县档案资料目录信息服务中心"牌子。

2011年，县级机构改革，县档案局和县史志办合并组建"平塘县档案史志局"，为县人民政府直属正科级事业单位，核定编制20人，工勤编制2人。内设综合科、档案业务指导科、党史研究科、方志年鉴科。

2013年，改为参照公务员管理事业单位，内设机构和人员编制不变。

档案馆（室）建设

1988年，县档案馆附设在县人民政府办公大楼一楼，使用面积100平方米。

1989年，制定《机关档案室等级标准考评细则》，开始在县直单位开展档案室达标工作。

1991年，通过省、州、县三级匹配投入，在县政府办公大楼右后侧新建局馆合一的档案办公大楼，占地面积572平方米，总建筑面积1112.71平方米。1994年，县财政拨款购置灭火器、消防桶，更新灭火器干粉，安装防盗门，添置档案柜。是年，全县建立综合档案室23个。2003年，全县各乡（镇）、县部门建有档案室，共有档案456卷。是年，县档案局（馆）设立平塘县档案资料目录信息服务中心。

2007年，县人民政府决定将原县法院办公楼改造成县档案局办公楼（县法院迁至新区），占地面积1758平方米，建筑面积876平方米，档案库房187平方米，总投资22万元。是年，县财政拨款20万元购置档案密集架164.27平方米，恒温大功率除湿机4台。2008年，县机关企事业档案室达标升级单位共82个，其中省级先进2个，县直一级20个、二级36个、三级24个。

2009年，启动县综合档案馆规划建设，馆址位于县城新区瑞泽路二段。2010年12月，省发改委批准立项，项目规划面积5000多平方米，建筑面积2064平方米，总投资471万元。2012年6月，黔南州发改委对平塘综合档案馆建设项目进行调整，并通过省发改委项目评审，调整后建筑面积增至2940平方米，档案库房面积增加为1003平方米，项目投资增加到617万元，其中中央补贴392万元，县级财政配套225万元。

2013 年 1 月，县综合档案馆项目动工建设，2014 年 8 月 27 日通过县级验收，2015 年 4 月正式投入使用。占地面积 5060 平方米，建筑面积 3227.66 平方米，总投入 707 万元。

档案管理

1988～1991 年，先后接收全县 7 区 40 乡（镇）进馆档案 12347 卷。征集录音、录像、光碟、印模、奖章、奖旗、家谱、族谱等共 5129 册（张）。对馆藏民国档案和 1949 年至 1980 年 1 号 2 号全宗档案进行抢救 163 卷。1988 年，对县直机关 90 个单位进行档案普查，是年，共接收县部门干部档案 352 卷，区乡档案 6388 卷。全县 65 个单位建立立卷归档制度。

1991 年，接收建并撤前原乡镇档案 3973 卷，之后，县档案馆正式开展档案接收工作。1994 年，在县直机关 49 个党政部门开展文书档案清理登记工作，共接收进馆文书档案共 974 卷，其中永久性档案 224 卷，长期 535 卷。

1999 年 8 月，成立县档案执法领导小组，对全县各乡镇和县直机关、企事业单位进行档案管理情况检查。下发限期整改通知书 35 份。是年，接收县政府办、县委组织部、统战部、人劳局等 4 个单位档案 637 卷；接受县农机厂文书档案 142 卷，共计档案 344 卷。

2000～2001 年，接收第二轮农村土地延包档案 2069 卷；修复馆藏档案 123 卷。2005 年，对国有企业改革及破产企业档案进行托管。是年，县档案局与县工商联、县非公有制办公室，在县龙马水泥厂开展档案整治试点工作。2008 年 9 月，划定全县林权制度改革档案分类大纲和保管期限，对 19 个乡镇负责林权改革的工作人员进行档案整理培训。2009 年，完成国家重点档案抢救 1000 卷，修裱破损档案 24510 页，更换卷皮 1000 余个，拟写卷内目录 23852 条。

2011～2012 年，完成馆藏档案文件及目录录入 208685 条，部分重要全宗档案条目实现计算机检查。

2013 年，接收档案 497 卷。是年，馆藏档案 62624 卷。

档案开放利用

1988 年 6 月，首批向社会开放民国时期历史档案 885 卷。1990 年，开放县委办、政府办、统计科等 17 个县直单位档案 1207 卷。

1993～1997 年，县档案馆共接待查档人员 712 人（次），提供档案 11066 卷（次）。1998 年，开放全宗 117 个 8041 卷。2001 年，提供农村税费改革档案 249 卷，接待查档人员 132 人（次）。2008 年，接待国有企业改制下岗人员 704 人（次），提供档案 2031 卷。

2011～2013 年，共接待查档人员 2545 人（次），提供档案 6578 卷（册），免费复印档案资料 4266 份。

第八节　地方志编纂

《平塘年鉴》编纂

1981 年 10 月，平塘县地方志办公室成立后，组织力量收集资料，启动地方志编纂。

1988 年，编印第一部《平塘年鉴》（油印稿），按章、节、目结构进行编写，书稿分特辑、概况、政治、经济（上）、经济（下）、教科文 5 册，13 个部类约 40 万字。之后，每年均编印一部《平塘年鉴》至2001年，完成1999年《平塘年鉴》后，停止年鉴油印稿的编印。2005年，根据《贵州省地方志工作条例》的规定，重新启动《平塘年鉴》的编纂工作。2007年2月，完成《平塘年鉴（2003~2005卷）》编纂，8月由贵州省人民出版社出版发行；是年12月，完成《平塘年鉴（2007卷）》编纂，2008年8月，由中国文化出版社出版之后，再次停编。直到2015年5月重启《平塘年鉴（2015卷）》的编纂工作，该卷《平塘年鉴》由九州出版社出版，全书共30万字。

《平塘县志》续编

平塘历史上无县志。第一部《平塘县志》编纂始于1981年。至1989年2月，完成县志初稿，并通过县级初审。1990年2月完成志稿总纂，3月通过州级复审，6月在贵州进行省级终审，志稿基本审定。之后，根据省、州专家的意见对《平塘县志》稿进行修改。1991年5月，通过贵州省地方志编纂委员会验收。1992年2月交由贵州人民出版社出版，6月正式出版发行。全志共12篇57章200节93.1万字。1993年9月，在全国新编地方志优秀成果首次评奖中，《平塘县志》获二等奖。

《平塘县志》续修始于2009年，2010年初定目录，志稿上限为1988年，下限为2008年。2012年正式组建《平塘县志（1988~2008）》编辑部，开始编纂工作。2014年12月通过县级初审，志稿分18篇101章358节约140万字。2015年1月，鉴于2013年平塘行政区划调整情况，将县志稿下限延长至2013年12月31日。2016年8月，《平塘县志（1988~2013）》通过县级初审，12月通过州级复审。2018年6月14日，通过省级终审。2019年7月31日通过贵州省地方志编纂委员会验收，县志稿共22篇101章438节计120余万字。

《平塘县教育志》编纂

《平塘县教育志》编纂工作始于1981年10月，经过3年的档案查阅，资料搜集、整理，1984年形成志稿资料长编。1990年初，形成初稿。是年5月底6月初，县教育局分别在平湖、通州两个片区召开审稿会征求意见。之后，根据修改意见进行修改。1992年初，完成教育志修订稿。是年7月，再次召开审稿会议，将修订稿的篇目重新调整和改写部分章节，并将下限从1989年延至1991年。1993年6月，《平塘县教育志》修订结束，全书共40余万字，于1993年10月出版（内部发行）。

《平塘县军事志》编纂

《平塘县军事志（1988~2005）》编纂始于2006年。2007年1月形成初稿。2008年2月通过都匀军分区军志办公室初审后，再次征求县志办、驻县部队的意见，并对有关章节资料补充和修改。是年6月，正式以黔新出（图书）2008年一次性内资准字第156号发行，全书共18.3万字。

《平塘县情》编纂

第一部《平塘县情（1988~1992）》编纂工作始于1992年。1993年12月形成初稿，1994年1月，送各乡（镇）、县志部门征求意见后进行修改，3月通过州级复审，全书设特辑、概况、政治、经济、文化、乡（镇）简介、人物、附录7篇，共计69.2万字。第二部《平塘县情（1993~1997）》编纂始于1997年。1999年10月形成初稿，12月通过州级复审，2000年3月出版发行，全书共93.7万字。2003年开始编纂第三部《平塘县情（1998~2002）》，是年9月形成县情初稿。2004年4月，召开《平塘县情（1998~2002）》县级评审会，征求省州专家和县领导、县部门的意见，并进行第三次修改，将原稿的5个篇章改为7个篇章，文字由原来的120万字压缩到100万字。是年7~8月，再次经县四家班子领导和县史志编纂委员会成员部门审查后，在进行修改后报县史志编纂委员会验收。

2005 年 12 月，由贵州省人民出版社出版，全书共 96 万字。

《平塘文史资料》编纂

1984 年 10 月，平塘县政协文史资料研究委员会编印第一辑《平塘文史资料》，是年 11 月编印《平塘文史资料》第二辑。1988~1992 年，县政协文史资料研究委员会共征编印刷《平塘文史资料》4 辑，刊载史料 124 篇，约 31.3 万字。1998 年 3 月，在完成第七辑《平塘文史资料》的编印后停编。2005 年 12 月，县政协文史资料委员会出版第八辑文史资料——《平塘政协二十年》一书，全书共计 12 万字，记载平塘县政协第一届至第六届委员会工作开展情况。2007~2009 年，县文联与县政协文史委先后编辑出版《诗画白龙》《避暑古镇大塘》《神奇掌布》《地球“天眼”翱苍穹》《中国毛南族第一乡——卡蒲》等平塘旅游丛书。2013 年，县政协把 2003~2012 年的年鉴资料整理、编辑成书。

第六篇

政协平塘县委员会

第一章　政治协商会议

中国人民政治协商会议平塘县委员会领导班子、常委会、政协委员实行任期换届制。政协委员通过协商产生，政协常委会及班子成员通过第一次全体会议选举产生。1988~2013年，平塘政协历经七届，即第二届至第八届，第二届至第三届任期3年，第四届后任期5年，先后召开27次全体大会。

第一节　工作机构

1987年10月，召开政协平塘县第二届常务委员会第一次会议，讨论决定政协平塘县第二届委员会工作机构和组织人员，除政协办公室外，共设“三会”“八组”，即学习委员会、文史资料委员会、提案工作委员会，祖国统一工作组、农业工作组、科学技术工作组、文教体育工作组、医药卫生工作组、工商工作组、法制工作组、工会青年妇女工作组。平塘县智力支边联系小组办公室挂靠县政协。各区及区级镇设政协联络组。政协平塘第三届委员会将原8个工作组合并为“四委”，即经济委员会、民族宗教祖国联谊委员会、教科文卫计生委员会、工青妇法制计生委员会，共7个专门委员会。政协第四届委员会内设机构与三届政协机构设置无异，各乡（镇）设政协联络组。

1998~2003年，政协第五届委员会将提案工作委员会、工青妇法制计生委员会、教科文卫计生委员会合并为提案法制教卫文体委员会，将学习委员会、文史资料委员会、民族宗教祖国联谊委员会合并为学习文史社会联谊委员会；将经济委员会改为经济科技委员会。

2003~2007年，政协第六届委员会将提案法制教卫文体委员会划分为提案法制委员会和教卫文体委员会；将学习文史社会联谊委员会划分为学习文史委员会和社会联谊委员会；将经济科技委员会改为经济科技发展委员会。

2007~2011年，政协第七届平塘县委员会内设提案法制委员会、学习文史委员会、经济科技发展委员会、社会联谊委员会、教卫文体委员会5个专委和政协办公室、智力支边办公室（合称“五委两办”）。

2012~2013年，政协第八届平塘县委员会工作机构仍保持“五委两办”，并组建6个界别政协联络组，即中共、工会、共青团、妇联、无党派界联络组，科技、科协和农业界联络组，教育和医卫界联络组，文体、侨台、宗教和民族界联络组和特邀界联络组，组长和副组长由政协常委担任。

第二节　政协全委会

1988~2013年，第二届至第八届政协平塘县委员会共召开26次全体委员会会议。

二届二次会议

1988年4月6~9日，政协平塘县第二届委员会第二次会议在县城举行。出席会议的县政协委员

125 名，列席人员 24 名。会议听取和审议政协常委会工作报告和提案工作报告；听取和协商讨论县九届人大二次会议县人民政府工作报告及其他工作报告。增选龚春永为政协平塘县第二届委员会副主席，增选杨佳新为秘书长，增选石光贤为常务委员会委员。

二届三次会议

1989 年 3 月 17~19 日，政协平塘县第二届委员会第三次全体会议在县城举行。出席会议的县政协委员 91 名，县机关各单位负责人列席会议。会议听取和讨论并通过政协常委会工作报告和提案工作报告，出席会议全体委员列席县人大九届二次会议听取报告和其他报告并协商讨论政府工作。

三届一次会议

1990 年 5 月 3~9 日，政协平塘县第三届委员会第一次全体会议在县城举行。出席会议的县政协委员 124 名，列席人员 39 名。州政协副主席高广殿、州委统战部等领导到会作指导。会议听取和审议政协平塘县第二届委员会常务委员会工作报告和提案工作报告；列席县十届人大第一次会议，听取并协商讨论县政府工作报告和其他报告；选举政协平塘县第三届委员会主席、副主席、秘书长和常务委员会委员；讨论和通过有关决议。大会选举产生第三届县政协常务委员 19 名。李兴源当选政协主席，晏克定、王规驰、张幼铭为副主席，杨佳新为秘书长。

三届二次会议

1991 年 4 月 1~4 日，政协平塘县第三届委员会第二次全体会议在县城举行。出席会议的县政协委员 125 名，列席人员 45 名。会议审议政协常委会工作报告和提案工作情况报告，协商讨论政府工作报告和《中共平塘县委关于制定国民经济和社会发展十年规划和“八五”计划安排要点》。补选杨德钧为政协副主席。

三届三次会议

1992 年 3 月 20~23 日，政协平塘县第三届委员会第三次全体会议在县城举行。出席会议的县政协委员 107 名，列席人员 42 名。州政协副主席黄义仁、民族宗教祖国统一委员会副主任陆道章到会作指导。会议听取和审议政协常委会工作报告和提案工作报告，协商讨论《平塘县人民政府工作报告（征求）意见稿》。

四届一次会议

1993 年 4 月 7~12 日，政协平塘县第四届委员会第一次全体会议在县城举行。会议听取和审议政协平塘县第三届委员会常务委员会工作报告和提案工作报告；列席县十一届人民代表大会第一次会议，听取并协商讨论县人民政府工作报告和其他报告；选举政协平塘县第四届委员会主席、副主席、秘书长、常务委员会委员。大会选举常务委员会委员 19 名。王克文当选政协主席，柳日新、龚德凤、郑松青、周敏、罗耀桓、张谋鉴为副主席，廖开福为秘书长。

四届二次会议

1994 年 4 月 11~14 日，政协平塘县第四届委员会第二次全体会议在县城举行。出席会议的县政协委员 138 名，列席人员 40 名。会议听取和审议政协常委会工作报告和提案工作报告，列席县人大十一届二次会议。

四届三次会议

1995 年 4 月 8~12 日，政协平塘县第四届委员会第三次全体会议在县城举行。出席会议的县政协委员 140 人，46 人应邀列席会议。会议听取和审议政协常委会工作报告和提案工作报告；协商讨论平塘县政府工作报告及其他报告。补选王立松为本届县政协主席，杨旌旗为副主席。

四届四次会议

1996 年 4 月 8~12 日，政协平塘县第四届委员会第四次全体会议在县城举行。出席会议的县政协委员 142 名，特邀代表 22 名，列席人员 52 名。会议听取和审议政协常委会工作报告和提案工作报告；协商讨论平塘县政府工作报告及其他报告。

四届五次会议

1997 年 4 月 7~10 日，政协平塘县第四届委员会第五次全体会议在县城举行。出席会议的县政协委员 108 名，特邀代表 24 名，列席人员 62 名。会议听取和审议政协常委会工作报告和提案工作报告；协商讨论平塘县政府工作报告及其他报告。

五届一次会议

1998 年 3 月 9~13 日，政协平塘县第五届委员会第一次会议在县城召开。出席会议的县政协委员 128 名，特邀、列席人员 58 名。会议听取和审议政协平塘县第四届委员会常务委员会工作报告和提案工作报告；选举政协平塘县第五届委员会主席、副主席、秘书长、常务委员；通过本次会议相关决议；列席平塘县第十二届人民代表大会第一次会议，协商并讨论县政府工作报告及其他报告。大会选举产生常务委员 29 名。王立松当选政协主席，胡国栋、龚德凤、莫云武、许金中、张宝岳为副主席，黄立波为秘书长。

五届二次会议

1999 年 3 月 15~18 日，政协平塘县第五届委员会第二次会议在县城召开。出席会议的县政协委员 113 名。会议听取和审议政协常委会工作报告和提案工作报告；协商讨论平塘县政府工作报告及其他报告。

五届三次会议

2000 年 3 月 20~23 日，政协平塘县第五届委员会第三次会议在县城召开。出席会议的县政协委员 133 名，列席人员 56 名。会议听取和审议政协常委会工作报告和提案工作情况报告；协商讨论平塘县政府工作报告及其他报告。

五届四次会议

2001 年 3 月 14~17 日，政协平塘县第五届委员会第四次会议在县城召开，协商讨论平塘县政府工作报告及其他报告。出席会议的政协委员 123 名，列席人员 69 名。会议听取和审议政协常委会工作报告和提案工作报告；补选刘志坤为政协秘书长。

五届五次会议

2002 年 3 月 13~17 日，政协平塘县第五届委员会第五次会议在县城召开，出席会议的政协委员

138 名，列席人员 56 名。会议听取和审议政协常委会工作报告和提案工作报告；协商讨论平塘县政府工作报告及其他报告。

六届一次会议

2003 年 3 月 20~23 日，政协平塘县第六届委员会第一次全体会议在县城召开，出席会议的政协委员 132 名，特邀、列席人员 81 名。会议听取和审议政协平塘县第五届委员会常务委员会工作报告和提案工作报告；列席县人大十三届一次会议，听取并协商讨论县政府工作报告和其他报告；听取 17 位新一届政协委员代表发言；表彰优秀提案和承办提案先进单位；选举产生政协平塘县第六届委员会主席、副主席、秘书长和常务委员，通过本次会议相关决议。大会选举产生常务委员会委员 29 名。胡国栋当选政协主席，邓贵平、严福先、何代兴、陈永华、史震海、江玉英（女）为副主席，刘吉贞为秘书长。

六届二次会议

2004 年 3 月 14~19 日，政协平塘县第六届委员会第二次全体会议在县城召开，出席会议的政协委员 129 名，特邀、列席人员 68 名。会议听取和审议政协常委会工作报告和指导工作情况报告；协商讨论平塘县政府工作报告及其他报告。

六届三次会议

2005 年 3 月 7~10 日，政协平塘县第六届委员会第三次全体会议在县城召开，出席会议的政协委员 152 名，特邀、列席人员 60 名。会议听取和审议政协常委会工作报告和提案工作报告；协商讨论平塘县政府工作报告及其他报告。会议期间政协委员视察白龙乡畜牧养殖小区和掌布“藏字石”旅游景区。

六届四次会议

2006 年 2 月 7~9 日，政协平塘县第六届委员会四次全体会议在县城召开，出席会议的政协委员 154 名，特邀、列席人员 71 名。会议听取和审议政协常委会工作报告和提案工作报告；协商讨论平塘县政府工作报告及其他报告。会议期间政协委员视察新舟开发区、莲花公园、励志园。

七届一次会议

2007 年 1 月 5~8 日，政协平塘县第七届委员会第一次全体会议在县城召开，出席会议的政协委员 171 名，特邀、列席人员 74 名。会议听取和审议政协第六届平塘县委员会常务委员会工作报告和提案工作报告；列席县人大十四届一次会议，听取并协商讨论县政府工作报告和其他报告；听取 13 位政协委员的大会发言；表彰 2006 年度优秀提案和承办提案先进单位；选举产生政协平塘县第七届委员会主席、副主席、秘书长和常务委员会委员；通过本次会议相关决议。会议选举产生政协常务委员会委员 33 名。胡国栋当选政协主席，严福先、何代兴、陈永华、江玉英、李天华为副主席，张建为秘书长。

七届二次会议

2008 年 3 月 24~27 日，政协平塘县第七届委员会第二次全体会议在县城召开。出席会议有政协委员 173 名，特邀列席人员 76 名。会议听取和审议政协常委会工作报告和提案工作报告；协商讨论平塘县政府工作报告及其他报告。

七届三次会议

2009 年 3 月 2~5 日，政协平塘县第七届委员会第三次全体会议在县城召开。出席会议的政协委员 173 名，特邀、列席人员 84 名。会议听取和审议政协常委会工作报告和提案工作报告；协商讨论平塘县政府工作报告及其他报告。

七届四次会议

2010 年 3 月 2~5 日，政协平塘县第七届委员会第四次全体会议在县城召开。出席会议的政协委员 173 名，特邀、列席人员 126 名。本次会议补选张永峰同志为政协平塘县第七届委员会主席（原主席胡国栋同志因到龄退休）。会议听取和审议政协常委会工作报告和提案工作报告；协商讨论平塘县政府工作报告及其他报告。

七届五次会议

2011 年 3 月 7~9 日，政协平塘县第七届委员会第五次全体会议在县城召开。出席会议的政协委员 173 名，特邀、列席人员 124 名。会议听取和审议政协第七届委员会常务委员会工作报告和提案工作报告；列席县人大十四届五次会议，听取并协商讨论县政府工作报告和其他报告；通过本次会议各项决议。

八届一次会议

2012 年 1 月 3~5 日，政协平塘县第八届委员会第一次全体会议在县城召开。政协委员 173 名出席会议，特邀、列席人员 86 人。会议听取和审议政协平塘县第七届委员会常务委员会工作报告和提案工作报告；列席县人大十五届一次会议，听取并协商讨论县政府工作报告和其他报告；听取八届政协委员代表的专题发言；表彰 2011 年度提案工作、社情民意工作先进单位和优秀个人；选举产生政协第八届平塘县委员会主席、副主席、秘书长和常务委员会委员；通过本次会议各项决议。大会选举产生政协第八届平塘县委员会常务委员会委员 32 名。张永锋当选政协主席，石如祖、何代兴、陈永华、江玉英、刘昶林、刘吉贞、杨志其为副主席，李顺龙为秘书长。

八届二次会议

2013 年 2 月 26 日~3 月 1 日，政协平塘县第八届委员会第二次全体会议在县城召开。出席会议的政协委员 160 名，特邀列席人员 62 名。会议听取和审议政协第八届平塘县委员会常务委员会工作报告和提案工作报告；列席县人大十五届二次会议，听取并协商讨论县政府工作报告和其他报告；补选曾昭洪为副主席；通过本次会议各项决议。

1988~2013 年政协平塘县委员会领导名录表

表 6-1

届次	职 务	姓 名	民 族	任职时间
第二届	主 席	杨其伦	布依族	1987.09~1990.04
	副主席	李兴源	汉 族	1987.09~1990.04
		晏克定	汉 族	1987.09~1990.04
		张幼铭	汉 族	1987.09~1990.04
		龚春永	汉 族	1988.04~1990.04
	秘书长（兼）	李兴源	汉 族	1987.09~1988.04
	秘书长	杨佳新	布依族	1988.04~1990.04
第三届	主 席	李兴源	汉 族	1990.05~1993.04
	副主席	王规驰	汉 族	1990.05~1993.04
		晏克定	汉 族	1990.05~1993.04
		张幼铭	汉 族	1990.05~1993.04
		杨德钧	布依族	1991.04~1993.04
	秘书长	杨佳新	布依族	1990.05~1993.04
第四届	主 席	王克文	汉 族	1993.04~1995.03
		王立松	布依族	1995.04~1998.03
	副主席	柳日新	汉 族	1993.04~1998.03
		龚德凤（女）	汉 族	1993.04~1998.03
		周 敏	苗 族	1993.04~1998.03
		郑松青	汉 族	1993.04~1998.03
		罗耀恒	汉 族	1993.04~1998.03
		张谋鉴	布依族	1993.04~1998.03
		杨旌旗	布依族	1995.04~1998.03
	秘书长	廖开福	布依族	1993.04~1998.03
第五届	主 席	王立松	布依族	1998.03~2003.03
	副主席	龚德凤（女）	汉 族	1998.03~2003.03
		莫云武	布依族	1998.03~2003.03
		许金中	汉 族	1998.03~2003.03
		张宝岳	布依族	1998.03~2003.03
		胡国栋	布依族	2001.03~2003.03
	秘书长	黄立波	侗 族	1998.03~2001.03
		刘志坤	布依族	2001.03~2003.03

续上表

届次	职务	姓名	民族	任职时间
第六届	主席	胡国栋	布依族	2003.03～2007.01
	副主席	邓贵平	布依族	2003.03～2007.01
		严福先	布依族	2003.03～2007.01
		何代兴	汉族	2003.03～2007.01
		史震海	布依族	2003.03～2007.01
		陈永华	汉族	2003.03～2007.01
		江玉英（女）	布依族	2003.03～2007.01
	秘书长	刘吉贞	布依族	2003.03～2007.01
第七届	主席	胡国栋	布依族	2007.01～2010.03
		张永峰	汉族	2010.03～2012.01
	副主席	严福先	布依族	2007.01～2012.01
		李天华	苗族	2007.01～2012.01
		何代兴	汉族	2007.01～2012.01
		陈永华	汉族	2007.01～2012.01
		江玉英（女）	布依族	2007.01～2012.01
	秘书长	张健	布依族	2007.01～2011.06
		李顺龙	苗族	2011.06～2012.01
第八届	主席	张永锋	汉族	2012.01～2016.10
	副主席	石如祖	毛南族	2012.01～2016.10
		何代兴	汉族	2012.01～2016.10
		陈永华	汉族	2012.01～2016.10
		江玉英（女）	布依族	2012.01～2016.10
		刘昶林	汉族	2012.01～2016.10
		刘吉贞	布依族	2012.01～2016.10
		杨志其	布依族	2012.01～2016.10
		曾昭洪	汉族	2013.02～2016.10
		邓庆和	布依族	2016.03～2016.10
	秘书长	李顺龙	苗族	2012.01～2014.01
		毛启军	苗族	2015.01～2016.10

第三节 政协常委会

1988~2013年，政协平塘县委员会历经第二届至第八届。县政协常委会一般每3个月举行一次，必要时可临时召开。会议内容主要是学习贯彻上级有关文件精神，讨论政协工作，决定政协机关人事任免，听取县委、县政府以及相关职能部门通报工作情况。

1988~1989年，政协平塘县第二届委员会常务委员会共召开8次会议。主要讨论政府工作报告，讨论修改政协常委会工作报告和二届二次会议以来的提案工作情况报告，学习传达州统战会议精神，学习贯彻《中共中央关于进一步治理、整顿和深化改革的决定》、邓小平谈话要点及通报当前政协工作等。

1990~1992年，政协平塘县第三届委员会常务委员会共召开15次会议。重要议题有：建立健全政协内部机构、学习组、各区（镇）政协联络组，讨论通过《政协委员会常务委员会工作报告》，听取讨论“3395”工程的规划设计情况，讨论通过《政协平塘县委员会各专门委员会组织通则》和《政协平塘县委员会各专门委员会工作简则》，学习讨论《中共中央关于进一步加强农业和农村工作的决定》。增补县政协委员和健全各乡镇政协联络组等。

1993~1997年，政协平塘县第四届委员会常务委员会共召开19次会议。重要议题有：审议通过政协平塘县第四届委员会常务委员会工作规则和专门委员会组织通则及工作简则，分别听取县政府通报各年度全县经济工作情况；加强对政协文史资料的收集整理；听取并审议对平塘县中小学危房现状及改造；县“麻山”乡镇实施“八七”扶贫攻坚计划视察情况报告，审议扶贫、经贸、供销、招商引资等部门的工作情况报告等。

1998~2002年，政协平塘县第五届委员会常务委员会共召开25次会议。重要议题有：讨论县政协《关于政协政治协商、民主监督、参政议政的实施意见》，学习传达县委县政府各年度党代会、经济工作会议精神，听取各年度政府经济工作情况通报；听取政府相关部门对城镇规划建设、招商引资、扶贫开发、农业生产、种子市场管理、水利建设、国企改革、农村电网改造、广播电视村村通、国土资源管理执法、财政税收、户籍管理、粮油、烤烟收购、整脏治乱等方面工作情况汇报；审议通过《政协平塘县委员会关于进一步加快平塘县非公有制经济发展的建议案》《平塘县政协提案工作条例》和《平塘县政协乡镇联络组工作制度》《县政协关于对平塘县工业企业及投资环境状况进行视察的决定》《政协平塘县委员会关于实行“三制一管”的建议》《政协平塘县委员会关于发展平塘县职业教育的建议》、县政协《关于搞好平塘县“定点屠宰场”的建议案》《关于进一步加强平塘县乡镇文化站建设的建议案》等。

2003~2006年，政协平塘县第六届委员会常务委员会共召开24次会议。重要议题有：学习胡锦涛在西柏坡考察时的重要讲话精神、《中共黔南州委关于进一步深化和完善社会主义市场经济体制改革的意见》、《国务院关于鼓励和引导个体私营等非公有制经济发展的若干意见》等；听取和审议2003年全县烤烟生产情况汇报、国土资源局《关于土地市场清理整顿情况的汇报》、《县民营企业发展视察情况报告》、《关于对在每年高考中取得优异成绩的学生和学校给予奖励的建议案》、《关于设立“爱我母亲河活动日”的建议案》、县整脏治乱办公室《关于全县“整脏治乱”工作情况的汇报》等。

2007~2012年，政协平塘县第七届委员会常务委员会共召开14次会议。重要议题有：学习中共中央总书记胡锦涛在四川抗震救灾工作会议上的重要讲话和全国政协主席贾庆林在政协第十一届全国委员会第四次主席会议上的讲话精神；传达学习全国政协十届五次会议、省政协九届第二十四次常委会、州政协十届一次常委会议精神；听取和审议县政府关于全县“整脏治乱”工作情况的通报、县农办关于春耕生产工作情况的汇报、县烟办关于烤烟生产工作情况的汇报；审议《平塘县中考奖励办法建议案》；通报县委决定实施政协提出的《中考奖励办法》《关于以老城区屋面整治为切入点努力提升平塘“玉水金盆”新形象的建议》；听取县迎接首届黔南州旅发大会筹委会办公室关于旅发大会筹备工作进展情况汇报；县煤炭申报办关于煤炭项目申报情况的汇报等。

2012～2013 年，政协平塘县第八届委员会共召开 4 次会议。重要议题有：协商讨论并原则通过《平塘县提案工作规则（试行）》草案，议定由县政协提案法制委按照会议审议意见作修改完善后，按程序报县委审定等。

第二章　履行职能

1988～2013 年，平塘政协在县委的领导下，把握团结和民主两大主题，围绕中心，服务大局，切实履行政治协商、民主监督、参政议政三大职能。对开好政协全体会议，做好提案工作，开展视察调研，反映社情民意，通过社会联谊活动、文史资料征集、智力支边等，团结全体政协委员和各界人士，为平塘发展献计出力。

第一节　委员提案

1987 年 9 月至 1990 年 4 月，共收到第二届政协委员提案 224 件，经提案工作委员会审查立案 224 件，其中，交通建设类 18 件，文教方面 38 件，医药卫生方面 5 件，城乡建设、环境保护、基本建设、政法、农、林、牧、水方面 72 件，科学技术、计划生育，纪检、政协、统战等方面 91 件。至 1990 年 4 月 25 日，已全部办理完毕，并答复提案人。

1990 年 5 月至 1993 年 3 月，共收到第三届政协委员提案 230 件，经提案工作委员会审查立案 222 件，其中，工业、交通方面 35 件，农、林、牧、水方面 42 件，文化、教育、医药卫生方面 53 件，劳动人事方面 7 件，财贸金融方面 13 件，政治法律方面 13 件，工商行政管理方面 9 件，政协统战方面 4 件，城乡建设、环境保护方面 25 件，科学技术方面 3 件，其他方面 18 件。至 1992 年 12 月，已全部办理并答复提案人。

1993 年 4 月至 1997 年 4 月，共收到第四届政协委员提案 295 件，经提案工作委员会审查立案 284 件，其中，农、林、水、电方面 46 件，工、建、交、财政、经济方面 84 件，劳动人事、政法方面 15 件，文、教、卫、计生方面 87 件，其他方面 52 件。截至 1998 年 2 月底已全部办理并答复提案人。

1998 年 3 月至 2002 年 3 月，共收到第五届政协提案 404 件，经提案审查委员会审查立案 400 件，其中，农、林、水、电方面 92 件，占立案数的 23%；工、建、交方面 90 件，占立案数的 22.5%；文、教、卫、体、科技方面 103 件，占立案数的 25.8%；政法、劳动人事方面 45 件，占立案数的 11.2%；计划、财政、金融方面的 12 件，占立案数的 3%；其他方面 58 件，占立案数的 14.5%。截至 2002 年 11 月底，已答复提案 400 件，其中，已办理结束的 373 件，占立案数的 93.3%；正在办理当中的 23 件，占立案数的 5.7%；因条件限制不能办理的 4 件，占立案数的 1%。

2003 年 3 月至 2006 年 2 月，共收到第六届政协委员提案 399 件，其中，委员个人提案 219 件，委员联名提案 175 件，经提案审查委员会审查立案 365 件。含经济建设类 81 件，占立案数的 22.2%；教、卫、文、体类 79 件，占立案数的 21.6%；政法、人事、交通、旅游类 88 件，占立案数的 24.1%；政协、环保及其他类 117 件，占立案数的 32.1%。截至 2006 年 10 月下旬，已答复提案 365 件，占立案数的 100%。其中，已办理结束的 286 件，占立案数的 78.4%；列入计划办理的 42 件，占立案数的 11.6%；因受当前条件限制或其他原因只能以后研究解决的 25 件，占立案数的 6.8%；因政策因素或条件限制不能办理的 12 件，占立案数的 3.2%。

2007 年 1 月至 2011 年 3 月，共收到第七届政协委员提案 704 件，经提案委审定立案 626 件，其中，农林水类 141 件、文化教育类 112 件、医疗卫生类 121 件、交通建设类 202 件、其他类 50 件，均在办理时限内办理结束并答复提案人。

2012 年 1 月至 2013 年 2 月，共收到第八届政协委员提案 679 件，经提案委审查立案 512 件，其中，农林水类 116 件、文化教育类 81 件、医疗卫生类 76 件、交通建设类 179 件、其他类 60 件，全部在办理时限内办理结束并答复提案人。

第二节　协商议政

1988~2013 年，平塘县政协通过全委会、常委会、主席会议、专题调研、委员视察等多种形式，对涉及全县经济社会发展的重大问题进行协商讨论，以调研报告、提案、建议案或其他形式，向县委、县人民政府提出意见和建议，建言献策，实施民主监督。

1988 年，县政协撰写《关于充分发挥人民政协“政治协商、民主监督”职能作用的请示报告》上报县委获采纳。县政协参与重大问题协商讨论，提出抓好农田基本建设、饲料加工、农用物资供应、提高森林覆盖率、培养乡土人才等方面的 13 条建议和意见。1989 年，围绕平塘县两个文明建设、改革开放以及人民群众生活方面的重大问题进行协商讨论，对县城的环境污染、酒厂建设、克度鞭炮厂爆炸事故、克度区发生的水灾、西关区大塘乡里中村农民生活及发生火灾情况等作调查，向县委县政府提出解决的办法和建议。

1990~1993 年，县政协主席、副主席通过列席县委常委会议、县人大常委会会议、县政府常务会议等，积极参政议政、献计出力。通过委员提案等方式，进行民主监督。1994 年，撰写专题报告《关于加快平塘县非公有制经济发展建议案》和《关于加快平塘县中药材资源开发建议案》。对全县乡镇企业的发展状况进行视察，提出合理化建议 11 条。1995 年，组织驻县的州政协委员分组对全县中、小学危房现状及其改造情况进行为期 3 天的视察。组织政协常委、委员分别对“麻山”地区的大塘、新塘、鼠场 3 乡镇进行视察，提出 5 条建议。

1996 年，县政协对县内温饱工程、扶贫开发、科技投入、经济发展规划等向县政府提出书面意见和建议 50 余条。组织县内的省、州政协委员及部分县政协委员对县供销系统的经营情况和发展状况进行为期 5 天的视察和调研，指出存在的 11 个方面的问题，提出 10 条建议。1997 年，组织部分政协委员对全县社会治安综合治理和农村医疗卫生状况进行视察，提出意见和建议 20 余条。1998 年，组织政协委员对建设局提交《平塘县城总体规划》进行协商讨论，提出修订意见和建议 10 条。1999 年，县政协 2 名副主席和 10 名委员与县纪委、监察等部门共同开展对县邮政、电信、烟草、城建等 6 个部门的民主评议行风活动。

2000 年，县政协分别就全县经济发展、社会进步、政治稳定等方面提出有价值的意见和建议近 30

条。2001年，召开8次工作研讨会，召开11次常委会议，分别听取和审议县直30个部门的工作汇报，提出合理化的意见、建议216条。

2006年，县政协把社会主义新农村建设情况作为重点调研课题，把卡蒲毛南民族风情园的建设情况、全县烤烟生产及烟水配套工程建设情况、新舟开发区行政中心、法检两院、少儿活动中心和家庭宾馆建设等作为2006年重点视察内容。2007年，县政协召开4次常委会、7次主席会。讨论撰写《加强社区建设》《禁止国家工作人员大办酒席》《实施产业强村》《加强和改进县城交通管理》《夯实城镇基础，培育特色产业，推动城乡一体化发展进程》5个专题调研材料报送县委县政府及相关部门。2008年，县政协把迎宾大道房屋立面改造工程、者密镇和四寨镇小城镇建设、白龙乡种草养羊项目作为专题视察内容。组织政协委员、乡镇政协联络组长对迎宾大道、者密镇、四寨镇、白龙乡进行视察，提出20多条合理化的意见和建议。将《关于以老城区屋面整治为切入点，努力提升平塘"玉水金盆"新形象的建议》作为主席会议建议案上报县委。2009年，县政协召开6次常委会、6次主席会。就全县经济社会发展中的重大问题进行协商讨论，建言献策，实施民主监督。政协全会期间，11名委员的大会发言围绕"新农村、旅游业、工业化、城镇化"四大发展战略，提出意见和建议。

2012年，县政协先后召开主席会议14次，政协常委会议4次，专题会议8次。其间听取县农村工作局的《关于2012年全县农业龙头企业创建和农业产业化重点项目实施情况报告》，县政府有关城镇建设情况通报和政协专题视察报告，县政府关于"2012中国平塘'和谐天地人'旅游文化欢乐周"活动开展情况的通报，以及县政协13个视察调研报告。分别围绕"一个中心""四大战略"开展视察调研，提出许多有针对性的意见和建议，为县委、县政府提供决策参考。

2013年，积极探索加强人民政协政治协商的新途径、新方法，推进政协民主协商工作创新发展。在7月州委对县委关于人民政协政治协商制度建设工作的专项督查中，县政协积极提供相关工作情况。县政府重视专题政治协商工作，就全县行政区划调整工作，决策前两次与县政协进行专题协商，专门召开常委会进行协商讨论。县政协适时召开政协常委会，听取县政府及有关部门就全县经济社会发展情况和民生工程实施、重点工程项目建设等政情通报，并进行协商讨论，建言献策，为加快平塘县经济社会发展献计出力。

第三节　视察调研

1987年10月至1990年4月，县政协组织开展专题视察调研10余次，撰写视察调研报告7份。部分视察调研建议得到落实，如《关于尽快架设龙塘至克度35千伏输电线路的建议》。此建议一提出，得到州、县相关部门的重视与支持，并于1989年建成龙塘至航龙35千伏输变电工程，解决平里、落凼、通州、航龙、克度等沿线群众的生产生活用电问题。是年，县政协委员到西关区旧司乡开花寨村视察，该村与龙塘电站一河之隔，部分辖区为龙塘电站库区，龙塘电站建成发电后，该村却未能受益，群众意见很大。据此，县政协积极协调县水电局帮助设计，采取群众集资与上级补助的办法，筹集资金6.6万元，用时3个月，架通龙塘至开花寨村5.4千米的输电线路，解决开花村群众用电问题。1990年5月至1993年4月，县政协在组织委员视察调研的过程中，通过积极争取省州有关部门的支持，为县酒厂落实40万元的流动资金，解决该厂生产经营周转资金不足的困难；主动协调有关部门筹集资金3.62万元，弥补塘边镇塘河大桥、克度镇龙尾大桥建桥资金不足，使两座大桥按期竣工投入使用，解决当地群众生产出行过河难的问题。

1993年，县政协围绕扶贫攻坚开展视察调研。组织县政协委员深入克度、塘边、大塘、新塘等乡镇，走村串户，深入调查，听取基层干部和群众意见，为全省“两山”（麻山、瑶山）扶贫攻坚工作提供基础信息资料，补充省民委向省委、省政府呈报“两山”扶贫攻坚专题报告的内容，报告得到省委、省政府的重视，把平塘县列入全省“两山”扶贫开发试验予以扶持，并明确省民委挂钩帮扶。

1995 年 10 月，县政协组织对全县中小学危房现状及改造情况进行视察调研，并写出视察调研报告呈送县委、县政府和省州有关部门，引起重视和关注，之后由省、州补助和县级匹配 187 万元余款，用于中小学危房改造。1996 年 12 月，针对供销系统发展滞后、亏损严重等问题，县政协组织委员实地视察调研，在深入调研分析的基础上，向县委呈报《关于加快全县供销社改革步伐的建议案》，指出供销系统存在的问题，提出改革建议。该案很快得到县委的重视批复，解决县供销社人员编制等实际问题。

1998 年 5 月至 2003 年 3 月，县政协本着“起点要高，定位要准，目标要远，建议要实”的原则，开展政协委员视察调研活动。5 年来开展视察调研 14 次，参加的州县政协委员 600 多人次。视察调研内容涉及生态环保、教育体制改革、农村文化市场建设、畜牧产业发展、农民减负、退耕还林、税费改革、非公经济、社会治安综合治理、特色农业等。在深入调研，集思广益的基础上，形成 9 个调研报告、5 个视察报告、9 个建议案。其中，1998 年 10 月呈报给县委的《关于加快发展全县非公有制经济的建议案》引起县委重视，县委召开常委会专题研究，出台发展全县非公经济的政策和措施。是年 11 月，县政协将《关于对全县农村教育费附加进一步加强管理的建议案》呈送给县政府，县政府专门召开常务会议研究并采纳政协提出的建议，对农村教育费附加征、管、用作重新规定。2000 年 5 月，县政协提出的《关于在全县逐步推行“一制一管理”教育改革的建议案》得到县委、县政府的肯定和采纳，出台相应的实施意见。2001 年 3 月，县政协撰写的《关于对全县退耕还林（草）视察的调研报告》提出 10 条建议，县委县政府将之纳入工作决策内容。2002 年，县政协分别完成县委安排的“税费改革后教育面临的困难和问题”“非公经济发展现状及对策”“税费改革后农民减负情况和社会治安综合治理情况”等重点课题的视察调研，在此基础上撰写并呈报视察调研报告和建议案，为县委决策提供依据。

2003 年 10 月，组织州、县政协委员深入平湖、卡罗、通州等乡镇对畜牧业发展情况进行视察调研，提出“加大畜牧产业投入，培育示范引领，做好防疫，强化领导”等建议。是年，对全县“两基”攻坚工作情况进行视察调研，对“两基”工作存在的困难和问题提出针对性的建议和意见。2004 年上半年，组织县政协委员视察县城新开发区、平舟大桥、莲花公园、移民搬迁、经果林种植、扶贫开发等重点项目建设情况。多次深入企业调研，关注民营企业发展。先后撰写《围绕中心，抓住重点，促进非公经济发展》《关于调整全县产业结构的思考》《调整结构重点抓畜和烟》等调研报告呈送县委县政府。2005 年，围绕加快旅游业发展开展视察调研，对加快掌布、甲茶等景区建设，强化景区设施配套服务，培养景区管理人才等提出建议。是年，针对企业出现的“三乱”现象（乱检查、乱收费、乱罚款），提出下大力优化非公经济发展环境的建议，引起县委县政府的高度重视，出台《关于对重点企业实行挂牌保护的暂行规定》。2006 年，组织县政协委员重点视察调研“玉水不夜天”大型山水实景演出、中国平塘地质奇观暨民族风情旅游节、卡蒲毛南民族风情园开园等系列活动，对提升地方民族文化品位，突出平塘旅游资源特色等提出合理化建议。是年，还视察调研新农村建设、烟水配套工程等项目建设，撰写专题视察调研报告送县委县政府。

2007 年，针对国家工作人员滥办酒席敛财的不良风气开展实地调研，提出《关于禁止国家机关干部职工违规操办酒席的建议案》，县委县政府高度重视并作出相应的制度规定。2009 年秋冬季，针对县内山林火灾突发多发的严峻形势，县政协及时组成专题调研组深入乡镇、村、林业系统进行广泛调研，并外出学习借鉴江西吉安、宜春等地先进经验，提出《关于林业生态建设的建议案》呈报县委，县委县政府及时出台相应的工作措施，明确乡镇和相关部门的工作责任，强化落实力和执行力，扭转山林火灾失控的被动局面。

2011年4月，针对持续低温和旱情对春播的影响进行视察调研，及时提出“抢抓季节、加快旱地育秧”等建议并得到县政府和相关部门的采纳，各乡镇广泛发动群众，奋力开展抗旱育秧，抗旱栽种，抗旱保苗。是年8月，围绕平塘县农业实施的“185”工程和农业产业化经营发展情况进行调研，提出“进一步完善农业产业化发展规划，有序推动土地流转，培育做大特色产业，提升农业产业化品牌，建立健全农业产业化经营发展激励机制”等对策和建议。是年，将县城交通管理、“两茶一羊”产业、平塘县中考奖励办法、平舟河马蹄岩至六硐段的保护开发与利用、加快非公有制经济发展等视察调研报告遴选提升为建议案呈报县委决策参考。2012年，县政协组织委员对工业园区建设、城镇化建设、农业产业化重点项目、水资源开发、农村危房改造等项目进行视察，分别提出意见和建议。

2013年，县政协以加大农业产业化工作力度，强化水利设施资金管理，加强林业生态建设，抓好重大项目协调落实，建立健全财政“一事一议”项目建设与管护机制等为重点，进行专题视察并提出意见和建议。

第四节　文史资料征编

1988~1992年，文史资料共征集编印《平塘文史资料》5辑，刊载史料150篇，约38万字，每辑印刷1000册。1997年5月，召开《平塘文史资料》第七辑组稿会。至年底，共收到56人撰写的67篇稿件，经过初审决定采用52篇，计15万余字。1998年，返聘退休人员参与文史资料编纂，收集稿件50余篇15万字，并于3月出版《平塘文史资料（第七辑）》1000册。

2001年，召开《平塘文史资料（第八辑）》（旅游专辑）的组织征稿工作座谈会，向全县机关单位、乡（镇）中小学发出《玉水金盆》征稿启事100余份，收到稿件4篇，掌布乡报送预约稿件4篇。2005年12月，出版第八辑文史资料《平塘政协二十年》。全书共计12万字，记载平塘县政协自1984年11月12日成立以来，第一届至第六届委员会第一次全体会议基本情况及庆祝政协平塘县委员会成立20周年纪念活动概况。

2007年，文史委与县文联、白龙乡人民政府联合编纂出版“走进神奇平塘旅游文史丛书”之一《诗画白龙》，综合反映白龙乡旅游资源、景点介绍、民族风情、经济社会发展等情况，全书共12万字，60余幅彩照，印制1000册。

2008年，完成“走进神奇平塘旅游文史丛书”第二集《避暑古镇大塘》和第三集《神奇掌布》，两书共40万字，60余幅照片。组织、收集、编送平塘旅游资料图片、平塘县改革开放30年来取得成果的文章、凝冻灾害和恢复重建照片、《布依族百年实录》文字图片共25篇近8万字30余幅照片。参与贵州省写作学会编辑反映平塘山水风光、人文历史、民族风情的散文集《大美平塘》，提供稿件20多篇、照片40余幅。

2009年，组织县政协文史委与县委宣传部、县科技局、县旅游局、县文联、县射电办、县民宗局、县新闻宣传中心和克度镇、卡蒲毛南族乡等乡镇、部门合作，编纂出版“走进神奇平塘旅游文史丛书”之四《地球“天眼”翱苍穹》、之五《中国毛南族第一乡卡蒲》。先后组织黔南州、都匀、独山、罗甸以及平塘县20余名作家分赴大窝凼和卡蒲采风，撰写稿件近100篇，收集图片200余幅，编辑审稿后于当年10月出版。是年，为省政协编辑的《回忆贵州改革开放30年·贵州文史资料专辑》组织稿件5篇、图片12幅，为州政协编辑出版的《风雨同舟60年》一书组织5篇稿件和65幅“平塘变迁60年新旧照片”，为县委宣传部编辑的《乐章——平塘县纪念新中国成立60年征文集》提供稿件20篇，被采用17篇。

2011年完成《平塘文史·联谊专辑》的编纂工作，开展《风雨同舟谋发展——平塘政协委员风采撷英》编辑工作，共收录58名优秀政协委员事迹。

2013年，将县政协2003~2012年的工作年鉴整理成册，编辑成书。

第五节　智力支边

1988年，智力支边工作着重于智力开发，为县城经济社会发展服务，先后从省内外邀请支边人员21人，完成支边项目9项。举办乡土人才培训班14期，参训2608人（次）；与贵阳市开展横向联系，组织县内一些乡镇种植早熟蔬菜，供应贵阳市场；组织西关、克度、通州3个区向贵阳市调销生猪3136头。1989年，全县共完成支边项目9个，参加支边人数65人。先后在都匀、镇远两市县引进大板栗嫁接苗3000株，举办旱菜、水稻两段育秧、两杂生产技术、分带轮作等技术培训班，共培训乡土人才909人。

1990年，协调相关部门帮助克度区塘泥乡新店村8个村民小组架设4.2千米长的输电线路。协调083系统112厂为西关区建成一座10瓦的卫星电视地面接收站，覆盖3个乡20个村1.5万余人口。1991年，邀请贵阳市民进中学高级教师12名，州内工程师、技术员6名，都匀市民进中小学高级教师10名，县内农业科技人员9名及其他方面的人员8名，在全县城乡开展传授各种实用技术、教育讲学、科技咨询等活动。1994年，引进优质油桐和丹参在县内试种；引进氨基酸促长剂饲养生猪，全县有10余个乡镇试养成功。1995年，在省农科院的支持下，引进“贵花1号”和“贵花3号”良种小麦试种成功。与省民建联系，帮助西凉乡开发翁汝煤矿。

1997年，组织科技人员在大塘镇谷立村、塘边镇董瓦村、克度镇航龙村3个智力支边联系点进行秋季蔬菜试验示范种植。是年9月，从省农科院引进“黔油10号”“油研5号”“杂选1号”“黔油双低1号、2号、3号”等优良品种到卡罗、克度等乡镇试种30余亩。1998年，申报立项“平塘县3000亩猕猴桃生产基地”“平塘县万亩早熟蔬菜开发基地”“大塘谷立村梨果场500亩续建项目”“鼠场乡千亩李子基地”等项目。

1999年，邀请省政协经科委副主任、原贵州省科学院院长向应海到大塘、通州、克度、塘边、鼠场、卡罗等乡（镇）视察，帮助起草适合地区发展的“千亩山茶子种植基地及精油提炼项目”“年产一千只肉狗和一千只果子狸”“年产1000吨天然迷迭香食品保鲜剂”等项目建议书（含可行性报告）。引进约克良种公猪到平湖镇双桥村大坡组喂养。是年12月，引进“601”香稻和彩色玉米种植。

2000年，通过省民建和江苏民建的牵线搭桥，争取香港中华爱德基金会捐资29.2万元援建平塘县27所边远乡村学校，首批10所学校援建工程已于2001年2月下旬竣工验收并使用。2001年，在平里河试种五彩玉米80亩。为摆茹镇及其他乡（镇）建立的“优质米生产基地”提供5000多千克良种。2002年，完成引资引项25个，其中，香港爱德基金会、基督教协进会援建平塘县村组校点18个，美国华人燃灯基金会援建平塘村组校点6个，援建通州镇“爱华图书馆”，总投资114万元。2003年，开展支边项目8项，举办卫生人员、教师培训班2期，培训人员300余人（次），发放各类科技资料3000余份。

2004年，引进资金40.6余万元。其中美国燃灯基金会、香港爱德基金会和慈恩基金会捐赠资金29万元援建通州党振、西凉六寨、者密甲塔、卡罗湾寨、阴洞、摆茹拉湾、白龙翁干、摆克、新塘水沟等9所小学，香港爱德基金会、美国燃灯基金会捐资11.6万元解决1216名贫困中小学生的入学难问题。2005年，香港扶轮社捐资11万元，在牙舟镇白云村拉炉组和卡腊村李家寨组修建30立方米封闭式水窖44口，解决该地59户240人、130余头牲畜的饮水和近百亩田地浇灌困难。

2007年，通过民革黔南州委牵头联系，都匀剑锋房地产公司到民中资助100名高一学生共计2.4万元。2008年，香港小平基金会捐资20万元修建者密镇拉关小学和四寨镇栗木小学教学楼，香港黄佩球长子黄永光捐资35万元港币援建大塘镇里中小学综合教学楼。

2009年，经省州民革支持和州智力支边办牵线，向中华慈善总会成功申请到总价值40余万元的美国MD自助1800（专供）全自动生化分析仪援建项目。通过州政协文卫教育专委会牵线，美国燃灯基金会援建通州镇平里河村和西凉乡堡上村卫生室6万元，与省卫生厅村级卫生项目配套，建成两村建筑面积各为60多平方米的卫生室。项目覆盖2个村1.1万农村人口。农工党广东省委资助鼠场乡油岜中学50名贫困学生，按每年每学生200元标准资助3年。香港黄永光先生捐资35万元港币修建的大塘里中小学教学楼已建成并投入使用。

2011年，邀请省委九三学社、民进黔南州委支边讲学团12名专家学者到平塘开展农业产业发展、医疗卫生、教师培训等方面的讲座培训。

2012年，争取到香港慈善机构“周大福基金”，捐助谷硐乡中学60名贫困学生每人1000元共6万元的助学金；投资10万元解决翁片村修建200立方米人饮水池1个；捐款4000元，解决4名贫困学生家庭每户1000元发展生产投入；福建叶理伙先生资助掌布新坪小学完善学生食堂和宿舍项目资金18万元；民进黔南州委组织都匀二中支部一行6人到谷硐中学支教，并捐赠帮扶资金、图书、各类文具和教具等；省智力支边办正厅级干部王经宪率领省智力支边办、省政府参事室、省民进、省民盟、省民革、农工党、九三学社等各民主党派、省工商联领导到平塘就旅游、招商引资、教育、卫生等工作进行考察指导。

2013年，争取到各界帮扶资金426万元，主要用于改善办学条件及农村饮水困难等。

第七篇

群众团体

第一章 工 会

第一节 机 构

1988年，县总工会有专职干部7人。全县有基层工会102个，会员3640人，其中女会员1228人。1992年，全县基层工会发展到126个，比1988年增长23.5%；会员人数增加到4366人，其中女会员1443人。

1998年，县总工会内设综合股，下设工人俱乐部；全县共有基层工会组织136个，会员4270人，其中女会员1578人。2006年，县总工会综合股更名为综合办公室；全县基层工会组织218个，会员8699人。

2013年，全县有工会组织463个，会员23131人，职工入会率达99.3%。其中机关、事业、社会团体、新社会组织工会共281个（机关63个、事业单位126个、社会团体2个、新社会组织90个），会员人数19054人；全县建立女职工组织338个，经审组织334个。

1988~2013年部分年份平塘县基层工会情况统计表

表7-1

年份	基层工会（个）	职工会员（人）	其中女职工会员（人）
1988	102	3640	1228
1992	126	4366	1443
1993	146	4525	—
1994	146	4585	—
1995	138	4340	—
1996	135	4187	—
1997	133	4079	1559
1998	136	4270	1578
1999	133	4060	—
2000	127	4110	—
2001	149	4668	—
2002	203	7308	2735
2003	172	7308	—
2004	176	7850	—
2005	187	8015	—
2006	218	8699	—

续上表

年份	基层工会（个）	职工会员（人）	其中女职工会员（人）
2007	280	9847	3621
2008	324	18100	5515
2009	344	—	—
2010	362	22203	6535
2011	363	22822	6935
2012	175	10476	4692
2013	463	23131	9571

第二节 代表大会

第七次代表大会

1992 年 6 月 28~29 日，县工会第七次代表大会在县城召开。出席大会的代表 102 人，其中，工会工作者 26 人，工会积极分子 25 人；工人和其他劳动者 42 人，科技人员 9 人，妇女代表 47 人，青年代表 32 人，非党群众 72 人。会议听取和审议县总工会第六届委员会的工作报告和财务工作报告，讨论决定全县工会工作任务；选举县总工会第七届委员会和经费审查委员会，共选举产生县总工会第七届委员会委员 15 人，经费审查委员会委员 5 人。钟成芳当选为主席。

第八次代表大会

1998 年 6 月 25~26 日，县工会第八次代表大会在县城召开。出席大会的代表 112 人。大会审查通过县工会第七届委员会工作报告和平塘县工会第七届经费审查委员会工作报告及经费收支情况报告；大会选举产生县总工会第八届委员会委员 17 人，经费审查委员会委员 5 人，主席 1 人，副主席 2 人，常务委员 4 人，经审委主任 1 人。韦文斌当选为主席，贾应才为副主席。

第九次代表大会

2005 年 5 月 11~12 日，县工会第九次代表大会在县城召开。出席大会的代表 101 人，列席代表 13 人，特邀代表 40 人。大会听取和审议了县总工会第八届委员会工作报告和财务工作报告，选举产生县总工会第九届委员会委员 17 人，常务委员 7 人，主席、副主席各 1 人；经费审查委员会委员 5 人，其中主任 1 人。石键当选为主席，贾应才为副主席。

第十次代表大会

2012 年 7 月 27~28 日，县工会第十次代表大会在县城召开。出席大会的代表 115 人。大会听取和审议了县总工会第九届委员会工作报告、财务工作报告、经费审查委员会工作报告、女职工委员会工作报告；选举产生县总工会第十届委员会委员 25 人，常务委员 6 人，主席 1 人，副主席 2 人；经费审查委员会委员 5 人，其中主任 1 人；女职工委员会委员 5 人。帅兴云当选为主席，吴泽念、陈国会为副主席。

第三节　工会工作

组织活动

1988~1992 年，县总工会主要采取举办宣传专栏、学习培训班等形式宣传贯彻《中华人民共和国工会法》《中华人民共和国企业法》，并利用赶场天开展咨询服务工作。1988 年，企业法实施后，县总工会协助各企业开展宣传贯彻活动，是年，县总工会建立“平塘县工人俱乐部”。1992 年 4 月，工会法颁布实施，县总工会同县委宣传部、县司法局联合印发通知，并将是年 5 月定为工会法宣传月，共举办 3 期学法培训班。

1994~1997 年，县总工会联合县人事劳动局和团县委等县直单位举办《中华人民共和国妇女权益保障法》、《女职工劳动保护规定》、劳动法、工会法、团情知识等法律法规的知识抢答赛。结合“五一”劳动节、“五四”青年节，开展篮球、排球、广播体操、拔河、象棋、跳棋等文体活动。之后，各级工会均开展职工节庆文体活动。2007 年，县总工会集资 3 万元购置音响等在休闲广场安装露天音乐设施，把工会法、劳动法、农民工维权、《女职工劳动保护规定》、《女职工禁忌劳动范围的规定》列入科技、文化、卫生、法律“四下乡”活动内容之一，并开展宣传和咨询服务。此后，该项活动每年开展一次。2009 年县总工会与相关部门组织“迎奥运”联欢舞会、“华丰杯”乒乓球比赛、“多彩贵州”歌唱大赛，并参加电影《吻人鱼》演出拍摄。2011 年，利用“安全生产月”“节能减排宣传周”和“法制宣传日”，开展工会维权宣传活动。

2013 年，县总工会先后开展“创先争优”建功立业活动和“庆五一、促跨越”职工文化周活动。组织企业职工举办素质提升工程培训班两期，参加培训的农民工代表 673 人，共发放农民工维权宣传资料 5000 份。

会费审查

1988 年后，县总工会每年均开展工会经费审查工作。1998 年，对历年欠漏交工会经费的单位进行清理，至年底，共上交工会经费 25421. 86 元，占上级下达任务的 10%。2000 年，对部分基层工会拨交工会经费进行摸底，是年，补交工会会费单位 21 个。2001 年，县总工会加大收解工会经费的力度，与财政、国税、地税、审计等 5 家联合行文，对各基层工会的工会经费依法进行审计。2002 年 4 月，总工会成立经审办公室。是年，上解工会经费 3 万元，占上解任务数的 100%。

2003~2004 年，县总工会与县财政、县国税局、县地税局、县人民法院、审计局、县统计局等有关部门联合印发《关于依法计提、拨缴工会经费通知》，要求各基层工会依法足额计提、拨缴工会经费，对审查出来的工会费将依法强制收缴。

2007 年 1 月开始，工会经费由地方税务局代收。2008 年，建立工会基层经审组织建设台账、经审工作调研台账、实务审查审计台账、工会经审工作制度台账、工会资产管理台账、经审专项会议记录等 10 多个经审工作台账档案。是年 9 月，贵州省县级工会经审工作现场经验交流会在平塘召开。

2013 年，县财政划拨工会经费 20 万元，自收 2. 3 万元，地税代收 4. 4 万元，完成工会经费上缴 135 万元。

维护职工权益

1988~1998 年，贯彻落实工会法、企业法和劳动法，通过建立健全职工代表大会制度，切实维护职工合法权益。1988 年，县医院召开首次职工代表大会讨论并通过医院改革方案。1989 年，县农机厂职代会讨论修厂规厂纪和生产经营承包方式，至 1990 年，全县共有 15 个企业召开职代会，提交提案 13 件，列入会议审议提案 9 件。

1995 年推行全员劳动合同制，企业职工与企业签订劳动合同，职工代表与企业签订“双保合同”。

1996 年，平塘民族中学职代会审议通过《教师奖励条件》《干部考核条例》《教师岗位职责》等。1997 年开展民主评议企业领导干部。1999 年，在国有企业推行厂务公开，是年，贯彻全国总工会《关于认真做好到期集体合同续签工作的通知》，对到期集体合同进行修改续签。2001 年，凡涉及企业和职工切身利益的重大问题必经提交职代会审议决定。

2003~2005 年，县总工会开展安全生产督促检查，督促企业完善劳动安全设施，确保职工的人身安全。参与重大事故的协调和善后协调处理。2006 年开始，县总工会利用“四下乡”“安全生产月”“法制宣传日”活动，宣传《中华人民共和国劳动合同法》《维护农民工合法权益》《女职工劳动保护规定》《女职工禁忌劳动范围的规定》《集体合同规定》《中华人民共和国妇女权益保障法》等法律法规，发放宣传资料 5000 余份。2010 年，将工会法、劳动合同法等法律法规纳入“五五”普法规划。

2011 年，县总工会通过劳动仲裁，妥善处理拖欠农民工工资的案件 1 件，调处工程建设、矿山企业等劳资纠纷 3 次，涉及工程款及工资 20 余万元。2012 年，共接待职工群众来信来访 8 件（次），参与劳动仲裁 2 起，调处劳动纠纷 4 起，提供法律援助 15 人次，为职工（农民工）挽回经济损失 8 万余元。

2013 年，聘请 6 名专（兼）职法律援助工作人员，依托县法律援助中心，参与解决劳动争议、劳资纠纷等问题。是年，接待来信来访职工 12 人（次），调处劳资纠纷 1 起，补发员工工资 1794. 7 元。

送温暖活动

1988~1997 年，县总工会开展送温暖活动，主要是帮助下岗职工解决实际困难，开展“元旦”“春节”慰问困难职工、劳模、遗属等。

1998 年 5 月，县人民政府成员帮困领导小组将帮困资金纳入财政预算，从暂住人口管理费中提取 30%作为帮困资金。是年，县总工会慰问 107 户特困职工，共发放现金和实物折款共 3. 272 万元。

2000 年，对月收入低于 97 元基本生活费的 207 名城镇居民给予生活补助 6. 5 万元。2001 年后，将特困下岗职工纳入城镇居民最低生活保障对象。

2003~2005 年，开展“五月温暖行动”，以“团结帮扶、共同发展”为主题开展向困难职工募捐活动，先后慰问全国劳模 12 人、企业特困职工 89 户，全县共计捐款 6. 22 万元。2006 年，开展“金秋助学”活动，帮助下岗职工、特困职工、农民工子女 35 人。2008 年，安置凝冻返乡农民工滞流人员 12607 人，投入临时救助资金 5 万余元。2009 年，慰问特困职工和农民工 597 户，慰问特困企业 4 个，慰问困难农民工子女 30 名，共发放慰问金 15. 48 万元。2011 年，“两节”期间，慰问困难企业、困难职工（下岗职工）、困难农民工，共发放慰问金计 10. 79 万元，发放过冬棉被 477 床。

2013 年，建立健全困难职工、农民工电子档案，开展困难职工和农民工救助帮扶工作，发放救助帮扶资金 3 万元，资助困难家庭学生 3 万元。

创建“职工之家”

1988 年，平湖一小“职工之家”被州总工会评为“模范职工之家”。是年，全县共建有“职工之家”67 个，占应建家总数的 73. 6%。1993 年，全县共有“职工之家”91 个。

1994 年后，各级工会开展“职工之家”的“建家”活动。1997 年，全县共建有“女职工之家”3

个。1998 年，人行平塘县支行、平塘供电局被评为“先进职工之家”。2000 年，建成“合格女职工之家”5 个，“先进女职工之家”1 个。2003 年，县供电局龙塘电站获全国总工会授予“模范职工之家”称号。2007 年，县国税局州级“先进职工之家”通过州级验收；11 月，县联社创建县“合格职工之家”和“女职工之家”。2012 年，全县建有县级“合格职工之家”82 个、州级“先进职工之家”4 个、省级“模范职工之家”3 个。

2013 年，在深入开展建设“职工之家”活动中，涌现出一批全国和县级“合格职工之家”“合格职工小家”。

厂（校、院）务公开

1988 年，厂（校、院）务公开工作未形成制度。1999 年 8 月 9 日，召开全县国有企业、集体企业厂务公开动员会，并在平塘供电局、县植物油厂、自来水公司、盐业公司、印刷厂 5 个企业试点。年末，全县共推行厂务公开的单位为 54 个，其中国有企业 25 个、集体企业 11 个、事业单位 18 个。

2000 年，开展厂务公开的企事业单位达 43 家，其中国有企业 16 家、集体企业 9 家、教育事业单位 18 家，企业公开面达 100%。共清退中小学违章收费 33. 56 万元。到 2005 年，开展厂务公开的企业由 1999 年的 54 个发展到 76 个。

2007 年，县政府印发《平塘县 2007 年厂务公开工作实施方案》，全县开展厂务政务公开工作的单位共 49 个，其中国有企业 16 个、事业单位 28 个、非公企业 3 个、集体企业 2 个。2009 年，开展厂务公开工作的单位有 84 个，其中国有企业 12 个、事业单位 66 个、集体企业 2 个、非公企业 4 个。国有企业推行厂务公开面达 100%，非公有制企业推行厂务公开面达 90%以上，企事业单位中有 38 家建立厂务公开制度，建制率达 77%。

2012 年，县水利局、供电局、公路养护段、民中、二中、槽渡河水力发电有限公司评为民主管理示范单位。

2013 年，全县开展厂务公开工作的单位共 146 个，其中国有企业 9 个、事业单位 66 个、集体企业 2 个、非公企业 69 个。

工会民主管理

1988 年后，各基层工会逐渐建立职工代表大会制度。是年，县医院工会召开首届职代会，讨论并通过医改方案。1989 年，县农机厂召开职代会，讨论修改厂规厂纪和生产经营承包方式。至 1990 年，全县建立厂级职代会制度的单位 15 个，职工代表 92 人。

1995 年，职工与企业签订劳动合同、代表职工与企业行政签订“双保”合同。1996 年，平塘供电局职工代表大会审议通过《平塘供电局社会主义精神文明建设实施规划》。平塘民族中学教代会审议通过学校的《教师奖励条例》《干部考核条例》《教师岗位职责》等。1997 年，开展职代会民主评议企业领导干部工作，全县应评议的企业 30 个，是年共评议 29 个，占应评议企业总数的 96. 7%。

2002 年，全县已建立职代会制度的企事业单位共 60 个。对新建企业工会签订集体合同 6 家，覆盖企业 37 个，占已建会企业的 63. 8%。

2003~2005 年，县属各企业把厂务公开与建立现代企业制度结合起来，不断完善企业经营管理机制，建立以厂长（经理）为组长的厂务公开领导小组和由企业纪检、工会、职工代表组成的监督小组，推进企业管理制度化、规范化。2009 年，38 家企事业单位建立职工（代表）大会制度，建制率达 77%；全县有 8 家企业建立平等协商签订集体合同制度，建制率 66%，覆盖职工 684 人。

2013 年，贯彻落实《贵州省职工代表大会条例》，不断健全完善以职代会为基本形式的企事业单位民主管理制度，维护职工的知情权、参与权、表达权、监督权。

第二章　共青团

1988~2013年，共青团平塘县委组织广大青少年和共青团员开展学雷锋、学赖宁“双学”活动和“青年星火带头人”活动，创建精神文明号，以党建带团建实施春晖行动、青年志愿者行动、希望工程和青年文明工程等，大力加强基层共青团组织建设。

第一节　机　构

1988年，共青团平塘县委编制4人，设正副书记各1人。全县共有50个团委，其中县1个、区（镇）8个、乡（镇）39个、中学2个、团总支3个；团支部342个，其中村团支部242个、机关企事业单位及学校支部100个。县、区机关单位及各中心小学一般都建有团支部，农村团支部建在村里，规模较大的中学建有团总支或团委，各区（镇）均建有团的基层委员会。

1998~2002年，全县各级团组织及团员略有变化。基层团委从1998年的23个上升至2002年的38个，共青团员从1998年的10675人上升至2002年的10999人，团干部在22~24人之间。2003~2005年，全县有基层团委分别为32个、37个、45个，团总支分别为53个、68个、172个，团支部301个、358个、426个，共发展新团员2172名。2006年，团县委内设机构为办公室，附设县少工委、县未保办、县青年志愿者指挥中心、县西部计划大学生志愿者项目办公室和县青年联合会。核定编制3人，其中书记1人、副书记1人，全县19个乡镇配备有专职团委书记，121个行政村都完善和建立团支部。2008年，有基层团委39个、团总支186个、支部354个（含121个村级团支部）；团员8546人（其中学生团员5808人、事业单位团员416人、非公有制企事业团员462人、青年农民团员1900人），团青比例为22.9%。在专职团干中，党员占82%，大专及以上学历占70%，25周岁以下占22%，26~30岁占65%；兼职团干平均年龄28.5岁，党员占46%。

2013年有基层团委39个、团总支186个、团支部837个，专职团干部109人、团员11000人。

1988~2013年平塘县团组织及团员情况统计表

表7-2

年份	基层团委（个）	团总支（个）	团支部（个）	专职团干部（人）	共青团员（人）
1988	50	3	342	50	6583
1989	50	3	342	50	6324
1990	50	4	344	50	6982
1991	22	3	344	22	5956
1992	22	3	344	22	6601
1993	23	6	330	18	9240

续上表

年份	基层团委（个）	团总支（个）	团支部（个）	专职团干部（人）	共青团员（人）
1994	23	7	330	22	11104
1995	27	20	330	22	12134
1996	28	19	343	23	11046
1997	23	25	336	23	9925
1998	23	28	334	24	10675
1999	23	28	334	24	10678
2000	22	29	336	23	10999
2001	23	26	336	23	9599
2002	38	2	403	22	10999
2003	32	53	301	32	9639
2004	37	68	358	37	8327
2005	45	172	426	45	7012
2006	39	186	354	39	7685
2007	38	186	354	50	8000
2008	39	186	354	65	8456
2009	38	186	354	65	8600
2010	38	186	354	80	9000
2011	38	186	837	95	9500
2012	38	186	837	100	10000
2013	39	186	837	109	11000

第二节　代表大会

1988~2013 年，共青团平塘县委共召开 5 次代表大会。

第九次代表大会

1992 年 6 月 22~24 日，共青团平塘县第九次代表大会召开，出席大会代表 127 人。大会听取和审查共青团平塘县第八届委员会工作报告；选举产生共青团平塘县第九届委员会委员 21 人、候补委员 10 人，张龙当选为团委书记。选出出席州团代会代表 20 人。会议通过致全县团员、青年的倡议书。

第十次代表大会

1997 年 7 月 18 日，共青团平塘县第十次代表大会召开，出席大会代表 130 人。大会听取和审查倪伟强作题为《解放思想，积极探索，团结带领全县团员青年投身经济主战场，为平塘振兴建功立业》的工作报告；选举产生由 21 人组成的共青团平塘县第十届委员会，倪伟强当选为团委书记。同时大会还选出共青团黔南州第七次代表大会代表 18 人，选出共青团贵州省第十次代表大会代表 3 人。

第十一次代表大会

2004年12月27~28日，共青团平塘县第十一次代表大会召开，出席大会代表132人。会议听取和审查共青团平塘县第十届委员会工作报告；选举产生共青团平塘县第十一届委员会。宋恩贵当选团委书记，张树红为副书记。成立平塘县青年联合会，推选产生青年联合会主席、副主席。宋恩贵当选为青年联合会主席，张树红（女）、邓恩晔、杨志其、韦永忠当选为副主席。

第十二次代表大会

2008年4月28~30日，共青团平塘县第十二次代表大会召开，出席大会代表136人。会议听取和审查共青团平塘县第十一届委员会工作报告；选举产生共青团平塘县第十二届委员会委员、常委。杨进（女）当选为团委书记，李松当选为团县委副书记。

第十三次代表大会

2013年6月14日，共青团平塘县第十三次代表大会召开，130名代表参加会议。会议讨论共青团平塘县第十二届委员的工作报告，审议并通过《工作报告决议（草案）》；选举产生共青团平塘县第十三届委员会委员23名、候补委员3名，常委7名，书记、副书记各1名。姜俊峰当选为书记，谭梅当选为副书记。选举出席团州十次代表大会代表21名。

第三节　共青团工作

团组织建设

1988~1992年，县、区机关单位及各中心小学一般都建有团支部，农村团支部建在村里，规模较大的中学建有团总支或团委，各区（镇）均建有团的基层委员会。5年中，每年都有一批优秀青年加入团的组织，全县共青团员的总数占全县青年总数的10%左右。此外，每年都办理一批超龄团员的离团手续。1988年，全县共有团员65830人，发展新团员593人，32名优秀团员加入中国共产党。1990~1991年，在全县青少年中开展学雷锋、学赖宁“双学”活动，获全国学赖宁奖章少先队员1名，获省级“优秀少先大队”和“红旗少先中队”各1个。

1993~1997年，对全县团组织进行整顿，改选学校团委3个，新建机关和企事业单位团组织11个，改建4个团总支为团委，在19个乡镇教育站建立团总支。2003~2005年，在全县开展“五四红旗团委”创建活动。2003年，平湖镇、西凉乡、平塘二中、京舟小学初中部团委被命名为州委“五四红旗团委”。2005年，西凉乡团委被命名为省级“五四红旗团委”。2006年，全县19个乡镇配备有专职团委书记，121个行政村都建立团支部，乡（村）两级团干配备率达100%；建成非公有制企业团支部3个、社区团支部3个。全县共下设基层团委39个、团总支186个、支部354个（村级团支部121个）。

2006~2008年，全县各级团组织向党组织推荐入党积极分子681人，其中，242名优秀团员加入中国共产党。2012年，采取“区域建团、产业建团、独立建团、挂靠建团”等方法建立团支部，团支部达837个。

2013年，开展团干部培训4期158名，全县有基层团委39个、团总支187个、团支部837个，共青团员1100名。

希望工程

由团中央提出，中共青少年发展基金会组织实施，以向海内外集资、筹物为途径，通过设立助学金、援建“希望小学”等形式，救助贫困地区品学兼优但因家庭贫困而失学的孩子重返校园。

从1992年9月开始，开始实施“希望工程”。全县第一批救助129名失学儿童，第二批救助125名，两次救助金额5.06万元。1998年，贯彻执行《贵州省“希望工程”实施管理规划》，采取三级管理，层层把关，加强对救助款和档案以及受助学生的管理。是年7月，团县委与县教育局组织检查组对19个乡镇进行为期20天的大检查。2000年3月，团县委对乡（镇）各站校开展“希望工程”档案检查。2003年，共收到各类捐资助学金9.6万元，资助1475名贫困学生。2005年，建立贫困学生档案数据库，并通过网络寻找爱心资助人。2008年，经省青年基金会争取到香港道德会资助修建四寨栗木山希望小学，投资25万元。上海复地集团向四寨栗木山希望小学资助价值1.5万元的体育设施及用品。2009年，开展“2009贵州希望工程·圆梦大学行动”和“习酒·我的大学志愿助学”活动，共筹集资金5万余元资助高考被录取的本科贫困家庭学生。是年，摩托罗拉公司援助资金20万元维修四寨镇沙坡小学。2011年，联合“西部雏鹰”志愿者，在98名家庭特困学生中，建立70对“1+1”长期帮扶对子。2012年，筹集25万元资金，重新修建通州镇丹平小学“希望食堂”，为掌布幼儿园配备5万元的教育设施设备。争取到“广发希望慈善基金”19.48万元的贫困助学金，资助10名大学生和172名中小学生。

2013年，筹集50万元资金，分别修建通州镇丹平小学和克度镇金山小学“希望食堂”，争取“习酒我的大学”“国酒茅台”“康德基金”“雨露计划”等爱心助学项目，资助110余名贫困学生入读大学。

春晖行动

2005年，启动“春晖行动”，开展“春晖行动·故土情·游子心”主题活动。2007~2008年，共聘请220余名“春晖使者”、278名“春晖旅游宣传者”。2007年，团县委多方联系，争取到资助款（物资）共计27.5万元，资助1000名贫困生、300户受灾群众。2008年9月，经春晖使者牵线，贵州航空有限公司后勤保障部党总支到摆茹镇甲茶小学开展“帮扶活动”，捐助30套学生双人课桌、60套学习用品及部分体育器材。2009年，县团委协调县人事劳动和社会保障局以及平湖镇甘寨乡举办“春晖行动——我与家乡共话发展”座谈会，鼓励返乡青年农民回乡创业，是年，团县委争取春晖行动发展基金会项目资金3万元，并整合有关资金修建大塘镇羊八岗茶场接通摆口公路5千米镶边路，解决拥有4000余亩茶园的山海原生有机茶业有限公司和公路沿线村组1000余群众交通运输问题。在县委、县政府举行2009年高考贫困生助学暨高考奖励激励大会上和团县委召开的2008~2009年度服务期满大学生志愿者欢送会上，礼聘141名高校学子和10名大学生志愿者为平塘县春晖旅游宣传使者。2010年，团县委引进各类资金（物资）共76万元，先后援建“希望小学”1所，通村公路5条，资助贫苦学生400余人。2012年，在塘边镇召开全县“春晖行动”推进会。

2013年，利用简报、QQ、微博、微信等新媒体宣传“春晖爱心助学子”“春晖使者帮家乡”等典型。是年，共礼聘各类春晖使者53名。

青年文明工程

1993年后，把“青年文明工程”建设作为团员和青少年的思想教育工作重要载体，在县各级团组织开展青年志愿者学雷锋、学徐洪刚活动。1994 年，县供电局团总支、县邮电局团支部率先在全县以“青春献本职，文明献社会”为主题开展“青年文明号”建设活动。1996 年，重点在金融系统实施“青年文明号”创建活动。共有 7 个单位挂牌参加，建设银行获州级“青年文明号”称号。是年，县内各企业团组织将“青年文明号”与“青年岗位能手”结合起来，在青年工作中开展技术比武、拜师学艺、互学小组等活动。

1997 年开始，开展“青年文明号”达标活动，至 2007 年，先后创建县级“青年文明号”22 家、州级“青年文明号”18 个、省级文明号 1 家（龙塘电站）。2007 年，平湖供电所、者密镇供电所、县地税局、贵州移动平塘分公司等 13 家单位获州级“青年文明号”称号。2008 年，全县共有 11 家单位获得州级“青年文明号”荣誉。甘寨乡苗坡村青年农民方顺祥获得团中央、国家科委授予“农村星火带头人”称号；摆茹镇四方井村、白龙乡罗家寨村两个团支部获得共青团黔南州委授予“优秀青年之家”荣誉。2009 年，启动县直团组织与五四红旗团委，青年文明号集体与村（居）开展结对帮扶活动。2010 年，建立平塘县优秀人才库，引导青年人才投身创业实践。2012 年，团县委发挥党联系青年的桥梁和纽带作用，先后举办“红旗飘扬跟党走，青春建功促三化”纪念建团 90 周年暨五四运动 93 周年主题集会。开展“关爱他人、关爱社会、关爱自然”活动。在中小学校和青年干部中开展“红领巾心向党”“党史进课堂”“永远热爱党·永远跟党走”及“祖国好·家乡美”等主题教育实践活动。

2013 年，围绕建团 91 周年、建队 64 周年，开展“学党史、知党情、跟党走”“我的中国梦·青年文明在行动”“红领巾相约中国梦”等活动，增强青少年光荣感、归属感。

青年志愿者工作

2003 年，启动青年志愿者工作，共招募志愿者 467 名。3 月 5 日，举行“平塘县青年志愿者授旗、宣誓仪式”。先后开展义诊、一助一助残签字和抗击“非典”等活动。11 月，团县委成立掌布“藏石字”景区青年志愿者服务站。年末，全县注册的青年志愿者已达 887 名。

2004 年，有 10 个乡（镇）的党政一把手都加入到志愿者行列。2005 年，团县委被共青团贵州省委评为全省“优秀志愿者服务站”，并获“贵州省青年志愿者行动组织奖”。

2010 年，全县有 4100 名青年注册成为中国青年志愿者。2011 年，志愿者服务单位、各级团组织、少先大队结对帮扶农民工子女 193 人，54 名青年志愿者与农民工子女“一对一”结对。2012 年，建立 QQ 群 1 个、微博 2 个，有会员 71 名。

2013 年，开展“和谐贵州三关爱”“情系雅安灾区，志愿者在行动”和禁毒、法制宣传等志愿服务活动，参加青年志愿者 2800 余人（次）。

少先队工作

1988 年，全县建立少先队大队 70 个、中队 765 个，配备辅导员 738 名。共有少先队员 35286 人，占少年儿童 44107 名的 80%。是年，平塘县平湖一小少先队大队被团中央和全国少工委授予“五有十率”（五有：有组织，有辅导员，有活动，有阵地，有制度；十率：建队率和入队率，配备率和培训率，覆盖率和活跃率，普及率和利用率，健全率与执行率）少先队红旗大队称号，新舟小学少先大队被共青团贵州省委、省教委、省少工委授予省少先队红旗大队称号。

1996 年 3 月 12 日植树节，县团委举行有 200 多名年满 18 岁学生参加的成人仪式，并栽下 2000 余棵“成人树”。1997 年，团县委落实《贵州省雏鹰奖章纲要》《爱国主义教育实施纲要》，推动“雏鹰假日小队”活动，建立示范小区 4 个，形成社区少先队活动新模式。1998 年，团县委结合县城创卫活动，在县城各主要街道设立团员、少先队员卫生监督岗。2001 年，县教育局成立“中国少年先锋队平塘县工作委员会”。是年，实行少先队辅导员聘用制，全县独立中学和48所中心小学均聘任少先队大队辅导员。

2003～2005年，县团委和县少工委先后联合印发《进一步加强对全县少先队工作的意见》《关于在全县聘任少先队员辅导员的通知》，共聘任少先队大队辅导员34名，此期间，团县委牵头组织开展“我做合格小公民”征文活动，“民族精神代代传”演讲活动和“手拉手”活动。

2006年，配合县“整脏治乱”专项行动，在县城各小学校成立红领巾卫生监督岗、红领巾卫生小分队服务队。2009年，庆祝中国少年先锋队建队60周年，县团委、县教育局、县少工委表彰60名优秀少先队员、30名少先队辅导员、14个少先队红旗中队和10个少先队红旗大队，使全县青少年学有目标、行有榜样。

2010年，在全县范围内多次开展法制宣传活动，制作大量卡通宣传画、大型卡通宣传板，印发《未成年人保护法》《预防未成年人违法犯罪法》宣传资料5000余册。

2013年，全县各乡镇小学围绕“减少和预防青少年违法犯罪，促进青少年健康成长”主线，利用“六五”普法、“6.26”国际禁毒日，在青少年中开展“青春自护”“安全自护漫画比赛”和“青少年远离毒品行动”等形式多样的法制宣传教育活动10场（次）。

第三章　妇女联合会

1988～2013年，各级妇联组织切实加强对广大妇女知识技能、农业实用技术、法律法规的宣传和培训。先后开展“双学双比”“巾帼建功”和维权等活动，引导妇女参与社会各项事业和经济建设。

第一节　机　构

1988年，全县有8个区（镇）和39个乡（镇）妇女联合会、242个村妇代会、1400多个村民组妇代小组，共有从事妇女工作的专（兼）职干部50人，其中县妇联5人、区（镇）一级妇联8人、乡（镇）一级妇联37人。

1991年建并撤后，乡镇建有妇女联合会，村建有妇代会，各村民小组建立妇代小组。1992年，县政法系统妇女干警选举成立妇女委员会，县个协召开妇女大会选举产生县个协妇女委员会。1995年后，县直机关相继建立妇女委员会。1997年开始，县妇联设主席和副主席各1人。2004年，合并行政村，村级妇代会缩减为121个。2006年，县直机关妇委会增加到60个，建成3个社区、5个居委会妇委会。

2013年，县妇女联合会下设19个镇乡妇女联合会、121个村级妇代会、27个县直机关妇委会。有各级妇联干部178人，其中县妇联3人、乡（镇）妇联19人、村妇代会121人。

1988~2013 年平塘县各级妇女干部及组织建设情况统计表

表 7-3　　单位：个、人

年份	县妇联	区镇妇联	乡镇妇联	其中					机关妇委会	村妇代会
				汉族	少数民族	大专以上文化	中专、高中	初中及以下		
1988	1	8	39	—	—	—	—	—	—	242
1989	1	8	39	—	—	—	—	—	—	242
1990	1	8	39	—	—	—	—	—	—	242
1991	1	—	19	—	—	—	—	—	6	242
1992	1	—	19	—	—	—	—	—	8	242
1993	3	—	19	4	18	1	14	7	8	242
1994	3	—	17	7	13	1	14	5	8	242
1995	4	—	17	1	19	1	16	3	8	242
1996	4	—	11	4	11	1	11	3	8	242
1997	3	—	17	7	13	1	14	5	8	242
1998	5	—	20	3	22	6	16	3	11	242
1999	5	—	19	3	21	6	15	3	16	241
2000	5	—	19	3	21	10	11	3	16	241
2001	4	—	19	2	21	13	7	3	16	241
2002	2	—	19	5	16	8	13	—	16	241
2003	3	—	19	5	17	9	13	—	16	241
2004	3	—	19	5	17	9	13	—	16	121
2005	3	—	19	5	17	9	12	—	16	121
2006	4	—	19	4	19	12	11	—	16	121
2007	4	—	19	4	19	13	10	—	16	121
2008	5	—	19	4	20	15	9	—	16	121
2009	4	—	10	2	12	6	5	—	27	121
2010	5	—	10	3	12	6	5	—	27	121
2011	3	—	19	5	17	6	5	—	27	121
2012	3	—	19	5	17	6	5	—	27	121
2013	3	—	19	5	17	6	5	—	27	121

第二节 代表大会

1988~2013 年，全县共召开 5 次妇女代表大会。

第六次妇女代表大会

1990 年 1 月 8~10 日，县第六次妇女代表大会在县城举行。出席大会的代表 158 名。大会听取和审查县妇女联合会第五届执行委员会工作报告；选举产生平塘县妇女联合会第六届执行委员会。大会审查通过第五届执行委员会工作报告；选举产生由 19 人组成的县妇联第六届执行委员会以及由 5 人组成的第六届执行委员会常务委员会，杨德莲为主任。

第七次妇女代表大会

1997 年 7 月 29~30 日，县第七次妇女代表大会在县城召开。出席大会的正式代表 123 人，特邀代表 7 人，列席代表 6 人。大会听取和审查县妇女联合会第六届执行委员会工作报告；选举产生县妇女联合会第七届执行委员会。大会审查通过第六届执行委员会工作报告；选举产生由 17 人组成的县妇联第八届执行委员会以及由 7 人组成的第七届执行委员会常务委员会，刘元兰为主席，索绍珍为副主席。

第八次妇女代表大会

2002 年 11 月 21~22 日，县第八次妇女代表大会在县城召开。出席大会的正式代表 121 人，特邀代表 8 人，列席人员 6 人。大会听取和审查县妇女联合会第七届执行委员会工作报告；选举产生县妇女联合会第八届执行委员会。大会审查通过第七届执行委员会工作报告；选举产生由 17 人组成的县妇联第八届执行委员会，以及由 5 人组成的第八届执行委员会常务委员会，李广梅为主席，陆泽芬为副主席。

第九次妇女代表大会

2008 年 4 月 26~28 日，县第八次妇女代表大会在县城召开。出席大会正式代表 123 名。大会听取和审查县妇女联合会第八届执行委员会工作报告；选举产生县妇女联合会第九届执行委员会。选举产生由 17 人组成的县妇联第九届执行委员会以及由 7 人组成的第九届执行委员会常务委员会，杨萍为主席，陆泽芬为副主席。

第十次妇女代表大会

2013 年 6 月 17 日，县第十次妇女代表大会召开，出席会议代表 117 名。大会听取和审查了县妇女联合会第九届执行委员会工作报告，选举产生第十届执行委员会常务委员会，吴传丽为主席，苏美为副主席。

第三节　妇女工作

“三八”妇女节活动

1988 年后，各级妇联在“三八”妇女节期间，均举办座谈会和组织文体活动，并对各级先进妇女组织及优秀妇女进行表彰。1988 年，共评选出“三八”红旗手 127 名、“三八”红旗单位 8 个、“五好家庭”127 户。

1993 年，成立节日活动领导小组，召开座谈会。在县城举办老年门球、接力赛跑、拔河、跳棋、跳绳等活动，近千名妇女参加活动。1997 年“三八”妇女节，县妇联在县城开展庆“三八”迎“回归”系列文体活动，并表彰一批“三八”红旗手、红旗集体和“五好”家庭。1998 年后，县妇联每年在“三八”妇女节都举行各族各界参加的座谈会，县委、县人大、县政府、县政协有关领导出席会议。2005 年 3 月 7 日，“三八”妇女节到来前，县妇联到平湖镇湾河走访慰问困难妇女。是年，县环卫所职工陆美被全国妇联评为全国“三八”红旗手。2010 年“三八”妇女节，承办全州“三八维权周·春风送岗位”大型宣传活动，现场慰问 15 户贫困母亲和 20 名留守儿童，发放慰问金 4500 元。2011 年后，在“三八”节期间开展慰问离职的村妇代会主任、贫困家庭妇女，举办妇女干部座谈会等活动。

2013 年，借助“三八”维权周，通过赶场天设立宣传咨询点，向广大群众宣传《中华人民共和国婚姻法》《中华人民共和国妇女权益保障法》《中华人民共和国未成年人保护法》，共发放宣传资料 15000 余份。

少儿工作

1988 年 5 月，县妇联把县机关幼儿园和西关、通州、摆茹幼儿园移交县教育局统一管理。1991 年，县教育局制定《平塘县幼儿园、学前班常规管理考核评分细则》，对全县幼儿园、学前班进行登记、注册。1995 年后，各乡（镇）幼儿园统一划归乡（镇）教育站管理，学前班统一由所在学校管理。1999 年，实施《九十年代平塘县儿童发展纲要》，利用赶场天开展优生优育、优教咨询，动员适龄儿童入学等活动，推进少数民族地区“双语”教学等。2002 年，县少儿工委和县教育局联合开展“2008 我的家”少儿征文活动，是年在平湖地区举行庆“六一”少儿文艺汇演。2007 年，开展“做一天爱心妈妈、做一天爱心爸爸”活动，动员农村留守儿童家长（父母）参加儿童节活动。2008 年，举行“庆六一、迎奥运、献爱心”活动，为四川地震灾区的儿童募集善款 2 万余元，并对 236 位“优秀保教员”、232 位“优秀家长”和 579 位“好孩子”进行表彰。

2010 年，“六一”节活动期间，在 10 个乡镇、48 所学校开展“做一件礼物感恩父母”活动，4000 名少年儿童参加活动。2011 年，组织平湖一小、卡蒲毛南族小学 15 名少数民族女童参加“贵州·深圳手拉手夏令营”活动。2012 年，在平湖一小创建“留守儿童”之家，开通留守儿童与务工父母热线电话。是年“六一”儿童节期间，在平湖二小开展“心向党，跟党走”“祖国好，家乡美”活动。

2013 年“六一”节期间，县妇儿工委办公室、县妇联干部深入甘寨、四寨、新塘等学校慰问留守儿童、孤残儿童、单亲家庭儿童，小学、幼儿园，并赠送价值 2 万余元的篮球、书包等文体用品和器材。

“双学双比”活动

1989 年，成立“平塘县‘双学双比’活动协调领导小组”，在全县开展“双学双比”（学文化、学技术，比成绩、比贡献）活动。是年，在摆茹乡开展试点，培训油菜种植人员 34 人。开设文化学习班 1 个，有妇女学员 16 人。

1991 年，建成县、区、乡三级“双学双比”联系点 65 个 342 户，活动竞赛小组 46 个。1992 年，举办妇女农业实用技术培训班 184 期，参训妇女 1.2 万余人。1994 年，卡蒲毛南族乡摆卡村妇代会主任张伯英，被全国农村妇女“双学双比”竞赛活动小组授予“全国先进女能手”称号。1995 年，举办妇女农业实用技术培训班 55 期，参训 19790 人，有近 6 万名农村妇女掌握 1~2 门农业实用技术。2000 年 7 月，县妇联会同县农工委在西凉乡举办养殖“绿色证书”培训班，参加培训的妇女 27 名。

2005 年，卡蒲毛南族乡场河村妇女陆钦鸾被全国妇联评为全国“双学双比”竞赛活动科技致富能手。2009 年，县妇联协调有关部门分别在牙舟镇、掌布镇、苗二河乡、鼠场乡、摆茹镇、者密镇、通州镇、克度镇、塘边镇举办刺绣、油茶、蔬菜、水果等实用技术培训 5 期，参训农村妇女 823 人。2012 年，在平湖、通州、西凉、卡蒲、大塘等 5 个乡（镇）10 个村开展“优秀妇女之家”创建活动。

2013 年，县妇联与统战部、人社局、民宗局、农技校等单位联合举办培训班 4 期，参训妇女近 300 名。

“巾帼建功”活动

1988 年后，全县“巾帼建功”活动主要通过开展劳动竞赛“双学双比”结合起来，支持和鼓励妇女建功立业。1995 年，各级妇联实施巾帼扶贫、巾帼扫盲、巾帼成才、巾帼文明系列活动，并建立领导干部联系点。

2002 年，县妇联实施“巾帼科技致富工程”，全县妇女参加各项活动达 3.5 万人（次）。2003 年，在县机关设立巾帼文明示范岗。2009 年，建成县级“巾帼示范村”2 个（苗二河乡新寨村、者密镇平河村），开展党建带妇建创建活动。2010 年 9 月，苗二河乡新寨村被全国妇联授予“全国妇联基层组织示范村”称号。开展“巾帼送温暖”春耕生产帮扶慰问活动。妇女致富能手落实贴息贷款创业 118 人。

2011~2013 年，县、乡（镇）妇女联合会通过创建“妇女之家”“优秀妇女之家”“基层维权岗”活动，开展法律维权宣传、农业技术培训；通过落实妇女小额担保信贷扶持广大农村妇女和务工返乡妇女创业，参与农产品基地建设。

维护妇女权益

1988 年，全县各级妇联共收到群众来信 144 件，来访 491 人次。申报案件 535 件，办结 450 件，解救拐卖妇女 19 人。1992 年后，贯彻实施《中华人民共和国妇女权益保障法》《中华人民共和国未成年人保护法》，举办学法培训班。利用逢场天开展法律咨询活动等。

2004 年，开展“禁止使用童工调查”，下发《禁止使用童工通知》150 余份。2006 年，县纪委、县妇联在全县开展家庭助廉教育和廉政文化先进家庭活动，向中共党员家庭发放《家庭助廉教育读本》400 册。

2009 年，各级妇联会同乡（镇）派出所、司法所、综治办开展“平安家庭”创建，开展维护妇女儿童权益宣传活动 32 次，发放宣传资料 1.5 万份。2011 年，分别在平湖、卡蒲、苗二河、牙舟、通州等乡（镇）建成村级“妇女之家”10 个。

2013 年，共接待妇女来信来访 12 起，其中协调处理 10 起、转办 2 起，信访处理率达 100%。

第四章　工商业联合会

平塘县工商业联合会在 1966 年“文化大革命”开始时瘫痪后自然消失。1988 年 6 月，县委成立恢复县工商联筹备领导小组，由县委统战部具体办理筹建工作。是年 10 月 23 日，在县城召开平塘县工商业联合会第四次会员代表大会，选举产生第四届执行委员会 20 名，常务委员会委员 12 名，设主任委员1名、副主任委员2名、秘书长1名，孙其寿为主任委员。1999年后，在各乡镇设立基层商会。2004年，开始建立行业商会。2013年，全县共有14个基层商会。

第一节 机 构

1988年10月，恢复县新一届工商联执委。1993年9月，成立县工商联党组，是年12月，正式成立“贵州省平塘县商会”。1998年10月，选举产生县第七届工商联（商会）执委，设会长1名、副会长5名。

1999年，成立克度、塘边镇商会。2002年成立摆茹、通州、者密镇商会。2004年，成立平里河果蔬商会。

2005年，成立机动三轮车行业商会。2006年，成立平湖镇商会、苗二河果蔬行业商会。2007年，成立牙舟陶瓷行业商会。

2008年，成立平塘县钓鱼协会。组建基层商会支部2个、企业支部1个。

2009年，成立平塘县煤炭行业商会、砖瓦行业商会。2001年11月，县级机构改革，县工商联为参照公务员管理事业单位，核定编制3人，设会长1名、副会长2名。

2013年，县工商联的机构、编制、领导职数保持不变。全县会员总数为674名，其中团体会员14名、个人会员660名。有基层商协会14个。

第二节 代表大会

1988~2013年，县工商联共召开6次代表大会。

第四次代表大会

1988年10月，县工商联第四次会员代表大会召开。出席大会代表93名。会议选举产生工商联第四届执行委员会委员20名、常委12名，孙其寿当选为执行委员会主席，杨培雄为秘书长。

第五次代表大会

1992年9月，县工商联第五次会员代表大会召开。出席大会代表105名。会议听取换届筹备和代表资格审查报告，听取和审议县工商联恢复三年以来的工作报告。选举产生第五届执委29名，常委15名，主任委员、副主任委员、秘书长共5名（兼职3名）。郑松青当选为主任委员，兰志勇为副主任委员兼秘书长。

第六次代表大会

1997年3月，县工商联第六次会员代表大会召开。出席大会代表110名。会议听取和审议第五届县工商联合会执行委员会工作报告，选举产生第六届执委33名、常委17名、会长1名、副会长8名（兼职6名）、秘书长1名。张宝岳当选会长，兰志勇任秘书长。

第七次代表大会

2001年10月，县工商联第七次会员代表大会召开。出席大会代表115名。会议听取和审议第六届县工商联合会执行委员会工作报告，选举产生第七届执委33名、常委17名、会长1名、副会长5名（兼职4名）、秘书长1名。何代兴为会长，兰志勇为兼秘书长。

第八次代表大会

2006年7月，县工商联第八次会员代表大会召开。出席大会代表130人。会议听取和审议第七届县工商联合会执行委员会工作报告，选举产生第八届执委47名、常委23名、会长1名、副会长13名（兼职11名）、秘书长1名。何代兴为会长，洪英任秘书长。

第九次代表大会

2011年8月，县工商联第九次会员代表大会召开。出席大会代表138名。会议听取和审议第八届县工商联合会执行委员会工作报告，选举产生第九届执委51名、常委25名、主席1名、专职副主席2名、兼职副主席10名。何代兴为主席，陆泽辉任秘书长。

第三节　工商联工作

基层商会建设

基层商会也称为分会，为县工商联（商会）下设机构。1999年，成立克度镇、塘边镇商会。2002年，成立摆茹镇、者密镇、通州镇商会。2003年5月和11月，分别召开摆茹镇商会和通州镇商会第一次会员代表大会，选举产生2个分会第一届执行委员会。是年6月，克度镇商会第一届执委任期届满，举行第二次会员代表大会，选举产生第二届执委。2004年5月24日，成立平里河果蔬商会，并召开第一次会员代表大会，选举产生第一届执行委员会。是年，各基层商会均建立会员档案，办理会员证。2005年后，先后成立平塘县机动三轮车同业商会、苗二河乡果蔬行业商会、牙舟陶瓷同业商会、平塘县煤炭行业商会、平塘县砖瓦行业商会。至2013年，全县共有基层商（协）会14个，有会员660名、会长14名、副会长42名、秘书长14名。

商会联谊

1988年12月，县商会代表参加在都匀市召开的黔南州南部五县（市）（三都、荔波、平塘、独山、都匀市）工商联联谊会第一次会议，就五县（市）经济合作定向性问题交换意见，并委托都匀市工商联定期将有关经济业务和技术信息发给各县（市）。

1993年10月，在平塘县举行"黔桂两省（区）七县（市）工商联第四次联谊会，各县（市）工商联交流工作情况和经验。1995年12月，县政府副主席、县委统战部部长柳日新，县工商联（商会）两名副主席参加在广西河池举行的桂黔两省（区）周边县（市）工商联（商会）联谊会。

1997年11月，县工商联（商会）6名副会长应邀出席在广西南舟县举行的"桂黔两省（区）十二县（市）工商联（商会）联谊协作会第八次年会"，就平塘商会工作、工农产品和招商引资项目与参会各县（市）进行交流。

1999年10月，县工商联（商会）组队参加在广西宜州市召开的桂黔两省（区）工商联谊会第十次年会。是年8月，平塘工商大厦建成使用。2001年，县人大常委会副主任王国忠率队出席在广西环江县举行的桂黔两省（区）十四县（市）工商联（商会）联谊会第十二次年会。

2002年11月，黔桂两省（区）十五县（市）工商联联谊会第十三次年会在平塘举行，来自广西壮族自治区河池地区的七县（市）和黔南州八县（市）工商联共160余人出席会议。2004年后，县商会组织举办“商会杯”联谊运动会，并组织开展基层商会的联谊工作。2007年12月，组织部分基层商会赴广西都安县开展联谊交友活动，并考察藤编和山葡萄酒生产企业。2010年，县工商联（商会）组织非公经济人士参加在福泉市举行的黔桂两省（区）工商业联谊会，探讨新时期工商联的工作。之后，县工商联不再举办联谊会。每年均组织执委和基层商会会长、企业主到外县参加黔桂两省（区）工商联联谊会进行学习交流。

融资担保

2002年开始，县工商联（商会）参与全县招商引资工作。通过联谊会、外出考察学习座谈会等，宣传平塘资源优势，推介平塘招商引资项目。2005年8月，县工商联邀请清镇市、织金县和黔南的12个县市商会到平塘进行投资考察，并举行招商引资项目推介会，达成意向性投资项目3个。2006年10月，县政协副主席、县工商联（商会）主席何代贺率招商引资小组在广州市皇家国际饭店举行招商引资洽谈会，签约近亿元。2007年后，参与县招商小分队分赴重庆、遵义、贵阳、广东、深圳、湖南等地开展招商引资工作。

2008年5月，成立平塘县商会非公有制经济融资信用担保公司，为中小微民营企业提供融资信贷担保。2009年11月8日，在重庆召开的世界何氏企业家经济论坛期间，向来自全国各地的220余名企业家及20多家新闻媒体发放平塘县宣传折页、招商指南项目册240余份。是年，与麻江、三都以及广西百色、凤山等县建立友好商会，搭建招商引资平台。2011年，参加平塘县财税及招商引资集团工作，完成招商引资任务1000万元，成功引进牙舟古陶艺术开发有限公司落户卡罗乡。

2013年，县工商联为中小微企业担保贷款76人（次），涉保金额2124万元。

维权服务

1988年后，县工商联（商会）主要通过商会换届、工商联执委（扩大）会议，听取企业、个体工商户代表的意见和建议，及时协调解决有关困难和问题，并通过县政协全体会议委员提案和开展非公有制经济调研，向县委、县人民政府反馈工商户的诉求，切实维护非公有制企业和个体工商户的合法权益。

1994年，成立平塘县发展非公有制经济领导小组，把维护非公有制人士的经济合法权益纳入重要工作内容。1994~2006年，县工商联（商会）先后协调有关部门解决工商个体户、企业（行业）税费纠纷上诉6起，为个体户和企业协调解决问题123人（次）。完成非公有制经济发展、中药材开发、个体私营经济等调查报告。2007年，接待企业、个体工商户来访40人（次）。召开调研协会3次，为县机动三轮车同业商会、牙舟陶商会、县齐雄富毛线厂、龙鑫有色金属冶炼有限责任公司协调解决税费、建设用地和职工生活等。

2009年，组织企业开展对行政管理和公共服务部门满意度评议工作，通过反馈意见、提出建议，协调部门帮助企业解决困难和问题。

2012年，县公安局率先召开“服务经济发展安商护商恳谈会”，首批为11家民营企业实施挂牌保护，并对县内民营经济发展庄重推出“三十二条承诺”。

2013年，县工商联就企业融资、建厂用地、企业注册进行调解，并以社情民意形式，向县委、县政协反映并及时解决企业诉求。

光彩事业

1988～1998年，主要引导和鼓励个体工商户、私营企业捐资捐物，参与地方公益事业。1997年7月28日，在平塘商会大厦奠基仪式上，出席活动的各界工商人士捐资或投资共计14万元。

2000年后，县工商联发起“扶危救济、资教助学、修桥铺路、回馈社会”的倡议，引导和鼓励各界工商人士参与扶贫、救灾救济和慈善行动。2006年7月，非公经济人士在都匀参加联合国慈善大使“成龙·龙子心”黔南慈善行活动，募捐善款2.4万元。2007～2011年，组织非公经济人士为平塘2007年“7·26”洪灾，2008年凝冻灾害、四川汶川大地震，2009～2011年持续旱灾等捐款近100万元。

2012年，实施同心工程，与平塘县安泰石材有限责任公司、平塘县高科技农业（黔台）有限责任公司、贵州牙舟陶瓷开发有限责任公司三家共建单位，在通州、平湖等镇打造“同心工业园”“同心农业园”“同心陶瓷园”，吸收群众就业增收，参与当地扶贫攻坚工作。

2013年12月，县工商联与县“一生一本”信息科技有限公司在平塘县开展捐资助学活动，捐赠320台媒体数码学习机和眼部保健理疗仪，价值16万余元。

第五章　残疾人联合会

平塘县残疾人联合会第一次代表大会于1990年12月16日在县城召开，会议选举产生第一届县残联主席团，设主席1名、副主席6名、理事长1名，业务工作挂靠县民政局。1992年，县人民政府在全县19个乡（镇）分两批建立基层残联组，并先在牙舟镇进行试点工作。1993年，各乡（镇）组建完毕。1997年，县残联换届后正式从县民政局剥离出来作为正科级单位独立办公。

第一节　机　构

1990年12月，县残联正式成立，设主席1名、副主席6名，梁秀荣为第一任理事长。内设办公室在县民政局，核定编制4人，由县民政局代管。1992年开始，全县19个乡（镇）的残联组织分两批建立，平湖、牙舟、通州、甘寨、谷硐3镇2乡为第一批，牙舟镇为试点镇。至1993年11月，各乡（镇）残联组建完毕。

1998年，设立残疾人劳动就业服务所1个。2002年11月，县残联换届后，成立6个残疾人专门协会（盲人协会、聋人协会、肢残人协会、智残人亲友会、精神残疾人亲友会、残疾人体育协会）。在社区设有残疾人专门协会，各村有残疾人工作领导小组。

2013年，县残联内设残疾人劳动就业服务所，撤销残疾人体育协会，保留盲人协会、聋人协会、肢残人协会、智残人亲友会、精神残疾人亲友会。乡（镇）、村（社区、居委会）残疾人工作机构不变。

第二节　代表大会

1990~2013 年，平塘县残疾人联合会共召开 5 次代表大会。

第一次代表大会

1990 年 12 月 16 日，县残联在县城召开第一次代表大会，参会代表 71 人。会议选举产生县残联第一届主席团成员 7 人，其中主席 1 人、副主席 6 人。梁秀荣为县残疾人联合会第一届执行理事会理事长。

第二次代表大会

1997 年 8 月，县残联在县城召开第二次代表大会，97 名代表参会。会议选举产生县残联第二届主席团，胡国栋当选主席，苏大芬、李明尧、熊昌翠（女）、胡国良（苗族）为副主席。苏大芬被任命为县残联第二届理事长。

第三次代表大会

2002 年 11 月，县残联在县城召开第三次代表大会。会议选举产生县残疾人联合会第三届主席团，罗登军当选为主席，桑圣环、虞忠华、刘凤桃为副主席。桑圣环被任命为县残联第三届理事会理事长，刘天莲任理事会副理事长。

2007 年，中国残疾人联合会要求省、州、县按五年换届一次，且必须保持同步同届，故平塘县跳过第四次，直接召开第五次代表大会。

第五次代表大会

2007 年 11 月，县残联在县城召开第五次代表大会。会议选举产生县残联第五届主席团，石蕾当选为主席，桑圣环、刘先俊、王祥军、王秀琼、左龙兴、孙洪强为副主席。桑圣环为县残联第五届理事长，刘天莲为副理事长。

第六次代表大会

2013 年 5 月 23~25 日，县残联在县城召开第六次代表大会。会议选举产生第六届县残联主席团主席，石蕾当选为主席，杨本环、田景汉、李大林、吕玉兰、桑圣环、刘先俊、蒋太芬、张建英为副主席，杨本环为理事长，田景汉为副理事长。

第三节　残疾人工作

残疾人康复

平塘县残疾人康复始于 1991 年，主要康复项目有白内障、小儿麻痹后遗症和聋儿康复等。据调查统计有白内障病人 131 名、小儿麻痹 74 名，治疗白内障 41 例。1992 年 9 月，在平湖二小开办弱智儿童启智班，有弱智儿童10名，开设语文、数学，由平湖二小代管。

1995年，成立“平塘县社区康复站”和“平塘县社区康复领导小组”。

1996年，建成以残疾人家庭为基础，以社区康复为骨干，康复综合服务机构为指导的康复训练服务网络。

1998~2002年，在全县开展低视力助视器恢复和聋儿康复、系统康复、肢体残疾康复训练。假肢装配9人，儿童智力系统康复训练13人，发放残疾人用品用具448件。

2005年，残疾人康复经费纳入县财政预算，是年拨付康复经费1.97万元。

2009年开始，选送肢体残疾人、白内障患者、麻风病人到贵阳、都匀等地医院接受治疗，安装假肢等。

2011年，开展残疾人辅助器具服务。选送治疗白内障40人，验配助听器20人，开展15岁以下智残、脑瘫少年儿童抢救性康复训练6人。

2012年，开展残疾人调查，并把残疾人录入信息系统进行管理。发放残疾人机动车燃油补贴110人。

2013年，建成县残疾人辅助器县服务中心及盲人按摩培训基地。是年，完成白内障复明手术20例，安装假肢4人，验配助听器20人。

就业和培训

1991年，选送2名聋哑人参加黔南州首届理发培训班，结业回乡后办证开理发店。1992年，安排残疾就业1人，扶持自谋职业残疾人31人。1993年，增设牙舟镇卡腊小学聋童教学点。是年，举办复合肥生产职业培训1期，选送参训残疾人13人。推荐残疾民办教师3人、代课教师1人。

1994年后，实施对农村残疾人农业技术培训，并通过小额信贷扶持农村残疾人发展种养业，脱贫致富。县残联先后与县农业局、县农工委、县妇联合作在牙舟镇、卡蒲毛南族乡、甘寨乡、苗二河乡、西凉乡举办油菜育苗移栽、养猪、青苗栽培、烤烟等农技培训。1996年，成立平塘县就业服务所，支持城镇残疾人个体开业，自食其力。1998年，发放残疾人康复贷款100万元，扶持1540名残疾人发展养殖业。

2003年起，加大对残疾人的培养就业力度，落实残疾人就业税费减免政策。2004年，先后选送23名残疾人参加各类培训，并在乡镇举办就业培训4期125人，安排就业65人。2009年，参加省州残联培训班盲人残疾人5人，取得高级盲人按摩师资格证1人、中级1人、初级3人，培训城镇残疾人47人。2010年，5名残疾人参加省州残疾人职业技能竞赛，获全省个人项目和团体项目第三名。

2013年，举办残疾人培训班2期125人，选送参加省残联举办的培训3期4人。

助残活动

1991年，开展“为残疾人每人捐赠1元钱”活动，共为残疾人捐款1.06万元。1993年后，每年5月“助残日”期间，以县机关和各乡（镇）为单位，召开座谈会，学习宣传《中华人民共和国残疾人保障法》，表彰残疾人先进代表，组织助残捐资，走访慰问困难残疾人等。

2003年5月，县残联会同县团委在县城举行平塘县千名志愿者“一助一”助残签字仪式，222名青年志愿者参加活动，之后，助残志愿者在“助残日”期间，帮助残疾人清扫庭院，负责为残疾学生开展家教，帮助困难残疾人家庭解决子女入学和生产生活等困难。2009年5月，县残联开展以“关爱残疾孩子，关注特殊教育”为主题的助残活动，走访慰问独山、贵定特殊学校和贵定第三幼儿园平塘籍22名残疾学生和幼童，共发放慰问金2200元。2010~2012年，县残联先后走访慰问鼠场、白龙、者密、甘寨、卡蒲、平湖等乡（镇）残疾人贫困户 102 户，发放慰问金 1.69 万元、大米 1050 斤、棉被 23 床，实施残疾人危房改造 12 户，发放补助金 7.2 万元。

2013 年，实施残疾人家庭无障碍工作 10 户，残疾人危房改造 16 户，申报平塘县残疾人扶贫基地 10 个，在 5 月“助残日”期间，县残联走访慰问新塘乡新塘小学、水沟小学和新塘乡幼儿园残疾学生和幼童。

维护权益

1991 年，贯彻落实《中华人民共和国残疾人保障法》，通过召开学法座谈会，发放宣传小册子，组织学校师生以赶场上街宣传等形式开展宣传活动。是年，立案调查苗二河乡侮辱聋哑人案件 1 起。

1993 年 5 月，县人民政府印发《关于对我县残疾人劳动就业医疗保健等实施优惠的规定》，对残疾人就业、医疗实行优惠政策。

1997 年，县人民政府出台城镇残疾人就业方案，按照机关职工总数的 1.5%吸收城镇残疾人就业。2003 年后，开展残疾人信访和法律援助工作。2004 年，县残联把每月 15 日和 30 日定为理事长信访接待日，是年共接待残疾人来信来访 8 件（次），平湖法律援助站为残疾人调解非诉讼案件 12 件。

2005 年开始，开展“扶残维权”行动，从收取的残疾人保障金中划出工作经费保证工作正常化、制度化。2007 年，摆茹镇司法所被推荐为“全省残疾人维权示范岗”。2009 年，颁发第二代中华人民共和国残疾人证 533 本。2011 年，县残联与县职业中学、县松花皮蛋有限公司联合举办农村残疾人实用技术培训班 4 期 96 人，城镇残疾人职业技能培训班 1 期 50 人。

2013 年，选送县内三类残疾儿童到都匀、贵定、独山等县（市）特殊教育学校入学，开展残疾人按摩、美容美发、果蔬栽培等技术培训，并通过助残日、爱眼日、爱目日等残疾人节日，对麻风病、自闭症和聋、哑、盲残疾人权益保障进行宣传。

文体活动

1988 年后，县残联除结合各种节日纪念活动，组织残疾人参加各类文体活动外，根据省州残联安排，组织残疾人参加专门的残疾人体育竞赛。

1991~1992 年，先后组建代表队参加黔南州首届残疾人田径运动会和首届残疾人棋类比赛。2005 年，开展县内残疾人运动员摸底调查，筛选上报特奥（全国特殊奥林匹克运动会）运动员 28 名。是年，组织残疾人代表队参加在福泉市举行的黔南州第四届残疾人文艺调演。2006 年，选送参加第三届贵州省残疾人运动会的残疾人运动员贺赐均获 46 公斤级男子田径项目 2 块银牌，打破平塘县残疾人在残运会无缘奖牌的记录。2009 年，在黔南州第五届残疾人文艺会演上，平塘选送的残疾人歌手石玉兰演唱的《盲童》获声乐类银奖。2010 年，选送参加省残联代表队赴福建参加第五届全国特奥运动会的平塘残疾人运动员张祯获 200 米蛙泳金牌和 100 米蛙泳、4×50 米接力赛、50 米自由泳 3 块银牌。2012 年，在贵州省残疾人田径锦标赛上，平塘残疾人运动员张朝伟获男子肢残组 T/F44，100 米、200 米和 400 米 3 块单项金牌，并分别打破这 3 项省残运会记录。

2013 年，在马来西亚吉隆坡举行的亚洲青年残疾人运动会上，平塘选送的残疾人运动员杨秋霞获羽毛球女子单打亚军。在全国第八届残疾人艺术节（甘肃赛区）上，平塘选送代表黔南州代表队表演的残疾人歌手吕玉兰演唱的《绕家大歌》获二等奖。是年，平塘共筛选出各类残疾人运动员 9 名。

1991～2013 年平塘县残疾人康复情况统计表

表 7-4

年份	白内障复明手术（例）	低视康复（人）	聋哑儿康复训练（人）	聋儿语言训练（人）	聋儿家长训练（人）	系统康复训练（人）	假肢装配（人）	肢残康复训练（人）	残疾人用品用具（件）	智力系统康复训练（人）	麻风畸残矫治手术（例）	装配防护辅助用具（例）	康复训练装配（例）	肢体矫正手术（例）
1991	41	—	33	—	—	—	—	—	—	—	—	—	—	—
1992	176	—	—	—	—	—	—	—	—	—	—	—	—	—
1993	96	—	9	—	—	—	—	—	—	12	—	—	—	—
1994	73	2	2	—	—	—	—	—	—	4	—	—	—	—
1995	48	3	3	—	—	—	—	—	—	5	—	—	—	—
1996	45	1	3	—	—	—	—	5	—	1	—	—	—	—
1997	50	—	1	—	—	—	—	6	—	—	—	—	—	—
1998	45	1	2	—	2	6	3	4	135	2	—	—	—	—
1999	49	1	2	3	—	—	—	—	—	2	—	—	—	—
2000	50	—	—	—	1	6	—	3	—	1	1	1	1	—
2001	50	—	—	2	—	—	—	3	—	1	—	—	1	—
2002	48	—	—	4	—	—	3	3	—	1	—	—	1	—
2003	58	3	—	—	—	4	—	3	—	2	—	—	8	—
2004	66	3	6	3	—	4	3	1	—	8	—	2	—	—
2005	—	3	6	—	6	6	3	—	—	—	—	—	1	—
2006	94	3	—	1	—	—	8	3	—	8	—	—	—	—
2007	—	—	—	—	—	—	—	—	—	3	—	—	—	—
2008	78	8	—	—	—	—	8	8	—	3	—	—	5	—
2009	15	3	3	6	6	—	4	5	—	9	—	—	—	—
2010	24	3	1		2	—	4	4	—	—	—	—	—	5
2011	40	3	2	2		—	1	4	12	6	—	—	—	—
2012	40	—	—	—	—	—	4	—	—	—	—	—	—	—
2013	20	—	—	—	—	1	4	—	20	—	—	—	—	2
合计	677	31	22	21	17	27	45	47	167	46	1	3	17	7

第六章　科学技术协会

平塘县科学技术协会成立于 1980 年 8 月，是科技群众团体组织，履行全县科学技术的普及推广职能，承担科普类学会、协会的联络、管理、指导工作，组织协调综合性、多学科的学术交流活动，制定全县科普工作发展规划等工作。1988~1994 年，实施“良种良法”技术栽培，引进和推广水稻两段育秧、玉米地膜覆盖技术。1995 年，推广烤烟红外线烘烤技术。1999 年，推广稻田多熟制和菜—稻—菜轮作以及烤烟套种。2005 年，实施油菜免耕技术，开始在全县以村为单位创建科普示范基地。至 2013 年，全县共建成优质四月桃、杨梅、火龙果、早熟蔬菜和大闸蟹科技示范基地各 1 个。

第一节 机 构

1988 年，县科学技术协会（简称县科协）下属学会有中华医学会平塘分会、县农学会、县林学会、县教育学会、县水电学会、县畜牧水产会、县果蔬研究会 7 个县级学会，会员 616 人。全县 7 区 1 镇及 39 个乡（镇）共有科普协会 47 个，会员 2054 人。

1991 年建并撤后，机构人员变动，协会自然撤销。1997 年，县科协共有会员 638 人。2011 年，县级机构改革，核定县科协编制 3 人，设主席 1 名、副主席 1 名。

2005 年，19 个乡（镇）分别成立乡（镇）科学技术协会，协会主席由乡（镇）副职领导兼任，每个乡（镇）有 1 名兼职工作人员。2009 年，县科协所属学会（协会）组织有 3 个（教育学会、医学会、畜牧学会），农村专业技术协会 2 个（苗二河乡新寨村果蔬协会和通州镇平里河果蔬协会）。2010 年，农村专业技术协会增加到 33 个。

2011 年，增设平塘县科学技术普及服务中心。是年，农村专业技术协会增加到 35 个。

2013 年，县科协所属学会 3 个，农村专业技术协会 35 个。

第二节 代表大会

1988~2013 年，平塘县科学技术协会共召开 3 次代表大会，即第二、三、四次代表大会。第一次代表大会于 1980 年 8 月召开。

第二次代表大会

1989 年 1 月，县科协召开第二次会员代表大会。出席代表 85 人，选举产生委员 25 人。王佐培当选为主席，万远华、杨正西、龚德凤为副主席。

第三次代表大会

2005 年 5 月 10~11 日，县科协召开第三次代表大会。出席代表 93 人，选举产生科协委员 19 名，科协常委 9 名。刘志坤当选第三届科协主席，邸桂芳、王仲华、郑周红为副主席。

第四次代表大会

2013 年 6 月 19 日，县科协召开第四次代表大会。县级学会、县直部门和各乡镇、基层农村协会推举出席本次代表大会正式代表 96 名。选举产生县科协第四届委员会委员 23 名和科协常委 9 名。郑华玉当选主席，刘凤桃、王仲华、孙亚平为副主席。

第三节 科普工作

科普宣传

1988年后，主要通过乡场“科技日”“科普周”“全国科普日”等，开展科技咨询服务，举办科普展览，进行科普宣传。

1998年开始，参与科技、文化、卫生“三下乡”活动，开展农村实用技术咨询和普及宣传。发放种养业资料1.8万份，农业科技册子3000册。2003年12月，在县城休闲广场修建10米长科普橱窗，利用远程终端设备开展科普教育。2006年，开展科普进农村、进社区、进学校活动。深入乡镇开展科普文艺演出，组织科普大篷车进校园。2007年10月，建成平塘县气象科普教育基地，建成平湖玉池社区、卡蒲毛南族乡科普图书馆。2009年，实施《全民科学素质行动计划纲要》，通过“科普服务一条街”“科技下乡”活动、举办科普现场展示、发放科普手册、文艺演出等方式开展科普宣传活动。

2013年，第十五届中国科协年会在平塘举行，县科协会同县委宣传部、县发改局、县文体广电旅游局、县教育局、县科技局等单位，先后协助组织天文射电望远镜与地方发展论坛、“平塘星”命名仪式、北京天文馆科普大篷车巡展、科普展览等系列活动，展出科普展品200余件，发放科普宣传资料8000余份（册），接受咨询2500余人（次）。

科技推广

1988年后，采取建示范基地、办示范点的方式，开展科普推广活动。先后引进和推广水稻温室两段育秧、半旱式轮作栽培；包谷地膜覆盖栽培，营养袋（块）育苗定向栽培；旱地分带轮作，油菜育苗移栽和飞机固定地标宽幅造林等。至1992年，全县共建水稻温室14110个，实施水稻半旱式轮作栽培1.8万亩，油菜育苗移栽4.66万亩。

1994年，在平湖镇回龙村三棵树进行纸质地膜试验，推广紧凑型玉米营养袋育苗移栽0.58万亩。1995年，在牙舟镇白云村建成远红外线烤房20多个。年末，全县共建远红外线烤房600多个。1999年，在平湖、苗二河、白龙、摆茹、甘寨、克度、塘边、通州8个乡镇推广稻田高产高效及多熟制技术，实施菜—稻—菜种植模式2.18万亩。2000年，推广麦烟套种和麦包套种1.2万亩。2005年，推广油菜免耕新技术示范栽培3.04万亩，建成优质法国细刀豆生产基地2500余亩。2006年，在掌布乡开花寨实施50亩优质核桃高产栽培示范项目和在平湖镇双桥村实施150亩美国提子高产栽培示范项目。2011年，推广“两杂良种”133个品种（其中水稻良种64个、玉米良种69个）。完成新品种试验2组，参试品种22个；引种试验2个，品种44个；承担水稻制种试验1个。推广杂交猪14.58万头，其中三元杂交猪9.8万头。推广良种禽45.5万羽，推广良种蜂800箱。

2013年，与宁夏银川心连心葡萄服务有限公司开展技术交流与合作，引进新品种、新技术和先进的葡萄种植管理经验及经营模式，创建平塘优质高产葡萄示范基地和葡萄种植培训基地。推广新技术11项，引进新品种11个，主要有大鲵养殖、大闸蟹养殖、中药材种植、特色林木种植、红心蜜柚种植、野生葡萄高产培育种植等。是年，全县科技进步贡献率近40.6%。

科技扶贫

1958年起，县科协以推广新技术、新品种入手，通过举办科技示范点，建设农业生产基地。1988

~1992年，县科协会同县涉农部门共培训农村各类科技人员1624期12.15万人。

1993年，县科协在平里河、牙舟、克度、鼠场、者密、西凉等地建立科普网点，开展农业技术培训，推广良种良法等。提供蔬菜及其他优良品种种植面积达5350亩。

1995年，在塘边的新龙、新洪、清河、旁同等村组织88户农民试种早熟辣椒和黄瓜共75亩。

1997年，县科技局组建“平塘县科技开发有限责任公司”，利用扶贫资金开发“猕猴桃基地”“烤烟远红外线涂料生产”“高效酒曲生产”“酿酒养猪技术研究”“精白红薯粉丝生产”等。

1998~2002年，县科协联合县科技局会同县涉农部门先后在各乡（镇）村开展杂交水稻、杂交玉米、杂交油菜移栽技术，蔬菜、烤烟等科学种植技术，梨子、板栗、核桃栽培与修剪技术，沼气池施工技术，以及农药科学使用方法和牲畜防病技术等农业生产技术培训。共计培训2346人，发放农业实用技术资料6584份，颁发“绿色证书”516份。县科协先后在大塘镇胜安村、新塘乡民联村实施杂交玉米定向移栽配方施肥科技扶贫项目223.7亩。

2005年起，把创建村级科普示范户和示范基地列入科协“十一五”规划。是年，在苗二河乡新寨村建成首个科普示范基地，培育了10户科普示范户。2008年，县科协配合县有关部门先后在四寨、谷硐、卡蒲、苗二河等乡镇开展灾后重建工作，帮助受凝冻灾害的农户提供生产资金和技术支持。

2010~2012年，以创办科普示范县为平台，整合涉农资金扶持示范基地乡镇农户实施优质高产种养殖业。至2013年，先后在新寨、平里河、甲茶、新舟建成优质四月桃、早菜、火龙果、大闸蟹种养殖业基地。

青少年科普教育

1988~1990年，县科协与县教育学会先后举办中小学生车模、船模和弹射飞机模型比赛。1994年，县教育学会、教研室组织中小学生开展“我爱祖国海疆”航模竞赛活动3次，从中选出5名选手组队参加全省同类竞赛，获团体总分第二名。选送1名选手参加全国在青岛举办的航模竞赛。荣获国家教委、体委等五部委颁发的组织奖。2001年，县科协、县委宣传部、县科技局、团县委等8个单位举办全县青少年科普知识竞赛活动，共300名学生参加活动。

2004年后，县科协向学校青少年开展科技与国防、科技与教育的现代科技知识课。

2005年，将创建村级科普示范基地、示范户工作列入县科协“十一五”规划之后，县科技以创建农业科普示范基地为平台，联合县有关部门通过举办农业科技培训班，开展专家现场技术指导，建立农业专业合作社等，提高农民科技种植水平，促进增收脱贫致富。

2008年4月，成立平湖三小红领巾气象观测站，县气象局赠送百叶箱等观测器材。2009年，各学校组织全国第二十四届青少年科技创新大赛，共选送参赛作品32件。2011年，在黔南州第九届青少年科技创新大赛上，平塘选送的科幻画获二等奖1个，创新实践作品获二等奖1个。

2013年，在全县中小学开设科技课，建立科技兴趣小组。

科普示范县创建活动

2005年，开始科普示范创建活动，把开展创建村级科普示范基地、示范户工作纳入县科协“十一五”规划。是年10月25日，全县首家村级科普示范基地、10户科普示范户在苗二河乡新寨村举行挂牌仪式。到2009年，全县共创建10个村级科普示范基地、100户科普示范户。

2010年，创建青少年气象科普教育基地、苗二河乡新寨村桃园科普示范基地。2011年，平湖双桥村精品葡萄种植基地被命名为平塘县农村科普示范基地。是年，示范基地负责人李瑞珍被中国科协、财政部表彰为“科普惠农兴村”带头人。2012年，建成苗二河万亩桃园基地、平里河早春果蔬基地、摆茹镇甲茶火龙果试验示范基地、平湖镇大闸蟹养殖基地、平湖镇万亩杨梅种植基地。

2013 年，开展“科普示范乡（镇）”“科普示范村（社区）”“科普示范户”“科普示范家庭”“科普示范基地”“科普特色学校”等申报创建和评选命名挂牌活动。苗二河乡新寨村被命名为县级“科普示范村”，平湖镇玉池社区被命名为县级“科普示范社区”，县思语花卉种植有限公司玫瑰花种植基地被命名为县级“科普示范基地”。全县县级“科普示范户”303 户，县级“科普示范家庭”32 个。是年 8 月，平塘县通过中国科协“全国科普示范县（2011~2015）”中期评估检查验收。

第七章　文学艺术界联合会

平塘县文学艺术界联合会（简称县文联）成立于 1999 年 7 月 9 日，为正科级机构。设文联主席 1 人、副主席 3 人、秘书长 1 人。下设文学戏剧家协会、美术书法家协会、音乐舞蹈家协会、摄影家协会、诗词楹联学会、民间文艺家协会等 6 个学（协）会，各学（协）会负责人均属社会兼职，共有会员 285 人。

第一节　机　构

1988 年至 1999 年 7 月前，全县文学艺术工作由县文化局负责。1999 年 7 月，县文联成立，与县文化局实行“两块牌子、一套人员”的办公体制。

2001 年 11 月，县级机构改革，县文化局并入县广播电视局，组建为县文体广播电视局（简称县文体广电局），县文联挂靠县文体广电局。

2002 年 9 月，县文联从县文体广播电视局分离出来独立办公，核定编制 3 人。2004 年，成立诗词楹联协会、民间艺术家协会。2012 年，新增工艺美术家协会 1 个。

2013 年，县文联下设文学戏剧家协会、美术书法家协会、音乐舞蹈家协会、摄影家协会、诗词楹联学会、民间文艺家协会、工艺美术家协会 7 个协（学）会，共有会员 356 人。

第二节　代表大会

1999~2013 年，县文联共召开 3 次代表大会。

第一次代表大会

1999 年 7 月 9 日，县文联在县城召开第一次代表大会。出席大会代表共 50 人。会议介绍平塘县文学艺术界联合会筹备情况，讨论通过《平塘县文学艺术界联合会章程》，选举产生县文联第一届委员会委员 13 名。翟小苏当选县文联主席，杨邦贤、孟祥华、孟学祥为副主席，孟祥华为秘书长。

第二次代表大会

2004 年 12 月，县文联在县城召开第二次代表大会。出席大会的正式代表、特邀代表共 64 人。会议听取和审议县文联第一届委员会所作的工作报告，审议并通过修改《平塘县文学艺术界联合会章程》，选举产生县文联第二届委员会委员 13 名。翟小苏当选县文联主席，孟祥华、黄兴义、雷远方当选为副主席，孟祥华为秘书长。

第三次代表大会

2009 年 12 月 28~29 日，县文联在县城召开第三次代表大会。出席会议的正式代表 90 人。审议通过修改的《平塘县文学艺术界联合会章程》，选举产生县文联第三届委员会委员 19 名。孟祥华当选为县文联主席，徐先文、黄兴义为副主席，雷远方为秘书长。

第三节　文学艺术工作

文艺指导

20 世纪 90 年代后，平塘民间文艺工作迅速发展，群众性艺术创作更加丰富。1998 年，布依族舞蹈《粑棒乐》在贵州省第四届农民运动会上获表演二等奖。

1999 年 9 月，县文联成立后，与县文化局联合以创建州级文化先进县为目标，恢复县民族文工队，创建六硐（河头）毛南族文化村，并建成一支 22 人的民族表演队，12 月在六硐河头村举行“篝火晚会”。2002 年春节，“第一届平塘平湖地区农村村寨文艺调演”在县城举行，共有 11 个村 300 多名文艺爱好者参加演出。是年，县文联文学戏剧家协会、音乐舞蹈家协会指导举办广场文化活动 61 场（次）。2005 年，县文联先后承办和协办“黄果树”杯首届“多彩贵州”歌唱大赛，平塘“金穗”选拔赛和协助掌布乡举办首届布依族“桥歌节”。

2006 年，大型山水实景剧《玉水不夜天》公演，县文联参与策划“贵州·平塘全民健身周龙舟赛活动”。2007 年，举办多彩贵州舞蹈大赛平塘选拔赛。2009 年，参与举办“2009 年中国·平塘国际障碍极限单车锦标赛颁奖文艺晚会”、“多彩贵州”舞蹈大赛平塘赛区电视舞蹈新人选拔赛、民族民间原生态舞蹈选拔赛、“平塘县建国 60 周年美术书法摄影作品展”等。2010 年，在新塘乡挂牌成立县文联首个文艺创作基地。举办了以“践行宗旨、民生至上、众志成城、抗击大旱”为主题的抗旱防火救灾专题图片展。

2012 年，在白龙乡挂牌建立黔南州作家协会、黔南州诗词楹联学会、黔南州摄影家协会、黔南州书法家创作基地。

2013 年，举办中国·平塘“玉水金盆”夜色美摄影比赛，开展“信合杯”“最美劳动者”和“读一本好书”征文比赛、职工书画摄影作品比赛、“劳动者之声”职工诗歌朗诵比赛等活动。举行第二届“信合杯”中小学生《我的贵州·中国梦》征文大赛暨颁奖晚会。

文学创作

1999 年，县文联成立后，县文学戏剧家协会、诗词楹联学会会员先后在《贵州时报》《黔南日报》《贵州民族报》《夜郎文学》《安徽文学》《诗刊》《中国民族》《杂文报》等省内外刊物发表大量的文学作品。2003 年，孟学祥小说集《山路不到头》获贵州省文联“青年文艺人才”培养工程首届招标中标作品。2005 年后，文学戏剧协会作家先后在《玉水河》刊发小说、诗歌、散文等作品。2008 年起，先后编辑出版《诗画白龙》《避暑古镇大塘》《神奇掌布》《地球天眼翱苍穹》《中国毛南第一乡——卡蒲》《歌声吸引人的地方》《魅力平塘》《贵州毛南族》等一批书籍。

2012~2013 年，陈德根的散文诗《记忆及其他（组章）》《赞美（三章）》《夏日》入选《2012 中国散文诗年选》，诗歌《郊区》入选《2012 中国诗歌年选》和《中国年度优秀散文诗·2012 卷》。出版诗集《野草》《家族简史》。雷远方的散文《情到深处泪自流》和李友华的散文《走进三月的美丽》获 2012 年第二届全国文学征文大赛一等奖和 2013 年华文杂志社“最佳散文奖”。

文艺创作

1999 年，翟小苏编导的《粑棒乐》在全国第六届民族体育运动会拉萨分赛场表演上再获首席银牌奖。孟祥华编导的舞蹈《十五观灯》获 1999 年 8 月黔南州首届“好花红”艺术节表演三等奖。2003 年，杨相琪创作的歌曲《平塘是个好地方》被中央电视台拍摄平塘风情片收录使用；宋珂的舞蹈《堆公蛮》获贵州省舞蹈新作品展演三等奖、多彩贵州大赛教工委选拔赛一等奖。2004 年，共创作作品 307 个，其中，音乐舞蹈 27 个，诗词楹联 204 首（幅），获省级奖 3 个。2009 年，杨炳海摄影作品《玉水金盆》获得壮丽中华新中国成立 60 周年金奖。2010 年，县摄影家协会举办主题为“践行宗旨、民生至上、众志成城、抗击大旱”抗旱防火救灾专题摄影图片展，共展出反映各级各界抗旱救灾图片 250 幅。2011 年，县文联被省文联评为 2010 年度先进集体。2012 年，张禄麒的陶瓷作品《特小酒樽》获 2012 年多彩贵州旅游商品两赛一会设计大赛专项设计类一等奖、第二届中国非物质文化遗产博览会银奖，钟成雄的陶瓷作品《十二生肖》获省陶瓷设计艺术作品展金奖。2013 年，孙其智的作品《楹联》在“东方美”全国诗联书画大赛中荣获金奖，舞蹈《心火燎原》《女儿飞》获第六届全国“校园之星”两岸三地青少年艺术展演活动一等奖。

文学刊物

《玉水河》创刊于 2005 年，为县文联文学戏剧家协会自办文学刊物，雷远方任执行主编，设有“小说天地”“散文之窗”“特别报道”“诗海拾贝”“民族风情”“农村说唱”“玉水杂谈”“校园风”等栏目，中国著名作家、中国作协副主席叶辛题写刊名，是年出版 1 期。2006 年，编辑出版经费列入县财政预算，是年出版 4 期，每期印刷 1000 册，刊发小说 10 篇、散文 104 篇、诗歌 80 首、散文诗 25 首、摄影作品 98 篇、书法作品 15 幅、绘画作品 3 幅、歌曲 2 首、曲艺 1 篇。2007 年，县文联与县委宣传部创办的《平塘宣传》整合，仍以《玉水河》为刊名，办成综合性刊物，由县委宣传部主办，是年出版 1 期。2008 年后为季刊，每年出版 4 期。

《平塘作家》2007 年创刊，为县文联文学戏剧协会自办文学年刊。雷远方任主编，设有“小说风生”“平塘探秘”“情爱深处”“校园来风”“玉水夜话”“诗山撷英”“华夏游踪”“散文诗苑”“戏曲艺苑”等栏目，以刊发平塘籍作家和平塘元素的稿件为主，每期印刷 1000 册。2007~2013 年，共出版 7 卷，刊发各类文学作品 150 多万字。

《金盆诗藻》创刊于 2005 年，为县文联诗词楹联协会自办年刊。每年编辑出版 1 期，每期刊发诗词 500 余首。

第八篇

武装　法治

第一章 军 事

1988年，县内军事机构有县、乡（镇）人民武装部和驻军。驻军有武警平塘县中队、武警平塘县消防大队、都匀预备役师三团二营。县人民武装部和县内驻军在开展战备执勤、军事训练的同时，在抢险救灾、扶贫济困、维护稳定、拥政爱民和社会主义新农村建设等方面做了大量工作。1996年4月，县人民武装部改地方建制为军队建制后，多次受到上级表彰。1998年，被贵州省军区评为“民兵武器装备管理先进单位”。2009年，被省军区评为“全面建设团级先进单位”。2010年，被省军区评为“安全稳定工作先进单位”。2011年，被都匀军分区定为正规化建设试点。2012年，被省人力资源和社会保障厅、省军区评为“民兵工作先进单位”。2013年，在黔南州民族团结进步创建活动中被州委、州人民政府评为“示范军营”。

第一节 机 构

1986年6月3日，县人民武装部改为地方建制，内设办公室、军事科和政工科。设部长、政委各1名。全县7个区、1个区级镇（平湖镇），38个乡、1个乡级镇（通州镇）均设有人民武装部（简称人武部），配专职人武部部长。1991年，建并撤后，全县19个乡（镇）均设人武部并配部长或副部长1名。1996年4月，县人武部回收军队建制，改称中国人民解放军贵州省平塘县人民武装部，隶属都匀军分区，同时是县委、县人民政府的军事工作部门。地方党委书记兼任县人武部党委书记，县武装部长或政委为地方党委常委会委员。内设军事、政工和后勤3科。至2013年，内设机构不变。

第二节 驻 军

预备役部队

1983年，都匀军分区在独山、平塘、荔波3县组建昆明军区预备役第四师第十二团，平塘编为十二团二营，胡国栋任营长，韦振生任政治委员。1984年，昆明军区预备役第四师改称都匀陆军预备役师后，原十二团调整为三团，平塘修编为二营，营长仍为胡国栋，政治委员改为冯兴文。1988年7月，营长改为现役军人王文富担任，政治委员改为县人武部政工科副科长杨再辉担任。

2005年8月，贵州省军区在平塘组建贵州预备役步兵师二团三营八连和九连，八连连部设在平湖镇，九连连部设在牙舟镇。八、九连分别有官兵105人，其中军官8人、士兵97人。之后，每年对复退军人和进入年龄段符合条件的青年进行预编补充，对超龄的人员转类或退役。

县武警中队

1988年后，中国人民武装警察部队平塘县中队受武警黔南州支队和县公安局双重领导，主要担负县看守所武装警戒、武装逮捕和全县的处突、反恐、抢险救灾等任务。1993年，被黔南州武警支队评为先进执勤中队。2003年，县境部分乡镇遭受洪灾，县武警中队官兵先后参加县城和六硐地区的抗洪抢险，荣立集体三等功，受到贵州省武警总队表彰。2007~2008年，先后组织武警官兵参加2007年“7.26”特大洪灾和2008年凝冻灾害的抢险救灾任务。2009年，被贵州武警总队评为“基层建设先进中队”。2010年7月，在参加全县抗旱救灾工作中，被贵州省武警总队表彰为先进党支部。

2013年，完成县城武装巡逻、押解任务，组织官兵扑灭山林火灾20余起。

县武警消防大队

1988年，全县消防工作由县公安局消防科负责，主要任务是开展防火安全宣传、检查和消防处理。是年，对城区5个重点单位、防火设施和21个城镇以及50户以上的自然村寨开展消防检查验收。

1992年，在县城组建义务消防队，队员114人；在19个乡镇建立义务消防队205个，队员3326人。

1997年，撤销县公安局消防科，组建县消防大队，为武警营级建制，受黔南州消防支队和县公安局双重领导。是年，对全县113个重点防火单位开展消防检查，下发消防整改通知书12份，停业整顿3家，查处2家2人，举办消防业务培训班一期67人，发放消防资料4300余份。2005年，县人民政府与各乡镇、县直机关各单位签订消防目标管理责任书，把消防工作列入考核内容。2008年，安装苗二河乡苗攀村消防栓，配置水枪水带，成立村义务消防队，消防设施建设延伸到自然村寨。2011年，在全县19个乡镇配置2台手抬机动泵10盘水带和2支水枪。2012年，县消防大队添置8吨泡沫水罐联用消防车1辆以及抢险救援器材装备。

2013年，消防大队购置3吨小型水罐车1辆，应急救援指挥车1两，完成消防大队食宿点改造和营区监控安装。

第三节　兵役制度

兵役登记

1988年7月，县人民政府颁布《平塘县征兵工作实施办法（试行）》。办法规定，凡当年12月30日前年满18岁（高中毕业生年满17周岁）的男性公民，都应在当年7月1日至8月10日内自行到辖区的乡（镇）人民武装部或指定的分管部门进行兵役登记，经兵役登记和初审合格的，称应征公民。县委、县政府、县人武部一般在每年秋季要召开征兵工作会议，组建征兵工作领导小组，成立征兵办公室，部署全县征兵工作，明确征兵规范、起止时间和任务要求，下达征兵命令。各乡（镇）人民政府、县机关企事业单位对本地本单位已登记的应征公民进行体格目测视检、病史调查和政治文化初审，从中择优为当年预征对象，预征对象为上年度本地本单位征集兵员数的3~5倍。预征对象经县人武部批准后发给预征对象通知书，乡（镇）人民政府、人武部同时开展对预征对象的思想工作。

体格检查

每年征兵体检前10天，由乡（镇）人武部按照不超过当年征集新兵的3倍，将预征对象体检通知书送达本人。在乡（镇）卫生院进行初步检查确定送检对象后，再由县征兵办公室按照应征公民体检条件送县人民医院进行复查，以保证应征人员良好的身体素质。

政治审查

应征青年体检合格后，由县征兵办公室政审组按照现行的征集兵员政治条件的规定，会同各乡镇党委、政府及公安派出所对预征人员现实表现进行审查，并采取张榜公布的方式听取群众意见，接受群众监督。政审人员在应征对象政治审查表格上签字盖章以示负责。

兵员审定

1988~1999年，应征青年经过体检、政审合格后，先由乡镇按大于应征数30%的比例将预征对象报县征兵办公室审定批准。审定时，县征兵工作领导小组会同接兵部队负责人对预征人员体格、政治、文化、纪律等方面再次把关审查后，按照政治思想好优先、身体素质好优先、文化程度好优先的“三大优先”原则，集体确定应征对象。县征兵办公室发给应征人员入伍通知书。2000年后，各乡镇接到批准应征公民通知后，对应征人员进行张榜公布，经公示无问题反映后，根据入伍报到时间，组织新兵到县人武部集中，并与接兵部队办理交接手续。被批准入伍的公民接到入伍通知书后，按规定的时间、地点集中报到。

第四节　民兵工作

政治教育

1988年，对民兵的政治教育，主要是结合军事训练进行，包括开展政治理论学习、形势教育、国防教育、法制教育以及思想教育等方面，通过函授作业的收改评比，强化学习效果。1992年，县人武部抽调人员参加全县农村“社教”（社会主义教育）工作队，帮助克度镇和谷硐乡的6个村办起民兵文化活动室，建立连以下各级民兵干部的学习和工作制度。

1996年，县人武部收归军队建制，先后到掌布、鼠场、谷硐、卡罗、西凉5乡和大塘镇进行民兵工作调查研究，对民兵进行思想教育整顿，并在平湖镇开展县民兵应急分队的政治教育试点工作。1998~2002年，以“三讲”教育，“三个代表”重要思想学习为主，在民兵中开展精神文明建设和国防教育、理想信念教育。

2003~2005年，结合学习实践“三个代表”重要思想教育，开展“学条令、用条令、严军纪、守规章”教育整顿活动，引导民兵遵守政治纪律。2007年，县委印发《关于加强和改进新形势下民兵预备役政治工作的实施意见》，成立平塘县民兵预备役政治工作领导小组，安排工作经费，保证民兵预备役政治思想教育制度化、规范化。2008年后，开展“赞颂新成就、履行新使命、迎接十七大”主题教育，按照“高举旗帜、团结奋进、夯实基础、提高素质、科学谋划、创新发展”的工作思路，结合抢险救灾、民兵整组和训练等工作，开展民兵思想政治建设。2013年，开展“坚定信念、铸牢军魂”主题教育活动。是年，县人武部被贵州省军区评为军事训练和安全稳定先进单位。

民兵训练

1988年，对全县民兵进行整组。整组后，共有民兵14775人，其中基干民兵3642人，编为39个连138个排374个班；普通民兵11133人，按村一连编为241个连。之后，每年均进行民兵整组，民兵总数每年都有增减。1989年，组建城区平湖镇、新舟乡民兵应急分队（50人），各乡镇也相应组建民兵应急分队。全县共有民兵应急分队40个。

1990~1999年，共开展基干民兵军事训练10次，组织县民族中学、通州中学师生军训各1次。基干民兵训练科目有队列、战术、投弹、射击、爆破等。学校师生军训科目有队列、射击、投弹等。

2000~2002年，民兵军事训练主要安排民兵应急分队和人（专）武干部的军事训练。先后进行4期民兵军事训练，每期训练15天。主要科目有共同条令、政策法规、战备常识、盾棍术和半自动步枪、冲锋枪、轻机枪实弹射击以及单兵战术、应用训练等。

2003年后，全县民兵军事训练有县人武部领导班子、民兵连（排）长、专武干部、基干民兵、普通民兵、高中学生。首长机关训练内容主要是军事理论、军事技术知识、兵种知识、军事法规、战争动员、民兵工作、征兵工作、兵役工作和民兵战备执勤等。民兵连（排）长训练主要是军事理论、基本技能、动员工作、组织指挥和政治理论学习等，专武干部训练内容主要是军事理论、基本技能、动员工作业务、组织指挥、政治教育5个科目。基干民兵、普通民兵训练内容是共同条令、军事常识、半自动步枪、投弹和政治教育学习。高中学生主要是队列武器常识、射击和国防知识学习。

2004年8月15~27日，组织人（专）武干部、民兵干部和民兵应急分队队员31人进行选拔训练，选拔8人代表平塘县人武部参加都匀军分区比赛，获得冲锋枪射击第一名，多媒体教学课件制作第二名。

2006年8月，对县民族中学高一新生进行为期13天的军事训练。

2009年9月20日，成立平塘县民兵应急常备分队，分队共32人，其中队长1人、指导员1人。

2010年，县人武部协同县林业局组织开展民兵灭火技能培训并进行野外军训。

2012年8月，组织100名民兵在县职中集中训练，并参加全县政法、民兵队伍建设成果展示暨“反恐处突”综合演练。

2013年，分批次分专业进行包括共同科目、防空作战勤务、防火演练、抗洪抢险等内容的集中训练，组织民兵应急分队与地方防汛办协同完成抗洪抢险演练，综合考评成绩达优。

第五节　拥政爱民

1988年后，县人武部把拥政爱民工作摆在重要的位置，支持地方经济建设，主动完成急、难、险、重任务，不断加强军政、军民团结，深入开展双拥活动。

1990年，组织民兵、预备役部队参加严打行动176人次，出动民兵210人，抢救灾民35人，抢救物资价值18200元，扑灭森林火灾面积2505亩。

1995年，选派干部驻挂钩乡（谷硐乡）参加烤烟、种植、计划生育、秋粮入库等工作，并抽调1名干部担任塘边镇新龙村党支部副书记。1997年，对贫困户采取“一连带一村，一班带一组，一人带一户”的办法，帮扶谷硐乡95户贫困户。

2001年，组织民兵600余人（次），植树造林10万株，参加公路改造近70千米。6月，平湖、四寨、苗二河、白龙、摆茹、塘边等乡镇遭受洪灾，县人武部组织人武干部、民兵400余人参加抗洪抢险，转移受灾群众200余人，抢运粮油7000余千克。2003年，帮助平湖镇回龙村和米牙村民兵、退伍军人、村干部、群众发展养殖肉牛项目，共养牛300多头。2005年，在苗二河乡开展“1+1”结对子助学活动，共资助11名贫困学生。

2006年，制定《2006年平塘县人武部“双带”工作暨新农村建设计划》，与苗二河乡新寨村建立“新农村建设联系点”，共解决扶贫资金10万元。2007年7月26日，平塘遭受特大洪灾，县人武部组织民兵1000余人参加抗洪抢险，疏散群众8300人、转移被困人员463人，抢救物资50万公斤。2008年，境内遭受严重冰冻灾，县人武部组织和动员干部职工和民兵预备役人员8000多人（次），分供电线路抢修、供水线路抢修、交通道路维护、社会治安维护、春耕生产突击5个小组开展抗灾救灾和灾后重建工作。支援平塘冻灾和四川汶川地震灾区灾民，是年，组织干部职工捐款8050元。2011年，县人武部联合县民政局组建60余人的抗旱救灾队伍，赴苗二河乡双江村、卡蒲毛南族新关小学开展抗旱和运送饮用水300多人（次），灌溉水稻田50余亩。

2012年，开展军民共建工作、“驻村”活动，组织干部职工和民兵帮助平湖镇新舟、回龙2村修建水泥路300余米，协调筹资6万多元。

2013年，县人武部组织民兵帮助者密镇拉岩村16个村民组开挖饮水管槽，铺设输水管线9千米，共解决2257人的饮水难问题。

第六节　国防教育

机构

1988~1990年，国防教育由县人武部政工科组织实施。1989年，成立平塘县国防教育领导小组，办公室主任或副主任由县人武部政工科长或副科长兼任。1992年，设置国防教育办公室，与人武部合并办公。1996年4月，成立县国防动员委。1998年11月，县国防教育领导小组改为县国防教育委员会，下设办公室在县人武部。设主任1名、副主任5名，国教办主任由县人武政工科长兼任，地方干部任专职副主任。2001年11月，县级机构改革后，县国教办为县人民政府和县国教委的常设办公机构，办公室挂靠县人民政府，至2013年机构不变。

教育活动

1988~2000年，国防教育主要以印发刊物，开展国防知识教育和竞赛，在中小学进行军事知识宣传学习，举行清明节祭奠革命先烈等活动为主。2001年后，利用“全民国防教育日”、“八一”建军节等节日开展国防教育。印发《中华人民共和国国防教育法》《中华人民共和国兵役法》以及优抚、优待和安置等方面资料，接受群众咨询。

2004年，开展以“勿忘国耻，强我国防”为主题的系列活动，举行“勿忘国耻，强我国防”的千人签名仪式。

2006年，编制平塘县国防教育“十一五”规划，在苗二河乡新寨村建立“青年民兵之家”。2008年，各乡（镇）党委中心学习组把《中华人民共和国国防教育法》和《国防教育大纲》列入必读篇目。

2009年起，把国防教育列入干部形势报告会讲座内容之一，邀请专家讲解国际形势、国家周边态势、中国国防建设情况。

2011年，开展国防教育进机关、进校园、进社区、进村组活动。全年共开展教育活动11次，发放宣传资料2000余份。

2013年，开展国防知识讲座5场。是年8月，在县委党校青年干部培训班开设国防教育课。

第二章　审　判

1988年后，平塘不断推进审判方式和组织形式改革，完善审判工作机制。1988~1990年，在各区设立人民法庭。1991年，在交通、城建、国土、卫生、水电和金融部门设置执行室。1995年，成立法警中队。1999年，撤销平湖、通州、西关法庭，建立通州中心法庭。之后，在部分乡镇建立巡回法庭。2001年，调整内设机构和乡镇法庭。2005年后，探索刑事案件普通程序简易审理，推行庭前证据交换、举证时限和审务分开制度。2010年起，逐步建立信息管理系统、电子监控系统、安监系统等信息技术平台。至2013年，建成省、州、县、乡（镇）四级网络平台，审判工作信息化、网络化、科学化基本形成。

第一节　机　构

内设机构

1988年，县人民法院内设机构有刑事审判庭、民事审判庭、经济审判庭、行政审判庭、执行庭、办公室。1990年10月，增设政工科。1991年6月，建立告诉申诉庭。1995年，建立司法警察中队。1997年12月6日，建立审判监督庭、立案庭，同时撤销告诉申诉审判庭。1998年，设立调研室，次年撤销。

2001年，将经济庭改为民事审判第二庭，司法警察中队升格为司法警察大队。是年11月机构改革后内设刑事审判庭、民事审判一庭、民事审判二庭、行政审判庭、执行庭、立案庭、审判监督庭、政工科、办公室、研究室、书记官室、监察室、执行工作局。2006年8月9日，将监察室调整设置为纪检监察室。

2013年，县法院内设刑事审判庭、民事审判第一庭、民事审判第二庭、行政审判庭、立案庭、审判监督庭、政工科、办公室，书记官室、司法警察大队、执行工作局（执行庭）、研究室、纪检监察室。

派出机构

1988年，县法院派出法庭有平湖人民法庭、西关人民法庭、者密人民法庭、摆茹人民法庭、牙舟人民法庭、通州人民法庭、克度人民法庭。1991年7月至1992年4月，先后建立县人民法院执行庭交通稽征执行室、县人民法院执行庭城建环保综合执行室、县人民法院执行庭土地管理执行室、县人民法院驻农业银行金融法庭、县人民法院执行庭驻卫生局执行室、县人民法院执行庭驻公路养护段执行室、县人民法院驻水利电力局执行室。1995年建立执行庭驻林业部门执行室，至1996年撤销。

1999年8月，撤销平湖人民法庭、通州人民法庭和西关人民法庭，组建通州中心法庭。

2000年，设置四寨巡回法庭、西凉巡回法庭、鼠场巡回法庭、塘边巡回法庭、大塘巡回法庭、掌布巡回法庭。

2013 年，设者密人民法庭、摆茹人民法庭、牙舟人民法庭、通州中心法庭、克度人民法庭及人民法庭管辖的四寨巡回法庭、西凉巡回法庭、鼠场巡回法庭、塘边巡回法庭、大塘巡回法庭、掌布巡回法庭。

第二节　审判方式改革

1988 年后，随着国家法治建设的不断完善，法院审判制度改革逐步跟进。1988~1992 年，民事审判以调解为主。1993 年后，以公开审判为重心推进庭审规范化、标准化。

2000~2005 年，推行审判公开制度，对案件的立案、审判到执行的各个环节面向社会公示，增强审判工作透明度。深化审判工作管理改革，逐步建立公正、廉洁、高效的审判管理模式，还权于合议庭和独任审判员，并层层签订目标管理责任状，推行阳光审判，实行谁主审、谁负责制度。从内部对审判权力加强有效的分解和制约，使合议庭和独任审判员能依法行使裁判权，并对案件的事实和质量负责。推行案件繁简分流，扩大简易程序和调解的适用范围，在公正的前提下，提高工作效率。加强庭审规范化建设，开展庭审观摩活动，提高法官驾驭庭审的能力和审判技能。实行分管领导参加案件审理和执行的制度，发挥领导亲临办案的示范作用。对法院工作实行双责管理，明确权责关系，确保各项工作健康有序地开展。

2006 年起，县法院审判制度改革不断深化。推行审判方式改革，探索刑事案件普通程序简易审理，建立简易程序化审贯彻落实民事诉讼证据制度，全面推行庭前证据交换，举证时限和审务公开制度，除法律规定不能公开审理的案件外，做到公开开庭、公开举证、公开质证、公开认证、公开说理、公开裁判，保证当事人有话讲在庭上，有证举在庭上，有辩论在庭上，法官认定事实在庭上。

2010~2013 年，构建以信息化为核心的立案管理模式，进一步完善案件审判流程管理。通过计算机网络和信息管理系统等科技手段，加强案件流程管理和监督，使立案、排期、开庭、裁判、归档等各个环节做到有规可依、有章可循，形成以大立案为龙头的精审判。强化审判配套管理改革，探索和完善实行书记员单独序列管理，逐步完善书记员工作规则和程序。完善人民陪审员制度，对涉及妇女、儿童、老人等特殊、弱势群体及专业性强的案件，邀请人民陪审员参加案件审理。对于案件涉及委托鉴定、评估、审计、拍卖等事项，由专门机构统一办理，杜绝审判人员随意委托办理中介事项。深化监督机制改革，对内加强审判监督，完善案件质量审查、监督办法，严格执行执法责任和错案追究，全面实行到期案件催办警示、定期通报、审限审批和一票否决制度，杜绝超审限案件。对审查发现裁判确有错误的，按照审判监督程序依法予以纠正。

第三节　刑事审判

县人民法院在刑事审判工作中，坚持以事实为依据，以法律为准绳，严格把好办案质量关。1988~1992 年，共受理各类刑事犯罪案件 453 件 792 人，其中公诉案件 422 件 734 人、自诉案件 31 件 58 人。共审结 446 件 778 人。

1993~1997 年，县法院坚持“严打”方针，从重从快打击各类刑事犯罪，共受理各类刑事案件 457 件 106 人，审结 450 件 696 人，撤诉 3 件 3 人，案件审结率为 98. 5%。

1998~2002 年，共受理各类刑事案件 269 件，审结 266 件，案件审结率为 98. 88%。

2003 年，共受理各类刑事案件 93 件 127 人，其中公诉案件 90 件 123 人、自诉案件 3 件 4 人。审结 92 件 126 人，未结 1 件 1 人，审结率为 98.9%。2004~2010 年，共受理各类刑事案件 546 件 781 人，审结 546 件 781 人，审结率为 100%。

2011 年，共受理各类刑事案件 88 件 127 人，其中未成年人犯罪案件 7 件 7 人，审结 88 件 127 人。其中，判决生效 82 件 116 人、当庭宣判 79 件，当庭宣判率为 89.72%。2012 年，共受理各类刑事案件 126 件，其中未成年人犯罪案件 11 件 11 人，审结 126 件，刑事审结率为 100%。关注未成年人犯罪案件，将帮教工作贯穿于审判全过程，始终坚持“教育、感化、挽救”的方针，强化从道德、法律层面对未成年人进行帮助教育。

2013 年，共受理刑事案件 120 件 179 人，审结 120 件 179 人，生效判决 106 件 141 人。审结醉酒驾驶案件 23 件 23 人。

第四节 民（商）事审判与调解

1988~1992 年，县法院采取调解、判决、裁定、移送、撤诉等方式进行民事案件审理，共受理各类民事案件 2386 件，审结 2171 件，结案率 91%，其中离婚案 1045 件，占审结总数的 48.1%，年均 200 件。1988~1989 年，在审结的 710 件民事案件中，采取调解审结 470 件，占 66.2%。

1993 年后，推行“一步到庭”的审判方式改革。是年共受理民事案件 572 件，审结 494 件，审结率 86.36%，其中婚姻 244 件，婚姻案件占 49.33%。1998~2002 年，共受理各类民（商）事案件 4889 件，审结 4817 件，审结率为 98.52%。2003~2005 年，共受理民（商）事案件 3967 件，结案 3936 件，审结率为 99.21%，其中合同纠纷 2983 件，占 75.19%。2006 年，受理民（商）事案件 929 件，审结 918 件，审结率 98.82%，在审结的民事案件中，调解案件占 84.97%。2009 年，民事案件调解结案 268 件，经调解撤诉 192 件，调解率 75.28%。2011 年，在民商事审结案件中调解撤诉结案 359 件，占 70.81%。

2012 年后，探索司法确认制度，赋予调解后达成的调解协议具有强制执行效力。

2013 年，共受理民（商）事案件 630 件，审结 629 件，审结率 99.84%。以调解、撤诉方式审结民事案件 447 件，调撤率 71.75%。共受理执行案件 272 件，执结 272 件（其中程序性结案 23 件）。达成和解协议主动履行和自动履行义务的执行案件共 233 件，占结案总数的 85.29%。

第五节 经济审判

1988~2000 年，县法院共受理各类经济纠纷案件 3864 件，审结 3759 件，审结率 97.28%。主要为合同纠纷和拖欠款案件。

2001 年 11 月，县级机构改革后，县人民法院民事审判一庭主要审理家庭婚姻案件、权属纠纷，经济庭改为民事审判二庭，主要审理商事合同纠纷，如借贷、买卖、债务等。把 2000 年以前归类在经济审判类的案件都列在合同纠纷中在民事审判二庭进行审理，相应数据均归纳记载在合同纠纷类案件数量中。之后，县人民法院开始推行民商事审判方式改革，发挥审判职能作用，依法调节社会关系，保护公民、法人和其他经济组织的合法权益。从是年开始，经济案件审判相关数据不再单独体现。

第六节　行政审判

县法院行政审判从1989年开始，依法制裁行政机关行政违法行为。

1989～2013年，共受理行政案件142件，审结139件，审结率为97.88%。其中，2013年共审查行政诉讼案件7件，结案7件，准予执行7件，执行到位资金76.5万元。

1990～2013年平塘县行政案件受理、审结情况统计表

表8-1

年份	受理数（件）	审结数（件）	审结率（%）
1990	5	4	80
1991	6	6	100
1992	6	5	83.3
1993	3	3	100
1994	1	1	100
1995	5	5	100
1996	3	2	66.7
1997	4	4	100
1998	4	3	75
1999	9	9	100
2000	3	3	100
2001	3	3	100
2002	8	7	87.5
2003	2	2	100
2004	6	6	100
2005	3	3	100
2006	6	6	100
2007	5	5	100
2008	10	10	100
2009	2	2	100
2010	10	10	100
2011	10	10	100
2012	12	12	100
2013	7	7	100

第七节 告诉申诉

告诉申诉，主要是受理人民群众来信来访。1988 年，县人民法院共接受来信来访 1634 件，转有关部门处理 331 件、作简易纠纷解决 189 件、撤诉 190 件、法律解答 723 件、其他处理 201 件。1989～1999 年，共受理各类申诉案件 9863 件，审结 9842 件，其中，改判 17 件、减刑 22 件、维持原判 5455 件。

2000 年 9 月后，在四寨镇、西凉乡、塘边镇鼠场乡、掌布乡、大塘镇设立巡回法庭，分别由者密、摆茹、牙舟、克度法庭和通州中心法庭直管，定期选派法官接待来访人员。同时在县人民法院设立院长（副院长）接待日，就诉讼中各种疑难问题作专题解释。

2008 年，县人民法院成立大接访工作领导小组，设置 4 个专项调处小组，建立领导接访、包案、督察制度，开展上访人员思想疏导工作，审结率为 91.9%。

2009 年，县法院实行法院立案、法庭立案与人民法庭直接立案多形式相结合，创建立案快捷通道，畅通诉讼渠道，做到当天立案、当天送达。建立健全导诉制度，落实当事人权利义务告知制度，开展对当事人的诉讼风险专题，诉前辅导、举证指导，引导当事人正确行使行政诉讼权利。

2011 年，接待群众来信 22 件，来访 930 余人次，对 296 件案件实施司法救助，缓、减、免收诉讼费用 6.11 万元。

2012 年，开展巡回审判 173 次，就地审结案件 173 件。

2013 年，建立诉讼联络员制度，在全县 121 个村（居）委会聘请诉讼联络员，畅通法院与村（居）民之间的沟通渠道。

1988～2013 年平塘县告（申）诉案件受理和审理情况统计表

表 8-2 单位：件

年份	受理	审结	审结率（%）	处理结果												
				改判	减刑	维持原判	移送审理	有关部门处理	简易纠纷解决	教育撤诉	法律解答	说服息诉	驳回	提起再审	减免缓诉讼费	其他处理
1988	1634	1634	100	3	2	634	0	331	189	190	23	13	4	2	3	201
1989	463	451	97.41	2	3	322	0	0	178	187	04	9	3	1	4	—
1990	37	34	91.9	1	1	21	0	0	27	3	4	5	2	—	3	21
1991	240	238	99.1	1	2	167	205	0	69	24	7	7	3	5	5	3
1992	600	600	100	1	1	534	0	263	107	54	3	80	35	2	6	215
1993	327	325	99.4	2	3	237	0	319	106	34	5	6	5	1	5	—
1994	1124	1124	100	1	1	613	0	1114	327	57	3	4	3	1	4	—
1995	1465	1463	99.8	3	3	798	0	1459	597	62	6	6	4	1	5	—
1996	1262	1262	100	2	1	679	0	0	473	25	7	6	2	2	3	—
1997	1189	1189	100	2	3	634	0	0	488	26	4	3	2	2	2	—

续上表

年份	受理	审结	审结率（%）	处理结果												
				改判	减刑	维持原判	移送审理	有关部门处理	简易纠纷解决	教育撤诉	法律解答	说服息诉	驳回	提起再审	减免缓诉讼费	其他处理
1998	1187	1187	100	1	2	652	0	1052	492	35	6	135	2	1	3	—
1999	1969	1969	100	1	2	798	0	1969	893	39	2	3	2	1	3	—
2000	1529	1529	100	2	3	649	939	590	764	27	6	2	3	1	2	—
2001	1824	1824	100	1	1	727	1083	201	819	63	1	1	2	2	1	—
2002	1721	1721	100	1	2	723	0	0	796	37	9	2	3	1	10917	—
2003	1273	1272	99.9	2	2	634	0	0	627	24	0	1	2	1	26133	—
2004	1140	1140	100	2	1	629	0	0	502	32	9	1	1	2	155492	—
2005	554	553	99.8	1	2	403	0	0	107	26	8	2	2	1	86000	—
2006	426	423	99.92	2	2	402	0	0	109	29	7	3	1	2	162300	—
2007	103	103	100	1	2	92	0	0	12	3	2	1	0	1	152300	—
2008	370	293	79.19	2	1	210	0	0	25	38	7	2	1	2	102000	—
2009	833	818	98.20	2	2	393	0	0	403	25	3	1	0	0	87800	—
2010	838	829	98.93	1	1	349	0	0	520	21	9	2	1	1	52300	—
2011	723	716	99.03	2	1	387	0	0	298	24	3	2	1	2	61100	—
2012	880	878	99.77	1	3	273	0	0	489	26	9	3	2	1	270000	—
2013	1186	1185	99.92	2	2	619	0	0	427	17	4	2	1	2	148700	—

第八节　执行工作

1988 年，县人民法院开始受理各类案件的执行工作。

1989～1992 年，县法院共受理各类执行案件 547 件，其中民事案件 402 件、经济案件 202 件、行政处罚案件 22 件，执行标的 96.28 万元。1993～1997 年，共受理各类案件 796 件，执行 670 件，部分执行 39 件，执行总标的为 184.55 万元。1998 年后，县人民法院加强与基层组织合作和思想疏导工作，执行率逐年提高。1999～2002 年，共受理申请执行案件 474 件，执结 416 件，执结率 87.76%。

2009 年，执行案件全部归县法院执行庭负责，将执行案件信息接入全国法院执行案件信息管理系统，实行动态管理和有效监督，从程序上规范执行行为。

2011 年后，利用信息管理系统，实行执行案件的动态管理，开展清理执行积案和反规避执行工作，采取查封、冻结、扣押、划拨等措施，保障债权人的权益。

2013 年，共受理执行案件 272 件，执结 272 件（其中程序性结案 23 件）。执结标的额 509.6 万元，执行到位率 86.35%。

第三章　公　安

1988~1993 年，平塘县公安机关通过开展打击偷马盗马、拐卖妇女儿童、入室盗窃等犯罪活动，维护人民群众生命财产安全。1994 年起，公安机关着力开展“追逃犯、打团伙、破大案”等专项行动，依法打击“法轮功”等邪教组织。2000 年后，依法打击黑恶势力，涉枪、涉火、涉毒犯罪活动和取缔各种非法组织，创建平安平塘，着力维护社会稳定。

第一节　机　构

1988 年，县公安局内设 7 科 2 队 10 所，即一科、二科、三科、政工科、秘书科、预审科、消防科（现役），刑侦队、交警队，看守所、拘留所（含收审所）和 7 区 1 镇派出所。1991 年增设法制科、户政科。“建并撤”后，组建 19 个乡（镇）派出所。1992 年，秘书科改称办公室。

1994 年县级机构改革，公安局内设机构科改称股，办公室改称秘书股，撤销法制股。1995 年恢复法制股。1996 年交警队升格为交警大队，下辖办公室、事故中队、平湖中队、通州中队。1997 年撤销收审所，是年 8 月，消防科组建为消防大队，称“平塘县公安消防大队”，隶属武警黔南州消防队和平塘县公安局双重领导。1998 年刑侦队升格为刑侦大队，下辖技术中队、平湖中队、牙舟中队、通州中队，撤销预审股，增设警务督察队。1999 年增设缉毒队、临时戒毒所。

2001 年，县级机构改革，县公安局内设机构为 10 大队 3 科室 19 所，即办公室、政工科、法制科，督察大队、国保大队、经侦大队、治安大队、巡警大队、刑侦大队、缉毒大队（后改称禁毒大队）、监管大队、交警大队、消防大队和 19 个乡镇派出所。2002 年增设网监科、装备财务科。

2003 年后，治安大队、看守所、19 个乡镇派出所相继升格为副科级。2008 年下半年，县公安局机构规范设置为四部分 33 个，全部为副科级机构。执法勤务机构有指挥中心、国保大队、治安大队、刑侦大队、交警大队、禁毒大队，选设机构有巡警大队、网监大队。综合管理机构有政工监督室、法制室、警务保障室。另有 19 个乡镇派出所、看守所、拘留所。2011 年，政工监督室分设为政工室和纪检监察室。

2013 年，县公安局内设指挥中心、政工室、纪检监察室、法制室、警务保障室、国保大队、治安大队、刑侦大队、交警大队、禁毒大队、巡（特）警大队、网安大队、看守所、拘留所、戒毒所和 19 个乡镇派出所。

第二节　刑事犯罪侦破

案件侦破

县公安局刑事案件侦察实行案件承办责任，每一个刑事案件均成立专案组，明确负责人。

1988~1992年，共侦破盗窃、拐卖人口等案件795件。追回牛马132头（匹）以及摩托、自行车、电视机、缝纫机、手表等一批被盗物资，解救被拐卖妇女儿童共27人。

1993~1997年，县公安局共侦破各种刑事犯罪857起，缴获军用“五四”式手枪10支、子弹12发，毒品海洛因22斤、赃款13.41万元，追回被盗牛马157头（匹）以及摩托车、自行车、电视机、手表、首饰等大批被盗物资，挽回损失66.09万元。共解救被拐卖妇女儿童108人。

1998~2002年，县公安局以破大案要案为重点，推行案件责任制。共立刑事案件929件，破541件，破案率58.82%。

2003~2008年，县公安局打破警种界线，整合警力，构建刑侦、治安、派出所为一体的“大刑侦”格局。以打击盗窃、涉枪、涉爆、伤害、诈骗和网上追逃为中心。共侦破刑事案件1051起，其中命案29起，打掉犯罪团伙17个。

2009~2012年，以抢劫、抢杀、入室盗窃和命案侦破为重，共立各类刑事案件2773起，破1147起，破案率41.13%。刑事拘留588人、逮捕437人、移送起诉460人。

“严打”专项行动

1988~1992年，以打击盗窃、拐卖妇女儿童犯罪活动为重点，开展“严打”专项行动，追回电视机31台、收录机58台、自行车236辆、摩托车5辆、手表93块，收缴炸药17万千克，雷管1579枚，管制刀具300余把，解救被拐卖妇女儿童27人。

1993~2000年，以打击犯罪团伙为重点，先后开展“追逃犯、打团伙、破大案”“整治农村社会治安”“百日破案会战”等专项行动，共摧毁盗窃、抢劫、流氓等各种犯罪团伙110个，抓获犯罪嫌疑人592人。

2001~2002年，开展以“打黑除恶”为龙头的“严打”行动。2年共立刑事案件504件，侦破284件。逮捕204人、劳教7人、刑事拘留186人。

2013年，全县立刑事案件660起，破484起，破案率为73.33%。其中命案8起，破7起，破案率85.7%。与上年同期相比，立案数下降14.95%，破案数下降21.94%。打掉各类犯罪团伙7个，抓获团伙成员50余人，追回财产损失60余万元。网上追逃194人，抓获195人。利用刑事侦查技术破案9起。

第三节　经济犯罪侦查

1988~2000年，全县经济犯罪侦查主要由县人民检察院负责。2001年11月，县级机构改革，县公安局成立经济犯罪侦查大队。是年，没收假币2680元（外币200元），发放反假币宣传材料1500余份，捣毁地下烟厂2个，收缴加工设备2套（台）、假卷烟600余条、烟丝300多千克、非法食盐100余斤。2003年，整顿和规范全县市场经济秩序，收缴食盐5万千克，卷烟1000余条。

2004年，县公安局协助县地税局追缴税款4万余元，协助农村信用社清理旧贷，落实债权债务40余万元，协助盐业公司收缴非法食盐1000余公斤。查封非法煤矿开采点165处，销毁开采设备80余套。破获买卖假币案1起、农网改造诈骗案1起，金额18.46万余元。

2005年，开展打击烟草制品违法犯罪专项行动，捣毁克度、塘边地下烟丝加工厂5家，收缴烟丝切割机3台（套），

2006年，开展打击非法小煤窑专项整治行动，销毁涉煤机械181台，查缉煤车8辆，没收煤160

余吨，炸封煤窑150余口，收缴炸药504公斤、电雷管1700枚、纸雷管110枚、导火绳600米。是年，开展“两抢一盗”专项行动，侦破盗窃案113起、抢劫5起、抢杀9起，抓获犯罪嫌疑人60人，打掉盗窃团伙7个、抢劫团伙2个。

2007年，立案侦查伪造公文证件案2起，破2起；非法吸收公众存款案8起，破8起；重大责任事故案1起。

2008年，平塘县成立“打黑除恶”工作领导小组，对外公布互联网举报邮箱和举报电话，颁布《关于敦促涉黑涉恶违法犯罪分子投案自首，鼓励群众检举揭发违法犯罪的通知》，秘密开展涉黑涉恶摸底调查，破获涉黑涉恶案件59起，刑拘40人、逮捕25人、审判16人。立诈骗案2起、破1起，涉案金额280余万元；立非法吸收公众存款案1起，刑事拘留3人，取保候审2人，逮捕1人；查处森林火灾案19起，逮捕8人。

2009~2010年，开展“两抢一盗”专项斗争，侦破124起，共打掉各类犯罪团伙11个，抓获犯罪嫌疑人33人。2011~2013年，开展“清网追逃”行动，共抓获网上在逃人员303人。

2009年，收缴假青醇酒128件，收缴假币14000元。

2010年，查处非法采矿案7起，警告处罚3人，行政拘留9人。

2011年开始，赴贵阳成功打掉三个特大制售假发票窝点，抓获犯罪嫌疑人3人；缴获增值税发票、完税凭证等各类假发票11.4万余份，涉及金额1.4亿余元；收缴假公私印章、假发票专用章200余枚。

2012年，侦破经济案件5起，其中，假冒注册商标1起、职务侵占1起、妨害信用卡管理2起、非法经营1起，收缴非法所得10万余元。

2013年，经济犯罪案件立案5起，破5起。抓获经济犯罪网逃人员1人，收缴非法所得20万余元。

第四节 治安管理

治安管理工作主要包括治保组织建设、治安案件查处、特种行业管理、民爆物品管理。

治保组织

1988年，全县共有村级治保会267个，治保人员648人，治保小组598个，负责村寨治安保卫工作。是年，在县城车站设立治安值班室。1992年，基层治保组织共256个，治安联防队21个164人，护卫队7个20人，集市贸易联防队6个25人，护寨队62个4830人。1994年，在公共复杂场所设置治安亭（室）。1999年，有村治安办公室240个720人。是年，开通110报警电话。

2002年，共有治保会244个1069人，护厂队1个9人，护寨队494个5338人，护校队44个361人。2004年，在全县开展三级联防工作，形成以派出所为核心，村级治保会为依托，群众广泛参与的治安防控网络。2005年，设立社区警务室。

2006年，开展“一防两驻”（治安大巡防，民警驻社区、驻村寨）工作，城区和村寨配置警力设3个社区和47个村警务室，组建治安联防队伍285个928人。2007年，村社区警务室整合为12个，景区警务室1个。是年，成立保安服务公司，为企业和重点单位培训保安人员。2008年，落实校园整治“八条措施”，建立学校警务室。

2009年，对2个社区、7个农村警务室、1个景区警务室实行工作考核。农村30户以上的自然村寨成立护寨队。2010年，全县共建立2个社区、7个村和3个景区警务室。2011年，设置城镇社区和村警务室10个，在县城设置报警点53个。2013年，建有学校警务室28个，护校队210个2130人。

治安案件查处

1988年，全县共发生治安案件246起，查处193起，查处率为78.5%。其中，城镇发案102起，查处64起，查处率为62.7%；农村发案144起，查处129起，查处率为89.6%。共处罚人员295人。是年，开展打击盗卖自行车专项斗争，收缴60余辆自行车。

1994年，查获违反治安管理人员821人，移送预审8人，劳教3人，治安拘留37人。

1995~2000年，共受理各种治安案件1997起，查处1910起，查处率5.64%；查处违反治安管理人员5444人，其中，警告100人、行政拘留159人、劳动教养72人。

2001年，开展“缉枪治爆”专项斗争，共收缴各类枪支98支、军用子弹26发、小口径步枪子弹300发；收缴黑火药1.2公斤、烟花爆竹805.2万头、雷管2074枚、导火索2509.7米、炸药598.25公斤、管制刀具15把。抓获犯罪嫌疑人16人。

2002~2005年，共发现治安案件7526起，当场处罚6372起，治安处罚7937人。

2006~2012年，开展涉枪、涉爆专项整治，收缴各类非法枪支141支、炸药204.7万千克、手榴弹2枚、雷管8906枚，侦破涉枪涉爆治安案件72起73人。

2013年，全县共受理治安案件1790起，查处1561起，行政拘留148人，行政罚款73人2.3万元。

特种行业管理

特种行业管理是对旅馆、酒店、文化娱乐和废旧金属收购行业的管理。1990年，共审批刻制印章80枚，办理公用持枪证35份，使用持枪证87份。1992年，对全县旅店、歌舞厅、刊刻、印刷等特种行业签订治安责任状。1993年，对县内旅店进行清理整顿，制定《登记验证制度》《安全检查和情况报告制度》等，换发旅店营业许可证，各经营户与当地公安派出所签订治安承包责任书。1997年，全县有特种行业17户，文化娱乐场所18家，均办证建立档案，签订治安责任书。

2002年，全县有文化娱乐场所21家。其中美容美发店7家、歌舞厅3家、卡拉OK厅2家、游戏室2家、网吧7家。2008年，全县特种行业达79家，从业人员186人。其中废旧金属收购业13家，旅馆业64家，旅馆业安装入住登记系统，实现计算机管理。2010年，开展特种行业安全检查，提出整改意见80多条。

2011年，对境内特种行业实行规范化管理，制定行业管理制度，定期对从业人员培训。旅馆业全部安装旅客入住登记系统。

2013年，县内共有公共娱乐场所40余家、旅馆63家、旧货寄卖1家、废旧金属收购业14家，从业人员240余人。

民爆物品管理

1988年，县人民政府颁布《关于加强民爆物品管理的通告》。是年，共查处违反民爆物品管理案件8起，取缔2家非法鞭炮加工厂。1989年，县公安局会同县乡企局举办“爆破员培训班”1期，培训人员43人。1992年，修建储藏民用爆炸物品管理站11个。1993年，按照“统一购买、统一运输、统一使用、统一保管、节余归库”的制度，与烟花爆竹行业签订安全生产责任书。1999年，开展涉爆专项斗争，共收缴炸药298千克、雷管108枚、导火索160米，制造炸药工具1套。

2001年，查封烟花爆竹生产厂1家，取缔非法生产点2个，销毁半成品爆竹35万头。2005年，对38家小煤窑、25家小石场、3家爆竹厂、46家涉爆单位开展安全生产检查。下发整改通知书56份。是年，受理民爆案件12起，查处12起。2007年后，开始使用民爆管理信息系统对涉爆单位进行管理，到2012年，共实施系统录入涉爆单位169家。

2013年，共检查涉爆单位16家，其中销售单位1家、爆破服务公司1家、煤矿企业14家。签订责任书70余份。侦破非法储存爆炸物品案5起、非法制造爆炸物品案2起、违法运输烟花爆竹案18起，治安处罚20人。

第五节 禁毒工作

1988年后，主要开展毒品危害知识宣传教育和查处罂粟种植。1992年铲除罂粟（大烟）1238株，取缔地下烟馆1个。1996年，全县铲除罂粟376株，收缴鸦片5克。1997年，破获贩毒案件5起5人，缴获海洛因22个零包。是年，依法强制戒毒19人。1998年，开展禁毒宣传进校园、进社区工作，是年，破获毒品案件6件11人，收缴海洛因11.51克和63个零包，毒资1600元，强制戒毒28人，劳教9人。1999年，县公安局成立缉毒队和临时戒毒所，是年，县机关82个单位向县禁毒委签订禁毒责任书，职工向单位签订责任书共2339份。

2001年，开展“百日剿毒”会战。采取“打零包、带大案”的方法，破获贩毒案件14起，抓获犯罪嫌疑人17人；捣毁吸毒窝点3个，抓获吸毒人员37人。

2002~2008年，共侦破涉毒案件357起，抓获犯罪嫌疑人90人，收缴海洛因219.28克，捣毁吸毒窝点41个。

2009年，开展“无毒乡镇、社区”创建工作，有无毒乡镇14个、无毒社区4个、无毒村109个、无毒单位84个。中小学校无毒率达100%。共检查涉毒药品使用单位12户（次），审批购买易制毒化学品单位4家。

2010年，推进中小学生毒品预防教育，对县内娱乐业主及从业人员进行禁毒知识培训。全年共发放禁毒宣传画册8000余份，光碟60余盘。

2011年，开展毒品预防教育示范学校创建活动。232所中小学无毒品、无吸毒。2012年，启动平塘县阳光康复基地建设工程，又称为“阳光工程”。基地占地1000多平方米，可容纳就业人员100余人。是年，首批安置社区戒毒、康复人员52人，《文汇报》专题采访报道平塘“阳光工程”建设情况。2013年，破获毒品刑事案件11起，抓获贩毒嫌疑人11人，缴获毒品海洛因60余克。

第六节 监所管理

1988年后，平塘县看守所、拘留所完善监规，依法进行目标管理。

1990年，平塘县看守所被省公安厅评为“1990年看守目标管理先进单位”。

1998年，实施达标上等级活动，县看守所经考核验收达二级看守所。是年累计关押人犯212人，其中女犯12人、未决犯37人，月均押犯量70人。1999年，县看守所发挥打击犯罪第二战场职能作用，获取犯罪线索12条，破重特大案件2起，一般案件1起，抓获犯罪嫌疑人2人。

2003~2005年，对在押人员实行每月每人一次单独教育，每月一次集体教育，每月两次安全检查，每周一次清监。

2010 年，开展预防和打击“牢头狱霸”专项整治活动。对看守所在押人员进行集体教育 15 次，个人谈话共计 898 次。拘留所开展行为规范教育、遵纪守法教育，上大课 40 余次，安全检查 50 余次。

2011 年，县拘留所实施“特殊病房”收容、医疗、管理一体化，“特殊病房”共收治吸毒、戒毒和艾滋病人 45 人，发放药品 1000 人（次）。

2013 年，县看守所收押 511 人。拘留所收拘收治 209 人（收拘 181 人，收治 28 人）。“特殊病房”就医 1200 余人次。

第七节　交通安全管理

交通安全宣传

1988 年，成立《道路交通条例》咨询服务站。1989 年，举办违章人员学习班 5 期。1994 年，开展“保春运”“反违章压事故”“百日交通安全”“整顿城镇交通秩序”等宣传教育活动。是年，举办培训班 1 期 40 人，开展宣传活动 25 次。2001 年后，结合“畅通工程”“平安大道”开展交通安全宣传教育。2004~2007 年，放映交通安全电视教育片 94 场次，举办事故图片展 199 场次，设置永久性标语牌 30 块、宣传画 48 幅。2009 年，在中小学开展交通安全讲座和知识竞赛。

2012 年，县交警大队联合有关部门开展交通安全法制宣传下乡活动。2013 年，开展客运安全宣传活动 150 余次，检查客运车辆 1570 余辆，发放宣传资料 2.8 万份。

车辆管理

1988 年，成立《道路交通安全条例》咨询服务站，在通州镇增设交通检查站。1989 年检审驾驶证 280 件。1992 年，交通道路变静态管理为动态管理，干警上路查车常态化，随时纠正违章。

1993~1995 年，先后开展“反违章压事故”“整顿城镇交通秩序”和“百日交通安全”检查等活动，共上路上车 6431 台（次），处罚违章人员 1332 人。发生事故 20 起，死亡 21 人、伤 28 人。1999 年，明确全县 2714 辆机动车车辆管理责任。

2000 年，开展对农用车、拖拉机违章专项管理，查处违章车辆 30 余台（次），强制报废 2 台。2001 年，对农用车、拖拉机违章进行专项治理，查扣违章车辆 135 台，强制报废 2 台。2003 年，县交警大队事故中队被黔南州公安局评为“人民满意交警中队”。2005 年，开展交通安全专项整治行动 5 次，共检查各类机动车 4530 台（次），查处违章行为 4262 人（次），行政拘留 50 人，强制报废客运车 9 辆、小车 2 辆、摩托车 184 辆。

2009 年，交通整治排查危险路段 210 处，处罚酒驾 4 人（次）、醉（酒）驾 10 人（次），行政拘留 54 人。是年，新增摩托车驾驶证 2637 个，车辆入户 3505 辆，车辆年检 2265 辆，补换牌证 180 个，补换驾证 1321 个，体检 1461 人。

2011 年后，对县城区早、中、晚车流高峰进行巡逻疏导，严查城区违停、违禁、酒驾和无证驾驶车辆，强化城区主干道严管严控。

2013 年，共查处各类交通违法 14986 起，扣机动车 918 辆，行政拘留 43 人，受理新车注册 4478 辆，注销登记 151 辆，年检 4271 辆。开展驾驶培训 70 余次，参训 13000 余人（次）。

第八节 户政管理

1988年，全县共有53664户252965人，其中非农业人口9723人，是年迁入3622人，迁出1883人。用常表取代全县6055户261601人的户口底簿，对重点人口实行双列管理、双列控制。1994年，共有暂住人口499人，列入重点人口管理626人。

1995年，启动非农村人口城市化管理，共订门牌38544户，全县共办理居民身份证3959人，审查“农转非”63户85人。1997年，对全县户口进行清理，换发新的户口簿。1999年，完成第五次人口普查户口整顿工作。2002年，全县有流动人口30058人，其中暂住人口993人、流出人口29065人，审查出（境）15人。

2006年，开展二代证换发工作，全年完成居民身份证制证数12000个，办理临时身份证2300个。2007年，完成派出所基础信息采集27240户115411人，录入单位125家，录入建筑物29474户，人口管理信息系统实现“以房管人”。2009年，录入到平塘县的外国人150人（居住平塘的1人）。

2010年，全县人口统计为317475人。共办理第二代居民身份证11093个，登记暂住人口2332人。办理出入境手续95人（次），办理出国（境）证件53个，办理香港定居证件1个。

2013年，全县人口统计为93863户322908人，其中非农业人口23907人。是年，登记暂住人口1552人，登记管理率100%。共受理公民出国（境）申请1620人次，其中办理港澳通行证888本、大陆居民往来台湾通行证136本、护照596本。

第九节 消防管理

宣传和监管

1988年后，县公安消防部贯彻“以防为主，防消结合”的方针，一方面利用赶场天对群众进行安全防火宣传教育，一方面对重点消防单位进行消防检查和消防知识培训。利用赶场天时间，分别下到各区、乡（镇）开展防火安全宣传，受教育6万余人次。1989年，县公安局与机关38个消防重点单位签订防火责任书。1990年，对全县115个单位、98个粮食（物资）部门、53个车间（仓库）、10个门市部、2个爆竹厂、4个炸药库、8个石油库和50户居民进行查制度、查隐患、查管理的“三查”活动。发现安全隐患98处，限期整改90处。之后，重点消防保卫单位年度检查实现制度化、常态化。

2000~2002年，对重点单位开展消防培训5次250人。2003年后，实行“政府领导、行业管理、单位负责消防监督、全民参与”的消防工作机制，对重点单位易燃易爆和公共场所以及50户以上村寨进行常规卫生检查。

2005年，县人民政府与各乡（镇）、各单位签订消防目标管理责任书，把消防工作纳入乡（镇）、机关单位重点管理工作，之后，在旅店（酒店）、学校、商场（超市）、车站、住宅小区和娱乐业开展消防达标验收工作。

2010年，在重点消防单位和100户以上自然村寨聘请防火监督员，落实防火监督责任。2012年，县武警消防大队开展辖区“六熟悉”活动共86次，专题研讨活动22次，各类灭火救援演练达35次。完成黔南州政府督办整改工作。

2013年，县人民政府先后两次部署消防工作，对各乡镇消防工作检查两次。是年，共检查单位场所800余家（次），下发责令整改通知280余份，实施行政处罚18起，责令停产停业8起，督促整改隐患或违法行为350余处。

基础设施建设

1988年，在县城安装4个消防栓，配备水带、水枪。1992年，在县城组建一个义务消防队，有消防队员114人。在19个乡（镇）建有义务消防队205个，队员3326人。2008年，在苗二河乡苗攀村投入资金14万元安装消防火栓，配置水枪、水带，成立村义务消防队。

2010年，实施卡蒲毛南族乡场河村交懂组、掌布乡桃坡村大小院组3个村寨电气线路改造项目，各配备相仿三轮车1辆、手抬机动泵1台、水带10卷、水枪2支。是年，在县供电局、县烟草公司、掌布乡桃坡大小院组、平湖镇派出所、平湖镇玉池社区开展“防火墙”工程试点单位。

2011年，采取资金匹配的方式投入26万元为各乡（镇）分别配置2台手抬机动泵、10盘水带和2支水枪。2012年，县人民政府先后斥资61万元添置1辆8吨位泡沫水罐联用消防车及部分抢险救援器材装备；投入69.12万元，配齐县综合性应急救援大队器材装备；拨付67万元专项经费配齐新消防站办公及生活设施。

2013年，购置3吨小型水罐车1辆，完成县城区消防栓的修复、消防车辆GPS系统安装以及应急救援指挥车的采购使用。

第四章　检　察

1988年后，县人民检察院履行法律监督职能，依法对刑事侦查、审判活动进行监督，开展经济案例的侦察、审理，行使侵权、渎职犯罪的检察权，切实维护社会稳定和人民群众利益。1988~1991年，贯彻落实“严打”方针，从快审结各类刑事案件。1998年后，执行新修订的《中华人民共和国刑法》《中华人民共和国刑事诉讼法》，严把事实依据关口。2003年起，实行检察长接待制度，定期接待上访群众。2006年，县检察院采取以案释法、举办讲座、送法下乡等形式开展法制宣传和警示教育，建立完善预防职务犯罪联系制度。2013年，共受理各类职务犯罪案件线索9件9人，侦查终结移送起诉5件5人。

第一节　机　构

1988年，县人民检察院内设侦查科、批捕科、起诉科、监所控申科及办公室“四科一室”。

1991年，内设机构为贪污贿赂检察科、法纪检察科、刑事检察一科、刑事检察二科、监所控申检察科、民事行政检察科、政工科及办公室“七科一室”。另设县财政局、县税务局、县农行、县烟草局、县乡镇企业局、县供销社6个单位和甘寨乡检察室。1995年，内设机构增设法警室，撤销县财政局、县农行、烟草局、乡镇企业局、县供销社5个派驻检察室，保留税务、甘寨乡两个派驻检察室。1996年，撤销贪污贿赂检察科，成立反贪污贿赂局。

1997年，内设8科1局1室1队，即政工科、审查批捕科、审查起诉科、监所检察科、民事行政检察科、控告申诉检察科、法纪检察科、检察技术科、反贪污贿赂局、办公室、法警队。

2001年11月，县级机构改革，内设机构精简为7科1室1局，即政工科、侦查监督科、公诉科、监所检察科、民事行政检察科、控告申诉检察科、渎职侵权检察科、反贪污贿赂局、办公室。1998~2002年，仍保留平塘县人民检察院驻甘寨乡检察室。

2002年，撤销渎职侵权检察科，成立反渎职侵权局，增设纪检监察室。

2013年，县人民检察院内设办公室、政工科、计财科、侦查监督科、公诉科、反贪污贿赂局、反渎职侵权局、监所检察科、民事行政检察科、控告申诉检察科、案件管理办公室、纪检监察室、法警大队。设检察长1名、副检察长3名。年末，实际在编人数35人。

第二节 刑事检察

1988~1991年，贯彻落实“严打”方针，从快审结杀人、抢劫、防火、强奸、爆炸、盗窃、流氓团伙7类刑事案件，除1988年审结率为99.3%，其他年份审结率均为100%。

1992年后，按照个人阅卷、集体讨论、检察长或检察委员会讨论决定的办案制，严把事实证据、法律关，确保办案质量。1992~1997年，共受理公安机关提交逮捕922人，批捕801人；自侦案件呈请逮捕37人，批捕31人。共受理公安机关移送审查起诉各类刑事案件546件814人，经审查决定向同级人民法院提起公诉669人。移送黔南州检察院审查起诉52人，免于起诉108人。

1998~2005年，执行新修改的《中华人民共和国刑法》和《中华人民共和国刑事诉讼法》，严把事实依据关口，共受理公安机关提请逮捕的各类刑事案件695件1085人，批捕523件807人；共受理审查起诉各类刑事案件631件846人，提起公诉387件613人，决定不起诉64件96人。2006年，县检察院退回补充侦查案件6件，纠正违法行为131件，追捕漏网犯罪嫌疑人3人，发出提供法庭审判证据意见书6份。

2008~2012年，县检察院受理公安机关和本院自侦部门移送审查逮捕案件509件756人，批准逮捕370件525人，其中，“两抢一盗”案件23件31人，毒品案5件5人，杀人强奸、伤害等侵权案件40件51人。开展侦查活动监督34件，共受理移送审查起诉642件958人，审查后向县人民法院提起公诉408件587人。

2013年，共受理公安机关提请批准逮捕的各类案件104件177人。经审查，批准逮捕74件118人，不批准逮捕30件59人。共受理审查起诉案件133件196人，审查后提起公诉114件158人，移送上级院审查起诉5件6人。其中依法批捕黑恶势力犯罪、杀人、强奸、故意伤害和黄赌毒、“两抢一盗”犯罪嫌疑人103人，起诉103人。

第三节 民事行政检察

1988~2008年间，县检察院共受理当事人不服人民法院生效民事行政判决和裁定申诉案85件，直接答复7件，立案审查25件。经审查，调解息诉10件，决定向上级检察院提起抗诉7件，建议上级检察院提请抗诉3件，建议法院再审2件，转相关部门审查2件、调解1件。

2009~2012年，共受理各类民事申诉案件8件。立案审查10件，建议提请抗诉6件，向人民法院提出再审建议 2 件，审查息诉 3 件。

2013 年，强化民事行政诉讼法律监督，对裁判正确的民事行政申诉案件，依法做好当事人息诉服判工作，维护司法权威。是年，支持和督促因犯罪造成国家和集体财产损失的起诉 5 件。

第四节　职务犯罪检察

1988 年，查处一批经济案件，追回赃款 2 万余元，挽回经济损失 17 万元。1989 年，督促 5 名经济犯罪分子投案自首，主动交出赃款 3.6 万余元。1992 年，发现经济案例线索 20 件，立案侦查 15 件 15 人，移送起诉 8 件 8 人，挽回经济损失 26 万余元。

1993～2001 年，共受理各类经济案件线索 124 件 129 人，立案 62 件 66 人，侦查终结 55 件 59 人，起诉 33 人，挽回经济损失 193.2 万元。

2003～2005 年，共受理渎职侵权案件线索 10 件 11 人，立案 4 件 5 人，侦结并起诉 5 人。2008 年，共受理举报贪污贿赂、渎职侵权案件线索 131 件，立案侦查 7 件 9 人，移送审查起诉 49 人。2009 年，立渎职侵权案件 1 件 1 人。

2012 年，立案查办在涉农惠农及农村基础设施建设中的贪污贿赂案件 5 件 7 人（贪污 4 件 6 人、受贿 1 件 1 人），立渎职侵权案件 1 件 1 人，侦查终结移送审查起诉 6 件 8 人，为国家挽回经济损失 50 余万元。

2013 年，受理各类职务犯罪案件线索 9 件 9 人，其中立贪污贿赂案件 6 件 6 人、侦查终结移送审查起诉 5 件 5 人。

第五节　控告申诉检察

1988 年后，通过信访接待和检举控告解决群众告状难、申诉难问题，共受理群众来信来访 155 人（次），受理群众举报立刑事案件 4 件。1992 年，共收到群众举报 35 件，其中经济线索 25 件、法纪线索 5 件，立案查处经济案 15 件、法纪案 1 件。

1993～1997 年，共受理申诉案件 17 件，其中立案审查 4 件、答复 6 件、转部门处理 1 件、息诉 2 件。1999～2002 年，共受理举报和来信来访 165 件，检察机关内部处理 44 件，转其他部门 53 件。

2003 年，县检察院制定和实施《检察长预约接待制度》《首办责任制实施细则》和控申举报工作制度，以受理不服不批准逮捕、不起诉、撤销案件决定和生效的刑事判决、裁定等申诉案件为重点，规范统一管理，及时受理、登记、视察、分流，并进行催办、督办。来信来访在 7 个工作日内分流、处理、答复。

2004 年后，开展“集中处理涉检上访专项活动”，通过落实检察长接待日制度，妥善处理涉检上访。2005～2010 年，县检察院检察长或副检察长先后接待群众来访 114 次 159 人，均当面答复或在 7 天内答复处理完毕。2012 年，控申部门共受理群众来信来访及申诉 6 件。

2013 年，共受理群众来访和举报 9 件 10 人，按照程序处理 9 件 10 人。开展刑事司法救助 1 件。

第六节 监所检察

1988~1992年，主要贯彻执行《人民检察院看守所工作细则（试行）》《人民检察院看守所工作规范（试行）》，实行目标管理、执法监督。先后检查监所59次，对羁押人员上法制课14次，重点教育、个别谈话达294人（次），提出检察建议10余条。

1994年，试行检察官驻所检察制度，对超期羁押提出检察建议。

2003~2005年，实行在押人员诉讼时限告知制度，查处监管人员2人。2007年，县检察院驻看守所检察室被最高检察院评为“二级达标检察室”。2009年，对86名监外执行人员进行监督考察，与在押人犯谈话90人次。

2010年，开展看守所监管执法专项检查，向监管机关和办案单位发出纠正意见10件。对24名被判缓刑的暂予监外执行人员进行监督考察。

2011年，建立纠防超期羁押长效机制，对减刑、假释、保外就医在押人员进行专项检查，向办案单位和看守所提出检察建议30件（次）。

2013年，纠正刑罚执行和监管活动违法情形16件，对全县204名监外执行人员进行监督和社区矫正跟踪监督，提出检察建议11件（次）。

第七节 预防职务犯罪

1988~1992年，以反贪污、受贿、挪用为重点，开展对领导干部帮、纠、查工作。共立案查处违纪违法案件105件，审结92件94人。其中，贪污、挪用等经济案21件，严重失职5件，道德败坏、腐化堕落10件。

1993~1997年，以侵权、渎职、玩忽职守犯罪为重点，通过民主生活会等形式进行自查自纠，5年共受理案件线索56件74人，立案侦查23件32人，移送起诉5件7人。1998年后，在行政执法机关、司法机关、经济部门通过举办法制宣传栏、开展警示教育等预防职务犯罪。2003年，县检察院在县水务局、者密镇等单位和乡镇设立预防职务犯罪联系点、警示教育基地（教育室）。是年，县检察院介入卡蒲水库续建工程开展专项预防工作。

2006年后，贯彻落实《贵州省预防职务犯罪工作条例》，县检察院与乡（镇）经济部门合作，采取以案释法、举办讲座、送法下乡等形式进行法制宣传和警示教育，建立完善的预防职务犯罪联系协调制度，开展个案预防、系统预防、专项预防，并提出检察建议。2009年，全县11个单位建立完善预防机制，配备专门工作人员。2011年，开展重大工程预防，向工程招标单位、建设主管部门提供预防咨询23次。

2013年，县检察院组建预防职务犯罪法制宣传团，在乡（镇）和部门进行预防职务犯罪法制宣讲，协同组织人事部门把预防职务犯罪纳入党员干部培训、公务员培训讲授课程。

第五章　司法行政

1988年后，平塘县法制教育和普法工作主要通过普法考试、普法培训、送法下乡等形式，进行法制宣传教育。先后制定"二五""三五""四五""五五""六五"普法规划，实施依法治县，法律进机关、进厂矿、进学校、进农村、进社区，建立法制示范村、示范社区，建立基层人民调解组织，推进民主法制建设，维护社会和谐稳定。

第一节　机　构

1988年，县司法局下设办公室、公证处和法律顾问处。全局职工22人，设局长、副局长各1人，各区设有司法助理员。

1994年6月20日，成立平塘县法律服务中心。1994年，机构改革后，司法局内设人秘股、普法调解教育股、县公证处、平塘县律师事务所。1995年，平湖、通州、西关、者密设置法律服务所。1996年4月，"平塘县律师事务所"更名为"金盆律师事务所"，有3名律师。1997年，平湖、牙舟、通州、大塘、克度、摆茹、者密7镇成立司法所，是年，"平塘县法律服务中心"更名"平塘县中心法律服务所"。1998年10月，平塘县法律援助中心成立。

2001年10月，县级机构改革，司法局内设办公室、基层管理股、律师公证管理股、法律援助工作管理股、政工科、依法治县办公室6个科室。下设县公证处、县律师事务所。19个乡镇均设置司法所，配所长19名。2006年，附设县普法依法治县领导小组办公室。

2011年，县级机构改革，县司法局内设办公室、社区矫正管理科、法制宣传教育科、律师公证工作管理科、法律援助工作管理科、基层工作管理科、政工科7个科室和19个乡（镇）司法所。

2013年，县司法局内设办公室、社区矫正管理科、法制宣传教育科、律师公证工作管理科、法律援助工作管理科、基层工作管理科、政工科7个科室和19个乡（镇）司法所，设局长1名、副局长3名，核定编制40人，工勤人员2人。附设机构平塘县普法依法治县领导小组办公室、金盆律师事务所和平塘县公证处。年末，司法局在册干部33人。

第二节　普法教育

"一五"普法（1985～1990）

1988年，全县干部职工普法完成3116人，占普法对象的83%；工人普法完成1986人，占工人普法对象的83%；农民普法完成3.45万人，占农民普法对象的18%。

1989年，县司法局编印《农村普法提纲》2500余份，发至农村各村组。是年，共召开普法培训会50余次，宣讲普法提纲1900余次，受教育者达14.9万余人（次）。

1990年，机关、学校、厂矿普法完成100%，农村普法完成91%。是年10月1日，国家《行政诉讼法》正式施行。县司法局对22个单位的行政人员进行专门培训，参训1260余人。

“二五”普法（1991~1995）

1991年，制定“二五”普法规划。是年12月，县委、县人民政府批转县法制宣传领导小组《关于配合农村社会主义思想教育，开展“二五”普法工作的几点意见》，农村社教和“二五”普法同步进行。

1992年，组织法制文艺宣传队20个，演出124场（次），放映法制宣传录像片212场（次）、电影297场（次），赴乡（镇）宣传20场（次），法律咨询15次584人，培训普法骨干1.5万余人（次）。

1993年，县司法局翻印发放“二五”普法法规23500余册，召开法制学习座谈会25次，到各机关单位、学校讲授法制课35次。

1994年，县司法行政部门到各中小学校对青少年学生上法制课14次，发放法律知识读本2000余册。

1995年，平塘“二五”普法通过州法制宣传教育领导小组验收普法成果，获得黔南州第三名。

“三五”普法（1996~2000）

1996年11月，县人大常委会审议通过《平塘县“三五”普法规划》。是年，县司法局深入各乡镇巡回宣传共29场次，发放各种宣传资料3000余份、法律书籍600余册，上法制教育课47次，进行法制宣传。

1997年5月，县人民政府批转县司法局《关于1997年开展“三五”普法工作的报告》。配合全县“严打”斗争，利用赶场天到各乡镇巡回宣传。

1998年3月，县人民政府批转《平塘县普法依法治理领导小组1998年普法依法治理工作安排意见》。是年，进行普法考试，参加考试人员3800余人，占应考人数的93%。县司法局在平湖镇北街村、白龙乡乐康村进行依法治村试点。

1999年，举办领导干部《中华人民共和国合同法》《中华人民共和国行政诉讼法》《中华人民共和国行政处罚法》《中华人民共和国国家赔偿法》讲座；对全县242个村（居）委会进行依法治村培训；10月22~31日，组织全县国家机关工作人员在平塘民中、二中，平湖一小、二小、三小开展法治培训。

2000年，在供电局、水电局、乡镇企业局和龙马水泥厂开展依法治局和依法治厂试点；在平湖镇新舟村，通州镇金星村、高星村，苗二河乡巴多村，克度镇金山村、前进村，大塘镇羊方村，者密镇茂村村，摆茹镇四方井村，牙舟镇王宋村进行依法治村试点。

“四五”普法（2001~2005）

2001年，县司法局及时制定“四五”普法规划，启动“四五”普法工作，印发《平塘县依法治县2001年工作安排意见》。利用赶场天、“3·18”科技日和科技、文化、法律“三下乡”活动日，开展法制宣传活动，发放法制宣传资料5万余份，法律书籍200余册。结合整治社会治安和市场经济秩序，县司法局制作宣传板，编印严打宣传提纲，在全县巡回宣传。

2002年，县依法治县领导小组组长与各乡（镇）、县直各部门负责人签订依法治县目标管理责任状，将普法教育纳入乡（镇）、部门年度工作考核。

2003年，县普法依法治县领导小组组建“平塘县青少年法制教育讲师团”，深入全县17所中学进行法制巡回宣讲。在“非典型肺炎”暴发期间，县司法局制作《中华人民共和国传染病防治法》宣传板，发放防治“非典”基本知识读本及挂图273张。是年4月，经县普法依法治县领导小组成立“平塘县农村法制宣讲领导小组”和“平塘县农村法制宣讲团”，分赴平湖镇、大塘镇、者密镇8个村进行试点宣讲。

2004年，县司法局开展“法律援助在行动”活动。利用“公民道德建设实施纲要宣传月”、“3·15”消费者权益保护日、“3·18”科技活动日、“五月法制宣传月”、“6·26”国际禁毒日、“12·4”法制宣传日等，组织开展大型法制宣传活动。是年，县司法局成立法制宣传队和社区法律学校，深入两个社区开展经常性法制宣传教育活动。与县公安局联合创建无毒“社区”。

“五五”普法（2006~2010）

2006年4月，召开全县“四五”普法总结表彰暨“五五”普法启动动员大会，对“五五”普法进行部署。县普法依法治县领导小组与各乡（镇）、县直各部门签订2006年普法依法治县目标管理责任书。是年，成立平塘县“五五”普法法制宣传教育讲师团和平塘县预防青少年违法犯罪和跟踪帮教领导小组，开展法律进机关、进乡村、进社区、进学校、进企业、进单位的“法律六进”活动。先后在四寨中学、牙舟小学、牙舟镇白云小学举行预防未成年人违法犯罪专题讲座和法制宣传教育。

2007年，印发《平塘县2007年普法依法治县工作安排意见》《关于开展法律进乡村活动实施意见》，以《中华人民共和国物权法》《中华人民共和国未成年人保护法》《中华人民共和国行政诉讼法》《中华人民共和国预防未成年人犯罪法》《中华人民共和国公证法》《贵州省法律援助条例》等法律法规为主要内容。共举办各级干部法制讲座和法律知识培训30多期，参训人员3500余人（次）。以卡罗乡卡罗村为示范点，开展以“依法建制、以制治村、民主管理”为主要内容的基层民主法制建设工作。

2008年，在19个乡（镇）、27个部门、3个社区和30所中小学校开展法制宣传教育活动。宣传《中华人民共和国宪法》《中华人民共和国物权法》《中华人民共和国道路交通安全法》《中华人民共和国未成年人保护法》《中华人民共和国行政诉讼法》《中华人民共和国国防法》《中华人民共和国预防未成年人犯罪法》《黔南布依族苗族自治州自治条例》《中华人民共和国公证法》《贵州省法律援助条例》等法律知识，共发放宣传资料30余万份，宣传展板1000余块（次），演出30场（次），接受咨询6000余人（次）。是年，县司法局就如何做好留守儿童的思想道德和法制教育进行调研，并撰写专题报告。

2009年，县司法局指派律师和法律工作人员协助党委政府和信访部门开展涉法信访和调解工作。

2010年，开展“三抓三带”活动，即抓领导班子学法用法，带动公务员队伍法制教育；抓法制副校长、辅导员培训，带动全社会参与普法宣传；抓“法律六进”，带动群众学法。先后开展法制讲座102场、各类法律培训33次，参训14200余人。“五五”普法顺利通过省州验收。

“六五”普法（2011~2015）

2011年后，创建法治示范县微平台，推进“六五”普法。2012年，以学习宣传《中华人民共和国宪法》为中心，开展“法律八进”（即进机关、乡村、社区、学校、企业、单位、园区、家庭）宣传教育活动，发放宣传资料20万份、宣传手册10万余册。2013年，在机关、学校、企事业单位开展法制宣传专题活动。共开展送法宣传32场（次），出学习宣传专栏205期（次）。是年，重启平塘普法宣传平台。

第三节 法律服务

1988 年，县司法局开展民事代理 23 件、刑事辩护 22 件，受理各种公证 152 件，办结 149 件，办结率 98%。1989 年，平塘县法律顾问处更名为“平塘县律师事务所”。是年，律师事务所共承担 7 个单位长年顾问，代理诉讼 65 次。1993 年，县司法局设立法律服务中心。1996 年 4 月，平塘县律师事务所更名为“金盆律师事务所”。

1990 年，承担 11 家法律顾问，提出司法建议 8 次，解答法律问题 130 余次，赠送法律书刊 50 余册，起草和修改法律文书 60 余份，代理诉讼 10 件，避免和挽回经济损失 28 万余元。1991 年，共承担 9 家法律顾问，并为聘请单位草拟、修改各类合同 17 件，非诉讼 2 件，代理诉讼 22 件。1992 年，共承担 8 家法律顾问，为顾问单位解答法律咨询 100 余次，审查、草拟、修改法律文书 20 余份，代理诉讼 6 件，非诉讼法律事务 7 件，共避免和挽回经济损失 30 余万元。1993 年，共承担 8 家法律顾问，为顾问单位解答法律咨询 60 余次，审查、草拟、修改法律文书 35 份；代理解决各类纠纷 10 件，涉及金额 21.5 万元，为顾问单位追回欠贷款 25 万元。全年共办理各类民事代理案件 55 件，办理各类经济代理纠纷案 9 件，涉及金额 41.5 万元，为当事人挽回经济损失 39 万元，共代书 34 份，解答法律咨询 495 人次。1994 年，共承担 10 家法律顾问，为顾问单位代理诉讼案件 7 起，协商解决纠纷，涉及金额 290 万元，并追回欠款 12.4 万元，解答法律咨询 600 余人次。

1997 年，承担县机关单位法律顾问增至 14 家。是年，协助顾问单位举办法律培训 3 次；提出司法建议 30 余次，免费代理案件 22 件，非诉讼代理 18 件，涉及金额 80 余万元。

1998~2006 年，县金盆律师事务所共办理各类案件 823 件，提供法律援助 415 件，向人民政府提出司法建议 6 条，公证处办理公证 971 件，各基层法律服务所承办各种案件 837 件，提供法律援助 16 件，代写法律文书 360 份，参与担保民事调解 135 起。1998 年，县司法局开通“148”法律服务热线电话。1999 年，办理土地承包合同、烤烟合同、计划生育合同公证。2003 年，各基层法律服务所担任乡镇人民政府法律顾问达 6 家，并逐年增加。2006 年是“148”法律服务热线与法律援助整合为群众提供快捷法律服务的重要一年。

2007 年，县司法局成立农民工维权工作领导小组和农民工维权接待室，在各乡镇司法所设立农民工维权接待站，负责农民工法律咨询和法律援助。是年，首次在白龙乡摆克村村民委员会换届选举现场进行监督公证。

2008 年，县法律援助中心为全县 2227 户独生子女和二女结扎户制作法律援助卡，负责提供法律援助。

2012 年，建立低保人群、零就业家庭、残疾人、老年人信息库，发放法律援助卡；开辟农民工、困难职工、失业人员的工伤、“三险一金”、劳动纠纷维权快速通道；与外出务工人员集中地法律援助机构合作，维护外出务工人员合法权益。

2013 年，金盆律师事务所代理民事诉讼案件 38 件，其中民事诉讼代理 11 件、法律援助 26 件、非诉 1 件。县法律援助中心办理各类法律援助案件 226 件，其中民事代理 219 件、刑事案件 7 件，县公证处入驻县政务服务中心。是年，共受理公证事项 227 件，办结 227 件，办结率 100%。

第四节　安置帮教

1988年至1999年9月前，刑释解教人员安置帮教工作由县公安部门负责。

1999年9月，成立平塘县刑释解教人员安置帮教领导小组，下设办公室在县司法局，之后，刑释解教人员的安置帮教由县司法局承担。主要是针对被帮教人员在押或劳教期间的表现情况，确定重点帮教或一般帮教人员，联系被帮教人员所在村组或单位，帮助解决一些力所能及的困难，开展思想教育，帮助其重新做人，自食其力。

1999~2005年，共收到刑满释放人员通知书355份355人，除个别人员住址和姓名不详外，其他人员经思想工作后均在外打工或回家务农。

2006年，县安置办建立被安置帮教人员档案，实行跟踪帮教。2007年，把县龙鑫有色金属冶炼有限公司作为刑释解教人员第一个就业安置基地。2008年，启动被帮教人员管理。2010年，启动社区矫正工作，是年，共接受社区矫正对象86人（假释7人，缓刑79人），开展社区矫正86人。2012年，建立乡（镇）、社区、村（居）委员会三级安置帮教网络，完善被帮教人员档案，实行一人一档管理。

2013年，共收到刑释解教人员通知197份197人，接回49人。是年，全县共有帮教对象523人，落实帮教523人，安置442人，帮教率和安置率均为100%。

第五节　人民调解

1988年后，各行政村相继建立人民调解委员会，村民小组建有调解小组。1988~1992年共培训各级调解人员700余人次，调解各类民间纠纷11322件，成功调解9567件，调解成功率为84.5%。

1993~1997年，基层调解组织共调解各类纠纷6828件，调解成功6432件，成功率达94.2%。其中，各乡（镇）司法助理员参与调解共72起，成功70起，成功率为97.2%。

2002年，县司法局到村组指导调解17次，参与重大疑难纠纷调处6件。2003年，克度镇与罗甸县董架乡协商组建联合调解委员会，调解委主任由两乡（镇）人员轮流担任。2005年，县司法局开展春秋两季民间纠纷排查，婚姻家庭纠纷占各类纠纷总数的23%，成为重点纠纷；其次是土地、山林、水事纠纷，占19%。是年6月，苗二河乡与都匀市沙寨乡成立两乡毗邻村“联合人民调解委员会”。

2006年，全县19个乡镇127个村（居、社区）统一制作印章、标牌、调解文书格式、调解程序、制度，实现“五统一”。2008年后，土地（林地）劳资、医患、征地拆迁纠纷日益突出，出现群体性械斗和上访的现象。

2010年，建成苗二河乡、牙舟镇、谷硐乡、白龙乡4个司法所办公用房建设。2011年，实现基层调解补助制度，按一般、疑难、重大、重大疑难四类纠纷，分别给予200、500、800、1000元的补助。

2013年，全县19个乡镇843名人民调解员分批次集中培训《人民调解法》《人民调解工作基本知识》《平塘县矛盾纠纷调处以奖代补暂行办法》等法律法规知识以及人民调解文书制作。是年共排查民间纠纷2196件，调解2196件，调解率100%；调解成功2068件，调解成功率为94%。防止群体性上访2件50人、群体性械斗1件20人。

第九篇

人事　劳动　民政

第一章　人　事

1988年，在县机关单位和区（镇）、乡（镇）实行干部选聘制。1993年8月，国家公务员管理暂行条例颁布后，自1994年起，按照公务员暂行管理条例对干部进行规范性管理考核。1999年后，大中专毕业生实行双向选择就业制度。从2002年开始，县直各单位录用工作人员实行“凡进必考”。2006年，在县直机关开展竞聘上岗工作，建立符合人才成长的管理制度。2009年后，实行控编补缺制度，机关单位招聘工作人员按照编制核定进行补缺招考录用。2013年，全县共公开招考聘用工作人员220人。

第一节　机　构

1984年，县劳动工资局、县人事局合并为平塘县劳动人事局。至1993年，县劳动人事局无内设机构，下设劳动就业办公室和劳动就业培训中心，挂靠单位有县编制委员会办公室、县安全生产委员会办公室、县职称改革办公室。

1994年，县级机构改革后，平塘县劳动人事局改称人事劳动局，内设人秘股、干部股、保险股、工资股、计调股、劳动保护股，下属单位增加劳动服务企业一个。1995年，增设劳动监察股。挂靠单位增加县工资改革办公室、县劳动仲裁办公室、县劳动鉴定办公室、县人才交流中心。

1996年，撤销保险股，组建社会保险局。1997年，设立劳务输出有限公司，挂靠县劳动就业办公室。

2001年11月县级机构改革后，县人事劳动局更名为人事劳动和社会保障局，内设办公室、干部股、工资股、监察股、社会保险监督股。下设县劳动就业办公室、县人才交流中心、县干部培训中心、县劳动就业培训中心5个股级事业机构和县社会保险事业管理局。挂靠机构有县职称改革领导小组办公室、县工资改革领导小组办公室、县劳动争议仲裁委员会办公室、县直部门政务公开领导小组办公室、县干部年度考核委员会办公室、县劳动医务鉴定委员会办公室。2003年，监察股改称劳动保障监察股，下设机构增加劳动保障监察大队、县社会保险管理服务中心、县医疗保险管理服务中心和平湖劳动保障事务所。2004年，增设人事争议仲裁和劳动仲裁2个办公室。2005年，医疗管理服务中心更名为医疗保险股，县机关政务公开领导小组办公室设在县纪委（监察局）。2006年，内设机构增设纪检监察室，下设机构增加县就业局，附设机构增加县人事人才工作领导小组办公室引导和鼓励高校毕业生面向基层就业办公室。2007年，附设机构增加县农民工工作联席会议办公室、县就业工作联席会议办公室。2008年，附设机构增设县事业单位综合配套改革领导小组办公室。

2011年，县级机构改革，县人事劳动和社会保障局更名为人力资源与社会保障局。内设办公室、财务室、人事管理股、录用调配考核奖罚股、劳动关系股、社会保险股、就业促进股、工资福利退休股、政策法规股（信访室）9个股室。下设县劳动争议仲裁院、县劳动保障监察大队、县社会保障事业局、县就业局、县干部培训中心、县人才交流服务中心、县劳动就业培训中心。2012年，劳动保障监察大队升格为副科级执法机构。

2013年，人力资源与社会保障局内设机构不变。将下设的县劳动就业培训中心、县人才交流服务中心职能职责划入县就业局，就业局升格为副科级事业单位。

第二节 人事制度改革

1988年后，干部调配除统一分配大中专毕业生、安置退伍军人外，还公开向社会招聘干部。1988年，县委印发《关于县直机关实行劳动人事选聘制的试行办法》和《关于区（镇）、乡（镇）实行干部选聘制的暂行办法》，在县直机关和乡镇进行以干部选聘制为内容的干部人事制度改革。是年，成立平塘县体制改革办公室负责此项工作，年底，县、区机关共有17个单位和31个乡镇完成干部选聘工作。

1996年，开始对机关、事业单位干部进行统一的年度考核，机关干部考核分优秀、称职、不称职和不定等次4个等次。

1997年，实施国家公务员和党的机关工作者的入轨工作，全县参加实施公务员制度单位74个（其中参照试行单位42个），应过渡人员1258人，实际过渡1143人，在实施和参照试行中，交流245人。过渡后，按照规定设置主任科员和副主任科员职位80个，占领导职位的56%。

1999年，县人民政府印发《关于大中专毕业生实行双向选择就业实施意见》，大中专毕业生不再进行统一分配。2000年在县机关实行领导干部公开招考及任职1年试用期制度。从是年开始，大中专毕业生全面进入县人才中心管理，县机关和乡镇录用干部实行“凡进必考”制度。

2004年，县委印发《干部人事管理办法（试行）》，实行票决干部任免制度和干部聘任公示制度。2006年，印发《平塘县事业单位人事制度改革试点工作实施方案》，将县文体广播电视局作为改革试点开展竞聘上岗。之后，县直机关各单位根据工作实际，建立符合专业技术岗位、管理岗位、工勤岗位人才成长规律的管理制度。实现事业单位人事管理由身份管理向岗位管理转变，由单纯行政管理向法制管理转变，由行政依附关系向平等人事主体转变，由国家用人向单位用人转变。

2007年，对全县1005名公务员登记信息进行复核，并举办信息化与电子政务和通用能力两期培训，参训619人。

2009年，印发《平塘县事业单位人事制度改革工作方案》，在县直机关51个事业单位设置2382个岗位。之后开展空岗补缺和招聘工作。

2013年，面向社会公开招聘县机关事业单位工作人员130名，专项招聘乡镇事业单位人员90人。

第三节 工资福利

工资改革

1988年，机关、事业单位工资分为基本工资、职务工资、工龄工资和奖励工资4个部分。是年，县机关、事业单位950名工作人员参加工资套改，兑现受聘专业技术人员职称工资、知识分子生活补贴、大中专毕业工作年满3年调级工资，全县1376名中、小学教师均提高10%的工资。1989年，把专业性公司工资套改为企业工资，70名医院护士提高10%的工资，7名企业人员提升3%的工资。

1990年，在原工资基础上，对3822名机关、事业单位职工进行调资，调资后人均月增资12.6元。

541名离退休人员生活待遇提高，人均月增资14.6元。是年，企业参加调资1502人，实际升级增资1395人，占总调资人数的92.9%，人均月增资9.95元。1991年，45名农业科技人员浮动工资转为固定工资，人均月增资6.7元。提高县机关、事业单位书报费、交通费、洗理费（简称“三费”），人均月增14元。

1994年，国家进行第三次工资制度改革。全县国家机关、事业单位在职职工参加工资套改共3976人，其中行政机关职工1341人，事业单位职工2410人，见习人员225人。1995年，工资套改后，机关职工人均月增67.89元，事业单位人均月增67.45元。是年，参加国有、集体企业工资套改53家1305人，人均月增49.14元；机关、事业单位离退休人员743人生活费月增加100.89元；企业离退休人员481人，生活费人均月增加59.8元；70名教育系统退休人员提高5%退休工资；25名大中专以上毕业生在乡镇工作实行浮动档次（职务）工资，人均月增12.97元；县文化馆（站）、档案馆、图书馆提高5%~8%活动津贴，人均月增22.97元。1996年，增加339名民办教师工资，增加后月人均增资11.22元。

1997年，4485名县机关、事业单位工作人员从7月1日开始提高工资标准，人均月增209.92元；1003名县机关、事业单位离退休人员增补退休费，人均月增40.47元；4161名在职和退休人员补发1993年10月至1994年6月工资，人均354.93元；4873名在职和退休人员补发1996年度“三费”，人均623.98元。

1999年，6184名机关、事业单位人员调整工资，月人均增资115.65元；补发1998年在职人员、离退休人员“三费”审批手续5156人，人均620.6人；县属企业42户2748人调整工资，月增资2.2万元，月人均增资29.4元。

2001年4月，调整机关、事业单位工作人员工资标准，增加离退休人员离退休费和发放偏远边区津贴。调整的财政供养人员6309人，其中在职人员4871人、离退休人员1083人、遗属355人，每月人均增资177.52元。10月，第二次调资6512人，在职人员5025人，离退休人员1121人，享受生活困难补助的遗属366人，累计月增经费47.5万元。其中在职人员月增经费36.6万元，离退休人员人均月增83.77元，遗属生活困难补助人均月增41.47元。

2002年，机关、事业单位工作人员实行年终一次性奖金。2003年，按工资指导线调整全县企业工资标准。从2005年开始，企业工资转交县经贸局管理。

2006年，进行第四次工资制度改革。行政机关工作人员以职务工资为主，事业单位工作人员工资分类别实行专项技术职务工资、岗位工资、艺术结构工资、体育三事项、奖金工资等工资制，按照全额预算、差额预算和自筹工资等渠道采取不同标准。是年，全县国家机关、事业单位职工3984人在2004~2005年连续两年考核合格（基本合格）的晋升工资，人均月增资34.38元；全县机关、事业单位673名离退休人员增加离退休费，月人均增资19.3元。

2008年，调整全县机关事业单位在职和离退休人员6718人的岗位补助、岗位补贴、移动通信话费、住房增量补贴，月增加津贴218.75万元，人均325.6元。2011年，公共卫生与基层医疗卫生事业单位454人实施绩效工资。2012年，调整机关事业单位工作人员和离退休人员艰苦边远地区津贴和住房增量补贴。2013年，调整规范机关工作人员及离退休人员津补贴，提高事业单位绩效工资标准。

福利待遇

1988年后，根据国家政策，全县干部福利待遇逐年提高。除节假日外，按照规定还享受病假、探亲假、婚丧假等。离退休干部的离退休费、护理费、医疗费在工资改革和调整工资中逐年提高。凡未有住房的离退休人员，可享受建房补助。

从2003年2月开始，离退休人员护理费每月提高200元，副高级以上职称人员每年都按规定享受补额。

2010年后，除享受国家规定的节假日外，县机关、事业单位干部还享受带薪公休。实行双休制后，每周工作调整为40个小时，假日由7天增加到11天。在职职工和退休人员死亡后按政策规定享受遗属生活困难补助、丧葬费和一次性抚恤金。

第四节　干部人事管理

干部录用

1988~1999年，干部录用主要通过公开向社会招聘、安置转业退伍军人和大中专毕业生统一分配。对部分缺编较多的区（镇）、乡（镇）和部门，采取“以干代干”的方式解决。1989~1994年，共招聘干部235名，安排大中专毕业生366名，安置退伍军人57名。在聘用事业单位工作人员中，将部分民办教师转为公办教师。1988~1992年，民办转公办教师51人。

1996年，实行大中专毕业生务工2年再统一分配制度。1999年，最后一年统一分配大中专毕业生。之后，工作人员录用由统招统分为主转向社会公开招考录用聘用为主。

2000年后，县直各单位录用人员由计划分配、双向选择改为“凡进必考”。2001~2005年，通过考试录用公务员80人，公开招聘事业单位工作人员28人。

2008年后，实行公开招考录用和引进高层次人才相结合制度多渠道招聘人才。2009年，出台《平塘县事业单位人事制度改革工作实施方案》，在县直51个事业单位设置238个岗位。事业单位新增人员以岗招录，无编无岗不得招录聘用人员。

2010年，除平湖镇外，乡镇工作人员进入县机关单位工作，实行“凡进必考”制度。2011年，县直各单位录用人员合同签订率达99%。

2013年，面向社会公开招聘事业单位工作人员130名，引进紧缺专业人员187名，招聘乡（镇）事业单位人员90人。

干部考核和培训

1988~1996年，干部考核由所在单位自行考核，报组织人事部门审核备案。从1997年开始，对党、政、群及事业单位在职工作人员进行统一的年度考核，根据干部的“德、能、勤、绩”进行考核评分，按评分分“优秀、称职（合格）、不称职（不合格）、未定等次”4个等次。是年，分3批对机关公务员、党的机关工作者进行过渡培训考试。1156名参训考试人员取得过渡考核合格证。

1999年，县人事劳动局协同县委组织部举办机关、事业单位工作人员计算机培训11期，参训的1518人经考试全部取得合格证。

2004年，建立干部培训管理数据库，将全县机关事业单位3325名干部职工的基本情况和培训情况录入计算机，实行动态管理。2007年后，根据《国家公务员考核暂行规定》，对乡（镇）、部门、事业单位干部进行工作考核。2008年，制定《平塘县2008~2010年行政机关公务员教育培训规划和事业单位专业技术人员继续教育规划》，按照年度划分，实施公务员调训和专业技术人员继续教育。2009年，县人力资源和社会保障局与县委组织部联合印发《平塘县机关事业单位工作人员平时考核暂行办法》，对机关公务员及事业单位工作人员实行平时考核和年终考核。

2013年，全县机关事业单位干部职工参加考核4932人，其中公务员（含参公人员）375人、专业技术人员3441人、职员465人。经考核获优秀等次696人、称职306人、合格3475人、不合格3人、未定等次446人。

第五节　专业技术人员管理

1988年，全县共有各类科技人员1929人，其中会计人员67人、统计人员17人、卫生技术人员222人、工程技术人员69人、农技人员159人、教学员1380人、其他人员15人。是年，评定各类专业技术职务1671人，占科技人员总数的86.6%，其中高级专业技术职务20人、中级专业技术职务327人、初级专业技术职务1324人。

1991年，首次对专业技术职称评聘工作进行复查和考核。全县有高级职称12人、中级职称259人、助理职称706人、技术员880人，经考核，获优秀635人、称职1142人、基本称职71人、不称职9人。

1993年，设立奖励基金，对做出贡献的优秀知识分子和科技人员进行奖励。

1995年，成立农牧、卫生、教育、城建4个系列的初级职称评审委员会。是年，完成各类专业技术职务709人的初级评审和晋级推荐工作。

2000年开始，废止统招统分制度。县、乡（镇）机关事业单位招录专业技术人员，除硕士研究生以上职称外，其他技术人员均实行“凡进必考”制度。

2003年后，各类专业技术职称采取“个人申报、社会评价、单位使用、政府指导”的原则，实行“评聘分开”制度。2005年，先后印发《关于实施人才强县战略的决定》和《平塘县优秀人才和科技进步奖、评选奖励实施办法》，对党政人才和各类专业技术人才的引进、管理、奖励做出明确规定。2006年，建立乡镇人才联系点，全县共有乡土人才1388人。2008年，建立大学回乡登记制度，102名大学毕业生回乡登记。

2009年，启动非公有制企业和民间艺人专业技术职称申报评审，是年共开展特殊紧缺人才引进工作，从高校引进应届毕业生7人。2010~2011年，从高校引进急需紧缺专业技术人才43人。

2012年，建成专业技术人才数据库，全县专业技术人才4145人，其中管理人员468人、专业技术人员3548人、工勤人员129人。有副高级以上职称人才116人、中级职称人才1185人、初级职称人才2844人。

2013年，共完成412名事业单位专业技术人员职称申报审核工作，其中，正高1人、副高41人、中级69人、初级14人。完成民营企业技术人员和民间艺人职称申报审核66人，其中申报初级评审11人、转正定级初评55人。

第六节　离休　退休　退职

离休

1949年9月30日前（含9月30日）参加革命工作的干部（职工），统称老干部，享受离职休养待遇。老干部离休后，发放建房补贴费和房屋维修费，由原所在单位或县离退休干部职工部门组织参加县内外活动，按照国家政策享受生活、医疗和其他福利待遇。

2013 年底，全县共有离休干部 24 人。

退休

按照国家规定，凡国家机关、群众团体和企事业单位工作人员，男性年满 60 周岁、女性年满 55 周岁，应办理退休手续。因身体原因不能继续工作或工龄达 30 年，年龄满 50 岁的，个人申请经组织人事部门批准，可以病退或提前退休。退休生活待遇按照国家有关规定执行。

退职

按照国家有关规定，凡经过医疗鉴定完全丧失工作能力，又不具备退休条件或不愿再继续工作的干部，应当退职。平塘退职干部较少。1988~2013 年，共有辞退或离退干部 12 人，其中 1998 年在清理留职停薪工作人员中，辞退 10 人。

第二章　劳　动

1988~1998 年，主要对县内全民所有制企业和集体所有制企业进行微观管理。1999 年，县国有企业改制后，劳动管理重点转为加强从业人员技能培训，引导待业青年就业和下岗职工再就业，规范企业用工，维护职工合法权益，加强生产安全和劳动监察工作。

第一节　劳动用工管理

1988~1992 年，县内全民所有制和集体所有制企业实行合同制用工制度，主要招聘不包分配的大中专毕业生、城镇待业青年和企业退休职工子女，按照“先培训，后就业”的原则，对招收的合同制工进行上岗前培训。5 年共招收合同制工 465 人。

1993 年，开始有计划地组织劳务输出。是年，分 5 批组织 106 名城镇待业青年到深圳、广州务工。1994 年，开展劳动合同关系检查清理整改，共补办签订、续订劳动合同 204 人，签订劳动合同 130 份，解除劳动合同 2 人。

1995 年，全面推行全县劳动合同制。在 4 户企业（其中集体企业 1 户）进行试点，共办理劳动合同签证 92 人。1997 年，与深圳建设投资控股公司达成劳动输出、培训协议，分 2 批为该公司输出 157 名城镇青年、大中专毕业生和农村富余劳动力。是年，调解劳动争议 8 起，落实劳动报酬 9 万元。2000 年，开展劳动合同执法检查，查处无证招工企业 1 户；办理企业合同年检 20 户，续订劳动合同签订 43 人，解除劳动合同关系 8 人；签订农民工维权等专项执法检查 64 次，签订劳动合同 2316 份，兑现农民工工资 14 万元。

2009 年，开展“农民工招聘周”专项活动，为 1200 名农民工提供 11 家企业 40 个劳动岗位。是年 7 月，首家乡镇人力资源和劳动保障事务所在通州镇成立。

2010 年，全县 35 个劳动用工单位建立劳动争议调解委员会。是年，调解劳动争议案件 3 件，受理投诉案件3件，追回农民工工资14.9万元。

2011年，全面推行劳动合同用工备案制度，小企业劳动合同签订率、集体合同制度覆盖率达85.4%，规模以上企业合同签订率、集体合同制度覆盖率达96.9%。事业单位和规模以上企业建立调解组织达100%。

2013年，开展各类专项劳动保障监察11次，补签劳动合同401人，集体合同65户4032人，工资集体协调合同44户1487人，女职工权益保护集体合同112户1676人。共受理各类投诉20件，兑现农民工工资186.33万元。

第二节　劳动就业与再就业

1988~1993年，主要从非统一分配的高校大中专毕业生和技工学校、职业高中毕业生中招收20人，也从退休工人子女中（农村户口）择优录用合同制职工。1994年，各乡（镇）成立劳务输出管理站，开始向广州、深圳、珠海等地输送农民工，同时组织城镇待业青年到外地务工。1998年，成立粮食、供销、商业、经贸、工会5个再就业服务中心，腾岗安置下岗职工再就业。共为下岗失业人员申办再就业优惠证，提供信贷资金担保，开展就业培训等，不断拓宽就业和再就业渠道。

1998~2002年，全县共输出农村外出务工约7.4万人，其中有组织输出2960人（次），创收2亿余元。2003年后，对下岗失业人员基本情况进行调查摸底，建立下岗失业人员和年龄在40~50岁城镇失业人员数据库。2006~2010年，共新增城镇就业人员3008人，年度登记失业率分别为3.2%、3.6%、4%、4.16%、2.9%。

2011年，出台公益性岗位管理办法，对公益性就业岗位进行清理核查，建档立卡，优先解决“零就业”家庭的就业问题。是年，全县无“零就业”家庭。

2013年，全县城镇新增就业人员2243人，城镇登记失业率为3.22%，完成农村劳动力转移就业7366人。是年，城乡劳动力为8.2万户19.1万人。

第三节　劳动技能培训

1988~1990年，劳动技能培训由用工单位自己组织开展。1991年后，按照“先培训，后就业”的原则，采取集中、分片、分期的办法，对是年招收的合同工进行上岗前培训。1994年，机关事业单位技术工人开始参加全省技术等级考评；开始对组织外出务工待业青年和农民工进行培训，培训内容主要有法律法规、家电、缝纫、美容美发、计算机、电工、电焊、钳工和种养殖技术。1996年，实行应届大中专毕业生分配前必须外出务工锻炼2年的制度。1997年，平塘与深圳建设投资控股公司达成劳务输出、培训协议，并分两批输出城镇待业青年、大中专毕业和部分农民工共计157人。

1999年后，对安置就业的城镇待业青年、大中专毕业生、企业下岗职工进行上岗前培训，对机关、事业单位人员进行行政法规计算机应用能力培训。

2003~2005年，开展城镇就业人员培训9期363人（次），建立农村劳动力数据库和外出务工人员数据库，完成劳务输出16103人。

2007年，从19个乡镇选送40名具有高中（中专、技校、职业高中）以上学历村干部、农村优秀青年到贵州广播电视大学黔南州分校进2年制大专学历教育，毕业后为村级后备干部或在村一级从事教育、卫生、文化、农机推广、村办企业等工作。2009年，举办“大学生村官”“一村一大”“三扶一支”和“西部志愿者”培训班，有2009年大学毕业生共72人参训。

2010年，完成就业再就业培训1347人，共有897人获培训合格证书，461人获职业技能鉴定证书。

2011年，开展企业新录用人员、在岗技术工技能提升，应届高校毕业生创业，农村实用技术和城乡劳动者创业培训4期，共参加培训1275人。其中，农村劳动者、城镇登记失业人员技能就业培训640人，企业新录用人员岗前培训、在岗职工技能提升培训124人，应届高校毕业生创业培训62人，城乡劳动者创业培训272人，农村实用技术培训177人，汽车维修劳动预备制培训124人。

2013年，开展各类技能培训、创业培训1261人。其中，农村劳动力和城镇失业人员职业培训335人、企业新录用人员岗前培训347人、企业在岗职工技能提升培训121人、创业培训349人、农村实用技术培训89人。

第四节　农村劳动力转移

1988~1992年，农村富余劳动力外出务工主要在县城或本乡镇从事个体或乡村建筑工程。

1994年，成立乡镇劳务输出管理站，开始组织输送农民外出务工但仍以农村群众自发组织为主。至1996年，农村自发输出的劳务人员达2.65万余人。

1997年，平塘与对口帮扶的深圳建设投资控股公司达成劳务输出协议，分批输送农村富余劳动力到该公司下属分公司务工。

1998~2002年，共输出农村剩余劳动力外出务工约7.4万人，其中有组织输出2960人，务工收入2亿多元。务工收入成为农民增收的重要来源。

2003年后，鼓励和支持外出务工人员返乡创业。至2005年，共有10多名外出务工人员返乡创业，引进企业落户平塘，解决全县1500余名待业青年和农村富余劳动人员的就业。

2009年6月，县人力资源和社会保障局组织县内外企业进行现场招聘会，有大中专毕业生和农村务工人员共222人签订用工协议。7月，开展“厦门—平塘”两地联合现场招聘会，为180余名劳务工作人员提供2600余个岗位。

2012年，创建农村劳动力转移示范县，设立乡（镇）农民工综合服务中心，建立农村外出务工台账，开展技能培训，强化与发达地区企业用工联系工作，共收集发布用工信息2.5万余条。

2013年，农村劳动力转移就业达7366人。全县城乡达2.8万户19.1万人。

第三章　民　政

1988~2013年，平塘民政工作主要围绕救灾救济、优抚安置、基层自治等开展工作。1990年，建立救灾基金，对授灾群众和城镇困难家庭进行有偿借助。1997年，对县城人均收入不足100元家庭发放生活保障金。2000年，启动城乡最低生活保障制度。是年，对荣立二等功以上伤残军人实行全额公费医疗报销制度。2007年，首次在白龙乡摆克村进行村民委员会“海选”试点。是年，农村“五保”

人员实行集中供养和分散供养制度。2010年9月，成立平塘慈善总会。是年，通州五保供养中心被评为“全国模范敬老院”。2012年，开展和谐示范社区创建活动。2013年，平塘县被评为黔南州“双拥先进县”。

第一节　机　构

1988年，平塘县民政局无内设机构，各乡（镇）设置民政助理员。1991年建并撤后各乡镇设民政福利股，配有民政助理员。

1994年，县级机构改革，县民政局内设机构有人秘、社会救济、优抚、综合4个股。核定行政编制11人，设局长、副局长各1人。

1997年，设立城市居民最低生活保障办公室，各乡镇民政福利股改称为民政办公室。1998年，增设农村社会养老保险管理所。2000年，设置平塘县人民政府勘界领导小组办公室。

2001年，县级机构改革后，县民政局内设办公室、救灾救济股、基层政权建设股、优抚安置股，附设机构有勘界办、农村社会养老保险管理所、县老龄工作委员会办公室。

2003年，设立县救助管理站。

2011年，县级机构改革后，县民政局内设办公室、救灾救济股（县减轻自然灾害委员会办公室）、基层政权和社区建设股、社会事务（组织）管理办公室。下设城乡居民最低生活保障中心和县救助管理站、婚姻登记管理服务站、民政综合执法监察大队、慈善总会办公室、社会福利（荣军）事业管理中心、民政事业资金管理所。2012年，民政综合执法大队升格为副科级行政执法机构。至2013年，县民政局内设、下设机构不变。

第二节　救灾救济

自然灾害救助

平塘县是一个“十里不同天，五里不同土，无灾不成年”的县份。主要灾害有旱灾、洪涝、冰雹、虫害和冻灾等。

1988～2013年，县内每年均发生不同程度的自然灾害，其中，灾情较重的有1988年洪灾、1989年旱灾、1992年洪灾、1999年旱灾、2000年洪灾、2007年洪灾、2008年冰冻灾和2009～2011年旱灾。历次灾情发生后，县委、县人民政府在上报灾情，深入灾区视察灾情，安抚受灾群众的同时，组织调运粮食、衣服、棉被、帐篷等救灾物资，在灾区组织受灾群众进行生产自救等。2013年，全县19个乡镇均遭受不同程度的冰雹和洪涝灾害，其中，摆茹、大塘、塘边、苗二河等乡镇灾情较重。全县受灾人口达15.07万人，成灾农作物达3.95万亩，损毁房屋7409间。灾情发生后，下拨救济粮522吨、救灾资金162.8万元、棉被630床、棉衣322件，损毁房屋补助资金102.9万元。

附：1988～2013年县内重大自然灾害情况

1988年8月26～29日，全县降雨2103毫米，夏秋农作物受灾面积29.4万亩，其中成灾面积23.9万亩。灾害造成粮食减产约1800万千克，房屋倒塌17间，受灾人口20.04万人。是年共发生火灾25

起，141户705人受灾，毁坏房屋478间，损失粮食57万千克，烧死1人。全年共发放救济粮72.86万千克，救济受灾群众1.18万户，救济受灾人口6.85万人（次）。

1989年1~9月，全县遭受严重旱灾，降雨742.3毫米，少于上年同期443.7毫米，共有38个村152万人1.64万头大牲畜饮水困难，74条河流断流，138口水井干枯，农作物受灾23.4万亩，成灾18.7万亩。粮食受灾减产159万千克，烤烟减产63.9万千克，因灾死亡3人。是年，共发放救济粮52万千克，发放救济款51.3万元。救济受灾群众1.6万户，救济受灾人口6.6万人。

1992年，因洪涝灾害，全县农作物受灾面积34.7万亩，成灾25.7万亩。粮食因灾减产约2100万千克，房屋倒塌472间，受灾人口18.7万人，死亡6人。发生火灾6起，受灾18户，烧毁民房98间。全年共发放救济粮33万千克，发放救济款23.3万元，救济灾民6.9万人（次）。

1999年，从初春开始全县先后遭受旱灾200多天，共有241个村1831个村民组6235户25.8万人受灾，农作物成灾面积38.7万亩，抢收6.72万亩，因灾减产粮食3194.9万千克，缺粮1.2万户5.6万人。共发放救灾款96.6万元，救济受灾群众8050户，救济受灾人口2.8万人。

2000年6月20~21日，县内遭受特大洪灾，全县有153个村897个村民组3.48万户13.8万人受灾，全县农业直接经济损失8100万余元。2576户房屋被淹，损毁房屋5000余间，因灾死亡3人。发生火灾4起，烧毁房屋10栋。是年，拨付的救灾款、灾民建房款共计144.33万元。

2007年7月26日，全县发生特大洪灾，19个乡镇97个村1320个村民组55611户233567人受灾，农作物受灾面积21.5万亩，绝收面积11.5万亩，倒塌房屋1312户5560间，损坏房屋6013户18000间。道路、桥梁、通信、电力、水利等基础设施损毁多处，直接经济损失5.8亿元，其中农业直接经济损失2.1亿元。是年，共发放救济款202.8万元，救济6388户27467人。投入灾后重建资金242.4万元。

2008年1月13日至2月初，平塘县持续遭受50年不遇的凝冻灾害，全县19个乡镇121个村1745个组63540户27.6万人受灾，农作物受灾26.5万亩，死亡大牲畜964头，猪2830头，羊579只，家禽61701羽。造成1.09万户4.7万人缺粮，1.09万户4.67万人缺衣被。直接经济损失5.27亿元，其中农业直接经济损失1.54亿元。全县共发放救助金16.2万元、救济粮94万千克、棉被5020床、棉衣2183件、鞋子1441双、蜡烛72200支。建立临时救助点10个，救助滞留人员15516人，发放取暖经费87万元。

2009年7月至2010年4月，全县持续高温少雨，境内10.45万人、3.6万头牲畜饮水困难，全县共投入抗旱资金、物资1563.25万元，修建应急供水工程29处，安装供水管道246千米，投入抗旱抽（提）水设备258台（套）。2011年，发生伏旱，全县农作物绝收10.7万亩，受灾人口达23.3万人。共发放救济粮66.3万千克、棉被870床、棉衣89件。

社会救济

1988年，对“五保户”、精简退职人员和城镇困难户发放生活补助。1990年，组建救灾基金管理所，在全县建成互助储金会38个，受灾群众和城镇困难户可以向互助储金会申请有偿借助。至1997年，全县共有互助储金会104个，入会农户6676户，储金29.5万元。

1998年，成立平塘县城市居民最低生活保障工作领导小组，下设办公室在县民政局，负责城市低保工作。是年，对县城人均月收入在100以下的居民发放保障金进行救助。全县“五保户”年人均供养金达480元。

1999年，实施者密镇六硐片区甲术村地质灾害搬迁58户，下拨搬迁补助20万元。

2000年，启动片或乡最低生活保障制度，城市低保对象每月人均97元，农村低保对象每月人均

40 元。是年，按照年人均 800 元标准发放农村“五保”人员供养金 196800 元。

2001 年，下拨灾民建房补助资金 63.8 万元，实施平湖镇榜念和苗二河乡灾民集中建房 152 间 2432 平方米，解决 38 户 175 人住房问题。

2003~2005 年，先后印发《平塘县自然灾害救助应急预防方案》《平塘县救灾款物管理使用办法》《灾害评估办法》《冬令、春荒救助制度》等，规范救灾款物管理。2005 年，城市低保人员最低生活保障标准提高到 140 元，农村特困救助对象救助标准为年人均 220 元，农村“五保”对象供养金发放标准为年人均 625 元。

2007 年，农村“五保”人员以集体供养和分散供养方式发放供养补助，集中供养年人均 2200 元，分散供养年人均 1500 元。是年，建成卡蒲毛南族乡敬老院。2009 年，城市特殊困难家庭按甲、乙、丙三类发放保障金，农村低保金通过涉农补贴“一卡通”发放。2011 年，城市低保金提高到年人均 3504 元。建成灾害应急避难所 20 个。

2013 年，发放冬荒、春荒救济粮 779 吨，救助灾民 6640 户 35140 人，拨付灾后重建住房补助金 102.9 万元。

第三节　优抚安置

1988 年，扩大定补复员军人 91 名，退伍军人 15 名，每人每月定补 15 元。一次性优待军属 295 户，烈属 41 户。

1990 年，新入伍战士家属 175 名，每名家属补助优待金 50 元；现役军人家属 327 户，每户发放优待金 150 元；定三等功战士 100 名，每名家属发奖金 50 元。

1995 年，现役军人家属优待金提高到年户均 300 元。

1996 年春节，全县成立 4 个慰问团，对境内驻军武警和消防军兵进行慰问。

1998 年，现役军人家庭优待金从年户均 300 元提高到年户均 500 元。

2000 年，对荣立二等功以上伤残军人实行公费医疗，全额报销制度。共发放二等功伤残军人医药费 1.6 万元，发放在乡复员军人建房补助 3 万元。

2003~2005 年，贯彻落实《军人抚恤优待条例》，义务兵家优待金按照上年度全县农民人均纯收入发放，3 年共发放特困优抚对象建房补助金 12.4 万元，医疗补助金 6 万元。2007 年，乡复员军人定补年人均达 2154 元，退伍军人年均达 912 元。从 2009 年 5 月 1 日开始，县企业复员军人生活医疗补助由每月 140 元提升到 170 元。是年，出台《平塘县优抚对象医疗保障实施办法》，共发放优抚对象医疗费及合医费 4.5 万元。2011 年，完成年满 60 岁农村籍退役军人普查登记工作。

2012 年，在乡老复员军人的定补标准为 5060 元，以每季度 1265 元的标准按时发放。县企业老复员军人生活医疗困难补助由每人每月 220 元增加为 330 元。发放未享受国家定期抚恤补助农村籍年满 60 周岁退役士兵生活补助 40 多万元。

2013 年，开展“关爱功臣”活动，实行优抚医疗“一站式”结算报销服务，扶持资助创业退伍军人 11 人 12 万元。

第四节　婚姻和收养登记

1988 年，以通州区金桥乡为试点，开展《中华人民共和国婚姻法》学习、宣传和教育活动，并补办197对夫妻结婚登记手续。

1990年，在平湖镇进行婚前体检试点工作，在24个乡进行违法婚姻清理，为168对补办登记手续。

1993年，在全县开展《贵州省婚姻登记管理办法》宣传教育活动。是年，共办理结婚登记1313对。

1997年，全县办理结婚登记812对夫妇，结婚登记率达100%。1999年，对全县19个乡镇214对夫妇进行结婚登记抽查，合格率为99.06%。

2003年后，各乡镇婚姻登记员全部进行岗前培训，培训合格后颁发上岗证，实行婚姻登记员持证上岗制。

2006年，全县婚姻登记处配备电脑、打印机、数码相机等设备，结束人工办理结婚登记。2007年，贯彻落实《中华人民共和国收养法》，共办理收养登记6起。2008年，县民政局荣获“全国婚姻登记规范化单位”称号。

2010年，19个乡镇共有婚姻登记处14个，其中县局1个、乡镇13个，设立婚姻登记公开栏14块。是年4月，开展对婚姻登记档案的分类、立卷、归档等相关工作，雕刻婚姻登记及收养登记档案公章126枚，购买档案盒1200个，使婚姻登记及收养登记档案的分类、立卷、归档等符合国家档案的标准要求。

2012年，全县婚姻登记实现信息化管理。

2013年，县民政局婚姻登记入驻县政务大厅。除平湖镇和卡蒲毛南族乡外，各乡镇均设有婚姻登记站。是年，共办理婚姻登记1638对，离婚登记84对，出具无婚姻登记证明198份。

1988~2013年平塘县婚姻登记和收养情况统计表

表9-1

年份	结婚登记（对）	离婚登记（对）	收养登记（人）	补办结婚登记（对）
1988	218	—	—	197
1989	468	2	—	23
1990	529	42	—	168
1991	606	14	—	210
1992	948	6	—	—
1993	1313	3	—	—
1994	1368	6	—	—
1995	1120	11	—	—
1996	560	—	—	—
1997	812	—	—	—
1998	1371	5	—	—
1999	1082	—	—	—
2000	1184	4	—	—
2001	1260	5	—	—
2002	1238	4	—	—
2003	1046	—	—	—

续上表

年份	结婚登记（对）	离婚登记（对）	收养登记（人）	补办结婚登记（对）
2004	919	—	—	—
2005	1066	—	—	—
2006	1217	22	—	—
2007	1262	27	6	—
2008	1644	34	1	126
2009	1594	48	3	181
2010	1730	—	—	—
2011	1739	70	2	—
2012	1739	70	1	—
2013	1638	84	—	—
合计	29671	457	13	905

第五节　老龄工作

1986 年 8 月 21 日，平塘县老龄问题委员会成立。之后，各区（镇）、乡和部分村均成立老龄委员会和老年人协会。主要工作是走访高龄老人、百岁老人和敬老院的老人，开展老年节庆祝活动等。

1993 年，宣传贯彻《贵州省老年人保护条例》，将建立健全村老年协会列入农村基层组织整顿内容之一。

1994 年 3 月，平塘县关心下一代协会并归平塘县老龄委员会，统称平塘县老龄委员会。是年，开展对高龄老人调查统计工作，全县共有 100 岁以上老人 4 人，90～99 岁 71 人。

1995 年，对农村“五保”老人实行基本生活社会保障，全县共有敬老院 6 个，集体供养“五保”老人 245 人。1996 年 10 月 1 日，《中华人民共和国老年人权益保障法》颁布，全县各级老龄工作部门采取各种形式进行宣传贯彻，县老年大学将此法列入老年教育教材。

1998 年开始为 70 岁以上老人办理贵州省老年人优待证，接收老年群众来信来访，处理老年人赡养纠纷和生活困难问题。

2001 年 11 月，县级机构改革后，平塘县老龄委员会更名为平塘县老龄工作委员会，并从县关工委剥离出来，下设办公室在县民政局。是年，落实百岁老人和非财政供养高龄（95～99 岁）老人的生活定补，百岁老人按 100 元/月的生活定补发放，高龄老人按 30 元/月的高龄定补，开展农村居家养老服务试点工作和社区（居委会）居家养老服务工作。2005 年，县老龄委被评为全省“老龄工作先进单位”。2006 年，开展“金晖旅游”活动，先后两次组织老年人到北京、上海等地旅游参观。

2008 年，举办“多彩贵州·美丽晚晴”首届老年人健身舞蹈大赛，开展“尊老敬老爱老”主题教育演讲活动。2010 年，在平湖镇回龙村、金龙社区和牙舟镇居委会开展居家养老服务试点工作。2011 年，印发《平塘县关于加强老龄工作的意见》，县老龄委先后在通州荷花池社区，者密、大塘居委会，平湖镇新舟、双桥两村和苗二河乡新寨村开展居家养老服务示范工作。

2012 年，完成全县老龄事业发展和社会养老服务体系建设“十二五”规划编制工作。是年，全县

90~94 岁的老年人享受高龄补贴的共有 247 人，每人每季度 150 元的高龄补贴；95~99 岁老年人享受高龄补贴的共有 53 人，每人每季度 300 元的高龄补贴；100 岁以上老年人享受高龄补贴的共有 10 人，每人每季度 600 元的高龄补贴。全年共发放高龄补贴 23.58 万元。

2013 年，县城和乡（镇）居家养老服务中心（站）达 17 个，服务人员 191 人。

第六节　基层自治

1988 年，全县设 7 区 38 乡，1 个区级镇、1 个乡级镇，共辖 242 个行政村、11 个居民委员会。是年，按照《村民委员会组织法（试行）》在牙舟区边兰乡开展村民委员会选举试点后，在全县开展村委会选举。至 1989 年 8 月，第二届村委会全部选举结束。

1991 年，建镇并乡撤区后，全县行政区划为 9 镇 10 乡，所辖村、居民委员会不变。

1995 年 11 月 27 日，开始第三届村委会选举，到 1996 年 2 月 2 日结束。本次村委会选举共有选民 17.5 万余人，参加选举 15.4 万人，参选率为 88%；共选出村委会委员 730 人，其中，中共党员 378 人，占委员总数的 51.8%；妇女 133 人，占 18.2%。居民委员会选民 1134 人，参加选举 1031 人，参选率 90.9%；共选出居委会委员 21 人，其中，中共党员 11 人，占居委会委员总数的 52.8%；妇女 7 人，占 33.3%。之后，按 3 年一届进行下届村（居）委会换届选举，并进行村主任岗前培训，提高村委会自我管理能力。

1999 年，在全县 241 个村开展村务公开，各村均建有公开栏，制定村务公开制度。是年，全县达到示范村标准化的村达 52 个。

2003 年，平湖镇新平路、中山路、人民路 3 个居委会整合为金龙社区和玉池社区，通州镇居委会整合为荷花社区。

2004 年，全县合并行政村建制，242 个行政村合并为 121 个行政村。

2007 年，第七届村（居）委会换届选举，首次在白龙乡摆克村成功举行"海选"换届选举试点。是年 9 月，社区干部报酬和办公经费列入县财政预算。金龙和玉池社区被命名为"和谐示范社区"。相继建立《社区计划生育自治章程》《社区党支部职责及工作制度》《社区居委会职责及工作制度》《社区议事监督委员会职责及工作制度》《社区居民公约》《防火巡查制度》《义务消防组织管理制度》《社区协警工作制度》等。

2010 年 10 月，启动第八届村（居）委会换届选举。是年 12 月 6 日为"海选"村选举日，12 月 14 日为普选日，共有 20 个村实行"海选"选举，101 个村实行普选。本届村委会选举到 2011 年元月结束，有 116 个村一次性选举成功，5 个村进行补选。共选出村主任 121 名、副主任 162 名、委员 382 名。居委会选举共选出居委会主任 6 名、副主任 8 名、委员 20 名。

2011 年，创新农村社区管理。先后制定《社区干部管理制度》《民主评议社区干部制度》《会议制度》《社区资产管理制度》《社区居民一事一议制度》等 20 余项制度。苗二河乡新寨社区建有便民服务店、社区卫生室、社区警务室、社区图书室、文体娱乐室、计划生育活动室、室外健身室、文化宣传长廊，成立社区文娱演出队。

2012 年，开展和谐示范社区创建活动，出台《平塘县关于开展城乡和谐社区示范单位创建活动的实施方案》，建成平湖镇的回龙村和金盆村、牙舟镇的兴陶村和白沙村等 38 个村农村示范社区。是年，平湖镇玉池社区被国家减灾委员会、民政部评为"全国综合减灾示范社区"。

2013 年，进行第九届村（居）委会换届选举，新一届村委会建立健全村党支部、村委会联席会制度和村民代表会议制度，村委会设经济、治安调解、计划生育工作委员会。是年，行政区划调整后，全县共9个镇1个乡（毛南族乡）、121个行政村、3个社区、3个居委会。

第七节　地名与勘界

地名工作

1988~1991年，建镇并乡撤区工作前，各乡镇和县城区街道地名沿用。

1991年实施建并撤，进行行政区划调整后，全县合并为9镇10乡242个村1836个村民组、11个居委会36个居民组，行政村、居委会和村民小组的地名名称不变。

1996年，对1883个村民小组（自然村寨）的地名进行复查登记。

2004年，调整合并行政村后，部分村名改变地名不变。

2006年，在县城内设地名标牌58块，通州、克度、者密等8个建制镇设置街（牌）巷。

2007年，完成9个建制镇和苗二河、甘寨2乡的地名设置。

2008年，在塘边镇开展地名普查试点，建立地名数据库。是年，县城内设街道路牌。

2012年，掌布乡更名为掌布镇。

2013年，全县行政区划调整，平湖镇更名为平舟镇，摆茹镇更名为甲茶镇。

勘界工作

1996年11月29日，成立平塘县勘界工作领导小组，下设办公室在县民政局。是年，对1883个村民组（含自然村寨）地名进行复查登记、存档备查。

1997年，县勘界办完成边界线346千米的勘界工作。

1998年，开展平塘与罗甸71千米、平塘与都匀81千米、平塘与独山54千米、平塘与贵定6千米、平塘与惠水134千米5条县界线和平塘与广西壮族自治区南丹县450千米省界线的勘界工作；先后设置界桩10个，其中，平塘、独山1个，平塘、惠水3个，平塘、独山、都匀三县交界1个，平塘、罗甸、惠水三县交界1个，平塘、南丹省界线界桩1个。全县勘界工作基本结束。

2008年，平塘与都匀、惠水、罗甸三县签订行政区域界线管理协定。

2009年5月20日，在黔桂省界线云阳关（四寨镇）重竖4552004号界桩，界桩所在图名《巴峨》，图号为G-48-95-29。

第八节　其他民政事务

“五保户”供养

1988年，对全县“五保户”中的187人实施救济，年人均救济粮大米125~150千克，年人均60元定补。

1989年，为127户“五保户”老人投入人身保险。

1995年，对“五保”老人实行基本生活费社会统筹。是年，全县共有敬老院6个，集体供养“五保”老人245人。

1998年，全县共有“五保”老人249人，其中统筹供养5人、分散供养244人，年人均供养金480元。

2000年，“五保”老年人均供养金提高到800元，共有“五保”老人246人。

2005年，按照“八个一”（一片菜地、一个水窖、一个猪圈、一口沼气池、一个活动室、一个食堂、一个活动室、入住对象一个班）的标准建成卡罗农村示范敬老院。

2006~2008年，先后建成卡蒲毛南族乡和通州镇“五保”供养中心。

2008年，全县敬老院共有130个床位，入住五保老人63人，是年共有农村“五保”供养人员885户889人。其中集中供养65人，年人均1200元；分散供养824人，年人均800元。

2010年12月，塘边镇“五保”供养中心动工修建，占地面积5亩，建筑面积2920平方米，100个床位。

2011年，全县共有农村“五保”供养人员667户667人。分散供养613人，年人均供养1000元；集中供养54人，年人均1400元。是年，启动大塘镇“五保”供养中心建设。

2013年，全县共有城乡居家养老服务中心（站）17个，服务人员191人，服务老年人267人，其中“五保”老人91人。

殡葬改革

1985年，县人民政府对公墓建设进行规划。至1992年底，全县有烈士纪念建筑物4处，公墓区5处。

1998年，公共墓地项目选址于平湖镇新建村金棵寨，面积106亩。

2006年，全县新增公益性公墓3处（掌布乡掌布村茂高、翁窖，摆茹镇甲茶村降坝坡）。

2007年，县政府将公墓选址选定在平湖镇吉古村的二道河。是年，全县新增公益性公墓2处（通州镇通星村三角坡公墓和白龙乡京舟村交懂公墓）。

2009~2010年，县委、县政府把公墓和殡仪馆的选址征求社会各界意见。

2012年，殡仪馆和公墓选址已确定，公墓定于平湖镇吉古村米牙五台山，殡仪馆建在董拉。

2013年9月，县政府投资117万元在原农科所内修建临时集中治丧点一个，占地总面积为3200平方米。

社会福利

1988年后，县民政局举办社会福利性经济实体6个，安置部分待业青年、农村闲散劳动力及部分残疾人。

1989年，发行有奖募捐奖券6万张。

1990年，安置各方面人员40余人。

1996年，有奖募捐销售总额200万元。

2001年，社会福利彩票销售收入23.94万元。

2006年，彩票销售点达10个，共销售彩票218万元。

2007年，彩票销售点达16个，销售电脑福利彩票378万元。

2010年9月28日，成立平塘县慈善总会。是年，全县福利彩票销售量为534.898万元。

2013年，彩票销售点24个，全县福利彩票总销售量811.58万元。

第十篇

经济综合管理

第一章　经济综述

1988年后，随着改革开放的不断深入，平塘县在夯实农业基础，加快农业内部结构调整，发展现代农业的同时，大力发展商贸服务业，着力推进工业发展。2010年，工业总产值首次超过农业总产值，三产结构比重为32.32∶23.95∶40.73。2013年，县内生产总值达31.83亿元，三产业结构比重为27.2∶21.24∶51.56。

第一节　经济概况

1988年为第七个五年计划的第三年。平塘坚持“一个中心、两个基本点”，以经济建设为中心，调整经济结构，发展商品生产，促进国民经济稳步发展，不断改善人民生活。是年，全县生产总值（按当年价）8767.47万元，财政收入441.4万元，粮食总产量63515吨。至“七五”期末（1990年），县内生产总值为12379万元，其中，第一产业9476万元、第二产业883万元、第三产业2300万元，其他国民经济指标均有所增长。

“八五”时期（1991~1995），把提高经济效益作为经济工作的中心，继续加强农业，稳步发展工业，重点发展烤烟、乡镇企业和个体工商业，促进全县经济全面发展，全面完成“八五”计划的各项国民经济指标和社会发展目标。1995年，全县国民生产总值31694.8万元，比“七五”期末增长43.5%。工业经济增长快于农业，第二产业增长快于第一产业，但第三产业发展仍较滞后，财政收支矛盾仍然突出。

“七五”期末至“八五”期末平塘县国民经济指标完成情况统计表

表10-1

指标名称	单位	“七五”期末（1990年）	“八五”期末（1995年）	增长（%）	年平均增长（%）
县内生产总值（GDP）	万元	12679	16080	26.82	5.36
人均县内生产总值（GDP）	元	428	1183	176.4	35.28
工业总产值	万元	1493	4953.2	231.76	46.35
农业总产值	万元	13728.3	31640.56	130.48	26.1
财政总收入	万元	1544.25	2790.4	80.7	16.14
其中：地方财政收入	万元	599.64	1188.8	98.25	19.65
粮食	万吨	7.65	8.55	11.76	2.35
油茶籽	吨	3365.5	5441.65	61.69	12.34
烤烟	吨	613.8	1880.57	206.38	41.28
原煤	万吨	5.3	24.43	360.94	72.19

续上表

指标名称	单位	“七五”期末（1990年）	“八五”期末（1995年）	增长（%）	年平均增长（%）
水泥	万吨	0.64	0.899	40.47	8.09
生猪出栏	万头	8.31	11.17	34.42	6.88
牛出栏	头	2531	5825	130.15	26.03
年发电量	万千瓦时	1765	3671	107.99	21.6
全社会固定资产投资	万元	185	1028	455.68	91.14
社会消费品零售总额	万元	4225.29	5381	27.35	5.47
农民人均纯收入	元	285	542.84	90.47	18.09
年末各项存款余额	万元	3248.4	8973.9	176.26	35.25
年末各项贷款余额	万元	3590.8	10294.4	186.69	37.34

“九五”时期（1996~2000），全面调整农业内部结构。发展多种经营，提高农业综合效益；大搞招商引资，推进农业改革改制，面向市场求发展；加强城镇基础设施建设，推进用地制度等配套改革，依托城镇，发展乡镇企业和非公有制经济。“九五”计划的顺利实施，增强了经济发展的后劲。2000年，国内生产总值达24472万元（1990年价，下同），比1996年增长26.4%；工农业总产值43206.59万元，比1996年增长36.25%；全县乡镇企业总产值达40326万元，比1996年增长168%；财政总收入达2406万元，比1996年增长49.91%；农民人均纯收入由1996年的924元增加到1137元。产业结构由“八五”期末的70.4∶13.7∶15.4变化为50.4∶22.1∶27.5。

“八五”期末至“九五”期末平塘县国民经济指标完成情况统计表

表10-2

指标名称	单位	“八五”期末（1995年）	“九五”期末（2000年）	增长（%）	年平均增长（%）
县内生产总值（GDP）	万元	16080	39142	143.42	28.68
人均县内生产总值（GDP）	元	1183	1339	13.19	2.64
工业总产值	万元	4953.2	30211.2	509.93	101.97
农业总产值	万元	31640.56	31854.22	6.75	1.35
财政总收入	万元	2790.4	3012	7.94	1.59
其中：地方财政收入	万元	1188.8	2406	102.39	20.48
粮食	万吨	8.55	9.06	5.96	1.19
油茶籽	吨	5441.65	7783.45	43.03	8.6
烤烟	吨	1880.57	2000	6.35	1.27
原煤	万吨	24.43	5.8	-76.25	-15.25
水泥	万吨	0.899	7.57	742	148.41
生猪出栏	万头	11.17	12.18	9.04	1.81
牛出栏	头	5825	8042	38.06	7.61
年发电量	万千瓦时	3671	3773	2.78	0.56

续上表

指标名称	单位	“八五”期末（1995年）	“九五”期末（2000年）	增长（%）	年平均增长（%）
全社会固定资产投资	万元	1028	5611	445.82	89.16
社会消费品零售总额	万元	5381	8790	63.35	12.67
农民人均纯收入	元	542.84	1136.91	109.44	21.89
年末各项存款余额	万元	8973.9	24963	178.17	35.63
年末各项贷款余额	万元	10294.4	32666	217.32	43.46

“十五”时期（2001~2005），全县紧抓“优化第一产业，争上第二产业，振兴第三产业”发展思路，以烤烟为突破口，提高经济作物在农业经济的比重；以盘活规模困难企业为重点，以招商引资增大工业存量为中心，做大工业经济蛋糕；突出抓好交通、小城镇等基层设施建设，营造发展环境，促进第三产业发展。2005年，农业总产值达50121万元，规模工业总产值达16063万元，财政总收入3709万元，招商引资到位15058万元，农民人均纯收入达到1650元。

“九五”期末至“十五”期末平塘县国民经济指标完成情况统计表

表10-3

指标名称	单位	“九五”期末（2000年）	“十五”期末（2005年）	增长（%）	年平均增长（%）
县内生产总值（GDP）	万元	39142	72391	84.94	16.99
人均县内生产总值（GDP）	元	1339	2355	75.88	15.18
工业总产值	万元	30211.2	17105.3	-43.38	-8.68
农业总产值	万元	31854.22	50121.24	57.35	11.47
财政总收入	万元	3012	4830.83	60.39	12.08
其中：地方财政收入	万元	2406	3709	54.16	10.83
粮食	万吨	9.06	10.2	12.58	2.52
油茶籽	吨	7783.45	9388.23	20.62	4.12
烤烟	吨	2000	3503.63	75.18	15.03
原煤	万吨	5.8	36.6	531	106.2
水泥	万吨	7.57	—	—	—
生猪出栏	万头	12.18	16.27	33.58	6.72
牛出栏	头	8042	11109	38.14	7.63
年发电量	万千瓦时	3773	2340.42	-37.97	-7.6
全社会固定资产投资	万元	5611	35005	523.86	104.77
社会消费品零售总额	万元	8790	14504	65	13
农民人均纯收入	元	1136.91	1650.11	45.14	9.02
年末各项存款余额	万元	24963	53658	114.95	22.99
年末各项贷款余额	万元	32666	31375	-3.95	-0.79

“十一五”时期（2006~2010），县内生产总值、社会固定资产投资、社会消费品零售总额、财政

总收入增长速度加快，一、二、三产业结构比重为35.32∶23.95∶40.73，初步形成以茶叶、禽畜、果蔬、烤烟为主的农业产业结构，以水能、煤炭、大理石、陶石、多晶硅、方解石等资源开发为主的工业生产结构，以旅游开发为主的第三产业发展结构。

"十五"期末至"十一五"期末平塘县国民经济指标完成情况统计表

表10-4

指标名称	单位	"十五"期末（2005年）	"十一五"期末（2010年）	增长（%）	年平均增长（%）
县内生产总值（GDP）	万元	72391	134649	86	17.2
人均县内生产总值（GDP）	元	2355	4715.65	100.24	20.05
工业总产值	万元	17105.3	48945.9	186.14	37.23
农业总产值	万元	50121.24	75849.17	51.33	10.27
财政总收入	万元	4830.83	13537	180.22	36.04
其中：地方财政收入	万元	3709	9859	165.81	33.16
粮食	万吨	10.2	13.09	28.33	5.67
油茶籽	吨	9388.23	6150	-34.49	-6.9
烤烟	吨	3503.63	3100	-11.52	-2.3
原煤	万吨	36.6	43.21	18.06	3.61
水泥	万吨	—	2.77	—	—
生猪出栏	万头	16.27	13.55	-16.72	-3.34
牛出栏	头	11109	5837	-47.46	-9.49
年发电量	万千瓦时	2340.42	2357	0.71	0.14
全社会固定资产投资	万元	35005	135361	286.69	57.34
社会消费品零售总额	万元	14504	37801.3	160.63	32.13
农民人均纯收入	元	1650.11	3428	107.74	21.55
年末各项存款余额	万元	53658	54669	1.88	0.38
年末各项贷款余额	万元	31375	37499	19.52	3.9

2011年，是"十二五"规划的第一年，完成县内生产总值（GDP）18.28亿元，比2010年增长14.3%；人均生产总值0.08亿元，增长15%；农业增加值完成6.02亿元，比上年增长1.8%；规模以上工业总产值完成8.07亿元，比上年增长68.1%；全社会固定资产投资完成20.68亿元，比上年增长52.78%；财政总收入完成1.86亿元，比上年增长37.82%；农民人均纯收入4210元，比上年增长22.81%。

2012年，县内生产总值（GDP）2.66亿元，比上年增长17.2%；人均生产总值1.16亿元，比上年增长44.7%；农业增加值5.03亿元，比上年增长9.65%；规模以上（500万元以上）工业总产值9.91亿元，比上年增长22.84%；全社会固定资产投资总额3.1亿元，比上年增长50.04%；社会消费品零售总额5.32亿元，比上年增长16.55%；财政总收入2.80亿元，比上年增长50.1%；财政总支出1.40亿元，比上年增长23.71%；农民人均纯收入4955元，比上年增长24.8%。

2013年，县内生产总值（GDP）31.83亿元，比上年增长17.79%（可比价），其中一产增加值8.67亿元，比上年增长18.5%；二产增加值6.76亿元，比上年增长18.5%；三产增加值16.4亿元，比上年增长23.6%。三次产业结构比重为27.2∶21.24∶51.56。全县农业增加值5.42亿元，比上年增长6.19%；规模以上工业增加值4.59亿元，比上年增长16.4%；全社会固定资产投资47亿元，比上年增长51.48%；社会消费品零售总额6.07亿元，比上年增长15%；财政总收入2.46亿元，比上年增长22.1%；财政总支出16.04亿元，比上年增长14.2%；农民人均纯收入5728元，比上年增长15.6%。总体上，进入“十二五”后国民经济各项主要指标呈两位数增长，是历次五年计划指标增长最快时期。

1988~2013年平塘县主要国民经济指标情况统计表

表10-5

年份	县内生产总值（万元）	工业总值（万元）	农业总值（万元）	财政总收入（万元）	地方财政收入（万元）	粮食总产量（万吨）	肉类总产量（万吨）	农民人均纯收入（元）
1988	8767.47	11548.39	9209.39	—	441.4	6.35	0.495	233
1989	9460.81	11928.32	10111.32	—	574.15	6.88	0.53	256
1990	11003.36	15221.3	13728.3	—	599.64	7.66	0.627	285
1991	3805	2996.99	13913.12	—	621.26	8.66	0.63	330
1992	18003.68	21763.78	17710.18	—	785.2	6.8	0.818	374
1993	20510.6	25778.89	19508.49	—	1227.1	7.88	0.782	392.49
1994	24972.7	29180.83	25145.83	—	949.2	8.13	0.86	442.96
1995	31694.8	41877.16	31640.56	—	1188.8	8.55	1.04	542.84
1996	36958.6	51042.66	35866.66	—	1605	9.07	1.06	887.31
1997	38512.64	58849.81	40222.81	—	1962.5	9.52	1.16	1146.57
1998	38704.54	59340.58	35185.98	—	2090	10.05	1.22	1189
1999	39098	59033.09	31807.59	—	2113	7.72	1.187	1113.14
2000	39142	62065.42	31854.22	3012	2406	9.06	1.15	1136.91
2001	39415	63022.83	31073.73	2866.4	2226	9.2	1.18	1161.25
2002	45672	65149.79	29682.65	3237	2403	7.53	1.2	1212.68
2003	51303	61403.38	34559.78	3836	2733	9.25	1.26	1338.02
2004	62600	59980.24	44135.24	4337	3042	9.667	1.326	1490.55
2005	72391	67226.54	50121.24	4830.83	3709	10.2	1.56	1650.11
2006	82380	70778.85	53906.15	6028	4485	12.24	1.64	1759.94
2007	100393	84477.82	63973.82	7026	5245	11.65	1.76	2595.86
2008	125386	95937.23	70097.83	8471	6228	12.16	1.08	2602.34
2009	121365	95809.44	65199.24	10308	6854	12.875	1.167	2648.38
2010	150723	124795.07	75849.17	13537	9859	13.086	1.2	3428
2011	182818	176577	95862	18658	13822	8.48	1.21	4210
2012	266435	220763.6	121611	28008	21813	10.6	1.3	4955
2013	318255.64	312448	143348	24615	14990	10.43	1.37	5728

第二节 经济结构

行业结构

1988年后，经济体制改革打破全民所有制经济一统天下局面，全民、集体、私营、个体等多种经济形式并存，全县经济结构出现多元化新格局。

农业 在坚持土地集体所有制的前提下，实行家庭联产承包责任制，以粮食种植为主的经济经营为单位，实行自主经营、自负盈亏。农民承包经营的产值占全县农业总产值的主体。2000年后，随着农业内部结构调整加快，经济作物比重逐步提高，农业龙头企业逐年增多，以及农业专业技术协会的发展，逐渐形成烤烟、果蔬、茶叶和生猪、山羊种养业规模化，形成公司+基地+农户（协会）的产业局面。

工业 实行所有制与经营权分立原则，普遍推行承包。租赁经营责任制，在转换企业经营机制的同时，除关系国计民生的重要产业仍由国有企业管理外，其他全民所有制和集体所有制工业企业采取扩、建、改、转、并、停等形式，有序稳妥地推进改革改制，开展招商引资，放开生产经营，非公有制工业经济蓬勃兴起。2013年，全县2000万元以上规模企业9户，其中国有企业1户，比“七五”期末减少9户，全年工业总产值16.91亿元，全部工业增加值完成4.59亿元，分别比2012年增加42.95%和16.4%。其中2000万元规模以上工业总产值完成5.22亿元，工业增加值完成1.04亿元，分别比2012年增长58.87%和15.8%。

商业 1988年后，全民所有制和集体所有制商业以及供销合作社实行经营范围、价格、工资分配、劳动用工“四放开”。1992年8月，成立县商业总公司，实行一级核算、分级管理、人员统一调配、资金集中使用。1993年，推行“国有民营”改革。所有制结构进一步变化，个体工商业迅速发展。

1998年开始，供销系统推行“社有民营”全额风险抵押承包经营责任制，明确责、权、利，实行自主经营。之后，随着供销商业系统改革改制完成，除关系国家经济安全的商品仍由国有企业经营外，其他商业全部推向市场。

2013年，全县国有企业59户、集体企业38户、个体工商户4407户。社会消费品零售总额6.07亿元，比上年同期增长15%。其中城镇实现销售4.7亿元（城区2.4亿元），乡村实现销售1.33亿元。

产业结构

随着经济体制改革和历次五年计划的实施，全县产业结构不断调整和优化。按照国家对产业划分惯例，全县将种植业、林业、牧业、渔业及其服务划分为第一产业，将采掘业、建筑业、制造业、电力、煤气水生产及供应划分为第二产业，除第一、二产业外的行业划分为第三产业。

第一产业 1988年后，农业经济开始以市场为导向不断调整产业内部结构，在不放松粮食生产的前提下，发展多种经营，粮油、果蔬、茶叶、禽畜等都得到稳定发展。2013年，农林牧渔业增加值达8.67亿元，其中农业增加值5.42亿元，林业增加值0.49亿元，牧业增加值2.55亿元，渔业增加值0.1亿元。在三产业的比重中第一产业占27.2%。

第二产业 1988~1997年，县内第二产业主要为传统产业。1998年，随着企业改革和外来企业增多，投资规模扩大，第二产业快速发展。2000年，“九五”计划顺利完成，第二产业增加值8648万元，县“七五”期末（1990年）的近9.7倍，比重由“七五”期末的6.69%提高到22.1%。2005年，第三产业增加值达1.18亿元，其中，工业8726万元，建筑业3137万元。2010年，通州工业园区、河湾电站、拉安电站相继启动，一批工业项目建成投产，产业结构明显改善。是年，第二产业增加值达3.6亿元。

2013年，第二产业增加值达6.76亿元，在三产业结构比重中占21.24%。

第三产业 1988~1998年，第三产业主要依靠餐饮、运输等传统行业支撑，1999年后，随着交通、通信、城市基础设施不断发展，新兴行业规模扩大，尤其是旅游业的快速发展，第三产业增长加快。“九五”期末（2000年），交通运输、仓储和邮政、批发零售贸易和居民服务等主要指标在第三产业的总产值比重为13.72%，2005年提高到31.07%，2013年达52.83%；三产业结构比重由“九五”期末的50.4：22.1：27.5变化为2013年的27.2：21.24：51.56。

第二章　综合管理

改革开放后，平塘改变过去对全民所有制经济的管理办法，逐步缩小指令性计划，扩大指导性计划，发挥市场调节作用。对农业生产，除实行合同收购的农产品外，其他农副产品实行市场调节。工业企业实行指令性和指导性计划相结合，除关系国计民生的产品外，其他产品按市场调节价格销售。基本投资计划管理根据项目资金来源，实行分级管理，服务业实行宏观调控。

第一节　管理机构

1985年1月，县计划委员会、县经济委员会合并，组建县计划经济委员会。1993年，县计委下设信息中心，归口管理县农业区划委员会办公室。

1994年3月，县计委和县统计局合并，组建平塘县计划与统计局，内设综合股、计划股、统计股、固定资产投资股和信息中心。1995年7月，单独设置县计委，内设计划股、固定资产投资股，下设信息中心。

2001年11月，县计委和县招商引资局合并，组建县发展计划局。2004年9月，县发展计划局与县招商引资局分设，县发展计划局改称县发展和改革局，内设办公室、国民经济计划投资股、国民经济体制改革股以及以工代赈办公室，下设县移民办公室、县项目和信息中心。

2011年，县级机构改革，将县科技局、物价局、招商引资局、粮食局的行政管理职能划入县发改局，内设办公室、财务股、投资股、综合股、农经股、科学技术和知识产权股、粮食储备和流通管理股、基础产业股、价格管理办公室、项目稽查办公室10个行政股室，下设工程投资咨询中心、综合执法队和价格认证中心3个事业机构，设石漠化综合治理办公室、国家扶持人口较少民族（毛南族）办公室2个临时机构。2012年11月，设立平塘县科学技术局，为县发改局管理的正科级事业单位，增设县深化医药卫生体制改革领导小组办公室、大射电项目建设协调办公室。

2013年，县发改局内设、下设机构不变，临时机构增设县扶贫生态移民工程领导小组办公室。

第二节　计划管理体制改革

1988 年后，县委、县人民政府对计划管理规模和指标体系不断作适应性的改革，逐步减少指令性计划，扩大指导性计划和基层以及企业自主权。

“八五”至“九五”期间，除部分农产品外，改农业生产和农产品收销指令性指标为指导性指标，扩大农民生产自主权。逐步放开部分工业企业生产计划、采购和产品销售权，鼓励和支持企业推行绿色经营责任制。除需要国家贷款或自筹资金的重大项目，财政收支、信贷收支、工资和建设用地、资源开发、计划生育政策等方面的年度计划做指令计划管理外，其他项目和指标全面放开。物资管理权限除省人民政府保留的统配物资实行分配计划外，钢材、木材、水泥、煤炭、石油、汽车等其他物资均退出计划分配管理。

1995 年，取消粮油购销计划。1997 年，废止粮油票券，粮油市场全面放开。

2013 年，计划部门工作重点转为中长期规划和发展战略研究，确定县域经济发展方向，根据国家产业政策和经济增长方式，制定区域发展规划、布局方案和配套政策措施，促进产业结构化升级，并加强对经济运行监测、预测和分析，把握经济发展新趋势、新特点。

第三节　计划编制和实施

计划编制

平塘县采取自下而上、自上而下、上下结合的办法进行县计划编制，由县发展和改革局（县计委）在对全县进行全面调研的基础上编制，一般要经过预报建议数、调整充实、正式编制、县政府审定、县人代会审议批准几个环节。计划编制分短期、中期和长期计划。

短期计划　主要是年度国民经济和社会发展计划，一般从上年的 9 月开始，次年 3 月前完成。在广泛征求部门和乡镇意见进行修改后，提交县人民代表大会审议通过后，正式下达执行。年度经济和社会发展计划的具体内容，主要有国民收入、农业、工业、交通运输和邮政通信、固定资产投资、土地治理、科技发展、物价、文化教育和卫生、环境保护、人口与劳动力、工资等计划。1988~2013 年，先后编制 26 个年度经济和社会发展规划。

中期计划　中期计划期限一般为 5 年，是以长期计划为依据，确定计划由各项指标及其分年度指标，包括经济增长速度和重要比例关系，国民收入及主要工农业、交通运输产值，财政收入，社会购买和商品提供量，固定资产投资规模、方向与效益，主要产品生产能力的增长及大中型建设项目，主要科技发展水平及技术政策，职工总数、工资总额，人口自然增长率、就业率和城乡居民人均生活水平，人才培训，资源综合利用水平和环境污染防治，其他各项社会事业的主要、重要经济政策和实施计划的重大措施等。1990 年，开始编制《平塘县国民经济和社会发展“八五”计划》。至 2013 年，先后完成“八五”至“十二五”国民经济和社会发展五年规划、《平塘县 1994~2000 年以工代赈规划》《九十年代平塘县农业发展规划》《平塘县农村电网建设改造规划》《平塘县“十五”农村人饮和卫生基础设施建设规划》和《平塘县石漠化治理规划》等。

长期计划　是 10 年或 10 年以上的发展战略计划编制，是中期计划的依据。先后完成《平塘县经济和社会发展十年规划（1991~2000）》《平塘县国民经济和社会发展十年规划和“八五”计划安排要点》《平塘县实施西部大开发战略项目规划（草案）》《平塘县2001~2010年以工代赈项目规划》等长期计划的编制工作。

计划实施

1988~2013年，平塘先后实施第二十六个年度经济和社会发展规划，一批经济和社会发展五年规划，中长期战略规划。1988年，是“七五”规划实施的第三年。是年，完成国内生产总值8767.47万元，固定资产投资262.85万元，地方财政收入441.4万元，农林牧渔业增加值6446.32万元，工业增加值204万元，社会消费零售总额3813.88万元，年末储蓄余额2246.9万元，年末贷款余额3186.8万元，农民人均纯收入233元。之后，通过6个五年规划以及以工代赈、农业、工业、基础设施建设规划的实施，到“十二五”期间，全县经济和社会事业发生翻天覆地的变化，经济总量不断壮大，人民生活水平逐年提高。

2013年，县内生产总值完成318256万元，是1988年的36.3倍；固定资产投资470000万元，是1988年的1788倍；地方财政收入24615万元，是1988年的55.8倍；农林牧渔业增加值86650万元，是1988年的13.5倍；工业增加值45864万元，是1988年的224.8倍；社会消费零售总额60725.6万元，是1988年的15.9倍；金融机构年末储蓄余额325754万元，年末贷款余额197054万元；农民人均纯收入达5728万元，是1988年的24.6倍。

1988~2013年平塘县国民经济计划执行情况表（一）

表10-6 单位：万元

年份	县内生产总值				固定资产投资	财政收支	
	合计	第一产业	第二产业	第三产业		收入	支出
1988	8255.24	6446.32	204	1604.92	262.85	441.4	1257.48
1989	10550	7849	950	1751	422	574.15	1608.03
1990	11003.36	7849.36	958.64	2195.36	185	599.64	1600.93
1991	12105	8829	981	2295	334	620.63	1758.77
1992	18003.68	13789.6	1572.6	2641.48	535	785.2	2040.1
1993	20510.6	15144.4	2146	3220.2	1007	1227.1	2261.7
1994	24981.7	18485.1	2464	4032.6	886	949.2	2284.6
1995	31693.8	22305	4348.9	5039.9	1028	1188.8	2901.3
1996	36958.6	23174	7574.9	6209.7	7658	1605	3922.3
1997	38512.64	24536	6790.3	7186.34	1557	1962.5	5117.2
1998	38704.5	21714.8	9181.3	7808.4	4150	2089.8	5434
1999	39097	19715	9705	9677	4739	2113	6296
2000	39142	19741	8648	10753	5871	2406	7067
2001	39415	20330	6505	12580	6119	2225.8	11220
2002	45672	19191	10210	16271	12588	2464	13945
2003	51303.38	22549.43	11023.95	17730	14215	2733	15428

续上表

年份	县内生产总值				固定资产投资	财政收支	
	合计	第一产业	第二产业	第三产业		收入	支出
2004	62600	28917	13405	20278	18018	3043	18946
2005	72391	32599	16826	22966	35005	3709	24946
2006	82380	35337	14777	32266	40100	4485	29389
2007	100393	41804	18636	39953	55011	5245	38613
2008	125387	48091	29918	47378	68227	6228	56762
2009	138376	50587	35408	52381	88852	7579	73619
2010	150723	53240	36095	61388	13561	9988	38613
2011	182818	60258	42885	79675	20683	13822	113611
2012	265625	76150	57093	132382	31282	252787	145401
2013	318256	86650	67584	164022	470000	24615	160443

1988~2013 年平塘县国民经济计划执行情况表（二）

表 10-7　　　　单位：万元

年份	农林牧渔业增加值	工业增加值	社会消费品零售总额	金融业务		农民人均纯收入
				年末储蓄余额	年末贷款余额	
1988	446. 32	204	3813. 88	2246. 9	3186. 8	0. 0233
1989	6705	269	4097. 06	3269. 1	4141. 2	0. 0256
1990	7849. 36	668. 64	4225. 29	3248. 4	3590. 8	0. 0436
1991	13626. 45	1114	4423	4727	5128. 2	0. 0331
1992	13789. 6	1235. 6	4449. 25	5176. 2	5178. 2	0. 0374
1993	15144. 4	1759	3700	6085. 8	5865. 4	0. 0393
1994	18485. 1	1975	4673. 7	7138. 8	8396. 2	0. 0443
1995	22305	3370. 9	5381	8973. 9	10294. 4	0. 0667
1996	23174	4550. 9	6203. 5	12324. 8	14630	0. 0924
1997	24536	6429. 3	6745. 2	13105. 3	18431. 2	0. 1131
1998	21714. 8	6355. 98	6878. 4	20176	26818	0. 1189
1999	19716. 14	7364	7422	21163	30113	0. 1133
2000	19741. 22	5909	8790	24961	32666	0. 1137
2001	20330	4734	9314	27580	31914	0. 1783
2002	19191	7109	10245	33408	33814	0. 1213
2003	22549. 43	7830	11278	39631	36262	0. 1338
2004	28917	9255	13006	52172	38269	0. 1494
2005	32448	8726	14504	60957	27375	0. 165
2006	35337	10906	16409	69222	31974	0. 176

续上表

年份	农林牧渔业增加值	工业增加值	社会消费品零售总额	金融业务		农民人均纯收入
				年末储蓄余额	年末贷款余额	
2007	41804	13007	20635	84669	37499	0.216
2008	48091	15864	25604.3	111855	41635	0.2602
2009	44500	17152	31430	133682	59139	0.2924
2010	48118	23949	37801	161867	82904	0.3428
2011	60258	30487	45664	199234	105440	0.421
2012	76150	40470	53221.4	252787	14501	0.4955
2013	86650	45864	60725	325754	197054	0.5728

第四节　重大项目管理

立项和审批

1988年后，按国家计划管理体制，项目资金以国家投入为主，基本建设项目实行审批制。项目立项程序为编写项目建设书、可行性报告，进行项目计划，经黔南州计划委员会审批后报贵州省计划委员会审查合格后批复立项，项目竣工后进行验收。大中型项目经省计委审查后报贵州省人民政府审核同意转报国家审批；国家限额以上的技术改造项目，由省计委会同省纪委等部门审查，报省人民政府审核同意，转报国家审批；1000万元以上地方非生产性项目，由省计委请示省政府审批；省级基本设施基金安排的项目，总投资在300万元以上的生产性、1000万元以上非生产性项目和上述限额以下需要省平衡的项目，均由省计委审批；小于上述投资规模的项目由州计委和主管部门审批，报省计委备案。

国家限额以下技改项目，由省经济委员会审批，省计委纳入全省技改项目安排；300万元以下生产性项目和1000万元以下非生产性项目，由省计委审批，报省经委备案；城乡集体所有制项目，按小型基础建设项目（5万～50万元）由县计委审批。

项目管理

1988年后，按照国家项目管理体制，项目管理主要执行项目法人责任制、项目招标投标制、项目工程监管责任制，根据施工合同和项目建设进度，开展质量监督检查，报付工程资金，保证投资效益。1991年，县计委开展1988～1990年工程清理工作。从是年开始，凡5万元以上地方新开工基建项目报州审批，2万～5万元基建项目和省、州、部门下达项目纳入县级计划管理。1992年10月后，开工报告和投资账户由县计委审批，国家开征的固定资产投资方向调节税由县计委代征。

1994年，按照省政府批转执行的《关于改革各省地方基本建设计划管理的几项暂行规定》，对不需省、州匹配资金的项目，简化基本建设项目审批程序，大放审批权限。1999年，对上报审批项目开展调研，对审批项目的经济效益、投资能力、社会影响进行分析评估，对在建项目和竣工项目进行调查，并报告县人民政府和上级计划主管部门。2000年，开始筹建西部大开发战略项目库，完成113个项目规划。2003 年，对在建国债资金项目和重点建设项目，实行月报制度，每月向县人民政府和上级项目主管部门报告工程进度和资金使用情况。2005 年后，主要加强对国家和省州重点项目招标投标、资金使用和竣工验收等环节监督，规范项目工程建设。2010 年，把环境保护和整治纳入项目工程立项审批范围。

2013 年，平塘县按照国家政策投向，精心组织项目策划，严格按照投资编报领域 7 个方面的投向共编报项目 86 个，总投资 33.8 亿元。全县共储备项目 120 个，涉及交通运输、农林水利、城市建设、社会发展、产业发展、城镇基础设施建设、能源等行业，总投资 189.8 亿元。

项目实施

以工代赈　以工代赈是国家一项农村扶贫政策，主要为农村小型基础设施工程，主要有坡改梯、通乡（村）公路、绿化造林、人畜饮水工程等，通过组织贫困农民参加以工代赈工程建设，获得劳务报酬，取代直接救济。以工代赈从 1991 年开始实施，是年安排以工代赈坡改梯 7000 亩，配套工程 4 项。共完成投资 90.09 万元，完成坡改梯 7033.3 亩，完成造林面积 2660 亩，修建公路 4 千米。解决人畜饮水 3826 人、2370 头。

1993~1997 年，完成中低产田改造 3400 亩，排涝工程 300 亩。

1998~2008 年，共实施以工代赈项目 223 个，总投资 1.21 亿余元。

2009 年，以工代赈建设掌布至麻冲河，牙舟镇兴陶村甲先至冗平，西凉乡六寨村六组至中寨，掌布村破档至拉烈公路，者密镇茂村么上排洪沟建设。是年，以工代赈项目 7 个，项目总投资 493.6 万元，其中交通项目 6 个、水利项目 1 个。

2010 年，实施塘边镇塘边至界上、苗二河乡满南至高寨、鼠场乡仓边村至刺竹关公路，谷硐乡水落洞水库整修等，项目总投资 1369.1 万元。

2011 年，以工代赈项目共 9 个，项目总投资 664 万元，其中以工代赈专项资金 547 万元，省级配套 90 万元（省交通 90 万元），县自筹 27 万元。

2012 年，以工代赈项目下达总投资为 621 万元，共下达项目 8 个，其中片区项目 1 个、乡村道路项目 6 个、小型农田水利项目 1 个。

2013 年，以工代赈项目申报总投资为 1315 万元，其中中央资金 1315 万元，共申报项目 10 个，其中片区项目 1 个、乡村道路项目 6 个、小型农田水利项目 3 个。是年，实施白龙乡以工代赈，修建白龙乡新全村至龙兴村通村硬化路 5.25 千米，总投资 343 万元。

易地扶贫搬迁　易地扶贫搬迁是将生活在缺乏生存条件地区的贫困人口搬迁安置到其他地区，并通过改善安置区的生产生活条件、调整经济结构和拓展增收渠道，帮助搬迁人口逐步脱贫致富。从 2000 年开始实施，是年，实施搬迁 52 户、竣工 40 户，总建筑面积 2550 平方米。

2001 年，平塘被列为全省易地搬迁安置工程试点县，从是年开始至 2013 年，共计划搬迁 2088 户，完成搬迁 1841 户 8209 人。计划投资 1.21 亿余元，实际投资 7815.17 万元。主要搬迁安置点有平湖镇大米牙（26 户），甘寨乡刘家湾（46 户），塘边镇火石坳（22 户），牙舟镇白沙村（50 户），大塘镇里中团部口（50 户），掌布乡场坝（100 户）、桐木冲（20 户），新塘乡农贸市场（30 户），鼠场乡油岜（60 户），牙舟镇坪上（53 户），谷硐乡大坪（60 户），苗二河乡拉皮绞（30 户），卡蒲乡场河村桐林砖厂（46 户），塘边镇营盘路（84 户），掌布镇集镇市场（162 户），白龙乡龙林新街（85 户）。

人口较少民族发展建设项目　2005 年，国家开始实施扶持人口较少民族基础设施建设项目，卡蒲毛南族乡被列为项目实施地之一。“十一五”期间，共有 11 个毛南族聚居村被列入国家对人口较少民族扶持对象。“十二五”后，新增者密镇的 4 个村、平舟镇 2 个村，也被列为毛南族聚居村进入“十二五”扶持发展规划范围，全县共17个毛南族聚居村得到国家重点扶持。

2006~2012年，共实施毛南族发展建设项目92个，其中水、电、路等基层设施73个，文化教育12个，农村经济发展7个。

先后建成村组公路19.2千米，桥梁3座，村寨连户路面水泥硬化10.72万平方米，防洪堤510米，排洪（污）沟2110米，村级文化室和卫生室12个。共实施村级种植养殖项目7个。

2013年，平塘获国家扶持人口较少民族项目9个，总投资1314万元，先后在卡蒲毛南族乡、者密镇、大塘镇、甘寨乡、平湖镇实施村组水泥路面4.68万平方米、油路1.28万平方米、桥梁1座、排洪沟2千米、引灌管道1千米、民居包装20户。

退耕还林 退耕还林是从保护和改善生态环境出发，将坡度为25度以上坡耕地还林还果（竹），改善生态环境。2001年开始实施，2003年9月，发放退耕还林地林权11028户。2008年后，在项目区实施巩固退耕还林成果规划，项目主要有口粮田土壤改良、维修或建设灌渠（引水沟）、拦水池（水窖）以及种茶、种草（养羊）、种果等。至2013年，全县共实施还林还果（竹）共计16.79万亩，兑现退耕地粮食外助资金375.9万元，在项目区实施基本口粮田改造1.15万亩，灌溉渠道7.2千米，种菜2914亩，生态移民安置25户129人。

石漠化综合治理 石漠化是亚热带、热带湿润岩溶地区土壤被严重侵蚀，基岩大面积裸露，地表呈现石质化的土地退化现象。石漠化综合治理主要通过加强植树造林、封山育林等措施，恢复改善岩溶地区生态环境。

从2007年开始，平塘开始石漠化综合治理工作。是年，石漠化生态搬迁50户255人。

2008年，平塘被列为贵州省石漠化综合治理试点县。2009年，在苗二河乡开展石漠化综合治理试点，实施苗二河流域和翁干河流域石漠化综合治理，总面积5.5平方千米，项目总投资880万元。2010年，实施谷硐河流域和掌布河流域石漠化综合治理，封山育林（草）1.55万亩、人工造经济林1327亩、人工种草1239亩、改良草地3600亩、坡改梯1605.6亩，项目总投资880万元（其中中央专项资金800万元、县匹配80万元）。2012年，继续在谷硐河流域和翁干河流域实施石漠化综合治理，完成治理面积16.75平方千米。建成引水渠10.75千米、排涝渠2.35千米，项目总投资1100万元（其中国家专项资金1000万元、地方自筹资金100万元）。

2013年，治理卡罗河小流域，治理面积12平方千米，实施封山育林育草1.6万亩、人工造林1912.5亩、机耕道13.66千米、引水渠8.15千米、排涝渠1.5千米。项目总投资660万元（其中中央补助资金600万元、地方配套60万元）。

第三章 招商引资

1997年前，招商引资由县计委和县人民政府项目办公室负责。1998年成立招商引资局后，制定招商引资年度计划和中长期规划，出台招商引资政策，开展招商活动，通过实施引资项目促进平塘经济快速发展。

第一节　机　构

1998 年，成立平塘县招商引资局，负责全县招商引资工作，主要职能是招商引资工作规划、年度计划；中长期招商活动的规划和年度重大招商引资活动方案；承办县政府决定的对内对外经济合作、招商引资活动的组织、洽谈和服务工作，协调处理招商引资和项目实施过程中的有关问题；定期分析、通报和考核全县招商引资任务完成情况；负责对全县招商引资项目的储备和包装，信息收集整理和利用工作，对外发布招商信息。

2001 年 12 月，县招商引资局与县计划局合并，组建县发展计划局，内设招商引资股。2004 年 9 月，招商引资工作从发展计划局分离出来，单独设立县招商引资局。是年，县发展计划局改称县发展和改革局。

2011 年 8 月，县招商引资局并入县发展和改革局。是年 9 月，组建县投资促进局，挂靠县发展和改革局。

2013 年，县投资促进局内设 4 个股室，下设县利用外资服务中心和县招商引资项目代办服务中心。

第二节　投资环境

2000 年，国家实施西部大开发战略后，平塘加大引资引项力度，不断改善招商引资投资软环境，先后出台《关于招商引资的若干规定（试行）》《平塘县危害投资软环境责任追究办法（试行）》《平塘县投资软环境综合整治实施方案》《平塘县招商引资奖励办法（试行）》《关于进一步加快非公有制经济发展的实施意见》等一系列招商引资政策措施，国税、地税、国土、工商、物价、公安等部门建立服务窗口，实行限时办理制度。

2003 年 7 月，平塘县外来投资者投诉中心正式挂牌成立，受理外来投资商的投诉。2004 年，开展招商引资信用年活动，涉及招商引资部门制定一系列“安商”“便商”的措施，县地方税务局制定《平塘县地方税务局办税服务承诺书》，公安局制定《招商引资十一条承诺》。2005 年，对县内重点外来投资企业实行挂牌保护，由县领导定点联系，帮助投资企业解决实际困难。县招商引资局、经贸局、公安局、交通局联合构建外资企业“绿色通道”，为平海铁合金有限责任公司、龙马建材有限责任公司颁发公路运输通行绿卡，降低境内运输成本。

2006 年，县招商引资局建立客商名录，对外来访客商进行回访、推介项目，引导客商到平塘投资。是年，组建招商小分队进驻上海、广州等地开展招商工作。2007 年 5 月，修订招商引资优惠政策，从行政审批、程序办理、税费减免、财政扶持、用地扶持、服务保障、引资奖励等多方面提供优惠和服务。是年，开展招商引资“三乱”治理，设置“收费明白牌”公开收费项目，为 56 家外来投资企业均建立企业档案，发放“通行绿卡”。

2009 年，县委、县人民政府印发《关于进一步加快非公有制经济发展的实施意见》。是年 6 月 30 日，行政服务中心挂牌成立，为外来投资企业提供“一站式”服务。2012 年，实行县领导干部挂钩帮扶企业联系制度和招商引资工作定期督查制度，推进银企合作，帮助企业解决实际问题。

2013 年，开展多种形式的安商、亲商活动，帮助企业解决实际问题。是年 7 月，纪检监察部门查处一批办事推诿拖拉和吃、拿、卡、要的干部。

第三节 引资项目

1998～2013年，全县共引进项目472个，实际引进项目资金94.45亿元。1998年，引进项目21项，引资2851万元，新建企业11个，总投资981万元。引进技改项目2个，总投资65万元。是年，引进贵州天润业物科技有限公司平塘仲胶厂、县宏达生物降解树脂有限公司、贵州元泰科技公司平塘农药厂、深圳济田投资发展公司，贵州修文三角水泥厂兼并平塘县龙马水泥厂并完成技能改造。1999年，海带佳昌贸易公司投资兼并原黔挂铁合金厂，组建县平海铁合金有限公司。引进年产30万平方米新型轻体隔板及系列装饰产品技术，建成县靓艺建材厂。2000年，引进辽宁客商投资新建县顺发轻体实心门厂，项目总投资48万元。

2001～2009年，共引进项目187个，到位资金9.34亿元。

2010年，实施“工业强县”战略，先后开工建设通州、平湖工业园区，引进外来投资项目36项，到位资金4.2亿元，其中，境内省外投资项目25项，到位资金3.03亿元；省内州外投资项目11项，到位资金1.17亿元。

2013年，全县农业项目主要有7个：掌布乡娃娃鱼特种养殖，贵州大学后勤供应基地，贵州华龙油茶发展有限公司投资开发的油茶栽培基地，谷硐丰盛种羊基地，大塘山海原生态茶叶公司茶叶基地，卡罗曾家寨集约化养殖场，仁怀市红缨子高粱种植投资有限公司投资的有机高粱种植基地。工业项目主要有17个：贵州省明伦实业有限公司投资的高岭土开采及深加工项目，平塘鼎峰科技公司投资的超微方解石粉造纸项目，白龙乡烟花爆竹厂，县祥和建材有限责任公司投资的环保砖项目，贵州省苗山侗酒业公司酒类生产，贵州安大泰富投资公司投资的大理石开采及加工，贵州澳华实业投资有限公司的大理石深加工，黔林木业公司投资的指接板生产，中元矿业有限责任公司投资的方解石粉体及复合材料深加工，贵州盘江投资控股（集团）公司投资的平塘县环保新型材料工业园建设，河南漯河华强塑胶有限公司投资的平塘县高分子材料产业园，重庆方根能源集团有限公司投资的天然气管网项目，贵州逢缘矿业投资的大理石板材加工，江西客商投资的牙舟陶开发，河北雅海投资有限公司投资的平塘县国际石材料产业园，贵州金特矿业集团投资的方解石深加工，山西路鑫能源集团公司投资的煤炭开发项目。劳动密集型企业有6个：雄富毛织厂、哈一代制衣厂、阳光毛织厂、兴旺玩具厂、忠立毛织厂、智恒毛织厂。房产开发项目有4个：玉水佳苑、华丰佳苑、泊岸御都、华地龙庭小区。

第四章 统 计

县内经济社会事业情况数据统计汇总和上报由县统计局负责。1991年推行统计“一套表”制度，1992年，增加工业考核指标统计。1993年，统计报表由各种专业报表合并为农村统计“一套表”和城镇“7+1”套表，主要有农业、工业、交通、商业、建筑业等11类。2004年，实行月、季年报统计。2008年采取按进度量化跟踪监测方法，及时发现和纠正经济运行中存在的问题。2013年，县统计局上报的定期统计和年度统计有综合、农业、工业、商业、固定资产、建筑业和房地产、劳动工资、财政与金融、交通运输、文化教育卫生事业和人民生活10类。

第一节　机　构

1988年，县统计局内设农村、城市2个统计办公室，下设19个乡镇统计站。1994年3月，县统计局和县计委合并组建平塘县计划和统计局，内设综合股、计划股、统计股、固定资产投资股和信息中心。

1995年7月，单独设置县统计局，内设统计股和综合股。1996年，统计股改称业务股。1997年，增设计算股。2002年，撤计算股，设普查股。2011年，综合股改称办公室，下设平塘县统计执法队、平塘县乡镇统计管理办公室。

2013年，内设办公室、业务股、普查股3个股室，下设平塘县统计执法大队、平塘县乡镇统计管理办公室、统计局派驻19个乡镇统计调查中心3个事业单位。

第二节　普　查

人口普查

第四次人口普查　1989年8月至1991年7月，开展第四次人口普查工作。1989年8月9日，成立平塘县第四次人口普查领导小组及其办公室，着手开展工作。1990年7月1日零时，为全国人口普查标准时间，至7月6日全县普查登记基本结束。按县内各普查区顺序采用随机等距抽样的方法，在全县资料中抽取24个普查区68个调查小区共26377人的登记表，先进行编码复查汇总，后经州验收和电子计算机录入汇总。年末，全县共59714户258566人，其中男女性别比为1.05∶1，非农业人口10042人。人口出生率16.4‰，自然增长率9‰。

第五次人口普查　1999年3月，成立县第五次人口普查领导小组，下设办公室在统计局。2000年10月1日零时为普查标准时间，普查人员深入19个乡镇245个普查区976个普查小区入户登记。2001年上半年，完成普查资料的编码、逻辑审查、数据处理等工作。年末，全县68692户291099人，男女性别比为1.09∶1，非农业人口13016人，人口密度为每平方千米104人，人口自然增长率13.48‰。是年，县统计局被评为第五次全国人口普查先进集体。

第六次人口普查　2010年，进行第六次人口普查工作。成立平塘县第六次人口普查领导小组及办公室。普查标准时间为2010年11月1日零时，全县121个行政村、3个社区、3个居委会，划分为普查区127个，普查小区1147个。第六次人口普查主要反映全县总人口、总户数、民族、人口性别、年龄、文化程度、职业构成、人口出生率和死亡率、人口分布和密度等。年末，全县85626户319623人，其中少数民族人口187689人，非农业人口20410人，男女性别比为1.1∶1，人口出生率8.45‰，死亡率5.06‰，人口密度为每平方千米113.14人。

经济普查

2004年，进行第一次经济普查。5月23日，成立县普查领导小组及其办公室。11月1~30日，全县个体户经济普查正式登记，至年底结束。普查对象为县内从事第二产业、第三产业的全部法人单位、产业活动单位和个体经营户。普查内容包括单位基本属性、就业人员、财务状况、生产经营情况、生产能力、原材料的能源消耗、科技活动等。是年，全县有各类法人单位348个，个体工商户2156户，从业人员2356人，其中，制造业198户从业人员220人，交通运输、仓储和邮政104户117人，批发和零售业1475户1544人，餐饮业143户148人，居民服务和其他服务201户265人，从业人员占比分别为9.33%、4.96%、65.53%、6.28%、10.86%。是年新开业920户从业人员1017人。

2008年、2013年分别进行第二、第三次经济普查，普查标准时间为当年1月1日零时开始。第三次普查全县共有个体经营户5400家，法人单位893家，产业活动单位668家，与第二次经济普查相比，个体经营户净增1100家，同比增长25.6%；法人单位净增439家，同比增长96.7%；产业活动单位净减少280家，同比下降29.5%。

农业普查

1996年，进行第一次农业普查。2007年，进行第二次农业普查。普查标准时间为普查年的1月1日零时开始，1月10日24时结束。普查数据为上半年度的农业生产数据，普查范围是农作物种植业、林业、畜牧业、渔业和农林牧渔服务业。农业普查一般每10年进行1次。

1996年，第一次农业普查时，全县共有农户59711户262758人；耕地25.02万亩，其中水田13.5万亩，旱地11.51万亩；劳动力14.62万人；农田机械总动力4.27千瓦，有大型拖拉机36台，小型拖拉机268台，农用汽车84辆。是年，农作物种植面积55.41万亩，其中粮食36.04万亩，总产量9.06万吨，油料9.25万亩0.52万吨，烤烟3.96万亩0.37万吨，蔬菜4.01万亩6.27万吨，造林1.51万亩。年末存栏大牲畜0.77万头，出栏6884头；生猪存栏15.29万头，出栏11.7万头；家禽存栏30.64万羽，出栏23.38万羽；肉产量1.06万吨。

2007年第二次农业普查时，全县共有农户73082户299980人，劳动力18.03万人，农业从业人员13.23万人，外出务工3.6万人，农用机械总动力11.4万千瓦，有大中型拖拉机253台，小型拖拉机105台，联合收割机2台，农用汽车203辆，农用排灌动力1.04万千瓦，有效灌溉耕地13.59万亩。是年，农作物面积63.88万亩，其中粮食作物41.89万亩11.65万吨，油料12.9万亩1.05万吨，烤烟2.72万亩0.31万吨，药材0.14万亩30吨，蔬菜3.7万亩6.81万吨。植树造林300亩3万株，采伐木材2.06万立方米。年末大牲畜存栏14.89万头，出栏1.5头；生猪存栏19.28万头，出栏17.87万头；家禽存栏47.09万羽，出栏21.8万羽；肉产量1.76万吨，鸡蛋339.25吨。

工业普查

1995年10月，开始进行第三次工业普查，11月，选择县农机厂作为工业普查对象。至1996年底，完成普查任务。普查内容包括企业产值、产量、销售、财务、劳资、设备、物耗及企业发展状况、所有制结构、产业结构、经济效益等。第三次工业普查后，工业普查改为经济普查。

第三产业普查

1993年，开展首次第三产业普查工作。成立协调小组，下设办公室在县统计局。11月7~14日，普查工作进入摸底阶段，摸底结果表明，全县执行企业会计制度的第三产业普查单位，1991年和1992年分别为133个和150个；执行事业行政会计制度的第三产业普查单位，1991年和1992年分别为826个和944个；从事第三产业的个体户，1991年和1992年分别为1853户和1503户。11月15日至12月14日，正式进入普查登记和记总。普查包括全县所有第三产业企业、事业、行政单位和社会团体，反映第三产业构成、人员、生产经营活动和实物资产等情况。普查年度为1991年和1992年。

从2007年开始，将第三产业普查改为每年两次的抽样调查。调查对象范围主要包括本区域内所有从事第三产业活动的单位和个体户。

基本单位普查

1993年进行第一次、2001年第二次、2006年第三次普查，时间都是普查年12月31日，普查资料时间段为该年度。普查覆盖全县各单位基本信息、主要属性、基本经济活动、其他信息等。基本单位普查每5年1次，逢年尾数1和6进行普查。普查对象为县内除农户和个体经济外所有法人单位和产业活动单位，包括各类企业法人、事业单位法人、机关法人、社会团体法人和基层群众自治组织以及从事农业、工业、建筑业、交通运输业、批发零售、餐饮、服务业等社会经济活动的产业活动单位。

第三节 抽 查

人口抽样调查

全县分别于1993年、1995年、2005年、2011年和2012年，进行5次人口抽样调查。抽样面除1993年为10%外，其余4年均为1%。人口抽查分摸底、登记、复查、抽查4个阶段，内容包括抽查年份的人口出生率、死亡率、人口自然增长率、计划生育率等指标。

1993年，人口出生率13.5‰，死亡率6.3‰，自然增长率7.1‰，年末总人口263234人。1995年，人口出生率15‰，死亡率6.3‰，自然增长率8.6‰，年末总人口267950人。2005年，人口出生率14.36‰，死亡率6.49‰，自然增长率7.87‰，年末人口297891人。2011年，人口出生率9.8‰，死亡率6.3‰，自然增长率3.17‰，年末总人口322634人，常住人口227076人，比上年末减少1524人。2012年，人口出生率12.07‰，死亡率9.57‰，自然增长率2.5‰，年末总人口322875人。

粮油产量抽查

1997~2013年，每年5月和10月，分别进行夏秋两季粮油产量抽样调查，抽样面积每乡镇30户，之后逐步年扩大，最多时调查户数约占全县农户总数的三分之一。通过抽查测算，基本掌握全县农村人均产量水平统计数据。1997年，夏粮总产量为8499.37吨，秋粮86703.7吨，油料5822.14吨。2013年，夏粮总产量14176.02吨，秋粮900087.02吨，油料9834.04吨。

农村住户抽查

1988年，开始对农村住户进行抽样调查，调查内容有基本情况、粮食收支、出售产品、家庭现金收支、主要实物消费量和日常用品拥有量、购买商品情况、人均纯收入等情况。2013年，抽查80户，人均总收入7921元，总支出8087.4元，其中生活消费支出人均4824.58元。人均住户32.32平方米，人均纯收入5727.61元，每百户有洗衣机59台、电冰箱49台、摩托车61辆、汽车8辆、移动电话189部、彩色电视机75台。

农民纯收入前景抽查

1999年9月，县农村经济调查小组对塘边、克度、通州、新塘、者密、四寨等乡镇8个调查点进行农民纯收入前景实地调查，调查预测当年全县农民人均纯收入达1136.67元。是年，农民人均纯收入调整为1113元，比上年下降6.39%。此后，每年均通过点调查，测算当年农民人均纯收入。

1988~2013年平塘县部分年份农村家庭人均收入抽样调查统计表

表10-8

单位：元

指标	1988年	1993年	1998年	2003年	2008年	2013年
全年总收入	570	1010.41	1828.04	1912.74	3664.46	7921.29
1. 工资性收入	4	63.32	2.97	311.78	795.42	2158.74
2. 家庭经营收入	519	879.6	1752.92	1475.87	2748.94	5165.6
3. 其他非生产性收入	47	67.49	72.15	125.09	120.1	596.95

1988~2013年平塘县部分年份农村家庭人均支出抽样调查统计表

表10-9

单位：元

指标	1988年	1993年	1998年	2003年	2008年	2013年
全年总支出	578	1761.08	1647.35	4810.55	2874.85	8087.41
1. 家庭经营支出	164	373.42	461.85	510.7	1002.81	1895.7
2. 缴纳税款支出	11	27.43	41.89	3157	2.37	——
3. 上交集体承包支出	4	0.31	2.02	—	—	—
4. 购置生产性固定投资支出	22	30.05	8.06	102.13	98.24	434.28
5. 生活消费支出	355	956.45	1104.64	1011.31	1634.01	4824.58
6. 其他非生产性支出	22	373.42	28.89	29.41	137.42	932.85

乡镇企业产值抽查

1999年6月，县统计局会同乡企局采取抽样分层的方式，对1998年度和1999年1~5月乡镇企业产值进行调查核实，被调查对象为平湖、克度、通州、者密4个乡镇194户集体、个体乡镇企业，调查内容包括工资、固定资产原值、上缴税费、产品产量、总产值、销售收入、利润等。1998年，全县乡镇企业4473个，从业人员13737人，总产值30365万元，其中农业企业560万元、工业企业18083万元，创税758万元。1999年，有乡镇企业4338个，从业人员11236人，总产值35038万元，创税808万元，主要产品有原煤、水泥、粘土砖、复合肥、铁制小农具、机制纸、农苗、硅铁、料油、果脯、植物油等。

畜牧业抽查

2003年，进行第一次抽查。抽查标准时间为当年11月1日零时开始，至11月10日结束。调查以乡（镇）为单位，共抽查17个乡（镇）、23个村，抽查乡（镇）面达85%、村10%，抽查结果为大牲畜准确度达95%，家禽准确度达75%以上。

第四节　专业统计

统计报表

定期报表实行属地管理原则，统计指标逐年增加，内容不断完善。主要有综合、核算、农业、农村住户调查、工业、商业、建筑业、固定资产投资、教学、法规、劳资等。

1988~1992 年，国家下达县统计局的各类报表共 253 种，其中年报 163 种、半年报 9 种、季报 58 种、月报 33 种。1991 年，推行农村统计“一套表”制度。1992 年，县统计局完成对工业生产评价考核指标的转轨。1993~1997 年，完成农业、农村住户调查、工业、交通、商业、饮食业、建筑业、物资、固定资产投资、劳动工资、平衡综合等 11 个专业统计。1993 年，报表由原来分散的各种专业报表，合并为农村统计“一套表”和城镇“七加一”套表制度。1994 年，实施统计报表制度的重大改革，建立统计调查单位名录库。1995 年，为便于统计全县投资建设项目可行性研究基础数据，县统计局首次对农业年报基础数据分解到村。2004 年，按照国家统计报表制度，开展各专业的月、季、年报工作。2008 年，采取按进度量化跟踪监测定期表发展目标的方法，及时反馈和解决经济运行中存在的问题。

2013 年，完成 2012 年统计年报和 2013 年定期报表填报，以及工业、农业、农民收入、能源、服务业、房地产、工资、餐饮业、投资、劳资、科技、综合、核算、农村住户调查等专业年报数据的搜集上报。

行业统计

工业统计　1988~1992 年，沿用 1988 年前的统计方式。1993 年，改革统计制度，按照国家统计制进行统计。统计范围为全部工业企业，包括独立核算国有企业、集体企业和年销售收入在 100 万元以下的村办工业企业，统计指标包括工业总产值、年销售收入、投资利润、从业人员等。2001 年后，建立国有及年产值在 500 万元以上非国有工业企业年报制度。统计指标包括工业总产值、增加值、销售产值以及工业产品产量等。

农业统计　1988~1993 年，沿用 1998 年前的统计方式。1994 年，统计报表改革后，按照统一的统计制度开展统计。主要统计全县农、林、牧、渔业生产经营活动的基本情况，内容包括农业生产条件、农林牧渔生产状况，农业总产值，产品产量和增加值等。

商业统计　主要统计全县批发零售贸易、餐饮业、服务业基本情况和经营情况，反映商品市场的运行趋势。主要包括全民所有制、集体所有制和个体私营企业批发零售贸易业的购进、销售库存情况。

其他统计

固定资产投资统计　主要统计全县固定资产投资完成情况，包括基本建设投资、更新改造投资、城镇固定资产投资和其他各种登记注册类型的企业事业单位固定资产投资等。

劳动工资统计　主要统计全县企业事业单位从业人员数、工资（劳动报酬）等方面的情况，单位（企业）从业人员、工资及从业人员变动等。

第五章 审 计

平塘县审计工作实行双重管理，审计业务按照上报审计部门下达的计划结合实际情况开展审计，同时承担县委、县人民政府安排的其他审计任务，形成审计报告，对审计查出的违法违规问题做出审计决定。

第一节 机 构

1988年，县审计局无内设机构。1989年6月，成立“平塘县审计事务所”，开展社会审计。

1992年，审计局内设企业审计、行政事业审计2个股。1993年，设行政事业财政金融审计股、基建企业审计股和综合股。1996年，撤销县审计事务所，改为黔南州审计师事务所平塘办事处，属黔南州审计师事务所管辖。2003年，增设农经贸外资基建审计股。2004年，增设经济责任审计股。

2013年，县审计局内设财政金融审计股、法制股、农经贸外资审计股、综合股4个审计机构，下设固定资产投资审计中心、经济责任审计所。

第二节 政府审计

1988年，对县城建局、县农技站、县烟草公司、县凯华大理石公司和县工商银行等进行审计，查出违纪资金23.92万元。1990年，对被审计单位进行审计回访，督促整改。

1993年，对全县粮食企业1991年前亏损挂账和1992年新增亏损挂账情况进行审计，查明原因，划定责任。是年，对全县农业综合开发资金进行审计，审计项目33个。1995年，对农业资金进行审计，查出挤挪用资金449.21万元。对县级财政预增执行情况（1项）、农业资金（2项）、教育经费（1项）、外资利用（1项）、乡镇财政决算（1项）、乡镇财务室财务收支审计（17项）、其他资金（8项）、领导干部责任（3项）进行审计，共查出违纪金额857.13万元，追回被侵占挪用资金280.08万元。

1998年，对财政税收（4项）、乡镇财政决算（2项）、金融保险（1项）、固定资产投资（1项）、农业专项资金（3项）、外资利用（3项）进行审计。

1999年，对1996~1999年乡镇计划生育经费进行审计，共审计违规资金86万元。

2000年，对本县银行贷款专项进行审计，查出违规资金253.9万元。

2002年，对企业职工基本养老基金进行审计。

2003年，开展领导干部任期经济责任审计。

2005年，对固定资产投资开展审计。

2013年，完成审计项目88项，审计查出违规资金770.53万元，不规范资金4176万元。

第三节　内部审计

1988年后，部门内部财务监督工作由各部门分管领导和财务人员负责，部门下属单位的财务收支和主管部门进行检查监督。人民银行平塘县支行负责对专业银行、保险公司以及农村信用社的缴款、存款、贷款和结算等进行稽核。县农业银行、工商银行每年对行下属营业单位进行审计稽核。

1992年，根据国家审计署《内部审计发展纲要》，县审计局在全县建立12个单位内审机构。

1994年，县级机构改革，县审计局在部分设置下属基层工作机构的系统部门建立内部审计机构13个，如农业局、乡镇企业局、水电、教育与科技局等部门，单独设立有财务审计股，负责内部审计工作。1993年，县人民银行在对县国有商业银行和农村信用合作社进行审计稽核中，查出抬高贷款利率、公款私存、隐瞒存款等违规情况，共没收上缴违规资金4.1万元，罚款1.6万元。

1996年开始，县教育局把全县中小学财务审计纳入目标管理，是年，共审计违纪资金13.1万元，其中挪用1.65万元、公款私借1.12万元。

1998年后，企业内部审计机构减少，除系统行业外，多数单位停止内部审计工作。

第四节　社会审计

1989年6月，成立“平塘县审计事务所”，启动社会审计工作。社会审计主要按照国家关于社会审计的规定开展对企业注册资金验证、企事业单位财务收支、承包经营责任制、厂长（经理）离任审计、资产评估等。是年，县审计局接受县工商局委托进行企业注册资金验证20个，资金575.7万元。

1992年，县审计事务所受委托对县酒厂进行资金清理，共审计查出账目不实金额42.55万元。是年，县审计事务所对24户新办集体企业注册资金进行验证。

1993~1995年，县审计事务所共接受委托36项，其中验资26项、审计7项、账务清理2项，共审计查出违纪资金26.32万元。1996年1月，撤销县审计事务所。是年12月，经黔南州审计局同意，将原县审计事务所改为黔南州审计师事务所平塘办事处，隶属黔南州审计师事务所管辖。

1999~2002年，黔南州审计师事务所平塘办事处先后对县烟草公司农业特产稳解缴，县元泰科技公司和靓艺建材厂扶贫资金使用以及贵州盐业（集团）平塘有限公司财务收支，县农业发展银行和中国人民保险公司黔南州分公司平塘营业部的年度资产、负债、损益进行审计。

2006年，首次对农村信用合作联社资产估量状况进行专项审计。

2010年后，实行干部职工“阳光工资”制，取消单位各项福利、奖金，加强对企事业单位财务收支情况的审计。

2013年，对全县19个乡镇21个部门进行财政预算执行情况审计，共查出不规范资金710.88万元。

第六章　工商行政管理

1988~1992年，工商行政管理以培育市场为重点发展市场主体。各工商所对辖区内企业、个体工商户和市场经营活动进行监督管理。1994年，县工商行政管理局、县物价局、县技术监督局合并组建为新的工商行政管理局。1998年，县工商行政管理局上划为省垂直管理，实行“条块结合，以块为主”管理体制。2014年，划为县人民政府工作部门。

第一节　机　构

1988年，县工商行政管理局内设人秘教育、经济合同管理、企业登记管理、市场管理、个体经济管理、商标广告管理6个股以及办公室和经济监督管理所，下设平湖、牙舟、西关、克度、摆茹、者密7个区工商行政管理所。加挂县个体劳动者协会和消费者协会牌子。1993年，撤销办公室商标广告管理股，改人秘教育股为人秘股。

1994年1月，县级改革后，县工商行政管理局、县物价局、县技术监督局合并组建为新的工商行政管理局。内设人秘股（办公室）、市场监督管理股、企业登记管理股、个体经济管理股、物价管理股、技术监督管理股和经济监督检查所、物价检查所、计量监督管理所、质量监督检验所。1995年增设价格事务所。1996年，增设“平塘县私营企业协会”和塘边镇工商行政管理所。1998年，县工商行政管理局单独设置，不再履行技术监督、物价管理职能，并划为上级直管部门。2001年，改人秘股为办公室，企业登记管理股与个体管理股合并为注册登记股，撤销市场管理股、经济监督检查所，者密、平舟、西关工商所，增设政策法规股、执法监督股和机关服务中心。2003年，县工商局内设办公室、监察室、政策法规股、执法监督股、注册登记股和机关服务中心，下设平湖、摆茹、通州、克度4个工商所，挂平塘县消费者协会、个体劳动者协会、私营企业协会牌子。2012年4月，平湖、摆茹、通州、克度工商所改称分局，为副科级机构。

2013年，县工商局内设办公室、人事股、法规股、注册股、市场股、消保股、执法股、信息中心、纪检监察室、执法大队，下设平湖分局、摆茹分局、通州分局、克度分局。挂靠单位有个体劳动者协会、私营企业协会、消费者协会。

第二节　工商企业登记管理

1988年，境内有全民所有制企业62户、集体所有制企业110户、私营企业1户。是年成立县清理公司领导小组，清查县级党政机关办企业和挂靠党政机关企业。

1991年，全县企业注册31户，注销1户，法人变更12户，经营项目变更3户，变更企业名称1户，全年参加年检的法人企业69户、私营企业2户。年内查处违法经营企业5户。

1993年，全县注册企业有371户，其中法人企业112户、非法人企业259户，企业从业人员3893

人，企业注销登记33户。是年，年检企业241户，其中私营企业及独资核算的非法人企业151户、法人企业90户。年检企业实有资金4886.84万元，比注册资金增加1268.84万元。

1997年，登记注册的企业有456户，其中法人企业125户、非法人企业331户，企业注册资金共计9333万元。全年企业法人变更登记14户，注册资金变更3户，企业注销登记33户，企业遗失补发证照14户。全年共计年检企业443户，其中法人企业110户、非法人企业41户，非独立核算的分支机构292户，年检中企业实有资金7808万元。

2000年，新注册企业17户，其中有限责任公司4户、私营企业5户；企业实有资金8792万元，比原来注册资金减少674万元；注销五小企业1户，收缴国家工商总局明令吊销的航龙水泥厂执照，注销烟花爆竹生产企业2户。

2003年，有个体工商户1905户，比上年的2140户减195户，下降9.2%。注销内资企业62户、私营企业9户、个体工商户163户。

2005年，全县共有私营企业31户，同比增长84%；注册资金5443.96万元，同比增长99%。新增登记企业32户、私营企业6户、个体工商户689户。

2007年，共有国有企业43户、集体企业34户、私营企业48户、个体工商户3070户。是年，对无采矿许可证、无营业执照、无爆炸物品使用许可证的14户责令停业关闭。

2008年，登记农民专业合作社4个，注册资金69.87万元，社员人数为67人。

2013年，全县已登记注册的内资企业152户，注册资金50399万元；私营企业312户，注册资金59946万元；个体工商户4516户，注册资金140496万元；农民专业合作社115户，注册资金11778万元。

2008~2010年平塘县私营企业注册登记情况统计表

表10-10

行业	2008年			2009年			2010年		
	户数（户）	投资人（人）	注册资金（万元）	户数（户）	投资人（人）	注册资金（万元）	户数（户）	投资人（人）	注册资金（万元）
农、林、牧、渔业	4	9	23	7	20	2108	5	18	1810
采矿业	—	—	—	—	—	—	—	—	——
制造业	4	10	1081.6	5	12	1116	2	4	708
电力、燃气及水的生产和供应业	1	19	82.3	—	—	—	—	—	——
建筑业	—	—	—	3	6	750	2	4	160
信息、计算机和软件业	—	—	—	—	—	—	—	—	—
批发零售业	3	5	23	4	8	235	10	17	1335
住宿和餐饮业	—	—	—	—	—	—	1	1	20
房地产业	—	—	—	—	—	—	—	—	—
租赁和商业服务业	—	—	—	—	—	—	—	—	—
居民业	1	2	3	3	6	6	4	20	200
其他行业	—	—	—	—	—	—	—	—	——
合计	13	45	1212.9	22	44	4215	24	64	4233

表 10-11

2008～2013 年平塘县个体工商户注册登记情况统计表

行业	2008 年			2009 年			2010 年			2011 年			2012 年			2013 年		
	户数（户）	从业人员（人）	注册资金（万元）	户数（户）	从业人员（人）	注册资金（万元）	户数（户）	从业人员（人）	注册资金（万元）	户数（户）	从业人员（人）	注册资金（万元）	户数（户）	从业人员（人）	注册资金（万元）	户数（户）	从业人员（人）	注册资金（万元）
农、林、牧、渔业	—	—	—	—	—	—	23	34	33.5	2	2	20	8	14	58	49	98	442.6
采矿业	10	25	100	12	24	100	2	10	14.5	—	—	—	—	—	—	—	—	—
制造业	42	103	194.8	51	98	500	24	59	68.6	—	—	—	6	17	74	32	56	265
运输、仓储和邮政业	3	6	3	—	—	—	—	—	—	1	3	35	—	—	—	4	4	4.5
批发零售业	275	416	220.4	271	298	136	585	680	894.5	413	449	1878.9	151	272	524.7	737	1163	2685.98
住宿和餐饮业	216	324	235.2	125	130	62	114	224	207	90	120	611	14	35	218.5	109	196	231
服务业	75	148	97.6	54	80	90	98	181	170.2	20	94	270	4	5	36.8	—	—	—
文体和娱乐业	1	2	2	—	—	—	—	—	—	—	—	—	—	—	—	—	—	—
其他行业	1	1	4	14	4	4	15	33	63.5	—	—	—	24	24	53	18	18	9
合计	623	1025	857	527	634	892	861	1221	1451.8	526	668	2817.9	207	367	965	949	1535	3638.08

第三节　市场管理

市场建设

1988~1992 年，县工商行政管理局共投入市场建设资金 81.09 万元，修建市场水泥路面 2500 平方米，新增顶棚市场 2340 平方米。建成卡罗、塘泥 2 个市场。

1993 年，牙舟、卡罗 2 个新市场正式开场。1995 年，维修平湖、塘边、大塘、通州、摆茹、者密市场顶棚，平整水泥地面 1000 平方米，增建摊位 30 个，总投资 5.75 万元。

1998 年，启动县城蔬菜园综合农贸市场建设。征地 24.2 亩，建筑面积 20237.3 平方米，投资 505.94 万元。1999 年，投资 7 万元，实施克度、者密市场硬化 2000 米。是年，摆茹、通州实现场路分开。

2000 年，县人民政府印发《关于进一步加快小城镇建设的决定》，之后，乡镇结合易地移民搬迁加快农贸市场建设。是年，投资 12 万元建成四寨 7800 平方米集贸市场。至 2001 年，项目规模 1.2 万平方米，总投资 103 万元。

2002 年，塘边、通州 2 镇农贸市场正式立项建设，建设规模分别为 6648 平方米和 1.2 万平方米，总投资 588.8 万元。

2003~2005 年，投入 1980 万元，先后完成克度、大塘、新塘、掌布、西凉、白龙、摆茹、者密 8 个乡镇农贸市场及街道建设，总建筑面积达 6.8 万平方米。2010 年后，围绕小城镇建设，投资改造农贸市场周边路网和排污设施。

2013 年，全县有固定集贸市场 23 个、农副产品市场 9 个、超级市场 11 个。

市场监管

1988 年后，县工商行政管理局在元旦、春节、“五一”、国庆等重大节日，抽调人员组成市场检查组，对全县各个市场进行检查，开展市场整治。1989 年，实施市场规范化管理，以平湖工商管理为试点，建立市场档案 45 卷。是年，县食品公司收购生猪 300 头投放县城市场，平抑物价，使猪肉从 3~3.5 元/斤回落至 2.2~2.5 元/斤。1990 年，对全县市场管理员、协管员实行包归行归市、包亮照经营、包收费合理、包摊位卫生、包政策宣传、包违章查处、包明码标价和合作处理问题的“七包一合作”市场管理制度，开展“文明市场”创建。是年，县工商局先后在通州、西关、克度、鼠场、摆茹、牙舟、者密等乡（镇）集市举办物资交流会 8 次，成交额达 65 万元。

1993~1997 年，开展市场检查 109 次，抽查国有企业商店 277 个（次）、集体商店 280 个（次）、个体摊点 6767 户（次）。查处违章案件 412 起，无证收购粮油案件 15 起，取缔无照经营 92 户。

1998 年，成立市场巡查领导小组，共建巡查小组 16 个 52 人。在全县开市场巡查，查获非法经营粮食 10.5 吨、化肥 285.39 吨、假稻种 0.8 吨。2002 年，对全县生产经营农资企业、汽车维修点、废旧回收店进行检查，没收一批变质农药和汽车零配件。2008 年，建立“红盾护农、经纪活农、合同帮农、商标富农、权益保农、政策惠农、市场助农”七大机制，落实农资经营户“两账两票、一书一卡”、农资经营企业信用分类监管等制度，检查农资经营户 356 户（次），立案 13 件。2009 年，检查食品经营户 4709 户（次）、文化产业经营户 129 户（次），共查获各类违法违章案件 38 件，罚没收入 64740 元。

2010年，检查校园周边食品店562户（次），查处食品案件25件、黑网吧17家、无照经营农资案件10件。

2012年，开展治理商业贿赂、反对限制竞争、打击合同欺诈活动，查处利用格式合同条款侵害消费者合法权益案件5件、非法配售外省烟案件1件、烟花爆竹假冒商标案件1件，共立案查处各类经济违法违章案件126件，办结案件126件。

2013年，共检查各类经济经营主体15215户（次），查处食品违法、商标侵权、广告、农资、合同、商业贿赂等各类经济违法案件70件。

第四节　个体经济和私营企业管理

个体经济管理

1988年，全县有个体工商户1256户，从业人员2224人。是年，全县进行第三届县、区（镇）个体劳动者协会换届选举。

1989年，成立片区互助储金会，进行余缺资金的调剂和信用担保。是年，全国统一换发个体工商营业执照，全县登记发照1837户，从业人员2611人。1990年，开始试行个体工商户信用卡制度。是年9月，成立县运输市场整顿领导小组，对个体运输车辆证照进行查验。

1996年，对全县个体工商户进行普查，对个体工商营业执照、经营范围、注册资金等进行审核、复查。是年，推行个体缴费明白卡，发卡2000余张。1998年，县内个体工商户2751户，其中，城镇338户、农村2413户，注册资金1469.8万元，从业人员4062人。是年，引导个体工商户转向种植业、养殖业等生产型经营，拓宽个体经济发展路子。

1999年，开展亮证经营专项治理。2000年，共有个体工商户2405户，比1999年减少486户；从业人员3221人，比上年减少1069人；注册资金1087.2万元，比上年减少504.8万元。

2003年，建立个体工商户分层分类监督。个体工商户信用为A、B、C、D四级。A级为守信个体工商户，予以重点扶持；对B级个体工商户实行预警机制，予以经营提示，在登记和验照时进行重点审查；C级为失信个体工商户，列入重点监管对象；对D级严重失信个体工商户，实行失信淘汰机制，属于吊销营业执照的，及时发布吊销公告。是年，全县有A级个体工商户2018户、B级291户、C级6户，无D级户。

2006年，商业系统改制基本结束，个体、私营商业企业成为全县商业主体。是年，全县共有内资企业138户，私营企业36户，个体工商户2564户、从业人员4586人。

2008年，建立健全专门的“经济户口”档案，对114户农资经营户（其中种子经营户56户、化肥经营户32户、农药经营户1户、农机器具经营户25户）实行A级监管，建立购销台账和索证索票制度。是年，在平湖镇开展“无传销社区（村）”创建活动，签订责任书，发放联系卡，按照信用分类等级加强监管。

2009年，开展食品安全快速检测，共检测10个种类23个品种。

2010年后，实行证照合一制度。是年，共发放证照19户。

2013年，全县个体工商户4407户，从业人员7254人，注册资金13937万元，其中城镇个体户1372户，从业人员2514人，注册资金4067万元。主要从事批发零售、住宿餐饮和社会服务。

1988~2013年平塘县个体（私营）经济行业分布统计表

表10-12

年份	合计		农林牧渔业		工业		建筑业		交通运输业		贸易餐饮业		社会服务业		其他行业		采矿业	
	总户数（户）	从业人数（人）	户数（户）	从业人员（人）	户数（户）	从业人员（人）	户数（户）	从业人员（人）	户数（户）	从业人员（人）	户数（户）	从业人员（人）	户数（户）	从业人员（人）	户数（户）	从业人员（人）	户数（户）	从业人员（人）
1988	1256	2224	—	—	—	—	—	—	—	—	966	1768	32	49	58	70	—	—
1989	1837	2611	—	—	—	—	—	—	—	—	1266	1810	56	76	90	103	—	—
1990	1758	2379	—	—	—	—	—	—	—	—	1106	1565	58	84	96	102	—	—
1991	1778	2315	—	—	—	—	—	—	—	—	1142	1561	68	86	94	105	—	—
1992	1729	2142	—	—	—	—	—	—	—	—	1107	1435	72	90	92	97	—	—
1993	1816	2234	—	—	340	392	7	12	130	147	1126	1443	187	214	26	26	—	—
1994	1885	2125	—	—	305	338	1	2	145	149	1270	1444	164	192	—	—	—	—
1995	2244	2727	2	2	331	375	1	2	193	197	1491	1918	226	233	—	—	—	—
1996	2423	3484	27	54	392	542	2	10	251	333	1584	2306	167	239	—	—	—	—
1997	2591	3782	31	62	429	597	4	16	202	342	1743	2511	182	254	—	—	—	—
1998	2751	4062	33	68	461	653	4	17	118	228	1942	2822	186	263	7	11	—	—
1999	2891	4292	33	68	512	700	4	8	130	195	2018	3027	187	280	7	14	—	—
2000	2405	3221	275	375	342	513	2	10	59	118	1484	1842	231	346	12	35	—	—
2001	2405	3605	275	375	342	513	2	10	59	118	1489	2233	231	346	7	10	—	—
2002	1922	2389	—	—	177	390	—	—	—	—	1485	1676	170	209	89	944	1	20
2003	1905	2358	—	—	174	184	—	—	—	—	1473	1889	189	210	69	75	—	—
2004	2135	2334	1	2	198	220	—	—	104	117	1631	1730	201	265	—	—	—	—
2005	2432	4557	1	5	264	553	1	1	140	165	1709	3107	307	706	10	20	3	3
2006	2556	4563	—	—	214	393	1	1	163	170	1879	3365	273	521	7	14	19	99
2007	3065	5922	1	13	275	574	1	1	168	181	2244	4311	330	620	21	70	25	152
2008	3234	4468	1	5	287	615	—	—	170	240	2313	3255	400	479	36	52	27	135
2009	3422	4761	1	1	312	413	—	—	172	343	2382	3255	420	528	86	95	49	126
2010	4377	5807	81	96	240	393	—	—	4	20	3495	4439	453	596	39	48	65	213
2011	3372	4507	3	7	128	260	—	—	4	0	2795	3374	341	466	51	78	50	302
2012	245	1108	58	265	50	503	10	72	3	5	48	113	28	26	28	94	20	30
2013	309	1380	97	461	68	572	12	74	6	11	27	83	35	31	32	111	32	37

1988~2013 年平塘县个体工商户基本情况统计表

表 10-13

年份	经商户（户）	从业人数（人）	年份	经商户（户）	从业人员（人）
1988	1256	2224	2001	2410	3630
1989	1837	2611	2002	1922	2389
1990	1758	2379	2003	1905	2358
1991	1778	2315	2004	2144	2264
1992	1729	2142	2005	2477	4654
1993	1816	2234	2006	2564	4586
1994	1885	2125	2007	3070	5927
1995	2244	2727	2008	3237	4574
1996	2423	3484	2009	3494	4826
1997	2591	3782	2010	4380	5811
1998	2751	4062	2011	3375	4513
1999	2891	4290	2012	3745	5628
2000	2405	3221	2013	4407	7254

私营企业管理

1988 年，仅有私营企业 1 户，之后，逐步增多。1993 年，私营企业及独立核算的非法人企业 151 户。1998 年，县内有私营企业 19 户。1999 年，新增注册私营企业 4 户。

2000 年，新增注册私营企业 5 户。在私营企业中，独资企业 1 个，有限公司 3 个。是年，完成总产值 2844. 2 万元。

2002 年，全县有私营企业 28 户。2005 年，全县有私营企业 31 户，从业人员 552 人，注册资金 5443. 96 万元。是年，针对非公有制经济多头管理、多头收费、重复收费、重收轻管的情况，县人民政府实行政务公开，阳光收费。2007 年，私营企业增至 48 户。是年，关闭或停止无照、无许可证企业 14 户。2008 年，对农资经营企业实行信用分类监管制度。2010 年开始，县工商局对食品市场、农资市场、小大菜窖、矿山实行巡查制度和督察制度。

2013 年，新注册私营企业 119 户，投资人数 191 人，雇用工人 178 人，注册资本金 18052 万元。其中，独资企业 105 户、合伙企业 14 户。是年全县私营企业达 373 户，其中分支机构 51 户，雇用工人 1552 人，注册资本金 62019 万元。

第五节　经济合同和商标广告管理

经济合同管理

1988~1992 年，采取多种形式宣传贯彻经济合同法，整顿和完善经济合同网络，加强经济合同的鉴证、管理和仲裁工作。全县共签订各种经济合同 22206 份，金额 8479.2 万元；鉴证经济合同 778 份，金额 1845.24 万元；仲裁经济合同纠纷案件 2647 起，金额 135.2 万元；评选出“重合同·守信用”单位 12 个，县农机厂荣获 1992 年全省“重合同·守信用”单位。

1993 年，举办经济合同培训 3 期，企业法人和合同管理人员共 92 人参加培训班。是年，县工商局共检查企业 35 家，合同 393 份。1995 年，清理整顿建筑行业，取缔不合格建筑队 13 个。1996 年，开展动产物抵押，办理动产抵押登记合同 2 份。1998 年，办理建筑合同鉴证 40 份，金额 659 万元，其中，教育工程合同鉴证 24 份，金额 537 万元，鉴证率 100%。2000 年，在全县推行合同示范文本，共发放各类合同文本 350 本，文本使用率 100%。2005 年，全县办理动产抵押合同 1 份，抵押物总价值 670 万元，查处合同纠纷案件 1 起。2009 年，开展对涉农企业、农村专业合作社涉农合同的培训指导，印发土地流转等涉农合同 20 多个 100 多册。是年，全县 6 个种植红缨子高粱乡镇与仁怀市客商签订高粱订单合同 3000 余份。2010 年，签订土地承包经营权流转合同 16 份，农产品订单 16 户。2012 年，全县签订红缨子高粱订单合同 5000 份，农村土地流转合同 150 份，流转土地 6000 余亩，合同金额 140 万元。

商标广告管理

1988~1992 年，全县建立商标联系点 10 个，申请注册商标 6 个，其中，县酒厂申请注册龙灵牌、娇平牌、神农牌，县纸厂申请注册玉水牌，县机针厂申请注册畜王牌，双桥爆竹厂申请注册骏马牌。1992 年，在县主要集镇设置定点广告专检 28 个，查处假冒广告 44 起。

1993~1995 年，先后举办商标法规培训班 3 期 275 人（次）。1996 年，县饲料公司在贵阳注册“美科达”牌混合饲料商标。是年，县工商局成立户外广告检查组，负责全县户外广告监测，查处冒用商标案 1 起。

1998 年，县化肥厂注册“富民”牌化肥商标。

2002 年，查处非法张贴广告事件 1 起、违章违法广告案件 9 起。

2003 年，全县有从事户外广告 15 户、店堂广告 17 户、广告印刷 5 户、注册商标管理 4 户。

2009 年，县茶叶公司注册的“映山”牌商标申报为命名商标。是年，工商、卫生、药监 3 家单位联合开展网上非法“性药品”广告治理工作，共监测 60 余条，责令改正 5 条。

2010 年，全县商标注册 12 起，其中农产品商标 6 起。是年，立案查处商标侵权案件，收缴罚没款 4.03 万元。

2011 年，在县城开展商标专项整治，监测酒店 26 户、大型超市 2 家、手机专卖店 12 家、其他经营户 421 户。查获一批假冒名牌手机、贵州茅台酒。

2013 年，开展“一乡镇一商标”工作，19 个乡镇均完成 1 件以商标注册。“牙舟陶”成功注册，并成为平塘的地理标志商标。

第六节 维护消费者权益

1988 年，县工商局成立 5 人评案委员会，依照国务院《关于投机倒把行政处罚暂行条例》，打击投机倒把行为，维护广大群众利益。

1989 年 12 月，平塘县消费者协会成立，有专职干部 2 人。1990 年 11 月，全县 7 个区成立消费者协会分会。至 1992 年底，县消协共受理消费者投诉 63 件，为消费者挽回经济损失 1.7 万余元。

1995年，共受理鞋子质量、稻种价格、药品过期、液化气短斤少两等投诉21件，挽回经济损失近1万元。是年，县石油公司、县酒厂、县农机厂、县民贸公司在消费者信得过产品评选中获全县产品质量信得过单位。

1998~2000年，共受理消费者投诉案件42起，其中家电类2件、家用机械4件、百货5件、食品11件，挽回损失1.14万元。

2003年，县工商局建立“3·15”投诉窗口，直接受理消费者的投诉。

2006年，县工商局在苗二河、卡蒲、甲茶、掌布4个景区以及平湖镇玉池社区、金龙社区、克度镇、塘边镇、通州镇、者密镇设立农村消费者投诉站10个，聘请10名消费维权义务监督员。

2009年，在19个乡（镇）消协分会、121个行政村及社区建立“12315”联络站和消费者投诉举报站126个。

2013年，受理消费投诉案21件，为消费者挽回直接经济损失4万余元。

第七章　物价管理

1988~1996年，按照物价管理权限，审定、调整县内工农业产品价格和非商品收费标准。1993~1997年，针对市场物价总体上涨过快的情况，加强物价宏观调控。1998年后，县物价部门发挥价格物价杠杆作用，以明确标价和农产品价格为重点，稳妥推进价格改革，整顿价格秩序，规范价格行为。从2003年开始，实行价格调整听证制度。2006年，开展市场价格检测和预报预警，为宏观调控决策提供依据。2013年，开展行政事业性收费项目清理工作，清理27个执收单位111项收费。

第一节　机　构

1981年，设置县物价局。1990年3月，在各区配备1名物价管理员。

1991年5月，成立通州区、克度区、西关区物价管理站，9月28日撤销。建立通州镇物价管理站，配专职物价检查员5人，兼原克度、西关2区物价管理工作。

1994年1月，县级机构改革中，县物价局并入县工商行政管理局，设物价管理股。1999年7月，县物价局单独设置，内设综合股、物价股，下设物价检查所、物价事务所。2000年，增设价格鉴证中心。2001年，撤物价事务所，增设价格监督检查股，将物价检查所并入价格监督检查股，将价格鉴证中心改为价格认证中心。2008年，撤物价检查所，增设物价检查局（二级局）和成本调查队。

2011年，县机构改革，撤销物价局，在县发展和改革局内设物价管理办公室、价格认证中心。至2013年，机构没有变化。

第二节　价格调控

农产品价格调控

1988~1999 年，农产品价格先后调整 12 次。1988 年调整 1 次，将杂交玉米种子价格调为 1.6 元/公斤。1989 年价格调整 4 次，第一次核定县种子公司购进江苏产杂稻种子价格为 6.62 元/公斤，京舟产稻种子为 11 元/公斤，河北产杂交玉米种价 1.77 元/公斤；第二次由县物价局向社会公布 12 种生活必需品价格，其中，中等大米 0.276 元/公斤，食用油 1.44 元/公斤；第三次调整皮棉、泡花和棉絮价格分 8 个等级计价，每 50 公斤为 263.6 元~527.5 元；第四次调整县内粮食定购、统购价格。1990 年，价格调整 3 次，第一次核实 821 号油菜种统购价为 2.25 元/公斤，绵阳 20 号小麦种 1.59 元/公斤，汕伏 3 号杂稻种 8.52 元/公斤；第二次制定桐油籽收购参考价 0.8 元/公斤；第三次调整油菜籽及菜油的收购价，中等油菜籽统购价为每 50 公斤 54.15 元，订购价每 50 公斤 70.4 元；收购价每 50 公斤 60 元。1991 年价格调整 3 次，第一次调整粮油统销价格，从是年 5 月 1 日开始，中等大米由每 50 公斤 13.83 元调为 25 元，中等糯米由每 50 公斤 16.2 元调为 30 元，标准面粉由每 50 公斤 16.91 元调为 27 元，二级菜油由 72.73 元调为 218 元；第二次制定桐油籽收购最低保护价为 1 元/公斤；第三次标准汕伏 63 号稻种售价 6 元/公斤。

1992 年调整 1 次。将汕伏 63 号杂稻种零售价由 6 元/公斤调为 6.2 元/公斤，杂交玉米种子调为 2.4 元/公斤。

1993 年，针对市场物价总水平上涨过快的情况，加强对各类市场的管理和物价的宏观调控，使全年零售物价总水平度控制在 13%左右。6 月之前，平塘县粮油价格执行统一销售价，7 月，粮油价格放开后，对粮油收购价进行调整，调整后的收购价高于调整前的销售价。

1994 年 1 月开始，物价一直呈上升趋势。首先是食品类价格涨幅较高，农业生产资料价格持续上涨，服务性项目价格居高不下。县委、县人民政府为稳定农业生产资料价格，对化肥、农药、农膜价格进行 4 次作价。为保证国家粮食定购任务的完成和平抑市场粮价，县物价部门整顿粮食市场，制止私人大量收购、倒卖粮食。对粮食部门经营的粮食进行核价和定价经营。制定猪、牛肉和菜油最高限价，猪肉由每公斤 12 元降到 10 元。

1995 年，实行最高限价，使县城关猪肉价由每公斤 14 元降到 10 元左右，菜油价由每千克 11 元降到 8 元左右，大米、小麦等价格控制在上年同期价格水平。1996 年，成立农业生产资料价格检查领导小组，对全县农业生产资料进行检查，检查 19 个单位，查出违纪资金 39118 元。

1998 年，实行"米袋子""菜篮子"价格调整，办理定价证，到 11 月底，共办理定价证 25 个。1999 年 9 月，县物价局会同粮食部门制定秋粮收购价格，非农业税定购粮中晚稻和玉米每 50 公斤价格分别上浮 3%。

2002 年，实行涉农价格和涉农收费公示制度。是年，全县 19 个乡镇、241 个行政村、13 个县部门制作公示牌 316 块，选聘义务物价监督员 279 人。2006 年后，对农产品市场价格实施监测和分析，实行市场价格预警制度等。

2007 年 7 月 26 日，全县发生特大洪涝灾害，县城个别商贩哄抬物价，县物价局对不良商贩进行查处，随即县城区农产品物价秩序正常。

2012 年，在全县建立优质低价、安全高效产品营销网络。是年，在县城建成 2 个农副产品平价摊位。

2013年，以粮油、肉蛋菜等副食品价格监测为重点，每月组织人员进行采价，评估分析，撰写价格走势分析报告，编发价格信息，为实施农产品市场宏观管理提供依据。

工业品价格调控

1988~1992年，先后调整工业品价格39次。1988年调整9次，县城每包食盐（1公斤）加价至0.4元；进口食糖批发价格每公斤2.32元，零售2.42元。是年8月，国家开放名烟名酒价格，茅台酒每瓶（500毫升）由20元调至100元；县酒厂刺梨酒每瓶（500毫升）第一次为0.25元，第二次每公斤3.09元。1989年调整11次，钢材、化肥、彩电等重要商品由多方经营改为专营，价格上调，尿素每吨539元，硝酸铵392元，磷肥（一级）158元；彩电执行全国统一零售价，加快国产化发展基金和特别消费税，14英吋500元，18吋以上900元；金属材料实行国家统一最高限价，调整后每吨零售价为黑色金属1373~4594元，有色金属7270~45230元。是年，县物价局行文规定名烟名酒价格，茅台酒每瓶由不限价定为106元，董酒由18元调为20元，中华牌香烟每包由8.5元调为8元，红塔山由6元调为4元；平塘产酱油每500毫升0.35元，县水泥厂325#水泥每吨104元调为130元。1990年调整7次，县内库存议价尿素全县统一价每吨1200元；调整煤油城乡差价，县城每公斤0.8元，区乡每公斤不超过1元；食糖零售价每公斤3.48元。1991年调整6次，烤烟专用化肥全县统一零售价，进口每吨530元，国产504元；石油成品油，县城每公升零售价7号汽油0.94元，0号柴油0.83元，煤油0.92元，区乡油价相应调整。1992年调整6次，烤烟专用复合肥每吨调为600元，牙舟、摆茹、西关供销社钙镁肥销价每吨225元。化肥实行年度综合价，尿素每吨1057.5元，硝酸铵745.5元，复合肥600元，计划外化肥尿素每吨1363元，硝酸铵925元；农、地膜计划内、外执行平均综合价，农膜每吨7862元，地膜每吨8088元。

1993年后，除对县管的工业产品侧重于指导性价格管理，化肥、农药、水、电、食盐由国家定价外，其他一般工业产品价格下放给企业定价。物价部门进行监督，并颁发企业定价证。

第三节　收费管理

1988年，按照国家物价局、财政部门《关于加强行政事业性收支管理的通知》，明确界定行政事业性收费的标准，规范经营服务的收益。

1991年，开展乱收费、乱罚款、乱摊派的“三乱”治理。县物价局对全县27个行政事业单位的收费项目进行清理检查，查出3个行政单位和19所学校收费违纪金额8.11万元。1993年，县人民政府取消第一批涉农收费项目20个。是年，县物价局共检查收费项目515项，查出违法收费11.6万元。1994年，贯彻《贵州省收费许可证管理办法》，审查收费单位82个，取消收费项目31项。

1996年，县工商局对石油公司、县邮电局、县教育局、县防疫站等单位进行行政事业性收费检查，共查出违纪金额21万元。1997年，按照上级文件精神，重新审定中小学学杂费收费标准。1998~2002年，贯彻《中华人民共和国价格法》，推进物价改革，县内各级卫生医疗机构按新调整的医疗服务价格办理收费许可证、定价证，实行明码标价，接受社会监督。

2000年，由县物价局、财政局、审计局、监察局等部门联合组成清查组，对全县19个乡镇52所中小学收费情况进行全年的清理检查，对学校违规收取的33.56万元，全部造册清退。是年，县物价局、监察局、教育局联合行文规定教育统一各项标准，中小学生收费明白卡374万份。

2003 年，先后召开县城城区、通州镇政府所在地生活垃圾处置费价格调整听证会和县城城区自来水价格调整听证会，实行民主定价。

2005 年，经黔南州人民政府批准在卡蒲毛南族乡、苗二河乡、白龙乡和四寨镇设立 4 个煤炭价格调节基金征收验票点，进行验票补证。是年，对全县涉及收费的县国土资源局、县林业局、县建设局、县教育局、县卫生局和农机服务中心、农资公司等 96 个单位进行收费检查，共查处价格违法案件 12 起，涉案资金 36.19 万元。

2009 年，设立各乡镇价格监督管理站，明确各乡镇义务价格监督员职责，制定“收费明白卡”，明确各单位各部门收费项目、收费标准。在县城休闲广场、社区设置收费公示牌，对重点收费项目及标准实行公示。全县 19 个乡镇学前班、幼儿园实行收费许可证制度，办理收费许可证，公示收费项目。

2010 年，对国家发改委公示的取消 100 项收费项目进行清理，更换收费许可证。共年审收费许可证 156 个，年审率达 100%。办理收费许可证 20 个。

2011 年，清理整顿收费单位 259 个，收费项目 16 项，调整收费标准 1 项。开展医疗和教育行业收费专项检查，查出违规收费学校 15 所，违规金额 35.89 万元。

2013 年，共清理有行政事业性收费职能的涉及 27 个执收单位，111 个收费项目。年审行政事业性收费许可证 86 个，年审率 100%。

第四节　价格监督管理

1988~1992 年，县物价局与工商、税务、计量、农机、卫生等部门配合，开展市场检查工作，制止乱涨价行为，整顿和实施商品明码标价。1988 年，印发《关于执行明码标价的通知》，查出违反物价纪律行为 65 户 308 起。1989 年，查出未明码标价的商品达 2.84 万种（次），给予罚款 0.39 万元。查出提高国家定价、指导价的 2 起，商品 116 件，没收非法所得 0.23 万元。

1995 年，抽查乡镇基层供销社农资价格和粮管所粮食销售价格，查出化肥不合理差价 7000 余元，粮食不合理差价 167 万元。1997 年，重新审定居民用电和自来水收费标准。是年，全县电话月租费由原来的 15.52 元下调至 12 元。2000 年，全县各级医疗机构常规服务项目和常用药品价格，统一使用物价部门监制的标价牌、收费牌，明码标价，接受社会监督。2002 年，在县城新市路开展“百城万店无假货”示范一条街活动。是年，县城区明码标价率达 98%。城区主街道明码标价普及率达 90%。县盐业公司获州级“物价信得过”单位称号。

2005 年，全县出租汽车行业实现持证经营，按照物价部门核发的经营性服务收费许可证和相应的收费价目表收费。

2006 年后，开展对元旦、春节以及“五一”、国庆节期间物价监督 8 项检查，检测粮油、副食品、煤气、长途客运、出租车等收费和价格情况，保持市场价格稳定。2009 年，县物价局发出第一号公告，县城区农贸市场、超市业主每天向物价部门报送大米、面粉、食用油、猪、牛、鸡肉等必需品价格并进行公示。

2010 年，调整县城污水处理价格，每吨为 0.6 元。2012 年，开展粮食流通监督专项检查 2 次，受理价格举报 9 件。

2013 年，开展涉农收费、农村建房收费、旅游行业收费、机动车检测收费专项检查，清理整顿大型零售企业向供应商违规收费行为。查处公交收费、药店虚高收费各 1 起。

第五节　价格认证

1988～1997 年，平塘县未开展价格评估和认证工作。

1998 年开始，受县法院、县检察院、县公安局、县交警大队、县司法局等部门的委托，县物价局对县内刑事、民事案件所涉案物品和非法涉案物品及财产进行合理、公正的评估和认证。

1998～2003 年，县物价局共受理涉案物品评估鉴定 152 起，资金 1516.1 万元，非涉案物品 12 起，资金 527.02 万元。

2004 年，县物价局价格认证中心受县交警大队委托对 106 件交通事故车辆及财物损失进行价格认证，标的金额 32.77 万元。

2006 年，对全县学生住宿价格、乡镇自来水厂的售水价格等重要商品和服务收费的成本认证 6 件，标的金额 17620.11 元。

2007 年，受国土资源局委托，进行土地评估 2 件，标的金额 294427 元。

2008～2009 年，受派出所、刑侦队、检察院、法院等部门委托，对涉案物品价格评估 62 件，标的金额 31.5 万元；受交警大队委托，对交通事故车辆及财物损失鉴定 86 件，标的金额 38.3 万元。

2013 年，县价格认证中心共完成刑事案件价格鉴定 23 件，涉案金额 31.4 万元；对道路交通事故车辆财物损失价格鉴定 3 件，涉案金额 7 万元；价格认证 5 件，金额 15.3 万元。

第八章　质量技术监督

1988～1993 年，贯彻《标准化》《计量法》《贵州省产品商品质量奖励处罚暂行办法》，建立技术监督网络，查处计量违法行为。1994 年后，开展质量、计量信得过单位创建和质量打假活动，加强对流通领域执法检查。1998 年开始，以生活必需品、农业生产资料为重点，开展专项监督检查。2004 年，贯彻落实《国务院关于进一步加强食品安全工作的决定》，开展食品专项治理。2006 年后，随着电梯、重型机械使用增多，实行特种设备安全监察制度。2010 年，采取监管与服务并举，在全县开展各行业业务培训。2013 年，县检测所标准化考核、授权考核通过省级验收。

第一节　管理机构

1987 年，设立平塘县标准计量管理局（二级局）。1989 年，更名为平塘县技术监督局。1992 年，升格为一级局。1994 年 1 月并入县工商局，设技术监督管理股。1999 年 7 月，单独设立，并更名为平塘县质量技术监督局，实行省垂直管理，下设质量监督检查所和计量检定测试所。2000 年，内设办公室、业务股（含稽查队、安全监察股），下设质量技术监督检测所。2012 年，设立质量技术监督稽查队。2013 年，内设机构、下设机构不变，直属机构有县质量技术监督局稽查队。

第二节 质量监督管理

工业产品质量监督

1990 年，印发《平塘县技术监督员证管理办法》，聘请 19 个单位 21 名工作人员为兼职技术监督员，初步建立全县技术监督网。是年，对食品生产实行许可证制，县酒厂获刺梨发酵、半发酵生产许可证。1993 年，县技术监督局对经销、生产工业产品单位进行质量考核。

1995 年后，对化肥、农药等涉及民生的产品实行售前质量申报验收。是年，查扣一批从广东流入的“三无”电子元器件。1996 年，对 18 家企业不合格产品进行处罚。1999 年，县农马水泥厂 425 #、525 # 号水泥，匀桥铁合金厂生产的产品经检验合格顺利进入国内和国外市场。

2000~2001 年，共检查销售摊点、门市和企业 530 余家，查获建材、家具、液化气、锅炉压力容器、化妆品等一批假冒伪劣商品共计 36 万元。2002 年，水泥、化肥生产企业产品质量档案进行标准化备案 12 家，办理标签备案 7 家。

2005 年，对境内食品加工企业进行摸底调查，全县共有食品加工企业 79 家。其中，白酒制造 40 家，糕点 9 家，茶叶 1 家。是年，40 家白酒生产企业实现标准化生产。

2008 年，对乡镇 40 家食品加工小作坊生产环境条件进行监督改造。之后，县内食品加工小作坊产品出厂实行送检制度，并与县疾病防控中心签订《食品出厂检验协议》。

2010 年，县“玉水腾龙”禽蛋有限公司 2 个单元获食品生产许可证，至年底，全县共计有 6 个单元获食品生产许可证。2011 年，开展农资家电和侵犯知识产权专项整治，办理行政执法案件 12 件。

2013 年，县人民政府印发《平塘县贯彻落实质量发展纲要实施意见》，建立网上质量信用系统，将平湖镇 9 家生产普通砖企业列入风险重点监控对象。是年，共抽验 23 家生产企业产品 79 批次，合格率为 98.7%。

食品生产检查

2003 年后，实施“食品放心工程”，对县内生产、经营食品企业、单位实行巡查制度，强化元旦、春节期间食品安全监督。建立食品企业质量安全监督档案卡。

2006 年，巡查白酒、糕点等生产企业 69 家，检查使用食品添加剂的加工企业 7 家，捣毁硫磺熏蒸蕨菜作坊 2 个。2009 年，境内米粉、米酒、面条、豆腐、果脯、糕点等视频作坊产品实行出坊检验制度。

2011 年，对食品生产企业（加工作坊）实行 GPS 定位和网上动态监管。

2012 年，开展食品生产单位普查，对 49 家食品生产单位实行分级分类管理。

2013 年，开展地沟油专项整治，送检食用油样 8 批（次）。是年，共查处食品案件 14 起，县内食品生产企业食品安全承诺和建档率均达 100%。

食品质量监督

1993 年后，开展对注水肉、变质劣质食品的查处工作。1998 年开始，对食品批发、零售业实行售前审查。

第三节　计量管理

1988 年，贯彻《计量法》，对全县行政、企事业单位和农贸市场进行计量器大检查。收缴失准计量器具 62 件，检修天平 9 台、压力表 36 个、血压计 29 套、台秤 220 台。

1989 年，检测、修理、改制商贸计量器具，查处计量违法行为 54 起。

1990 年开始，对企事业单位计量器具实行强制性检查。1993 年，县石油公司获“计量信得过单位”称号。1994~1997 年，共检定台秤、杆秤、电子秤等计量器 1028 台（件），查处缺斤少两违法违章案件 18 起。2002 年，对医疗卫生系统计量进行强制性检测。

2008 年，县质量技术监督检测所通过贵州省社会公用计量标准和计量授权考核。是年，市场内固定摊点计量器具、眼镜制配业使用的计量器具、餐饮业使用的计量器和加油机检定率达到 100%。

2009 年，开展诚信计量进市场、健康计量进医院、光明计量进眼镜店、计量服务进社区工作。免费检定各类计量器具 226 台（件）。

2011 年，餐饮、超市、加油站实行诚信计量公开承诺制，并与县质量技术监督局签订承诺书。

2012 年，开展“计量日”主题宣传，发放民生计量小知识宣传资料 200 余份。对医疗机构、快递行业、集贸市场、烤烟收购等 32 家 235 台计量器进行强制性检测鉴定。

2013 年，开展民生计量专项整治行动，抽查食品定量包装商品净含量 8 批（次）。

第四节　标准化管理

根据国家《标准化工作条例》规定，县标准计量局从 1984 年到 1989 年先后备案企业产品标准 5 个，即“黔 Q/南 QG01-86 中性铝包装纸”“黔 Q/南 QG01-84 龙灵特曲”“黔 Q/南 QG02-86 刺梨发酵酒”“黔 D/南 NY01-88 饲料用松针份”“黔 D268. Y-89 普通包装纸”。并完成县水泥厂、航龙水泥厂质量控制标准，县酒厂果脯质量标准，县农机厂产品标准化的编制工作和烤烟烘烤标准制定工作。

1994 年，启动产品执行标准登记备案工作。

1999 年，县匀桥铁合金厂通过产品标准化认证，产品执行 ISO9000 标准，是平塘首家执行产品标准化生产企业。

2002 年，进行标准备案 12 家，办理标签准印 7 家。

2003 年，境内 13 家企业初步建立企业质量档案。2005 年，共制定企业产品质量标准 42 个。

2010 年，共办理产品执行标准登记 174 个，涉及产品 3 类。年底共备案产品标准 36 家次，产品标准登记 40 家。

2013 年，启动省级第四批平塘县葡萄农业标准化项目建设。完成提子种植规程、提子、病虫害防治 3 个地方标准化。是年，新登记 16 家生产单位执行标准，换发标准登记证书 4 个。

第五节　特种设备监察

1988~2001 年，特种设备安全监察、监督工作职能属人事劳动部门，主要负责对锅炉、压力容器、电梯等特种设备的安全监察、监督。2001 年 10 月，特种设备安全监察、监督工作职能从县人事劳动和社会保障局划转到县质量技术监督局，是年对全县特种设备进行普查登记。

从 2003 年开始，将原人事劳动局劳动保护监察股职能划转县质监局，成立特种设备安全监察股，负责全县锅炉、压力容器、电梯、起重机等特种设备安全监察工作。2010 年底，特种设备用户 41 家，其中电梯 8 台、压力管道 320 米、锅炉 34 台、气瓶 3500 个、压力容器 3 台、行车等起重机械 2 台。特种设备持证人员 46 人，设备检验率 100%。是年，对无证操作、设备未办理使用登记证、零部件损坏等隐患发出指令书 7 份，实现特种设备注册登记、定检、人员持证上岗 100%的目标。

2011 年，县技术监督局与特种设备使用单位签订安全承诺书 46 份。是年，开展重大节日节前巡查 138 台次，发出安全指令书 14 份，共立案查处特种设备违法违规案件 3 起。

2013 年，共办理特种设备注册登记 20 台，围绕“3·15”“安全生产月”“质量月”等活动，开展特种设备安全生产知识和法律法规宣传 2 次。

第六节　组织机构代码管理

1988~1994 年，组织机构代码管理尚未进行。

1995 年 9 月，全县正式启动组织机构代码办证工作，接受企业、事业单位、机关、社会团体及其他组织的组织机构代码申报。1999 年，组织机构代码办证工作进入网络申报、赋码、办证，实现电子自动化全程管理。2009 年，换发、新发组织机构代码证 72 家。

2010 年底，代码库共有 382 户组织机构代码，其中机关 110 户、企业 122 户、事业 106 户、社会团体 4 户、其他组织 36 户。2012 年，组织机构代码统一转到县政务中心一站式办公，全年共新办及换发组织代码证书 600 余份。2013 年，减免 56 家微型企业组织代码办证费 6048 元。

第九章　国土资源管理

改革开放后，平塘坚持依法管理土地资源，严格非农土地使用，开展土地执法监察。1988 年，启动县城区土地调查，全县共有耕地 11.12 万亩。1998 年，完成《平塘县土地利用总体规划》之后，城乡建设用地执行预报预审制度。2000 年 6 月，划定农田基本保护区。2004 年后，禁止在省级公路可视范围内开采矿石。2011 年，《平塘县土地利用总体规划（2006~2020）》经贵州省人民政府批准实施。2013 年，全县耕地为 73.55 万亩，基本农田为 62.19 万亩。

第一节　管理机构

1984 年 10 月，县农牧局成立土地管理股负责全县土地管理工作。1986 年，设土地管理局，隶属农牧局，年底，土地管理局单独设立，升格为一级局，属县人民政府职能部门。1988 年，土地管理局内设城乡建设用地管理所、地籍地调管理所和土地法规监察所。

1991年，建并撤后，设19个乡镇土地管理所。

1994年，县土地管理局更名为平塘县国土资源管理局，内设人秘、地籍、用地法规、环境保护4个股，下设县土地勘测规划站和19个乡镇土地管理所。

1995年，更名为平塘县国土局。1996年，增设测绘管理股和县环境监测站。1998年县环境监测站划入县环境保护局。2000年，设立县土地监察中心和县土地开发中心。2001年，改称为平塘县国土资源局，乡镇土管所相应更名为国土资源管理所。2003年，国土资源系统体制改革，实行系统垂直管理。

2011年，县级机构改革后，县国土资源局加挂县测绘管理局牌子，内设办公室、建设用地管理股、地籍与测绘管理股、矿权与地质管理股、法规监察股，下设县国土资源勘测规划站、县土地开发中心、县国土资源执法监察大队、县国土资源收购储备中心和19个乡（镇）国土资源管理所。2013年，内设和下设机构不变。

第二节　土地资源详查

1988年，成立平塘县土地资源详查领导小组，启动县城内土地资源详查工作。1989~1990年，因财力困难暂停。1992年，经县人民政府决定，承包给贵州地矿局113地质大队完成。1992年9月，完成野外作业调绘任务，划定与都匀、贵定、独山、惠水、罗甸、广西南丹等相邻县市的土地权属界限。1994年，完成全县128幅地形图的航片转绘、面积量算、资料汇总统计、土地资源调查报告，以及19个乡镇土地资源说明书初稿的编写。编制1∶10000和1∶50000国防分幅土地利用现状图、权属界线图，以及1∶25000乡镇土地利用现状图。

1995年4月，历时4年的土地详查工作全面结束，完成全县2822.04平方千米（其中与外界争议面积22.97平方千米），19个乡镇、242个村、2个国营林场、农场的土地利用现状、面积、分布、权属等调查工作，建立县级土地资源数据库。据调查统计，1995年，全县共有耕地面积771203.8亩（净耕地面积752477.1亩），占总土地面积的18.37%，其中，稻田287805.8亩、旱地480720.1亩、菜地2677.9亩。有园地4304.3亩，占总土地面积的0.1%，其中果园面积2521亩，占园地的58.57%。有林地2021699.2亩，占总土地面积的48.15%，主要利用类型为用材林和灌木林地。有草地392949.9亩，占总土地面积的9.36%，全部为天然草地。居民点及工矿用地48502.2亩，占总土地面积的1.16%，包括城镇用地、农村居民点及工矿用地。交通用地16619.8亩，占总土地面积的0.4%，主要是公路和农村道路占地。水域占地32245.4亩，占总土地面积0.77%，主要利用类型是河流、水库、池塘等。未利用土地910640.8亩，占土地总面积的21.69%，主要利用类型是荒草地、裸岩石砾地和大于1米的田土坎。

2008年，进行全县第二次土地调查，通过招投标，由北京苍穹数码测绘有限公司负责完成。

2009年6月，完成农村部分外业调绘和内业转绘、内业矢量化处理全部成图、建立数据库等工作。2010年，上报国家核查。据调查成果表明，全县行政区总面积4208218.95亩，其中耕地735589.35亩、园地24234.15亩、林地2444277.3亩、草地652104.6亩、城镇村及工矿用地52581.9亩、交通运输用地26725.9亩、水域及水利设施用地31940.55亩、其他土地24765.9亩。基本农田面积621927.45亩，占全县耕地面积的84.5%。

第三节 土地利用规划

1988~1996年，未进行土地利用规划。1997年4月，开展土地利用现状分析、土地适应性评价、土地供需预测等专题研究。1998年12月，完成《平塘县土地利用总体规划（初稿）》。

1999年，开展乡（镇）土地利用总体规划和基本农田保护区的划定工作。至2000年6月，完成乡镇土地利用总体规划和基本农田保护区的规划，全县基本农田划定为42177.6万平方米。其中一级基本农田18990.15万平方米、二级基本农田23187.49万平方米。

2002年，编制平塘县土地开发利用专项规划，以2000年为规划基期年，规划到2010年。至年底，完成外业调查。

2006年，启动土地利用总体规划修编工作。2009年2月，《县土地利用总体规划大纲》通过省土地利用总体规划修编领导小组评审、备案。是年，以平湖镇为试点，启动乡（镇）土地利用总体规划修编。

2011年，《平塘县土地利用总体规划（2006~2020）》和《平湖镇土地利用总体规划（2006~2020）》获省人民政府批准实施。除平湖镇外，其余18个乡（镇）土地利用总体规划均获黔南州人民政府批准实施。

第四节 建设用地管理

用地审批

1988~1992年，全县共审批各类建设用地792.34亩，其中耕地243.82亩，非耕地548.52亩；用于国家建设用地127.18亩，用于集体、乡镇企业和农业建设171.56亩；私人用地493.6亩。5年中，共审批非农业建设用地1803件，占地389.84亩，其中耕地185.57亩，占47.6%；非耕地204.27亩，占52.4%。

1994年，县国土局在县城进行国有土地出让试点，协议出让土地6幅563平方米，收取土地出让金额6.97万元。是年，调整征地金额，每亩由0.8万~1万元提高至1万~1.2万元。

1997年，在全县开展非农业建设用地清查工作，共查出各类非法建设用地3391宗，面积844.35亩，其中耕地391.65亩；依法批准用地3082宗，面积677.55亩，收回164.85亩。

1998年后，按照“集约使用、节约耕地”的原则，利用空闲地合理配置土地资源；严格用地规模，按项目供地。是年，开展对1991年1月至1997年4月期间各类非法用地清查，查出违法用地309宗11.12万平方米。

1999年，实行建设项目用地预报、预审和统一征地、费用包干及有偿有限期使用的制度，全年共审批各类建设用地350宗，批准用地6.29万平方米。

2001年后，建立农用地转为建设用地的转用预报制度。限制农用地转为建设用地，按照国家公布的项目供地目录，控制建设项目用地规模和范围，通过盘活存量土地，保证建设项目用地需求。先后完成摆茹小城镇建设、县城垃圾处理场、县烟草公司生产实验基地、移民搬迁安置及国家西电东送在县境的工程等建设项目用地的征用、安置补偿和审查报批。

2003 年，清理县城规划区、城乡接合部、乡（镇）政府驻地和公路两侧用地，查出各类违法用地 451 宗，面积 18.71 万平方米，其中非法出租土地使用权 220 宗，非法转让 32 宗，闲置土地 13 宗，改变用途 12 宗，违法占地 65 宗，划拨国有土地使用权抵押 2 宗，共收缴土地收益金、出让金、闲置费 180.67 万元。

2004 年，平湖镇新区建设获省政府批准用地 336.03 亩，其中农用地转用 347.74 亩（耕地 345.65 亩），集体建设用地 10 亩，国有建设用地 2.29 亩。

2007 年，独山至罗甸二级公路平塘段项目批准征收的土地面积为 704.02 亩。

2008 年，500 米口径球面大射电望远镜建设项目用地 470.85 亩，其中农用地 461.7 亩（耕地 212.85 亩），是年 7 月 18 日通过国土资源部的预审。2009 年，第一批工业储备田地 108.76 亩获省国土资源厅批准。

2009 年，实行国有土地使用权公开挂牌出让制度，是年共公开挂牌出让国有土地 1 宗，面积 254.78 平方米，获出让金 21.6563 万元。

2011 年，以平湖、者密、牙舟 3 镇为试点镇，启动城乡建设用地增减挂钩试点。是年，完成县炸药库、特殊学校、第三中学、新舟片区土地整治项目，独山至平塘段高速公路建设项目，摆图水源性工程，塘边镇幼儿园，谷硐乡中学教师周转宿舍建设，平塘 35 千伏大塘输变电项目，平塘县 2011 年保障性安居工程，牙舟中学等 11 个建设项目用地预审，用地面积 2091.15 亩。其中平塘县第三中学，县第三、四期保障性住房，县医院规范化建设，县城路网建设，县综合福利院等 24 个项目获省人民政府审批用地面积 449.35 亩。

2012 年，完成广西南丹拉纳电站平塘县部分用地和盘电集团项目用地、平塘至董架段公路（S312）改扩建工程、河湾电站、县城供水二期工程、烟花爆竹储存仓库整体搬迁以及掌布、牙舟、白龙等乡镇生态移民搬迁项目用地预审申报。

2013 年，对不符合土地利用总体规划和占用基本农田项目用地一律不预审，共完成 31 个新增建设项目用地预审。申报 3 个批次的城镇建设用地、3 个工业建设用地和 2 个单独选址项目建设用地，总面积 3541 亩。

征地补偿安置

1988 年后，按照《土地管理法》规定，由用地单位支付土地补偿费，补偿费为该耕地被征用前 3 年平均年产的 3~6 倍。安置农业人口，按照被征用耕地数量除以征地前被征地单位平均每人占有耕地的数量计算。每一个需要安置的农业人口的安置补助费标准，为该耕地被征用前 3 年平均每亩年产值的 2~3 倍，最高不得超过 10 倍。青苗及地方附着物的补偿费，按实际损失补偿。若上述补助尚不能使需要安置的农民保持原有生活水平的，可以增加安置补助费，但土地补偿费和安置补助费的总和不得超过被征用土地年产值的 20 倍。1998 年后，征地补偿费有所提高，土地补偿费为被征地前 3 年年产值的 6~10 倍，每一个需要安置的农业人口的安置费补助费标准，为该耕地被证用前三年平均年产值的 4~6 倍，最高不得被征用前 2 年平均年产值的 15 倍。若上述补助尚不能使需要安置的农民保持原有生活水平的，经省州人民政府批准，可以增加安置补助费，但土地补偿费和安置补助费的总和不得超过土地被征用前 3 年平均年产值的 30 倍。2005 年前，对剩余劳动力安置主要是给予农转非和减免农业税，2006 年取消农业税后，给予低保或农转非安置。

土地出让

1994 年，县国土局在县城开展国有土地出让试点，是年协议出让土地 6 幅共 563 平方米，收取土地出让金 6.97 万元。1995 年，将原划拨土地纳入有偿使用，依法进行交易，之后，改无偿无限期使用为有偿有限期使用。2013 年，共出让经营性国有土地使用权 8 宗，面积 869.49138 亩，成交价 10650.44 万元；协议出让国有土地使用权 14 宗，面积 3.34589 亩，补交土地出让金 60.9867 万元。

1988~2013 年平塘县非农业建设用地审批和土地出让情况统计表

表 10-14

年份	审批用地面积（平方米）	其中耕地	分类用地						土地出让		
			国家用地	其中耕地	集体用地	其中耕地	个人用地	其中耕地	宗数	面积（平方米）	金额（万元）
1988	334.69	120.69	48.89	31.37	118	54.78	167.8	34.5	—	—	—
1989	142.76	39.61	33.52	30.69	4.9	3.5	104.34	5.42	—	—	—
1990	85.67	8.65	11.39	8.08	—	—	74.28	0.57	—	—	—
1991	153.52	43.36	15.36	14.30	—	—	—106.56	2.16	—	—	—
1992	75.5	31.51	18.02	13.2	7.6	8.1	279	10.31	—	—	—
1993	121.52	68.2	25.02	23	21.2	12.5	75.3	32.7	—	—	—
1994	79.91	29.22	12.96	12.05	5.81	4.91	61.10	12.26	6	563	6.97
1995	63.53	27.01	14.21	14.12	4.01	4.01	45.31	8.88	11	870.3	6.18
1996	81.03	31.7	27.66	24.56	—	—	53.38	7.14	8	1058.72	40.77
1997	43.85	29.44	27.33	26.52	—	—	16.52	2.92	—	—	—
1998	343.17	103.44	250.48	99.59	—	—	92.69	3.85	—	—	—
1999	193.22	57.6	145.33	57.6	—	—	51.89	0.85	—	—	—
2000	238.48	28.56	157.65	28.65	—	—	81.14	0.35	—	2.2	40.35
2001	201.58	38.99	85.19	38.99	—	—	116.39	3.12	9	20.4	31.54
2002	147.29	44.25	80.84	44.09	—	—	66.45	0.16	—	—	—
2003	93.84	12.42	16.83	7.63	16.86	4.79	60.15	2.68	36	9.26	164.22
2004	366.65	345.65	2.29	—	1.005	—	64.27	1.47	90	33.55	440.40
2005	49.84	5.41	—	—	—	—	49.48	5.41	97	23.12	304.07
2006	17.72	3.28	—	—	—	—	17.72	3.28	6	71.02	1757.2
2007	15.51	3.15	—	—	—	—	15.5	3.15	—	—	—
2008	64.2	19.84	—	—	—	—	64.2	19.84	2	55.45	731.69
2009	8.5447	8.3515	8.5447	8.3515	—	—	—	—	1	254.78	21.6563
2010	46.039	43.6563	44.059	15.3787	—	—	1.98	0.35	2	73398	1583.943
2011	86.1281	35.61	80.2604	34.6315	—	—	5.8677	1.8685	5	199202	6914
2012	109.6131	35.6845	109.6131	35.6845	—	—	6	2.43	1	15042	1701
2013	111.7932	71.476	105.7932	69.046	—	—	6	2.43	8	579661	10650.4
合计	3274.988	1286.848	1320.93	637.5322	179.385	92.59	1683.708	168.0985	282	870264.8	244394.39

第五节　地籍管理

1988 年 5 月开始，实行城镇土地甲级使用登记制度，凡是依法取得国有土地使用权的单位和个人，由县人民政府颁发国有土地使用证，对依法取得集体土地建设用地所有权的农村集体经济组织和取得集体土地使用权的单位或个人，由县人民政府颁发集体土地使用证和集体土地建设用地使用证。国有土地登记和发证工作分为初始登记和变更登记两阶段，通过本人或单位申报、权属材料审查、实地确权、宗地勘丈、制图、量算、复核等程序，达到权属合法，界地清楚，面积准确后注册登记发证。是年，共完成 312 宗土地勘测丈量登记。1989~1992 年共完成土地登记 3309 宗，颁发土地使用证 1944 宗。1993 年，颁发大塘镇土地使用证 223 宗，完成牙舟镇土地登记 65 宗 5526.7 平方米。1994 年，共办理土地使用权变更登记 29 宗，面积 6572.2 平方米。从 1995 年开始，实施对农村宅基地登记，是年共完成农村宅基地登记 1720 宗，面积 17.51 平方米。对全县小（二）型以上蓄引工程和部分乡镇人饮水工程的土地进行划界确权，颁发国有土地使用证 29 宗，权属面积 2025.12 亩。

至 1997 年，农村宅基地土地登记累计完成 26436 宗，面积 334.3 万平方米。1998 年，办理土地使用权变更 54 宗，土地使用权抵押登记 40 宗。是年，全县农村宅基地登记基本结束。1999 年，开展乡（镇）土地初始台账登记试点。对全县规划区 1.83 平方千米土地进行定级评估，评估出商业用地、住宅用地和工业用地的基准地价。

2001 年，完成县农机厂、酒厂、水泥厂等改制企业 16 宗，面积 97193.58 平方米的土地权属情况调查，建成县城 1∶500 比例尺地属调查数据库。2002 年，完成县粮油购销公司、县供销社、县轻工公司、县食品公司等企业 18 宗土地使用权属确权登记面积 5.61 万平方米。是年，除平湖镇外，对其他 18 个乡（镇）集市规划 893.7 万平方米土地进行评估。

2003 年，在甘寨乡进行农村集体土地所有权登记试点工作。至 2005 年，集体土地使用权登记 144 宗，农村宅基地登记 29773 宗。

2006 年，完成全县 121 个新行政村的土地权属确权划界工作。2008 年，经年度土地利用现状变更调查，农用地面积 3381246.7 亩，年内减少 1105.2 亩；建设用地 60219.7 亩，年内增加 223.2 亩。年末，全县耕地总面积为 719219.9 亩，比上年增加 127.5 亩。

2013 年，共办理土地所有权登记 261 宗，登记面积 287671.15 平方米，发证率达 100%。其中，国有土地登记发证 168 宗，面积 275919.12 平方米；集体土地登记发证 93 宗，面积 11752.03 平方米；国有土地使用权抵押登记共计 12 宗，登记面积 94727.53 平方米，设定抵押金额 5045.339 万元。

1988~2013 年平塘县土地登记情况统计表

表 10-15

年份	土地登记发证				农宅登记		土地权属变更登记		土地抵押登记		
	国有		集体		宗数（宗）	面积（万平方米）	宗地（宗）	面积（万平方米）	宗地（宗）	面积（万平方米）	抵押金额（万元）
	宗数（宗）	面积（万平方米）	宗数（宗）	面积（万平方米）							
1988~1992	862	26.64	931	20.21	—	—	28	0.56	—	—	—
1993	74	0.89	214	2.34	—	—	18	0.38	—	—	—

续上表

年份	土地登记发证				农宅登记		土地权属变更登记		土地抵押登记		
	国有		集体		宗数（宗）	面积（万平方米）	宗地（宗）	面积（万平方米）	宗地（宗）	面积（万平方米）	抵押金额（万元）
	宗数（宗）	面积（万平方米）	宗数（宗）	面积（万平方米）							
1994	4	0.05	60	0.86	—	—	29	0.66	10	0.63	7.8
1995	29	135	80	0.79	—	69.92	19	0.44	21	0.34	36.5
1996	140	3.57	57	0.65	5529	—	26	0.46	7	1.04	162
1997	122	5.09	66	0.71	20907	—	73	3.71	19	8.48	426.1
1998	312	30.84	81	0.93	—	—	54	3.51	40	3.61	541
1999	56	1.67	413	4.01	—	—	56	2.33	22	1.68	388
2000	225	4.73	32	0.75	—	—	37	0.84	62	6.13	1774
2001	265	1.25	106	2.22	—	—	105	3.32	25	3.17	2467.9
2002	224	5.61	100	1.36	3337	42.19	88	4.17	41	8.78	4116.2
2003	353	21.48	84	1.05	—	—	60	3.04	133	18.04	3659.1
2004	325	9.89	100	1.33	—	—	68	2.7	135	8.47	1980.5
2005	239	10.8	144	2.45	—	—	49	3.3	138	6.79	1586.5
2006	224	6.87	147	1.73	—	—	85	3.35	133	2.72	1610.1
2007	351	8.94	84	0.88	—	—	80	3.24	141	13.38	3154
2008	248	22.46	74	0.94	—	—	65	1.61	41	11.75	720.5
2009	37	1.06	54	0.65	—	—	97	8.11	38	0.6	516.06
2010	55	13.79	33	0.44	—	—	99	2.61	24	0.31	675.72
2011	28	0.58	156	1.79	—	—	89	1.99	36	107	994.21
2012	13	2.22	129	1.72	—	—	103	15.32	22	1.68	4079.7
2013	114	26.80	88	1.15	—	—	91	3.91	12	9.47	5045.15
合计	4300	340.23	3233	48.96	29773	112.11	1419	60.56	1100	213.81	33941.04

第六节　土地执法监察

1989~1991年，开展干部职工违法违章占地建私房的清查，共查出干部职工建私房107户。

1997年5月至1998年2月，开展非农业建设用地清查工作。共查出1991年1月1日至1997年4月14日期间的各类非农业建设用地3391件，占地面积844.35亩（耕地277.35亩）。其中，依法审批3082件，占地面积677.55亩；未批用地298件，占地面积164.85亩（耕地112.35亩）；非法占地面积1.8亩（全部为耕地）。

1998年开始，在全县开展无违法用地、无违法批地、无违法管地的“三无”乡镇创建活动。是年，牙舟镇实现“三无”达标。2003年，开展土地动态巡查，建立县、乡（镇）、村三级联系监察网络。是年，共查出违法用地451宗18.71万平方米，收缴土地出让金、闲置费共计180.67万元。2007

年，对2005年1月后“以租代征”违反土地利用总体规划违法违规行为进行调查清理，查出未批先用项目用地4宗，面积76.88亩。

2008~2011年，开展国土资源巡查，发现土地违法行为457起，立案查处38件，收缴罚款35.9万元。

2012年，查处农村个人建房违法用地122宗，面积36.586亩。

2013年，开展执法检查1600余次，发现土地违法行为106起，下发责令停止违法行为通知书102份。

1988~2013年土地违法案件查处、土地纠纷调解和土地信访情况统计表

表10-16

年份	查处土地违法案件							土地纠纷		土地来信来访					
	案件数		处理面积（亩）	没收房屋（间）	拆建筑物（间）	罚款（万元）	补办手续（件）	发生土地纠纷案件数	处理土地纠纷案件数	来信			来访		
	发案数（件）	制止和处理（件）								件数	答复处理（件）	转办（件）	件数	人数	答复处理（件）
1988	74	74	9.5	—	—	—	—	43	31	86	32	48	42	86	42
1989	131	131	21.74	2	20	—	—	13	5	36	12	19	43	97	43
1990	77	77	17.58	1	4	2.6	66	9	8	43	11	29	35	40	30
1991	70	70	15.2	—	—	—	—	13	11	18	18	—	31	31	27
1992	38	38	0.95	—	—	—	—	18	18	63	53	10	49	108	49
1993	8	58	0.84	—	—	—	—	44	37	52	36	16	18	31	15
1994	44	35	1.27	—	—	—	—	73	64	48	29	19	12	15	9
1995	15	12	2.36	—	—	—	—	18	18	25	16	9	11	11	7
1996	14	12	1.71	—	—	—	—	20	20	16	15	1	8	11	6
1997	28	22	3.85	—	—	—	—	32	32	7	4	3	6	8	5
1998	15	14	1.57	—	—	—	—	20	20	4	4	—	9	—	9
1999	23	21	1.25	—	—	—	—	12	11	8	7	—	7	—	7
2000	19	19	—	—	—	—	—	8	6	15	15	—	27	—	27
2001	30	29	20.09	—	—	—	—	9	7	5	4	1	33	—	33
2002	5	5	—	—	—	—	—	5	5	5	5	—	37	—	37
2003	24	24	5.19	—	—	—	—	7	4	9	9	—	35	—	35
2004	109	109	—	—	—	—	—	11	8	6	6	—	27	—	27
2005	47	46	6.09	—	—	—	—	3	3	18	18	—	55	—	55
2006	64	64	9.33	—	—	—	—	6	6	11	9	—	6	—	6
2007	141	137	15.47	—	—	—	—	4	4	11	11	—	17	—	7
2008	87	87	23.43	—	—	—	—	1	1	19	19	—	34	—	34
2009	90	90	27.8	—	—	—	—	12	12	7	5	2	5	98	1

续上表

年份	查处土地违法案件							土地纠纷		土地来信来访					
	案件数		处理面积（亩）	没收房屋（间）	拆建筑物（间）	罚款（万元）	补办手续（件）	发生土地纠纷案件数	处理土地纠纷案件数	来信			来访		
	发案数（件）	制止和处理（件）								件数	答复处理（件）	转办（件）	件数	人数	答复处理（件）
2010	98	98	30.4	—	—	—	—	9	9	6	2	4	3	83	9
2011	103	103	40.1	—	3	1.5	—	21	21	12	4	8	9	174	21
2012	109	109	47.6	—	3	1.5	—	14	14	8	2	4	6	92	14
2013	114	114	53.2	—	5	2.1	8	16	16	7	4	3	8	120	16
合计	1656	1598	356.62	3	35	7.7	74	440	391	545	350	176	573	1050	851

第七节　矿产资源管理

1988~2000年，全县矿产资源管理，由县乡镇企业局负责。1989年，对148个乡镇小煤窑进行安全检查，发放平塘县安全建矿许可证22个，整改登记58个。1994~1997年，开展矿山秩序整顿，下发停产整顿通知书59份，注销采矿许可证4个，办理采矿许可证48个。1998年9月1日起，全县煤炭行业实行“五统一”管理，设立5个煤炭“五统一”管理验票站。1999年，煤炭关井压产，共关闭非法和布局不合格矿井61个，保留49个，压产6万吨。

2001年，县级机构改革，把矿产资源管理职能从乡镇企业局划入县国土资源局，内设矿产资源管理站，负责全县矿产资源管理。2002年，对全县矿山进行清理，共清出采石场11个、砖瓦厂13个、小煤窑182个。2004年，禁止省级公路可视范围内开采矿石，炸封关闭一批无证非法矿场。2005年，批准新建页岩矿山4个、砂石场5个，关闭省道312公路沿线和县级主要公路可视范围内砂石场15个。2007年，摆茹镇董朗煤矿采矿权获贵州省国土资源厅审批。2008年，对16对民用煤矿进行整合，收缴民用整合煤矿采矿权价款1572.48万元。

2009年，挂牌出让采矿权13宗，成交1宗，收取出让价款20万元。

2011年，完成《平塘县矿山地质环境恢复规划》编制。关闭取缔非煤矿山6个，整合采石场23个。与16对煤矿企业分别签订平塘县矿产资源开发利用统计工作责任书和储量动态监测目标责任状，共挂牌出让采矿权11宗。

2013年，推进市场化配置矿产资源。对新设置的矿权，按照程序报批，全部执行招、拍、挂出让制度，共完成18个采矿权挂牌出让、15个煤矿的兼并重组和8个非煤矿山采矿权延续工作。共依法征收矿产资源补偿费13.98万元，矿山环境治理恢复保证金54万元。

2002~2013 年平塘县整顿煤矿秩序情况统计表

表 10-17

年份	炸封非法采煤窝点（个）	拆除、炸毁机器设备（台）	收缴炸药（千克）	雷管（枚）	没收煤产品（吨）	遣散工人	拘留（人）	拆除或烧毁工棚（间）
2002	47	—	—	—	—	60	—	10
2003	93	110	—	—	—	—	—	50
2004	187	228	—	—	400	—	7	191
2005	517	291	45	306	—	2500	2	243
2006	262	367	504	1861	160	413	11	—
2007	253	147	19.7	11	146	88	15	—
2008	113	35	0.3	1	10	8	7	—
2009	119	32	—	15	—	18	10	5
2010	271	—	—	—	65	—	—	—
2011	400	87	—	—	120	20	31	10 余
2012	98	13	—	—	100 多	—	18	—
2013	522	89	—	—	14	—	3	—

第十章　安全生产监督

1988 年后，县乡镇企业配有兼职安全员，采取定期或不定期巡检方式，强化对矿山的安全管理。1993~1997 年，贯彻《中华人民共和国矿山安全法》，落实安全生产目标管理责任制，采取疏堵结合、标本兼治的办法，控制事故发生。1998 年开始，以煤炭矿山为重点，采取炸封、停产整顿等方式，开展矿山秩序治理。2004 年，成立县安全生产监督管理局，全县以煤矿、非煤矿山、道路交通、建筑以及危化品烟花爆竹和民爆物品安全生产为重点，开展各项专项整治工作。2013 年，县人民政府印发《平塘县安全生产工作目标考核办法（试行）》，将安全生产工作列入个乡镇、各部门年度工作考核。

第一节　管理机构

1988~2004 年 8 月，全县安全生产监督管理由县劳动人事局负责。

2004 年 9 月，成立县安全生产监督管理局，为县人民政府正科级行政机构，内设办公室、安全生产监察股、安全生产综合股、安全生产法规股。下设安全生产监察执法大队、县安全生产技术培训中心。核定编制 11 人，参照公务员管理。2011 年，县级机构改革，县安全生产监督局内设办公室、综合安全管理股、监察股。下设安全生产监察执法大队、安全生产应急救援指挥中心、煤矿驻矿安全监管中心、县安全生产技术培训中心。2013 年，增设职业健康安全监督管理股，内设、下设机构不变。

第二节 矿山安全监督

1988 年，共清理整顿小煤窑 156 个，提出整改措施 240 条，培训安全技术人员 52 人。

1989 年，对 35 个易燃易爆物资单位 40 个仓库、16 个车间和门市进行安全大检查。是年，小煤窑二氧化碳中毒死亡 2 人。

1992 年，成立以整顿煤窑为主的工作领导小组，对 75 个小煤窑进行安全监察，责令整顿 21 个，取缔 8 个。1999 年，关闭煤炭矿井 51 个，发放矿山安全整改通知书 13 份。

2004 年，县安全生产监督局成立后，加大对非法小煤窑的炸封力度，是年，共炸封非法矿井 100 余个，没收或炸毁开采设备 400 多台。

2006 年，全省部署煤矿整合和调整布局后，全县煤矿共整合为 16 对煤矿。2008 年，共有 15 对煤矿领取采矿许可证，13 对获开采设计方案审批。是年，全县有非法煤矿山 48 家，其中，砖厂 18 家、采石场 30 家。

2010 年，开展非煤矿山专项整治，关闭不具备安全生产条件非煤矿山 6 家，下达责令改正指令书 48 份，提出整改意见 233 条。

2011 年，共申报非煤矿山标准化建设企业 15 家，获得安全生产许可证 2 家，获州级批复建设 12 家。是年 7 月 2 日，克度镇牛棚煤矿发生透水事故后，各矿山停止井上井下作业。对全县煤矿企业进行安全生产大检查，落实 16 对在建煤矿安全生产“包保”责任人。之后，全县煤矿停产封井。

2013 年，推进非煤矿山标准化建设，共有 7 家企业获得安全生产许可证。

第三节 交通安全监督

1988~1992 年，交通安全监管以降低重大交通事故和死亡率为主要任务，加强交通安全宣传和对各类车辆的安全检查。1992 年，共发生交通事故 18 起，死亡 9 人，伤 23 人，与上年持平。1993 年后，以查违章、整秩序、压事故、保通畅为重点，开展“保春运”“反违章压事故”“百日交通安全”“整顿城镇交通秩序”等活动。1994~1999 年，共发生交通事故 46 起，死亡 40 人，伤 72 人。

2000 年，开展拖拉机、农用车载人专项治理，查处违章车 57 辆，驾驶员 11 人，强制报废车辆 2 辆。2001 年开始，开展“文明大道”创建，加大上路检查和查处违章力度。2001~2003 年，共查扣车辆 1194 辆，处理违章 10790 次，强制报废车辆 30 辆。

2004 年后，交警、安监、运管、农机等部门联合执法，加强对客运、农用车辆的监管度。2005~2006 年，共开展交通专项整顿治理 29 次，查扣各类机动车 758 辆，暂扣证件 232 本，纠正处罚各类交通违法行为 10357 人（次），拘留 109 人，强制报废摩托车 200 台，客车 14 辆。

2007 年，开展水上交通检查 33 次，检查船舶 59 艘次，码头渡口 16 次。

2009 年，梳理排查危险路段 210 处，其中省道 42 处、县乡道路 168 处。

2010 年，依法严查无牌无证、超载、无照驾驶、疲劳驾驶等违法违章行为，共查处各类交通违法行为 5831 起，查处无牌农用车 10 辆。是年，率先安装客运车辆 GPS 系统 56 辆。

2011 年后，每季度约谈一次客运车辆驾驶员及车主，进行交通安全教育，并对客运车进行一次安全检测。

2013 年，开展道路交通安全集中整治 30 余项，检查客运车辆 1570 余辆，查处各类交通违法行为 14986 起。

第四节　其他安全监督

消防安全监督

1988 年后，加强元旦、春节、“五一”国际劳动节、国庆节等节假日的消防安全监管，以重要消防单位、易燃易爆物资单位为重点，开展消防安全大检查。

1993 年，在全县开展消防安全大检查，共检查重点消防单位 145 个（次）、生产车间 50 个（次）、仓库 6 次、炸药库 4 个（次）及油库、加油站、石油液化气供应站等 40 余次，发出火险隐患通知书 5 份，整改文书 6 份，取缔非法加油站 1 个。是年，共发生火灾事故 5 次，死亡 2 人。

1998 年后，随着石油液化气经销点、娱乐场所增多，加强对重点防火单位的督查，开展消防安全培训，取缔氢气球冲装点。

2004 年开始，落实农村消防安全责任制，县政府与各乡（镇）、乡（镇）与村、村与组签订消防安全责任书，实行消防安全责任层层负责；强化农村柴草堆放管理和家庭用火、野外用火、家庭用电的安全。2009 年，开展消防监督检查 120 余次，检查单位 134 家，公众聚集场所 61 个，提出火灾隐患 296 条，下达改正通知 43 份，停业 2 家。

2013 年，对县城消防进行全面检修、更换。共检查单位消防场所 800 余家（次），下发责令整改通知书 280 余份，实施行政处罚 18 起，查封 13 起，责令停产停业 8 起，督促整改隐患或违法行为 350 余处。

易燃易爆物品监管

1988 年后，每年均对压力容器、工业和民用锅炉、爆竹厂、加油站和避雷装置进行检查监管，对不符合安全标准的下发整改通知，限期整改。

1991 年，对县内 10 台工业和民用锅炉、55 台压力容器、22 个单位 47 套防雷设备实行重点监控，定期检测。1998 年，实行责任单位安全生产责任制，对本地本单位安全生产负责。2004～2005 年，对烟花爆竹零售从业人员实行岗位培训，持证上岗。全县共审核颁发烟花爆竹销售许可证 180 个。

2006 年，全县烟花爆竹生产企业获得安全生产许可证 2 家，获得烟花爆竹批发许可证企业 1 家，零售点获得烟花爆竹销售许可证 235 家。2007 年，对县内 10 家加油站进行专项检查，共下达整改指令书 10 份，整改指令 35 条。培训农药经营户 100 户，颁发危险化学品（农药）经营许可证 100 户。

2011 年，对县内 10 家加油站、8 家石油液化气经销点进行专项整治，并签订安全生产责任书，责令塘边、大塘加油站停业整改。

2013 年，县安监局会同县质监局、工商局、公安局等部门开展为期 3 个月的烟花爆竹零售经营专项整治，更换经营许可证 200 户，取消经营点 3 处。

第十一篇

农　业

第一章　农村经济体制改革

1988 年，平塘农村实行家庭联产承包责任制已有 8 年，农户承包耕地（称责任地）自行经营，上交农业税（费）后的农产品自己支配。取消农副产品统一派购制度，对粮食实行合同收购。1992 年后，改革粮食流通体制，放开粮食市场。1998 年，启动第二轮土地承包。1999 年，进行农村税费改革试点，至 2002 年全县全面铺开，人均负担 36. 41 元。是年，二轮土地承包工作结束。2004 年，取消屠宰税。2006 年，取消农业税。2007 年，开始实施林权制度改革。2009 年 11 月，在塘边镇举行林权证首发仪式。是年，平塘列为农机补贴县，发放农机补贴 60 万元。2011 年，针对林权“四至”存在的问题，重新公示林地使用权和打印林权证。2013 年，在全县推行林下养殖，实现林下经济收入 1. 8 亿元。

第一节　土地使用制度改革

农村土地续包

1980 年，开始在农村推行家庭联产承包责任制，进行第一轮土地承包。至 1997 年，第一轮土地承包到期。1998 年 8 月，贯彻落实《中共中央办公厅国务院办公厅关于进一步稳定和完善农村土地承包关系的通知》文件精神，县委、县人民政府印发《关于稳定和完善全县农村土地承包关系的实施意见》，实行第二轮农村土地续包 50 年，农村土地所有权归村集体。在承包期间，实行“增人不增地，减人不减地”政策，承包的土地不再调整。年底，全县有计税耕地 24. 85 万亩，其中，田 13. 44 万亩、土 11. 41 万亩。2002 年，国家颁发《农村土地承包法》，是年底，二轮土地承包工作全部结束，共签订土地延包合同 62354 份，并颁发由县人民政府统一印制的土地承包经营权证书。2003 年，国家明确农民承包的土地 70 年不变。

1998 年平塘县农村基本情况统计表

表 11-1

乡镇	农户（户）	农业人口（人）	计税耕地（亩）		
			总面积	其中	
				水田	旱地
平塘县	62354	274109	248646. 6	134393. 6	11413
平湖镇	4887	19392	16761	7888. 5	8873. 5
牙舟镇	4311	19099	15192	8575. 5	6616. 5
通州镇	6607	28573	27445. 05	17601. 15	25683. 9
大塘镇	3904	16669	17896. 05	14680. 05	2097

续上表

乡镇	农户（户）	农业人口（人）	计税耕地（亩）		
			总面积	其　中	
				水田	旱地
克度镇	4429	19934	15225	8661	6564
塘边镇	5840	25973	21571.05	10708.05	10863
摆茹镇	3546	16574	16387.05	7530	8857.05
者密镇	4227	18134	15291.9	8563.95	6727.95
四寨镇	2611	10621	12069	8613	3456
苗二河乡	2138	9780	8756.7	3402.9	5353.8
卡蒲毛南族乡	2815	12071	10335.6	5083.5	5252.1
白龙乡	2935	12623	13185	5925	7260
甘寨乡	2450	8437	8381.1	4382.1	3999
卡罗乡	2062	9147	11172	4912.5	6259.5
谷硐乡	1438	6288	5197.95	3304.8	1893.15
鼠场乡	3095	12867	12066	3366	8700
新塘乡	1501	6491	6324.45	3960	2364.45
掌布镇	1253	5856	5169	2232	2937
西凉乡	2305	15580	10071.6	5003.55	5068.05
其他	—	—	149.1	133.05	16.05

农村土地流转

1988年之后，随着农村外出务工农民逐步增多，部分农户因劳力不足，将部分田地转租他人耕种，以稻谷、玉米或黄豆亩产量为计量单位，估量后实行五五分成或四六分成。2000年开始，务工收入成为农民增收的重要来源，农村打工潮出现，一些有技术的烤烟户，按照政策通过有偿流转耕地集中连片种植成为种烟大户，一些懂经营、有经济实力的企业和外地客商，采取租赁方式，流转农户承包经营的耕地或荒山荒坡，建立蔬菜、茶叶和中药材基地。2009年后，在自愿、有偿和不改变土地用途的原则下，农村土地流转进一步加快，县内开始出现转让、转包或入股等集体化土地开发，形成“公司+基地+农户”的生产形式。2013年，全县有农业龙头19家，农民专业合作社50多个。

第二节　农村税费改革

1991年，开展农民负担抽样调查，农民负担共5类33项。其中税收9项，人均17.07元；收费5项，人均2.43元；提留7项，人均6.33元；管理费6项，人均0.81元；其他负担6项，人均13.76元。1993年，县农经部门在甘寨乡、甘寨村大甘塘组进行农民负担抽样调查，抽样点农民负担总额占当年纯总收入的10.7%，户均291元，人均42.5元。收费项目主要有公积金、公益金、管理费、教育及电管费和其他收费。抽样调查显示，农民负担逐年增加，至1995年，人均负担达到98.6元。

1999 年，开始进行农村税费改革试点工作。是年，开展入户摸底调查，分析测算，填发负担卡等。2000 年，开展农业税常年产量调查，摸清全县农业税计税产量。是年，取消按人头承包土地平均摊的屠宰税、地方电力建设附加税。2001 年，完成有关数据的收集、整理、汇总、上报等。

2002 年，全县农村费改税试点工作全面铺开。对辖区所有农户的计税土地面积、计税常年产量、计税价格、税费改革前后税费负担等进行复核查实，并进行公示，最后经农户签字盖章认可。税费改革后，全县农民负担总额为 1035.53 万元，人均负担 36.41 元，比 1999 年减少 42.73 元，减负率为 53.99%。是年，取消农村“三提五统”教育集资、行政性收费和政府性基金集资。取消后列入财政预算。

2003 年，农民生活用电从税改前的 1~1.7 元/千瓦时调为 0.79 元/千瓦时，城乡民用电实行 0.403 元/千瓦时，实行城乡居民用电用网同价。从 2004 年开始，停征屠宰税，对农民种植水稻进行粮种补贴。2005 年，全县全部取消“两工”（义务工和积累工）。未经批准不得设立涉及农民负担的行政事业性收费、政府性基金。农村兴办集体公益事业，所需资金不再固定向农民收取，实行“一事一议”。2006 年，全县取消农业税。

2013 年，开展涉农补贴补偿“搭车”收费、农民建房收费、农民务工收费专项治理，查处对农民乱摊派、乱集资行为，巩固农村税费改革成果。

第三节　集体林权制度改革

1988~2007 年，国有山林由县林业部门经营管理，集体山林（包括农户管护责任山）由集体管理。集体或农户采伐山林必须报林业部门审批，发放采伐证后方能采伐。

2008 年 1 月，集体林权制度改革正式启动，县、乡均成立集体林权制度改革办公室，是年 7 月，开始外业勘界、确权工作。2009 年 2 月，转入数据录入阶段，勘界地宗 27133 宗，面积 279 万亩，占全县林改面积的 95.08%。是年 11 月 27 日，在塘边镇举行林权证首发仪式。

2011 年元月开始，再次对林地使用权登记进行一个月的颁证前公示，完善有异议的林改资料，重新打印林权证，发放无争议的林权证 16900 本。

2012 年，全县共流转林地 6 宗，流转面积达 12000 多亩，完成土地流转的林权证变更 5 宗。全县发展林业专业合作社 6 家，入社农户 50 余户。

2013 年，重新确认林权林地 38 宗，确权面积 2456 亩。其中，重新发放分户林权证 28 户，面积 1276.8 亩；变更林权证 3 户，面积 349 亩；重新审核办理林权证 3 户，面积 387 亩；改正出错林权证 2 本，面积 111.4 亩；调处林权纠纷并颁证 2 本，面积 331.8 亩。是年，启动林权抵押贷款，林权贷款抵押 3 户，抵押林地 2793 亩，贷款 1020 万元。

第四节　惠农政策

种粮补贴

2004 年，平塘县被列为全省杂交水稻良种补贴县，农民种植杂交水稻实行种子补贴。至 2005 年，全县发放杂交水稻良种补贴 21.2 万亩，资金 106 万元。2007 年，良种补贴按每亩补贴 5 元标准，共兑现补贴资金 53 万元。2008 年，平塘被列为杂交玉米、杂交油菜补贴县，共补贴 82.5 万亩 841 万元，水稻良种补贴每亩追加 10 元。

2013 年，全县共兑现水稻、玉米、油菜、小麦等良种补贴资金 584 万元。

农机补贴

2004 年，国家颁布《农业机械化促进法》，对粮食生产区的农机购置进行补贴，并逐步向全国推广。

2005 年，平塘争取到中央购机补贴资金 61440 元，县人民政府配套资金 75000 元，对 47 户购买 45 台“蓝天”牌微耕机和购进 2 台“丹霞”耕整机的农户发放购机补贴，并于 11 月 23 日举行农业机械购机补贴首发仪式。

2006 年，平塘列为农机补贴县。农户购买农机具享受《2006 年贵州省农业机械购置补贴产品目录》上农机具总价的 60%的补贴。是年，共发放农机具购置补贴资金 60 万元。2007 年，农户购置农机按《2007 年贵州省农业机械购置补贴产品目录》享受总价的 50%补贴。2008 年，农机补贴下降至总价的 48%。

2013 年，兑现中央补贴资金 570.14 万元、县级财政匹配补贴资金 69.45 万元，带动农民投资 1283 万元。

第二章　农业综合管理

1988~1998 年，以提高粮食单产、农民畜禽养殖增收为重点，加强农田基本建设，推广良种良法种植，加强病虫害防治和禽畜防疫管理。1999 年后，农业内部结构调整和养殖业规模化加快，强化种子执法和连片防虫防病，提高复种指数，遏制畜禽病疫，促进农业经济规模化发展。2010 年开始，按照农业产业化发展导向，实施农业产业园区建设，通过服务农业龙头企业，组建农民专业合作社，建立农业服务体系，推动农业现代化发展。

第一节　管理机构

1988 年，全县农牧业生产管理由县农牧局负责。是年，县农牧局内设办公室，下设农业技术推广、植保植检、农业经营管理、土壤肥料、兽医防治检疫、兽禽品种改良、草地工作、水产、渔政管理 9 个站和兽医卫生监督所、农科所、中央农业广播电视学校平塘县分校以及种子公司、国营良种繁殖场等。在 7 个区设农牧站。

1991 年，增设农村能源环保站。是年 9 月建并撤后，在 19 个乡镇设农牧站。

1994 年，县级机构改革，撤农牧、农机 2 局，合并成立县农业局。县农业局内设秘书股、财会审计股、农业管理股、畜牧管理股、农机管理股，下设机构增设农机技术服务中心和 10 个乡镇农机服务站。

1995 年，县农业局和农机管理机构分设，农机服务中心负责全县农机管理，农机管理股和乡镇农机服务站划归农机技术服务中心，县农机局增设畜牧技术开发站，乡镇农牧站改称农业技术推广服务站。

2001年，县级机构改革，县农业机械服务中心并入县农业局，内设办公室、业务股。乡镇农业技术推广服务站更名为乡镇农业服务中心，下设机构不变。2003年，农业管理股改为农业综合执法大队。

2011年，县级机构改革，撤销县农业局、县农业办公室、县畜牧水产事业管理局、县扶贫开发办公室、县农机技术服务中心，组建平塘县农村工作局，内设办公室、财务股、政策法规股、扶贫开发股、农业产业化办公室、农产品加工管理股、种植业综合管理股、养殖业综合管理股、农机综合管理股、新农村建设办公室等10股室。下设农业技术推广站、植保植检站、农村能源环保工作站、土壤肥料站、农广校种子站、农业经营管理站、农业科学研究所、良种示范繁殖场、果蔬推广站、经济作物推广站（中药材办公室）、农业区划委员会办公室、农产品质量安全监测站、农机安全监理站、农田基本建设办公室、畜禽品种改良站、饲草饲料工作站、水产站（渔政管理站）19个股级事业单位和县动物卫生监督所、县动物疫病防控中心、县农业综合执法大队3个副科级事业单位。

2012年11月，成立县茶叶产业化发展管理办公室。是年，撤销县良种繁殖示范农场。

至2013年，县农村工作局内设和下设机构不变。

第二节　农业区划

区划编制

1989年，县规划办根据《平塘县综合农业区划》编制《平塘县农业区域开发总体规划》，至1992年12月完成。规划以乡镇为单元，以流域分区，将全县划为3个一级开发区和2个二级开发区。一级开发区为平舟河流域、槽渡河流域、霸王河流域综合开发区。在平舟河、槽渡河综合开发区内又分为重点和次重点区。设16个专题规划，即农业后备资源开发、中低产田土改造、坡改梯综合治理、种植业规划和优质水果、大叶茶、林业、桑蚕、中药材、畜禽业、渔业、农机、农村交通、乡镇企业发展规划以及水资源综合利用、农业科技教育推广规划。

1993年10月，《平塘县农业区域开发总体规划》通过黔南州农业区划委员会办公室验收。

1996～1997年，开展农业资源综合分析工作，先后完成《粮食与农业现状》《气候变化趋势及对农业的可能影响》《农业综合开发效益》《水资源总量及供需平衡》《烤烟生产现状及发展》等12个分析报告，并在此基础上，编制《平塘县农业资源综合分析报告》。1998～2002年，开展非耕地开发利用现状、宜园荒山资源、陡坡、退耕还林（草）、农业结构调整等课题调研。是年，县扶贫办、统计局、农机局完成《摆茹镇甲茶村、新塘乡新塘村、谷硐乡场坝村扶贫开发规划》《平塘县农业节水灌溉工程规划》的编制。2003年，县扶贫办先后完成农业综合开发项目区现状图。2004年，完成《2004～2006年度农业综合开发土地治理项目规划图》的绘制。2005年，县发改局、县水利局完成《平塘县石漠化治理规划》《珠江水系水土保持规划》的编制。2008年后，县农业区划委员会办公室主要利用卫星遥感片开展茶业、草地畜牧业、农业污染专题调查为全县涉农规划提供基础数据。

区划试验

1988年，在西关、通州、牙舟3个区海拔1000～1400米的14个乡进行杂交水稻试验种植1万亩，其中海拔在1420米的大塘乡、新塘乡、上莫乡种植汕优287号1150亩，平均单产为412公斤；在克度-清水北侧、马场西部和苗二河西部3个片区规划建设红碎茶基地11450亩；利用平里河、克度、甲茶河谷地带建设早熟蔬菜基地894亩。1991年，县农业区划办与贵州科学院联办四寨农业经济综合发展试验区，建立四寨果药试验基地，次年改由县区划办与四寨镇政府联办种植花椒、沙田柚、葡萄、椪柑、脐橙等。1995年，在白龙乡懂票村小寨组进行棉花区域试验示范种植，试验品种有川棉和杂交棉4个，亩产仅4.15~8.5公斤。2005年，在白龙乡乐康村进行迷迭香种植试验110亩，在苗二河乡新寨村试种万寿菊1亩。2008年，迷迭香种植面积达300亩，除苗二河乡外，又在卡蒲毛南族乡新关村、甘寨乡甘寨村试种70亩。2009年后，主要进行玉米区域试验，引进优质水果、蔬菜新品种进行试种，如番茄佳凯319、辣椒长椒7号以及茭白、雪莲果、西兰花菜等。2013年，实施杂交玉米新品种4组44种、糯高粱新品种区域试验1个品种的试验种植。

区划调查

1992年11月，在第二次土壤普查、林业二类资源调查、待开发土地资源调查的基础上，完成农业后备资源调查评价，并形成《平塘县农业综合开发后备资源调查评价报告》，主要内容有《县情概述》《后备资源总量》《后备资源区域分布》《后备资源质量及低荒原因分析》《后备资源的潜力分析和开发方向》《后备资源开发的布局与重点》6个部分。

1994年，开展“两山”地区（麻山、瑶山）调查，先后完成鼠场、新塘、大塘3个乡镇《自然资源条件及现状》的编撰。

1995年，在塘边镇、摆茹镇、白龙乡、苗二河乡开展农村剩余劳动力现状调查，共抽查4个村200户农户。

1996年下半年，县区划办牵头，开展区域地理信息数据调查，对全县山地、丘陵、台地面积，海拔高程分带面积，境内喀斯特区和非喀斯特区面积，河流面积以及各乡镇地理位置、地貌类型等进行调查和测定，并以县人民政府名义公布使用。

1997年11月至1998年5月，县区划办对全县1992~1997年非耕地开发利用进行全面调查，并编制《平塘县非耕地农业资源开发现状调查报告》。

1998年7月，县区划办协同县农业局、县林业局、县国土局对平湖、苗二河、甘寨、摆茹、白龙5个乡镇的宜园荒山地理位置、自然条件及其特点进行适宜性的调查和评价，确定宜园荒山面积、宜种面积和开发利用方向。

2000年8月，成立平塘县“陡坡地调查及适宜性课题调研小组”，对全县25度以上陡坡地开展调查，先后完成《平塘县陡坡地调查及适宜性评价报告》《平塘县陡坡地调查及适宜性评价附表汇集》的编制工作。

2002~2004年，对县内森林区划界定及资源开展调查，全县区划界定重点公益林65.85万亩、商品林66.39万亩。2006年，在境内开展第三次森林资源二类调查，完成2814个系统样地调查和2815.6平方千米的小班区划内外作业。2010年，完成国家第八次森林续查和全省第六次森林复查。

第三节 农业综合开发

1990年10月至1996年2月，平塘先后实施两期农业综合开发。第一期于1990年10月启动，至1993年6月结束，第二期于1993年11月启动，1996年2月验收。

开发项目

第一期农业综合开发任务为实施中低产田改造5万亩，封山育林10万亩，造林4.5万亩（后调为2.55万亩），草场改良0.1万亩。全县分6个项目区，分别为四寨高产农田项目区、京舟良种基地项目区、卡罗地下水开发利用项目区、摆茹营林补水项目区、通州水利机耕项目区、旧司（大塘）种草养畜项目区，项目区内共有4镇2乡87村9.01万人，土地面积1089平方千米，耕地10.66万亩，其中中低产田（土）面积占76.2%。3年批准项目33个，完成30个。先后改造中低产田（土）5.1万亩，占计划的102%；封山育林11.1万亩，占计划的111%；造林2.55万亩，占计划的100%；改良草场0.1万亩，占计划的100%。此外，建成畜种改良点5个、杂稻制种基地1个、养殖示范场1个以及县果品厂、牛肉干厂、综合包装厂改造。推广农业科技项目33项，新技术试验示范面积达21.2万亩，造林2.1万亩。项目区分为天生桥项目区（含克度、塘边）和水滚项目区（含平湖、苗二河）。先后实施项目13个，完成11个。共改造中低产田（土）1.79万亩，占计划的100%；造林2.15万亩，占任务的102.5%。此外，疏浚渠道11.7千米，开挖明槽0.52千米、隧洞0.25千米，铺设地下管道1.4千米，种植水果1500亩、杜仲500亩，推广紧凑型玉米和杂稻新组合试验示范9000亩，建成以奖代补养猪示范场1个。

开发资金

第一期农业综合开发计划投资1248.4万元，实际完成投资1090.89万元，其中，农发基金727.36万元。第二期农业综合开发项目累计投资601万元，其中农发资金437万元（有偿资金220万元）、农行专项贷款124万元、以奖代补10万元、群众自筹5万元。按项目分，水利项目总投资854.49万元、农牧234.78万元、林业308.9万元。项目资金使用实行报账制，由县农发办、县财政局、县审计局、县农行组成资金管理小组，定期对农发资金的使用进行审计。

开发效益

实施两期农业综合开发，尤其是农业基础设施项目，如兴修水利、改良土壤等，改善农业生产条件，增加农业发展后劲，产生良好经济、社会和生态效益，项目区累计新增粮食1.48万吨、油料3552吨、肉类2210吨。

第四节　农业综合执法

1988~1999年，县农业局会同工商、供销、物价等部门，开展农资市场专项整治，共查获劣质化肥19811吨、假稻种836公斤、注水猪肉900公斤、注水牛肉400公斤、假菜种7428包。

2000年，平塘县被贵州省农业厅定为农业综合执法工作试点县。是年，开展饲料、农药、种子、苗木及畜禽产品交易市场专项整治，共查处违法违规案件132起。2001年，开展“两杂”（杂交水稻、杂交玉米）种子经营市场专项整治，查处违章调运销售杂交稻种8批次267.6公斤，假油菜种3起，假蔬菜种子2起。2002年，开展农资市场清理整顿405场次，查封或取缔非法经营点28个，查获各种假冒伪劣农资1.5吨。

2005年，开展农（兽）药专项整治，出动执法人员893人（次），清理整顿畜牧市场22个。检查销售种畜禽经营户204户（次）；兽药经营户547户（次），鱼药经营户36户（次），查获假冒伪劣兽药 34.5 公斤；查扣国家禁用农药（甲敌粉）89 包（袋）。2007 年，对全县 10 家种子经营企业进行专项整治，处罚违法经营户 13 户，下达限期整改通知书 17 份。

2010 年，开展农业综合行政执法 256 次，整顿经营企业 1150 家，取缔农药无证经营户 3 户。2011 年，检查种子、农药、化肥、兽药经营门市、网点 847 个次，取缔非法经营企业（户）8 家。

2013 年，检查养殖小区 68 个。调处农资案件 13 件，其中适用简易程序案件 6 件、结案 5 件。

第五节　农业机械管理

农机动力

据统计，1988~2013 年，全县农业机械化水平不断提高，农机总动力从 1988 年的 20921 千瓦增加到 2013 年的 256000 千瓦。

1988~2013 年平塘县农业机械年末拥有量统计表

表 11-2　　单位：千瓦

年份	农业机械总动力	柴油发动机动力	汽油发动机动力	电动机动力
1988	20921	13454	2964	4503
1989	24174	16322	3311	4541
1990	24111	16212	3202	4697
1991	25418	18373	2293	4752
1992	25836	18791	2293	4752
1993	28546	20935	2293	5318
1994	29812	21984	2377	5451
1995	33266	24776	2889	5601
1996	42707	32387	3957	6363
1997	46140	41760	3957	423
1998	43750	43026	—	724
1999	52134	50904	—	1230
2000	55650	47700	—	7950
2001	72000	—	—	—
2002	71150	58000	—	—
2003	75000	—	—	—
2004	76120	—	—	—
2005	83560	—	—	—
2006	103450	—	—	—
2007	119000	83200	2700	43100
2008	123000	75185	2805	45010

续上表

年份	农业机械总动力	柴油发动机动力	汽油发动机动力	电动机动力
2009	124500	76000	8700	39800
2010	127900	77000	9800	41100
2011	145100	84000	13300	47800
2012	152600	88000	15600	49000
2013	256000	118200	48000	89800

农机作业量

1989 年，全县机耕面积达 1115 亩。

1990 年后，县农机局组织机耕队分别到各区（镇）、乡（镇）开展机械作业。1999 年，共完成机耕 43.23 万亩、机收 8100 亩、机灌 12 万亩、机械植保 6.69 万亩。

2000~2001 年，机械播种 3.25 万亩。

2002~2008 年，机械脱粒 30.28 万吨。

2010~2011 年，实施机插 3018 亩。

2013 年，全县机耕达 10.92 万亩，机灌 5.46 万亩。

农机服务

1989 年，县农机管理服务站在米寅乡政府门前公路旁边设立农副产品加工点，为当地群众实行廉价有偿服务。是年，全县农副产品加工综合量为 59580 吨。

1992 年 2 月，县农机技术推广站组织机耕服务队赴卡腊为烤烟生产服务，连片机耕 50 亩。1994 年，全县有农机修理点 7 个。

1999 年，县内遭受严重旱灾，县农机局组织农机人员，共投入农机具 1956 台（套），机耕 5225 亩。

2002 年，县农机服务中心在主要坝区开展机耕作业服务，巡回检修农机具 481 台（套）。2004 年，县农机局联系广西南宁市农机局 5 台半喂式收割机到平湖镇拉高村、上梭村、者密镇六硐片区、白龙乡等坝区开展机械收割，共计机收水稻 2850 亩。

2005 年，首次开展跨区机收，分别在广西的武明、合浦、滨阳等地开展二季水稻机收作业。2006 年，建成社会化农机服务组织 7 个。2008 年，摆茹机耕服务合作社成立。是年，县农业机械服务中心检修农机具 650 台（套），春耕秋种投入农机具 860 台（套）。2010 年，四寨镇农民农机专业合作社成立。

2013 年，全县机耕服务 10.92 万亩，机收 7.09 万吨。

农机推广

1988 年，县农机管理服务站在摆茹改进安装一台旧庆丰 5HT—05 型烘干机，首试机烘烤 322 千克烤烟。

1990 年 9 月，引进 4.41 千瓦中山、丹霞拖拉机 20 台，其中，通州镇购机 3 台、卡罗乡购机 1 台、平湖镇新舟村购机 2 台。1991 年，对农业综合开发区的农户购买小型田间作业机械给予补助和帮助协调贷款支持，9 户农户购置中山—6 型和丹霞—4 型共 9 台。购进 4.41 千瓦（6 匹马力）丹霞手扶式多用拖拉机 20 台。1993 年，开放农机供应门市。至 1994 年，全县共有农机具及零配件供应门市 14 个，年销售额350万元。2005年，国家实行农机购买补贴后，农民购置农机逐年增加。至2009年，全县购机达439台（套），其中耕作机械272台（套），大、中、小型拖拉机52台，栽插机2台，收割机4台。2010年，全县农民购机926台（套）。2011年，购机450台（套）。

2013年，全县农民购买各种农机具3044台。

农机监理

1988年，建立农机农用车及驾驶员档案，换发证照牌号。

1990年，审验驾驶员240人，及格235人；年检拖拉机160台，检验柴油机1253台；考核农机操作手131人，发证128人；清理驾驶员档案270份，注销驾驶证13个，换发新驾驶证216本；清理拖拉机档案207份，纠正违章81次。1991~1994年，年审拖拉机驾驶员1012人、拖拉机513台。

1995~2000年，农机路查路检325台（次），查处违章704台（次）。

2001~2007年，开展“黑车非驾”整治活动，处罚573人，强制报废农用车、拖拉机26台（辆）。

2010年，县农机管理部门与农机驾驶员签订安全生产责任状，对全县农机进行摸底排查，发现无牌无证驾驶员11人，未审拖拉机67台，应报废拖拉机6辆。

2013年，开展检查拖拉机64台，查处农机违法载人15起，处罚隐患机车车主10人。

农机培训

1988~2013年，农业机械技术培训内容有机械常识、构造及性能、操作与维修、交通规则等。

1988年，办班培训大中型拖拉机驾驶员10人、小型拖拉机驾驶员17人、内燃机修理工40人。以会代训培训各种类型拖拉机驾驶员65人、内燃机修理工78人、其他机械修理工189人。1989年，县农机管理部门自筹资金增购两部“丰收-35型”拖拉机做教练车。培训大中型拖拉机驾驶员81人、小型拖拉机驾驶员2人。

1990年后，利用机耕现场操作培训新型拖拉机手或在年审会上以会代训培训。1992年，因大量拖拉机报停，培训中断。1993年恢复培训，培训农机技术员405人，其中，拖拉机驾驶员109人、农机用油管理员15人、复训各类机手281人。

1998年5月，县农机局与县武警中队签订军地两用人才培训协议，每年为县中队培训农机驾驶员1~2期。

2003年，县农机局新购农用教练车一辆、三轮教练车一辆，培训农机驾驶员35人，复训农机驾驶员165人。2006年，对2005~2006年购有蓝天牌微耕机的农户145人进行机械常识、保养、操作、维修等知识培训。2008年，培训大型拖拉机驾驶员68人，微耕机、水稻插秧机操作手1100多人。

2013年，培训农机手2030人。

第三章 种植业

1988~1997年，以解决贫困人口温饱为重点，推广杂交水稻、杂交玉米种植和复种指数，发展烤烟、旱菜种植，促进农民货币收入。1998年后，实施农业内部结构调整，提高经济作物比例，在稳定粮食生产的前提下，采取基地的形式，引进苎麻、法国席刀豆、脱毒马铃薯、无籽西瓜和优质水果种植，促进农民增收。2004年开始，随着农业龙头企业入驻逐年增加，农民专业合作社的建立，逐步形成“公司+农户（合作社）+基地”的产业化经营形式。2013 年，种植粮食 42.69 万亩、油菜 13.99 万亩、烤烟 2.51 万亩、蔬菜 5.73 万亩、中药材 1.64 万亩。

第一节　粮食作物

粮食作物分夏粮和秋粮。夏粮以小麦、马铃薯为主，豌豆、胡豆次之。秋粮以水稻、玉米为主，甘薯、高粱、小米、秋荞和豆类次之。1988 年，杂交水稻、玉米良种普及全县，并在高海拔地区进行试种。2000 年，杂交水稻、玉米推广稳定。是年，杂交水稻种植 13.03 万亩，杂交玉米种植 10.03 万亩。2001 年后，“两杂”良种推广从高产型向优质型转变，配套实施粮食增产、高产工程。1988~2013 年，粮食作物播种面积稳定在 32 万~42 万亩之间，其中比上年增加的有 9 年、占 34.6%，持平有 11 年、占 42.3%，减少的有 6 年、占 23%。

水稻

水稻是县内最主要的粮食作物之一，常年产量占全县年粮食总产量的 41%左右。1988~2003 年，杂交水稻推广品种主要以汕优 63、协优 63、金优 63、D 优 130 等品种为主。2004 年后，杂稻推广种植品种多样化，主要种植 D527、准两优 527 系列超级稻优良杂交品种组合 10 至 30 个不等。

1988~2013 年的 26 年间，水稻种植面积保持在 12 万~15 万亩之间。1988 年，全县水稻播面 13.37 万亩，产量 4.37 万吨。

2006 年，平塘县获全国粮食生产先进单位称号，获全州粮食生产金花奖。2005~2008 年，实施水稻超高产示范工程，最高单产达 1005.94 公斤，创贵州省水稻单产最高纪录。2013 年，全县水稻种植 14.4 万亩，产量 10.43 万吨。

玉米

玉米（包谷）是平塘旱地主要农作物，与水稻产量一起占粮食总产量的 86%~88%，是畜牧业发展最需要的饲料来源。1988~1998 年，推广杂交优良品种以掖单和贵毕系列为主。1998~2013 年，随着种子经营秩序的改革，品种推广以上年度引进参与品比试验过程中，遴选出农艺性状表现好、适应性强、高产质优的品种。1988 年，杂交玉米种植面积 7.57 万亩，占玉米种植面积的 63%，总产量 1.31 万吨。2004 年后，国家对种植水稻、玉米等粮食作物良种进行补贴，杂交玉米的种植逐步扩大。2008 年，杂交玉米种植面积达 11.63 万亩，占玉米种植面积的 98%以上，总产量 5.63 万吨，比 1988 年增长 329.8%。2013 年，杂交玉米种植面积为 14.74 万亩，总产量 3.9 万吨。

小麦

小麦是平塘主要夏收作物，常年种植面积时有增减。小麦种植品种主要有绵阳系列和啤大麦。1988 年，小麦播面 5.92 万亩，单产为 62.5 千克，总产量 3700 吨。1998 年，小麦播面 7.87 万亩，产量 5800 吨，单产 73.7 千克。2003 年，种植面积扩大到 8.16 万亩，总产到 6800 吨。随着农业产业结构调整以及农民土地的流转，种植面积有所下降。2013 年，种植面积 5.7 万亩，总产量 5028 吨。

马铃薯

马铃薯俗称洋芋，夏秋两熟作物，主要用于饲料、蔬菜、制糖等，种植主要分布于通州、平湖、牙舟、大塘等地，种植面积不多。1988 年，种植 5900 亩，总产量 300 万吨，单产 52.85 公斤。1992 年，推广面积 6933 亩，总产量 627.57 吨，单产 90 公斤。1994 年“八七”扶贫攻坚战开始后，开始引进费乌瑞它、威芋 3 号等一批高产马铃薯品种。2002 年后，每年种植面积都在 4 万亩以上，平均单产 190 公斤（折粮）。品种有费乌瑞它、威玉 3 号、惠 2 号等。1988~2001 年，种植方式主要与玉米实行间（套）作。2013 年，全县播种面积 4.6 万亩，总产量 8200 吨。

杂粮

秋杂粮主要有高粱、杂豆，夏杂粮主要有胡豆（蚕豆）、豌豆。1988~1998 年，常年种植面积维持在 2.53 万亩左右，产量在 950 吨左右。2000 年后，由于扩大蔬菜播面以及在耕地上栽培水果，杂粮种植面积下降，每年播面只有 1.5 万亩左右，产量多年维持在 600 吨。

1988~2013 年平塘县主要粮食作物播面和产量情况统计表

表 11-3

单位：万亩、万吨

年份			1988	1989	1990	1991	1992	1993	1994	1995	1996	1997	1998	1999	2000	2001	2002	2003	2004	2005	2006	2007	2008	2009	2010	2011	2012	2013
合计	播面		32.85	33.23	35.02	35.65	35.00	34.72	37.60	37.05	36.05	37.19	40.60	38.35	38.71	39.92	39.48	36.77	36.94	37.52	38.98	42.32	36.39	38.69	39.61	41.68	43.39	42.66
合计	产量		6.36	6.88	7.87	8.65	6.79	8.23	8.13	8.57	9.07	9.52	10.05	7.72	9.06	9.20	7.53	9.25	9.67	5.873	12.22	11.66	12.18	12.89	13.09	8.472	10.62	10.43
夏粮	播面		8.26	8.78	9.95	10.04	9.55	9.54	11.19	10.43	10.07	11.16	10.40	10.12	10.87	11.18	11.48	11.55	10.23	10.05	10.40	10.46	10.28	10.63	9.56	10.12	11.33	10.85
夏粮	产量		0.45	0.36	0.56	0.66	0.58	0.56	0.71	0.73	0.65	0.85	0.77	0.61	0.92	0.96	0.99	1.00	1.18	1.21	1.28	1.36	1.30	1.45	1.10	1.11	1.21	1.38
夏粮	小麦	播面	5.92	6.56	7.69	7.71	6.82	7.75	7.76	7.90	7.71	8.52	7.87	7.91	7.92	8.08	8.11	8.16	6.40	6.22	6.10	5.03	4.93	5.12	5.00	5.34	5.78	5.70
夏粮	小麦	产量	0.37	0.28	0.45	0.53	0.43	0.43	0.51	0.58	0.53	0.68	0.58	0.48	0.65	0.68	0.69	0.68	0.65	0.68	0.68	0.57	0.54	0.56	0.42	0.36	0.39	0.50
夏粮	薯类	播面	0.59	0.70	0.65	0.56	0.70	0.82	1.03	0.81	0.98	1.02	1.05	1.09	1.35	1.53	1.65	1.72	2.30	2.63	3.30	4.44	4.36	4.50	4.00	4.20	4.50	4.60
夏粮	薯类	产量	0.03	0.04	0.05	0.05	0.06	0.08	0.06	0.06	0.05	0.08	0.11	0.09	0.19	0.19	0.21	0.22	0.42	0.45	0.54	0.73	0.70	0.82	0.65	0.71	0.76	0.82
夏粮	杂豆	播面	—	—	—	—	—	—	—	—	—	—	0.82	0.64	0.85	0.83	0.89	0.95	0.91	0.82	0.77	0.77	0.77	0.81	0.38	0.39	0.86	0.44
夏粮	杂豆	产量	—	—	—	—	—	—	—	—	—	—	0.05	0.03	0.04	0.06	0.06	0.07	0.07	0.06	0.05	0.05	0.05	0.06	0.02	0.03	0.05	0.04
夏粮	其他	播面	1.75	1.52	1.61	1.77	2.03	0.97	2.40	1.72	1.38	1.62	0.66	0.48	0.75	0.74	0.83	0.72	0.62	0.38	0.23	0.22	0.22	0.20	0.18	0.19	0.19	0.11
夏粮	其他	产量	0.05	0.04	0.06	0.08	0.09	0.05	0.14	0.09	0.07	0.09	0.03	0.01	0.04	0.03	0.03	0.03	0.04	0.02	0.01	0.01	0.01	0.01	0.01	0.01	0.01	0.02
秋粮	播面		24.59	24.45	25.07	25.61	25.45	25.18	26.41	26.62	25.98	26.03	30.20	28.23	27.84	28.74	28.00	25.22	26.71	27.47	28.58	31.86	26.11	28.06	30.05	31.56	32.06	31.81
秋粮	产量		5.91	6.53	7.28	7.90	6.21	7.67	7.42	7.84	8.42	8.67	9.28	7.11	8.41	8.24	6.54	8.25	8.49	9.67	10.95	10.31	10.89	11.44	12.00	7.37	9.41	9.05
秋粮	水稻	播面	13.77	13.11	13.56	13.57	13.50	13.44	13.25	13.46	13.50	13.45	13.47	13.08	13.03	12.84	12.89	12.05	12.51	12.60	13.00	13.20	12.55	13.24	13.33	14.17	14.10	14.40
秋粮	水稻	产量	4.37	4.69	5.28	5.97	4.47	5.72	5.05	5.79	6.25	6.44	6.41	4.11	5.51	5.32	3.64	5.25	5.38	5.48	5.90	4.57	4.96	5.10	5.18	3.53	4.84	4.78
秋粮	玉米	播面	7.57	7.80	8.75	8.74	7.86	7.17	8.75	8.49	8.20	8.07	10.77	10.89	10.03	10.67	9.86	8.14	8.91	10.17	12.50	15.40	11.63	12.54	13.10	13.93	14.36	14.75
秋粮	玉米	产量	1.31	1.56	1.79	1.79	1.47	1.59	1.97	1.70	1.84	1.86	2.38	2.67	2.26	2.45	2.20	2.28	2.51	3.76	4.74	5.45	5.63	6.00	6.11	3.37	4.06	3.93
秋粮	高粱	播面	0.06	0.13	0.08	0.09	0.11	0.13	0.19	0.20	0.21	0.21	0.24	0.23	0.24	0.23	0.23	0.31	0.26	0.30	0.15	0.13	0.13	0.42	1.71	1.50	1.61	0.58
秋粮	高粱	产量	0.01	0.01	0.01	0.01	0.01	0.01	0.02	0.02	0.02	0.03	0.03	0.02	0.02	0.02	0.02	0.03	0.02	0.01	0.01	0.01	0.01	0.05	0.40	0.31	0.34	0.13

续上表

年份			1988	1989	1990	1991	1992	1993	1994	1995	1996	1997	1998	1999	2000	2001	2002	2003	2004	2005	2006	2007	2008	2009	2010	2011	2012	2013
秋粮	杂豆	播面	1. 73	1. 67	1. 66	2. 00	2. 06	2. 51	2. 23	2. 59	2. 18	2. 59	3. 46	2. 50	2. 66	3. 06	3. 08	2. 84	3. 34	3. 22	2. 26	2. 10	1. 22	1. 27	1. 31	1. 36	1. 38	1. 40
		产量	0. 12	0. 12	0. 14	0. 10	0. 08	0. 15	0. 18	0. 18	0. 17	0. 20	0. 25	0. 20	0. 19	0. 21	0. 28	0. 28	0. 29	0. 24	0. 19	0. 16	0. 17	0. 17	0. 18	0. 09	0. 10	0. 11
	薯类	播面	0. 70	0. 65	0. 63	0. 83	0. 86	0. 76	1. 12	1. 12	1. 01	1. 01	1. 51	1. 11	1. 36	1. 57	1. 59	1. 60	1. 47	1. 13	0. 64	0. 60	0. 15	0. 16	0. 17	0. 17	0. 18	0. 19
		产量	0. 06	0. 07	0. 06	0. 09	0. 11	0. 12	0. 15	0. 11	0. 08	0. 09	0. 15	0. 09	0. 13	0. 22	0. 38	0. 38	0. 28	0. 17	0. 10	0. 09	0. 09	0. 09	0. 10	0. 04	0. 04	0. 05
	其他	播面	0. 76	1. 09	0. 39	0. 38	1. 06	1. 17	0. 87	0. 76	0. 88	0. 70	0. 75	0. 42	0. 52	0. 37	0. 35	0. 28	0. 22	0. 05	0. 03	0. 43	0. 43	0. 43	0. 43	0. 43	0. 43	0. 49
		产量	0. 04	0. 08	0. 03	0. 03	0. 07	0. 08	0. 05	0. 04	0. 06	0. 05	0. 06	0. 02	0. 03	0. 02	0. 02	0. 03	0. 01	0. 01	0. 01	0. 03	0. 03	0. 03	0. 03	0. 03	0. 03	0. 05

第二节　经济作物

1988年后，农业结构调整加快，经济作物种植面积逐年增加。以种植油菜、大豆、烤烟为主，麻类及其他作物（花生、向日葵、水果、蔬菜等）为辅。1997年后，经济作物面积逐年增加，主要种植油菜、烤烟、蔬菜。2008年起，把茶叶、水果、中药材作为农业增收产业进行扶持种植。2013年，全县经济作物主要有油菜、大豆、烤烟、茶叶、蔬菜、水果、中药材等。

油菜

油菜是平塘县主要经济作物之一，主要有油研、黔油系列。1988~2013年，每年种植面积都在7万亩以上，最高达到14万亩。1988年，种植面积7.95万亩，产量3200吨，单产40公斤。2000年，杂交油菜稳定推广，产量逐年提高。是年，全县种植10.61万亩，总产量7800吨。2008年，种植面积9.75万亩，产量7200吨。2013年，种植面积14万亩，产量8800吨，单产63公斤。

大豆

大豆又称黄豆，是平塘县主要经济作物之一。品种有合丰35、绥农14、黑农33、豫豆22、鲁豆11、中黄4号等。1988~2013年，全县大豆种植面积平均为1.23万~3.05万亩之间。1988年种植面积1.73万亩，总产量1200吨。2000年，全县种植面积2.12万亩，总产量1600吨。2008年，种植面积1.23万亩，产量1700吨，面积较上年减少0.87万亩，产量却增长6.2%。2013年，种植面积1.4万亩，产量1100吨。

蔬菜

1988年，全县种植蔬菜1.92万亩。是年，建立平里河、克度、航龙、新舟、马场等早熟蔬菜基地，平里河早番茄面积达532亩。1989年，又在清水、塘边、塘泥、米寅等乡发展早菜生产，品种有番茄、辣椒、豌豆、莲花白、大豌豆、西葫芦和茄子等，全县早菜面积达2600亩。1992年，蔬菜种植达4000亩，产量达860万公斤，主要外销贵阳、都匀、凯里、独山、广西、湖南等地。1993年，以平舟、平湖为主种植早熟蔬菜2500亩，以城关至甘寨一线为中熟蔬菜种植1500亩，以平湖、甘寨、通州、克度等地为主种植晚熟蔬菜1.2万亩。

1995年，全县蔬菜播种面积达3.47万亩，总产量5.13万吨。是年，平塘县被列为黔南州早春菜优质蔬菜基地。

1998年后，除早菜种植外，开始破季节蔬菜和无公害蔬菜种植并采取“公司+基地+农户”的方式进行适度规模种植，鼓励兴办果蔬实体。2002年，全县蔬菜种植面积3.43万亩，产量5.43万吨，其中，商品蔬菜3.1万亩。

2003年，推广2000亩种植法国细刀豆、荷兰豆，亩产细刀豆50公斤，亩纯收入558.25元。是年底，在西凉乡建设“西凉大蒜”基地3000亩。到2008年，商品蔬菜种植面积由1988年的3000亩发展到5.15万亩，其中辣椒18000亩、番茄4500亩、茄子900亩、西葫芦1000亩、黄瓜2150亩、棒豆1200亩、豇豆1000亩、叶菜类10500亩、萝卜600亩、菜用马铃薯400亩、菜用玉米250亩、大蒜750亩、莴笋250亩、生姜700亩、法国细刀豆2800亩、其他6500亩，实现总产量6.753万吨。是年12月，通州镇平里河村辣椒、番茄、黄瓜种植基地，四寨镇和平村的辣椒、番茄种植基地，甘寨、白龙、苗二河辣椒种植基地获得贵州省无公害蔬菜产地认定，产地规模 2. 1 万亩。

2013 年底，全县商品蔬菜种植面积发展到 16. 03 万亩，规模种植涉及 73 个村 17380 户农户，蔬菜总产量 26. 5 万吨。

水果

1988～1992 年，全县利用山地新建果园 1800 亩，改造低产果园 2300 亩。1992 年，全县共有果园 1. 45 万亩，水果品种主要有柑、桃、杏、梨、杨梅、葡萄等，年产量 145. 5 万公斤，产值 120 万元。1993 年，全县结合农业综合开发种植果树，果园面积达 1. 48 万亩，年产水果 151. 5 万公斤，比上年增长 4. 1%；建丰产示范果园 200 亩，年产水果 40. 54 万公斤；建加工型、外向型果园 2 个，面积 2000 亩；矮密早封果园 1000 亩。到 1997 年，全县果园面积 5 万亩，产量 169. 27 万公斤。2000～2008 年，发展优质柑橘、梨、桃子、柿子、杨梅、葡萄、无籽西瓜等，2002 年产量达到 242. 6 万公斤，比 1998 年增长 1. 98%。至 2008 年，全县水果面积发展到 4. 5 万亩，产量达到 482 万公斤。2009 年，新建桃园和新增花椒种植各 2000 亩。2013 年，全县果园面积达 9. 46 万亩，投产面积 4. 85 万亩，产量 4. 74 万吨。

麻类

麻在县内有较长的栽培历史，品种主要有荔波大斗麻、广西黑皮麻（乌龙麻）和平塘园麻等，统称青麻。多产于白龙乡打赖、京舟等地。1997 年前，平塘县麻类种植以传统品种为主。1988 年种植面积 2100 亩，产量 0. 01 万吨。种植面积和产量最大的是 2000 年，种植面积 8400 亩，产量 160 吨；种植面积最小的是 2013 年，种植面积 120 亩。1998 年与黔南州都匀麻纺厂达成订单生产协议，引进苎麻新品种，在白龙等乡种植。2003 年后因都匀麻纺厂改制停产，种麻订单生产取消，麻由农民自行种植和销售，面积逐渐减少。

其他经济作物

县内除油菜种植外，还种植花生、芝麻、向日葵等其他油料作物。1988 年，全县花生种植面积 2900 亩，产量 200 吨；向日葵种植面积 1200 亩，产量 3 万吨。

2000 年，花生种植经济效益提高，面积开始扩大。2001 年，花生种植面积 1. 1 万亩，产量 1300 吨；向日葵、芝麻因效益不高，都是零星种植，产量不足 3 吨。

2013 年，播种花生 7280. 1 亩；芝麻种植 120 亩，产量 3. 22 吨；向日葵种植 732 亩，产量 36. 16 吨。除大豆外，县境内还有胡豆、豌豆、扁豆、绿豆、蚕豆等零星种植，未列入生产计划，由农民自主种植。

1988~2013年平塘县主要经济作物播面和产量情况统计表

表11-4 单位：万亩、吨

项目		1988	1989	1990	1991	1992	1993	1994	1995	1996	1997	1998	1999	2000	2001	2002	2003	2004	2005	2006	2007	2008	2009	2010	2011	2012	2013
油菜籽	播面	7.95	7	7.36	9.03	8.91	8.16	7.99	8.56	8.61	8.16	8.01	10.32	10.61	10.84	10.85	10.69	11.2	11.7	11.9	12.02	9.75	9.75	11.51	12	13.1	14
	产量	3200	1800	3400	6300	5600	4400	4900	5400	4800	5400	5200	5000	7800	8200	8200	8000	9600	9400	9400	9500	7000	7300	6200	7400	8300	8800
大豆	播面	1.73	1.67	1.63	1.66	1.9	2.07	1.91	2.20	1.90	3	3.05	2.19	2.12	2.78	2.83	2.60	2.95	2.95	2.2	2.1	1.23	1.28	1.30	1.36	1.38	1.40
	产量	1200	1200	1100	800	700	1300	1500	1600	1500	1800	2200	1800	1600	1900	2500	2600	2500	2200	1900	1600	1700	1700	1800	900	1000	1100
烟类	播面	1.86	1.78	1.67	2.29	4.33	5.25	2.33	2.71	4.03	7.49	2.07	2.48	2.05	1.86	2.33	3.32	3.45	3.68	2.61	2.73	2.99	2.95	2.38	2.49	2.66	2.52
	产量	700	600	700	1300	2400	3600	1900	2000	3800	9000	2300	2500	2000	2000	2300	3200	3100	3500	3200	3100	3400	3200	3100	2900	3200	2700
烤烟	播面	1.64	1.57	1.48	2.10	4.17	5.09	2.18	2.57	3.96	7.43	2.01	2.45	2.00	1.84	2.30	3.28	3.42	3.66	2.60	2.71	2.98	2.93	2.38	2.48	2.65	2.51
	产量	600	500	600	1200	2400	3500	1800	1900	3700	8900	2300	2400	2000	2000	2300	3100	3100	3500	3200	3100	3400	3200	3100	2900	3200	2700
麻类	播面	0.21	0.15	0.06	0.03	0.05	0.06	0.06	0.07	0.05	0.05	0.47	0.47	0.84	0.48	0.04	0.11	0.02	0.016	0.015	0.015	0.015	0.015	0.013	0.013	0.013	0.012
	产量	100	120	20	10	20	30	50	50	40	30	40	110	160	110	100	30	50	5	5	5	5	5	4	4	4	3
花生	播面	0.29	0.21	0.22	0.22	0.23	0.28	0.43	0.57	0.56	0.57	0.15	0.60	0.73	1.10	1.15	1.21	1.23	1.35	1.20	0.83	0.83	0.71	0.73	0.69	0.72	0.74
	产量	200	100	100	100	100	200	300	400	400	400	100	700	800	1300	1200	1000	1400	1500	1400	1000	1000	800	900	900	1000	1000
向日葵	播面	0.12	0.07	0.06	0.07	0.07	0.07	0.09	0.07	0.06	0.06	0.08	0.07	0.07	0.07	0.05	0.06	0.07	0.04	0.03	0.03	0.03	0.03	0.03	0.04	0.04	0.04
	产量	30	40	40	40	20	30	40	30	20	30	40	40	30	30	20	30	40	20	20	20	20	20	30	30	30	40
蔬菜	播面	1.92	1.78	1.90	2.10	4.75	2.69	3.28	3.47	4.01	4.16	4.63	5.04	4.29	3.37	3.43	3.72	4.30	0.98	3.94	3.70	3.83	3.80	3.76	3.77	4.17	4.55
	产量	—	—	36400	40700	46300	45700	49000	51300	61400	63600	63400	71200	46700	52900	54300	58800	62800	54300	69900	67300	72900	73000	77600	77800	75600	90500
茶叶	播面	0.04	0.04	0.04	0.05	0.04	0.04	0.03	0.03	0.07	0.18	0.48	0.48	0.57	0.57	0.55	0.61	0.71	0.72	0.72	0.72	0.78	0.86	3.60	4.19	6.03	7.65
	产量	20	20	20	20	30	30	30	30	30	40	40	40	60	60	60	60	60	60	70	70	70	80	80	90	370	400
中药材	播面	—	—	—	—	—	—	—	—	—	—	—	—	0.16	0.16	0.17	0.18	0.17	0.14	0.14	0.14	0.14	0.14	0.14	0.14	0.14	0.16
	产量	—	—	—	—	—	—	—	—	—	—	—	—	90	—	—	—	50	30	30	30	30	30	30	30	110	500

第三节 良种生产及销售

良种生产

1988 年，在塘泥乡摆别、新店两村进行杂交玉米制种 133.7 亩，产量 0.91 万公斤，平均单产 68.4 公斤。

1989 年，在县内克度、京舟两乡进行杂交水稻制种 885.5 亩，产量 8.86 万公斤，平均单产 100 公斤，最高单产 219 公斤。

1990~1992 年，在京舟乡分别制种 1053.15 亩、1136.3 亩和 1141 亩，平均单产 200 公斤左右，最高单产 279.4 公斤。其品种有汕优 63、287、78、67、72、77 号及珍汕 97 号、威优 481、威优 6 号等。

1993~1997 年，县种子公司在京舟制种基地进行杂交水稻制种，5 年累计制种 81.44 万公斤，主要品种有汕优 63、汕优 78、汕优 77、岗优 12、八仙 63、仙优 72 和协优。

2000 年，除京舟外，还在平湖、四寨、大塘、克度、通州等乡镇和地区进行 16 个杂稻品种的种植对比试验 20 亩；在白龙乡开展 8 个玉米品种种植对比试验 2 亩；在平湖镇进行黄瓜、豇豆品种选育提纯各 2 亩。

2003 年，随着国家对种子生产经营政策的调整，平塘良种主要以外省调进，不再进行水稻良种生产。

良种推广

1988 年，从江苏引进杂交水稻种子 10 万公斤，全县推广杂交水稻种子 10.72 万公斤。1989 年，杂交水稻种子主要有汕优 63、D 优 63、威优 287 和 481、珍汕 97 等。

1993 年，全县累计推广杂稻种 11.5 万公斤，栽插面积 12.41 万亩，占水稻栽插面积的 92.3%，品种主要有汕优 63 号、78 号、72 号，威优 481 号，岗优 12 号等，比上年增长 23.8%。推广杂交玉米良种 5.53 万公斤，播面 2.46 万亩，播面占计划的 41%。其中，紧凑型玉米 1.04 万公斤，播面 5900 亩。之后，又开始引进优质小麦、油菜、蔬菜种子试种和推广。

至 2000 年，杂稻品种以 K 优 5 号、金优 63、协优 63、D 优 130 系列为主，共推广 15.6 万公斤；玉米以农大 168、农大 3138、川单 15 号等 6 个品种为主，共推广 l.52 万公斤；油菜以贵杂 7 号、油研 7 号、油研 5 号、川油 11 号等“双低”品种为主，共推广 900 公斤；小麦以绵阳系列和川麦品种为主，共推广 4000 公斤；洋芋以坝薯 10 号、威芋 3 号、毕薯 l 号等品种为主，共推广 5 万公斤。

2002 年后，种子经营权逐步放开，每年进入平塘备案销售的农作物良种平均 120 个以上，备案种子量 50 万公斤以上。2009 年，备案“两杂”种子 52.1 万公斤（水稻 22.8 万公斤、玉米 29.3 万公斤）。2011 年，农作物良种备种数量满足农业生产需要，备案登记“两杂”品种数量共计 234 个，其中杂交水稻品种 115 个、杂交玉米品种 119 个，销售杂交水稻种 15.7 万公斤，销售杂交玉米种 16.5 万公斤；油菜种有品种 12 个，销售 1309 公斤。

2013 年，全县杂交水稻推广达 14.4 万亩，杂交玉米 14.7 万亩，优质小麦 5.7 万亩，优质高粱 5800 亩。

1988～2002 年平塘县杂交水稻制种情况统计表

表 11-5

年份	面积（亩）	产量（吨）	年份	面积（亩）	产量（吨）
1988	133.7	9.14	1996	1241	197.7
1989	885.5	88.6	1997	814	175.8
1990	1053.2	105.3	1998	814	173.5
1991	1136.3	113.6	1999	680	132.5
1992	1141	114.4	2000	680	120
1993	1141	115.8	2001	680	112.5
1994	802.3	98.7	2002	156	30.2
1995	1201	224.3	—	—	—

注：2002 年后，平塘停止杂交水稻的制种工作。

第四节　实用技术推广

水稻温室两段育秧

平塘县水稻温室两段育秧始于 1989 年，是利用温室和大棚两段育秧移栽，然后将秧苗再插入大田的一种充分利用有效积温的水稻高产栽培技术。生产实践表明，水稻两段育秧栽培比常规大棚育秧栽培插秧时间提前 1 个月，产量平均增长 19.8%。

从 1990 年起，县内水稻两段育种逐年增加。1993 年，全县共有育秧温室 1.7 万个，占计划的 121.6%；育种 11 万千克，寄秧 1.4 万亩；移栽 11.24 万亩，移栽面积占计划的 104.1%，占全县水稻栽插面积的 83.6%。1994 年，共有温室 1.7 万个，育种 11.5 万千克，寄秧 1.4 万亩，移栽 11.2 万亩，移栽面积分别占州、县计划的 100%和 103.7%，占全县水稻栽插面积的 84.5%。1995 年，两段育秧栽插面积 11.6 万亩，分别占州、县计划的 105%。1996 年，保温育秧栽插面积为 12.2 万亩，占计划的 106%，其中温室两段育秧栽插面积 11.5 万亩，占全县水稻栽插面积的 85.2%。1997 年，保温育秧栽插面积 12.5 万亩，其中温室两段育秧栽插面积 11.51 万亩，占全县水稻种植面积的 85.6%。

2000 年后，随着农业内部结构调整加快和外出务工潮升温不减，农村劳动力不足。至 2013 年，每年两段育秧移栽保持在 12 万亩左右。

水稻叶龄模式栽培

水稻叶龄模式栽培始于 1989 年，是根据水稻器官同伸规律，应用水稻主茎叶片生育进程，来确定水稻的生育时期及其相应的高产栽培肥水管理的新型栽培理论及技术体系。1991 年，全县推广到 8 万亩，每亩平均单产达 445.59 千克。1992 年开始在 19 个乡镇全面推广。1993 年，县农技、土肥、植保部门及种子公司在各乡镇设苗情观察点 41 个，指导面上栽培 11 万亩，占水稻栽插面的 81.8%，经验收平均亩产比上年增长 71.3 千克，比项目实施前三年平均单产增长 37 千克，全年累计增产粮食 572 吨，增值 957.2 万元。1995 年，共栽培 10.5 万亩，经 9 个高产组、8 个中产组、6 个低产组共 7393 亩的验收，平均单产较常规种植增产 32.9 千克，增长 6.5%；亩增产值 66.9 元，全县累计增产 345.45 万千克，增值 702.45 万元。因该技术作为测土配方施肥等技术推广探索增产潜力以积累技术为前提，1996 年后不再大面积推广。

水稻半旱式起垄栽培

水稻半旱式起垄栽培试验开始于 1989 年，当年试验示范 200 亩，亩产在 450.5~630.3 千克之间。1991 年，在克度、通州、金桥、新塘、四寨等坝区推广。该技术是指在水田中，按一定规格开沟起垄作厢，将水稻栽插在垄埂顶部两侧的水位线或厢面上，沟内灌水，并按水稻不同生育阶段调节水位高低，实行浸润灌的一种新型种稻方法。1993 年，全县计划完成 2.1 万亩，实际完成 7500 亩，占计划的 35.7%，比上年下降 58.3%。县农技部门分别在平湖镇的陈家桥、甘寨乡的磨刀石办样板作示范，面积 530 亩，其中陈家桥 280 亩、磨刀石 250 亩。乡镇农技部门共办示范点 19 处，面积 1900 亩，经对 4 个乡镇 18.6 亩进行临田测产验收，平均单产 500 千克，比上年增长 8.7%。1994 年，计划完成 1.9 万亩，实际完成 8700 亩，占计划 45.8%。是年农业技术部门共办示范点 21 处，面积 2400 亩，其中县办 2 处，面积 5000 亩，乡镇办 19 处，面积 1900 亩，经验收平均亩产 528.66 千克，最高亩产 638.8 千克，最低 473.6 千克。1995 年，计划栽培 3.2 万亩，实际完成 4800 亩，占计划的 15%，其中冷烂锈水田栽培 3700 亩、保灌田栽培 1000 亩、其他田块栽培 100 亩。1996 年，计划栽培 6000 亩，实际完成 4500 亩，占计划的 75%。1997 年，完成 3700 亩，办示范点 11 处，面积 1000 亩，占实施面积的 27%。1998 年后不再推广。

水稻旱育稀植

水稻旱育稀植是将育秧方式由传统的水育秧改为旱育秧，插秧方式由密植改为稀植，提高秧苗素质，合理利用光温条件的栽培技术。1996 年，旱育浅植新技术在全县 19 个乡镇实施，计划实施面积 3 万亩，实际完成 3 万亩，经 21 个点 82 户 84 亩实验田抽样验收，平均单产 514.4 千克，比温室育秧单产增长 69%。是年，共办示范点 19 个，面积 300 亩。1997 年，完成 3.2 万亩，占计划的 80%，比上年增长 6.7%；办示范点 17 个，面积 1000 亩，占计划面积的 100%；经 12.3 亩的验收，加权平均单产 628.6 千克，比非项目的前 3 年平均单产增产 50.3 千克，增长 8.7%。2000 年后，根据春旱情况，年平均种植面在 5 万~8 万之间。由于旱育能够解决因春旱影响不能采取水育秧问题，并且省工、省时，一直成为水稻生产的一项主要配套技术。

拉绳插秧

水稻拉绳插秧始于 1996 年，是针对水稻大面积生产上有效穗严重不足导致单产偏低的问题而提出的一项新技术，即在插秧绳和插秧杆上用油漆等作穴距和宽窄行标记，插秧时严格按穴距和行距栽插。1996 年，全县完成拉绳插秧 11.5 万亩，占全县水稻栽插面积的 85.6%，其中，宽窄行插秧 9 万亩，占计划的 93.8%，占拉绳插秧面积的 78.3%。1997 年，全县完成拉绳插秧 13.45 万亩，比上年增长 17%，其中宽窄行栽插 11.4 万亩，占计划的 114%，比上年增长 26.7%。经县农技站组织对 17.5 亩进行验收，加权平均单产 408.7 千克，比对照组增产 21%。1998~2013 年，接绳插秧成为水稻生产的一项普及栽插技术。

玉米营养袋育苗移栽

玉米营养袋育苗移栽始于 1993 年，全县共完成玉米营养袋育苗移栽 1.76 万亩，占州计划的 86%，…年下降1.6%。紧凑型玉米都采用营养袋育苗移栽，移栽面积5900亩，经对18个点上、中、下3个等级597.5亩进行验收，加权平均单产497.6公斤，比平展型玉米亩增产184.5公斤，增长58.9%，最高单产达549.3公斤。全县办营养袋育苗移栽示范点36个，面积850亩，占推广面积的4.8%，其中县办2个、乡镇办17个、村办17个。1994年，全县共办紧凑型玉米栽培示范点12个，面积1500亩，占推广面积的25.9%。至2013年，玉米育苗移栽推广面积达到12.5万亩，占玉米种植面积的82%。

油菜育苗移栽

1993年后，育苗移栽逐步取代传统的种植方式。至1994年，完成油菜育苗移栽4.6万亩，占计划任务的76.7%，占全县油菜种植面积的57.6%。办示范点54处，面积1.09万亩。1998~2008年，每年平均种植面积在8.5万亩左右，平均单产为81.6千克。到2013年，因农业产业结构调整，移栽面积常年在9万亩左右。

旱地分带轮作

旱地分带轮作是一种合理利用土地，调节水、热、气、肥以及作物共生的相互矛盾，增加叶面积系数，提高光能利用率，提高单产的技术。平塘主要采取麦烟和麦苞分带轮作栽培。在以烟为主的牙舟、卡罗、通州等乡镇，实施麦—烟—苕轮作；在以粮为主的平湖、克度、塘边等乡镇，实施麦—苞—苕轮作；在以旱菜为主的地区则以菜—粮—菜为主要轮作方式。1990~1992年，全县分别完成旱地分带轮作3600亩、1.46万亩和1.53万亩。1993年9月，农技站对全县19个乡镇旱地分带轮作进行调查测产，在塘边镇进行抽点验收，头季小麦亩产185.4公斤，第二季玉米亩产489公斤，第三季红苕亩产908公斤，三季累计亩产粮食856公斤，亩产值692.8元，比净种玉米增产39.7%，增值280元。之后，通过办示范点进行推广，主要有麦—烟型和麦—菜型。到2008年，分带轮作实施面积达到7.28万亩，其中小麦分带轮作1.48万亩、玉米分带轮作2.65万亩、洋芋分带轮作1.15万亩、间套绿肥面积2万亩。2009年后，因农村外出务工劳力逐年增多，旱地分带轮作逐年下降，农业生产模式主要采取“公司+基地+农户”的模式，但旱地分带轮作仍然是农民增收的一种有效种植模式。

稻田多熟制综合利用

稻田多熟制是利用冬闲田的温、光、肥、水资源，提高资源的利用率、土地产出率和劳动生产率，有利于冬闲田的充分开发利用。1989年，开始试验2400亩。至1993年，扩大到2.7万亩，亩产均超千元。1994年，县农技站分别在平湖、牙舟、通州、克度、卡罗、甘寨、白龙、摆茹等乡镇以番茄—稻—菜、早黄瓜—稻—菜等组合方式，进行“双千”（粮油超千斤、产值超千元）田土的开发1300亩。经5个村50亩的验收，加权平均亩产稻谷562.9公斤，菜6181.7公斤，最高亩产值4773元，平均亩产值4100.2元。1995年，在平湖、平里、塘边和四寨等地实施2.5万亩，水稻加权平均单产576.6公斤，比前三年项目平均单产增长8.3%；经济作物（菜类）单产2815.1公斤，比前三年项目平均单产增长10%，平均亩纯收入2385.1元，最高达3768.2元，最低1230.3元。1996年，在全县11个乡镇36个村6500户农户实施以菜—菜—稻、菜—瓜（豆）—稻等组合为主的田土开发2.5万亩，经4个乡镇12个点21.4亩的验收，水稻平均亩产575.4公斤，经济作物亩产2821.8公斤，两项合计平均亩收入2410.3元。1997年后，先后实施菜—稻—菜、番茄—稻—菜、辣椒—稻—菜、黄瓜—稻—菜、早青瓜—稻—菜等稻田多熟制种植。至2013年，稻田多熟制已成为推动现代农业发展的主推技术和种植模式。

第五节 农业科技

引种试验示范

1988~1997年，平塘每年都实施贵州省农科院委托的“省优质米高产栽培技术研究”协作试验。1988年，在西关、克度、甘寨进行杂交水稻和杂交玉米试验试种，其中“287”早熟杂稻亩产为412.5公斤；在甘寨乡苗乡试种“丹玉14”和丹83X0l、318X349，亩产分别为439公斤、233.4公斤。1990年，共完成各种项目课题80多个，办“双三工程”示范样板35个5万亩；建立“丰产坝”“丰产坡”50个7万亩。连片示范点有杂稻半旱式栽培、再生稻种植、油菜育苗移栽、小麦分带轮作等。

1991年，全县“双三工程”示范样板坝（坡）248个，面积7.74万亩。1994年，引进遗传工程稻、台湾稻与汕优63号进行对比试种。1995年，县农科所引进贵农11号、四川112号、绵阳309号等小麦新品种进行试验，验收单产分别为69公斤、155.5公斤、18公斤。

1998~2008年，科学试验重点主要是新技术、新品种引进试验示范。每年实施10~30个不等水稻、玉米引种试验示范种植，遴选出适宜不同区域种植的优良杂交组合品种。

2005年4月，县种子监督管理站与县种子公司分设，种子监督管理站主要负责农作物引种前试验示范。2007年，种子行业改制，种子监督管理站直接承担实施水稻等主要农作物品种引种前试验。

2008年，实施法国细刀豆留种选育7亩（春秋两季），番茄品种比较栽培试验1.5亩，油菜肥效试验1个2亩，引种彩色糯玉米连续试种4.4亩，稻田高效立体种养连续试验5亩。

2009年，实施“平塘皱皮线椒良种扩繁”科技示范项目，面积52亩，繁育精选优良种子520公斤。

2010年，在白龙、平湖实施200亩辣椒示范项目，主要品种为韩国朝天王和单身理想，经测产，朝天王平均亩产鲜椒899.44公斤，单身理想平均亩产鲜椒1293.83公斤。是年，平塘县承担省级杂交玉米区域D组试验，品种（组合）11个，经田间测产验收，D7产量最高，亩产达675公斤；实施杂交玉米A组区域试验，品种11个，科优试验8400亩，亩产最高为685公斤；县级杂交水稻引种试验26个品种，县级杂交玉米展示试验22个品种。是年7月，在谷硐乡利用剩余烤烟育苗大棚采用立架栽培的方法，实施西瓜种植10亩，品种为重茬地雷王和冰糖麒麟瓜，亩产3100公斤，亩产值6200元。

2013年，实施贵州省2013年玉米新品种区域试验A、D、F、G组44个品种，各组均为11个品种；糯高粱新品种区域试验1个品种8个；辣椒品种品比、对比试验各1个。分别实施7个和5个品种的县级水稻、玉米新品种引种试验，测产验收省级A2、D10、F7、G8亩产最高，县级水稻品种“科优21”亩产最高为685公斤、玉米“三北2号”亩产469.4公斤。开展跨经纬度农作物品种试验，试种台湾水果玉米0.6亩，在大闸蟹养殖乡镇引进试种优质茭白种苗6.5万株。

高产示范工程

水稻 1994年，开始实施水稻高产示范工程2万亩。1994~1997年，每年在乡镇坝区组织实施2万亩以上，最多是1997年（5万亩），最少是1996年（2万亩）。经抽样验收，项目区年均单产分别为639.81公斤、598.4公斤、610.5公斤、627.31公斤，每亩比常规种植增产92公斤以上。1998年后，主要采取示范种植和连片种植的方式进行。1998年，办水稻高产示范工程示范点31个5800亩。2000年，水稻高产示范栽培达6.85万亩。2007年，实施水稻超高产栽培2460亩，临田测产验收，百亩连片栽培平均亩产 874. 79 公斤；千亩连片平均亩产 769. 35 公斤，比常规栽培增产 172 公斤，增产率达 28. 77%。2008 年开始，开展水稻高产创建活动，共实施项目 1. 11 万亩。2009 年 3 月，平塘县“水稻高产创建活动”获全省粮食高产创建活动一等奖。至 2013 年，高产栽培技术逐渐成熟。是年，全县水稻种植 14. 42 万亩，产量 47782 吨。

玉米 1994 年，在全县 7 个乡镇 38 个村民组实施玉米高产示范 9500 亩。办示范点 10 个 1500 亩，经验收，平均单产 398. 95 千克，每亩增产 41. 2 千克。1996 年，玉米高产示范工程扩大到 11 个乡镇，总面积 3. 14 万亩，共举办 33 个示范点。1999 年后，针对农村出现粮食增强增收的情况，杂交玉米高产种植实行“粮—猪—沼”一体化。2008 年，全县杂交玉米育苗移栽达到 8. 8 万亩，生猪存栏 18. 5 万头，实施农村沼气池 2450 口，建成生态养殖示范村 2 个（卡罗村、甘寨村）。2007 年，实施杂交玉米超高产栽培 1215 亩，通过州、县有关领导对平塘县实施的杂交玉米高产栽培项目进行验收，最高单产 786. 5 千克，平均单产 725. 47 千克。2008 年，该项技术与水稻高产示范工程一起并入粮食增产工程项目的子项目实施至 2013 年。

油菜 1996 年，油菜高产示范工程在平湖、通州、克度、塘边、者密、摆茹、卡罗、白龙、苗二河等乡镇实施，面积 4. 5 万亩。加权平均单产 62. 1 千克，比全县油菜平均单产增长 11. 4%。全县共办示范点 36 个，面积 7600 亩，占计划的 126. 6%。1997 年，全县在平湖、通州、牙舟、白龙、塘边、四寨、卡罗等乡镇实施 4. 5 万亩，经验收，加权平均单产 71. 2 千克，比直播油菜平均亩产增产 7. 5 千克，增长 11. 8%。1998～2008 年，每年平均种植面积 7 万亩，单产多年保持在 70 千克左右。2009～2013 年，因无项目支撑，工程不再实施。

稻田立体种养试验

稻田种养结合技术是指根据水稻生态特征、生物学特性与家鸭、河蟹、河虾、河鱼等的生活特点设计出的一种高效立体种养模式。1988 年 6 月之前，稻田立体种养试验由县良种示范繁殖农场负责。是年 6 月，农场改制为自收自支事业单位后，因无项目投入资金停止。之后主要是配合县农业局相关事业单位开展新品种、新技术试验示范。2003 年，县农科所争取到水稻立体种养试验项目 1 个，面积 5 亩，建鱼塘 2 个，水面积 257 平方米。到 2006 年，年平均亩产值达到 2320 元，其中，水稻平均单产 500 公斤，亩产值 1200 元；每亩养鱼 80 公斤，亩产值 1120 元。2007 年后，县农科所因缺乏项目支持，转为专项试验。

第六节　植物检疫

1988 年后，植物检疫主要对各种苗木、种子和水稻、烤烟进行检疫。1990～1999 年，共检疫各种苗木（柑橘、奈李、银杏、花卉等）67. 73 万株、种子（水稻、蔬菜、洋芋）208. 67 吨、稻田 1. 37 万亩、种稻田 3600 亩、苗圃 5 亩。

2000 年，检疫发现全县 17 个乡镇出现北美洲斑潜蝇和南美洲斑潜蝇。2001～2003 年，共检疫烤烟 2238. 48 吨。

2007 年后，杂交水稻、杂交玉米销售前实行检疫登记备案。2008 年，对掌布乡开花寨村引进未经产地检疫的 4000 株蜜柚种苗作集中烧毁。

2010 年，办理种子经销备案 251 户，“两杂”种子调运检查备案 22. 08 万斤，市场检疫 14 次。

2013 年，完成（两杂）种子市场检疫 15 次，调运检疫 0. 1 万公斤，烤烟调运检疫 2650 公斤，烤烟、苗木产地检疫 3200 亩。

第四章 烤烟生产

1988 年后，烤烟逐步成为平塘的主要支柱产业之一。1989 年，开始实施营养袋（块）假植技术。

1992 年，全县烤烟种植由 1988 年的 1.6 万亩增加到 4.19 万亩。1997 年，烤烟面积推广到 7.49 万亩。1998 年，国家实行“计划种植，合同收购”政策，之后，因烤烟市场趋于饱和，县内种植面积下滑。1999~2013 年，全县烤烟种植面积保持在 3 万亩左右。

第一节 管理机构

1985 年后，成立县烤烟生产领导小组，下设办公室负责全县烤烟生产行政工作。

1992 年，县烟草专卖局（烟草公司）内设人秘、卷烟销售、烟叶生产 3 个股以及基财统审办公室、烟草专卖办公室。下设牙舟、通州、者密、摆茹、平湖、甘寨、卡罗、航龙 8 个烟叶站以及边兰、卡腊、马场、京舟 4 个烟叶站。1993 年，增设塘边烟叶站。1995 年，烟叶生产股改为烤烟业务股。

2004 年，撤销县烟草公司，保留县烟草专卖局。2005 年，设平塘县卷烟营销部和烟叶生产部。各乡镇按区域分别设立平湖、卡罗、牙舟、通州 4 个烟草中心站。2006 年增设者密、摆茹、甘寨 3 个片区烟叶站。2007 年，平塘县烟叶生产部更名为黔南州烟草公司平塘县分公司。

2013 年，平塘县烟草专卖局（黔南州烟草公司平塘分公司）内设综合事务管理办、专卖办、烟叶基础设施建设办、内管组、人事监察股、财会股、烟叶股、专卖监督管理股、安全监督管理股、烟草管理中心、卷烟营销部、卷烟送货部等 11 个股级单位。

第二节 烤烟种植

1985 年后，县委、县政府将种植烤烟作为农民致富和财政增收的支柱产业强力推进。1988 年，烤烟种植面积由 1985 年的 2973 亩扩种至 1.86 万亩，总产量达 613.7 吨。

1993 年后，县委、县人民政府每年都要下达生产计划，出台优惠政策和奖惩办法，扩大烤烟种植面积，但是受市场因素影响，种植面积呈波浪式发展。1994 年种植面积从 1993 年的 5.09 万亩下滑到 2.18 万亩，产量从上年的 4000 吨下降到 1800 吨，之后又逐年上升。至 1997 年，全县种植面积达到 7.43 万亩，总产量达 8900 吨。

1998 年，国家开始实行“市场引导，区域分布，计划种植，合同收购”政策，种植面积减少至 2.01 万亩，较上年下降 72.9%。之后，每年种植面积稳定在 3 万亩左右。

2013 年，全县种植烤烟面积 2.51 万亩，总产量 2718.02 吨。

1988~2013 年平塘县烤烟种植情况统计表

表 11-6

年份	种植面积（万亩）	产量（万担）	年份	种植面积（万亩）	产量（万担）
1988	1.86	1.2	2001	1.84	4.02
1989	1.78	1.01	2002	2.3	4.59
1990	1.67	1.23	2003	3.29	6.33
1991	2.29	2.4	2004	3.42	6.21
1992	4.33	4.71	2005	3.67	7.01
1993	5.09	6.92	2006	2.6	6.3
1994	2.18	3.66	2007	2.71	6.2
1995	2.57	3.76	2008	2.98	6.75
1996	3.96	7.5	2009	2.93	6.69
1997	7.43	17.8	2010	2.37	6.2
1998	2.01	4.5	2011	2.48	5.84
1999	2.45	4.89	2012	2.65	6.36
2000	2	4	2013	2.51	5.44

第三节　烤房改造

1988 年后，烤烟烤房先后经历小改大、土改砖、上升改下降、自然烘烤改智能烘烤、分散改集中、挂竿式改散叶式等形式。

1988~1997 年，县内烤房主要为普通气流循环式烤房。1997 年开始，对烤房进行科技改造，安装气流下降式烤房，共改造 650 间。

2000 年，实行“三段式”（低温变黄、定色、干茎）烘烤，降低“倒汗烟”和青烟比例，示范点中上等烟叶占 80%。在烤房的改造上，新修 1 间获补助 100 元，上升式改下降式补助 100 元，加层推宽补助 50 元，加层距补助 20 元。

2001 年，推行“三段式一表（温度表）一计（湿度计）”的烘烤方法，做到同质同杆，同熟同层。2002 年，专门成立烤房改建安装专业队，承担全县烤房改建任务。是年合格烤房达 3715 间，烤房合格率达 97%。

2005 年后，推行将小型普通烤房改为密集型智能烤房。2006~2012 年，共完成烤房改造 1890 间。2013 年，新建烤房群 20 处 83 间。

第四节　生产设施建设

1988 年，烟叶收购场所紧缺，牙舟、通州、摆茹等区（镇）使用会议室、电影院作为烟叶仓库。

1989 年修建牙舟、摆茹烟叶站库房。1994 年，投入资金 4.8 万元，扶持牙舟镇卡腊、边兰、白岩及甘寨乡贫困村组修烟路。1996 年，县烟草局投资 65 万元，新建鼠场、谷硐、白云烟叶收购点，扩建牙舟烟草站。

1997 年，修建和扩建烟叶收购点仓库 2157 平方米，建成甲桐、谷硐、蚊子山、四寨 4 个收购点，扩建甘寨、边兰 2 个收购点，总投资 190 万元。2006~2007 年，实施烟水配套工程，共修建烟地水窖 10381 个，其中 30 立方米 6251 个、60 立方米 2065 个。

2009 年，建成谷硐乡场坝村烟地 8.166 千米机耕道，完成配置种烟农机具 62 台（套）。2010 年，共建调节池 47 口 5955 立方米；修管网 49 条 103.5594 千米，主干渠 4 条 7.11 千米，支干渠 15 条 6.54 千米；提灌站 3 座。整治小塘坝 2 座，建成烟地机耕道 6 条 44.4798 千米。配置种烟农机具 48 台（套），专用农机具 2 台（套）。总投资 1648.39 万元。

2011 年，实施白龙、谷硐、卡罗烟水工程示范点，总灌溉面积 7300 亩，并完成 3 个示范点种烟机耕道 11 条 27.47 千米。2012 年，投入资金 1.18 亿元，实施烟水配套工程 5.59 万亩，配置农机具 53 台（套）。

2013 年，共投入烤烟生产扶持经费 1100 多万元，其中基础设施 258 万元。配置农机具 130 台（套），修建机耕道 3.7 千米。

第五章　茶产业

1992 年前，平塘境内茶叶生产面积和产量不多，主要为茶民自产自销。1993 年，利用第二期农业综合开发项目，在克度和塘边清水一带建立茶园基地。1995 年，克度光明茶场挂牌成立。1999 年正式投产加工。2008 年后，县委、县政府把茶叶生产作为主导产业打造，引进茶叶龙头企业兴办示范茶园，带动茶业发展，形成“公司+基地+农户”的生产格局。2013 年，全县茶叶生产面积达 7 万余亩。入驻企业 7 家，办有示范茶园 1.6 万亩。

第一节　机构管理

1993 年，成立平塘县供销社茶叶开发公司，负责全县茶叶开发种植，实行政府扶持、企业经营体制。

2012 年 11 月，成立平塘县茶叶产业化发展管理办公室，负责全县茶产业发展日常工作。

第二节　茶园建设

1988~1992 年，全县的茶叶生产以农民家庭分散栽培为主，茶叶自产自销。

1993 年，县茶叶开发公司成立。是年，在克度、清水一带实施平塘第二期农业开发项目 1 万亩茶叶基地，完成第一期茶园 4000 亩。次年，种植中、小叶茶 1000 余亩。1995 年 10 月，克度光明茶场正式挂牌，茶场投入扶贫资金100万元，种植中、小叶茶1500亩。

1999年，克度光明茶场正式投产，茶园面积达1800亩。是年10月，县茶叶开发公司与塘边镇林河村签订合同，承包荒坡800亩，扩建茶叶基地。

2000~2002年，县供销社争取到省政府贴息资金和茶叶种植项目资金65万元，新增茶园500亩。2003年，克度光明茶场迁入茶民30户，建成职工住房和文化活动室。

2008年后，全县大兴茶产业，克度、通州、新塘、大塘、掌布等乡镇利用荒山荒坡建设茶园。至2011年，全县茶园面积达4.18万亩，建成高标准示范茶园6025亩。

2013年，全县共有茶园面积7.65万亩，采茶面积3.9万亩，总产量398吨。

第三节　茶叶种植

1988年，县内茶叶种植面积不足500亩，年产量20.41吨。主要散种在通州、克度、西关、平湖等区，以红茶为主。

1993~1999年，整合农业综合开发资金、扶贫资金和以工代赈资金，在克度镇建设茶叶基地。至2000年，全县种植面积为5660.55亩，采摘面积5556.75亩，年产量59.19吨。

2008年后，县委、县人民政府把茶产业作为重点产业，制定优惠政策。先后引进福建、湖南、江西等地客商到大塘、新塘、通州等乡镇建立标准化示范茶园，带动当地农户开发荒山荒坡种植茶叶。

2013年末，全县种植茶叶7.65万亩，产量398吨。主要品种有福鼎大白、乌王等。

1988~2013年平塘县茶叶生产情况统计表

表11-7

年份	面积（亩）		产量（吨）			总产值（万元）
	茶园面积	采摘面积	总产量	其中		
				绿叶	其他	
1988	457.5	438	20.41	—	—	—
1989	471	445	20.97	—	—	—
1990	472	416	23.79	—	—	—
1991	466	371	24.26	—	—	—
1992	385	385	25.05	—	—	—
1993	429.7	391.6	26.53	0.14	—	—
1994	323.1	273.6	25.78	—	—	—
1995	348.45	249.75	27.36	—	—	—
1996	714.6	256.65	34.13	—	—	—
1997	1756.95	1305.45	43.68	0.80	42.88	—
1998	4768.9	3268.95	39.36	2.35	37.01	—
1999	4785.75	3267	43.28	2	41.28	—
2000	5660.55	5556.75	59.19	6.3	52.89	—

续上表

年份	面积（亩）		产量（吨）			总产值（万元）
	茶园面积	采摘面积	总产量	其中		
				绿叶	其他	
2001	5520.15	5382.45	58.75	9.61	49.14	16.96
2002	5484.75	5379.6	59.28	9.80	49.48	17.19
2003	6065.25	5531.1	59.4	27.03	31.83	23.34
2004	7152.3	5713.2	61	21.29	39.71	25
2005	7212.3	5773.2	64	25.9	38.1	27.47
2006	7216.35	5790	67	27	40	28.72
2007	7221.9	5872.8	71	29.01	42.25	30.64
2008	7815	6150	72	30	42	138.63
2009	8595	6300	76	35	41	156.89
2010	36000	10294.65	79.56	36.8	42.76	165.66
2011	41895	12015	91.01	43	48.01	101
2012	60300	19995	368	341	27	391
2013	76500	39000	398	368	30	515.01

第四节　茶叶销售

1988~1992 年，茶叶销售为茶农自产自销，年均销量在 20 吨左右。

1993 年，成立县茶叶开发公司，实行政府扶持、企业经营体制。是年，利用第二期农业综合开发资金在克度镇光明村实施茶园 4000 亩。1995 年 10 月，克度光明茶场挂牌成立。1999 年，正式投产，之后开始加工销售“玉水毛尖”系列绿茶，主要品牌为“克度乡郎”。至 2000 年，产茶量达 59.19 吨，其中绿毛茶 6.3 吨。2002 年 2 月，县茶叶开发公司在县城中山路开设茶叶专卖店，生产的“玉水毛尖茶”获第三届贵州农产品展销会“名特优产品”称号。

2003 年，克度光明茶场先后组织“玉水毛尖”绿茶参加都匀毛尖茶展销会、贵州名优茶评审会、北京国际合作社商品贸易洽谈会，是年，销售茶叶 59.4 吨。2005 年后，克度光明茶场由平塘玉水一壶春茶业有限责任公司承包经营。2006 年，贵州省茶叶协会茶叶评审委员会授予平塘县“贵州春茶第一壶”商标权。

2013 年，全县茶叶总产量 398 吨，销售 368 吨。

第六章 养殖业

1988~1992 年，受畜禽品种和养殖技术限制，畜牧业发展相对较慢。1988 年全县大牲畜存栏 8.9 万头、生猪 12.45 万头、羊存栏仅 55 只。1995 年开始，随着种草养畜项目启动、畜禽防疫双轨目标管理责任制的落实、畜禽品种改良的实施以及浓缩饲料的普遍使用，全县畜牧业发展加快。至 2003 年，全县大牲畜存栏 12.32 万头（匹）、生猪存栏 17.98 万头、羊存栏 5788 只、禽存栏 48.5 万羽。2005 年，县委印发《关于进一步加快畜牧业发展意见》《平塘鼓励党政机关和事业单位人员领办畜牧业的规定》，制定畜牧业发展目标及考核办法，并通过招商引资引进畜牧养殖企业，培养养殖大户，推动畜牧养殖规模化、企业化发展。至 2013 年，全县畜牧业增加值达 2.55 亿元，肉类总产量 10.35 万吨。

第一节 管理机构

1988 年至 2003 年 9 月，全县畜牧水产养殖由农业（农牧）局负责。2003 年 10 月，平塘县畜牧水产事业管理局挂牌成立，内设办公室、产业策划股、法制股、畜牧渔业行政执法大队，下设畜禽品种改良站、水产（渔政）站。10 个乡（镇）设畜牧兽医水产站。

2011 年，县级机构改革，县畜牧水产局与县农办、县扶贫办、县农业局合并组建为县农村工作局，内设办公室、财务室、政策法规股、农业产业化办公室、扶贫开发股、农产品加工管理股、种植业综合管理股、养殖业综合管理股、新农村监督办公室、农机综合管理股等 10 股室，下设农机推广、植保植检、土壤肥料、种子、果蔬推广、农产品质量安全监测、农机安全、畜禽品种改良、饲草饲料工作、水产（渔政管理）12 个站以及农科所、农广校、农业区划办、农田基本建设办、良种示范繁殖场 6 个股级单位和县动物卫生监督所、动物疫病预防控制中心、县农业综合执法大队 3 个副科级事业单位。至 2013 年，农工局内设、下设机构单位不变。

第二节 畜禽饲养

1988~1992 年，全县畜牧业发展较稳定，但速度较慢。生猪年末存栏在 12.45 万头至 14.39 万头之间，大牲畜年末存栏在 8.9 万至 10 万头（匹）之间。1993 年，实施种草养畜项目，建成示范草场 5000 亩，改良天然草场 2000 亩，配套养牛 99 头、猪 114 头、羊 130 只。是年，全县有生猪品改点 29 个。生猪快速育肥 3.01 万头，在平湖镇的马坡、白杨湾，白龙乡的京舟，四寨镇的红旗设置本地牛品改点，培养优良种公牛 48 头，新配母牛 805 头。1995 年开始，实行畜禽防疫双轨目标管理责任制，推动春季、秋季防疫工作常态化。是年，全县杂交猪养殖达 7 万头，推广面积达 79.9%。

1998 年，启动牛品种改良工作，在苗二河乡新联村、双河村设置牛冷配点。是年，成立平塘县饲料监察站，举办首期种畜禽管理培训班和饲料经营管理培训班。1999~2002 年，牛猪品种改良共实施人工冻精输配母牛 3701 头、输配母猪 75030 头。推广二元或三元杂交猪 41.68 万头、良种禽 69.2 万羽。2003 年，县城特种猪养殖场成功输配驯养纯野猪成功，杂交第一代仔猪 45 头。

2005 年后，先后出台关于加快畜牧业发展的相关文件及其优惠政策，开展招商引资，吸引外来商家到县内投资发展畜牧养殖业，规模较大的养殖企业有卡罗乡的“宇通畜牧发展有限公司”、谷硐乡“丰盛种羊基地”以及“赫元弟二元母猪繁殖场”。2006 年，全县共有 100 头以上养牛场（户）8 个，50 头以上 40 个（户）；1000 头以上生猪养殖场（户）2 个，100 头以上 253 个（户）；100 只以上养羊场（户）11 个，50 只以上 40 个（户）。是年，启动生猪保险业务，签订保险合同 1188 份，理赔 2.37 万元，建成村级兽医室 50 个。

2013 年，猪年末存栏 21.62 万头，同比增长 12.25%；出栏 20.61 万头，比上年增长 20.32%。牛年末存栏 12.46 万头；牛出栏 1.15 万头，比上年增长 12.94%。羊存栏 12.59 万只，比上年增长 38.2%；出栏 7.74 万只，比上年增长 47.11%。家禽存栏 94.5 万羽，比上年增长 32.17%；出栏 84.5 万羽，比上年增长 110.72%。肉类总产量 2.01 万吨，比上年增长 24.43%；禽蛋产量 393 吨，比上年增长 11.64%。

1988~2013 年平塘县畜禽年末存、出栏情况统计表

表 11-8

年份	生猪		大牲畜			羊		家禽		兔	
	存栏（万头）	出栏（万头）	存栏		出栏（万头匹）	存栏（只）	出栏（只）	存栏（万羽）	出栏（万羽）	存栏（只）	出栏（只）
			牛（万头）	马（万匹）							
1988	12.45	7.18	7.47	1.42	0.18	55	7	28.61	21.17	—	—
1989	13.05	7.95	7.97	1.46	0.23	53	—	31.09	23.01	—	—
1990	13.83	8.31	8.23	1.51	0.25	59	—	22.99	17.01	—	—
1991	14.15	8.71	8.37	1.55	0.36	60	20	22.12	16.37	524	283
1992	14.39	11.17	8.45	1.55	0.4	160	115	—	18.7	—	200
1993	13.46	9.85	8.88	1.51	0.51	208	180	26.74	20.49	186	45
1994	13.53	9.85	8.91	1.51	0.57	244	—	28.03	20.7	142	78
1995	14.91	10.85	10.11	1.51	0.63	454	54	30.12	22.89	157	356
1996	15.3	11.7	9.97	1.8	0.69	4349	320	30.65	23.88	38	—
1997	15.93	12.21	10.32	1.8	0.73	17016	1308	33.18	24.15	44	166
1998	16.35	12.71	10.28	1.89	0.81	21632	4111	33.62	26.81	34	14
1999	15.7	12.35	9.92	1.86	0.93	15775	5185	33.65	25.98	173	97
2000	15.46	12.16	9.85	2.12	0.94	9586	2856	32.78	25.11	458	189
2001	15.74	12.35	10.02	2.18	0.96	8545	2546	34.07	25.64	2647	1077
2002	15.89	12.46	11.09	2.19	0.97	8400	2502	34.62	25.92	1963	2525
2003	17.98	12.42	10.99	1.33	1.01	4308	3200	36.93	27.26	1356	732
2004	18.44	14.6	11.4	1.38	1.18	4388	2617	37.51	31.36	1560	2160
2005	17.85	16.5	11.45	1.95	1.29	4466	2732	39.59	36.42	1800	1600
2006	13.99	13.21	14	2.38	0.67	1867	401	44.15	40.61	1789	1861

续上表

年份	生猪		大牲畜			羊		家禽		兔	
	存栏（万头）	出栏（万头）	存栏		出栏（万头匹）	存栏（只）	出栏（只）	存栏（万羽）	出栏（万羽）	存栏（只）	出栏（只）
			牛（万头）	马（万匹）							
2007	13.87	13.01	8.96	2.59	0.69	1901	410	46.62	42.88	1916	1993
2008	14.7	11.69	9.32	3.64	0.62	3581	5308	45.04	24.11	2066	3368
2009	15.65	13.1	9.75	3.22	0.97	17500	12500	48.1	27.5	2229	2028
2010	16.54	14.25	10.16	3.91	0.74	33500	20500	53.31	30.03	2407	2166
2011	16.68	14.82	10.54	4.21	0.76	47500	32600	57.52	30.12	2588	2329
2012	19.26	17.13	11.39	4.30	1.02	91100	52600	71.5	40.1	2821	2713
2013	21.62	20.61	12.46	4.43	1.15	125900	77400	94.5	84.5	4322	4276

第三节　草地建设

1988 年，县农牧局在京舟、西关实施种草养畜 151.5 亩，配套饲养畜禽 191 头（只），全县共有人工草场 158 亩。1989 年，共有人工草场 246 亩，开发通州草场，面积约 1000 亩。1990 年，封山草场改良 1500 亩。

1993 年，县草地工作站结合农业综合开发项目，在旧司基地完成草场建设 500 亩，开垦面积 1000 亩，配套养牛 82 头、猪 64 头、鹅 130 只，青贮饲料氨化示范 10 万公斤。在白龙乐康实施天然草场改良 2000 亩，配套养畜 147 头（只）。1994 年，在掌布引进试种松香草 50 亩，县农科所种黑麦草养鱼 5 亩，白龙乡乐康房山草场及翁干狗咬草场实施天然草场改良 2500 亩，建成 2 个氨化养牛点。1996 年，分别在大塘、新塘进行人工种草养鱼、养猪示范 120 户 63 亩。

2001 年，推广稻田种草 660 亩。2005 年，牧草种植达 2.06 万亩，主要草种为黑麦草。2008 年，启动实施生态扶贫科技养殖项目，人工种草 1.17 万亩。引进种羊 1.05 万只，建成羊舍 537 个，培训农民 3000 人（次）。

2013 年底，全县人工种草达 2.6915 万亩，其中田 1.1445 万亩、土 8270 亩。荒坡改良草地建设 7200 亩，青贮 2.5 万吨，氨化 2200 吨。

第四节　水产养殖

平塘境内水产养殖主要在六硐河、槽渡河、霸王河沿线以及有灌溉条件的坝区，养殖面不够，发展建库也较缓慢。1988 年，全县水产养鱼面积 2280.5 亩，其中池塘 503 亩、水库 537.5 亩、稻田 1235 亩，产量为 45 吨。1988~1995 年，先后引进各类鱼苗 8699.4 万尾，主要有草鱼、花鲢、白鲢、胡子鲶、鲤鱼、罗非鱼等，稻田养鱼主要为厢沟式。

1996~1998 年，实施池塘高产示范 280 亩，亩产鲜鱼分别为 325 公斤、330 公斤、350 公斤。2005 年，启动鱼种繁殖生产。是年，引进鱼苗 390 万尾，推广稻田养鱼 3500 亩。到 2008 年底，县水产品产量已达 195 吨，是 1988 年的 4.3 倍；渔业产值 275 万元，是 1988 年的 12.5 倍。品种由原有的鲤鱼、青鱼、草鱼、鲢鱼、鳙鱼、鲫鱼、月鳢、胡子鲶逐渐发展到黄颡鱼、建鲤、罗非鱼、南方大口鲶、湘云鲫、湘云鲤、日本银鲫、黄鳝、鲟鱼、三文鱼、沟鲶、丁桂等 10 多个名优良种，人均水产品 0.65 千克。

2011 年 3 月，开展大闸蟹养殖试验，引进上海种苗 1 万只，养殖面积 17.5 亩，最大规格 165 克，均重 95 克，成活率为 45%。

2012 年，分别在四寨镇和者密镇开展拦河养殖 1.5 千米，投放鱼苗 10 万尾。

2013 年，水产养殖面积 8600 亩，比上年增长 31.9%，其中池塘养殖面积 0.24 亩、山塘水库 1.01 亩。产量 848 吨，比上年增长 0.95%。

第五节　特种养殖

海狸鼠

1993 年，境内开始养殖海狸鼠，参与养殖的有城镇居民、农民、机关干部等。规模养殖场 2 个，共引进种鼠饲养约 100 只。由于养殖户缺乏饲养技术，大多数养殖户没有养殖成功。

野猪

2002 年，县上梭农机厂附近有一石姓养殖户，首次引进饲养人工驯养野猪获得成功。2008 年，塘边巴烟养殖场引进野猪种猪 20 头进行规模化繁殖生产，年出栏商品野猪仔 200 多头。2009~2013 年，全县年均正常存栏 210 头左右。

山鸡

山鸡养殖开始于 1998 年，饲养规模为 200 只。2003 年，卡罗曾家寨山鸡养殖场引进种山鸡 50 套试养。至 2006 年，年存栏种鸡 200 套、商品鸡 2000 只；年销售种鸡苗 8000 只、商品鸡 3000 只，产值达 15 万元。2008 年，官滩个体山鸡养殖场引进山鸡种鸡 300 套进行规模饲养，年生产种苗 15000 只、商品鸡 5000 只。是年鼠场乡油邑山鸡养殖场引进山鸡种苗 100 套进行扩繁饲养，年生产商品鸡 1200 只。2013 年，规模养殖山鸡的养殖场主要有鼠场乡油邑（金塘）七彩山鸡养殖场、卡罗曾家寨山鸡养殖场，年均存栏山鸡 6280 羽。

肉鸽

1998 年，平湖镇西街村蔬菜园个体养殖场引进肉鸽 100 对，年生产销售乳鸽 2000 只，产值 2 万元。2001 年，平湖镇回龙村下梭肉鸽养殖场引进肉鸽 200 对，年生产销售乳鸽 4000 只，产值 5 万元。2005 年，县新农村办公室在卡蒲毛南族乡场河村实施肉鸽养殖项目。至 2013 年，全县年均生产销售乳鸽 1 万只以上。

珍珠鸡

1996 年，境内部分农户开始引进珍珠鸡进行饲养。最多时年存栏在 2000 羽左右，后因市场经济效益不高，除个别爱好者外，养珍珠鸡逐年减少。

第六节　疫病防治

疫病预防

1988~1992年，畜（禽）疫病防治主要以春季（3~4月）的集中免疫为主，常年免疫和市场补针为辅。其中，生猪疫病的防治以猪瘟为主，猪肺疫、猪丹毒次之；牛疫病的防治以牛出败为主，炭疽、气肿疽次之；马以炭疽为主。每年在春季集中预防注射，平时随时发现随时扑灭。上市的活畜均进行多种病毒预防注射。1993年后，分春、秋两季开展防疫。部分乡镇为春防，部分乡镇为秋防。

1995年，开始实施畜禽防疫“双轨”目标管理责任制，全年防疫注射54744户，占全县农户总数的96.9%，对境内甘寨、白龙炭疽高发区，实行高密度注射，注射密度达91.2%。是年，全县开始以鸡新城疫Ⅰ系、Ⅱ系苗为主，禽霍乱为辅进行鸡、鸭、鹅的预防注射。1996年，牙舟镇石笋、永中、白云3个村，摆茹镇新优村，甘寨乡鸡吟村，苗二河乡新联村，平湖镇摆烈村等14个村民组先后发生炭疽病，死牛13头、马4匹、猪4头，发病人员39人，死亡2人。其他乡镇感染48人，死亡2人。疫后防疫注射512户，消毒圈舍54处400平方米，销毁病死畜314头。

至1998年，共解剖牛38头，检获虫种75种，分别隶属6纲11目22科33属，其中有16种是贵州新纪录。1999年4~11月，除平湖镇外，其他18个乡镇相继发生疑似牲畜五号病，是年11月，开展以五号病免疫为主的秋季动物集中免疫工作。之后，牲畜五号病防治分春、秋两季实施。2004年初，东南亚多个国家和地区高致病性禽流感流行，平塘关闭四寨、者密、西凉三个畜禽交易市场，并在卡蒲、苗二河、四寨、西凉设立临时消毒检查站，在与广西相邻的四寨、西凉两个镇和其他乡镇30羽以上的养禽户及养禽户相对集中的村组、规模养禽场实施强制免疫，全县共强制免疫接种禽流感苗109200羽。

2005年8月，大塘镇里中村发现牲畜感染O型五号病，之后在疫区开展扑杀、免疫、检疫，关闭牲畜交易市场等工作，控制疫情。

2006年，成立畜牧“110”，正式开通24小时服务热线电话（0854-7225005）“05快捷服务”，是年共接热线2524起，受理2524起，结办2522起，接办率99.92%。

2007年6月，开展高致病性猪蓝耳病疫情排查、监控和消毒灭源工作，对包括种公猪、能繁母猪、后备母猪、仔猪及同圈生猪在内的89183头生猪免疫接种高致病性猪蓝耳病苗。

2010年，开展“动物防疫日”，在全县121个行政村订制“动物防疫日”制度公示牌、平塘县村级重大动物疫病防控明白栏，对重大动物疫情实行动态监控。

2011年，完成猪、牛、马、羊、家禽、犬年度常规、重点疫病疫苗200.22万头（匹、份、只、羽）强制免疫，佩戴免疫标识耳标33.22万套。

2013年，完成生猪免疫，注射猪瘟、蓝耳病疫苗各为20.94万头，牛免疫7.61万头，家禽免疫禽流感26.73万羽，密度均为100%。

市场检疫

1988年后，动物检疫主要对上市的活畜及肉品进行常年检疫，对带病毒肉品进行无害化处理或销毁。1992年，检疫牲畜市场14个，共检疫上市生猪3.42万头，检疫率为99%；检疫大牲畜5556头，检疫注射9.29万头（次）。1993年，对平湖、牙舟、塘边、者密、鼠场5个乡镇市场开展上市牛检疫工作，检疫上市牛 0.59 万头，检出病牛 27 头。全年共检疫肉品市场 18 个，检验上市猪肉 1.9 万头，检出病猪肉 647 头。

1995 年，在四寨、苗二河、塘边、大塘、卡蒲 5 个乡镇设立交通运输检疫点，共检疫进出境大牲畜 515 头、生猪 1650 头、禽 1.8 万只、犬 207 只。1996~1998 年，共检疫生猪 14.87 万头、牛 167 万头、禽 4.1 万羽。从 1999 年 5 月 1 日起，对县城牲畜定点屠宰实行检疫。

2003 年，全县设动物检疫报检点 38 个。2007 年，全县动物产地检疫报检点增至 100 个，共有县级定点屠宰场 1 个、乡（镇）级定点屠宰场 4 个、出境检疫消毒站 5 个。

2010 年，共检疫生猪 73700 头、牛 15100 头、羊 1640 只、禽 96500 羽。屠宰检疫猪 27553 头、牛 932 头、羊 156 只。出境检疫猪 8342 头、牛 1732 头、羊 379 只、禽 25300 羽。市场检疫 437 个（次），消毒车辆 421 辆。

2013 年，完成牲畜产地检疫 80656 头（匹）、禽产地检疫 42240 羽、屠宰检疫 40081 头（匹）。检疫出不合格肉类 1500 公斤，均作无害化处理。

1988~2013 年平塘县牲畜主要疫病预防注射统计表

表 11-9

年份	生猪（万头）			大牲畜（万头、万匹）		
	猪瘟疫	猪肺疫	猪丹毒	牛出败	炭疽苗	气肿疽
1988	8.03	1.35	0.48	4.66	0.79	0.27
1989	3.28	1.59	0.60	4.36	0.11	0.28
1990	8.87	0.80	0.15	4.13	1.12	0.28
1991	7.89	0.83	0.39	3.81	1.56	0.14
1992	10.50	1.43	1.03	3.96	2.38	0.27
1993	10.81	2.18	1.37	4.32	2.50	0.23
1994	9.23	1.61	1.47	4.23	0.95	0.28
1995	13.65	2.52	1.39	4.74	2.50	0.51
1996	12.36	0.50	0.96	3.76	0.35	0.02
1997	6.80	—	—	3.92	4.27	1.85
1998	6.97	0.03	—	0.87	8.19	0.09
1999	—	—	—	—	—	—
2000	18.99	1.63	0.92	1.66	6.32	0.18
2001	—	—	—	—	—	—
2002	2.0	—	—	—	—	—
2003	23.96	1.09	0.88	2.46	5.80	0.11
2004	27.54	—	—	2.11	7.50	—
2005	—	—	—	—	—	—
2006	34.59	0.38	0.49	9.31	—	—
2007	28.73	1.02	1.02	1.17	—	0.02
2008	28.65	3.59	3.32	2.79	4.3	—

续上表

年份	生猪（万头）			大牲畜（万头、万匹）		
	猪瘟疫	猪肺疫	猪丹毒	牛出败	炭疽苗	气肿疽
2009	27.81	3.20	3.49	1.17	6.00	0.08
2010	—	—	—	—	—	—
2011	24.89	3.12	2.75	2.16	2.75	0.15
2012	23.21	2.9	1.2	0.68	1.8	—
2013	20.94	—	—	—	7.61	—

第七章　林　业

平塘为非林区县，植树造林、封山育林和保护森林是重点工作。1988~1990年，平塘县实施两次飞播造林，飞播面积36.56万亩。1991年，获“全国造林绿化先进单位”称号。1998年开始实施“珠江防护林体系建设工程”。1999年，开始实施天然林保护工程。2002年后，实施退耕还林工程。2007年，县国有林场获“贵州省绿化模范单位”称号。2013年，全县人工造林5.11万亩，封山育林2.82万亩。

第一节　管理机构

1988年，平塘县林业局内设人秘、营林、林政、财务4个股，下设种苗站、木材检查站、黑荆树基地综合开发站和7个区林业部。1991年，增设县森林病虫害检疫站、县公安局林业派出所，加挂县绿化委员会办公室、护林防火指挥部办公室牌子，建并撤后，各区林业部改建乡镇林业站。1994年，撤销财务股。1995年，加挂珠江防护林建设体系办公室牌子。1998年，加挂县世界银行贷款造林项目办公室牌子。1999年，撤销黑荆树综合开发站，增设林业技术推广站。城关、卡蒲木材检查站并入木材检查站。增设营林技术开发有限公司，加挂天然林保护工程办公室牌子。2001年，县乡机构改革，撤销人秘、林政、营林3个股，改设办公室、业务股，加挂县退耕还林领导小组办公室牌子。2005年，增设纪检监察室。2007年，县木材检查站改称县木材检查流动中心。

2011年，县级机构改革后，内设办公室、财务室、营林股、林政股，下设县林业科技推广站、县木材检查流动中心、县林权交易管理服务中心、县公益林管理中心。纪检监察室改为县纪委、县监察局派出机构。乡（镇）林业站划为乡（镇）人民政府管理。至2013年，县林业局内设、下设机构不变。

第二节 林业资源

森林调查

1994 年，开展第二次森林资源二类调查。据调查，到 1996 年，活立木积蓄量 170 万立方米，比 1986 年第一次森林资源二类调查结果增加 72 万立方米；有林覆盖率 25.1%，比 1986 年上升 17.6 个百分点。

从 2006 年 3 月开始，进行第三次森林资源二类调查，至 2007 年结束。调查结果显示，全县国土总面积 281560 公顷，其中林业用地 195938.03 公顷，占 69.59%。按照标准计算，森林面积（有林地和国家特别规定灌木林地）149952.96 公顷，占林地面积的 76.53%，森林覆盖率 53.26%。全县 19 个乡镇森林覆盖率排名前五位的是谷硐、苗二河、掌布、卡蒲乡和牙舟镇，覆盖率分别为 68.6%、65.64%、61.46%、59.65%和 58.75%；末五位是卡罗乡、四寨镇、大塘镇、者密镇和甘寨乡，覆盖率分别为 31.27%、39.22%、45.73%、47.91%和 48.06%。全县活立木总蓄积 3124389.98 立方米，其中乔木林蓄积 2993471.4 立方米，占 95.81%；疏林蓄积 8671.58 立方米，占 0.28%；散生木蓄积 675 立方米，占 0.02%；四旁树蓄积 121572 立方米，占 3.89%。活立木蓄积量排名前五位的是通州镇、牙舟镇、大塘镇、掌布乡和摆茹镇，蓄积量分别为 367543.3、283882.07、279554.11、235096.33 和 192678.16 立方米；排名末五位是四寨镇、新塘乡、西凉乡、鼠场乡和塘边镇，蓄积量分别为 65847.47、90641.8、96075.56、96080.2 和 96477.06 立方米。

宜林地

2013 年，全县无立木林地面积 2601.47 公顷，占宜林地的 1.33%。主要分布于大塘、克度、塘边、者密、通州等乡镇。有宜林地 19149.46 公顷，占林业用地的 9.77%，其中宜林荒山荒地 4099.98 公顷，其他宜林地 15049.48 公顷。

用材林

2013 年，全县林木蓄积 2993471.4 立方米，占活立木总蓄积的 95.81%。其中，幼龄林 2169524.92 立方米，占 72.48%；中龄林 722739.56 立方米，占 24.14%；近熟林 78758.27 立方米，占 2.63%；成熟林 19814.03 立方米，占 0.66%；过熟林 2634.62 立方米，占 0.09%。用材林蓄积 2069437.43 立方米，占 69.13%；防护林蓄积 647344.2 立方米，占 21.63%；薪炭林蓄积 217864.02 立方米，占 7.28%；特用林蓄积 58528.99 立方米，占 1.95%；经济林蓄积 296.76 立方米，占 0.01%；天然林蓄积 2605832.24 立方米，占 87.05%；人工林蓄积 214311.04 立方米，占 7.16%；飞播林蓄积 173328.12 立方米，占 5.79%。马尾松、栎类蓄积占乔木蓄积的 80%以上，其中马尾松 2070896.2 立方米，占 69.18%；栎类 326209.92 立方米，占 10.9%；其他 596365.28 立方米，占 19.09%。

经果林

1988 年，开始推广栽培黑荆树，是年种植 500 亩。1991 年，编制《平塘县 5 万亩黑荆树基地实施方案》，分平湖、克度、摆茹、者密 4 个片区种植。至 1992 年，共完成种植 15375 亩。

1993~1995 年，实施万亩茶叶基地建设，在克度光明村、塘边镇清水村建成茶叶基地 5000 亩。

1998 年，结合实施“珠江防护林体系建设工程”“天然林保护工程”“石漠化治理工程”，大力发展经果林种植。主要有银杏、油桐、茶叶、花椒、柿子、板栗、柑橘、枇杷、苹果、奈李、桃子、梨子、杨梅等。

2013 年，全县经果林总面积 40378 亩，其中，梨桃类 25593 亩、板栗 6145 亩、柑橘类 4256 亩、核桃 940 亩、柿 320 亩、杨梅 3124 亩。平湖镇、苗二河乡、通州镇 26013 亩，经果林占全县总面积的 64%。

第三节　营林生产

采种育苗

采种　1993 年，全县共采集树种 1.64 万千克，其中，马尾松树种 1.39 万千克、旱莲种 2500 千克，调往荔波、福泉等地马尾松种 1.3 万千克。1994~1996 年，共采集树种 22.02 吨，调出 19.1 吨，主要有马尾松、黑荆树、桉树等树种。2001 年，采种 4956 千克，调进马尾松良种 125 千克，杉木良种 200 千克。2003~2005 年，实施种苗工程，在克度、牙舟、通州、卡蒲 4 乡镇建种苗基地 12.71 万亩，其中，采种林 12.19 万亩、母树林 5100 亩、苗圃 54.5 亩。2006 年后，采种工作停止。

育苗　1988~1992 年，全县共育苗 1001.96 亩。1993 年，推广容器育苗 120 万袋。1994~2005 年，先后调进树苗 426.02 万株，共完成鱼苗 1507.56 亩，其中苗圃育苗 416.76 亩。主要有马尾松、杉木、麻竹、女贞、黄杨、梨桃、柑橘等。2006 年后，种苗生产主要以经济林种苗为主，主要是杉木、香椿、马尾松、花椒、茶叶、杉木、湿地松等。2013 年，共培育生产裸根苗 500 万株，容器苗 100 万株。全县育苗面积 473.9 亩，合格苗 5040.016 万株。

飞播造林

1988 年 12 月，在牙舟、平湖两区之间实施飞播造林，定名为“谷硐播区”，划分为牙舟、谷硐两作业区。牙舟作业区位于牙舟区公所正北面。谷硐作业区位于东南角樟木树附近，南角在甘寨乡狗爬岩附近，东北面与都匀市接壤，西北角在谷硐西北部。两个作业区于 1989 年 4 月完成飞播有效面积 15.92 万亩。

1990 年 3 月，分 5 个播区。油岜播区有效面积 11.54 万亩，明堂关播区 1.23 万亩，塘边播区 1.23 万亩，杨家坳播区 9500 亩，西凉播区 5.69 万亩。5 个播区共完成有效播面 20.64 万亩。

1991 年，在者密区六硐乡、者密乡京洞村、四寨乡贬等村、甲青乡苗拉村和牙舟区边兰乡、平里河乡落凼等飞播区进行飞播造林，播种 5 万余公斤，有效播面为 25.94 万亩。

人工造林

1988 年，人工造林完成 9700 亩，零星植树 60.4 万株。之后，平塘把人工造林列入绿化造林重点。1991 年，全国绿化委员会、林业部授予平塘县“全国造林绿化先进集体”称号。1992 年开始，县、乡（镇）、村通过大办示范点推动工作。1993 年 1 月，县人民政府印发《关于加快造林绿化步伐，“八五”期间消灭荒山，提前实现绿化任务的决定》，是年共办示范点 29 个 1.3 万亩。1989~1996 年，累计完成人工造林 71.1 万亩，零星植树 248.3 万株。1997 年，开始实施珠江流域防护林体系工程，1998 年开始实施世界银行贷款造林项目工程。1999 年，完成珠防工程造林 1.07 万亩、世界银行贷款造林工程

4300 亩、天然林保护工程造林 1.83 万亩。2002 年开始实施退耕还林工程。

2003~2005 年，共完成植树造林 6.59 万亩，其中，珠防工程造林 1.76 万亩、退耕还林工程 1.71 万亩。2008 年，全县遭受特大凝冻灾害，森林损毁严重。2009 年，实施人工造林 5.61 万亩，其中珠防工程造林 8000 亩、退耕还林工程 4.81 万亩。2010 年，实施石漠化治理工程 1.58 万亩，植被恢复项目 3200 亩。2012 年，完成省级植被恢复工程造林 5000 亩、中央财政造林 7800 亩，巩固退耕还林工程 600 亩，州级植被恢复工程造林 1300 亩。2013 年，全县人工造林 5.11 万亩，其中珠江防护林工程人工造林（马尾松）6000 亩，生产苗木 5040 万株，总投资 2489 万元。

封山育林

1988 年，全县封山育林 5.99 万亩。1989 年，封山育林 2.35 万亩。1990 年，封山育林 41.61 万亩。1991 年，封山育林 4.33 万亩。1992 年，封山育林 4.71 万亩。1993 年，全县封山育林 4.45 万亩，完成计划的 111.3%。1994 年，全县封山育林 7.03 万亩，完成计划的 100.4%。1995 年封山育林 5.2 万亩，完成计划的 103.6%。1996 年，封山育林 4.11 万亩，完成计划的 102.8%。1997 年，封山育林 7.03 万亩，完成计划的 111.5%。1998 年，全县封山育林 1.12 万亩，完成计划的 111.9%。1999 年，全县封山育林 3.13 万亩，完成计划的 104.3%。2000 年，全县封山育林 2.1 万亩，完成计划的 105%。2001 年，全县封山育林 2.14 万亩，完成计划的 102%。2002 年，全县封山育林 5.12 万亩，完成计划的 128.08%。1988~1998 年，共实施封山育林 87.93 万亩，育苗 967.36 亩。1999~2002 年，采集树种 13660.5 千克，调运苗木 22.56 万株，生产苗木 242.47 万株，主要有马尾松、杉木、麻竹、梨、桃、柑橘、黄杨、女贞等。2003~2005 年，退耕还林 1.77 万亩。2006 年，实施珠防工程 2.03 万亩，植被恢复工程 1 万亩。2012 年，开展石漠化综合治理 2.22 万亩，省级植被恢复项目 5000 亩。2013 年，封山育林 2.82 万亩，其中，退耕种植刺梨 4800 亩、茶叶 4000 亩，发放生态林补助金 793.59 万元。

1997~2013 年平塘县主要造林工程完成情况统计表

表 11-10 单位：万亩

年份	珠防工程	世行贷款工程	退耕还林工程	石漠化治理工程	森林植被恢复工程
1997	1.62	—	—	—	—
1998	0.50	—	—	—	—
1999	1.07	0.43	—	—	—
2000	2.07	0.85	—	—	—
2001	1.17	0.87	—	—	—
2002	1.01	0.67	8.08	—	—
2003	5.65	6	4.99	—	—
2004	1	0.47	0.5	—	—
2005	1.39	1.57	1.12	—	—
2006	0.19	0.19	—	—	—
2007	—	0.03	0.2	1.2	—
2008	1.3	1.33	0.3	1.21	—
2009	0.8	1.81	4.81	1.2	—

续上表

年份	珠防工程	世行贷款工程	退耕还林工程	石漠化治理工程	森林植被恢复工程
2010	2	1.09	2.24	1.58	0.32
2011	0.4	2.15	0.6	2.22	2.5
2012	1	2.94	0.06	2.22	1.06
2013	0.6	5.11	0.48	0.19	—

第四节　林政管理

森林经营管理

1988年后，林木采伐需持有区（镇）林业站填发的木材采伐证方能采伐和经营，林业部门根据《贵州省木材流通管理办法》进行蹲点检查或上路检查。

1993年上半年，全县城关、卡蒲、四寨、西关设立4个木材检查站，下半年撤四寨、西关木材检查站。是年验证木材290车3764.17立方米。1995年，恢复四寨木材检查站，改卡蒲检查站为检查点。

1999年，成立平塘县木材检查站，下设城关和卡蒲木材检查站。2000年，增设四寨、大塘、新塘、航龙、乐康5个检查点。2001~2006年，共查获无证（采伐证、运输证）木材共312.79立方米。2007年，县木材检查站更名为木材检查流动中心。2008年，木材检查流动中心开展打击凝冻受灾损毁木材违法运输活动。共查验出境木材3548.74立方米、木片28吨、松原木175.493立方米、松枋条274.523立方米。

2013年，查验过境木材松原木908.66立方米123车次、杉原木94.9立方米2车次、枫原木77.83立方米8车次。

森林保护执法

1988年，全县森林保护执法由县林业局负责。1991年，设立县公安局林业派出所后，森林执法由林业派出所负责。1990~1992年，查处乱砍滥伐木材违法案件70件，没收木材36.73立方米。

1993~1997年，查处违法捕猎、收购国家野生保护动物案件21起，查获猕猴4只、豹猫1只、猫头鹰6只、蛇641.3千克。

2000年3月，整顿境内木材加工企业，取缔7家个体木材加工厂，查处四寨镇盗伐天然林烧制木炭案件，没收木炭1.5吨、木材25立方米。2001~2011年，共立案查处盗伐、滥伐、偷运木材和森林火灾等各类案件648起，其中刑事案件120起、行政案件528起，查处687人，逮捕78人。

2013年，开展“森林火灾案件破案会战”“雷霆行动”“打击破坏野生动物资源违法犯罪”等专项行动，分片区排查森林火灾、偷砍盗伐、无证运输、非法加工等各类涉林案件。是年，共立刑事案6起（失火案3起、滥伐林木3起），破案5起，逮捕1人，直诉3人；查处行政案件72起（森林火灾案9起、非法收购木材案31起、无证运输木材19起、违法加工木材8起、滥伐林木案5起），处罚76人，没收木材1666.62立方米。

森林防火

1988 年后，每年秋冬火险期前，县委、县人民政府召开三级干部会议，各区公所、县林业局与县政府签订责任书，把责任落实到各乡镇、村、组，并制定奖罚办法和乡规民约。1990 年，全县有区森林防火队 7 个、乡镇森林防火队 39 个。牙舟区建有森林火情瞭望台 11 个。

1988~1992 年，全县发生森林火灾面积占比由 1988 年的 1.26‰降至 1992 年的 0.36‰。

1993 年，通过森林防火电话会议，出动宣传车巡回宣传，利用乡镇赶场天印发宣传资料等形式，开展森林防火工作。1993~1997 年，共发生森林火灾 43 起，过火面积 5116 亩。1998 年后，县林业派出所对每起森林火灾都进行调查处理，有效遏制农村野外用火。2003~2005 年，共办理涉林刑事案件 8 起，逮捕 8 人，直诉 1 人。

2006 年，建立森林防火义务扑火队，逐步配备扑火装备。2008 年，购置二号防火工具 1000 把、风力灭火机 19 台、灭火弹 8 件。是年，办理森林火灾案件 41 起，其中森林火灾刑事案件 20 起，逮捕 10 人，直诉 8 人；森林火灾行政案件 21 起 21 人。

2010 年，全县共发生森林火灾 193 起，过火面积 18.9 万亩，其中有林面积 3.9 万亩，是 1988 年以来森林火灾案发生最多的一年。是年，共侦破森林火灾刑事案件 28 起，逮捕犯罪嫌疑人 17 人；办结火灾行政案件 51 起，处罚 1.78 万元。

2011 年，在 19 个乡镇聘请专职护林员 189 人，实行每天巡山护林防火工作。

2013 年，全县共发生森林火灾 19 起，过火总面积 2812.35 亩，森林受害面积 1840.65 亩，森林受害率控制在 0.68‰以内。

木材采伐

1988~1997 年间，木材采伐由县林业局负责，按生产计划将任务分配到县林工商公司、国营林场和各乡镇林业站进行采伐。其中 1988~1992 年，分别完成采伐 792 立方米、723 立方米、1013 立方米、1337 立方米、1313 立方米。1993~1997 年，共生产商品材 2.35 万立方米，其中国营林场完成 4340 立方米、林工商公司完成 2500 立方米。1998 年后，商品材生产仍按黔南州林业局下达的年度计划采伐，乡镇林业站不再参与组织生产。县内木材加工企业商品用材由县人民政府批准，民用木材实行年度计划。

2000 年，开始实施天然林保护工程，划定天然林保护区，禁伐天然林。2008 年，平塘县遭受特大凝冻灾害，森林损毁严重，大片林木折断、倒伏，州林业局下达平塘县木材采伐计划 11.24 万立方米、出材量 5.6 万立方米。是年，全县共核发受灾林木采伐许可证 401 份，清理受灾林木面积 7.11 万亩，出材 4.23 万立方米。

2013 年，商品材采伐蓄积 1.2 万立方米，其中，国有林场采伐蓄积 1864 立方米、集体山林采伐蓄积 1 万立方米（含风灾木材清理 6371 立方米）、民用材采伐蓄积 1106.47 立方米。

第八章　水　利

1988 年后，平塘水利建设以管护、维修原有水利工程，改善灌溉条件和开展水土流失治理为主。

每年均组织群众进行沟渠清淤、管道疏通等以保障来年春耕用水和灌溉。2000年开始，实施人饮、渴望和解困工程，解决农村人畜饮水困难。2005年，制定和实施“十一五”水利建设规划。2011年11月启动通州摆图水库工程建设。至2013年，全县耕地灌溉面积近26.5万亩，农村安全饮水基本得到解决。

第一节　管理机构

1988年，平塘县水利电力局内设行政股、水利股、管理股、电力股、水电物资站、水土保持站、技术室、水政资源办公室，各区设水利管理站。1989年，设立县公安局龙塘水电治安派出所。1990年，撤销水利股、电力股、管理股，改设水利建设站、电力建设管理站、水利管理站，龙塘治安派出所改称县公安局水电派出所。

1991年，技术室改为勘测设计队，建并撤后，撤销区水利管理站，设立各乡（镇）水利站。原建7个区水利管理站改为7个片区水利工作站，县自来水公司划为县水电局管理。1993年，内设机构有办公室、水利水资源办公室、水利管理站、水电物资站、水土保持站、勘测设计施工队。

1994年，县水电局更名为县水利局，增设财务审计股，改办公室为人秘股，勘测设计施工队改称水利建设股，水电物资站和水利管理站合并为水利管理股，水政水资源办公室与水土保持站合并为水利法规股。原7个片区水利电力管理站改称水利管理站。

1995年，县水利局更名为水利电力局，加挂县防汛抗旱指挥部办公室牌子。1996年，增设塘边、四寨自来水工程管理站，县防汛抗旱指挥部办公室改称县人民政府防汛抗旱指挥部办公室。1997年，撤销四寨自来水工程管理站。1999年，增设水土保持监督站。

2001年11月，县级机构改革后，县水电局更名为县水利局。

2013年，县水利局内设办公室、财务室、建设股，下设水利工程管理站、水土保持监督站、水利物资站、城乡供水管理总站、水利水电勘测设计施工队。

第二节　规划与设计

规划

1988~1992年，完成《平塘县“八五”至2000年水利、水电中短期规划》。1996年，完成《平塘县水利中长期规划》《平塘县1996~2010年水利工程规划》的编制。1999年，完成《“十五”及2010年水利规划》《1999~2005年以工代赈水利工程项目规划》《平塘县病库工程规划》《平塘县千亩农田水利建设示范带工程规划》《平塘县灌溉、节水灌溉“十五”计划及2015年发展规划》《平塘县地下水开发规划》的编制。2000年，完成《平塘县“十五”期间水利规划》《平塘县集雨节水灌溉工程规划》《西部大开发水利工程规划》等的编制。2002年，完成《平塘县水利建设十年规划》的编制。2003年，完成《平塘县2004~2006年水利规划》《平罗灌区规划（天生桥引水及巨木提水工程部分）》的编制。

2005~2006年，完成《平塘县2005年以工代赈水利工程规划》《平塘县“十一五”基本小型农田水利建设规划》《平塘县“十一五”水利建设规划》《平塘县石漠化治理工程规划（水利部分）》《平塘县十六个小流域治理规划》《平塘县中小河流治理规划》的编制。2010 年，完成《平塘县水网规划》的编制。2011 年，完成《大塘镇农田水利建设规划（2011~2015）》《平塘县高效节水灌溉项目“十二五”规划》《平塘县“951”经济发展水利规划》的编制。2013 年，完成《平塘县县城防洪规划》的编制。

设计

1988~1992 年，先后完成设计四寨水利渠道网配套工程，县城防洪堤工程，大冲水库防渗，平塘县农业综合开发项目工程（第一、二期），翁岗、鸡哈、甲桐、卡罗雷打坡电灌站工程，者密乡甲青、通州上柯人、掌布乡田坝、新塘乡场坝人畜饮水工程，谷硐乡大寨、小坝、命芹、甘寨乡梭水滩引水工程，克度天生桥水利配套工程，水落洞水利工程，松查水库工程，牙舟镇供水工程。

1993 年后，主要开展乡镇人畜饮水和排防洪工程的设计。1994 年，完成四寨镇、大塘镇里中人畜饮水工程和塘边排洪及自来水工程设计。1995 年，先后开展大塘镇、西凉乡翁招、新塘乡、鼠场乡人畜饮水工程以及苗二河乡大田引水灌溉工程、克度镇天生桥引水总干渠敖家塘渡槽河的设计。

1998 年，完成粮食自给工程、人畜饮水工程、排洪工程、“渴望工程”等 25 个项目工程设计，争取工程资金 4023 万元。2000 年，完成白龙乡水冲引水工程、通州镇打角冲水库病毒处理、者密镇甲具水库水毁修复工程设计，完成全县 11 个村的人畜饮水工程初步设计。

2007 年，完成县城、通州镇、克度镇、塘边镇、者密镇、摆茹镇、牙舟镇、大塘镇、四寨镇、卡蒲乡、新塘乡、白龙乡等 11 个乡镇 8 个饮水工程的设计。2008~2013 年，完成全县 160 余处饮水安全工程设计以及大塘、克度、平湖、通州、摆茹、者密镇等 13 个乡镇供水重建项目设计。

第三节 水利工程

水库

1988 年，全县建有水库 21 座，其中小（一）型水库 4 座（塘官水库、卡蒲水库、甲落水库、和平水库）、小（二）型水库 17 座（拉古水库、让啥水库、麻浪水库、大冲水库、里中水库、红旗水库、军民水库、摆卡水库、黑沟水库、水落洞水库、董老水库、大湾林水库、甲具水库、打角冲水库、阴沟水库、小寨水库、大烂田水库）。这些水库大都是 20 世纪 60~70 年代群众运动中所建，受投资所限，设计标准低，有相当部分水库（如摆茹水库、塘官水库等）仍是半摊子工程，没有发挥其应有作用。2000 年后，先后对卡蒲、干腮、里中、红旗、和平、拉古、军民、甲具、打角冲等病险水库进行除险加固，不断提高蓄水灌溉能力。2012 年 11 月，启动国家烟草援建的摆图水库建设。2013 年底，全县有水库 24 座，其中小（一）型水库 4 座、小（二）型水库 20 座。

山塘

主要用于干旱地区的灌溉及供人畜饮水。1988 年，平塘县有山塘 255 口，能正常蓄水的 160 口，蓄水量 123 万立方米，有效灌溉面积 5500 亩，保证灌溉面积 3500 亩。20 多年来，在国家资金的补助支持下，共投入 1000 多万元，新建山塘 13 口，维修山塘 108 口，恢复改善灌溉面积 6800 亩。2013 年底，全县有山塘 268 口，能正常发挥作用的 202 口。

水池水窖

1988年，全县有水池水窖87口，蓄水量4.4万立方米。1997年后，实施国家农村人畜饮水工程、以工代赈、财政扶贫、社会帮扶、烟水配套等项目资金，建成大批水池水窖。2013年底，全县共建成灌溉集雨蓄水池3600口。

引水工程

1988年，全县共有引水灌溉工程198处，其中小（一）型1处（天生桥引水灌溉工程）、小（二）型13处、小（二）型以下184处，总有效灌溉面积3.65万亩，保证灌溉面积2.45万亩。工程主要分布在克度镇、塘边镇、四寨镇、者密镇、平湖镇、摆茹镇、甘寨乡等乡镇。1989年后，通过实施粮食自给工程、小型农田水利工程、以工代赈工程和冬春修水利工程，开展渠道防渗、清淤等，新建苗二河大田引灌、白龙水冲引水等处工程。之后逐年对克度天生桥引水渠道、四寨水利网渠道、甘寨水利渠道、平湖龙洞渠道、平湖复兴渠道等进行维修防渗，恢复改善灌面5700亩。2013年底，全县共有引水工程115处，总灌面5.1万亩。

提灌站

1988年，全县共有提水灌溉工程113处，有效灌溉面积1.15万亩，保证灌溉面积9600亩。其中机灌27处、电灌54处、水轮泵灌溉32处。工程主要分布在克度镇、塘边镇、四寨镇、者密镇、平湖镇、摆茹镇、甘寨乡等乡镇。20世纪80年代中后期至90年代，主要是进行提灌站的检修和维护。2000年后，国家实施西部开发，向上级争取项目资金投入建设，先后新建长冲提灌站、米牙提灌站、巨木提灌站、新塘公峨提灌站等一批提水工程。2013年底，全县提水灌溉工程达126处，总灌面2.1万亩。

饮水工程

1988年底，全县共有人畜饮水工程7处，主要有平湖区、牙舟区、通州区、西关区、克度区、摆茹区、者密区7处自来水工程建设，解决7个区3.89万人和3.16万头牲畜的饮水问题。1992年撤区并乡后，通过向上争取资金补助，相继在部分乡镇建设人畜饮水工程，逐步缓解群众的人畜饮水困难。1997~2004年间，依托国家项目资金补助，在干旱缺水严重村组实施农村“渴望”工程、“解困”工程、“以工代赈”工程、财政扶贫工程，通过冬春修农田水利、三小（小水池、小水窖、小山塘）等项目工程建设，采取宜引则引、宜畜则畜、宜池建池的多种方式，建成人饮水池（窖）9300口、提水站19座，改扩建乡镇集中供水工程18处，铺设安装各类供水管道2040千米，解决农村10万人、7.5万头大牲畜饮水困难。

2005年后，以乡镇集中供水和村寨自来水为重点，在旱区修建人饮水窖，在有水源的乡镇建提水泵站和高位蓄水池，通过抽水、蓄水、净化水等，解决农村饮水安全问题。至2008年，全县建成人饮水窖472口、提水泵站2个，解决农村5.56万人饮水安全问题。2012年，实施农村饮水安全工程29处，完成17处，总投资3510.26万元，解决农村2.54万人饮水安全问题。

2013年，启动县城二期工程。实施农村人饮安全工程26处，建成水池206个，安装引供水管道492.34千米。是年，全县城乡集中供水达3.09万户16.5万人。

第四节 水行政执法

1989年，设置县水资源办公室。1991年，县水电局接管县城河道。1992年，县人民政府委托平湖镇管理平舟河米寅至吉古段河道。1994年，全县调处河道管理纠纷40起，查处水利工程案件5起，调处水事纠纷3起；水电派出所侦破刑事案件4起、治安案件3起，查处水事纠纷3起。1995年，对用水单位取水用水实行许可审核。县城河段、打客河段、排竹河段河沙、林木实行专人管护。1997年，《中华人民共和国防洪法》《贵州省河道管理条例》颁布实施。是年，办理取水许可证7本，审验65本，调解水事纠纷11起。1998~1999年，查处破坏水利设施案件14起、河道案件37起，调解水事纠纷案2起。

2000年后，以河道取沙、违章建房、电鱼、毒鱼等违法行为为重点，开展水执法工作。

2001~2007年，查处河道违法案件76起、违章涉河建筑案件5起、损坏水利设施事件10起、破坏水土保持案37起。2008年，成立县河道管理所，负责平舟河县境内马蹄岩至六硐河段的管理。

2012年，开展水污染排查，清理排污口30个，下发水事和取土（石）违法整改通知书35份，依法征收水资源费15.9万元。

2013年，对塘边青山村谷硐场坝村、卡罗乡卡罗村、者密镇甲青村实施水源点安全保护工程，总投资16万元。

第五节 水土保持监督治理

1988年，全县水土流失82.2平方千米，治理37.44平方千米。其中，完成龙塘电站站区综合治理2平方千米，种树3000亩。之后，全县水土保持主要通过实施坡改梯，修建拦山沟、谷坊进行种植林木。1989~1997年，共完成水土流失治理44.92平方千米，实施坡改梯9205亩，修建拦山沟6.1千米，种植林木1.2万亩。1999年，设水土保持监督站，负责全县水土保持监督工作，是年，平塘县被列为贵州省25个水土保持执法试点县之一。

2001年，完成水土流失治理面积9平方千米，营造经果林850亩、水保林3330亩，保耕种植2700亩，建沼气池16个、蓄水池43个，修拦截排水渠3千米，坡改梯200亩。2002年，在平湖镇新建村湾河组保土保水李子园200亩，实施通州镇平里河保土杨梅园800亩。

2006年，查处破坏水土流失案件2件，征收水土保持补偿费4万元。2009年，对县内项目建设水土流失情况进行全面普查、登记，监督企业开展水土流失治理。2010年，完成水土保持项目实施方案的编制，计划投资15万元。实施石漠化综合治理苗二河乡保水工程2处，建成甲工寨排洪沟350米、芭茅冲排洪渠1650米，总投资54.88万元。

2011年，对全县16个建设开发项目进行水土保持督查，落实水土保持方案6个，发放煤矿水土保持方案12家。

2012年，实施通州翁岗小河流域治理项目，治理水土流失面积9545.4亩。建成60立方米水池8口，平整土地350亩，种植茶叶350亩，种树1571亩。

2013年，实施平舟河县城以及掌布、卡罗、四寨河道治理工程，总投资7189万元。

第六节　防汛抗旱

防汛

1988年8月，全县洪灾后，投入专款对各灌区水利进行修复。1989年，修通甲桐乡排洪隧洞30米。

1991年，建成摆茹、巴茅冲排洪沟3.5千米，谷坊4座；修筑平湖镇下梭、湾沙河堤208米。1995年，投入55万元，实施塘边凉风垭排洪工程。至1997年，完成排洪隧洞270米，实现防洪排涝3400亩。1998年，投入资金272.3万元，完成病险水库治理2座，整修山塘6口，检修提灌站23站，防渗15千米，渠道清淤353条560千米。

2001年，修建县城防洪堤840米，白龙乡水冲引水隧洞850米，是年，实行首长包（水）库责任制，首次在县城平舟河开展防洪演练。2003～2005年，全县建成平湖镇新舟防洪工程280米、掌布拦河坝1座、防洪堤300米，完成通州新庆排洪隧洞540米。

2006年，建成四寨镇幸福村排洪工程，开挖隧洞470米、明渠170米。2009年，投入234.6万元，启动山洪灾害防治试点工程，建成遥测雨量水位站13个，简易水位观测点4个以及指挥系统设备安装。

2010年11月，启动六硐石龙过江河道疏浚工程建设，治理河道1.3千米，河道清淤1.3千米，总投资1218万元（其中中央补助833万元，省州配套208万元）。是年，实施国家扶持较少民族发展水利项目2个，建成者密镇者密村排洪沟500米、卡蒲毛南族乡场河村防洪堤1.16千米，总投资188万元（其中中央投资177万元）。

2012年，先后在者密镇六硐平河村和县城河段开展山洪灾害应急和水上防汛技能训练。是年7月16日，全县19个乡镇普降大到暴雨，县城洪峰水位703.55米，超过危急水位2.05米，城区淹没区最深处3.5米。全县12.6万人受灾，造成经济损失1.64亿元。2013年，投入7.4万元维修冲锋舟3艘、购买救生衣300件，实行重点防洪城镇中型水库行政问责责任制。

抗旱

1988年5月，全县干旱断流沟溪31条，水井干枯132口，卡腊、边兰、鼠场、油邑、翁招5乡85%村寨人畜饮水困难。7月连续干旱27天，稻田脱水4.32万亩，干死1700亩；玉米脱水2.36万亩，干死5300亩。全县区乡干部群众投入抗旱1.95万人（次），投入抗旱柴油机36台327.1千瓦、汽油机205台527千瓦、电灌站24站423千瓦、水轮泵8站10台。1989年，县境连续干旱第四年，全县38个村人畜饮水困难，水稻受旱4.78万亩、玉米2.67万亩。全县投入抗旱保苗1.84万人、电灌站23站483千瓦、水轮泵7站9台、抽水机162台579.2千瓦，消耗柴油12吨、汽油47吨。

1992年7月中旬至9月，干旱70余天，全县农作物受灾面积18.35万亩。共投入劳动力2.24万人，投入汽油抽水机80台、柴油抽水机44台、其他抗旱机具5600件。

1998年冬至1999年春，县内干旱200余天，部分河流断流。至1999年5月，全县16座小（二）型水库164口山塘蓄水量仅有180万立方米，全县夏收农作物受灾面积24万亩，绝收9.2万亩。因缺水卖牛7000头、马2000匹、猪1.8万头。灾后，县四家班子分片包干，县乡机关组织干部参加各乡镇抗旱保苗，组织车辆为人畜饮水村寨送水。共投入抗旱劳力12万人、运水车100辆（次）、抽水设备 300 台（套）、抗旱汽油 1000 公升、资金 80 万余元。

2005 年，全县发生春、夏旱灾，全县共投入抗旱劳力 6.36 万人、抗旱泵站 10 处、机具 140 台（套），抗旱浇灌 5000 亩，解决 3 万人、1.12 万头人畜饮水困难。2007 年 1~5 月春旱，鼠场乡油岜中学近千名师生饮水困难。"7・26" 特大洪灾后的 10 月到次年 1 月，又出现新一轮旱灾，全县共投入抗旱机具 250 台（套）、运水车辆 8 辆、抗旱用油 4.86 吨。

2009 年 7 月至 2010 年 4 月，县境内降水偏少，持续高温，10.45 万人、3.6 万头人畜饮水困难。全县共投入抗旱资金、物资 1563.2 万元，修建应急供水工程 29 处，安装供水管道 246 千米，投入抗旱抽提水设备 258 台（套）。2011 年，境内大部分乡镇发生伏旱，共投入抗旱资金 707.5 万元（中央资金 20 万元），投入抗旱劳动力 5.95 万人、抽水设备 565 台（套），整修蓄引堤工程 13 处，构筑拦水坝 3 处，安装管道 112 千米。

2013 年 7~8 月，部分乡镇出现干旱，全县共有农作物 6 万亩受灾，1.3 万人、2800 头牲畜饮水困难。其中，新塘、塘边、鼠场、克度、西凉等 5 个乡镇旱情较重。灾后，共投入抗旱人员 5600 余人、抗旱机具 250 台（套），用油 1.5 吨，抗旱浇灌农作物 1.3 万亩。

第七节　水能资源开发

1988 年，因资金和技术等原因未进行水能开发。1992 年，启动岜今电站的勘测工作，并完成项目建议书的编制。1995 年，完成《甲茶电站工程项目建设》的编制。

2000 年后，对县境内六硐河、槽渡河、霸王河三条河流水资源开发利用进行初步规划。至 2006 年，三条河流水资源开发规划完成。

六硐河开发

六硐河（平塘境内）　水能理论蕴藏量约为 18.2 万千瓦。水能资源的开发主要以发电为主，兼顾城乡局部低洼滩地防洪、城乡供水、部分水浇地灌溉及短途运输等功能。2006 年《六硐河梯级开发规划报告》通过黔南州人民政府审查，规划开发为擦耳岩、甲江、甲茶 3 个梯级水电站。是年，六硐河开发商与重庆涪陵设计院签订"甲江电站可行性研究、初步设计、招标及施工图设计"编制合同，启动水资源论证、环评论证、水电站可行性研究、压覆矿产资源评估报告、钻探工作、库区移民安置前期工作。是年，甲江电站签订电量上网意向协议书，完成该电站环评报告的编制。后因受平塘国家地质公园和国家风景名胜规划修编工作的影响，水电站建设一度搁浅。

甲茶电站　2007 年 8 月，完成《贵州平塘六硐河甲茶水电站规划专题论证报告》的编制和报审。2009 年 11 月通过珠江水利委员会对规划专题的报告审查。2008 年取得规划建设同意书，批复甲茶电站装机容量为 20 万千瓦，年电能 6.88 亿千瓦时，静态投资 21.6 亿元，总投资 26 亿元，主要水工建筑物为主坝重力式坝洞体+副坝+上游连通洞+洞内泄洪+放空洞+引水系统和厂房，确定伏流洞内泄洪和洞内施工导流。之后业主委托贵阳水利设计院开展预可研编制工作。委托西北农林科技大学和四川大学开展洞内泄洪模拟振动试验获得成功。委托武汉地震工程研究院编制抗震专题报告，并通过贵州省地震局审查。2011 年，完成导流洞工程。2013 年，完成进坝公路二期工程和进洞公路建设。

槽渡河开发

2005 年，槽渡河流域规划"分段报批"，取得河湾以上河段规划批复。县槽渡河公司取得槽渡河流域平塘境内水能资源开发资格。槽渡河流域水电梯级开发规划委托黔南州水利水电设计院编制完成，开发规划为河湾电站、邑令电站、龙塘电站增容、坪岩电站。是年黔南州政府对槽渡河流域黔南州境内规划给予批复，取得槽渡河开发权的中水公司委托贵阳勘测设计院、黔南州水利水电勘测设计院分别对坪岩电站、河湾电站进行勘测设计。2009 年 2 月，水利部行文明确跨省流域规划由珠委审查批准。县槽渡河公司委托设计单位完成《槽渡河流域规划报告》报珠委审查。该报告对整个槽渡河流域开发进行规划，并将黔南州 2005 年审查通过的坪岩电站修编为拉安、茅草桥、大田三个电站。

河湾电站 属省发改委核准项目，装机 2 万千瓦，总投资 2.88 亿元。2007~2010 年间先后完成可研、初步设计、核心专题的编制报审，采取边申报边施工方式进行。大坝主体于 2010 年 12 月 8 日开工，2013 年 6 月，项目获贵州省发改委正式核准批复，是年建成试发电。

拉安水电站 属黔南州发改委核准项目，装机 1.26 万千瓦，总投资 1.2 亿元。2011 年，初步设计通过州级审查。2013 年，开发方启动施工，后因手续不全暂停工。

霸王河开发

霸王河流域水电开发由贵阳天源水电开发有限责任公司承建，2006 年初通过州级审查。平塘县流域内可开发 12 万千瓦 6 个梯级水电站。

小井电站 属省发改委核准项目，规划装机 9 万千瓦，投资 7 亿元，是州、县共建项目。电站坝址位于罗甸县小井，水库区位于平塘县克度镇。2009 年，电站 13 个专题编制通过审查。后因罗甸县、平塘县水资源分配矛盾搁浅。至 2013 年，项目未开展实质性建设。

第九章　农业综合开发

1990 年，平塘列入贵州省农业综合开发县后，成立县农业综合开发领导小组，下设办公室（简称县农发办）具体组织实施。至 1995 年，全县共实施两期，第一期从 1990 年到 1992 年完毕，第二期从 1993 年到 1995 年结束。第一期农业综合开发项目总投资 1090.89 万元，共实施项目 30 个，改造中低产田 5.1 万亩，绿化造林 2.55 万亩，封山育林 11.1 万亩，培训农业技术人才 3.67 万人，建成畜种改良点 5 个，杂稻制种基地 1 个 1500 亩，生猪养殖示范场 1 个，果品厂、牛肉干厂各 1 个，新增粮食 3.2 万吨、油料 4400 吨、肉类 3100 吨。第二期农业综合开发项目总投资 601 万元，共实施项目 11 个，改造中低产田 1.79 万亩，绿化造林 2.1 万亩，培训农业技术人才 3 万人，开挖疏渠道 11.7 千米，铺设地下管道 1.4 千米，塘边排洪工程开挖明槽 38 米，隧洞挂口进洞 150 米，整修山塘 3 口 6000 立方米，建成生猪示范场 1 个 200 平方米，完成县植物油技术改造，新增粮食 4300 吨、油料 900 吨、肉类 600 吨。1997 年 10 月，县农发办并入县扶贫开发办公室，实行“两块牌子，一套人员”办公体制。之后，农业综合开发主要结合扶贫开发实施坡改梯、中低产田改造、粮—猪—沼工程以及农副产品加工等。

第一节 农田基本建设

以工代赈坡改梯

1991年，开始实施以工代赈坡改梯，项目主要由县委农村工作部实施。是年，共安排坡改梯7000亩，配套水浇地、人畜饮水、植树造林、机耕道等项目。建成水窖517个，造林2660亩，修建机耕道4千米。分配以工代赈粮食213.4万公斤，投入配套工程资金45.76万元。至1995年，全县共完成坡改梯35010亩，其中，坡改梯田2252亩、新增耕地3663亩。

1996年开始，全县坡改梯以“麻山”乡镇为重点。1996~1998年，共完成以工代赈坡改梯35345亩，其中优质工程22946亩。修建机耕道47条49.26千米、田间步道171条43.61千米、排洪沟55条18.33千米、水窖（水池）552个14785立方米，群众投工投劳162.24万个。共补助坡改梯资金574.4万元。

1994年，实施退耕还林工程后，坡改梯配套项目以种植经果林、改善生态环境为主。2000~2005年，共完成坡改梯47828亩，种植经果林15360亩。2006年后，土地整治由县国土局实施，以工代赈坡改梯项目停止。

退耕还林

2002年，启动退耕还林项目。是年，完成退耕8.08万亩，退耕地还林种果3.54万亩。2003~2005年，退耕还林覆盖11个乡镇58个村，完成退耕造林种果3.12万亩，补助退耕还林资金4259万元，发放退耕林权证11028本。2010年，退耕还林2.23万亩，其中补种补植1.73万亩。2013年，实施退耕补种补植4800亩，其中种植茶叶4000亩、刺梨800亩。

石漠化治理

2008年，平塘列入全省石漠化治理试点县之一。是年，共实施试点项目4个，治理面积53.38平方千米。新建渠道2千米、渠道防渗7.4千米，整修山塘15口，建成拦水坝9座、护河坝3.72千米，新增灌溉面积1827亩，恢复灌面1.08万亩。

2012年，实施石漠化综合治理工程3处。建成白龙乡基联村引水渠10.75千米、苗二河乡新寨村60立方米水池10个、谷硐乡干坝排洪渠1.2千米。新增灌面1500亩。

2013年，实施六硐、掌布、卡罗、四寨河道治理工程。是年，治理河道28.03千米，建成水池206口，安装饮水管道492.34千米，修建护河堤30.53千米，恢复灌面2.19万亩。

第二节 农业产业结构调整

1997年，平塘基本解决农村贫困人口温饱后，把农业农村工作重心转移到调整农业内部结构、提高经济作物比例、提高农民货币收入上来。1998年，把早菜生产作为产业支撑，先后在平湖、通州、塘边等乡（镇）建立万亩早熟蔬菜基地。

1999年，县委、县人民政府印发《关于调整农业内部结构，推进农业产业化经营的意见》，明确提出用3～5年建成粮食、烤烟、油菜、经济林、麻竹、水果、中药材、畜禽、苎麻、蔬菜十大基地。

2000年，县农业农村工作领导小组组成6个工作组，分别牵头实施优质水稻、烤烟、荨麻、经果林、畜牧品种改良和早熟蔬菜（反季节蔬菜）项目。

2002年，平塘在总结经验的基础上，重点实施烤烟、畜牧、蔬菜、粮食4大产业。是年，法国细刀豆种植由试点转入规模种植，烤烟、畜牧、蔬菜规范化审查初具规模。2003年后，实施龙头企业带动战略，扶持县内企业，培育农业生产大户，带动产业规模化、企业化生产。至2005年，初步建成优质米粮基地6万亩、烤烟基地3万亩、商品蔬菜基地2万亩、果园1.6万亩、茶园7200亩。建成畜禽养殖示范场16个。

2006年，启动社会主义新农村建设后，农业结构调整进一步加快。是年3月，启动新农村示范点14个，规划农业生产项目46个。至年底，试点村达24个。是年，全县共建有果蔬、烤烟、畜牧、粮食生产技术中介机构25个，农村生产协会7个。

2008年，启动无公害农产品产地认定认证工作，申报产品产地主要有：四寨平里河无公害蔬菜基地7500亩，白龙、甘寨、苗二河无公害线椒生产基地1.2万亩，平湖镇无公害杨梅6000亩、葡萄6000亩。是年，全县共建有牛品改点9个、生猪品改点214个、羊品改点3个，推广良种禽（麻山土鸡）61.5万羽。之后，全县以绿茶、油菜种植和山羊养殖为重点扶持产业。

2009年，开始启动“185”农业种植工程（每亩耕地产值达10000元、8000元和5000元以上）。是年，实施产值万元以上示范种植2155亩、8000元以上3000亩、5000元以上5500亩。种植法国细刀豆2万亩，亩产值899.88元；皱皮线椒2万亩，亩产值2864.4元；旱地分带轮作4.5万亩，亩产值1564.74元。在大塘、新塘、克度、塘边、通州5乡（镇）建成茶园6752亩，引进绿茶企业2家、油茶企业1家。在谷硐乡建成种养繁殖基地。

2011年，遵义市客商入驻平塘成立红樱子高粱生物产业有限公司，采取订单收购方式，在白龙、甘寨、平湖、通州、四寨等乡镇种植红樱子高粱1万亩，在克度镇扶持金银花（中药）种植4000亩。

2013年，全县种植烤烟达2.5万亩，产量2718吨；油菜13.9万亩，产量8800吨；中药材（白术、金银花）1.6万亩，产量510.6吨；蔬菜5.7万亩，产量1.03万吨；西瓜5400亩，产量1.25万吨；绿茶7.65万亩，产量2980吨；果园10.5万亩，总产量9582吨，其中桃子7.5万亩、葡萄5000亩、柿子9400亩、杨梅1.54万亩。年末，大牲畜存栏9.6万头，生猪存栏13.8万头，羊存栏3.5万只，肉类总产量1.36万吨，禽类产量355吨，水产品产量423.1吨。

第三节　农业产业化

1988年后，农业实行规模化、产业化发展，先后在克度、航龙、新舟、马场、清水、塘边、塘泥、米寅等乡镇建立早熟蔬菜生产基地。至1992年，早菜种植面积达到4000亩，产量860万公斤，外销独山、都匀、凯里、贵阳、广西、湖南等地。

1994年起，在粮食生产上，以“双三”“三五”及“高产示范”工程为重点项目；烤烟生产上，以“三化”“五百”为技术规范；畜牧业发展上，以实施“防疫双轨目标制”，推动商品牛、羊基地建设。实行县四家班子领导包乡、部门挂乡帮村、科技人员包点等措施，加快“八七”扶贫攻坚进程。1997年末，农民人均纯收入1131.48元，人均占有粮354千克，28813户137975名贫困人口越过温饱线。

1998年，把早菜生产作为一项新的支柱产业，先后在平湖、通州、塘边等乡（镇）建立早熟蔬菜基地 1 万余亩，总产值达 1300 多万元；其次是发展畜牧业，总产值达 5900.8 万元。1999 年，县委、县政府出台《关于调整农业内部结构，推进农业产业化经营的意见》，明确提出围绕粮、烟、油、林（竹）、果、药、畜、麻、菜做文章，力争在 3~5 年建成十大基地。

2000 年，按照大市场、大流通、大农业发展思路，加快产业结构调整与产品结构调整，坚持数量与质量调整并重，发展适销对路产品和名特优稀产品，逐步由温饱型向创业型转变。是年，建成优质烟基地 2.28 万亩、优质米基地 5 万亩、苎麻基地 0.5 万亩、早熟蔬菜基地 1.2 万亩。订单蔬菜种植在部分乡（镇）取得成功，法国细刀豆种植由试点转入规模种植。建成经果林基地 1.2 万亩，实施肉牛联户养殖项目。2003 年，将县茶叶公司、县油脂储备调销有限公司、县果子食品厂等 3 个农产品加工企业作为州级龙头企业加以扶持、培育。县茶叶公司通过州级龙头企业考核验收。

2004 年，以“摆洗贡米”为品牌，在摆茹、四寨、通州、平湖等乡（镇）建成优质米生产基地 3.2 万亩，在牙舟、卡罗、鼠场等 11 个乡（镇）建成优质烟生产基地 3.2 万亩，在通州、平湖、白龙、塘边等乡（镇）建成商品蔬菜基地 1.6 万亩，在苗二河、通州、塘边等乡（镇）建成优质经果林基地 1.6 万亩，在克度镇建成以“贵州春茶第一壶”为品牌的茶叶生产基地，在西凉乡建成大蒜生产基地 3000 亩。

2005~2007 年，在摆茹、四寨、通州、平湖等（镇）建成优质米生产基地 6 万亩，在牙舟、卡罗、鼠场等 l1 个乡（镇）建成优质烟生产基地 3 万亩，在通州、平湖、白龙、塘边等乡（镇）建成商品蔬菜基地 2 万亩，在苗二河、通州、塘边等乡（镇）建成优质经果林基地，2005 年新增 2000 亩。2008 年，启动“185”农业产业化富民工程，以“两茶一羊”为重点建设八大农业产业基地。

2009 年，在平湖、白龙建成高产水稻示范基地 1 万亩，建成谷硐大寨、白龙龙兴现代烟草示范点 5270 亩，建成谷硐丰盛种羊基地和以大塘、塘边、通州、克度、新塘 5 个乡镇为中心的绿茶基地 6752 亩。是年，入驻县内农业龙头企业 3 家，分别为县山海原生有机茶业公司、云海茶业有限公司、贵州华龙油茶有限公司。

2010 年，全县绿茶面积达 1.09 万亩，共有茶业企业 4 家。引进良种种羊 6429 只。在白龙、甘寨、卡罗 3 乡实施油茶种植 1.3 万亩。是年，全县有农业龙头企业 6 家，建成农村专业合作经济组织 8 家。

2011 年，引进贵州平塘红樱子高粱生物产业有限公司种植有机高粱，把克度镇金银花种植大户培育为龙头企业（县山凤药业科技开发有限公司）。是年，“平塘县丰盛种羊基地”“平塘县玉水禽蛋公司”申报为省级（扶贫）龙头企业，“平塘县丰盛种羊基地”“平塘县山海原生茶业有限公司”“贵州华龙科技油茶有限责任公司”申报州级龙头企业，全县共有各类农民专业合作组织 47 个。现代烟草农业示范面积达 2600 亩。

2013 年，全县有省级龙头农业企业 2 家、州级 7 家、县级 12 家。是年，优质烤烟种植面积 2.5 万亩，产量 2718.02 吨；中药材种植面积 1.64 万亩，产量 519.55 吨；蔬菜种植面积 5.7 万亩，产量 10.35 万吨；茶叶种植面积 7.65 万亩，产量 298 吨。

第四节 沼气池建设

1988 年，开始实施农村沼气能源开发，由县农业局、科技局、民宗局 3 个单位按项目资金投向分别组织实施。2004 年后，项目由农业局统一实施。到 2008 年，全县共建成沼气池 15336 口，其中国债资金建设 6459 口、财政资金项目 7006 口、省级扶贫资金项目 500 口、巩固退耕还林生态建设资金项目 800 口、巩固退耕还林成果建设资金项目 421 口、较少民族建设资金项目 150 口；大中型沼气建设项目2口，其中利用国债资金项目建茶园基地50立方米沼气池1口、省级财政资金项目建养殖小区300立方米沼气池1口。配套实施三改（改厕、改圈、改厨）工程，改厕15186间、改圈10377间，累计177100.8平方米。2009年，新增中央投资农村户用沼气池500口，建成30立方米地埋式钢筋混凝土水压式厌氧消化沼气池1口，配套建成钢筋混凝土5立方米预处理池1口、砖石结构10立方米储粪池1口。

2011年后，国家对农村沼气建设的投资由基础设施向后续服务转型，建设数量逐年调减，池型由户用沼气池向规模养殖场大容量池子转变，管理从以单户转向由公司承建并管理的模式转变。

2013年，在牙舟镇王宋村养殖场、大塘镇西关村大坪子生态种养殖场和卡蒲毛南族乡河中村更弄组养殖场分别建200立方米、100立方米、50立方米沼气池各一口，在通州、大塘、牙舟、摆茹、西凉、卡罗等乡镇建成沼气池1400口。年末，全县共有8立方米沼气池16726口，30立方米容量以上沼气池5口，其中30立方米、50立方米、100立方米、200立方米、300立方米各1口。

第五节　农副产品加工

1988~2013年，全县农副产品加工有粮食类，豆制品类，油脂类，烟草类，饮料类，酿酒类，制糖类，茶类，果脯类，蛋制品类，肉类产品加工，蔬菜类，糕点类，竹、棕、藤器制造类，林木加工类16大类。其间，各类农副产品加工作坊达100多家，除粮油和木制品加工企业外，个体作坊和私营企业产值大都在100万元以下。土特产主要有摆茹镇摆洗贡米，大塘镇黑糯米和红花米，塘边镇豆油皮，平湖镇松花皮蛋和果脯，克度镇绿茶和酸糟辣、泡粑、凉粉、蕨菜、酸笋等。

摆茹摆洗贡米

产于摆茹镇摆洗村，已有上千年历史。咸丰年间朝廷蠲免平舟县上年赋额，为谢朝廷，平舟县衙选择摆洗大米上贡朝廷，因此而得名。摆洗贡米色泽晶莹、米质优良，做饭润香可口，远销省内外，是馈赠珍品。2005年，县人民政府投资打造优质米品牌，扩大种植面积，年产量在200吨左右。产品远销省内外，市场销售前景良好。2017年，入选全国特优新农产品目录，获州级“十大优质特色粮油产品”称号。

大塘红花米

产于大塘镇，品质纯正，米粒整齐，细长饱满，带天然红花颜色，有高海拔稻米香味，集高原米所有优良品质于一身。红花米可免淘洗。烹煮米饭，色泽红润，饭粒香软，滑而不粘，香气清纯，口感极佳。

大塘黑糯米

产于大塘镇，颜色紫黑，米粒短粗润滑，食味软香，糯而不腻。因地处高寒地带，生长周期长，能充分吸收土壤中的铁、硒、锌等多种微量元素，营养价值很高，除含蛋白质、脂肪、碳水化合物外，还含丰富的钙、磷、铁、维生素B1、B2等，有补气养血之效。用黑糯米煮的粥，色泽呈咖啡色，吃起来浓香可口。对病人、产妇、幼儿身体有滋补之功，为养身补品，有“药谷”之称。用其酿制的米酒，有提神去乏，缓解疲劳，消暑解渴，促进血液循环，润肤美容的功效。

克度绿茶

产于克度镇光明茶场，每年清明节前上市，是贵州最先上市的绿茶，享有“贵州春茶第一壶”之美誉。产品主要有“玉水毛尖”“玉水螺旋”“一江春水”等系列品牌。克度绿茶色泽鲜绿，品质润秀，香气清新，滋味醇厚，回味甘甜，2002 年获第三届贵州农产品展销会“名特优农产品”称号。

塘边豆油皮

产于塘边镇，采用精选优质黄豆做原料，传统纯手工制作而成。含有多种维生素和微量元素，保留黄豆的原始香味，色泽金黄，质地油润，嫩滑可口，色香味美，是当地宴席佳肴。塘边豆油皮蛋白含量高达 50%以上，是老年人、孕妇等的保健佳品，是境内赠馈佳品。

玉水松花皮蛋

产于平湖镇，用优质鸭蛋腌制而成。因去掉蛋壳后，表皮有松花一样的斑纹而闻名省内外。玉水松花蛋由平塘县玉水腾龙禽蛋制品有限责任公司生产，外观晶莹剔透，气味清香淡雅，味道清凉爽口，是夏、秋季餐桌上常食菜肴，是物美价廉的馈赠礼品。

平塘果脯

产于平湖镇，以优质李子、桃子、杏子等水果为原料，经过浸泡、糖渍、脱水、烘干等工艺流程浸制而成，因原料的不同，其色泽有棕色、金黄色或琥珀色，软糯香甜，风味独特，健脾开胃，是贵州名优产品。由县果子食品厂（平塘县玉水果子食品有限责任公司）生产、销售，主要产品“黄金应子”“情人梅”“蜜金橘”等，果味浓郁，酸甜可口，老少皆宜，是居家旅游、馈赠亲朋之首选佳品。

第十二篇

扶贫开发

第一章　贫困调查及扶贫规划

1988年后，通过信贷扶贫资金和实施扶贫项目，扶持贫困地区发展种养业和乡镇企业，加大水、电路等基础设施建设投入，改善贫困地区生产生活条件。1991年5月，平塘被列为贵州省第二省级贫困县予以重点扶持，是年，成立扶贫开发机构，具体负责全县的扶贫工作。1994年，国家实施“八七”扶贫攻坚计划后，在全县开展贫困人口调查，建立贫困人口台账，制定扶贫工作规划，着力解决贫困人口的温饱问题。1997年，平塘被中共贵州省委、贵州省人民政府授予“解决温饱先进县”称号。1998年，开始实施“麻山”乡镇扶贫攻坚工作，利用国家扶贫项目资金、对口帮扶资金，实施坡改梯、易地扶贫搬迁，发展种植业、养殖业，促进新塘、大塘、鼠场3个“麻山”乡镇贫困人口脱贫致富。2001年，贯彻落实国家扶贫开发纲要，以深度贫困村为重点开展扶贫工作。2003年，开始以一类重点乡（镇）、村为重点，实施贫困地区整村扶贫推进工作。2009年起，实施产业扶贫工程。2013年，按照国家确定的贫困标准，全县共有贫困户27243户99204人，是年，人均GDP13573元，农民人均纯收入为5278元。

第一节　管理机构

1991年6月，成立平塘县贫困地区经济开发领导小组。是年8月，设置县贫困地区经济开发领导小组办公室，具体承办扶贫开发工作。

1997年6月，调整县扶贫工作机构，县人民政府县长兼任县扶贫开发领导小组组长，分管副县长兼任县扶贫办主任。是年，县扶贫办与县农业开发办公室合署办公，实行“两块牌子、一套人员”办公体制。

1999年10月，成立19个乡（镇）扶贫工作站，县扶贫办加挂平塘县深圳对口帮扶领导小组办公室，平塘县摆茹镇乡级规划试点工作领导小组办公室，县、乡（镇）、村三级扶贫开发规划编制领导小组办公室，平塘县“麻山”扶贫攻坚领导小组办公室，平塘县毛南族扶贫规划领导小组办公室5块牌子。

2001年11月，县级机构改革，县扶贫（农发办）内设综合股和项目股。

2011年，县级机构改革，撤销县农业局、县农业办公室、县畜牧水产事业管理局、县扶贫农发办、县农业机械技术中心，组建县农村工作局。内设扶贫开发股，负责扶贫开发事务工作，加挂平塘县扶贫开发局牌子。

2013年5月，县扶贫开发局从县农村工作局分离出来，为县人民政府正科级机构，下设县信贷与外资项目管理中心。

第二节 贫困状况调查

平塘地处偏僻，交通闭塞，开发较晚，发展滞后。新中国成立后，尤其是1978年党的十一届三中全会后，全县经济社会得到长足发展。

1991年5月，平塘被列入全省第二批省级贫困县予以项目和资金扶持。1993年，开展对全县贫困村、组、户和人口调查，据调查统计，全县有年人均吃粮不足200公斤、年人均纯收入不到300元的贫困村190个、村民组1102个、农户14439户、贫困人员62088人，其中少数民族9097户39115人。按照当时国家确定的标准，全县尚有40803户19.43万人处于温饱线以下。1994年，国家实施“八七”扶贫攻坚计划，县扶贫开发领导小组办公室（简称县扶贫办）对全县19个乡镇贫困情况再次进行详细的摸底调查。据调查统计，全县农民人均纯收入在200元以下的有7583户34124人，201～300元的有14228户64024人，3011～4000元的有2987户13344人，401元以上的有4676户21042人。1997年，县扶贫办、县统计局对全县贫困人口进行为期1个月的摸底调查，在乡（镇）建有贫困人口簿，造册立卡到村到户。是年，共投入各类扶贫资金5363万元，先后实施“渴望工程”“粮食自给工程”等项目，年末农民年人均占有粮食354公斤，年人均纯收入1131元，全县贫困人口由1993年的19.43万人下降为5.64万人，占农业总人口的29.9%。

2000年，平塘列入新阶段扶贫开发重点县，共有15个乡（镇）146个村列为重点扶持对象。按照国家贫困人口认定标准，全县贫困人口升到14万人。是年，全县农民人均占有粮330.48公斤，年人均纯收入1136.91元。2001年，国家实施新一轮扶贫开发工作后，实施扶贫项目和扶贫资金投入逐年增加，农村贫困人口逐年减少。至2003年，全县低收入人口尚有7.44万人，贫困人口3.41万人。

2004年12月至2006年3月，对低收入贫困户进行建档立卡调查，全县共有低收入以下贫困户24110户10.6万人。

2009年，经省级统计核定平塘贫困人口为7.24万人，贫困发生率24%。

2010年，启动填报基期调查系统。2012年，全县人均纯收入在2300元以下的贫困人口共42788户147637人。

2013年，按照国家贫困标准（年纯收入低于2736元），全县建档立卡贫困户为27243户99204人。是年，农民人均纯收入5728元，人均生活消费支出4128.44元，农村居民家庭食品消费支出占消费总支出比重为35.91%。农村人均住房32.32平方米。

第三节 扶贫规划

1991年5月，经中共贵州省委、贵州省人民政府批准，将平塘县列为第二批省级贫困县。6月，成立县贫困地区经济开发领导小组。8月，下设领导小组办公室，具体承办扶贫开发工作。9月，县人民政府召开扶贫项目证论会，先后通过“平塘自然美术工艺厂”“五万亩黑荆树基地”“一万亩杜仲基地”“万亩桑蚕基地”“万亩果树基地”等5个项目的可行性报告。1992年7月，县委、县人民政府确定平湖镇老大桥—农机厂、县养护段—苗二河、县酒厂—三棵树为经济开发实施区，对其实施优惠政策。

1994年，国家实施“八七”扶贫攻坚计划，平塘县被列入全国592个贫困县之一。是年，大塘镇、新塘乡、鼠场乡被列入全省“麻山”扶贫开发试验区。是年 8 月，县人民政府印发《平塘县扶贫攻坚计划（1994~2000）》《平塘县小康建设规划》，提出“力争用 7 年时间基本解决全县农村贫困人口过温饱问题”“到本世纪末，要使全县 95%以上的农户稳定地解决温饱，其中 5%的农户在确定温饱的基础上奔向富裕，25%的农户要实现小康”。是年 10 月，县委、县人民政府确定将掌布乡、西凉乡、谷硐乡列为极贫乡予以重点扶持。

1995 年开始，把烤烟种植作为农民增收的重点，并实施贷款扶持、烟肥补贴、新建烤房补贴、烟煤限价、田烟补贴、税收返还、技术扶持、烟粮补贴 8 项扶持政策，除掌布乡、新塘乡外，其他 17 个乡镇均安排烤烟种植。

1996 年 6 月，印发《平塘县计划生育“三结合”工作三年计划》，把计划生育与帮助农民勤劳致富奔小康，发展商品经济，建设幸福文明家庭结合起来，对实行计划生育的家庭进行帮扶。1997 年 4 月，印发《关于尽快解决我县农村贫困人口温饱线的实施意见》，全县分 3 批实现温饱目标。第一批（1997 年）除大塘镇、新塘乡、鼠场乡 3 个“麻山”乡镇和西凉乡、谷硐乡、掌布乡 3 个极贫乡，其余 13 个乡镇，年内解决温饱的贫困人口占贫困总人口的 70%以上，实现 4 万人越过温饱线；第二批（1998 年）西凉、谷硐、掌布 3 个乡解决温饱的贫困人口达 70%以上，实现 2.6 万人越过温饱线；第三批（1999 年）大塘、新塘、鼠场 3 个乡镇解决温饱的贫困人口达 70%以上，实现 2.7 万人的温饱问题。全县除鳏、寡、孤、痴、呆、傻等丧失劳动力的以外，农村基本实现解决温饱目标。

1999 年 4 月，印发《关于全县小康建设的意见》，计划到 2000 年在全县农户 5.92 万户 27.29 万人中，有 40%的农户实现小康，30%的村达到小康，20%的乡镇实现小康，即全县有 2.36 万户近 11 万农民过上小康生活。小康建设计划分两年进行：第一年（1999 年）有 18 个村实现小康，占行政村总数的 7.4%，主要安排在县城郊区及各乡镇所在行政村，其中平湖镇 6 个村，通州、塘边、克度各 2 个村，牙舟、摆茹、者密、四寨、大塘、白龙各 1 个村。第二年（2000 年），建成小康村 65 个，创建小康乡镇 3~4 个。重点安排在各乡镇所在地行政村及公路沿线主要坝区和经济作物产区，其中新塘、西凉、谷硐各 1 个村，鼠场、掌布、卡蒲各 2 个村，四寨、大塘、甘寨、苗二河各 3 个村，卡罗、白龙各 4 个村，通州、牙舟、克度、者密、摆茹、塘边各 5 个村，平湖 6 个村。小康镇有平湖、通州、克度、牙舟 4 个。

2001 年，国家实施新一轮扶贫开发工作后，平塘贯彻落实《中国农村扶贫开发纲要（2001~2010）》和中共贵州省委、贵州省人民政府《关于切实做好新阶段扶贫开发工作的决定》，以贫困人口为对象，以贫困村为主战场，以 3 个“麻山”乡镇和 3 个极贫乡为重点区域，以增加贫困人口收入为抓手，实施扶贫开发。2002 年，新塘乡列入全省新阶段扶贫开发工作重点一类乡。从 2003 年开始，对一类重点村实行整体推进，对重点一类乡（新塘乡）开展综合扶贫。2004~2008 年，共实施一类村整村推进扶贫 80 个，主要项目安排为新建和改造村级公路、村卫生室、村文化室、农村茅草房（危房）改造、农村小水池（窖）、沼气池建设等。

2009 年后，重点实施产业扶贫，项目有绿茶、油茶、金银花、精品水果、优质蔬菜和生态养羊等。绿茶项目主要安排在克度、大塘，油茶项目主要安排在甘寨、白龙，金银花项目主要安排在克度、卡蒲，精品水果项目安排在克度，蔬菜项目主要安排在平湖、白龙、通州、克度、塘边，生态养羊主要安排在通州、牙舟、鼠场、者密、塘边、四寨、摆茹等天然草场丰富的乡镇。

2010 年，规划实施大塘镇整镇推进扶贫，全镇计划种植绿茶 1 万亩，生猪养殖 0.9 万头，土鸡养殖 15 万羽，分 3 年实施，总投资 1000 万元。

2011 年，克度镇列入全省整镇推进重点乡镇规划。是年，投入专项帮扶财政资金 1000 万元，实施种植项目 3 个。

2012年，全县产业化扶贫规划为核桃、油茶、生态养羊三大产业，总投资2508万元。其中，核桃种植规划在通州、鼠场、克度、塘边4个乡镇，生态养羊产业规划在牙舟、通州、鼠场、克度、塘边、者密、摆茹、四寨8个乡镇。

2013年，投资1500万元在白龙、谷硐、卡罗3乡实施生态养羊规划，购种羊4969只，人工种草5127亩。投入200万元在摆茹兴荣、马场2村规划种植油茶1000亩。投资150万元在平湖镇、苗二河乡规划种植桃子、杨梅2304亩。投入150万元在白龙乡京舟村、者密镇六硐村规划养殖大闸蟹300亩。

2001~2013年部分年份平塘实施易地扶贫搬迁情况统计表

表12-1

年份	项目乡镇	迁出情况		迁入地点	项目内容及建设规模	投入资金（万元）
		户	人			
2001	塘边镇、大塘镇、通州镇、西凉乡、者密镇、牙舟镇、摆茹镇、白龙乡、四寨镇、苗二河乡、新塘乡、甘寨乡、鼠场乡、克度镇、卡罗乡、平湖镇、掌布镇	297	1315	凉风丫、拉散半坡、易里谢家坳、打鸟盖上、新龙摆老、湾子播兵、湾子场坝、摆别党吉、地坝村、平河大寨、翁同马脚、新洪翁韶、大塘新街新光村老场坝、新光村石头组、丹平大寨、绿阴塘公路边等安置点	新建住房297栋18962平方米，道路硬化16934.83平方米，人行道4706.15平方米，挡土墙建设640立方米，配置环保气化炉79个，修建沼气池38口，调整耕地576.3亩，蓄水池90立方米，新垦耕地705亩，开发荒山500亩	784.58
2002	四寨镇、白龙乡、塘边镇、摆茹镇、西凉乡、通州镇、克度镇、鼠场乡、卡罗乡、谷硐乡、苗二河乡	265	4450	栗木山、王拉村、西凉村、同心村、农贸市场、三星村、新庄村、甲桐龙滩、长冲上坝、沙郎村、中院村等安置点	新建住房265栋22680平方米，完成市场建设7个，路面硬化13852.2平方米，人行道硬化5066平方米，排水沟2005.3米，涵洞138.8平方米，挖填土方241284.8立方米	1096
2003	克度镇、新塘乡、大塘镇、掌布镇、摆茹镇、西凉乡、者密镇、白龙乡	332	1443	猫寨组、农贸市场、公娥村、新营村、水沟村等安置点	新建住房332栋24160平方米，完成市场建设8个，市场硬化26581平方米，道路硬化36789.32平方米，排水沟2033米，排洪沟202.6米	1571.39
2006	掌布镇、摆茹镇、者密镇、四寨镇	110	495	甲茶村拉抹、桃坡小院、茂村列华、红旗村满立等安置点	新建住房110栋6600平方米，完成道路硬化4510平方米	212.65
2007	平湖镇、甘寨乡、塘边镇	94	371	吉古村大米牙、刘家湾、双河村蛇屯组火石坳等安置点	新建住房97栋5640平方米，村内道路硬化6298平方米	294.5
2010	掌布镇、谷硐乡、牙舟镇、新塘乡、卡蒲乡	399	1808	场坝、桐木冲、翁片村大坪、王宋村坪上、农贸市场、场河村砖厂等安置点	安置399户1808人，住房399栋，24940平方米，铺设管道7.56千米，道路硬化17800平方米	1105

续上表

年份	项目乡镇	迁出情况		迁入地点	项目内容及建设规模	投入资金（万元）
		户	人			
2011	塘边镇	105	500	湾子村营盘路安置点	铺设输水管道3.4千米，鼠标105块，架设输电线路0.91千米，电表105块，道路硬5952平方米，人行道2976平方米，排水沟992米，新建房屋105栋8400平方米	390
2012	塘边镇、克度镇	234	1095	湾子村营盘路、金星村红塘组安置点	新建住房234栋22464平方米	2436.92
2013	白龙乡、掌布镇	247	1163	龙兴村、掌布村集镇安置点	新建住房247套29640平方米	4336.81

第二章　扶贫项目及资金

1991～2008年，全县共实施扶贫项目1192个，投入各类扶贫资金2.52亿元，项目主要有县、乡、村公路建设，教育卫生基础建设，工业企业技术改造，粮油种植及加工，农业灌溉和人畜饮水安全，农村危房改造和易地扶贫搬迁等。2009年后，扶贫资金投入以毛南族聚居贫困村和面上整村推进为重点。至2012年，共实施项目335个，投入各类资金1.39亿元。2013年，实施扶贫项目35个，投入各类扶贫资金7235.8万元，其中财政扶贫资金5700.8万元。

第一节　扶贫项目

基础设施项目

1991～1992年，实施项目5个。即县城至摆茹35千伏变电工程，龙塘、官滩和天生桥电站技术改造工程，龙洞出水口加压站工程。

1993～1997年，共实施项目6个。即城关集贸市场建设、龙塘电站水毁工程、县内1200门程控电话安装和农村人畜饮水、农村公路建设和校舍改造。

1998～2002年，新修和改造乡村公路106.4千米，新建通村公路13条，新增通广播电视村94个，新架设输电线路182千米，新建小水窖、小水池、小山塘2710个（口），新修水利沟渠17.5千米，新建或改造村级卫生室8所建筑面积640平方米、乡村校舍20所建筑面积4560平方米。

2003～2008年，在省级一类贫困村新建或改造村级公路158.3千米，新建成小水窖、小水池690口，改造农村校舍1391平方米，完成村寨道路硬化28022平方米。

2009~2013 年，实施贫困村人畜饮水、通村公路排洪沟等项目。先后在西凉乡团结村、六寨村，谷硐乡翁片村，掌布乡联合村，者密镇甲青村，牙舟镇白沙村等实施人畜饮水工程，修建防洪堤 3 千米，排洪沟 1157.859 千米。实施农村通村道路水泥硬化路面 38417 平方米，建成桥渠 3 座。

乡镇企业项目

1991~1992 年，实施乡镇企业项目 18 个，主要扶持乡镇企业发展。1991 年，县扶贫开发办与省扶贫经济开发矿产公司在卡罗联合开办工艺实木厂。1992 年，共实施项目 17 个，主要有克度造纸厂、县农场天然蜜果厂和摆茹镇桐油加工厂技术改造。

1993~2000 年，共实施乡镇企业项目 15 个。主要是扶持乡镇企业技术改造，有县 4 万吨龙马水泥厂技改、硅铁厂技改和乡镇企业加工等。2001 年，实施新阶段扶贫开发后，乡镇企业项目实施逐年减少。

种植养殖业项目

1991~1992 年，实施项目 5 个，项目主要有县农场养鱼场，白龙乡乐康黑山羊养殖基地，在塘边至克度公路沿线有 600 亩黑荆树、桉树和 900 余亩杜仲种植等。

1993~1997 年，共实施种植业项目 11 个，总投入 627 万元，其中养殖业项目 9 个，投入 515 万元。1998 年，在全县实施“温饱工程”，主要项目有杂交水稻种植、杂交包谷种植、油菜育苗移栽、小麦高产栽培、旱地分带轮作等。是年推广种植杂交水稻 12.74 万亩、杂交包谷 5.23 万亩、油菜育苗移栽 2.99 万亩、小麦高产栽培 1.38 万亩、旱地分带轮作 4900 亩。1999 年，除“两杂”种植外，开始推广脱毒马铃薯种植，主要品种为“坝薯 10 号”。是年，推广种植 8650 亩。2000 年，以白龙为重点，投入小额信贷资金 280 万元，实施苎麻种植项目。2002 年，以平湖镇米牙村为扶贫开发示范点，实施牛品改、山（坡）鸡养殖、麻竹种植和特色蔬菜种植项目 4 个。

2003 年，实施整村推进扶贫模式，除“两杂”种植外，在全县各乡镇推广肉牛、二元母猪、三元杂交仔猪养殖、林下养鸡（鸭）和脱贫马铃薯、食用菌、优质蔬菜种植，并结合种植实施粮—猪—沼（气）项目。

2007 年，以卡蒲、西凉、克度、塘边等乡镇为重点实施种桑养蚕项目。

2008 年，在西凉乡大田、堡上、八贡 3 个村，白龙乡乐康、打赖、摆克、翁干、卡蒲、龙兴、新全 7 个村，苗二河乡苗二河村、新联村、双江村 3 个村，四寨镇拉塘、贬等 2 个村，甘寨乡甘寨村、基哈村、苗坡村、塘官村 4 个村，牙舟镇丰坡村，新塘乡新塘村、公娥村，大塘镇坝东、谷主 2 个村，掌布乡掌布村等 26 个贫困村实施整村推进，种植优质蔬菜 2600 亩、经果林 1180 亩。养殖生猪 2405 头、优质兔 3500 只、羊 9440 只、牛 1000 头，项目区人均增收 229.7 元。

2009 年，实施茶叶、油茶种植项目，采取小额信贷贴息扶贫方式投入资金 304.5 万元。2010 年，实施大塘镇整镇推进扶贫工程。是年，种植高原优质绿茶 5500 亩，生猪养殖 3000 头，土鸡养殖 50000 羽。2011 年，实施项目 5 个，投入资金 3823.47 万元，主要项目有草地生态养牛、绿茶、油茶、提子（葡萄）和优质蔬菜种植等。

2012 年，重点发展核桃、油菜种植和生态养牛产业。在通州、鼠场、克度、塘边公路沿线累计完成核桃种植 41123.83 万亩，油菜种植 5130.37 亩；建成生态养羊圈舍 12200 平方米，人工种草 30000 余亩；发放种羊 4821 只，其中基础母羊 4720 只。

2013 年，在白龙、谷硐、卡罗实施生态养羊项目，总投资 1500 万元，完成羊圈舍修建 18640 平方米，种草 5127 亩，购进种羊 4969 只。完成核桃扩种投入 920.4 万元，在摆茹马场、兴荣种植油茶 500

亩，在白龙京舟、者密六硐引进大闸蟹养殖300亩37.6万只，总投资150万元。

易地扶贫搬迁安置项目

2001年，开始实施易地扶贫搬迁项目。是年，共移民搬迁51户190人，分18个搬迁点，建房总面积4047.6平方米。

2002年，在大塘镇、新塘乡实施易地移民搬迁82户346人。2003年，分别在克度、大塘、掌布、摆茹、者密、新塘、西凉、白龙8个乡镇实施易地扶贫搬迁568户2443人。2005年，在新塘乡实施茅草（危）房改造150户，户均建筑面积80平方米。2006年，在掌布、摆茹、者密、四寨4个乡镇实施易地搬迁110户495人。2007年，实施易地扶贫安置94户341人，茅草房改造148户。2010年，在掌布、牙舟2个乡镇实施易地扶贫安置399户1808人。

2011年，实施塘边镇湾子村营盘路易地扶贫项目安置105户500人。2012年，在塘边镇湾子村、克度镇金星村实施易地扶贫搬迁234户1095人。

2013年，在白龙乡龙兴村和掌布镇集镇市场实施易地移民安置247户1163人。

第二节　扶贫资金

1991～1997年，各类扶贫资金主要用于种植业良种良法推广、乡镇企业技术改造和中小学校舍的修建。1998～2002年，以促进农民增收为重点，扶持种植业、养殖业和改善农村生活条件。2003年后，以重点贫困乡（镇）、重点村为主，实施水、电、路、通信等基础设施建设和优质粮、果、蔬菜基地建设，发展生态畜牧业产业。

财政扶贫资金

1991～1992年，争取财政扶贫资金238.55万元，安排扶贫项目39个，其中乡镇企业17个，总投入82.3万元。

1997年，投入财政扶贫资金255.65万元、以工代赈资金346万元、“渴望工程”资金362万元。1998年，争取到财政扶贫资金158.5万元，其中“麻山”街水、电、路基础设施建设90万元；以工代赈资金640万元，主要投入交通、水利、坡改梯、村级公路和片区综合开发项目。1999年，争取以工代赈资金410万元，实施项目19个，主要有交通、水利、坡改梯等。

2000年，投入财政扶贫资金472.5万元，其中“麻山”乡镇扶贫资金90万元，切块到县资金120万元，省级工作队专项扶贫资金48万元，计生、卫生、“牛品改”资金42万元，救灾资金68万元。新增财政扶贫项目资金70万元。

2001年，争取财政扶贫资金立项实批55.845万元，实施项目59个；以工代赈资金348万元，实施项目11个。

2002年，投入财政扶贫资金447.6万元，在30个村实施项目81个；以工代赈资金358.17万元，实施项目10个，其中项目到村56.17万元。是年，启动17个村以工代赈资金计划，投入财政扶贫资金50万元，启动扶贫开发示范村1个（平湖镇米牙村）。

2003～2005年，共争取财政扶贫资金1680.86万元，实施扶贫项目253个。

2006年，争取财政扶贫资金595.75万元，县级财政投入190.5万元，修建小水池410口，管理铺设5000米，复修水渠2000米；修建改建公路55.2千米，路面硬化2680千米；建农村住房148幢。

2008 年，投入扶贫资金 919.55 万元，其中种植业 193.5 万元、养殖业 726.05 万元。新建或改造村寨公路 54 千米，新建小水窖、小山塘 45 个。

2009 年，省州下达财政扶贫资金 1954 万元，实施项目 98 个，其中 6 个面上贫困村整村推进 160 万元、12 个毛南族聚居贫困村整村推进 600 万元，共实施项目 47 个。

2010 年，争取财政扶贫资金 2878.6 万元，实施大塘镇整镇推进项目 1000 万元、草地生态畜牧业种草养羊项目 1055 万元、油茶种植项目 650 万元。

2011 年，投入财政扶贫资金 2671.6 万元，重点实施项目有草地生态养牛、绿茶、油菜、金银花和优质果蔬种植等产业化扶贫项目。种植绿茶 5000 亩、金银花 8960 亩、提子（葡萄）2860 亩、蔬菜 2000 亩，购进基础种羊 6761 只。

2012 年，争取财政扶贫资金 3119.02 万元，其中移民搬迁扶贫资金 766.5 万元。实施项目 69 个，种植核桃 1 万亩、油菜 5130.37 亩。在牙舟、通州、塘边、鼠场、者密、四寨等 20 个村发放基础种羊 4821 只。

2013 年，省州下达财政扶贫资金 5700.8 万元，实施项目 26 个，其中种草养羊项目 1500 万元、油菜种植项目 200 万元、核桃种植配套基础设施资金 920.4 万元、桔柿水果种植 150 万元、大闸蟹特种养殖项目 150 万元。

信贷扶贫资金

1992 年，计划投入省级项目专项贷款 267 万元，其中县工艺美术厂专项贷款 50 万元。年末，贷款到位资金 121.4 万元。

1993~2000 年，共争取信贷资金 13135 万元。其中，1993 年 480 万元，实施项目 4 个；1994 年 296 万元，实施项目 12 个；1995 年 1282 万元，实施项目 16 个；1996 年 1088 万元，实施项目 10 个；1997 年 2327 万元；1998 年 1777 万元，实施项目 23 个；1999 年 3029 万元，实施项目 12 个；2000 年 2856 万元。

2001 年，烤烟生产小额信贷资金计划投入 100 万元，实际投入 64.65 万元。2002 年，信贷扶贫资金项目立项 2 个，立项贷款 2800 万元。2003~2005 年，实施信贷扶贫项目 6 个，投入信贷资金 191.05 万元。2006 年后，国家财政扶贫资金逐年增大，信贷资金主要采取小额结息方式扶持种植业。

对口帮扶资金

对口帮扶始于 1996 年，是年，深圳市政府捐赠资金 45 万元，投入农村人畜饮水、公路建设和中小学校舍改造 3 个项目。

1997 年，深圳市建设投资控股公司开始对口帮扶平塘县。是年，共捐资 160 万元，在县城修建建平医院一、二期工程，建筑面积 8254 平方米；修建乡镇卫生院 3 所、中小学校 7 所、通村公路 20 千米、大桥 21 座；建成小水池（窖）547 口，改造农村电网 82.2 千米。至 2000 年，深圳市建设投资控股公司共捐资 815 万元。

2001 年，深圳市基金会捐资 250 万元，实施项目 2 个，帮扶县龙马水泥厂和县食用菌企业扩大种植面积。是年，深圳市盐田区捐赠价值 70 万元教学仪器和 12 万元教育扶贫资金。

2002 年，深圳市盐田区教育局捐赠资 85 万元、深圳市建设投资控股公司捐资 30 万元，实施县建平医院扫尾工程，修建中小学业务用房 150 平方米。2003 年，深圳市基金会捐资 135 万元，实施掌布乡桃子坡 3000 米道路、栏马河防洪堤 7400 千米、卡罗乡唐家寨至长冲村公路 7000 米及长冲村提灌站等项目。

2005 年，国家开发投资公司捐资 500 万元，修建平塘县青少年活动中心；捐资 300 万元，实施河湾电站基础设施建设项目。是年，深圳市基金会捐资 250 万元，实施新塘乡茅草（危）房改造 100 户，修建卡罗乡塘烂至沉空通村公路 14 千米。深圳市能源集团捐资 30 万元，扶持卡蒲毛南族乡新关小学教学楼修建项目。

2006 年，深圳市对口帮扶办公室资助 225 万元，实施项目 8 个，改造茅草（危）房 80 户，修建村级公路 8000 米、饮水管道 7000 米、小水池（窖）80 口。深圳市能源集团捐资 270.05 万元，修建卡蒲毛南族乡新关村希望小学教学楼。

2007 年，深圳市政府资助 150 万元，实施平湖镇米牙提灌站、通组公路连户硬化路及米牙 20 户危房改造。深圳市能源集团资助 163.97 万元，修建平湖四小教学楼、卡蒲毛南族乡新关村希望小学附属工程。国家开发投资公司资助 200 万元，实施掌布乡高寨人饮工程。

2008 年，国家开发投资公司资助 175 万元、中国文化扶贫基金会捐资 13.2 万元、深圳市扶贫基金会捐资 150 万元、深圳市能源集团资助 160 万元，实施项目 6 个。修建卡蒲毛南族乡摆卡村排洪沟 450 米，茅草（危）房改造 20 户，建成大塘镇里中小学、平湖四小综合楼，实施白龙乡新全村人饮工程。

2009~2012 年，共获深圳市对口帮扶资金 820 万元，国家开发投资公司帮扶资金 615 万元。先后实施西凉乡团结村、六寨村，谷硐乡翁化村，掌布乡联合村，牙舟镇白沙村人饮项目；摆茹镇金贡村排洪工程、白龙乡京舟村现代农业配套设施和卡罗优质水果基地配套设施项目。

2013 年，获广州市对口帮扶项目资金 325 万元，其中四寨镇拉栗村同步小康建设资金 100 万元、白龙乡京舟村整村推进帮扶资金 150 万元、村庄整治资金 75 万元。国家开发投资公司资助 200 万元，实施掌布乡田坝村人饮安全工程项目。争取国家烟草扶贫资金 1000 万元，实施白龙乡龙兴村、卡罗乡卡罗村、谷硐乡场坝村、通州镇翁刚村、鼠场乡新力村新村建设项目。

其他扶贫资金

1988~1994 年，共争取民族经费 231.67 万元，实施项目有农业、交通、水利、文化、教育、卫生、体育、广播电视等。

1996 年，省州民委无偿投入“麻山”乡镇扶贫资金 102.3 万元，设施项目 23 个。1999~2002 年，共获中央和省州县部门帮扶资金 479.32 万元，省州党建扶贫工作队专项扶贫资金 154.7 万元。

2007 年，台湾朱英龙先生捐资 24 万元，援建谷硐、西凉 2 乡小学学生宿舍楼。是年，获社会各界帮扶资金 323.4 万元，其中县直部门定点帮扶资金 105.4 万元。2008 年，香港“两地一心”基金会黄英义捐资 35 万元。2009~2012 年，共获省州帮扶部门帮扶资金 2857.53 万元。

2013 年，共获社会各界帮扶资金 426 万元。其中香港旭日集团捐资 80 万元，修建者密镇甲青小学、卡蒲毛南族乡新关小学师生宿舍各 1 幢。

扶贫资金管理

1991~2001 年，各类扶贫资金实行切块投入，项目资金管理经省州县扶贫项目审计组进行专项审计后，由省州扶贫项目检查组组织检查验收。

2001 年后，根据扶贫项目实施进行情况，对扶贫资金使用实行月报制。组织扶贫、政协、审计等部门对项目资金使用情况开展跟踪检查，对存在问题提出具体整改意见。

2010 年，开展扶贫统计监测，通过扶贫统计、财政扶贫监测网、贫困户信息管理系统、贫困村住户抽样调查系统等数据库的填报进行监测。据实填报项目申报、项目实施、项目验收全过程情况，贫困村整村推进情况，重点乡（镇）扶贫开发成效情况，财政扶贫资金使用情况以及贫困村调查情况。

2013年，制定《平塘县财政扶持资金管理实施细则（试行）》，完善和规范项目资金报账、核销、拨付制度，组织扶贫、财政、审计、监察等部门对项目资金使用情况进行跟踪检查。是年，对2010~2012年财政专项资金使用情况和项目实施情况进行检查，涉及项目77大项212子项，资金8670.62万元。

第三章 扶贫开发

1988年，县内扶贫开发主要是粮油增产增收和畜禽养殖。1991年后，以改善农村贫困地区生产生活条件和促进农民增收致富为重点，在加快水、电、路和教育、卫生、通信等基础设施建设的同时，实行扶贫与扶智相结合，加强农民农业技术培训，建立农产品基地。开发荒山荒坡，实施高产示范工程，发展优质粮油、果蔬、中药材和生态畜禽养殖。2000年，开始在各乡镇建立农业产业基地，通过公司+基地+农户等方式发展规模化产业，带动农民增产增收。2010年起，以贫困一类乡（镇）、一类村为重点，实施产业化扶贫，发展茶叶、蔬果、生态畜禽等产业。至2013年，先后在大塘、克度、通州、牙舟、谷硐、白龙等乡镇建成一批现代农业产业园。

第一节 政府扶贫

1991年，平塘被列为贵州省新增的15个省级贫困县之一。1994年，国务院实施《国家八七扶贫攻坚计划》后，平塘被列入全国重点扶贫的592个贫困县之一。2000年，平塘列入新阶段扶贫开发工作重点县之一，全县有15个乡（镇）146个建制村被列为重点扶持对象。

面上扶贫

1991~1992年，共累计投入扶贫资金557万元，安排项目39个。先后建成县工业美术厂、天然蜜果厂、白龙乡乐康村黄门黑山羊基地，实施龙塘、官滩、天生桥水电站技术改造，完成县城至摆茹输变电工程建设。

1993~1997年，投入各类扶贫资金8068万元，实施扶贫项目38个，其中种植业11个627万元、养殖业9个515万元。到1997年末，全县贫困人口从1993年的19.33万人下降到5.6万人，71%的农村贫困人口越过温饱线。1997年，平塘县获中共贵州省委、贵州省人民政府授予“解决温饱先进县”称号。

1998年，投入信贷扶贫资金1777万元，实施烤烟、水果、茶叶、商品牛养殖和县农药厂、县硅铁厂技术改造等23个项目。

1999年，投入信贷扶贫资金3230万元、小额信贷资金1704万元，实施种植业项目4个523万元，工业项目3个417万元，交通、通信等基础设施项目5个754万元。是年，农民人均占有粮289公斤，农民人均纯收入1113.29元，7000名农村人口越过温饱线，农村人口返贫2.41万人，返贫率为14.2%。

2000年，共投入信贷资金3591万元，其中切块到县资金1789万元、“麻山”专项贷款资金1802

万元。到县项目资金2856万元，其中小额信贷995万元、县龙宇饮料厂流动资金190万元、县靓艺建材厂流动资金180万元、苎麻种植项目资金280万元、县建平医院配套建设资金300万元、城关农贸市场扫尾工程资金300万元、县城自来水改造500万元、中药材加工项目资金31万元。是年，全县解决1万农村人口温饱问题，谷硐乡基本实现面上越过温饱线。

2001年，共投入财政扶贫资金55.845万元。立项59个，投入以工代赈资金348万元，实施项目11个。是年，农民人均纯收入1161.28元，8050名农村贫困人口越过温饱线。

2002年，共投入财政扶贫资金447.6万元，在30个行政村实施扶贫项目81个；投入以工代赈资金358.17万元，实施项目10个；信贷扶贫立项2个，贷款2800万元。是年，全县共解决农村贫困人口温饱11719人，返贫4989人，返贫率16.6%。年末，新塘乡被列为省级新阶段扶贫开发重点一类乡。

2003年开始，对省级重点一类乡（镇）和省级一类重点村实施综合扶贫和整村推进扶贫。至2008年，1个重点一类贫困乡（新塘乡）、46个一类重点贫困村累计减少贫困人口11.8万人，全县农村贫困人口降至7.63万人。2009年，实施整村推进24个村，实施项目149个，总投入3183.18万元。2010年后，全县转入产业化扶贫。至2013年，先后在平湖、谷硐、大塘、克度、通州、塘边、牙舟、者密、四寨、摆茹、鼠场实施核桃、油茶、杨梅、四月桃和山羊、大闸蟹种养项目229个，总投资1.96亿元。

省级一类重点乡（镇）推进扶贫

2002年末，新塘乡被列为省级重点一类乡。2003年，修订和完善《新塘乡（村）2003~2005年综合扶贫开发规划》。按照省委、省人民政府确定的以解决贫困人口温饱和抑制返贫为重点，以增加贫困人口收入为目标，以提高贫困人口素质为根本，以农业产业结构调整为主线的目标要求，重点抓好农田基本建设、畜牧业和粮食生产。到2005年，全乡新增基本农田2200亩（人均新增0.45亩）；新建小水窖、小水池、小山塘92口5290立方米，沼气池100口；茅草（危）房改造150户；举办农业实用技术培训8期4000人（次），实施劳务输出1110人。2005年末，全乡人均占有粮387.19公斤，农民人均纯收入1201.57元，基本实现面上贫困人口越过温饱线。

2006年，投入扶贫资金240万元，其中财政扶贫资金50万元、深圳帮扶资金120万元、帮扶部门资金50万元、其他资金20万元。实施耕地整治、粮食自给工程和茅草（危）房改造等项目。是年全乡人均基本粮田5170亩，农民人均占有粮食316公斤，农民人均纯收入1331.57元，共解决贫困人口温饱848人；改造茅草（危）房142户1.08万平方米，砖木结构住房农户1126户。

整村推进扶贫

2003年，实施省级重点一类村整体推进扶贫，主要实施整村推进扶贫13个村，新建和改造村级公路68.7千米，新修桥梁5座、沼气池110口880立方米、村级卫生室7所560平方米、村文化室3个250平方米、小学教学楼2幢640平方米。实施农村危房改造11户，开展内牛、二元母猪繁殖、三元杂交仔猪、土鸡示范养殖。是年，共有7768名农村贫困人口越过温饱线。

2004年，投入财政扶贫资金246万元，实施整村推进12个，其中综合扶贫开发示范村10个，实施种养殖项目16大项，覆盖11个乡镇12个村4101户，项目新增产值1750万元，人均增收341.45元。

2005年，投入公路扶贫资金896.85万元，实施整村推进扶贫15个村。实施扶贫项目124个，农民实用技术培训6251人。

2006 年，实施重点一类村整村推进 13 个，投入各类扶贫资金 957.8 万元，实施项目 139 个。是年，13 个村农民人均占有粮食 315 公斤，农民人均纯收入 1007.7 元，通电、通公路、通广播电视率分别为 97%、100%、91%。

2007 年，实施一类村整村推进 14 个，投入各类扶贫资金 966.82 万元，实施项目 139 个。种植核桃、蚕桑树、花椒、优质梨子等经果树 1950 亩，推广脱毒马铃薯 1100 亩、红薯 300 亩、优质蔬菜 800 亩。是年，项目实施村农民人均纯收入 1180.7 元，人均占有粮食 413.6 公斤。

2008 年，在西凉乡、卡蒲毛南族乡、白龙乡、苗二河乡、四寨镇、甘寨乡、牙舟镇、新塘乡、大塘镇、掌布乡等 10 个乡镇实施整村推进 26 个村。新建水渠 22.75 千米、60 立方米小水池（窖）179 口 10740 立方米；新建和改造通村公路 53.6 千米，架设输电线路 2.1 千米，村寨道路硬化 28022 平方米；种植优质蔬菜 2600 亩、经果树 1180 亩，养殖生猪 2405 头、兔 3500 只、牛 1000 头、羊 9440 头。是年，26 个村人均收入 1960 元，人均占有粮食 339.4 公斤，脱贫人口 5406 人。

2009 年，实施重点村推进 24 个村，投入各类扶贫资金 3183.18 万元，户均 4452 元，实施项目 149 个。是年，24 个重点村人均种养殖增收 876.28 元，解决 10471 人 3894 头大牲畜饮水问题。全县农村贫困人口减少 7095 人。是年，全县整村推进扶贫工作结束，基本实现面上脱贫。

整乡（镇）推进扶贫

2010 年，全县扶贫工作重心转向整乡（镇）推进，实施产业化扶贫。是年，实施大塘镇整镇推进，投入财政扶贫资金 1000 万元，实施产业化扶贫，计划分 3 年种植高原优质绿茶 10000 亩、生猪养殖 9000 头、麻山土鸡养殖 150000 羽。是年，投资 1705 万元，完成绿茶种植 5500 亩、生猪养殖 3000 头、土鸡养殖 50000 羽，实施种草养羊 15117 只、油菜种植 10110 亩。

2011 年，实施克度镇整镇推进扶贫，投入财政扶贫资金 1000 万元，种植金银花 8960 亩、提子（葡萄）2860 亩、优质蔬菜 2000 亩，新建蔬菜育苗中心 1 个。

2012 年，大塘镇整镇推进优质绿茶种植完成 10870 亩，共有茶农 1745 户 8442 人。发放仔猪 1875 头，家禽 12.47 万羽。克度镇整村推进项目因 2011 年特大旱灾影响，项目延至 2012 年实施。是年，全县以核桃、油茶、生态养羊三大产业为重点，投入产业发展资金 2580 万元，实施优质核桃标准化种植 10000 亩、油茶种植 6988 亩，生态养羊发放基本母羊 4720 只、公羊 101 只。

2013 年，继续实施产业扶贫项目，在白龙乡新全村、龙兴村、卡蒲村、谷硐场坝村以及卡罗乡公路沿线村组投入项目资金 861.79 万元，购进发放母羊 4780 只、种羊 189 只，实施人工种草 5127 亩，建成羊舍 18640 平方米。投入 920.4 万元，实施优质核桃种植项目。是年，完成种植 60123.6 亩，其中标准化种植 40123.06 亩。投入 150 万元在摆茹镇兴昔、马场实施优质油菜种植 500 亩；投入 150 万元在苗二河种植优质桃子 294.6 亩，在平湖镇种植杨梅 850 亩；投入 150 万元在白龙乡京舟村、者密镇六硐村实施大闸蟹养殖 300 亩 37.6 万只。

“麻山”乡镇扶贫

平塘麻山地区历史上有“头饮龙滩水，尾落大塘州”之说。1994 年，大塘镇、新塘乡、鼠场乡被列为贵州省“两山”扶贫开发试验区。是年 10 月，县委、县政府印发《关于加快我县“麻山”乡镇和极贫乡镇扶贫开发步伐的通知》，提出用 3~5 年时间，通过加大投入等措施，使大塘镇、新塘乡、鼠场乡 3 个“麻山”乡镇和掌布、西凉、谷硐 3 个极贫乡的贫困户生产生活条件有明显改善，为到 2000 年稳定解决绝对贫困奠定基础。

1994~1997 年，共投入各类扶贫资金 866.4 万元，先后在大塘镇坝东、谷硐 2 村和新场、甲斗、硐头3个村，实施村果林种植和黑山羊养殖项目，建成林果场1个，种植奈李、板栗、梨树2000亩。在新塘乡实施种低产田改造、冷烂锈水田排洪（水）工程，商品牛、黑山羊养殖以及水电路等基础设施建设。在鼠场乡采取乡干部包村落实项目和民工建勤的办法，种植油桐、杜仲、银杏、乌梅等共1万亩，养殖黑山羊1000余只，修建村级公路100余千米，架设高压输电线32.8千米。1997年，大塘镇农民人均纯收入达900元（低于全县农民人均纯收入231元），比1993年长增170%。全镇20个村全部通电、通自来水、通邮件，16个村通公路。新塘乡农民人均纯收入818元（低于全县农民人均纯收入313元），比1993年增长162%。鼠场乡农民人均纯收入855元（低于全县农民人均纯收入276元），比1993年增长158.45%。全乡8个行政村通公路、通邮件，有5个村通自来水，2个村通电话。

1998~2002年，共投入各类扶贫资金1274.05万元，实施坡改梯、“粮食自给”工程和烤烟、脱毒马铃薯、油菜种植和生猪养殖等项目。2002年，3个“麻山”乡镇新增基本农田1955亩，粮食总产量9676.34吨，肉类总产量168吨，年末，生猪存栏2.27万头，农民人均纯收入827元，农民人均占有粮食255.75公斤，共有456户1956人越过温饱线。是年，有264户1138人因灾因病返贫。

2003年，投入各类扶贫资金100.1万元，实施大塘镇里中、赖惹2个村整村推进，解决农村贫困人口2300人温饱问题。新塘乡整乡推进共实施项目65个，投入各类扶贫资金353.2万元。鼠场乡投入各类扶贫资金465万元，先后实施水利、沼气、移民搬迁和种养殖业等项目。年末，人均纯收入1065.16元，435名农村贫困人口越过温饱线。

2004~2006年，新塘乡计划投入各类扶贫资金1140.86万元，先后完成茅草（危）房改造175户，坡改梯100亩，新塘、民联、槐山移民搬迁19户，建成农贸市场1个、庭院经济示范点2个（谷心、凹懂）、农村沼气池318口。

2007年，大塘镇完成新安、胜安、掌畜、赖惹4个村综合扶贫开发，实施项目38个580.5万元。投入各类扶贫资金453万元，启动整村推进1个、新农村示范点1个、新阶段扶贫开发示范点1个，帮扶毛南族村1个，改造茅草房31户，建成西关、新光、胜安、新场4个乡村农民文化园。

2008年，鼠场乡投入675万元，实施仓边村社会主义新农村示范点建设和蛇谷至摆茹、簸箕田至平岩独坡通组公路建设，完成乡汽车站、卫生院和干腮水库主体工程建设，建成小水窖292口1.75万立方米，沼气池43口，完成同兴村拉绕、硐脚，仓边村龙井，金塘村司光4个村民组4000立方米山塘改造工程。

2010年，实施大塘镇整镇推进扶贫工作，共投入各类扶贫资金1299.5万元。其中，省领导帮扶专项资金1000万元，生猪养殖9000头，“麻山”土鸡养殖150000羽。年末，入驻绿茶企业2个，建成茶园2个7500亩；建成绿茶种植示范点8个、生态养鸡示范点6个、生猪养殖示范点12个。全镇年末农民人均纯收入3160元。是年，完成“两项制度”（扶贫开发与农村低保）贫困户信息管理系统动态录入工作，全县共录入26234户85318人，其中贫困户2977户10758人、低保3755户6033人、扶贫低保户19234户67957人、贫困户259户300人。

2011年，鼠场乡共投入资金242万元，新建新坝村教学综合楼1幢，建筑面积3000平方米。争取上级部门帮扶实施油鲁至仓边、新合至翁刚村级公路建设，架设同兴村沙槽等村组输电线路，实现全乡同网同格。实施完成油岜至鼠场光纤网络建设和新坝村19个村民组自来水管道铺设。是年，建成养殖示范点8个，带动农民务工4512人（次），务工收入5000万余元，发放农村低保最低生活保障145户220万元，完成农村危房改造285户。

2012年，新塘乡共申报实施项目43个，其中农业6个、公路15个、水利8个、文化6个、教育3个，规划建设总投资2.13亿元。是年，采取“公司+基地+农户”的种植方式，与重庆瑞鹏农业开发有限公司签订中药材种植1000亩，退耕还林和开垦宜林荒山种植核桃896亩，建成党员创业示范点6

个。至2013年，大塘、新塘、鼠场农民人均纯收入分别为5481.87元、5225.58元、5120.72元。

计划生育“三结合”帮扶

1996年，实施计划生育与发展农村经济、与帮助农民勤劳致富奔小康、与建设文明幸福家庭三方面结合工作（简称“计生三结合”），全县共投入36.6万元，帮助2044户计生户脱贫致富。

1997年，印发《平塘县计划生育“三结合”三年规划》，各乡镇、县直各部门明确专（兼）职人员负责计生“三结合”工作。

1998~2002年，全县计生“三结合”帮扶落实7688户，共投入资金229.31万元，其中省州县扶贫系统帮扶204户，投入帮扶资金28.97万元，采取小额信贷和捐资捐物方式发展种养业。

2006~2010年，先后将苗二河乡坡坪村、苗攀村、通州镇新立村、甘寨乡磨刀石村、大塘镇洋方村作为计生“三结合”帮扶示范村。投入面上扶贫资金185万元，实施项目16个。“一对一”重点帮扶计生户51户，每户投入帮扶金500余元，实现当年帮扶脱贫目标。

2011~2013年，除县扶贫、计划生育部门实行定向帮扶外，每年从省、州、县3级党建扶贫工作经费中划出一定资金帮扶计划生育户和独生子女户、双女结扎户发展种植和养殖，促进增产增收。

第二节　社会扶贫

对口帮扶

1991~2013年，平塘县先后获得对口帮扶资金9557.28万元，对口帮扶单位主要有深圳市、国家开发投资公司、广州市、中国烟草集团等。

1991~2002年，先后获深圳市建设投资控股公司、深圳市扶贫基金会、深圳市盐田区人民政府及其教育局捐款1600万元以及价值70万元的教学仪器。其中深圳市建设投资控股公司捐款1253万元，捐赠资金主要用于建平医院、平塘二中和卡蒲小学教学楼项目修建。

2001~2006年，国家开发投资公司、中国扶贫基金会新长城办公室、深圳市对口帮扶办公室、深圳市扶贫基金会、深圳市能源集团5家单位共捐资1875.95万元。其中，国家开发投资公司捐资500万元，援建县青少年活动中心；深圳市对口帮扶办公室捐资707.75万元，实施农村茅草（危）房改造、通村公路、村寨连户道路硬化以及沼气池、小水窖（池）项目建设；深圳市扶贫基金会捐资385万元，主要援建新塘乡茅草（危）房改造，掌布乡、卡罗乡通村公路和摆茹计生服务站建设项目；深圳市能源集团捐资300.05万元，援建卡蒲毛南族乡新关村希望小学教学楼建设。

2007~2012年，共获深圳市人民政府、深圳市能源集团、国家投资控股公司、深圳市扶贫基金会、中国文化扶贫基金会捐资2661.33万元。其中，深圳市人民政府帮扶资金970万元，主要援建平湖镇米牙村提灌站和人饮工程、白龙乡京舟村现代农业配套设施项目、卡罗乡优质水果基地配套设施项目；国家开发投资公司帮扶990万元，主要投入掌布乡高寨村、联合村，者密镇甲青村，谷硐乡翁化村，平湖镇白沙村人饮工程；深圳市能源集团资助328.13万元，主要援建平湖四小教学楼建设和卡蒲毛南族乡新关希望小学附属工程以及农村水电路基础设施建设。2008年，获中西部协作项目资金1440万元，实施卡蒲毛南族乡摆河村扶贫开发示范建设项目3个，改造农村危房15幢，建成平湖四小综合楼8296平方米。

2013年，广州市接替深圳对口帮扶平塘。是年，援助对口帮扶项目资金325万元，其中投入100

万元实施四寨镇拉栗村同步小康建设项目，投入225万元实施白龙乡京舟村整村推进扶贫和村庄整治。国家开发投资公司捐资200万元，援建掌布镇田坝村人畜饮水工程。中国烟草集团帮扶1000万元，实施白龙乡龙兴村、卡罗乡卡罗村、谷硐乡场坝村新村建设项目。

社会帮扶

1988~1992年，除选派县直机关挂职干部驻村帮扶外，主要以发展农村商品经济为重点，邀请省内外专家开展种养业技术培训。先后举办乡土人才培训班20期4929人。

1993~1999年，社会帮扶以“麻山”乡镇和边远贫困乡镇为重点，通过省州政协联系有关民主党派和科技专家、学者到平塘开展科技推广和技术培训。实施良种良法推广试点2个，先后引进优质小麦、优质油菜和秋季优质蔬菜试点种植，推广脱毒马铃薯、旱稻、优质水果、中药材和良种生猪养殖。

2000~2009年，主要争取国家和省州县帮扶部门、海内外基金会和有关爱国人士捐资捐物援助农村水电路等基础设施建设和改善农村办学条件，共获帮扶资金1044.69万元。并经过省州政协牵头，省州民主党派联系香港中华爱德基金会、美国华人燃灯基金会、香港基督教协会、香港扶贫社、香港慈恩基金会、美国手拉手教育基金会捐资建成乡村希望小学43所、村寨教学点校舍24个11021.6平方米，资助中小学学生1643人。

2010年后，社会帮扶主要捐资改善农村贫困地区人畜安全饮水工程和医疗卫生条件，资助农村贫困家庭学生。

2010~2012年，争取中华慈善总会通过阳光绿色通道济困项目，分别援助县医院和县保健院一台进口自动生化仪和一台进口三维彩色B超机。投入社会帮助项目资金400万元，实施西凉、谷硐、掌布、平舟、大塘、者密、卡蒲7个乡镇11个村人畜安全饮水工程。争取香港小平基金会、周大福基金、陈登社会服务基金和马来西亚星洲媒体集团资助县民族小学、谷硐中学贫困学生170名。

2013年，共获社会帮扶资金436万元，用于改善乡镇中学办学条件和解决边远地区农村饮水困难。其中，香港旭日集团捐资修建卡蒲毛南族乡关上小学和者密镇甲青小学师生宿舍楼，海南成英慈善基金会资助开展女童就学工程，平塘县奥华矿业等县内企业在鼠场乡开展捐资助学，资助50名贫困家庭学生。

第三节　党建扶贫

1989年，县委组织部印发《关于开展“双带”活动的意见》，在全县开展“两带三包”活动，实行党员带头致富、党员带领群众共同致富的“双带”制度和党支部包面、党小组包片、党员包户的“三包”工作制度。是年，全县有1725名党员帮扶3977户农户，年末基本脱贫1521户。

1990年，县委首次选派6名中青年干部到区、乡挂职锻炼抓党建，帮助发展滞后村组和贫困群众寻找致富路子。是年，黔南州直机关安排7名干部到平塘挂职锻炼。

1994年，在全县242个村党支部开展配好一个好班子、选好一个支部书记、找准一条致富路子、健全和完善一套管理和服务制度的“四个一”工程建设。以“双带”为龙头，“帮后”（帮助后进支部）为基础，推进农村经济发展。

1996年，实行县级领导干部联系乡（镇）、县部门包乡帮村责任制。是年，县委选派25名县机关干部组成第二批工作队分赴14个乡镇25个村挂职抓党建和扶贫工作，县直机关有69个单位挂帮17个乡镇62个村抓基层组织建设和扶贫工作。

1998年，县、乡、村三级制定3年党建工作规划和年度工作计划，有79个县直部门开展挂乡包村扶贫帮带工作，支持挂钩村各类扶贫资金和物资折款共计3.63万元。1999年，省、州、县均组织党建扶贫工作队，并安排专项扶贫资金，是年，获省、州、县扶贫工作帮扶资金35万元。中共和省州县机关定点帮扶单位89个，派出专职挂帮人员83名，投入帮扶资金111.04万元。

2000~2002年，省州党建扶贫工作队投资帮扶资金110.25万元，实施项目31个；省、州、县三级定点帮扶部门投入帮扶资金452.15万元，帮扶项目主要有新修或改造通村公路、农村沼气池、小水窖（池）、输电线路、有线电视网点和村级办公住房等。

2003~2005年，分三批选派377名党建扶贫队员下村挂职开展扶贫工作。共创建助民增收点890个，其中种植示范点458个、养殖示范点125个，投入资金物资97.71万元，共帮扶贫困户2584户。

2006年后，党建扶贫除农村生产生活条件外，主要以促进少数民族地区农民增收，改善住房条件和办学条件为重点。2006~2013年，先后投入帮扶资金2996.87万元，在大塘、平湖、掌布、卡蒲、者密等乡镇实施村级公路改造、村寨连户路硬化、茅草（危）房改造、人畜饮水等项目。其中2000万元省领导帮扶专项资金，主要在大塘、克度二镇实施整镇推进扶贫，种植优质绿茶10870亩、金银花8960亩、优质葡萄2560亩、优质蔬菜2000亩。发放二元杂交仔猪1857头扶持450户、麻山土鸡12.47万羽扶持1050户农户。

2013年，完成"减贫摘帽"乡镇两个（白龙乡、苗二河乡），实现减贫人口3.01万人，全县贫困人口发生率34.62%。

第十三篇

工　业

第一章　工业企业体制改革

1988 年，平塘以市场需求为导向，以新产品开发为重点，实行厂长、经理负责制，在企业内部实行经营承包责任制。1993 年开始，改革分配制度，对完成生产、利税指标的企业给予呈报超利润基数部分 10%~30%的奖励。1997 年，以县神农总公司为改革试点，启动国有企业改革，拍卖部分房产和设备，采取一次性补偿、安置的办法，安置退休人员和职工。1998 年，采取分离重组、租赁、股份合作等形式进行国有企业改制。至 1999 年，破产改制 2 家、重组 2 家、资产拍卖 1 家、兼并 3 家。之后，按照“一厂一策，一企一策”和“成熟一个，改制一个”的办法，稳妥推进企业改革，至 2006 年底，国有企业改革基本结束。

第一节　管理体制改革

机构改革

1988~1993 年，全县工业企业由县经济委员会（简称县经委）和县轻工业局共同管理，乡镇企业由县乡镇企业局管理。县经委直属企业有县水泥厂、农机厂、大理石厂、铁合金厂，县轻工局直属企业有县纸厂、印刷厂、美术陶瓷厂等。

1994 年 3 月，县级机构改革，撤销县经委、县轻工业局、县商业局、县物资管理局和县经济协作办公室，成立县经济贸易局（简称县经贸局），保留县手工业联社，与县经贸局实行“两块牌子、一套人员”的办公体制。将县商业局改建为商业总公司，县物资管理局改建为县物资公司，均属县经贸局直属企业。

2001 年，县级机构改革，县乡镇企业局归并到县经贸局，仍挂县乡镇企业局、县煤炭局的牌子。2002 年，县经贸局办挂县安全生产委员会办公室牌子，其职能从县人事劳动局划归县经贸局。

2011 年 9 月，县级机构改革，撤销县经贸局，成立县工业与信息化局（简称县工信局），内设办公室、经济运行与中小企业管理股、投资与技术创新股、煤炭产业发展管理股、信息化推进股、商贸流通管理股、市场体系建设与对外（内）交流合作股。下设县工信节能与商务综合执法监察大队、县中小企业服务中心。至 2013 年，县工信局内设和下设机构不变。

经营体制改革

1988 年后，推行国有企业厂长、经理负责制，由劳动行政部门管理。县经委每年均制定生产计划并下达到各厂矿、各企业。各厂矿、企业再将生产指标分解到各车间、班组和个人，实行经营承包责任制。1993 年，针对企业效益严重下滑情况，改革分配制度，对完成计划任务、利税指标的企业，给予承包人超利润基数部分 10%~30%的奖励。1995 年 5 月开始，实行县四家班子领导成员挂厂帮厂联系制度。

1997 年，以神农总公司为试点进行国有企业转机建制改革，拍卖部分房产和设备，筹备改革资金，分两步一次性补偿安置，先退休职工，后在职职工，补偿标准按上级文件精神和企业补偿能力制定。企业改制后，采取分离重组、租赁或股份制合作等形式生产经营。

产权制度改革

平塘国有企业产权制度改革始于20世纪90年代初，主要形式有承包租赁、破产重组、股份制合作等。1992年，县凯华大理石厂转交县交通局经营。

1994年，县酒厂改建为平塘县神农天然保健品总公司，下属4个车间改为4个分厂，实行各分厂风险承包、自主经营。

1995年，县刺梨油厂由黔南龙潭宾馆租赁经营后，更名为黔南龙潭饮品厂。是年6月，平塘供电局租赁县硅铁厂，改名为平塘供电局铁合金厂。

1998年，县造纸厂和县刺梨保健品厂被租赁承包，县刺梨保健品厂改名为平塘县龙宇保健食品果酒厂。是年，深圳济田投资发展公司、贵州修文三角山水泥厂以资本置换方式兼并平塘龙马水泥建材有限公司。是年起，县内国有工业企业实施改革改制，破产企业注销。

1999年，县饲料公司、外贸公司因长期停产作破产出售，县食品公司、县药材公司进行破产重组，对县农机厂拍卖部分资产一次性安置企业职工后停产。县神农总公司、县水泥厂、县饮食服务公司实行兼并。2002年，县轻工供销公司、县食品公司实行破产处理，破产后进行资本置换，用置换资金补交退休职工和下岗职工养老金和失业金。2005年，对县印刷厂资产进行拍卖处置，与8名职工签订解除劳动合同协议书，共发放一次性安置费14.2万元。2006年，全县工业企业共17家，其中国有工业企业4家、私营企业9家、地方企业4家、集体企业2家。

第二节 企业改革改制

企业技改

1992年，推行原材料节约奖和定额管理，实行降耗、节能。1993年，启动县水泥厂4万吨综合节能改造、县酒厂1000吨刺梨酒车间改造、匀平纸浆厂配套改造和县植物油厂浸出车间改造。1994年，县饲料公司技改验收投产，神农天然保健食品公司完成“刺金红”“SOD”可乐以及刺梨酒澄清工艺改造试验。1996年，县水泥厂4.4万吨年综合节能改造转为年产水泥100万吨项目。1997年，实施县果子食品厂技改改造，并对农机厂、印刷厂安全设施进行整改。1999年，实施县龙宇保健食品果酒厂年产2200吨刺梨系列产品技改、县印刷厂印刷设备改造，总投资180万元。2001年，投入1125万元实施县茶叶公司加工1000吨机制茶叶改造。2003年，先后实施县龙马水泥建材有限公司环保设备改造、县供电局龙塘铁合金厂设备改造和县化工技术改造，总投入115万元。2004年后，国有企业技术改造随着国有企业改制而停止。

企业改制

1997年，以县神农总公司为试点，启动县内国有企业改制工作。企业改制分两步：第一步，拍卖企业部分资产，安置退休职工和在职职工，实行一次性补偿。安置补偿后，企业职工（包括退休职工）解除与原企业劳动关系。第二步，采取分离重组、租赁、股份合作等方式进行改制。1998年，县水泥厂进行股份合作制改造后，除停薪留职在外的职工外，全部安置到技改后新组建的非公有制企业

——县龙马水泥建材有限责任公司就业，原厂生产线全部停产。1999年，改制企业9户，其中破产改制2户、破产重组2户、资产拍卖1户、兼并改制3户、其他形式改制1户。

2001年后，采取资产置换资金方式清理兑现企业债务、补交企业职工养老金等解决改制企业历史遗留问题。2002~2004年，先后完成县农机厂、大理石厂、印刷厂等国有企业改造和债务清理工作。2005年，完成县印刷厂改制安置工作，发放一次性安置费，补缴社会保险金。至此，县国有企业基本完成改制工作。

第二章 平塘工业园区

1998年，平湖镇工业园区初步建成，共有各类大小企业1264家，主要产业有机制砖、水泥、铁合金生产、机械修理制造等。2007年，成立平塘县工业园区筹建工作领导小组，下设办公室负责工业园区的建设和管理。2009年1月，县城市规划委员会完成对响水洞工业园区详细规划和通州工业项目园区总体计划，是年，响水工业园区入驻企业1家，通州园区入驻企业3家。2011年，通州产业园、四寨马鞍山产业园列入贵州省“十二五”产业园规划盘子。2013年，县工业园区共入驻企业25家，投产16家，其中规模以上企业12家。

第一节 管理机构

平塘工业园区管理委员会（简称县园区管委会）成立于2011年12月，为县人民政府管理的副县（处）级事业机构，内设办公室、产业发展局、招商引资局、规划建设局、综合协调局5个正科级机构，核定事业编制30名。设主任1名、常务副主任1名、副主任2名。工业园区党组织为园区管委会工作委员会。园区管委会工作职责主要是负责园区基础设施、公共设施建设和园区管理，审核或审批园区企业和投资项目，负责园区招商引资工作等。

第二节 园区规划和建设

园区规划

2011年，平塘委托贵州省城乡规划设计研究院编制《平塘县工业园区发展规划》，并通过黔南州人民政府批准实施。园区规划布局为“一区三园”。

通州产业园 产业布局为建材、陶瓷、新材料。规划面积31.03平方千米，其中工业园用地11.45平方千米，总投资100亿元。

平湖产业园 产业布局为电子材料、食品、医药、农产品加工等。规划面积16.23平方千米，其中工业用地5.23平方千米。

四寨马鞍山产业园 产业布局为新材料、轻工业、农副产品加工业等，主要承接东部产业的转移。

园区规划面积15.96平方千米，其中工业用地7.08平方千米。

园区建设

2009年，完成响水洞工业园区场地平整及园区内道路建设，启动通州园区方解石项目场地平整工程。是年9月，通州镇通星村大理石采矿场矿权挂牌出让。因投入不足，园区征地和水电等基础设施建设进度缓慢。

2012年，成立园区建设开发有限责任公司，采取BT、BOT等投融资方式，解决园区资金投入困难。是年，共融入资金7000万元，完成征地810亩，实施通州园区主干道800米，完成园区内场地平整、自来水扩窖、河道改造以及通信设施线路改造等项目，启动平湖工业园区标准厂房建设。

2013年，园区基础建设共完成投资3.1亿元，其中通州工业园区2.5亿元，平湖产业园区3566万元，克度劳动密集型园区1899万元。完成征地1368亩，场地平整54.69万平方米。建成通州园区大道2条1.11千米和园内供排水管网。平湖产业园完成全钢架双层标准厂房4栋1.2万平方米，启动职工楼、办公楼建设项目。是年，园区累计入驻企业25家，新增8家，投产16家，其中规模以上企业12家、亿元以上企业9家。全年工业总产值16.91亿元，工业增加值4.59亿元，其中2000万元以上工业企业实现增加值1.04亿元。

第三节　园区重点企业简介

县中元矿业有限责任公司

驻通州工业产业园，占地100亩。2012年2月动工建设，同年10月投产，总投资1.98亿元，项目为年产25万吨方解石粉体及加工，主要产品为方解石碳酸钙粉。年均销售收入1.25亿元，上缴税金1000万元，提供就业岗位250人。

县渝黔新型建材有限公司

驻平湖工业产业园，占地43亩。2012年12月建成投产，项目为年产6000万块烧结多孔砖。年均销售收入3000万元，年缴税金240万元，提供就业岗位50个。

县黔林木业有限公司

驻平湖工业产业园响水洞园区，占地37亩。2010年12月建成投产，总投资1070万元，项目为年产30万平方米指接板。年均销售收入8000万元，年缴税金500万元，提供就业岗位300个。

县安泰石材有限责任公司

驻通州工业产业园，占地60亩。2013年1月建成投产，项目为年产60万平方米大理石板材。年均销售收入1亿元，年缴税金360万元，提供就业岗位180个。

贵州牙舟陶（研究）开发有限责任公司

驻通州工业产业园，占地120亩。第一期项目2012年8月动工，2013年7月1日建成投产。新建牙舟陶瓷厂和陶瓷研究所各1个，年产500万~800万只陶瓷酒瓶生产线1条，总投资300万元，主要产品为陶瓷。年均销售收入9000万元，创税720万元，提供就业岗位2000个。

贵州盘江龙盟新型环保材料有限责任公司

驻通州工业产业园，由贵州盘江投资控股（集团）有限公司和香港龙盟环保纸（集团）有限公司共同投资兴建。厂区占地700余亩，矿区2000亩，总投资12.61亿元，为贵州重大项目工程。项目为年产12万吨碳酸钙粉，主要产品为碳酸钙环保纸。2012年5月9日开工，2013年投产，年均销售产值10.07亿元，创税1亿元以上，提供就业岗位700个。

县雅海矿业有限公司

驻通州工业产业园，占地900亩。2012年10月与县人民政府签订投资协议，2013年3月动工建设，一期项目为建设年产800万平方米大理石板材生产线1条、石材荒料场1个、国际石材产业物流园1个，总投资15亿元。主要产品为大理石板材。投产后年均产值10亿元，创税1亿元，提供就业岗位2500个。

县澳华实业有限公司

驻通州工业产业园，占地100亩。2012年2月动工，2013年8月投产，项目为年产200万平方米大理石板材。总投资2亿元，年均总产值2.8亿元，创税2540万元，提供就业岗位700个。

第三章　电力工业

1993年5月，平塘供电局挂牌成立，直属都匀供电局管理，共有输电线路8条80.63千米，是年发电量为3020万千瓦时。2013年，全县供电形成以110千伏为依托，35千伏和10千伏为主网架的供电网络，网上送电14350万千瓦时。

第一节　管理机构

1988年至1993年5月前，全县供电行政管理单位为县水电局，供电由水电局下属企业县电力公司负责。1993年5月后，供电行业实行归口管理，是年5月30日成立平塘供电局，人、财、物交由都匀供电局管理，内设办公室、生产技术科、财务科、安全监察科，下辖龙塘、官滩2电站，县调度室以及平湖、通州、牙舟、摆茹、者密5个片区供电所。1994年，撤销安全生产监督科，成立电力服务公司。1996年，增设安全文明生产达标办公室。1997年，增设大塘供电所。1999年，增设城乡供电所和农村电网建设与改造办公室。2000年，增设航龙供电所。2004年，增设110千伏平塘变电站。2005年增设通州110千伏变电站，下辖电力调度控制中心、物资仓储配送站、客户服务中心、变电管理所、城郊供电所以及者密、摆茹、牙舟、通州、航龙、大塘6个片区供电所。

2008年，内设办公室、财务部、计规工程部、生产技术部、规范管理部、市场营销部、安检保卫部、物业管理部7部1室。2009年9月，整体划转为贵州电网公司。2013年，县供电局内设办公室、人力资源部、计划建设部、市场营销部、安全监察部、监察审计部、党群工作部、工会。年末在册职工人数237人。

第二节　电力设施建设

1988~1992年，先后完成龙塘电站至航龙、县城至摆茹2条35千伏输变电线路架设，总投资135万元，其中国家补助75万元，县内自筹60万元，架设8条10千伏输电线路，总投资92.74万元。1994年，投入55万元，对县城供电网络进行改造。1996年11月，建成110千伏变电站1座，架设都匀至平塘110千伏输电线路50千米，总投资1650万元。1997年，采取国家补助，群众集资方式，延伸和改造农村10千伏配电线路，是年底，全县乡、村、组通电率分别为100%、100%、85%。

1999年10月，省计划委员会、省经济贸易委员会、省物价局、省电力工业局联合行文批复平塘第一期农网建设项目资金3794.4万元，项目主要新建者密、掌布、西凉35千伏变电站各1座；县城至者密、龙塘至掌布、摆茹至西凉、县城至摆茹35千伏输电线路各1条；总投资1062万元，新建或改造10千伏配电线路534千米。2000年，正式启动第一期农网改造，是年8月，省计委追加1053.8万元。至2001年，第一期农村电网改造共完成工程投资3573.24万元，占投资总额的96.5%。其中，新建、改造10千伏配电线路660.68千米，投资1724.51万元；完成新建、改造400伏和220伏低压线路890.5千米，投资1369.57万元；新建真空断路器11台，新建和改造油开关13台，共投资28.3万元；新装、更换、改造配电变压器438台，投资450.85万元。安装“一户一表”共36404户。

2002年，完成二期农网建设与改造投入资金1500.3万元，其中，新建、改造10千伏配电线路184.42千米，投资513.83万元；新建、改造400伏至220伏低压线路383.78千米，投资778.86万元；新装、更换、改造配电变压器共153台，投资207.6万元。

2003年，完成农改二期工程投资758.3万元，新建和改造10千伏线路91.25千米，新建和改造220~400伏低压线路102.71千米；新装、更换、改造配电变压器108台，新增真空断路器9台；完成“一表一户”安装12241户，“一表一户”安装总数为59645户，占全县农村应安装户数的97.7%。是年4月，全县实现城乡同网同价。

2005年，完成第三期农网改造投资8939.5万元，实施110千伏输变电工程4项、35千伏输变电工程4项，建设高、低压线路2427.7千米。2011年，投资2845万元，建成35千伏掌布输变电扩建工程和35千伏大塘输变电站新建工程。

2006年，完成县电力调度大楼主体工程，启动摆茹供电所综合楼建设。

2009年，实施检修更改项目21个，配变增空10台，新增配变台区12个。

2010年，实施新舟、牙舟110千伏输变电新工程和大塘、掌布35千伏变输变电新建工程，总投资1.04亿元。

2011年，完成55个点抗旱配电安装，架设10千伏线路14.29千米、400伏线路29.8千米、220伏线路700米，安装变压器52台。

2012年，共投入电网建设7259.1万元，其中220千伏工程1622.7万元、110千伏工程1622.7万元、35千伏工程630.58万元、10千伏及以下工程3035.53万元。

2013年，完成“十二五”电网规划项目库的修编，完成农村小康电网、工业园区配套电网规划。是年，全县售电量1.44亿千瓦，同比增长15.42%。

第三节　电力生产与经营

1988 年，全县用电主要依靠龙塘水电站、官滩水电站和克度天生桥水电站。龙塘水电站装机容量 4800 千瓦（3×1600 千瓦），官滩水电站装机容量 700 千瓦（2×250 千瓦+1×200 千瓦），克度天生桥水电站装机容量为 400 千瓦（2×200 千瓦）。其中龙塘、官滩水电站年均发电量为 1226. 05 万千瓦时。是年 8 月，龙塘电站至克度航龙 35 千伏输变电线工程竣工使用后，克度天生桥水电站与龙塘电站并网运行。

1992 年 8 月，龙塘电站与都匀地区国家电网正式并网运行后，全县供电能力增强。

1993 年，发电量为 2945. 7 万千瓦时。售电收入 325. 6 万元，利润 82. 3 万元，纳税 59. 4 万元。

1994～1998 年，采取国家出大头，群众出小头，供电部补差额的办法延伸农村输电线路，并对农村 20 世纪 70～80 年代架设的 10 千伏竹竿配电线进行改造。共延伸或改造 120 千伏输电线路 89 千米、10 千伏线路 256. 92 千米、低压线 61 千米，安装变压器 183 台。此间龙塘、官滩电站、城关调度所以及平湖、通州、牙舟、摆茹、者密、大塘供电所等电力生产单位实行承包制生产，工资总额与发电、供电量直接挂钩。1995 年和 1996 年，县供电局被电力工业部授予“三为服务达标单位”。

1999 年，对农村入户电价进行普查调查，全县农村入户电价降至 0. 8 元/千瓦时。

2001 年，双桥 35 千伏变电站从城关调度所分离出来，单独设立为 1 个生产单位。是年，取消城市公用事业附加费 0. 02 元/千瓦。2003 年 4 月开始，城乡同网同价。

2005 年，农村电网改造基本完成，农村年售电量达 4665. 18 万千瓦时，比上年增长 423%。是年增设县 110 千伏变电站和通州 110 千伏变电站和变电工区。

2008 年，全县有 110 千伏高压输变电站 2 座，装机总容量 8 万千瓦；35 千瓦变电站 9 座，装机容量 3. 57 万千瓦。

2009 年，投入 200 万元，安装 10 千伏馈线自动调压器。2010 年，开通县城“95598”低压线扩通道。

2011 年，设立四寨、塘边、鼠场、卡蒲、兔场（白龙）5 个便民交费点。是年，大塘新建、掌布扩建 35 千伏输变电工程竣工运营。

2013 年，全县售电量 14350 万千瓦时，售电收入 7305. 1 万元，利润 249. 96 万元。

1988～1997 年平塘供电局生产经营效益情况统计表

表 13-1

年份	装机容量（千瓦）	发电量（万千瓦时）	年均利用时间（小时）	上网电量（万千瓦时）	下网电量（万千瓦时）	县内高压趸售量（万千瓦时）	销售收入（万元）	人均生产率（万元）	利润（万元）	税金（万元）
1988	3700	1226. 05	3314	—	—	—	109. 37	—	61. 05	5. 76
1989	3700	1253. 3	3387	—	—	—	112. 17	—	60. 12	5. 96
1990	5300	1442. 7	2722	—	—	—	113. 56	—	45. 38	5. 76
1991	5300	1625. 16	3066	—	—	—	147. 88	—	36. 22	8. 99
1992	5300	2239. 39	4225	—	—	—	180. 2	—	38. 93	12. 11

续上表

年份	装机容量（千瓦）	发电量（万千瓦时）	年均利用时间（小时）	上网电量（万千瓦时）	下网电量（万千瓦时）	县内高压趸售量（万千瓦时）	销售收入（万元）	人均生产率（万元）	利润（万元）	税金（万元）
1993	5550	2945. 7	5356	1344	314. 4	1300. 6	325. 6	1. 94	82. 3	59. 4
1994	5550	3188	5744	1325	205	1632	380	2. 7	94. 7	35. 3
1995	5550	3505	6315	1637	280	1857	480	3. 2	40. 4	101
1996	5550	2977	5365	931	477	2349	560	3. 9	79. 1	88. 6
1997	5550	3781	6812	1643	3789	5742	1350	7. 8	170	120

1998~2013 年平塘供电局生产经营效益情况统计表

表 13-2

年份	发电量（万千瓦时）	供电量（万千瓦时）	售电量（万千瓦时）	年均利用时间（小时）	线损率（%）	销售收入（万元）	利润（万元）	税金（万元）	人均生产率（万元）	固定资产原值（万元）
1998	3185. 44	9782	9555	5738	2. 3	1937	159. 7	131. 2	11	3526
1999	2681. 58	7880	7376. 13	4875	6. 4	1806	2	163	10	3898
2000	3523	12991	12292	6347	6. 94	1850	65. 6	160	10. 57	4010
2001	2966. 37	13481	12772	5344	5. 26	2857	77. 5	227	16. 05	4451. 6
2002	3053. 69	12170. 11	11444. 64	—	5. 96	2014. 65	63. 41	154. 59	11. 32	4679. 79
2003	2781. 36	16732. 33	15946. 41	—	6. 89	3027. 49	26. 63	143. 72	—	4711. 85
2004	2813. 78	13781. 35	12790. 20	—	13. 31	3977. 89	118. 51	402. 63	—	4723. 93
2005	2340. 42	7144. 53	6435. 32	—	9. 93	2590. 45	21. 98	201. 63	—	4881. 31
2006	2800	7788. 32	6676. 85	—	14. 27	2785. 23	46. 3	255. 25	—	4743. 11
2007	2646. 37	7276. 22	5896. 96	—	18. 96	2447. 46	-47. 75	352. 74	—	4809. 34
2008	3351. 87	7291. 29	6269. 81	—	14. 01	—	—	—	—	—
2009	2590	10241. 095	8928. 323	—	12. 82	4078. 40	-352	560	—	7472
2010	2357. 65	11030. 99	9719. 93	—	11. 89	5470. 77	—	660	—	—
2011	2175	12200	10800	—	11. 97	—	—	721. 91	—	—
2012	2286. 95	14060	12430	—	11. 58	6094. 56	356. 8	705. 99	—	—
2013	—	14350	14350	—	9. 6	7305. 1	249. 96	907. 6	—	—

第四章 煤炭工业

1988~2001 年，县内煤炭生产、销售由县乡镇企业局负责。1989 年时，全县有小煤矿 148 个，建矿由县乡镇企业局审批。1994 年开始，实行采矿许可制。1998 年 9 月，对境内煤炭实行“五统一”管理。2002年后，持续开展煤矿专项整治，炸封和关闭非法或布局不合理矿井。2007年，对县内煤矿进行整合，全县保留16对民用煤矿。2011年，按照中央和省州的要求，对境内煤矿进行兼并重组。2013年，全县保留煤矿11对，年生产能力为415万吨。

第一节　煤炭生产

20世纪80年代，境内煤炭生产规模小，基本为人工开采，年生产不足5万吨。1988~1998年，生产原煤最多为1996年23.6万吨，最少为1988年3.8万吨。据1989年调查统计，全县共有小煤窑148个，其中集体性质8个、个体性质140个。1995年，西凉翁汝煤矿、者密镇料其煤矿建成投产。是年，全县煤炭生产总量达22.6万吨。

1999年，开展关井压产，煤炭减产为6万吨。2002年，通过招商引资，引进各类资金600万元，对县内煤矿进行技术改造和开发。

2006年，委托贵州省煤矿设计院编制《平塘县煤炭开发利用规划》。是年，全县整合为16对矿井，之后，除烤烟用煤外，县内整合煤炭不再进行煤炭生产。

2007年，成立平塘县民用煤矿申报领导小组办公室，负责县内16对保留矿井的生产规划和组合工作。2009年，16对民用煤矿均取得采矿许可证，经贵州省能源局审批开采方案的矿井重新开工建设。

2011年7月2日，克度牛棚煤矿发生透水矿难，之后，全县煤矿生产停止。

2013年，全县煤炭企业兼并重组为煤炭集团，由贵州齐鲁能源有限公司与泰佳和能源投资有限公司联合开采。是年，县内在建矿井全部与这两家公司达成重组协议。

第二节　矿井建设

1989年，全县共有148个小煤窑。是年，22个小煤窑获平塘县安全建矿许可证。

1993~1997年，贯彻《中华人民共和国矿产资源法》《中华人民共和国矿山安全法》，开展煤矿井清理整顿。1993年封停矿井13个。1995年，封停矿井11个，经整改验收恢复生产矿井46个。1996年，整顿矿点56个，取缔无证开采矿点15个，补发采矿证5个、经营证2个。1997年，注销采矿许可证4个，调解企业纠纷5起。

1999年，开展煤炭关井压产工作，关闭矿井61个，保留49个。

2003年，引进资金3790万元，按照煤矿生产20条标准对37家煤矿进行技术改造。

2006年，全县煤矿整改为16对民用矿井，之后，开展煤矿开采方案、采矿许可证的申报和煤矿专业技术人员、煤矿矿长、特种作业人员培训。2009年，16对煤矿均获采矿许可证，累计完成矿井整改投资3.04亿元。

2013年，对境内矿井实施兼并重组，全县保留矿井11对，年生产能力设计为415万吨。

1988~2008 年平塘县煤炭产量统计表

表 13-3　　单位：万吨

年份	产量	年份	产量
1988	3.81	1999	6
1989	4.07	2000	5.8
1990	5.03	2001	4.8
1991	6.4	2002	4
1992	9.67	2003	—
1993	12.8	2004	—
1994	15.2	2005	366.5
1995	21.5	2006	42.85
1996	23.2	2007	—
1997	18	2008	0.41
1998	13	—	—

注：2009~2013 年，因在建煤矿实施整改未生产原煤，无统计数据。

第三节　煤矿管理

行业管理

1988 年时，煤炭管理由县乡镇企业局负责。乡镇煤窑生产的原煤由乡镇企业公司统一对外销售，每个煤炭矿井每年上交一定企业管理费。1994 年 2 月，成立县煤炭管理局，与县乡镇企业局实行“两块牌子、一套人员”办公体制。

1998 年 9 月 1 日开始，对煤炭行业实行统一生产管理、统一煤炭产品价格、统一运销管理、统一税费征收、统一安全生产管理（简称“五统一”），将原征收的矿产资源税、经营税和企业管理费等合并征收。在境内设立卡蒲、四寨、苗二河、白龙等管理验票站。是年，撤销县乡镇企业公司，煤炭外销由企业根据市场需求定价，自主经营。

1999 年，贯彻贵州省人民政府关于在全省实行煤炭关井压产的精神，关闭矿井 61 个，全年产煤 6 万吨。

2005 年开始，开征煤炭价格调节基金，按原煤每吨 20 元征收，之后，作两次调整，每吨按 50 元和 100 元征收，年均收入为 1200 万元左右。

2011 年 7 月 2 日，克度镇牛棚煤矿透水事故后，全县煤矿关井整顿，煤炭价格调节基金大幅减少。

2013 年 3 月，全县开展煤矿企业兼并重组工作。是年，共调处各类纠纷和信访案件 43 起，调处成功 37 起，司法处理 6 起。

安全管理

1988 年后，采取定期或不定期的巡视检查，对存在安全隐患的矿井进行登记，督促整改。对安全制度健全、安全设施较好、配有矿井安全员的煤矿发给平塘县安全建矿许可证。

1993～1997年，针对乡镇煤矿私挖乱采现象严重的情况，在全县开展煤炭矿井秩序整顿，实行煤炭采矿许可制。对非法矿井实行关停、炸封。共封停非法和存在重大安全隐患矿井54个，取缔矿井15个，补办采矿证12个，下发限期整改通知书49份，培训矿井各类人员1565人。1999年，全县实施关井压产工作，煤炭采矿办证率达98%。

2001年，县级机构改革后，撤销县乡镇企业局，将矿产资源管理职能划归县经济贸易局。是年，共清理小煤窑182个。

2004年9月，成立县安全生产监督局。是年11月，县公安局、煤炭管理局、国土资源局、供电局、安全生产监督局联合对全县非法小煤窑进行炸封关封，共炸封非法矿井100多个。

2006年后，按照上级关井压产的要求，全县煤厂整合为16对矿井。

2008～2009年，针对非法小煤窑复采、滥采、偷采的严峻形势，组建炸封工作组进行专项治理，2年共炸封关闭非法采煤窝点232个，拆除机械设备67台（件），行政拘留17人。

2010年，实施煤矿安全质量标准化建设，牙舟煤矿率先建成全县第一家安全质量标准化示范矿井。

2011年7月2日，克度牛棚煤矿透水事故后，全部关闭或停建县内16对煤矿，停止井上井下作业。

2012年，县安全生产监督局开展煤矿水害防治，实行煤矿汛期安全生产一日一报制度。是年8月，全县共有14对煤矿通过验收复查。

2013年，开展“打非治违”专项行动，取缔非法矿井89口，收缴原煤14吨，行政拘留41人，罚款8.18万元。贵州齐鲁能源有限公司、泰佳和能源投资有限公司完成煤矿兼并重组工作，县内在建矿井与之达成重组意向协议。

第五章　建材工业

平塘县建材工业主要有水泥、砂石、大理石、砖瓦和建筑新材料等。1988年开始，随着农村砖混结构建房逐年增加，县内基础设施投入加大，建材工业发展加快。1995年后，县外建材企业开始进驻平塘。1999年，引进新材料技术，建成年产30万平方米新型五防轻体隔墙板及系列产品的县靓艺建材厂。2000年后，通州镇先后建成3个建材加工个体企业，生产青石板材。2003年，引进年产6000万块环保页岩砖项目。2010年后，大理石板材加工企业入驻平塘。至2013年，全县有石材加工企业4家，环保砖厂达10家，其中烧结自保温砌块砖厂2家。

第一节　建材生产

水泥

1988年，县内水泥生产企业有2家，分别为县水泥厂和克度航龙水泥厂，年生产能力设计为3000

吨普通硅酸盐水泥。是年，县水泥厂生产水泥 5230 吨。

1991 年，航龙水泥自筹资金进行技术改造后，产量由 1988 年的 910 吨提升到 3000 吨。

1995 年，平塘与浙江兰溪市龙马集团公司合作，启动县水泥厂 4.4 万吨综合节能改造项目。1996 年，县水泥厂 4.4 万吨综合节能技术改造项目调整为年产 10 万吨水泥项目，总投资 2125.4 万元。是年 8 月动工，12 月 28 日竣工，并更名为县龙马水泥建材有限责任公司（简称县龙马水泥厂）。

1997 年 10 月，兰溪龙马集团退出合作，县政府实行风险抵押经营承包制。1998 年，深圳济田投资发展公司兼并县龙马水泥建材有限责任公司后进行改制，公司变为非国有企业。1999 年，航龙水泥厂因市场竞争严重亏损停产。2000 年，县龙马公司生产的“信扶牌”普通硅酸盐水泥获贵州省“名牌产品”称号。

2003 年，县龙马水泥厂投资 17 万元，购置 2 台熟料磨机，实施收尘环保设备改造。2005 年后，因市场竞争，年产量逐年下滑，2008 年仅生产 4.48 万吨。2010 年 12 月停产关闭。

大理石

1988 年，县内大理石加工企业主要是凯华大理石公司，年生产大理石板材 2870 平方米，年产值 1106 万元，销售收入 12.85 万元。1992 年，凯华大理石公司转交县交通局经营。1995 年后，因市场亏损停产，1999 年注销。

2009 年后，平塘通过招商引资，先后引进 4 家大理石开采加工企业入驻通州工业园区产业园。分别是年产 60 万平方米大理石板材的平塘县安泰石材有限公司、年产 800 万平方米大理石板材的平塘县雅海投资有限公司、年产 200 万平方米大理石板材的平塘县澳华实业有限公司、年产 300 万平方米大理石板材的平塘县逢缘矿业有限公司。至 2013 年，4 家大理石板材企业全部建成投产。

砖瓦（砂石）

境内砖瓦、砂石生产企业多为集体企业，主要集中在城镇周边。1988 年，全县共生产粘土砖 2260.7 万吨，其中机制砖 700 块、砂石 2.2 万立方米。1993 年，开始出现水泥砖、水泥瓦生产，年生产水泥砖 89.7 万块、水泥瓦 4000 万块。1995 年后，城、乡（村）建房基本为砖混结构，泥瓦烧制大部分停业。

1998 年后，根据国家产业政策，生产企业改用页岩为原料进行机械生产页岩砖。至 2009 年，全县共有页岩砖厂 9 家，年均收入达 500 万元以上。2010 年，年产 6000 万块折标砖的县渝黔新型建材有限公司在平湖产业园建成投产。

2013 年，年产 1.2 亿块烧结多孔砖的平塘中元矿业有限公司在通州镇开工建设。是年，全县页岩砖厂完成产值 5781 万元，销售收入 5781 万元。

新型墙体材料

1999 年，县靓艺建材有限公司引进四川成都新型墙体材料技术进行五防轻体墙板及装饰产品生产，年生产能力为 30 万平方米。2004 年，因市场销售不畅，资金回笼缓慢，资金链断裂停产。

2009 年，平塘县黔林木业有限公司入驻平湖响水洞工业园区，投资生产指接板，年产量为 30 万平方米，总投资 1000 万元。

第二节　建材企业

县水泥厂

建于20世纪70年代初，属县国营企业，选址于县城郊龙洞，年生产能力为3000吨普通硅酸盐水泥。1988年生产水泥4321吨，实现产值53.63万元，实现销售收入62.24万元。1992年增加Ø1.2米水泥球磨机一台，是年产量达到5052吨。

1994年，启动年产4.4万吨普通硅酸盐水泥生产线综合节能异地技术改造。1995年，项目调整为年产10万吨的规模项目，并重新选址在平湖镇回龙村。1996年8月动工建设，1997年投入运行，更名为县龙马水泥建材有限责任公司（又称县龙马水泥厂）。

1998年11月，龙马公司进行兼并改制转变为非国有性质，由深圳济田投资发展公司承包经营。

2010年12月，龙马水泥厂因规模小，设备陈旧，工艺落后，生产成本高，产品质量不稳定，在国家淘汰落后产能政策下停产关闭。

县凯华大理石厂

1984年11月，由平塘县资源开发公司、国营都匀建新机械厂、黔南州重工业公司三方出资共建。企业经营项目有大理石开采、大理石加工。主要产品有墨晶玉、隐砾花、米黄、檀木纹、高粱红等大理石板材。设计年生产能力为年产1万平方米各种规格大理石板材。1988年，生产大理石板材2870平方米，产值11.6万元。1990年，产品滞销，企业生产流动资金短缺，企业出现亏损。1992年，该厂由县交通局承包经营，改名为“平塘县大理石厂”。1995年，因连年亏损，县交通局退出承包，企业停产。

县靓艺建材有限公司

1998年建于平湖镇回龙村，属民营企业。引进四川省成都市新型墙体材料技术建厂生产，主要产品有新型五防轻体墙板及系列装饰产品。项目总投资500余万元，该公司厂房通过收购原县美术工艺陶瓷厂厂房进行改造建成。2000年投产，产品投放市场后，受到广大用户青睐，产品主要销往贵阳、凯里、都匀等建筑市场，曾一度供不应求。2003年，自筹和引进资金对厂房进行改造，扩建生产线，提高生产能力，形成年产100万平方米新型五防轻体隔墙板生产能力。2004年，由于受到市场条件限制和运输成本上涨等因素的制约，企业经济效益迅速下滑，在维持亏损经营期间，因货款回笼率低，生产流动资金严重短缺停产。

县页岩机砖厂

1996年前，县内砖窑均为黏土砖。1997年，引进浙江温岭页岩砖厂资金和技术，建成首个页岩砖厂。1998年后，根据国家产业政策，境内砖厂由黏土改用页岩为原料生产机制页岩砖。是年，全县生产机制页岩标砖9587万块。2003年，县陆鑫建材有限公司引进年产3000万块页岩技术之后，县机制页岩砖厂又引进年产6000万块项目。是年，县内年产值达到500万元以上机制页岩砖企业达到8个，分别为县龙鑫建材有限责任公司、县闽光机砖厂、县红林砖厂、克度镇前进页岩砖厂、县双龙建材有限公司、卡蒲毛南族乡页岩砖厂、县环保型页岩砖厂、县老李弯砖厂。

2011 年，引进平塘渝黔新型建材有限责任公司，投资项目为年产 6000 万块新型环保烧结自保温空心砖，总投资 2366 万元。之后，境内砖厂均向新型环保烧结自保温空心砖转产。

2013 年，实施县城郊区页岩砖厂异地扩能和技术改造。完成平湖镇新舟村页岩砖厂、县新型环保页岩砖厂、县双龙湾河页岩砖厂的选址再建工作。

县安泰石材有限责任公司

2009 年入驻通州工业产业园，项目设计为年产 60 万平方米大理石板材，年销售收入 1 亿元，2012 年建成投产。

县雅海投资有限公司

2012 年 10 月与平塘县人民政府签订投资协议，入驻通州工业产业园，总投资预算 15 亿元。一期项目规划为建成年产 800 万平方米大理石板材厂区 1 个、荒料市场 1 个、国际石材产业物流园 1 个。2013 年 3 月正式开工建设。

县澳华实业有限公司

位于平塘工业园区通州产业园，公司占地 100 亩，协议总投资 2 亿元，设计为年产 200 平方米大理石板材加工项目。第一期项目于 2012 年 2 月动工建设，2013 年 8 月建成投产。

第六章　其他工业

平塘县境内除电力、煤炭、建材工业外，还有制造加工、食品加工、化工、冶炼等。1998 年后，受国家产业政策、市场、生产资金以及企业改制等因素影响，大部分国有企业或重组兼并或关闭停产。

第一节　制造加工

县农机厂

县农机厂的主导产品有农用碾米机及配件。1988 年生产碾米机 1064 台，碾米机配件 1.6 万件。是年，该厂生产的 6NF-200 型四分离碾米机获贵州省优秀产品奖、6NF-300 型四分离碾米机获黔南州科技成果奖。1994 年，开发“山地”农用车配件制造。1997 年，县农机厂生产经营出现亏损，企业处于半停产状态。1998 年，成立改革改制领导小组，对企业进行改制。是年 8 月至年底，完成全厂在职职工的安置，改制后交县国有资产营运公司管理。

县造纸厂

县造纸厂属集体所有制工业企业，主要产品有普通包装纸、中性铝容量包装纸、皱纹卫生纸等。1988 年生产普通包装纸 214.4 吨、中性铝容器包装纸 53.87 吨、皱纹卫生纸 731.93 吨，实现产值

180.63 万元。1993 年采取租赁承包形式，将生产经营权转让给广西客户。2000 年，因生产工艺落后，污染严重，生产成本高，亏损加剧而停产。

县美术陶瓷厂

县美术陶瓷厂前身为县轻工机械厂，主要产品有美术工艺陶瓷、花钵、煤炉芯、茶具等。1989 年产值为 2.7 万元，销售收入 1.5 万元，亏损 2.7 万元。1991 年停产。1992 年租赁给广东客户生产经营后，主要产品有陶瓷电火锅和盐酸坛。1993 年，因企业无力解决烧制关键技术停产。

贵州盘江龙盟新型环保材料有限公司

2011 年 2 月，贵州盘江投资控股（集团）公司与平塘正式签订合作协议，在通州工业园区建设环保纸厂。同年 8 月，盘江投资控股（集团）公司与香港龙盟环保纸（集团）有限公司签订合作协议，共同在通州工业产业园建成年产 12 万吨石头环保纸生产项目，总投资预算为 12 亿元。项目于 2012 年 5 月动工，同年 8 月完成厂区基础工程并购进生产设备，2013 年正式投产，主要产品为碳酸钙纸及系列产品。

贵州牙舟陶瓷（研究）开发有限责任公司

2012 年 8 月，贵州牙舟陶瓷（研究）开发有限责任公司正式在通州工业产业园动工建设，第一期工程投资 3000 万元，建设年产 500 万~800 万只酒瓶生产线 1 条、牙舟陶瓷厂 1 个、牙舟陶瓷研究所 1 个。第二期工程投资 7000 万元与江西景德镇市能达陶瓷集团合作，共同开发高端牙舟陶瓷产品。一期工程于 2013 年 7 月建成投产。

第二节　食品加工

县国营酒厂

县酒厂属国营企业，1988 年生产 65 度白酒 119.9 吨、刺梨酒 39.7 吨、刺梨汁 11.6 吨、果酒 3.9 吨、酒曲 21.76 吨，实现产值 51.59 万元。1994 年，县酒厂更名为平塘县神龙天然保健食品总公司，下属 4 个分厂。在贵阳设立批发经营部，在北京设立办事处。是年，各类产品综合产量 1001 吨，完成产值 78.56 万元，销售收入 75.39 万元。

1995 年 10 月，由黔南州龙潭宾馆承包经营，更名为黔南龙潭饮品厂。

1997 年 10 月，县神龙天然保健食品总公司实施整体改制，交县经贸局代管。1998 年 1 月，由黔南州中医院投资承包经营，更名为平塘县龙宇保健食品饮料公司。1999 年 7 月，采取转让兼并方式重新组建为平塘县龙宇食品饮料果酒厂，年生产能力为 1000 吨刺梨全汁发酵酒、1000 吨饮料。1999 年开发的全汁发酵“刺梨红果酒”“松针酒”获国家专利。2002 年停止生产经营。

县果子食品厂

县果子食品厂建于 1990 年，为县农牧局下属企业，主要产品有“黄金应子”“情人梅”“蜜金橘”“陈皮梅”等。1998 年通过技术改造，形成年生产 200 吨“黄金应子”系列产品规模。2004 年因缺乏生产流动资金停产。

县植物油厂

县植物油厂为县粮食局下属企业，主要加工大米和食用植物油（菜油）。1988~1992 年，平均加工油菜籽 2000 吨左右。1993 年，油菜籽购销价格放开，价格随行就市。1998 年，国营企业实施改制后，县植物油厂经营困难。2003 年，由于缺乏收购原料资金，企业不能正常生产经营。2004 年，企业实施改制后停产。

县茶叶开发公司

县茶叶开发公司成立于 1994 年，隶属县供销联合社。公司茶叶基地、加工生产线在克度镇光明村，有优质茶园 2500 亩。1999 年投产，产品为“映山牌”茶叶系列，有“玉水毛尖”“玉水螺旋”“一江春水”“飞雪迎春”“玉水绿茶”等品牌。2002 年 2 月，获“贵州春茶第一壶”称号。2013 年，销售收入 2024 万元。

第三节　冶　炼

县硅铁厂

1988 年，由黔南州民族经济发展公司投资兴建，厂址在通州镇平里乡。有装机 1800 千伏安矿热炉 1 台，以生产电石为主导产品。1993 年由河南客商承包生产经营，改为生产 75#硅铁，是年 5 月进入试产，生产 75#硅铁 480 吨，实现产值 188. 8 万元，销售收入 176. 4 万元，创税 11. 47 万元，利润 2 万元。1997 年贷款扩容改造，新增 3200 千伏安矿热炉 1 台。2004 年，黔南州民族经济发展公司将全部产权转让给平塘县供电局。

县硅钙铁合金厂

位于平湖镇拉高村。1996 年由铁道部都匀桥梁厂投资 1200 万元兴建。1997 年 8 月建成投产，生产规模为 2×3600 千伏安矿热炉，形成年产 6000 吨 75#硅铁的生产能力。1999 年，承包给湖南客商经营。2002 年，将生产经营权整体转让给贵州黔南联胜工贸有限公司后，改产硅锰合金。由于受电价上涨、产品市场价格下降等因素的影响，2005 年停产。

县桂黔铁合金厂

位于平湖镇三棵树。1996 年由广西桂林能源开发集团公司投资 1200 万元兴建。1997 年 5 月建成投产，生产规模为 2×3600 千伏安矿热炉，形成年产 6000 吨 75#硅铁生产能力。1999 年，广西桂林能源开发集团公司将该厂整体转让给海南嘉昌贸易有限公司，改名为县平海铁合金有限责任公司。2000 年，公司投资进行改扩建，生产规模扩大到 2×5000 千伏安，并增加环保除尘配套设施，形成年产 9500 吨 75#硅铁的生产规模。2005 年因工业用品调整、产品市场价格限制停业。

陆鑫有色金属冶炼公司

建于甘寨乡。2005 年建成投产，年均生产金属锑 200~300 吨。2013 年 8 月因市场不畅关闭。

第四节　化　工

县塑料制品厂

1986 年，建成率生产 30 余吨塑料管材生产线 1 条。1987 年，县水泥厂接收后扩建为塑料车间，主要有塑料和包装袋等产品。1988~1992 年，共生产塑料制品 144.1 吨。1993 年后停产。

县化工厂

1996 年，桐梓客商租赁原大理石厂建立县化工厂，主要产品为农用复合肥。1997 年生产农用、烤烟复合肥 4100 吨。2000 年，受产品市场、资金、技术等因素的影响，企业基本停产。

县农药厂

1997 年，引进上海（贵州）元泰科技有限责任公司在平湖镇双桥村新建县农药厂，总投资 1221 万元，产品主要有“瘟立克、杀菌霸、立杀威”3 个品牌，用于水稻、玉米、蔬菜、烤烟、水果病虫害防治。1998~2002 年，共生产各类农药 415 吨。2003 年因资金和销售困难停产。

县红达发展有限责任公司

年生产能力设计为 1500 吨/年可降解树脂，2001 年正式开工建设，是年 11 月建成试产，2002 年转让给民营企业生产经营。主要产品有降解树脂母料、一次性快餐盒、碗。产品主要销往都匀、贵阳、重庆等市场。由于受到资金制约，于 2005 年停产。

县林产品有限责任公司

公司位于甘寨乡，为 2006 年从浙江引进的民营企业。主要加工生产工业松香、松节油，项目总投资 500 万元。2008 年生产松香油 1745 吨。2013 年，完成产值 30534 万元。

第五节　印　刷

县印刷厂属县全民所有制工业企业。1988 年完成产值 27 万元，销售收入 30 万元，税金 1 万元，利润 3 万元。1991 年，新增微电脑排版、打字、速印成套设备。1996~2002 年，企业产值、经营效益逐年下降。2003 年采取承包生产经营。2005 年 6 月企业实施改制后，交县国有资产营运公司管理。

1988~2013 年平塘县规模以上工业经济发展指标统计表

表 13-4

年份	企业数（个）	工业总产量（万元）	工业增加值（万元）	主营业务收入（万元）	利润（万元）	税金（万元）
1988	11	598	—	764	61	35
1989	11	646	—	582	90	31

续上表

年份	企业数（个）	工业总产量（万元）	工业增加值（万元）	主营业务收入（万元）	利润（万元）	税金（万元）
1990	11	764	—	643	68	30
1992	17	1406	566	1090	67	58
1993	10	1224.8	1134.1	795.9	78.5	37.3
1994	24	2470	1371	2253	131	158
1995	20	5274	1159.9	2165.9	46.3	75.9
1996	76	6686	4818	2985	-28	—
1997	16	46072	18078	5217.6	-1507	-797
1998	9	6029.2	2178.8	5742.5	-347.7	241.2
1999	9	6762.1	2457.3	5034.5	-200.7	554.7
2000	11	8286.2	2326.9	6857.6	-230.4	—
2001	12	7852.1	2058.9	4414	7	285.1
2002	15	11553.4	3300	2943.3	65.7	200.2
2003	18	12926.6	3579.8	3459.9	38.3	853
2004	19	14308	4181	13528.7	141.8	1076.4
2005	18	17105.3	3672.1	2150.9	-137.6	615.5
2006	17	16872.7	4514.8	3100.6	24.2	261.9
2007	17	205040	5460	21246.6	212.9	686.2
2008	20	258394	6408	259234	1490	789.7
2009	23	30610.2	8241	31397.3	618.2	1576.9
2010	29	48945.9	16741.58	51123.5	212.9	686.2
2011	31	80715.3	22439	82178.3	4054.8	4576.3
2012	39	99152.6	31683.81	99930.4	10059.8	5432.9
2013	9	52200	10400	54600	2500	5100

第七章　乡镇企业

1988 年后，平塘乡镇企业发展列入各级党政领导工作考核内容之一。1990 年，实行减缓免税收优惠政策。1992 年，率先在黔南州实现乡乡有乡镇企业。1993 年开始，将乡镇企业主要计划指标列为全县五大考核指标之一，对部分企业实行厂长承包责任制。1998 年后，乡镇企业由个体联办开始转向股份制公司化。通过招商引资，每年引进一批外地企业建厂或与县内企业进行兼并重组。至 2002 年，全县乡镇企业达 2803 个，从业人员 8636 人，总产值 2.61 亿元。2003 年起，乡镇企业统称非公有制企业。

第一节 发展概况

1977年前，乡镇企业属于农村副业，由人民公社管理，部分工业产品由县轻工业局归口管理。1977年6月，成立县社队企业管理局，将隶属县轻工业局管理的区以下集体工业企业划归为乡镇企业。1984年，社队企业管理局更名为乡镇工业公司，1985年9月，改称为乡镇企业管理局。1988年，全县有乡镇企业2362个，从业人员4876人，总产值1037.6万元。

1988年后，县委、县人民政府把发展乡镇企业的主要计划指标列入考核各级党政领导政绩的内容之一，并适时出台相关的优惠扶持政策。1990年，县物价局把制价、核价权放给县乡镇企业局，县标准计量局为企业制定产品标准，发给产品批量生产证书。

1993年，成立县、乡（镇）企业领导小组，设立乡镇企业站。至1997年，全县乡镇企业达2879个，从业人员1.23万人，总产值2.45亿元，实现利润2649万元。

1999年，在平湖镇建成工业小区，入驻大小企业1264家。2000年后，乡镇企业向民营型、股份制、公司化、规模化转型。2002年，全县乡镇企业达2803个，按行业分类农业企业10个，从业人员369人；工业企业496个，从业人员3678人；建筑业5个，从业人员798人；交通运输业595个，从业人员668人；批发零售业1213个，从业人员1688人；餐饮服务业471个，从业人员1388人。2003年，乡镇企业转称非公有制经济（或称民营企业）。

1988~2003年平塘县乡镇企业发展情况统计表

表13-5

年份	综合指标				
	乡镇企业数（个）	从业人数（人）	总产值（万元）	上交税金（万元）	实现利润（万元）
1988	2362	4876	1037.6	82.7	212.2
1989	2923	6212	1463.7	123.7	304.5
1990	3210	6056	1703	224.6	561.8
1991	3359	6529	2572.5	210.7	384.2
1992	4102	9181	3798	262	783
1993	3598	10107	6660	178.8	857
1994	2241	10944	9004	321	1425
1995	1904	9550	11097	399	2280
1996	2493	11476	16761	359	2633
1997	2879	12300	24454	606	2644
1998	4473	13737	30265	758	—
1999	4338	11236	35038	808	3867
2000	4610	12609	40326	—	4642
2001	4703	14012	46336	679	1736
2002	2803	8636	26194	625	426
2003	261	2957	14081	568	166

第二节 产业结构

1988 年，全县乡镇企业涉及工业、建筑业、交通运输业、商业、服务业等，共有各类企业 2362 个，从业人员 4876 人，其中工业 1365 个、建筑业 20 个、交通运输业 141 个、商业 686 个、服务业 115 个。产品有原生煤、小水电、水泥、皮革、铁制小农具、日用陶、黏土砖、菜籽油以及塑料制品等。

1991 年 3 月，县政府出台政策允许和鼓励县直机关干部职工参与经商办企业后，乡镇企业发展加快，企业涵盖农业、工业、建筑业、交通运输业、商业和其他企业。至 1992 年，共有 83 个县级机关单位参与，从业人员 563 人，其中自办企业 62 个、领办 10 个、联办 12 个。是年完成产值 235 万元。

1993~1995 年，先后建成卡罗包装箱厂、克度造纸厂、平湖镇回龙砖厂、通州克度重质碳酸钙粉厂、者密镇料其煤厂、县金属镁厂、县钢筋改制厂、县拼花地板厂等。投入资金 722 万元对 12 个工业企业进行基建技术改造。

1996~1997 年，从广西桂林、福建、上海、四川等地引进县外客商到平塘投资，先后创建县硅钙铁合金厂、县黔桂铁合金厂、县人造板厂、县页岩砖厂和县元泰农药厂等。1997 年末，全县共有乡镇企业 2879 个，从业人员 1.23 万人，总产值 2.45 亿元。

1998 年后，随着国家实施西部大开发战略，县委、县政府逐年加大招商引资力度，县外投资企业逐年增多，产业覆盖进一步增大，尤其是工业企业、交通运输业、批发零售业、餐饮服务业发展速度加快。2002 年，县内企业工业 496 家、交通运输业 595 家、批发零售业 1213 家、餐饮服务业 471 家。是年，全县乡镇企业总产值达 2.61 亿元，其中制造业 1.21 亿元、交通运输业 3042 万元、批发零售业 4680 万元、住宿餐饮业 2077 万元。

2003 年后，乡镇企业统称非公有制经济，对不符合国家规定的 4 个基本条件的企业不再统计。

第三节 企业选介

县乡镇企业公司

为县乡镇企业局下属全民所有制企业。1993 年与县燃料公司合并，实行独立核算，自负盈亏。1997 年，实现利润 17.56 万元。1998 年，进行改制后停止营业。

县建筑二公司

系县集体所有制企业。建于 1988 年 5 月，是年 11 月评定为四级资质，主要承担 7 楼以下各类建筑，工人多属临时性用工。1992 年，共有 137 人，其中工程师 3 人、技术员 26 人、一般工人 108 人。至 1992 年底，有固定资产 67.13 万元。

航龙水泥厂

位于克度镇航龙村，是县乡镇企业局直属骨干企业。1979 年筹建，1981 年 7 月 16 日点火投产。

厂区占地约4300平方米，厂房430平方米，设计年产水泥3000吨，装机容量195千瓦，总投资23.1万元。主要设备有普通立窑1座（1.2×6米）、熟料库256平方米，有0.95×3米球磨机2台、破碎机4台、成球机1台、鼓风机1台，以及齐备的化学分析和物理检验仪器。1992年产量3000吨，产值44万元。1999年停产。

县闽古食用菌技术开发公司

建于平湖镇。1998年引进福建古田一个体企业所建，公司为食用菌生产及加工企业。1999年，生产规模扩大至白龙乡。是年底，因公司管理不善停业。

克度重质碳钙粉厂

建于克度镇航龙村，总投资138万元。1994年动工，1995年建成投产，年产值320万元，实现利税162.8万元。

县顺发木业公司

建于平湖镇。2000年引进辽宁锦州红都实业公司新型秸秆实心门生产专利技术，年生产规模为10万扇轻体实心门。2001年建成投产，2002年受资金、市场等因素停产。

县林产品有限公司

建于甘寨乡，总投资500万元。2006年从浙江引进一家民营企业所建，年生产规模为1000～2000吨松油加工，主要产品有松香、松节油。

第十四篇

商贸服务

第一章 商 业

1988年后，随着商品市场开放，县内国有商业企业转变经营机制，采取租赁、承包或延伸经营范围等方式，扭转市场开放带来的各种亏损压力。1992年开始，国有商业企业推行经营、价格、用工、分配“四放开”，变“国有”为“民营”。1993年，开始国有商业体制改革，推行“国有民营”承包经营，之后在国有商业企业开展清人、清账、清产“三清”工作，采取资产置换方式安置职工，进行企业改制。2002年，平塘出现首家大型超市——华联超市。2006年，商业系统改制结束后，医药商品逐步实现市场化。

第一节 国有商贸体制改革

机构改革

1988年，县商业局撤销各股，内设综合办公室，下属企业有百货、民贸、糖酒、食品、服务、盐业7个公司和牙舟、通州、克度、西关、摆茹、者密6个食品站以及集体综合商店1个，共有商业机构网点40个。其中零售网点16个、饮食服务网点4个、加工生产网点1个、行政机构1个、经营机构7个、工业品批发机构5个、农副展品购销机构6个。1989年，恢复食品行业管理体系，各区食品站由县食品公司统一管理，6个区食品站并为3个，即摆茹食品站并入牙舟食品站，克度和西关食品站并入通州食品站。1990年9月，县商业局内设机构恢复设置业务股、计统股、财会股，恢复县酒类专卖事业管理局，下设办公室和7个区酒类专卖事业管理所。1991年9月，成立县盐务管理支局。1992年8月，成立县商业总公司，与县商业局合署办公，实行“两块牌子、一套人员”体制。内设办公室、财统科、业务科3个科室，下设百货、民贸、食品、综合批发、糖酒副食品蔬菜5个经理部以及服务公司、盐业分公司和牙舟、通州、者密食品站，下属企业有县食品厂。是年，所属综合商店划为县工商联主管。1993年8月，撤销县商业总公司。

1994年3月，县级机构改革，撤销县商业局与县经济委员会、县轻工业局、县物资管理局、县经济协作办公室，组建平塘县经济贸易局。行政职能合并后，原商业局整体转轨为经济实体商业总公司。是年8月，县饮食服务公司划为县建设银行直属企业。1999年，县食品公司改建为县畜产品有限公司。2001年9月，成立平塘县盐务管理支局，原县盐业公司划转为省盐业集团公司直属企业。2002年，县畜产品有限公司更名为食品贸易有限公司。

2007年，县商业总公司下属企业完成改制后，其行政职能划入县经贸局，经贸局内设商业管理股，负责商贸工作。下设县中小企业服务中心和工信节能与商务综合执法监察大队。

2011年9月，县级机构改革，撤销县经贸局，成立县工业和信息化局，全县商贸工作由县工信局负责。

2013年，县工信局内设办公室、经济运行与中心企业管理股、投资与技术创新股、煤炭生产发展管理股、信息化推进股、商贸流通管理股、市场体系建设与对外（内）交流工作股。

国营商业改制

1998 年，县饮食公司、糖酒公司采取公开招标，将门市租给文化馆和个体经营，县百货公司实行承包制，欠利自补，超收分成。之后，县内商业企业均采取企业承包制或租赁制。1992 年，县国营商业转换经营机制，实行国有民营，推行经营、价格、用工、分配“四公开”。1993 年 10 月，县商业局在百货、民贸、食品、糖酒 4 个公司进行试点，按每年 110 万元销售额将指标分解到各个组。

1999 年，外贸公司破产出售，县食品公司和药材公司破产重组，饮食服务公司由建设银行平塘县支行兼并。是年，县商业总公司启动商业系统“三清”（清人、清账、清财产）工作，对企业库存商品进行清仓盘点。2002 年，县食品公司采取资本置换的形式改制，补交职工养老和失业保险金，发放退休人员退休金。

2004 年，县商业系统成立改制领导小组和清产核资领导小组，对百货、民贸、糖酒、食品 4 个公司流动资产、固定资产、职工短欠款、职工养老保险等进行清算。是年 11 月开始，对改制企业进行资产评估。2005 年，修改企业改制和职工安置方案通过县政府审批。

2006 年 6 月，县百货五交化公司、民贸公司、县糖酒公司、县食品公司 4 个企业委托黔南州拍卖公司对报批的 19 宗资产进行拍卖。7 月，改制企业开始进行安置费兑现，共支出安置费 200.42 万元。职工签订内退内养协议书 29 份，一次性安置 55 人，其中现金安置 38 人、安置费入股 17 人。至年底，全县商业企业改革改制基本结束，国有商业资产划归国有资本营运公司管理。

第二节　商业网点

国有商业网点

1988 年，国有商业机构网点 40 个，其中，商业行政机构 1 个、企业管理经营机构 7 个、工业品批发 5 个、农副产品购销 6 个、零售网点 16 个、饮食服务网点 4 个、加工生产网点 1 个。县城商业网点主要在城关中山路、翻身路、文化路、新市路一线，规模较大的有百货公司、民贸公司、糖酒公司等，主要经营纺织品、鞋类、食糖、食盐、烟酒、钟表和文化体育用品等。

1993 年，零售网点增至 25 个。之后逐年减少，至 2001 年，零售网点减为 19 个。2002 年，浙江客商建成县城第一家超市——华联超市。2003 年，县国有商业对库存商品进行清理处理。

自 2006 年开始，国有商业网点除保留部分农资网点外，原有商业网点基本上停止经营。

私营商业网点

1988 年，全县有个体工商户 1056 户，从业人员 1887 人。包含饮食业、商业、服务业、修理业，主要赶乡场摆摊设点和城镇门市经营。至 1997 年，县内个体工商户和私营商业达到 251 家，从业人员 3782 人。

1999 年后，随着城乡市场的开放搞活，县城及 19 个乡镇农贸市场相继建成使用，个体商业网点逐年增多，销售网点延伸至自然村寨。

2002 年，县内批发零售和餐饮业达 1485 户，从业人员 1676 人，成为个体和私营业商业的主体。

2006 年 3 月，县供销社启动“万林四乡市场工程”。是年，共建成农资销售网点 50 个，其中，乡级 5 个、村级 45 个。2007 年后，实施“农家店”建设，采取物资配送方式，方便农村群众。

2009年3月，启动家电下乡工作，是年建成家电销售网点64户，主要销售冰箱（柜）、洗衣机、电视机、手机、空调、热水器。

2013年，全县个体工商业4407户，其中批发零售业2903户、住宿和餐饮业475户1137人，社会消费品零售额达6.07亿元。

1988~2013年平塘县个体（私营）商业行业统计表

表14-1

年份	合计		贸易餐饮业		社会服务业	
	总户数（户）	从业人数（人）	户数（户）	从业人员（人）	户数（户）	从业人员（人）
1988	998	1817	966	1768	32	49
1989	1322	1886	1266	1810	56	76
1990	1164	1649	1106	1565	58	84
1991	1210	1647	1142	1561	68	86
1992	1179	1525	1107	1435	72	90
1993	1339	1683	1126	1443	213	240
1994	1394	1636	1270	1444	164	192
1995	1717	2152	1491	1918	226	233
1996	1751	2545	1584	2306	167	239
1997	1925	2765	1743	2511	182	254
1998	2128	3085	1942	2822	186	263
1999	2205	3307	2018	3027	187	280
2000	1715	2188	1484	1842	231	346
2001	1720	2579	1489	2233	231	346
2002	1655	1885	1485	1676	170	209
2003	1662	2099	1473	1889	189	210
2004	1832	1995	1631	1730	201	265
2005	2016	3813	1709	3107	307	706
2006	2152	3586	1879	3365	273	521
2007	2574	4931	2244	4311	330	620
2008	2713	3834	2313	3255	400	479
2009	2802	3835	2382	3255	420	528
2010	3948	5035	3495	4439	453	596
2011	3136	3840	2795	3374	341	466
2012	3238	4708	2916	4286	322	422
2013	3739	6052	3378	5578	361	474

第三节　商品购销

改革开放前，国家对一些重要商品实行统购统销，或统购派购政策，市场商品极为匮乏。1985年，国家对粮、棉、油、猪逐步取消统购派购，市场放开。1991年后，统购统销的经济体制逐渐退出市场。随着个体私营商业进入市场，国有商业亏损逐年增加，商品购销也逐年减少。至1997年，全县国有商业共购进商品350.38万元，销售总额为417.6万元。

1998年开始，国有商业企业实施改革改制，国有商业逐步退出市场。至2006年改制基本结束，个体和私营商业成为市场贸易的主体。

1988~2005年平塘县国有商业主要经济指标完成情况统计表

表14-2　　单位：万元

年份	国内纯购进总值	国内纯销售总值	商品销售总额	缴纳税金	利润
1988	282.9	707.59	1007	18	23
1989	389.89	584.69	1014	27	28
1990	388.9	551.16	948	30	13
1991	297.23	264.96	799	10	-9
1992	130.82	142.72	380	12.8	-43.6
1993	540.83	274.19	219.87	4.14	-35.5
1994	681.64	348.65	283.79	11.89	-23.84
1995	580.82	348.89	286.3	11.08	-18.32
1996	512.91	362.46	344.05	10.98	-12.02
1997	329.72	417.66	320	14.6	-7.64
1998	362.7	—	419.27	19.8	-6.23
1999	410.94	—	402.56	—	-4.96
2000	330.7	—	443	—	-6.99
2001	320.87	—	393.38	—	-5.96
2002	311.18	—	389.87	27.07	-1.74
2003	350.91	—	407.53	29.71	1.15
2004	350.01	—	390.95	27	1.12
2005	348.68	—	388.74	18.32	29

注：至2006年，商业总公司所有企业改制基本结束，故2006~2013年国有商业无统计数据。

第四节　企业管理

1988年后，随着个体、私营经济的快速发展，县域内商贸呈多元化格局，全县部分商业企业转变企业经营模式，变单一经营为多种经营，一些公司门市先后实行公开招标、风险抵押、租赁经营。

1990 年，全县酒类销售实行销售许可制度。

1992 年，成立县商业总公司，下设分公司、经理部，实行一级核算、分级管理，人员统一调配，资金集中使用，统筹安排。是年，国有商业企业推行经营、价格、用工、分配“四放开”。国有商业变“国有”为“民营”。县综合商店划归县工商联（商会）主管。

1993 年 8 月，经县人民政府批准，撤销商业总公司，变“吃大锅饭”为“分灶吃饭”。在国有商业企业开展清账、清人、清理库存，盘活存量资产。

1994 年 8 月，县商业总公司将饮食服务公司整体转让给县建设银行平塘县支行。

1995 年，对全县商业系统实行扭亏增盈目标责任制管理，分销售总额、实现利润两大指标，进行百分量化考核。

1998 年后，县内所属商业企业全面改革改制，采取租赁、改建或通过招商引资方式进行兼并重组。1999 年开始，进行“三清”工作，盘点清仓，组织推销，减少库存积压。

2001 年，县民贸公司将位于建康路的职工宿舍出售，筹集资金建设民贸综合大楼。

2002 年，县食品公司经县人民政府同意，将中山路房地产进行资本置换，安置企业职工。2003 年，县百货公司引进浙江客商投入资金 100 万元，参与公司经营。

2004 年，商业企业进行资产评估，对企业台账进行清算。2006 年，采取资本置换的方式，通过对企业资产进行拍卖，安置企业职工。至年底，国有商业企业改革改制基本结束，资产统一划归县国有资本营运公司管理。

第二章　供销合作

1988 年后，全县供销系统适应市场经济发展，不断改善经营机制，拓展营销网点。1992 年，推行经营、价格、用工、分配四放开，开始设置村级综合服务站。1996 年，实行农业生产化肥冬储制度。1999 年开始，进行供销系统改革改制，通过处置资产偿还企业债，对企业职工进行一次性安置。2004 年，企业改制结束后，成立县农业生产资料有限公司和平湖、通州供销中心服务农业生产。2006 年，在乡镇建设农资销售网点，实行商品配送。之后，将农资网点逐年向村寨延伸，方便农户。2013 年，全县化肥销售 1.16 万吨。

第一节　机构与网点

管理机构

1988 年，平塘县供销合作社联合社内设办公室、业务股、财会股、计划统计股、保卫股、生产股，下辖农资日杂公司、土产公司、供销贸易中心、县联社驻独山采购供应转运站。

1991 年 11 月 28 日，增设平塘县人民检察院供销检察室。1992 年，增设安全互助基金统筹领导小组及其办公室。1993 年，增设供销系统“打经清欠”领导小组办公室。1994 年，增设审计股、县供销社工业品联销公司，财会股和统计股合并为财会统计股，业务股并归办公室。1997 年，内设机构撤销生产股，增设“打经清欠”办公室，下属企业新增茶叶开发公司。是年，撤县供销贸易中心、县供销社驻独山采购供应转运站、县供销社工业品联销公司。2002年，撤销审计股、保卫股，增设合作经济发展股。

2013年，县供销合作社联合社内设办公室、财会统计股、合作经济发展股，下设农业生产资料有限责任公司、茶叶开发公司以及平湖、通州两个供销中心社。

供销网点

1988年时，全县供销系统有平湖、牙舟、通州、克度、西关、摆茹、者密7个区供销社，有兔场、京舟、卡蒲、甘寨、谷硐、卡罗、卡腊、边兰、旧司、新塘、上莫、掌布、公峨、金桥、平里、油岜、鼠场、航龙、清水、塘边、塘泥、马场、西凉、翁招、甲桐、河中、四寨、甲青、六硐供销分社共92个销售门市。

1992年，建成村级综合服务站6个、“庄稼医院”8个，销售门市增至195个。1993年，村级综合服务站增至11个，销售门市部减至122个。

1998年，增设吉古、乐康、新舟、羊场4个供销分社。1999年，撤乐康和航龙、河中供销分社，对县土产公司实行改制。

2001年，撤卡罗、清水供销分社。2002年，撤塘泥、河中、边兰、上莫、掌布、翁招、谷硐和甲桐供销分社，增设茶叶销售门市1个。

2003年，全县供销系统企业改革改制全面铺开。是年底，农资公司及7个基层供销社改制结束。2004年，供销社所属企业改制后，新建平塘县农业生产资料有限责任公司、平湖和通州两个供销中心社。

2006年，在19个乡（镇）建成67个农资销售网点，并组建县农资商品配送中心，对各销售网点采取送货上门、挂牌监督和服务承诺制度。是年，县农资公司启动“万村千乡市场工程”，建成农资销售网点30个，商业网点向村寨延伸。2007年，新建农资农家店21个、农村远程教育综合服务站2个。是年，共有经营网点40个。

2013年，增设县供销社日用杂品公司。是年，全县共有经营网点共56个。

第二节 供销体制改革

1988年后，县供销社班子不再进行选举，改为县人民政府任命，各基层社领导班子由县供销社任命，报县人事劳动局备案。1991年，改原执行的化肥“双轨制”为综合销售价，从是年4月1日开始执行至1992年3月。

1992年，在县供销社驻独山采购供应站、县供销贸易中心推行经营、价格、用工、分配“四放开”试点，是年7月在全县供销系统铺开。1993年，商品物资购进实行营业员、保管员、物价员、会计员、采购员“五员”会审责任制。

1996年开始，实行农业生产化肥冬储制度，由县农资公司牵头组织货源，备足化肥。1998年，设立农资市场管理基金。1999年，对土产公司进行改制，将公司部分资产有偿转让，筹集资金偿还债务，一次性安置职工。

2003年，县人民政府批转《关于进一步深化我县供销系统体制改革的意见》，全面启动供销系统的改革改制工作。通过处置资产，偿还企业债务，留足企业职工养老保险金和离退休人员的费用，对企业在职职工进行一次性安置，终止劳动合同。

2004年，撤销供销系统原企业，成立农业生产资料有限公司和平湖、通州供销中心，职工从原有企业职工中公开招聘。

2005年4月，对县茶叶公司进行改制，一次性安置职工后，公司茶园实行承包经营，承包人与茶叶公司签订茶园承包经营管理合同，明确承包人债务清运和管理责任。是年，供销系统改制全部结束。

第三节　商品供应

商品购进

1988年，全县供销系统采取定任务、定资金、定费用、定报酬的办法，实行经营承包责任制。是年，完成国内纯购进总值579.28万元，其中，农副产品购进总值123.1万元。至1992年，累计完成商品购进2960.13万元，最低是1991年，完成529.8万元；最高是1992年，完成661.64万元，占年计划的101.8%。

1993年后，随着商品市场开放，供销系统商品购进主要以电视机、录音机、洗衣机、缝纫机、电风扇、自行车和化肥为主，其他商品购进逐步减少，除平湖、通州、摆茹等供销社完成购进计划外，其他基层供销社都未完成任务。

1993～1997年，全县供销系统国内纯购进总值累计2645.92万元。最高是1994年，完成681.64万元；最低是1997年，完成329.72万元，占年计划的65.4%，比上年下降37.5%。

1998年开始，供销系统商品购进主要以化肥为主，其他商品主要有食盐、食糖、香烟、服装、布匹、鞋、洗衣粉、手表、自行车、电视机、录音机、洗衣机、电冰箱、缝纫机、电风扇、汽油、煤油、柴油等。1998～2002年，购进商品总值累计完成5791.16万元。

1999年，供销系统开始改制，除化肥、电视机、洗衣机、电冰箱等大宗商品外，其他商品均未列入统一采购之列。5年中，购进最少是2000年，仅有856.9万元，最多是2002年为1644.42万元。2003年后，商品购进有所回升。2004～2012年，共购进商品2.39亿元。

2013年，全县供销系统商品购进2189万元。

1988～2013年平塘县供销合作系统商品购进统计表

表14-3　　单位：万元

年份	商品购进		年份	商品购进	
	总值	农副产品		总值	农副产品
1988	579.28	123.1	1995	580.82	29.51
1989	657.69	132.89	1997	329	83.5
1990	530.72	106.57	1998	1083.16	45.54
1991	529.8	156.8	1999	1044.6	83.83
1992	661.64	182.47	2000	856.9	54.35
1993	540.83	59.23	2001	1162.08	60.31
1994	681.64	42.26	2002	1644.42	88.99

续上表

年份	商品购进		年份	商品购进	
	总值	农副产品		总值	农副产品
2003	1757.15	80.71	2009	3125	—
2004	1788.25	83.83	2010	4119	—
2005	1988.38	81.35	2011	2362	—
2006	2104.98	89.62	2012	4203	—
2007	2168.65	90.32	2013	2189	—
2008	2120	91.24	—	—	—

商品销售

1988~1992年，商品销售总额为9116万元，其中农业生产资料2231.64万元。最低的1988年完成1656万元；最高的1992年完成2074万元，占计划的107%，比上年净增60万元。国内纯销售总值最高的1988年完成1434.8万元，最低的1991年完成1268.7万元。1992年完成1407.72万元，占年计划的103.5%。毛利率最高的1988年和1990年均为14.7%，最低的1991年为13.3%，1992年为3.6%。费用水平最低的1988年为11.3%，最高的1990年为13.7%，1992年为12.2%。在销售总值中，农业生产资料销售总值最低的1988年完成288.6万元，最高的1992年完成620.12万元，占年计划的147.6%。生活资料销售总值最高的1988年完成804万元，最低的1990年完成710.79万元。5年中，除1988年盈利外，其余4年共亏损145万元。

1993~1997年，国内纯销售总值最低的1993年完成1230.11万元，最高的1996年完成1764.24万元。在销售总值中，农业生产资料销售总值最低的1993年完成599.63万元，最高的1996年完成1418.59万元。5年共缴纳税金148.57万元，共计亏损759.84万元。主要商品有化肥、农药、农膜、农机、食盐、卷烟、布匹、服装、手表、缝纫机、自行车、电视机、录音机、电风扇、电冰箱、洗衣机、汽油、柴油、煤油等。

1998~2002年，商品销售总值累计完成7290.54万元，其中农业生产资料销售累计完成3890.76万元。5年中，商品销售总额分别占计划的59.38%、69.6%、74.4%、78.9%、105.4%，其中农业生产资料销售分别完成计划的75.89%、108.8%、63.6%、51.9%、106.1%。

2003年后，供销系统主要服务“三农”，抓好化肥、农药的淡储和供应。2004~2012年，全县共销售各种化肥共92878吨，其中尿素58915吨、复合肥22690吨。

2013年，全县销售化肥14896吨，其中尿素7310吨、磷肥3059吨、复合肥4527吨。

第四节　农业生产资料营销

主要商品销售

1988年，主要商品销售有化肥、农药、农膜、农械、卷烟、洗衣机6种。化肥销售实行“双轨制”，分计划内价格和计划外价格。是年，销售化肥8758吨、农药49吨、农膜26吨。1989年，在计划内化肥供应中，用于粮油换购化肥3444吨，扶持烤烟、蔬菜、制种、生猪等农副产品生产。

1991 年，改化肥双轨制销售为综合价销售。1993 年后，主要商品销售除化肥、彩电、录音机、电风扇等 4 种商品外，其余有所下降。下降幅度较大的商品为食盐、卷烟、鞋、彩电、煤油、洗衣机。

1997 年，化肥市场饱和，出现滞销。其中尿素零售价由每吨 2175 元降至每吨 1875~2000 元，全县供销系统化肥销售呈下降趋势。

2003 年开始，县供销社主要面向农村，销售农业生产物资。实行化肥冬储制度，做到化肥品种齐全、价格合理、数量充沛、管理有序，满足全县农业生产需要。

2003~2008 年，共销售各种化肥 53546 吨，其中尿素 32528 吨、复合肥 13777 吨、农药 24.81 吨。

2009 年，县供销社农资公司针对化肥市场饱和、销售不畅的情况，采取送肥进村寨、电话订购、平价销售等方式，拓宽销售渠道。是年，购进各类化肥 10396 吨，完成销售 9510 吨。2011 年，在全县试销黔南丰林公司“阿米诺”有机无机复混肥 1000 吨。

2013 年，在原县龙洞水泥厂建成县农资配送中心。是年，县农资公司采取城镇直销、村级综合服务社（站）加盟营销方式，完成化肥销售 11653 吨，销售额 4383 万元，实现利润 10.8 万元。

1998~2013 年平塘县供销系统主要农资供应统计表

表 14-4

年份	化肥（吨）				农药（吨）	农膜（吨）	农械（件）
	总量	其中					
		尿素	磷肥	复合肥			
1998	8353	—	1612	—	6.54	5	305
1999	7155	—	1137	—	5.24	5.96	175
2000	3674	—	534	—	6.07	4.24	—
2001	3538	—	350	—	6.99	6.09	—
2002	7949	—	1071	1797	25.56	10.78	—
2003	8247	5276	718	1785	3.17	8.75	—
2004	9851	5703	—	2027	20.9	4	—
2005	8535	4469	—	2910	0.36	—	—
2006	8459	4105	295	3005	0.13	—	—
2007	8608	6788	532	1285	0.11	—	—
2008	9846	6187	715	2765	0.16	—	—
2009	10463	8142	635	1686	—	—	—
2010	10571	7847	899	1825	—	—	—
2011	12658	7863	1543	3252	—	—	—
2012	13887	7296	2656	3935	—	—	—
2013	14896	7310	3059	4527	—	—	—

第五节　生活资料营销

1988 年，各基层供销社经营的商品主要有煤油、日用陶瓷、棉花、棉布、服装、卷烟、火柴、自行车、缝纫机、电视机、录音机、电风扇、洗衣机等。

1990年，供销系统商品滞销库存达833万元。全系统12个核算单位除农资公司和克度、通州、者密3个区社外，其余8个单位全部亏损，亏损资金达74万元。是年，生活资料零售总额为778.18万元。1994年，县供销社成立工业品联销公司。

1996年，在通州开展大宗工业品缝纫机、自行车等联购分销工作，转变单纯的一买一卖经营机制。1997年，县供销贸易中心、县供销社驻独山采购供应转运站、县供销社工业品联销公司3个单位因经营困难、扭亏无望停业。

2000~2002年，各基层社多渠道、多形式开展促销，扭亏增盈。平湖、牙舟、西关、克度、通州等供销社把部分边远、销量小的门市、代售点承包给个人经营，收取承包费。者密、摆茹等供销社增设经销点，扩大销量。西关、牙舟供销社采取各种方式促销。2003年，全县烟花爆竹归口县供销社经营。

2006年，实施“万村千乡市场工程”，重新建成农村商品流网络，共建成农资商品配送中心1个、销售网点67个。是年9月，对县内19个乡镇烟花爆竹市场进行清理，持有烟花爆竹零售许可证经营户202户，查出违法经营户14户，发出限期整顿通知书14份，收缴烟花爆竹137件。

2007~2013年，全县农资店和日用品消费店全部实现货物车辆配送。

1988~1997年平塘县供销合作社主要商品销售情况统计表

表14-5

品种	1988	1989	1990	1991	1992	1993	1994	1995	1996	1997
棉花（吨）	40	23.93	36.08	11.9	15.12	7.37	0.75	2.32	—	—
食盐（吨）	1500	499.4	979.3	871.9	679.13	367.95	147.52	92.1	28.24	39.74
食糖（吨）	—	—	—	—	—	36.94	11.53	11.28	11.9	9.11
卷烟（条）	44304	33419	36271	46684	49350	36431	12912	17862	14354	7942
棉布（万米）	68.29	44.43	30.5	15.50	3.88	4.47	4.09	2.74	3.24	3.80
各种服装（件）	27214	25966	16601	15006	12393	8914	8478	8285	4129	3325
鞋（双）	—	—	—	—	—	33793	30845	32081	19407	11725
肥皂（条）	—	—	—	—	—	15321	15293	8532	6655	—
洗衣粉（吨）	—	—	—	—	—	14.29	77.09	10.72	6.64	5.47
手表（只）	5077	3880	1732	1480	1346	1291	856	1164	609	502
缝纫机（台）	1755	1425	896	907	482	950	856	457	335	239
自行车（辆）	1366	917	1786	1354	973	1047	514	536	412	372
黑白电视机（台）	401	85	307	554	529	287	225	334	237	201
彩电（台）	—	—	—	—	—	1	14	55	53	10
录音机（架）	768	618	295	310	128	97	112	351	275	190
洗衣机（台）	294	64	103	107	135	133	77	166	119	15
电风扇（台）	131	54	79	107	70	92	129	—	157	99

续上表

品种	1988	1989	1990	1991	1992	1993	1994	1995	1996	1997
煤油（吨）	319.15	357.29	351.03	302	267.40	168.92	68.62	80.63	67.57	26.49
白酒（吨）	—	—	—	—	—	30.37	11.52	11.3	12.88	8.07
日用陶瓷（件）	37	29.42	38.90	43.7	14.05	—	—	—	—	—
火柴（件）	551.06	270.42	437.69	242	161	—	—	—	—	—

第六节　社办企业

1990 年，供销系统在全县种桑养蚕，购进桑苗 13.2 万株，自育桑树 15 万株，共发放蚕种 37 张，收购鲜茧 0.52 吨；无偿发放蓖麻种 0.99 吨，种植 1000 亩，收购蓖麻 2.91 吨。

1993 年，县供销社承建平塘县第二期农业开发项目，在克度、清水一带实施 4000 亩茶叶基地开发。是年，经县人民政府批准成立县供销社茶叶开发公司。1995 年，县供销系统利用扶贫资金在克度、塘边种植茶叶 1500 亩，投资 100 万元。

1996 年 9 月，县供销社第一社办厂剑化复合肥厂平塘分厂开业投产，至年底，共生产复合肥 400 余吨，产值 40 余万元。

1999 年，承包塘边镇林河村荒地 800 亩，建设经果林和茶叶基地。2000 年，克度光明茶场开始茶叶加工。2001 年，县供销社在克度光明茶场举办首届“贵州春茶第一壶”开园仪式。2002 年，投入 65 万元，新种茶叶 500 亩。是年 3 月，在县城中山路设“玉水系列”茶叶专卖店。

2004 年，组建农业生产资料有限责任公司、平湖供销中心、通州供销中心 3 个集体企业，企业员工从原企业职工中招聘，各企业实行独立核算。之后县供销社重点扶持农村经济合作组织，组建产品专业合作社。至 2011 年，先后建成绿色精品水果专业合作社、天佑良种鸽专业合作社、牧野鹅产业合作社。共有社员 400 余人，年销售收入总额 1500 万元，带动 2000 多户农户生产增收。

2012 年 3 月，县精品水果专业合作社被评为省级农民示范性专业合作社。

2013 年，农资助农增收 75 万元，村级综合服务站助农增收 185 万元。

第七节　经营管理

1983 年，全县供销系统完成由“官办”转为“民办”的体制改革后，采取由下而上的目标经营承包责任制。

1988 年，县供销合作社联合社对所属 12 家单位实行多指标考核的主任（经理）责任制，将各项经营指标分配到基层社，一包 3 年，逐年递增，超利分成，各基层社又将指标分解到柜组和个人。承包形式主要有百元提成计酬制、包干利润制和租赁制 3 种。是年，县城各公司和平湖社部分柜组实行包干制，租赁制开始在者密区的河中分销店进行试点，工业品实行联购分销，大宗农副产品实行分购联销。

1989 年，在全县开展清理职工拖欠物资款工作，共收回职工欠款 14.82 万元。

1993 年，开始推行“社有自营”全额风险抵押承包经营，是年 9 月，县供销社成立联购分销、分购联销领导小组，下设办公室，制定实施细则，签订协议书，进行风险抵押集资。明确农资商品联购分销由县农资公司主办，工业品联购分销业务由县供销社驻独山采供站和县土产公司负责，废旧物资分购联销由县土产公司主办。1994 年后，由于流通体制改革，农副产品市场放开，供销系统的收购业务逐年减少，农副产品收购逐渐被个体代替。1995 年，在全县推行统一进货、统一价格、统一配送、统一贷款、统一利益分配的农资连锁经营机制。从是年 10 月始，在尿素经营上由农资公司统一进货、统一价格、统一配送。

1998 年开始，供销系统在全县开展清理债务工作。至 2002 年，共清出职工欠款 170 万元，收回 40 万元。

2004 年，成立县农业生产资料有限责任公司和平湖、通州 2 个供销中心。

2005 年，县供销社对茶叶开发公司克度茶园实行承包经营管理，与承包人签订茶园承包经营管理合同。2006 年，在全县 19 个乡镇建成 67 个销售网，从是年开始，销售网点主要供应化肥、农膜、农药等农业生产物资。2009 年，建成村级综合服务站 15 个，把营销网络延伸至村一级。

2013 年，全县村级综合服务站销售总额 4383 万元，实现利润 10.8 万元。

第三章　粮油贸易

平塘粮油贸易先后经历计划征购、供应、议购议销到逐步市场化的改革过程。1988 年后，国家粮油计划逐年减少。1993 年，粮油购销进入市场，农民在完成国家定购粮任务之后，余粮可以进入市场销售。1995 年，粮票不再使用。1998 年后，非农业人口不再办理粮食迁移手续。2006 年，国家取消农业税后，粮油收购全面进入市场。

第一节　机构与网点

管理机构

1988 年，县粮食局内设人秘股、财会股、业务股、统计股、储运股、基建加工股 6 个股室，下设粮油贸易公司、饲料公司、植物油厂，以及平湖、牙舟、通州、西关、克度、摆茹、者密 7 个粮管所。

1991 年，县粮食局人秘股改称办公室，财会股与统计股合并为会统股，储运股与基建加工股合并为储加股。是年，县级机构改革，县粮油贸易总公司归并县粮食局，粮油贸易分公司归并粮管所，实行“两块牌子、一套人员”办公体制。1996 年，会统股改为财会股。1999 年，增设粮油购销有限责任公司，与平湖粮管所实行“两块牌子、一套人员”办公体制。

2000 年，县粮食局内设办公室、业务股、财会股、储加股，下属单位有粮油购销有限责任公司、粮油贸易公司、植物油厂、饲料公司。全县粮食系统有行政部门 1 个，粮油购销企业 1 个、粮油经营企业 1 个、粮油加工企业 1 个、饲料加工企业 1 个。2002 年，撤销财会股和储加股。2003 年，增设粮油调销有限责任公司。2005 年，撤销粮油贸易公司。2008 年，撤销粮油调销有限责任公司。是年，县粮食局内设办公室、业务股，下属企业为粮油购销有限责任公司。2009年，县粮食局增设监督检查股。2011年，县级机构改革后，县粮食局的行政管理职能整合划入县发展和改革局，不再保留县粮食局。内设粮食储备和流通管理股，负责全县粮食储备与流通管理。

营销网点

1988年，全县共有粮油经营点31个，分别是粮油贸易公司门市部、饲料公司门市部、城关粮店及北门、甘寨、白龙、卡蒲、牙舟、卡腊、谷硐、通州、金桥、平里、油邑、大塘、新塘、旧司、上莫、掌布、克度、塘边、航龙、摆茹、西凉、马场、者密、四寨、六硐粮站及清水、河中、幸福代管点。

1993年，县植物油厂增设门市部1个，全县粮油网点增至32个。1996年，增设卡罗粮站，撤销原粮油经营部。1999年，撤销粮管所，全县粮食机构网点减少到27个。是年，企业管理机构6个、经营网店21个。2001年，全县核定粮食收购批发个体工商户11户。2011年，撤销县粮食局，在平湖镇建立粮油配送中心1个，在通州、克度建立3个“放心粮油店”和“放心粮油经销店”。2012年，在平湖镇、摆茹镇、牙舟镇、通州镇分别设“放心粮油店”1个。

2013年，推进“放心粮油店”的建设和规范化管理建设。是年，建成“放心粮油店”2个。

第二节　粮油体制改革

1985年，全县取消粮食统购，实行合同定购和市场议价收购的“双轨制”，粮食企业实行经营承包责任制。是年，全县完成粮食定购任务6771吨。

1992年4月1日开始，议价粮购销由粮油贸易公司集中经营改为各基层粮管所独立经营，实行自负盈亏，独立核算。

1993年4月，粮油购销体制改革，保留粮食定购数量，取消国家粮油收购计划和粮油定量供应政策，以及粮油指令性调拨计划。全县粮油购销市场全面放开，价格随行就市。1998年，实行政企分开，县粮食局在人、财、物等方面与企业脱钩，之后，各粮油企业按照减员增效精神实行定岗、定员制度。

2003年，贯彻落实《贵州省人民政府关于我省国有粮食企业改革的实施意见》，粮油销售全面市场化。粮油购销企业全部解除职工劳动关系，职工重新竞聘上岗。是年底，全县购销企业职工139人，通过竞争上岗，被聘用63人，一次性安置职工44人。保留县粮油购销公司，下设3个分公司：粮油贸易公司、粮油调销有限公司、饲料公司。2005年，撤销粮油贸易公司，公司与职工签订解除劳动合同的协议。

2008年，对植物油厂和饲料公司进行托底收购改革改制。是年，粮食企业改革改制工作结束。

2009年5月，粮食局购销企业资产及职工划归资本营运公司管理。

2011年，县级机构改革后，县粮食局的行政管理职能整合划入县发展和改革局，不再保留粮食局。在县发改局内设粮食储备和流通管理股，负责全县粮食购销宏观调控和行业指导。

第三节　粮油购销

粮油收购

1985 年，国家取消粮食统购政策，实行合同订购和市场收购。合同订购主要是收取农户的农业税和教育附加费。市场收购按照“价格随行就市、以质论价、高进高出、略有微利”原则，收购议价粮油。1988 年，完成合同定购粮食 6771 吨，市场议价收购粮食 4021 吨。1993 年 4 月，油菜籽收购全面放开，随行就市。是年，收购油菜籽 2659 吨。1996 年，国家对粮食收购价实行最低保护价政策，中（晚）籼稻谷中等价每公斤 1.16 元，玉米中等价每公斤 0.96 元，等级差为 5%，保护价稻谷每公斤中等价为 1 元。

1999 年，定购粮中（晚）籼稻谷每公斤中等价为 1.22 元，议购粮价格为中（晚）籼稻谷中等价每公斤为 1.16 元，玉米中等价每公斤 1 元，保护价为中（晚）籼稻谷中等价每公斤 0.9 元，玉米中等价每公斤 0.92 元，价格登记差价 5%。

2000 年，农业税开始以折征代金的办法征收。2001 年，中（晚）籼稻谷收购，不再分“订购价”和“保护价”，实行两价合一。中等品种稻谷收购价为每公斤 1.04 元，稻谷等级实行 5 等制，等差 0.06 元。订购粮（农业税）收购价格每公斤 1.1 元。是年，收购定购粮 710 吨、议价粮 5802 吨、定购粮折征代金贸易粮 2346 吨。

2006 年后，国家取消农业税，停止定购粮收购，随行就市收购农民余粮。2007~2012 年，收购大米 5920 吨、稻谷 11604 吨。

2013 年，共收购农民议价粮 2256 吨。

粮油供应

1988 年，县内粮食涨价，供应较为紧张。按照口粮定量、价格、粮票“三个不变”，严格控制平价粮油的销售。是年全县销售粮食 3274 吨，比上年少销 864 吨。

1990 年，对城镇粮油供应进行整顿，全年压缩粮食供应 15.77 吨。1992 年 6 月，城镇居民粮油供应执行节约归公、当月购买、过期不售制度。

1993 年 7 月开始，取消购粮证供应，保留粮户关系，粮价全面放开，经营走向市场。1994 年 1 月，全县非农业人口每人每月凭证供应粮食 10 公斤，每公斤 1.3 元；供应菜油 0.5 公斤，每公斤 6 元，实行当月有效过期不补的供应办法。是年 11 月 1 日后，粮站粮价调整为每公斤 1.78 元，食油调整为每公斤 8.4 元。

1996 年，国家调整粮食销售价格后，国有粮站供应的粮油销售价与市场价基本持平，大部分城镇居民都到个体经营店或集市购买，城镇居民粮油供应凭证、凭票的历史结束。

1997 年开始，粮食购销企业经营业务主要是发放救灾救济和低保救助粮，销售军供粮。

1998~1999 年，共下拨救济粮 184.5 吨。2000 年，调都匀储备库粮食 3223 吨，处理陈化粮 766 吨。

2003~2004 年，调拨退耕还林粮食补贴 7137 吨。2005~2012 年，供应军粮 26.18 吨。

2013 年，共发放救灾救济和低保救助粮 1681 吨，销售军供粮 7 吨。

1988~2013 年平塘县粮食系统粮油购销统计表

表 14-6

年份	收购实绩（吨）			销售实绩（吨）				效益（万元）
	定购粮	定购油菜	议价粮	供应粮	救济粮	军粮	食油	
1988	6771	2027	4021	3969	745.8	—	190	-53.58
1989	6787	581	3850	4239	680	—	98	-37.34
1990	6785	2561	4695	6282	401.2	—	189	-39.73
1991	6751	5551	4168	6287	67.96	—	105	-191.36
1992	6599	2980	6307	4522	243.3	—	1400	-229.32
1993	7183	2659	924	8408	232	—	—	-131.03
1994	6611	2410	4313	8883	241	—	—	39.23
1995	6875	2584	5261	14483	223	—	—	30.8
1996	6919	4147	2175	5463	217.8	—	—	-53.38
1997	4517	4915	2427	12406	145	—	—	-477.81
1998	6217	3800	—	1583	114	—	—	-328.84
1999	1748	2327	2673	9700	70.5	—	—	—
2000	4047	1482	5802	7910	—	—	—	—
2001	710	—	1482	5001	—	—	—	—
2002	221	5595	2958	6694	360	—	1450	-161.71
2003	—	—	—	7164	728	7.35	—	36.60
2004	4833	6900	—	11858	471	2	1013	-8.86
2005	1396	643	—	2832	282	2	—	-34.76
2006	3047	417	—	1556	395	3.5	—	-108.48
2007	1152	126	—	2606	1077	4	—	-1.54
2008	3566	1060	—	1060	1046	7	—	-12.8
2009	—	—	2089	3988	—	—	—	—
2010	—	—	2089	3988	—	—	—	—
2011	—	—	3282	2752	551	2.2	—	6.92
2012	—	—	17695	2794	1.414	7.48	0.04	—
2013	—	—	2256	1681	1.526	7	—	—

第四节 粮油储运

粮油储备

1988~1992年，平塘县连续6年保持“四无”（无虫、无霉、无鼠雀、无事故）粮仓县称号。1993年，县粮贸公司在新舟的250万公斤拱型仓使用地槽机械通风储粮新技术。

1994年，据粮食普查，全县29个储粮站点，有21个实现“一符四无”（账实相符，无虫、无霉、无鼠雀、无事故）的标准，占所有储粮站点的72.4%。“一符四无”仓容实现94.6%，“一符四无”粮油实现91.7%，科学保粮占25.8%。1995年，把当年收购的稻谷2545吨作为轮换“甲字”粮和补充县级储备的粮源。

1997年始，每年分春、夏、冬三季进行粮仓普查，共清查核实粮食库存14509吨。建成油岜粮库，建筑面积220平方米，仓容350吨。改造城关粮店多种经营商业网点综合楼1500平方米。1998年，在平湖镇新舟新建仓容为1600吨的粮库，在县城新建700平方米营业用房，投资14万元维修破旧仓房。

1999年，增加“双低（低氧、低药量）密闭”和电子测温仓库6处，新建粮仓2座，增加仓容2000吨。2000年，投资22万元，对各收购粮站粮仓进行维修、加固。还建成克度、西关等几处粮仓，共增加仓容4800吨。

2003年，普查平均检查仓容26622吨，“一符四无”仓容25098吨，占普查数的94.3%。普查粮油9729吨，实现“一符四无”粮油9045吨，占普查粮油的93%。2007年，县级储备粮共储稻谷2200吨，其中，三棵树1094吨、四寨227吨、摆茹145吨、新舟734吨。是年，按规定完成县级储备粮轮换127吨。2009年，开展农村科学储粮试点工作，首次在摆茹镇摆洗村拉所组与42户农户签订科学保粮协议。

2009~2011年，先后在苗二河新寨、摆茹镇新优村、白龙乡乐康村、克度镇金科村、平湖镇新舟村实施科学储粮，发放农用粮仓210套。

2013年，全县规范粮食仓储管理，着力推进粮油储存安全，库存粮油“三专四落实”率达到100%，“一符四无”粮仓达97%以上。

粮油调运

1988年后，对政策性粮油调运，按照“全县一盘棋”的方针进行统一调拨。1988~1992年，粮油调入1988年1370吨，最高的1989年3123吨，最低的1992年1065吨。粮食调出1988年3561吨，调出最多的是1989年6933吨，最低的是1990年2226吨。1988~1990年油菜籽调入分别为90吨、505吨、608吨；菜油调出最高的1991年1339吨，最低的1989年92吨。

1996年后，因粮价严重下跌，市场价低于订购价，粮油调运逐年减少。

从2000年开始，因市场粮价低于粮食购销企业订购价和保护价，粮食外调外销困难，库存陈化粮逐年增多，粮食企业亏损较大。之后，粮食调运仅限于退耕还林补助粮、救灾救济粮、国家“甲字粮”储备，县内国有粮食购销企业基本停止调运。境内粮油调运主要由个体、私营企业自行组织。

第五节　粮油加工

1988~1992 年，全县粮油加工产值 1416. 39 万元。主要有油菜籽、面条、大米加工和饲料加工等，加工企业有县植物油厂、县饲料公司。

2000 年，植物油厂投入 30 万元，建成一条日产精米 50 吨的精米加工生产线。是年，加工产值 453 万元。

2005 年，粮油和饲料加工企业改制，县植物油厂和饲料公司与职工解除劳动关系，县内国有粮油加工停产。

第四章　烟草专卖

1988 年后，县烟草局（烟草公司）开始拓展省外卷烟市场，整顿县内卷烟市场。1992 年，烤烟收购推行“一证一卡”制度，划片区定点收购。1993 年，除调拨贵定烤烟调拨站外，主要销往福建、广西等地。2004 年，烤烟统一由黔南州烟草公司对外销售。2009 年起，烤烟调拨实行原价原调。2013 年，全县共收购烤烟 5. 44 万担，卷烟销售 8316 箱。

第一节　机构与网点

管理机构

1984 年 3 月，县烟草专卖业务从商业局划出，成立平塘县烟草专卖局和平塘县烟草公司，实行“两块牌子、一套人员”办公体制。1992 年，县烟草局（公司）内设人秘股、卷烟销售股、烟叶生产股和基财统审办公室、烟草专卖办公室和县人民检察院烟草专卖检察室，下设平舟、通州、摆茹、平湖、甘寨、卡罗、航龙、者密 8 个烟叶站和卡腊、边兰、马场、京舟 4 个烟叶分站。

1993 年，增设塘边烟叶分站。1994 年，基财统审办公室改称财会股。1995 年，烟叶生产股改称烤烟业务股。1998 年增设县公安局驻烟草专卖局执行室。

2000 年，增设安全保卫股。2002 年，增设网建办公室，专卖办公室改称专卖管理股。2004 年，撤销县烟草公司。

2005 年，增设平塘县卷烟营销部、平塘烟叶生产部、信息中心、基础设施建设办公室和专卖办营销中心，人秘改综合办，财会股改财务股，烤烟业务股改生产技术服务中心。2007 年，撤销烟叶生产部，成立黔南州烟草公司平塘县分公司，县烟草局机关原设 7 个股级单位不变。2009 年，撤销安全保卫股和信息中心，增设人事监察股和卷烟送货部。2010 年，增设安监股。

2013 年，平塘县烟草专卖局（分公司）内设综合事务管理办公室、卷烟营销部、专卖监督管理股、安全监督管理股、内管组、人事监察股、财务股、烟叶技术推广站、烟叶股、烟草中心管理中心站、烟叶基础设施建设办公室等 11 个部门。

烤烟收购网站（点）

1988 年，建成牙舟、通州、摆茹 3 个区烤烟收购站。1992 年建并撤后，全县设牙舟、通州、摆茹、平湖、甘寨、卡罗、航龙、者密等 8 个烟叶站以及卡腊、边兰、马场、京舟等 4 个烟叶分站。

1995 年，改设平湖、牙舟、通州、摆茹 4 个烟草站在甘寨、卡罗、航龙、者密四地，设立马场、京舟、卡腊、边兰、塘边烟草分站和烟叶收购点。

1998 年，优化全县烤烟收购站，设平湖、卡罗、牙舟、通州 4 个烟草中心站。平湖中心站下辖马场、摆茹、白龙、者密、四寨 5 个分站，卡罗中心站下辖谷硐、大冲、卡罗、塘烂、甘寨 5 个分站，牙舟中心站下辖牙舟、蚊子山、白云、卡腊、边兰 5 个分站，通州中心站下辖通州、鼠场、航龙 3 个分站。

2000 年，撤白龙、四寨、航龙 3 个烟草分站。2002 年，撤销大冲烤烟分站，恢复四寨、白龙烟叶站，甘寨分站划归平湖中心站管理。2005 年，各种烟乡（镇）以区域分片，设立平湖中心站、卡罗中心站、牙舟中心站和通州中心站。

2006 年，设者密、摆茹、甘寨 3 个片区烟草站和卡罗、牙舟、通州 3 个中心站，另设者密、摆茹、马场、甘寨、白龙、卡罗、谷硐、牙舟、蚊子山、白云、边兰、通州、鼠场、克度 15 个烟叶站点。

2013 年，全县共设通州、牙舟、卡罗、谷硐 4 个烟草收购站。

第二节　烤烟收调

烤烟收购

1988 年，全县收购烤烟 518.3 吨。

1992 年，推行“一证一卡”收购制度，分片区设立定点烤烟交售站。是年，全县收购烤烟 2116.35 吨。1993 年，全县 19 个乡镇共有 22855 户农户种烟，设 19 个收购点，其中掌布乡、大塘镇自行收购。

1996 年，全国统一实行 40 级新标准收购烤烟。1997 年，新建卡罗甲桐、谷硐林场、牙舟蚊子山和四寨 4 个烟叶收购点，扩建甘寨、边兰 2 个收购点，全县烤烟收购点增至 24 个。是年，全县收购烤烟 5750 吨。1998 年，开始执行计划种烟合同收购政策，之后，随着烟叶市场饱和，种烟面积调整为 2.5 万亩左右，烤烟种植从面积数量向提高烟叶质量转变。2000~2010 年，全县烤烟担均价 500 元，最高为 2009 年 689.95 元/担，最低是 2000 年 301 元/担；中上等烟占比最高为 2005 年 94.63%，最低为 2000 年 61%；收购烟叶最多是 2005 年 7.06 万担，最低是 2000 年 2.84 万担。

2013 年，共收购烟叶 5.44 万担，上等烟占比例 57.56%，总产值 6264.6 万元，实现烟叶税 1378.76 万元。

2013年平塘县烤烟生产情况统计表

表14-7

乡镇	计划种植面积（亩）	收购计划（担）	实际收购（担）	占计划（%）	产值（万元）	税收计划（万元）	完成税收（万元）	占计划（%）
牙舟镇	8906	14600	13408.33	91.83	1567.01	337	344.74	102.3
通州镇	4941	8100	7514.99	92.77	854.18	187	187.92	100.49
鼠场乡	3782	6200	5871.69	94.7	689.1	143	151.6	106.02
谷硐乡	5673	9300	10368.76	111.49	1242.31	215	273.31	127.12
卡罗乡	2562	4200	3970.4	94.53	443.76	97	97.63	100.65
摆茹镇	2623	4300	3961.89	92.13	434.13	99	95.52	96.48
克度镇	1586	2600	1609.49	61.9	166.39	60	36.61	61.01
者密镇	1220	2000	2073.67	103.68	233.88	46	51.45	111.86
白龙乡	2013	3300	3460.23	104.85	394.44	76	86.78	114.18
甘寨乡	488	800	1508.72	188.59	163.23	18	35.91	199.5
大塘镇	366	600	668.41	111.4	78.73	14	17.32	123.72
合计	34160	56000	54416.6	97.17	6267.2	1292	1378.78	106.72

烤烟调运

1988~1997年，全县烤烟主要调运贵定烟叶调拨站，少部分调往省外卷烟厂。

1998年后，按照黔南州烟草公司的规定统一调往州调拨站，调拨实行原级原调、收多少调多少。

2000年，各烟草站点以进库烟叶的等级为基础，按部位、颜色、等级进行理顺，保证包件等级的纯度，调拨等级合格率82%。2002年，烤烟销售总额3146万元，实现毛利974万元。

2009年开始，调拨实行原收原调，按照收购等级打包，杜绝提级上调，上、中等烟实行松散打包，确保调拨烟叶商品质量。2013年，共调运烤烟5.44万担，实现产值6267.2万元，上缴烤烟税1378.78万元。

第三节　卷烟销售

1988年时，主要品种有黄果树、云雾山、花溪、草海、甲秀、乌江、朝阳桥、华魂、清定桥、亚细亚、金鼓、蓝雁、银燕、遵义UI及少量的云烟、红塔山、阿诗玛、夺花、红梅、熊猫等。是年，全县完成卷烟销售4967箱。

1993年，以农村为重点建设卷烟销售网络。是年，在者密、塘边二镇增设卷烟批发点，共销售2766箱。1997年，共有农村卷烟批发点6个，购置卷烟送货车1辆，实行订单送货上门服务。2000年，成立卷烟配送中心，增设牙舟、摆茹、大塘3个卷烟代批点。是年，开展地方烟促销工作，规定全县干部职工每人购买5条地方烟。

2001年，全省实行一价制，规范卷烟价格。

2004 年 12 月，撤销县烟草公司。2005 年，县烟草专卖局设卷烟销售部和烟叶生产部。卷烟销售以黔南州烟草公司为主体实行区域化管理，全州分为 12 个县（市）3 个区域营销部，采购促销由州烟草公司统一承担。2007 年 8 月，将原划分的区域营销分离，各县（市）卷烟工作归属到原烟草公司经营和管理。

2013 年，全县卷烟销售 8316 箱，单箱均价 20038 元，实现销售收入 16664. 77 万元。

1988～2013 年平塘县烟草局（公司）卷烟销售统计表

表 14-8

年份	卷烟销售（箱）	其中：地产烟销售（箱）	销售总额（万元）	销售毛利（万元）	上缴烟税（万元）	利润实绩（万元）
1988	4967	—	449	35	58	15. 8
1989	4824	3481	660	41	80. 17	21. 7
1990	3840	2911. 5	701	43	83. 6	19. 01
1991	4777	3889	926	61	132. 63	32. 58
1992	4240	2193	1267	96	260. 82	55
1993	2766	1857	555. 1	—	255. 5	74. 5
1994	4364	2501	618. 2	—	136	46. 9
1995	4314	2294	758	—	126. 65	71. 24
1996	6664	4100	1796	—	269. 3	109. 4
1997	9153	5019	3222	39	1162. 23	114. 26
1998	10692	3000	—	—	—	39
1999	8309	—	3031	—	—	—
2000	—	—	—	—	—	—
2001	6214	2036	2433	170	—	123
2002	6447	4463	2822	281	—	—
2003	6329	2062	3115	387. 86	—	518
2004	6540	—	3695	520. 8	—	—
2005	6645	—	4491	780	—	—
2006	—	—	—	—	—	—
2007	6776. 6	—	5039. 5	—	—	—
2008	7050. 12	—	6100	—	—	—
2009	7948. 13	—	7899. 65	—	—	—
2010	8674. 8	—	10149. 51	—	—	—
2011	8357	—	11610. 38	—	—	—
2012	8017. 73	—	13283. 25	—	—	—
2013	8316	—	16664. 77	—	—	—

第四节　专卖执法

1988年，全县共办理烟草专卖证186个，其中国营21个、个体户165个。1989年，对县内卷烟市场开展整顿，共查处各种违反烟草专卖条例案件99起，其中无证经营11起、“地下”批发6起、假冒香烟1起，共收缴卷烟3243条。

1990年，成立烟草专卖办公室。

1993~1997年，共查处违反《中华人民共和国烟草专卖法》案件108件，收缴各类卷烟2.54万条。

1999年，对乡镇市场进行清理检查，查处案件11起，结案率100%。

2000年，开展打假打私专项斗争，捣毁非法加工窝点3个，没收烟丝1.81吨、切丝机2台。

2001年6月，成立平塘县烟草专卖管理稽查大队以及平湖、通州中队。2002年，成立塘边稽查队。2004年，打掉制烟丝窝点4个、私购烟叶窝点5个。2006年，立案查处非法制售卷烟30起，没收卷烟134条。

2008~2012年，开展卷烟烤烟市场检查5788个（次），查获非法制售卷烟1740.3条、假卷烟275.8条、烤烟18.12吨。

2013年，检查卷烟零售户1.56万户次，查处无证经营户14户、无证运输烟叶案件1起。查获销售非法生产烟草制品1起，涉案卷烟共计1094条、烟丝56千克、烟叶11149.2千克。

第五章　石油购销

1988~1992年，境内石油成品油供不应求，采取计划内用油与计划外用油综合价供应。1993年后，采取增设销售网点、取缔非法油摊等办法，规范石油成品油销售。1998年，贵州省石油公司平塘分公司改称中石化贵州平塘支公司，2002年更名为中石化股份有限公司平塘石油支公司，2009年，改为中石化股份有限公司平塘销售区，2012年恢复中石化平塘支公司。2013年，全县共有10个加油站，共销售石油成品油19400吨。

第一节　管理机构

1988~1992年，贵州省石油公司平塘县分公司无内设机构。

1993年，内设人保股、财会股，下辖平湖镇上梭油库、油库加油站和榜上加油站。1995年，增设通州加油站和液化气供应站。1996年，公司增设业务股。

1998年，改称中国石化集团贵州平塘支公司，下设人保股、财会股、业务股。

2000年，撤销业务股、人保股，设办公室、石油营业部。

2002年，中国石化集团贵州平塘支公司更名为中石化股份有限公司贵州黔南平塘支公司，办公室改为人保股，撤销石油营业部。

2009年，对外保留中国石油化工股份有限公司贵州黔南平塘石油支公司名称，实际名称为中国石油化工股份有限公司贵州黔南平塘销售片区，下设销售片区经理、财务代表。

2012年，撤销销售片区，恢复县石油支公司，设经理、经理助理、财务代表、非油品管理员。

2013年，石油公司内设机构不变。

第二节 网点建设

1988年11月，位于县城北上梭大转弯油库改造和加油站建设工程动工。1990年，加油站主体工程完工。1993年，将县城原煤油零售门市改造为榜上加油站。是年，县内有1库2站，即位于城北的油库、油库加油站和榜上加油站。

1995年初，共有经营网点16个，其中兼营7个、专营9个。9个专营网点中，自行停业1个、停业整顿1个、取缔1个。7月，增设通州加油站和县城液化气供应站。

1998年，撤销县城液化气供应站，增设红桥加油站、克度加油站和平舟大道加油站。

2001年，增设牙舟、塘边、者密3个加油站。是年，共有加油站7个。2009年，增设新舟加油站。

2013年，全县共有加油站10个。

第三节 油料购销

1988年，全县油料仍是计划购销，凭票定量供应。是年，成品油购进1619吨，销售1638.3吨，销售总额146.4万元，上缴税金8.8万元。

1989年，从煤油开始，销售分平价油和议价油。1992年，计划内油料指标大幅度削减，双轨价格并轨，实行综合价销售。

1996年后，因企业车辆和私人车辆的增加，用油量猛增，县内开始出现中石化之外的加油站，如县供电局在县城北设立的红桥加油站。

2001年开始，县石油公司收购系统外加油站。

2013年，成品油销售1.94万吨，其中汽油8150吨、柴油1.125万吨。销售总额1.57亿元。

1988~2013年平塘县石油支公司成品油销售统计表

表14-9

年份	成品油（吨）	其中				销售总额（万元）	上缴税金（万元）	实现利润（万元）
		汽油	柴油	煤油	润滑油			
1988	1638.3	594.7	557.5	449.7	36.4	146.4	8.8	8.6
1989	1666	556	622	447	41	173	9.6	9.2
1990	1834.2	642.4	718.8	429	44	192	10.8	9.6
1991	1709.2	639.3	633.4	390.2	46.3	217.8	9.7	10

续上表

年份	成品油（吨）	其中				销售总额（万元）	上缴税金（万元）	实现利润（万元）
		汽油	柴油	煤油	润滑油			
1992	1685.3	553.3	637	455	40	277.5	11.7	10.3
1993	1320	371	621	309	19	323.94	12	19.81
1994	1297	426	712	136	23	291.69	9.11	-6.33
1995	1691	583	997	101	10	404	19.8	5.29
1996	1994	613	1243	124	14	526.4	10.3	2.7
1997	2058	595	1333	120	10	581.3	11	0.2
1998	1781	405	1306	60	10	410	10.8	4.27
1999	1949	451	1411	77	10	455	12	4.58
2000	2780	1000	1780	—	10	884	12.19	6
2001	3446	1500	1946	—	5	991	18.6	25.59
2002	5115	1397	3604	—	8	1443.68	20	—
2003	5232	1500	3730	—	12	1800	22	—
2004	5900	2100	3800	—	11	2150	33	—
2005	6250	2400	3850	—	8	2800	37	—
2006	6700	2800	3900	—	13	3250	42	—
2007	7400	3100	4300	—	9	3840	54	—
2008	8200	3400	4800	—	15	4100	61	—
2009	9844	4300	5544	—	—	5500	72	—
2010	10800	4850	5950	—	—	7200	84	—
2011	13255	5460	7795	—	—	10271	113	—
2012	14620	6270	8350	—	—	11715	118	—
2013	19400	8150	11250	—	—	15710	142	—

第四节 经营管理

1988 年，实行平价和议价“双轨制”价格，平价销售成品油，凭票证定量供应。1989 年，油料供应紧张，供求矛盾突出。是年，从广东茂名、广西南宁、省内麻芝铺油库及邻县购进汽油 43 吨，优先保证农业和重点单位用油。

1990 年，根据货源，按照不同批次和价格，对汽油、柴油实行综合平衡供应的办法，扩大议价油料的销售。1993 年，投资 3 万余元将原煤油零售门市部改造为榜上加油站。是年 12 月，在通州镇新建 1 个加油站。之后，逐年扩大销售网点。1995 年，全县开展石油成品油市场的清理整顿工作，取缔个体经营成品油摊点。是年，全县共有销售网点 16 个。

1996~1998 年，县内用油量猛增，柴油紧缺，先后从广东、广西采购柴油，保证市场供应。1999

年，与者密、牙舟、卡蒲、克度等地的农村网点签订销售协议，扩大市场销售份额。

2000 年，投资 250 万元，新设平舟大道、克度加油站，改造榜上加油站。是年 7 月，收购供电局经营的红桥加油站。2001 年，县石油支公司将系统外加油站全部收回。2002 年，成立油品配送小组，为各乡镇、润滑油经销点、汽车配件门市配送 0 号柴油、润滑油，是年，全县共有国营销售站点 8 个，市场占有率达 95%。2009 年，率先在平舟加油站和新舟加油站开展非油品业务，之后，不断完善非油品销售网络。

2010 年，县内成品油销售首次突破年销售量万吨指标。2011 年，实施加油站规范化管理，县石油公司投资 150 万元，按中国石化形象标准对加油机进行更换，变单枪机为双枪机加油，对员工进行技能培训。2012 年，投资近 50 万元对新舟加油站进行自助加油站改造。

2013 年，县石油公司联系贵州路桥平独项目部，签订平独高速三个标段供油协议。对通州工业园区、澳华大理石厂、摆图水库等工程油料需求实行配送上门服务。

第六章　物资经营

1988~1998 年，平塘物资供应部门组织供应的物资主要有生铁、钢材、水泥、平板玻璃、机电设备、汽车、轮胎、摩托车以及民爆物品。1989 年，对经营重要物资的个体户、集体企业进行验证管理。1993 年后，取消指令性计划物资购销。1994 年 3 月，县物资管理局整体转轨为经济实体，为县经贸局下属企业，改称县物资供应公司。2005 年，县内国有商业企业改制后，县物资供应公司转为县国有资本营运公司参股的平塘县民用爆破器材有限责任公司。2007 年，撤销公司法人资格，改组为非公有制企业法人实体，专营民爆物品器材。

第一节　管理机构

1988 年，县物资管理局内设金属机电科、建材化工科、综合管理科，下辖民用爆破器材专营公司。1994 年 3 月，县物资管理局并入县经济贸易局，改为县物资供应公司，整体转轨变型为经济实体，为县经贸局下属企业。是年 7 月，综合管理科改为财务科。1999 年，县物资供应公司与县民用爆破器材专营公司实行“两块牌子、一套人员”办公体制，均属县经贸局管理。

2000 年，撤销金属机电、建材化工、财务 3 个科，设业务股和财会股，主要经营民用爆破物品。2005 年，国有企业改制后，组建由县国有资本营运公司参股的平塘县民用爆破器材有限责任公司。2007 年 8 月，县民用爆破器材专营公司注销企业法人资质，改组设立非公有制企业法人实体——贵州黔南化轻民爆器材有限责任公司平塘分公司，承接原公司民爆器材专营业务。2009 年，组建黔南爆破配送服务公司平塘分公司。至 2013 年，公司机构设置保持不变。

第二节　物资购销

1988~2001年，物资购进总值3695.76万元，经营销售4332.36万元，创利53.21万元，主要物资有钢材、水泥、炸药、雷管和导火线等。2002~2012年，销售物资5757.65万元，创利143.52万元。

2013年，经营销售物资551万元，亏损4.68万元。

1988~2013年平塘县物资供应公司主要产品购销统计表

表14-10

年份	销售总值（万元）	钢材（吨）	水泥（吨）	炸药（吨）	雷管（万发）	导火索（万米）	上缴税金（万元）	利润（万元）
1988	174.84	559.5	1076	66.6	29	13.2	4.4	7.27
1989	188.8	528	1663	47.3	19.6	10.4	6.12	9.02
1990	227.1	708.1	2566	29.8	12.1	8.1	7.29	9.1
1991	274.61	769.2	3103.7	59.6	24.5	14.8	7.75	9.82
1992	339.24	736.9	3559	89.9	42.8	21.4	8.6	13.23
1993	244.59	440.6	924	43.5	20.2	9.1	3.66	2.45
1994	243.03	493	1543	23.8	11.9	5.7	0.56	0.02
1995	306.35	478	3437	54	28	11	1.02	0.13
1996	453	933.8	3799.1	96	37.19	21	5.9	1.16
1997	592.5	850.63	5430	112	47.1	23.8	4.36	0.27
1998	497.3	860	3163	—	—	—	3.57	0.44
1999	272.7	772	932	50.6	23.5	11.4	8.67	-2.5
2000	272	655	549	88	39	19.6	10.8	0.2
2001	247	482	5.4	129	54	28	6.4	0.1
2002	295	186.5	255	298	115	59	17.6	2.93
2003	313	—	—	268	71.1	50.7	12.3	1.44
2004	453	—	—	388	105.5	56.5	28.03	9.6
2005	554.1	—	—	425	130.54	43.64	40.7	24.2
2006	809	—	—	626	163	49.4	62	46
2007	476	—	—	101	47.32	21.32	—	0.25
2008	160.55	—	—	146.73	63.44	16.45	3.79	-14.7
2009	583	—	—	329	89	—	33.86	31.9
2010	749	—	—	43.8	100	—	36	27.2
2011	737	—	—	505	58	—	27.6	-9.9
2012	628	—	—	440	42	—	30.39	-14.7
2013	551	—	—	423	37.2	—	23.857	-4.68

第三节 企业管理

经营管理

1988 年，县物资局对物资经营实行承包制。之后，国家指令性计划物资调拨逐年减少，为解决供需矛盾，多渠道、多方面组织进货，先后从昆明、贵阳、六盘水、都匀等地调进钢材，平抑市场建材物价。

1989 年，贯彻国务院关于对钢材等重要物资加强管理的决定，查处违规经营单位 1 个、个体户 2 户。

1991 年，县人民政府发布《关于整顿重要生产资料流通秩序的通告》，整顿物资市场流通秩序，县物资局采取直达供货、上门推销、分期付款、拆零供应等办法供应物资。从是年开始，县物资局将工作重点放在开拓市场和扩大网点上，着力提高市场占有率。先后在通州、牙舟、克度、西凉、摆茹、者密、四寨等集市增设代销网点，在县城开设局直属的综合门市部。

1993 年，指令性计划物资全部取消，县物资局采用送货上门、延长服务时间、拆零供应、增设网点等办法进行销售。1994 年开始，全县物资流通由物资部门专营变为市场经济多家竞争，经营建筑用材、玻璃的个体、私营企业猛增到 10 多家。1996 年，县物资局与龙马水泥厂达成供货合同。

1999 年，物资供应市场供大于求，呈现“买方市场”格局，县物资公司出现亏损。2000 年，国有中小型企业实行改革改制，县物资供应公司完成改制方案，从是年开始，公司主要经营民爆物资。

2002 年，县物资公司实行职工轮休制度，一年一换，在岗职工领全额工资，轮休职工发放 80%的工资，轮休期间可从事其他职业。

2005 年，县物资公司改制结束，组建为平塘县民用爆破器材有限责任公司。2009 年，改建为黔南爆破配送服务公司平塘分公司，之后，对县内民爆物资实行配送服务制。

安全管理

1988 年后，县物资公司对炸药、雷管、导火线等爆炸物资实行封闭管理，配备专门的管理人员和保卫人员。大户购货一时用不完，炸药库可代为保管。

2003 年，公司专营民用爆炸器材后，完善安全监测和防范设施，加强对民爆仓库的管理，请防雷减灾部门对公司仓库避雷装置作定期检测，成立应急救援指挥机构，设立指挥中心，组织干部职工适时进行演练。

2004 年，成立安全生产领导小组，主要负责人任组长，建立和不断完善合理的安全生产规章制度，细化规章制度的操作条款。对民爆产品购买实行提货登记、人员进出库登记备案制度。

2005 年，对炸药库实行节假日值班制度、出入库制度、搬运装卸制度、警卫值班制度、仓储管理奖惩制度等库房管理制度，经常或定期对炸药库进行安全检查。

2006 年，投入 55 万元，在县城至白龙乡公路旁建成新炸药库房。库区总面积 1.1 万平方米，库房建筑规模 477.74 平方米。是年，县物资供应公司选派干部到贵阳、四川参加民爆安全业务培训。

2008 年，按照现代企业管理模式，配备专职安全员，在公司设立客户零投诉岗位奖。2010 年，开展物资配送，对民爆物品实行专车专人押运。

2013 年，建立重大安全隐患源档案，实行炸药库“一日一报”制度。

第十五篇

旅游业

第一章 旅游资源

平塘旅游开发始于1993年，实行开发、保护和利用相结合，最早规划开发为平舟河马蹄岩至六硐段和甲茶河谷。2002年，发现掌布“藏字石”后，县委、县政府把旅游业作为支柱产业之一来抓。2003年，掌布“藏字石”景区建成对游客开放。2005年9月，国土资源部批准平塘建立国家地质公园。2006年1月，建设部将平塘省级风景名胜区列入首批国家自然遗产预备名录名单，同年4月，平塘国家地质公园开园仪式在掌布景区举行。2008年11月，国家旅游局批准掌布景区为国家AAAA景区。2009年12月，平塘被国务院批准为第七批国家级风景名胜区。2010年，启动国家自然遗产地遗迹保护。2011年，国家500米口径球面射电望远镜项目工程动工建设后，平塘旅游业进入快速发展时期。2013年，共接待游客429.55万人（次），景区门票收入222.79万元，旅游总收入36.88亿元。

第一节 自然景观

“玉水金盆”景区

主要以田园和河谷风光为主。包括平塘县城、京舟风光、六硐河峡谷、打密河峡谷、神仙坝瀑布、养鹤山、龙山、苗二河十里桃园、毛南族文化村等，共有31个景点，景区面积67.5平方千米。

县城东傍龙脑坡，南、西、北三面环水，平舟河绕城而过，宛如盆景，俊秀天然，享有“玉水金盆”美誉。

掌布“藏字石”景区

位于掌布镇桃坡，系平塘国家级风景名胜景区、国家地质公园、国家自然遗产地的核心景区，是黔南州第一批国家AAAA级旅游景区。位于平塘县西北掌布乡桃坡村，距县城65千米。以奇山、奇水、奇石、奇洞、奇竹、奇树、奇鱼为主要特色，主要景点包括“藏字石”、漂来石、长寿泉、青龙峡、石观音、藤竹峡、躲兵洞、熬硝洞、阴阳洞等。共有景点景观30余个，辖区面积33.7平方千米。原生植被保存完好，山清水秀，古树参天，藤竹垂吊，溶洞密布，崖石断面上自然凸显排列有序的酷似“中国共产党”五个遒劲的凸型汉字。据专家鉴定，为距今2亿多年前自然形成，被中国科学院院士、著名地质学家刘宝珺誉为“世界地质奇观，旷代天赐珍宝”。

甲茶景区

位于摆茹镇甲茶村，属贵州少见的亚热带风光。距离县城45千米，面积45.1平方千米。共有景物景观30多个，以瀑布、竹林峡谷、溶洞、沙滩、河湾及亚热带南国风光为主要特色，享有“甲茶风光赛桂林”之美誉。主要景点有瑶家河峡谷、沙漠河、牛织峰、羊角洞、甲茶瀑布、九龙戏水、清恬园、竹溪、九曲十八弯、拉七峡谷、燕子洞等。

龙塘景区

位于县境内槽渡河中游，距县城 42 千米，面积 50. 5 平方千米。共有景物景观 23 个，以喀斯特岩溶地貌为主。主要景点有龙塘湖、青龙洞、青龙峡、卧龙洞、松茶瀑布群、炼石峡、红岩河谷、摆浪河峡谷等。集山、水、峡、洞于一身，融林、湖、瀑、石为一体，是休闲、度假、探险、猎奇的胜地。

天坑群景区

位于塘边镇，距县城 110 千米。地处大贵州滩核心区，亚洲最大地下河经天坑群底部，属喀斯特地貌。景区由大窝凼群、巨木风光、巨木瀑布、清水赛歌场、九曲回头、巨木天缘洞、白马洞、水洞、牛角洞等景点组成。天坑群有安家洞（猫底）天坑、道坨天坑、夏家坨天坑、阴河天坑、八角天坑、瑶人湾天坑、中干凼天坑、螺港湾天坑、犬冒坨天坑、石膏洞天坑、打赖坨天坑、苦竹坨天坑等 21 个，深度均在 300~600 米之间。打岱河天坑为世界三大超级天坑之首，南北长 2100 米、东西宽 1800 米、深 589 米，坑底面积超过 5000 平方千米。

甲青—六硐景区

位于县城南部，距县城 18 千米，景区面积 34. 5 平方千米。有景物景观 20 个，以田园风光、河谷、河滩、毛南族民居等为主要特色，主要景点为甲青大盲谷、甲青冰臼群、河头草坝、六硐峡、打密河峡谷、观音洞、靴滩、象鼻山、刀切岩、仙人帽、仙人像、避邪洞、观音峰、六硐风光、响水洞、银塘洞、十龙过江、钓鱼滩、桃源洞、甲青天生桥、奇石干河、龙吟洞、月亮山。景区属未开发状态。

拉安河景区

位于槽渡河下游的西凉乡拉抹村，距县城 54 千米。景区长 18 千米，面积 38 平方千米。景物景观 20 多个，以滩多湍急的峡谷以及保护完美的原始森林为主要特色。原始森林植被保存完好，古树藤竹浓密，遮天蔽日，林中猴群出没，鸟兽踪迹随处可见，溶洞奇特，山岩高悬，造型别致、美观，是游人探险、漂流的佳地。景区目前尚未开发。

景区内主要景点有拉安峡谷、蛤蟆滩、蛤蟆问天、巨石滩、长滩、猫耳滩、汇水滩、出水洞、白马滩、龙角滩、偏坡洞、岜令峡谷、仙人碑、写字洞、张仙洞、十里仙人掌、茅草桥峡谷。

其他景区

除上述七大景区之外，县境内其他景物景观还有水月潭、瓦洞、饭甑山、天池、鸳鸯池、神泉井、香炉峰、纳英硐、盘缠河、羊角山、火龙井、姊妹井等自然景观。

第二节　人文景观

天文射电望远镜

位于克度镇绿水村大窝凼，系中国“十一五”重大科技基础设施建设项目工程。距离县城约 84 千米，距平罗高速 6 千米，距贵百高速 40 千米。2007 年 7 月，国家 500 米口径球面射电望远镜建设工程经国家发展和改革委员会批准立项，2011 年 3 月开工建设，2016 年 9 月建成投入使用，是迄今为止全世界最大单口径球面天文射电望远镜。

卡蒲毛南族风情园

位于卡蒲毛南族乡场河村，2005年始建，总投资1000多万元，园区面积6.5平方千米。

园内设有停车场、科普民族文化长廊等，园区整个建筑为伏势斗牛造型，分牛头、牛脖子、牛身、牛蹄、牛尾5部分，牛头建筑为牛鼻子、牛角木架盖瓦飞椽结构，牛角环抱圆形表演场，场中间建有毛南议郎牌、牛脖子，由3部石阶梯自下往上构成，中部石级南北两侧为双龙喷水池（蝴蝶泉）各1个，石级正中为土地供奉菩萨加盖屋顶石牌位组成。牛身为四合院布局，东厢房陈列毛南族起源历史、贵州人口分布等史籍图文资料，门头牌匾、毛南土布床单的生产染缸、织布机、纱线、土布、打鱼渔网、溪笼、黄鳝夹、狩猎的鸟枪、火药角、山羊网、麻雀网，堂屋祭祀春凳；西厢房陈列物生产生活用品风簸、竹磨、石磨、石碓、石擂钵、桐油笼、木制照明灯盏、祭祀铁炮、铁鼎罐、簸箕、打谷桶、皮鼓、木犁、水耙、磨耙、火镰刀、柴刀、斧头、锛锄；步石级向正东方向为南北对称两厢房结构，正中为毛南族祭祀神龛结构，北厢房陈列物为毛南族的生产生活、婚丧嫁娶、语言、毛南山歌、猴鼓舞、火把节、迎新节、女儿节、老年节、文化活动图片及服饰、头巾、绣花鞋、鞋垫、八角帽、围巾、围腰、褙带等；南厢房为播放展厅。牛蹄为南西北“山”字形正东朝向木架盖瓦飞檐长廊，中间广场为歌舞体育竞技表演场，树立毛南族图腾柱。牛尾是风情园的后寨门，连接交懂民族村寨步道。

风情园与卡蒲集镇、毛南风情一条街、毛南风情岛、出水洞沿河风景、卡蒲库区生态、下寨田园风光构成一个景区。

聚胜塔

位于县城西面莲花坡顶，塔有8层，呈六角形，高18.8米。塔内有圆桌圆凳，供游人休闲、娱乐。塔下方有一石碑，上书“玉水金盆”拓刻。塔下100米处是望城阁，崇檐庑殿建筑，周围有两层仿古石栏杆，是观县城“玉水金盆”的最佳位置。

河边寨

位于掌布镇，是一个典型的布依族聚居村寨。村寨依山傍水，植被原始茂密，百鸟鸣叫其间，寨边河水清澈碧透，鱼欢游翔浅底，环境十分优美。民风民俗淳朴浓郁，民居保留有布依族风格的杆栏，服饰为布依族传统特色，古风浓厚。西南400米处营上古道，修建于清朝道光十年，此古道长2千米左右，均为石板铺垫而成，古道曲折幽深，两侧原生植被茂密。

贵山古道

贵山古道位于通州镇打贵河上游，已有300多年的历史，是克度、通州一带商人外出经商，通往平舟、独山、都匀的必经之路，长3千米，均为青石板铺成，古道曲径幽深，两旁原生植被保存完好。

安家洞

位于塘边镇易里寨打界坡峭壁之上。洞长68.5米，洞内有水池、居室等，全为人工凿成。洞分上中下三厅，仿梯式排列。洞门侧一壁书刻建洞碑文（为阴刻）。洞中各池清水，皆从洞顶缝隙中渗出滴入，长年不断。为县级文物保护单位。

整岩石碾

位于克度镇天生桥。为古人在崖腔内整岩上刻凿4个水碾，直径3米，上有岩层遮雨，下有河水冲击木轮，带动上面石碾旋转，碾轧稻谷。

泰合桥

位于者密镇上茂村易然寨附近，为当地行人来往必经之地。系清道光十五年（1863）村民石成章组织修建，距今150多年。

通州古屯堡

位于通州镇高星村，古堡呈椭圆形，面积约693平方米，四周为石砌围墙。有东、南、西3个城门，南门和东门分别建有凸出城外的两个炮楼。

塘边古屯群

分布于塘边镇沿河村一带10余座高山顶上。古屯四周砌有高墙，有大门1个、小门2个、窗口多个，大部分屯内保留有土灶、石碓、石水缸等物。据考证，古宅有千年历史。

况九洞葬

位于谷硐乡基场村况九组。洞宽幽深，构造复杂，洞内存有近千口棺木，为布依族洞葬。

养鹤山摩崖

养鹤山原名羊角山，地处县城西北8千米处，海拔1100米，山崖石陡峭，松柏葱茏，明清为“平舟八景”之一。

山上寺庙始建于明初，民国19年毁于山火。民国28年重新修建。后因年久失修，寺庙垮塌，胜景不复存在。

山上有摩崖两处，山门左侧崖壁有诗云：“东山晓日照烟云，仆地犀牛迴出群，莘野南洲波浪静，关风北斗起人文。”山门右侧绝壁刻有七言诗一首：“石龙昼夜转流沙，玉水金盆发客膳，峻岭丛中留古迹，青钱洞里现光华。”两处石刻落款皆为“外四京金银锋题”。相传明代道人张三丰云游至此，以指代笔，凿划而成。养鹤山摩崖为县级文物保护单位。

黄土坝民族村寨

位于掌布镇黄土坝乡，是一个具有布依族民居特色的村寨，房屋仍保留古老的杆栏式建筑，房屋呈长形，楼上住人，楼下喂养牲畜和堆放杂物，门前有楼梯直达楼上，楼上有火坑（客厅）、灶房和居室，火坑用砖砌六角形，火坑间还放置纺车、织布机等。20世纪70年代仍保留着织布、染布、碾布等民族传统工艺。节日主要有“三月三”“四月八”“六月六”等。

西凉布依族村寨

西凉乡拉抹村是布依族聚居村寨，木屋建筑一楼一底，房屋依山傍水，房前屋后芭蕉片片、楠竹蓬蓬，是典型亚热带民族聚居村落。20世纪80年代仍保留有古老的石磨、碾子、石碓、虚笼、框箩、纺车和古代人工造纸。

茂村石桥

又称“寿星桥”，位于者密镇茂村寨边。石桥为单孔桥，长6米，桥面宽2米，两侧有方条石栏；

桥北头有两座用整石雕成的象，形态可掬；桥南头有几株合抱大的松柏树，树旁有石碑一块，铭刻建桥始末。建桥距今已有150多年的历史。

乐康风雨桥

位于白龙乡乐康村，是县境内最大最长的风雨桥，距今已有180多年历史。为白龙通往都匀凯口的必经之地。桥高10米，长25米，桥面宽6米。水中两座桥墩呈四方形，全用青石砌成，桥面铺木板，两边各有三根木围栏，一供行人歇息的木柱横于围栏内侧。桥面上用木柱搭竖屋架，顶上盖瓦，中间有一飞檐，形如天窗。桥头立有石碑，铭刻建桥始末。

课寨毛南族村寨

是卡蒲毛南族典型的佯僙人聚居村寨，全寨130户左右人家。保持着古老的竖架木柱楼房建筑风格，两楼一底，地基较高，房前一小院，进院处有一门楼。屋门前两边各有一雕花石墩，房屋为二楼木架结构，人住一楼（称地楼），楼下喂养牲畜，二楼用来堆放东西。现有民居已有150多年的历史。

第二章　旅游开发

平塘境内独特的喀斯特地形地貌形成的奇山秀水和悠久的历史文化，为旅游发展提供了良好的条件。通过20年的投入开发，形成掌布国家AAAA级景区、“玉水金盆”景区、甲茶景区、天坑景区和“中国天眼”景区，并拥有国家级风景名胜区、国家地质公园、国家湿地公园、国家自然遗产地、中国文艺家科普创作基地、国家科普示范基地、中国十大科技旅游基地等多张名片。

2013年，县内共有7个自然景区，总面积350平方千米。

第一节　旅游规划

1993年，县委、县人民政府把旅游作为第三产业的主导产业，开始进行境内旅游业规划，主要以平舟河马蹄岩至六硐段和甲茶河谷自然景观为主。1996年，对境内旅游资源进行第一次普查。

2002年，被国内旅行社列为昆（明）汕（头）高速公路最佳旅游线路，由昆明经兴义—罗甸—平塘—独山—三都—榕江—黎平到张家界，被贵州省人民政府纳入以荔波为龙头的优先重点规划的旅游线路之一。

2003年，启动全县旅游业总体发展规划编制。2004年，委托贵州省江河旅游公司组织编撰《平塘县旅游发展总体规划》。

2005年，委托贵州省城乡规划设计院完成《平塘县风景名胜区总体规划》编制，并经贵州省人民政府审核批准。

2009年，开展平塘国家地质公园规划编制，启动国家自然遗产地保护性规划和修建性详规的相关编制工作。2010年，对《平塘国家级风景名胜区总体规划》进行修编。

2012年11月，《平塘国家级风景名胜区总体规划》通过贵州省住房和城乡建设厅初审。是年，

《平塘国家地质公园总体规划》通过国土资源部评审。

2013 年，国土资源部批准《平塘国家地质公园总体规划》。

根据《平塘旅游发展总体规划》，境内主要规划为五条旅游线路：平湖休闲游、天眼—天坑地质奇观探秘游、甲茶—六硐峡谷亚热带风光游、龙塘—掌布自然风光游、卡蒲毛南族风情游。平湖休闲游以县城为核心，规划面积 67 平方千米，主要有"玉水不夜天"、光影天街、布依印象、运水苑营地、吉古民俗村、养鹤山城市森林公园、莲花公园、绿草滩生态园等。

甲茶—六硐峡谷亚热带风光游：以甲茶亚热带河谷风光为核心，规划面积 45 平方千米。景点主要有甲茶民俗村、甲茶瀑布、燕子洞、布依风情寨、沙滩露营地、休闲水寨、戏水乐园、拉七布依寨、喀斯特峡江画廊、甲青冰臼、六硐毛南族村寨等。

龙塘—掌布自然风光游：以掌布藏字石景点为核心，规划面积 33 平方千米。景点主要有野营基地、天字奇观、藤竹、吻人鱼乐园、石蛋滩、掌布溶洞、掌布布依文化旅游村、浪马河布依山寨、掌布瀑布、彩石谷、生态浅道、龙塘湖水上游憩、龙塘湖人家等。

天眼—天坑地质奇观探秘游：主要有中国天眼——500 米单口径射电望远镜台址、天文科普文化体验馆、塘边安家洞天桥和天坑、道坨天坑、打岱河天坑、云中漫步、登临天网、极阴蹦极等。

卡蒲毛南乡风情游：主要有交懂寨毛南族风情园、毛南族民居、毛南族婚俗和国家级非物质文化遗产猴鼓舞表演等。

第二节　景区建设与保护

景区建设

1993~2001 年，境内各景区处于保护性开发阶段。2002 年，发现掌布"藏字石"后，景区建设投入逐步加大。2003~2005 年，在玉水金盆景区，先后投入 502 万元，建成玉水公园和莲花公园。2006 年，投入 183 万元，实施莲花公园半边街布依族民居及文化长廊、园门照壁、索桥等后续工程，安装新大桥至老大桥沿河大理石护栏步道和"玉水不夜天"实景剧场。2007 年，投入 20 万余元，修复玉水河洪水损毁索桥。2008 年，投入 569 万元对县城迎宾大道两侧进行房屋外立面包装改造，实施城区主街景观绿化工程。是年，黔南州首届旅游发展大会在平塘举行。

2003~2008 年，掌布景区建设共实施 8 期工程。先后完成景区步道、栈道、溶洞、灯光、休息亭台、过河木桥、拦河坝、停车场、景区站房及游客服务中心的建设。总投资 2400 余万元。

2010 年，启动平塘国家地质遗迹保护工程项目建设。至 2011 年，先后共实施掌布景区回路建设和"藏字石"景点危岩处理，以及景区保护范围的划界。

景区保护

甲茶景区　2003~2008 年，共实施 3 期工程。总投资 700 余万元，主要完成景区码头、长廊、公厕、游览步道、公路等的建设及民族村寨的扩建。2010 年，启动实施地质遗迹保护项目后，先后进行林区步道保护、护坡改造等工程。2013 年，完成防火瞭望台 1 座、公厕 2 座和消防人饮工程 1 处的项目建设。

天坑景区　建设项目始于 2006 年，至 2008 年先后完成景区游览步道、观景台、公厕建设及景区道路的维修，总投资 125 万余元。2009~2010 年，天坑景区地质遗迹保护项目完成总投资 810.5 万元。

先后实施步道、消防饮水工程建设。2013年，实施管理用房、游客服务中心、地质公园副碑、瞭望台、巡护步道、安全防护栏建设，是年完成工程量的80%。

卡蒲毛南风情园 建于2006年，主要完成风情园寨木楼、停车场、风雨长廊、表演场建设及民族村寨的整治，基础设施的维修和完善等，总投资200余万元。

第三节 旅游服务

2002年后，平塘围绕吃、住、行、娱、购、玩6个方面，开展旅游服务工作。

人员培训

2003年开始，把景区导游培训和涉旅单位、企业服务培训作为旅游服务工作的重要内容，是年，对掌布景区16名导游进行培训。2004年，举办涉旅单位和企业人员培训班，是年，共有14人获省级导游资格证书。2009年，除选派人员参加省、州举办的各类培训班外，共举办旅游服务技能培训班16期，参训人员1800余人。2010年，先后在县城和掌布、甲茶景区举办10期旅游从业人员培训班，500多人培训。2013年，举办各类培训班8期，参加培训330余人次。

住宿餐饮

2003年，全县共有6家旅馆。2004年，县内宾馆、饭店实行挂牌接待。2005年，共有50家乡村旅社通过旅游接待评定。从2009年始，执行国家《旅游饭店星级的划分与评定办法》，开展星级（宾馆）酒店的评定监管。2013年，成立平塘县旅游协会，开展宾馆、酒店评星和乡村旅社评花以及农家乐接待认定工作，是年，新增商务旅馆4家，旅游购物店9家。全县共有酒店（宾馆）65家，其中1星级宾馆酒店9家、村旅舍12家，可接待游客3000余人。各种接待游客饭店32家，其中县城5家、景区27家。

旅游咨询

2003年后，平塘通过电视新闻和宣传画册以及省内外媒体为游客提供服务。2005年，先后在《中国西部》《贵州旅游时尚》刊发旅游线路。2006年后，通过参与国内旅游产业推介会和举办大型旅游节会，向游客宣传推介境内景区景点，接受游客咨询。2009年，公开旅游投诉电话，受理游客投诉。2012年，建立平塘旅游网，开展网络咨询服务。2013年，制作《平塘旅游服务指南》。共接受游客咨询2.8万人（次），平塘旅游网浏览量为12.36万人。

第三章 旅游管理

平塘旅游业坚持在保护中开发、在开发中保护的发展战略。1996年，成立县旅游局负责全县的旅游开发和管理。2002年，成立景区管理站。2005年后，按照全县旅游总体规划，通过旅游招商有序推进开发，并利用举办旅游节会，参与省内外旅游推介会扩大知名度。2013年，成立平塘旅游协会，

《平塘国家地质公园总体规划》修编通过国土资源部审批，与国内 29 家旅行社签订合作协议。

第一节　管理机构

1996 年 5 月，成立县旅游局，负责全县旅游发展规划和管理。

1997 年 10 月，设立平塘县风景名胜区管理处，为副科级事业机构，隶属县建设局管理。

2002 年 3 月，成立甲茶景区管理站。2003 年 9 月，设立掌布“藏字石”景区管理站。2003 年 12 月，掌布“藏字石”景区管理站更名为平塘县掌布“藏字石”景区管理处，并升格为副科级机构。

2004 年，成立县旅游接待中心。2006 年 4 月，平塘县风景名胜区管理处升格为县政府直接管理的正科级事业机构。2011 年 11 月，县风景名胜区管理处升格为副县级事业单位，内设办公室、业务科，下辖掌布景区管理所、甲茶风景区管理所、卡蒲毛南族风情园管理所。是年，县政府机构改革，撤销县旅游局、电视局，组建平塘县文体广电旅游局，内设办公室、文化综合股、体育工作股、旅游股和广播电视台。至 2013 年内设机构不变。

第二节　旅游推介管理

县文体广电旅游局主要负责全县旅游开发规划、市场开发和旅游服务，县风景名胜区管理处主要负责景区的管理工作。

2000 年后，平塘利用举办龙舟赛水龙节和参与省内外旅游推介会等节会，向外宣传平塘。通过编写旅游宣传画册介绍境内旅游景点。

2003 年 12 月，特邀由中科院院士，著名作家、艺术家组成的“中国名家科学文化考察团”对掌布河峡谷景区的地质奇观进行实地考察，中央电视台、《人民日报》、《光明日报》、中央人民广播电台、中国国际广播电台、旅游卫视等 20 多家新闻媒体进行追踪采访报道。对掌布景区酷似“中国共产党”5 字进行地质考察和科学鉴定。

2004 年 4 月，举办“中国名家看平塘”活动，30 余家包括港澳在内的新闻媒体应邀出席活动。是年，中国文艺家基金会选定平塘为“中国文艺家科普创作基地”。

2006 年，举办“春茶第一壶”——中国·平塘“玉水不夜天”山水剧场演出活动、“玉水不夜天”——中国·平塘国家地质公园暨民族风情旅游节和“贵州平塘旅游跨越式发展研讨会”，地质专家、著名作家、评论家及社会名流 100 余人应邀出席活动。

2008 年 9 月，承办首届黔南州旅游产业发展大会。

2010 年，与重庆中国国际旅行社、重庆中国旅行社、重庆中国青年旅行社、重庆金牌自驾联盟达成旅游合作协议。自 2012 年开始，实施乡村旅游，举办掌布乡六月六歌节和新塘乡咕噜跳月活动，组建民族民间艺术团。是年，引进 2 家旅行社入驻平塘。

2013 年，投入 150 余万元，在贵新高速公路、贵阳市公交站制作景点介绍牌进行旅游宣传推介。是年，开通平塘旅游网，参与国内国际旅游交易会 4 次，召开专题旅游推介会 4 次，发放宣传资料 2.6 万次，接待游客咨询 2.8 万余人次。

第三节　旅游商品

牙舟陶

产于牙舟镇兴陶村，于明洪武十六年（1383）由江西传入，以小陶窑式的家庭作坊为主，明末初具规模，清初已发展到40多座陶窑，产品除国内市场外，还远销南洋及欧洲、法国等地。造型自然古朴，线条简洁明快，色调淡雅和谐。釉色以黄、绿、紫、褐为基调，互相调配成多种色釉，图案具有浓厚的民族特色，深受群众喜爱。1983年，在中国国际旅游会上，牙舟陶“鸡纹双耳罐”荣获金质奖。

藤（篾）编工艺

境内编织主要有克度藤编、竹篾工艺，其编制的单人沙发、双人沙发、茶几等藤编用品远销省内外。克度细篾斗笠质地坚韧，篾条薄如纸、细如丝，色泽金黄，工艺精湛，花纹图案美观大方，是境内特有的手工艺制作品。

花石

花石系铝硅酸盐粘矿物组成的变质高岭石岩，因其矿体多是隐质致密块状体和鳞片状，具有独特的鲜艳色彩和纹理，花斑状构造，质地细腻光滑，凉润如玉。平塘花石主要产于掌布镇，其工艺品远销美、意、德、日、韩、新加坡等国家及港、澳、台地区。

褙带

境内布依族、苗族、毛南族手工刺绣的褙带，有割绒、十字绣、绣花、贴花、插花、穿扣、绑结、连织、印染等，做工精美，花样繁多，产品用全棉、纯丝、毛绒等布料，采用传统手工艺制作，具有吸汗、透气、抑臭等功效，是少数民族馈赠客人的贵重礼品，极具收藏价值。

鞋垫

鞋垫多为布依族、毛南族手工刺绣，做工精美，美观大方。用棉线、丝线制作，不褶皱、不变形，结实耐用。20世纪60～70年代为姑娘的定情之物，之后，变为姑娘出嫁陪嫁之物。

土布床单

境内布依族、毛南族纯棉土布床单，具有吸汗、透气、保暖之功效，用绿色棉花为原料，经纺纱、编织、印染加工成型。大塘、掌布、克度、摆茹、四寨的布依族和卡蒲毛南族生产的土布床单，图案精巧，色彩鲜艳，是当地少数民族的嫁妆和馈赠礼品。

米酒

境内毛南族、布依族、苗族米酒，是采用多种野生中药自制的酒药酿制而成，原料主要有大米、苞谷、麦子、糯米、高粱、薯类、南瓜、红薯等，佐以山泉酿制成酒，酒精度数多在20至37度之间，分白酒和果酒两类，果酒以野生螳螂果、刺梨、杨梅、枸杞浸泡而成，入口醇香，味正甘甜，有滋阴壮阳、延年益寿之功效。

平塘早春茶

境内种植的绿茶，外形紧细卷曲，白毫满布，匀整有峰苗，色泽绿润，汤色绿亮，清香持久，鲜爽回甘。克度光明茶场的绿茶每年在清明节前就采摘制作，是贵州境内最早上市的绿茶之一，享有“贵州春茶第一壶”美称。

黄金应子

系选用县内上等野生李子蜜制加工而成，色泽金黄，入口甘冽，是平塘有名的天然食品。

摆洗贡米

产于摆茹镇摆洗村，因在清咸丰年间为贡米而得名。2003 年，获贵州“名牌农产品”称号。2005 年，获国家农业部农产品质量安全中心颁发无公害农产品认证证书。

塘边豆油皮

产于塘边镇，采用古老传统手工艺取优质黄豆制作而成，含有丰富的蛋白质和多种矿物质，是境内特有的食品。

第四节　旅游经济效益

2002 年前，全县旅游收入较少。2003 年，掌布“藏字石”景区建成对外开放后，游客逐年增多。2004~2008 年旅游总收入为 2.11 亿元。2010~2012 年，旅游总收入 132.68 亿元，其中门票收入 440.83 万元。2013 年，共接待游客 429.55 万人（次），旅游总收入 36.88 亿元。

2003~2013 年平塘县旅游收入情况统计表

表 15-1

年份	游客情况		门票收入情况		旅游总收入	
	人次（万）	增长率（%）	数额（万元）	增长率（%）	数额（万元）	增长率（%）
2003	0.93	270	44.8	240	—	—
2004	4.42	375	41.3	-8.4	340	659
2005	0.28	133	140	239	2570	655
2006	16.88	64	208.38	43	4220	64
2007	23.5	39	131	-39	6463	53
2008	27.3	16.17	144.7	2.27	7507.5	16.16
2009	150	22	144.7	2.27	8534.52	13.68
2010	23.5	39	122.18	27.23	13057.81	53
2011	285.5	26.37	113.55	2.87	16583.41	27.02
2012	312.32	9.4	145	13.3	302000	242
2013	429.55	40.08	222.79	57	368800	38.53

第十六篇

城乡建设·环境保护

第一章　城市建设

平塘城市建设按照先规划后发展的原则，注重改造老城区，拓展新城区。1985年，首次编制县城总体规划。1997年，进行第二轮县城总体规划编制，扩大县城总体规模。2000年后，严格控制县城规划区的民房改建，按照“新老同步，东西扩展，南北延伸，依托玉水，做大金盆”的建设思路进行开发。结合城乡统筹发展，不断增加投入，市政公共设施建设进入快速发展期。2013年，县城规划面积5.9平方千米，城镇人口11.2万人，城镇化率35.5%。

第一节　县城规划

总体规划

1985年，首次完成平塘县城总体规划编制，规划面积为1.7平方千米。1990年，界定城镇的规划区和控制区。是年8月，县城规划区、控制区的界定经县人大常委会审议报省人民政府批准实施。规划区东至平湖镇回龙村三棵树组马坡脚，西至新舟村望沙堤河边，北至上梭水厂（县供排水公司），面积2.9平方千米，人口3万人。

1997年，对平塘县城总体规划进行第二轮修编，规划面积为10.3平方千米。2000年，实施修编，县城中心区域分为行政金融和休闲住宅，规划面积6.5平方千米。

2008年1月，对平塘县城总体规划进行第三轮修编。2009年11月，经黔南州人民政府批准实施后，县城总体面积增至36.55平方千米，东抵平湖镇回龙村马坡，南至吉古村，西抵甘寨乡磨刀石村，北至平湖镇新平村龙洞，县城规划人口10万人。

2013年，完成县城区消防总体规划编制，共核发建设用地规划许可证109个，建设工程规划许可证102个。

详细规划

1991年，启动县城新区的详细规划。

1992年，完成县城新区《新舟综合区的控制性详细规划》和老城区蔬菜园1∶500地形图的测绘工作。1996年，开始对新舟开发区进行测量和规划设计。

1998年，对平塘县城平舟大道、河滨大道进行详细规划。2000年，完成平塘县城河滨公园的详细规划。2001年6月，委托贵州省城乡规划设计院编制县城控制性详细规划，控制性详细规划为4781.25亩，修建性详细规划600亩。

2003~2005年，完成平湖镇10.3平方千米控制性规划和平塘县城近期规划。

2009年11月，委托上海同济大学规划设计院编制县城控制性详细规划和修建性详细规划，获黔南州人民政府批准实施。2012年，委托云南省城乡设计院完成县城路网规划。

2013年，完成县城新舟新区“滨河新城”城市综合体（中央大街）和老城区“玉水新城”棚户区改造规划方案编制。是年，县城区面积新增0.66平方千米，全县城镇化率为35.5%。

规划管理

1988年，平塘县城规划区内，新建和改建工程都要经过县建设局审批放线，对违章建筑将依法一律进行拆除或罚款处理。

1992年，实施旧城改造，按照县城区规划，对规划区的建筑依法进行拆迁和补偿。

1997年，实行新建用地和工程建设规划许可制度。是年，共办理建设用地规划许可证和建设工程规划许可证120个。从1998年11月开始，县城路灯由县供电局管理改为县建设局管理。

2000年，县人民政府印发《平塘县城镇建设实施意见》，对城镇规划建设作出明确规定，严禁在规划区内乱搭乱建，对违章建筑将依法进行拆除处理。2008年，贯彻落实新颁布的《中华人民共和国城乡规划法》，利用法制宣传日、赶场天发放《中华人民共和国城乡规划法》宣传资料近万册。是年，停止办理县城规划内民用房审批办证，开始发放建设工程竣工规划认可证。

2013年，共办理“两证一书”（建设用地规划许可证、建设工程规划许可证，建设项目选址意见书）22个，下发整改意见书21份，责令提出整改意见书2起。

第二节 市政建设

市政交通

1988~1992年，平塘县城核心区道路主干道为沥青路面或水泥路面，支道和城郊大部分为沙石路。1993年开始，对平塘县城旧城实施改造。是年，共改造县城老城区新市路、新平路等6条街道。

1994~1996年，先后对平塘县城老城区中山路、健康路、新平路、中山路西、新市路等主要街道进行改造，共改造机动车道路18100平方米、人行道1440平方米、排水沟3350米。

1998年，启动平舟大道（后山大道）建设。大道全长1200米、宽30米，总投资1000万元。

1999年，修建县城新城区新舟大道，大道长1000米，中间的道路宽8米，左右人行道各宽4米。是年2月动工，完成投资70万元。

2000年，实施县城老城区中山路、新市路、河滨路、册三公路县城段1千米改造，工程投资240万元。

2003年，正式实施新舟新区开发，次年6月动工建设平舟大桥接新舟大道路口。至2005年，县城老城区完成15条街道路面硬化，总长1615.59米，总面积12860平方米，总投资185万元。

2007年，完成县城新城区鑫元路、青年路、新兴路、玉水新村内道路、玉水新村20米道路、南洲路、新舟大道（扩建）、瑞泽路、广场路等9条道路建设，总长3210.225米，面积57389.375平方米，总投资891.2万元。

2008年，完成老城区新生路接玉水北路道路建设工程，总投资31.9万元；实施满仙桥至老大桥道路建设，总投资30万元。2010年，县城污水处理厂建成投入运营。

2011年，修建县城新城区南洲大道、新舟大道等7条主街道，新区交通路网架构形成。是年12月，启动县城垃圾填埋项目建设。

2012~2013年，采取EPC+BT模式融资，对县城老城区迎宾大道、腾龙大道、中山路等8条道路进行改造，道路改造面积11万平方米，人行道路改造面积7万平方米。

市政设施

1988年后，注重县城区供水、供电、排污、绿化、亮化工作。

1994年，实施县城排水沟改造4条800米，人行道改造400米1449平方米。1995年12月，在平塘汽车站开始建设首座高杆升降灯。是年，重新安装老城区新老大桥和满仙桥桥灯。

1998年，开发县城老城区蔬菜园新区，启动老城区集贸中心市场（农贸市场）建设。至1999年，完成第一期工程建设，项目建筑面积1万平方米。总投资5000万元。

1999年，投资130万元，在老城区县城汽车站广场实施文化休闲广场项目，工程于是年10月动工，次年8月竣工。广场占地面积5400平方米，其中绿化面积2000多平方米。2001年，投入4.6万元，实施县城道路绿化种树，主要有白玉兰、樟树、桂花、广玉兰等。是年在中山路、河滨路平整1058平方米，建成公厕1座。

2002年，在县城老城区平舟河南岸的莲花坡建设首个公园——玉水公园，公园占地2.437万平方米，园内建有4个亭阁，园内平道用鹅卵石镶嵌而成，总投资120万元。是年，投资35万元建设龙脑坡烈士陵园。陵园有烈士纪念碑，纪念活动平台从坡脚到纪念碑平台共6000级台阶，建筑面积1226.4平方米。

2004年6月，动工建设县城新城区平塘县少儿活动中心，中心占地198亩，建筑面积为3500.5平方米，其中主体建筑面积4010平方米，项目为国家控股投资公司援建，总投资330万元。

2005年，启动平塘县城新城区莲花公园首期工程建设，完成望城阁、聚胜塔、儿童体能乐园、步道、半边街及绿化建设，总投资382万元。

2006年10月，新区行政中心广场动工建设，总面积1万平方米。是年，完成新大桥至老大桥1.11千米沿河护栏安装和步道改造以及老大桥至农贸市场排污设施建设。

2010年，县城污水处理厂投入使用。

2013年，实施县城新城区建平桥至满仙桥沿河灯光景观建设。对河滨大道、腾龙大道、中山路等城区8条主干道、主街道的供排水、电力、通信、照明、绿化进行改造。

第三节　市政管理

管理机构

1988年，县城市政管理由县城乡建设环境保护局负责。

1994年，县城乡建设环境保护局改称平塘县建设局。1997年，县城镇建设管理监察队改称为县城镇监察大队。

2001年11月，县级机构改革，组建县城镇公共事务管理局（简称县城管局）。原建设局城镇管理监察大队和环境卫生管理所职能划归县城管局，内设办公室，下设4个事业机构，即工程技术室、环境卫生管理所、市政设施管理站、城镇公共事务管理综合执法大队。

2003年4月，把市场服务中心职能从县工商行政管理局划到县城镇公共事务管理局。2005年，县人民政府行文明确县公共事务管理局为县城公共客运车辆主管单位。2006年，县城管局增设园林管理站。

2011年7月，县级机构改革，撤销原县建设局、县城管局，组建平塘县住房和城乡建设局（简称县住建局)。市政管理由住建局负责。

2014年，县政府机构改革，成立平塘县城市管理综合执法局，市政管理职能从县住建局划归县城市管理综合执法局。

供水管理

1988年，县城供水由县建设局下属企业县供排水公司负责。年均水价为0.2元/吨，年供水量24万吨。主要供水区域为县城核心区。1989年，供水区域扩展至平湖镇新舟村的新舟、望沙一线。

1992年4月，县供排水公司划归平塘县水电局，县城供水由县水电局负责。1993年6月，投入4.3万元，改造中山路至原车队、养护段至翻砂厂交叉路口、桥头街输水管道736米。是年，县城饮水由每吨0.3元调整为0.45元，营业性用水为每吨0.7元。是年，开征新增用户增容费，新增居民用水每户40元，营业和基建用水每户100元。

1994年5月开始，县城区生活用水由原来的每吨0.45元调至0.55元，营业性用水由原来的每吨0.7元调至0.8元，建筑用水由每吨1元调为1.04元。1995年，安装龙洞至水厂复线引水管道，日引水量由1680立方米增至8880立方米。

1998年，投资64.92万元，对县城区2.58千米管网进行改造，安装42千瓦抽水设备1套。是年，县城区供水能力达72万立方米。

2002年，投入580万元实施县城自来水增容扩建工程，建成高水位水池1个、清水池1个、水泵房1栋。2006年后，县城区年均供水量130万吨。

2011年，立项建设小河水厂，工程预算为4991万元。项目于2015年3月8日正式动工，共建有蓄水池3000立方米，日供水量达2.5万吨，年供水量达912万吨，保障了平塘新老城区15000户居民的供水。

供电管理

1988~1991年，县城供电由县水利电力局下属企业县电力公司负责。

1992年8月1日，平塘龙塘电站与都匀地区国家电网正式并网运行。

1993年，县电力公司实行归口管理，直属都匀供电局，是年5月，成立平塘供电局。之后，县城供电管理由平塘县供电局负责。

1998年后，电力行业全面走向市场，县供电局推行内部承包责任制。2001年，取消城市公用事业附加费。

2004年，增加110千伏平塘变电站，次年正式实施县城电网改造，城区供电能力增强。

2013年，网购电价0.3001元，比上年增加0.0545元。是年，全县售电量1.435亿千瓦时，实现利润249.96万元。

河道管理

1988年前，县城生活污水和企业污水大部分直排平舟河，下游群众反映强烈。

1989年后，贯彻《中华人民共和国环境保护法》，县城新建项目实行“三同时”（同时设计排污设施、同时施工、同时投产）制度。对修建排污设施的企业返回其缴纳的排污费。

1990年，县水利电力局接管城关沿河河道管理。1992年，平塘县人民政府委托平湖镇人民政府管理平舟河米寅至吉古段河道。

1995年，对平塘县城老城区县城河段林木、植被、砂石等实行专人管护，指定取沙范围，是年收取取沙管理费6500元、河堤维护费2500元。2000年，投入4.5万元，对平舟河苗二河至六硐段实施绿化保护，两岸种植楠竹1.5万株。

2003~2005年，建成平塘县城新城区平舟河平湖新舟段防洪堤280米，北岸排污沟300米。

2006年，完成县城老城区农贸市场至老大桥排污沟建设，安装沿河护栏1116米。2007年后，对平舟河县城区河道淤泥、水草和河面漂浮物进行定期清理，发布公告，对县城监管河段严禁任何人下河电鱼、网鱼、毒鱼。

2010年，县城污水处理厂投入运营后，河道污染得到遏制，县城区水质达到国家乙类水质。

环卫管理

1988年，平塘县城环境卫生管理职能由平湖镇划归县建设局，县城环卫工作由县环卫所负责。

1988~1990年，卫生清扫面积为5万多平方米。1991年，环卫工作开始从城内延伸至县城外沿。1992年，县城老城区清扫面积达6万多平方米，保洁面达3万多平方米。城区街道清扫保洁实行扫、收、运分片分人承包责任制。

1997年，县城老城区卫生清扫面积增至10万平方米，环卫工人人均清扫面达5600平方米，中山路、人民路等主要街道实行全天保洁。是年，成立平塘县市容环境卫生监督队，购置垃圾运输车1辆，果皮箱74个。

1999年，创建卫生文明县城，新建封闭式垃圾转运池30个、转运站1个，购置洒水车1辆。2002年，县环境卫生管理所划入县城镇公共事务管理局管理。是年，县城老城区卫生保洁面积增至11.95万平方米，为解决卫生经费，开始征收居民住户卫生费。2003年，平塘县市场服务中心由平塘县工商局划入县公管局。2006年，将城乡接合部的回龙村、新舟、拉高3个行政村纳入保洁范围。

2009年后，县城镇公共事务局与社区建立双向管理机制，强化监督管理，城区卫生保洁延伸至小街小巷。

2011年后，实行卫生网格化管理，明确路长和责任单位，对乱堆乱放、乱搭乱建等相应县城环境卫生和市容市貌行为，通过县电视台进行曝光，督促整改。

2013年，县城卫生保洁面积达17万平方米，转运处理垃圾150余吨。

城管监察

1988年后，城市管理监察主要是贯彻执行《中华人民共和国城市规划法》，维护市容市貌，对违章建筑和县城乱设摊点进行拆除和规范。

1989~1996年，平塘县城镇建设管理监察大队共查处违章建筑243处，下达拆除通知228份，拆除面积近3万平方米。1997年，县城管队改称平塘县城管大队，人员由3人增至6人。是年，县人民政府颁发《平塘县城镇管理暂行办法》《平塘县城机动三轮车客运管理办法》，对县城区夜市摊点和机动三轮车、板车以及各种货车停靠秩序进行整治。

2001年11月，县级机构改革，组建平塘县城镇公共事务管理局，原县建设局城管大队、平塘县环卫所由县建设局划归县城管局管理，城市监察由县城管局负责。2002~2007年，按照《平塘县创建文明卫生县城综合管理办法》，实施城市规范化、法制化管理，实行门前“三包”（包卫生、包绿化、包秩序）。2010年，县城管局成立违章建筑拆迁大队，开展违规建筑专项整治。

2013年，开展整脏治乱专项整治工作，规范经营摊点570个，取缔占道经营2600余次，拆除户外广告牌350余块，发放宣传资料共计10000余份，设立禁停车辆广告牌30余个。

第二章 乡（镇）村建设

1988年，平塘县行政区划设10个区级镇、40个乡（镇）。1991年撤区并乡建镇后，开始对19个乡（镇）进行集镇规划，结合易地扶贫搬迁进行集镇建设。2006年，启动社会主义新农村建设后，乡（镇）村建设步伐加快。至2013年，乡（镇）、村建设基本实现硬化、绿化、亮化。平湖镇地处平塘县城，是全县政治、经济、文化中心，牙舟、通州、克度、谷硐、鼠场、塘边、大塘、四寨等乡（镇）成为县内重要商业集镇和边贸集镇。

第一节 乡（镇）村规划

集镇规划

1988~1989年，对牙舟、通州、克度3个区所在地集镇进行详细规划编制。

1991年，完成集镇总体规划编制的乡镇有通州、克度、大塘、牙舟、摆茹、四寨、西凉等17个乡镇，并启动塘边镇的集镇规划工作。

1992年，委托黔南州建设局规划室完成卡蒲毛南族乡集镇总体规划的编制。

1995年11月，克度镇人民政府由老场坝迁入新址克度红塘办公，建成主街道1条、小街5条。

1998年，完成塘边镇总体规划编制。县人民政府印发《关于进一步加快小城镇建设的决定》，之后各乡（镇）结合易地移民搬迁，快速推进集镇建设规划。

2001年，大塘、塘边、牙舟、者密、四寨、摆茹6镇先后启动集镇规划编制。

2003年，新塘乡、掌布乡完成集镇总体规划的编制。2006年，委托黔南州规划设计院对西凉乡集镇总体规划进行编制。

2009年，委托贵州省城乡规划设计研究院对通州镇总体规划进行修编。

2011年，大塘、通州、塘边、四寨、掌布5个乡镇开展控制性详细规划编制。

2013年，先后完成对卡蒲毛南族乡省级示范小城镇总体编制和控制性详细规划、通州镇中心区域控制性详细规划编制、鼠场乡集镇总体规划的修编工作。

乡（镇）村规划

1988~1998年，乡（镇）村规划主要对乡（镇）人民政府所在地的行政村进行规划。

1999年后，开展者密镇六硐民族文化村、甲术村岩脚寨搬迁规划工作，之后，对各乡（镇）重点行政村进行村寨规划。

2006年，投入18万元，编制卡蒲毛南族乡场河村、苗二河乡苗二河村村庄整治规划和掌布乡等14个社会主义新农村试点村寨的规划。

2009年，投入27.9万元，委托贵阳弘鼎景观设计工作有限公司编制平塘县掌布乡掌布村桃坡小院、平塘县卡蒲乡场河村交懂组、平塘县新塘乡新营村摆文组3个民族村庄整治规划。投入6万元，委托黔南州规划设计研究院对卡蒲毛南族乡河中村更弄组村庄整治进行规划、编制。

2010年，对掌布乡桃坡、枫香大小院等民族村寨进行包装设计规划。是年，完成谷硐乡、卡罗乡、甘寨乡社会主义新农村村庄整治规划编制，启动大塘镇新场村、新光村农村危房改造集中安置点的规划。

2011年，启动塘边镇清水村、通州镇平里河村等16个村庄整治规划工作。

2012年，委托黔南州城乡规划设计院、黔南州建筑规划设计院等6个规划编制单位对全县47个重点村庄进行整治规划编制。

2013年，完成通州镇平里河、卡罗乡下卡罗、平湖镇吉古大寨共10个村庄整治示范点规划编制。是年，启动卡蒲乡场河村交懂组和掌布镇掌布村传统村落保护规划编制。

第二节　集镇建设

1988年，各区（镇）、乡（镇）、集镇建设主要是改造水电路等基础设施。

1991年，撤区并乡建镇后，各乡镇对基础设施建设投入逐步加大，集镇居民住宅逐年增加。

1993~1994年，牙舟、通州、塘边等乡镇新增居民建房756户，面积5.03万平方米。

1995年，通州、塘边2镇列入贵州省“双百”（100个具有100年以上历史）镇。是年，通州镇翻修混凝土路面3400米。塘边镇新建办公楼11栋、居民房104栋，面积2.16万平方米。1996年，通州镇投入20万元，安装街道路灯，修建水泥路面。

1998年，对摆茹、四寨、克度、塘边、者密5镇进行街面道路硬化共1.2万平方米，修建水沟22000米，总投入144万元。1999年，建成克度、者密2镇集市1000平方米。

2000年，塘边镇、通州镇、谷硐乡、四寨镇农贸市场建成投入使用。

2003~2005年，先后争取国家专项资金投入1500万元，完成摆茹、塘边、四寨、鼠场、白龙、克度等乡（镇）路面硬化24793.39平方米；投资1980万元，实施克度镇、大塘镇、新塘乡、掌布乡、西凉乡、摆茹镇、者密镇、白龙乡农贸市场及街道建设，总建筑面积6.8万平方米。

2006年，掌布乡和者密镇农贸市场建成使用。

2009年，平湖镇列入贵州省100个小城镇建设试点镇。是年，全县85%以上的乡镇所在地都铺成油路，大部分自然村寨用上自来水，居民用电户普及率达99%以上，乡镇集镇普遍安装市政照明路灯，城镇化率22.99%。

2010年，卡蒲毛南族乡实施场河村民族街景整治和河道治理工程。

2012年，卡蒲毛南族乡被列为省级100个重点示范小城镇之一。

2013年，卡蒲毛南族乡省级示范小城镇工程建设正式启动，共实施项目11个，建成社区服务中心、农贸市场和市民文化广场。

第三节　村庄改造

1988~1998年，全县村庄改造，以乡（镇）所在地行政村为重点，实施绿化、亮化和环境卫生整治。

1999年开始，对景区重点村、传统村落进行包装改造。2006年，开展社会主义新农村建设后，结合农村危房改造，进行村庄整治规划，实施农村改水改厕项目工程，并择优选择一批村寨开展乡村旅游。

2009年，先后启动掌布乡掌布村桃坡小院、卡蒲毛南族乡场河村交懂组、河中村更弄组、新塘乡新营村摆丈组3个民族村庄整治规划。是年，实施农村危房改造2617户。

2010年，村庄整治项目开始实施，投入700余万元，实施卡蒲毛南族乡场河村、新塘乡新景村、掌布乡小院、大塘镇新光、谷硐、卡罗新农村改造建设项目。

2011年，县委、县人民政府提出用5年时间基本完成全县村庄整治。是年，共完成大塘镇新光、新场、卡蒲毛南族乡场河村、牙舟坪、新塘摆仗、掌布大小院、谷硐翁片等613户民居包装。

2013年，印发《平塘县“四在农家·美丽乡村”建设工作的实施意见（2013~2015）》，按照“上级拨、县里筹、银行贷、群众投”的筹资方式，以卡蒲毛南族乡场河村、大塘新光村、新场村、牙舟镇王宋村、平湖镇吉古村、卡罗镇卡罗村、通州镇平里河村、掌布镇掌布村、新塘乡新营村为试点，正式实施“四在农家·美丽乡村”项目建设。

第三章 建筑业

1988年，县、乡（镇）机关单位建筑工程统一由县城建局设计和管理，项目实行招标制。1997年开始，县城区建筑实行“一书两证”审批制度。2002年后，建筑工程设计和施工实行验资制度。2010年，建筑工程实行分项验收制度，并建立和完善工程档案。2013年，共实施建筑项目51个，建筑总面积16.64万平方米。

第一节 建筑业管理

行业管理

1998年后，县、乡（镇）直机关单位的建筑工程项目由县城建局规划设计室设计，县机关、单位建筑工程由县建筑公司施工，乡镇机关单位建筑由乡镇建筑队负责施工。行业管理由县城建局统一管理。

1991年，各乡镇设立村镇建设管理所，管理村镇建筑。1993年，县建筑公司更名为平塘县建筑工程总公司，乡镇建筑队改称县建筑二公司，均由县城建局管理。1996年6月，成立平塘县建筑工程项目执法监察领导小组，开展建筑工程项目监察工作。

1997年，贯彻落实《贵州省建设工程施工招标实施办法》，县级凡投资在20万元以上建筑工程均实行招标投标制度。2002年，对县外进入平塘的建筑施工企业，必须持有黔南州建设局入境审批手续，并经平塘县建设局进行资质审查合格后，方能在平塘县境内承接建筑工程。

2003年开始，执行建筑材料见证取样送检制度，建立健全建筑工程项目档案登记和重点建设项目登记制度，实行档案竣工验收制度，执行国防GB/50238-200标准，规范建筑工程验收管理。

2008年，实行县外建设设计企业入境资质备案制度，凡是进入平塘的所有建筑设计单位，必须经过黔南州建设局进行资质审查备案登记。是年，贵州省城乡规划设计院、黔南州规划设计院、上海同济大学规划设计院、贵阳宇航设计院第六分所和濮阳设计院获准进入平塘。2009年后，将室内外装饰装修、幕墙工程纳入工程质量管理范围，签订建筑工程安全管理责任书，明确施工单位和管理单位的安全管理责任。

2010年开始，将节能纳入县内建筑工程设计方案。2012年，全面执行住宅工程验收制度，实行竣工住宅工程分户验收。

2013年，开展6次建筑工程质量和安全生产检查，共检查施工企业9个，发出《建筑工程质量安全整改通知书》40余份。

质量监督管理

1988年，县建筑公司工程技术级别为三级，乡镇建筑队技术级别为四级。

1991年，县建筑工程质量监督站制定《平塘县建筑工程质量管理办法》，对境内建筑工程实行7项质量检测。

1993年，县建设局实行建筑工程质量监督责任制，明确建设单位、管理单位的工程质量监督责任，1996年，把建筑材料和隐蔽工程质量纳入工程质量监督范围，对20万元以上建筑工程实施项目竣工监察。

2002年，实行工程质量“五大责任主体”（主管部门、建设单位、物主、项目监管和施工单位）责任制。从是年开始，建筑工程实行项目监管制度。2003年后，对在建项目开展质量监督检查，对施工人员进行岗前技能培训。

从2010年开始，境内在建工程实行分项验收制度，并建立建筑工程档案。

2013年，组织建筑行业、监理公司、施工企业开展建筑工程质量安全大检查6次，发出建筑工程质量安全整改通知书40余份，受理建筑工程质量、安全注册登记备案6项。

建筑工程管理

1988年，县内建筑工程均由县城建局建筑工程质量监督站实行监督管理，按照设计标准和各项质量指标要求验收。是年，在建工程55个，建筑面积3.06万平方米，验收21项工程。1991年，县城建局制定《平塘县建筑工程质量管理办法》。

1993年，建筑工程实行定人定点管理和“谁监督谁负责”的办法，要求建筑工程有“工程质量检查记录单”和“工程放检报告单”，做到监督有记录，验收有资料。1996年，县建设局把建筑材料和隐蔽工程质量纳入管理范围。是年6月，成立县建筑工程项目执法监察领导小组，下设办公室，开展建筑工程项目监察工作。

1997年，建筑工程开始实行招投标制度，凡投资在20万元以上的建筑工程均实行招投标。从是年开始县城规划区内建筑工程必须取得县建设局核发的建筑用地规划许可证、建设工程规划许可证、建筑工程选址意见书（简称“一书两证”）方能施工。1998年，共签发“一书两证”173份，建筑面积4.72万平方米；共查处38户违章建筑，面积3258平方米。

2002年开始，凡进入平塘建筑行业的施工企业，必须持有黔南州建设局审查手续才有资质进行施工。从是年开始，境内建筑工程执行工程监管制度。2003年后，对建筑工程企业推行职工意外伤害保险制。

2008年起，采取定期或不定期进行安全生产督查，对存在安全隐患的建筑工程限期整改。

2009～2011年，共开展在建工程安全生产检查37次，发放安全生产隐患整改通知书94份。

2013 年，县内共有建筑工程企业 5 家，实施楼房建筑工程 51 项，面积 16.64 万平方米，共核发建设施工许可证 25 个。

第二节　建筑工程设计与施工

工程设计

1988~1998 年，除公路、水利、电力、通信等基础设施工程外，县、乡（镇）机关单位办公楼、业务楼、学校、卫生院（室）等建筑工程设计主要由县建设局工程设计室负责。10 年间，共设计建筑工程项目 159 个，面积 12.99 万平方米。

2000 年后，随着国家对建筑工程设计单位资质管理进一步严格，省内外建筑工程设计单位进入平塘，县建设部门工程设计业务逐年减少，除乡镇职工住房、集镇建设和村庄整治规划设计外，县内建筑工程大部分委托有资质的县外设计单位负责设计。

2010 年，对入驻平塘建筑工程企业实行资质备案制度，并进行一户一档管理。是年，县规划设计室共完成 8 个乡镇司法所、国土所合建办公楼，四寨镇煤炭基金站，牙舟镇、大塘镇职工住房以及部分乡镇行政村办公楼的设计工作，总面积 5564.6 平方米。

2013 年，开展卡蒲毛南族乡场河村民居包装和大塘镇新光村、新场村，牙舟镇王宋村、平湖镇吉古村、卡罗乡卡罗村、通州镇平里河村、掌布镇掌布村、新塘乡新营村“四在农家·美丽乡村”规划和设计工作。

工程施工

1988 年，县城建筑工程由县建筑公司、平湖镇建筑公司施工，乡（镇）建筑工程由乡（镇）建筑工程队施工。是年 5 月开始，县内建筑工程实行招标施工。

1990 年 5 月，县建筑公司和平湖镇建筑公司合并组建为县建筑工程总公司。是年，建筑工程施工 50 个，建筑总面积 2.65 万平方米。

1991 年后，县内建筑工程施工由手工操作逐步向机械化过渡，开始使用钢管脚手架、钢模、模板。外墙装修多用水洗石工艺，楼房多采用混凝土预制水泥板。

1993 年后，室内外装饰装修档次逐年上升，外墙多用瓷砖贴面。

1997 年开始，建筑工程施工实行跟踪管理、挂牌施工和持证上岗制度。

1999 年，县建筑工程二公司从县建设局剥离出来，独立经营。2002 年开始，执行建筑工程监管制度。

2003 年，执行建筑工程施工许可制度，共发放施工许可证 36 个。之后，建筑工程施工队实行岗前培训制度。

2008 年后，随着小城镇建设步伐加快，城镇建设工程涉及房屋拆迁补偿的按照《平塘县房屋拆迁安置补偿暂行办法》，实行先补偿后拆迁制度。是年，发放拆迁许可证一个，拆迁建筑面积 1192.19 平方米。

2010 年，落实建筑工程竣工验收改革，县内建筑工程全面推行分户验收制，把建筑节能纳入工程设计，实行入境资质备案制度，对入驻平塘的建筑设计企业（单位）进行一户一档管理。

2011 年，县内 3 家建筑企业与县住建局签订建筑安全生产责任书。是年，对乡镇 16 个在建项目工程开展安全施工督查，发放停建通知2份、限期整改通知21份。

2013年，县住建局出台《平塘县建筑工地文明施工管理实施细则》，开展建筑工程质量和安全生产督查6次，检查楼房建筑51项，面积16.64万平方米。其中，检查验收主体结构40余项、基础工程50余项、综合检查50余次、竣工备案4项。

第三节　建筑企业

县建筑工程总公司

1988年，县建筑公司隶属县城建局。1992年5月，县建筑公司与平湖镇建筑公司联合组成平塘县建筑工程总公司，实行统一管理、独立核算、自负盈亏，属集体企业。公司资质为三级企业。

县建筑二公司

县建筑二公司系集体所有制企业，员工多属临时性用工，人数一般为百余人。公司组建于1988年5月，是年11月按资质评定为四级。1998年2月，经省建设厅批准，公司资质由四级升为三级。

第四章　房地产业

1992年前，县内职工住房由政府（单位）统一分配。县城区国家、集体、个人住宅的房产由县房地产管理所丈量、绘图、登记后办理房产证。1990年12月，成立县房地产交易所。1993年3月，正式启动职工住房改革，职工住房采取政府有偿转让或单位集资建房的方式解决。2000年，县人民政府制定《住房货币实施方案》，实行职工一次性买断住房产权，对持有公有住房的退休人员按级别发放住房补贴之后，干部职工住房主要靠购买商品房。2005年，启动城镇廉租住房建设，解决城镇低收入家庭住房困难。2013年，共有房地产开发企业2家、建筑企业3家，全年商品房销售面积15.05万平方米。

第一节　城乡住房制度改革

1988~1992年，平塘县直机关干部职工住房实行单位分配制度。1993年3月，全县住房制度改革正式出台，实行补贴优惠，租卖并举，筹集资金，建改结合，鼓励集资建房，综合开发，体现实效。是年，县直机关共有52个单位实施货币化职工住房改革，出售住房846套（间），面积4.26万平方米。1997年，县直机关有12个单位191户集资建房，共集资322.6万元，住房建筑面积1.62万平方米。

2000年，县制定《平塘县职工住房货币化实施方案》，取消实物分配，实行住房商品化，职工购买的住房由部分产权向全部产权过渡。此后，单位不再为职工分房、集资建房。对未购有公有住房

（或集资房）的退休职工，根据其不同级别按其工龄给予建房补贴，标准为科级每年补助70元、县处级每年补助90元、一般职工为每年60元。

2005年，为解决城镇低收入家庭住房问题，开始以建廉租房形式，优化配置急需救助的住房特困户，建立廉租房保障制度。至2010年，先后分4期在原农机厂、东山路、双桥村等地建成廉租房780套，共计3.9万平方米。2010年8月，由县住房保障办公室组织对符合购（租）廉租房城镇特困户家庭分2期进行摇号抽签入住，共入住448户。

2013年，实施保障性住房（公共租赁房）630套，建筑面积2.38万平方米，总投资3595.2万元。是年，公租房建设向乡（镇）延伸，在10个乡（镇）实施17个项目，建成公租房502套。

第二节 房地产开发

2000年前，主要为机关、企事业单位提供资金和物资，由县建筑施工企业建成后交给建设单位分配给职工。

2002年，都匀建宏房地产开发公司进入平塘，在中山路开发建设“金盆大夏”商住楼，成为首家进驻平塘的房地产开发商。2003~2005年，先后实施房地产开发项目8个，建筑面积为55800平方米，总投资3080万元。2007年，在县城玉水广场投资600万元，建成商住楼1栋，建筑总面积为10120平方米；在县城河滨路投资878万元，建成山水家园商住楼3栋，建筑面积为13500平方米；在原老干部宿舍楼投资950万元，建成玉水佳苑商住楼3幢，建筑面积为15000平方米。是年，启动新舟新区华丰佳苑房地产开发项目建设，项目建筑面积为61046.74平方米。共建商品房380套，建筑面积为49986.58平方米；商业门面103间，建筑面积为8774.12平方米。

2008年，由都匀胜隆房地产开发有限公司投入196.62万元，在玉水广场左侧建设商住楼2幢，占地面积为2091.11平方米，建筑面积为3277.08平方米，投入建设资金196.62万元；在中山路建成商住楼1幢，建筑面积为2997平方米，总投资179.82万元。由平塘县经纬房地产开发公司投入310.8万元，在玉水广场右侧建成商住楼2幢，占地面积为2017.29平方米，建筑面积为5180平方米。

2009年，由都匀迎祥房地产开发公司在中山路建设商住楼4幢，建有住房75套，建筑面积为9057.4平方米；商业门面55个，建筑面积为2652.77平方米。2010年，在迎宾大道右侧建成商住楼1幢，占地面积为889.03平方米，建筑面积为10448平方米。2012年，在原县种子公司建成华地龙庭商品房290套，建筑面积为8159.68平方米；在新舟新区建成泊岸御都一期商品房182套，总投资4000万元，建筑面积为7009.1平方米。

2013年，在平湖镇拉高村建成“江景豪庭”第一期商住楼，占地面积1.626万平方米；在迎宾大道右侧建成“龙港·金湾”商住楼，占地面积为2800平方米。是年，“华地龙庭”二期建设商品房303套3.519万平方米；“泊岸御都”二期建设商品房182套，建筑面积为2.74万平方米。

第三节 房产管理

1988年，县建设局房管所对县城的国家、集体、个人住宅的房产进行房屋勘丈、绘图、登记和发放房产证，建立房产档案。

1990年12月，成立平塘县房地产交易所，与房地产管理所合署办公。1991年后，房屋勘丈、登记和房产证办理延伸至乡镇。1992年，共勘丈、登记房屋690户，发放房产证417户。其中，县城区勘丈123户，发证123户；通州勘丈327户，发证202户；摆茹勘丈240户，发证92户。

1998年，贯彻落实《中华人民共和国城市房地产管理法》，换发全国统一的房屋产权证。对违法违章、产权不清、土地来源不明、有争议的房产不予办理房屋产权证。是年，开展房产抵押贷款评估67户，评估面积1.34万平方米，评估价值402万元。

2002年后，县内房地产开发实行房屋拆迁许可证登记、商品房预售许可登记和商品房预售抵押登记制度。2003~2005年，共办理商品房交易登记328户，二手房交易登记218户。2008年，强化商品房市场管理，严禁未经竣工验收的商品房交易。

2009年，启动房地产业信息化管理，实行商品房预登记销售制度。引进首家物业管理企业——贵阳振兴物业管理公司。

2010年起，房地产业实行“一站式”服务，有关手续均在县政务中心服务窗口办理。

2013年，全县共销售商品房173套，面积20566.15平方米。其中泊岸御都商住楼88套，面积10667.85平方米，每平方米为3000~3200元；华地龙庭小区商住楼92套，面积1068.24平方米，每平方米为2980~3000元。是年，发放房屋所有权证326本，其中初始登记93户、转移登记117户、变更登记56户。

第四节　住房公积金管理

1994年，平塘开始建立住房公积金制度。是年，建立住房公积金制度的单位8个。住房公积金的缴存对象为县直机关、单位在职职工，住房公积金的缴存为职工和单位缴存之和，单位和个人缴存比例为1:1。1994~2004年，职工住房公积金由县房改办管理。至1997年，共有22个单位实行干部职工住房公积金制度，共交纳公积金26.5万元。

2000年，除乡镇机关单位外，县直机关单位基本实现住房公积金制度，住房公积金缴纳率达70%以上。

2004年，成立黔南州住房公积金管理中心平塘县管理部。是年，县直机关、企事业单位职工住房公积金缴存为基本工资总额的2%。2007~2010年，职工住房公积金缴存提高为职工基本工资的5%。2010年后，职工住房公积金按照职工工资总额的12%缴存。

2011年2月开始，按照黔南州住房公积金管理委员会《关于调整住房公积金使用管理政策的通知》，将个人住房公积金贷款最高额度调为30万元，贷款人及其配偶的月还款应不超过其家庭收入的50%。申请第二套住房公积金贷款，首付款比例不低于60%，贷款利率不低于同期首套住房公积金个人住房贷款利率的1.1倍。停止受理第三套以上住房公积金贷款申请。

2012年9月，根据《关于适当调整我州住房公积金使用政策的批复》，将个人住房公积金贷款最高额度调为40万元，贷款期限调为30年。

2013年，全县住房公积金归集6637.67万元，办理个人住房公积金贷款129户2687.3万元。

第五章　环境保护

1988年后，平塘县更加重视生态环境保护，对县内新建企业实现同时设计排污设施、同时施工、同时投产的“三同时”制度，对未完成排污设施建设的暂不准投产。1994年，开征工业和经营性燃煤二氧化硫排污费。1997年，成立平塘县市容环境卫生监察大队。1998年，成立平塘县环境保护局后，对境内环境实时监测防治保护。2001年，企业排污实现“一控双达标”，企业排污和空气、水质均达到国家标准。2003年取缔县城区小煤炉和小锅炉。2008年开始，县内新建项目实行环境影响评估，凡属于重化污染项目一律停止审批。2009年，开始实施农村环境治理。2013年，县城空气质量达国家二级标准，境内地表水和乡镇集中饮用水的水质均达到国家三类标准。

第一节　机构设置

1988年，全县环境保护职能由县城乡建设环境保护局负责。

1994年5月，县环境监测站职能由县城乡建设环境保护局划入县国土资源管理局，环境保护工作由县国土资源管理局负责。

1999年1月，正式挂牌成立平塘县环保局，为县政府正科级管理机构，内设办公室，下辖县环境监理（监测）站。2009年，撤销办公室内设综合股，成立环境监察大队。2011年，县环保局增加机动车污染防治监督管理、农村生态环境保护管理和生物技术环境安全3个职能。是年，增设生态保护和污染总量控制股、项目建设管理股。环境监察大队升格为副科级事业机构。

2013年，县环境保护局内设办公室、生态保护和污染总量控制股、项目建设管理股，下设环境监察大队、环境监测站。核定行政编制6名、事业编制25名。

第二节　环境状况

工业污染

20世纪80年代，随着工业和乡镇企业的迅速发展，工业污染源逐年增加，主要集中在县城周边产煤乡镇和页岩砖厂。

1988年，全县共有工业企业11家，其中重工业5家。主要污染源有县纸厂、县酒厂、县凯华大理石厂、县植物油厂、克度纸厂、克度航龙水泥厂。年排放工业废水15万吨、工业废气3901.84万标立方米，主要有害物质有一氧化碳、二氧化碳和氮氧化合物。

1993~1998年，通州重质碳酸钙粉厂、克度重质碳酸钙粉厂、者密料其煤厂、西凉翁汝煤矿和县桂黔铁合金厂、县硅钙铁合金厂、县元泰农药厂等一批企业建成投产，工业污染进一步增多，污染范围进一步扩大，但总体上污染程度控制在国家标准度内。

1999年后，县内企业因生产工艺落后、市场竞争力弱、运转资金困难等因素，大部分企业停产。新建项目或企业，严格执行排污达标制度，境内环境污染情况逐步好转。2010年，全县二氧化硫排放总量控制在7000吨以内，化学需氧量年排放总量控制在500吨以内。

2013年，全县排放二氧化硫450.29吨、氨氮44.79吨、氮氧化物47.01吨、COD271.59吨。

农业污染

1988年后，化肥、农药、农膜使用逐年增加，农业源污染增大。

1992～1997年，随着农村外出务工逐年增多，有机肥施用大幅下降，化肥使用量逐年增加。1992年，全县施用化肥9158.5吨，其中氮肥5302.24吨、农药43.9吨、农膜44吨。1997年，化肥销售增至19205.06吨、农药86.79吨、农膜152吨。之后，由于农业内部结构调整，经济作物种植和生猪、肉牛、家禽养殖逐年增多，在化肥、农药、农膜使用下降的同时养殖污染源也逐年增多。

2000年后，在全县实施“粮—猪—沼”工程，启动农村清洁能源建设。2008年起，农村环境整治投入逐步加大。

2009～2012年，先后在掌布、者密、大塘、平湖、平舟5镇投入262.03万元，实施农村环境整治项目6个。项目主要是修建村级排污沟及管网、垃圾池、垃圾箱，配送垃圾转运车等。

2013年，全县共有养殖场15个，年内化肥施用量为7772.32吨、农药134.99吨，农膜使用量243吨。

第三节　环境监测

水源监测

20世纪90年代后，加大对县城饮用水源地和县内三大流域水体的保护力度。严格控制沿河两岸新建污染的工业企业，在保护区内建设与保护饮用水源无关的项目一律不予审批，重点加强对饮用水源的监督管理力度。

1992年，县环保局划定平塘县城龙洞水源保护区，面积0.3平方千米，在保护区实施退耕还林0.95亩。1995年，县城平舟河段、打密河段、槽渡河龙塘河段实行专人管理保护。2001年3月，对平湖镇、牙舟镇、摆茹镇、者密镇的集中饮用水源进行监测。2003年，县人民政府颁布县城龙洞饮用水源的保护公告。2007年，对生活饮用地表水二级保护区内建设项目开展检查，对龙塘电站库区投放化肥养鱼户进行处罚。

2008年，开展第一次污染源普查。是年县人民政府将县城龙洞集中式饮用水源点保护区，划定为一级保护区和二级保护区，一级保护区内为5千米核心区。从是年12月开始，采取取水送检方式，对城区集中式饮用水源地的水质进行监测，每月监测一次。监测经费列入财政经费。

2009年后，实施境内平舟河、槽渡河、霸王河流域的水体保护。对各流域沿河两岸进行环境保护监察，每年不定期对平舟河上游马蹄岩至平舟河沿岸餐饮业开展执法检查，对乱排乱放和污水收集处理不合格的企业，下达限期治理整改通知书。

2010年7月，县城生活污水处理厂正式运行。2012年，委托贵州省地质环境检测院对龙洞水源地进行大肠杆菌专项课题调研，查找大肠杆菌超标原因。是年，完成龙洞饮水源保护区2.3千米界桩和警示标示设置，禁止在保护区内取土、采砂采石。

2013 年，投入 30 万元对龙洞水源地核心区进行绿化保护，是年把集中饮水水源点水质列入小康创建监测指标。县内地表水质达到《地表水环境水质标准》（GB3832-2002）三类标准，各乡镇集中饮水水源地水质达到 GB14848-93 三类标准。

城市环境监测

1992~1998 年，宣传贯彻《中华人民共和国环境保护法》《中华人民共和国大气污染防治法》，在中小学开展环境保护教育。

1994 年，对乡镇工业污染源开展调查，调查结果显示符合国家环境保护指标。1996 年，以卫生行业和工矿企业为重点，开展放射性污染源调查，完成 21 次污染物样品取样和送检任务。

从 2001 年 6 月开始，黔南州环保局每年对平塘进行城市背景值监测。2003 年后，取缔县城经营性燃煤炉灶和小锅炉。对噪声建设项目，限定作业时间。2006 年，对县城区主干道噪声进行监测。2007 年，对县属重点企事业单位和个体经营户排污情况进行定期监测检查，是年督促县龙马水泥厂投入 78 万元进行粉尘回收设施改造。2008 年，县环保局向县龙马水泥厂和县城 3 家医院下发《关于加强放射性同位素安全监管工作的通知》，督促涉及污染源单位办理辐射安全许可证和强化防范管理工作。

2009 年后，实施城市主要污染物总量削减工作，明确削减项目、总量和措施，并将削减指标层层分解到排污单位和企业。2011 年，县环保监察大队选派 2 名监督员入驻县污水处理厂，负责县城污水处理和垃圾填埋场的监管工作。

2013 年，实施机动车尾气检测工作，共检测汽车 4492 辆，发放环保绿色标志 2365 辆，黄色标志 588 辆。是年，启动县城周边砖厂易地搬迁和技术改造工作，共处理环境投诉案件 16 起，其中大气污染 6 起、噪声污染 7 起、水污染 3 起，投诉处理率达 100%。

第四节　污染治理

1988 年，平塘县纸厂、县酒厂修建排污沟，停止乱排乱放。

1989 年，对新建的项目工程实行环境保护设施必须与主体工程同步设计、同时施工、同时投产使用的“三同时”管理，县纸厂因未完成“三同时”暂不准投产。1991~1992 年，返还县大理石厂、县植物油厂、县纸厂、县酒厂排污费 1.2 万余元。

1999 年 3 月，成立平塘县工业企业“一控双达标（一控”即做污染物总量控制，“双达标”即工业污染源要达到国家或地方规定的污染物排放标准）工作领导小组和县环保目标考核领导小组，对县内重化工厂开展执法检查。2001 年，县元泰农药厂、平塘县植物油厂、平塘县龙马水泥厂、平塘县硅锰铁合金厂 4 家企业实现“一控双达标”。是年，县城空气质量达到国家二级标准，水环境质量符合《中华人民共和国景观娱乐用水水质标准》（GB12941-91）。从是年开始，县城除春节外，其他时间禁止燃放烟花爆竹。2002 年，开展工业企业环保执法检查，处理污染纠纷 10 次，办理人大代表建议 2 件，发放排污许可证 30 本。2003 年，对县内所有污染物排放单位、企业，分类别开展监理，重点检查水泥厂废气、砖厂污染物排放，煤矿工程“环评”和环保“三同时”的执行情况，城区集中式饮用水源区保护情况。

2005 年，开征县内煤炭企业和煤炭产品排污费，完成县纸厂、平塘县复合肥厂技术改造项目环境影响评价论证。2006 年，共受理环境污染纠纷事件 5 起，其中娱乐场所噪声污染事件 1 起、水污染事件 2 起、固体废弃物污染纠纷 1 起、大气污染纠纷 1 起。2008 年，开展境内第一次污染源普查，全县共有工业污染源24个、生活污染源84个。是年，制定年度污染物排放总量控制计划和考核办法，县政府与18个职能部门和29个排污企业签订环境保护及减排目标任务责任书。全县化学需氧量减排总量为23.765吨，二氧化硫排放总量为509.25吨。之后，境内新建项目工程实行环境影响评估，县城区和景区河流断面流域建立空气和水质自动检测设施。2009年后，对重点排污企业以及娱乐、浴室等特种行业实行排污申报登记制度，实施县城周边8家页岩砖厂易地搬迁工程。

2010年7月，县城污水处理厂建成投入运营，县城减排污水125吨。2011年6月，正式启动“环保志愿者行动”。

2013年，对县城区洗车、修车、餐饮、娱乐行业和平舟河苗二河至六硐农家乐环境进行专项整治，印发整改通知书4份。是年，建成县城空气质量自动监测站1个，办理乡镇卫生院辐射安全许可证19个，办理一般排污企业申报登记28户，征收排污费26万元。全县COD削减271.59吨，氨氮、二氧化硫和氮氧化物等主要污染物排放量控制在黔南州环保局考核指标范围内。县城空气质量达《空气环境质量标准》（GB3095-1996）二级标准，境内地表水质达到《地表水环境质量标准》（GB3838-2002）三类标准，各乡镇集中式饮用水源水质达到（GBT14848-93）三类标准。

第五节　生态保护

农业生态保护

1988~1998年，由于平塘县内化肥、农药、农膜大量使用，致使土地有机质下降，发生酸变和板结，并随水土流失污染水源和土壤。农药残留物通过食物链危害人畜，导致农产品品质下降。农膜残留土壤，削弱土壤保水保肥、渗透能力和抗旱能力，农业生态脆弱。

2000年后，取消“敌敌畏”“六六粉”等有害农药的使用。实施种草养畜、退耕还林、粮—猪—沼生态工程和农村“三改”（改水、改厕、改圈），减少农村水源和土壤污染。至2008年，全县农村使用沼气农户达10402户，人工种草1.89万亩，退耕还林还草11.2万亩。

从2009年开始，实施农村环境综合整治。通过申报中央农村环保专项资金，分别在掌布乡掌布村、者密镇金玉村、四寨镇和平村、大塘镇新场村进行农村环境综合整治工程，修建排污沟、垃圾转运站、湿地污水处理站等，消化农村生活垃圾，减少水源污染。2012年，四寨镇和平村农村环境治理项目获省级优质工程奖，掌布镇掌布村获“省级生态村”称号。

2013年，以掌布镇为试点，开展省级生态乡镇创建活动。是年，共申报掌布、牙舟、摆茹3个镇农村生态连片治理建设项目10个，项目资金1315万元。是年，平湖镇双桥村、牙舟镇王宋村农村环境综合治理项目建成使用，建成农村沼气池1673口，实施人工种草2.69万亩。

自然生态保护

20世纪80年代中后期，平塘实施封山育林、飞播（人工）造林和幼林抚育。1988年12月至1991年5月，分3次开展飞播造林共计62.5万亩，其中谷硐播区15.92万亩，油岜、明堂管、塘边、杨家坳、西凉播区20.64万亩，者密、四寨、甲青、六硐、边兰、落凼播区25.94万亩。

1993年元月，县人民政府印发《关于加快造林绿化步伐，“八五”期间消灭荒山，提前实现绿化任务的决定》。是年，全县投入植树造林资金115.37万元，共办29个示范点，完成人工造林2.03万亩。1996年，平塘被全国绿化委员会，国家林业局等5部委评为飞播造林先进县，苗二河乡新寨村、大塘镇公峨村被评为全国造林绿化“千佳村”。

1997 年，启动珠江流域防护林体系工程建设（简称珠防工程）。是年，完成珠防工程造林 1.62 万亩。

1999 年，实施天然林保护工程。是年，完成造林 1.83 万亩。

2002 年，实施退耕还林工程，全县退耕还林 8.08 万亩，其中退耕造林 3.54 万亩。是年 11 月，对全县森林资源进行分类区划界定。

2004 年，全县区划界定重点公益林 65.85 万亩、地方公益林 85.09 万亩、商品林 66.39 万亩，分别占全县林地的 30.3%、39.15%、30.55%。

2005 年，对重点公益林区实行生态效益补偿，共向掌布、苗二河、摆茹、谷硐、大塘、平湖 6 个乡镇 18 个行政村发放 10.1 万亩补偿资金 45.5 万元。2008 年，遭受凝冻灾害，森林严重损毁，折断、倒伏面积 7.11 万亩。是年，完成造林 2.6 万亩、封山育林 5000 亩。2009 年，平塘县被环保部确定为重点生态功能区，并获国家转移支付资金支持。

2010 年后，实施退耕还地、宜林地经果林项目，种植茶叶、核桃、刺梨等。

2013 年，全县共种植刺梨 4800 亩、茶叶 4000 亩，完成退耕还林配套工程荒山造林 4000 亩，总投资 580 万元。全县森林覆盖率由 1988 年的 7.5%提升到 53.17%。

地质环境保护

平塘境内地质以二叠系和碳系地层出露面积最广，地质结构以褶皱、断层为主。地质环境易引起山体滑坡、崩塌、地陷等地质灾害。

1988~1998 年，地质环境保护主要实施封山造林、绿化造林保护。

2000 年后，对风景名胜区、主要河流、公路干线实行森林禁伐，矿产资源限采、禁采政策。对境内破坏矿产资源和地质环境的私挖乱采依法查处和取缔。

2002 年，清理境内矿山，关闭采矿场 11 个、采砂采石场 13 个、小煤窑 182 个。

2008 年，开展煤矿整治，县内煤矿整合 16 对；征收矿产资源补偿费，用于矿山生态恢复。

2010 年，编制《平塘矿山地质环境恢复规划》，开始征收矿山地质环境治理恢复保证金，对矿山地质环境实行动态监测。

2013 年，启动平塘县境内国家自然遗产地保护工程。是年，完成消防器材库房、生态监控设施建设，修建防燃护道 1500 米、防火瞭望台 3 座，总投资 2870 万元。

第十七篇

交通运输·邮政通信

第一章 交 通

1988年，平塘境内通车公路总里程为454.4千米，其中省道（S312）99千米，县乡（社）公路253千米。1988~1999年，境内公路主要通过“民工建勤、民办公助、以工代赈、专项扶贫”等方式建设。2000年后，主要以中央投入，省、州、县三级财政匹配资金建设为主。2012年12月，启动余（庆）安（龙）高速公路独（山）平（塘）段高速公路建设。2013年末，全县公路通车里程1799.2千米，是1998年的3.95倍。是年，县内开通公交线路2条，总长21.8千米，营运公交车9辆。

第一节 交通规划

1988~1994年，规划建设的公路有县道1条、乡道14条。分别是者密—四寨、茂村—打密河、克度—巴烟、航龙—红塘、甲青—纳科、甲青—甲谈、平里卖饭坪—党振、马场平寨—甲茶、通州栗木山—羊场、庆林桥—打鸟、清水巨木—青山、塘边拉慢—大塘寨、六硐—么近、关上—者密、六硐—么冉等。

“九五”交通规划

1994年，编制《平塘县1994~2000年交通建设以工代赈交通建设“九五”规划》，拟新修公路4条594千米，即县城外环公路、卡腊—掌布、白龙—谷硐、马场—甲茶；改造6条66千米，即摆茹—马场、县城—苗二河、苗二河—马蹄岩、磨刀石—摆茹、龙洞—白龙、县城—六硐。

1994~2000年平塘县以工代赈交通建设“九五”实施规划表

表17-1

项目	建设地点	建设性质	建设时间	主要建设内容	计划投资（万元）					
					合计	以工代赈	部、省投资	州、县（市）		
								合计	州	县
县城外环公路	平湖镇	新建	1994	三级公路2千米	60	30	20	10	5	5
卡腊—掌布公路	卡腊	新建	1994	四级公路15千米	180	90	60	30	20	10
卡腊—掌布公路	掌布	续建	1995	四级公路12千米	140	70	40	30	20	10
白龙—谷硐公路	谷硐	新建	1995	四级公路10千米	120	60	40	20	10	10
摆茹—马场公路	摆茹	改建	1996	四级公路12千米	120	60	40	20	10	10

续上表

项目	建设地点	建设性质	建设时间	主要建设内容	计划投资（万元）					
					合计	以工代赈	部、省投资	州、县（市）		
								合计	州	县
马场—甲茶公路	甲茶	新建	1996	四级公路20千米	240	120	80	40	30	10
县城—苗二河公路	平湖	改建	1997	三级公路5千米	250	130	70	50	30	20
苗二河—马蹄岩公路	苗二河	改建	1998	三级公路5千米	250	130	70	50	30	20
磨刀石—摆茹公路	摆茹	改建	1999	四级公路13千米	130	70	40	20	10	10
龙洞—白龙公路	白龙	改建	1999	四级公路13千米	130	70	40	20	10	10
县城—六硐公路	平湖	改建	2000	四级公路18千米	180	90	60	30	20	10
合　计				125千米	1800	920	560	320	195	125

“十五”交通规划

2001年，制定《平塘县2001~2005年交通建设以工代赈“十五”规划》。规划改造、新建四级公路180千米，村组公路301千米。打通县内第二条南北通道，即除现在有的县城—通州—大塘—摆金外，打通北上贵阳的第二条通道平湖（县城）—牙舟（卡腊）—掌布—贵定（摆哈）和南下两广的第二条通道除平湖（县城）—者密—四寨—月里（广西南丹县）外，新建平湖（县城）—摆茹—西凉—中堡（广西南丹县）。

在实施主干道的同时，改造晴通雨阻的低等公路，完善县内交通网络，建设集贸市场、农业商品生产基地及大多数村寨通公路。

2001~2005年平塘县以工代赈交通建设项目“十五”规划表

表17-2　　单位：万元

项目	建设性质	建设规模	建设地点				以工代赈资金					
				合计	以工代赈	配套资金	合计	2001	2002	2003	2004	2005
龙洞—白龙公路	改造	四级路13千米	白龙	260	169	91	169	—	—	—	50	119
通州—羡塘公路	新建	四级路12千米	通州	300	180	120	180	—	—	—	50	130
卡蒲—水银沟公路	新建	四级路7千米	卡蒲	175	105	70	105	—	—	—	105	—
西关—掌布公路	改造	四级路27千米	掌布	540	351	189	351	—	—	—	100	251
农村村级公路	新建	100千米	各乡镇	200	100	100	100	20	20	20	20	20

续上表

项目	建设性质	建设规模	建设地点				以工代赈资金					
				合计	以工代赈	配套资金	合计	2001	2002	2003	2004	2005
大塘镇里中片区综合开发	新建	—	大塘	85	41	44	41	41	—	—	—	—
西关—掌奋乡村公路	新建	10千米	大塘	25	10	15	10	10	—	—	—	—
里中—西关乡村公路	新建	6千米	大塘	15	6	9	6	6	—	—	—	—
鼠场乡明同片区综合开发	新建	—	鼠场	95	46	49	46	46	—	—	—	—
中堡—仓边乡村公路	新建	10千米	鼠场	25	10	15	10	10	—	—	—	—
鼠场—小坝乡村公路	新建	8千米	鼠场	20	8	12	8	8	—	—	—	—
新塘片区综合开发	新建	—	新塘	90	49	41	49	—	49	—	—	—
新塘—甲西乡村公路	新建	8千米	新塘	20	8	12	8	—	8	—	—	—
公峨—亮洞乡村公路	新建	6千米	新塘	15	6	9	6	—	6	—	—	—
谷硐片区综合开发	新建		谷硐	105	49	56	49	—	49	—	—	—
谷硐—命芹乡村公路	新建	10千米	谷硐	25	10	15	10	—	10	—	—	—
谷硐—鸡场乡村公路	新建	12千米	谷硐	30	12	18	12	—	12	—	—	—
谷硐—翁片乡村公路	新建	12千米	谷硐	30	12	18	12	—	12	—	—	—
掌布片区综合开发	新建	—	掌布	111	47	64	47	—	—	47	—	—
掌布—桃坡乡村公路	新建	6千米	掌布	15	6	9	6	—	—	6	—	—

续上表

项目	建设性质	建设规模	建设地点				以工代赈资金					
				合计	以工代赈	配套资金	合计	2001	2002	2003	2004	2005
桃坡—田坝乡村公路	新建	15 千米	掌布	38	15	23	15	—	—	15	—	—
西凉片区综合开发	新建	—	西凉	121	50	71	50	—	—	50	—	—
西凉—洞口乡村公路	新建	15 千米	西凉	38	15	23	15	—	—	15	—	—
播岜—翁汝乡村公路	新建	8 千米	西凉	20	8	12	8	—	—	8	—	—
翁招—岜令乡村公路	新建	6 千米	西凉	15	6	9	6	—	—	6	—	—
大塘镇上莫片区综合开发	新建	—	大塘	88	43	45	43	—	—	—	43	—
上莫—团播口乡村公路	新建	15 千米	大塘	38	15	23	15	—	—	—	15	—
上莫—计吾乡村公路	新建	8 千米	大塘	20	8	12	8	—	—	—	8	—
白龙乡京舟片区综合开发	新建	—	白龙	102	46	56	46	—	—	—	46	—
翁干—乐康乡村公路	新建	10 千米	白龙	25	10	15	10	—	—	—	10	—
拉桃—把燕乡村公路	新建	5 千米	白龙	12	5	7	5	—	—	—	5	—
京舟—董票乡村公路	新建	6 千米	白龙	15	6	9	6	—	—	—	6	—
苗二河片区综合开发	新建	—	苗二河	98	43	55	43	—	—	—	—	43
苗二河—米寅乡村公路	新建	15 千米	苗二河	38	15	23	15	—	—	—	—	15
米寅大桥	新建	0.1 千米	苗二河	10	5	5	5	—	—	—	—	5
摆茹片区综合开发	新建	—	摆茹	100	43	57	43	—	—	—	—	43

续上表

项目	建设性质	建设规模	建设地点	合计	以工代赈	配套资金	以工代赈资金					
							合计	2001	2002	2003	2004	2005
董朗—甲茶乡村公路	新建	10千米	摆茹	25	10	15	10	—	—	—	—	10
合　计	—	366.1千米	—	2984	1568	1416	1568	141	166	167	458	636

“十一五”交通规划

2006年，编制《平塘县交通基础设施建设“十一五”规划》专项规划，依托荔波至安龙（国道G55）公路干线，构建内接外联通乡出县“一横十纵”公路运输网络。到2010年全县公路通车里程达到3021.8千米。开辟平塘南下出海通道，立项建设平湖（吉古）经者密镇、四寨镇（云阳关）县城、摆茹镇、西凉乡（交沫）部颁四级油路，立项改造通乡出县公路，实现乡乡通油路目标，重点实施平墨公路、荔八公路升级改造为部颁二级油路，完成大塘—掌布、航龙—界牌、孤家坳—坪岩等油路改造；立项建设乡际、县际通乡断头公路，实施鼠场—西凉、马场—磨近、白龙—谷硐、掌布—谷硐、大塘—掌布、卡腊—谷硐、卡罗—摆茹、通州—西凉公路建设，完成县内通乡回环公路网建设。打通通州—羡塘（惠水县）、者密—上司（独山）、京舟—凯口（都匀）、掌布—麻冲河（贵定）、掌布—石龙（都匀）、四寨—下司（独山）、新塘—懂照（惠水）县级出境公路建设，实施通村公路工程建设，逐步提高通村公路质量，打破贫困地区交通“瓶颈”。立项建设乡镇汽车站和码头渡口，完成平湖、克度、通州等客运站与甲茶、龙塘、苗拉的码头渡口。

2006~2010年平塘县“十一五”交通建设规划一览表

表17-3

序号	线路名称	技术等级（现状）	路面结构（现状）	建设性质	拟建等级	路面结构	里程（千米）	建设资金（万元）	拟建年限	拟建年份	备注
1	平寨—西凉	未改造	无	新建	部颁四级	泥结碎石	13	260	1	2006	乡际断头
2	卡罗—摆茹	未改造	无	新建	部颁四级	泥结碎石	19	380	1	2006	乡际断头
3	蚊子山—懂朗	省标	泥结碎石	新建	部颁四级	泥结碎石	30	600	1	2006	旅游公路
4	白龙—贵定	未改造	无	新建	部颁四级	泥结碎石	13	260	1	2007	乡际断头
5	新塘—懂照	省标	无	新建	部颁四级	泥结碎石	12	240	1	2007	出境公路
6	高寨—双龙桥	未改造	无	新建	部颁四级	泥结碎石	24	480	1	2007	乡际断头
7	磨镜—马场	未改造	无	新建	部颁四级	泥结碎石	31	620	1	2008	乡际断头
8	掌布—麻冲河	省标	无	新建	部颁四级	泥结碎石	15	300	1	2008	出境公路
9	者密—上司	未改造	无	新建	部颁四级	泥结碎石	6	120	1	2008	出境公路
10	掌布—石龙	未改造	无	新建	部颁四级	泥结碎石	12	240	1	2008	出境公路
11	掌布—谷硐	未改造	无	新建	部颁四级	泥结碎石	20	400	1	2009	乡际断头
12	通州—西凉	未改造	无	新建	部颁四级	泥结碎石	32	640	1	2009	乡际断头
13	通州—羡塘	未改造	无	新建	部颁四级	泥结碎石	16	320	1	2009	出境公路
14	四寨—下司	未改造	无	新建	部颁四级	泥结碎石	22	440	1	2010	出境公路
15	京舟坝—凯口	省标	无	新建	部颁四级	泥结碎石	12	240	1	2010	出境公路

续上表

序号	线路名称	技术等级（现状）	路面结构（现状）	建设性质	拟建等级	路面结构	里程（千米）	建设资金（万元）	拟建年限	拟建年份	备注
16	鼠场—西凉	未改造	无	新建	部颁四级	泥结碎石	23	460	1	2010	乡际断头
17	卡腊—谷硐	未改造	无	新建	部颁四级	泥结碎石	13	260	1	2010	乡际断头
18	谷硐—白云	马车路	无	新建	省标	泥结碎石	23	230	1	2006	通村公路
19	白沙—水车	马车路	无	新建	省标	泥结碎石	12	120	1	2006	通村公路
20	通州—羡塘	简易公路	无	新建	省标	泥结碎石	16	160	1	2006	通村公路
21	桥头—党振	马车路	无	新建	省标	泥结碎石	15	150	1	2006	通村公路
22	油坨—大坨	马车路	无	新建	省标	泥结碎石	12	120	1	2006	通村公路
23	塘泥—老山	马车路	无	新建	省标	泥结碎石	13	130	1	2006	通村公路
24	公峨—羡塘	简易公路	无	改建	省标	泥结碎石	15	150	1	2006	通村公路
25	民联—亮硐	马车路	无	新建	省标	泥结碎石	10	100	1	2006	通村公路
26	大塘—新堡	马车路	无	新建	省标	泥结碎石	13	130	1	2006	通村公路
27	大塘—新安	马车路	无	新建	省标	泥结碎石	15	150	1	2006	通村公路
28	掌布—麻冲河	简易公路	无	新建	省标	泥结碎石	15	150	1	2006	通村公路
29	鼠场—西凉	马车路	无	新建	省标	泥结碎石	23	230	1	2006	通村公路
30	摆左—京舟坝	马车路	无	新建	省标	泥结碎石	13	130	1	2006	通村公路
31	新舟—拉全	便道	无	新建	省标	泥结碎石	10	100	1	2006	通村公路
32	轿子山—大满口	简易公路	无	新建	省标	泥结碎石	10	100	1	2006	通村公路
33	老场坝——抵卡	马车路	无	新建	省标	泥结碎石	5	50	1	2006	通村公路
34	掌布—谷硐	马车路	无	新建	省标	泥结碎石	20	200	1	2007	通村公路
35	白龙—谷硐	简易公路	无	新建	省标	泥结碎石	13	130	1	2007	通村公路
36	湾寨—冗空	马车路	无	新建	省标	泥结碎石	15	150	1	2007	通村公路
37	甲派—交亩	马车路	无	新建	省标	泥结碎石	12	120	1	2007	通村公路
38	关上—甲地	马车路	无	新建	省标	泥结碎石	18	180	1	2007	通村公路
39	者密—上司	马车路	无	新建	省标	泥结碎石	6	60	1	2007	通村公路
40	上科—拉王	便道	无	新建	省标	泥结碎石	13	130	1	2007	通村公路
41	四寨—下司	便道	无	新建	省标	泥结碎石	22	220	1	2007	通村公路
42	沙坡—上司	马车路	无	新建	省标	泥结碎石	5	50	1	2007	通村公路
43	樟木树—拉们	马车路	无	新建	省标	泥结碎石	20	200	1	2007	通村公路
44	内绕—小坝	马车路	无	新建	省标	泥结碎石	25	250	1	2007	通村公路
45	内绕—冗边	马车路	无	新建	省标	泥结碎石	17	170	1	2007	通村公路
46	马坡—苗二河	马车路	无	新建	省标	泥结碎石	5	50	1	2007	通村公路
47	上寨—冷水关	马车路	无	新建	省标	泥结碎石	7	70	1	2007	通村公路
48	苗攀—布冲	马车路	无	新建	省标	泥结碎石	5	50	1	2007	通村公路
49	丰坡—甲桐	马车路	无	新建	省标	泥结碎石	8	80	1	2008	通村公路
50	卡腊—硝厂	马车路	无	新建	省标	泥结碎石	10	100	1	2008	通村公路
51	高星—中坝	马车路	无	新建	省标	泥结碎石	12	120	1	2008	通村公路
52	翁岗—金堂	马车路	无	新建	省标	泥结碎石	13	130	1	2008	通村公路
53	新街—双河	马车路	无	新建	省标	泥结碎石	15	150	1	2008	通村公路

续上表

序号	线路名称	技术等级（现状）	路面结构（现状）	建设性质	拟建等级	路面结构	里程（千米）	建设资金（万元）	拟建年限	拟建年份	备注
54	打鸟—懂当	马车路	无	新建	省标	泥结碎石	10	100	1	2008	通村公路
55	水沟—高井	马车路	无	新建	省标	泥结碎石	10	100	1	2008	通村公路
56	公峨—高井	马车路	无	新建	省标	泥结碎石	7	70	1	2008	通村公路
57	新寨—新光	简易公路	无	新建	省标	泥结碎石	13	130	1	2008	通村公路
58	火昂—西联小寨	马车路	无	新建	省标	泥结碎石	15	150	1	2008	通村公路
59	掌布—石龙	马车路	无	新建	省标	泥结碎石	12	120	1	2008	通村公路
60	掌布—牛田	马车路	无	新建	省标	泥结碎石	14	140	1	2008	通村公路
61	磨镜—者密	马车路	无	新建	省标	泥结碎石	8	80	1	2008	通村公路
62	刺竹关—大地	马车路	无	新建	省标	泥结碎石	18	180	1	2008	通村公路
63	吉摆—苦李井	马车路	无	新建	省标	泥结碎石	8	80	1	2008	通村公路
64	马坡—新米牙	马车路	无	新建	省标	泥结碎石	4	40	1	2008	通村公路
65	上梭—吉古	马车路	无	新建	省标	泥结碎石	5	50	1	2008	通村公路
66	老场坝—老岩脚	马车路	无	新建	省标	泥结碎石	7	70	1	2008	通村公路
67	拉泥—克度	马车路	无	新建	省标	泥结碎石	18	180	1	2008	通村公路
68	卡腊—谷硐	马车路	无	新建	省标	泥结碎石	13	130	1	2009	通村公路
69	谷硐—翁片	马车路	无	新建	省标	泥结碎石	15	150	1	2009	通村公路
70	京舟坝—凯口	马车路	无	新建	省标	泥结碎石	12	120	1	2009	通村公路
71	兔场—卡罗	马车路	无	新建	省标	泥结碎石	17	170	1	2009	通村公路
72	黄平—沙寨	马车路	无	新建	省标	泥结碎石	11	110	1	2009	通村公路
73	大冲—大坝	便道	无	新建	省标	泥结碎石	6	60	1	2009	通村公路
74	平桥—长寨	便道	无	新建	省标	泥结碎石	8	80	1	2009	通村公路
75	翁万—甲乐	马车路	无	新建	省标	泥结碎石	11	110	1	2009	通村公路
76	场河—甲翁	便道	无	新建	省标	泥结碎石	7	70	1	2009	通村公路
77	沙坝—课寨	马车路	无	新建	省标	泥结碎石	7	70	1	2009	通村公路
78	亮寨—塘头	便道	无	新建	省标	泥结碎石	10	100	1	2009	通村公路
79	上茂—甲青	马车路	无	新建	省标	泥结碎石	15	150	1	2009	通村公路
80	四寨—栗木山	马车路	无	新建	省标	泥结碎石	20	200	1	2009	通村公路
81	烂木桥—拉贡	马车路	无	新建	省标	泥结碎石	8	80	1	2009	通村公路
82	王拉—平草寨	马车路	无	新建	省标	泥结碎石	8	80	1	2009	通村公路
83	翁招—冗边	马车路	无	新建	省标	泥结碎石	12	120	1	2009	通村公路
84	花寨—冗郎	便道	无	新建	省标	泥结碎石	7	70	1	2009	通村公路
85	大田—客家寨	马车路	无	新建	省标	泥结碎石	6	60	1	2009	通村公路
86	摆左—土寨	人行路	无	新建	省标	泥结碎石	7	70	1	2009	通村公路
87	梭水滩—土寨	马车路	无	新建	省标	泥结碎石	5	50	1	2009	通村公路
88	卡腊—龙塘	马车路	无	新建	省标	泥结碎石	8	80	1	2010	通村公路
89	双龙桥—龙塘	便道	无	新建	省标	泥结碎石	15	150	1	2010	旅游路
90	羊场—新立	马车路	无	新建	省标	泥结碎石	13	130	1	2010	通村公路
91	桥头—金黔	马车路	无	新建	省标	泥结碎石	10	100	1	2010	通村公路

续上表

序号	线路名称	技术等级（现状）	路面结构（现状）	建设性质	拟建等级	路面结构	里程（千米）	建设资金（万元）	拟建年限	拟建年份	备注
92	平坝—中寨	马车路	无	新建	省标	泥结碎石	6	60	1	2010	通村公路
93	大塘—掌奋	马车路	无	新建	省标	泥结碎石	17	170	1	2010	通村公路
94	赖惹—掌奋	马车路	无	新建	省标	泥结碎石	10	100	1	2010	通村公路
95	上纳新—上木老	马车路	无	新建	省标	泥结碎石	12	120	1	2010	通村公路
96	牙舟—命芹	马车路	无	新建	省标	泥结碎石	15	150	1	2010	通村公路
97	坝王—大河	便道	无	新建	省标	泥结碎石	15	150	1	2010	通村公路
98	黎平—甲谈	马车路	无	新建	省标	泥结碎石	22	220	1	2010	通村公路
99	者密—凤汝	便道	无	新建	省标	泥结碎石	15	150	1	2010	通村公路
100	拉绕—苏家湾	马车路	无	新建	省标	泥结碎石	8	80	1	2010	通村公路
101	下鼠场—摆表	马车路	无	新建	省标	泥结碎石	15	150	1	2010	通村公路
102	西凉—花寨	马车路	无	新建	省标	泥结碎石	10	100	1	2010	通村公路
103	地坝—翁桐	马车路	无	新建	省标	泥结碎石	12	120	1	2010	通村公路
合计	—	—	—	—	—	—	1351	16640	—	—	—

注：2006~2010 年改造四级公路 313 千米（泥结碎石），修建通村公路 1038 千米。

“十二五”交通规划

2009 年，编制《平塘县交通基础设施建设“十二五”规划》。规划目标为：到 2012 年，全县 121 个行政村通车率 100%。2015 年，全县、乡（镇）油路畅通率 100%，公路标准为部颁四级以上，建制村通村油（或水泥路）达 50%。

第二节　交通设施

公路

1988 年，全县建成通车公路 454.4 千米，其中省道公路 1 条册山（册亨—独山）公路平塘路段 99 千米、县乡公路 22 条 251.2 千米、专用公路 2 条。1999 年前，通过以工代赈、专项扶贫资金实施县乡公路建设，村级公路采取民办公助方式修建。2000 年后，境内公路建设主要以国家投入，省、州、县三级财政匹配资金投入方式修建。2012 年，余（庆）安（龙）高速公路独山至平塘段动工修建，全长 24.36 千米，双向轨道标准，设计时速 80 千米/小时，总投资 25976 万元。2015 年 12 月建成通车。

省道　境内省级公路一条册三（册亨—三江县）平塘段（S312），共计里程 99 千米，经卡蒲、平湖、甘寨、卡罗、牙舟、平里河、通州、落凼、航龙至罗甸县，为部颁四级沙石路面。2002 年，实施省道罗甸至独山油路改造，改造标准为部颁三级油路，2004 年竣工使用。2012 年，省道（S312）册（亨）三（江）公路升格为国道。

县、乡（村）道　1988~1993 年，境内县乡村道路 22 条 251.29 千米。村道为群众集资投劳修建的简易公路，共 206 条 688 千米。

1994~1999 年，采用“民工建勤，民办公助，以工代赈，专项扶贫”等各种方式，修建和改造县乡公路182.36千米。通过群众筹、部门凑、地方拿、国家补、社会捐等渠道修建乡村道路，集资845.2万元，新修乡村公路321千米。

2000年，建成吉古—磨刀石、西凉—中堡（广西南丹县）公路。

2001年，完成县城—六硐、县城—墨冲平塘段提级改造，修通塘边—罗甸边阳、克度—惠水羡塘、四寨—广西南丹县月里乡、鼠场—罗甸坪岩、公峨—惠水新玉5条出境断头公路。是年底，全县公路通车里程827.9千米，乡（镇）通车率100%，全县通公路的村208个，村通车率达85.9%。

2002年4月，国家投入102.68万元，按部颁四级泥石路面标准，修建孤家坳—鼠场10.06千米；投入85.3万元，修建平寨—甲茶6.76千米；投入155万元，修建卡罗—谷硐15.5千米。是年，平墨油路建成通车，全长36千米，是平塘交通史上第一条出境油路。

2003年，按部颁四级泥石路面标准，对关上—者密、平里河—龙塘进行改造，总投资235万元。是年，共修建通村路4条47千米，其中，掌布—田坝14千米、平里河—水车12千米、苗二河—米寅13.76千米、甲善—摆烈10千米，修建标准为省标四级公路。

2004年开始，实施通村公路建设149千米，每千米补助资金4万元。

2006年，完成通村公路建设59.5千米，分别为场口—白岩3千米、关上—新山15千米、新街—沿河10千米、甲地—摆榜10千米、场河—课寨9千米、谷硐—鸡场12.5千米。是年，完成掌布—都匀石龙乡10千米、观音庙—界上3.5千米。完成平寨—西凉10.6千米公路改造。

2007年，实施至甲茶景区油路改造工程6.76千米，为境内首条通村油路，总投资328万元。是年，共完成28条164千米通村公路建设，总投资1237万元。

2008年，启动航龙—深井28千米、巴烟—明堂关4.4千米油路建设，总投资1458万元。是年，完成通村公路建设20条157.4千米。

2009年，启动吉古—云阳关、磨刀石—西凉、孤家坳—鼠场通乡油路建设，完成航龙—界牌28千米、巴烟—抵季明堂关段4.4千米通乡油路改造。

2010年，完成吉古—云阳关46千米油路改造。实施磨刀石—西凉、孤家坳—鼠场、县城老大桥—白龙、卡罗—谷硐4条油路改造工程。

2011年12月26日，独（山）平（塘）高速公路在后山大道东站出口举行开工典礼。工程采用双向4车道，设计时速80千米，全长25.31千米。是年，建成老大桥—白龙、卡罗—谷硐通乡油路。实施龙洞至磨刀石、谷硐—鸡场、团部口—新场、团部口—新光等4条通村硬化路建设。2012年，贵州省交通运输厅将县内省道S312及6条县乡道申报提级为国道和省道。是年，建成县城老大桥、六硐龙坪村大桥，完成通村油路建设4条32.5千米，投资1147万元。

2013年，实施县乡道三级油路改造2条22.7千米，总投资6077万元。其中，掌布（桃坡）—麻冲河（田坝）10.7千米，总投资3795万元；塘边—边阳（深井）12千米，总投资2282万元。实施通村油路（水泥路）项目19个168.35千米，总投资1.5亿元。

高速公路

2011年12月26日，余（庆）安（龙）高速公路独（山）平（塘）段在平塘东站出口举行开工典礼。独平高速公路西起于贵（阳）新（寨）高速独山县城北麻柳处，东至平塘县东站，全长24.78千米，总投资25.96亿元。采用双向四车道，设计时速为每小时80千米。2015年12月建成通车。

桥梁

1988年后，随着公路交通发展，国家对道路桥梁的投入逐年增大。

富民桥　位于白龙乡龙兴村。全长40米，四跨9米，钢筋混凝土平板桥，桥高5米，总投资8.5万元，由县交通局勘测设计并施工。1998年2月动工，是年4月10日竣工。

双江大桥　位于苗二河乡米寅村。全长74米，八跨8.5米，钢筋混凝土平板桥，桥高2.5米。1997年11月动工，1998年4月竣工，投资6万元。

抵卡大桥　位于塘边镇抵卡。大桥全长96米，主拱桥长73.15米，引桥22.85米，由县交通局负责勘测设计及组织施工，总投资45万元。1998年11月动工，1999年6月竣工。

拉岭大桥　位于大塘镇旧司新寨组。大桥全长71米，主跨20米，主桥长36米，桥高9.3米，投资12万元。1997年8月动工，1998年1月竣工投入使用。

掌布大桥　位于掌布乡掌布河上。大桥全长220米（主拱桥长76米，引桥144米），宽7.5米，高8.16米，总投资55万元。1997年9月动工，1998年竣工。

翁岗大桥　建于新塘乡公峨村翁岗组。大桥全长46米，宽7米，跨径20米，总投资15万元，县交通局勘测设计。1999年10月动工，2000年3月竣工投入使用。

大河桥　建于新塘大河。全长56米，宽7米，跨径30米，总投资22万元，县交通局勘测设计。2000年10月动工，2001年6月竣工投入使用。

亮寨桥　建于卡浦毛南族乡亮寨组。全长50米，宽5米，跨径12米，总投资5.5万元，县交通局勘测设计。2002年1月动工，是年4月竣工投入使用。

建平大桥　建于县城平舟河上。主桥全长114米，设计为钢筋混凝土简支梁桥，5孔净跨20米，桥面净宽4.5米。2001年3月18日开工修建，2002年5月30日竣工，总计投资191.1005万元。2002年8月19日验收使用。

满仙桥　建于县城西平舟河上。长114米，宽3.5米，高4米。1989年1月动工，1990年3月竣工。2003年11月15日，实施维修加宽，2006年3月竣工。桥面宽6.5米，全长118.734米，总投资80万元。

龙坪桥　位于者密镇六硐龙坪村六硐河上，为浸水大桥。1989年动工，翌年4月20日竣工，全长60米，钢筋混凝土结构，总投资9万元。2012年在原地重新设计建设，2013年8月通过贵州省公路局验收，总投资608万元。

龙尾大桥　建于克度镇罗良村。1990年10月动工，翌年竣工，桥长50米，宽5.9米，高22米，为石砌板肋拱桥，总投资5万元。

新舟大桥　位于县城南平舟河上。1970年11月动工，1972年7月竣工，桥身由三孔净跨35米双曲拱和三孔净跨10米石拱组成，桥长167米，宽9米，高16米。因时间久远，桥面多处不同程度的破碎、下陷、渗水、断裂。2003年9月，县交通局对桥面实施翻修，总投资27万元，是年12月20日完工。

新和大桥　位于塘边镇。桥长73米，高17米，宽6.5米。1993年12月动工，翌年4月完工，总投资10万元。

拉烈桥　位于掌布乡。桥长49米，宽7米，高15米，跨径50米。1997年修建，是年12月29日使用。

双龙桥　位于掌布乡槽渡河上。建于1997年，桥长70米，宽7米，高13米，跨径50米

平舟大桥　建于县城南平舟河上。于2004年3月动工修建，2005年9月竣工。大桥全长349.46米，一孔90米钢筋混凝土箱形拱，18孔14.2米钢筋混凝土简支预缘空心板梁，水泥混凝土桥面，工程总投资822万元。

苗攀大桥　建于苗二河乡苗攀村，为州扶贫工作队的帮扶项目，由县交通局承建。大桥全长77

米，工程总投资40.8万元，其中工程所需的全部锯材、圆木、群众投工投劳折抵15.8万元，实际投入资金25万元。2003年10月1日开工，次年通过州级验收通车。

拉马桥 建于者密镇茂村拉马组。桥为1孔4.9米的箱涵，高5米。工程于2006年1月动工，是年8月竣工。工程施工中开挖土方510立方米，开炸石方120立方米，砌筑桥涵基础5.79立方米、桥身64立方米，耗用钢筋7570千克。

梭沙坡拦河闸人行桥 该桥建于县城南，自动翻板闸门上。人行桥全长109.06米，宽2.2米，总投资48.32万元。

甲茶渡改桥 甲茶渡改桥投入资金116.61万元，其中贵州省海事局补助70万元。桥全长156米（含引道工程），工程于2008年2月动工，是年12月底完工。

摆老桥 建于塘边镇摆老，是县2006年通村公路桥梁建设项目。全长202.604米（含引道），总投资296万元。工程于2006年11月开工建设，由于打鸟岸桥台基础地质原因致使施工设计三次变更，加之受2007年“7·26”洪灾和2008年冰冻影响，工程停工至2008年3月恢复施工，2009年3月完工。

翁干桥 建于白龙乡翁干村。为新建3~16米翼缘空心板桥，桥长100.7米，宽8.5米。2008年11月30日动工，2009年7月完工，是年12月22日验收交付使用。总投资118万元。

摆左桥 建于甘寨乡摆左。桥长29.1米，总投资29.18万元。2008年11月30日动工，2009年12月22日通过验收交付使用。

沟边桥 建于平湖镇双桥村龙王沟。桥长14米，总投资30.9万元。2008年11月动工，2009年7月完工，是年12月22日通过黔南州公路处验收使用。

烂木桥 建于摆茹镇摆洗村。桥长29.064米，2008年11月30日动工，2009年12月22日通过验收使用。

金桥桥 建于通州镇金桥村。2008年11月动工，2009年7月完工，是年12月22日通过黔南州公路处验收使用。总投资19.73万元。

上梭大桥（又称城北老大桥、北门大桥） 是平塘县城的第一座大桥，始建于1958年，是一座钢筋混凝土平板桥。桥长120米，桥宽7.5米，于1958年8月建成。桥梁建成后桥头设有看守大桥的桥头堡和守桥工，是当时黔南州为数不多设有守桥工的大桥。2007年，上梭大桥被鉴定为危桥。2010年11月8日，在原址重新立项建设，设计为双向四车道。桥为2跨，每跨50米，宽24米，总长128米，钢筋混凝土拱桥。2011年动工，2012年5月18日通过验收使用，总投资1520万元。

拉安大桥 建于通州镇丹平村拉安组。2010年立项建设，由黔南州公路管理处组织招标施工。2013年5月完工，总投资295.6万元。

车站（渡口）

1988~2004年，除县城外，各乡镇均未建有专门的汽车客运站，从县城发往各乡镇或都匀、独山、罗甸、惠水发往县城经过的乡镇，都在集镇人口集中地候车。

县汽车站 始建于1955年，站址在今老县城玉水广场，1988年，客运量为53.49万人（次）。1997年5月，在县城老城区南北岸新建县汽车站，占地8000平方米，总投资679.1万元，1999年12月16日竣工，更名为新世纪汽车站。2012年，平塘启动县交通枢纽中心建设项目，县汽车站选址在平湖镇回龙村三棵树，2013年建成投入运营。

克度汽车站 选址于克度镇金星村，于2005年5月动工修建，2005年11月竣工建成。该汽车站占地面积7528.4平方米。其中，沥青面层停车场2162.2平方米、泥结场坪1813.44平方米、两层钢筋混凝土结构站房260.89平方米、例检房30.24平方米，总投资约64.87万元。

塘边汽车站　建于塘边镇湾子村。2007年5月8日动工，占地面积5000平方米，投入资金40万元，2008年1月竣工投入使用。

鼠场汽车站　选址于鼠场乡同兴村。2008年5月12日动工，是年12月完工。车站占地面积3100平方米，投入资金40万元。

四寨汽车站　选址于四寨镇和平村。2008年动工建设，占地面积5000平方米，投入资金80万元，2009年3月完工。

者密汽车站　建于者密镇金玉村。占地面积4000平方米，2007年动工建设，2010年3月竣工，总投资80万元。

掌布汽车站　建于掌布乡掌布村。占地面积5000平方米，2009年动工建设，2010年竣工使用。2013年，启动摆茹镇、通州镇汽车站建设，简称大塘镇汽车站。

县交通枢纽中心　位于平湖镇回龙村三棵树。2012年立项建设，总投资1.5亿元。工程包括新建县汽车客运站、货运物流中心、公交车站、出租车站等，2015年竣工投入使用。

渡口　1988年，县内渡口有苗拉渡口、甲茶渡口、红岩渡口、牙舟岔河渡口、塘边打拉渡口和苗二河董乙渡口。

1990年前，渡口主要使用木船，有义工。1991年后，国家配给渡口铁制驳船。

2007年，投入16万元建设苗拉渡口，渡口由贵州省船运勘测设计所设计，贵州化工建设公司承建，是年10月7日开工，11月29日通过竣工验收。

是年启动甲茶渡改桥项目，由黔南州交通勘测设计院设计，由贵州化工建设公司承建，总投资116.61万元。之后，随着公路条件改善，境内渡口船只主要用于当地群众生产，不再载人渡河。

第三节　交通运输

公路运输

平塘公路运输主要分客运和货运两大类，客运分长途客运和县内客运。县内客运包括载人机动三轮车、出租车和公交车。

县内（外）客运　1988~1992年，全县共有客运车辆19辆，其中县汽车站5辆、县汽车队1辆、民间客运13辆，年客运量为56.25万人（次）。

1996年，县汽车站向社会开放，客运量逐年增多。1997年，县汽车站客运量31.8万人次，旅客周转量达4356.6万人次/千米；私营客运量达22.31万人次，旅客周转量达1487.52人次/千米。1998年，放开摆茹、牙舟、白龙、者密、六硐、四寨等山区客运经营线路。是年，通车路乡镇均通客车。1999年12月，新汽车站建成，位于县城玉水北路。2000年10月，成立平塘县长丰运输有限责任公司。2001年9月，县长丰有限责任公司改称为黔南交运有限责任公司平塘县分公司。是年，全县客运车辆70余辆，日发车班次90余次，跨省客运收入达220万元，主要发往浙江、广东两省。2002~2005年，全县年均发车3.8万班次左右，年发送旅客32~38万人次。2006年开始，客运逐年增加。

2013年，全县共有客运车辆120辆，2个客运公司，5个客车站，旅客运输量达484万人次，旅客周转量24050人/千米。

出租车客运　1994年，县城出现机动三轮车载客，票价为每人每次1元。1996年后，机动三轮车票价为每人每次 2 元。

1997 年，平塘县人民政府颁发《平塘县城机动三轮车客运管理办法》，规范县城机动三轮车收费和停靠秩序。2000 年，机动三轮车实行单双号轮号制度。2001 年 11 月，县级机构改革，县建设局原城镇管理监察大队划归县城镇公共事务管理局，县城机动三轮车客运由县城管局管理。

2003 年 7 月 13 日，平塘县毅力汽车租赁有限责任公司成立。2005 年，对客运机动三轮车进行调查登记，建立档案，全县有客运机动三轮车 235 辆。是年 11 月，成立平塘县城市客运出租车、机动三轮车同行商会，选举产生第一届商会会长、副会长、秘书长。2006 年 6 月 26 日，县毅力汽车租赁有限责任公司改称为平塘县毅力汽车运输有限责任公司。2008 年 12 月，经道路运输行政许可，县运管部门重新核定县毅力汽车运输有限责任公司经营范围。之后，向社会公开出让城市客运经营权，允许机动三轮车主购买出租车经营权。

2013 年 10 月，取消机动三轮车客运，城市客运由毅力出租车有限公司和易达出租车有限公司经营，共有出租车 71 辆，票价定为每人每次 4 元。

公交车客运　2013 年 3 月，成立平塘县城市公共交通有限责任公司，负责县城公交车客运，是年共开通公车线路 2 条，投放中型双开门无人售票公交车 9 辆，票价为每人每次 1 元。军人、残疾人、70 岁以上老人免费。

货运　1988~1990 年，全县货运以县汽车队为主。1988 年货运量为 5500 吨，货物周转量 47. 56 万吨/千米。1989 年 8 月，县汽车队实行保值承包制，是年，共有东风大货车 6 辆。1991 年，个体私营货车达 92 辆，货运量 8. 9 万吨，货物周转量达 124. 8 万吨/千米，成为全县货运主体。1997 年，私营货运量达 25 万吨，货物周转量达 1800 万吨/千米。1999 年，成立货物运载信息中心，实行承托双方双向选择货运交易机制。2012 年，县内个体经营货车 1022 辆，总吨位 1776. 73 吨。

2013 年，全县载货汽车 1450 辆，货运量 358 万吨，货物周转量 23085 万吨/千米。

水路运输

境内可通航里程 145 千米，其中平舟河马蹄岩经县城至六硐一段 30 千米；摆茹镇甲茶景区燕子洞至广西纳立电站一段 12 千米，可通行小型机动船；槽渡河中游龙塘电站大坝往上约 18 千米；霸王河及其他支流可通航河段 85 千米。涉水乡（镇）10 个，龙塘水库库区有机动船 2 艘。

1991 年前，境内水上运输主要为木船，之后，国家配给县内各渡口驳船，至 2008 年，全县在册船舶 258 艘。其中，甲茶国家级风景名胜区小型机动客船 17 艘，总吨位 41 吨，总功率 168. 5 千瓦，总载客量 324 位；掌布景区非机动钢质船 2 艘。2009 年，有机动五等船员 20 名、非机动船员（渡工）4 名。是年，甲茶景区渡改桥项目（吊桥）竣工使用，之后，境内水上运输主要为载客游船和农村生产自用船。2011 年，平塘县拥有各类船舶 291 艘，其中，旅游客船 17 艘，载客量 324 客位，载重量 32 吨；渡口船舶 5 艘，载客量 88 客位；乡（镇）生产自用船舶 258 艘；人力游乐船 6 艘；其他船舶 5 艘。

2013 年 11 月，建成牙舟岔河渡口、塘边打拉渡口、苗二河董乙组湾滩寨渡口，总投资 41. 39 万元。是年，全县共有持证船员 27 人。

第四节　交通管理

管理机构

1988年，平塘县交通局管理全县交通运输，下属单位有平塘县地方公路养护工区、平塘县公路运输管理所、平塘县车队。代管单位有贵州省交通厅平塘征费稽查队、平塘公路养护段。

1995年，县车队解体。1999年，增设平塘县公路路政管理中队，县公安局驻交通局执勤室。2000年，成立平塘县交通基础设施建设有限公司和平塘县长丰运输有限公司。2002年，撤销平塘县长丰运输有限责任公司，成立平塘县港航监督所。2007年，平塘县港航监督所更名为平塘县地方海事局，为县交通局管理的正科级事业单位，编制3人，设海事处长1人。2010年，县交通局更名为县交通运输局。2011年，成立平塘县城市公共客运交通管理局，为县交通运输局下属副科级事业单位。

2013年，县交通运输局内设办公室和交通技术室，下属机构有县地方海事局、县公路管理所、县公路运输管理所、县城市公共客运交通管理局。

公路养护

1988~2013年，境内公路养护由黔南州公路养护总段平塘养护段和县交通局地方公路养护工区负责。其中省道养护由平塘养护段实施，县、乡（村）道养护由县地方公路养护工区施工。

省道养护

1988年，境内省道为册三（册亨—三江）公路平塘段，总里程99千米。设航龙、通州、落凼、蚊子山、卡蒲5个道班。是年，省道好路率达74.9%。

1993年，平塘获全省公路养护段先进县，好路里程达794千米，好路率79.795%，差路率为零。1995年，投入115.26万元，改造县城出口线5.3千米，共清理边沟和修整路面584米。1997年，完成惠（水）罗（甸）线境内油路修补3.5千米。1998年，恢复平（塘）罗（甸）线铺设光缆路面184千米，建成涵洞2个、挡墙1幅。2002年，国家实施独山至罗甸油路建设，平塘境内段为99千米，其中磨刀石经吉古至县城11千米由县交通局承建，总投资513万元。

2013年，国家再次立项对省道独山至罗甸进行油路改造，其中平塘至罗甸为86千米，总投资7.938亿元。工程于2014年7月开工，2016年竣工。

县、乡（村）道养护

1988~1997年，境内县、乡公路共19条253千米，其中县级公路125.7千米，设10个道班管养；乡级公路127.3千米，设4个道班，由11家农户31人常年承包养护。1988年，全县完成公路绿化94.6千米，植树6.5万株。

1990年，平塘县养护工区被评为贵州省首个地方道路“好路工区”。是年，县乡公路好路率为88.88%。

1993年，组建以道班为主体的交通战备连队，负责公路抢险工作。是年，完成公路镶边补缺320处538立方米，修复涵洞5处31立方米、挡墙9处，扩宽路基长6100米5920立方米。

1998年，境内县乡公路改由县地方公路养护工区管养。是年，县乡公路总里程278.7千米，其中县道 125.7 千米，由 65 个农民工组成的 19 个道班常年养护；乡道 154 千米，由工区与乡镇人民政府签订养护承包合同，安排农民工常年或季节性养护。1999 年，平六（平塘—六硐）公路边坡坍塌 16 处，投入民工 2300 人次，拖拉机 391 辆，清理塌方 3.6 万立方米，采运片石 5.24 万立方米，铺填片石 10.8 万立方米。

2003 年，对县乡公路养护进行量化分解，分线包干，定岗定人。

2005 年开始，开始实施村级公路养护。是年，县公路运输管理所与各乡（镇）签订《村级公路管护协议》，明确双方的职责和义务，实行一月一查制度，按季度兑现养护经费。

2007 年，建立以县人民政府为责任主体，县、乡（镇）人民政府分级负责，县交通部门组织实施的农村公路管理养护工作机制。

2013 年，县级公路平均好路率在 85%以上，乡级公路好路率达 65%以上。

路政管理

1988 年，全县路政管理由县公路管理段和县公路管理所负责，主要职责是路产路权的保护工作。

1988~1989 年，对县乡公路两侧进行划线定界。全县划线定界占田 145.44 亩、土 94.43 亩，发放临时土地使用证 1466 本。

1990 年 12 月，成立平塘县路政管理中队，与平塘养护工区实行路段承包责任制，分段管理。1991~1997 年，清除路障 725 处 6025 立方米，拆除违章建筑 24 处，取缔砖、瓦、煤窑 18 个。

2002 年，开展公路超限运输治理，设立卡蒲超限运输检测站，查处超限运输车辆 4500 辆（次）。2003 年 11 月，县路管所归口黔南州交通局管理。2009 年，结合“春运”“平安平塘”建设，开展违法违规营运车辆治理，对汽车维修企业实行经营许可证制度。是年，查处非法营运面包车 54 辆，违规货车 212 辆。

2010 年，黔南交通运输公司平塘分公司率先在黔南安装客运车辆 GPS 系统。

2012 年，开展道路运输、水上交通、公路建设安全“大调研、大排查、大整治”活动，共检查客运车辆 16892 辆，查获爆竹、煤油、柴油等易燃易爆物品 42 件（次）。

2013 年，开展以非法营运车辆、汽车超限超载、船舶运输为重点的“打非治违”专项整治，共检查车辆 2574 辆、船舶 34 艘（次），查处超限运输车辆 2960 辆，举办安全管理培训班 15 期，发放宣传资料 2 万余份。

规费征收

1988~1992 年，平塘征费稽查站共征收养路费 211.08 万元。

1993~1997 年，交通规费征收由贵州省交通厅平塘征费稽查所和平塘县运输管理所共同负责，5 年共征收养路费 522.57 万元。

1994 年，开始征收车辆购置附加税。

1995 年，开始征收交通发展基金。2009 年，撤销平塘县养征所，公路规费并入燃油费中，之后不再征收。

第二章　邮　政

1988年，平塘邮政实行垂直管理为主，属地管理为辅的管理体制，工作调度和人事安排由黔南州邮政局负责。全县除平湖镇外，在平舟、通州、西关、克度、摆茹、者密6个区设邮政支局，另设四寨乡邮电所。1998年邮政、电信分设后，邮政业务减少，主要为信函、特快专递、集邮和邮政储蓄等。2004年，县邮政局在西关、摆茹、者密3个邮政支局进行承包制试点，实行财务收支两条线管理。2008年成立邮政储蓄黔南州分行平塘支行。2009年，成立邮政速递物流公司平塘营业部。2013年，全县邮政业务总收入1270万元，比上年增长30.43%。

第一节　机构与体制

1980年，邮电管理恢复以黔南州邮电部门管理为主的垂直管理方式。1988年，平塘县邮电局内设行政、报话、机线、邮政4个组，下设牙舟、通州、西关、克度、摆茹、者密6个邮电支局和四寨乡邮电所。

1990年后，撤销四寨邮电所。1993年，恢复四寨邮电所。1996年，增设营储组。1997年，撤销报话和机线2个组，增设电信运行组、电信营业组。

1998年，邮政、电信分营，组建平塘县邮政局和平塘县电信局。是年，县邮政局内设综合办公室、经营服务部，下设营储班、投发班和人民路邮政所。2003年，增设视察室、财务室。

2004年，县邮政局制定《农村支局（所）承包试行管理办法》。是年，西关邮电支局、摆茹邮电支局、者密邮电支局3个支局试行承包制，实行财务收支两条线管理。2005年，增设新舟邮政所。2007年，县邮政局内设办公室、财务室、储汇业务部、市场经营部，下设人民路邮政所、新舟路支局和通州、克度2个支局，把西关、牙舟、摆茹和者密4个支局改制为委代办所。2008年，邮政储蓄银行黔南州分行平塘储蓄支行挂牌成立。

2009年，增设县局中心支局、市场经营部、代理业务部、邮务业务部。是年，黔南州邮政速递物流公司平塘营业部正式成立。

2013年，县邮电局内设办公室、市场经营部，下属机构有县局中心支局、新舟路支局以及通州、克度、牙舟3个支局和西关、摆茹、者密3个委代办点。

第二节　邮政网络

1988年，农村邮路干线有县城至克度单程75千米，县城至西关单程85千米，县城至摆茹单程23千米，县城至者密单程29千米。共有农村投递路线35条，单程总长1639千米，主要投递报刊、信件（电报）等。

1989~1991年，全县邮路总长每年约1318千米，投往各乡（镇）、行政村及村民小组的报刊、邮件频次各年大体相同。

1992 年，全县行政区划调整后，投递路线也有所调整，由 1991 年的 25 条 1308 千米，调整为 22 条 1310 千米。1993~2008 年，县内有委办邮路 4 条，单程 159 千米。

2009 年，境内委办邮路增至 6 条，单程 315 千米，至 2013 年委办邮路不变。其中，县城至塘边单程 92 千米，逐日班；县城至摆茹、西凉单程 48 千米，间日班；县城至四寨单程 50 千米，间日班；县城至西关单程 90 千米，间日班；县城至谷硐 35 千米；平塘至贵阳 155 千米，逐日班。

第三节　邮政业务

1988 年，邮政业务主要有函件、包裹、汇票及邮政快递和邮政储蓄。1989 年 9 月，县邮电局开办集邮业务，售出集邮票 3400 枚。1994 年，开始办理邮政特快专递。1998 年，邮政和电信分营。

2001 年后，开办代收移动话费、代售机票、音响租赁等业务。2002 年，开办代理电信业务。2002 年 1 月，开通邮政电子汇兑业务。2003 年，开发法律文书专递业务。

2009 年，开办乡镇代办点，把邮政业务延伸至各乡镇。2010 年，代理保险业务。2012 年 9 月，成立邮政储蓄银行平塘县支行。是年，代理通州摆库水库、河湾电站移民资金和工业园区征地补偿款及危改资金发放。

2013 年，业务总收入完成 1270 万元，完成年计划的 100.7%，比上年增长 30.43%。年末，储蓄存款余额 4.8 亿元，全年共发放各类贷款 5000 万元。

第三章　通　信

1988~1992 年，境内通信网络主要以电信的明路加载波传输为主，交换手段为手摇式磁石交换机。全县共有长途电话网络 5 条、市网电话交换机 200 门、农村电话交换机 380 门。1994 年 8 月，开通无线寻呼系统。1996 年建成县城移动基站，是年，平塘至独山光缆建成开通。1998 年，开通数字移动电话和全省电视会议视频。1999 年 8 月，县移动公司从电信分离出来独立运营。2000 年，开通“小灵通”无线市话通信。2004 年 10 月，联合网络通信平塘分公司正式投入运营。2005 年，县电信局实施“乡乡通电话工程”，年末有 2.24 万用户。2007 年，实现 121 个行政村移动通信全覆盖。2013 年，平塘县内经营通信企业 3 家，建成通信基站 176 个。

第一节　电信通信

管理机构

1988~1997 年，电信业务由县邮电局负责。

1998 年 9 月，邮政、电信分营，组建平塘县电信局，主要开办电报、传真、电话、数字 DDN 网、

INTENRNET 网及无线寻呼代办等业务。县电信局内设综合管理办公室和经营服务部，下属单位有通州电信支局。

2001 年，增设摆茹、牙舟、者密 3 个电信支局。2002 年，撤经营服务部，增设市场经营部和运行维护部。

2005 年，平塘县电信局改称贵州省电信有限公司平塘县电信分公司，内设综合管理办公室、经营服务部和运行维护部，原下属电信支局改称为县电信分公司营业部。

2013 年，市场营销部改称销售服务部，建设维护部改称网络服务部。销售服务部下设销售组、渠道管理组。网络服务部下设设备维护组和线路维护组。

网络建设

1988~1992 年，电信网路有二级省内架空明线、载波电传电路 1 路。平塘至都匀，县城至各区、乡（镇）所在地的通信传输干线均使用架空明线，通信网络仅覆盖县城和各区、乡（镇）人民政府所在地。

1993~1995 年，有长途电话网络达 14 路，属二级省内架空明线电路，其中平塘至都匀 13 路、平塘至独山 1 路。

1996 年 7 月 28 日，架设平塘至独山（平塘段）二千光缆，长 29.4 千米，是年 9 月 9 日正式建成开通。新增长途数字传输电路 60 条。

1998 年，开通 GSM 数字移动电话，建成无线寻呼二起点及三起点同播网。是年，国家实施南宁—贵阳—昆明光缆建设工程，县电信局随其光缆主干架设通州—克度、克度—塘边、县城—摆茹六芯农话光缆，同时接通贵州全省会议电视联网。1999 年后，实施农村电话网络扩容改造，至 2002 年，共有 90 个村开通程控电话。

2000 年 5 月 1 日，开通平塘县人民政府网站。

2009 年，全县 19 个乡镇开通光缆环网，实行乡乡通电话、通手机和宽带。

2013 年，建成 3G 基站 15 个，全县 3G 基站总数达 36 个。

电信业务

1988~1992 年，电信业务主要为电报和电话 2 项。5 年中，电报业务总量为 6.61 万份，长途电话累计 12.21 万张，农村电话累计 32.5 万张。

1994 年 8 月 18 日，开通无线寻呼系统，容量 1000 户，是年共有用户 25 户。1996 年，建成移动电话基站，是年有用户 76 户。

1998 年，邮政、电信分营，成立县电信局，开办电报、传真、电话、数字 DDN 网、因特网及无线寻呼代办等业务。共有市话用户 2216 户、农话用户 533 户、移动电话用户 400 户、无线寻呼用户 812 户、DDN 网用户 1 户。全县完成电信业务总量 356 万元，业务收入 388 万元。

1999 年，县电信局开办数字 NI 网。因特网交换实现程控化，传输实现数字化。城市电话用户 2817 户、农村电话用户 735 户，其中通行政村电话 30 户。

2000 年 9 月，县电信局开通“小灵通”无线市话通信业务。

2009 年，全县 19 个乡镇开通电话、宽带、手机业务，电话总数达 26000 户（含小灵通及 C 网手机用户）。

2011 年，新建 C 网基站 9 个，基站总数达 56 个。

2013 年，完成全年经营收入 1896 万元，全县共有 C 网基站 73 个。

第二节　移动通信

管理机构

1996年至1999年7月，县内移动通信由县电信局管理。

1999年8月，中国移动通信集团贵州有限公司平塘分公司正式与县电信局分营，内设办公室、业务室、维护室。在乡（镇）设立15个营业网点，共有员工7人。2000年4月20日正式运营，主要经营移动话音、数据、IP电话和多媒体业务，有计算机互联网国际联网单位经营权和国际出入口局业务经营权。至2009年，除提供基本话音业务以外，还提供数据IP电话等多种增值业务，拥有“全球通”“动感地带”“神州行”等著名客户品牌。用户号码段包括“139”“138”“137”“136”“135”“134（0至8号段）”“150”“151”“152”“157”“158”“159”。

2010年，推出187、182号段，信号覆盖全县19个乡（镇）121个行政村。

2013年，县移动公司内设市场、网络、集团客户3个部门，下设县城和通州2个营业网点。全县有基站118座。

网络建设

2000年，移动通信开通平塘县城GSM（2G）数字蜂窝式移动电话，进入第二代移动通信时代。是年，建成通信基站3座，实现县城全面覆盖。

2001年，正式启动“乡（镇）移动通信工程”，全年建成基站3座。2002年，牙舟镇、大塘镇、通州镇、克度镇、摆茹镇等乡镇基站相继建成开通，全年开通基站7座。

2005年，启动“村村通工程”，建成基站12座。2006年，全县121个行政村全部开通移动电话。

2007~2008年，建成矿区、景区和边远贫困乡（镇）移动基站27座。2010年，全县共建有移动基站118个、3G基站2个，移动网络覆盖19个乡镇300多个自然村寨，自然村移动通信覆盖率达到98.6%。2012年，交换总容量达到50万，在网运行基站达到168个，载频达到1060块。干线和本地网光缆总长达到2130皮长千米。新增县城、乡镇、村通传输线路275千米，增加环网传输建设103千米。

2013年，新建44个移动基站，传输线路241.7千米，村通宽带建设覆盖3800户，总投资1486.6万元。

通信业务

2000年，县移动通信业务从县电信局剥离出来独立运营。是年，有移动用户500户，业务收入57万元。2003年，县移动公司有固定资产1500万元，手机用户8000户。

2006年，在各乡（镇）代办网点开通“金黔卡”收费业务。2007年3月，建成各乡（镇）营业厅。是年，全县共有移动基站97个，率先在黔南州实现行政村移动信号全覆盖。共有移动手机用户13880户，在网用户22893户。2008年，在行政村开通移动代办业务，代办移动电话入网、缴费。2009年，实现3G（TD）商用。

2013年，移动用户126689户，占全县通信市场份额的90.7%，业务总收入6564.66万元。

第三节 联合通信

管理机构

2004年10月，中国联合网络通信有限公司平塘县分公司正式投入运营，为中国联合网络通信有限公司黔南州分公司在平塘县的下设机构，机构有综合部、建设维护部、营销服务部。主要业务有移动电话（GSM）、无线寻呼、数据通信（包括因特网业务和IP电话）、电信增值业务等。

2008年后，全县联通业务有固定通信业务，移动通信业务，国内、国际通信设施服务业务，卫星国际专线业务，数据通信业务，网络接入业务和各类电信增值业务，与通信信息业务相关的系统集成业务等。

2013年，县联通公司共有员工16人，其中管理人员4人、业务人员11人、经理1人。

网络建设

2004年，开通CDMA基站15个、GSM基站4个。2005年1月12日，CDMA133移动通信网络实现县境内“乡乡通”。

2006年，完成CDMA133移动通信网络的升级，商用速率达153.6kbps，实现手机看电视、手机银行、手机上网冲浪等业务，初步形成3G网络。

2007年，克度、塘边、掌布、大塘、新塘、甘寨、卡蒲、者密等乡镇开通GSM网络。2008年，新建2G基站7个、3G基站9个。移动网络信号覆盖14个乡镇的40个村（居）委会。

2011年底，开通2G基站46个，覆盖全县17个乡镇；开通3G基站21个，覆盖县城及12个乡镇。

2013年，全县开通2G基站59个，覆盖全县17个乡镇；开通3G基站24个，覆盖整个县城及12个乡镇。

联通业务

2004年，县联通公司有联通用户754户。2005年，在县内推进联通新时空、世界风、UP新势力、联通无限、如意通、如意133、网中网、193长途、17911/17910IP电话、联通网苑、如意邮箱、联通新资讯、联通秘书等知名业务品牌。

2007年，县内联通业务主要有移动电话、长途电话、市内电话、数据联通、电信增值业务等。2008年境内联通用户增加至10846户，营业网点从2004年的3家上升到40家。

2010年，县联通公司实施乡乡通工程，年底全县营业网点扩至58个。

2013年底，新建工程基站3个、3G基站3个。用户数与上年同期相比增长43.54%，业务收入与上年同期相比增长46.36%。

第十八篇

财税·金融

第一章 财 政

1988 年，农业税按照“以粮计算，征收现金”的办法征收。1989 年后，开始实行预算管理体制改革，对各区实行“定收定支，收支挂钩，超收分成，歉收自负，结余留用，超支不补”财政管理体制，在企业进行“包死基数，确保上交，超收多留，歉收自补”的财政承包体制。1992 年后，在各乡、镇试行本级财政预决算制度，对收入大于支出的乡镇按“比例上解”或“定额上解”。对支出大于收入的乡镇实行“定额补助”。1998 年，成立平塘县预算外资金管理中心，对预算外资金实行收支两条线管理。1999 年，启动农税费改革。2006 年，取消农业税。2007 年，开始实行部门预算。2008 年，推进“乡财县管乡用”财政管理体制改革。2010 年，启动非税收入管理体制改革。2012 年开始，在预算单位推行公务卡结算。2013 年，全县财政预算收入 2.46 亿元，比上年增长 22.1%；预算支出为 16.04 亿元，比上年增长 4.2%。

第一节 管理机构

1988 年，县财政局内设预算行政财务股、财政计划综合股、农业财务股、企业财务股、财政信用资金管理所、中华会计函授学校黔南分校平塘函授站，下设 7 区 1 镇财政所，38 个乡，1 个乡级镇均配有财政员。

1991 年，各乡镇建立财政所。1993 年，增设办公室。

1994 年，县级机构改革后，县财政局内设人秘股、预算财务股、农税征管股、国有资产管理股、稽查股、财政信用资金管理所。1999 年，增设稽查股。2000 年，增设预算外资金管理股。

2001 年，成立平塘县会计局和平塘县会计结算中心，人秘股改为办公室，稽查股改为财政监督检查股。

2002 年 5 月，成立县农业税征收管理局。是年，撤销财政信用资金管理股，增设国库股，加挂县政府采购管理办公室和县农业税征收管理局牌子。2005 年，成立平塘县煤炭价格调节基金管理验票总站，下设苗二河、白龙、卡蒲、四寨 4 个分站，为县财政局管理的副科级事业机构，核定事业编制 20 名。2006 年，县财政局内设机构有办公室、预算财务股、国库股、财政监督检查股、国有资产管理股、预算外资金管理股、政府采购管理办公室、纪检监察室。2007 年 2 月，县农业税征收管理局改称县基层财政管理局。

2011 年，县级机构改革后，县财政局内设办公室、预算股、国库股、行政政法和教科文股、经济建设股、社会保障国资企财股、政府采购管理办公室、财政监督与绩效评审股、农财股。核定行政编制 13 名，设局长 1 名、副局长 2 名。下设事业机构有县会计管理局、县基层财政管理局、县煤炭价格调节基金行政管理验票总站、县财政监督检查执法大队、县非税收入管理局。至 2013 年，县财政局内设机构和下属机构不变，设局长 1 人、副局长 2 人。

第二节　体制改革

县级财政体制改革

1988年后，实行“划分收支，收支挂钩，分级包干”的财政体制，对各区实行“定收定支，收支挂钩，超收分层，歉收自负，结余留用，超支不补”财政管理体制。县所属国有企业实行“包死基数，确保上交，超收多留，歉收自补”的财政包干管理体制。是年，承包企业14户，完成企业收入14.74万元。

1994年，实行分税制财政体制。按照中央的财税体制改革，重新划分中央税种和地方税种，将产品税改为增值税，地方企业所得税和增值税为中央和地方共享收入，消费税属于中央固定收入，营业税和农业税等属于地方固定收入。按照税务征收机构分设平塘县国税局和平塘县地税局。在中央财政与地方财政的财力分配上，对中央实行以1993年决算的中央税收数为返还基数，次年，按此基数超收部分实行1∶3分成办法。

1997年，实行“预算包干，结余留用，超支不补”的财政管理体制。是年，全县滚存结余56.67万元。1998年，成立平塘县预算外资金管理结算中心，设置预算外资金财政专户，实行收支两条线管理体制。是年，全县收缴预算外资金387万元。

1999年后，实行财政适度从紧政策，重点确保农业生态、教育、科技、卫生、社会保障领域支出和机关、企事业单位职工工资外，合理压缩一般性财政支出。2003年开始，将县直单位的会计业务纳入县会计结算中心统一核算。2007年，实施县部门预算改革试点，县机关单位预算支出按照上年度结余情况进行预算。2009年，以县公安局、县财政局、县教育局、县水利局4个部门为试点，实行国库集中支付。

2010年，启动非税收入管理改革。是年，完成81个县直部门的非税收入改革上线工作。至2011年，全县上线运行单位为120个，征收收入1218.53万元。

2012年，出台《平塘县县级预算单位实行公务卡结算方式实施方案》和《平塘县县级预算单位公务卡管理暂行办法》，开始实行公务卡制度。次年，在县财政局、县民族宗教事务局等单位开展试点工作。

2013年，完成地方一般预算收入2.6亿元，比上年增长22.1%；完成一般公共财政预算支出16.04亿元，比上年增长14.2%。

乡（镇）财政体制

1988年，全县按照“以粮计算，征收现金”的办法，征收农业税。

1989年，开始实行财政预算管理体制，在各区、乡（镇）实行“定收定支，超收分成”的办法，工商税、烤烟特产税超收和农业税尾欠清收，县、区（乡镇）按比例分成。

1992年，撤区并乡建镇后，在乡（镇）试行编制本级财政预决算，原则上以1992年各乡镇决算为基数，对收入大于支出的乡镇，实现“比例上解”或“定额上解”；对支出大于收入的乡（镇）实行“定额补助”。控制新增财政供养人员，除统一分配的大中专毕业生外，其他聘用人员由乡（镇）财政自行解决。

1996年，以苗二河为试点，首次开展农业特产税源头征收，即以农户应税产品产量为准，实行定额征收。是年，乡（镇）财政所和地税所合署办公。年末，全县地方财政收入完成1605万元。

2001 年后，县、乡（镇）分灶吃饭，实行“预算包干，结余留用，超支不补”的财政管理体制，理顺县、乡（镇）之间分配关系，根据乡（镇）财政收支情况适时调整乡（镇）预算基数和增长比例。

2008 年，实行“乡财县管乡用”体制，乡镇财政结合本级经济和社会发展编制预算，会计核算业务由县财政局代理，所有收费票据全部由县财政局统一管理；取消乡（镇）人民政府和所属部门、单位的银行账号，在各乡（镇）农村信用社开设账户；乡（镇）组织的预算内收入全部汇入县国库，预算外收入缴入县财政预算资金专户，支出由县、乡（镇）总预算会计审核批准后，拨付到各乡（镇）设在农村信用社的专户；乡（镇）工作人员工资采取统一发放方式集中支付；乡（镇）人民政府大宗采购，由乡（镇）人民政府提出申请，经县财政局审批后，由县人民政府采购办统一采购。2009 年开始，将各乡（镇）计划生育办公室收支财务纳入乡（镇）财政统一管理；对农户各项预算补贴实行“一折通”方式直接兑现到农户；对农村公益事业实行“一事一议”财政奖补政策。

2013 年，实行“预算统编，支出包干，以奖代补”的乡（镇）财政管理体制。按各乡（镇）经济发展水平确定收支基数，根据乡（镇）经济考核指标工作月报考核和支出实际进行一次奖励。是年，各乡（镇）财政所升级为副科级机构，改名为乡（镇）财政分局。

农村税费改革

1988 年，贯彻“轻灾不减，重灾酌减，特重灾全免”的农业税征收减免政策，将上年度农业税调减指标落实到户。全县共减免农业税 31510 户 63.8 万元，占全县农业税的 38.9%。是年，按照“以粮计算，征收现金”的征收方法，征收农业税和“三提五统”（三提：村提留的公积金、公益金、管理费；五统：乡统筹收取的教育费附加、计划生育、优抚、民兵训练、乡村道路修建款项）。“三提五统”由乡（镇）人民政府在公余粮入库时从农户上交的余粮部分结算，不足部分在农户中收取现金。

1990 年，开始征收契税。1991 年，完成农业税、农林特产税、契税、耕地占用税征收 216.61 万元。1996 年，开展农林特产税改革试点，实行定额征收。

1999 年时，以平湖镇、者密镇、鼠场乡为试点开始农村税费改革。至 2000 年末，完成试点乡镇耕地丈量和农税计税产量。2001 年 3 月，按照中央和省委的统一部署，成立县农村税费改革领导小组，下设办公室，负责协调全县农村税费改革工作，并制定《平塘县实施农村税费改革的工作方案》。

2002 年，全县农村税费改革全面铺开，各乡镇均成立税费改革领导机构，对辖区内农户的计税土地面积、计税常年产量、计税价格进行复核查实和公示，并送农户签字盖章认可。据统计，农村税费改革后，全县农民人均负担为 36.41 元，比税费改前减少 42.73 元，减负率为 53.99%。

2004 年，根据国家政策规定，取消除烤烟以外的农业特产税，农业税率降低 1 个百分点，对农村实行粮食种植（水稻）直接补贴政策。

2005 年，取消农业税，农民不再上交公余粮。之后，农村进行综合改革，2006 年共发放综合补贴、种粮补贴、良种补贴、退耕还林补助等涉农补贴 1472.73 万元。

第三节　财政收支

1988 年，全县财政主要来源于工商税、农业四税和上级补助，在经济发展投入上主要靠争取财政信用资金。

1993～1997 年，共投放信用资金 4156.3 万元，重点扶持烤烟、水果、蔬菜种植和建材工业，培植财源。

1998 年，全县地方财政总收 2090 万元，是 1988 年的 1.6 倍；支出 5434 万元，是 1988 年的 4.3 倍。

2000 年后，经济运行质量逐渐向好，财政收入逐年增长，中央加大财政转移支付。2003 年，培育“畜牧、烤烟、蔬菜”三大产业，农副产品加工和商业旅游，建设财源。

2007 年起，县级财政对民生领域的投入不断加大，事关民生的各项支出同步增长，占比不断提高，支出结构进一步优化，财政支出继续向重点社会事业倾斜，三农、社保、教育、医疗卫生等各项重点支出得到较好的保障，社会事业进一步发展，公共财政效应逐步凸显。

2008 年，财政收入完成 6228 万元，实行“五年翻两番”。

2010 年，县财政安排 100 万元担保基金用于中小企业贷款担保，吸引民间资本兴办企业。是年，金融部门发放各类贷款 4 亿多元。

2011 年，全县财政收入突破亿元，教育、卫生、社会保障及“三农”等民生领域的投入 4.6 亿元。

2013 年，财政总收入 3.67 亿元，公共财政支出完成 16.04 亿元。

1988~2013 年平塘县财政收支完成及增长情况统计表

表 18-1 单位：万元

年份	财政总收入	比上年同期增减	同期增减比例（%）	一般预算收入	比上年同期增减	同期增减比例（%）	财政支出	比上年同期增减	同期增减比例（%）
1988	1306.43	—	—	441.4	—	—	1257.5	—	—
1989	1681.71	375.47	0.28	574.15	132.75	30.07	1608	350.5	27.87
1990	1544.25	-137.46	-0.08	599.64	25.49	4.44	1600.9	-7.1	-0.44
1991	1778.65	234.4	-0.15	621.26	21.62	3.6	1758.77	157.87	9.86
1992	1816.60	37.95	0.02	785.2	163.94	26.38	2040.1	281.33	16
1993	1227.1	-589.6	-0.32	1227.1	441.9	56.28	2261.7	221.6	10.86
1994	949.2	-277.9	-0.23	949.2	-277.9	-22.65	2284.6	22.9	1.01
1995	1188.8	239.6	0.25	1188.8	239.6	25.24	2901.3	616.7	27
1996	1606	417.2	0.35	1605	416.2	35.01	3922.3	1021	35.2
1997	1962.5	356.5	0.22	1962.5	357.5	22.27	5117.2	1194.9	30.46
1998	2090	127.5	0.06	2090	127.5	6.5	5434	316.8	6.2
1999	2113	23	0.01	2113	23	1.1	6269	835	15.37
2000	2406	337.34	11.2	2406	293	13.87	7067	798	12.73
2001	2866.4	460.4	-4.83	2226	-180	-7.48	11220	4153	58.77
2002	3237	370.6	12.93	2403	177	7.95	12945	1725	15.37
2003	3836	599	18.5	2733	330	13.73	16414	3469	26.8
2004	4337	501	13.06	3042	309	11.31	18946	2532	15.43
2005	4830.83	493.83	11.39	3709	667	21.93	24936	5990	31.62
2006	6028	1197.17	24.78	4485	776	20.92	29568	4632	18.58
2007	7026	998	16.56	5245	760	16.95	38613	9045	30.6
2008	8471	1445	20.57	6228	983	18.74	56762	18149	47

续上表

年份	财政总收入	比上年同期增减	同期增减比例（%）	一般预算收入	比上年同期增减	同期增减比例（%）	财政支出	比上年同期增减	同期增减比例（%）
2009	10308	1837	21.7	6854	626	10.05	73619	16857	29.7
2010	13537	3229	31.33	9859	3005	43.84	92181	18562	25.21
2011	18658	5121	37.82	13822	3963	40.2	105886	13705	14.87
2012	28008	9350	50.1	21813	7991	57.81	140552	34666	32.74
2013	36730	8722	31.14	24615	2802	12.85	160443	19891	14.15
合计	169543.47	35468	296.66	123597.25	24173.6	470.91	825607.37	159185.5	552.96

1988～2013 年平塘县财政收入情况统计表

表 18-2　　单位：万元

年份	地方财政总收入	其中	
		税　收	非税收入
1988	1306.43	448.18	858.25
1989	1681.71	587.14	1094.57
1990	1544.25	596.23	948.02
1991	1778.65	587.62	1191.03
1992	1816.6	765.5	1051.1
1993	1227.1	673.9	553.2
1994	949.2	834	115.2
1995	1188.8	1055.5	133.3
1996	1606	1535.4	70.6
1997	1962.5	1929.5	33
1998	2090	1875	215
1999	2113	1988.3	124.7
2000	2406	1967	439
2001	2226	2128	98
2002	2403	2141	262
2003	2733	2307	426
2004	3042	2440	602
2005	3709	2371	1338
2006	4485	2314	2171
2007	5245	2779	2466
2008	6228	3598	2630
2009	6854	4466	2388
2010	8800	5405	3395

续上表

年份	地方财政总收入	其　中	
		税　收	非税收入
2011	12800	8149	4660
2013	24615	14990	9625
合计	104810.24	67931.27	36887.97

1998～2006 年平塘县财政支出情况统计表

表 18-3

单位：万元

年份	总支出	其中																			
		科技三项费	科学事业费	农业生产支出	不发达地区支出	抚恤社会福利	就业社保	政策性补贴	农林水气事业费	工交事业费	文教事业费	公检法支出	其他部门事业费	行政管理费	其他支出	企业挖潜改造支出	基本建设支出	农业综合开发支出	简易建筑费支出	城市维护费	专项支出
1988	1257.48	1.97	2.48	111.65	47.29	60.89	8.27	11.6	96.66	8.41	508.76	51.85	27.63	254.1	19.2	40	2	—	—	—	—
1989	1608.03	1.7	3.93	197.26	86.36	102.13	3.9	9.29	85.67	5.18	591.69	96.55	30.33	319.98	23.73	11	36.13	—	—	—	—
1990	1600.93	6.23	3.85	193.73	68.12	94.37	2.4	10.14	97.32	6.89	648.75	82.37	45.71	334.25	20.75	1	5	—	—	—	—
1991	1758.77	0.75	2.69	235.4	29.8	62.83	1.09	9.53	118.17	7.46	713.93	75.18	47.83	340.69	87.39	—	13.1	—	—	—	—
1992	2040.1	2.3	2.9	91.3	161.7	88.6	3.8	9.6	134	10.9	832.8	124.6	43.4	436.8	86	—	4	—	—	—	—
1993	2261.7	3.2	3.1	65.4	39.3	101.6	0	9.9	161.2	13.9	940.4	136.9	62.3	577.6	115.1	—	—	—	10	8.6	9.2
1994	2284.6	0.9	4.3	37.7	23.4	90.4	0	10.2	169.7	9.7	1101.8	163.3	68.3	636.3	52.5	—	—	—	—	8.7	12.4
1995	2901.3	0.8	4	122.9	58.4	75.2	0	10.5	178.7	7.1	1197.3	176.1	146.1	765.9	129.9	—	—	—	—	15.2	13.2
1996	3922.3	0	4.7	69.1	306.6	84.4	0	10.3	231.2	11.1	1446.3	230.8	184.8	1010.8	184.3	1.8	—	93.3	10	21.5	21.3
1997	5117.2	2	5.1	89.2	320.4	118.9	0	10.4	264.2	11.1	1820.8	248.3	264.2	1163	760.1	—	—	10	5	24.5	—
1998	5434	5	5	260	461	132	—	30	271	13	1914	260	265	1162	586	3	—	8	13	14	13
1999	6296	3	6	267	395	210	55	11	394	38	2451	335	130	1272	554	—	—	8	—	117	10
2000	7067	4	6	272	965	254	—	10	394	55	2644	338	86	1299	478	6	—	10	—	79	—
2001	11220	3	10	220	1248	281	141	—	914	315	4746	453	139	2251	272	—	—	—	—	149	18
2002	12945	—	7	248	1226	467	514	—	970	551	5159	474	213	2331	484	50	—	—	—	224	7
2003	1641.4	173	7	441	1214	588	1107	28	503	626	5297	543	343	3195	1201	—	781	—	—	319	32
2004	18946	175	6	—	1281	820	933	流动资金 499	555	700	6855	702	341	4010	891	10	437	—	—	698	15
2005	24936	208	16	1132	1866	1011	1228	25	1052	1784	7526	1081	433	4547	1361	20	1257	武警部队支出 40	—	357	10
2006	29568	46	12	1455	2136	1234	971	66	1255	668	10521	1318	899	4433	1545	—	2704	15	—	160	130
合计	142805.81	636.85	112.05	5508.64	11933.37	5876.32	4968.46	271.46	7844.82	4841.74	56915.53	6889.95	3769.6	30339.42	8850.97	142.8	5239.23	144.3	38	2195.5	291.1

2007~2013 年平塘县财政支出情况统计表

表 18-4　　单位：万元

年份	总支出	其中														
		一般公共服务	国防	公共安全	教育	科学技术	文体传媒	社保就业	医疗卫生	节能环保	农林水事务	交通运输	工商金融等事务	其他	住房保障	城乡社会事务
2007	38613	9400	302	1730	9629	60	414	3529	2274	216	6119	846	504	2440	—	1150
2008	56762	11151	330	2205	13130	178	560	6287	3841	952	10012	763	771	4257	—	2325
2009	73619	11449	177	3666	14982	193	716	10444	5862	3281	12771	2825	2724	2035	—	2494
2010	92181	12380	215	4071	16399	109	763	9508	6102	3327	20754	2320	9992	3899	—	2342
2011	113611	17954	270	4667	20473	76	1171	12399	12972	4083	22933	3034	8401	2805	—	2373
2012	140552	26961	325	5557	26734	60	1135	15292	11975	3448	23447	2682	6308	450	11169	5009
2013	159208	33104	356	6720	32377	114	1326	15706	13859	2506	32977	4017	2956	146	6729	2020
合计	675781	127929	1975	28616	133724	790	6085	73165	56885	17813	129013	16487	31656	16032	17898	17713

注：自 2007 年以后，财政统计口径及项目分类有所变化，因此，将 2007~2013 年度财政支出情况另外列表统计。

第四节　财政管理

预算管理

1988 年，全县行政事业单位的经费由县财政局统一管理，二级预算由主管单位自行管理。对国有企业按照“包死基数，确保上交，超收多留、歉收自补”的原则，实行财政包干体制。

1989 年，开始下放预算管理，对各区（镇）实行“定收定支，收支挂钩，超收分成，歉收自补，结余留用，超支不补”的管理办法。1990 年，国有企业进行第二轮承包，县财政局根据企业第二轮基数及实际完成情况，测算出 3 年平均数，然后定出第二轮承包基数。是年，应承包企业 20 户，签订第二轮承包合同 18 户。

1997 年，开始对行政事业单位的部门和单位实行“收支两条线”和“财政专户”管理，部门和单位所收取预算外资金全部缴存财政专户，使用时报县人民政府审批后由县财政局拨付。

1998 年 5 月，县人民政府颁发《平塘县行政事业性收费收缴罚没款罚缴实行票款分立管理办法》，罚没收入实行票额分离管理。

2001 年，财政预算按照“调整结构，确保重点，压缩一般，加强管理”的原则，以收定支，实行“预算包干，结余留用，超支不补”的管理办法。

2002 年，清理全县行政事业单位银行账户，只允许各个部门和单位设置 1 个支出结算账户。共撤销银行账户 158 个，保留账户 185 个，对保留的账户办理开户许可证。规定凡因业务需要开户的单位，经县财政局审核批准后，方可办理开户。

2007 年，启动“乡财县管”预算改革试点工作，实行“预算共编，账户统设，集中收支，采购统办，票据统管，县乡联网”的管理方式，由财政局直接管理乡镇财政收支。

从 2008 年开始，全面实施部门预决算制度，各部门、各乡（镇）根据统一标准编制预决算，经县人民政府审批后，提交县人民代表大会审议批准执行。

2009~2012 年，开展“小金库”专项治理，凡没有明文规定的部门一律取消财务专户。县机关财务统一国库支付。

2013 年，全县财政总收入 38013 万元，占年初计划的 100.48%，其中一般预算收入完成 24533 万元，占年初计划的 87.1%；财政总支出完成 159208 万元，占年初预算的 122.96%，其中一般公共服务支出完成 33104 万元，同比增长 60.1%。

非税收入管理

2010 年，县人民政府印发《平塘县人民政府关于非税收入管理改革的实施意见》，启动非税收入管理改革，对县直各部门（单位）非税收入实行“收支两条线”管理。

2011 年，成立县非税收入管理局，为县财政局管理的股级事业机构，启动非税收入系统管理平台建设。非税收入上线单位部门全部纳入“贵州省政府非税收入收缴管理系统”进行管理。严格按照部门（单位）开票，银行开户代收，财政统一管理，县政府统筹使用制度，将部门、单位非税收入纳入县级财政预算管理。是年，非税收入完成 1218.5 万元。2012 年，纳入县财政国库集中支付的 82 个部门和单位实行系统管理。

2013 年，非税收入按照“依法征收、源头控收、以票管收、应收尽收”原则征收，全年共累计完成征收 9698 万元，比上年增长 18.2%。

会计核算管理

1988~2000 年，会计核算管理由各部门（单位）负责。

2001 年，成立平塘县会计管理局，为财政局管理事业单位。内设会计结算中心，对全县 74 个乡镇和县直机关事业单位实行集中核算。

2008 年，启动国库集中支付改革试点后，会计结算中心作为支付平台，先后制定集中支付操作流程、印鉴管理制度和档案管理制度，保证部门预算执行。是年，批复部门用款计划 1.75 亿元，办理财政直接支付 1.43 亿元，办理财政授权支付 0.32 亿元。2009 年，整顿和规范全县会计工作秩序，对财会人员资格进行核查登记，实行会计证年度审查。

2011 年，县级机构改革，县会计管理局升格为县财政局管理的副科级事业机构，内设综合股、业务股、国库集中支付中心 3 个股级机构，核定事业编制 17 名。

2013 年，县财政局组建会计信息质量督察组，对 19 个乡镇和部分县直单位进行财政管理检查，规范乡镇和县直综合部门会计管理制度。

政府采购管理

1988~1992 年，政府大宗办公用品和物资采购由各部门、单位自己组织。

1993 年，成立平塘县控制社会集团购买力领导小组办公室，挂靠县财政局。各单位购买车辆报县控购办审核批准。

2002 年，成立平塘县人民政府采购管理办公室，实行政府采购管理，全县行政事业单位使用财政性资金采购设施、设备、车辆和社会服务都纳入政府采购范围。

2003 年后，贯彻《政府采购法》，建立政府采购监督制度，实行网上招标亮标，并公开中标单位。

2013 年，采购事项 146 项，采购预算资金 8787 万元，实际采购金额 8179 万元，节约 608 万元，节约率 7.03%。

国库券认购管理

1982年，成立平塘县国库券推销委员会，下设办公室在县财政局，负责办理国库券认购工作。实行摊派认购形式，对各区公所、公社管委会、县直部门、企事业单位进行认购任务分配，国库券由人民银行发行。1988年，全县国库券任务33万元，其中机关单位6万元、干部职工5万元、农民12万元，是年共完成33.55万元。

1989年，除国库券33.6万元外，另推销保值公债43万元。1991年，完成国库券和特种国债认购推销35万元。1993~1997年，共完成国库券推销179.3万元。

1998年后，停止票面式国库券的发行。

第五节　财政监督

1988年，依法开展财政信用资金清理工作，共收回信用资金11.76万元，占应收回的72.3%。

1993~1996年，在全县开展财政专项检查，共查出违纪资金187.43万元，追缴入库135.33万元。

1998年，开展违规购置移动电话检查，收缴违法处置国有资产资金2.9万元。

2002年，对全县行政事业单位银行账户进行清理核查，共撤销账户158个，保留185个。

2003年开始，对全县行政事业性收费、政府性基金进行年度稽查，并对各单位收费情况及基金的项目实施专项检查。

2006年，对财政专项资金、财政扶贫资金实行报账管理制度。是年，平塘县人民政府印发《关于实施〈贵州省财政扶贫资金保账制管理实施细则（试行）意见〉》，规范全县财政扶贫专项资金使用管理程序。

2007年，对全县19个乡（镇）涉农补贴资金进行专项检查。是年，共发放各种涉农补贴815万元。

2009年，县财政局先后制定《基本支出预算办法》《项目支出预算办法》《财政专项资金管理暂行规定》等财政管理制度，会同县纪检监察和审计部门开展“小金库”专项治理工作。

2011年，对县内部门乡（镇）、医院、学校、社团、企业等15家单位执行“收支两条线”管理和执行《政府采购法》情况进行检查。

2013年，制定《平塘县实施公益事业村级“一事一议”财政奖补项目五项规定》，对群众议事程序、项目申报、资金物资管理使用和项目检查验收做出明确的规定，是年共完成“一事一议”财政奖补项目46个，项目总投资1666.95万元。“一事一议”财政奖补主要以村民“一事一议”筹资筹劳为基础，对修建水渠、堰塘、桥涵、机电井、小型提灌或排灌站等小型水利设施、村级道路环卫设施等村级公益事业建设给予补助。

2010~2013年平塘县“一事一议”财政奖补项目投入统计表

表18-5

年份	总投资（万元）	其中				群众以劳折资（万元）	群众投工投劳（个）	项目覆盖		
		财政奖补	中央、省补助	县级预算匹配	县级整合资金			自然村寨（个）	农户（户）	受益人口（人）
2010	1819	1819	1403	416	—	1448.71	144871	196	6272	25715

续上表

年份	总投资（万元）	其中				群众以劳折资（万元）	群众投工投劳（个）	项目覆盖		
		财政奖补	中央、省补助	县级预算匹配	县级整合资金			自然村寨（个）	农户（户）	受益人口（人）
2011	1407	1407	1000	407	—	460	46000	131	5333	20730
2012	2691.9	1576.18	1126.02	450.16	—	1115.72	111572	192	5791	24918
2013	2154	2154	1534	620	—	556.06	55606	179	5621	23538
合计	6956.18	6956.18	5063.02	1893.16	—	3580.49	358049	698	23017	94901

第六节 国有资产管理

1988~1992年，国有资产由各单位、各部门自行管理。1993年3月，对县直机关和行政事业单位的资产进行清理登记，共有资产价值5483万元，其中固定资产4754万元。

1994年，县级机构改革，县财政局增设国有资产管理股，负责全县行政事业单位和国有企业资产管理。是年，以县农机厂进行试点，开始对国有企业资产进行清产核资。至1995年10月，全面完成全县国有资产的清产核资。

1998年，国有企业改革开始。是年，县国资公司对15个农村信用社、12个基层供销社、6户全民所有制企业开展清产核资工作，通过拍卖部分国有资产置换资金采取一次性决断方式安置企业职工。

1999年，县国资公司对龙塘电站、官滩电站进行资产清理，两个电站总资产为1600万元，其中政府投资920万元。

2001年5月，成立平塘县国有资本运营有限责任公司，隶属平塘县人民政府，实行独立核算。主要经营投融资、国有资产重组、国有土地收购、出让置换和项目开发建设等。

2002年，县人民政府制定《平塘县行政事业单位国有经营性资产征收占用费的实施方案》，对县属行政事业单位国有经营性资产征收资产占用费。

2007~2012年，县国资公司对全县86家行政事业单位、6家国有企业进行清产核资。全县行政事业单位资金总额27679万元，净资产21610万元；6家国有企业资产总计5.085万元。

2013年，县国资公司资产总额15.76亿元，净资产12.8亿元。是年9月，县国有资本运营有限责任公司上挂为黔南州投资有限公司子公司，委托平塘县人民政府管理。

第二章 税 务

1988年，平塘县税务机关建立税收征管、税务稽查机构，实行纳税申报、办税公开制度，至1993年，共完成工商税收入2199.46万元。1994年9月，税务系统分设国家和地方税务征收机构，实行分税制后，平塘调动各种积极因素，大力培植税源，税收逐年增长。2013年，全县实现财税总收入2.46

亿元，其中地方税收入 1.5 亿元，占财政总收入的 69.97%。

第一节 体制改革

1988 年，平塘县税务局内设秘书、人事、征管、监察、税征、会计等股，下设平湖、牙舟、通州、克度、西关、摆茹、者密 7 个区税务所。1992 年后，在各乡镇设置征管组，人员从原各区税务所调配。工商税征收的税种主要有产品税（含烤烟产品税）、增值税、营业税、城市维护建设税、车船使用税、屠宰税、牲畜交易税、房产税、专项调节税、土地使用税、集体企业奖金税、印花税、固定资产投资方向调节税（建筑税）、国有企业奖金税、个人收入调节税、特别消费税、工资调节税、集体企业所得税、个体工商所得税、国有企业所得税。

1994 年 9 月，实施新一轮税制改革，成立平塘县国家税务局和平塘县地方税务局，分设国家税和地方税，实行以“比较规范的增值税为主体，消费税、营业税并行，内外统一”的流转税制，将过去对国有企业、集体企业、私营企业分别征收的多种所得税合并为统一的企业所得税。开征土地增值税，取消盐税、奖金税等税种。县国家税务局主要负责增值税、消费税、车辆购置税、企业所得税等税种的征收和管理。县地方税务局主要负责企业所得税、营业税、资源税、城市维护建设税、城镇土地使用税、车船使用税、印花税、个人所得税、土地增值税、烤烟税的征收和管理。

2001 年开始，进行所得税分享体制改革。除少数特殊行业或企业外，对其他企业所得税收入实行中央和地方按比例分享。

2006 年，将烤烟农业特产税改为烟叶税，由地税局负责征收。

2009 年，将耕地占用税、契税的征收职能由县财政系统划归县地税局。从是年 9 月 1 日开始，新增的企业所得税纳税人中，应缴纳增值税的企业，其企业所得税由县国税局管理，应缴纳营业税的企业，其企业所得税由地税局管理。

2013 年，启动“营改增”（营业税改增值税）试点工作，8 月正式上线运行，全县“营改增”企业 16 户、个体工商户 20 户。

第二节 国家税务

管理机构

1994 年 9 月，成立平塘县国家税务局。内设人事教育股、计会股、税收股、征管股、征收股、办公室、监察室、票管所、稽查队，下设平湖、牙舟、通州、克度、西关、摆茹、者密 7 个国家税务所。

1995 年，计会股改为计财股，稽查队改为稽查分局，征收股与平湖国税所合并为征管分局。

1996 年，撤征收分局，设平湖征管一分局和通州征管二分局，下设者密、摆茹、牙舟、克度、西关等 5 个国税所。

1997 年，撤收增股，增设政策法规股、管理服务股，将平湖征收一分局改为平湖征收管理分局，将通州征收二分局改为通州征收管理分局。

2001 年，撤政策法规股和管理服务股，增设综合业务股。

2002 年，增设信息中心。

2003年，撤票管所及者密、摆茹、牙舟、克度、西关5个国税所，将平湖征收管理分局改为平湖税务分局，通州征收管理分局改为通州税务分局。

2004年，撤计划财务股，设立计划征收股、财务股。

2009年，撤综合业务股，股改称科，成立办税服务大厅。

2013年，县国税局内设办公室、征收管理科、人事教育科、监察室、税源管理科，直属机构稽查局，派出机构平湖分局，下属事业单位信息中心。

税种税率

1994年，实行两税制后，县国税局征收的税种主要有增值税、消费税、车辆购置税、企业所得税和个人所得税。

增值税 以增值额为计税依据，按比例税率征收。征收范围包括县内货物销售、加工、修理、配件、劳务等各类企业、单位、个体经营者和其他个人。税率有3%、4%、13%、17%四种。销售货物的起征点为月销售额在6000~20000元。

1998年8月1日调整为月收入5000元（5000元以下免征），应税劳务的起征点为月收入额200~800元，按次纳税的起征点为每次（日）销售额50~80元。

2011年11月1日，销售货物起征点调为月销售额20000元，应税劳务起征点调为月收入20000元。

消费税 1993年开征，征收范围为境内生产加工和其他进口应税消费品的企业、单位和个体经营者。

2006年，调整粮食白酒、薯类白酒的消费税税率，税率为20%。定额税率为每500克定额税0.5元。

车辆购置税 是取消车辆购置附加费而设置的一种税种，征收范围主要有二轮、三轮摩托车，轻便摩托车以及农用车等。2001年起开征，税率为10%。2011年4月起，征收小汽车购置税。

企业所得税 1994年1月施行，按照分税制税种管辖的范围征收。县国税局负责中央企业和地方金融机构的所得税征收。2001年12月前，县国家税务局、县地方税务局征收的企业所得税、个人所得税，仍由原征收管理机关征收。之后，在工商行政管理部门登记的企业，以及在其他行政管理部门新登记注册领取许可证的事业单位、社会团体等缴纳所得税的组织，其企业所得税由国税局征收。除储蓄存款利息所得以外的个人所得税，仍由地方税务局征收。征收范围包括县内国有企业、集体企业、私营企业、联合企业、股份企业和其他企业，税率为25%。

个人所得税 1999年11月1日开始，对县内储蓄存款利息征收个人所得税。税款征收由储蓄存款单位实行代扣代缴，税率为20%。对个人取得的教育储蓄存款利息所得、国务院财政部门确定的其他专项储蓄存款或储蓄专项基金存款的利息所得免征个人所得税。除储蓄存款利息的个人所得税由国税局负责征收管理外，其他个人所得税由地税局征收。

税收征管

1995年，推行“三自纳税”（自行计算应纳税款，自行填写缴款书，自行缴纳税款）制度和“个体划账征税”管理办法。是年，共有“三自纳税户”企业23户。

1996年，个体工商户实行银行划账缴税。

2002年，对境内企业、个体工商户实行按地域划片区，定人、定岗、定责的分类管理制度。

2003年，启用税收管理软件。是年，国家提高营业税、增值税起征点后，全县共有722户免征。

2009年，推行网上申报和企业所得税电子申报业务，实行“一人一窗一机”服务模式。对制砖行业实行“以电控税”征管，全县19户砖厂认定为增值税一般纳税人。

2011年，对信用社、盐业公司、烟花爆竹生产销售、砂石生产行业等33户纳税人进行纳税评估，评估入库税款为53.55万元。

2013年，实行“营改增”税收改革试点，是年8月1日正式运行。全县“营改增”企业16户，个体工商户20户。

税务稽查

1995年3月，县国税局稽查队改建为稽查分局，负责偷漏税违法案件查处工作。

1998年，以电力、石油、盐业、自来水、粮食等企业为重点，开展税务稽查，共查补税款62.6万元。

1999年，县国税局制定《增值税专用发票执查管理办法》《偷税案件行政处理办法》，共查处税务违法案件31起，查补税款、罚款、滞纳金共计138万元。

2002~2012年，办理各类案件1072户，查补收入381.53万元。

2013年，对石油、医药、建材行业进行专项检查，查补税款7.9万元，罚款21.4万元，加收滞纳金2.6万元。

1994~2013年平塘县国税征收情况统计表

表18-6　单位：万元

年份	增值税	消费税	车辆购置税	企业所得税	个人所得税
1994	50.2	—	—	17.9	—
1995	60.2	—	—	67.1	—
1996	69.4	—	—	62.3	—
1997	75.3	—	—	70	—
1998	102	—	—	142	—
1999	104	—	—	132	—
2000	106	—	—	59	207
2001	113	—	—	183	306
2002	746	—	—	74	36
2003	154	—	—	65	88
2004	148	1.59	—	66	125
2005	172	1.76	64.68	67	161
2006	198	1.88	64.04	69	210
2007	227	2.54	50.44	97	231
2008	262	2.14	87.81	104	399
2009	430	187.91	25.09	76	400
2010	435	422.02	160.71	200	556
2011	378	331.39	135.62	1163	300

续上表

年份	增值税	消费税	车辆购置税	企业所得税	个人所得税
2012	410	597.7	715.08	1684	497
2013	428	718.27	1088.11	1711	230
合计	4668.1	2267.2	2391.58	6109.3	3746

注：车辆购置税于2000年开始，个人所得税（储蓄存款利息所得税）于1999年开始征收。

1995~2013年平塘县国税稽查情况统计表

表18-7

年份	查处户数（户）	查补收入（万元）	其中		
			补税	罚款	滞纳金
1995	4	57.25	54.44	2.39	—
1996	4	22	—	—	—
1997	18	12.9	11.5	1.4	—
1998	11	62.6	62.6	—	—
1999	31	138	66	—	—
2000	2	14.4	14.4	—	—
2001	11	25	25	—	—
2002	2	18.8	18.8	—	—
2003	3	5.34	4.1	1.02	0.22
2004	12	33	15.1	7.84	10.06
2005	12	33	15	8	10
2006	14	22	—	—	—
2007	20	6.01	1.79	2.79	0.43
2008	25	37.5	24.5	9.5	3.5
2009	19	50.3	—	—	—
2010	6	114.4	—	—	—
2011	6	124.01	114.4	1.8	7.77
2012	7	37.15	28.93	3	5.22
2013	30	174.89	174.57	0.15	0.032
合计	237	988.55	631.13	37.89	37.232

第三节　地方税务

管理机构

1994年9月，成立平塘县地方税务局，内设人秘股、税政征管股、计会征收股、稽查队，下设平湖、牙舟、通州、克度、西关、者密、摆茹 7 个税务所。

1997 年，撤销税政征管股增设税政股和征管股，计会征收股改为计会股，增设苗二河、卡蒲、甘寨、卡罗、白龙、谷硐、鼠场、塘边、新塘、掌布、西凉、四寨税务所。

1998 年，撤销稽查队，设稽查局，下设平湖和通州两个中心分局。

1999 年，撤销 19 个乡镇税务所，内设机构增加办公室和监察室。

2000 年，人秘股改称人教股，将平湖、通州中心分局改称征收分局。2001 年，计会股改称计划财务股，将平湖征收分局改为直属征收分局，通州征收分局改为通州分局。

2013 年，县地税局内设机构有办公室、监察室、人事股、计划财务股、征管和科技发展股、政策法规股 6 个职能股室。下设税务一分局、税务二分局。

税种税率

1994 年，实行分税制后，县地税局征收的税种主要有 15 种。

营业税　征收范围是交通运输业、建筑业、金融保险业、邮电通信业、文化体育业、娱乐业、服务业、转让无形资产、销售不动产等。不同税目税率会有差异，税率在 3%~20%之间，其中交通运输业、建筑业、邮电通信业、文化体育业为 3%，服务业、转让无形资产、销售不动产为 5%，娱乐业为 5%。

资源税　征管范围包括原油、天然气、煤炭、非金属矿、有色金属矿原矿等。2004 年，对部分矿产品种类资源税额进行调整，调整后税额为：原煤每吨 0. 6 元、焦煤每吨 1. 2 元、铁矿每吨 2 元、硅石每吨 2 元、高岭土每吨 3 元、重晶石原矿每吨 3 元。2005 年，调整部分矿产品种类资源税税额，按每吨计税，铁矿 10 元、原煤 2. 5 元、焦煤 4. 3 元。

企业所得税　包括国有企业、集体企业、私营企业、联合企业生产经营所得税和其他所得税，基本税率为 33%。纳税人年应纳所得税在 3 万元（含 3 万元）以下的按 18%的税率征收，在 3 万元以上 10 万元（含 10 万元）以下的，按 27%的税率征收。2008 年 1 月开始，企业所得税基本税率调为 25%，小型微利企业适用税率为 20%。

个人所得税　包括工薪所得税、个体工商户经营所得税、特权使用费所得税、利息税、股息税、红利所得税、企事业单位承包经营税、租赁经营所得税、劳务报酬所得税、财产转让所得税等。

2001 年 9 月开始，工薪所得税调为 3%~4. 5%，个体工商户生产税、经营所得税、企事业单位承包税、承租经营所得税率为 5%~35%，财产转让税、利息税、股息税、红利税和偶然所得税税率为 20%。

城镇土地使用税　税收范围为在城镇、工矿区范围内使用土地的单位和个人，税率为每平方米 4~8 元，不同区域土地使用税率不同。

房产税　1987 年开征，纳税人为产权所有人、经营管理人、继承人、房产代管人或使用人。房产税征收分为从价计征和从租计征 2 种，从价计征按房产源值一次性减除 30%后余值计征，税率为 1. 2%；从租计征按租金计税，税率为 12%。

土地增值税　1994 年开征，征收对象为转让国有土地使用权、地上的建筑物、附着物并取得收入的单位和个人。增值额未超过扣除项目金额 50%的部分，税率为 30%；增值额超过扣除项目金额 50%的部分，未超过扣除项目金额 100%的部分，税率为 40%。纳税人建造普通标准住宅出售，增值额未超过扣除项目金额之和 20%的免征土地增值税，增值额超过扣除项目金额之和 20%的，应就其全部增值额按规定计税。

车船使用税　1987 年 1 月开征，实行定额税率。客运汽车按座位计税，货运汽车按吨位计税，摩托车和非机动车按年定额征税。

印花税 1989年开征。征收范围是合同凭证、产权转让书据、营业账簿、权力许可证照、财政部门确定征税的其他凭证。对书立、领受条例所列举凭证的单位和个人，按比例税率或定额计税；购销合同、建筑安装工程承包合同、技术合同按购销金额、承包金额、所载金额的万分之三贴花；加工承揽合同、建设工程勘察设计合同、货物运输合同、产权转移书据和记载资金的账簿按加工承揽收入、收取费用、运输费用、所在金额、实收资本与资本公积的合计金额万分之五贴花；财产租赁合同、仓储保管合同按租赁金额、仓储保管费用的千分之一贴花，财产保险合同按保险费收入的千分之一贴花；借款合同按借款金额万分之零点五贴花；经营许可证照、其他营业账簿按件贴花。

教育费附加税 1986年开征，以实际交纳的增值税、消费税、营业税税额的2%计税，对生产卷烟和烟叶的单位减半征收。

烟叶税 2006年开征，税率为20%。

契税 税率为3%，对个人购买普通住房且属于家庭唯一住房的减半征收；对个人购买90平方米及以下的，且为唯一住房的按1%税率征收。

耕地占用税 税额为20元/平方米。是对占用耕地建房或从事其他非农业建设的单位和个人征收的税种。

固定资产投资方向调节税 1983年10月开征，实行差别税率，按其单位工程分别确定合理税率、税目。税率按照《固定资产投资方向调节税税目税率表》执行，分别为3%、5%、30%。2000年1月停止征收。

屠宰税 征收对象为牲畜屠宰者，实行定额征收。1984年，生猪按每头3元计征。1998年，调为猪每头10元、牛每头1元、自养自宰自食免征。2004年2月12日，废止《贵州省屠宰税征收办法》，屠宰税停收。

税收征管

1995年，县地税局共完成税收237.89万元，办理地方税登记300户，其中国有企业41户、集体企业39户、个体工商户220户。1996年，实行个人所得税代扣代缴和自行申报纳税制度，是年申报纳税企业90户，个体工商户申报登记334户。1999年，开展税务登记换证，核定调整个体工商户税款，共办理税务登记换证1412户，重新核定税款1196户，调整239户。

2002年，对房产税、土地使用税进行申报核查，查出申报不实个体户140户，清缴入库税款4.4万元。2004年7月，县地税局开通MIS系统平台，实现“银税一体化”，是年共完成1483户纳税人基础数据录入。

2006年，开展企业所得税的汇算清缴工作，汇算企业18户，共汇算清缴企业所得税166.4万元。是年，开征烟叶税。2009年，开始办理严重亏损企业、企业下岗失业人员和残疾人减免税金申请，是年免除企业所得税8.95万元，减免下岗失业人员税款28.06万元。

2010年，开展土地增值税清算工作，共清算收缴土地增值税入库161万元。2011年，把年税收在10万元以上企业列入县级重点税源企业，把12万元以上纳税大户列入重点征收管理对象。是年，营业税起征点由5000元调整为20000元。

2012年，对县内小微企业实行税收减免政策，共减免小微企业税款3户。

2013年，县地税局共完成各种地方税收23110万元，比上年增收7405万元，比上年增长47.15%。

税务稽查

1995~1997年，县地税局与县公安机关、检察机关配合，共查办案件137件，查补入库各种税款

121.16 万元，罚款和收缴滞纳金 10.3 万元。

1998 年，开展偷、坑、骗、漏、欠税专项整治，共查处偷税、漏税等案件 63 件，查补税款 101.86 万元。检查企业 29 户，查补税金 49.3 万元，处理暴力抗税案件 1 件 1 人。

1999 年，开展发票清理工作。对 76 个单位 1995～1998 年取得和开具的税务发票进行检查，共查补税款 9.05 万元，罚款 1.14 万元，上交滞纳金 1.37 万元；对 1995～1999 年私人建房进行专项检查，共检查清理 300 多户，查补税款入库 32 万元。

2003～2005 年，共对 160 户纳税户进行税务稽查，查办各类税收案件 27 件，查补各类税款 124.24 万元。

2006 年，对外销煤炭实行外销证明管理，根据煤炭企业开具给外运车辆的煤炭计量单，核定计征税款。外运煤炭无计量单或者开具计量单数量不足的，由煤炭价格调节基金验票站就地查补税款。是年，全县煤炭调节基金验票站共验票查补外运煤炭税款 66.49 万元。

2007 年，对建筑、房产开发和高薪行业进行税务稽查，共查补各种税收 62.37 万元。

2009 年 3 月，县地税局与县国土局、县建设局、县国税局、县民用爆炸物品有限公司签订地方税委托代征协议。2010～2012 年，县地税局共办理税务稽查案件 14 件，结案 13 件，查缴各种税收 242.01 万元。

2013 年，对房地产业、建筑安装业、娱乐业等进行税收专项检查，共查办各类税收案件 4 件，查补税款 74539.83 万元。

1995～2013 年平塘县地税征收完成情况统计表

表 18-8

单位：万元

年份	完成数	比上年增加	月比增长（%）	年份	完成数	比上年增加	月比增长（%）
1995	237.89	94.64	—	2005	1802	460.76	36.26
1996	332.53	94.64	—	2006	1981.29	179	9.9
1997	681.2	348.67	—	2007	3045	1063.71	19.22
1998	848.86	167.66	—	2008	4018	973.00	31.95
1999	946.65	97.79	—	2009	5728	1710.00	—
2000	1075.23	128.58	14.77	2010	6492	764	13.36
2001	1220.87	145.64	—	2011	9674	3182	49.01
2002	1165.49	-55.38	—	2012	13610	3936	—
2003	1184.23	18.74	—	2013	14990	1380	—
2004	1341.24	157.01	13.47	合计	61340.29	13648.47	159.7

1995～2013 年平塘县地税稽查情况统计表

表 18-9

年份	查处户数（户）	查补收入（万元）	其中		
			补税	罚款	滞纳金
1995	53	32.1	32.1	—	—
1996	21	12.55	30.96	0.3	1.2
1997	63	81.8	58.1	3.1	9.1

续上表

年份	查处户数（户）	查补收入（万元）	其中		
			补税	罚款	滞纳金
1998	63	153.86	101.16	0.5	1.7
1999	48	139.22	115.71	—	5.22
2000	—	—	—	—	—
2001	—	—	—	—	—
2002	10	60.11	49.34	—	3.66
2003	2	10	—	—	—
2004	2	18.97	15.96	2.93	0.08
2005	2	50.36	48.17	1.25	0.94
2006	28	66.49%	—	—	—
2007	20	135.36	103.85	20.22	9.98
2008	2	7.82	4.44	2.45	0.38
2009	8	55.18	38.45	2.15	1.46
2010	5	120.16	116.2	2.51	0.45
2011	2	7.45	7.4	—	1.65
2012	30	1.84	—	—	—
2013	—	—	—74539.83	—	—
合计	359	887.4449	75329.96	35.41	35.82

第三章　金　融

1988年，平塘县内金融机构有中国人民银行平塘县支行和中国人民保险公司平塘支公司。1989年，金融系统体制改革，县内金融机构改双重领导为垂直管理。1996年，县农业信用联社从县人行剥离，单独设立；是年5月，中国人民保险公司平塘分公司一分为二，分别成立中保人寿平塘分公司和中保财产保险黔南分公司平塘营业部。1997年，成立平塘县农业发展银行。2006年11月，撤销平塘县建设银行。2008年5月，成立平塘县商业金融担保有限公司。2013年，县内有金融机构6家，保险企业3家。

第一节　银行业

体制改革

1988年上半年，平湖、牙舟、通州、克度、西关、者密、摆茹设立中心信用社。

1989 年，金融体制改革，全县各专业银行由县人民政府和县人民银行双重领导改为上级人民银行垂直领导。是年，县信用合作联合社成立。

1996 年 10 月 20 日，县农村信用合作联合社与平塘县人行脱离隶属关系，单独设置。

1997 年，县农业发展银行成立，从县农业银行正式接转业务，人员从县农业银行调配。

2000 年，工行平塘县支行改为工行都匀分行平塘分理处。2003 年，改为中国工商银行股份有限公司平塘支行。

2006 年 11 月，撤销县建行，存贷款业务分别移交给平塘县信用联社和平塘县农业银行。

2008 年 5 月 4 日，成立平塘县商业金融担保有限责任公司。

2013 年，全县金融管理机构有人行平塘县支行、平塘县银监会，国有商业银行有农行平塘县支行、工行平塘县支行、农发行平塘县支行、邮政储蓄银行股份有限公司平塘县支行；法人机构有县农村信用合作联社，2014 年 9 月更名为县农村商业银行。

金融机构

人民银行平塘县支行（简称县人行）　1988 年，县人行主要负责全县各金融机构的协调工作，办理货币发行，调剂各银行资金和考核存贷执行情况。

1993 年，县人行内设人事秘书股、计划调统股、会计股、货币发行股、金管稽核股、保卫股、纪检监察室。1995 年，将人事秘书股改为办公室，将金管稽核股改为金融监管股，撤计划调统股、会计股及货币发行股，增设业务股。1997 年 8 月，增设农村合作金融管理股。2003 年，撤业务股，增设国库会计发行股。2004 年，撤金融监管股、农村合作金融管理股及保卫股，将国库会计发行股改为国库会计股，增设综合业务股。2006 年，撤国库会计股、综合业务股，设综合管理股、基础业务股、纪检监察室。

2013 年，县人行内设办公室、基础业务股。年末在册职工 15 人。

农业银行平塘县支行（简称县农行）　1980 年，县农行从县人行剥离出来单独设立，下辖平湖、牙舟、通州、克度、西关、者密、摆茹 7 个营业所。

1992 年，县农行内设机构有办公室、企业管理办公室、政治思想工作办公室、人事教育股、工商信贷股、农业信贷股、会计出纳股、资金组织股、计划统计股、审计稽核股、信用合作股、保卫股，直属机构有纪检监察室、县人民检察院驻农行监察室、工会委员会、经济民警小队、信用合作社联合社，下设机构有平湖、牙舟、通州、西关、克度、摆茹、者密 7 个营业所、信用联社营业部和乡镇信用合作社。1996 年，信用合作社联合社从县农行剥离出来单独设立，是年，撤摆茹、西关营业所。1998 年，撤者密营业所。2000 年撤克度营业所。2001 年，撤牙舟营业所。2002 年，撤通州营业所。2005 年，撤平湖营业所。2008 年，内设机构有综合部、业务发展部、资产风险经营部，下设支行营业部、中山分理处 2 个营业网点。2011 年，撤销业务发展部、资产风险管理部，设置客户部。

2013 年，内设机构为综合管理部、客户部。年终干部职工 35 人。

农业发展银行平塘县支行（简称县农发行）　1997 年 6 月 20 日，县农发行正式挂牌成立，业务人员从县农行划转。内设办公室、计划信贷部、会计出纳部，年末有职工 20 人。

2001 年 3 月，计划信贷部改称信贷部，会计出纳部改称综合会计部，9 月，将办公室从综合会计部分离出来单独设立。2003 年，综合会计部改称会计出纳部。2005 年，信贷部改称信贷客户部，会计出纳部改称会计结算部，将办公室并入会计结算部。

2013 年，县农发行内设信贷客户部和会计结算部。年末，共有干部职工总人数 10 人，设行长 1 人、副行长 1 人。

工商银行平塘县支行（简称县工行） 1986 年 9 月，工商银行平塘县支行成立，主要负责办理城市工商企业存款和居民储蓄业务，统一管理企业流动资金。

1993 年，县工行内设人秘股、信贷计划股、会计股、出纳股、储蓄股、保卫股，下设城关储蓄所。1996 年，增设稽核股。1997 年，撤销股所，设办公室、营业部、业务部、储蓄部。2000 年，县工行改称中国工行都匀分行平塘分理处。2003 年，撤业务部、储蓄部，改为中国工商银行股份有限公司平塘支行。

2013 年，内设办公室、营业部。

建设银行平塘县支行（简称县建行） 1993 年，建设银行平塘县支行内设办公室、会计出纳股、业务股、保卫股、储蓄债券股、房地产信贷股，下设新平路储蓄所。

1996 年，将储蓄债券股并入业务股，保卫股并入办公室，撤销房地产信贷部。1997 年，撤新平路储蓄所，设汽车站储蓄所，业务股更名为业务储债股。1999 年 10 月，将会计出纳股改为会计出纳科，业务储债股改为业务科。2001 年，增设零售科。2003 年，撤会计出纳科。2004 年，撤汽车站储蓄所，业务科改为综合业务部，会计出纳科改为会计部，增设个人银行业务部，10 月，将会计部与储蓄专柜合并为营业室。2005 年，营业室改为营业部。2006 年，撤销县建行，贷款业务分别移交县农行和县信用联社。

县农村信用合作联社（简称县信用联社） 1988 年，全县农村信用合作社业务由县农行负责，在平湖、牙舟、通州、克度、西关、摆茹、者密 7 个区设立中心信用合作社。

1989 年，平塘县农村信用合作联社成立，仍隶属县农行。1996 年 10 月，县信合联社从县农行剥离单独设立，内设社务科、财务科、业务科、稽核保卫科、营业部，下设平湖、卡蒲、白龙、牙舟、通州、大塘、塘边、摆茹、者密、四寨等 11 个农村信用社和 3 个信用分社。1998 年，撤社务科、财务科、业务科、稽核保卫科，设办公室、信贷科、会计科、监察稽核科、保卫科、营业部，下设后山信用社、双桥信用社、平湖信用社新平路分社、牙舟信用社掌布分社，将卡罗信用社降为分社，隶属牙舟信用社，将西凉分社升为信用社。1999 年，增设河滨路分社。2000 年，将西凉、四寨信用社降为分社，分别隶属摆茹、者密信用社。2001 年，将会计科改为财务科，撤后山、双桥信用社以及河滨路、卡罗、掌布 3 个分社。2002 年，将分社、财务科合并为综合科。

2003 年，撤信贷科，增设业务发展部，将保卫科改为安全保卫部，将监察稽核科改为稽核审计部。2005 年将财务科改为会计信息部。2006 年，增设风险管理部，将稽核审计部改为监察稽核部。2010 年，平塘县农村信用合作联社内设机构有综合办公室、业务发展部、会计信息部、监察稽核部、人力资源部、电子银行部、安全保卫部、营业部 9 个部门。年末在册员工共计 155 人。2011 年，新增设农村业务部。2012 年，增设党群工作部，监察稽核部改为稽核审计部。

2013 年，县农村信用合作联社内设机构有综合办公室、业务发展部、风险管理部、会计信息部、农村业务部、监察稽核部、人力资源部、电子银行部、安全保卫部、党群宣传部、事后监督部、基础建设部、小微企业中心、工会办公室、营业部 15 个部门。年末在册员工共计 185 人。

1988～2013 年平塘县农村信用合作联社各项存款统计表

表 18-10　　　　单位：万元

年份	年末存款余额	其中		比上年同期纯增减总额
		储蓄存款	其他存款	
1988	395.93	540.97	—	—

续上表

年份	年末存款余额	其中		比上年同期纯增减总额
		储蓄存款	其他存款	
1989	405.58	420.8	—	9.65
1990	496.16	647.13	—	90.58
1991	724.59	819.2	—	228.43
1992	1165.37	812.3	353.07	440.78
1993	1490.45	1201	289.45	325.08
1994	1950	1720	230	459.55
1995	2299	2090	209	349
1996	3067	2882	992	768
1997	4621.52	3443	1178.52	1554.52
1998	4506.79	3625	881.79	-144.73
1999	4660.14	3903	757.14	153.17
2000	5545.16	4750	795.16	885.02
2001	6437.52	5667	—	892.36
2002	8790	7452	11	2352.75
2003	9031.18	5727	3304.18	241
2004	13010.22	8728	4312.22	4009
2005	18997.69	15586	2	5958
2006	30631.18	24637	5994.18	11634
2007	36734.47	30440	—	6103.29
2008	50350.54	37336	—	13616.07
2009	63247	45381	—	12896
2010	83400	—	—	20153
2011	103500	75390	—	20100
2012	130082.7	—	—	26582.7
2013	178902.7	117293	—	48820

1988~2013 年平塘县农村信用合作联社各项贷款统计表

表 18-11　　　　单位：万元

年份	年末各项贷款余额	年比增长（%）
1988	540.97	20.84
1989	556.1	2.8
1990	655.9	17.95
1991	784.3	19.58
1992	1297.26	65.4

续上表

年份	年末各项贷款余额	年比增长（%）
1993	1738.3	34
1994	2157	24.09
1995	2655	23.09
1996	2946	10.96
1997	3922	33.13
1998	4235	7.98
1999	4101	20.45
2000	5811	13.92
2001	6798	17
2002	10256	50.88
2003	12620	23.05
2004	13734	8.8
2005	17977	30.89
2006	23838	32.6
2007	27556	15.6
2008	32827	19.13
2009	50311	35.76
2010	70000	39.22
2011	91000	29.86
2012	121275	33.35
2013	155405.8	28.16

存款与贷款

1988 年后，县内金融机构存款和贷款逐年增加。

存款　1988 年，全县年末存款额为 2246.9 万元。之后，县内各金融机构把“存款立行”作为生存与发展的根本，开展有奖储蓄、保值储蓄业务，实行工资、奖金与储蓄业务挂钩的承包责任制，采取建立重点企业台账，提高大额存款利率等吸收各类存款。

1994 年开始，开展上门服务、代发工资等业务，扩大储源。1999 年，开通资金汇划清算系统，实时汇总，建立资金汇划“高速公路”。2000 年，向农村延伸服务网点，提高全县金融服务覆盖率。

2013 年，县内金融机构全部实现储蓄电子联网、通存通兑业务和代发工资业务等。信用卡业务迅速发展，牡丹卡、金穗卡、长城卡等信用卡代理存取款业务。是年，全县金融机构各项存款余额 325754 万元，比上年新增 72967 万元。

1988~2013 年平塘县金融机构各项存款统计表

表 18-12 单位：万元

年份	年末存款余额	其中城乡居民储蓄存款余额	比上年同期纯增减总额
1988	2246.9	1153.4	-276.5
1989	2910.5	1458.5	663.6
1990	3248.7	1818	337.9
1991	3987.7	2104.1	739.3
1992	5176.2	3325.4	1188.5
1993	6085.8	3738.9	909.6
1994	7138.8	4721.2	1221.6
1995	8973.9	5183.4	1935.1
1996	12324.8	6847.8	3481.6
1997	13105.3	7627.3	780.5
1998	19169	8664	1805
1999	21163	13737	1975
2000	24963	16729	3675
2001	27580	1/410	2620
2002	33408	21555	5828
2003	39631	25336	6223
2004	52172	25336	12541
2005	6.957	39949	8785
2006	69222	45818	8265
2007	84668	54975	15447
2008	111855	81006	27186
2009	133682	96631	21828
2010	161867	124926	28185
2011	199234	129241	37367
2012	252787	763213	53553
2013	325754	19849	72967

贷款 1988 年后，县内各金融单位按照“从严控制总量，优化结构，面向市场，转换机制，提高效益”的信贷方针，实行有价单证房产证抵押贷款。品种有农业贷款、乡镇企业贷款、工商业贷款、个体工商业贷款、企业技术改选贷款等。对粮、烟、油、猪等农副产品和国家鼓励发展产业优先予以贷款。工业贷款实行“区别对待，择优扶持”的信贷政策，重点扶持重点企业，对商品库存量大、有短期行为的工商企业从严控制贷款。

1994 年，将县内企业划分为一、二、三类，根据需求对一类企业采取倾斜政策，对二类、三类企业帮助盘活存量，优化贷款投向。1996 年，执行三级审批制度，防范信贷资产风险和代购资产风险。

1998年，开始办理房地产信贷业务，是年，发放个人住房贷款207万元。1999年，县农村信用合作联社实行“审、贷、查”分离制度和贷款终身责任制，清理不良贷款489万元。2003年，开始在全县开展“信用村”创建活动，各基层营业网点优先向信用村信用户发放小额信贷，扶持农村养殖户、种植户和个体私营户。

2009年，以摆茹镇作为试点，在全县开展“信用乡镇”创建活动。是年，全县共有21个信用村259个信用组。

2010年，县内金融机构加大对县内基础设施、县镇建设和民生项目信贷力度，支持重点产业发展，帮助个体私营户、中小企业解决融资难问题。

2013年，县农村合作联社在行政村安装自助终端设备125台，总投资974万元，实现“惠农村村通”全覆盖。是年，县内金融机构各项贷款余额197054万元，新增51653万元。

1988~2013年平塘县金融机构贷款统计表

表18-13

单位：万元

年份	年末贷款余额	其中	
		短期贷款	中长期贷款
1988	3186.8	—	—
1989	41412	—	—
1990	2403.2	—	—
1991	3222.9	—	—
1992	6510.8	—	—
1993	3307.6	—	—
1994	8396.2	6372.3	2023.9
1995	10163.7	6128.3	4035.4
1996	14630	9342.3	5287.7
1997	18413.1	11928.9	6484.2
1998	22582.5	11923.1	10659.4
1999	25012	12943	12069
2000	32666	18215	14451
2001	31914	16896	15018
2002	33814	19293	14221
2003	33134	18691	14443
2004	38269	20738	15031
2005	31375	22210	5165
2006	31974	25796	6178
2007	37499	28097	9402
2008	41635	30649	10986
2009	59139	44076	15063
2010	82904	6001	76903

续上表

年份	年末贷款余额	其　中	
		短期贷款	中长期贷款
2011	105397	7287	98110
2012	145361	9279	136082
2013	196974	13398	183576
合计	994452.5	339263.9	655188.6

金融管理

1988年，县人行对各专业银行信贷发放情况、吸缴存贷、利率推行情况进行稽查，稽查金额6873万元，查出问题资金592.9万元。

1995年，县人行对全县金融机构开户状态、财政预算执行情况、人民币券别结构情况进行调研，对全县粮油收购资金使用和管理进行专项检查。1996年，县人行对国有商业银行实行以资产负债比例管理为基础的贷款规模管理，按月监控，分季考核，保证支付。是年，查出公款私存、超收贷款利息、隐瞒存款各1起，涉及资金113.18万元。

1997年，制定《关于高风险农村信用社跟踪监控暂行办法》，对全县13个信用社建立台账和风险示意图，按月登记考核。1999年，县人行开展对农村信用社信贷整顿，进行清股扩股，核对不良贷款，清理账务，整章建制等，按月填制《资不抵债农村信用社监控考核表》《高风险农村信用社监控表》《高风险农村信用台账》《农村信用社备付金测算表》，按季度填报《贵州省农村信用社清理认定高风险分析统计年（季）表》《非现场监管报号》等，提高资产估量，防范信贷风险。

2003年，县人行建立《平塘县反洗钱工作联席会议制度》，与县银监办事处建立《反洗钱工作协调机制》，与县公安局建立《可疑线索合作机制》，推动县域反洗钱工作。

2007年，银行账户管理系统二期工程上线运行。设立县城区反假货币工作站1个、农村反假货币工作点18个，新形成县、乡、村“三位一体、协调联动”的反假币网络。

2008年，国际金融危机爆发后，县人行加强对县内金融运行风险的监测工作，密切监控县内地方法人金融机构运行状况及潜在风险，适时对高风险金融机构的流动性状况及资产负债变化情况进行监测分析，有效控制系统性金融风险。2009年，县人行建立94个反假货币宣传工作点，委托县信用联社选定94名反假币联络员并进行培训。是年，共收缴假人民币25105元。

2010年，县人行与各金融机构密切配合，采取以点连线、以线带面的方式扩大征信体系建设范围，给予信用镇、村农户利息及费用优惠的同时，提高授信额度。

2011年，县人行落实信贷支农政策，支持信用联社支农贷款1.4亿元。

2013年，县人行落实《人民银行结算账户管理办法实施细则》，督促县内金融机构规范人民币银行结算账户管理。是年，县内存款账户1326户，其中基本账户922户、专用账户375户、异地账户39户。

第二节　保险业

中国人民保险公司平塘支公司

1986年，中保平塘支公司成立，正式从人民银行系统分离出来，独立开展业务。至1989年，主要保险种类有机动车辆、企业财产、家庭财产、农村房屋、幼儿、学生平安意外伤害等13种。

1990年，增加农村变压器保险、子女教育婚嫁保险。1991年，增加义务养老及个人养老等2个保险种。1992年，增加金融职员意外伤害保险。是年底，共有险种18种，其中财产6种、人身保险12种。1993年，支公司内设人身保险组、财产保险组、农房保险组及通州镇保险服务所。

1996年5月，金融体制改革，县保险公司分为2个部分。人寿保险部分组建为中保人寿保险有限公司平塘县支公司，公司下设通州服务所；财产保险部分组建为中保财产保险有限公司贵州省黔南州分公司平塘营业部。

1998年，财保贵州省黔南州分公司平塘营业部更名为财保平塘县营业部，内设业务部和综合部。

中保人寿保险公司平塘分公司

1996年5月成立，险种主要有简易人身保险、增额人寿保险、子女婚嫁保险、福寿安康保险、人寿及意外伤害保险等。

1997年，保险保费收入206万元，理赔291件25.3万元。1999年，中保人寿保险公司贵州省平塘支公司更名为中国人寿保险公司平塘分公司。

2003年6月，中国人寿保险公司平塘支公司改称为中国人寿保险股份有限公司平塘支公司。2004年，县人寿保险支公司与县工商行、县农业银行合作，出售鸿泰险88.4万元。2005~2012年，保费收入6823.72万元，理赔支出1620.43万元。

2013年，人寿保险平塘支公司获中国人寿贵州省分公司2013年度小额贷款保险业先进单位和2013年度团险渠道调优增额优胜单位。

中保财产保险公司平塘县营业部

1996年5月成立，前身为人保平塘分公司财产保险组。

1997年，财保公司平塘营业部完成保险收入284万元，理赔162件46万元，险种主要有机动车辆及责任险、农村变压器保险、家庭财产保险、企业财产保险、产品质量责任险及雇主责任险。

1998年，中保财产保险公司贵州省黔南州分公司平塘营业部更名为中国人民财产保险公司平塘营业部。2001年，县财保公司设业务部、综合部，有职工3人。2003年，财保平塘县营业部改称财保平塘支公司（简称县财保公司）。2003~2006年，财产保险保费收入1244.36万元，理赔687.72万元。2007年，县财保公司撤销业务和综合部，设置综合经理部。2008年，县财保公司设置通州营销部。2009年后，县财保公司不断扩大保险业务，把财保业务扩展至种植业、养殖业和非机动车行业，培育保源。

2013年，县财保公司推出“承诺服务”和“限时服务”，实行公司权限内当天赔付，上报审批案件5天赔付。是年，完成保费收入916.1万元，理赔443万元。

第十九篇

教育·科技

第一章 教 育

中共十一届三中全会后，平塘实施“教育兴县”战略。推进教育体制改革，适时调整学校布局，优化教育结构。以“两基”工作为总揽，加大投入，改善办学条件，规范学校管理，加强师德师风建设，不断提高教师的素质和能力。1987年，基本普及初等教育。1989年，实现基本无盲县。1997年，全县扫除青壮年文盲工作通过省人民政府验收。1998年，把“两基”工作列入县人民政府要办的十件实事之一。2004年，全县“两基”工作通过省人民政府评估验收。2005年，《平塘高考奖励办法（暂行）》通过县人大常委会审定实施。2008年，“两基”工作和普及中小学实施教学通过省人民政府复查验收。2009年，“两基”工作通过国家级验收。2011年，教育投入占全县财政总收入的25%。2013年，全县共有中小学183所，其中，小学143所（含教学点）、初中18所、普通高中和中等职业学校各1所。小学适龄儿童入学率为99.83%，初中阶段入学率为106.05%，普通高中入学率为66.5%。是年，县人民政府教育工作通过省人民政府验收。

第一节 教育体制改革

管理体制改革

1988年，开始在中小学实行校长选聘制。是年，中小学校长选聘分别为33.3%和40.4%。1989年，全县中小学实行校长负责制，教师实行聘任制，并签订受聘书。是年，县教育局、县物价局、县财政局行文统一中小学学杂费收费标准。

1994年，制定《平塘县中小学干部职工岗位职责（试行）》《平塘县学校工作管理实施和教学常规管理》，明确中小学教职工岗位职责和学校管理制度。1995年，对全县中小学教师教学成绩实行奖惩制度。1998年，对通州、掌布、克度、塘边、四寨、摆茹、新塘、甘寨8个乡（镇）教育站负责人进行民主评议，之后，根据评议，考核任免一批教育站和中小学校长。

2001年，制定《平塘县中小学“三制一管理”改革方案》，并在13所中小学进行校长责任制、教师聘任制、岗位负责制和教育教学目标管理试点。是年，在全县开始实行校务公开。

2004年，全县实行乡（镇）干部包块、村干部包村民组、校长包校、班主任包班、任课教师包学生“五包”控辍保学工作责任制。从2005年开始，实行城乡教师交流制，每年选派县城一批教师到乡（镇）农村学校支教一年，并从乡（镇）选派优秀教师到县城学校学习锻炼一年。

2006年，撤销乡（镇）教育站，设立乡（镇）中心学校，中心学校校长实行竞聘上岗。2008年，在13个乡（镇）中心学校开展副校长“公推直选”。

2011年，编制《平塘县中长期教育改革和发展规划纲要（2010~2020年）》，完成全县学前教育三年行动计划，“十二五”期间高中阶段建设项目规划、义务教育发展规划的编制。是年，清退在册代课人员135名。

2013年，“校财局管”中心正式启用，全县中小学教育经费实行统一管理。是年，平塘县初中阶段教育发展规划通过省人民政府评估验收，被评为贵州省学科渗透法制教育“省级示范县”。

办学体制改革

1988 年，全县共有幼儿园 9 所。在部分有条件的乡（镇）小学开办学前班 14 个班，在 205 所民办小学继续实行民办公助体制，由区镇教育指导站管理。之后逐步把学前班改办成幼儿园。是年 5 月，县妇联把县机关幼儿园和西关、通州、摆茹等幼儿园移交县教育局统一管理。1989 年开始，县内初中免收学费。

1991 年，对县内幼儿园、学前班进行登记注册，被省州评为“幼教注册先进单位”。是年，在小学五、六年级开设人口基础教育课。1992 年后，对县幼儿园（学前班）中小学校进行调整。1993 年，全县共有幼儿园 6 所、小学 293 所、初中 12 所、高中 2 所。从是年开始，幼儿园和学前班教材相同，小学采用义务教育六年制新教材。

1995 年，将全县小学划分为 5 类，平湖一、二、三、四、五小为一类，通州小学、西关小学、克度小学、牙舟小学、摆茹小学、者密小学为二类，其余公办小学为三类，民办小学为四类，民办教学点为五类。是年，在边远乡（镇）建立复式教学点。

1996 年 9 月后，县内幼儿园统一收归县教育局管理。是年县内各中学把德育工作纳入学校工作议事日程，建立以校长为组长的德育工作领导小组，组织学生参加生产劳动和社会实践。1998 年，县教育局开始试行小学校长责任制、教育聘任制、岗位责任制和教育教学目标管理为主要内容的“三制一管理”教育内部体制改革。1999 年，开始扩大高中招生规模。是年，县职业中学高中部并入平塘民族中学。

2001 年，农村小学教学点撤并为 79 个，停办复式教学点。2003 年，在摆茹、者密、通州、克度 4 所农村中学进行农村教育综合改革试点，试行“3+1”教学改革，开展农村技术家电、计算机维修等课程。是年开始，村级民办学校纳入公办学校管理。2005 年，开始实施“寄宿制工程”，启动平塘县二中和通州中学、西关中学、克度中学、塘边中学、京舟中学、牙舟中学、摆茹中学、者密中学 9 所初中学生宿舍楼建设，总投入 1131.6 万元。是年开始，对贫困家庭学生实行减免学杂费政策，完成全县 134 所小学和 16 所中学远程教育设备的安装、调试和运行工作。首次对 13 名高考成绩优秀学生进行奖励。

2006 年，恢复重建县职业高级中学。2007 年，建成 7 所初中标准化实验室。2010 年，在全县中小学开展平安和谐校园、人文素养校园、绿色生态校园、健康阳光校园创建活动。2011 年，清退在册代课人员 135 名，留职停薪脱岗人员 19 名。2012 年，实施农村义务教育学生营养改善计划，开设中小学学生食堂。

2013 年，县职业中学与重庆市中等经贸学校、贵州省机械工业学校、贵定师范等开展联合办学，并与江苏无锡、广东东莞等省外 9 家企业和县内盘江龙盟集团等 10 家企业开展校企合作，为省内外合作企业培养和输出一批学生。是年，全县共有公办幼儿园 20 所、小学 143 所、初中 18 所、普通高中 1 所、中等职业学校 1 所。教职工 3203 人。

招生体制改革

1988 年，县招生办公室按照国家招生计划，负责高等学校、中专（中师）的招生工作。县内普通高中、职中、初中招生由教育局普教股负责。

1991 年，黔南州民族行政管理学校年度招生改由各县民族宗教事务委员会试行单独招生。是年，县政府成立招生工作领导小组，办公室设在县民委。共有考生 187 人参加全省统考，录取 10 人。1996

年，高校、中专（中师）招生实行预考，称为资格考核或适应性考试。

1998年，招生工作实行招生指标公开、政策规定公开、录取控制线分数线公开、录取结果公开“四公开”。中师类考生由教育局教研室组织面试，民办代课教师报考条件由教育局政工股审查。

2005年，出台《平塘县高考奖励暂行办法》。是年，首次对13名高校录取的优秀学生和部分教师给予奖励。2008年，对参加高考农村贫困家庭学生实行高考救助，发放113名考取本科的贫困大学生救助金43万元。2009年，出台《高考贫困生助学金管理办法》。是年，减免高考、中考家庭贫困学生报名费共415人3.75万元。

2010年，把高校招生资格及有关考生资格公开、招生计划公开、招生录取结果公开、考生咨询及申诉渠道公开、重大违规事件处理结果公开、招生收费公开、招生纪律公开纳入招生考试的常规性工作。对各类政策性照顾考生的资格和外籍考生的资格进行依法依规审查，是年完成高考报名县级资格审查1067人，少数民族资格审查708人，享受政策性照顾17人，外省籍考生资格审查4人。

2013年，全县减免贫困家庭学生高考、中考报名费249人，其中高考260人、中考189人。是年，全县高考录取本科768名、大专326名，中考录取普通高中2373名。

1988~2013年平塘县高考录取大、中专（中师）院校情况统计表

表19-1　　单位：人

年份	报考人数	本科	专科	小计	中专	中师	小计
1988	185	10	34	44	40	74	114
1989	147	5	19	24	52	81	133
1990	148	10	34	44	48	75	123
1991	157	5	36	41	61	83	144
1992	183	6	26	32	20	—	20
1993	147	11	27	38	23	—	23
1994	210	24	48	72	22	—	22
1995	186	2	51	53	19	—	19
1996	234	12	65	77	33	—	33
1997	193	14	53	67	23	—	23
1998	222	19	60	79	6	—	6
1999	208	37	92	129	8	—	8
2000	235	60	114	174	—	—	—
2001	248	82	107	189	—	—	—
2002	332	168	99	267	—	—	—
2003	434	158	148	306	—	—	—
2004	556	151	277	428	—	—	—
2005	778	193	188	306	—	—	—
2006	921	158	235	393	—	—	—
2007	934	216	231	447	—	—	—
2008	947	282	241	523	—	—	—

续上表

年份	报考人数	本科	专科	小计	中专	中师	小计
2009	1003	286	353	639	—	—	—
2010	1067	495	238	733	—	—	—
2011	1120	566	332	898	—	—	—
2012	1214	749	337	1086	—	—	—
2013	1181	768	228	996	—	—	—

2005~2013 年平塘县高考文理科头名统计表

表 19-2　　单位：人

年份	姓名	性别	类别（文、理科）	录取院校	专业	考分
2005	方官品	男	理工	南京邮电大学	光信息科学与技术	645
	舒林	女	文史	对外经济贸易大学	生物科学	660
2006	方官品	男	理工	清华大学	生物科学	660
	赵璐	女	文史	南昌大学	国际经济与贸易	571
2007	杨万宇	男	理工	华中科技大学	水利水电工程	615
	杨侃	女	文史	复旦大学	金融学	670
2008	付仁海	男	理工	上海交通大学	土建类	656
	冉亚榴	女	文史	武汉大学	政治学类	621
2009	金盛	男	理工	华中科技大学	工业工程	596
	梁官雪	女	文史	南京大学	法学	613
2010	杨育浩	男	理工	南京大学	资源环境与城乡规划管理	622
	石显妮	女	文史	中山大学	英语	596
2011	席登科	男	理工	上海交通大学	材料科学与工程	625
	王通琪	女	文史	武汉大学	汉语言文学	596
2012	彭涛	女	理工	武汉大学	城市规划	617
	杨娅	女	文史	武汉大学	社会学类	623
2013	林登雯	女	理工	中山大学	微电子科学与工程	596
	石佳佳	女	文史	武汉大学	经济学类	630

第二节　学前教育

幼儿园

1988年，全县有幼儿园9所共19个班，入园幼儿745人。其中大班14个共565人、中班1个共34人、小班4个共146人。课程开设有语文、算术、常识、体育、美术、音乐等，其时，仅在县城及园区所在地乡（镇）中心小学建有幼儿园，规模小，办学条件简陋。是年5月，县妇联把县机关幼儿园及西关、通州、摆茹幼儿园移交县教育局统一管理。

1990年，全县幼儿园调整为4所15个班442人。1992年，县幼儿园、通州镇幼儿园达到三类园标准，被教育局确定为县级示范性幼儿园和农村中心幼儿园。是年，全县共有幼儿园5所16个班，专任教师54人。1993年，增加到6所幼儿园，分别为县幼儿园、县机关幼儿园以及牙舟镇、摆茹镇、者密镇、通州镇幼儿园。1994年，新增大塘镇幼儿园。

1995年，各乡（镇）幼儿园统一规划为乡（镇）教育站管理。从是年开始，开办幼儿园的乡（镇）所在地小学不再开办学前班。1996年9月，县幼儿园、县机关幼儿园分别称为平塘县第一幼儿园和第二幼儿园。招收0~6岁幼儿，学制为3年。

1997年开始，对平湖镇学前班和镇级幼儿园进行类别评估，是年第二幼儿园和者密镇幼儿园达贵州省三类幼儿园标准。1998年后，把速算基础知识教学纳入幼儿园教学内容。

2000年，开始实施中国/联合国儿童基金会2000~2005年周期“早期儿童养育与发展”项目。是年，全县共有省级二类幼儿园1所，三类幼儿园4所。

2003年，新增塘边幼儿园、兔场幼儿园、西凉幼儿园3所。全县幼儿园达10所。是年实施联合国“早期儿童养育与发展项目”，建立起以示范幼儿园和类别幼儿园为中心辐射全县的幼儿教师培训网络。

2006年，新增民办幼儿园1所45人。全县有幼儿园15所，在园（班）人数7219人，幼儿入园（班）率52.3%。

2007年，新增少数民族幼儿园1所，到2009年新增加3所。

2013年，全县有公办幼儿园20所，教学班215个，在园幼儿7998人，教职工454人。

学前班

1988年，全县共有学前班14个，学生905人。课程开设有语文、数学、常识、音乐、美术、体育等。1991年，县教育局制定《平塘县幼儿园、学前班常规管理考核评分细则》，对全县幼儿园、学前班进行登记、注册，并被省、州评为“幼教注册先进单位”。1994年，在未开办学前班的5个乡镇设立学前教育点。

1996年，动员未开办学前班的乡（镇）中心学校开办学前班，是年，甲桐、旧司、甘寨和卡蒲毛南族乡小学先后开办学前班。

2000年，在掌布小学学前班和四寨镇富荣小学学前班开设“双语”教学。

2003年，各乡（镇）中心学校扩大学前招生规模，开办幼儿园，招收0~6岁幼儿入学校接受教育，之后，乡（镇）学前班逐步融入幼儿园。2005年，全县共有学前班113个，学前入学率为80%。

2013年，全县共有学前班215个，在校学前儿童7998人。

1988~2013 年平塘县学前教育统计表

表 19-3

年份	学前教育总人数（人）	班级数（个）	其中：幼儿园			其中：小学附设学前班	
			数量（所）	班级（个）	入学幼儿（人）	班级（个）	入学幼儿（人）
1988	1650	33	9	19	745	14	905
1989	1419	35	9	21	782	14	637
1990	808	24	4	15	442	9	366
1991	1031	26	4	11	498	15	533
1992	1493	40	5	16	577	24	862
1993	1781	122	6	—	567	—	1214
1994	2512	122	7	—	784	—	1728
1995	2939	122	7	—	811	—	2128
1996	3664	122	7	—	936	—	2728
1997	5752	122	7	—	1128	—	4624
1998	3731	102	7	—	801	—	2930
1999	4685	102	7	—	1170	—	3515
2000	4768	102	7	—	1129	—	3639
2001	5271	102	7	—	1178	—	4093
2002	5812	102	7	—	1300	—	4512
2003	6621	116	10	—	—	—	6621
2004	6979	110	11	—	6029	—	950
2005	6993	113	15	—	—	—	—
2006	7219	141	15	—	7219	141	—
2007	7551	208	19	67	—	141	—
2008	7580	211	18	71	—	140	—
2009	7016	194	19	80	3028	114	3988
2010	6669	217	19	117	3756	100	2913
2011	7020	188	19	19	3530	169	3490
2012	7099	191	19	—	—	—	—
2013	7998	215	20	—	—	—	—

附：平塘县第一幼儿园简介

创建于 1961 年，始称“平塘县幼儿园”。起初借用平塘县总工会办公室作为教室和办公室，是年招收幼儿 78 人，教师 4 人。1988 年迁入新园，课程开设有语文、算术、常识、体育、美术、音乐等。创办初期，办园规模较小，只招收机关单位职工子女，之后，随着办园规模的不断扩大，招生范围扩展到当地居民子女。1992 年，县教育局明确为县示范性幼儿园。1993 年达省级三类幼儿园。1994 年，平塘县幼儿园被评定为省级二类幼儿园。1996 年 9 月，更名为“平塘县第一幼儿园”，从是年开始，招收平湖镇城区3～6岁幼儿，学制为3年。2000年，建成综合楼后，内设音乐室、舞蹈室、科学活动室、图书室、美术馆、体育活动室等。

2005年，全县教育系统进行学校布局调整，将平塘县第一幼儿园与平塘县第二幼儿园合并，园名沿用平塘县第一幼儿园。

2008年，在册幼儿教师46人，其中幼儿园高级教师20人，幼师专业占65%，大专学历占80.4%，本科学历7%，中师（中专）学历17%。开设双语、舞蹈、阅读等窗口班级。

2013年，全园面积2480平方米，建筑面积4257平方米，教学班20个，在园幼儿856人。共有教职工61人，其中行政人员3人、专任教师56人、保健医生1人、工勤人员1人。有幼儿高级教师28人、幼儿一级教师21人、幼儿二级教师2人，占专任教师总数的91.07%；具有本科学历12人、专科42人、高中阶段毕业2人，专任教师学历合格率100%；县级骨干教师7人，占专任教师总数的12.5%。

第三节　小学教育

学校设置

平塘县在普及小学义务教育阶段前，采取公办和“民办公助”两条腿走路的方式办学。

1988年，全县公民办小学252所，其中公办47所、民办205所，教学点148个，在校学生37288人。之后，根据办学条件适时对村级民办小学进行优化调整。

1992年9月，在平湖二小成立平塘县弱智儿童启智班。是年，全县适龄儿童入学率达93.1%。

1994年，把全县小学划分为三类，平湖一、二、三、四、五小为一类，各乡（镇）完全小学为二类，其他民办小学和教学点为三类。是年，贵州省妇联在卡蒲毛南族乡开办女童班，有女童30人。

1995年，全县小学划分为五类，平湖一至五小为一类，通州小学、西关小学、克度小学、牙舟小学、摆茹小学、者密小学为二类，其余公办小学为三类，民办完小为四类，民办教学点为五类。不同类型学校、不同职称教师的要求和教学任务不同，同类学校、同年级、同学科实行考核奖惩。

1999年，全县共有公民办完全小学135所，其中公办48所（含8所九年制小学）、民办87所。另有民办教学点138个。

2000年，对农村教学点进行撤并优化，停止复式教学。至2005年，全县小学优化为138所，其中公办48所、民办完小90所，教学点148个，教学班1213个，在校生31092人。全县共有公民办教师1677人，其中公办教师1614人、民办教师63人。

2006年后，全县进一步调整小学布局，至2009年度，全县有完全小学120所，教学点56个，班级980个，在校学生29997人；小学适龄儿童入学率达99.2%，学年内辍学率为0.27%。

2013年，全县有小学100所，教学点43个，班级894个，在校学生25419人，教师1374人；小学适龄儿童入学率达99.57%。

1988~2013 年平塘县小学基本情况统计表

表 19-4

年份	中心小学及完小（所）	教学点（所）	班级数（个）	学生数（人）	招生数（人）	毕业生数（人）	入学率（%）
1988	226	174	1551	36548	6330	4414	94.7
1989	210	158	1442	36248	5890	4984	95.2
1990	199	178	1364	35513	5732	4426	95.3
1991	197	122	1262	34218	4888	4160	95.2
1992	178	129	1235	32259	5272	3160	92.1
1993	157	128	1212	29664	4422	3239	96.1
1994	158	121	1203	31027	4506	3281	96.4
1995	190	108	1191	30088	5188	3652	97
1996	168	129	1196	29079	5026	3468	97.1
1997	155	122	1189	30264	5081	3872	97.3
1998	150	136	1181	31639	5688	3743	97.5
1999	135	138	1178	31268	5101	3664	98.7
2000	132	132	1190	32516	5607	3916	98
2001	125	86	1120	33544	5937	4347	97.9
2002	128	81	1142	35706	6640	4948	96.7
2003	147	60	1143	37726	5765	5037	98.5
2004	147	55	1153	37271	5030	6344	98.6
2005	138	62	1111	36059	4770	5598	98.9
2006	138	57	1065	34957	4575	5749	99
2007	132	62	1026	33252	4576	6140	99.1
2008	125	57	988	31123	4600	6579	99.2
2009	120	56	980	29997	5044	5460	99.2
2010	120	54	962	28229	4909	5093	99.5
2011	164	46	929	26815	4172	4639	99.5
2012	112	36	846	25814	3848	4490	99.57
2013	100	43	894	25419	3824	4528	99.57

课程设置

1988 年，城镇、村办民校完全小学开设语文、数学、常识、思想品德、音乐、美术、体育 7 门课程，农村初级小学及教学点一般开设思想品德、语文、数学、音乐、体育 5 门课程，试用贵州省统一规定的教材。在平湖一、二小设有实验班。西凉民族小学、掌布民族小学、四寨乡幸福民校、西凉乡拉抹民校、掌布乡桃坡民校语文课实行“双语”（汉语和民族语）教学。

1989年，全县小学由“五年学制”转为“六年学制”。1991年，开始在小学五、六年级开设人口基础教育课。

1993年9月，按照国家教委文件精神，小学一、二、三年级课程设置为思想品德、语文、数学、自然、音乐、美术、体育7门课，四、五、六年级增设社会课（历史、地理），三至六年级增设劳动课。

2001年9月，平湖第一、二、三小学开始在高年级开设英语课程。之后，从小学三年级起，各年级均增设英语课。

2007年，小学一、二年级设置思想品德与生活，三至五年级增设英语、科学（自然）和综合实践活动。一至五年级使用义务教育新教材，六年级沿用教改前义务教育通用教材。

2008年后，全县各类小学一至六年级执行《贵州省基础课程改革义务教育课程实施意见》的规定，开齐课程，开足课时。

2013年，全县小学开设课程有：语文、数学、思想品德、英语、科学（自然）、社会（地理、历史）和综合实践活动等。

教育教学

1988年，继续在平湖一小、二小开展实施教学，在四寨、西凉、掌布3个乡民族小学推行语文“双语”（汉语、布依语）教学。1989年，开始实施中小学德育教育，落实中小学生行为规范。1990年，全县各公办小学和大部分民校都建立升国旗、唱国歌制度。1992年，把人口基础教育列入小学常设课程。1993年，贯彻《中国教育改革与发展纲要》《贵州省提高初等教育质量的实施计划》，建立健全教育常规管理制度。是年，全县中小学开始使用义务教育六年制新教材。

1995年，县教育局教研室制定《平塘县教学成绩评估细则》《平塘县中小学教师教学成绩奖惩方案》，对全县小学分为5类进行指导和考核。是年，以平湖镇新米牙小学为县级复式教学试点，以卡罗小学、西凉小学为乡（镇）片区复式教学试点，建立复式教学网点。

1997年，黔南州政府督导室对平塘县进行德育教育评估验收，全县共有48所小学通过验收合格。1998年，在平湖一至五小以及摆茹小学、通州小学、克度一小开展以校长负责制、教师聘任制、岗位责任制和教育教学目标管理为主要内容的“三制度一管理”教育内容体制改革试点工作。工作分宣传动员、建章立制、实施公开、督查协调、全面总结5个阶段。

2002年，在全县开展小学语文、数学、思想品德优质课和第二课堂评优活动。是年，建立强中间、强弱项、强急需；县城学校带乡镇学校、乡镇中心学校带村级学校、骨干教师带一般教师“三强、三带”教学机制，由县教育局教研室在全县小学组织开展公开课、示范课和送课下乡活动。

2005年，开始在全县实行城乡教师交流，下派县城教师到农村学校支教，选派农村学校优秀教师到县城学校学习锻炼。2006年，撤销乡（镇）教育站，成立乡（镇）中小学校。2008年6月，全县普及中小学实施教学通过贵州省人民政府复查验收合格。2009年，在全县小学实行竞争上岗机制，打破教师职称“终身制”。是年，恢复重办《平塘教育》，刊发教师论文200多篇。

2010年开始，在全县小学开展以人口计生健康为主要内容的图片展。是年，全省教研联席会议暨省教育学会学术年会在平塘召开。

2013年11月，平塘县学科教学渗透法制教育工作通过省级评估考核获优秀等次。

第四节　中学教育

学校设置

1988年，全县有初中7所，完全中学2所，共198个班，其中初中169个、高中29个。

1990年，平塘县机关子弟中学与平湖区中学合并组建为平塘县第二中学。1991年，全县初中共10所，其中民办2所，分别为平塘民族中学初中班、县第二中学、西关中学、克度中学、牙舟中学、摆茹中学、者密中学、塘边民办中学、谷硐民办中学、塘边小学和卡蒲小学戴帽初中。高中仍为2所（平塘民中、通州中学）。是年，塘泥、甲桐2所民办中学停办，京舟小学戴帽初中停止招生。

1992年后，各乡（镇）中小学戴帽初中班逐渐削离，单独设初级中学。

1996年，撤销通州中学高中班。是年，全县共有初中15所，高中1所。2005年9月，平塘民族中学初中班停办。

2007年，全县初中17所，班级284个，在校学生16405人（其中女学生7595人、少数民族学生10012人、住宿学生10291人），初中阶段入学率为105.6%。2008年，平塘民族中学开设教学班由1988年的14个增至43个，在校学生由1988年的614人增加到2792人。

2013年，全县有初级中学18所，班级278个，在校学生13733人，教师962人，其中特岗教师115人；初中阶段入学率95.31%，学年内辍学率2.34%。普通高中1所，在校学生4781人，教师298人。

1988~2013年平塘县初中基本情况统计表

表19-5

年份	学校（所）	班级（个）	学生（人）	入学率（%）	巩固率（%）	毕业率（%）
1988	11	91	4426	50	90	91.5
1989	10	86	4649	51.7	90.1	92.2
1990	12	90	4863	5601	90.4	92.4
1991	12	94	5078	58.5	91.1	92.7
1992	12	82	5155	60.3	91.2	93.3
1993	12	75	5335	62	91.5	93
1994	13	86	5461	62.1	91.7	93.1
1995	14	133	6057	65.4	92.2	93.1
1996	15	129	6326	68.5	92.8	93.4
1997	15	138	6501	70.1	93.2	93.5
1998	15	145	6605	71.8	93.7	94
1999	16	145	6389	71.2	93.2	94.1
2000	16	174	7145	73.8	93.7	93.2
2001	16	170	8585	78.6	94.5	95.6
2002	17	190	10444	83.6	95.1	94.9

续上表

年份	学校（所）	班级（个）	学生（人）	入学率（%）	巩固率（%）	毕业率（%）
2003	17	203	14153	94.2	97.7	95.4
2004	17	275	16033	103.9	96.1	95.9
2005	17	275	15860	104.4	96.8	97.2
2006	17	280	16094	104.1	97.4	97.7
2007	17	284	16405	105.6	97.8	97.8
2008	17	296	17573	104.19	96.83	97.3
2009	17	303	18080	105.71	97.21	97.6
2010	17	295	17136	80.75	97.13	97.8
2011	17	289	15624	90.48	97.19	97.9
2012	17	271	14024	92.21	97.11	98.1
2013	18	278	13733	95.31	97.66	98.5

注：2004~2009年的初中入学率统计为毛入学率。

课程设置

1988年，初一年级开设政治、语文、数学、历史、地理、生理卫生、体育、音乐、美术9门课程。初二年级在初一年级课程基础上增加物理，初三年级在初二年级基础上增加化学，减卄历史、地理和生物。高一年级开设思想政治、语文、数学、英语、物理、化学、历史、地理、体育9门课程。高二年级实行文理分科，文科开设语文、数学、英语、思想政治、历史、地理6门学科，理科开设语文、数学、英语、物理、化学、生物6门学科。高中学制为3年。

1993年，按照国家教委初级中学课程计划，初中课程设置为思想政治、语文、数学、英语、历史、地理、物理、化学、生物、体育、音乐、美术、劳动技术。

2001年9月，高中课程设置为思想政治、语文、数学、英语、历史、地理、物理、化学、生物、信息技术、体育和保健、艺术、社会实践。

2003年9月，全县初一年级按新的课程改革方案设置，思想政治、语文、数学、英语、体育与健康等学科分科设置。综合实践活动课列为必修课。农村中学安排“绿色证书教育”课程。

2009年，按照《贵州黔南州基础教育课程改革义务教育课程实施方案（试行）》，课程设置为思想品德、语文、数学、外语、历史与社会、科学、体育与健康、综合实践活动、地方与学校课程。

2013年，全县初中执行《贵州省基础教育课程改革义务教育实施意见》；开设思想品德、语文、数学、英语、历史、地理、生物、物理、化学、体育、音乐、美术、综合实践等课程。高中执行《全日制普通高级中学课程计划》，开设思想品德、语文、数学、英语、物理、化学、生物、历史、地理、信息技术、体育与保健、艺术以及综合实践活动等课程。

教育教学

1988年，平塘民族中学实施教学改革，高三年级重新组合教学班级，把教师选择学生与学生选择教师相结合，重新组合编班。1989年，各中学贯彻中共中央《关于改革和加强中小学德育工作的通知》精神，寓德育教育于各种教学活动。是年，县教育局组织全县初三年级参加全国“视冲之杯”数学竞赛（平塘赛区），获一等奖4名，二等奖9名。

1991 年，国家教委把人口基础教育列入中学教学计划，全县初、高中 105 个班开设人口基础教育课。是年开始，初中历史、地理实行全州合考。1993 年，各中学以提高教学质量为目标，建立健全教育教学制度，落实中学生行为规范，对教师教学成绩实行量化考核。是年，者密中学在全县中考中获全镇初中第一名。

1995 年，县教育局制定《平塘县中小学教学成绩奖惩方案》，对全县中小学教学成绩实行奖惩制度。1996 年，落实团中央"跨世纪中国青少年雏鹰行动计划"在全县小学开展生产劳动和社会实践。1997 年，通州中学学生蒋生文在参加全国"学法律、讲道德"读书教育活动中获全省特别奖。1999 年后，以培养学生成为有理想、有文化、有道德、有纪律的社会主义建设者和接班人为目标，采取举办文艺晚会、读书征文活动、演讲比赛和革命传统教育等形式，加强中学生的思想政治教育。

2004 年，全县 16 所初中实施新课程改革，结合"两基"工作设置课程，是年，牙舟中学、克度中学结合本地经济发展特色，编写《牙舟陶艺》和《种植养殖》教材。

2005 年，在牙舟中学、通州中学、克度中学、摆茹中学和平塘二中设立职业教育班，共有学生 300 人。2009 年，牙舟中学被国家人力资源和社会保障部、教育部评为"全国教育系统先进集体"，卡蒲毛南族乡中学被认定为"黔南州民族民间文化教育师范学校"。

2010 年，在初中和高中开展人口与计划生育健康教育。2011 年 4 月，县教育局获教育部关心下一代工作委员会评为"全国教育系统关心下一代工作先进集体"。

2013 年，平塘学科教学渗透法制教育工作通过省级评估验收，并获省级示范县称号。

附：平塘县第二中学简介

平塘县第二中学前身是 1974 年建立的平湖区中学，1990 年 8 月 18 日，经县政府批准，平湖镇平湖中学和平塘县直机关子弟中学合并更名为"平塘县第二中学"，为县属初级中学。校址为平湖镇望沙坝原平湖区中学校址，主要招收平湖镇、甘寨乡、苗二河乡的学生。1990 年，学校共有 13 个教学班，在校学生 600 名，教职员工 54 人。1994 年以后，随着全县"两基"攻坚工程的启动，学校招收的学生逐年增多，办学规模逐年扩大。2007 年，被评为"贵州省普及实施教学示范学校"。

第五节 职业教育

职业初中

初级职业中学成立于 1983 年，校址设在摆茹镇（今甲茶镇）马场乡马场村，课程除基础初中文化课外，还开设种植、养殖、缝纫、畜牧兽医等专业课。1988 年，共有教职员工 16 人，其中任课教师 12 人。是年招生 88 人，毕业 40 人。1991 年，被团中央命名为"中学实践教育活动合格学校"。1992 年，马场职中创建乡土人才培训中心，为当地培养农业技术人才。1997 年，开办养殖场饲养鸡、鸭和良种猪，年收入 2500 元。是年，共有教学班 5 个，教师 12 人，在校生 172 人。2002 年，共有在校学生 40 人。

2003 年，挂靠摆茹中学，有学生 99 人。2006 年并入摆茹中学。

职业高中

平塘县高级职业中学（简称县职中）创办于 1983 年，校址设在县农场内，校舍建筑面积为 1736

平方米，建有教学楼、教师宿舍及实验场地。除文化基础课外，还开设有种植、养殖、财会、缝纫、家用电器、建筑、畜牧兽医等专业课。1988年招生56人，毕业124人，在校生186人，教职工32人。

1991年，共开设5个教学班，招生113人，毕业生83人，在校生214人。1992年，创办养殖场1个，建材厂1个，加上原来办的酒厂，学校有两厂一场。

1993年9月，学校因就业渠道不畅停办。

2006年8月，恢复招生。学校升格为正科级事业单位，核定事业编制76人，其中，教学人员68人、教辅人员4人。

2007年，学校迁至平湖镇回龙村龙王沟原教师进修学校校址，新建一栋综合大楼，学校占地面积113亩，建筑总面积为5483.98平方米。课程设有电子技术应用、数控技术、计算机应用技术、建筑装饰、市场营销、旅游（酒店）服务与管理6个专业。

2010年，增设幼师专业，共招生283人。

2012年7月，黔南州教育局认定电子技术应用专业为合格专业，计算机应用专业为基本合格专业。

2013年，县职业中学开设有电子技术应用、计算机应用、旅游（酒店）服务与管理3个专业，与企业联合开办汽车美容与维修、民间传统工艺制造（牙舟陶）、茶叶制作与加工等专业。学校教职工49人。

马场农业初级中学

马场农中建于1983年，校址设在摆茹镇马场（今甲茶镇马场村）。1988年，有教职员工16人，其中教师12人；是年共招生88人，在校学生共192人。课程设置除初中语文、数学、化学、政治、英语、历史、地理、生物、生理卫生、体育、音乐、美术外还开设作物栽培、林木栽培和畜牧兽医等专业课。1989年，增设建筑、缝纫、养蚕和家用电器维修专业课。1991年，被团中央命名为“中学实践教育活动合格学校”。1993年，学校团支部获“黔南州合格团支部”称号。1997年，开办养殖场和烤烟基地。2000年4月，马场农中停止招生。2003年，挂靠摆茹中学，是年有在校生99人。

平塘职业高级中学

1983年，成立平塘县农业中学，校址设在县农场内。1985年，县农中更名为平塘县职业高级中学。1988年，县职中开设7个职业教学班，课程设置有高中语文、数学、物理、化学、政治、英语、历史、地理、生物、体育以及种植养殖、家用电器维修、财会、缝纫、建筑、畜牧兽医等学科。有教职员工32人，在校学生186人。1992年，县职中调整课程，将专业课学时由原来占总课时的28%调至43%以上，是年9月创办养殖场1个、建材厂1个。1993年9月，因生源不足停业，挂靠平塘民族中学。

2006年，恢复县职中，并升格为正科级事业单位，是年启动新校区项目建设，选址于平湖镇回龙村头寨组龙王沟。2007年9月，正式迁入新校区。2008年，县职中开设14个职教班，学制3年，开设电子技术应用、计算机应用、建筑装饰、市场营销、旅游（酒店）服务与管理、美容美发与形象设计6个专业，有教职员工36人，在校生755人（含各类短期培训学生）。2010年，承办县组织部、县人事劳动局各类培训班9期，参训人员959人。是年，与深圳市联合办学，共有6名学生考取贵阳职业技术学院、贵州交通职业技术学院、贵州电子信息学院、黔南民族职业技术学院、遵义职业学院。首次组织62名学生到县外进行为期3个月的教学实习。2011年，实施毕业生毕业证、职业技能等级证技能训练，共有136名学生获国家中级职业技能等级证书。2012年，县职中电子技术应用专业经过州级评估验收认定为合格专业，计算机应用专业评估为基本合格专业。是年，县职中增设幼师专业。

2013年，县职中以西关中学为试点，在乡（镇）初级中学开办预科班。是年，共完成全日制、非全日制和联合办学招生1608人，共有教职员工49人，在校生1000多人。与企业联合开办汽车美容与维修、民间传统工艺制造（牙舟陶）、茶叶制作与加工等23个专业。

第六节 成人教育

县教师进修学校

县教师进修学校前身是平塘县师范学校，1987年停办后改为平塘县教师进修学校。主要开展中师函授教育，负责教师进修工作。生源主要来自县内民办教师，学制1~3年，课程开设语文基础知识、小学语文教材教法、文选与写作、心理学、教育学、代数与初等函数、平面几何、立体几何、解析几何、算术基础理论、小学数学教材教法、历史、地理、自然、生物、物理、化学等，采取自学和集中辅导相结合。每学期结束后，按照中师函授广播学校统一命题进行考试，每次3~4科。学员学完全部课程经考试合格，国家发给毕业证书，承认中师学历。

1988年，全县有中师函授学员77人，经考试，有45人获中师毕业证书，毕业率为58.4%。是年，县中师函授站被评为省先进工作站。

1992年9月，县教师进修学校与县职业高中合并，实行“两块牌子、一套人员”办学体制，仍继续中师函授工作。学习科目有文选、生物、几何、物理、算理及代函等。1995年，县教师进修学校停办，县内民办教师转为参加大专班自学考试，或到省州教育学院进修学习中师专业。

贵州中华会计函授学院黔南分校平塘县会计函授站

1988年8月，县会计函授站成立，站址设在县财政局。设专修班和全修班。专修班学制2年，招收从事会计工作10年以上，年龄在30岁以上县内在职会计人员，课程有政治经济学、财经应用文、会计学原理、工业会计、财政与金融、预算会计、企业管理等；学员学完全部课程，经考试合格获中专会计文凭。1988年，首次招生，有学员18人。全修班学制3年，面向社会招生。课程除专修班的课程外，增设哲学常识、审计基础知识、统计基础知识等课程。学员学完全部课程，经考试合格，国家发给中专文凭。1989年开始招生，有学员27人。2000年，县会计函授站停办。

中国统计干部电视函授学院平塘县工作站

1985年，中国统计干部电视函授学院平塘县工作站成立。函授工作站开设专科班，学制2年，课程设置有哲学、政治经济学、高等数学、大学语文、计划经济学、工农业企业管理、会计学原理、财政与信贷、工农商业会计学等。招收对象为县有高中文化程度或同等学力的在职统计人员。学习期满，经国家高教自学考试学科成绩及格者，发给学科合格证书，全部课程及格的，发给大专毕业文凭。1985年开始招收学员，设哲学、高等数学2门课程。

1989年，开设本科班和中专班，本科班学制2年，中专班学制3年。1991年，平塘工作站与黔南州工作站联合办班，考试仍设在都匀。1993年停办。

中央农业广播电视学校平塘分校

农广校平塘分校始建于1985年。主要招收农村基层干部、回乡知识青年和机关工作人员，实行不脱产学习。学习期满，考试合格，国家承认中专学历。教学采取收听广播和录音、收看电视、录像和面授辅导等形式进行。1988年，开办农学、畜牧、农经3个专业，在册学员88人，其中新学员16人。1990年，开办5个专业设17门课。是年经省教委、省农业厅评估验收达标。

1993年，招收新学员20人，在校学生134人，有教师3人。

1997年，增设畜牧兽医和农村电气化2个专业，招收学员101人。

1998年，在新塘乡水沟、甲西2村开办畜牧兽医中专班。

2001年，停止招生，转为农村培训。

第七节 “两基”教育

1987年，基本实现九年制义务教育后，“两基”教育主要针对扫除农村青壮年文盲。采取行政部门包入学、教育部门包教学的工作责任制。1988年，平湖区扫盲工作通过县政府验收合格。

1989年，全县共有扫盲班1949个，入学人数49719人，共脱盲1987人，经省州验收，认定为基本实现无盲县。

1993年，对全县适龄儿童入学情况进行普查重新登记。全县中小学开始由县教育局统一发放学生毕业证。是年开始，农村扫盲认字与培训农业实用技术相结合，白龙乡京舟沙地村建立第一个农民业余技术学校。

1995年，全县从村级小学开始，“普六”教学点实行“普四”办学，公民办教师实行包教脱盲制度。是年，县教育局干部刘仁帮获国家“中华扫盲”先进个人称号。

1996年，黔南州人民政府“两基”工作领导小组认定平湖镇“普九”“扫盲”工作达省级标准，成为全县第一个实现“两基”教育乡（镇）。是年，各乡（镇）均办有农民文化技术培训中心，242个行政村办有农民文化技术学校。

1997年11月，贵州省人民政府对平塘“两基”工作复查验收，认定平塘县为基本扫除青壮年文盲合格县。

1998年，县人民政府把“普九”工作列入当年十件实事之一，控制中小学生辍学，主抓7~12岁适龄儿童、13~15岁和17岁青少年入学率达标。是年，全县适龄儿童入学率达98.4%，中学生辍学控制在3%以内。

2003年，实施减免全县中小学贫困学生和独生子女、双女结扎户子女学费。是年，共投资1500万元进行中小学危房改造和基础设施建设。

2006年，国家减免初中、小学学费杂费，并对贫困学生生活补实施“两免一补”，全县中小学各项指标呈现“五升两降”。即初中毛入学率、小学适龄儿童入学率、三残儿童少年入学率、15周岁完成率、17周岁完成率比上年有所上升；小学辍学率和初中辍学率分别比上年下降0.84和1.47个百分点。从是年开始，全县扫盲由认字学习向认字与农业实用技术培训相结合转变，依靠乡（镇）、村两级农业技术学校进行扫盲和农技培训。

2007年，教育部、财政部、国家发改委授予平塘县“西部地区‘两基’攻坚先进地区”荣誉称号。

2008年6月，贵州省人民政府对平塘进行“两基”复查，认定各项指标合格。

2009年，平塘“两基”工作通过国家检查验收，之后转入巩固提高阶段。至2011年，全县青壮年人口非文盲率达97.75%。

2013年，实行县人民政府县长、教育局长、乡（镇）长、中小学校长、学生家长、班主任“七长”控辍保学制度，开展辍学学生劝返入学工作。是年，全县小学生辍学率为0.12%，初中学生辍学率为2.34%。

1988~2013年平塘县扫除青壮年文盲情况统计表

表19-6

年份	扫盲班数（个）	学员数（人）	脱盲数（人）	农技培训学员（人）
1988	21	841	671	—
1989	424	10003	7714	—
1990	88	2446	1548	—
1991	86	2648	2446	386
1992	90	2861	2527	817
1993	92	3025	2561	1186
1994	99	3517	3025	2461
1995	113	3429	3078	3683
1996	114	3362	3022	4295
1997	128	3500	3012	5020
1998	43	1646	1529	4940
1999	266	3641	3047	8218
2000	352	5400	4800	6042
2001	402	6800	6000	5836
2002	265	5738	4800	4052
2003	247	4656	4054	3908
2004	279	4303	4200	9060
2005	177	4545	4200	8634
2006	182	4310	4200	9537
2007	67	1400	1024	8090
2008	62	1040	1040	8275
2009	165	1010	978	5350

注：2009年，全县“两基”工作通过国家检查验收合格后，不再进行农村青壮年扫盲工作。

第八节　教师队伍建设

师资队伍

1988年，全县共有公、民办教师2349人（公办1393人、民办956人），其中，幼儿园有公办教师31人、民办教师3人；小学有公办教师924人、民办教师942人；中学有公办教师438人、民办教师11人。是年，共有11名民办教师转为公办教师。之后，每年都从师范类大中专院校招录一批大中专毕业生充实教师队伍。

1992年，全县共有1986年前参加工作的民办教师634人，是年，参加“民转公”考试，及格133

人，转公办教师 14 人。之后，分期分批从民办教师中通过考试择优转为公办教师，至 1999 年，共录用“民转公”教师 260 人。

2000 年后，师范类大中专毕业生实行双向选择制，通过现场考核选聘，不再统一分配。

2001 年开始，师资不足的部分学校聘请临时代课教师，不再招用民办教师。2008 年，全县共有代课教师 90 名。2011 年，清退全县代课教师 135 名和长期留职停薪脱岗教师 19 人。

2013 年，全县共有公办教师 2984 人，其中幼儿园教师 301 人、小学教师 1374 人、初中教师 962 人、高中教师 298 人、中等职业学校教师 49 人。

1988～2013 年平塘县教职工基本情况统计表

表 19-7　　　　单位：人

年份	教师总数	其中										
		幼儿园			小学			中学				
		总人数	公办	民办	总人数	公办	民办（代课）	总人数	公办	民办	高中	职中
1988	2349	34	31	3	1866	924	942	449	336	11	70	32
1989	2302	34	34	—	1828	963	865	440	318	10	67	45
1990	2112	38	38	—	1676	894	782	398	299	8	52	39
1991	2391	55	55	—	1844	1034	810	492	374	3	64	51
1992	2223	58	58	—	1718	971	747	447	339	7	57	44
1993	2224	53	53	—	1682	929	753	489	380	6	62	41
1994	2205	65	65	—	1591	976	615	549	447	11	50	41
1995	2155	53	53	—	1557	1070	487	545	448	10	53	38
1996	2143	71	71	—	1546	1202	344	526	457	10	34	25
1997	2258	70	70	—	1568	1395	173	620	554	—	54	12
1998	1986	74	74	—	1390	1219	171	522	486	—	36	19
1999	2122	83	83	—	1475	1374	101	564	518	—	46	—
2000	2372	93	93	—	1677	1614	63	602	548	—	54	—
2001	2573	90	90	—	1856	1539	317	627	568	—	59	—
2002	2703	82	82	—	1794	1540	254	827	753	—	74	12
2003	2570	99	99	—	1646	1646	—	825	736	—	89	—
2004	2496	96	96	—	1537	1537	—	863	765	—	98	—
2005	2409	102	102	—	1571	1571	—	736	575	—	161	—
2006	2715	117	117	—	1610	1610	—	988	821	—	167	18
2007	2736	79	79	—	1666	1666	—	—	—	—	165	35
2008	2841	—	—	—	—	—	—	—	—	—	—	—
2009	2894	—	—	—	—	—	—	—	—	—	—	—
2010	2666	138	138	—	1382	1382	—	1146	925	—	179	42
2011	2658	141	141	—	1398	1398	—	1119	887	—	190	42

续上表

年份	教师总数	其中										
		幼儿园			小学			中学				
		总人数	公办	民办	总人数	公办	民办（代课）	总人数	公办	民办	高中	职中
2012	2703	141	141	—	1377	1377	—	1185	946	—	196	43
2013	2984	301	301	—	1374	1374	—	1309	962	—	298	49

注：1997年后，全县初中不再聘用民办教师，小学从2001年开始取消任用民办教师，部分边远乡（镇）小学教师不足的聘请临时代课教师。

教师结构

1988年，全县共有小学教师1866人，其中民办教师942人；中学教师499人，其中民办教师11人；幼儿园教师34人，其中民办教师3人。是年11月，全县教师职称评定结束，有中学特级教师1人、中学高级教师18人、中学一级教师91人、中学二级教师124人、中学三级教师58人；有小学高级教师163人、小学一级教师386人、小学二级教师380人、小学三级教师17人；幼儿园有小学高级教师1人、小学一级教师3人、小学二级教师4人。是年共有11名民办教师转为公办教师。

1989年，共有专业技术职称教师1803名，其中公办教师1451人、民办教师352人。在民办小学任教的教师中有小学高级教师4人、小学一级教师90人、小学二级教师168人、小学三级教师89人。

1991年，对1986年前任民办教师的进行教材教法考试，应试527人，实考527人，及格182人，劝退58人、辞退1人。

1992年，根据上年度民办教师考试成绩和年度考核，择优选招14名民办教师转为公办教师。之后分期分批进行考试和考核招录民办教师。

1993年后，每年进行一次评聘工作，对从教满一年以上的教师进行职称认定。

1995年，开始实行教师年度考核制度，考核分优秀、称职、不称职3个等次。

2000年，县内大中专毕业生实行双向选择就业，停止统一分配。之后，根据各中小学缺编情况，从取得教师资格证的大学生中招录教师。

2013年，采取公开引进、招录、招聘特岗教师等方式补充教师328人。是年，全县共有教师2984人，其中幼儿园301人、小学1374人、初中962人、普通高中298人、中等职业学校49人，教师中高级职称88人、中级称职1095人、初级职称1438人。

教师待遇

1978年中共十一届三中全会后，教师政治地位和经济待遇得到恢复和提高。历届人民代表和政协委员会均安排教育界一定数额的人大代表和政协委员。注重从教育系统提拔任用优秀干部。1988年，对离退休教师工资进行调整，对月工资不足40元的按每月40元发放，在岗公、民办教师按月工资总额上浮10%，发放边远地区教师补助等。是年，全县有11名民办教师被转为公办教师。

1989年，中学民办教师每人每年国家补助390元，小学民办教师每人每年补助345元，乡、村自筹补助最高为390元，最低为360元。是年，对边远地区教师发放补助，民办教师每年增加50元，中小学班主任津贴，按照班级学生人数进行调整提高。是年，易如虎、刘相渊、胡家明获“全国优秀教师”称号。1990年开始，对应届大中专毕业生和聘用职称教师实行知识分子补贴和职务工资制度。1992年，开始对在册民办教师进行考试，凡语文、数学双科及格的，经考核合格后按年度上级分配指标择优转为公办教师。

1999 年，调整事业单位工资，全县共有 6184 名教师，人均增资 115.65 元。

2005 年，调整事业单位岗位津贴，专业技术人员岗位补贴标准为副高级职务 400 元，中级职务 300 元，助理级 200 元，员级职务 150 元。

2007 年，实施事业单位收入分配制度改革，全县教职工人均月工资增加 300 余元。

2009 年后，义务教育学校实行绩效工资制，建立义务教育学校分配激励机制，绩效工资总量和机关事业单位津贴补贴同步同幅度增长。

2013 年，全县共向上级人事部门推荐评选中学高级教师 35 名、中学一级教师 232 名、小学高级教师 299 名、幼儿园高级教师 26 人。

师资培训

平塘县师资培训主要采取自学、函授、脱产进修和举办各类教师培训班进行。1988 年，全县共有 9 名中小学教师通过成人高考考入省、州教育学院脱产进修。1990 年，县教育局举办专业学科培训班，共有 34 名教师通过考试取得教育心理学、语文、数学、地理等学科专业合格证。

1993 年后，除鼓励中小学教师参加县电大大专班自学考试、省州教育学院脱产进修考试、中师函授学习外，还根据工作需要举办学科专业培训、新教材培训、农兽教培训、幼儿教师教材培训等各类培训班。1995 年开始，开始实施小学教师继续教育，以平湖一小、新舟小学、新建民校为试点学校，开展教师职业道德、基础技能培训。1996 年 3 月，以县第一幼儿园为试点，开始启动幼儿教师继续教育，是年，全县小学继续教育全面铺开。

2001 年 9 月，在县教师进修学校举办“民转公”小学教师业务知识强化培训班，对 1995 年以来“民转公”小学教师进行半年培训。2003 年后，采取“请进来，派出去”等形式，邀请省内外名师到县讲学，选派县内中小学骨干教师参加国家级或省级教育教学管理和学科培训，参加省内外教学观摩交流学习。2006 年 7 月，举办村级小学以上校长培训班，155 名中小学校长参加学前教育，中小学语文、数学、英语、音乐等教材培训和教学研讨活动。

2009 年后，实施“农村教师素质提升工程”计划、中小学教师国家培训计划，组织全县中小学校长、幼儿园园长、骨干教师参加国家教育部、贵州省教育厅在重庆、贵阳、桂林等地举办的各类短期班，参训 10 期共 4300 人，实施远程教育 3 期共 1206 人。

2013 年，共选派 765 名中小学教师到清华大学、北京师范大学等省内外院校参加教学教育技能培训。对新招录的 328 名教师进行上岗前培训。是年，全县有省级骨干教师 6 人、州级 34 人、县级 184 人。

第九节　教学教研

1988 年后，逐步建立县教研室、乡（镇）中心校、边远中心校三级教研网络，教研工作逐渐走向常规化。

1991 年，县教育局教研室制定《平塘县小学语文数学教学常规》，从备课、上课、课外辅导、布置作业、成绩考核等 5 个方面明确教师的职责。1992 年，以西关小学为实验教学点，开始实施目标教学和管理工作。

从 1993 年开始，在全县公办小学和部分民办小学推行“目标教学”，在各乡（镇）中心校设立教改实验班。

1994年，开始在全县中小学开展优质课评选活动，并组织参加黔南州优质课评选。1995年，平塘、独山、荔波、三都4县教学联谊活动在平塘举行，并在平湖一小开展语文、数学课观摩活动。是年开始，开展小学教师继续教育培训，提高教师的师德和基本技能。

1996年开始，在全县小学（幼儿园）教师中开展口语、教具制作、简笔画、写字和教育活动专项技能基础知识培训，并进行写字和教具制作比赛。

2001年开始，开展中学教师继续教育。是年6月，平塘二中、平湖三小建成第一批多媒体教室。2002年，平塘民中、二中和通州中学、克度中学、塘边中学、牙舟中学、者密中学、摆茹中学、西关中学以及平湖一、二、三小先后建成计算机教室。平塘二中建成计算机校园局域网。

2003年，首次开展送课下乡活动，县教育局教研室组织14名县级优秀教师到各乡（镇）中心校上示范课。

2007年，县教育局组织全县中小学参加全国“希望杯”数学竞赛和全国中学生物理化学等学科竞赛，获二等奖5人、三等奖53人，是年，县教育局被贵州省教育厅评为先进单位。2008年，以克度中学为中心建立片区英语教研中心。

2009年，县教育局印发《平塘县中小学学科中心教研组工作准则》，是年全县小学学科中心教研组36人、中学中心教研组110人。“十一五”期间，全县投入中小学教师继续教育189.8万元，开展教师培训1600余人（次）。

2012年，推进省级名师工程，发展省级骨干教师3人，增选州级学科骨干教师25人。

2013年，开展中小学实验教学技能操作、自制教具创新实验大赛和实验教学论文评比大赛，参加第六届中小学远程教学优秀论文评选活动。是年，共有21名教师获优质课和教学论文组织奖。

第十节 行政管理

1988年，县教育局在全县中小学试行校长选聘制。是年，县教育局内设办公室、教研室、人事股、财会股、成教股和普教股，加挂县招生委员会办公室牌子。

1989年，采取面向社会招聘、系统内部选举、组织任命3种形式组织中小学班子实行校长负责制，教师由任命制改为聘任制。

1991年，全县撤区并乡建镇，行政区划调整为19个乡镇。撤销原7个区教育辅导站，组建19个乡镇教育辅导站。

1993年，全县小学开始使用“义务教育六年制教材”。是年，县教科局增设农教办公室和普教办公室。1994年，县级机构改革，撤销县科学技术委员会和县教育局，组建平塘县教育与科学技术局，是年5月，成立县政府教育督导室。

1995年11月，撤销县教科局，分设平塘县教育局和平塘县科学技术局。

1998年，县教育局增设大中专毕业生分配领导小组办公室。

2000年，师范类大中专毕业就业实行双向选择。是年，23名师范类应届大中专毕业生通过考核，选聘到乡（镇）中小学任教。

2002年，县教育局增设县国家贫困地区义务教育工程办公室、教育贷款办公室、小学教师继续教育办公室。2005年增设中小学教师继续教育办公室。

2006年，撤销乡（镇）教育辅导站，其业务由乡（镇）中心校具体负责。2008年，设置县师德师风专项教育活动办公室。

2009 年，县教育局增设县学生资助管理中心。

2013 年，县教育局制定《平塘县中小学常规工作基本规范》，实行“校财局管”。全县中小学学生食堂取消外包，实行自办自管，粮油等大宗食品统一采购和配送。是年，县教育局内设办公室、政工股、教育股、计财基建股、安全法规股、教研室、教育工会、县教育党工委办公室、县青少年活动中心、县政府教育督导办公室、县政府招生委员会办公室、县学生资助管理中心、县校财局管中心。增设县教育“9+3”办公室、电教中心。

第十一节　教育设施和教育经费

教育设施

1988~1992 年，全县共进行中小学校舍改造、维修 146 个，其中拆建 63 个、维修 83 个。总投资 512.91 万元，面积 4.61 万平方米。完成 4 所初中学校和 23 所乡（镇）中心小学教学仪器设备采购安装。

1993~1994 年，共投入 295.52 万元，先后修建平塘民中、平塘二中、摆茹中学、塘边中学、者密中学、平湖一小（逸夫楼）、鼠场小学、旧司小学、万独小学、民联小学、水沟小学教学楼和摆茹中学、者密中学教职工宿舍楼，总面积 10862 平方米。1997 年，通过世界银行扶贫贷款和地方匹配资金，实施通州中学、牙舟中学、西关中学和平湖一小、克度二小、平湖三小、平湖四小以及红旗、兴隆、高兴、乐康、摆茹 5 所小学教学楼建设，建筑总面积 5093 平方米。是年，上海大千食品公司、粤港民建和深圳建设投资控股公司先后援建修成油岜、里中 2 所希望小学和西关、磨刀石、卡蒲、四寨、鼠场 5 所小学。

1993 年，投入 166.3 万元，新建、维修中小学教学楼、校舍共 6125 平方米，其中，县民族中学主教学楼 1741 平方米、平湖一小逸夫教学楼 1725 平方米、平塘二中教学楼 1405 平方米。1997 年实施中小学危房改造 11520.2 平方米，总投资 411 万元。

1998~2002 年，投入义务教育项目资金 1626 万元，新建 50 所中小学校舍，共 40100.4 平方米；新添置课桌凳 2868 套、教学仪器设备 1.6 万件（套）、图书 10.4 万册。1999 年，香港黄佩球先生希望之友教育基金会援建修成羊方小学和基场小学教学楼。

2002~2004 年，实施危改项目 147 个，总投资 1633.803 万元，其中中央资金 427 万元、省级资金 76 万元、州级资金 26 万元、县自筹资金 1025.703 万元、社会捐资 79.1 万元。至 2004 年底，全县全部完成中小学校危房改造，96%以上中小学都由原来土木、砖木结构的校舍，改建或扩建为砖混结构的标准化校舍。2008 年，中小学教学、实验设备全部达到省级配备标准。

2013 年，全县幼儿园占地 51669 平方米，校舍 16883 平方米。全县小学占地面积 589637 平方米，校舍建筑面积 169150 平方米，生均校园占地面积为 23.196 平方米，生均校舍建筑面积为 6.654 平方米。全县初中占地面积 419045 平方米，校舍建筑面积 129929 平方米，生均校园占地面积为 30.514 平方米，生均校舍建筑面积为 9.461 平方米。普通高中占地面积 155329 平方米，校舍建筑面积 48476 平方米，生均校园占地面积为 32.489 平方米，生均校舍建筑面积为 10.139 平方米。

教育经费

平塘教育经费以财政投入为主，省州专项资金和地方附加经费为辅。1988 年，全县教育经费为

404.9万元，之后，随着财政收入逐步增长，国家投入逐年增加，教育经费投入也逐年增多，至2008年，投入教育经费达13130万元，是1988年的38.2倍。

2013年，教育经费投入为32593万元，占全县财政总支出的20.3%。

1988~2013年平塘县财政投入教育经费情况统计表

表19-8 单位：万元

年份	全县财政支出总额	其中教育经费总额	教育经费占全县财政总支出比例（%）
1988	1257	343.4	27.3
1989	1608	401.5	25
1990	1601	437	27.3
1991	1759	502	28.5
1992	2040	573	28.1
1993	2262	674	29.8
1994	2285	775	33.9
1995	2901	847	29.2
1996	3922	1020	26
1997	5117	1284	25.1
1998	5434	1381	25.4
1999	6296	1856	29.5
2000	7067	2095	29.6
2001	11220	3026	27
2002	12945	3732	28.8
2003	15428	4017	26
2004	18946	5548	29.3
2005	24936	5678	22.8
2006	29568	7759	26.2
2007	38613	9629	24.9
2008	56762	13130	23.1
2009	73619	15870	21.6
2010	92181	19245	20.9
2011	113611	28409	25
2012	140552	48197	34.3
2013	160443	32593	20.3

第十二节　社会捐资助学

1988~1992 年，社会助学主要是捐赠学生学习用具和衣服。

1993 年，香港邵逸夫先生捐资 40 万元修建平湖一小教学楼。1997 年，上海大千美食公司、香港黄佩球分别捐资援建油邑和里中希望小学。1998 年，深圳市对口帮扶平塘后，先后有深圳建设投资控股公司、深圳市盐田人民政府、盐田区教育局、深圳能源集团、深圳沙角电子公司先后捐资修建卡蒲小学、甘寨磨刀石小学、鼠场小学、四寨小学、西关小学、卡罗小学、油邑小学、平湖四小以及平塘二中、四寨中学教学楼，并为县内中小学配备一批课桌椅和计算机。

2000 年开始，香港爱德基金会、香港燃灯基金会、香港小平基金会、香港慈恩基金会、香港陈登基金会、香港两地一心基金会和美国燃灯基金会捐资援建一批村级小学教学楼。2009~2012 年，深圳能源集团、香港慈恩基金会、香港小平基金会、马来西亚星洲媒体、深圳外国语学校等单位和慈善机构先后对平塘民族中学以及各乡（镇）中小学贫困学生进行捐资助学，帮助困难家庭学生完成学业。

2013 年，全县共接受社会捐资捐物 153.7 万元，资助贫困优秀学生 420 人。配置 20 所乡（镇）小学学生食堂厨房设备。

1988~2013 年社会团体及个人对平塘县教育捐资情况表

表 19-9　　　　单位：万元

捐资单位及个人	捐资时间	捐资金额	受捐学校	捐资项目
邵逸夫（香港）	1993 年	40	平湖一小	修建教学楼
上海大千美食林公司	1997 年	22.717	油邑小学	修建教学楼
黄佩球（香港）	1997 年	14	里中小学	修建教学楼及厕所
范止安（香港）	1998 年	20	高星小学	修建教学楼
深圳建设控股公司	1998 年	30	卡蒲小学	修建教学楼
深圳建设控股公司	1998 年	35	磨刀石小学	修建教学楼
深圳建设控股公司	1998 年	30	鼠场小学	修建教学楼
深圳建设控股公司	1998 年	30	四寨小学	修建教学楼
深圳建设控股公司	1998 年	30	卡蒲小学	修建教学楼
深圳建设控股公司	1998 年	30	鼠场小学	修建教学楼
深圳建设控股公司	1999 年	35	西关小学	修建教学楼
深圳建设控股公司	1999 年	30	卡罗小学	修建教学楼
深圳建设控股公司	1999 年	135	平塘二中	修建教学楼
黄佩球（香港）	1999 年	15	大塘羊方小学	修建教学楼
吕贵海（香港）	1999 年	8	基场小学	修建教学楼
邵逸夫（香港）	2000 年	10	克度二小	修建教学楼
香港爱德基金会	2000 年	2	四方井小学	修建教学楼
香港爱德基金会	2000 年	1.6	三尧洞小学	修建教学楼
香港爱德基金会	2000 年	5	陈家湾小学	修建教学楼

续上表

捐资单位及个人	捐资时间	捐资金额	受捐学校	捐资项目
香港爱德基金会	2000 年	4	甲本小学	修建教学楼
香港爱德基金会	2000 年	4	关口小学	修建教学楼
香港爱德基金会	2000 年	4	水沟小学	修建教学楼
香港爱德基金会	2000 年	4	营盘小学	修建教学楼
香港爱德基金会	2000 年	1.6	赖惹小学	修建教学楼
香港爱德基金会	2000 年	1	掌芒小学	修建教学楼
香港爱德基金会	2000 年	2	纳料小学	修建教学楼
深圳市盐田区教育局	2001 年	70	平塘县校舍建设	县内教学用房
深圳市盐田区教职工	2001 年	12	平塘县中小学生	中小学生助学
深圳市沙头角中学	2001 年	9.36	平塘二中	计算机
深圳市盐田区田心小学	2001 年	8	平湖三小	计算机及桌子
香港爱德基金会	2001 年	3	光明小学	修建教学楼
香港爱德基金会	2001 年	3	落良小学	修建教学楼
香港爱德基金会	2001 年	3	抹芒小学	修建教学楼
香港爱德基金会	2001 年	2	盛安小学	修建教学楼
香港爱德基金会	2001 年	2	上莫小学	修建教学楼
香港爱德基金会	2001 年	2.6	西联小学	修建教学楼
香港爱德基金会	2001 年	2.6	谷立小学	修建教学楼
香港爱德基金会	2001 年	3	摆克小学	修建教学楼
香港爱德基金会	2001 年	1.8	摆旁小学	修建教学楼
香港爱德基金会	2001 年	3	沙郎小学	修建教学楼
香港爱德基金会	2001 年	2	栗木山小学	修建教学楼
香港爱德基金会	2001 年	3	堡上小学	修建教学楼
香港爱德基金会	2001 年	2.8	白岩小学	修建教学楼
香港爱德基金会	2001 年	3	白沙小学	修建教学楼
香港爱德基金会	2001 年	2.6	新力小学	修建教学楼
香港爱德基金会	2001 年	3	抵高小学	修建教学楼
香港爱德基金会	2001 年	3	新店小学	修建教学楼
香港燃灯基金会	2002 年	3	拉抹小学	修建教学楼
香港燃灯基金会	2002 年	3	拉贡小学	修建教学楼
香港燃灯基金会	2002 年	3	光明小学	修建教学楼
香港燃灯基金会	2002 年	3	冗空小学	修建教学楼
深圳市盐田区	2002 年	29.339	平湖三小	微机室及附属设施
深圳市盐田区	2002 年	1	鼠场教育站	修建水窖
香港爱德基金会	2003 年	14	拉所小学	修建教学楼

续上表

捐资单位及个人	捐资时间	捐资金额	受捐学校	捐资项目
邵逸夫（香港）	2003年	10	摆烈小学	修建教学楼
香港爱德基金会	2003年	7	拉湾小学	修建教学楼
香港爱德基金会	2003年	14	路德小学	修建教学楼
美国燃灯基金会	2003年	3	家纹小学	修建教学楼
美国燃灯基金会	2003年	2	槐轩小学	修建教学楼
美国燃灯基金会	2003年	2	炫宁小学	修建教学楼
深圳海湾中学	2003年	8	克度中学	计算机
深圳市盐田区	2003年	8.682	县内中小学	中小学生
香港慈恩基金会	2004年	6	水沟小学	修建教学楼
美国燃灯基金会	2004年	3	阴洞小学	修建教学楼
美国燃灯基金会	2004年	3	弯寨小学	修建教学楼
美国燃灯基金会	2004年	2	甲谈小学	修建教学楼
美国燃灯基金会	2004年	3	党振小学	修建教学楼
黄黔（国务院政策研究司）	2004年	8	旧司小学	修建教学楼
		2	独坡小学	修建教学楼
深圳市盐田区	2004年	45	县内学校	中小学生
深圳市盐田区	2004年	13.75	平塘二中	实验室课桌椅
深圳市盐田区	2004年	2.34	牙舟小学	阶梯教室桌椅
黔南州烟草公司	2004年	25	三星小学	教学楼
黔南州烟草公司职工	2004年	4	三星小学	计算机及图书
香港慈恩基金会	2005年	3.6	水沟小学	计算机
香港慈恩基金会	2005年	4.8	甲善小学	修建教学楼
香港慈恩基金会	2005年	2	县内小学	学生
台湾明德基金会	2005年	40	油岜小学	修建教学楼
深圳市盐田区	2005年	115	四寨中学	修建教学楼
深圳市盐田区	2005年	20	县内学校	中小学生
深圳市盐田区	2005年	13.5	平塘二中	实验室课桌椅
深圳市盐田区	2005年	—	克度中学	阶梯教室桌椅
香港陈登基金会	2006年	6	白云小学	修建教学楼
香港慈恩基金会	2006年	5.5	油火小学	修建教学楼
香港陈登基金会	2006年	7	拉塘小学	修建教学楼
深圳能源集团	2006年	202	新关小学	教学楼及附属
深圳市盐田区	2006年	13.75	牙舟中学	实验室桌椅
深圳市盐田区	2006年	13.75	摆茹中学	实验室桌椅
深圳市盐田区	2006年	13.75	通州中学	实验室桌椅

续上表

捐资单位及个人	捐资时间	捐资金额	受捐学校	捐资项目
深圳市盐田区	2006 年	13.75	西关中学	实验室桌椅
深圳市盐田区	2006 年	13.75	克度中学	实验室桌椅
深圳市盐田区	2006 年	2.91	牙舟中学	阶梯教室桌椅
深圳市盐田区	2006 年	3.585	通州中学	阶梯教室桌椅
深圳市盐田区	2006 年	2.91	西关中学	阶梯教室桌椅
深圳市盐田区	2006 年	2.94	摆茹中学	阶梯教室桌椅
深圳市盐田区	2006 年	3.585	塘边中学	阶梯教室桌椅
黄仕群（广东汕头）	2006 年	30	卡腊小学	修建教学楼
朱英龙（台湾）	2007 年	12	谷硐小学	学生宿舍楼
		12	西凉小学	学生宿舍楼
香港两地一心基金会	2007 年	10	冷水关小学	教学楼
香港小平基金会	2007 年	10	羊场小学	教学楼
香港小平基金会	2007 年	10	落良小学	教学楼
台湾明德基金会	2007 年	45	西关二小	教学楼
深圳沙角 B 电力公司	2007 年	150	平湖四小	教学楼综合楼
深圳市盐田区	2007 年	1	甲茶小学	厕所
香港两地一心基金会	2008 年	10	平塘县拉关小学	教学楼
香港两地一心基金会	2008 年	10	栗木山小学	教学楼
香港道德会	2008 年	25	栗木山小学	教学楼及厕所
黄永光（香港）	2008 年	35	里中小学	教学楼
中国教育发展基金会	2009 年	22.2	平塘民族中学	资助 222 名贫困学生
深圳能源集团	2009 年	28.41	部分乡镇中小学	资助 601 名贫困学生
香港恩慈基金	2009 年	3.6	栗木山小学、米寅小学	资助 180 名优秀学生
黔南州计生局	2010 年	4	各乡镇中小学	资助 2530 名独生子女及双女结扎户学生
深圳能源集团	2010 年	8.52	各乡镇中小学、平塘民族中学	资助 269 名贫困学生
香港慈恩基金	2010 年	1.2	栗木山小学、米寅小学	资助 60 名优秀学生
美国手牵手教育基金	2010 年	4.111	各乡镇中小学、平塘民族中学、	资助 42 名贫困学生
香港小平助学金	2010 年	1.5	平塘民族中学	资助 30 名贫困学生
马来西亚星洲媒体	2011 年	20.3	平塘民族中学	资助 290 名贫困学生
彩票公益金助学	2011 年	17.8	平塘民族中学	资助 178 名贫困学生
马来西亚星洲媒体团助学	2011 年	3.5	平塘民族中学	资助 50 名贫困学生
平塘 361°名店爱心助学	2011 年	0.12	平塘民族中学	资助 6 名贫困学生
香港社会陈登基金会	2011 年	1.8	平塘民族中学	资助 20 名贫困学生

续上表

捐资单位及个人	捐资时间	捐资金额	受捐学校	捐资项目
茅台集团	2011 年	1.875	各乡镇小学	资助 3570 名学生学习用具
深圳能源集团控股公司	2011 年	20	部分乡镇中小学	资助 320 名贫困学生
深圳能源集团	2011 年	18.4	各乡镇中小学、平塘民族中学	资助 192 名贫困学生
新长城公司	2011 年	5.052		资助 30 名贫困学生
美国手牵手教育基金	2011 年	2.554	部乡镇中小学、平塘民族中学	资助 58 名贫困学生
广发希望慈善基金	2012 年	39.08	部乡镇中小学	资助 175 名贫困学生助学及 6 所学校吃堂设备
美国手牵手教育基金	2012 年	5.3192	各乡镇中小学、平塘民族中学	资助 123 名贫困学生
香港爱德基金会	2012 年	5.775	部分小学	发放 165 名贫困学生助学金
澳门汇才慈善会	2012 年	7.95	平塘民族中学	发放 159 名贫困学生助学金
中华文学基金会、育才图书馆	2012 年	6.48154	部分乡镇中小学	发放 271 名贫困学生助学金
上海真爱梦想公益基金会	2012 年	10	部分乡镇中小学	用于修建筑梦学堂
深圳外国语学校	2012 年	7.46	部分乡镇中小学	发放 64 名贫困学生助学金
卢燕、苏伟（深圳外国语学校教师）	2012 年	22.4	部分乡镇中小学	—
国家关工委安利集团	2013 年	120	20 所学校	春苗厨房设备
马来西亚星洲媒体集团	2013 年	3.5	部分乡镇中小学	发放 50 名贫困学生助学金
深圳“一助一”助学会	2013 年	11.84	部分镇中小学、平塘民族中学	发放 159 名贫困学生助学金
“华佗论箭”奖学金	2013 年	5	—	发放 5 名优秀学生奖学金
澳门汇才慈善会	2013 年	3.03	平塘民族中学	发放 101 名贫困学生助学金
广发希望慈善基金	2013 年	1.35	—	发放 15 名优秀学生奖学金
深圳—贵州助学金	2013 年	9	部分乡镇中小学	发放 90 名优秀学生奖学金

第二章　科　技

1988年后，平塘科技工作主要围绕良种良法引进推广、开展项目科研和科普宣传等方面进行。1988~1992年，实施农作物栽培技术7项，引进果蔬良种7个，开展科研项目29个。1993年，开始把科普宣传纳入“三下乡”活动内容。1997年起，实施科技示范基地建设。1998年，县科技局“猕猴桃基地续建”和“名特优水果引种试验”分别列为黔南州科技局和省科委年度扶贫项目。2000年，县靓艺建筑材料厂生产的“五防秸秆隔墙板”获1992~2000年度贵州省优秀新产品二等奖。2003年，县科技局实施网箱养鱼试验获得成功。2005年，实施超级水稻和免耕油菜种植。2013年，全县共有各类专业技术人员3777人，其中工程技术人员115人、农业技术人员212人。

第一节　机　构

1988年，县科学技术委员会（简称县科委）是全县科技管理机构，内设办公室、业务室及科技情报室。县科学技术协会（简称县科协）为科技群团组织，负责科技的推广工作，下设中华医学会平塘分会、县农学会、县林学会、县教育学会、县水电学会、县畜牧水产学会、县果树蔬菜研究会等7个县级学会，有会员616人。在7区1镇及39个乡（镇）设有科普协会47个，有会员2054人。1991年建并撤后，人员变动，协会自然消失。1992年，全县有基层科普协会2个，会员407人。

1994年1月，县级机构改革，撤销县科委与县教育局，组建县教育与科学技术局。1995年11月，单独设立县科学技术局。1998年，成立县科技开发有限责任公司。

2010年，县科技局并入县发展和改革局。2012年11月恢复县科学技术局，内设办公室、科技综合管理股、知识产权股、防震减灾股。

2013年11月，设立县防震减灾局，为县科技局管理的正科级事业单位，核定事业编制5人。

第二节　科技队伍

改革开放后，平塘县科技队伍不断发展壮大，至1992年，全县共有各级各类专业技术人员2188人，其中，工程技术人员69人、农业技术人员133人、卫生技术人员302人，每千人中有专业技术人员8.36人。科技人员中高级职称9人、中级职称227人、初级职称1481人。

1993~1997年，增加各类技术人员500人，其中，高级专业职称增加7人、中级职称增加160人、初级职称增加464人。

2010年后，随着科教兴县战略的推进和农业实用技术的推广，各类技术人员脱颖而出。

2013年，全县共有各类专业技术人员3777人。其中，工程技术人员115人、农业技术人员212人、卫生技术人员470人、会计人员489人、其他专业技术人员2491人。有高级专业职称121人、中级职称1194人、初级职称2120人。

第三节　科技普及

科普宣传

1988年后，全县逐步建立科技普及网点，通过赶场天举办科普展览、技术咨询服务等进行科普宣传。1988～1995年，共举办科普展览10余次，服务咨询群众126场次，共计3.5万人，发放科普资料3.54万余份。

1996年开始，每年“3·18”科技日在县城开展“科技一条街”活动。1999年开始，把科技宣传纳入“三下乡”（科技、文化、卫生三下乡）宣传活动。

2013年，共开展“科技下乡”活动35场，28个部门350名干部和专业技术人员参加活动。

技术推广

1988年，温室两段育秧移栽试验和旱地小麦—包谷—红苕（菜）轮作试验成功。之后，先后开展水稻半旱式垄作栽培、玉米地膜覆盖栽培和营养袋（块）育苗定移栽、旱地分带轮、油菜育苗移栽等技术，先后引进“巨丰葡萄”“庆丰朝霞”“白龙早艳”“雨花露”“北京2号”优良果蔬种苗和“粒李”李子苗进行试验种植。

1993年，全县共有育秧温室1.7万个，19个乡镇设水稻叶龄模式栽培苗情观察点41个。1995年，在全县推广远红外线烤烟技术，共建成远红外线烤房600余个。

1999年开始，在县内实施“粮—猪—沼”良性循环项目，共推广种植优质蛋白玉米4933亩，修建沼气池360口，养猪15.7万头。2003年，县科技局在通州镇平里河村实施网箱养鱼示范。

2005年，在白龙、克度、卡罗实施超级稻示范种植1240亩，推广脱毒洋芋种植2.7万亩，推广免耕油菜新技术示范栽培3.04万亩。2006年，在掌布乡开花寨和平湖镇双桥村实施50亩优质核桃高产栽培示范项目和150亩美国提子高产栽培示范项目获得成功。

2010年，在全县推广测土配方施肥推广面积60万亩，其中水稻24万亩、玉米21万亩、油菜15万亩。是年，创办种养殖基地11个，建立农民专业合作社5个，科技特派员工作站2个。2011年，推广“两杂良种”133个；进行新品种试验2组，参试品种22个；引种试验2个，品种44个；承担水稻制种试验1个。

2013年，与宁夏银川心连心葡萄服务有限公司开展技术交流与合作，创建平塘优质高产葡萄示范基地和葡萄种植培训基地。是年，推广新技术11项，引进新品种11个，主要有大鲵养殖、大闸蟹养殖、中药材养鸡、特色林木种植、红心蜜柚种植、野生葡萄高产培育种植等。

科技培训

1988～1992年，共开展农业实用技术培训1624次，共培训人员12.15万人次，主要有“两杂”栽培、水稻温室两段秧移栽、旱地分带轮作、早熟蔬菜栽培、柑橘栽培、大板栗嫁接、种桑养蚕、烤烟生产等。

1993～1997年，共举办以“紧凑型玉米高产栽培”“果树丰产栽培”“果树育苗及嫁接”“生猪快速育肥”“水库养鱼”“远红外线烘烤烤烟”“旱地分带轮作”“水稻温室两段育秧”“早菜高产栽培”等农业实用技术为主要内容的培训班145期。

1998 年后，采取以会代训、举办培训班等多种形式，组织乡（镇）干部、复员退伍军人、种养殖专业大户、村组干部、项目区农户及农民群众进行农业实用技术培训。

2006 年后，县科协、农业、畜牧、烟草、林业、农机等涉农部门，结合项目实施，采取集中办班和现场解说方式进行培训。主要有精品水果、山鸡、蛋鸭、农业机械、烤烟示范种植和烘烤等。

2008 年起，向乡（镇）下派科技特派员，负责各乡（镇）科技试验和推广工作。

2013 年，实施“贵州山地果园节水灌溉技术应用及示范推广”“南江黄羊生态养殖科技示范基地建设”“一年两熟水果（提子）创新育苗技术应用和推广”项目，举办培训班 3 期共 159 人。

第四节　科技成果

1988 年，全县共取得科研成果 11 项，其中工业科研 3 项，分别为“刺金红”“金樱子”低度发酵酒新产品研制、中性铝品包装纸企业标准、刺梨发酵酒生产技术及生产应用；农业科研 8 项，分别为水稻病虫害综合防治、微型计算机技术在水稻病虫害综合防治中的初步应用、土地资源调查研究及成果应用、“平三一 1 号”节能灶的研制与推广应用、天麻人工栽培技术研究、平塘县疟疾病史的考查与防治、打贵河温泉水勘察及开发研究、开花寨花石矿初步勘察及开发研究。

1992 年，科技项目主要有远红外线在烤烟烘烤上的应用、地膜保护性栽培烤烟的技术研究、生长激素对烤烟增产作用的试验研究、水果深加工技术的引进运用、小麦贵花一号的引种试种与推广、坑塘养鱼技术研究、早春菜的栽培技术研究、加工—饲养综合利用、人工牛体育黄技术应用等。

1995 年，“平塘县家畜禽寄生虫调查”获州科技成果四等奖。是年，县科技局研制的远红外线涂料取得成功。平塘县纸厂生产的纸质地膜，在减少白色污染、净化环境、降低农业生产成本等方面通过专家论证。

1999 年，“平塘牛羊寄生虫病防疫”获全州科技进步二等奖。2000 年，县靓艺建筑材料厂生产的“五防秸秆轻体隔墙板”被贵州省人民政府评为 1999～2000 年度贵州省优秀新产品二等奖。

2010 年，“平塘县水稻超高产示范工程”获全省丰收奖三等奖，“平塘县水稻生态旱育秧示范项目”获全州丰收奖三等奖。2011 年，“平塘县 2007～2009 年粮食增产示范工程”获全省农业丰收奖二等奖。2012 年，“平塘县大面积水稻高产科技示范工程”获全省丰收奖二等奖。

2013 年，全县科技进步贡献（综合科技进步水平指数）达 40.6%。

第三章　大射电天文望远镜

坐落在克度镇金科村大窝凼的 500 米口径球面射电天文望远镜（英文缩写为 FAST，称为中国天眼）为中科院国家天文台与贵州省人民政府共建工程。1994 年 4 月，把平塘、普定 2 县列为选址区。2006 年，国家天文台把台址选定为平塘克度镇大窝凼。2007 年，国家发改委正式批准立项。2008 年 12 月举行奠基仪式。2011 年 3 月正式动工，2016 年 9 月 25 日落成启用。

第一节　射电工程构想

500米口径球面射电望远镜工程为国家“十一五”重大科技基础设施建设项目（英文缩写为FAST）。中国科学院为建设主管单位，国家天文台为法人单位，贵州省人民政府为共建单位。望远镜工程坐落于平塘县克度镇金科村大窝凼洼地，于2011年3月25日开工建设，2016年9月25日落成启用。

1993年8月26日，在第二十四届国际无线电科联（英文缩写为URSI）京都大会上，澳、加、中、法、德、印、荷、俄、英、美10国天文学家提出建造新一代射电“大望远镜”的倡议，渴望在电波环境彻底毁坏前，回溯原初宇宙，解答天文中众多难题。根据对射电望远镜综合性能发展趋势的预测，联合建议筹建接收面积为1平方千米的大射电望远镜阵（英文缩写为LT），并成立URSI大射电望远镜工作组。

1997年，LT（SKA）中国推进委员会提出LT（SKA）中国工程概念先导单元，由中国独立建造一面世界最大单口径球面望远镜创新方案的初步设想，得到陈芳允、杨嘉墀、王绶琯、陈建生等中科院院士的支持，并联名致信中科院院长路甬祥，路甬祥在批示中认为：“FAST可作为中科院‘十五’大型国家装置的候选。”是年，中国科学院院士王绶琯、叶淑华、陈建生在彭勃博士、吴盛殷教授陪同下考察平塘66号洼地。

1998年，LT（SKA）召开学术年会，FAST工程概念在会上明确提出。是年，FAST工程建设委员会正式成立，全国20余个研究单位组成3个项目相关研究组。

1999年3月，FAST预研究作为中科院首批“创新工程重大项目”立项，得到中科院及科技部的支持。

2000年，贵州省成立省、州、县三级项目协调联络组，是年，省电波监测组完成平塘县内5个点的电波干扰监测任务。

2001年，中国科学院国家天文台正式成立，负责FAST的建设筹备工作。

第二节　射电工程选址

从1994年开始，北京天文台对西南地区洼地进行选址考察，是年4月，启动贵州选址工作。把平塘县和普定县列为选址区，从71个300~600米的凹地，择优选出平塘县克度镇大窝凼和普定尚家冲洼地。

是年，中国天文界以北京天文台为核心，组建LT（SKA）中国推进委员会。中国推进委员会台址评价组组长、中国科学院遥感应用研究所聂跃平博士到平塘进行选址考察，绘制峰距在300~600米的峰丛洼地分布图；中国推进委员会主任南仁东博士、副主任彭勃博士、推委会台址评价组组长聂跃平博士、国际LT中国代表吴盛殷教授、荷兰天文专家理查德博士先后到平塘对40号、51号、53号、54号四个洼地进行考察和电波干扰情况测量。

2002年，FAST被列为中国科学院“重要方向性项目”，启动对FAST关键技术的优化研究。是年，贵州大学受国家天文台和贵州省科技厅委托，开始进行FAST在贵州的第二轮台址普查。

2003年，贵州省无线电管理局首次对大窝凼进行无线电波测量。

2004 年，贵州省无线电管理局再次到大窝凼进行无线电波测量；省山地环境气候研究所吴战平等到大窝凼进行气候观测，向南仁东博士提供《大射电建设对环境（大窝凼）影响初探》的报告。

2005 年，贵州省无线电管理局、省山地气象研究所有关人员共 58 人次对大窝凼进行为期 65 天的天线电波干扰测试。荷兰天文学家和彭勃博士以及省无线电监测站孙建民等到大窝凼进行为期 28 天的无线电波干扰测试工作。是年，国家天文台正式成立 FAST 项目指挥筹备组。

2006 年，FAST 项目正式决定选址贵州平塘。是年，南仁东、彭勃、聂跃平、朱博勤等一行对大窝凼地质钻探工作进行考察评估；国家发展改革委高技术产业司正式启动 FAST 项目的评估论证，并组织专家组对 FAST 的建设台址平塘大窝凼洼进行现场考察。

2007 年 7 月，国家发改委正式批复 FAST 立项。是年，由国家天文台等单位 31 名专家组成的考察组对 FAST 台址进行实地考察。

第三节 射电工程建设

2008 年 12 月 26 日，500 米口径球面射电望远镜工程奠基典礼在克度镇金科村大窝凼举行。

2009 年 9 月，平塘正式启动台址地移民搬迁。是年，中国科学院和贵州省人民政府联合批复 FAST 项目初步设计和概算，概算总投资 73263 万元。

2011 年 3 月 25 日，FAST 工程正式开工建设。

2012 年 12 月，台址开挖与边坡治理工程通过验收。是年 10 月后，FAST 圈渠基础、地锚、馈源塔等基础项目正式动工。

2013 年 4 月，FAST 项目圈梁正式安装。2014 年 7 月 17 日，FAST 反射面索网安装正式启动，同年 9 月圈梁全面合龙；10 月，启动馈源仓设备安装；11 月，6 个馈源支撑塔安装完工。2015 年 8 月，安装第一块反射面，至 2016 年 7 月 3 日反射面板安装完毕。2016 年 9 月 25 日，FAST 在台址地举行落成启用仪式。中共中央总书记、国家主席、中央军委主席习近平发来贺信，国务院副总理刘延东宣读贺信并致辞。最后，国务院副总理刘延东、中科院院长白春礼、国家发展改革委副主任连维良、“中国天眼”项目总工程师及首席科学家南仁东、中共贵州省委书记陈敏尔、省长孙志刚共同按下启用球。

第二十篇

文化·体育

第一章　文　化

平塘县民族文化深厚。改革开放后，随着经济发展，各级政府对文化事业的投入逐年增加，不断发展县内各民族文化。毛南族的花灯、猴鼓舞，布依族的“六月六”歌节、龙舟赛、水龙节成为平塘民族文化的品牌。1998 年，卡蒲毛南族乡和大塘镇胜安村分别被黔南州文化局命名为毛南族猴鼓舞艺术之乡和布依族歌舞艺术之乡。2006 年，《玉水不夜天》大型山水实景剧在县城成功开演。2008 年，毛南族“猴鼓舞”“牙舟陶生产工艺”列入国家第二批文化遗产名录。2009 年，“布依族器乐演奏绝技”列入省级第三批非物质文化遗产名录。2010 年，启动全国文化先进县创建工作。2011 年后，文艺下乡公演实行政府有偿竞购，实施“幸福进万家”文化建设工程。2013 年，全县实现乡（镇）文化站、村（居）文化室全覆盖目标，建成乡（镇）文化广场 8 个、村（居）文化广场 50 个。

第一节　机　构

1998 年，县文化局下属单位有图书馆、文化馆（含文工队）、电影发行放映公司、新华书店和者密区文化中心站。

1991 年，建并撤后，乡（镇）文化站相继建立。至 1993 年，共建成 12 个乡（镇）文化站。

1994 年，县级机构改革，撤销县文化局、县广播电视局、县体育运动委员会，组建平塘县文体广播电视局，内设人秘股（办公室）、文化股、体育股、广播电视股。1995 年 11 月，撤销县文体广播电视局，恢复县文化局、广播电视局和体育运动委员会。1996 年，县文化局内设综合股，下设文化市场稽查队、文物保护管理所。1999 年 7 月，县文学艺术界联合会成立并与县文化局合署办公，实行“一套人员、两块牌子”体制。

2001 年 11 月，县级机构改革，县文化局、县体委、县广播电视局合并组建平塘县文体广播电视局。是年，县旅游局并入县文体广播电视局，县文体广播电视局更名为平塘县文体广播电视旅游局，加挂平塘县新闻出版局牌子。是年 9 月，县文联单独办公，各乡镇文化站更名为乡镇宣传文化服务中心。

2013 年，县文体广播电视旅游局内设办公室、广播电视台、文化综合股、体育工作股、旅游股。

第二节　群众文化

节日文化

县境内节日文化活动主要在春节、三八妇女节、五一劳动节、五四青年节、端午节、六月六歌节、十一国庆节、重阳节举行。节日活动以乡（镇）、村为主，在政府的资助和文化部门的指导下开展，活动主要由乡（镇）、村民族民间文化艺术团体承办，有花灯、舞龙舞狮和篮球、赛马、拔河比赛以及文艺演出、电影晚会等。常年开展文艺演出的有四寨、六硐、谷硐的花灯队，塘泥的杨戏、傩戏班子。

1988~1992 年，全县共举行各种节日活动 576 场次，参加活动的群众达 182.5 万人次。1995 年 7 月，黔南州文化局对塘边镇清水布依族民族艺术节举行命名和授牌仪式。

1996 年，贯彻落实中共十四届六中全会关于加强社会主义精神建设的指示，县文化局、县计生局、县文化馆组建一支 22 人的艺术队，以宣传国家计划生育政策为主要内容，采用舞蹈、小品、花灯剧、快板等形式，到各乡（镇）进行巡回演出，开展送文化下乡活动。是年 7 月，毛南族猴鼓舞在卡蒲毛南族乡首次参加演出成功。

1997 年之后，节日文化活动以村级筹资举办为主，大部分乡（镇）组建有民族文化文艺团队，每年组织参加全县大型文化活动，如端午龙舟大赛、贵州春茶第一壶——克度光明茶场开园仪式会演等。1997 年，县文化馆被省委宣传部、省文化厅、省卫生厅等 10 家厅局评为“三下乡”活动先进集体。

1999 年，县文化局在者密六硐创建河头毛南族文化村，组建 22 人的民族风情表演队，是年 12 月，在河头村草坝举行篝火晚会，《贵州日报》记者对该表演队表演的毛南族舞蹈《猴鼓舞》《民族文化村好》作报道。

2000 年后，平塘加快地方民族文化挖掘、包装和宣传。县文化馆文艺工作队人员先后辅导编排毛南族《猴鼓舞》、布依族《粑棒乐》、苗族《咕噜跳月》等大型舞蹈，形成各地区民族文化活动特色。2002 年，平塘县被贵州省人民政府命名为全省文化先进县。

2006 年，掌布乡首次“六月六”布依歌节在告念举行，来自县内外 20 余名布依歌手参加布依山歌对唱活动。

2011 年开始，实施“幸福进万家”文化下乡活动，采取政府采购文艺节目方式，组织中标的民族艺术队赴各乡镇开展巡回演出。

2013 年，全县共有文艺表演队 88 个。是年，平塘创建的“幸福进万家——文艺精品行”示范区通过文化部评审。

庆典文化

1988 年后，每年三八妇女节、五一国际劳动节、五四青年节和国庆期间，县文化馆配合县总工会、县团委、县妇联等部门在城镇机关、学校、工厂组织开展文艺演出庆祝活动。

1993 年 12 月，平塘举办纪念毛泽东 100 周年诞辰活动，先后举行革命活动图片展，毛泽东诗词、语录书法表演，“毛泽东颂”歌咏比赛和群众文艺晚会。

1995 年 9 月，县委宣传部在县城休闲广场举办庆祝“建国四十六周年”“世界反法西斯战争暨中国抗战胜利五十周年”歌咏晚会，县直机关 18 个单位 700 余人参加《东方红》《黄河大合唱》等歌曲的大合唱活动。

1997 年 6 月，平塘在县城举行“庆七一，迎回归”庆典活动，庆祝建党 76 周年和香港回归祖国，县机关 30 余个单位 1400 人组建 23 支合唱队参加“春天的故事”大型歌咏比赛。

1998 年 8 月，县委宣传部、县文化局联合在县城休闲广场举办“平塘县改革开放 29 周年成果展和书画展”。是年 10 月，在县城举办“贵阳知青返城 30 周年回访平塘”联欢晚会。

1999 年，平塘在县城举行“庆祝建国五十周年”“迎澳门回归祖国”“迎接新世纪”大型庆祝活动。先后举办“庆祝新中国成立五十周年”文艺晚会、“金融杯”摄影作品展和建国 50 周年成果展等活动。

2001 年 7 月，平塘县举行“庆祝中国共产党成立八十周年”系列活动，先后举办民族文化演出、大合唱和文艺晚会3场。大塘、新塘、通州、克度、平湖、卡蒲等乡（镇）选派民族民间文艺工作队参加庆祝活动。

2002年12月5~8日，以全国政协委员、中科院地学部副主任、院士、著名地质专家李廷栋，中科院院士、著名地质专家刘宝珺，著名古生物家李凤麟等15人组成的“中国名家科学文化考察团”对位于掌布乡桃坡村浪马河谷一巨石上疑似“中国共产党”5个汉字进行地质考察。12月7日，李廷栋、刘宝珺院士等权威专家正式向社会公布考察意见，认为这一图案位于中二叠统栖霞组深灰色岩中，是由钙质海绵为主的化石无序排列浑然天成。

2003年，举办“贵州春茶第一壶——平塘县光明茶场开园仪式”并进行文艺演出活动，中国茶叶协会以及省内外专家共100人出席活动。是年，在县城举行“2003年中国·贵州平塘龙舟节”文艺会演。2004年12月，由中国文学艺术基金会、黔南州人民政府、北京东方英才国际文化研究院主办，中共平塘县委、平塘县人民政府承办的“中国名家看平塘大型笔会”在平塘县城举行。来自全国各地的著名作家、评论家和知名学者胡珍、赵宗霸、夏家俊、吕日周、邓友梅、张炯、谭谈、王巨才、焦租尧、邓刚、王宏甲、李发模等100多人出席活动。香港、澳门组织11人的港澳代表团参与盛会。

2005年7月，“黄果树杯”首届“多彩贵州”歌唱大赛平塘赛区选拔赛在县城举行，共评出通俗、民俗、美声唱法和民间舞蹈奖。

2006年，在卡蒲毛南族乡场河村举行“毛南族风情园”开园庆典活动。是年，大型山水实景剧《玉水不夜天》在县城平舟河畔成功试演。

2008年，首届黔南州旅游产业发展大会在平塘召开，先后在掌布景区广场、县城举行旅游推介《玉水不夜天》山水实景剧演出和表现平塘自然及人文风光的电影《吻人鱼》首映式等活动。

2009年9月，在县城行政中心广场举行纪念“建国六十周年”歌咏大赛和“2009年中国·平塘国际障碍极限单车锦标赛颁奖文艺晚会”，省州有关领导和国际友人参加活动。

2011年，“幸福进万家”大型公益文艺演出首次在88个行政村公演，共演出122场，观众7.6万人，群众满意度为99.5%。2012年，中央电视台“乡村大世界”栏目走进平塘文艺活动在掌布景区广场举行，各乡（镇）群众和文艺工作者共2300余人参加活动，是年，举行中国·平塘“和谐天地人”旅游文化欢乐周活动，并在县城行政中心广场举办“玉水映月·福满金盆”中秋大型音乐晚会，著名歌手刘和刚等出席活动。

2013年，“平塘星”命名仪式在县行政中心举行，国家天文台台长严俊等有关专家和领导出席命名活动，并观看当天举行的大型文艺晚会。

文艺调演

1988年，县文化局选调部分乡（镇）文艺表演队参加全县大型活动演出，指导或组织有关单位参加省州举行的大型文艺活动。

1989年，县文艺队参加黔南州第二届“好花红”音乐节演出获编导和音乐创新奖。

1991年，县个体工商协会舞蹈《信用卡》、话剧《为了孩子》参加全州个协系统演出获优秀奖。县粮食局话剧《老局长》、舞蹈《庆丰收》获全省粮食系统调演优秀剧目奖。

1996年，县文化局组织42人的文艺表演队赴上海浦东“中华民族大观园”进行为期3个月演出，布依族艺人杨忠培独特的乐器演奏技艺获得好评。

1998年，平塘布依族舞蹈《粑棒乐》获贵州省第四届农民运动会文艺演出二等奖。2002年，第一届平湖地区农村村寨文艺调演在县城举行，共有11个村300多名文艺人员参加表演活动。是年端午节龙舟赛期间，共有7个乡（镇）100名文艺骨干参加民族文艺会演活动。

2006年，平塘参加黔南州建州50周年暨“好花红”艺术节调演获全州贡献奖。参加黔南州文化系统第四届“好花红”暨首届“舞动黔南”群众舞蹈比赛获州文化局颁发组织奖。

2007年，选送卡蒲毛南族舞蹈《猴鼓舞》参加贵州省“文化遗产日”活动表演，组织平塘文艺演出队参加在荔波县举行的全省第二届旅游发展大会的文艺演出。2009年，组织平塘文艺工作队参加黔南州庆祝中华人民共和国成立60周年文艺调演。

2012年，选调各乡（镇）文艺表演骨干参加中央电视台农业栏目在掌布景区举办的“乡村大世界”节目演出。

2013年，平塘县组织参加黔南州首届“好花正红”大型群众文艺调演，选送的《黔南神韵》舞蹈获原创类一等奖。是年掌布镇在“六月六”布依歌节举办布依山歌擂台争霸赛，来自县内和广西以及贵定、龙里、惠水、罗甸等山歌爱好者共300余人参加角逐，并选出布依歌王一名。

第三节 文学艺术

诗歌舞蹈

1988年，平塘民族中学风帆诗社成立。

1989年，诗歌《那个地方，有某种体验》（陆青剑）获全国诗歌大赛优秀奖，散文诗《断层岩》（孟学祥）获全国微型文学大赛三等奖。1991年，孟祥华创作的舞蹈《赶场路上》获黔南州税务系统会演创作奖。

1995年，诗歌《当我走出国门的时候》（陆青剑）获全国诗朗诵特等奖。

1998年，翟小苏创作的舞蹈《粑棒乐》获贵州省第四届农民运动会表演二等奖，被选送参加全国第六届全国农民运动会公演获银牌。

1999年7月，平塘县文学艺术界联合会、平塘诗词楹联学会成立。是年，孟祥华创作的舞蹈《十五观灯》获黔南州首届“好花红”艺术表演三等奖。

2005年，平塘《玉水河》正式创刊，设诗词栏目刊用县内外诗词作品。2007年，《平塘作家》创刊后设诗词栏目，专门刊用县诗词楹联学会会员的诗词作品。2008年，诗集《月船》（雷远方）获黔南州第二届文艺奖三等奖。是年，翟小苏创作的舞蹈《梦回平塘》获全省旅游景区文艺大赛三等奖。

2009年，白龙乡诗词楹联学会成立，之后平湖、白龙、者密、卡蒲、大塘、牙舟等乡镇相继成立诗词楹联学会。2011年，李友华的《我们一起走过》获全国职工诗词创作大赛优秀奖。

2012年，白龙乡被省精神文明建设领导小组办公室、省诗词楹联协会命名为诗词之乡。是年，农民作家陈德根的诗集《城市边缘》《忍冬花》《步行街》相继出版。诗歌《郊区》、散文诗《夏日》《赞美》被《2012中国诗歌年选》《2012中国散文诗年选》《中国年度优秀散文诗·2012》刊用。

2013年，县文学戏剧家协会会员雷远方的散文诗《天堂西藏》《黄帝陵幽思》入选《贵州城乡散文》《中国散文诗大系·贵州卷》；《陈德根散文诗选》入选《中国诗人》第二卷。杨相琪创作的歌曲《遥远的村庄》获黔南州苗族新歌演唱会三等奖。孙其志的楹联书法获全国诗联书画金奖。

小说散文（报告文学）

1988年后，县内文学爱好者先后在《贵州日报》《中国青年报》《贵州民族报》《民族文学》《青年作家》《夜郎文学》等省内外报刊发表散文、小说、报告文学等作品。孟学祥、雷远方、杨正勇、刘应姣、李友华创作的小说、散文，陆青剑创作的报告文学先后被省内外大型报刊刊用，部分作品获国家级、省部级征文大奖。出版一批反映平塘民族民间文化的诗籍和著作。

1997 年 5 月，孟学祥的散文《苦竹寨》获第二届全国“清风杯”征文大赛三等奖。

2002 年，陆青剑的中篇报告文学《突出重围》获中国文学基金会征文特等奖。

2003 年，孟学祥的中篇小说《山路不到头》获贵州青年文艺人才作品金额资助出版，陆青剑的中篇报告文学《激情燃烧的岁月》再获中国文学基金会征文特等奖。

2006 年，孟学祥的散文集《山中那一个家园》获全国第九届少数民族文学创作“骏马奖”。

2008 年，雷远方的散文《平塘玉水金盆天下奇》获 2009 年“名响贵州·旅游精品线路设计暨美文大赛”三等奖，孟学祥的中篇小说《饥肠辘辘》获第二届“尹珍杯遵义文学奖”，报告文学《跨越》获《报告文学》杂志社举办的“华西杯”建设社会主义新农村报告文学大赛二等奖。

2009~2011 年，刘应姣的散文《寻常物件里的影迹和温暖》《龙川起笔》先后获“中国农业 60 周年”征文优秀奖，全国散文作家论坛征文大赛一等奖。

2013 年，李友华的散文《走过三月的美丽》获华文杂志社“最佳散文奖”。

书法绘画（摄影）

1988 年，县老年大学开设书法、绘画班，组织学员进行书画创作，参加黔南州各县市举办的书画展等。黄兴义创作的国画《山谷深深》《归》《清泉石上流》先后被《中国书画展》《西南民兵》刊发。

1999 年，县成立美术书法家协会和摄影家协会之后，每逢春节、七一、国庆以及县内举办大型庆典活动，县文联均组织举办摄影和书画展。组织书法、绘画、摄影学会参加省内外各类摄影展和书法大赛。戴传富、杨炳海、岑龙武的摄影作品多次被选送参加全国、全省摄影作品展。2001~2004 年，全县共举办摄影展 8 次，展出作品 900 余幅，无偿为群众书写春联 5000 多对（副）。

2005 年后，县文联组织书画作家会员深入农村采风，与州内书画协会进行创作交流，邀请北京、广西书画家到平塘采风、指导等，不断提升平塘的书画、摄影创作水平。

2008 年，廖时敏毛笔书法作品《卜算子·咏梅》在新华社湖南分社举办的纪念“胜利曙光·井冈山胜利会师”80 周年全国书画大赛中获三等奖，在次年“硬笔华夏情”全国诗文书画中获二等奖。2009 年，杨炳海的摄影作品《玉水金盆》获“壮丽中华建国 60 周年”金奖。

2010 年，县文联在新塘乡挂牌成立第一个文艺创作基地。2012 年，建立平塘文艺家、摄影家协会 QQ 群，是年，黔南州书法家协会和摄影家协会在白龙乡建立创作基地。

2013 年，县文联举办“法在我心中”摄影大赛和“玉水金盆”夜景摄影比赛。是年 5 月，刘应姣摄影作品《守望幸福》获第一届“文化共享杯”全国群众摄影艺术作品征集展三等奖。

第四节　文化市场管理

市场执法

1988 年 5 月，县人民政府印发《关于加强社会文化市场管理的通告》《关于开放平塘县社会文化市场有关事项的暂行规定》，规范县内文化市场。

1988~1992 年，共查收各种非法出版书刊 1236 册，没收非法录音带 124 盒、录像带 26 盒，取缔录像放映点5个。1991年，撤销《风帆》诗刊，停办《平湖》文艺期刊。

1993年，县文化局、县公安局、县工商局联合制发《平塘县娱乐场所文明公约》《平塘县娱乐场所治安管理规定》，对县内娱乐业做出管理规定。是年，共取缔有赌博性质的娱乐室6家、录音磁带销售点10个，收缴非法出版物10200份。1994年开始，开展“扫黄”“打非”活动，查处无照经营户6户，查封跑马游戏机6台，收缴封建迷信书籍253本以及一批黄色录像带、赌博游戏机。

1998年，对全县文化市场进行清理整顿，初步建立文化市场档案资料，对经营户进行分类管理。是年，县文化局印制《歌舞厅娱乐场所经营守则》《电子游戏厅（室）守则》《音乐酒吧、音乐茶座经营守则》《书报刊经营（出租）守则》《音像制品（放映出租）经营守则》《文化娱乐场所经营守则》，对歌舞厅、酒吧、报刊和游戏厅经营做出相关规定，禁止未成年人进入游戏机室。

2000年后，以音像出租、销售、电子游戏机经营、书摊（店）和歌舞厅为重点，开展执法检查。2001~2005年，共取缔非法音像经营户9户，收缴盗版光碟4726张、盗版书刊3093本、非法印刷品3200余张，关闭地下印刷厂1家。2006年开始，开展非法网吧的整顿治理工作。2006~2012年，共查处违规违法网吧27家，查封11家，收缴电脑52台，取缔非法印刷复印店3家。

2013年，县文化广电旅游局、县公安局、县工商局开展联合执法行动，依法查处并取缔无证经营黑网吧3家，取缔非法出版物经营摊点2个，取缔校园周边台球室2个，收缴盗版光碟1000张、淫秽书刊43册。

“以文补文”有偿服务

1988年，全县文化系统因地制宜开展电影、录像放映，图书销售和出租等“以文补文”有偿服务活动，用于解决购置文化设施和群众文化活动费。1992年7月，启动县文化馆综合大楼项目建设，除国家拨款补助外，县文化馆投入有偿服务资金10万余元。

1993年，通州镇文化站将其创收部分用于改造办公室。是年，县电影发行放映公司除开办台球、冷饮经营外，还购买一辆中巴车营运。

1995年，县文化馆大楼竣工后，除办公区和职工宿舍外，其他房屋对外承包经营，开设歌舞厅、旱冰场、游戏机室、餐厅及旅社等，总承包费为20.8万元。县图书馆改造大楼门面并出租。四寨镇文化站开展图书租借、年画销售、电影放映等。1997年，县文化馆、图书馆、乡（镇）文化站开展的“以文补文”“多业助文”活动主要有门面出租、录像发行、电影放映、摄影及有线电视安装、维护等。1998年通州文化站开通闭路电视400余户，全年收入2.5万元。

2000年，县文化局组建文化馆铜管乐队开展对外有偿服务。

2003~2005年，全县文化系统完成图书、中小学教材、学生辅导读物销售额分别为385.44万元、406.36万元、382.96万元；税后利润分别为18万元、13.64万元、4.57万元。

2009年后，全县文化系统收支列入县级财政预算管理，不再进行“以文补文”活动。

第五节 文化阵地与队伍建设

文化活动场馆

1988年12月，平塘首个基层文化单位——者密区文化中心成立。之后，各乡（镇）文化站相继成立，并开展电影、录像放映和台球出租、图书销售等“以文养文”有偿服务。

1989~1991年，米寅乡苗攀村、甘寨乡苗坡村、平湖镇新建村、卡蒲毛南族乡甲翁村、苗二河乡新联村先后建成村文化活动室。

1995年，县文化馆业务大楼建成投入使用。1998年，全县共有文化经营户82户（含乡镇42户），其中音像出租户4户、歌舞厅2家、录像室15家、麻将室22家、台球室8家。

2000年，电子游戏机登陆平塘，是年全县有证游戏机室3户。2003年，县城开办网吧3家，之后，网吧逐渐取代游戏机室。

2008年后，启动“农家书屋”项目建设，是年建成卡蒲毛南族乡场河村和苗二河乡苗二河村2个“农家书屋”。

2009年，启动“农村文化信息资源共享工程”县级中心项目建设和17个乡（镇）综合文化馆建设。2011年，通州镇、克度镇、白龙乡3个乡镇示范性文体活动阵地建成，是年投入190万元，购置乡（镇）文化站文化设施；总投入110万余元，建成“农家书屋”57个。

2012年，启动县城龙脑坡广播电视无线发射台改扩建项目和牙舟镇牙舟陶文化广场项目建设。

2013年，建成58个乡（镇）、村文化广场，完成乡镇文化站省级评估。经省、州文化部门验收，大塘镇、塘边镇、白龙乡综合文化站为一级站，四寨镇、者密镇、谷硐乡、鼠场乡综合文化站为二级站，其他12个乡镇综合文化站为三级站。

文化队伍建设

1988年后，部分乡（镇）、村（居）逐步建立业余文化队。1991年，县文化局对全县民间民族文化艺术团队、民间乐队和艺人进行普查。据调查统计，共有艺术团体39个，其中花灯队19个、狮子队4个、傩戏班子4个、杨戏班子1个、民乐队3个、芦笙队5个、猴鼓队3个，民间艺人58人。

1996年，县文化局和县计划生育局联合组建一支22人的文艺队，以宣传国家计划生育政策为主要内容，赴各乡（镇）开展巡回演出。1997年，平塘县文化馆被省委宣传部、省文化厅等10家省直部门评为全省“三下乡”活动先进集体。

1999年7月，成立平塘县文学艺术界联合会，与县文化局合署办公，下设文学戏剧家、美术书法家、音乐舞蹈家、摄影家、工艺美术家、民间文艺家6个协会和诗词楹联学会，共有会员420余人。

2010年5月，平塘启动“全国文化先进县”创建工作后，全县文化事业发展进一步加快，文艺工作队伍进一步壮大。

2011年，全县大型文艺活动和文化下乡节目开始从乡（镇）村文艺队进行有偿采购后，大部分乡（镇）均成立村级文艺演出队。

2012年，大塘镇组建8个村文艺表演队，卡罗乡建有乡、村两级文艺表演队5个。

2013年，全县建有文艺表演队88个，文化产业增加值达6922.17万元。

第六节　文物及非物质文化遗产保护

文物

1991年，县文化部门对全县39个文物点进行普查。经有关文物部门认定，确定平塘县第二批县级文物保护单位7个，分别为六硐熊桥摩崖乡规、航龙牛角寨寺塔、塘泥祠堂、摆茹中学的殄暴安民碑、大塘石家冢、上莫乡摆角村秦镜秋校长纪念碑、塘泥乡新店村的大塘乡州碑。1995年，在县城举办文物图片展，展出县级以上文物保护单位的古建筑、石刻、遗址遗迹等图片。

2003 年，完成牙舟陶作坊、通州麻翁古屯堡省级文物保护单位的申报工作。是年，对白龙乡乐康风雨桥进行维修。2004 年，贵州电视台、省文化厅《民族民间文化保护》摄制组赴通州镇麻翁古屯堡进行采访报道。2005 年，贯彻《中华人民共和国文物保护法》，对通州麻翁古屯堡进行维修、抢救。2007 年 12 月，印发《平塘县第三次文物普查工作实施方案》，启动第三次文物普查工作，是年完成县级文物保护单位“沙坪垭口摩崖”“冷水风雨桥”控制地带的划定和谷硐古经书保护方案。至 2011 年 12 月，完成县城内第三次文物普查工作，共调查复查文物 111 处，并通过国家级验收。

非物质文化遗产保护

平塘国家级非物质文化遗产代表名录分别是毛南族猴鼓舞、牙舟陶烧制技艺。省级非物质文化遗产代表名录有克度布依族乐器绝技绝活、塘边“八音弹唱”。非物质文化遗产的保护主要采取收集、整理文献资料，组织开展文艺演出传承民族文化，实施遗迹保护，建立和申报非物质文化遗产代表名录等方式进行。2006 年，在全县开展非物质文化普查，“猴鼓舞”等 25 个非物质文化项目列入平塘县首批非物质文化遗产代表作名录。2007 年，毛南族“猴鼓舞”被批准为省级非物质文化遗产名录。

2008 年，卡蒲毛南族乡“猴鼓舞”“牙舟陶生产工艺”列入国家第二批非物质文化遗产名录。2009 年，克度“布依八音”和“布依族器乐演奏绝技”列入省级第三批非物质文化遗产名录。2010 年，制定非物质文化遗产保护规划。是年，选送“布依绝技绝活”参加上海世博会贵州文化活动周展演。毛南族猴鼓舞、牙舟陶工艺、布依族民间乐器绝技传承人获第二批省级命名。

2012 年，启动布依族水龙节非物质文化遗产名录申报工作。是年，平塘参加贵州非物质遗产展演文化交流。张禄麒的牙舟陶瓷作品《特小酒樽》获第二届中国非物质文化遗产博览会银奖。

2013 年，开展省级非物质文化遗产生产性保护示范基地、非遗数字化管理试点等项目申报。县级 25 项非物质文化遗产通过省级评审，21 位传承人通过县级认定。

第二章　传　媒

平塘广播电视历经有线广播和调频广播两个阶段。电视由差转台收转节目向有线（闭路）电视模拟信号传输、地面卫星接收站收视、有线电视数据化转变，到“村村通”广播电视发展。1988 年，全县有 13 个区、乡（镇）通广播电视。1992 年，城镇实现有线电视全覆盖。1998 年，17 个乡（镇）开通调频广播。2000 年，实现广播电视“村村通”。电影发行放映随着电视的普及和多元文化娱乐的冲击，收入大幅下滑，通过加强企业内部管理，发展多种经营，贯彻落实“2131”农村电影放映工程，拓展生存发展空间，但终因市场长期萧条，2002 年停止发行。2009 年，开通有线电视光缆。2013 年，建成农村广播电视直播卫星“户户通”25430 户，全县电视综合人口覆盖率为 100%。

第一节　广播影视

有线广播

1988年，除县城外，全县共有13个区、乡广播站，能正常播出的有牙舟、者密、克度3个区广播电视站及清水、塘边、苗二河、六硐、卡蒲等5个乡广播站。县城广播在转播中央人民广播电台和贵州人民广播电台节目的同时，开办县内广播新闻、报纸摘要、法制宣传、每周一歌、时事学习等广播栏目，每日早、中、晚三次广播。1991年，改造县城广播喇叭40只。建成京舟、大塘两乡农村广播网，共架设广播专线12.5千米，搭挂高音喇叭19只，低音喇叭12只，广播人口覆盖率分别达40%和25%。是年，建并撤后，部分乡广播站停播。

1993年，乡、镇广播工作恢复。同年6月，通州镇广播站建成使用。是年，平塘被列入全省调频广播重点帮扶县之一。之后，全县有线广播逐步转换为调频广播，至1998年，全县有线广播停播。

调频广播

1993年，贵州省广播电视厅和黔南州广播电视局把平塘列入重点扶持调频广播的县之一，并无偿调拨广播控制桌、100瓦调频发射机、3米卫星广播地面接收站等配套设备，专门接收贵州人民广播电台上星调频立体声广播信号。之后，县人民政府每年把调频广播设备维护费列入财政预算。1995年，全县调频广播试播成功，县内绝大部分的乡、镇所在地均能收到县城发射的调频信号。1997年，县城有线广播和调频广播更新。

1998年，全县各乡（镇）开通调频广播，是年县城有线广播改为调频广播，全城安装调频喇叭40只。

2003年6月，建成谷硐、新塘2乡调频广播。2007年，建成大塘调频广播网络，是年，全县实现组组通广播。2008年，完成县城应急调频广播系统建设。

2013年，贵州省委宣传部资助平塘完成15个乡（镇）应急调频广播的安置工作。

卫星电视

1988年，建成者密区卫星电视地面接收站和六硐乡电视差转台，可转发8个频道电视节目。全县有卫星电视地面接收站和电视差转台3座，县城靠龙脑坡卫星电视地面接收站，发射机输出功率50瓦，有效覆盖面为30平方千米。

1991年，建成西凉乡卫星电视接收站，更新维修马坡电视差转台。1992年，建成塘边镇、鼠场乡、卡蒲毛南族乡、四寨镇电视接收站，是年，全县共建有卫星地面接收站12座，电视差转台3座，电视转播机28台发射功率0.54千瓦，电视覆盖人口数14.71万人，电视覆盖率56.2%。

1993年后，逐渐由无线卫星电视改为有线网络电视。

有线电视

1991年，平塘成立有线（闭路）电视领导小组，启动有线电视网络工程建设。有线电视系统按全频道设计，由贵州省电子器材公司承接安装，总投资21.7万元。是年，第一期有线电视联网工程安装结束并投入运行，共开通5个频道节目，用户1000余户。1992年，县城区完成第二、第三期闭路电视联网工程建设。是年9月，县医院的有线电视和县有线电视并网，县城有线电视用户1600余户。1993年，通州镇、者密镇自筹资金先后建成闭路电视。1995年，县广播电视制定《平塘县有线电视管理规定》，规范农村有线电视安装，并启动农村有线电视站工程建设。全县无线和有线电视混合覆盖率由1994年的50%提高到80%，完成上级下达的任务。

1996年1月开始，县广播电视台开播平塘有线电视新闻，相继开设点歌站、每周一歌、平塘天气预报等节目。是年，对县城隔频传输网络及前端设备进行升级改造，把前端设备迁至县总工会大楼。有线电视前站设备按邻频前端550米安装，设计容量为22套节目。是年10月1日，县城正式开通加密电视节目。1998年，县城有线电视已加入全州广播电视网运行。是年，新建农村闭路电视网点12座。

2000年，县广电局计划对县城CATV（有线电视）进行网络改造，工程由“可寻址收费系统”和“网络电缆升为光缆”两部分组成。选择成都英集公司的“可寻址收费系统”和成都大塘公司的光收发设备及光纤光缆。是年11月，城区终端用户改造安装完毕，用户3000余户。县城电视节目增加北京、上海、湖南、重庆四个台（频道），可收看23套节目。

2001年后，实施县城与乡（镇）有线电视联网工程。至2006年，先后完成县城至摆茹、通州、牙舟、克度、塘边、者密、四寨等镇的闭路电视联网工程。2007年，恢复县城龙脑坡无线电视项目，总投资200余万元。

2008年1月，县广播电视局收回通州电视网络并进行改造，实现县乡有线电视统一管理。是年，完成新区电视传输线路改造，新建大塘、新塘电视网络系统。是年3月28日，贵州省广播电视信息网络股份有限公司平塘分公司成立，全县有线电视建设和管理正式由县电视网络公司接管负责。

2009年，独山至罗甸光缆主干线平塘段建成开通。是年，县城5600多户电视用户实现数字电视整体转换。

2010年后，实施县、乡（镇）联网光纤工程。至2013年，实现乡乡通网络数字电视。

广播电视村村通

1999年6月，启动全县广播电视“村村通”工程的建设。是年，完成“村村通”工程21座，建成农村大小电视网站135个。

2001~2002年，完成牙舟、苗二河、者密、开花寨、田坝村等乡（镇）共23个组及部分自然村寨有线电视工程的安装，全县电视覆盖率达到92.5%。2006年，在新塘、牙舟、谷硐、白龙等乡（镇）实施村村通“小片网”工程30个点，覆盖农户606户。2008年，龙脑坡广播电视无线覆盖项目建成使用，24小时可收看央视1频道、7频道、贵州卫视频道、黔南综合频道等。2010年8月，完成11240户的建设任务，“十一五”规划村村通项目工程于8月中旬完成建设任务。

2012年4月，启动“十二五”“村村通”广播电视项目，共完成安装卫星电视24360户。是年，全县农村基本实现电视全覆盖。

2013年，全县建有县级广播电台1座，广播人口综合覆盖率96%。建有县级以上电视台1座，电视发射台和转播台1座，电视人口综合覆盖率100%。

电影发行放映

1988年，除县城和通州2个国营电影院外，各区、乡（镇）均有电影放映队。随着电视的逐渐普及和城镇录像放映点逐年增多，电影发行和放映收入大幅下滑。1988~1992年，5年间累计放映2.84万场次。发行收入为37.1万元，放映收入123.85万元。为解决发行和放映收入下滑状况，保障职工工资，1993 年后，县电影发行放映公司在县城开办台球、冷饮和购买经营 2 辆客运中巴。1999 年，文化部推出“2131”农村电影放映工程（即 21 世纪实现 1 个行政村 1 月放映 1 场电影）。从 2001 年起，县电影公司组建农村电影放映队，每年在春节前后或秋收后到各乡（镇）、村进行电影放映。至 2002 年共开展农村“2131”电影放映 106 场（次）。2002 年因电影市场不景气，电影发行停止。2003 年后，全县电影放映列入“三下乡”活动。在部分乡镇文化中心建立电影放映队，开展节日送电影公益活动。

第二节　报　刊

报纸

1997 年 3 月，县委宣传部创办县委机关报《平塘报》，是年 5 月 16 日，成立平塘报社，为科级事业单位，编制 10 人，配备正、副主编各 1 名，内设综合部和副刊部。1999 年 3 月上旬停办。是年 3 月 18 日恢复，并挂牌，每旬一期，每期发行 1000 份，免费赠阅到各乡镇、村及县各部门。主要登载县委、县人民政府的决策部署和全县各项重大工作的进展情况、各乡镇各部门工作动态、社会先进典型等。

2004 年，《平塘报》停办，在《黔南日报》开办平塘专版。2004 年至 2005 年 7 月 31 日为每周 2 个半版，2005 年 8 月 1 日后改为每周一个整版。是年，平塘报社更名为平塘县新闻宣传中心，为正科级事业机构，归口县委宣传部管理。

2006 年，在《黔南日报》开办旅游专版。2012 年后，《黔南日报》平塘专版每期均有主题，每月有一篇综述性文章。2013 年，《黔南日报》平塘专版共出版 44 期，采编稿件 536 篇。

期刊

1988 年，平塘有《风帆》诗刊和《平湖》文艺期刊，1991 年停刊后，平塘民中、牙舟中学、摆茹中学、平湖一小分别创办《晨钟》《陶兴》《山坳》《蒲公英》等学校内部刊物。

2005 年，县委宣传部主办的《玉水河》刊物开始试刊，中国作协副主席、著名作家叶辛为《玉水河》题写刊名，中国文联副主席胡珍、中科院院士翟裕生、著名作家梁晓声、著名诗人晓雪分别为《玉水河》题词。同年，县文联诗词楹联协会创办《金盆诗藻》年刊，每年出版一期。

2007 年 8 月，新闻宣传中心加挂“金盆网”和《玉水河》编辑部牌子。是年，县委宣传部创办《平塘宣传》刊物，栏目有“高层来风”“本月要闻”“理论探讨”“工作研究”“县域春讯”“他山来石”“百姓关注”“多彩平塘”等。是年出版一期，印刷 800 册。2008 年，《玉水河》改为季刊。是年，县文联、县文学戏剧协会创办文学杂志《平塘作家》，设有“小说风生”“平塘探秘”“情爱深处”“校园来风”“玉水夜话”“诗山撷英”“华夏游踪”“散文诗苑”“戏曲艺苑”等栏目，以刊发平塘籍作家、作者以及外地作家、作者撰写平塘元素的稿件为主，每期印刷 1000 册。

2013 年，县内期刊主要有《玉水河》《金盆诗藻》《平塘作家》3 种，每年刊发各类文学作品 150 多万字。

第三节　图　书

图书销售

平塘图书销售主要由县新华书店负责。1988~1992年，全县共销售图书278.58万册，完成产值达303.72万元，实现利润16.4万元。

1993年后，图书市场日趋饱和，主要以中小学校的课本及有关读物为主。1995~2002年，完成各类图书销售共2041万元。2003年开始，逐步减少中小学学生课外读物，除课本外，中小学学生同步练习和课外读本由各学校选订，禁止强订强发现象发生。2008年后，随着个体书店的发展，图书市场开放，县新华书店除中小学教材外，不再经营图书业务。

图书借阅

1988年8月，平塘县图书馆建成开放，总投资为12.7万元，建筑面积716.46平方米。是年，共有藏书2万余册，发放借书证800个，借阅图书1560册1.5万人次，图书阅览17.88万人次。1989年，有报刊200种，办证读者1000余人，年流动读者4万余人次。1990年发放借书证、阅览证151个，借阅图书1.66万人次；新增图书256种计478册。1992年，图书借阅有所下降，全年借阅图书2.64万册次9200人次，图书阅览2.78万册次1.14万人次；换发证书112个，购进新书394册。

1995年开始，县图书馆开展送书上门、为读者推荐好书等形式，推动图书借阅工作。1996年，分别在四寨、塘边两镇建立图书馆，各有藏书500册。之后，个体书店、书摊逐步增多，县图书馆的图书借阅开始出现低迷。

2002年，投入11.6万元对图书馆进行修缮，并加挂平湖镇精神文明活动中心牌子。2003年8月，县图书馆重新对外开放。是年，购进新书1029册，注销图书4000册。2003年，建成县武警中队、县工商局和苗二河乡新寨村3个流动图书室。

2004年后，实施送书下乡工程，在部分有条件的乡（镇）和部门逐步建立图书室。

2007年开始，“农家书屋”在各村建立，并免费赠送图书。

2012年，县图书馆正式对外开放。

2013年，县图书馆全年借阅书刊1.15万册次，报刊阅览16520人次，电子阅览23100人次，流动服务点借阅5200册次。是年，平塘图书馆在第五次全国公共图书馆评估定级中获“三级图书馆”称号。

第三章　体　育

改革开放后，平塘重视体育事业，不断增加投入改善体育设施，在全县倡导和鼓励群众性体育活动，举办各种体育赛事，开展职工体育、学校体育、农村体育、老年体育发展，组织参加省内各种体育竞技，全面推进全县体育事业发展。1991年10月，平塘县游泳馆建成开放，为黔南州游泳训练基地。1996年12月，成立县农民体育协会。2001年举办首届龙舟大赛。2003年，举办首届五人制足球赛。2006年10月，中国·平塘“全民健身与奥运同行”贵州省龙舟精英赛在平塘县城举行。是年，平塘龙舟队代表黔南州参加贵州省少数民族运动会获1金4银奖牌。2008年，平塘龙舟队在首届贵州省农民运动会龙舟大赛上获1金3银1铜奖牌。

2013年，全县共有体育协会2个，县级体育活动中心和县级全民健身运动中心各1个，乡级健身场地19个、村级健身场所121个。

第一节　场馆建设

1988年，县城建有灯光篮球场、旱冰场、门球场各1个。平塘民族中学、县子弟中学及各区（镇）中小学均有篮球场。1991年10月，平塘游泳馆建成开放，为钢筋混凝土框架结构，馆长30米、宽15米，建筑面积1300平方米，总投资35.6万元。是年，县老年大学建成灯光门球场1个，总面积500平方米。

1992年，白龙乡乐康村建成首个村级简易灯光篮球场，总面积450平方米。1996年，县体委开展体育场地进行普查，全县共有篮球场34个、排球场7个、羽毛球场6个、老年门球场1个、室内游戏馆1个。1998~2002年，共投入体育场地和设施资金共计120万元，对县城区、各乡（镇）公共体育设施和中小学校场地进行改造。2004年8月，开展第五次全国体育场地普查，据普查统计，全县体育场地有237个，其中标准场地88个、非标准场地149个，场地总面积为27256平方米。

2006年，开始实施农民体育健身工程，是年，卡罗乡、新塘乡农民健身工程项目建成投入使用。2010年末，全县共实施14个乡（镇）村农民健身项目。2011~2012年，实施通州、克度、白龙乡乡（镇）示范性文体活动阵地建设。

2013年，建成平塘县体育活动中心和全民健身运动中心，完成2个乡级、10个村级农民健身工程项目建设。

第二节　群众体育

1988年后，每年在春节、三八妇女节、五一劳动节、五四青年节、教师节、国庆节等节日期间，在县城和各乡（镇）都开展篮球、排球、乒乓球、棋类、羽毛球、拔河、龙舟赛等群众性体育活动。1989年，县城开始出现老年迪斯科、老年门球等健身体育活动。是年国庆节期间，在县城举办大型篮球运动会，共有20支男女代表队260名运动员参赛，比赛历时15天。

1990年，在全县开展“迎亚运”百日体育锻炼活动，有工人、农民、机关干部、学生、驻县武警官兵共10余人参加活动。是年8月，全县首届少数民族军体运动会在县城举行，共有民兵、退伍军人、预备役部队指战员118名运动员参赛。比赛项目有射击、投弹、越野跑及篮球、拔河等。1991年6月，在县城举办“平湖地区少数民族龙舟大赛”，共有8乡1镇及县机关单位组成的64支男女龙舟队960多名运动员参加比赛，赛期2天，为平塘解放后最大规模比赛，贵州电视台、黔南电视台在新闻节目中均播出比赛盛况。

1992年，西凉、白龙2乡分别举办首届少数民族运动会，之后，每年春节、五一国际劳动节、五四青年节期间，各乡（镇）都举办体育活动，并邀请相邻县、乡（镇）参加。

1996年12月，先后在县城举办城关首届职工“迎新杯”排球运动会和首届“烟草杯”农民篮球运动会，运动会期间，成立平塘县农民体育协会。

2001年6月，在县城举办首届“光彩杯”龙舟大赛，各乡（镇）和县直部门共142支参赛队1000多名运动员参加比赛。之后，每年端午节前后，均在县城举办龙舟大赛。

2003年春节期间在平塘举办首届“贺岁杯”五人制足球赛和“西电东送”杯篮球赛，共有20多支球队320多名运动员参加为期5天的比赛。

2006年7月，在县城举行贵州·平塘“2006全国龙舟月暨全民健身周”龙舟竞赛，共有16支队伍参加250米和500米的角逐。2007年10月，中国·平塘“全民健身与奥运同行”贵州省龙舟精英赛在县城举行，共有县内外34支男、女龙舟运动队1500余人参加直道竞速250米和500米的角逐，平塘县龙舟代表队荣获直道竞速250米和500米第二名。是年10月，第二十个老年节之际，为弘扬尊老、敬老、爱老、助老的传统美德，10月18日，县老龄办、县老干局、县老年体协、县老年大学共同在县城休闲广场组织举办老年人文体活动，开展敲锣、飞镖、丢圈及《老年法》知识竞赛等。

2008年，以“全民健身与奥运同行”为主题，先后举办“迎奥运全民健身”长跑、全民健身迎奥运首届“信合华丰杯”乒乓球比赛。是年，在掌布景区举行国际障碍单车大赛，5个国家100名选手参加比赛。

2009年后，以继续唱响“全民健身与奥运同行”为主题，每年春节、三八妇女节、五四青年节、老年节期间组织开展韵律、柔力球、太极球（剑）以及羽毛球、乒乓球、门球等群众性体育活动。

2013年8月，县文体广电旅游局被国家体育总局评为“2009~2012年度全国群众体育先进单位”。

第三节　学校体育

1988年后，全县中小学根据学校体育场地和设施情况，因地制宜开展各种体育活动。1988~1990年，每年举办一次中学生“腾飞杯”长跑运动会，比赛项目有男子组1500米、3000米、5000米、10000米、15000米赛跑，女子组1500米、3000米、5000米、10000米赛跑。1991~1993年，先后举办平塘县第四、五、六届中学生田径运动会。比赛项目有男子10000米、3000米、1500米，女子5000米、3000米、1500米赛跑及跳高、跳远、铅球等。

1994年，按照《国家体育锻炼标准》在全县各中学开展体育达标活动，测试项目有田径50米、立定跳远、引体向上（男）、仰卧起坐（女）、铅球（男5公斤，女3公斤）、跳高等。全县在校中学生数为6280人，考核达标2067人，达标率为32.9%。是年，在全州中学生田径赛中，平塘县获男子甲组1500米第三、第五名，5000米第三、第四名；男子乙组1500米第二名，3000米第三、第六名，女子甲组800米第五名，1500米第三、第六名，3000米第四名；女子乙组1500米第一、第二、第六名，3000米第一、第四名。在全省航海模型竞赛中，平塘县二中和通州中学分别获“118龙港号快艇”和“勇士号护卫舰”第二名。

从1995年开始，在全县中小学各年级学生中开展常规体育达标活动，对全县初中、小学毕业生进行体育达标测试。之后，全县各中小学围绕体育达标开展冬季运动会和教职工运动会。

1997年9月，县体委举办第八套广播体操培训班，从是年开始，各中小学开始使用第八套广播体操。2000年，县体委选派运动员以平塘民中、二中、平湖一小和者密、摆茹、牙舟、通州、克度、西关等几所镇中学为试点进行体育活动指导。是年，平塘教职工男子篮球队获得黔南州教职工篮球运动会冠军。

2002年，实施国家学生锻炼标准后，全县各学校执行《国家体育锻炼标准》，开展学生体育活动，并对各乡（镇）中小学进行达标考核。

2013年，全县中小学校学生体育达标率在89%以上，优秀率占达标学生总数的90.5%以上。

第四节　老年体育

1988年后，平塘县重视老年体育工作。县体委、县老年大学、县老年体协组织开展门球、气功、老年迪斯科、老年健美操、棋类、钓鱼等活动，组织老年男女门球队参加黔桂两省（区）县（市）“友谊杯”老年人门球赛。

1992年，全县共有老年人体育协会会员126人。1998年开始，老年人体育活动逐步发展至乡镇，老年人体育协会除开展老年节体育活动外，还组织老年人参加省内外老年人体育赛事。2000年荣获黔南州老年人门球赛第一名，并代表黔南州出席全省老年人门球比赛。2003年8月，获黔桂两省（区）七县太极木兰表演组织奖。2008年，离退休干部局、老年大学、老年体协联合组织开展春节老年人文艺专场表演、三八妇女节老年人游艺活动和老年门球赛。是年6月，在县行政中心广场举行全县农村老年体育健身展示活动。平湖镇、通州镇、大塘镇以及县老年夕阳红文体队的近100名老年人参加太极拳、太极剑、功夫扇、老年迪斯科、秧歌、民族舞蹈以及柔力球等表演活动。2010年后，老年韵律操、柔力球、太极拳、太极剑、健身球操、健身秧歌等逐步成为老年人的重要体育健身项目。

2011年，开始实行乡（镇）文体活动阵地示范建设。至2013年，全县121个行政村均建有体育和健身场所，满足老年人体育健身需要。

第五节　竞技体育

1988年，黔南州工商个体协会首届篮球运动会在平塘举行，平塘获女子队第一名和男子队第二名。是年，先后选派运动员参加贵州省第七届运动会围棋比赛和全省业余体校田径运动会比赛。1989年，选拔龙舟代表队参加全省少数民族龙舟比赛，获银牌两枚。

1990年5月，组织参加黔南州中学生排球选拔赛和全州中学生田径比赛，获3000米长跑第一名、跳高第二名。1992年1月，贵州省体委在平塘举办“1991年贵州省游泳比赛”，贵阳、遵义、六盘水、安顺、毕节、铜仁、黔东南和黔南8个地、州、市的69名运动员参加10个项目的比赛。是年8月，在贵阳举行“贵州省第八届运动会”，平塘选派运动员参加田径和围棋项目比赛。

1994年7月，在铜仁地区举办全省少年儿童游泳比赛，平塘获50米自由泳第三名、100米仰泳第三名、蝶泳第四名、蛙泳第五名，总成绩名列全省第五名。1998年，平塘派出女子龙舟队代表黔南州参加贵州省在黔东南州麻江县举行的“贵州第四届少数民族龙舟赛”，获女子600米第三名和800米第三名。

1999年，平塘县龙舟表演队代表贵州省参加全国第四届少数民族运动会，获首席银牌。

2002年8月，平塘县男女龙舟队代表黔南州参加在黔东南州镇远县举行的全省第五届少数民族运动会，获男子500米直道竞速第二名、800米直道竞速第三名、女子800米直道竞速第二名，并获体育道德风尚奖。

2004年6月，县龙马建材水泥有限公司龙舟代表队参加“2004年中国·贵阳南明国际龙舟精英赛”，获全省龙舟赛冠军。2005 年 5 月，由国家体育总局航空无线电模型运动管理中心、中国航海模型运动协会主办，平塘和北京兰德城市经济研究中心承办的“2005 全国（平塘）航海模型对抗赛”在平塘县城举行，全国 19 个省（区、市）组织代表队参加比赛。

2006 年 7 月 24~26 日，平塘龙舟队在黔东南麻江县举行的贵州省少数民族传统体育运动会龙舟竞赛中，获女子 800 米、500 米、250 米三项直道竞速银牌，男子 800 米和 250 米金牌和银牌。

2008 年，平塘龙舟队代表黔南州参加在黔东南州麻江县举办的首届贵州省“农民运动会”龙舟大赛获“一金三银一铜”奖牌。

2013 年，先后组织参加贵州省第十一届“体彩杯”冬泳赛，贵阳市“羽林争霸”赛，2013 年城市羽毛球赛，黔南州第三届运动会及老年人气排球、柔力球赛，惠水县第五届“好花红”艺术节龙舟赛等体育赛事，获黔南州第三届运动会优秀组织奖、老年体育工作优秀组织奖。

第二十一篇

医疗卫生

第一章　体制改革

1988年后，平塘县逐步推行卫生管理体制和医疗服务与药品采购制度改革，鼓励集体、企业、个体办医；在机关、企事业单位建立医疗统筹基金与个人医疗账户相结合的基本医疗保障制度。2007年开始，全面推进新型农村合作医疗改革，动员广大农民参加合作医疗，初步建立农村医疗保障制度。2013年，全县医疗机构药品采购，一律实行公开招标，统一采购。

第一节　卫生管理体制改革

1988年，在县医院推行承包合同制，在县卫生局下属各站所和区、乡（镇）医院（卫生院），实行站所长、院长负责制。

1991年，撤区并乡建镇，原区、乡（镇）医院合并，组建19个乡（镇）医院，原部分乡卫生院自然撤销或改为卫生所，乡卫生人员大部分到村卫生所工作，少部分进入乡（镇）卫生院工作，均领取80%的财政补助工资。1993年，县医院增设门诊部，采取科室门诊承包、项目承包、兴办实体等形式，把医疗服务推向市场，组建院外门诊部。

1995年，成立县初级卫生保健委员会。从1996年下半年开始，以村卫生室建设为突破口，实施农村初保规划。至1997年末，共建成各类村卫生室64个，其中甲级卫生室13个。1998年5月，撤销县皮肤防疫站，其职能并入县防疫站。

2001年11月，根据《中共贵州省委、贵州省人民政府关于贵州省药品监督管理体制改革的实施意见》，组建黔南州布依族苗族自治州药品监督管理局平塘分局，负责全县药品、医疗、器械执法监督检查工作。2002年6月，黔南州药品监督管理局平塘分局更名为平塘县药品监督管理局，仍为黔南州药品监督管理局的直属机构。是年12月，撤销县防疫站，更名为平塘县疾病防疫控制中心，为正科级事业单位。2003年6月，成立平塘县卫生监督所，为县卫生局管理的正科级事业单位，实行参照公务员管理，负责全县卫生监督执法管理。2004年3月，县药品监督管理局改称县食品药品监督管理局，增加食品安全综合管理职能。是年，县人民医院和通州镇中心卫生院推出服务承诺，接受社会监督。2005年，县疾控中心增设艾滋病科，负责艾滋病的防治工作。

2006年，县妇幼保健站更名为县妇幼保健院。是年，按照黔南州人民政府办公室《关于批转黔南州农村卫生工作改革与发展的实施意见》，解决乡村卫生人员历史遗留问题，对原乡村卫生人员按工龄208元/年实行一次性补助。是年，县保健院和县计生技术服务站整合为县妇幼保健生殖健康服务中心。

2008年，启动社区医疗服务中心建设，把平湖镇卫生院转型为平湖社区卫生服务中心。是年，县医院药品采购执行全省统一招标，县级医疗跟标采购方式购进药品。县保健院和各乡（镇）卫生院通过议标、上级配送的方式购进药品。

2009年，以平湖社区卫生服务中心和8个乡（镇）卫生院为试点，实施非营利性医疗卫生单位基本药物网上集中采购，实行基本药物制度。之后，基层卫生医疗机构药品采购通过全省医疗集中采购平台采购。基本药物纳入新型农村合作医疗报销范围，全县实行统一价，县财政对基层医疗机构实行零差价补助。

2011年，县级机构改革，撤销县食品药品监督管理局和县卫生局，组建县卫生和食品药品监督管理局，食品药品监督管理由垂直管理变为属地管理。在全县医疗卫生系统实行全员聘用制，在乡（镇）卫生院实行绩效工资制。是年6月30日开始，平湖镇社区服务中心、19个乡镇卫生院以及103个村卫生室实行基本药物制度。

2013年，全县基层公办医疗机构开通省人民政府药品集中招标采购平台，基本药物采购一律实行公开招标，村卫生室采购由乡镇卫生院统一招标，统一付款。

第二节　合作医疗体制改革

1978年前，全县各人民公社成立合作医疗委员会，大队设卫生室，生产队有卫生员。1979年后，合作医疗组织自行解体，部分卫生员被吸收到公社卫生院工作。1980~2006年，全县农村合作医疗制度处于停滞状态，农村诊疗实行收费制。

2007年，成立平塘县新型农村合作医疗委员会，下设办公室在县卫生局，负责全县新型农村合作医疗制度的实施。是年，全县新型农村合作医疗参合率83.7%，共有34218人报销医疗费394.46万元。2008年，全县新型农村合作医疗定点医疗服务机构134个，其中州级3个、县级2个、乡（镇）34个、村（卫生室）95个，县、乡（镇）村就诊现场报销补偿，县外就诊人员持医疗票据到县合医办报销，也可以委托乡镇合医办或卫生院持医疗票据到县合医办报销。

2009年，县合医办对县内定点医疗机构实行风险量化考核，签订服务协议，每月从报销经费中扣除5%的保证金，年终考核不合格的，将扣留保证金上缴县合医基金财政专户。

从2010年起，村卫生室医务人员补助标准每人每月200元提高到300元，年终考核合格，每人每年奖励1200元。村级基本药物目录专项补助按每月417元标准补助。提供基本公共服务的村级卫生室实行政府购买，按人均基本公共服务经费的40%补助。

2011年，率先在全州进行就诊和报销补偿网络管理，实行州、县、乡（镇）、村四级网络直补。

2013年，把国家规定的520种基本药物和全省增补的308种基本药物全部纳入新型农村合作医疗和城镇职工医疗保险报销范围。是年，全县参合农民减少药品差价109.32万元。

第二章　医疗卫生机构

1988年后，县内医疗机构和私人诊所逐步增加，群众看病就医更加方便。1988年，全县共有医疗卫生机构53个，病床346张，各类卫生人员489人。1991年9月，建镇并乡撤区后，原区、乡（镇）医院合并建立19个乡镇卫生院。至1992年，全县卫生系统卫生医疗机构整合为25个。2013年，全县共有医疗卫生机构25个，病床567张，各类医务人员526人。

第一节 县级医疗卫生机构

县人民医院

县人民医院是一所综合性医院，建于1956年，医院选址于平湖镇北街村。1988年，开设内儿科、外科、妇产科、口腔科、中医科、五官科、针灸科、检验科、放射科等。

1997年获国家“二级乙等”医院称号。1999年评为省级“爱婴医院”。2002年，迁入深圳建设投资控股公司在平湖镇新舟村（望沙）援建的平塘县建平医院。2005年12月，建成传染病区。2008年4月，县人民医院与海军总医院建成友好医院。2011年6月，启动县人民医院新址项目，院址在平湖镇新舟村（拉高），总投资7632.4万元。

2013年，县人民医院核定医务人员编制438名，实有人员281人，在职在编177人，聘用人员97人，床位220张。共有副高级职称13人、中级职称56人、初级职称71人。内设办公室、医务室、护理部、信息科、社会服务部、总务科、设备科、保卫科等。

县妇幼保健院

县妇幼保健院原址建于平湖镇北街村，与原县人民医院相邻。1988年，县妇幼保健站内设儿保组、妇保组、门诊及病房等科室，主要开展妇女健康检查、婚前保健检查、孕产妇保健管理和新生婴儿接生等工作。是年，在平湖镇、卡罗乡进行普及新法接生试点，新生、接生率分别为95.6%和89%。

1997年，共有医务人员22人，主要设备有小型B超机、手术台、显微镜、胎儿监护仪、紫外线灯等。是年，配置尿分析仪1台。2001年，配置无影灯、救护车、新生婴儿抢救台、制氧机等。2006年，县妇幼保健站更名为县妇幼保健院，开设有妇产科、内科、儿科、中医科、基层保健科、产前保健科、儿童保健科、妇女保健科。2009年，启动县妇幼保健院业务楼项目建设，选址于平湖镇回龙村，与县计生局、县食品药品监督局业务楼合建。2011年9月，县级机构改革，核定县妇幼保健院人员编制32人，其中管理人员编制6名、专业技术人员编制25名、工勤技能人员编制1名，为县卫生局管理的副科级事业机构。

2013年，县妇幼保健院在岗人数为30人。其中副主任医师1人、主治医师6人、主管医师4人、医师4人、护师7人、检验师1人、药师1人。

县疾病预防控制中心

1988年，县卫生防疫站建于平湖镇北街村，建筑面积960平方米，占地1200平方米。主要职能为疫情调查、健康教育、防病治病及各种卫生监督管理等。

1998年5月，撤销平塘县皮肤病防治站，其职能合并到县防疫站。2002年12月，撤销平塘县防疫站，组建平塘县疾病预防控制中心，内设办公室、流行病股、慢性病股、监测检验股4个股室，为县卫生局管理的正科级事业机构。2005年，增设艾滋病科。是年6月，县疾控中心搬迁到平湖镇回龙村新址办公楼。2007年，艾滋病初筛实验室建成投入使用。2008年，成立平塘县艾滋病防治工作委员会，开展HIV初筛工作，共发现HIV感染者18例，省、州疾控中心确定13例。

2013年，县疾病预防控制中心内设办公室、流行病股、慢性病股、艾滋病股、监测检验股，编制48人。是年底实有专业技术人员32人、工勤技能人员3人；副高级职称3人、中级职称12人、初级职称 17 人。

县药品检验所

1988 年，县药品检验所为县卫生局内设股级事业机构，负责县内药品检验管理工作。

2001 年 12 月，成立黔南州药品监督管理局平塘分局后，将全县药品检验职能划入该局，为黔南州药品监督管理局的派出机构，原县药品检验所人员整体划入该局。2002 年 6 月，更名为县药品监督管理局，为黔南州药品监督管理局的直属机构。2004 年 3 月，县药品监督管理局更名为县食品药品监督管理局，仍为州药品监督局垂管机构。2011 年 7 月，县级机构改革，撤销县食品药品监督管理局与县卫生局，组成县卫生和食品药品监督管理局，为县人民政府工作部门。

2013 年，县卫生和食品药品监督管理局内设办公室、业务股、规划财务股，年末共有干部职工 12 人。下辖 19 个乡（镇）卫生院，共有县人民医院、县疾控中心、县妇幼保健站、县卫生学校、县新型农村合作医疗管理委员会办公室 5 个直属机构。

县卫生学校

县卫生学校成立于 1976 年 3 月，在国家指令性计划下，面向全社会招收县内小学、初中、高中毕业生，旨在培育乡村医生、初级技术卫生专业人才。学制为半年、一年、二年。学生按教学规定学完所设的全部学科，经考核及格发给毕（结）业证书，由县卫生局分配到全县各乡村卫生所（室）工作。1996 年后县卫校停办。

县卫生监督所

2003 年 5 月成立，隶属县卫生局，为正科级（参照公务员法管理）事业机构，负责全县卫生行政许可的申报和卫生监督执法检查。2011 年，县食品药品监督管理局与县卫生局合并，组建县卫生和食品药品监督管理局，县卫生监督所隶属县卫生和食品药品监督管理局。

2013 年，县卫生监督所内设办公室、食品卫生监督股、医疗卫生监督股、法制宣传与卫生稽查等 5 个股室，核定事业编制 16 名，设所长 1 名、副所长 1 名，年末，共有干部职工 211 名。

县新型农村合作医疗管理委员会办公室

新型农村合作医疗是指由政府组织、引导、支持，农民自愿参加，个人、集体和政府多方筹资，以大病统筹为主的农民医疗互助共济制度。采取个人缴费、集体扶持和政府资助的方式筹集资金。2007 年，成立平塘县新型农村合作医疗管理委员会办公室（简称县合医办），为县卫生局管理的副科级事业单位，编制 6 人，内设综合股、稽查股。2011 年 7 月，县级机构改革，县合医办隶属卫生和食品药品监督管理局。

2013 年，全县农村人口参合人数 27 万人，参合率为 96.2%。

第二节　乡（镇）医疗卫生机构

乡（镇）卫生院

1988 年，在平湖、牙舟、通州、西关、克度、摆茹、者密 7 个区各设有 1 所医院，共有病床 115

张。在各乡（镇）各建有卫生院40个，病床123张。

1991年9月，建镇并乡撤区后，建立19个乡（镇）卫生院。原部分卫生院自然撤销或改为村卫生室。

1992年，全县共有乡镇卫生工作人员391人，其中卫生技术人员315人。之后，乡（镇）医务人员缺编均从卫生院校公务招聘。2001年，各乡镇卫生院均配置五官科治疗机、洗胃机、制氧机、急救手推车、综合产床、无影灯、血红蛋白仪、超声雾化器、生物显微镜等设备。2003年，苗二河乡卫生院获全州抗击“非典”先进集体。

2005年，摆茹镇、者密镇、白龙乡卫生院新业务楼建成使用。2006年，乡镇卫生院配置台式B超机、三分类血细胞分析仪、X光机、半自动生化仪等医疗设备。

2011年，县级机构改革，乡镇卫生院核定事业编制322人，增加编制45人。是年，全县乡镇卫生院均配置救护车。

2013年，全县共有乡（镇）卫生院19个，病床247张，卫生技术人员238人，其中中级职称26人、初级职称212人。

社区卫生服务中心

2008年8月，县卫生局成立平湖镇卫生院转型社区卫生服务中心工作领导小组，启动平湖镇卫生院转型工作。2009年，在县城区建立玉池、金龙2个社区卫生服务中心。按照《贵州城市社区公共卫生服务项目指南（试行）》，开展医疗、防疫、妇保等日常工作，建立社区居民健康档案8050人。

2013年，全县共有社区卫生服务中心3个，医护人员11人。

第三节　村级医疗卫生机构

1988年，全县各行政村均建有医疗室，聘有一名卫生人员。诊疗实行收费制。

1991年，建并撤后，原部分卫生院人员下放到村卫生室（所），原大队卫生员、赤脚医生改称为乡村医生，采取个体或卫生人员领办等形式开办诊所。2003年，全国“非典”发生后，国家将村卫生室纳入县、乡（镇）、村三级公共基础网络建设，修建村卫生室，配置卫生人员和设备。启动169个村级卫生室建设，覆盖率为94.4%。有26名乡村医生参加全省乡村医生中专考试合格。是年11月，全县首家诊所李林坤诊所在平湖镇新舟路30号注册开业。

2004年，行政村合并，全县由242个村合并为121个村，共有村级卫生室121个。2007年，实行新型农村合作医疗制度后，为解决农村群众就近看病治疗问题，开始在各村重新选址新建或改扩建村卫生室。是年，全县持有医疗机构执业许可证的村卫生室96家，个体诊所1家。2009年开始，村级卫生室列入省级财政专项资金建设项目。至2011年，全县共新建村级卫生室90个。

2012年，村级卫生室实行基本药物目录制度。

2013年，全县共有村级卫生室121个，村医181人，床位127张。

第四节 民营（个体）医疗卫生机构

县东方医院

建于2009年9月，地址在平湖镇新舟村新舟路5号。2013年，迁入平湖镇回龙村三棵树电子商贸物流城旁，是一家集治疗、保健、预防为一体的综合防治机构，内设男科、妇科、内科、外科，共有医护人员28人，床位20张。

县博爱医院

建于2011年4月，院址位于平湖镇新舟新区玉水新村。内设预防保健科、内科、呼吸内科、消化内科、心血管内科、普通外科、骨科、妇产科、儿科、眼科、耳鼻喉科、口腔科、影像科、中医科等。2013年，共有医护人员28人，床位20张。

县强民医院

建于2012年12月，院址位于平湖镇新舟新区拉高村。是招商引资引进的一家现代化专业诊疗机构，集医疗、科研、教学、康复、保健为一体。内设内科、外科、妇科、骨科、预防保健科等。2013年，共有医护人员26人，床位20张。

县仁济医院

建于2013年6月，院址位于平湖镇玉水北路2号，是一家综合性的医疗机构。开设有内科、外科、妇科、中医科、医学检验、医学影像等专业科室。共有医护人员25人，病床20张。

县湘东医院

建于2013年6月，是招商引资引进的一所综合性民营医院，总投资5000万元。医院建筑面积近5000平方米，为新型农村合作医疗定点医院。开设内科、外科、妇科、医学检验、医学影像等临床科室，能开展外科、妇科各项微创手术。共有医护人员30人，病床20张。

县蕊昱医院

建于2013年10月，院址位于通州镇通星村环城路，设有内科、儿科、妇科、普外科、骨科、肛肠科、结石科、中医理疗科、检验科、医学影像科等。共有医务人员26人，病床20张。

第三章 疾病防治

20世纪80年代末，各区、乡（镇）医院医疗设备比较简陋，除简单的外科小手术外，其他手术都送县人民医院。2000年后，县级医疗单位和各乡镇卫生院通过世界银行卫生项目逐步改善医疗设施，疾病防控和医疗条件得到较大改善。之后，县医院由上腰腹部手术向下腰腹部手术延伸，乡（镇）卫生院可以开展X光、B超检验等工作，进行剖腹产、阑尾切除等手术。2007年，实施新型农村合作医疗制度后，农村群众主要选择西医治疗，就医更加便捷。2010年起，县人民医院逐步探索实施颅脑手术，乡（镇）医疗技术基本满足群众的就医需要。2013年，县人民医院门诊就医近7.3万人（次），住院1.4万人次。乡镇卫生院门诊2.5万人（次），住院治疗0.57万人（次）。

第一节 医疗设施

1988年，各区、乡（镇）医院（卫生院）医疗设备比较简陋，仅有听诊器、血压计、温度计、显微镜、高压消毒锅、无影灯和手术床。除个别区医院能做一些比较简单的外科手术外，其他医疗手术都要送县人民医院。县人民医院医疗设施主要有超声波诊断仪、200~300毫安照光（片）机、牙科综合治疗机、万能手术床、婴儿保温箱、20毫安蒸馏器、超净工作台、卧式消毒锅、心电图机、超微生化分析仪、膈肌起搏器、心电督护仪、病理切片机、电冰箱、火焰分光光度计、显微镜、氦氖与CO激光治疗机、胃电图机、污水处理机等。

1993年后，通过世界银行卫生项目贷款和国内外慈善机构援建，县人民医院和乡镇卫生院医疗设备得到较大改善。

1994年，利用世界银行卫生项目贷款为通州镇、塘边镇、者密镇、四寨镇、摆茹镇、克度镇、大塘镇、谷硐乡、鼠场乡、卡蒲毛南族乡、白龙乡卫生院购置婴儿磅秤、电热鼓风干燥箱、立式高压消毒锅、人口呼吸器、双功能洗胃机、煤电两用消毒锅、双目显微镜、放像机、电冰箱、综合手术床、B超机、200毫安X光机等。

1999年，配置19个乡镇卫生院五官科治疗机、洗胃机、制氧机、急救手推车、综合产床、恒温箱、无影灯、电动洗胃机、721分光光度计、血红蛋白仪、超声雾光器、生物显微镜等设备。

2001~2003年，通过世界银行卫生项目贷款，为县人民医院购置普通手术台、五官科治疗机、妇科简易检查床、尿分析仪、电热培养箱、超声雾化器、电动洗胃机、激光治疗机、电动流产顺引器、胎心仪、B超机、半自动生物分析仪、口腔综合治疗机、心电监护仪50MX机、救护车1辆等。

2004年开始，实施乡（镇）卫生院业务用房建设项目。至2009年，先后建成摆茹镇、者密镇、平湖镇、通州镇、白龙乡、苗二河乡卫生院业务楼。

2011年，通州、者密、摆茹、大塘、克度、平湖、牙舟、新塘8个中心乡镇卫生院全部配置有一辆救护车。

2013年，启动塘边、掌布、卡蒲3个乡镇卫生院扩建项目，总投资648万元。实施克度、大塘中心卫生院业务用房扩建项目。是年，全县各乡镇卫生院业务用房、医疗器械配置基本完成。县人民医院医疗设备达553类，共1163台。主要设备有GE16排CT、GE单排CT、彩色高档B超、腹腔镜、膀胱镜、电子胃镜、DR成像系统、CR成像系统、C臂机、全自动生化分析仪、全自动化学发光分析仪、全自动尿有形成分分析仪、全自动微生物签订及药敏分析系统、中心供氧、床旁电子传呼器、末梢血糖检测仪、十二通道心电图机、脑电图机、自动洗胃机、彩色多功能心电监护仪、电动吸痰器、简易肺功能监测仪、碳14呼气试验仪等价值2000多万的大中型现代化医疗设备。

第二节 医疗技术

中医技术

1988 年，县人民医院设置中医科和中医床位，开展红外线、超短波电疗、电按摩，对腰扭伤、骨质增生、坐骨神经痛、面部神经麻痹、牙痛、肝炎、盆腔炎、颈椎病等进行中医治疗，根据患者病情辅以针灸、拔火罐等中医技术。

乡镇卫生院和村卫生室（所）均设有中药房，能进行针灸推拿和一些常见病、多发病的中医治疗。个体诊所或民间中医人员主要以中医为主，西药为辅助治疗，如胆结石、跌打损伤、肝炎、轻微骨裂等。

1994 年，县人民医院开设的内外科、儿科采取中医结合，辅以中药偏方配合治疗，如肺结核、肠梗阻等，取得良好治疗效果。

2007 年后，新型农村合作医疗实施，农村医疗负担大幅下降，农民治病主要选择西医。中医技术主要用于跌打损伤和骨质增生、神经疾病等。

2013 年，县人民医院和妇幼保健院中医科主要对骨质增生、坐骨神经痛、腰椎间盘突出等进行超短波电疗并辅以针灸或拔罐等中医技术。

西医技术

1988 年，县人民医院能进行中、上腰部手术，如胃大部切除吻合、肝脾破裂修补、胆囊切除、脾切除等。

1993 年开始，县人民医院能进行的手术有肾切除、开颅检查硬膜外或硬膜下血肿消除、腰椎间盘摘除、急性慢性心力衰竭、肾功能衰竭、呼吸功能衰竭等诊疗技术，引进肠癌根治术。利用购置的新设备开展一系列西医治疗术，如脑出血、宫颈糜烂、尖锐湿疣等。

1998 年后，县人民医院能进行直肠癌根治造瘘术、肠套叠松解复位、肠扭转松解复位、胃肠穿孔修补、肝脾破裂修补、胆囊切除、脾切除、胆总管切开取石、左右肝管结石切开取石、胰腺囊肿内外引流、左右半结肠切除、美克尔式憩室切除、阑尾切除、肛瘘挂线或切除、内外痔切除、椎间盘切除、输尿管结石切开取石、肾切除、脑脓肿切开引流术、脊椎骨折切开复位内固定术、股骨胫骨折透视下复位闭合打针固定术、四肢骨折切开复位内固定外加固定支架术、脊椎骨折椎板切开减压、骨延长、肋骨骨折外固定或牵引复位、凹陷性骨折切开复位、颈椎骨折脱位颅骨牵引术。

2008 年，引进颅脑外伤血肿清除+脑室穿刺引流术。

2013 年，县人民医院能开展颅探查血肿清除术、开胸探查肺裂伤修补术、甲状腺大部切除术、中上腹部手术和脊柱四肢骨折内固定术、混合痔外剥内扎术、环状混合痔切除术、肛周脓肿切开引流术、肛瘘切除术、子宫全切除术、子宫次全切术、子宫肌瘤剔除术、卵巢囊肿剔除术、新式剖宫产术、无痛人流术等。

第三节 疾病防控

计划免疫

1988年，全县“四苗”（麻苗、脊灰糖丸、百白破、卡介苗）接种完成23819人次，占计划的93.5%。完成伤寒菌苗11901人次。

1989年，平塘县列为国防儿童基金计划免疫考核县。全县“四苗”接种覆盖率80%以上，建卡率100%。

1992年，开始进行乙肝接种，城镇接种率72.2%，农村接种率2.1%。

至2005年，卡介苗、麻苗、百白破、脊灰、乙肝苗“五苗”基础免疫建卡率为97.93%。卡介苗接种率97.93%，麻苗接种率为92.15%，百白破三联接种率98.79%，脊灰接种率98.74%，乙肝苗接种率92.64%。

2006年后，县人民政府按全县总人口每人0.15元将计划免疫列入县级财政预算，县卫生局把免疫规划列入县内各卫生部门综合目标考核内容。幼儿、儿童入托、入学均实行查证（接种证）制度。

2008年，全县建卡建证率达100%，卡介苗接种率99.96%，幼儿园新生有证率达85.54%。

2013年，共开展冷气链运输12次。乙肝首针及时接种率为89.49%，乙肝疫苗接种率99.87%，卡介苗接种率99.60%，脊灰疫苗接种率99.9%，百白破疫苗接种率99.93%，百白破二联疫苗接种率99.74%，流脑A群疫苗接种率99.9%，流脑A+C群疫苗接种率99.87%，乙肝疫苗接种率99.92%，麻疹类疫苗接种率99.74%，甲肝疫苗接种率88.84%。

痢疾防治

1988~1992年，全县共发生痢疾7515例，占传染病发病总数的79.8%，其中1988年发病最高达4340例。

1993~1997年，据疫情报告统计，在全县出现的10余种乙类传染病中，痢疾发病最高，5年共发病1626例，最高是1996年513例，主要分布在塘边、克度、鼠场、四寨、者密、平湖6个气温偏高乡镇。直至2002年，痢疾在乙类传染病中的发病率仍居首位，之后通过加强防治措施，痢疾逐年下降。

2013年，发生细菌性痢疾85例，占传染病总病例的9.98%。

伤寒防治

伤寒病是全县重点防治的传染病之一，每年各月均有病例发生，7月开始上升，9~10月发病较高，11月开始下降，病例以农民发病最高。

1988~1992年，全县伤寒病发病1088人，占传染病发病的11.5%，最高是1988年278人，最少为1992年136例，发病率为51.8/10万。

1993~1998年，在乙类传染病中伤寒发病率居第四位，最高是1997年89例，其中大塘镇里中村发病65人。

1999年后，全县伤寒病得到有效控制，每年发病呈零星式，无爆发现象。

2013年，全县发生伤寒2例，均及时进行治疗和处理。

肝炎防治

全县每年1~12月均有病例发生，4月以后逐步上升，7~10月发病较高，农民和中学生发病较多。1988~1992年，全县共发生肝炎病人556例，占传染病发病总数的5.9%。1988年发生35例。

1992年达187例，发病率为71.2/10万，比上年上升11.8%，其中甲、乙型肝炎各发生76例。之后，县内甲肝发病率呈下降趋势，乙肝呈上升态势。是年，开始对城镇进行乙肝苗接种，乙肝发病率得到有效控制。1993~1997年，在全县乙类传染病发病率中，乙肝排在第5位，5年共发病263例。1999~2009年，甲肝发病均在11%左右，最高是2008年为17.24%。2010~2012年，全县共发生甲肝病分别为14例、9例和6例。

2013年，在乙、丙类15种传染病中，乙肝发病263例，占全年传染病例总数的32.67%。是年，全县发现甲肝2例。

疟疾防治

县内疟疾主要发生在平湖、牙舟、卡罗、通州、大塘、摆茹、甘寨等乡（镇）。

1988~1992年，全县共发生疟疾病71例，占传染病总数的0.8%。发病均为间日疟，发病年龄最大59岁，最小4岁。

1993年，采取涂制发热血片的方式发现传染源。共涂制发热血片15593张，采集血样1514个。

1995年10月，被贵州省卫生厅评为“消灭丝虫病先进县”。

1997年，黔、桂两省（区）开展灭疟交叉大检查，平塘县连续12年保持疟疾发病在万分之一以下。

1998年，对常住人口发热进行血检查，对检出有疟原虫阳性病人进行治疗。之后，每年在春季抗复发期或发病高峰期，在全县开展服药，预防疟疾暴发。2004年，对流动人口开展血样检查，检出阳性病人19例。

2005年后，疟疾均为临床病例，患者大部分是流动人口。2007年，开展县内常住人口和流动人口发热病人血检。

2013年，先后举办疟疾防治和疟原虫镜检技术培训班2期69人。是年，对县内常住人口发热病人血检3079张，流动人口发热病人血检478张，都未检查出阳性病例。

炭疽病防治

炭疽病是一种人畜共患的急性传染病。1988~1992年，全县共发生炭疽病132例，占传染病发病总数的1.4%。

1990年9月，县人民政府下达《关于封锁白龙乡等地炭疽病疫区的命令》，对白龙乡的马惹村、乐康村，京舟乡的摆克村、打赖村，米寅乡的双河村等村寨进行封锁，是年11月解除疫区封锁命令。

1991年，县政府发布《关于对甘寨至西凉一线炭疽病疫区的封锁令》。县卫生防疫部门对4个重点疫区村寨287人采取炭疽病应急接种工作，其中甘寨乡基哈村、京舟乡利腊及卡蒲上寨等村寨150人，摆茹区甲桐乡上林寨80人。

1993~1997年，县境内炭疽病发生148例，居乙类传染病第五位，依年次分别为26例、5例、13例、57例、47例。

1996年6月，牙舟镇石笋村山脚组发生人畜共患炭疽病，感染发病7人，死亡1人。是年7月，对感染畜肉进行深埋处理。

1997年7月，甘寨乡塘官村、谷硐乡命芹村、牙舟镇白岩村和白沙村暴发炭疽病。病死马3匹、猪2头，感染5人、死亡1人。是年8月，下发疫区封锁令，对病死牲畜进行焚烧和深埋处理。

1999年后，全县炭疽病得到有效控制，发病率在5%以内。2004年，全县发病11例，死亡1例，发病率为3.69/10万，较上年下降63.79%。2007年，全县11种乙类传染病中，炭疽病发病率为0.28%。

2008～2013年，没有炭疽病发生报告。

麻疹病防治

麻疹是由麻疹病毒引起的呼吸道传染病。1988～1992年，全县麻疹病年均发生1～2例。

1993～1994年，麻疹病呈暴发流行趋势，发生病例分别为178例和152例，发病年龄最小者6个月，最大26岁，15岁以下年龄组均有发病，以1岁以下幼童及7～10岁年龄组小学生发病率最高。1994年全县进行麻苗普种，麻疹病基本得到控制。

1999～2000年，县内再次暴发麻疹病398例。其中，1999年发生67例，死亡2例；2000年发病331例。之后，全县加强对10岁以下年龄组儿童的预防接种和疫情防控，发病逐年下降，2001～2010年发病率在10%左右。2011～2012年，麻疹病发病各1例，发病率为0.305/10万。

2013年，全县没有麻疹病发病报告。

结核病防治

结核病是由结核杆菌感染引起的慢性传染病。平塘县为全州结核病高发区之一。1988年，全县共发生活动性肺结核47例，涂阳3例。

1990～1991年，全县共报结核病400多例，住院治疗95人，占发病总数的24%。

1992年，县防疫站对原区乡所在地的71所公民办中小学校537个班的21270名学生进行结核疫苗接种。之后，结核病按国家统一防控治疗方案医治。

1993～1997年，全县发病502例，为全县乙类传染病第二位，主要患者为老年人。

1998～2002年，全县肺结核发病1043人，其中2001年发病325例。之后，县卫生局针对病情高发实际情况，开展“3·24”结核病宣传日和网上追踪，及时对疑似患者初诊收治。并与县内外综合医院合作，共同防控病情。

2007年，开展结核病网络直报及病人追踪工作，完成网络疫情追踪515人，主动就医224人。2008～2012年，发现疑似病人3404人，确诊1074人，治愈434人，死亡8人。

2013年，门诊接待疑似症状就诊者614人，确诊病人205人，其中初治涂阳67人，复治涂阳4人，重症涂阳12人。是年，县人民医院报告其他初治涂阳134人，结核病人531人，转诊96人。

碘缺乏病防治

县内地方病主要以碘缺乏病为主，主要表现为地方性甲状腺肿、地方性克丁病。

1989年，在全县范围内开展流行病学调查，之后，采取服用碘化油丸、碘油注射、手术等方式进行治疗，发病率逐年下降，流行趋势得到有效控制。

1993年，开展碘缺乏病情监测，共抽查7～14岁学生60人，监测结果为甲状腺肿大23人。

1998年，对居民用碘盐采样监测，共监测碘盐900份，合格808份，合格率89.78%。

2003年开始，开展“5·15”碘缺乏防治日碘缺乏病防治宣传，加强农村食用碘盐监测，在中小学进行碘缺乏病知识培训。2012年9月，在甘寨、卡蒲、卡罗3个乡启动碘缺乏病健康教育项目，先后在3个项目乡中心小学4~6年级开展碘缺乏病调查，开设碘缺乏病健康教育课，完成9个村180人家庭碘缺乏病知识培训。是年，3个项目乡小学生碘缺乏病知晓率94%，家庭知晓率为92%。

2013年，以“科学补碘，保护智力，成就梦想”为主题，在平湖开展碘缺乏病防治宣传活动，接受咨询2000人次，发放资料500余份。是年，对者密、克度、摆茹、新塘、牙舟5个乡镇20个村300户居民食用盐进行采集与送检工作，共采集样品300份，检测300份，合格300份，合格率100%。

麻风病防治

1988~1992年，全县共发现麻风病现症病人152人。此间，县皮防站按片区采取集中监测、化疗、送药进行治疗。对疫点、疫区学校和患者家属进行麻风病调查22297人次。调查发现麻风病人21例。

1993年后，县皮防站每年进行麻风病人家访、个案监测，对县内新老疫点进行调查。2005年，新发现麻风病17例，组织涂片4例。2008年，成立平塘县麻风康复领导小组和平塘县麻风康复技术指导小组，负责麻风病的防治指导工作。2010~2012年，对麻风病疫点调查1072人，发现病例9例，接受治疗监测判愈9例。

2013年，治疗病人12例，判愈者6例。开展麻风病普查，共走访检查自然村寨常驻村民20130人，对2003年来新发现病人的乡（镇）所在地中小学学生皮肤检查5735人。完成1949~2012年登记在册病人资料录入工作。对67条可疑线索进行筛查，发现1例麻风病可疑症状者，对39例病人家属体检149人，检查率达98.02%。

艾滋病防治

1988~2001年，平塘县未发现艾滋病例。

2002年5月，发现首例艾滋病，患者当月死亡。2006年，县内报告艾滋病感染者9例，其中6例为阳性。2007年，县人民政府成立县艾滋病防治工作委员会，下设办公室在县疾控中心，负责全县艾滋病的监测和防治工作。是年，进行高危人群HIV筛查，共检测1100人次，确认阳性1人。2008年，县疾控中心成立平塘县艾滋病防治工作委员会，按照《艾滋病防治条例》，建立和完善自愿咨询与检测室，向社会公布咨询电话、咨询与检测程序、保密承诺等。对感染者和病人实施抗病毒治疗。

2010年，共发现HIV感染者22例，确认7例，死亡12例。2011年，HIV感染者死亡17例。2012年，发现HIV感染者27例，其中初筛阳性10例，确认阳性9例，死亡16例。

2013年，开展对艾滋病感染的调查监测。全县按户籍统计，共发现HIV/AIDS 222例。按现有住址统计，共发现189例，死亡84例。是年，发现33例，确诊16例。实施民政救助2人（患儿）。对符合治疗标准的患者均实行免费抗毒治疗。

第四节 妇幼保健

妇女保健

1988年，在全县进行妇女病调查治疗，从已婚育龄妇女33283人中抽查1035人，查出患病妇女911人，治疗358人。1991年，开始在城镇开展婚前保健检查，检查率为27.9%。从是年开始，对城镇进行孕产妇建卡管理。

1992年，在牙舟镇、卡罗乡开展新法接生普及试点。1993年，在者密六硐村、卡蒲毛南族乡摆卡村建立接生室。1997 年，全县新生婴儿 3908 人，新法接生 3730 人，新法接生率 95.4%。

1998 年后，开展“三网合一”监测工作（即孕妇死亡监测、5 岁以下儿童死亡监测、新生儿缺陷监测），对高危孕产妇进行筛查监护。是年，孕产妇死亡 6 例，死亡率为 13.5/10 万。是年，县保健站创建“爱婴医院”，建成综合业务楼 1 楼 1300 平方米。1999 年，建立产后母婴访视制度，专人对孕妇产后保健、新生儿料理、母乳喂养等进行指导。2003 年，落实《婚姻登记条例》，停止婚前强制检查。2004 年，全县初级卫生保健经黔南州初级卫生保健委员会验收达标。

2006 年开始，乡镇卫生院实行免费住院分娩，县人民医院和县保健院住院分娩限价 150 元。2008 年，建立孕产妇转诊绿色通道，共接受转诊孕产妇 175 人，实施高危产妇挽救 16 人。2010 年后，对农村孕产妇实行分娩补助制度。是年，全县共有 3271 名孕产妇领取补助金。2011 年，在全县推广中医药预防和保健技术。2012 年，全县共有产妇 3604 人，服用叶酸 3073 人，住院分娩率为 85.26%。是年，对 2124 名孕妇进行艾滋病检测发现感染 2 例，对 106 名农村产妇发放补助金 92.05 万元。

2013 年，启动妇幼保健业务大楼建设，建筑面积 2900 平方米，总投资 870 万元。是年，全县高危孕妇住院分娩率为 99%，高危管理率 99.5%，新法接生率 99.78%，产前检查率 97.7%，产后访视率 97.7%。

儿童保健

1988 年，全县共有 0~7 岁儿童 32107 人。是年对 7 岁以下年龄组儿童作健康检查 1730 人，其中县城（镇）居民儿童检查 449 人，区、乡（镇）儿童检查 1281 人。县城儿童体检率达 65%，建卡率达 82%。1989 年，县保健站开展对 0~7 岁儿童年龄组的调查和 0~1 岁组婴儿的死亡监测。

1996 年开始，新生儿出生必须办理出生医学证明。是年，全县发出出生医学证明 1500 份。

1998 年后，城镇出生婴儿满 42 天后建立儿童保健卡。是年，儿童体检查出贫血 78 人、龋齿 67 人、佝偻病 15 人、肝炎 3 人、其他病例 6 人。从 2003 年开始，3 岁以下儿童全部纳入系统管理。

2013 年，全县共有 0~3 岁儿童 11894 人，3 岁以下儿童系统管理 10507 人，系统管理率达 88.34%。共完成儿童建档 3810 人，新生儿访视 7182 人次，0~3 岁儿童健康管理 23540 人次，0~6 岁儿童口腔保健 24847 人次。

第五节　爱国卫生运动

1988~2013 年，平塘县爱国卫生运动委员会按照各个时期爱国卫生运动主题，围绕“政府组织、地方负责、总体协调、群众动手、科学治理、社会监督”开展爱国卫生运动。

改水改厕

1988~1992 年，全县共完成改水工程 49 个点，总投资 37.11 万元，其中国家补助 14.72 万元、群众集资 22.39 万元。受益人数 21601 人。

1993 年，实施谷硐乡场坝村小坝组、牙舟镇、摆茹镇马场村、平湖镇新建村板山组、通州镇、白龙乡龙兴村、者密镇甲青村拉逛组、鼠场乡金垢组、者密镇甲术村 9 个农村集中式改水工程，共投资 19.52 万元。是年，农村改厕 40 户，投资 1.98 万元。

1996~1998 年，新建水冲式卫生厕所 65 个，改造公共厕所 10 座。

2001 年，实施卡罗乡甲那坝、大塘镇大塘村、卡蒲毛南族乡亮寨五组、通州镇茶树坪饮用水改造。在各乡（镇）共建沼气式厕所266个。

2003年后，加大农村改厕投入，改善农村卫生环境。至2008年，农村卫生厕所户为10000户，卫生厕所普及率达14.41%，无害化卫生厕所普及率14.12%。

2009年，开始实施“整脏治乱”专项行动。是年，在卡蒲乡、者密镇、大塘镇羊方村等毛南族村寨实施农村改厕400户。

2013年，农村有卫生厕所户1.292万户，卫生厕所普及率为18.53%，无害化卫生厕所普及率达17.24%。农村改水受益人口29.1万人，受益率为97.2%。

灭鼠活动

1988年，县直机关单位、厂矿、学校、驻军及平湖镇和新舟乡等共103个单位，开展春季突击灭鼠活动。共投放毒饵（鼠药）1213.5千克，灭鼠1万多只，有效灭鼠率达90%以上。之后由县爱委办牵头组织县直机关、企事业单位及县城郊区村寨开展灭鼠活动。1989~1991年，春季灭鼠密度分别为8.5%、8.7%、7.6%，秋季为2.7%、2.4%、1.3%。

1999年，开展鼠药市场整治，取缔有害鼠药销售。

2000年开始，灭鼠工作由县创建卫生文明县城办公室统一安排，统一购置鼠药，由县城区各居委会领取统一投放。

2009年，开展“整脏治乱”工作后，县城环境卫生不断改善，灭鼠活动由社区根据实际自行实施。

创建卫生城市

1988年3月，县委、县人民政府出台《平湖镇卫生达标奖罚办法》。在县城区开展门前“三包”（包卫生、包绿化、包秩序）卫生达标竞赛。

1989~1992年，县直机关单位、学校、厂矿按照县城净化、绿化、美化、亮化工作安排，划分区域、地段，在城镇主街道、平舟河两岸、机关院内开展栽花植树、修建花池（台）、清运垃圾、清理阴沟和卫生死角等，整治城镇“脏乱差”现象。

1994年3月，县爱卫办并入平塘县卫生局。之后，卫生工作由卫生局牵头，协调县建设局、县工商局、县卫生局开展市容市貌整治。1996年7月，恢复县爱卫办。

1998年，县人民政府出台《平塘县城市容环境卫生管理办法》，成立平塘县创建文明卫生城镇领导小组，下设办公室，负责全县创建卫生文明城镇活动工作。

1999年，县城配置8辆洒水车，修建封闭式垃圾池30个，安装果皮箱70余个。

2000年，投资800万元，实施县城区主干道硬化路面建设。投入60余万元，进行县城绿化，种植玉兰436株、桂花266株、黄花槐5000株。

2001年，县爱国卫生运动委员会颁发公告禁止所有单位和个人在县城区燃放烟花爆竹、占道摆设酒席。11月，组建平塘县城镇公共事务管理局，负责城镇卫生绿化和执法工作。是年，县人民政府印发《平塘县创建文明卫生县城综合管理办法》。

2003年4月，启动省级文明县城创建活动。

2009年，启动“整脏治乱”工作，并成立平塘县整脏治乱工作领导小组，下设办公室在县文明办，负责全县整脏治乱工作。

2012~2013年，将创建省级文明县城纳入县直各部门工作考核，县城区卫生实行网络管理。

第四章　卫生管理

1988 年，全县卫生医疗机构共 53 个，其中县级机构 6 个、区（镇）47 个。1992 年 9 月，建并撤后，全县卫生医疗机构为 25 个，其中县级机构仍为 6 个，分别为县人民医院、县卫生防疫站、县妇幼保健站、县皮肤病防治站、县药品检验所、县卫生学校。乡镇卫生院 19 个。2002 年 5 月，撤销县防疫站，组建县疾病预防控制中心和县卫生监督所。县疾病预防控制中心负责全县疾病防控和公共卫生服务管理，县卫生监督所负责全县公共卫生监督执法工作。2007 年，成立县新型农村合作医疗领导小组办公室。2013 年，全县医疗卫生机构 31 个，其中乡镇卫生院 19 个、民营医院 6 个。

第一节　卫生行政

管理机构

1988 年，县卫生局为全县卫生行政管理机构。下设政工科、财务科、业务科，负责 7 个区卫生院和 40 个乡镇卫生院卫生管理。

1991 年 9 月，建并撤后，全县设 25 个卫生机构，其中，县属机构 6 个、乡（镇）卫生院 19 个。

1996 年 7 月，恢复县爱卫办。是年 11 月，县卫生局增设县医疗机构监督管理办公室。

2001 年，撤销县药品检验所，组建黔南州药品监督管理局平塘分局，为黔南州药品监督管理局正科级派出机构。2002 年 6 月更名为平塘县药品监督管理局，仍为黔南州药品监督管理局直属机构，行政编制和职能不变。

2004 年 3 月，县药品监督管理局改称为县食品药品监督管理局。

2010 年 1 月，县食品药品监督管理局由省垂直管理改为属地管理。

2011 年 7 月，县级机构改革，撤销县食品药品监督管理局和县卫生局，组建县卫生和食品药品监督管理局。

2013 年，县卫生和食品药品监督管理局内设办公室、业务股、规划财务股。是年，全县共有医疗卫生机构 25 个，医务人员 526 人，病床 576 张。

卫生事业经费

1988 年后，全县卫生经费除系统职工工资外，多渠道筹措资金发展卫生事业。1988～1992 年，共投入卫生事业经费 476. 11 万元，先后建成县卫生局职工宿舍楼、鼠场卫生院。

1994 年，争取世界银行卫生项目贷款建成谷硐乡卫生院，为通州、卡蒲、塘边、者密、四寨、克度、白龙、摆茹、谷硐及县卫生学校购置一批医疗设备。

1995 年开始，除卫生主管部门和防疫保健机构工作人员外，县医院、乡镇卫生院工作人员工资实行差额拨款。

1988～2002 年，国家实施西部大开发战略，对西部地区倾斜投入。通过国家卫生建设、深圳对口帮扶资金和世界银行卫生项目资金，先后建成县建平医院（县人民医院）和甘寨乡项目，大塘镇、掌布乡、西凉乡卫生院业务用房。2003~2005 年，争取世界银行卫生项目资金 220 万元，为县人民医院及 19 个乡（镇）卫生院购置一批医疗设备。2008 年，村级卫生室项目建设列入省级财政专项资金和国债项目。2010 年，贯彻《中共中央、国务院关于深化医疗卫生体制改革的意见》，开始实施基本公共卫生服务项目 9 项。

2013 年，全县卫生事业共投入 14538. 86 万元，启动塘边、掌布、卡蒲 3 个乡镇卫生院改扩建项目建设，实施县妇幼保健院业务楼和通州、塘边、牙舟、卡蒲 4 个乡镇卫生院职工周转房项目。

职工公费医疗

1988 年后，干部职工门诊医药费、住院费按工作人员数划拨经费到单位包干使用。1999 年，开展城镇职工保险摸底调查。

2002 年 5 月，县人民政府印发《平塘县城镇职工基本医疗保险办法》，启动行政、事业单位干部职工医疗保险。国有企业职工劳保医疗费按照国家劳动保护条例规定，用企业福利报销。集体企业根据自己经济情况而定。

农村合作医疗

20 世纪 70 年代，全县农村实行合作医疗制度。

1979 年，合作医疗组织自行改体。农村实行土地承包制后，1988~2006 年，诊疗实行收费制。

2007 年，启动新型农村合作医疗。由政府组织、引导、支持，农民自愿参加，实行个人缴费、集体扶持和政府资助多方筹集资金。

2013 年，全县农业人口为 27 万人，上缴参合资金 1350. 25 万元，参合率达 96. 2%。国家补偿报销 1. 14 亿元。

城乡医疗救助

2005 年，县人民政府出台《平塘县农村特困群众重大疾病医疗救助方案》，对农村特困家庭、五保户实施救助。是年，投入资助金 8 万元，救助农村特困家庭、五保户 30 余人。

2010 年，投入救助金 84 万元，救助农村困难对象 336 人、城镇困难家庭 215 人。

2013 年，城乡医疗救助 1148 人，其中农村困难家庭救助 1131 人，投入救助金 427. 13 万元。

第二节　卫生监督

食品卫生监督

1988 年，平湖镇城关地区共有食品生产经营单位 211 个，从业人员 426 人，共审发复验卫生许可证 210 个，审发健康证 425 人。

1990~1991 年，开展现场监督 4443 户次，没收过期变质食品 1878 千克，对食品卫生从业人员培训 5 期 1293 人次。

1993 年开始，对食品从业人员进行年度体检，取得健康证人员方能从事食品加工和餐饮服务工作。

1998年，实行食品取样送检制度。

2004年，对奶粉市场、学校食堂、副食品摊店进行专项监督检查，取缔无证经营饮食摊点、副食品店49家，责令整改食品生产经营单位49户。

2005年开始，对餐饮业单位实行食品卫生监督量化分级管理，在元旦、春节等重大节日期间开展食品卫生联合大检查，严肃查处餐饮业单位无证经营行为，整顿学校食堂、建筑工地食堂、农家乐、餐饮经营户，依法查处采购、使用病死或者死因不明的禽畜及其制品、劣质食用油等行为，加大对熟食卤味、盒饭、冷菜等高风险食品和餐具清洗消毒等重点环节的监督检查力度，实现全县餐饮单位监督覆盖率100%。

2006年，开展“红心鸭蛋”专项检查，共检查县城区食品超市3家、蛋类批发零售店11家、18个乡镇蛋类批发零售店51家，均未发现添加工业染料“苏丹红Ⅳ号”饲料喂养的“红心鸭蛋”。

2007年，开展农村食品专项整治活动。检查食品生产加工作坊56家，食品批发店28家、零售店108家，查出劣质变质食品650千克，取缔食品加工点4家。

2012年，对全县的餐饮业、学校食堂及校园周边餐饮摊点进行卫生监督检查，共现场检查684户次。是年9月，平塘民族中学学生食堂荣获黔南州食品药品安全“示范单位”。

2013年，开展中秋、国庆食品生产、加工、流通和餐饮服务食品安全等75次监督检查行动，共检查各类食品经营单位428家次，其中超市13家次、农贸市场15家次、餐饮服务单位586家次、景区农家乐10家次、学校食堂185家次。是年6月的食品安全宣传周共发放宣传资料5万余份，接受咨询1300余人次。是年10月，平塘民族中学学生食堂荣获贵州省食品药品安全AAA级“示范单位”。

环境卫生监督

1988年，县环境卫生管理所负责县城环境卫生工作，每天组织清扫街面3300平方米，清理垃圾10吨以上。

1990~1991年，县卫生防疫站协同县环境卫生管理所对各区旅社、商店、影剧院以及部分乡（镇）经营单位及个体从业人员进行体检。发放健康证126人，检出患病者6人。

1993年，贯彻国务院《公共场所卫生管理条例》，县卫生防疫站对县城招待所、旅社、歌舞厅、商店进行环境卫生监测，检测出细菌超标4家、噪声超标2家，下发整改令6份。是年开始，建立乡（镇）自来水监测档案。

1995年，对公共场所经营项目实行卫生许可证制度。是年，发放卫生许可证25户，发放率71.4%。

2001年，全县共有公共场所经营单位38户，从业人员76人。是年，从业人员体检71人，检出职工禁忌症2人，全部调离。

2003年，国内发生非典型肺炎期间，县卫生监督所对医疗机构、公共场所卫生巡查8000余次。举办食品、饮用水、公共场所从业人员预防“非典”知识培训班1期。

2009年，全县发生干旱，县卫生局成立疫情监测和卫生监督工作组，对19个乡镇进行水源点监督，共监测水样47份，发放消杀、监测药品9万余元。

2013年，实施公共卫生场所监督全覆盖。是年，共办理卫生许可证37家，建立监督单位档案346户。投资172万元，新建县卫生监督所业务用房。

劳动卫生监督

1988年，对县水泥厂、农机厂、粮油加工厂3个单位进行粉尘监测，发现水泥厂破碎车间、配料车间、生料粉磨车间粉尘严重超标。

1992年9月，贯彻《贵州省工业企业劳动卫生管理条例》《中华人民共和国尘肺防治条例》。对县水泥厂、县农机厂、县纸厂、县植物油厂等单位进行职业病检查，查出乙肝表面抗原阳性4人，甲肝2人。

1994年，县防疫站、县经贸局、县人事劳动局、县总工会等部门配合，对县水泥厂、县农机厂、县纸厂、县植物油厂、县淀粉厂的306名工人进行工业企业有害作业职工劳动卫生防护知识培训，并对粉尘浓度、分散度及二氧化硫的含量分别作技术鉴定。

2000年，对全县食品生产经营从业人员进行职业健康体检，应检590人，实检585人，合格567人，健康合格率96.92%。

2003年，对全县教师资格认定体检，988人合格914人，合格率92.51%。

2006年，全县共分类建立健全462家卫生监督单位、532个从业人员档案。

2008年，对全县小砖窑、木板预制品厂、水泥厂进行职业病危害专项整治，发现9家用人单位未建立劳动人员健康档案、危害事故应急救援预案，未进行上岗前职业健康检查，没有设置严重职业病危害标识和警示，之后，下达责令限期整改通知。2010年开始，县卫生监督所对企业职业卫生制度进行定期督查指导。

2012年，全年共办理公共场所卫生许可证55家、餐饮服务业卫生合格证123家，督促524名从业人员办理预防性健康体检、卫生培训合格证。

2013年，共举办卫生监督协管员和村级信息员培训班3期，餐饮服务、医疗安全、学校卫生、公共场所从业人员培训班共8期，利用逢场天开展食品卫生、饮用水、职业病防治宣传8次，共计发放宣传单10000余份，接受群众咨询280余人次。

学校卫生监督

1988年，对新舟小学、县机关子弟中学学生发育进行调查，发现肝功能异常8人。是年，在新舟小学、平湖一小、县机关子弟中学、平湖中学4所学校学生1085人中进行驱虫及部分近视学生做好眼睛保健操试点工作。

1990年，开展对民族中学、平塘二中、新舟小学学生健康监测，体检学生2532人，查出患病813人。是年，对平湖一小70名学生作甲型肝炎各项指标和乙型肝炎表面抗原测定，查出患病甲型肝炎4人，阳性率0.6%；乙型肝炎表面抗原阳性30人，阳性率4.5%。

1992年，县卫生防疫站分别对克度、通州、西关、牙舟、者密、摆茹等乡镇的17所公民办中小学及平湖一小、平塘民中、平塘二中、平塘职中、新舟小学等5所重点学校进行为期20天的学生体检及学校卫生监测，共体检8343人，服驱蛔药19475人次。之后，每年均对全县中小学生进行定期体检，服用驱虫药片。

2002年，对平塘民族中学、平塘二中、卡罗小学5~15岁学生进行心理行为测试。

2004年后，以全县中小学学生食堂卫生和校园周边食品卫生为重点，开展卫生监督检查。

2013年，县卫生监督所对全县的餐饮业、学校食堂及校园周边餐饮摊点现场卫生监督检查405户次，签订食品安全承诺书405份、食品安全责任书405份。

医疗机构监督

1988年，县卫生局对县医院、县药材公司和个体从医人员进行药品检查，查出酸枣仁、大七厘散、天竺葵、阿司匹林、齿痛冰硼散、杜仲补天素、三七等一批假药和劣质药品。1992年，县药检所对县城区医疗（药）单位、17个乡镇卫生院、3个村卫生室、11户个体行医人员进行药品检查159人次，共检查药品6015种，其中中药691种、西药5040种，查处过期药品11种。

1995～1997年，贯彻《医疗机构管理条件》《医疗机构管理条例实施细则》，开展医疗市场专项整治，取缔和查处一批无证假证医药贩。

2005年，开展非法行医专项整治工作。共检查本县医疗机构129家，其中二级医院1家、乡（镇）卫生院28家、个体诊所7家、村卫生室64家、计生机构26家，查出无医疗机构与执业许可证从医活动12家、违规使用一次性注射器2家，取缔非法行医12户，暂停执业1户，责令整改15户。

2007年，开展传染病防治专项监督检查，共检查各类医疗机构143户，其中医疗卫生单位45家。查处非法行医9家，责令19家乡镇卫生院整改传染病防治管理制度。2008年，县卫生监管所立案查处2家非法医疗机构，没收一批药品器械，罚款1.26万元。

2009年，县新型农村合作医疗管理办公室对县内合作定点医疗机构实行风险量化考核，签订服务协议，每月扣除5%的风险保证金，年终考核不合格的，按规定扣除相应风险保证金，存入县合医基金财政专户。是年，对基层卫生院进行行风评议。

2011年，在全县各级医疗机构开展“三好一满意”（即服务好、质量好、医德好，群众满意）、医德医风教育、群众满意度测评工作，每季度进行一次医疗质量督查。

2013年，开展农村医疗机构专项整治，对产生的废弃物进行收集和无害化处理。是年，共督查各级各类医疗机构36家，责令整改26家。

第三节　医政管理

1998年，在县人民医院推进以岗位目标管理为主的承包合同制。是年，县人民医院被贵州省卫生厅授予“文明医院”称号。

1993年，县医院通过科室、门诊、医疗项目承包，增设门诊部，兴办实体等形式，把医疗服务推向市场。是年，县人民医院获省卫生厅“贵州省医院优质服务竞赛活动优胜医院”。

1994年开始，通过世界银行卫生贷款项目、卫生计划免疫子项目、中国农村贫困地区基本卫生服务项目，先后为县医院、县卫防疫站、县妇幼保健站、县疾控中心购置一批急需的卫生医疗设备。

1997年，县医院被评为国家“二级乙等”医院。

1999年，县人民医院获省级“爱婴医院”称号。

2002年，深圳市建设投资控股公司援建的“建平医院”建成投入使用。

2007年，开始在乡（镇）卫生院开展“平安医院”创建活动，是年共完成6个乡（镇）“平安医院”工作。

2011年，在全县卫生系统实行全员聘用制，对医疗卫生机构和医务人员进行绩效考核。从是年6月30日开始，在县内医疗单位实施基本药物制度。是年10月，首个民营医院——平塘县博爱医院入驻平塘。是年，县人民医院新址搬迁项目正式立项建设。

2012年开始，村级卫生室村医定额补助由每人每月200元提高到300元。是年，全县基层医疗卫生机构使用国家基本药物共307种，各医疗机构药价下降15%。

2013年，全县医疗卫生机构31个，其中乡（镇）卫生院19个、民营医院6个，共有医疗人员661人，病床6873张。

第四节　药政管理

1985 年 7 月，《中华人民共和国药品管理法》正式实施。1986 年，成立平塘县药品检验所。

1988 年，共检查医药市场 75 次，查处游医药贩 6 人，没收一批假冒伪劣药品和五官检查器一套。

1989 年，对全县个体医务人员进行考核换证工作。除获得职称或年龄较大人员外，其他人员均参加业务知识和药事法规考试，根据考分和考核情况分别发给不同期限的行医和营业执照。

1991 年 9 月，全县建并撤后，县卫生局重新聘任一批乡镇药品检查员，签发药品检查证。

1992~1997 年，共对全县医疗（药）单位和个体人员药品检查 643 次，检查药品种类 58094 种次，其中中药 6196 种次、西药 50072 种次，查出假冒伪劣和过期药品 116 种。

1998 年，全县医药事业呈现国家、集体、个人一起上的格局，县内出现“乱办医”“乱收费”和假冒伪劣坑害病人的现象。从是年起，开展医药市场专项整治，对县级医疗机构、乡镇卫生院和个体医药人员进行检查。至 2000 年，共收缴销毁假冒伪劣药品 760 种，查处无证游医 23 人。

2001 年，成立黔南布依族苗族自治州药品监督管理局平塘分局，2002 年更名为平塘县药品监督管理局。

2004 年开始，聘请乡（镇）240 名村计生主任助理为药品质量监督信息员，形成以食品药品管理部门为主、监督信息员为辅的农村药品质量监督网络。2006 年，共新增药店 5 家、乙类非处方药销售点 5 家。

2010 年 6 月，以平湖社区卫生服务中心和 8 个乡（镇）卫生院为试点，启动非营利性医疗卫生单位药物网上集中采购制度。

2011 年后，全县医疗卫生单位全部实施基本药物制度。全县基层医疗机构开通省政府药品集中招标采购平台，村卫生室的药品采购由乡镇卫生院在集中采购平台上统一采购，并由乡镇卫生院集中统一付款。

2013 年，把国家规定的 520 种基本药品和省卫生厅增补的 308 种基本药物全部纳入职工和新型农村合作医疗保险报销范围。是年，全县网上采购药品共 1224. 74 万元。

第五节　新型农村合作医疗

新型农村合作医疗（简称新农合）是由政府组织、引导、支持，农民自愿参加，个人、集体和政府多方筹资，以大病统筹为主的农民医疗互助共济制度。

2007 年，成立县新型农村合作医疗管理委员会，下设办公室，为县卫生局管理的副科级事业单位。各乡镇明确人员负责本乡镇新农合的具体工作，确定黔南州人民医院、黔南州中医院、都匀“414”医院（贵阳中医学院第三附属医院）和县人民医院、县疾控中心、县妇幼保健院以及 19 个乡（镇）卫生院为新型农村合作医疗定点医疗机构。是年，全县参加新型农村合作医疗 23. 74 万人，参合率为 83. 7%。共筹集新农合资金 1036. 07 万元，其中农民个人缴纳 237. 4 万元、中央配套资金 410. 5 万元、省州配套资金 388. 07 万元。全年共办理门诊、住院保险补助 3. 42 万人次，报销补助 349. 46 万元。

2008 年，新农合定点医疗服务单位增至 134 个，其中州级 3 个、县级 2 个、乡（镇）34 个、村卫生室95个。基本实现州、县、乡（镇）、村就诊就医现场报销补助。

2009年，县合医办与各定点医疗机构签订服务协议，每月扣除5%的风险考核保证金，年终考核不合格的，按规定扣除相应保证金上缴县合医基本财政专户。

2010年5月开始，全面推行新型农村合作医疗门诊统筹制度，率先在黔南州实行就诊和报销补助网络管理，从是年开始全县新农合实现“州、县、乡（镇）、村”四级网络IC磁卡报销。

2013年，全县参加新型农村合作医疗保险27万人，参合率为96.2%。新农合基金总额8911.68万元，获新农合补助达51.47万人次，报销补助资金820.31万元。

第二十二篇

社会生活

第一章　居民收入与消费

1988年后，随着改革开放的不断深入，平塘经济、社会、文化发生了巨大的变化，城乡居民收入逐步提高，生产生活条件不断改善。人民生活从吃饱穿暖温饱型向吃好穿好住得好的小康生活迈进。2013年，城镇居民人均可支配收入18672.28元，农民人均纯收入5737元，城镇居民消费支出8364.71元，城乡居民年末储蓄余额19.78亿元。

第一节　居民收入

城镇居民收入

随着改革开放的不断深入，国家采取调整职工工资，恢复奖励制度，增加各种补贴等政策性措施，拓宽城镇居民收入渠道。1988年，全民所有制单位职工年平均工资1322元，企业职工工资1099元；城镇集体所有制单位职工年平均工资1604元，企业职工865元。

1990年，对全县行政、企事业单位职工和离退休人员工资进行调整，行政、事业单位职工人均月增加工资12.6元，企业职工人均月增加9.95元，离退休人员人均月增加14.6元，税务、金融等行政事业单位和邮电、电力、石油等单位职工实行条管工资标准，收入水平超过同级其他部门行业工资水平。集体所有制企业职工收入基本不变。

1992年之后，全县商业企业经营体制改革等全面铺开，实行企业承包制、小型企业租赁制、销售效益工资制，职工收入均有所增加。

1994年，国家第三次工资制度改革，对行政事业单位职工、离退休人员和企业单位职工的工资进行调整，行政机关和事业单位实行不同的工资制度，增资幅度较大，全县职工工资比上年增长51%。其中，机关、事业单位比上年增长67%，企业职工增长12%。随着市场的开发和企业改革改制，居民收入形成以工资收入为主，第二职业收入、个体收入、离退休再就业收入和家庭财产收入为辅的多元化收入格局，从事个体和私营企业的城镇居民收入有较大提高。机关和事业单位职工工资收入也逐年提高。1998年，全县职工年平均工资达5474元，比上年增长21.81%。

2001年，调整机关、事业单位职工和离退休人员工资标准，发放边远地区津贴。行政、事业单位在职职工月增资72.75元，离退休人员月增资83.77元。其中，税务、金融、保险、电力、电信、邮政、石油、烟草等条管单位实行多项贴补制度。2002年后，采取资本置换方式解决县属企业部分职工养老金的困难，对困难企业下岗职工实行最低生活保障制度。随着民营企业迅速发展，个体工商户逐年增多，收入丰厚，城镇居民收入水平整体上有新的提高。2005年末，城镇在岗职工年平均工资13215元，城镇居民人均可支配收入5439元。

2010年，全县城镇居民人均可支配收入从2005年的5439元增加到11321元，年均增长15.79%。

2013年，城镇居民人均可支配收入达18672.28元，其中工资性收入9203.45元、经营净收入3747.68元、财产性收入707.72元、转移性收入5013.43元。

农村居民收入

随着改革开放深入发展，农民收入逐年提高。1988 年，农民人均纯收入 233 元。1990 年，农民人均纯收入达 285 元，是 1978 年的 2.9 倍，年均增长 9%，全县 80%的农户人均收入超过 200 元。

1993 年后，农民人均收入快速增长，主要是农民种烤烟收入增多，外出务工收入增多，粮食价格增高等。1997 年，农民人均纯收入达 1131 元。

1998 年，农村实行第二轮土地承包，农民生产观念发生变化，农村经济作物种植面积增大，农民种植收入稳步增长。是年，农民人均纯收入 1189 元，比上年增长 5.12%。

2002 年，全县农村费改全面铺开，农民人均负担 36.41 元，比 1999 年试点时减少 1163.12 元。是年，农民人均纯收入达 1212.68 元。

2004 年，县委、县政府全面落实中央“两免一补”等惠农政策，按照“多予、少取、放活”的思路，加大“三农”投入，发展高效特色农业，农民农业生产经营得到的实惠较多，收入提高较快。是年，农民人均纯收入达 1491 元。此后，全县农业结构调整幅度增大，农业龙头企业的引进使农民就地就近打工收入增加，连年人均收入增长。2008 年，人均达到 2602 元。

2010 年，农民人均纯收入达到 3428 元，比 2005 年的 1650 元净增 1778 元，年均增长 16%。

2013 年，农民人均纯收入达 5737 元，比上年增长 14.88%，人均可支配收入 5728 元。

1988~2013 年平塘县农民人均纯收入统计表

表 22-1　　单位：元

年份	农民人均纯收入	比上年增长（%）	年份	农民人均纯收入	比上年增长（%）
1988	233	—	2001	1161.25	2.14
1989	256	9.87	2002	1212.68	4.43
1990	285	11.33	2003	1338.02	10.34
1991	330	15.79	2004	1490.55	11.4
1992	374	13.33	2005	1650.11	10.7
1993	392.49	4.94	2006	1759.94	6.66
1994	442.96	12.86	2007	2595.86	47.5
1995	542.84	22.55	2008	2602.34	2.5
1996	887.31	63.45	2009	2648.38	1.77
1997	1146.57	29.22	2010	3428	29.44
1998	1189	3.7	2011	4210	17.7
1999	1113.14	-6.38	2012	4955	15.6
2000	1136.91	2.14	2013	5728	15.6

第二节　居民消费

城镇居民消费

20世纪80年代末期，城镇居民普遍追求的消费品是彩电、冰箱等高档耐用品，条件较好的家庭以拥有摩托车和私人楼房为消费目标。职工消费水平相对平衡，整体消费差异不大。1988年，城镇居民人均消费在8000元左右，食品支出占较大比重。

20世纪90年代后，城镇居民的消费观念和方式逐步改变，饮食结构发生很大的变化，大部分居民不再是传统的米饭、面条、米粉、包子。随着城镇传呼机、程控电话的开通，以及机动三轮出租车出现，居民的时尚消费逐步增加。城镇居民新建独院住宅随着收入增加而逐年增多，少数富裕家庭拥有别墅式住房，室内装潢和家具考究，并安装热水器、空调等设施，普通家庭住房条件也有很大的改善。国有企业及工商企业职工因企业改制收入水平不高，下岗人员较多，尽管再就业逐年增加，但固定收入不高，消费水平也不高，大多数消费在日常的生活支出上。1998年，城镇居民总体消费水平为1069元，主要用于文化生活、服务性消费。

进入21世纪，城镇居民衣着追求品牌、时尚，皮革衣饰盛行，饮食逐渐向营养型发展，鸡、鱼、蛋、牛羊肉和海鲜的消费支出逐年增加。国家取消职工福利房后，建私宅和购买商品房成为居住的追求目标，空调、手机、煤气灶、热水器和摩托车普遍进入城镇家庭，旅游消费逐渐增多。随着教育体制和医疗卫生体制改革的深入，教育和医疗卫生支出占总支出的比例逐年加大。

2001年，城镇居民人均消费水平为2375元，其中，商品性消费占82.8%，住房消费占1.69%。2005年，城镇居民人均消费4064元，其中食品支出占42.4%、居住占6.6%、医疗占10.5%、文化教育占10.4%。

2010年，城镇居民人均消费支出突破10000元，达16897.34元，比2009年增长51.59%。

2013年，城镇居民人均消费支出为19812.57元。

2013年平塘县城镇居民消费支出情况统计表

表22-2　　单位：元

指　标	数值	指　标	数值
消费性支出	8364.71	其他食品	50.38
1. 食品	3350.14	饮食服务	1057.42
其中：粮油类	422.00	2. 衣着	864.38
肉禽蛋水产品类	820.34	3. 居住	954.77
蔬菜类	269.48	4. 家庭设备用品及服务	716.92
调味品	46.24	5. 医疗保健	367.53
糖烟酒饮料类	404.17	6. 交通和通信	887.42
干鲜瓜果类	209.75	7. 教育文化娱乐服务	905.69
糕点、奶及奶制品	70.35	8. 其他商品和服务	317.87

农村居民消费

1988年，农民人均现金总支出200元，其中生活消费占总支出的63%，家庭经营支出占29.2%。到1993年，农民家庭消费人均达428.7元，其中，生活支出占58.2%、家庭经营占35.5%。1995年之后，随着农村经济发展加快，农民收入不断增加，农民消费格局也发生很大变化。禽蛋和鱼类食品逐步走上餐桌，砖木结构的平房逐年增多，票证时代基本结束。是年，农民人均现金支出达1496.91元，人均住房29.21平方米，其中，混凝土结构8.2平方米。

1998年，因烤烟实行计划种植、合同收购政策，农民种植烤烟大幅减少，是年农村居民人均消费支出为896.18元，比上年下降12.8%。

1999年，受旱灾、虫灾和洪涝灾等多灾夹击、牧畜“五号病”和市场价持续走低影响，农民现金收入下滑，人均现金支出为1441.81元，比上年下降11.4个百分点。2001年，农村居民人均消费达921元。

2002年后，农民外出打工收入成为家庭收入的重要来源，随着农村居民资金积累增强，农村建房家用电器需求量增大，农村居民整体消费支出日益增加。2003年，农村居民人均消费恢复到1359元。到2008年，城乡居民消费差距逐渐减小，衣着区别不大，农村饮食结构与城镇居民基本相同。全县实现村村通公路，有线电视覆盖率达100%。是年，农民人均现金支出达2428.56元，其中人均居住支出410.45元、交通和通信支出64.92元、文化教育和娱乐消费123.59元、医疗保健支出64.92元。2010年，农村居民人均消费支出3273.22元。

2013年，农村居民人均消费支出13260.27元，其中消费性支出8364.71元占63%，转移性支出2954.63元占22.2%。

2003~2013年平塘县农村居民人均生活消费支出统计表

表22-3　　单位：元

年份	2003	2004	2005	2006	2007	2008	2009	2010	2011	2012	2013
(一) 食品消费支出	572.96	502.4	529.26	604.22	686.41	608.3	591.27	772.22	979.53	1082.76	3350.14
(二) 衣着消费支出	53.92	51.4	60.08	75.31	77.64	97.42	117.29	120.35	137.61	164.13	864.38
(三) 居住消费支出	121.63	203.87	163.87	350.17	385	410.45	344.58	355.07	248.47	334	954.77
(四) 家庭设备和日用品消费品支出	41.41	27.07	39.59	60.24	62.62	75.18	99.62	82.09	153.64	191.05	716.92
(五) 交通与通信消费支出	19.67	18.39	21.79	29.56	57.02	64.92	49.84	53.7	82.1	78.4	367.53
(六) 文化教育、娱乐消费支出	47.69	90.14	87.56	77.87	89.48	123.59	124.97	142.02	238.21	288.48	887.42
(七) 医疗保健消费支出	—	—	23.83	—	—	64.92	—	—	—	—	—

续上表

年份	2003	2004	2005	2006	2007	2008	2009	2010	2011	2012	2013
（八）其他商品和服务消费支出	16.05	54.84	22.09	15.53	22.89	19.26	26.89	21.52	25.58	34.42	317.87

第三节　居民生活变化

饮食

中共十一届三中全会后，农村实行家庭联产责任制，极大调动农民生产积极性，至20世纪80年代中期，基本解决粮油短缺的情况。1990年后，城乡居民饮食由温饱型向质量型转变。

粮油　1988年前后，境内城乡居民主食以大米以及小麦和玉米的加工制品为主，食用油主要是猪油和菜籽油。城镇居民凭国家粮食供应证按供应指标到当地粮站（店）购粮（油），品种有大米、面粉和面条等。数量在每人14千克左右，菜籽油1千克。1990年，粮食市场放开后，城镇居民可在市场自由选购粮油。主食为大米，旱区辅以一定玉米和小麦面粉等杂粮。油类主要为菜籽油和猪油。2000年起，城乡饮食逐渐发生变化，由吃饱向吃好转变。城镇居民主食注重粗粮细粮搭配，大米和面粉成为主食，早餐有包子、馒头、油条、面条、馄饨、水饺等。其中，面条、包子、馒头普遍进入农村居民的餐桌。

肉类　20世纪80年代，改革开放初期，城镇居民按时领取肉票购买猪肉，数量有限。农村居民须完成国家生猪派购任务后才能杀“过年猪”，平时很少杀猪吃肉，每年过年腌制一定的腊肉，留在生产大忙季节或招待客人食用。进入20世纪90年代后，食品市场开放，城镇猪、牛、鸡、鱼等肉食供应充足，农村除杀年猪外，平时可到市场选购，群众从满足吃上猪肉（油）向吃瘦猪肉、牛肉和禽蛋慢慢转变。根据抽样调查，1992年，农村人均年消费猪肉18.8公斤，蛋类0.74公斤。1994年，城乡居民人均消费肉类23.9公斤，其中猪肉23.1公斤、家禽0.67公斤，蛋及蛋制品0.57公斤。1998年，农村年人均肉、禽及其制品消费达68.9元。2000年后，城乡居民开始讲究饮食结构调整，重视营养保健，肉类和禽蛋不再是农村居民请客菜，已经成为日常生活的家常菜。

蔬菜和水果　20世纪80年代中期，县内城镇以本地生产的蔬菜、水果为主，品种较少，且受季节气候制约。农村居民自种自食，多余的向当地集镇市场销售。城乡居民均有腌制酸菜、咸菜、辣糟过冬食用的习惯。90年代后，城乡集市蔬菜市场主要有白菜、青菜、莲花白、菠菜、豆角、苦瓜、茄子、萝卜、葱蒜等，水果主要有梨子、李子、橘子、西瓜、葡萄、苹果、香蕉等。2000年起，除境内生产的蔬菜和水果外，广西、云南、湖南和省内生产的各种蔬菜、水果也进入县内各集镇销售。2003年后，平湖镇的杨梅，通州镇平里河村四月桃、番茄，苗二河新寨村的水蜜桃、葡萄开始向贵阳、都匀等地销售。

饮料（酒）　县内白酒生产历史较长，城乡一直保留“无酒不成席”的习俗，迁居、婚嫁庆贺称为“吃酒”。20世纪80年代，农村居民作坊自烤的“包谷酒”和“米酒”、个体户生产的白酒供应城乡市场。大塘、新塘一带的泡糟酒，平湖、者密、四寨等乡镇农民自制的茨梨酒是群众待客的佳品。90年代，桶装矿泉水开始进入机关单位和经济宽裕的城乡居民家庭，部分城镇居民常年订购新鲜牛奶。城乡饮茶逐渐普遍化，以绿茶为主，克度光明茶场生产的绿茶远销省内外各地。2000年后，白酒、啤酒和各种饮料品种不断增多，标准逐年提高，市场供应充足。城乡红白喜事，瓶装、散装白酒和各种饮料不可缺少。在此期间，桶装矿泉水或纯净水已大量进入寻常百姓家。奶制品、豆制品不再是农民的奢侈品。

住房

1978~1988 年，城乡居民住房变化不大，城镇居民住房多以砖（土）木结构瓦房为主，农村多以木板房、土坯房为主。20 世纪 90 年代，随着城乡居民收入提高，居住条件得到较大改善。进入 21 世纪后，实施干部职工住房制度改革，房地产开发加快，城乡住房发生重大变化，城镇居民大部分住上砖混结构的楼房或商品房，农村先富起来的农民建起砖混（木）结构的楼房。

城镇住房 1988 年，城镇居民住房大部分为砖木结构和土木结构的瓦房。职工住房主要以单位计划分配为主，平房多，楼房少，人均面积在 20 平方米以下。随着改革开放步伐加快，县乡（镇）机关单位新建、扩建职工住房逐年增多，砖木结构住房大幅度增加，人均居住面积逐年增大。

20 世纪 90 年代后，新型建筑与装潢材料快速发展，城镇居民住房建筑标准随之有较大的提高，外墙水泥着面和马赛克贴面逐步向瓷砖贴面过渡，部分居民开始室内装潢，室内地面由水泥或水磨石向釉面地砖、木质地板发展。县邮电局、粮食局、工商银行等一批经济实力较强的单位率先为职工修建住宅楼。90 年代末，县机关实行住房制度改革，将分配住房产权转售给职工。2000 年起，随着房地产开发和住房商品化的发展，县城内开始进行旧城改造，招商引资新建商品房。县机关单位职工大部分都购买商品房。每户居住使用面积一般在 80 至 140 平方米，有客厅、书房、卧室、厨房、卫生间等，房屋造型新颖、宽敞明亮，装饰装修讲究。此期间，城乡居民大都住进商品房或自建楼房。2004 年，城乡私人建房投资 5940 万元，同比增长 37.4%；县城区房地产开发投资 1955 万元，同比增长 6.69 倍。

2005 年开始，县人民政府分 4 期在县城建成廉租房 780 套 3.9 万平方米，解决低收入家庭住房困难。2010 年 8 月至 2011 年，由县住房保障办公室牵头，监察、审计、财政、司法等部门参加，组织符合条件购（租）对象进行两期公开抽签摇号，第一期中签 132 户，第二期中签 216 户，中签户已全部入住。2012 年新增公共租赁住房建设 189 套，其中乡镇教师公共租赁住房 45 套。2013 年，房地产销售面积 20566 平方米，销售额完成 6554 万元。是年，全县城乡人均住房面积达 35.4 平方米。

农村住房 1998 年，县内农村住房基本上以村寨聚居为主，房屋依山傍水而建，大部分为木板房和土坯房。90 年代初期，随着农村居民收入增加和生活水平提高，一些通过勤劳先富起来的农民自筹或借贷部分资金建起一层或二层砖木结构的住房。之后，由于外出务工农民逐年增加，收入逐渐增加，一部分农户边打工赚钱边建土混结构的平顶楼房。

2000 年后，地处交通要道和乡镇所在地的少数农民，开始兴建二至三层以上砖混结构的楼房，一般第一层为门市用房，二层以上为住宅。

2006 年，国家实施社会主义新农村建设，启动农村茅草房改造工程，农村居民的住房发生较大的变化，茅草房和破旧的木瓦房逐渐消失。一些比较富庶的村寨农民建起宽敞美观、独门独院的砖混住房。其外墙瓷砖贴面，室内地面多用釉面地砖。有客厅、卧室、厨房、卫生间等。在此期间，乡（镇）所在地村组农民住房以砖混结构为主，其余大部分地方则为砖木和砖混结构并存。2008 年，农村居民人均住房达到 30.53 平方米，其中砖木结构面积人均 29.53 平方米。2009 年后，农村居民住房由原来的土木结构、砖木结构向砖混结构转变。农村住房室内装修城市化，与城市居民室内装饰没什么差别。2013 年，农村居民人均住房 32.32 平方米，每平方米价值 688.47 元。农村平均每个村寨拥有砖混结构楼房住户达 61.5%。

1988～1992 年平塘县农村人均住房统计表

表 22-4

指标	1988 年	1989 年	1990 年	1991 年	1992 年
年末使用房屋（间）	0.86	0.89	0.88	1.33	1
生活用房面积（平方米）	25.38	26.98	26.76	41.72	31.29
其中：砖木结构面积（平方米）	—	—	—	—	—
钢筋混凝土结构面积（平方米）	—	—	—	—	—
生活用房价值（元）	679.6	636.8	657.3	860.7	671.58

2003～2013 年平塘县农村人均住房统计表

表 22-5

指标	2003 年	2004 年	2005 年	2006 年	2007 年	2008 年	2009 年	2010 年	2011 年	2012 年	2013 年
年末人均住房面积（平方米）	26.27	28.57	29.36	28.76	30.16	30.53	30.91	30.99	26	25.85	32.32
其中：楼房面积（平方米）	4.8	3.84	6.33	4.55	1.99	2	4.4	4.4	10	10.36	—
砖木结构面积（平方米）	25.7	28.57	29.09	27.49	29.17	29.53	29.56	25.87	14	24.64	—
其他面积（平方米）	0.57	3.23	0.27	1.28	1.85	1	1.34	0.71	2	1.64	—
人均生活用房面积价值（元）	2800	3594.33	3766.49	4200.28	5176.64	5178.29	5380	5568.57	9068	9871.59	22251.19

电器

20 世纪 70 年代末，缝纫机、录音机、自行车、黑白电视机等产品从无到有。进入 90 年代，城镇居民和一部分先富裕起来的农民开始购买摩托车、彩电和洗衣机。2000 年后，电视、电话、电冰箱等家用电器成为城乡居民的生活必需用品。

电视 20 世纪 80 年中期，县城机关部分单位和平湖镇少数居民家庭开始拥有黑白电视机。直到 80 年代后期，彩色电视才开始进入职工家庭。1988 年，者密区卫星电视地面接收站和六硐乡电视差转台建成后，县城之外的乡镇所在地开始看上电视，但大部分居民家庭只能购买黑白电视机。偏远村寨居民因条件限制，只能用上收音机和录音机。1991 年之后，县城区建成闭路电视，电视收视质量得到进一步提高。1993 年，通州镇、者密镇建成闭路电视。是年，县城区拥有家庭电视机 1984 台。1997

年，全县共建成卫星电视收转站145座，电视人口覆盖率达到86.5%。随着农村用电的改善，农村家庭拥有电视机户数逐渐增多，电视机、洗衣机、双卡录音机成为城乡女青年出嫁的时尚嫁妆。2000年后，随着广播电视“村村通”工程和县乡有线电视联网工程的实施，彩色电视机已经进入城乡普通家庭，城镇居民开始选购平板、液晶彩色电视机。2005年，全县电视覆盖率达95.5%，至2008年，全县城乡居民基本上户户都有彩色电视机、洗衣机，少数家庭有电冰箱。2013年，全县每百户城镇居民拥有彩电43台、电冰箱33台、电脑24台、微波炉7台、空调5台。

电话　1988年，全县共有市内电话198部，农村电话用户147户。随着改革开放不断深入，城镇电话、农村电话快速发展。1992年，县政府多渠道筹集资金170万元，安装县城1200门程控电话。1993年，全县市内电话达395部、农村电话156部。1994年8月，开通平塘县寻呼系统，当年用户25户。1997年底，全县电话拥有量达2223部，其中市内电话1857部，比1996年增加35.2%；农村居民电话366户，比1996年增加44.99%。移动通信116户，比1996年增长52.63%；无线寻呼机440户，比1996年增长47.65%。全县19个乡镇全部开通程控电话。是年，部分县级干部配备手机，大部分科级干部和经济条件好的个体户配有寻呼机。县城区公共场所和主要路段安装磁卡电话，方便群众使用。2001年，程控电话迅速发展，手机进一步普及。是年，全县固定电话达8807户，移动电话2800部，电话普及率为2.97部/100人。之后，不仅机关干部和企事业单位职工配备手机，大部分城乡居民甚至中小学生也使用手机。手机成为城乡干部群众不可缺少的随身物件。2013年，每百户城镇居民拥有固定电话16部、移动电话101部。

燃料燃具

改革开放之初，城乡居民做饭、取暖以柴、木炭和煤为主。城镇居民家庭的燃具多是带烟囱的煤灶和铁炉子。在农村，山林多的村寨多以柴草、秸秆做燃料，燃具为柴灶。冬天用火炕烧柴或木炭取暖，经济条件较好的以煤作燃料。1988年前后，煤炉比较盛行，既可做饭，又可取暖。1990年后，市场煤炭品种较多，除原煤外，还有蜂窝煤、无烟煤等，大部分农村将烧柴改用煤作燃料。90年代后期，城镇居民开始大量用液化炉，以液化气作为燃料煮饭、炒菜。此间，农村一些地方在党委政府的支持下，建起沼气池，利用沼气作燃料做饭和照明。2000年以后，城乡居民使用燃料、燃具多样化。在城镇，除普遍使用液化气外，电能作为新的燃料应运而生。燃具除煤炉、液化气炉外，大多数城镇居民用上电饭锅、电炒锅、电磁炉、微波炉、电暖器等。在农村，沼气池逐渐推广应用，柴草燃料逐步被淘汰，燃煤和煤炭取代柴草取暖。随着生产生活条件的改善，除办酒及大型活动外，农村居民基本做到煮饭不用柴，走路不湿鞋（水泥路），吃水不用抬（自来水）。

1988~1997年平塘县农村居民家庭调查70户户均耐用物品拥有量调查统计表

表22-6

指标	1988年	1989年	1990年	1991年	1992年	1993年	1994年	1995年	1996年	1997年
手表（只）	—	0.38	0.04	0.35	0.35	—	0.04	0.06	0.07	1.9
自行车（辆）	—	—	—	0.06	0.06	—	0.04	0.04	0.07	0.62
缝纫机（架）	—	0.1	0.77	0.05	0.13	—	0.02	0.02	0.05	0.67
洗衣机（台）	—	—	0.02	0.02	0.02	—	0.06	0.02	0.07	0.02

续上表

指标	1988年	1989年	1990年	1991年	1992年	1993年	1994年	1995年	1996年	1997年
黑白电视机（台）	—	—	0.03	0.07	0.08	—	0.04	0.14	0.02	0.63
彩色电视机（台）	—	—	—	—	—	—	0.02	—	—	0.05
录音机（台）	—	—	0.04	0.02	0.03	—	0.18	0.04	0.03	0.33
电风扇（台）	—	—	—	—	—	—	—	—	—	0.05
沙发（个）	—	—	—	—	—	—	0.14	—	0.05	0.25

1998～2002年平塘县农村居民家庭调查60户户均耐用物品拥有量调查统计表

表22-7

年份	自行车（辆）	手表（只）	电风扇（台）	洗衣机（台）	电冰箱（台）	收录机（台）	黑白电视机（台）	彩色电视机（台）	家具（件）	摩托车（辆）
1998	0.53	1.5	0.15	0.08	0.02	0.28	0.57	0.07	8.27	0.07
1999	0.57	1.47	0.2	0.12	0.03	0.3	0.68	0.15	8.5	0.07
2000	0.3	—	0.23	0.07	0.03	0.13	0.6	0.17	0.35	0.08
2001	0.28	—	0.23	0.06	0.03	0.13	0.56	0.18	0.36	0.08
2002	0.16	—	0.28	0.15	0.08	0.06	0.48	0.31	0.36	0.13

2003～2013年平塘县农村居民家庭调查100户户均耐用物品拥有量调查统计表

表22-8

指标	2003年	2004年	2005年	2006年	2007年	2008年	2009年	2010年	2011年	2012年	2013年
洗衣机（台）	25	25	17.50	23	24	25	36	36.5	42	56.23	59
电冰箱（台）	11.67	11.67	11.25	10	13	15	20	21.25	11	17.5	49
电话（部）	18.33	18.75	18.75	40	45	44	64	63.75	22	26	21
移动电话（部）	6.67	18.75	33.75	24	38	36	56	70	83	110	189
彩色电视机（台）	48.33	55	55	62	71	75	89	103.75	81	101.25	75
黑白电视机（台）	40	36.25	36.25	12	8	8	—	—	1	—	—
摄像机（台）	—	1.25	—	1	—	—	—	—	—	8.75	2
照相机（台）	—	2	—	2	—	—	—	—	35	—	3
摩托车（辆）	15	22.50	3	28	29	26	35	36.25	4	47	61
热水器（台）	—	—	30	—	—	—	—	—	—	5	17
空调（台）	—	—	—	—	—	—	—	—	—	2.5	—
家庭汽车（辆）	—	—	—	—	—	—	—	—	—	—	8

第二章 民情习俗

1988 年后，随着改革开放的不断深入，社会的进步和科技的推广应用，境内民情习俗有了较大的变化。城乡居民在住房、婚庆、餐馆、服饰等方面，逐渐淡化传统的习俗，追求时尚。农业、手工业和商贸服务业更加重视科学技术，讲究实惠和效益。生活礼仪、节庆和娱乐活动形式多种多样，新旧结合，把传统性、民族性和现代文化生活融合在一起，更加生动活泼、多姿多彩。

第一节 生产习俗

农业

县内农业以种植业为主，主要作物有水稻、玉米、油菜、小麦、花生、黄豆、辣椒、红薯、烤烟等。农耕随季节变化适时播种栽插收获。

耕种 每年农历正月十五后，农村开始耕地翻犁、备种、积肥等，清明节前后视气候情况播种育秧。农民有桐子花开种包谷（玉米）、布谷鸟叫始撒秧的习惯。农历“四月八”后，进入水稻栽插季节，在布依族、毛南族、苗族村寨要举行“开秧门”仪式，由首家准备鸡、猪肉等酒菜，祈求祖宗保佑，无灾无害，喜获丰收。之后，其他农户不再举行“开秧门”仪式，全村水稻栽插结束，也以同样方式庆贺。进入 21 世纪以后，此习俗逐渐简化或消失。

饲养 境内农村饲养的禽畜有牛、马、猪、羊、鸡、鸭、鹅等。农民在购买牛马时，一看四肢是否健壮，二看个子是否高大，行走是否平衡，三看蹄爪是否圆润。除此之外，牛以生抱财角（牛角内弯）为佳，马以四肢健壮为佳。

植树 平塘农村有在居住地和坟地栽树的习惯，一般在房前屋后多种果树和竹子，寓为多子多福。坟地多栽松柏、松树，寓为子孙发达，后代人丁兴旺。个别地方农民有给果树上食的习俗，农历腊月或除夕这天，在果树上用刀切口，涂上腊肉油或直接把小块肉卡在切口上，祈求来年硕果累累。

积肥 农村农户均有积土肥的习惯，除牛粪、猪粪和圈肥外，开春整地种玉米前，用铲子铲除坡地周围的草皮沃土，树叶、杂草起堆，晒干烧尽，再用木灰、人粪尿、鸡鸭粪拌匀，作为辣椒、番茄苗地用肥。插秧整田前，割青草、野蒿、桑枝等放在田里，俗称“打秧青”。这一习俗一直延续到 20 世纪 80 年代，之后，随着化肥的普遍使用而减少。

储粮 境内农民都建有专门的粮仓。20 世纪 80 年代，农村住房大部分为砖木结构住房。秋收后，玉米棒放在楼上，或捆成把搭在木房门方上（有的用绳子串起来挂在楼顶上），稻谷晒干后放在木制的粮仓里。红薯、土豆放在屋旁不进雨水的地窖，用一层深土覆盖后密封保存。90 年代后，农村砖混结构住房逐年增多，大部分农民从市场购置铅制圆柱形储具存粮，或者在二楼以上的专用房间存放粮食。

防鸟草人 稻谷灌浆散子后，大部分农户都要用稻草绑草人，给其穿上衣服，戴上草帽，用竹子立于田中间，俨然农家老人护守田谷，以防麻雀危害庄稼。

手工业

境内手工业者俗称“匠人”，有石匠、木匠、漆匠、铁匠、砖瓦匠、泥水匠、篾匠、纸匠、杀猪匠、割猪匠、弹花匠、补锅匠、剃头匠等，作坊有石坊、铁坊、弹花坊、制衣坊、豆腐坊、米粉坊、面坊、油坊、理发坊、金银首饰坊等。除城镇作坊外，农村工匠在农闲时走村串寨，流动经营，上门做活。匠人拜师学艺，要先请中间人说合，征得同意后才能认师。学艺人家置办酒席，宴请师傅，由中间人商定学艺条件后，带上烟酒、肉等礼品到师傅家拜师，给师傅行跪拜礼。学徒期间，师傅带领做活，只管吃住，不付工钱。进入20世纪后，手工业作坊基本实现机械化或半机械化，但在大部分农村仍然保存酿酒、纺织、木材、石材、米粉、面粉加工等手工业。

商业

改革开放后，县内商业经营方式有坐商经商、集市贸易、长途贩运、摆摊设点等。

集市 集市是农副产品交易的主要场所。境内各地都有相对固定的地点和日期，届时不约而同从四面八方赶来，俗称“赶场”。除县城赶场为七天一场（一般为星期日），其他乡镇以甲子周期定赶场天，故有“鸡、狗、猪、牛、马、羊、猴”等场次，集市交易有相对稳定的地点，如米行、菜行、肉行、猪行、布匹行、牛马行、杂货行等，市场吆喝声此起彼伏，热闹非凡。

店铺 集镇店铺不分大小在开业时都要举行开业仪式，店主一般先请人择好吉日，开业这天都要贴对联、放鞭炮，张灯结彩，挂匾受贺，宴请亲朋好友，以示大吉大利、财源广进。店铺开张之日忌讳赊欠、借钱。一些店铺内供奉有“财神”。每年除夕要贴对联，挂红灯笼，放鞭炮开财门，祈求来年生意红红火火，财源滚滚。

计量 除磅、秤等国家标准计量外，畜禽和农副产品交易还有论个、论碗、论把、论包等来估算总量，如鸡、鸭、牛、马、猪等，凭个数和质量以个（头）计算和估价。又如蔬菜和种子交易时，为方便以分堆和碗为计算单位。20世纪50年代，大部分农村使用的秤有20两为1斤的老秤和16两为1斤的码秤。60年代之后使用10两为1斤的秤，称为“新秤”。在农村较为偏僻的地方仍保持的计量单位，如长度常用尺、寸、丈为单位，体积多以升、斗、桶为单位。

第二节 生活习俗

境内汉族、布依族、毛南族、苗族、水族等民族生活习俗大抵相同，但仍保持各自民族的特色。

吃“刨汤”

每年进入农历腊月，农村开始杀年猪，请家族和亲朋好友吃“刨汤”。取五花、瘦肉以及猪内脏煮熟后，放入姜、蒜等调料制好后蘸吃，称“刨汤”。大部分地区吃“刨汤”有吃生血的习惯，制作方法是烧5公斤左右开水，冷却至40℃~50℃后，取杀猪时活血与之拌匀凝固后，将用猪网油、胰腺等切碎煎炒制成的脆哨以及葱、姜、蒜等均匀撒在血面上，味鲜可口，老少兼宜。卡蒲、者密、四寨、西凉等地吃“刨汤”有一道菜叫“血灌肠”，用猪血和米面或麦面拌匀灌入猪小肠，用麻线捆成若干段后放入锅中用水煮，边煮要边用牙签扎，以防爆肠，待煮熟出锅后切小节即可食用，味道独特。

吃汤锅

境内城乡赶场天有吃汤锅的习惯。汤锅分狗肉汤锅和猪肉汤锅2种，经营汤锅户都有相对固定的场所。将狗肉或猪肉用小火炖熟，食用时连汤带汁舀于小锅内，放在“三脚”或“炉灶”上，烧柴或炭，配上姜、葱、蒜、薄荷、花椒、辣椒等香料合成“蘸水”。按照客人的需求过秤后切片放汤锅加热即可食用，味道鲜美，价格便宜，人均3~5元左右。境内吃汤锅的习俗历史悠久，20世纪80年代前，主要以狗肉汤锅为主，之后，也有用猪肉做汤锅的。吃汤锅的大多数为农村赶场的中老年人。2000年后，做汤锅的逐渐减少，但仍然保持吃汤锅的习惯。

彩色糯饭

每年清明、农历“四月八”“七月半”，境内布依族、毛南族都有吃彩色糯饭的习俗。节气不同，做法也不一样。清明节主要为黄红白三色，“四月八”为紫红白三色，“七月半”为红白二色。黄紫红色取密蒙花、枫香树叶、红兰草等天然植物，或水煮或捣烂三色水取色后，放入糯米浸泡24小时以上，待糯米上色后放入木甑子蒸熟，使其蒸出紫、黄、红、白等色泽鲜艳、晶莹透亮的糯米饭。这种用天然色素做出来的糯米饭味美甘甜，而且有利于养生。

布依族“六月六”

每年农历六月初六，境内布依族家家户户都要准备酒肉、煮粽子、蒸糯饭、打糍粑供奉祖先，出嫁的妇女都要带甜酒、糯饭、新衣服和猪肉回娘家探望父母。在塘边清水一带，青年男女成群结队上山坡或在大路旁对歌找对象，每逢“六月六”到来之前，罗甸、惠水、长顺以及广西南丹、天峨等邻县男女青年都会赶来与清水的群众过节、对歌，要持续2~3天才结束。20世纪90年代后，随着外出打工青年逐年增多，对歌的形式和内容也发生较大的变化。

第三节　礼仪习俗

婚嫁

平塘境内汉族、布依族、毛南族、苗族的婚嫁习俗大体一致，但也有所不同，一般都要经过求亲、定亲、要“八字”、接亲4个阶段。求亲就是请媒人说合，不论是经人介绍还是自由恋爱都得请媒人，以求明媒正娶。一般要去两三次，女方家收下礼品以示同意。定亲也称认亲、认门，由男方家择定吉日，并请家族老人、媒人和两个年轻姑娘4~6人，带上酒肉、女衣、糯米粑、白糖或点心等礼物到女方家，女方家设宴招待，并请近亲属叔、伯、舅父（母）、姑父（母）等作陪，相互认识，就算是完成定亲。要“八字”就是要女方的年庚八字到男方家。经请阴阳先生择定吉日并征得女方家同意，男女家要邀请近亲和送礼青年8~12人（成双不能落单数），礼品有衣料、鞋、酒、肉、粑粑、红封和写“八字”用的新笔、新墨等。女方家亦有衣服、鞋子等回礼。饭后男方青年将女方“八字单”及所赠礼物带回男家，其余留下，3日方归。接亲，也叫迎亲，男方家请媒人、未婚男女青年2人、押礼先生和接礼若干人，带酒肉、糯饭、红鸡蛋及香、烛、炮等去接新娘。新娘出门前先哭诉父母、兄妹惜别之情，俗称“哭嫁”，跪拜祖宗后，由亲兄背出村口，撑布伞遮着往男家走，不得回顾娘家。新娘到达男家门前时，男方家老幼均回避，行新婚礼进新房后才能露面。新娘回门后要在娘家住上一段时间，有1~2年的，也有更长的，男家有事可接新娘回来住几天，称为“坐家”。新娘怀孕后必须坐家。20世纪80年代之前，境内基本保持传统的婚俗，之后，多有改变，婚嫁过程简化，家具由男方自己制作，新娘住娘家时间大都在一年之内。

生育

妇女生育都有回娘家报喜的习俗。小孩满月要办月米酒，外婆家要请家族婶娘、姨妈、姊妹前来祝贺，礼品一般有背带、衣帽、鞋袜、鸡蛋、米粉、面条等。妇女坐月未满不能到别家串门，也不能回娘家。孩子满月后要择好日子回娘家，俗称“解月”。

寿诞

改革开放前，物资匮乏，寿礼简单，一般都送几斤米和几斤酒。改革开放后，随着人们生活水平的提高，年满 60、70、80 周岁的老人，子女均为其做寿，置办衣、帽、鞋袜，送“红包”，摄影留念等，并邀请直系亲属和亲朋好友为老人祝寿。

迁居

迁居新房前要先请“巫师”扫家，驱除邪气。再请风水先生根据主人的生辰八字择吉日进新房。吉日进宅，第一人进门端火，第二人端水，第三人端金银财宝，第四人端茶叶、米豆、油盐，第五人端柴米，总之，人人都要带物资进门，不能空手。进宅后焚香祭祖，煮饭做菜宴请参加进新宅仪式的客人。

称谓

称谓一般分家族称谓、家庭称谓、亲戚称谓和社会称谓，基本沿用传统的习俗，变化不大。家族家庭成员之间按辈分称祖辈为公（爷爷）、奶、叔公、叔奶；父辈称大伯、伯妈、叔叔、叔娘，少数布依族、毛南族称爷爷为爹，称父亲为 dia（大）或 ya（芽），称叔叔为爷；夫妻之间未生育前互叫学名（大名），生孩子后妻子称丈夫为孩子他爸，丈夫称妻子为孩子他妈。给孩子取名忌与老一辈同音同名。亲戚之间姑俗称姑妈，姑父俗称姑爹，外祖父俗称外公，外祖母俗称外婆，舅父俗称舅舅，舅母俗称舅妈，姨母俗称姨妈，姨父俗称姨爹，岳父俗称岳丈、亲爷，岳母俗称亲妈或妈。

禁忌

大年初一至初三忌扫地、敲响物器、在屋外晒衣服。

第一次打春雷忌动土、下种，有的连续忌 3 天。毛南族要鸣枪鸣炮，表示迎接春雷。忌用脚凳火炕上的铁三角；忌牛马进内室；产妇忌在楼上分娩，进出大门；忌到厨房做饭取物，与家人同桌吃饭，与别人同坐一条凳子；忌产妇衣服及婴儿衣物在室外晾晒等。

第四节 娱乐活动

打格螺（又称打陀螺）

打格螺是农村少年儿童喜爱的文体活动。格螺用质地坚硬的木料制成圆锥体，一般直径在 10 厘米左右，高 15 厘米上下，分“甲”字形和“中”字形，格螺鞭子用硬实的木棒或竹子做鞭杆。在杆上一头捆上韧性较好的杨皮条，打格螺即是用杨皮条缠绕格螺上部几圈后放在地上，然后顺势朝前猛抽鞭子，让皮条带动格螺竖立旋转起来，俗称“放格螺”，接着轻轻抽打，让格螺转速加快，俗称“逗格螺”。玩格螺从每年秋收开始到春节结束。

踢毽

踢毽是农村女孩喜爱的文体活动。“毽”有多种，最常见是“鸡毛毽”，是用公鸡脖子上的毛制作，颜色鲜艳。踢毽有单人毽、双人毽和三人毽，踢毽以毽子落地为败，以谁踢的个数最多为胜。

打耗子棒

也叫打耗尾或打飞鼠。用剪影木制成一长五短（有的是 3 支短棒）的木棒，长的木棒约 50 厘米，称为“母耗子”，短的木棒长约 10 厘米。赛前选择一块空地，在其一端挖一条深宽 5 厘米，长 10 厘米椭圆形小沟，将队员分为甲乙 2 组，可 1 人 1 组，也可多人一组。赛时，将短木棒（耗子崽）横放于小沟上，用长棒将其挑飞出去，再将长棒横放在小沟上。飞出的短棒若被对方抓住就不能再用。抓住短棒，对方捡起来投向横放在小沟上的长棒，若投中，也不能再用。这时投中长棒的短棒斜放在小沟内，一节短棒露在地面，再用长棒用力打击露出地面的短棒弹跳起来再用劲击飞出去，越远越好，击飞出去的短棒落地处到击飞短棒出去的小沟之间距离，用长棒量有多少棒，作为打耗子棒的成绩。队员总成绩谁最多棒谁为赢家。

拔萝卜

夏天皓月当空的晚上，境内布依族村寨十二三岁的孩子喜欢在晒场上玩拔萝卜的游戏，人数在五六人以上。活动前，选一力气较大的人扮天上下来的黑雷神，其余的扮萝卜，抱腰连串坐在地上。游戏开始时，黑雷神拄着拐棍走到“众萝卜”前面，先与“众萝卜”有一段对话：

黑雷神：哎呦哎打开门。

众萝卜：你是哪里来的人？

黑雷神：我是天上来的黑雷神。

众萝卜：你来地下干哪样？

黑雷神：我来地下找萝卜尝鲜。

众萝卜：刚犁地呢。

众萝卜说完，黑雷神退下。接着又走上来，反反复复做以上的对答，除最后一句话不同，其余对答相同，最后一句话变化是“正撒种子”“才薅苗呢”“萝卜才有竹签大呢”“萝卜有镰刀把大了”“萝卜有碗口大了”。当黑雷神认为萝卜可以拔时，就将拐棍横起来叫嚣前面的“萝卜”抓拐棍，他用劲往前拔，后边的“萝卜”紧紧抱住前者的腰不放，黑雷神要下一番功夫，方能把“萝卜”一个一个的“拔”完。人多时，游戏可以分成甲乙 2 个组，推选一个裁判，每组挑一个黑雷神，甲组黑雷神拔乙组的“萝卜”，反之乙组的黑雷神拔甲组的“萝卜”。在规定的时间里，谁先拔完谁是赢家。

斗“捺奴”

境内毛南族有斗“捺奴”习俗。“捺奴”是一种体育器材，分雄“捺奴”和雌“捺奴”2 种，雄“捺奴”用一截长 125 厘米、直径 122.5 厘米的圆木去皮，中间刻一周小槽，用结实的粗麻线捆紧，麻线两端套上筷子般大、长约 6 厘米的小木棍作拉手。雌“捺奴”将圆木头去皮破为两半，再用麻线捆紧，雄“捺奴”因是实心，叫声不大，主要用来格斗，雌“捺奴”主要用来玩。

斗“捺奴”不受时间地点限制。斗时，双手拉住粗麻线，两手摇动，将“捺奴”往胸前一面用上 20～30 次使粗麻线绞紧，然后，两手向左右一拉一放，粗麻线便一正一反地绞紧，“捺奴”就在这一拉一放中飞快旋转，发放“呜呜”的叫声，把两“捺奴”相抵撞，谁的“捺奴”先“死”谁输。人多时可分为2队，采取接力的方式斗，哪队的“捺奴”先“死”完，哪队就是输家，反之，则是赢家。

舞火龙

境内卡蒲毛南族乡、者密镇毛南族村寨春节期间有舞火龙的传统习俗。火龙制作十分讲究，分龙骨和龙衣部分，龙骨用9年生金竹制作，象征久长久远。龙衣为当地农家自织土布。龙须用红麻丝精制而成，是唯一可以送人的镇邪之物。龙爪由耐燃布条缠绕在长0.5米的竹片后，放入掺有硫黄的桐油中煮透后晒干，舞火龙时扎在舞龙手把上，夜里，点燃后整个龙身通亮彻明。配制桐油时要举行“上咒语”仪式，保证龙火不灭。舞火龙一般在春节晚上举行，阵容庞大，有地帝、神灯童子、号手、财神和掌宝手、舞龙手等，一条火龙需32名精壮毛南汉。舞前先设坛请水，请水仪式结束，舞火龙才开始，2名神灯童子各执一盏太平神灯在前引路，地师端着龙的牌位，随后，整个毛南山寨大号鸣响，鞭炮声、锣鼓声喧天鼎沸，热闹非凡。两条通体透亮的火龙在舞龙者的手中或颔首相望，或上下翻腾，或腾空升跃，或低旋逶迤、嬉戏龙珠。舞火龙持续2个多小时才结束。在卡蒲一带，舞火龙结束后，还要到河边放灯，者密茂村、下茂村、金硐一带要请龙入宅，祈求清灾除难招财纳富、人畜平安。

耍水龙

平湖镇地区布依族有“耍水龙”的习俗。每年农历端午节后，境内各地都遭受不同程度的伏旱，县城以及城郊村寨都要组织举行祈求龙王降雨的活动——耍水龙。水龙用多年金竹扎制后，用龙须草覆盖金身，以示区别于火龙。耍水龙分请水龙、舞火龙和送水龙三个阶段。耍前要请道士到平舟河边设坛摆上猪头、酒肉、水果等供品，举行请龙仪式。舞水龙主要沿县城主街道进行，经过之处，每家每户都用木盆、水瓢舀水泼向龙身和舞龙者，水龙所过之处水流成河。舞水龙一般1~3天不等，结束后要举行送龙仪式。这一习俗自明清始已有几百年的历史，后演化为平湖地区布依族传统活动，民国24年（1935）后逐渐成为龙舟节一项重要活动内容。

第五节　方言、歇后语

平塘是普通话方言区，群众在交流中常用一些方言，也流行一些外来的时尚语言，以下为常用语言。

方言

昂头昂脑：傻头傻脑，笨头笨脑
布格布来：偷偷地看去看来
巴心巴意：一心一意
扯犊子：扯谎、撒谎，说瞎话
扯蒲鼾：打呼噜
冲（chòng）卷子：傲气，妄尊自大
撑房子：用木棒撑住房子不让倒塌
吹壳子：吹牛
背时刀砍：运气不好、倒霉，被刀砍（诅咒人的话）
半生腊热：半生半熟
抱养崽：养子
扯干闪：只闪电不下雨
扯喉包：犯哮喘病
撑堂子：支撑场面
称称抖抖：打扮整齐或做事圆满漂亮
出姓：改嫁（再嫁）

出马粪：出纰漏
打姨妈：妇女结交为同性姐妹
打麻话：讲布依话
厚皮实脸：厚脸皮
刨颈：大脖子病
精叫：聪明
打伙计：结拜为异性兄弟
打光背：不穿上衣
打平伙：凑东西一起吃
冷屁洋秋：冷清
乒乓乱舞：杂乱无章，满地狼藉

歇后语

大姨妈落河——捡拾
外甥打灯笼——照舅
叫花子赶场——钱少话多
白日做梦——空想白想
山大无柴——没有用
三十晚的砧板——家家在用
逼牯牛下崽——强迫
盒装酒待客——大脸大面
背鼓上门——讨打
小葱拌豆腐——一清二白
撮箕抬狗崽——不识抬举
跛子进医院——治脚
聋子的耳朵——摆设
讨小姨子做小——见不得人
矮子爬楼梯——步步高
茅斯头的石板——又臭又硬
火柴头洗磨子——越洗越黑
狗打耗子——多管闲事
老母牛打架——死抵
肉包子打狗——有去无回
天狗吃月亮——无从下口
泥菩萨过河——自身难保

第三章 社会保障

1988年，平塘推行国有企业离退休职工、合同制工人社会养老统筹和城镇待业保险工作。1993年，将企业临时工纳入养老保险范围。1996年起，社会养老保险逐步由国有企业扩展到机关、事业单位干部职工。是年，开始实施农村养老保险。1998年，启动城市居民最低生活保障工作。至2013年，社会保险涉及到养老、医疗、失业、工伤、生育等领域，全面开展各种保险的征缴工作。

第一节 养老保险

职工养老保险

1988年，平塘县参加社会统筹的国有企业单位49个。是年，有27个单位的155名合同制工人按规定缴纳养老基金。1992年，有25个企业上缴职工养老保险金，有18个单位收缴待业保险金。1993年，县人民政府印发《平塘县企业单位临时工社会养老保险办法》，将企业单位临时工纳入养老保险范围。

1996年3月，成立平塘县社会保险事业管理局，社会养老保险逐步由企业扩展到机关、事业单位全体干部职工。年底，全县已纳入统筹的企业 48 户，其中国有企业 44 户、集体企业 4 户，共有职工 1547 人参加养老保险。1999 年，县人民政府印发《平塘县机关事业单位社会保险暂行办法（试行）》，明确退休养老金统筹、发放和管理，是年底，共收缴养老保险费 47.45 万元，有 42 名退休人员在社保局领取退休养老金。有 41 户企业职工 1294 人参保，共支付企业养老金 97.5 万元。2001 年，扩面征收 7 个企业养老保险金，是年全县养老保险参保率达 95%以上。2003～2005 年，建成国家机关、企事业单位和退休职工养老保险数据库 2329 人，征收企业养老保险金 1218 万元。至 2008 年，养老保险完成覆盖人数 2732 人，企业养老保险费完成上缴 1066 万元，机关事业养老保险费完成 34 万元。是年 9 月，社会保险业务大厅正式投入使用。

2010 年，提高 726 名企业退休人员养老金，人均月增 168.04 元，调整后人均月基本养老金达 1223.65 元。2011 年，企业退休人员实行属地管理，全部纳入社区或乡（镇）服务。是年，开始发放社会保障卡，启动“五险合一”工作。

2013 年，城乡养老保险达 116773 人，企业基本养老保险覆盖人数达 5880 人。

农村养老保险

1996 年，开始实行农村养老保险，由县民政局组织实施和管理，按照“政府引导，农民自愿”的原则组织入保，全县共投保 4067 人，投保金额 13 万元。1997 年 4 月，各乡镇与县里签订农村社会养老保险责任状，共投保 3622 人，上缴社保费 20.78 万元。

2011 年 7 月 1 日开始，启动城乡居民社会养老保险试点工作，参保范围为年满 16 周岁（不含在校学生）、不符合职工基本养老保险参保条件的农村居民和城镇非从业居民。缴费标准为每年 100～1600 元共 12 个档次。参保人在一个缴费年度内自主选择档次并一次性缴费。是年，参保人数 92696 人，征收养老保险基金 601.2 万元。其中，农村户籍参保人数 90866 人，征收养老保险基金 588.74 万元；城镇户籍参保人数 1830 人，征收养老保险基金 12.46 万元。

2013 年，城乡社会保险参保人数达 117067 人，征收养老保险基金 693.02 万元。其中，农村户籍参保人数 115006 人，征收养老保险基金 671.17 万元；城镇户籍参保人数 2061 人，征收养老保险基金 21.85 万元。

第二节　医疗保险

职工医疗保险

1999 年，开展城镇职工医疗保险调查摸底，共录入 149 个单位职工 6778 人（机关事业单位 5590 人、企业 1188 人）。

2002 年，县人民政府印发《平塘县机关事业单位医疗保险暂行办法（试行）》，启动城镇职工基本医疗保险，协议定点医院 25 家，定点药店 1 个，收缴医疗保险费 161 万元。2003～2005 年，共征收城镇职工医疗保险费 1062.13 万元。2006 年，建成 10 个乡镇医疗保险信息系统。2010 年，城镇职工基本医疗保险实现州级统筹，财政匹配资金按月划出个人账户中。

2011 年，将破产关闭企业和困难企业退休人员全部纳入城镇职工医疗保险范围。

2013 年，城镇职工参加基本医疗保险为 10222 人。

城镇居民医疗保险

2008 年 9 月，城镇居民医疗保险正式启动。是年，共有 3832 名城镇居民参加医疗保险，共征收保险费 24 万元。至 2013 年，城镇居民参加医疗保险达 8680 人，其中参加农村合作医疗 2028 人。

第三节　待业失业保险

待业保险

1988 年，全县共有 61 个单位参加待业保险。次年，有 63 个单位收缴待业保险金共 8752.4 元。之后，参保单位略有变动。1995 年后，贯彻落实贵州省人民政府 7 号令，在企业单位实施职工失业保险制度，同时，停止收缴待业保险。是年，收缴失业保险费单位 42 个，职工 683 人，收缴金额 14770.45 元。

失业保险

2001 年 1 月，县人民政府印发《平塘县事业单位失业保险暂行办法》，启动事业单位职工失业保险工作。是年，征收失业保险金 32 万元。至 2007 年，失业保险人员达 4964 人，其中企业 1092 人、事业单位 3872 人，征收失业保险金 109.4 万元。2013 年，企事业单位参加失业保险职工 5795 人。

第四节　工伤和生育保险

工伤保险

2005 年，启动工伤保险，是年底参保人数为 777 人，征收工伤保险费 7.15 万元。2006 年，新增农民工参保 476 人，是年共征收工伤保险费 12.01 万元。至 2010 年，工伤保险参加人员达 7946 人，其中农民工 1372 人。2013 年，工伤保险覆盖人数 8820 人。

生育保险

2007 年，落实《黔南州职工生育保险暂行办法》，启动职工生育保险。职工个人不缴纳生育保险费，由用人单位按照上年度在职职工平均工资总额的 0.6%缴纳。参保单位职工符合相关保险规定的，由生育保险基金支付 90%，个人承担 10%，生育妇女按政策享受生活补贴及半年产假待遇。至 2013 年，全县生育保险参保达 5080 人。

第五节　最低生活保障

城市最低生活保障

1998 年，平塘县成立城市居民最低生活保障工作领导小组，下设办公室于县民政局，正式启动城市低保工作。是年，对县城居民人均月收入在100元以下的9户14名保障对象发放低保金。

2000年10月，对104户213名城市居民按每人每月97元发放最低生活保障金。2001年，全县城市低保对象达548户900人，占非农业人口的6.9%。

2006年11月开始，低保标准提高到170元。是年共发放城市低保金292.7万元，低保对象1647户3130人。

2007年，按照“应保尽保、分类施保”的原则，城市低保对象分为“甲、乙、丙、丁”四类进行管理。是年，共有低保对象2127户4086人，共发放低保金420.28万元。2009年，城市保甲类11户16人，人均月发放标准为236元；乙类12户21人，人均补差164元；丙类13户28人，人均补差142元；丁类2090户3953人，人均补差126元。2011年，城市低保标准从每人每月260元提高到292元。2012年，城市低保标准从每人每月292元调为321.2元，其中甲类为336元。

2013年，城市低保共有2175户3851人，全年累积支出845.2439万元。

农村最低生活保障

2007年7月，开始落实农村最低生活保障政策（即农村低保），农村特困群众救助向农村低保过渡，全县纳入农村居民最低生活保障共10015户29749人。其中，一类一档816户996人，二类二档4243户11730人，三类三档3192户10619人，四类四档1296户4697人，五类五档469户1707人；特殊对象增发100元保障金有11897人；共发放农村低保金535.482万元。2008年，开展农村低保提标扩面及核查工作。经调查核实，全县共有15065户43600人纳入农村居民最低生活保障范围。其中，一类一档789户947人，二类二档6663户17161人，三类三档5266户16672人，四类四档1741户6325人，五类五档607户2495人；享受特殊增补的对象共有17422人。农村低保实行年度审核，按季度发放。2008年按照年人均460元的保障标准，全年累计发放低保金1732.08万元。

2009年后，农村低保金通过县城财政涉农补贴“一折通”发放。是年，按政策取消农村低保256户746人，同时，将因灾、因病致贫的243户746人纳入农村低保范围。

2013年，全县参加农村低保共有19683户49061人，全年累计支出6085.08万元。

人　物

人物传略

刘希尊（1905~1990）　男，布依族，平塘县者密镇人。1950年参加革命工作，1951年2月，任者六乡副乡长，时值全县剿匪时期，他积极带领干部群众，开展清匪、反霸和征粮工作，建立情报网点，发动群众检举揭发匪情，抓获3名匪首和80名土匪，缴获一批枪支弹药。是年8月，当选为平塘县民主联合政府副县长。1952年1月，他参加贵州民族代表参观团，在中南海受到毛泽东、刘少奇、周恩来等党和国家领导人的接见。1954年7月，刘希尊加入加国共产党，1955年4月至1958年12月，先后担任副县长、代理县长、县长等职，此期间带领各级干部大办农业生产合作社，组建人民公社等。1958年12月，平塘、独山、荔波三县并入独山县，刘希尊当选独山县委副书记、县长。三年困难时期，他与干部群众同甘共苦，并带领干部赴广西柳州、月里等地，动员外出农民返乡生产自救，帮助群众解决生产困难。1961年8月，恢复平塘县建制后，刘希尊再次当选为平塘县县长。他一生廉洁自律，生活俭朴，他有6个儿子，先后送2个参军，大儿子在剿匪中英勇牺牲，二儿子转业按政策安排工作，其他4个儿子均在家务农。他自己的老伴也一直留在六硐农村。1964年5月，刘希尊调到黔南州政协工作，先后当选黔南州政协第三、四、五届副主席。1984年退休回到六硐老家后，利用学习的医药知识，购买农村群众的常用药，背起药箱，走乡串寨为老百姓看病。1990年5月，刘希尊因病在者密六硐病逝，享年87岁。

杨三妹（1907~1998）　女，布依族，平塘县克度镇人。平塘未解放之前，克度地区是全县有名的土匪窝。杨三妹自幼耳闻目睹众匪到处烧杀掳掠，危害百姓，对土匪十分仇恨。1950年冬，人民解放军对克度地区土匪进行围剿，但仍有小股残匪在较偏远的村寨，不时危害群众。1951年5月，在解放军一三五团警卫连桑指导员和克度乡林乡长的动员和鼓励下，杨三妹参加了克度乡清匪反霸斗争。她的主要任务是给解放军和武工队带路，把隐藏的土匪清查出来。接受任务后，她以探亲访友为名，不分昼夜，不避风雨，走村串寨，深入群众，探明匪情，进山寻找匪迹，先后抓获了田兴、杨树光等漏网的残匪，劝服自首匪徒20余名。肃清土匪后，杨三妹又参加清枪支、清弹药的工作，在她的带领下，先后从地主恶霸、地痞流氓、敌伪人员中搜出一批枪支弹药和一门土炮。在参加清匪反霸斗争的日子里，杨三妹先后4次溺水、3次跌下高坎受伤，因忙于工作痛失2个年幼孩子。这位纯朴的农村妇女在完成工作任务后，回到家中过着一个普通人平凡的日子。1998年6月，杨三妹去世，享年91岁。

肖德昌（1915~2002）　男，布依族，平塘县牙舟镇人。1931年，被国民党抓丁到黄平县修建飞机场，后因忍受不住机场监工的虐待，逃至湖南叙浦县一大户人家帮放牛。1934年8月，肖德昌在湖南省叙浦县加入中国工农红军，参加了二万五千里长征，是年11月加入中国共产党；1934年11月开始先后任红六军团十六师十六团机枪连战士、班长；1937年，全国抗战爆发，是年8月任河北省平山县游击大队连长；1938年，任冀中独立一旅一团二营六连连长、侦察连连长；1945年5月，任雁北大同支队副支队长；1945年11月，任野战十一旅三十五团三营营长；1948年3月，任野战军十一旅三十五团参谋长，是年在华北军大受训；1949年11月，任中国人民解放军187师561团副团长；1950年11月，任187师教导队一大队大队长；1951年任中国人民志愿军十九兵团六十三军补充团团长，入朝鲜参战；1952年5月，任公安十九师五十七团团长；1955年，被授予中校军衔；1957年被国防部授予三级八一勋章、三级独立自由勋章、三级解放勋章；1958年，晋升为准师级，是年6月从部队转业任黔南州经委副主任；1962年1月，任黔南州检察院检察长；1964年2月开始任政协黔南州第二、三、四、五届委员会副主席；1970年，任黔南州革委常委、群工组负责人；1973年，任黔南州委统战部副部长；1983 年 12 月离休；1992 年 11 月经组织批准享受正地级待遇。肖德昌亲历二万五千里长征、抗日百团大战、解放战争的三大战役、渡江战役和抗美援朝战争。在血与火的革命斗争中，骁勇善战，多次负重伤，曾受白求恩大夫治疗，为革命立下卓越功勋。2002 年 5 月 23 日，肖德昌因病医治无效，在贵阳逝世，享年 87 岁。去世后，其家属按照遗愿在家乡牙舟镇设立肖德昌老红军教育基金。

孙钟逊（1920~2002） 男，汉族，平塘县平湖镇人。1946 年毕业于中央政治学校大学部第十二期法政系。1947 年秋，受国民党政要极力推荐，回平塘参加竞选国民党国大代表。之后，目睹国民党丧失民心，投奔中国共产党，参加革命工作。1949 年 12 月在重庆加入中国人民解放军第二野战军军事政治大学教导二总队一团三营。平塘解放后，孙钟逊回到平塘从事教育、文史工作。先后在县干部业余文化学校、中师函授学校、通州中学、教师进修学校任文学课教师，着力培养青年文学爱好者。利用其台湾同学同乡的关系，为平塘统一战线做了大量卓有成效的工作。先后任政协黔南州第五、六届委员及文史委员会委员，政协平塘县第一、二届委员、常委及文史委员会副主任，平塘县教师进修学校名誉校长等职。孙钟逊自青年时期就热爱文学创作。1942 年在中央大学实验中学读高中时就开始在报刊上发表诗歌。中央政治学校毕业后，支持其兄孙钟遂在贵阳参与创办《离骚》文艺杂志，并发表多篇文学作品，著有《人性与政治》书稿。20 世纪 80 年代，担任过县史志编纂委员会副主任，第一部《平塘县志》副主编、《平塘县教育志》《平塘县工会简史》主审、《平塘文史资料选辑》第一至六辑主编。1995 年退休后继续研究古诗文，担任平塘县老年大学文学教师，专攻诗词楹联，为黔南州诗词楹联学会会员。2002 年病逝，享年 82 岁。

杨正西（1938~2003） 男，布依族，平塘县塘边人，中共党员，大学文化，副主任医师。1962 年 8 月毕业于北京医科大学（原北京医学院）医疗系，是年 11 月，分配到独山县人民医院工作。1967 年 8 月调到都匀市职工医院，1968 年 8 月申请下放到克度区卫生院工作，一干就是 12 年。他发挥一专多能的医疗技术，从拔牙、斜视矫正、脱臼复位、剖腹产到少儿液体疗法，进行了不计其数的医疗技术探索，挽救了一批少儿患者的生命，让众多有残疾的病人恢复健康。精湛的医疗技术让克度和罗甸、惠水县周边群众从信鬼师、巫婆转向相信医疗、相信科学。1975~1977 年，先后 2 次被评为全县卫生系统先进工作者。1980 年 6 月，提拔为平塘县人民医院副院长，是年取得外科主治医师资格。他擅长肝、胃破裂伤修补、胃脾切除等上腹部大中型手术以及肠胃高难度手术，被称为县人民医院外科和妇产科手术“一把刀”。杨正西精湛的医疗技术享誉黔南卫生系统。他率先成功在平塘推行“胃、肠一层缝合术”，突破传统的多层缝合术。用新方法成功施行了 100 多例甲状腺部分或大部切除术。他的“皮内脂缝合法”被推广至广西南丹及周边县市医院。他一生科研成果丰硕，先后有 13 篇论文在各类医疗刊物上发表，其中 7 篇被国家级和省级医学刊物刊用。1984 年 5 月主持县人民医院工作后，推行综合目标管理责任制，开展“文明医院”创建并 2 次在全省卫生工作会议进行经验交流。1989 年 11 月，当选中华医学会黔南分会第四届理事会理事。1993 年 3 月，获“黔南州优秀科技人才奖”；5 月被国家卫生部授予“全国县医院优秀院长”称号。杨正西在工作岗位上 31 年，共诊疗 7 万多病人，做过 3000 余例手术，挽救危重病人 1000 多人，培养了 30 多名临床医师。1994 年退休后，在老家塘边镇开办个人诊所，发挥其医术之长，为家乡父老乡亲医治疾病。1998 年被平塘县人民政府授予“先进诊所称号”。2003 年 2 月 13 日，杨正西因病去世，享年 65 岁。

陆镇藩（1919~2004） 男，布依族，平塘县西凉乡人。1941 年任国民党西凉乡乡长，因不满国民党的苛政，几次险遭县长李繁巷的杀害，之后，他组建由乡公所职员和附近农民组成的“民众自卫队”，维护地方治安。1949 年 11 月，贵阳解放的消息传来，陆镇藩召集地方寨老和民众代表 200 余人召开会议，共商迎接解放事宜，并派人往县城和独山找解放军接洽。1949 年 12 月，人民解放军 17 军 51 师 151 团进驻平塘县城后，陆镇藩写信给驻县城的解放军，团政治部主任陆播回信鼓励他参加清匪反霸和支前工作。是年12月8日，平塘县人民政府成立，同月任命陆镇藩为西凉乡人民政府乡长。陆镇藩积极征粮支持人民解放军并投身清匪反霸斗争，引起土匪的仇视，1949年12月31日，广西匪首莫树风率土匪300余人将陆镇藩一家围困3天。后经县委书记苏相信率部队赶赴西凉将土匪击溃，解救了陆镇藩及其家人，此后，陆镇藩感谢党恩，更加坚定革命意志。1950年1月，县委决定将西凉乡“民众自卫队”改编为县政府武装工作队，委任陆镇藩为队长。是年，他率队参加县城保卫战、六硐剿匪和围剿罗甸、平塘、惠水3县交界一带土匪的战斗，抓获匪首刘刚。开展政策宣传劝降土匪支队司令廖启书和潘镇泽，为巩固新生的红色政权作出了重要贡献。1951年9月，陆镇藩当选为独山专区副专员，后调任贵州省林业厅副厅长，先后当选全国人大第一、第八届代表，全国政协第三、四届委员；贵州省第一届各族各界人民协商会议代表，贵州省第一、二、三、五届人民代表大会代表，贵州省政协第三、四、五、六届委员会常务委员及第六届省政协民族宗教委员会主任。1994年9月，陆镇藩退休；2004年10月因病逝世，享年85岁。

王宝兴（1951~2009）　男，汉族，河北保定人，二级警督，副科级侦查员。1968年12月从贵阳十四中来到平塘县新塘乡当知青。1970年10月至1971年11月参加湘黔铁路建设，任平塘民兵团政治处宣传员。1972年12月，调入县酒厂工作。1985年6月加入中国共产党。1987年7月，调入县人民政府经协办。1989年11月，调到县公安局打击拐卖人口犯罪办公室任负责人。其时，正值平塘拐卖妇女儿童案件的高发期，仅1989年全县共发拐卖人口案件21起21人。面对频发的拐卖案件，王宝兴克服人少事急、经费不足等困难，一面查找线索，一面组织解救，夜以继日的开展工作。1992年，他一人就破获拐卖案件17起，接回被拐卖妇女儿童8人，被群众称为“打拐王”。大塘里中村有一名苗族少年，6岁被人拐走，其父母多次寻找未果报案，王宝兴多年坚持寻查不言放弃，1996年，终于在福建泉州市马甲镇找到，并解救回大塘。解救工作既艰苦又复杂，有成功也有失败，在解救一名被拐骗到山西陆平县高乡的17岁少女时，遭到当地村民的围攻，初次解救不成功之后，王宝兴请当地公安机关支援并通过被拐卖人当武警的哥哥部队首长帮助最终成功解救。在县公安局“打拐办”的12年中，王宝兴先后到广东、广西、安徽、福建、浙江、江苏、河南、河北、山东、内蒙古、江西、四川等10多个省（市）、自治区，行程10余万千米，共解救被拐卖妇女儿童68人次，抓获拐卖犯罪嫌疑人50余人。先后被省公安厅和公安部授予“全省优秀人民警察”和“全国优秀人民警察”荣誉称号。2001年12月王宝兴退休，2009年10月因病去世，终年58岁。

人物简介

高广殿（1927~1993）　男，河南濮阳人。1943年参加革命工作，同年加入中国共产党。先后任濮阳县高庄村党支部书记，昆吾县四区区委书记，平塘县第四区区委书记、县委书记，黔南州委交通部副部长，都匀市副市长、市委书记，黔南州水电局长、农办主任，州直属机关党委书记，黔南州政协副主席等职（享受正地级待遇）。1993年5月逝世，享年66岁。

陆庆乾（1933~1994）　男，平塘县西凉乡人，布依族，中专文化。1949年12月参加工作，任第四区（者密）宣传干事。1953~1954年，先后任翁招乡副乡长、丹平乡和西凉乡乡长，1954年8月加入中国共产党。1956年1月，调平湖区委任宣传干事。1957年11月，在县工区公路工程队指挥部，先后任工程队指挥部干事、党委委员、党总支书记。1959年4月调到三都县委组织部工作，先后任组织干事、副部长。1964年1月，调入平塘县委组织部，先后任副部长、部长。1970年12月至1972年11月，任摆茹区革委会主任、区革委会核心领导小组组长。1972年11月至1973年12月任区委书记。

1973年12月至1993年8月，先后任县委第三、四、五、六届常委、副书记。其间，1980年2月至1984年11月，任县第七届人大常委会主任。1993年10月退休。1994年8月因病逝世，享年61岁。

石显龙（1963~1994） 男，毛南族，中共党员，平塘县者密镇六硐人。1982年10月入伍，为成都军区守备二师五团战士。1985年9月，考入昆明陆军学院学习。1988年7月毕业后，先后任成都军区守备二师五团排长、副连长、代理政治指导员、连长等职。1993年4月，调任云南省军区边防第四团三营十三连连长。1994年1月因病医治无效牺牲在国防岗位上，年仅31岁。1995年12月被成都军区追授为一等功臣，是年9月，成都军区《战旗报》以《战士心中的雕像》为题报道石显龙扎根边疆、献身祖国边防的事迹。

申连尧（1925~1998） 男，河南濮阳人。1943年3月加入中国共产党，同年12月参加革命工作。1943年12月至1949年2月，先后任中共昆吾区委组织干事、区联合会主任、区委书记。1949年3月，随军南下，任鄱阳市区区长，西进贵州后任平塘县公安局长。1952年6月至1961年7月，先后任榕江县委副书记、书记、县委第一书记，黔东南州委林业部部长，贵州省铝业公司副经理。1961年8月至1981年3月，任平塘县委第一书记，“文化大革命”期间受到冲击，到“五七”干校劳动，恢复工作后先后任黔南州物资局负责人、州工交办副主任、州经委副主任。1981年4月至1990年11月，先后任黔南州副州长、州政府顾问。1990年12月离休。1998年3月因病逝世，享年73岁。

罗发全（1936~2001） 男，布依族，贵州省都匀市人。1951年11月参加工作，先后任都匀县供销社工作员、副股长、副主任，都匀县委财贸部干事，黔南州委办公室工作员。1956年6月加入中国共产党。1961年3月起，历任龙里县产业局秘书、县委办秘书、谷脚区区长、县食品公司革委主任、县供销社主任、羊场区委书记。1978年，调到平塘县工作，先后任县委副书记、县革委会主任、县人民政府县长。1983年12月，任中共黔南州委常委、州纪委书记，1986年5月兼任州政法委书记。1996年为中共黔南州委巡视员。2000年11月退休。2001年12月，因病医治无效在都匀逝世，享年65岁。

张成贵（1927~2002） 男，汉族，河北省宛平人。1939年2月参加工作，任冀中挺进军供给处通讯员。1946年7月加入中国共产党。1942年2月，任延安中共中央党校通讯员。1945年10月，任晋冀鲁豫军区司令部警卫员。1948年8月，任淮海战役指挥部文化干事，同年12月至1950年9月任第五兵团政治部行政科管理员。1950年9月，参加第五兵团政治部在贵定县开展的土地改革工作兼任化明乡乡长。1952年1月转业，任贵定县沿山区委书记。1957年，任贵定县委农工部部长。1959年8月，任黔南州文化局局长。1968年3月，调任平塘县革委会政治部工作，任行政管理科管理员。1973年3月，任县委常委、县委组织部部长。1980年2月，任县委常委、县人大常委会副主任。1984年10月，任县人大常委会主任。1987年11月离休。2002年5月因病逝世，享年75岁。

田景云（1929~2002） 男，平塘县塘边镇人。1952年10月加入中国共产党。1950年12月至1954年12月，先后任塘边乡政府工作员、副乡长、乡长、三区（通州）副区长。1954年12月至1967年，先后任县委办公室主任、县委副书记。1972年至1973年2月，调任贵定县革委会副主任、县委副书记。1974年2月至1980年10月，任福泉县委书记、革委会主任。1980年11月后，历任黔南州经委副主任、主任、党组书记、州人大财经委副主任。1996年8月退休。2002年9月在都匀逝世，享年73岁。

匡锡九（1926~2004） 男，河北省丰润县人。1945年6月参加革命，历任农协会主席、解放军第四十六军辎重营排长、军械科科员。1949年1月加入中国共产党。1951年6月转业到地方工作，历任广东省惠来县第六区、第七区区委书记，惠来县供销合作总社主任，惠来县委常委、县委合作部部长，普平县委书记，惠来县委书记、县长，揭阳县委副书记，汕头专区农业银行行长。1965年1月，随“四清”工作队到黔南工作，先后任平塘县委副书记、县革委会副主任。1979年5月，任黔南州环境保护办公室主任。1983年，任黔南州城乡建设环境保护局调研员。1985年4月离休。2004年8月因病在都匀逝世，享年78岁。

李景山（1927~2004） 男，汉族，安徽涡阳人。1944年10月在蒙城参加新四军，是年底任新四军十一旅卫生部保健科通讯员。1945年，任永城县独立团卫生队卫生员。1946年，任豫皖苏军区独立旅三十五团二营卫生调剂员，同年2月加入中国共产党。1949年，参加十八军医训队学习。1952年，任十八军一五七团二营卫生所长。1958年转业到平塘县人民医院工作。1960年6月，被评为全国文教先进工作者并出席在北京人民大会堂召开的“全国文教群英会”。1961年8月任县卫生科科长。1973年3月至1980年4月，任县教卫办副主任兼卫生局局长。1984年5月离休。2004年10月因病逝世，享年77岁。

武瑞卿（1928~2007） 男，汉族，河南濮阳市人。1946年4月参加工作，1948年4月加入中国共产党。1946年4月在濮阳市郊区西南小区晁楼初级小学任教并兼任校长。1949年12月到平塘工作，任第一区行政助理兼平湖镇镇长。1950年调入县委组织部任组织干事。1951年1月调任第三区区长，同年8月至1954年2月先后任二区区委副书记、书记。1954年3月至1957年3月，任平塘县委农村工作部副部长。1955年10月当选县委常委。1957年4月任第二区区委书记，是年10月至1958年11月任县委农工部部长，1958年12月调罗甸县任县委书记处书记。1959年8月，调任黔南州委农村工作部副部长，是年8月，调任平塘县委书记处书记，同年12月至1962年11月先后在县委、县人委任书记处书记兼副县长。1962年12月至1964年6月，任县人民委员会第一副县长。1964年7月至1973年2月任县委副书记（其间1964年10月至1966年6月分别在花溪、都匀等地搞四清运动）。1973年3月至1977年11月，调任黔南州卫生局党组书记、局长。1977年12月至1985年4月在黔南州体委工作，先后任党组书记、第一副主任、调研员等职。1985年离休。2007年11月病逝于都匀，享年79岁。

黄同恩（1931~2008） 男，侗族，贵州天柱县人。1951年2月参加工作，任天柱县高酿区工作员、武装干事。次年10月调入黔东南州镇远军分区教导队任文职教员。1956年9月加入中国共产党。1966年至1970年5月，先后任从江县人民武装部副政委、丹寨县人民武装部政委。1970年6月至1978年11月先后任丹寨县革命委员会主任、县委书记。1978年12月调任平塘县农林办公室副主任。1982年2月至1984年12月任平塘县人民政府副县长。1984年12月至1992年12月任县人大常委会副主任。1993年11月退休。2008年11月因病逝世，享年77岁。

王克文（1945~2008） 男，汉族，中共党员，大学文化，龙里县龙山镇人。1967年9月参加工作。1968年7月参军，任解放军7578部队花山军垦农场战士。1970年5月退伍后到平塘县工作，先后任通州区革命委员会工作员、通州中学教师、县教育局工作员、县委宣传部工作员。1978年1月至1983年4月任县教育局教研室主任。1983年4月至1984年2月调任县委办公室秘书。1984年2月至1987年9月任县教育局党组书记、局长。1987年10月，当选第九届平塘县人民政府副县长。1993年4月当选县政协主席。1995年3月，调任贵定师范学校校长、党总支书记。2006年1月退休。2008年因病逝世，享年63岁。

石邦秀（1930~2008） 女，布依族，平塘县六硐乡人。1951年1月参加工作。1952年7月加入中国共产党，先后任四寨乡团总支书记、和平乡乡长、县妇联副主任。1956年2月，在县第一次妇女代表大会上当选为县民主妇女联合会第一届执行委员会主任，同年6月当选为第一届县委委员、县纪委委员。1957年3月，参加贵州各民族参观团，在北京受到毛泽东、周恩来等党和国家领导人的接见。1983年2月退休。1996年11月经组织批准享受副县级待遇。2008年1月因病逝世，享年78岁。

鲁治才（1937~2010） 男，汉族，贵定县沿山镇人。1959 年 7 月毕业于贵定师范学校，同年 8 月分配到平塘民族中学（原独山三中）任教。1985 年 3 月加入中国共产党，1989 年荣获省教委、省人事厅、省总工会授予“贵州省优秀教师”称号。1994 年 9 月，评为“黔南州德育先进工作者”。1995 年获国家教委、人事部授予“全国优秀教师”奖章。1997 年 7 月退休。1998~1999 年返聘任平塘民族中学初中物理教师。2010 年 2 月因病逝世，享年 73 岁。

石建成（1975~2010） 男，毛南族，平塘县卡蒲毛南族乡人，中共党员，正科级侦查员、三级警督。1997 年从成都电子科技大学毕业后，分配到贵州省公安厅交通管理局直属支队贵遵四大队工作，多次受到公安厅表彰嘉奖，2006~2008 年，连续 3 年被评为全省优秀公务员。2008 年在抗击凝冻灾害中荣立三等功。2010 年 1 月 8 日，兰（州）海（南）高速公路贵阳至遵义段发生两汽车相撞，交通中断，石建成在受命进行事故调查处理时，两辆由贵阳往遵义方向疾驰而来的大型客车因大雾能见度低将撞上正在执行公务的（贵 O9202 警号）多功能现场勘查车时，石建成不顾个人生命安危将同事王太平推开，自己却被大客车撞倒，壮烈牺牲，年仅 35 岁。石建成牺牲后，时任公安部部长孟建柱对石建成舍己救人的事迹作出重要批示。中共贵州省委追授其为全省“优秀共产党员”，同年 6 月，公安部和民政部授予石建成全国公安系统“二级英雄模范”和“革命烈士”称号。

人物补遗

高世瑛（1775~1876） 谥号鹏飞，大塘县（今大塘镇）人，身躯伟岸，力强骨壮，脸宽微髭，眼明眉竖，身长八尺。其父高文德潜心以自身剑法、武功传之。自幼鸡鸣起舞，学太极拳，练少林功。18 岁时，其武艺之精湛，技巧之深，已在地方遐迩闻名，曾亲手击死野狼三、野猪四、虎一。25 岁时，赴贵阳府应试，高中武举人。清嘉庆十年（1805），高世瑛进京应试武考，以高超的骑射技术被嘉庆皇帝封授为进士及第，赐予“鹏飞”之号，并赏以重金。转马回黔后，将官府所赐之金为百姓修造拱桥，人称“高家桥”。

田兴和（1821~1900） 平塘县牙舟人，自幼聪明过人，勤学好问，从少年起同父亲田庆帮在卡罗一个叫大平忙的地方修建军营，训练兵勇，练就一身好功夫，在参加平扫地方暴乱中建立卓越功勋。清道光二十二年（1842），21 岁的田兴和受到道光皇帝的嘉奖，颁发圣旨授予“振威将军”称号，将其住宅命名为“振威将军第”，并授“振威将军第”牌匾，赐良田 800 亩，允许其在牙舟修筑城池，设衙开市。清咸丰十一年（1861），田兴和调到省城贵阳任职。清光绪二十六年（1900）病逝，葬于贵阳罗汉山，享年 79 岁。

杨世宣（1874~1960） 男，布依族，平塘县塘边镇双河村抵卡人。自幼聪明好学，凡遇勒石凿碑、起房造屋、绘画书法，均在一旁潜心观学，仔细琢磨。二十岁时已集雕凿、书法、绘画及纸扎造型技术于一身，经其所建造的房屋，庄重古朴，轮廓分明；其所雕刻的飞禽走兽、花鸟虫鱼，无不惟妙惟肖；雕刻或书法，刚劲有力，飘洒自如。因工艺出众，被地方誉为“杨氏画公”。

闵春煊（生卒不详） 贵州正安县人。民国 16 年（1927）任平舟县县长。其到任时摆茹、马场、西凉一带常遭广西匪首刘华廷，甲茶匪首王光忠、王登奎父子率匪众掳财物、抢妇女，弄得地方上人心惶惶，鸡犬不宁。他上任后采取招安对策，两股惯匪归顺服从民国政府，但匪性难改，仍到处抢劫，危害百姓。对广西匪部他亲自带领政府武装和地方壮丁征剿，维护地方治安。对县内的匪首则用智消灭。县城春惠楼落成典礼时，闵春煊发出请柬，邀请王登奎、韦老考、莫汉周等匪首前来参加，欲趁机剪除，三名匪首狡猾，以忙于筹备祭奠死去的兄弟回信推辞，并请县长去参加追悼会。闵春煊获悉后，计划在土匪追悼会上一举消灭马场匪首，他提前一天到摆茹区区长罗锡山家住一夜。当晚，闵春煊把罗锡山、罗大刚（罗锡山之子，卫队长）等人找来密议，决定第二天去马场参加“追悼会”时剿灭这股惯匪。他吩咐便衣人员个个腰藏匕首，在追悼会上让土匪站在前面，便衣紧跟后面，各自对准自己的目标，只要他在悼词中讲到“杀”字就动手。次日到达马场时，王登奎、韦老考、莫汉周各自率领匪众，表面上是迎接县长参加追悼会，实际个个荷枪实弹，戒备森严。县政府卫队长罗大刚道：“今天闵县长亲临死难兄弟们的追悼会以示关怀，请双方的兄弟们都把枪架起来。”随即卫队人员带头将枪架好。王登奎、韦老考、莫汉周等匪首看见卫队的枪首先架好之后，也就放心地叫匪徒同样把枪架好。“追悼会”由闵春煊致悼词，可是，当他讲到杀字时，却没有谁敢动手，于是又连讲两个杀字，还是无人动手。他掏出手枪对准王登奎一枪先把他打倒，卫队员见县长亲自动手，纷纷掏出腰刀砍杀土匪，经过一番激烈的搏斗，三名匪首均被消灭，余匪众见势不妙，有的作鸟兽散，有的就地被擒。县城两级小学师生得知消息都到城郊迎接。事后摆茹地区的百姓在摆茹场坝立“殄暴安民”石碑，以示对闵春煊的崇敬和纪念。平舟民众捐款，在县城观音岩为之修了一座清官亭，亭中竖立一块石碑，上镌刻“政追渤海”四个大字。

张敦朴（1899~1933）　字敬华，平塘县平湖镇人。其自幼聪颖，勤奋好学，善诗文，擅长书法，所作楹联常为地方推崇。中年后，设馆教书，为乡人所钦敬。他为人正直，疾恶如仇。民国11年（1922），滇黔联军第八纵队司令李嘉勋率部坐镇平舟县城，平舟人韦子和投靠李部任事务长。韦原是甘寨鸡哈地方一保长，向来鱼肉乡民，称霸一方，他投靠李部后狐假虎威，敲诈百姓。一次，韦子和到摆茹乡冗塘村以征税为名，勒索一名叫简老七的百姓银圆百元，简老七因一时无力付出，乞求缓限，韦子和便将其捆绑悬吊，并加石磨，一时绳断，简老七悬空跌落，伏地而死。年迈简母徒步到县城张敦朴家中，要求为其申冤。韦子和察知此事，跟踪至张处，当面拿出手枪威胁。韦走后，张敦朴遂将简母从后室叫出道：“刚才你老都听见了，现在我问你，你胆子大还是小？”简母说：“为子申冤，死而无怨！”张说：“你胆子大，你就去李司令面前喊冤。这个状子我帮你写定了！”说罢，奋笔疾书，将简老七惨死情况一一陈诉，并列举韦子和一贯所为，诉状最后写道：小儿之死，乡里众愤难平，司令若不为小民做主，惩办恶人，何能取信于地方？何能令行禁止？张敦朴写好诉状后对简母说：“午间饭后，李司令到街上散步，你头顶状子，伏地拦路喊冤，不接状子不起来。”中午，见李嘉勋带警卫走出来，简母跪伏于地，披发洒泪，高喊青天大人我要申冤。警卫从简母头上取过状子，李嘉勋过目后知其原委，立令将韦子和带到军部当面审讯。韦见简母跪伏于地不起，口口声声喊冤，自知事情难以抵赖，招认所为，跪请李开恩。李因刚进驻平舟，立足未稳，又迫于人证俱在，只得传令将韦子和绑赴城郊桑树林枪决。张敦朴为民除害的善举赢得当地百姓的敬重。

附 录

2014～2016年中共平塘县委领导名录

职务	姓名	性别	民族	备注
书　记	严　肃	男	汉族	2014.01 离任
	臧　侃	男	汉族	2014.01～2016.12
副书记	孙志清	男	满族	2014.01 止
	高晓昀	女	汉族	2014.01～2015.12
	莫君锋	男	汉族	2014.10～2016.12
	王铁清	男	汉族	2015.04～2016.01（挂职）
	蒋小祥	男	苗族	2016.10～2016.12
常　委	杨华祥	男	汉族	2014.10～2015.04
	张智勇	男	布依族	2014.01～2014.08
	肖天祥	男	汉族	2014.01～2014.08
	吴劲松	男	汉族	2014.10～2016.10
	李　彬	男	汉族	2014.01～2015.04
	杨李林	男	布依族	2014.01～2016.10
	陈宇玉	男	苗族	2015.09～2016.12
	黄俊旗	男	汉族	2014.01～2015.09
	杨　眉	男	仡佬族	2015.09～2016.12
	张建海	男	苗族	2014.01～2015.10
	曹礼鹏	男	汉族	2015.10～2016.12
	汪卫红	男	苗族	2014.01～2014.04（挂职）
	周德杨	男	苗族	2014.01～2014.03（挂职）
	罗玲龙	男	苗族	2014.01～2014.03（挂职）
	尹旺旭	男	苗族	2014.01～2015.03（挂职）
	刘　疆	男	苗族	2014.08～2015.08（挂职）
	许文斌	男	土家族	2015.04～2016.03（挂职）
	王先坤	男	汉族	2015.06～2016.03（挂职）
	潘荣熙	男	布依族	2016.01～2016.09（挂职）
	尹利生	男	汉族	2016.04～2016.12（挂职）
	冷安辉	男	汉族	2016.04～2016.12（挂职）
	邓建华	女	苗族	2016.06～2016.12（挂职）
	种朝武	男	布依族	2016.09～2016.12（挂职）
	刘昌海	男	布依族	2016.10～2016.12

续上表

职务	姓名	性别	民族	备注
常　委	王登辉	男	汉族	2016. 10～2016. 12
	黄学兰	女	苗族	2016. 10～2016. 12
	莫卫武	男	布依族	2016. 10～2016. 12

2014～2016年平塘县人大常委会领导名录

职务	姓名	性别	民族	备注
主　任	孟玉凤	女	汉族	2014. 01～2016. 12
副主任	刘　洪	男	毛南族	2014. 01～2016. 12
	周天福	男	汉族	2014. 01～2014. 11
	宋洪顺	男	汉族	2014. 01～2014. 11
	帅兴云	男	汉族	2014. 01～2016. 10
	陈以惠	男	布依族	2014. 01～2016. 12
	冉崇永	男	汉族	2014. 01～2015. 10
	石家勋	男	布依族	2014. 01～2015. 10
	曾昭洪	男	汉族	2016. 01～2016. 12

2014～2016年平塘县人民政府领导名录

职务	姓名	性别	民族	备注
县　长	臧　侃	男	汉族	2014. 01 离任
	高晓昀	女	汉族	2014. 03～2015. 12
	莫君锋	男	汉族	2016. 02～2016. 12
副县长	张智勇	男	布依族	2014. 01～2014. 09
	杨华祥	男	汉族	2014. 10～2015. 04
	蒋小祥	男	苗族	2015. 09～2016. 10
	曹礼鹏	男	汉族	2014. 10～2016. 12
	石　蕾	女	毛南族	2014. 01～2014. 10
	张建海	男	苗族	2014. 01～2015. 10
	史震海	男	布依族	2014. 01～2016. 10
	余星进	男	汉族	2014. 01～2016. 10
	王登辉	男	汉族	2014. 01～2016. 10
	冉崇永	男	汉族	2015. 10～2016. 10
	帅兴云	男	汉族	2016. 10～2016. 12

续上表

职务	姓名	性别	民族	备注
副县长	黄　俊	男	布依族	2016. 10～2016. 12
	杨正海	男	布依族	2016. 10～2016. 12
	王　波	男	布依族	2016. 10～2016. 12
	汪卫红	男	苗族	2014. 01～2014. 04（挂职）
	高　龙	男	汉族	2014. 01～2014. 06（挂职）
	周德扬	男	汉族	2014. 01～2014. 03（挂职）
	罗玲龙	男	汉族	2014. 04～2015. 03（挂职）
	尹旺龙	男	汉族	2014. 04～2015. 03（挂职）
	刘　疆	男	汉族	2014. 10～2015. 08（挂职）
	许文斌	男	土家族	2015. 04～2016. 03（挂职）
	王先坤	男	汉族	2015. 06～2016. 05（挂职）
	潘荣熙	男	布依族	2015. 12～2016. 09（挂职）
	尹利生	男	汉族	2016. 04～2016. 12（挂职）
	冷安辉	男	汉族	2016. 04～2016. 12（挂职）
	邓建华	女	苗族	2016. 06～2016. 12（挂职）
	种朝武	男	布依族	2016. 09～2016. 12（挂职）

2014～2016 年政协平塘县委员会领导名录

职务	姓名	性别	民族	备注
主　席	张永锋	男	汉族	2014. 01～2016. 10
副主席	石如祖	男	毛南族	2014. 01～2016. 12
	何代兴	男	汉族	2014. 01～2016. 12
	陈永华	男	汉族	2014. 01～2016. 12
	江玉英	男	布依族	2014. 01～2016. 12
	刘吉贞	男	汉族	2014. 01～2016. 12
	杨志其	男	布依族	2014. 01～2016. 12
	曾昭洪	男	汉族	2014. 03～2015. 01
	邓庆和	男	布依族	2016. 03～2016. 12
秘书长	李顺龙	男	苗族	2014. 01～2014. 12
	毛启军	男	苗族	2015. 01～2016. 12

《平塘县志（1988~2013）》
历届修志机构及人员名单

第一届《平塘县志（1988~2008）》编纂委员会

顾　问：严　肃　孟玉凤　张永锋

主　任：臧　侃

副主任：孙志清　杨李林　杨　东　周天福　石　蕾　江玉英

委　员：石家勋　韦文堂　任廷昌　李顺龙　吴家福　曾昭洪　杨通豪
焦　飚　张　建　宋恩贵　周国祥　罗明渊　龙　林

《平塘县志（1988~2008）》编辑部

编辑顾问：李兴源　张佑铭　李定元　王奠伟

执行副总编：罗明渊 *

主　　编：龙　林 *

副 主 编：刘成章 *　钟成德

编　　辑：牟如龙　石国尹　罗　平　杨富民　雷远方　杨长秀　徐先文
严福刚　戴传富　杨维俊　杨正勇　杨培胜

第二届《平塘县志（1988~2013）》编纂委员会

名誉主任：臧　侃　张建海

主　　任：莫君锋

常务副主任：蒋小祥

副 主 任：曹礼鹏　黄学兰　杨　眉　莫卫武　吴家福　帅兴云
杨志其　文建阳

委　　员：王国敏　熊都恒　杨通豪　王永祥　毛启军　彭　皓　戴　德　庭　鸿
石国尹　黎泽平　李德禹　李义娟　焦　飚　李　华　张　虎　王金强
杨永燕　李劲松　王劲榆　宋勇健　田洪亮

《平塘县志（1988~2013）》编辑部

顾　问：李定元

主　编：石国尹

副主编：莫玉娥　钟成德

编　辑：徐先文　杨培胜　雷远方　杨维俊　杨正勇　杨富民　罗　平
孙其铭　牟如龙　严福刚

编　务：黄通进　刘必亮　李文凤　杨玉梅

说明：*表示编辑部人员中途调离县档案史志局。

1988～2013年平塘县获省部级及以上表彰先进集体名录

获奖单位	获奖名称	颁奖单位	获奖时间
县文化馆	有偿服务工作先进集体	文化部、财政部	1988年
通州镇	全国计划生育先进单位	国家计划生育委员会（简称计生委）	1988年
平塘县	全国水利建设先进县	水利部	1989年
平湖一小少先队大队	全国红旗大队	团中央全国少工委	1989年
平塘县	全国水利建设先进县（二等奖）	贵州省人民政府	1990年
平塘县	全国计划生育工作先进集体	人事部、计生委	1990年
团县委	全国科普宣传教育活动最佳组织奖	团中央、国家税务局	1990年
县农经站	农经调查先进集体	农业部	1990年
平湖一小少先队五（1）中队	全国优秀中队	团中央全国少工委	1990年
平塘县	全省农田水利建设先进县	贵州省人民政府	1991年
平塘县	全国造林绿化先进单位	全国绿化委员会、国家林业局、人事部	1991年
平塘县	造林绿化先进县	贵州省人民政府	1991年
平塘县	安全生产先进县	贵州省人民政府	1991年
马场职中	中学实验教育合格学校	团中央	1991年
平塘县	全国少数民族计划生育先进集体	国家计生委、国家民委	1992年
平塘县	造林绿化先进县	贵州省人民政府	1992年
县计生协会	贵州省计划生育协会先进集体	中共贵州省委、贵州省人民政府	1992年
摆茹镇猫寨村	全省精神文明建设文明村镇	中共贵州省委、贵州省人民政府	1992年
平塘县	造林绿化先进单位	贵州省人民政府	1993年
卡蒲毛南族乡交亩村党支部	“双带”先进党支部	中共贵州省委	1993年
牙舟镇笋村党支部	“双带”先进党支部	中共贵州省委	1993年
摆茹镇猫寨村党支部	“双带”先进党支部	中共贵州省委	1993年
平塘县	造林绿化先进单位	贵州省人民政府	1994年
平塘县	全国计划生育工作先进集体	人事部	1994年
平塘县	全国第三届读书活动组织奖	中共中央宣传部	1995年
平湖镇北街村	精神文明先进单位	中共贵州省委	1995年
牙舟镇白云村	全国造林绿化千佳村	全国绿化委员会	1995年
平湖一小少先队大队	优秀少先队大队	共青团中央	1995年
平塘县供电局	电力“三为”服务达标单位	电力工业部	1995年
县计划委员会	以工代赈工作先进集体二等奖	贵州省人民政府	1996年
牙舟镇党委	农村基层组织建设先进乡镇党委	中共贵州省委	1996年

续上表

获奖单位	获奖名称	颁奖单位	获奖时间
平湖镇北街村	先进街道	贵州省人民政府	1996 年
牙舟镇王宋村	农村基层组织建设“五个好”示范村先进党支部	中共贵州省委	1996 年
县气象局	全国气象系统科技扶贫先进集体	国家气象局、科技扶贫领导小组	1996 年
平塘县	全国飞播造林先进县	全国绿化委、林业部等五部委	1996 年
卡罗乡长冲村	农村基层组织建设“五个好”示范村先进党支部	中共贵州省委	1996 年
大塘镇教育站	“迎接香港回归祖国”读书教育活动组织优秀奖	国家教委	1996 年
苗二河乡新寨村	全国绿化造林千佳村	全国绿化委、林业部等五部委	1996 年
大塘镇谷立村	全国绿化造林千佳村	全国绿化委、林业部等五部委	1996 年
天生桥水利管理所	全国水利管理先进集体	水利部	1996 年
县基本单位普查办公室	先进集体	国家统计局	1996 年
牙舟镇王宋村党支部	优秀党支部	中共贵州省委	1997 年
县林业局	林业系统先进单位	贵州省人民政府	1997 年
县国税局	全国税务系统先进单位	人事部、国家税务局	1997 年
大塘镇谷立村党支部	优秀党支部	中共贵州省委	1997 年
平塘县	“解决温饱”先进县	中共贵州省委、贵州省人民政府	1998 年
县教育局	全国扫盲工作先进单位	财政部、教育部	1998 年
县硅钙铁合金厂	1998 年度发展乡镇企业先进单位	中共贵州省委、贵州省人民政府	1998 年
县国税局	1995~1998 年度红旗文明单位	中共贵州省委、贵州省人民政府	1998 年
平塘县供电局	贵州省首批省级文化先进企业	贵州省人民政府	1998 年
牙舟镇王宋村党支部	1995~1997 年农村基层组织建设“五个好”村党支部	中共贵州省委	1998 年
大塘镇谷立村党支部	1995~1997 年农村基层组织建设“五个好”村党支部	中共贵州省委	1998 年
县工商局	1999~2002 年文明单位	中共贵州省委、贵州省人民政府	2002 年
县龙马水泥建材有限公司	2001 年度发展乡镇企业先进企业	中共贵州省委、贵州省人民政府	2002 年
平塘供电局工会	模范职工之家	全国总工会	2003 年
县供电局龙塘电站	模范职工之家	全国总工会	2003 年
大塘镇羊方村党支部	先进集体	中共贵州省委、贵州省人民政府	2003 年
县人口计划生育局	全国人口计生系统作风建设先进单位	国家计生委	2004 年
县计划生育协会	中国计划生育协会先进拓展项目点	中国计生协会	2004 年
卡蒲毛南族乡	全国民族团结进步模范集体	国务院	2005 年
平湖镇财政所	贵州省 2001~2005 年农村税费改革试点工作先进集体	中共贵州省委、贵州省人民政府	2005 年

续上表

获奖单位	获奖名称	颁奖单位	获奖时间
县计划生育协会	全省人口计划生育工作先进集体	中共贵州省委、贵州省人民政府	2005 年
县委组织部	全省精神文明建设先进单位	中共贵州省委、贵州省人民政府	2006 年
县农业局	全国粮食生产先进县	农业部	2006 年
县统计局	第一次国民经济普查先进集体	全国国民经济普查领导小组	2006 年
县气象局	全省精神文明建设先进单位	中共贵州省委、贵州省人民政府	2006 年
县建设局	全省“两基”攻坚先进集体	中共贵州省委、贵州省人民政府	2006 年
大塘供电所	全国五一劳动奖	全国总工会	2008 年
县国有林场	贵州省绿化先进集体	贵州省人民政府	2011 年
县国税局	“五好”基层党组织	中共贵州省委党的建设工作领导小组	2012 年

1988～2013 年平塘县高级专业技术职称人员名录

姓名	性别	专业技术职务系列	专业	资格名称	任职时间
卓兴远	男	中学系列	—	中学高级教师	1988. 09. 01
李晓成	男	中学系列	—	中学高级教师	1988. 09. 01
张绍鑫	男	中学系列	—	中学高级教师	1988. 09. 01
古隆树	男	中学系列	—	中学高级教师	1993. 12. 30
鲁治才	男	中学系列	—	中学高级教师	1993. 12. 30
石道先	男	中学系列	—	中学高级教师	1988. 09. 01
陆天举	男	中学系列	—	中学高级教师	1988. 09. 01
韦显芳	男	中学系列	—	中学高级教师	1988. 09. 01
李胜乾	男	中学系列	—	中学高级教师	1988. 07. 01
蔡荣芳	男	中学系列	—	中学高级教师	1988. 09. 01
罗显义	男	中学系列	—	中学高级教师	1988. 09. 01
刘兰芳	女	中学系列	—	中学高级教师	1988. 09. 01
李一村	男	中学系列	—	中学高级教师	1988. 09. 01
史天龙	男	中学系列	—	中学高级教师	1988. 09. 01
谭登林	男	中学系列	—	中学高级教师	1988. 07. 01
杨光荣	男	中学系列	—	中学高级教师	1988. 07. 01
吴绍鑫	男	中学系列	—	中学高级教师	1988. 07. 01
邓扬志	男	中学系列	—	中学高级教师	1988. 09. 01
罗珍录	男	中学系列	—	中学高级教师	1993. 12. 30
史天心	男	中学系列	—	中学高级教师	1993. 12. 30
丁穆平	男	中学系列	数学	中学高级教师	1993. 12. 30
刘相渊	男	中学系列	语文	中学高级教师	1993. 12. 30

续上表

姓名	性别	专业技术职务系列	专业	资格名称	任职时间
秦相权	男	中学系列	化学	中学高级教师	1995. 09. 15
邓庆武	男	中学系列	政治	中学高级教师	1995. 09. 15
管家俪	女	中学系列	—	中学高级教师	1996. 03. 01
刘洪壁	男	中学系列	—	中学高级教师	1996. 03. 01
周盛琴	女	中学系列	—	中学高级教师	1996. 03. 01
蔡林根	男	中学系列	—	中学高级教师	1996. 03. 01
邓庆武	男	中学系列	—	中学高级教师	1996. 03. 01
李军生	男	中学系列	生物	中学高级教师	1996. 10. 27
张定国	男	中学系列	—	中学高级教师	1997. 01. 01
黄连生	男	中学系列	—	中学高级教师	1997. 01. 01
贾晋甫	男	中学系列	—	中学高级教师	1997. 01. 01
唐亚澜	男	中学系列	—	中学高级教师	1998. 01. 01
徐克云	男	中学系列	—	中学高级教师	1998. 01. 01
计其欣	男	中学系列	语文	中学高级教师	1998. 09. 27
胡家明	男	中学系列	语文	中学高级教师	1998. 09. 27
刘亚春	男	中学系列	理化	中学高级教师	1999. 11. 15
梁勤刚	男	中学系列	政治	中学高级教师	2000. 11. 30
熊廷义	男	中学系列	数学	中学高级教师	2000. 11. 30
张光辉	男	中学系列	数学	中学高级教师	2000. 11. 30
向是勇	男	中学系列	化学	中学高级教师	2002. 03. 11
石　英	女	中学系列	数学	中学高级教师	2002. 03. 11
刘玉培	男	中学系列	政史	中学高级教师	2002. 03. 11
陈统尧	男	中学系列	政治	中学高级教师	2002. 03. 11
杨培权	男	中学系列	语文	中学高级教师	2002. 03. 11
李可佳	男	中学系列	数学	中学高级教师	2002. 03. 11
付和飞	男	中学系列	数学	中学高级教师	2002. 03. 11
邓慕兰	女	中学系列	—	中学高级教师	2002. 04. 01
蔺元坤	男	中学系列	—	中学高级教师	2002. 04. 01
杨培昌	男	中学系列	英语	中学高级教师	2002. 12. 30
陈泽俊	男	中学系列	语文	中学高级教师	2002. 12. 30
杨国勋	男	中学系列	物理	中学高级教师	2002. 12. 30
陈天华	男	中学系列	语文	中学高级教师	2002. 12. 30
石永安	男	中学系列	语文	中学高级教师	2002. 12. 30
周社林	男	中学系列	政史	中学高级教师	2002. 12. 30
沈启才	男	中学系列	数学	中学高级教师	2002. 12. 30

续上表

姓名	性别	专业技术职务系列	专业	资格名称	任职时间
陆廷海	男	中学系列	历史	中学高级教师	2002. 12. 30
陆恩慧	女	中学系列	英语	中学高级教师	2003. 11. 28
石显才	男	中学系列	语文	中学高级教师	2003. 11. 28
谢忠祥	男	中学系列	语文	中学高级教师	2003. 11. 28
刘武忠	男	中学系列	物理	中学高级教师	2003. 11. 28
周永泉	男	中学系列	语文	中学高级教师	2003. 11. 28
石贵平	男	中学系列	政史	中学高级教师	2003. 11. 28
周辉国	男	中学系列	生物	中学高级教师	2003. 11. 28
廖贵祥	男	中学系列	历史	中学高级教师	2003. 11. 28
彭宗毓	男	中学系列	数学	中学高级教师	2003. 11. 28
杨光锟	男	中学系列	语文	中学高级教师	2003. 11. 28
何芝荣	男	中学系列	语文	中学高级教师	2003. 11. 28
陈明先	女	中学系列	语文	中学高级教师	2003. 12. 28
甘　霖	男	中学系列	数学	中学高级教师	2004. 11. 28
胡璇卿	女	中学系列	数学	中学高级教师	2004. 11. 28
田景文	男	中学系列	物理	中学高级教师	2004. 11. 28
谭仕勇	男	中学系列	物理	中学高级教师	2004. 11. 28
陈　潇	女	中学系列	语文	中学高级教师	2004. 11. 28
张士诚	男	中学系列	化学	中学高级教师	2004. 11. 28
杨相奇	男	中学系列	音乐	中学高级教师	2004. 11. 28
邓德华	男	中学系列	音乐	中学高级教师	2004. 11. 28
王信昌	男	中学系列	英语	中学高级教师	2004. 11. 28
杨通银	男	中学系列	生物	中学高级教师	2004. 11. 28
张正荣	男	中学系列	语文	中学高级教师	2004. 11. 28
黄元章	男	中学系列	化学	中学高级教师	2004. 11. 28
杨德江	男	中学系列	语文	中学高级教师	2004. 11. 28
陆光才	男	中学系列	语文	中学高级教师	2005. 12. 30
双星华	男	中学系列	数学	中学高级教师	2005. 12. 30
杨　卫	女	中学系列	英语	中学高级教师	2005. 12. 30
刘常杰	男	中学系列	政治	中学高级教师	2005. 12. 30
杨莉莉	女	中学系列	英语	中学高级教师	2005. 12. 30
徐继良	男	中学系列	历史	中学高级教师	2005. 12. 30
杨明星	男	中学系列	政治	中学高级教师	2005. 12. 30
韦文建	男	中学系列	物理	中学高级教师	2005. 12. 30
石道涛	男	中学系列	生物	中学高级教师	2005. 12. 30

续上表

姓名	性别	专业技术职务系列	专业	资格名称	任职时间
刘建英	女	中学系列	英语	中学高级教师	2005.12.30
杨　智	男	中学系列	数学	中学高级教师	2005.12.30
左治舜	男	中学系列	化学	中学高级教师	2005.12.30
王孟兰	女	中学系列	生物	中学高级教师	2006.12.31
陆廷林	男	中学系列	物理	中学高级教师	2006.12.31
洪瑞平	男	中学系列	英语	中学高级教师	2006.12.31
王　霞	女	中学系列	语文	中学高级教师	2006.12.31
尹　刚	男	中学系列	化学	中学高级教师	2006.12.31
陆廷树	男	中学系列	英语	中学高级教师	2006.12.31
陈勇贵	男	中学系列	政治	中学高级教师	2007.11.25
杨红英	女	中学系列	英语	中学高级教师	2007.11.25
李金喜	男	中学系列	语文	中学高级教师	2007.11.25
易　玲	女	中学系列	物理	中学高级教师	2008.12.30
罗朝斌	男	中学系列	语文	中学高级教师	2008.12.30
杨继坤	男	中学系列	语文	中学高级教师	2008.12.30
谭舒华	男	农业	兽医	高级兽医师	2000.12.30
伍忠平	男	党校（中专）	党建理论	高级讲师	2008.12.31
罗明渊	男	党校（中专）	行政管理	高级讲师	2008.12.31
王仲华	男	农业	农学	高级农艺师	2003.12.30
罗龙学	男	农业	农学	高级农艺师	2005.12.30
石玉林	男	农业	农学	高级农艺师	2008.12.30
李玉顺	男	农业	农学	高级农艺师	2008.12.30
查正永	男	医疗卫生	—	副主任医师	1993.12.30
张晓阳	男	医疗卫生	—	副主任医师	1996.09.22
陈永华	男	医疗卫生	临床医学	外科副主任医师	1996.09.22
黎昌和	男	医疗卫生	眼耳鼻喉	副主任医师	2000.12
莫元慧	女	医疗卫生	临床医学	内科副主任医师	2004.12
谢　勇	男	医疗卫生	临床医学	中西医结合内科副主任医师	2006.12
罗时友	男	医疗卫生	临床医学	外科副主任医师	2006.12
陆　汝	女	医疗卫生	中医	中医科副主任医师	2006.12
孟学文	男	医疗卫生	中医	副主任医师	2008.12

2013 年平塘县百岁老人名录

姓名	性别	出生日期	家庭住址	统计时间
周朝庆	男	1911.08	鼠场乡金塘村麻窝组	2013 年

续上表

姓名	性别	出生日期	家庭住址	统计时间
冉国珍	女	1909.06	通州镇中星村翁坝组	2013年
孟蒙氏	女	1910.10	通州镇落阳村	2013年
杨金氏	女	1905.09	通州镇党振村岩井组	2013年
周黄氏	女	1911.06	通州镇金桥村	2013年
李陈氏	女	1910.01	新塘乡新营村摆花组	2013年
岑登秀	女	1911.03	平湖镇回龙村新寨组	2013年
罗大勤	女	1908.04	四寨镇幸福村旧坡10组	2013年
杨小菊	女	1913.11	塘边镇塘泥村坝坝冗组	2013年
杨胜美	女	1912.07	塘边镇清水村播结二组	2013年
罗香和	男	1912.10	苗二河乡苗二河村各拉组	2013年
杨索氏	女	1913.12	平湖镇回龙村头寨一组	2013年
赵光福	女	1913.06	掌布镇田坝村三组	2013年

平塘县参加抗日战争将士名录

姓名	性别	民族	家庭地址	参军时间	参战时间
石克义	男	毛南族	平塘县金盆街道北街	1941年	1942年参加中国远征军；1944年参加缅甸密支那战役

平塘县参加抗美援朝战争将士名录

姓名	性别	出生年月	家庭住址	参军时间
刘朝光	男	1932.06	金盆街道新寨村马坡脚组	1953.03
易茂廷	男	1928.08	通州镇通星村小井组	1950.12
唐焕忠	男	1933.11	金盆街道金龙社区环城路45号	1953.03
莫洪忠	男	1930.12	金盆街道苗二河村甲乙下寨组	1951.01
韦再高	男	1933.02	平舟镇摆克村五组	1951.01
杨洪武	男	1933.03	平舟镇摆克村三组	1953.07
谭林汉	男	1932.06	平舟镇黄平村四组	1950.01
冯振先	男	1928.08	平舟镇基哈村龙井组	1950.12
陈光化	男	1930.07	平舟镇苗乡村上寨组	1951.01
杨凤明	男	1933.03	金盆街道新舟村拉抹组	1951.06
吴家隆	男	1931.08	金盆街道玉池社区	1951.06
石佐选	男	1930.07	卡蒲毛南族乡亮寨村亮寨组	1953.03
石其玉	男	1936.06	卡蒲毛南族乡甲坝村麻散组	1953.03

续上表

姓名	性别	出生年月	家庭住址	参军时间
王永祥	男	1934.07	甲茶镇金贡村抹孟组	1953.03
赵利仁	男	1932.11	克度镇新合村坝上组	1951.02
杨昌英	男	1934.09	克度镇金山村落翁组	1951.04
陈国松	男	1932.08	通州镇平里河村养克组	1951.05
段治英	男	1932.01	通州镇党振村塘坎组	1950.10
蒋治祥	男	1930.02	掌布镇新坪村白马硐组19号	1953.01
刘治荣	男	1931.10	平塘县农工局	1953.02
刘汝跃	男	1933.08	者密镇六硐村满桶组	1951.01
石文本	男	1932.07	者密镇平河村河头一组	1953.03
周赐洪	男	1927.12	大塘镇公峨村	1950.12
陆明礼	男	1935.03	广西南丹县月里镇化良村打拉屯20号	1951.01
查正永	男	1934.08	平塘县人民医院	1950.12
李明华	男	1932.08	克度镇同兴村董脚组	1953.03
刘汉周	男	1933.12	克度镇新坝村簸箕田四组	1953.01
张通亳	男	1933.04	平舟镇甘寨村大别组	1950.01
宋祖尧	男	1929.03	平舟镇董联村六组	1951.01
王绍乾	男	1929.04	掌布镇掌布村烂玛组	1953.01

贵州省人民政府关于平塘县、独山县、惠水县佯僙人认定为毛南族的批复

黔府通〔1990〕106号

黔南布依族苗族自治州人民政府：

你州黔南政通〔1990〕9号文件及附件悉。根据国家民委〔1986〕民政宗第252号文件精神和省委常委一九八六年四月二十三日办公会议纪要，省人民政府同意：平塘县佯僙人二万九千四百七十五名认定为毛南族；独山县佯僙人四百五十五名认定为毛南族；惠水县佯僙人一千九百七十四名认定为毛南族。

1990年7月27日

平塘县人民政府
关于发布《平塘县科学技术奖励办法》的通知

平府发〔1993〕23号

各乡镇人民政府，县政府各工作部门：

《平塘县科学技术奖励办法》已经县政府一九九三年十月二十八日常务会议讨论通过，现公布施行。

平塘县科学技术奖励办法

第一条　为奖励在推动科学技术进步中做出贡献的集体和个人，充分调动广大科技人员的积极性和创造性，促进科技与经济的结合，加快富民兴县的步伐，根据黔南政〔1993〕14号文《黔南布依族苗族自治州科学技术进步奖励办法》的规定，结合我县实际，制定本办法。

第二条　本办法的奖励范围只限于自然科学领域。包括自然科学理论研究成果；应用于社会主义现代化建设新的科学技术成果；推广、应用已有的先进科学技术成果；软科学研究、科技情报、标准计量以及科学技术基础等工作的成果。

第三条　县内各单位或个人取得的科学技术成果，国家、省、州在我县的单位或个人取得并在我县实际应用的科学技术成果；我县委托县外部门、单位完成的项目及与我县合作项目所取得的科学技术成果，凡具备下述条件之一者，均可申请平塘县科学技术进步奖。

1. 自然科学理论成果，在自然科学理论研究中有所发现，或对科学基础研究的阐述有所创新，在省级以上学术刊物上发表论文，取得同行公认或被社会公用，有科学价值和适用前景者。

2. 在推广、应用已有的科技成果中，经县内实施，取得较明显经济效益或社会效益者。

3. 应用于社会主义现代化建设的新的科学技术成果（包括新产品、新技术、新工艺、新设备和生物新品种），县内首创，州内先进，并经过实践证明具有明显的经济效益或社会效益者。

4. 在工程建设、设备研制、资源开发、传统工艺复兴和技术改造移植工作中，有所创新，具有特色或突破，并取得较大经济效益或社会效益者。

5. 在科学技术管理、科技情报、标准计量及科学技术基础工作（包括科学实验、调查研究、资源考察等）中，为县级以上部门或地区决策科学化和管理现代化提出具有科学性、先进性和适用性的重要依据，并经采用取得明显的经济效益或社会效益者。

6. 在人才教育、技术培训、城建环保、医药卫生等工作中，实行重大改革或采取新的技术措施，使教育质量、劳动者素质、人民身体健康、生活条件有明显的改善与提高。进入全州先进行列，有较大经济效益或社会效益者。

7. 在科教扶贫、山区开发、科技治厂工作中，采用先进实用技术和管理经验，使一个地区或企业经济振兴，取得明显的经济效益和社会效益者。

第四条　平塘县科学技术进步奖分为四等：

一等奖：授予平塘县科学技术进步奖奖状和荣誉证书，发给奖金一千元。

二等奖：授予平塘县科学技术进步奖奖状和荣誉证书，发给奖金五百元。

三等奖：授予平塘县科学技术进步奖奖状和荣誉证书，发给奖金三百元。

四等奖：授予平塘县科学技术进步奖奖状和荣誉证书，发给奖金一百元。

第五条 平塘县科学技术进步奖的申报。

审批程序：

1. 请奖项目按行政隶属关系或任务来源、行业归口逐级审查申报，县属部门、乡（镇）项目完成单位按业务归口关系，先报县级主管部门审查，连同有关材料报送县科委。国家、省、州在我县的单位或个人的项目由我县对口部门审查申报；几个单位共同完成的项目由主持单位组织联合申报；纯属个人完成的项目由完成者所在单位出具证明按上述程序逐级申报。

2. 县科委对已办理成果登记手续的请奖项目逐个进行形式审查，符合条件的发送成果登记公报。自公布之日起一个月内如无异议或虽有异议经裁决同意请奖的项目，由平塘县科技成果评审委员会进行评审，评出授奖项目和奖励等级。

3. 经县科技成果评审委员会评出的授奖项目，由县科委审核并予以公布。自公布之日起一个月内如无异议即授请县人民政府批准授奖。对有异议的授奖项目，应由该项目申请单位的主管部门提出处理意见报县科委裁决。

4. 请奖项目中，符合州授奖条件的，由县科委按州的有关规定报州评审。

第六条 平塘县科学技术进步奖的奖励工作每年进行一次。奖励经费由县财政列入当年预算拨付专款。

第七条 平塘县科学技术进步奖的奖金应按项目参加者的贡献大小合理分配，不得搞平均主义。获奖者的事迹记入本人档案，作为考核、晋升和确定专业技术职务等的重要依据之一。

第八条 各单位、各部门在申报和评定科学技术进步奖项目时，应采取实事求是、严肃认真的态度，对徇私舞弊、弄虚作假或剽窃他人成果者应撤销其奖励，追回奖状、荣誉证书和奖金，并根据情节轻重严肃处理。

第九条 本办法由县科委负责解释，并制定实施细则。

第十条 本办法自公布之日起施行。平塘县人民政府一九八八年十二月二十六日发布的《平塘县科学技术进步奖励条例》同时废止。

1993 年 10 月 29 日

中共平塘县委 平塘县人民政府
关于对全县农村独生子女户、二女结扎户实行养老保障办法的决定

平发〔2003〕18 号

为整体推进人口与计划生育工作，去年，我县通过商业保险的形式对全县农村独生子女户、二女结扎户实行了养老保险。经过一年多的实践摸索以及借鉴外地的工作经验，县委、县政府决心在探索计划生育养老保障体制上再迈出新的一步，决定对全县农村独生子女户、二女结扎户实行养老保障办法，以从根本上解决农村计生“两户”老有所养的问题。为确保此项工作的顺利开展，特作出如下决定。

一、指导思想

高举邓小平理论伟大旗帜，以“三个代表”重要思想为指导，全面贯彻落实《人口与计划生育法》和《贵州省人口与计划生育条例》，积极探索和建立健全计划生育养老保障体系，彻底解决我县农村独生子女户、二女结扎户老有所养的问题，进一步推进我县人口与社会、经济的协调发展。

二、目标任务

从2003年8月1日起，对全县农村1973年实行计划生育政策以来出现的独生子女户、二女结扎户实行养老保障，农村计生“两户”夫妇双方只要年满60周岁，均可享受每人每月50元的养老金。通过实施农村独生子女户、二女结扎户养老保障，逐步建立健全利益导向机制，积极引导计划生育工作向综合治理、优质服务转变，全面推动我县人口与计划生育工作不断向更高层次迈进。同时，着眼长远，兼顾当前，从农村计生家庭起步，为积极探索建立健全农村社会养老保障和最低生活保障体系积累经验，加快全面建设小康社会步伐。

三、工作措施

（一）农村计生“两户”养老保障对象的界定。参加农村计生“两户”养老保障的对象必须是1973年实行计划生育政策以来，符合国家计生政策规定的农村独生子女户和二女结扎户，且由乡镇调查、统计、核实，并张榜公示，接受群众监督确认无误后，方可登记建档。

（二）养老保障金的筹措。一是财政预算投入，即从2002年起按财政收入的1%列入财政预算；二是每年从中央财政计生转移支付总额中提取20%的比例资金投入；三是每年从全县征收的社会抚养费中提取20%的比例资金投入；四是将每年的干部职工计生统筹费全部投入；五是鼓励全县机关、企事业单位以及广大干部、职工、群众捐资投入。

（三）养老保障金的管理。由县计生部门在县财政设立“农村独生子女户、二女结扎户养老保障金”专户，每年将筹措到的各渠道投入经费存入该账户，滚动发展，专款专用。

（四）养老保障金的发放。列入农村“两户”养老保障的对象，凡年满60周岁均可享受每人每月50元的养老金。由乡镇计生办到县计生部门办理有关养老保障金领取手续，并负责按月发放。

四、组织领导

（一）各乡镇及有关部门要加强对农村计生“两户”养老保障工作的领导，加大宣传力度，让此项政策深入人心、家喻户晓，同时认真总结经验，不断完善养老保障办法，促进人口计生工作的有效开展。要认真做好农村计生“两户”养老保障对象的调查、统计、核实以及养老保障金的审核、发放工作，确保准确无误。

（二）计生部门要认真制定农村计生“两户”养老保障实施方案及配套政策措施，做好养老保障金的筹措和管理工作，确保这一民心工程健康顺利发展。

（三）财政部门要保证农村计生“两户”养老保障筹措经费的及时投入和拨付，财政、审计、监察等部门要加强对保障金筹措、发放等情况的监督管理，确保保障经费的正常运行和发挥效益。

（四）有关部门要提高认识，积极主动地支持农村计生“两户”养老保障工作，特别是在养老保障金的筹集上，要给予大力支持。

2003年8月1日

中共平塘县委　平塘县人民政府
关于进一步加快我县国有企业改制工作的实施意见

平发〔2004〕19号

为认真贯彻落实党的十六届三中全会精神和《贵州省人民政府关于加快我省国有中小企业改革的意见》（黔府发〔2004〕16号）、《中共黔南州委、黔南州人民政府关于进一步规范全州国有企业改制工作的意见》（州发〔2004〕12号）等文件精神，确保两年内完成我县国有企业改制工作任务，现就我县国有企业改制工作提出如下意见。

一、指导思想、工作目标

以实现政府转让产权、职工转变身份、企业转换机制和制度创新为基本目标，通过国有企业改制和国有职工身份转变，确保国有资本从一般性竞争领域退出，建立"产权清晰、权责明确、政企分开、管理科学"的现代企业制度和"归属清晰、权责明确、保护严格、流转顺畅"的现代产权制度，使企业真正成为自主经营、自负盈亏、自我约束、自我发展的法人实体和市场竞争主体。确保2005年基本完成我县的国有企业改制工作。

二、工作原则

坚持公开、公平、公正原则，防止国有资产流失，防止逃废银行债务，妥善安置职工，保护职工合法权益，维护企业和社会稳定，加快优势企业发展进程。

（一）整体推进的原则。全县国有企业改制要在县委、县政府的统一领导下，统一思想，统一部署，统一政策标准，积极而稳妥地进行。积极探索国有资本新的有效的实现形式和有退有进的转换方式，力争用两年左右的时间基本完成全县国有企业改制任务。

（二）推进与规范企业改制同步进行的原则。在抓好未改制企业改制的同时，也要抓好已改制企业的规范和完善。

（三）与发展非公有制经济紧密结合的原则。鼓励和大力吸引民营企业、私营业主和外地商家，采取购买、兼并、控股等形式参与我县国有企业改制，把国有企业改制与资本营运、资本置换和招商引资工作有机结合起来，为民营企业提供发展空间，促进民营经济快速发展。

（四）改革、发展、稳定相统一的原则。通过企业改制重组，盘活国有资产存量，妥善安置职工，促进经济快速发展，维护社会稳定。

（五）公开、公平、公正的原则。在国有企业改制中，要严格按照国务院《关于规范国有企业改制工作的意见》和《企业国有产权转让管理暂行办法》的有关规定进行，严禁暗箱操作，每个阶段工作必须进行张榜公布，防止国有资产流失和银行债务悬空。

（六）依法维护职工合法权益的原则。实施企业改制要全心全意依靠企业职工，认真地听取职工意见，切实做好职工安置工作，充分调动职工参与改制的积极性、主动性和创造性。

三、改制方式及途径

按照黔南州人民政府《全州国企改革领导小组会议纪要》（黔南府议〔2004〕10号）所确定的8种方式实施：股份制改造；整体转让；剥离、变现改制；分拆转让；股份合作；依法破产、政策性破产；先租后改；内部实行改革。

我县国有企业改制主要按前6种方式进行。企业要根据实际情况确定企业改制方式及途径，因地制宜搞好改制工作。

四、改制标准

（一）依法进行清产核资、财务审计、资产评估，通过资本置换，国有资本有退有进并实现保值增值。

（二）职工的国有身份全部转变，职工与原企业依法解除劳动关系，得到妥善安置。

（三）银行等企业债务得到妥善处理，改制企业轻装上阵。

（四）改制后的企业与原企业主管部门不再有行政隶属关系；党、团、工会等关系，按属地原则完成转移衔接。

（五）企业依法办理各项改制变更手续，其中破产企业实现重组销号。

（六）改制企业完成资产重组并启动生产经营，重组后的企业产权明晰，法人治理结构完善，有适应市场需要的经营机制、发展战略和发展目标。

五、改制的程序

（一）宣传发动

1. 成立企业主管部门改制领导小组，主管部门第一责任人任组长，对本系统国有企业改制工作负总责，明确专人具体抓，负责本系统企业的改制工作，研究指导本系统的企业改制方案并组织实施。

2. 成立以企业领导班子为主，企业工会和有关人员参加的企业改制工作小组和工作机构，负责组织企业职工认真学习国家、省、州、县有关国有企业改制的方针和政策，宣传国企改制的目的和要求，发动国企职工参与所在企业的改制工作。在充分宣传发动的基础上，向主管部门和县国企改革领导小组提出改制申请。

（二）改制前期准备工作

1. 由企业改制工作小组对本企业所有参加改制的职工档案、离退休人员进行清理核实，并张榜公布。

人员清理：包括在职人员、留职停薪人员、挂名挂靠人员、长期病休人员、请（放）长假人员、内部退养人员、退休人员、抚恤对象。列入改制的人员必须是经人事劳动部门认可的人员。

清理的主要内容：姓名、性别、出生年月、参加工作时间、职工连续工龄、特殊工种人员、在职职工档案工资、离退休人员统筹项目外退休费、高龄补贴，抚恤对象的年龄及相关情况（要有人事劳动部门的证明）。

2. 资产和财务由企业进行内部清理，其中：土地、房屋、设备等资产要有面积、房屋结构、用途、使用年限、产权证书等，流动资产要进行造册登记。

3. 对改制成本进行测算。

（1）所欠职工的工资。正常生产经营期间拖欠的职工工资，按企业当时实际发放工资计算；半停产期间拖欠的职工工资，按当期全县企业职工最低工资标准计算；停产期间，职工生活费按同期低保标准执行（生产性质的确定必须经主管部门认可）。

（2）改制前经社保部门核实的历年欠缴的养老、失业保险费。

（3）计算全体人员一次性安置所需的资金。一次性安置费计算标准为根据职工本人实际工作年限，按照每满一年工龄发给上年度当地 2 个月社会平均工资，不足一年的计算到月。

（4）已故职工抚恤对象的抚恤费，离退休人员预留的统筹项目外各项费用。

（5）相关的税费。

（6）所欠债务。

（7）其他费用。

（三）审计与资产评估

由县政府授权县国有资本营运公司作为国有企业的出资人，负责监督企业进行清产核资，委托具备资格的中介机构对企业原法定代表人进行任期经济责任审计、企业资产负债所有者权益审计和资产评估，并将结果向职工公布。

（四）制定和审批方案

1. 企业在主管部门的指导下因地制宜确定改制方式，制定《企业改制方案》及《职工安置方案》。

2. 企业主管部门将《企业改制方案》及《职工安置方案》报县国有企业改革领导小组初步审核后，再提交职工大会审议。

3.《企业改制方案》及《职工安置方案》报企业主管部门审查同意。

4. 由企业主管部门将《企业改制方案》及《职工安置方案》报县国有企业改革领导小组审查后提请政府审批，重大问题报县委或州人民政府批准。

5. 企业方案上报必须包含下列材料：

（1）中介机构出具的审计报告及资产评估报告。

（2）职工大会对《企业改制方案》及《职工安置方案》的审查意见。

（3）企业主管部门对《企业改制方案》及《职工安置方案》的审查意见。

（4）经人事劳动和社会保障部门核实的职工花名册（含离退休人员、遗属等）。

（5）其他需要补充的材料。

6. 企业上报的《企业改制方案》应包含以下内容：

（1）企业概况

企业概况主要包括企业名称、所在行业、主要产品隶属关系、在职职工人数、下岗职工和离岗退养职工人数、离退休职工人数、企业占地面积、企业资产（包括资本）构成等内容。

（2）企业近三年经营状况

企业经营状况主要用近三年以来企业所完成的各项技术经济指标来描述，对当前生产经营面临的困难作出说明。

（3）企业改制的指导思想和基本原则

（4）企业资产的现状及拟处理意见

①改制前账面的资产、负债、所有者权益；

②评估后的资产、负债、所有者权益；

③企业的不良资产核销、剥离情况；

④土地资产的处置；

⑤经核销、剥离后的国有净资产的拟处置意见。

（5）企业改制的形式和内容

①企业改制选择的形式；

②改制后企业的名称；

③注册资本和资本结构；

④出资人（发起人）和出资方式；

⑤法人治理结构；

⑥经营者、职工入股形式和数额。

（6）改制后企业经营范围（含经营方式）

（7）其他内容

7. 企业上报的《职工安置方案》应包含以下内容：

（1）理顺劳动关系并清理核实后，经人事劳动和社会保障部门和职工签字认可的职工身份和档案。

（2）确定职工安置、处理的具体形式和办法。

（3）根据清理核实后的职工身份、档案计算职工的安置费或经济补偿金。

（4）兑现职工安置费或经济补偿金的办法。办理职工与原国有企业终止劳动合同的方式和程序。

（5）与新企业接续职工养老保险关系的方式。

（五）组织实施

1. 企业主管部门和企业按照县政府批复的《企业改制方案》和《职工安置方案》具体组织实施。

2. 依照改制方案办理资产移交、处置、变更、职工安置、职工身份转变、职工社会保险接续、工商和税务变更登记等相关手续。

3. 对于解除劳动合同的职工，享受国家关于下岗职工再就业的优惠政策。

4. 改制工作启动后，改制企业不得擅自处置或购置固定资产，不得突击发放钱物。生产经营企业管理费用性支出和无生产经营活动企业的支出1000元以上的，经主管部门审核后报县国有企业改革领导小组办公室审批，1000元以上的支出报县国有企业改革领导小组审批。

六、改制中若干问题的处置

（一）职工安置及合法权益保障

1. 企业改制前，必须理顺劳动关系，对各类人员进行清理。对停薪留职人员、挂名挂靠人员、长期病休人员、请（放）长假人员，应遵循对职工负责的原则，在改制时以书面的形式直接送达职工本人；本人不在的交其同住成年亲属签收，直接送达有困难的可以邮寄送达，以挂号查询回执上注明收件日期为送达日期。只有在送达职工下落不明或者用上述方式无法送达的情况下，方可在报刊上通知其30日内返回企业参加改制。对限期内不返回的，按照有关法律规定处理。对已在其他单位就业或自谋职业的，要查明离开原企业的原因，分别予以处理。对属职工个人原因的，要依法及时解除其与原企业的劳动关系，按自动离职处理。工作要按政策、程序做细，并记录存档。

2. 企业改制前，必须清收所有职工借款及所短缺的款、物，否则该类人员不得参加企业改制，同时报人事劳动部门解除劳动合同关系，在规定时限内仍不交清的，依法交由司法机关处理。

3. 企业改制时，要制定《企业改制方案》和《职工安置方案》一并交职工大会审议，邀请县总工会派员到会监督指导，其中《职王安置方案》必须经职工大会审议通过形成决议并签字认可。

4. 企业改制时，须对职工劳动债权进行清偿。职工劳动债权的清偿，按照前文关于所欠职工工资的核算办法进行核算。

5. 企业改制为有限责任公司或股份有限公司的，在改制时要对职工进行一次性安置。一次性安置费提取标准为：根据职工本人实际工作年限，按照每满一年工龄发给上年度当地2个月社会平均工资，不再享受失业保险待遇。职工应得的安置费由企业与职工协商，可直接支付现金，也可作为股权参与重组或作为债权留在改制后企业。

6. 企业改制时，对工龄满三十年以上、距法定退休年龄五年以内的在职职工，实行企业内部退养，并与新企业签订内部退养协议，退养基本生活费等费用从改制时计提的安置费中支出。退养期间，对距法定退休年龄五年以内的在职职工，由新企业按照本人档案工资的80%发给基本生活费；对工龄满三十年以上、距法定退休年龄五年以上的在职职工，由新企业按照本人档案工资的70%发给基本生活费。内部退养职工基本生活费低于每月300元按300元发给，并为其缴纳按政策规定应由参保企业缴纳的各项社保费用；达到法定退休年龄正式退休后，按政策规定应由新企业缴纳的各项费用由新企业承担，其转换国有企业职工身份的一次性安置费归新企业所有。如果新企业愿意，也可将退养职工的各项费用一次性提取后交劳动和社会保障部门代为管理发放。

7. 企业改制时年龄未满48周岁的女干部，改制后属内部退养人员，或改制后不属女干部，在年龄未满50周岁前重新实现再就业的，均可在年满50周岁时办理退休手续。其余的一律到55周岁方可办理退休手续。女干部是指在企业从事管理岗位的人员，包括厂长（经理）、副厂长（副经理）、专职工会主席、会计人员（含出纳）等。

8. 内部退养人员和退休人员医疗费问题。参照州和其他县（市）已开展的企业医疗保险方案，改制时把单位交纳部分发给内部退养人员和退休人员，改制以后发生的医疗费自行承担，并在协议上予以注明清楚，待我县开展企业医疗保险统筹后再纳入企业医疗保险统筹范围。

9. 企业破产时，对职工要进行分类安置，其中：固定工安置费按国务院“国发〔1994〕59号文件”执行；合同制工人经济补偿金按原劳动部“劳部发〔1994〕481号文件”执行。

10. 改制后职工要与原企业办理解除或终止劳动合同或劳动关系的手续，被新企业录用的，企业应与职工重新签订劳动合同，并为职工接续社会保险关系。

11. 解除或终止劳动合同或劳动关系的职工，要求退还原住房公积金的，凭解除或终止劳动合同或劳动关系协议全额退还职工本人。职工的住房存量补贴在核算土地收益后，节余部分从企业改制净资产中列支。

12. 改制后企业中的中国共产党党员按照《中国共产党章程》建立基层党组织；改制后企业依据《工会法》组建基层工会组织，并依法开展工会活动。

（二）资产及债务处理

1. 企业改制时，必须对各类资产、债权债务进行全面认真的清查，做到账、卡、物、现金等齐全、准确一致。企业改制中涉及资产损失认定与处理的，必须按有关规定履行批准程序。改制企业法定代表人和财务负责人对清产核资结果的真实性、准确性负责。

2. 企业改制时，必须进行清产核资、审计和资产评估。审计和资产评估工作由县国有资本营运公司统一委托具备资质的中介机构按照国家有关规定进行。任何人不得授意、指使、强令改制企业会计机构、会计人员提供虚假资料文件或违法办理会计事项。

3. 中介机构在进行资产评估时，要严格履行有关法律法规规定的程序。企业的专利权、非专利技术、商标权、商誉等无形资产必须纳入评估范围。评估结果依照有关规定由县政府核准。

4. 对未处理的亏损、潜亏挂账、资产损失等，报县财政局核准，可按盈余公积金、资本公积金和资本金的顺序冲减；对处理后的不良债权，统一剥离给县国有资本运营公司集中监管，并制定清收办法，企业有责任帮助清收。对企业主动清回的债权，可按一定比例给予奖励。

5. 企业欠缴或预提的社会保险费用，应在改制企业净资产中一次性优先扣除。改制前企业所欠职工工资、医药费、福利费等应优先在净资产中扣除，按规定偿付给职工。在职工自愿的前提下，可以转为改制后重组企业的股权。

6. 破产企业离退休人员或拟由改制后企业负责管理的离退休人员所发生的必须由企业负担的非统筹费用，以及工伤、重病、绝症、职工遗属等特殊人员的费用及离退休人员的医疗费用要按规定预留，并一次性从改制净资产中扣除。

7. 无净资产的改制企业所欠的本级财政性资金，经县人民政府批准予以豁免。

8. 企业改制时，应落实银行等债务偿还责任。金融机构应充分利用改制的有关政策，积极主动帮助企业增资减债。对无法减掉的原企业的银行债务可转移给资产受让方，由受让方与金融机构依法重新办理贷款手续，并履行偿还义务。凡企业改制后能够落实原有金融债务，重新办理借款合同的，金融机构继续保持原有信贷规模。

9. 改制企业实施控股经营的，征得金融机构同意，经营者可以承担企业的银行债务，以债权转股权方式向企业投资，银行贷款可由经营者所持股权或资产进行抵押。改制企业历史形成的对外担保，经与债权金融机构协商，可由被担保企业的有效资产向金融机构抵押，置换担保企业的担保。不能置换的，在企业改制时，预留出与担保额相当的净资产，作为担保风险金，由财政部门实行专项监督管理。在担保期内由企业使用，担保企业发生连带责任时，用于实际担保损失的核销。超出预留净资产部分的损失由企业承担。对未发生连带偿债责任和偿债后剩余的资产，以及偿债后从被担保企业依法索回的资产，出售给企业或由国家收回。

（三）资产出售

1. 企业国有产权转让必须公开信息，竞价转让。具体转让方式可以采取拍卖、招投标、协议转让以及国家法律规定的其他方式进行，由县国有资本营运公司按照国家相关法律法规进行。

2. 职工经竞价购买企业全部净资产，一次性付清价款的，可视企业实际情况，经批准原则上按出售价优惠 10%~25% 。

3. 鼓励和支持县外企业、资金和我县民营企业采取多种形式、多种途径参与国企改制。对整体收购、控股改制企业，凡一次性付清全部价款的，优惠 30%（优惠部分不包括应支付给职工的补偿、安置费用，下同）；三年内付清价款且首付款超过 40%的，优惠 10%；购买方在收购国有产权（股权）后，凡吸纳原全业在册职工 80%以上并签订三年以上劳动合同的按购买价格优惠 10%。购买方在付清价款前，无权自行处置资产，确需处置的，必须经出售方同意。

4. 鼓励企业经营者、管理与技术骨干购买企业国有产权（股权）。在妥善安置职工的基础上，对剔除政策性因素后，近三年净资产有增长的企业，可对直接参与企业改制的经营者、管理与技术骨干实行购买国有净资产折让优惠。折让优惠的幅度不超过评估后的企业国有净资产的 30%。改制后企业经营者及技术、业务骨干的持股总量，占企业总股本的比例一般应不低于 10% ，其中净资产 200 万元以内的不低于 30%；净资产 200 万元以上 500 万元以内的不低于 25%，500 万元以上 2000 万元以内的不低于 20%，2000 万元以上的不低于 10%。

5. 破产企业原使用划拨的国有土地，由政府依法收归县国有资本营运公司，委托国土资源行政管理部门组织公开拍卖，变现资金优先用于职工安置。

6. 对特困企业改制后不再重组使用原划拨的国有土地，政府可采取对企业用地进行定额补偿性收购的办法买回土地使用权，安置职工，纳入土地储备。

（四）改制成本筹集

1. 在企业改制时，由县国有资本营运公司对国有企业土地和资产、股权转让收入进行经营管理，对改制企业暂不能变现的资产进行托底收购和处置，通过盘活存量补充职工安置经费和支付其他改制成本。

2. 设立县国有企业改制基金。通过国有资产变现、国有股权出让、国有土地使用权出让、国有资产经营收益、职工房改变现收益等多种渠道，筹集国有企业改制成本，专项用于改制企业的职工安置、经济补偿等改制费用的支出。改制成本不足部分可以用土地出让金补足，仍有缺口的可在县内调剂使用，县财政应视改制成本缺口情况予以适当补充。

3. 将国有资产变现收益、国有股转让收益、土地出让金支付改制成本剩余部分全部转入县国有资本营运公司，用于县其他企业改制成本的支付。国有企业改制基金由县国有资本营运公司统一集中管理使用，具体使用对象和额度，由县国有资本营运公司提出意见后，采取联合审批会议的方式确定。

（五）鼓励政策

1. 依据《国家税务总局关于转让企业产权不征营业税问题的批复》（国税函〔2002〕165号）文件精神，企业改制过程中的产权转让属于整体转让企业资产、债权、债务行为，不属于营业税征收范围，不征营业税。

2. 依据《财政部、国家税务总局关于企业改制重组若干契税政策的通知》（财税〔2003〕184号）文件精神，实施公司制改造、股权重组、合并（兼并）、分立、出售、关闭、破产的企业免征契税。

3. 对引入外来资本参与改革重组、引入资本额度占总股本30%以上的企业，给予重组后缴纳所得税增量的地方留成部分连续2年返还政策。

4. 对符合领取再就业优惠证的下岗职工，由劳动和保障部门免费核发再就业优惠证。从事社区便民服务业的，除向社区服务管理部门缴纳一定管理费外，免收其他行政性收费。

（六）干部人事管理

1. 按照干部管理权限，企业国有资产由哪一级政府管理或授权经营，企业领导人员原则上就由哪一级党委管理和安置，或由政府委托经营的企业负责管理和安置。对由党委任命和管理的企业领导人员，符合"省办发〔2000〕51号文件"时限规定的，安置中经本人申请且组织同意可以将本人的工资和人事组织关系转到县国有资本营运公司，由县国有资本营运公司负责发放其原企业所发放的工资待遇，保留其党委原确定的行政级别，达到法定退休年龄时办理退休手续；其他的企业领导成员，原则上和企业职工一样参与企业改制，按照国家国有企业改制的有关法规和政策进行妥善安置。

2. 对因工作需要由党委安排到企业担任领导职务的行政机关和事业单位的工作人员，按照政企分开的原则，免除其所在单位的职务，保留其职级待遇，在企业任职期满后经本人申请，组织部门考察同意可以回原单位工作。对在企业内部提拔的或企业之间调动的企业领导班子成员，一律参与企业改制。

3. 在国有企业改制过程中，企业领导班子要深入细致地做好职工的思想政治工作，积极化解各种矛盾，全心全意依靠工人阶级，充分发挥企业党组织的政治核心作用，努力做到企业党、工、团组织不散，确保企业改制的顺利进行。

（七）对于原已改制的企业，维持原方案不变。

七、加强领导，严格监督

1. 充实加强县国有企业改革领导小组，在县委、县政府的领导下负责组织、协调、决定全县国有企业改制中的重大问题。领导小组下设办公室，办公室设在县经贸局。办公室工作人员从经贸局、人劳社保局、商业总公司、国有资本营运公司、粮食局及银监办抽调，集中办公，办公经费由县财政适当安排。县国有企业改革领导小组办公室的主要职责：负责统一协调、指导、监督、检查全县国有企业改制的推进工作；对阶段工作任务和具体工作措施向领导小组提出建议；及时向县委、县政府反馈、通报全县企业改制的进展情况。凡是涉及企业改制需提交县领导小组以及县委、县政府讨论决定的方案、政策、意见，统一由县国有企业改革领导小组办公室审查、协调后报有关会议研究决定。

2. 落实任务，明确责任。实行分级负责制，进一步规范全县国有企业改制工作。县国有企业改革工作领导小组对全县国有企业改制工作负领导责任；县国有企业主管部门领导班子对所属企业改制承担具体责任；企业法定代表人是企业改制的直接责任人；企业和职工是企业改制的主体，职工要积极参与和支持改制；与企业改制相关的部门，要有大局意识，创新思路，各司其职，各负其责，形成工作合力，全力支持国有企业改制工作。

3. 加大对国有企业改制工作的监督检查力度。各级监察机关、国有资产监督管理机构要严肃查处国有企业改制中的违纪违法案件。对国有资产监督管理机构工作人员、企业领导人员利用改制之机转移、侵占、侵吞国有资产的，隐匿资产、提供虚假会计资料造成国有资产流失的，营私舞弊、与买方串通低价转让国有产权的，严重失职、违规操作、损害国家和群众利益的，要进行认真调查处理。其中涉嫌违法犯罪的，依法移交司法机关处理；造成国有资产损失的，要追究有关责任人的赔偿责任。对中介机构弄虚作假、提供虚假审计报告、故意压低评估价格等违规违法行为，要加大惩处力度。

4. 相关部门职责

（1）财政部门作为国有资产的监督管理部门，要把好改制企业的资产清理和评估关，确保国有资产不流失。完成改制的企业，剩余的国有资产移交县国有资本营运公司，并办理资产转移的有关手续。

（2）人事劳动和社会保障部门要把好职工安置和社会保障关，协助企业用好、用足国家、省、州出台的有关改制企业职工安置政策，理顺劳动关系，指导企业测算各类职工安置费用，审查职工安置方案。

（3）国土资源、工商、建设等部门要积极配合企业办理有关土地使用权和房产变更、企业登记注册、资产评估等有关工作，在收取有关费用上按国家、省、州有关政策的最低标准收取，或依照有关规定予以减免。

（4）经贸部门负责国企改革领导小组办公室的日常工作，对需经领导小组审批的方案进行把关，提出意见并及时送请领导小组研究。

（5）企业主管部门负责所属国有企业的改制工作；指导帮助系统内国有企业的改制运作。

（6）工会部门负责做好国有企业职工的宣传发动和思想政治工作，监督企业切实维护好职工利益并接待职工来访。

（7）国有资本营运公司作为县政府授权的国有企业出资人，职责是充分利用资本营运手段，支持国有企业改制；参与国有企业产权制度改制的策划和把关，代表政府接收国有企业产权转让收入和安置职工后的剩余资产、资金；负责管理并按规章使用国有企业改制和发展基金，确保国有资产不流失，并促进国有企业的改制和发展。

八、时间安排

（一）宣传发动

2004 年 9 月 10 日前各改制国企主管部门上报部门改制领导小组和企业改制工作小组名单，并召开职工大会开展宣传、动员工作。

（二）改制前期准备工作

9 月 30 日前完成对职工、离退休人员档案的清理工作并上报；10 月 25 日前完成资产清理上报；10 月 30 日前完成改制成本的测算。

（三）审计与资产评估

11 月 1～15 日由县国有资本营运公司委托具备资质的中介机构对改制企业进行审计和资产评估。

（四）制定方案

11 月 16～30 日企业拟定《改制实施方案》和《职工安置方案》，报县国有企业改革领导小组初审后提交职工大会通过。

（五）方案上报审批

12 月 1～15 日企业将职工大会审议通过的《改制实施方案》和《职工安置方案》及相关资料上报县国有企业改革领导小组，经审核后报县政府审批。

（六）组织实施

企业按政府批复的《改制实施方案》和《职工安置方案》进行操作。涉及企业产权转让的，由国有资本营运公司采取公开拍卖、招投标、协议转让以及国家法律规定的其他方式具体操作，国土、建设等部门根据相关的文件进行指导。

九、其他事项

1. 本意见自行文之日起实施。

2. 县人民政府《关于进一步深化我县国有商业企业改革改制意见的通知》（平府发〔2004〕19号）文件同时废止。

2004 年 10 月 21 日

平塘县高考奖励暂行办法

为实施科教兴县，人才强县战略，在全县上下营造尊师重教、勤奋好学、积极进取、力争上游的良好氛围，培养出更多的平塘籍精英人才，经县委、县政府研究，决定对在高考中取得优异成绩的学生、学校给予奖励。具体办法如下：

第一条 指导思想

以“三个代表”重要思想和党的十六大，十六届三中、四中全会精神为指导，鼓励广大学生努力学习，积极拼搏，奋发向上，为中华民族的伟大复兴和平塘的繁荣而读书，鼓励学校及广大教师本着以质量求发展的原则，认真履行工作职责，狠抓教育教学质量，使更多的优秀学生在每年的高考竞争中脱颖而出，努力推动平塘教育事业的快速发展，为科技兴县、人才强县战略的实施提供有力保障。

第二条 奖励对象及奖励标准

1. 参加全国普通高考，录取北京大学、清华大学本科层次的平塘户籍学生，每人一次性奖励人民币 5 万元。

2. 参加全国普通高考，录取当年人民网发布的国内“211”工程学校排名第 3~8 位的高等院校本科层次的平塘户籍学生，每人一次性奖励 3 万元。

3. 就读于县内高中，参加全国普通高考，录取当年人民网发布的国内排名第 9 位（含第 9 位）以后的“211”工程高等院校本科层次的平塘户籍学生，每人一次性奖励 5000 元。

4. 对县内高中按该校高考学生获奖总金额 50%的比例进行奖励。

第三条 奖励资金来源

奖金由县财政据实核拨。

第四条 奖励程序

1. 凡符合奖励范围的学生，在接到学校录取通知书后 5 日内，持本人身份证、准考证、录取通知书到教育局登记备案。

2. 由县教育局负责对登记备案的学生情况进行初步核实，并提出拟奖励学生名单，在社会上进行公示，接受群众监督。

3. 公示结束后，由教育部门负责拟定奖励方案报县委、县政府审定。

4. 招录工作结束后，县委、县政府组织召开表彰大会对获奖学生和学校进行统一颁奖。

第五条 附则

1. 本暂行办法由县委、县政府负责解释。

2. 本暂行办法自发布之日起施行。

中共平塘县委办公室
2005 年 7 月 11 日

平塘县人民政府办公室
关于印发平塘县县城房屋拆迁安置补偿方案（试行）的通知

平府办发〔2010〕71 号

各乡镇人民政府、县政府各工作部门：

《平塘县县城房屋拆迁安置补偿方案（试行）》已经县人民政府研究同意，现印发你们，请严格遵照执行。

2010 年 6 月 17 日

平塘县县城房屋拆迁安置补偿方案（试行）

为加快推进城镇化建设步伐，提升县城城市品位，按照县城总体规划及《平塘县城区控制性详细规划》，根据《中华人民共和国城乡规划法》《中华人民共和国土地管理法》《城市房屋拆迁管理条例》（中华人民共和国国务院令第 305 号）和《贵州省城市房屋拆迁管理办法》（贵州省人民政府令第 63 号）等相关规定，结合我县实际制定本方案。

一、拆迁范围

平塘县新老城区改造和基础设施建设中涉及的各类建筑物。

二、拆迁补偿原则

（一）坚持科学规划，统筹兼顾的原则；

（二）坚持以人为本，让利于民的原则；

（三）坚持依法合理的原则；

（四）坚持公开、公平、公正的原则；

（五）坚持实事求是，衔接相关法律政策的原则。

三、拆迁房屋建筑面积计算适用标准

以中华人民共和国《房产测量规范》（GB/T17986・1-2000）和建设部《关于房屋建筑面积计算与房屋权属登记有关问题的通知》（建住房〔2002〕74 号）文件的规定为准。

四、拆迁房屋面积的核定

（一）住宅房屋面积核定

按房屋所有权证标明的面积计算。拆迁经济适用房或房改房的建筑面积以房产部门颁发的房屋所有权证上登记的面积为准，如登记的面积与实际居住面积不符，可申请建设（房管）部门进行重新测绘。有合法手续，尚未进行房屋所有权登记的房屋面积，以实际测绘面积为核定的房屋面积。

（二）沿街底层门面的认定与面积核定

沿街房屋土地使用必须持有国有土地使用证并被批准为商业用地或综合用地，底层经营性门面必须是沿街建筑；在拆迁公告发布前必须从事经营活动；必须持有房屋所有权证及有效的工商营业执照和税务登记证，并已缴纳土地使用税。租赁房屋从事生产、经营者还需出具与产权人签订的有效租赁合同。

沿街底层门面在房屋所有权证标明的面积内，以经营现状的面积为基础，进深超过 7 米的部分不视为经营用房，但上年度缴纳土地使用税的面积大于规定的进深面积的，不受此规定限制，以纳税面积为准；沿街底层门面与房屋所有权证标明的面积不相符的，由被拆迁房屋所有权人向产权管理部门申请复核，以复核面积为准。

（三）除沿街底层门面以外，持有国有土地使用证、房屋所有权证并用于合法性的生产、办公、经营的非住宅房屋，按经营性用房对待，核实面积，给予搬迁及过渡性补偿。

五、安置方式

拆迁补偿分为货币补偿和产权调换两种。被拆迁人可以自愿选择其中一种安置方式。

（一）货币补偿

1. 房屋补偿

被拆迁房屋属商品房的，由拆迁人聘请有资质的评估单位进行评估，按评估价值补偿。被拆迁人对评估有异议的，可申请进行复核。

被拆迁房屋属非商品房的，按照本方案相关标准补偿。

涉及国有资产的，按照相关规定执行。

2. 土地补偿

（1）持有国有土地使用证（出让）和建设用地规划许可证、建设工程规划许可证手续的，按照 1100 元/平方米进行补偿；持有国有土地使用证（出让），尚未办有建设用地规划许可证、建设工程规划许可证手续的，按照 1000 元/平方米进行补偿。

（2）持有国有土地使用证（划拨）和建设用地规划许可证、建设工程规划许可证手续的，按照 900 元/平方米进行补偿；持有国有土地使用证（划拨），尚未办有建设用地规划许可证、建设工程规划许可证手续的，按照 800 元/平方米进行补偿。

（3）持有集体土地使用证和建设用地规划许可证、建设工程规划许可证手续的，按照 600 元/平方米进行补偿；持有集体土地使用证，尚未办有建设用地规划许可证、建设工程规划许可证手续的，按照 500 元/平方米进行补偿。

（4）无产权证，通过村组、乡镇证明能够证实使用权来源及归属清楚并已形成历史事实，又符合通过处罚可以完善手续的，先按规定接受处罚并完善相关手续后，按集体土地补偿。不符合的，不给予补偿。

（5）附属设施（厨房、猪圈、厕所、围墙等）占地、院坝等无产权手续的，经村组、乡镇证明能够证实使用权来源及归属清楚并已形成历史事实的，按照 300 元/平方米进行补偿。

（二）产权调换

指拆迁人建设一定标准的房屋安置被拆迁人，或在规划区内统一征地安置，从而获得被拆迁人房屋处置权的安置方式。产权调换分为还房安置和划地安置两种形式。

1. 还房安置

拆迁人按“拆一还一、不补陈新差、按房屋类别比处置”的原则进行安置。房屋安置面积超出原拆迁面积的部分，在 20 平方米以内的（含 20 平方米），被拆迁人按照该区域建筑成本价（由物价门核定）补交拆迁人；大于 20 平方米以上的部分，按照同区域同期房屋市场价格计算补交给拆迁人。安置面积少于原拆迁房屋面积的部分，拆迁人按照该区域房屋市场价计算补偿被拆迁人。非农业户原则上实行还房安置。农业户选择还房安置的，拆迁人按照被拆迁房屋补偿总价的10%奖励被拆迁人。

平塘县还房安置房屋类别比例表

房屋类别	比例	备注
砖混结构	100%	同区域内按照房屋总建筑面积比例还房安置
砖木结构	85%	
瓦木制结构	80%	
土墙结构	70%	
简易房屋	实行货币化补偿	土地按照有关规定给予补偿
临时建筑物		

2. 划地安置

从本方案执行之日起，原则上不再划地安置。根据城市建设规划需要，确需划地安置的农业户，按照《贵州省土地管理条例》关于城市郊区农村村民建设住宅的用地限额标准，每户划地安置面积不得超过130平方米（包括原有住房宅基地面积及附属设施用地）。原拆迁房屋宅基地面积少于130平方米的，原则上按实际面积划地安置，也可由被拆迁人按照本方案关于宅基地同类补偿标准补款，增加安置面积，但必须符合有关安置地块面积标准。被拆迁宅基地面积超过130平方米的，超出部分不再划地安置，实行货币补偿，补偿标准按照本方案关于宅基地同类补偿标准补偿被拆迁人。

安置区内水、电、路等一切公共基础设施建设由拆迁人负责，被拆迁人建房必须按照规划、设计要求统一实施，并按房屋总建筑面积5元/平方米交纳建设规划保证金，所缴纳的保证金待建设部门验收合格后如数退还。

（三）经济适用房、房改房的拆迁补偿与安置

1. 行政事业、企业单位经济适用房、房改房，按照“拆一还一、新旧不补差”的方式进行拆迁补偿；

2. 已取得100%房屋产权的，按产权调换进行安置或者按现行的建筑成本价进行货币补偿；

3. 只取得部分房屋产权的，按取得的部分房屋产权比例进行产权调换安置或者按现行的房屋建筑成本价乘以取得的房屋产权比例所得的数额进行货币补偿。

六、补偿标准

（一）房屋补偿标准

1. 钢筋混凝土框架结构房屋每平方米750元（按框架实际面积计算）；

2. 钢筋砖混结构房屋每平方米630元；

3. 钢筋水泥空心砖混结构房屋每平方米580元；

4. 砖木结构房屋每平方米520元；

5. 石混结构房屋每平方米490元；

6. 空心砖木结构房屋每平方米480元；

7. 石木结构房屋每平方米460元；

8. 木瓦结构房屋每平方米440元；

9. 土木结构房屋每平方米250元；

10. 其他简易房屋建筑物（牛、马、猪圈、厕所等）按以上不同结构补偿标准的60%予以补偿。

（二）其他附属物拆迁补偿标准

1. 石堡坎每立方米 115 元；

2. 石围墙每平方米 90 元；

3. 火砖围墙每平方米 60 元；

4. 水泥空心砖围墙每平方米 35 元；

5. 室外水池按容积每立方米 115 元；

6. 室外水泥地坪每平方米 60 元；

7. 缸砖墙面每平方米 45 元；

8. 墙面水泥清光每平方米 20 元；

9. 水泥洗石墙面每平方米 35 元；

10. 室外墙涂料每平方米 45 元；

11. 基础石脚每立方米 230 元。

（三）室内装修补偿标准

1. 木质墙裙每平方米 45 元；

2. 木吊真顶每平方米 70 元；

3. 石膏吊顶每平方米 25 元；

4. 地筋架空拼花木地板每平方米 90 元；

5. 强化木地板每平方米 70 元；

6. 普通地板砖每平方米 50 元；

7. 花岗岩、大理石等较为高档地板砖每平方米 90 元；

8. 水磨石每平方米 50 元；

9. 卷帘门每平方米 90 元；

10. 室内墙砖每平方米 35 元；

11. 商品防盗门每扇 805 元；

12. 铝合金门窗每平方米 140 元；

13. 不锈钢防盗窗每平方米 70 元。

上列补偿标准仅适用于房屋装修完成时的状况。凡涉及陈旧及毁损程度的，应以陈旧及毁损程度确定补偿比例标准。室内装修的陈旧及毁损程度可由拆迁人和被拆迁人协商确定，也可聘请有资质的机关鉴定确认陈旧及毁损程度后，给予补偿。

（四）房屋搬迁及过渡补偿标准

1. 过渡费补助标准：按照被拆迁户被拆迁房屋面积（不含附属建筑物）每月补助 3.5 元/平方米，不足 100 平方米的按 350 元/月支付，经营使用（门面）房每月补助 10 元/平方米，首付按一年计算，超出一年的按实际月数计算。实行回迁安置的以提供回迁房之日起，另付两个月过渡费结算；划地安置的从提供安置地之日起，按一年过渡费结算。

2. 搬迁费补助标准：按照被拆迁户原被拆迁房屋面积（不含附属建筑物）一次性补助 6 元/平方米；经营使用房（门面）一次性补助 12 元/平方米；水、电、电话、网络、闭路电视等设施迁移安装费用，参照相关部门收费标准进行补偿。

3. 涉及被拆迁户新安置地的供水、供电、闭路电视、电话、宽带等公共设施管网建设安装费，由拆迁人负责协调支付，涉及相关部门负责恢复安装。

4. 涉及被拆迁户原已立户有供水、供电、闭路电视、电话、宽带的被拆迁户搬迁安置后，由拆迁人负责协调，相关部门负责恢复安装到新安置地内，立户相关费用由拆迁人负责支付。

5. 涉及被拆迁户原尚未立户有供水、供电、闭路电视、电话、宽带的用户的搬迁安置后，由拆迁人负责协调，相关部门负责安装到新安置地内，立户相关费用由被拆迁户自行负责。

七、其他事项

（一）被拆迁人必须按照与拆迁人签订的拆迁安置补偿合同将房屋移交给拆迁人后，方能领取拆迁安置补偿款和过渡期补助费。

（二）拆迁人与被拆迁户签订安置补偿协议，按规定进行补偿安置（先公示再注销，权属无异议后，进行补偿安置），被拆迁户搬迁腾空后，由拆迁人委托有资质的拆迁机构组织拆除。如拆迁户原房屋涉及抵押的，由拆迁人联系抵押金融机构和被拆迁户进行商议。

（三）拆迁代管、托管的房屋，应实行产权调换，拆迁安置补偿协议须经公证机关公证，并办理证据保全。拆迁产权纠纷或者产权不明的房屋，在拆迁期限内不能解决的，拆迁人应提出拆迁补偿安置方案，报拆迁管理部门批准，向公证机关办理证据保全公证后，依法拆除。

（四）拆迁公告发布之日起，被拆迁人对被拆迁房屋及其附属物进行改造、拆建、装修的不予补偿。

（五）凡在期限内不拆除，经反复做思想工作无效，达不成拆迁安置协议，影响项目建设进度的，将依法进行强制拆除。

（六）违反本办法规定的，由房屋拆迁管理部门依照《城市房屋拆迁管理条例》的有关规定给予行政处罚。辱骂、殴打房屋拆迁工作人员及拒绝、阻碍房屋拆迁工作人员依法执行公务的，由县公安机关依法予以处罚；构成犯罪的，移交县司法机关依法追究刑事责任。

八、奖励办法

（一）实行拆迁奖励政策，被拆迁人在正式接到拆迁人拆迁通知后 15 日内达成拆迁协议，并将房屋正式移交给拆迁人的，按建筑面积（不含圈厕等附属建构物）每平方米奖励 50 元，一个月内达成拆迁协议，并将房屋正式移交给拆迁人的每平方米奖励 30 元，超出一个月的不予奖励。

（二）提倡被拆迁人选择货币补偿方式，凡是房屋及土地实行货币补偿的，拆迁人按被拆迁房屋补偿总金额的 2%发给奖励费。

（三）被拆迁人因参加拆迁会议和搬家等原因占用工作时间，由拆迁人出具证明，其所在单位给予公假，不影响考勤、评先和其他福利待遇。

九、附则

（一）本方案所涉及补偿标准，根据市场物价上涨因素每年按 5%上调，以拆迁公告发布之日开始计算执行。

（二）本方案自公布之日起施行。县人民政府及县相关部门原制定的涉及县城规划区内房屋拆迁安置补偿的文件同时废止。

（三）本方案由县建设局负责解释。

平塘县人民政府
关于命名第一批非物质文化遗产项目代表性传承人的通知

各乡（镇）人民政府、县直有关部门：

根据《国务院办公厅关于加强我国非物质文化遗产保护工作的意见》（国办发〔2005〕18号）精神，为有效保护和传承我县丰富的非物质文化遗产，鼓励和支持县级非物质文化遗产项目代表性传承人开展传习活动，我县按照国家、省有关非物质文化遗产项目代表性传承人命名的政策、标准，在乡镇推荐上报的基础上，经县专家评审委员会评审、社会公示等程序，最后确定将我县民间传统技艺、曲艺、传统戏剧、传统舞蹈、传统体育游艺与杂技等五大类21名同志命名为我县第一批非物质文化遗产项目代表性传承人（名单附后）。

县级非物质文化遗产项目代表性传承人是我县非物质文化遗产的重要承载者和传递者，掌握并承载着非物质文化遗产的丰富知识和精湛技艺，是我县非物质文化遗产活态传承的代表性人物。各乡（镇）、各部门要认真贯彻“保护为主、抢救第一、合理利用、传承发展”的工作方针，鼓励和支持我县非物质文化遗产项目代表性传承人开展传习活动，切实做好非物质文化遗产保护、管理和利用工作，为弘扬我县丰富的民族文化做出新的贡献。

附件：平塘县第一批非物质文化遗产项目代表性传承人名单（21人）。

2012年7月10日

平塘县第一批非物质文化遗产项目代表性传承人名单

姓名	性别	民族	出生年月	地　址	项目名称	项目类别
钟成雄	男	汉族	1952年12月	平塘县牙舟镇兴陶村冗平5组	牙舟陶器烧制技艺	传承技艺
钟成贵	男	汉族	1972年10月	平塘县牙舟镇兴陶村冗平5组	牙舟陶器烧制技艺	传承技艺
李远祥	男	汉族	1957年4月	平塘县牙舟镇兴陶村冗平5组	牙舟陶器烧制技艺	传承技艺
张禄洪	男	汉族	1966年5月	平塘县牙舟镇兴陶村冗平6组	牙舟陶器烧制技艺	传承技艺
张禄麒	男	汉族	1970年7月	平塘县牙舟镇兴陶村冗平6组	牙舟陶器烧制技艺	传承技艺
杨通怀	男	布依族	1949年8月	平塘县塘边镇清水村播结二组	布依八音	曲　艺
杨光闪	男	布依族	1974年8月	平塘县塘边镇清水村播结二组	布依八音	曲　艺
卢照福	男	汉族	1965年10月	平塘县克度镇光明村兔场组	布依八音	曲　艺

续上表

姓名	性别	民族	出生年月	地　址	项目名称	项目类别
杨雪兰	女	汉族	1979年3月	平塘县克度镇光明村扯广组	布依八音	曲　艺
杨光金	男	布依族	1950年8月	平塘县塘边镇清水村播结一组	布依八音	曲　艺
冉崇飞	女	汉族	1978年7月	平塘县克度镇金山村屯上组	布依八音	曲　艺
杨正彪	男	布依族	1967年2月	平塘县克度镇光明村降平组	布依八音	曲　艺
熊国洪	男	汉族	1969年4月	平塘县克度镇光明村旧院组	布依八音	曲　艺
杨通词	男	汉族	1949年8月	平塘县塘边镇清水村播结二组	布依八音	曲　艺
杨通平	男	布依族	1969年10月	平塘县克度镇光明村兔降平组	布依八音	曲　艺
杨秀渊	女	布依族	1968年11月	平塘县塘边镇双河村平腊组	布依八音	曲　艺
姚秀军	男	布依族	1976年12月	平塘县塘边镇青山村播袜组	布依八音	曲　艺
杨远国	男	汉族	1964年11月	平塘县塘边镇新店村猪龙井组	塘边杨戏	传统戏剧
罗大军	男	布依族	1962年8月	平塘县四寨镇幸福村石板寨七组	四寨花灯	传统戏剧
石治禹	男	毛南族	1959年5月	平塘县卡蒲毛南族乡甲翁村	毛南族打猴鼓舞	传统舞蹈
杨宗培	男	布依族	1946年6月	平塘县克度镇金星村播瓦寨	布依族器乐演奏绝技	传统体育、游艺与杂技

贵州省人民政府关于同意平塘县部分乡镇行政区划调整的批复

黔府函〔2014〕26号

黔南自治州人民政府：

你州《关于调整平塘县乡镇行政区划的请示》（黔南府呈〔2013〕207号）及附件收悉。现批复如下：

1. 同意撤销平塘县平湖镇、牙舟镇、克度镇、大塘镇、者密镇、四寨镇、摆茹镇、苗二河乡、甘寨乡、白龙乡、卡罗乡、谷硐乡、鼠场乡、新塘乡、西凉乡等15个乡（镇）建制，设置新的平舟镇、牙舟镇、克度镇、大塘镇、者密镇、甲茶镇。新设置的平舟镇、牙舟镇、克度镇、大塘镇、者密镇、甲茶镇所辖地域分别如下：

（1）新设置的平舟镇辖原平湖镇、苗二河乡、甘寨乡、白龙乡，镇人民政府驻玉池社区。

（2）新设置的牙舟镇辖原牙舟镇（除卡腊村外）、卡罗乡（除冗空村外）、谷硐乡，镇人民政府驻兴陶村。

（3）新设置的克度镇辖原克度镇、鼠场乡，镇人民政府驻金星村。

（4）新设置的大塘镇辖原大塘镇、新塘乡，镇人民政府驻西关村。

（5）新设置的者密镇辖原者密镇、四寨镇，镇人民政府驻金玉村。

（6）新设置的甲茶镇辖原摆茹镇、西凉乡及原卡罗乡的冗空村，镇人民政府驻摆河村。

2. 统一将平塘县原牙舟镇的卡腊村划入掌布镇管辖。

3. 请认真做好行政区划调整相关工作，促进当地经济社会全面发展。

2014 年 2 月 13 日

贵州省人民政府关于同意平塘县平舟镇行政区划调整的批复

黔府函〔2015〕56 号

黔南自治州人民政府：

你州《关于平塘县人民政府驻地平舟镇析置街道办事处的请示》（黔南府呈〔2015〕16 号）及附件收悉，经研究，现批复如下：

1. 同意从平塘县平舟镇行政区划中析置金盆街道，析置后的平舟镇、金盆街道所辖地域分别如下：

（1）平舟镇辖乐康村、新全村、摆克村、黄平村、龙兴村、京舟村、董联村、苗攀村、苗乡村、土寨村、磨刀石村、甘寨村、拉全村、基哈村、兴民村，镇人民政府驻磨刀石村。

（2）金盆街道辖原平舟镇玉池社区、金龙社区、金盆村、新舟村、回龙村、双桥村、吉古村、苗二河村、双江村、新寨村，办事处驻玉池社区。

二、请认真做好行政区划调整工作，促进当地经济社会全面发展。

2015 年 3 月 25 日

平塘县旅游产业招商引资和吸引民间投资优惠办法（试行）

平府发〔2013〕4 号

为进一步落实县委、县政府关于加快推进旅游国际化进程的意见，加大我县旅游产业开发力度，广泛吸引各类资本特别是民间资本投资开发我县旅游资源。根据国家、省、州有关政策和措施，结合我县实际，特制定本办法。

第一条　本县境内旅游资源（包括可以开发利用的自然景观、人文景观以及民族、民间艺术等）

的开发全面对外开放。

第二条　除国家明确规定禁止或限制的经营业务外，各种经济成分都可以采取独资、合资、合作等形式兴办旅游经济实体，参与全县旅游资源的开发、旅游商品的生产以及吃、住、行、游、购、娱等配套设施建设和经营。

第三条　本办法适用于在本县行政区划区域内，项目投资符合我县旅游产业发展规划、重点旅游区总体规划的投资主体。包括：

（一）投资建设我县重点旅游景区、景点及配套服务设施项目；

（二）投资新建休闲观光农业和乡村旅游的综合项目；

（三）投资开发文艺演出、实景体验等文化产业项目；

（四）投资旅游商品的开发生产和技术改造升级项目；

第四条　旅游产业项目的建设用地，可根据土地的不同性质，通过出让、租赁、入股等有偿方式取得使用权。

（一）优先保障旅游产业建设用地。旅游产业重点项目用地优先纳入全县土地总体规划和土地利用年度计划，优先保障项目用地计划指标。

（二）投资者以承包或流转方式取得旅游景区附近集体荒山、荒沟、荒丘、荒滩和林地使用权，并用于旅游基础设施建设或旅游资源开发的，土地最高使用年限50年，流转期限不得超过承包期的剩余期限，期满后可以申请续期。

第五条　新投资我县旅游开发或经营项目（属国债资金和财政资金投入除外），应符合下列条件之一：

1. 从事景区、景点开发建设，固定资产投资额在5000万元以上；

2. 投资建设三星以上（含三星级）饭店、旅游度假村，其中：固定资产投资额四星级达到5000万元以上，三星级达到3000万元以上，旅游度假村到2000万元以上；

3. 从事旅游配套服务设施的建设和经营，固定投资额在2000万元以上；

4. 投资1000万元以上建设固定的生产经营场所，从事旅游商品生产或经营旅游商品销售，且产品被旅游主管部门认定为旅游商品的新办企业或新办旅游商品定点购物场所。

且按合同如期建成，享受以下优惠政策：

1. 利用荒山、荒地、荒滩等国有未利用土地进行旅游景区（景点）开发、建设的，土地出让金县级纯收益全额用于支持项目基础设施建设。

2. 投资建设三星级以上（含三星级）饭店和旅游度假村（产权式酒店除外），建成且被旅游主管部门评定挂牌的，四星级以上（含四星级）饭店用地一般25亩以内，三星级饭店和旅游度假村用地一般10亩以内，土地出让金县级纯收益全额用于支持项目基础设施建设。

3. 投资新建文艺演出场馆，固定资产投资达到2000万元以上，场馆用地一般在10亩以内，土地出让金县级纯收益全额用于支持项目基础设施建设。

4. 新办旅游商品生产企业按平塘县招商引资优惠政策享受新办工业企业优惠政策。

5. 新办专营旅游商品销售企业，缴纳的房产税、土地使用税连续三年予以全额奖励；土地契税，按纳税义务发生时的土地基准价格核定征收，实际成交价超过土地基准价部分征收的契税款给予全额奖励。

符合上述条件的旅游企业，除享受上述优惠政策外，仍可享受《平塘县招商引资优惠政策》的有关优惠，但同一优惠只能享受一次，不能重复享受。

不符合上述条件的旅游企业可比照享受《平塘县招商引资优惠政策》的有关优惠。

第六条 鼓励和吸引民间资金投资旅游服务设施建设。凡在县城及周边乡镇和景区所在地集镇、景区周边村寨投资旅游设施建设，建成后运行一年且被旅游主管部门认定并授予“平塘县旅游定点接待单位”“平塘县旅游商品生产和加工销售定点单位”的，在规定的运行期满后给予一定数额的经费补助。

1. 投资新建家庭式宾馆、便捷酒店，且接待床位数达到 20 个以上（含 20 个，下同），宾馆（酒店）内部设施和服务水平达到二星级酒店标准的，按床位数量每个床位一次性补助经费 2000 元；宾馆（酒店）内部设施建设和服务水平达到一星级标准的，按床位数量每个床位一次性补助经费 1000 元。

2. 投资新建乡村旅舍，且接待床位数达到 10 个以上，客房条件和服务水平达到“合作社乡村旅舍等级评定标准”中二级二花以上标准的，按床位数量每个床位一次性补助经费 1000 元。

3. 投资新建酒吧、茶吧等休闲娱乐项目，且经营场地面积达到 $100m^2$ 以上的，一次性补助经费 20000 元。

4. 投资新建农家乐，且桌位数达到 5 个以上的，一次性补助经费 5000 元。

5. 投资新建、改建地方土特产生产加工企业，且生产经营场地面积达到 $100m^2$ 以上的，一次性补助经费 30000 元。

6. 投资新建小型旅游商品购物店，且销售经营场地面积达到 $50m^2$ 以上的，一次性补助经费 20000 元。

第七条 创新旅游开发投入机制，构建多元融资服务体系。

（一）鼓励县内外投资者采取参股、控股旅游风景区经营权（TOT 模式）或减少—经营—移交（BOT）融资方式进行项目建设和经营。探索投资者采用项目特许权、营运权、旅游景区门票质押担保和收费权融资。

（二）将旅游产业信贷融资纳入信贷政策重点支持领域，建立政银企定期沟通机制，引导鼓励金融机构进一步创新金融服务方式，对旅游产业项目实行利率优惠等融资政策。

（三）鼓励各类担保机构对旅游企业和项目提供融资担保服务。探索建立“创业投资+担保贷款”的经营模式，为中小旅游企业提供资金保障。

（四）对在旅游产业发展中作出突出贡献的金融机构给予奖励。

第八条 全面优化发展环境，为项目建设提供优质服务。

（一）实行项目立项审批服务全程代办。对各类来我县投资旅游开发的重点项目和企业实行全程代办制，由县旅游产业发展委员会牵头协调，县政务中心负责代办各项手续，实行“一站式”服务。

（二）外地客商来我县投资旅游产业，投资者就医和子女入学入托、就业、社会保险等方面，可享受平塘县居民待遇。

（三）新建成的旅游产业项目，各有关部门要积极为企业提供各类信息服务，帮助有条件的企业申请各类政府性扶持资金。

（四）对投资者因业务需要派遣管理及技术人员赴港澳及出国考察学习的，外事侨务和公安签证部门有限办理各项手续

第九条 对我县旅游产业发展做出突出贡献的单位和个人给予保障奖励。

第十条 对投资 1 亿元人民币以上的旅游产业项目，实行领导联系制度，按照“一事一议”“一企一策”的原则商定更加优惠的办法。

第十一条 凡在我县投资产业的投资者，要按照有关规定加强旅游资源的保护，做到科学合理开发。

第十二条 本办法由县旅游产业发展委员会负责解释。

第十三条　本办法自2013年3月1日起施行。

平塘县人民政府
2013年2月16日

贵州平塘发现世界罕见地质奇观

中科院院士称：巨石图案至今未发现人工雕凿及其他人为加工痕迹

科技日报记者　张萱

在贵州省平塘县桃坡村浪马寨，有一块巨石引起各界的关注。巨石是从石壁上坠落而下后分为两半，相距可容两人，两石各长七米多，高度近三米，重一百余吨。过去由于两石间长期堆放秸秆树枝，石旁又有两株大树遮掩，从未引起人们的注意。2002年春，当地举办摄影活动，村支部书记王国富在清扫此地时无意中发现巨石裂面上清晰可见五个横排的大字，字体匀称方整，每字近一尺见方，笔划直挺，突起于石面，如人工浮雕。这一发现，令王支书惊讶得说不出话来，于是这一奇石便一传十，十传百，越传越玄。前来观奇探秘的社会各界人士和省内外游客趋之若鹜，昔日偏僻的掌布乡一下子热闹起来。人们对巨石上凸现的五个汉字的来历、成因、真伪等意见分歧，各种猜测、议论甚至涉及政治敏感的传言风生水起，莫衷一是，愈发加剧了这一发现的神秘色彩。这一奇石是真是假？是人为还是巧合？是新闻炒作？还是地质奇观？

为了尊重科学，尊重事实，以正视听，应平塘县委、县人民政府的邀请，以全国政协委员、中国科学院地学部副主任、中国科学院院士、著名地质专家李廷栋，中国科学院院士、著名地质专家刘宝珺，中国地质大学教授、国土资源部国家地质公园评委、著名古生物学家李凤麟教授等15人组成的“贵州平塘奇观·中国名家科学文化考察团”于2003年12月5日至8日深入贵州平塘掌布河峡谷对奇石进行实地勘察，终于揭开了这一地质之谜。12月7日，李廷栋、刘宝珺等权威专家正式向社会公布考察意见。他们认为，该地质奇观位于中二叠统栖霞组深灰色岩中（距今约2.7亿年左右）。岩层中的古生物化石及生物碎屑似层状分布，经溶蚀及差异风化作用，使生物碎屑组成各种图案。这些图案包括像中国共产党几字在内，从不同角度观察均可有多种意会。这些现象虽然是极其罕见的小概率事件，但均可从地质科学特别是沉积地质学上得到解释和说明。掌布河谷巨石坠落处，系一个偏远的山间溪谷，居民极少，经考察，巨石图案上至今未发现人工雕凿及其他人为加工痕迹。在社会上闹得沸沸扬扬的各种传言不攻自破，平塘地质奇观之谜终于尘埃落定。

考察团的权威地质专家认为：这一象形图案由钙质海绵为主的化石无序排列浑然天成，字距大小均匀，且能连成一政治术语，其存在概率约为一百亿万分之一，极其罕见，堪称世界地质奇观，具有不可估量的地质研究价值。专家同时呼吁，希望当地政府尽快采取妥善保护措施，以免遭遇人为破坏。专家还就地质奇观如何保护与开发，如何申报国家地质公园、世界地质公园，如何与旅游相结合等问题提出了科学的建设性意见。

（原载《科技日报》2003年12月22日）

走马平塘

王巨才

一

像太古孑遗的一帧天然画图。

像韵味无穷的一篇精典美文。

平塘，这个千百年来在黔南大山深处离群独处的偏僻小县，一旦撩开屏蔽的帷幔，便以其神奇秀美，旖旎多姿的风采惊世骇俗，声动四方。哪怕只是走马观花匆匆一瞥，也会让你如痴如醉，如梦如幻般欣喜不已。

二

汽车沿贵（阳）新（寨）高速公路南行，到墨冲出口处向左一折，便入平塘县境。迎面是一条曲折幽深的狭长河谷。南北对峙的山峦两厢屏立，宛然早已搭好的绿色长廊等待客人的到来。柏油罩面的公路平整如砥。路的一侧，潺潺前行的河水一路相随，欢快的浪花在卵石间奔腾跳跃，犹如一群热情好客的精灵尽情嬉戏。而叮咚可闻的流水声，则像一曲隐约低迴的迎宾曲，让人心澄气静，俗虑俱消。

时令已近深冬，北方早已万木萧疏，而此地的田垄里，一畦畦菜蔬密密扎扎，长势正旺，满目青翠。田埂上，偶有鸡犬伫立翘首，朝公路上探望。池塘里，相亲相近的鸭群相互追逐，怡然自得。许是已近傍晚，一路上几乎未见到行人，即是山脚下炊烟袅袅的几处村寨，也都静悄悄的，听不到什么声息。导游说，这地方地少人也少，人们过惯了日出而作，日落而息的日子，除非遇到节庆，很少有人会呼朋引类去打搅别人的。

最能撩人遐思的，是村寨里那些三五连片、黛瓦苍苔，历经岁月风霜、满布沧桑旧迹的布依族木楼。楼分上下两层，上层是卧室，窗外有类似阳台的走廊，用来晾晒腊肉、皮张和谷物。但可以想来，天气晴好的日子，常会有老奶奶凭栏远眺，含饴弄孙，也会有老大爷斜依躺椅，抽着长长的烟杆，闭目养神，回望华年。自然，那些白帕皂鞋、衣着简洁的俊俏女孩，也会在这里飞针走线，怀揣甜蜜的期冀，缝织嫁妆。楼下是灶房、厅堂和畜棚，正中间的过道前后相通，但没有安装门板，四周也没有篱笆围墙与邻家相隔。远远望去依稀有一种道不拾遗、夜不闭户的淳厚古风传递而来。

空气是异常的清新，环境是如此地幽静。对于“久居樊笼”的城市人而言，从墨冲到县城这 30 多千米的路途，便是一一处最适于徜徉流连、漫步静享的消闲胜地。像我们现在这样坐车匆匆而过，反倒是一种奢侈的铺张和挥霍。

三

平塘风光的迷人，在于它的天生丽质，不事雕琢，原汁原味。县境内被评为省级旅游名胜的，就有 105 个景点。只要来到平塘，不管你是忙是闲，有心无心，你都在事实上置身于青山碧水之间，成为某一风景的画中人了。我们下榻的县城平湖镇，便是造化馈赠于人类的一件玲珑剔透、匠心独运的得意之作。

这或许是中国版本上最袖珍、最独特的县城了。它坐落于开阔的平舟河谷地最东头的龙脑坡上，占地估计不到一平方千米。站在城西的莲花山上眺望，只见苍茫天地间，浩浩荡荡的平舟河从龙脑坡背后蜿蜒而来，从容不迫地绕城一周，最后又收束到龙脑坡后，硬是把小小的平湖镇与周边切割开来，拱围出一座浑圆的孤岛。蔚蓝的河水和河面上时时荡过的云团般的雾气如一条玉带。土黄色的护岸和岸上成排的林带恰似锈迹斑驳的金盆外沿。而鳞次栉比的粉墙红瓦，错落有致的街道巷陌，就全都端坐在这金盆当中。据说明代道士张三丰当年云游此地，曾对这蓬莱仙境般的景色击节再三，有诗赞曰："石龙昼夜转流沙，玉水金盆泼客艖"。玉水金盆，从此便成为这平塘县城的代指了。

张诗中的"艖"，即小船。由于河水的隔绝，原先平湖镇与外界的往来，全靠竹排与船只摆渡。现在从莲花山俯瞰，宽阔的大桥就有三座，城乡沟通，已无阻碍。但与平舟河有关的古老风习，却相沿成俗，倒是保留了不少。最具特色的是"耍水龙"。这耍水龙的龙，其实是用柳条和龙须草扎成，状似游龙，长可几米到十几米，固定于两条竹杠之上，根据龙身长短，由人数不等的布依族小伙在有经验的长者引领下走街串巷，到各处巡游。那情形，想来与北京旱天农村的抬龙王楼子近似。

每到夏秋之交，平塘县城都要举办水龙节。到时候，全县 24 个民族都会有人穿着盛装，赶到县城，走亲戚，看热闹，逛市场，年轻人更会借机谈情说爱，会友相亲。而四邻八乡的龙舟队和水龙队都要集中在平舟河畔，举行盛大的开节仪式。锣鼓喧天中，随着主持人的一声号令，停在河面上的龙舟队挥桨竞发，奋力争先，而各家的水龙队，则分头窜入县城的大街小巷、单位院落去贺节。凡水龙所到这处，家家户户都会用瓢、盆或水枪从早已备足的水缸里盛出水来，向水龙，也向围观的群众恣意泼洒，这水名曰吉祥水，泼得越多，淋得越透，这一年便会越祥和，运气越好。这时节，只有万把常住人口的平湖镇，到处人山人海，欢歌笑语，喧腾起一派安居乐业，吉祥喜庆的升平景象。

听县上朋友活龙活现的介绍，我想到傣族的泼水节，又想起家乡的闹秧歌：华夏一体，异族同风，文化所宗，尽在天地人和。只是错过节令，未能躬逢其盛，是为遗憾。

四

这次去平塘，主要是奔着轰动一时，又众说纷纭的"藏字石"去的。到达的第二天，主人便安排到距县城西北 63 千米处的掌布河景区去参观。

由桃坡村下车，经浪马寨，沿平整的石板小道和道边清可见底的水渠前行，两岸青山郁郁葱葱，排闼而来。一路上奇石、奇洞、奇泉、奇瀑、奇树、奇竹处处勾留，应接不暇。单说那奇竹，便是在其他地方不曾见到过的。这是一种似藤非藤，似草非草，长可数米，四季常绿的石生植物，名曰"藤竹"。两岩陡峭的石壁上，这种枝叶交织、蔓延成片的植物悬空垂吊，纷披而下，如锦如缎，如云如雾，微风过处，飘飘举举，袅袅娜娜。想想看，那是一种何等曼妙的景致！此外，在一处斜缓的石壁上，我们看到，有成百个圆圆的石球排列有序地镶嵌其中，形状大小均如排球，老乡说，这叫"石生蛋"，每过二三十年，石球成熟，会自然脱落出来。想来也是匪夷所思。

行至林深处，从一个叫欢乐岛的地方跨过浪马河上的浮桥，在右边的山根下终于见到那峰被称作世界地质奇观的藏字石。原来，这是不知历经几世几劫，又不知何年何月从悬崖高处轰然坠地从中间断裂、一分为二的两块巨石。两石相间五尺，可容两人，长各七米，高近三米，重量都在百吨以上。人头攒攒，众口称奇声中，我等了半天，终于挤了过去，背靠南边的裂石踮足仰望，果然如媒体报道：在对面一半巨石的裂面上，赫然突出"中国共产党"五个大字！每字约一尺见方，较断面高出一厘米左右，类若浮雕。五字自左至右等距离排列，除"共"字稍嫌模糊外，其余四字均字迹分明，笔画确凿。这真叫石破天惊！尽管是身临其境，亲眼目睹，我还是被眼前这无法思议的一切所震撼，骇异良久，恍然迷幻。

其实，关于这藏字之谜，去年年底，由著名地质学家李廷栋、刘宝珺两位中科院院士和著名古生物专家李凤麟教授等组成的庞大考察团经实地调研，已有明确结论，称其为两亿七千万年前堆积岩层中古生物化石及生物碎屑经溶蚀和差异风化所致，虽属罕见，但均可从地质科学得到解释。尽管如此，关于藏字的真假由来，怀疑者大有人在。这也难怪，对于超越常识，未曾经验的现象，人们一开始总会有一种固执的拒斥心理。但平心而论，天下之大，何奇不有？从古到今，有多少曾经被认为是天方夜谭，荒诞不经的事物，不是随着科学实践的发展被一再印证和说明了么？

回到招待所，县上的同志已备好文房四宝，要大家留下此行观感。我见一向谦然严谨的阎纲先生此时略作沉思，提笔挥毫，慨然写下“天降大任”四个厚重大气的楷书，那意思，我揣想是要我们的执政党时刻不可忘记历史赋予的重大使命。推辞不过，我亦附骥其后，以“天书开瑞”四字表达对平塘人民祥和、发达的由衷祝愿。

五

江南千条水，云贵万重山；
五百年后看，云贵赛江南。

这是明代开国元勋刘伯温当年所写的一首诗。

平塘目前尚属贫困县，财政收入不到4000万元。难得的是，居住在这里的24个民族30多万干部群众，在改变自己命运的长期探索中，已经找到了以旅游业为龙头的发展路子。星罗棋布的风景名胜，举世独有的地质奇观，绚丽多彩的民族风情，都将在为建设国家级旅游大县的奋发进军中，在西部大开发的东风吹拂下，生机焕然，大放异彩！

平塘已经声名远播。

平塘的前景不可限量。

（作者：王巨才，陕西子长人，文艺评论家）

索　引

D

E

F

G

H

J

K

L

M

N

P

Q

R

S

T

W

X

Y

Z

后 记

《平塘县志（1988~2013）》的编修，是在县委、县人民政府的领导和县人大常委会、县政协的关心支持下进行的，从2012年5月开始进入工作状态，经过编纂人员8年多辛勤工作，数易其稿，方付梓出版。志稿共22篇101章438节百万余字。

第二轮《平塘县志》续修于2009年启动，是年，县人民政府办公室印发了《平塘县志续修方案》，召开二轮县志续修工作动员会。2010年，确定二轮县志篇目和上下限时间（1988~2008）。2011年，因启动县级机构改革工作搁置，是年，撤销县档案局、县史志办，组建县档案史志局，史志工作职能划归县档案史志局。

2012年5月，县委办、县政府办印发《〈平塘县志〉编纂工作方案》，成立《平塘县志（1988~2008）》编纂工作领导小组、编纂委员会和编辑部，从县直机关部门抽调12名干部作为编辑与县档案史志局工作人员，开展二轮《平塘县志》的资料长编工作。由于编辑人员均未有编纂志书的经验，加上相关资料比较欠缺，至2014年方基本完成《平塘县志（1988~2008）》资料长编工作，初步形成初稿（约140万字）。先后进行5次目录调整、6次修改。2014年12月召开县级评审会，县志初稿原则通过初级评审。

2015年1月，为使二轮县志下限时间切合全县行政区划调整这一时间节点，经县委、县人民政府研究同意，将县志下限时间延至2013年，先后征集2009~2013年县志资料30余万字。2016年11月，基本完成下限延伸资料的编纂，2017年2月形成《平塘县志（1988~2013）》初稿，志稿共21篇104章100余万字，并于当年8月通过县级评审，12月在平塘召开《平塘县志（1988~2013）》州级评审会议。会后，根据州级评审专家意见进行全面修改，先后删减补充正文30余万字，将21篇104章调整为20篇97章。2018年6月通过省地方志编纂委员会办公室组织专家终审，并根据评审专家的意见将志稿调整为22篇101章438节。2019年7月通过省级验收。

为提高二轮县志稿修编质量，我们先后聘请县政协退休的老领导和部门退休同志与档案史志局编纂人员一道，加班加点，放弃双休、公休时间，夜以继日地工作，查阅档案资料5000余卷，收集资料20余万字。并进行6次篇目修订，五易其稿，两次邀请黔南州修志专家到县指导。

在二轮《平塘县志》编纂过程中，县委、县政府领导高度重视，定期听取工作汇报，及时协调解决资料补充和经费等困难，并主持县志稿的初审工作，县人大常委会、县政协的领导对县志稿的修改提出许多宝贵意见，同时得到许多部门和离退休老同志的鼎力相助，得到州史志办领导、专家精心指导和州内有关县市史志工作部门的帮助。在此，谨向所有关心支持《平塘县志（1988~2013）》编纂工作的各级领导、专家以及同仁致以最真诚的谢意。

本志由于工作量大，人力不足，加之编纂水平有限，难免存在错漏和不当之处，敬请领导、专家及读者批评指正。

《平塘县志》编辑部

2020年5月

图书在版编目（CIP）数据

平塘县志. 1988-2013 / 平塘县史志编纂委员会编
. --北京:方志出版社, 2020.7
ISBN 978-7-5144-3300-5

Ⅰ. ①平… Ⅱ. ①平… Ⅲ. ①平塘县—地方志—
1988-2013 Ⅳ. ①K297.34

中国版本图书馆 CIP 数据核字(2018)第 224328 号

平塘县志（1988～2013）

编　　者： 平塘县史志编纂委员会
责任编辑： 罗　滔

出 版 者： 方志出版社
地址　北京市朝阳区潘家园东里 9 号（国家方志馆 4 层）
邮编　100021
网址　http:// www.zgfzcb.cn
发　　行： 方志出版社图书经销中心
电话（010）67110500
经　　销： 各地新华书店
编纂制作： 四川省天隆文化传播有限公司
印　　刷： 四川科德彩色数码科技有限公司

开　　本： 889×1194　1/16
印　　张： 46
字　　数： 1232 千字
版　　次： 2020 年 7 月第 1 版　2020 年 7 月第 1 次印刷
印　　数： 0001～2000 册

ISBN 978-7-5144-3300-5　**定价：** 368.00 元

· **版权所有　翻印必究** ·